NUTUK

MUSTAFA KEMAL ATATÜRK

Nutuk

Yazan: Mustafa Kemal Atatürk
Günümüz Türkçesiyle: Burak Mert Oldaç
Yayına Hazırlayan: Burak Mert Oldaç
Kapak Tasarımı: Düş Mühendisleri
Tasarım Atölyesi (www.dusmuhendisleri.com)

Yayın Yönetmeni: Hakan Ançin
4. Baskı: Şubat 2020
ISBN: 978-975-6424-54-4
Yayıncı Sertifika No: 19135

Yayımlayan:

FaRk yayınları

FARK YAYINLARI

Adres: Eryaman mah 4.cad 27/c
Eryaman/Ankara
Tel.: 0312 282 99 65
E-posta: farkkitap@gmail.com
www.farkyayinlari.com

Baskı: Bizim Büro Matbaa Dağıtım Basım Yayıncılık San. ve Tic. Ltd. Şti
Sertifika No: 42488

NUTUK

MUSTAFA KEMAL ATATÜRK

ÖNSÖZ OLARAK...

- Türkiye Cumhuriyetinin temeli kültürdür.
- Süngülerle, silahlarla ve kanla kazandığımız askeri zaferlerden sonra, kültür, bilim, fen ve ekonomi alanlarında da zaferler kazanmaya devam edeceğiz.
- Ne kadar zengin ve müreffeh olursa olsun, istiklâlden mahrum bir millet, medenî insanlık karşısında uşak olmak mevkiinden yüksek bir muameleye lâyık sayılamaz.
- Gençler, cesaretimizi takviye ve idame eden sizlersiniz. Siz, almakta olduğunuz terbiye ve irfan ile insanlık ve medeniyetin, vatan sevgisinin, fikir hürriyetinin en kıymetli timsali olacaksınız. Yükselen yeni nesil, istikbal sizsiniz. Cumhuriyeti biz kurduk, onu yükseltecek ve yaşatacak sizsiniz.
- Arkadaşlar, efendiler ve ey millet, iyi biliniz ki, Türkiye Cumhuriyeti şeyhler, dervişler, müritler, meczuplar memleketi olamaz. En doğru, en hakiki tarikat, medeniyet tarikatıdır.
- Dünya yüzünde gördüğümüz her şey kadının eseridir.
- Her fert istediğini düşünmek, istediğine inanmak, kendine mahsus siyasi bir fikre sahip olmak, seçtiği bir dinin icaplarını yapmak veya yapmamak hak ve hürriyetine sahiptir. Kimsenin fikrine ve vicdanına hakim olunamaz.
- Cumhuriyet fikir serbestliği taraftarıdır. Samimi ve meşru olmak şartıyla her fikre saygı duyarız.
- Bir kelime ile ifade etmek gerekirse, diyebiliriz ki yeni Türkiye Devleti bir halk devletidir; halkın devletidir. Mazi kurumları ise bir şahıs devleti idi, şahıslar devleti idi.
- Benim manevî mirasım ilim ve akıldır.
- Beni görmek demek mutlaka yüzümü görmek değildir. Benim fikirlerimi, benim duygularımı anlıyorsanız ve hissediyorsanız bu kafidir.
- Hürriyet olmayan bir memlekette ölüm ve çöküntü vardır. Her ilerlemenin ve kurtuluşun anası hürriyettir.
- Yurtta sulh, cihanda sulh.
- Egemenlik kayıtsız ve şartsız milletindir.
- NE MUTLU TÜRKÜM DİYENE!

Mustafa Kemal Atatürk

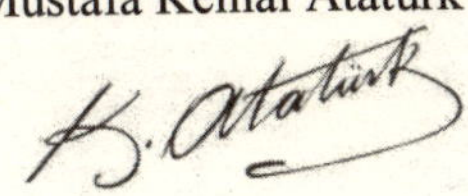

SAMSUN'A ÇIKTIĞIM GÜN GENEL DURUM VE GÖRÜNÜŞ

1919 yılında, Mayıs'ın 19'uncu günü Samsun'a çıktım. Ülkenin genel durumu ve görünüşü şöyleydi:

Osmanlı Devleti'nin içinde bulunduğu grup, I. Dünya Savaşı'nda yenilmiş, Osmanlı ordusu her tarafta zedelenmiş, şartları ağır bir ateşkes anlaşması imzalanmış. Büyük Savaş'ın uzun yılları boyunca millet, yorgun ve fakir bir halde. Milleti ve memleketi I. Dünya Savaşı'na sürükleyenler, kendi hayatlarını kurtarmanın derdine düşerek memleketten kaçmışlar. Saltanat ve hilafet makamında oturan Vahdettin soysuzlaşmış, şahsını ve yalnızca tahtını koruyabileceğini düşündüğü alçakça tedbirler araştırmakta. Damat Ferit Paşa'nın başkanlığındaki hükümet aciz, haysiyetsiz, korkak. Yalnızca padişahın iradesine bağlı ve padişahla beraber kendilerini de koruyabilecekleri herhangi bir duruma razı.

Ordunun elinden silahları ve cephanesi alınmış ve alınmakta.

İtilaf Devletleri, ateşkes anlaşmasının hükümlerine uymayı gerekli bulmuyorlar. Birer bahane ile İtilaf donanmaları ve askerleri İstanbul'da. Adana ili Fransızlar; Urfa, Maraş, Antep İngilizler tarafından işgal edilmiş. Antalya ve Konya'da İtalyan askeri birlikleri, Merzifon ve Samsun'da İngiliz askerleri bulunuyor. Her tarafta yabancı subay ve memurlar ile özel işlerde çalışan adamlar faaliyette. Nihayet, konuşmamızın başlangıcı olarak kabul ettiğimiz tarihten dört gün önce, 15 Mayıs 1919'da, İtilaf Devletleri'nin uygun bulmasıyla Yunan ordusu İzmir'e çıkartılıyor.

Bundan başka, memleketin her tarafında Hristiyan unsurlar gizli gizli ve açık açık, kendi özel istek ve maksatlarını gerçekleştirmeye, devleti bir an önce çökertmeye mesai harcıyorlar.

İstanbul Rum Patrikhanesi'nde kurulan Mavri Mira Heyeti, illerde çeteler kurmak ve onları idare etmek, mitingler ve propagandalar yaptırmakla meşgul olduğu sonradan elde edilen güvenilir bilgi ve belgelerle iyice kanıtlanmış. Yunan Kızılhaç'ı ve Resmî Göçmenler Komisyonu, Mavri Mira Heyeti'nin çalışmalarını kolaylaştırmakla görevli. Mavri Mira Heyeti tarafından yönetilen Rum okullarının izci teşkilatları, yirmi yaşından yukarı gençler de dâhil her yerde yayılıp gelişiyor.

Ermeni Patriği Zaven Efendi de, Mavri Mira Heyeti ile aynı amaç için çalışıyor. Ermeni hazırlığı da tıpkı Rum hazırlığı gibi ilerliyor. Trabzon, Samsun ve bütün Karadeniz sahillerinde örgütlenmiş olan ve İstanbul'daki merkeze bağlı Pontus Cemiyeti, hiçbir zorlukla karşılaşmadan ve büyük bir başarıyla çalışıyor.

BUNLARA KARŞI DÜŞÜNÜLEN KURTULUŞ ÇARELERİ

Durumun dehşet ve korkunçluğu karşısında, her yerde, her bölgede birtakım kimseler, bunlara karşı kurtuluş çareleri düşünmeye başlamıştı. Bu düşünce ile yapılan girişimler birtakım kuruluşları doğurdu. Örneğin; Edirne ve çevresinde **Trakya-Paşaeli** adıyla bir dernek vardı. Doğuda Erzurum ve Elazığ'da, merkezi İstanbul'da olmak üzere **Vilâyat-ı Şarkiye Müdafaa-i Hukuk-ı Milliye Cemiyeti** kurulmuştu. Trabzon'da **Muhafaza-i Hukuk** adında bir dernek bulunduğu gibi, İstanbul'da da **Trabzon ve Havalisi Adem-i Merkeziyet Cemiyeti** vardı. Bu dernek, merkezden gönderileni temsilcilerle, Of ilçesinde ve Rize sancağında da şubeler açmıştı.

İzmir'in işgal edileceği konusunda, Mayıs'ın on üçünden beri açıkça belirtiler görmüş olan İzmir'deki bazı genç vatanseverler, ayın 14/15'inci gecesi, kendi aralarında bu acı verici durumla ilgili fikir alışverişinde bulunmuşlar; bir oldubittiye geldiğine şüphe kalmayan Yunan işgalinin, İzmir'in Yunanistan topraklarından sayılmasıyla sonuçlanmasına engel olma kararında birleşmişler ve **Redd-i İlhak** ilkesini ortaya atmışlardır. Aynı gece, bu ilkenin yaygınlaşmasını sağlamak üzere İzmir'de Yahudi Mezarlığına toplanabilen halk tarafından bir miting yapılmışsa da, ertesi gün sabahleyin Yunan askerlerinin rıhtımda görülmesiyle, bu girişim beklendiği kadar başarılı olmamıştır.

MİLLİ KURULUŞLAR, SİYASİ AMAÇ VE HEDEFLERİ

Bu derneklerin kuruluş amaçları ve siyasi: hedefleri hakkında kısaca bilgi vermek uygun olur görüşündeyim.

Trakya Paşaeli Cemiyeti'nin ileri gelenlerinden bazıları ile daha İstanbul'da iken görüşmüştüm. Bunlar, Osmanlı Devleti'nin çökmesini çok kuvvetli bir ihtimal olarak görüyorlardı. Osmanlı vatanının parçalanma tehlikesi karşısında, Trakya'yı, mümkün olursa, buna Batı Trakya'yı da bağlayarak ve bir bütün olarak İslam ve Türk topluluğu halinde kurtarmayı düşünüyorlardı. Fakat bu amacı gerçekleştirmek için o zamanlar bulabildikleri tek çare, İngiltere'nin, bu mümkün olmazsa, Fransa'nın yardımını sağlamaktı. Bu maksatla bazı yabancı devlet adamları ile temas kurma ve görüşme imkânları da aramışlardı. Hedeflerinin bir **Trakya Cumhuriyeti** kurmak olduğu anlaşılıyordu.

Vilâyat-ı Şarkiye Müdafaa-i Hukuk-ı Milliye Cemiyeti'nin kuruluş amacı da (tüzüklerinin 2. maddesi), Doğu illerindeki bütün halkların dinî ve siyasî haklarının serbestçe kullanılmasını sağlayacak meşru yollara başvurmak; bu illerdeki Müslüman halkın tarihî ve millî haklarını, gerek duyulursa, medeniyet dünyası karşısında savunmak; Doğu illerinde yapılan zulüm ve cinayetlerin sebeplerini araştırmak, failler ve sebep olanlar hakkında tarafsızca soruşturma yapılarak suçluların süratle cezalandırılmalarını istemek; yerli halk ile azınlıklar arasındaki anlaşmazlığın giderilmesine ve ilişkilerin eskisi gibi iyileştirilmesine ve sağlamlaştırılmasına gayret etmek; savaş halinin Doğu illerinde yarattığı yıkım ve yoksulluğa, hükümet nezdinde girişimlerde bulunarak mümkün mertebe çare aramaktan ibaretti.

İstanbul'daki yönetim merkezlerinden verilmiş olan bu direktif doğrultusunda, Erzurum şubesi, Doğu illerinde Türk'ün haklarını korumakla birlikte, Ermeni tehciri sırasında yapılan kötü davranışlarla halkın hiçbir ilgisi olmadığını, Ermeni mallarının Rus işgaline kadar korunduğunu, buna karşılık Müslümanların oldukça gaddar hareketlere maruz kaldığını ve hatta verilen emre aykırı bir şekilde, göçten alıkonan bazı Ermenilerin kendi koruyucularına karşı yaptıkları kötülükleri, güvenilir belgelerle medeniyet dünyasına duyurmaya ve Doğu illerine dikilmiş olan hırslı bakışları hükümsüz bırakmak için çalışmaya karar veriyor (Erzurum şubesinin bildirisi).

Vilâyat-ı Şarkiye Müdafaa-i Hukuk-ı Milliye Cemiyeti'nin Erzurum şubesini ilk olarak kuran kimseler, Doğu illerinde yapılan propagandalar ile bunların hedeflerini, Türklük, Kürtlük-Ermenilik meselelerini bilim, teknik ve tarih açılarından araştırıp inceledikten sonra, ilerideki çalışmalarını şu üç noktada birleştiriyorlar (Erzurum şubesinin basılı raporu) :

1. Kesinlikle göç etmemek,
2. Derhal bilimsel, ekonomik ve dinî olarak örgütlenmek,
3. Saldırıya uğrayacak Doğu illerinin herhangi bir köşesini savunmada birleşmek,

Vilâyat-ı Şarkiye Müdafaa-i Hukuk-ı Milliye Cemiyeti'nin İstanbul'daki yönetim merkezinin, çağdaş ve bilimsel yollarla amaçlarına ulaşabilecekleri konusunda fazla iyimser olduğu anlaşılıyor. Gerçekten de bu yolda çalışmalar yapmaktan geri durmuyor. Doğu illerindeki Müslüman halkların haklarını savunmak amacıyla **Le Pays** adında Fransızca bir gazete yayınlıyor. **Hâdisat** gazetesinin çıkarma hakkını üstleniyor. Bir taraftan da İstanbul'daki İtilaf Devletleri temsilcilerine ve başbakanlarına muhtıra veriyor: Avrupa'ya bir heyet gönderme girişiminde bulunuyor.

Bu açıklamalardan kolaylıkla anlaşılacağını sanırım ki, **Vilâyat-ı Şarkiye Müdafaa-i Hukuk-ı Milliye Cemiyeti**'ni oluşturan asıl sebep ve düşünce, Doğu illerinin Ermenistan'a verilmesi ihtimali oluyor. Bu ihtimalin gerçekleşmesinin de Doğu illeri nüfusunda Ermenilerin çoğunlukta gösterilmesine ve tarihi haklar bakımından onların daha eski olarak gösterilmeye çalışanların, bilimsel ve tarihî belgelerle dünya kamuoyunu aldatmayı başarmalarına ve bir de Müslüman halkın Ermenileri katleden vahşiler olduğu iftirasının bir gerçekmiş gibi kabulüne bağlı olduğu düşüncesi ağır basıyor. Tüm bunlar yüzünden dernek, aynı sebeplerle ve vasıtalarla tarihî ve millî hakları savunmaya çalışıyor.

Karadeniz'e kıyısı olan bölgelerde de bir Rum Pontus hükümeti kurulacağı korkusu vardı. Trabzon'da da bazı kimseler, Müslüman halkı Rumların boyunduruğu altında bırakmayıp onların yaşama ve var olma haklarını koruma gayesiyle ayrıca bir dernek kurmuşlardı.

Merkezi İstanbul'da olan **Trabzon ve Havalisi Adem-i Merkeziyet Cemiyeti**'nin amacı ve siyasî hedefi isminden anlaşılmaktadır. Herhalde merkezden ayrılmayı amaçlıyor.

MEMLEKET İÇİNDE VE İSTANBUL'DA MİLLİ VARLIĞA DÜŞMAN KURULUŞLAR

Kurulmaya başlayan bu dernekler dışında, memleket içinde daha başka birtakım kurul ve kuruluşlar da ortaya çıkmıştır. Örneğin Diyarbakır, Bitlis, Elâzığ illerinde İstanbul'dan idare edilen **Kürt Teali Cemiyeti** vardı. Bu derneğin amacı yabancıların himayesi altında bir Kürt devleti kurmaktı.

Konya ve dolaylarında İstanbul'dan yönetilen **Tealî-i İslam Cemiyeti**'nin kurulmasına çalışılıyordu. Memleketin hemen her tarafında **İtilaf ve Hürriyet, Sulh ve Selamet Cemiyetleri** de vardı.

İNGİLİZ MUHİPLERİ CEMİYETİ

İstanbul'da çeşitli maksatlarla gizli ve açık olmak üzere kurulmuş, parti veya dernek adı altında birtakım kuruluşlar da vardı.

İstanbul'da önemli sayılabilecek kuruluşlardan biri **İngiliz Muhipleri Cemiyeti** idi. Bu isimden, İngilizlere dost olanların kurduğu bir dernek anlaşılmasın! Bence, bu derneği kuranlar kendi şahıslarını ve kendi çıkarlarını gözetenler ile kendi çıkarlarının korunma çaresini **Lloyd George** hükümeti aracılığı ile İngiliz himayesini sağlamakta arayanlardır. Bu talihsizlerin, İngiltere Devleti'nin Osmanlı Devleti'nin tamamını korumak ve himaye etmek isteğinde olup olamayacağını bir defa olsun hesaba katmadıkları düşünmeye değer.

Bu derneğe girenlerin başında Osmanlı Padişahı ve **Halife-i Rûy-i Zemîn** (Yeryüzünün Halifesi) unvanını taşıyan Vahdettin, Damat Ferit Paşa, İçişleri Bakanı olan Ali Kemal, Adil ve Mehmet Ali Beyler ile Sait Molla bulunuyordu. Dernekte, İngiliz milletinden Rahip Frew gibi bazı maceraperestler de vardı. Yapılanlardan ve faaliyetlerden anlaşıldığına göre, derneğin başkanı Rahip Frew idi.

Bu derneğin iki tarafı ve özelliği vardı. Biri, açık olan tarafı, hukuk dışı olmayan yöntemlerle İngiliz himayesini sağlama amacına yönelmiş olan özelliği idi. Öteki de gizli tarafıydı. Asıl faaliyet bu gizli taraftaydı. Memleket içinde örgütlenerek isyan ve ihtilal çıkarmak, millî şuuru felce uğratmak, yabancı müdahalesini kolaylaştırmak gibi haince girişimler, derneğin bu gizli kolu tarafından idare edilmekte idi. Sait Molla'nın, derneğin açıkça bulunduğu girişimlerde olduğu gibi, gizli çalışmalarında da bundan daha çok rol oynadığı görülecektir. Bu dernek hakkında söylediklerim, sırası geldikçe yapacağım açıklamalar ve gereğinde göstereceğim belgelerle daha kolay anlaşılacaktır.

AMERİKAN MANDASI İSTEYENLER

İstanbul'da bazı ileri gelen erkek ve kadınlar da gerçek kurtuluşun Amerikan mandasında olduğu görüşündeydiler. Bu görüşte olanlar, fikirlerinde çok ısrarcıydı ve en doğrusunun kendi görüşleri olduğunu ispatlamak için çok çalıştılar. Bu konuda da sırası gelince bazı açıklamalar yapacağım.

ORDUMUZUN DURUMU

Genel durumu tespit edebilmek için ordu birliklerinin nerelerde ve ne durumda olduklarını açıklamak isterim. Anadolu'da başlıca iki ordu müfettişliği kurulmuştu. Ateşkes anlaşması imzalanır imzalanmaz, birliklerin savaşan askerleri terhis edilmiş, silah ve cephanesi elinden alınmış, savaş gücünden mahrum olan bir takım kadrolar haline getirilmiştir.

Merkezi Konya'da bulunan İkinci Ordu Müfettişliğine bağlı birliklerin durumu şöyle idi:

Bir tümeni (41'inci Tümen) Konya'da, bir tümeni de (23'üncü Tümen) Afyonkarahisar'da bulunan 12'nci Kolordu, karargâhıyla Konya'da bulunuyordu. İzmir'de esir olan 17'nci Kolordu'nun, Denizli'de bulunan 57'nci Tümeni de bu kolorduya bırakılmıştı.

Bir tümeni (24'üncü Tümen) Ankara'da, bir tümeni de (11'inci Tümen) Niğde'de bulunan 20'nci Kolordu, karargâhıyla Ankara'daydı.

İzmit'te bulunan 1'inci Tümen, İstanbul'daki 25'inci Kolordu'ya bağlanmıştı. İstanbul'da da 10'uncu Kafkas Tümeni vardı.

Balıkesir ve Bursa bölgesinde bulunan 61'inci ve 56'ncı Tümenler, karargâhı Bandırma'da bulunan İstanbul'a bağlı 14'üncü Kolordu'yu oluşturuyordu. Bu kolordunun komutanı, Meclis'in açılışına kadar, merhum Yusuf İzzet Paşa idi.

3'üncü Ordu Müfettişliği ki, müfettişi ben idim; karargâhımla Samsun'a çıkmış bulunuyorum. Doğrudan doğruya emrim altında iki kolordu olacaktı. Bunlardan birincisi, merkezi Sivas'ta bulunan 3'üncü Kolordu (komutanı yanımda getirdiğim Albay Refet Bey). Bu kolorduya bağlı bir tümenin (5'inci Kafkas Tümeni) merkezi Amasya'da, diğerinin merkezi de Samsun'daydı. İkincisi de merkezi Erzurum'da bulunan 15'inci Kolordu idi. Komutanı Kazım Karabekir Paşa'ydı. Bu kolordunun tümenlerinden birinin (9'uncu Tümen) merkezi Erzurum'da, komutanı Rüştü Bey; ötekinin (3'üncü Tümen) merkezi Trabzon'da idi. Komutanı Yarbay Halit Bey'di. Halit Bey İstanbul'a davet edilmiş olduğundan komutadan çekilerek Bayburt'ta gizlenmiş, tümen vekâletle idare ediliyor. Kolordunun diğer iki tümeninden 12'nci Tümen, Hasankale'nin doğusunda sınırda, 11'inci Tümen Beyazıt'ta bulunuyordu.

Diyarbakır bölgesinde bulunan 2 tümenli 13'üncü Kolordu müstakildi. İstanbul'a bağlı bulunuyordu. Bir tümeni (2'nci Tümen) Siirt'te öteki tümeni (5'inci Tümen) Mardin'de idi.

MÜFETTİŞLİK GÖREVİMİN GENİŞ YETKİLERİ

Benim, bu iki kolorduya doğrudan doğruya emir ve komuta vermekten daha ileri bir yetkim vardı ki, müfettişlik bölgesine yakın olan askerî birliklere de tebligat yapabilecektim. Aynı şekilde bölgemde bulunan ve bölgemin yakınındaki illere de tebligatta bulunabilecektim.

Bu yetkiye göre, Ankara'da bulunan 20'nci Kolordu ve bunun bağlı bulunduğu müfettişlik ile Diyarbakır'daki kolordu ile ve hemen hemen Anadolu'nun bütün sivil memurların amirleriyle ilişkiler kurabilecek ve yazışmalar yapabilecektim.

Bu geniş yetkinin, beni İstanbul'dan sürüp ve uzaklaştırmak maksadıyla Anadolu'ya gönderenler tarafından, bana nasıl verilmiş olduğu garibinize gidebilir. Hemen ifade etmeliyim ki, onlar bu yetkiyi bana bilerek ve anlayarak vermediler. Her ne olursa olsun, benim İstanbul'dan uzaklaşmamı isteyenlerin buldukları gerekçe Samsun ve çevresindeki güvensiz olayları yerinde görüp tedbir almak üzere Samsun'a kadar göndermekti. Ben, bu görevin yerine getirilmesinin bir makam ve yetki sahibi olmamla mümkün olabileceğini ileri sürdüm. Bunda hiçbir sakınca görmediler. O tarihte Genelkurmay'da bulunan ve benim maksadımı bir dereceye kadar sezmiş olan kimselerle görüştüm. Müfettişlik görevini buldular; yetki konusu ile ilgili talimatı da ben kendim yazdırdım. Hatta Savunma Bakanı olan Şakir Paşa, bu talimatı okuduktan sonra, imzalamaya tereddüt etmiş; anlaşılır anlaşılmaz bir biçimde mührünü basmıştır.

GENEL DURUMU DAR BİR ÇERÇEVE İÇİNDEN GÖRÜŞ

Bu açıklamalardan sonra, genel durumu daha dar bir çerçeve içine alarak, hızlıca ve kolayca hep birlikte gözden geçirelim:

Düşman devletler, Osmanlı devlet ve memleketine karşı maddî ve manevî saldırı halinde; onu yok etmeye ve bölmeye karar vermişler. Padişah ve halife olan kişi, hayat ve rahatını kurtarabilecek çareden başka bir şey düşünmüyor. Hükümeti de aynı halde. Farkında olmadığı halde, başsız kalmış olan millet, karanlıklar ve belirsizlikler içinde olacakları beklemekte. Felaketin dehşet ve ağırlığını kavramaya başlayanlar, bulundukları çevreye ve hissedebildikleri etkilere göre kendilerince kurtuluş çaresi saydıkları tedbirlere girişmekte... Ordu, ismi var cismi yok bir durumda. Komutanlar ve subaylar, I. Dünya Savaşı'nın bunca çile ve zorluklarıyla yorgun, vatanın parçalanmakta olduğunu görmekle yürekleri kan ağlıyor; gözleri önünde derinleşen karanlık felaket uçurumu kenarında beyinleri bir çare, kurtuluş çaresi aramakla meşgul...

Burada pek önemli olan bir noktayı da kaydetmeli ve açıklamalıyım. Millet ve ordu, Padişah ve Halife'nin ihanetinden haberdar olmadığı gibi, o makama ve o makamda bulunana karşı asırların kökleştirdiği dini ve geleneksel bağlar dolayısıyla itaatkâr ve de sadık. Millet ve ordu kurtuluş çaresi düşünürken, asırlardır devam eden bu alışkanlık dolayısıyla, kendinden önce, yüce hilâfet ve saltanat makamının kurtarılmasını ve dokunulmazlığını düşünüyor. Halifesiz ve padişahsız kurtuluşun anlamını kavrama yeteneğinde değil... Bu inanca aykırı bir fikir ve görüş beyan edeceklerin vay haline! Derhal dinsiz, vatansız, hain ve dışlanmış olur...

Diğer önemli bir noktayı da ifade etmek gerekir. Kurtuluş çaresi ararken İngiltere, Fransa, İtalya gibi büyük devletleri gücendirmemek temel ilke olarak görülmekteydi. Bu devletlerden yalnız biri ile bile başa çıkılamayacağı kuruntusu hemen bütün akıllarda yer etmişti. Osmanlı Devleti'nin yanında, koskoca Almanya, Avusturya-Macaristan varken hepsini birden yenen, yerlere seren İtilaf kuvvetleri karşısında, tekrardan onlarla düşman olmayla sonuçlanacak durumlara girmekten daha büyük mantıksızlık ve akılsızlık olamazdı.

Bu zihniyette olan sadece halk değil; özellikle seçkin denen insanlar da böyle düşünüyordu.

O halde, kurtuluş çaresi ararken iki şey söz konusu olmayacaktı. Birincisi, İtilâf Devletleri'ne karşı düşmanca tavır alınmayacak; ikincisi de Padişah ve Halife'ye canla başla bağlı ve sadık kalmak temel şart olacaktı.

DÜŞÜNÜLEN KURTULUŞ ÇARELERİ

Şimdi Efendiler, müsaade buyurursanız size bir soru sorayım: Bu durum ve şartlar karşısında kurtuluş için nasıl bir karar akla gelebilirdi?

Açıkladığım hususlara ve yaptığım gözlemlere göre üç türlü karar ortaya atılmıştır:

Birincisi, İngiliz himayesini istemek

İkincisi, Amerikan mandasını istemek,

Bu iki türlü karar sahipleri, Osmanlı Devleti'nin bir bütün halinde korunmasını düşünenlerdir. Osmanlı topraklarının çeşitli devletler arasında paylaşılmasındansa, toprakları bir bütün olarak tek bir devletin koruyuculuğu altında bulundurmayı tercih edenlerdir.

Üçüncü karar, bölgesel kurtuluş çarelerine başvurmuştur. Mesela, bazı bölgeler kendilerinin Osmanlı Devleti'nden koparılacağı görüşüne karşı ondan ayrılmama tedbirlerine başvuruyordu. Bazı bölgeler de Osmanlı Devleti'nin ortadan kaldırılacağını ve Osmanlı topraklarının paylaştırılacağını değiştirilemez bir sonuç gibi görerek kendi başlarını kurtarmaya çalışıyordu.

Bu üç türlü kararın gerekçesi yapmış olduğum açıklamalarda mevcuttur.

BENİM KARARIM

Efendiler, ben bu kararların hiçbirinde isabet görmedim. Çünkü bu kararların dayandığı bütün deliller ve mantıklar çürüktü, esassızdı. Gerçekte içinde bulunduğumuz tarihte, Osmanlı Devleti'nin temelleri çökmüş, ömrü tamamlanmıştı. Osmanlı memleketleri tamamen parçalanmıştı. Ortada bir avuç Türk'ün barındığı bir ata yurdu kalmıştı. Son mesele bunun da paylaştırılmasını sağlamaya çalışmaktan ibaretti. Osmanlı Devleti onun istiklali padişah, halife, hükümet, bunların hepsi anlamsız birtakım boş laflardan ibaretti.

Neyin ve kimin dokunulmazlığı için kimden ne gibi yardım sağlanmak isteniyordu?

O halde ciddi ve gerçek karar ne olabilirdi?

Efendiler, bu durum karşısında bir tek karar vardı. O da milli egemenliğe dayanan, kayıtsız şartsız, bağımsız yeni bir Türk devleti kurmak!

İşte, daha İstanbul'dan çıkmadan önce düşündüğümüz ve Samsun'da Anadolu topraklarına ayak basar basmaz uygulanmasına başladığımız karar, bu karar olmuştur.

YA İSTİKLAL YA ÖLÜM

Bu kararın dayandığı en güçlü muhakeme ve mantık şuydu:

Temel ilke, Türk milletinin haysiyetli ve şerefli bir millet olarak yaşamasıdır. Bu ilke, ancak tam bir bağımsızlıkla gerçekleştirilebilir. Ne kadar zenginlik ve refah içinde olursa olsun bağımsızlığından yoksun millet, medeni insanlık dünyası karşısında uşak olmaktan başka bir şey olamaz.

Yabancı bir devletin himayesini ve korumasını kabul etmek insanlık vasıflarından yoksunluğu, güçsüzlük ve miskinliği itiraftan başka bir şey değildir. Gerçekten de bu seviyesizliğe düşmemiş olanların, isteyerek başına bir yabancı efendi getirmelerine asla ihtimal verilemez.

Halbuki Türk'ün haysiyeti, kendine güveni ve kabiliyeti çok yüksek ve büyüktür. Böyle bir millet esir yaşamaktansa yok olsun daha iyidir!

O halde, ***ya istiklal ya ölüm*!**

İşte gerçek kurtuluş isteyenlerin parolası bu olacaktır.

Bir an için, bu kararın uygulanmasında başarısızlığa uğranacağını farz edelim. Ne olacaktı? Esirlik!

Peki efendim. Öteki kararlara boyun eğme durumunda sonuç bunun aynısı değil miydi?

Şu farkla ki, istiklali için ölümü göze alan bir millet, insanlık haysiyet ve şerefinin gereği olan bütün fedakârlığı yapmakla teselli bulur ve hiç şüphesiz, esirlik zincirini kendi elleriyle boynuna geçiren miskin, haysiyetsiz bir millete göre dost ve düşman gözündeki yeri farklı olur.

Sonra, Osmanlı hanedan ve saltanatının devamına çalışmak, elbette Türk milletine karşı en büyük kötülüğü işlemekti. Çünkü millet her türlü fedakârlığı göstererek bağımsızlığını kazansa da, saltanat devam ettiği takdirde, bu bağımsızlığa kazanılmış gözüyle bakılamazdı. Artık, vatan ve milletle vicdanen ve fikren hiçbir bağlantısı kalmamış bir sürü delinin, devlet ve milletin bağımsızlığının ve haysiyetinin koruyucusu durumunda bulundurulmasına nasıl göz yumulabilirdi?

Halifeliğin durumuna gelince, ilim ve tekniğin nurlara boğduğu gerçek medeniyet dünyasında gülünç sayılmaktan başka bir yanı kalmış mıydı?

Görülüyor ki, verdiğimiz kararın uygulanmasını sağlayabilmek için daha milletin alışık olmadığı bazı konulara dokunmak gerekiyordu. Konuşulması, kamuoyunca büyük sakıncalar doğuracağı hissedilen hususların dile getirilmesinde mutlak bir zorunluluk vardı.

Osmanlı Hükümeti'ne, Osmanlı padişahına ve Müslümanların halifesine başkaldırmak, bütün milleti ve orduyu ayaklandırmak gerekiyordu.

UYGULAMAYI EVRELERE AYIRMAK VE ADIM ADIM YÜRÜYEREK HEDEFE VARMAK

Türk ata yurduna ve Türk'ün bağımsızlığına saldıranlar kim olursa olsun, onlara bütün milletçe silahla karşı koymak ve onlarla mücadele etmek gerekiyordu. Bu önemli kararın bütün gereklerini daha ilk gününde açıklayıp ifade etmek, elbette isabetli olamazdı. Uygulamayı birtakım evrelere ayırmak, olaylardan yararlanarak milletin duygu ve düşüncelerini hazırlamak ve adım adım yürüyerek hedefe ulaşmaya çalışmak gerekiyordu. Nitekim öyle olmuştur. Ancak dokuz yıllık faaliyetimiz ve yaptıklarımız bir mantık çerçevesi içinde gözden geçirilirse, ilk günden bugüne kadar takip ettiğimiz genel doğrultunun, ilk kararın çizdiği yoldan ve yöneldiği hedeften asla sapmamış olduğu kendiliğinden anlaşılır.

Burada, akıllarda bulunması ihtimali bulunan bazı tereddüt düğümlerinin çözülmesini kolaylaştırmak için, bir gerçeği hep birlikte gözden geçirmeliyiz. Yapılan millî mücadele dıştan gelen bir saldırıya karşı vatanın kurtuluşunu yegâne amaç olarak gördüğüne göre, bu **Millî Mücadele**'nin başarıya yaklaştıkça, adım adım bugünkü döneme kadar millî irade rejiminin bütün ilke ve biçimlerini yerine getirmesi doğal ve kaçınılmaz bir tarihî akış idi. Bu kaçınılmaz tarihî akışı gelenekten gelen alışkanlığı ile hemen sezmiş olan hükümdar ailesi, ilk andan başlayarak Milli Mücadele'nin amansız düşmanı kesildi. Bu kaçınılmaz tarihî akışa daha ilk anda ben de hissettim ve tanık oldum. Ancak, sonuna kadar devam eden bu hislerimizi başlangıçta tam anlamıyla dile getirip açıklayamadık. Gelecekteki ihtimaller üzerinde fazla konuşmak, giriştiğimiz gerçek ve maddî mücadeleyi hayal gibi gösterebilirdi; dış tehlikenin yakın etkilerini derinden hissedenler arasında, geleneklerine, düşünce yeteneklerine ve ruhsal hallerine aykırı olan muhtemel değişimlerden ürkeceklerin ilk anda direnme güçlerini harekete geçirebilirdi. Başarı için pratik ve güvenilir yol, her adımı vakti geldikçe uygulamaktı. Milletin gelişmesi ve yükselmesi için yol buydu. Ben de bu şekilde hareket ettim.

Ancak, bu pratik ve güvenilir başarı yolu, yakın çalışma arkadaşlarım olarak tanınmış kimselerden bazılarıyla aramızda zaman zaman görüşler, davranışlar ve uygulamalar bakımından temelde veya ikinci derecede birtakım anlaşmazlıkların, dargınlıkların ve hatta ayrılmaların da sebebi ve açıklayıcısı olmuştur. Millî Mücadele'ye beraber başlayan yolculardan bazıları, millî hayatın bugünkü cumhuriyete ve cumhuriyet kanunlarına kadar uzanan gelişmelerinde, kendi fikir ve ruh kabiliyetlerinin kavrayış sınırı bittikçe bana karşı direnişe ve muhalefete geçmişlerdir. Bu noktalara, aydınlanmanız ve kamuoyunun aydınlanmasına yardımcı olmak için, sırası geldikçe birer birer işaret etmeye çalışacağım.

MİLLİ SIR

Bu son sözlerimi özetlemek gerekirse, diyebilirim ki, ben milletin vicdanında ve geleceğinde hissettiğim büyük gelişme kabiliyetini, bir millî sır gibi vicdanımda taşıyarak, yavaş yavaş bütün bir topluma uygulatmak mecburiyetindeydim.

* *
*

ORDU İLE TEMAS

Şimdi Efendiler, ilk olarak, bütün ordu ile temasa geçmek gerekiyordu.

Erzurum'da, 15'inci Kolordu Komutanı'na 21 Mayıs 1919'da yazdığım bir şifrede,

Genel durumumuzun almakta olduğu tehlikeli şekilden dolayı çok üzgün ve elemli olduğumu, millet ve memlekete borçlu olduğumuz bu son vicdani görevi yakından ve ortak bir çalışma ile en iyi şekilde yerine getirmenin mümkün olacağı inancı ile bu son memuriyeti kabul ettiğimi; bir an önce Erzurum'a gitmek istediğimi söyledim. Ancak, Samsun ve dolaylarının durumu ve güvensizliği yüzünden, kötü bir sona uğrama ihtimali olduğundan, buralarda birkaç gün daha kalma zorunluluğu doğduğunu bildirdikten sonra, beni şimdiden aydınlatmaya yarayacak hususlar varsa bildirilmesini rica ettim.

Gerçekten de Samsun ve dolaylarında Rum çetelerinin Müslüman halka saldırması ve zaten vasıtasız bırakılmış olan yerel yönetimin, yabancıların da işe dâhil olması yüzünden hiçbir tedbir alamaması, durumu güçleştirmişti.

Tanıdığımız ve kendisinden büyük enerji beklediğimiz bir zatın Samsun'a mutasarrıf* olarak tayinini sağlamak için girişimlerde bulunmakla birlikte, 3'üncü Kolordu Komutanı'nı geçici olarak Canik mutasarrıflığına* atadım. Mümkün olan bütün yerel tedbirlerin alınmasına ve özellikle halkın gerçek durum hakkında aydınlatılmasına ve orada bulunan yabancı birlik ve subaylardan çekinmeye ve korkmaya gerek olmadığının anlatılmasına önem verildi ve hemen o bölgede millî teşkilat kurulmasına girişildi.

23 Mayıs 1919'da Ankara'da bulunan 20'nci Kolordu Komutanı'na: Samsun'a geldiğimi, kendisi ile daha sıkı temasta bulunmak istediğimi ve İzmir dolaylarına dair daha kolay alabileceği bilgilerden haberdar olmak istediğimi bildirdim.

Bu kolordunun durumu ile daha İstanbul'dayken ilgilenmiştim. Güneyden Ankara bölgesine trenle nakli söz konusu idi. Bu nakliyatın engellenmekte olduğunu anladığımdan, İstanbul'dan hareketim günlerinde Genelkurmay Başkanı olan Cevat Paşa'dan, kolordunun trenle nakli gecikirse, karadan yürüyerek Ankara'ya sevkini rica etmiştim. Bundan dolayı bahsettiğim şifreli telgrafımda, 20'nci Kolordu birliklerinin eksiksiz bir şekilde Ankara'ya gelmeyi başarıp başaramayacağını sordum. Canik sancağı hakkında bilgi verdikten sonra, bir iki güne kadar Samsun'dan karargâhımla bir süre için Havza'ya gideceğimi ve ne olursa olsun Samsun'dan hareketimden önce beni aydınlatacak bilgiler beklediğimi yazdım.

20'nci Kolordu Komutanından, üç gün sonra 26 Mayıs 1919'da aldığım cevapta İzmir'den düzenli bilgi alamadıklarını, telgraf memurlarından Manisa'nın da işgal edildiğine dair haber geldiğini, kolordunun Ereğli'de bulunan kısmının hepsini trenle nakletmeyi başaramadıklarından karadan yürüyüşe başladıklarını, ancak aradaki mesafenin uzunluğu dolayısıyla Ankara'ya ne zaman varacaklarının belli olmadığını bildiriyordu.

Kolordu Komutanı aynı telgrafında Afyonkarahisar'da bulunan 23'üncü Tümen'in mevcudunun az olduğundan ve orada ellerine geçen erleri bu tümene göndermekte olduklarından bahsettikten sonra, Kastamonu ve Kayseri dolaylarından güvenliği bozan olaylarla ilgili haberler gelmeye başladığını bildiriyor ve zaman zaman bilgi vereceğini yazıyordu.

---

*Tanzimat'tan sonra sancakların en büyük idari amirine verilen ad. Rütbe olarak validen küçük, kaymakamdan büyüktür.

27 Mayıs 1919 tarihinde, Havza'dan, 20'nci Kolordu Komutanı'ndan ve aynı zamanda bu kolordunun bağlı bulunduğu Konya'daki Ordu Müfettişliğinden, Afyonkarahisar'daki tümenin takviyesi için hangi kaynaklardan yararlanılmakta olduğunu ve kuvvetinin arttırılmasına maddi imkân bulunup bulunmadığını ve bugünkü durumumuza göre bu tümene nasıl bir görev verileceğinin düşünüldüğünü sordum.

Kolordu Komutanı, 28 Mayıs 1919'da sorduğum konularla ilgili bilgi veriyor ve 23'üncü Tümen, "düşmanın bir işgali karşısında yerini terk etmeyecek ve saldırıya uğrarsa bölge halkından alacağı yardımla kendi bölgesini savunacaktır." diyordu.

Ordu Müfettişi de 30 Mayıs 1919'da verdiği cevapta "23'üncü Tümen, Karahisar'daki güvenliği korumakla beraber, her türlü işgal olayına her türlü vasıtayla direnecektir." diyordu. Bu vasıtaların hazırlanmakta olduğunu ve Konya'da ordunun yanında olabilecek bir kuvvetin hazırlanmasına çalışıldığını, ancak bu kuvvetin bir isim ve unvana sahip olmadığını bildiriyordu.

Ben, müfettişliğe yazdığım telgrafta, "Konya'da bir vatan ordusu kurulmakta olduğuna dair bazı haberler yayılmıştır, bunun niteliği ve teşkilatı nedir?" demiştim. Böyle bir soruyu yöneltmekten maksadım, biraz da onları teşvik etmek, yol göstermekti. Müfettişliğin verdiği son bilgi bunun üzerinedir.

Kolordu Komutanı bu sorumun üzerine "Konya'da vatan ordusunun kurulduğundan haberdar değilim." demişti.

20'nci Kolordu ve Konya'daki Ordu Müfettişliği ile kurduğum temas sonunda edindiğim bilgilerden, her an hazır ve uyanık olmayı gerektiren noktaları 1 Haziran 1919'da, Erzurum'daki 15'inci Kolordu, Samsun'daki 3'üncü Kolordu ve Diyarbakır'daki 13'üncü Kolordu Komutanlarına bildirdim.

Trakya'da bulunan kuvvet ve komuta durumunu bilmiyordum. O bölge ile de irtibatta olmak gerekiyordu. Bu maksatla İstanbul'da, Genel Kurmay Başkanı Cevat Paşa'dan 16 Haziran 1919'da özel şifre ile –Cevat Paşa ile İstanbul'dan ayrıldığım gün gizli ve özel bir şifre kararlaştırmıştık- Edirne'de Kolordu Komutanının kim olduğunu ve Cafer Tayyar Bey'in nerede bulunduğunu sordum. Cevat Paşa 17 Haziran'da cevap verdi. Cafer Tayyar Bey'in 1'inci Kolordu Komutanı olarak Edirne'de bulunduğunu öğrendim.

Amasya'dan 18 Haziran 1919 tarihinde, Edirne'de 1'inci Kolordu Komutanı Cafer Tayyar Bey'e şifre ile verdiğim direktifte başlıca şu hususları belirttim: "Millî bağımsızlığımızı boğan ve vatanımızın parçalanması tehlikelerini hazırlayan İtilâf Devletleri'nin yaptıkları, İstanbul hükümetinin esir ve güçsüz durumu sizce de bilinmektedir.

Milletin kaderini böyle bir Hükümetin eline teslim etmek, yıkılmaya mahkûm olmaktır.

Trakya ve Anadolu'daki millî teşkilatların birleştirilmesi ve milletin sesini bütün gürlüğü ile dünyaya duyurabilmesi için, güvenli bir yer olan Sivas'ta ortak ve güçlü bir heyet kurulması kararlaştırılmıştır.

Trakya Paşaeli Cemiyeti, yetki sahibi olmamak üzere İstanbul'da bir heyet bulundurabilir.

Ben İstanbul'dayken Trakya Cemiyeti üyelerinden bazılarıyla görüşmüştüm. Şimdi zaman geldi. Gereken kimselerle gizlice görüşerek derhal teşkilat kurunuz ve benim yanıma da temsilci olarak değerli bir iki kişi gönderiniz. Onlar gelinceye kadar Edirne ilinin haklarının savunucusu olmak üzere, teşkilat üyelerinin beni vekil seçtiklerini belirten imzalı bir belgeyi kendi imzasıyla ve şifreli telgrafla bildiriniz.

Bağımsızlığımızı kazanıncaya kadar, bütün milletle birlikte fedakârca çalışacağıma bütün kutsallarım üzerine yemin ettim. Artık benim için Anadolu'dan başka hiçbir yere gitmemek kararı kesindir."

Trakya'nın manevî gücünü yükseltmek amacıyla bu talimata şu bilgileri de ekledim: "Anadolu halkı baştan aşağı bölünmez bir bütün haline getirildi. Kararlar, istisnasız, bütün komuta heyetleri ve arkadaşlarımızla birlikte alınıyor. Vali ve mutasarrıfların hemen hepsi bizimle beraberdir. Anadolu'daki millî örgütlenme ilçe ve bucaklara kadar genişledi. İngiliz himayesi altında bağımsız bir Kürdistan kurulması ile ilgili propaganda ortadan kaldırıldı ve taraftarları yola getirildi. Kürtler Türklerle birleşti.

YUNAN ORDUSUNUN MANİSA VE AYDIN ÇEVRESİNİ İŞGALİ

Bu tarihe kadar Yunan ordusunun Manisa ve Aydın çevrelerini de işgal etmiş olduklarını öğrendim. Fakat, İzmir'de ve Aydın'da bulundukları bildiğim kuvvetlerin ne durumda olduklarına dair daha hiçbir yerden açık bir bilgi elde edemiyordum. Doğrudan doğruya bu kuvvet komutanlarına da bazı emirler yazmıştım. Nihayet 29 Haziran'da, 56'ncı Tümen Komutanı Bekir Sami Bey'in iki gün önceki tarihli bir şifreli telgrafını aldım.

56'ncı Tümen'i İzmir'de Hurrem Bey adında biri komuta ediyormuş. Bu kişi ve İzmir'deki iki alayın kılıç artığı subaylarıyla birlikte hemen hepsi esir olmuşlar. Yunanlılar bunları gemilerle Mudanya'ya götürmüşler. Bekir Sami Bey, bu kılıç artıklarının komutasını ele almak üzere gönderilmiş.

Bekir Sami Bey, 27 Haziran 1919 tarihli telgrafında, 22 Haziran 1919 tarihli iki emrimi, ancak 27 Haziran'da Bursa'ya vardığında alabildiğini söylüyor. Verdiği bilgi ve yaptığı açıklamada "Millî gayeleri gerçekleştirecek yeterli vasıtaları bulamadığımdan ve tümenimi yeniden düzenleyip yoluna koyabilirsem daha iyi hizmetlerin yapılmasını mümkün gördüğümden 21 Haziran sabahı Kula'dan Bursa'ya doğru harekete mecbur kaldım. Bununla birlikte ve birçok engele rağmen, millî bir mücadelenin memleketin kurtarılması için kaçınılmaz olduğu düşüncesini her tarafa yaymayı başardım." diyor. Düşündüklerime ve yaptıklarıma sarsılmaz inancı olduğunu bildiriyor. Bu konuda hemen temaslara başladığını, Çine'de bulunan 57'nci Tümen'e de emir vermemi, kendisine de emir vermekte devam etmemi istiyordu.

* *
*

MİLLİ TEŞKİLATIN KURULMASI VE MİLLETİN UYARILMASI

Bir hafta kadar Samsun'da ve 25 Mayıs'tan 12 Haziran'a kadar Havza'da kaldıktan sonra Amasya'ya gittim. Bu süre içinde bütün yurtta millî teşkilatın kurulması gereğini bir genelge ile bütün komutanlara ve idari memurların amirlerine bildirdim.

Dikkat çekmek gerekir ki, İzmir'in, onun arkasından da Manisa ve Aydın'ın işgaliyle yapılan saldırı ve zulümler hakkında millet daha aydınlanmamış; millî varlığa vurulan bu korkunç darbeye karşı açıktan açığa herhangi bir tepki ve şikâyet gösterilmemişti. Milletin, bu haksız darbe karşısında sessiz ve hareketsiz kalması, elbette kendi lehine yorumlanamazdı. Onun için milleti uyarıp harekete getirmek gerekirdi. Bu maksatla 28 Mayıs 1919 tarihinde valilere ve bağımsız mutasarrıflıklara, Erzurum'da 15'inci Kolordu, Ankara'da 20'nci Kolordu ve Diyarbakır'da 13'üncü Kolordu Komutanlıklarına, Konya'da Ordu Müfettişliğine şu yolda birer tebligatta bulundum:

> "İzmir'in ve maalesef bunun arkasından da Manisa ve Aydın'ın işgali, gelecekteki tehlikeyi daha açıkça hissettirmiştir. Toprak bütünlüğümüzün korunması için, milletçe gösterilen tepkinin daha canlı bir şekilde gösterilmesi ve bunun sürekli olması gerekir. Hayatımıza ve millî bağımsızlığımıza zarar veren işgal ve ilhak gibi olaylar, bütün millete kan ağlatmaktadır. Üzüntüler dindirilemiyor. Sindirilmesi ve katlanılması mümkün olmayan bu duruma derhal son verilmesinin bütün medenî milletlerle büyük devletlerin adalet ve nüfuzundan sabırsızlıkla beklendiğini göstermek maksadıyla mitingler düzenlenmelidir. Önümüzdeki hafta içinde ve çeşitli illere göre, Pazartesi başlayıp Çarşamba günü başvuruların devamı alınmak üzere yapılacak bu büyük ve heyecanlı mitingler süresince millî gösterilerde bulunulmalıdır. Bunların yerele yayılması, bütün büyük devletlerin temsilcileriyle Bâbıâli'ye etkileyici telgraflar çekilmesi, yabancıların bulunduğu yerlerde yabancıları da etkilemekle birlikte, düzenlenen millî gösterilerde adap ve sakinliğin titizlikle korunması, Hristiyan halka karşı saldırı, gösteri ve düşmanlık

gibi tavır ve davranışlardan sakınılması lazımdır. Yüksek şahsiyetinizin bu düşünce etrafında hassas ve etkili bulunmaları dolayısıyla işin iyi idare edileceğine ve başarıya ulaşacağına güvenim tamdır. Sonucun haberdar edilmesini rica ederim."

MİTİNGLER, MİLLİ GÖSTERİLER

Verdiğim bu talimat üzerine her yerde gösteri toplantıları yapılmaya başlandı.

Yalnız, az sayıda yerde bazı korkularla tereddüt edildiği anlaşılmıştır. Örnek olarak, 15'inci Kolordu Komutanı'nın Trabzon hakkında gönderdiği 9 Haziran 1919 tarihli şifreden miting sırasında Rumların uygunsuz davranışlarına maruz kalınacağı ve hiç yoktan bir olay çıkabileceği düşüncesiyle mitinge karar verilmişken bu kararın uygulanmadığı... Mitingi düzenleyen heyetin toplantısında İstrati ve Polidis'in de hazır bulunduğu anlaşılıyordu.

Trabzon, Karadeniz kıyısında ve önemli bir merkez olduğundan orada millî girişimler ve faaliyetler konusunda gösterilen kararsızlık ve Yunanlılar aleyhinde millî gösteriler yapılması görüşmelerinde İstrati ve Polidis Efendileri de bulundurmak gibi girişimlerin ciddiyet eksikliğini gösteren gevşeklikler, elbette İstanbul ve düşmanlar için pek değerli sayılacak belirtiler olarak algılanır.

Verdiğim talimattaki esas noktayı kötüye kullanacak derecede hüner gösterenler de oldu. Mesela, Sinop'a yeni atanan bir mutasarrıf, orada yapılan gösterileri bizzat kendisi yönetiyor ve miting kararlarını bizzat kendisi yazıp halka imzalattığını söylüyor ve bize de bir kopyasını gönderiyor. Bu kişinin zavallı halka gürültü patırtı arasında imzalattığı uzun yazılar içinde şu satırlar gizleniyordu: "Türkler ilerleyip gelişemediyse, Avrupa'nın medeniyet ilkelerini kabul edip benimseyemediyse şimdiye kadar iyi bir yönetime kavuşamamış olmasından ileri gelmiştir. Türk milleti, ancak kendi padişahının saltanat ve hâkimiyeti altında olmak şartıyla, Avrupa'nın gözetimi ve denetimi altında kurulacak bir yönetimle yaşayabilir".

Efendiler, Sinop halkı adına İtilâf Devletleri temsilcilerine verilen 3 Haziran 1919 tarihli bu muhtıranın altındaki imzalara göz gezdirirken, müftü vekili efendinin imzasından sonra gördüğüm imza, bilginize sunduğum satırları yazan ve yazdıran ruhu bana keşfettirdi. O imza, Hürriyet ve İtilâf Fırkasının ikinci başkanı olan kişinin imzası idi.

MİLLİ GÖSTERİLERİN YANKILARI

Her tarafta gösteriler düzenlenmesi için yaptığım tebligat tarihinden üç gün sonra, yani 31 Mayıs 1919'da Savunma Bakanı'nın şu telgrafını aldım:

İngiltere Olağanüstü Komiserliği'nden Babıali'ye tebliğ olunup Savunma Bakanlığına verilen nota aynen aşağıdaki gibidir:

Bugüne kadar gelen raporlardan, 3'üncü Kolordu bölgesinde adi bir haydutluktan başka bir şey görülmediği bilinmekle beraber, son notada bildirilen durumlar hakkında özel bir soruşturma yapılarak sonucunun acele olarak bildirilmesini rica ederim.

31/5/1919
Savunma Bakanı
Şevket

Kopya

1. Sivas'ın hâlihazırdaki durumu ve bu şehirde yahut bu şehrin yakınında toplanmakta olan çok sayıdaki Ermeni mültecilerinin güvenliği ile ilgili olarak sonraları oldukça kaygı verici haberler almış olduğumu siz Sadrazam Hazretleri'nin yüksek katına bildirmekle şeref duyarım.

2. Dolayısıyla askerî komutanın görev bölgesi içinde bulunan Ermenilerin iyi korunması ve himayeleri için elden gelen bütün tedbirleri almasını emreder ve herhangi bir şekilde öldürme veya kötü muamele olursa kendisinin doğrudan doğruya sorumlu tutulacağını bildiren bir telgrafın Savunma Bakanlığının yüksek katınca, adı geçen komutana acele olarak çekilmesi hususunda emir buyrulmasını siz Sadrazam Hazretleri'nin yüksek şahsiyetlerinden rica ederim.

3. Bu talimata benzer bir talimatın ilgili idari memurlara da verilmesini ayrıca rica ederim.

4. Memleket içindeki güvensizlik konusunda siz Sadrazam Hazretleri'nin yüksek şahsiyetlerinin ne kadar haklı bir endişe içinde bulunduklarını bildiğim için, siz Sadrazam Hazretleri'nin yüksek şahsiyetlerinin ayrıca işbu (…) uygun bulacağından eminim.

5. Söz konusu olan talimatın gönderildiği tarih hakkında verilecek bilginin beni fazlasıyla sevindireceğini bildiririm.

Sivas Vali Vekilliği'nden aldığım 2 Haziran 1919 tarihli bir telgrafta da "Bugün 'Albay Demange' imzasıyla alınan telgrafta, 'İzmir işgali üzerine, Aziziye'de Hristiyanlar ölümle tehdit edilmiştir, bu uygunsuz bir harekettir. Sizi durumdan haberdar ediyorum çünkü, bu gibi haller müttefik askerleri tarafından ilinizin işgaline yol açar.' anlamında uyarılarda bulunulmaktadır." denilmekteydi.

Gerçekte, ne Sivas'ta kaygı verici bir durum vardı; ne de Hristiyanların ölümle tehdit edildiği doğruydu. Bu yalanları, milletçe yapılmaya başlanan gösterilerden korkuya düşen Hristiyan unsurların, yabancıların dikkatini kendi üzerlerine çekmek için kasıtlı olarak yaptıkları uydurma haberler olarak kabul etmek lazımdır. Savunma Bakanlığının verdiği notanın kopyasını da içine alan telgrafına verdiğim cevabı olduğu gibi arz edeceğim:

İstihbarat

3 Haziran 1919

Çok aceledir

Sayı 58

Harbiye Nazırlığı Yüksek Katına,

İlgi: 2 Haziran 1919 tarihli şifre

Sivas ve çevresinde eskiden beri bulunan Ermenileri ve sonradan gelen mültecileri yıldıracak hiçbir olay gerçekleşmemiştir. Ne Sivas'ta ne de çevresinde kaygı verici herhangi bir durum yoktur. Herkes sakince iş ve güçleriyle meşguldür. Bunu bilginize sunar ve sizi kesinlikle temin ederim. Dolayısıyla İngilizlerin verdiği notadaki haberlerin kaynağının ne olduğunu bilmem gerekir. İzmir ve Manisa'nın işgali ile ilgili acı haberler üzerine Müslüman halk tarafından yapılan ve Hristiyan unsurlar hakkında düşmanca düşünceler içermeyen toplantılardan belki de bazılarının korkmuş olması hatra gelebilir. İtilaf devletleri milletimizin haklarına ve bağımsızlığına saygılı kaldıkça ve millet de vatanın kesin bir dokunulmazlığı olduğundan emin oldukça, Hristiyan unsurların korkuya kapılmalarına hiçbir sebep yoktur. Bu konuda devlete karşı her türlü sorumluluğu üstlenirim ve buna kesinlikle güvenilmesini istirham ederim. Ancak, milletin bağımsızlık ve milli varlığını yok eden, hayatlarının devamını tehlikeye atan işgal, cana kıyma ve zulüm gibi İzmir bölgesinde görülmekte olan eylemler ve benzerlerinin tekrarlanmasına karşı, ne milletin heyecanını ve acılarını, ne de bunlara dayanan millî gösterileri engellemek için kendimde ve hiç kimsede bir güç ve kudret göremeyeceğim. Bu yüzden çıkacak olayların karşısında da sorumluluk kabul edebilecek ne bir komutan ne bir sivil yönetici ve ne de bir hükümet tasavvur edebilirim.

Mustafa Kemal

Bu notanın kopyasıyla tarafımdan verilen cevabın kopyası bütün komutanlara, vali ve mutasarrıflara bir genelge ile bildirildi.

Bu tarihlerde bütün milletin İngiliz Muhipler Cemiyeti'ne katılarak İngiltere'den yardım istenmesi, bu dernek adına, Sait Molla imzasıyla bütün belediye başkanlıklarına bir telgrafla bildirildiği ve bu telgrafın etkisini hükümsüz kılmak için milleti gerektiği gibi aydınlatmakla birlikte hükümet nezdinde girişimlerde bulunduğum tarafınızca bilinmektedir. Bundan başka 27 Mayıs 1919 tarihinde **Türkiye-Havas-Reuter** ismindeki ajan, toplanan Saltanat Şûrası ile ilgili açıklamalarında "heyetin üyelerinin düşüncesi, Türkiye'nin büyük devletlerden birinin yardımlarını sağlamanın etrafında birleşiyor." diye yazmıştır. Ben de bunun üzerine sadrazama, milletin, millî bağımsızlığını korumaya kararlı olduğunu ve doğabilecek bütün kötü sonuçlara karşı bütün türlü fedakârlıkları göze aldığını ve millî vicdanı temsil etmeyen haberlerin endişe verici tepkiler yarattığını yazmakla birlikte, bütün milleti de bu durumdan nasıl haberdar ettiğimi başka bir münasebetle belirtmiştim.

Sadrazam Ferit Paşa'nın, malum Paris daveti üzerine, Birinci Türkiye Büyük Millet Meclisi'nin ilk toplantısını yaptığı günlerde bazı demeçler vermiştim. Bu konudaki bakış açımın ve davranış tarzımın ne olduğunu açıklamak üzere şu belgeyi olduğu gibi bilginize sunacağım.

Havza, 3.6.1919

Şifre
Aceledir
Kişiye özeldir

Samsun'da 3'üncü Kolordu Komutanı Refet Beyefendi'ye
Erzurum'da 15'inci Kolordu Komutanı Kazım Paşa Hazretleri'ne,
Erzurum Valisi Münir Beyefendi'ye,
Canik Mutasarrıfı Hâmit Beyefendi'ye,
Sivas Vali Vekili Hakim Hasbi Efendi Hazretleri'ne,
Kastamonu Valisi İbrahim Beyefendi'ye
Ankara'da 20'nci Kolordu Komutanı Ali Fuad Paşa Hazretleri'ne,
Konya'da Yıldırım Kıtaları Müfettişi Cemal Paşa Hazretleri'ne,
Diyarbakır'da 13'üncü Kolordu Komutanı Vekili Cevdet Beyefendi'ye,
Van Valisi Haydar Beyefendi'ye.

Fransız temsilci Mösyö Defrance'ın Sadrazamlık yüksek makamına gelerek Osmanlı Devleti'nin haklarını konferans huzurunda savunmak için Paris'e gidebileceklerini bildirdiği, İçişleri Bakanlığının resmî tebliğlerinden ve ajans yayınlarından anlaşılmıştır. İzmir olayı üzerine milletimizin gösterdiği şiddetli tepki ve böylece bağımsızlığını koruma konusundaki kesin kararlılığının sonucu olan bu başarı şükranla karşılanmaya değer. Ancak, buna rağmen, Yunanlıların İzmir'i işgali engellenebilmiş değildir. Herhalde milletin, kendi haklarının bilincinde ve onları çiğnetmemek için tek bir vücut halinde fedakârca harekete hazır olduğu, İtilaf Devletleri'ne karşı gösterilmeye ve ispata devam edildikçe, bu devletlerin milletimize uymak zorunda kalacağı ve onun haklarına saygılı olacağına şüphe yoktur.

Sadrazam Paşa Hazretleri'nin konferans huzurunda Osmanlı Devleti'nin haklarını savunmak için ellerinden geleni yapması doğaldır. Ancak, milletçe kesin bir şekilde savunulması istenen ve lazım olan haklar özellikle iki noktada önem kazanır. Birincisi, devlet ve milletin mutlak ve tam bağımsızlığıdır. İkincisi de vatanın ana topraklarında çoğunluğun azınlıklara feda edilmemesidir. Bu konuda Paris'e harekete hazırlanan heyetin görüşü ile millî vicdanın kesin istekleri arasında tam bir uygunluğun bulunması şarttır. Aksi halde, millet, oldukça zor bir durumda ve giderilmesi imkânsız oldubittiler karşısında kalabilir. Bu endişeyi doğuran sebepler şunlardır: "Sadrazam Paşa Hazretleri, duyulan açıklamalarında, bir Ermeni özerkliği ilkesini kabul etmiş olduğunu bildirdi. Bunun sınırını belirtmedi. Bundan, Doğu illerinin halkı doğal olarak üzüntü duydu ve durumun açıklanmasını istemeye mecbur oldu. Toplanmış olan Saltanat Şûrasında da üyelerin hemen hepsi, millî bağımsızlığın korunmasını ve milletin kaderini yine millî bir şûranın yetkisine bırakılmasını istedikleri halde, sadece hükümeti temsil eden İtilaf ve Hürriyet Fırkası adına Başkan Sadık Bey'in yazılı açıklamasında İngiltere'nin himayesi teklif edildi. Geniş bir Ermenistan özerkliğini ve yabancı bir devletin himayesinin kabulü konularında, milletin isteği ile şimdiki hükümetin görüşü arasında bir uygunluk olmadığı anlaşılıyor. Sadrazam Paşa Hazretleri ve onunla birlikte hareket edecek olan heyetin, milletin haklarını savunurken uyacağı ilkeler ve program milletçe bilinmedikçe, arz edilen noktalarda endişeye kapılmamak mümkün değildir. Bu suretle illerdeki ve onlara bağlı yerlerdeki Müdafaa-i Hukuk-ı Millîye ve Redd-i İlhak Cemiyetlerinin temsilcileri ve daha kuruluşunu tamamlayamayan yerlerde de belediye heyetleri, Sadrazam Paşa Hazretleri'ne ve doğrudan doğruya padişaha telgraflar çekerek, millî bağımsızlığın mutlak dokunulmazlığının ve milletin çoğunluğunun haklarının korunmasının milletin temel şartı olduğu belirtilmelidir. Gidecek heyetten, yapacakları savunmanın esaslarını millete resmen ve açıkça bildirmesi istenmelidir.

Milletin bu şekildeki hareket etmesiyle, gidecek heyetin savunmaya çalışacağı ilkelerin gerçekten milletin isteği olduğu, İtilâf Devletleri'nce anlaşılacak ve doğal olarak daha fazla bir önemle dikkate alınacaktır. Böylece heyetin görevi kolaylaşacaktır. Bu düşüncelerin gerekenlere süratle ulaştırılmasını ve duyurulmasını, vatanımızın kaderi adına vatansever yüksek şahsiyetinizden özellikle istirham ederim. Bu telgrafın alındığı zamanın bildirilmesini de rica ederim.

Mustafa Kemal

İSTANBUL'A GERİ ÇAĞRILIŞIM

Bu tarihten beş gün sonra, yani 8 Haziran 1919'da, İstanbul'a Savunma Bakanı tarafından çağrıldığımı ve gizlice sorup soruşturmam üzerine, kimler tarafından ne için istendiğimi devlet adamlarımızdan birinin haber verdiğini daha önce başka bir münasebetle yaptığım açıklamada ifade etmiştim. O kişi, Genelkurmay Başkanlığı makamında oturan Cevat Paşa idi. Bunun üzerine, İstanbul ile yapılmış olan haberleşmenin bir kısmı herkesçe öğrenilmiştir. Bu haberleşmeler, Erzurum'da görevden ayrıldığım tarihe kadar değişik Savunma Bakanlarıyla ve doğrudan doğruya sarayla devam etmiştir.

Anadolu'ya geçeli bir ay olmuştu. Bu süre içinde bütün ordu birlikleriyle temas ve bağlantı sağlanmış; millet mümkün olduğu kadar aydınlatılarak dikkatli ve uyanık bir duruma getirilmiş, millî bir teşkilat kurma düşüncesi yayılmaya başlamıştı. Genel durumu artık bir komutan sıfatıyla yürütüp yönetmeye devam imkânı kalmamıştı. Yapılan geri çağırma emrini yok saymış ve onu yerine getirmemiş olmakla birlikte, milli teşkilat ve hazırlıkların yönetimine devam etmekte olduğuma göre, şahsen isyancı konumuna geçmiş olduğuma şüphe edilemezdi. Bundan başka ve özellikle uygulanmasına karar verdiğim girişimler ve faaliyetlerin esaslı ve şiddetli olacağını tahmin güç değildi. O halde, yapılacak girişimlerin ve faaliyetlerin bir an önce kişisel olmaktan çıkarılması ve bütün bir milletin birlik ve dayanışmasını sağlayacak ve milleti temsil edecek bir heyet adına olması gerekli idi.

SİVAS'TA GENEL BİR KONGRE TOPLANMA KARARI

Bu sebeple, 18 Haziran 1919 tarihinde, Trakya'ya verdiğim direktifte işaret ettiğim bir noktanın uygulanma zamanı gelmiş bulunuyordu. Hatırınızdadır ki, o nokta, Anadolu ve Rumeli'deki millî teşkilatları birleştirerek, bir merkezden temsil ve idare etmek üzere, Sivas'ta genel bir millî kongre toplamaktı. Bu gayenin gerçekleştirilmesi için yaverim Cevat Abbas Bey 21/22 Haziran 1919 gecesi, Amasya'da yazdırdığım genelgenin esas noktaları şunlardı:

1. Vatanın bütünlüğü, milletin bağımsızlığı tehlikededir.

2. İstanbul hükümeti üzerine aldığı sorumluluğun gereğini yerine getirememektedir. Bu durum milletimizi yok olmuş gibi gösteriyor.

3. Milletin bağımsızlığını, yine milletin azim ve kararı kurtaracaktır.

4. Milletin içinde bulunduğu durum ve şartların gereğini göz önünde bulundurmak ve haklarının sesini tüm dünyaya duyurmak için her türlü baskı ve kontrolden uzak millî bir heyetin varlığı şarttır.

5. Anadolu'nun her bakımdan en güvenli yeri olan Sivas'ta hemen millî bir kongrenin toplanması kararlaştırılmıştır.

6. Bunun için bütün illerin her sancağından milletin güvenini kazanmış üç delegenin mümkün olan en kısa zamanda yetişmek üzere yola çıkarılması gerekmektedir.

7. Her ihtimale karşı, bu mesele milli bir sır olarak tutulmalı ve temsilciler, gereğinde yolculuklarını kılık değiştirerek yapmalıdır.

8. Doğu illeri adına, 10 Temmuz'da*, Erzurum'da bir kongre toplanacaktır. O tarihe kadar öteki illerin delegeleri de Sivas'a gelebilirlerse, Erzurum Kongresi'nin üyeleri de Sivas'taki genel kongreye katılmak üzere hareket eder.

Görüyorsunuz ki, bu yazdırdığım hususlar, zaten verilmiş ve dört gün önce Trakya'ya tebliğ etmiş olduğum bir kararın, bir genelge ile Anadolu'ya da bildirilmesinden ibarettir. Bu kararın 21/22 Haziran 1919 gecesi, karanlık bir odada alınmış korkunç, gizli ve yeni bir karar olmadığı, zannımca kolaylıkla anlaşılır.

Bu noktanın aydınlanması için, arzu buyurursanız küçük bir açıklamada bulunayım.

Efendiler, o müsvedde işte bu kâğıtlardır (göstererek) ve dört maddeyi içerir. İçerikleri bildirdim. Sonunda benim imzam vardır. Bir de görevi dolayısıyla Genelkurmay Başkanım olan Albay Kazım Bey'in (bugün İzmir valisi olan Kazım Paşa), Genelkurmay'da tebliğ işleriyle görevli memur Hüsrev Bey'in (Bugün büyükelçi), askerî makamlara şifreleyen yaverim Muzaffer Bey 'in ve sivil makamlara şifreleyen bir memur efendinin imzaları vardır. Bunlardan başka bazı imzalar da vardır.

ADINI SAKLAYAN BİR TANIDIĞIN AMASYA'YA GELMESİ

Bu imzaların bu müsveddeye konması iyi bir şans ve tesadüf eseridir.

Henüz Havza'da bulunduğum sırada Ankara'da bulunan 20'inci Kolordu Komutanı Ali Fuat Paşa'dan şifreli bir telgraf aldım. Bu telgraf, "Tanıdığımız bir kişi bazı arkadaşlarıyla birlikte İstanbul'dan buraya gelmiştir. Nasıl hareket etmeleri gerektiği konusunda ne emir buyuruyorsunuz?" minvalindeydi. Adeta bir bilmeceyi andıran bu telgraf, bende büyük bir merak ve hayret uyandırdı. Söz konusu edilen zatı tanımıyorum; ama bana nasıl hareket edeceğini soruyor; Ankara'da arkadaşım

---

* Daha sonra bu kongre, 23 Temmuz'da toplanmıştır.

olan güvenilir bir komutanın yanında ve telgraf da şifreli. O halde neden adını şifreli olarak bile yazdırmaktan çekiniyor? Bir hayli düşündüm, kavrar gibi oldum; tahmin buyurulur ki, bilmece çözmekle uğraşacak zamanım yoktu. Fakat, Fuat Paşa'yı yakından görmek, bölgeleri, çevreleri, düşünceleri hakkında kendisiyle fikir alışverişinde bulunmak, bence pek istenilir bir şeydi. Bu bilmeceli telgraftan ilham alarak kendisine şu ricada bulundum: "Ankara'dan ayrıldığınızı hissettirmeyerek ve gerekli tedbirleri aldıktan sonra, ad ve kıyafet değiştirerek birkaç gün için hemen yanıma geliniz. İstanbul'dan gelen arkadaşları da birlikte getiriniz.

Gerçekten de Fuat Paşa, dediğim gibi Havza'ya hareket eder. Ancak, bazı zorlayıcı sebepler dolayısıyla, ben derhal Havza'yı terk edip Amasya'ya gitmeye mecbur olmuştum. Fuat Paşa, Havza yolunda durumu anlar ve Amasya'ya yönelir. İşte, böylece 21/22 Haziran'da Amasya'da yanımda bulunuyor. Adı şifrede bildirilmeyen zat da Rauf Bey'di.

İstanbul'dan ayrılmak üzere, evimden otomobile bineceğim sırada Rauf Bey yanıma gelmişti. Bineceğim vapurun takip edileceğini ve beni İstanbul'da iken tutuklamadıklarına göre belki de Karadeniz'de batırılacağımı güvenilir bir yerden işitmiş, onu haber verdi. Ben İstanbul'da kalıp tutuklanmaktansa, batıp boğulmayı tercih ettim ve hareket ettim. Kendisine de eninde sonunda İstanbul'dan çıkmak zorunda kalırsa benim yanıma gelmesini söyledim.

Rauf Bey, gerçekten de İstanbul'dan çıkmak gereğini duymuş ve çıkmış... Ancak, benim yanıma gelmedi. Arkadaşı olan 6'ncı Tümen Komutanı Albay Bekir Sami Bey'le görüşmek ve İzmir cephesine daha yakın bir yerde olarak daha etkili ve daha yararlı olacağını zannederek Bandırma - Akhisar yoluyla Manisa bölgesine gitmiş. Gittiği yerde halkı manevi olarak çökük, durumu tehlikeli ve korkunç bulmuş. Derhal ad değiştirerek oradan Ödemiş, Nazilli, Afyonkarahisar üzerinden Aziziye Sivrihisar yoluyla ve arabayla Ankara'ya, Fuat Paşa'nın yanına gelmiş ve bana haber göndermiş; çok güzel! Ama adını saklamak suretiyle beni üzmenin anlamı var mıydı?

Öte yandan 3'üncü Kolordu Komutanım olup Samsun mutasarrıflığında bıraktığım Refet Bey'i artık Sivas'a Kolordu merkezine göndermek istiyordum. Birkaç defa gelmesi için emir vermiştim. Bölgeyi gezmiş. Emirlerime cevap bile alamıyordum. Nihayet o da tesadüfen o gün gelmişti.

RAUF BEY VE REFET BEYLERİN KARARSIZLIĞI

Şimdi, imza meselesine gelelim: Ben kâğıdın yeni gelen arkadaşlar tarafından da imzalanmasını istedim. O sırada Rauf ve Refet Beyler benim odamda, Fuat Paşa başka bir odada bulunuyorlardı.

Rauf Bey, misafir olduğundan bu kâğıda imza atmak için kendini ilgili ve yetkili görmediğini nazikçe ifade etti. Bunun tarihi bir hâtıra olduğunu belirterek imza etmesini söyledim. Bunun üzerine imzaladı.

Refet Bey, imzadan çekindi ve böyle bir kongre toplanmasındaki maksat ve yararı anlayamadığını söyledi.

İstanbul'dan beri yanımda getirdiğim bu arkadaşın - tuttuğumuz yola göre - anlaşılması pek basit olan bir konuda, belirttiği fikir ve duyguları beni üzdü. Fuat Paşa'yı çağırttım. Paşa, maksadımı anlayınca derhal imza attı. Fuat Paşa'ya, Refet Bey'in çekinmesinin sebebini anlayamadığımı söyledim. Fuat Paşa, Refet Bey'den biraz ciddi açıklama yapmasını istedikten sonra, Refet Bey, kâğıdı eline alarak kendine göre bir işaret koydu. Öyle bir işaret ki, bunu, bu kâğıtta bulmak oldukça güçtür.

(Buyurun! Merak eden inceleyebilir.)

Efendiler, gereksiz gibi görülebilen bu açıklamalar, daha sonraki yıllara ve olaylara ait bazı karanlık noktaları aydınlatmaya yardımcı olur düşüncesiyle yapılmıştır.

İSTANBUL'DA BAZI KİMSELERE GÖNDERDİĞİM MEKTUP

Kongreye daveti içeren genelge sivil ve askerî makamlara şifre olarak verildi. Bundan başka İstanbul'da bulunan bazı kimselere de gönderildi. Fakat bu kimselere ayrıca bir de genel birer mektup yazdım. Kendilerine mektup yazdığım kimseler şunlardı: Abdurrahman Şeref Bey, Reşit Akif Paşa, Ahmet İzzet Paşa, Seyit Bey, Halide Edip Hanım, Kara Vasıf Bey, Ferit Bey (Bayındırlık Bakanıydı) Sulh ve Selâmet Fırkası Başkanı Ferit Paşa (daha sonra Savunma Bakanı oldu), Câmi Bey, Ahmet Rıza Bey.

Bu mektupta söylediğim noktaları özet olarak tekrar edeceğim:

1. Yalnız mitingler ve gösteriler, büyük gayeleri hiçbir vakit gerçekleştiremez.
2. Bunlar, ancak milletin bağrından fiilen doğan ortak güce dayanırsa kurtarıcı olur.
3. Zaten acı olan durumu tehlikeli şekle sokan en etkili sebep, İstanbul'daki muhalif akımlar ve millî faydayı zararlı bir şekilde yüzüstü bırakan siyasî ve millî olmayan propagandalardır.
4. Artık İstanbul Anadolu'yu yöneten konumda değil, ona bağlı olmak mecburiyetindedir.
5. Size düşen fedakârlık pek büyüktür.

ALİ KEMAL BEY'İN GENELGESİ

25 Haziran'a kadar Amasya'da kaldım. Hatırlardadır ki, o tarihlerde İçişleri Bakanlığı görevinde bulunan Ali Kemal Bey, benim görevden alındığımı ve artık benimle hiçbir resmî muameleye girişmemek ve hiç-

bir isteğimi yerine getirmemek konusunda şifreli bir genelge yayınlamıştı.

23 Haziran 1919 tarih ve 84 sayılı olan bu genelge metni, dikkate değer bir anlayışı gösterir belge olduğu için aynen bilginize sunacağım.

İçişleri Bakanı Ali Kemal Bey'in 23.6.1919 tarihli ve 84 sayılı şifresinin çözülmüş kopyasıdır:

Mustafa Kemal Paşa büyük bir asker olmakla birlikte günün siyasetine pek fazla hakim olmadığı için, olağanüstü sayılacak vatanseverlik ve gayretine rağmen, yeni görevinde asla başarılı olamadı. İngiliz Olağanüstü Temsilcisi'nin istek ve ısrarıyla görevden alındı; bundan sonra yaptıkları ve yazdıkları ile de bu kusurlarını daha çok açığa vurdu. Redd-i İlhak Cemiyetleri gibi, Balıkesir ve Aydın dolaylarında Müslüman halkı boş yere kırdırmaktan ve bu fırsattan yararlanarak halkı haraca bağlamaktan başka iş yapmayan emirsiz, saygısız ve kanunsuz olarak kurulan bazı heyetler için öteden beri çektiği telgraflarla siyasî hatasını idarî yönden de artırdı. Kendisinin İstanbul'a getirilmesi Savunma Bakanlığının görevidir. Ancak, İçişleri Bakanlığının size kesin emri şudur ki, artık o kişinin görevden alınmış olduğunu bilmek, kendisi ile hiçbir resmî işleme girişmemek, hükümet işleri ile ilgili hiçbir isteğini yerine getirmemektir. Bu talimat çerçevesinde hareket etmekle ne gibi sorumlulukların giderilmiş olacağını takdir buyurursunuz. Bu önemli ve tehlikeli günlerde memur, halk, her Osmanlı'ya düşen en büyük görev; barış konferansınca geleceğimiz üzerinde karar verilirken ve beş yıldır yaptığımız deliliklerin hesapları görülürken, artık aklımızı başımıza devşirdiğimizi göstermek, akıllıca ve tedbirlice hareket etmek, parti, mezhep, ırk ayrılıklarını gözetmeksizin her ferdin hayatını, malını, ırzını koruyarak, medenî dünyanın gözünde bu memleketi bir daha lekelememek değil midir?

ALİ KEMAL BEY VE PADİŞAH

Bu şifreli genelgeden, benim ancak Sivas'a vardığım 27 Haziran 1919 tarihinde haberim oldu. Ali Kemal Bey, 23 Haziran tarihinde bu genelgesi ile düşmanlara ve padişaha önemli bir görev yaptıktan sonra, 26 Haziran 1919 tarihinde hükümetten çekilmiştir. Ali Kemal Bey 'in sadrazamlığa verdiği resmî istifa yazısından başka, saraya da gidip padişaha kendi eliyle verdiği istifa yazısı suretleri ile sözlü maruzatını ve padişahın ona verdiği cevabı, çok sonra öğrendim.

Ali Kemal Bey, istifa yazısında, özellikle bunun padişaha ait olanında; Osmanlı topraklarının çeşitli yerlerinde görülen ayaklanma ve karışıklık belirtilerinden sonra, ihtilal ateşinin hemen çıktığı yerde, yayılmadan bastırılıp söndürülmesi ve durdurulması için tedbir almak, yalnız kendi makamını ilgilendirirken, kendisine gösterilen yakın ilgi ve güveni çekemeyen bazı arkadaşlarının birçok yersiz sebepler ileri sürerek ihtilâlin daha da genişlemesine yol açtıklarından söz ediyor. Sonra, resmî görevinden çekilmekle birlikte, özel olarak hizmet edeceğini ve hep sadık olacağını ekliyor ve sözlü olarak da "Resmî görevimden ayrılmamı fırsat bilen düşmanlarımın hücumundan ben kulunuzu koruyunuz." diye ricada bulunuyor.

Padişah, karşılık olarak "Beni büsbütün yalnız bırakmayacağınıza eminim. Bağlılığınız, bana büyük ümit ve teselliler vermiştir. Saray, her dakika size açıktır. Refik Bey'le işbirliğinden ayrılmayınız." iltifatında bulunuyor.

Padişahın kendine olan sadakatinden dolayı büyük ümit ve teselliye kapıldığı Ali Kemal'i, bakanlık makamında ve padişah huzurunda gördükten sonra, bir de asıl gerçek görevi başında görelim!

Canınız sıkılmazsa, Sait Molla'nın Rahip Frew'a yazdığı mektuplardan birini gözden geçirelim:

> *"Ali Kemal Bey'e, son felâketi üzerine üzüntünüzü bildirdiğinizi söyledim. Bu kişiyi elde bulundurmak gerekir. Bu fırsatı kaçırmayalım. Bir hediye takdimi için en uygun zamandır."*
>
> *"Ali Kemal Bey dün o kişiyle görüşmüş. Basın işinde biraz ihtiyatlı olmak gerektiğini söylemiş. Daha önce lehine yönelmiş olan düşünce ve kalem erbabını bu defa öncekine aykırı bir amaca yöneltmek bizde kolaylıkla mümkün olmaz. Bütün devlet memurları, Millî Mücadele'yi şimdilik iyi görüyorlar demiş. Ali Kemal Bey, talimatınıza harfi harfine uyacak, Zeynelabidin partisiyle de işbirliği yapmaya çalışıyor. Kısacası işler bulandırılacak."*

Aynı mektubun altında bir de notu vardır. Şimdi onu da okuyalım:

> *Birkaç defadır söylemek istediğim halde unutuyorum. Mustafa Kemal Paşa'ya ve taraftarlarına biraz müsait görünmeli ki, güven içinde hissederek buraya gelebilsin. Bu işe fevkalâde önem veriniz. Kendi gazetelerimizle onu destekleyemeyiz.*

Bu belgeler hakkında sırası gelince daha çok bilgi veririm. Şimdilik bu kadarı yeterlidir.

ALİ GALİP BEY SİVAS'TA

Ali Kemal Bey'in daha Amasya'da iken haberim olmadığını arz ettiğim genelgesi, memurların ve halkın kafasını gerçekten de bulandırmış. Hiçbir yerde eksik olmayan kötümser kişiler derhal aleyhimde propagandaya ve faaliyete geçmişler.

Bu yoldaki kötü gösteri ve hareketlerin en önemlisi Sivas'ta hazırlanmaya başlanmış.

Müsaade buyurursanız bunu kısaca anlatayım: İçişleri Bakanı Ali Kemal Bey'in, bu genelge ile verdiği emrin tarihi olan 23 Haziran günü, Sivas'ta Ali Galip Bey adında biri, on kadar adamıyla hazır bulunuyormuş. Bu kimse İstanbul'dan Elâzığ valisi olarak gönderilmiş olan Kurmay Albay Ali Galip'tir. Sözde o ilin ikinci derecede memurları olmak üzere, birtakım insanları da İstanbul'dan seçmiş, beraberinde götürüyor.

Ali Galip, güzergâhında bulunan Sivas'ta kalmış. Özel bir görevi olduğuna şüphe etmemek gereken Ali Galip, orada derhal kuvvetli taraftarlar bulmuş. Görevini hakkıyla yerine getirebilmek için tertip ve tedbirler almaya başlamış.

İçişleri Bakanlığının aleyhimdeki emri gelir gelmez, faaliyet başlamış. Sivas sokaklarında benim hain, asi, zararlı bir adam olduğuma dair duvarlara afişler yapıştırılmış.

Kendisi de, bir gün, Sivas'ta vali bulunan Reşit Paşa merhumun yanına giderek, İçişleri Bakanlığının emrinden bahsettikten sonra, Sivas'a gittiğim takdirde hakkımda uygulayacağı işlemi sormuş.

Reşit Paşa ne yapılabileceğini sormuş, "Ali Galip, ben senin yerinde olsam, derhal kollarını bağlar ve tutuklarım. Senin de böyle yapman gerekir." demiş.

Reşit Paşa, bu işin bu kadar basit olacağına inanamamış. Konuşma hayli uzamış. Konuşmaya katılanlar çoğalmış... Hatta bir kısım halk verilecek kararı anlamak üzere toplanmış...

Bugün, Haziranın 27'nci günüdür. Bakışlarımızı, yeniden bu noktaya dönmek üzere bir an için bu tablodan ayıralım ve Amasya'ya çevirelim:

SİVAS'A HAREKET

Ayın 25'inci günü, Sivas'ta aleyhimde bazı yakışıksız durumlar olmaya başladığını haber aldım. 25/26 Haziran gecesi yaverim Cevat Abbas Bey'i çağırdım ve yarın sabah karanlıkta Amasya'dan güneye hareket edeceğiz, dedim. Bu gidişin gizli tutularak hazırlık yapılması için emir verdim.

Bir taraftan da 5'inci Tümen Komutanı ve kurmaylarımla, gizli olarak şu tedbiri kararlaştırdık: 5'inci Tümen Komutanı, tümeninin seçkin subay ve erlerinden oluşan ve mümkün olduğunca kuvvetli bir atlı piyade birliğini hemen o geceden başlayarak hızlıca kuracaktı. Ben, 26 Haziran sabahı karanlıkta arkadaşlarımla birlikte otomobille Tokat'a hareket edecektim. Birlik kurulur kurulmaz, Tokat üzerinden Sivas'a doğru sevk edilecek ve benimle bağlantı kurmaya çalışacaktı. Hareketimiz hiçbir yere telgrafla bildirilmeyecek ve mümkün olduğu kadar Amasya'da da açıklanmayacaktı.

26 Haziran'da Amasya'dan hareket ettim. Tokat'a varır varmaz telgrafhaneyi kontrol altına aldırarak benim gelişimin Sivas'a ve hiçbir yere bildirilmemesini sağladım. 26/27 Haziran gecesini orada geçirdim, 27'de Sivas'a hareket ettim. Otomobille Tokat'tan Sivas, yaklaşık altı saattir.

Sivas valisine, Tokat'tan Sivas'a hareket ettiğime dair açık bir telgraf yazdım. İmzada Ordu Müfettişliği unvanını kullandım.

Telgrafta, bilerek çıkış saatimi kaydetmiştim. Fakat, bu telgrafın, yola çıkışımdan altı saat sonra çekilmesini ve o zamana kadar Sivas'a hiçbir şekilde bilgi verilmemesini sağlayacak tedbirleri aldırdım.

Şimdi Efendiler, bakışlarımızı yeniden Sivas'ta, bıraktığımız tabloya çevirelim; Ali Galip Bey ile Reşit Paşa arasında, bana karşı uygulanacak işlemin tartışılması sahnesine:

Tartışmanın hararetli bir anında, Reşit Paşa'nın eline, benim Tokat'tan çekilen telgrafımı verirler. Reşit Paşa telgrafı hemen, Ali Galip Bey'e uzatır. "İşte kendisi geliyor, buyurun, tutuklayın!" der. Reşit Paşa, telgrafta yazılı olan hareket saatini görünce hemen kendi saatini çıkarır, bakar... "Efendim geliyor değil, gelmiş olacaktır" diye ekler.

Bunun üzerine Ali Galip, "Ben tutuklarım dedimse, benim il sınırlarım içinde olursa tutuklarım, demek istedim." deyince toplantı halinde bulunanları bir heyecan kaplar... Hep birden, "Haydi öyleyse karşılamaya gidelim." diyerek toplantıya son verirler...

Ancak, şehrin ileri gelenleri, halk ve askerle parlak bir karşılama töreni hazırlayabilmek için biraz zaman kazanmak gerektiğini; halbuki, hesaplarına göre benim Sivas şehri kapılarına kadar yaklaşmış olacağımı dikkate alarak, beni, şehrin girişine yakın olan Ziraat Numune çiftliğinde bir süre dinlendirmenin yolunu aramışlar. Vali Paşa, karargâhımın sağlık başkanı olup, daha önce teşkilat kurmak üzere Sivas'a göndermiş olduğum Tali Bey'i çağırtarak, bu görevin yerine getirilmesini ondan rica etmiş ve gerekli hazırlıkları yapar yapmaz kendisinin de bize katılacağını söylemiş. .

Gerçekten de, tam Numune Çiftliği civarında, karşımıza çıkan bir otomobilin içinden, Tali Bey göründü. Otomobillerden indik, çiftliğin avlusunda oturduk. Tali Bey, şu an anlattığım hikâyeyi ayrıntılı olarak açıkladıktan sonra, görevinin beni burada biraz oyalamak olduğunu söyleyince, hemen ayağa kalktım, "Çabuk otomobillere ve Sivas'a!" dedim.

Bunun sebebini anlatayım. O anda hatırıma gelen şuydu: Karşılama töreni yapacağız diye Tali Bey'i aldatmış olabilirler ve gerçekte aksi bir tertip yapmak için zaman kazanmak isteyebilirlerdi. Otomobillere binmek üzere iken Sivas tarafından başka bir otomobil yanımıza yaklaştı. İçinde Vali Paşa vardı.

Reşit Paşa, "Efendim birkaç dakika daha istirahat buyurulmaz mı?" diye söze başladı. Yarım dakika bile istirahate ihtiyacım yoktur. Derhal yola çıkacağız ve sen benim yanıma gel." dedim.

- Efendim, dedi, sizin yanınıza Rauf Bey binsin. Ben arkadaki otomobille de gelirim.

- Hayır, hayır, dedim. Siz buraya...

Bu basit tedbirin neden alındığını açıklamaya gerek yoktur.

Sivas şehrinin kapısına vardığımızda caddenin iki tarafı büyük bir kalabalıkla dolmuş, askerî birlikler tören düzenini almış bulunuyordu. Otomobillerden indik. Yürüyerek askeri ve halkı selamladım...

Bu manzara, Sivas'ın saygıdeğer halkının ve Sivas'ta bulunan kahraman subay ve askerlerimizin bana ne kadar bağlı ve sevgi ile dolu olduğunu gösteren canlı bir şahitti...

Bundan sonra, doğruca Kolordu Komutanlık binasına gittim ve hemen yanındakilerle birlikte Ali Galip'i ve onun yancısı olduklarını anladığım fesatçıları getirttim. Onlara yaptıklarımı anlatarak zaten yeterince yorucu olan ayrıntıları uzatmak istemem.

Yalnız, bir noktaya işaret etmekle yetineceğim.

Efendiler, Ali Galip, gördüğü bu kötü davranışlardan sonra, bana bildirecek bazı gizli şeyleri olduğunu söyleyerek, gece yalnız olarak yanıma gelmek istedi. Kabul ettim. Davranışlarının nasıl göründüğüne önem vermememizi rica etti. Elazığ valiliğini kabul ederek gelmekten maksadının, benim yanımda hizmette bulunmak olduğunu söyledi. Sivas'ta kalışının da benimle buluşup benden talimat almak için olduğunu açıklamaya ve bin türlü delillerle ispata çalıştı. Bizi sabaha kadar oyalamak suretiyle başardığını da itiraf etmeliyim.

ERZURUM'A HAREKET

Sivas'ta örgütler ve yol haritası hakkında gereken kişilere gerekli talimatlar verildikten sonra, hiç uyumadan geçen 27/28 Haziran gecesinin sabahında, bir bayram günü, Sivas'tan Erzurum'a doğru hareket edildi.

Bir haftalık sıkıntılı bir otomobil yolculuğundan sonra 3 Temmuz 1919 günü, halkın ve askerin samimi sevgi gösterileri arasında Erzurum'a varıldı. İstanbul Hükümetinden gelecek muhtemel olumsuz tebligatı kontrol etmek ve gerekirse engellemek için haberleşme kanalı olan önemli merkezlerde gerekli tedbirlerin alınması ve gerekli düzenlemelerin yapılması için bütün komutanlara, 5 Temmuz 1919'da emir verdim.

Komutan, vali ve Vilâyat-ı Şarkiye Müdafaayı Hukuk-ı Milliye Cemiyeti Erzurum Şubesiyle temas kuruldu.

Vali Münir Bey, İstanbul Hükümetince görevinden alınmıştı. Hareket etmeyip Erzurum'da kalması hakkındaki bildirimim üzerine hala Erzurum'daydı. Bitlis Valiliğinden ayrılıp İstanbul'a gitmek üzere Erzurum'dan geçen Mazhar Müfit Bey de aynı nedenlerle Erzurum'da beni bekliyordu.

MİLLİ GAYE İÇİN ORTAYA ATILMA KARARI

Bu iki valiyle 15'inci Kolordu Komutanı Kazım Karabekir Paşa ve yanımda bulunan Rauf Bey, eski İzmit mutasarrıfı Süreyya Bey, karargâhıma bağlı Kurmay Başkanı Kazım Bey, Kurmay Husrev Bey ve Doktor Refik Bey arkadaşlarımla ciddi bir fikir alışverişi yapmayı uygun buldum. Kendilerine genel ve özel durumu açıkladım ve izlenmesi gereken yolu anlattım. Bu münasebetle en elverişsiz durumları, genel ve şahsî tehlikeleri; her ihtimale karşı göze alınması kaçınılmaz olan fedakârlığı dile getirdim. Bir de şunları söyledim:

"Bugün, millî gaye ile ortaya atılacakların yok edilmesini düşünen yalnızca saray, hükümet ve yabancılardır. Ancak, bütün memleketin kandırılmasını ve aleyhimize çevrilmesini de ihtimal dahilinde görmek gerekir. Millete önder olacakların, her ne olursa olsun bu gayeden vazgeçmemeleri, memlekette barınabilecekleri son noktada, son nefeslerini verinceye kadar, bu gaye uğrunda fedakârlığa devam edeceklerine daha işin başında karar vermeleri gerekir. Kalplerinde bu gücü bulamayanların girişime geçmemeleri elbette daha isabetli olur. Çünkü, aksi halde hem kendilerini hem de milleti aldatmış olurlar.

"Bir de söz konusu görev, resmî makam ve üniformaya sığınarak, el altından yürütülebilecek türden değildir. Bu şekilde yalnızca belli bir seviyeye kadar sürdürülebilir. Fakat, artık, o seviye aşılmıştır. Açıkça ortaya çıkmak ve milletin hakları adına gür sesle bağırmak ve bütün milleti bu sese ortak etmek lâzımdır.

"Benim, görevden alındığıma ve her türlü sonuçla karşı karşıya bulunduğuma şüphe yoktur. Benimle açık açık işbirliği etmek, aynı sonuçları şimdiden kabullenmek demektir. Bundan başka, bahsettiğimiz bu durumlara göğüs gerebilecek adamın, başka birçok bakımlardan da, mutlaka benim şahsım olabileceği gibi bir iddia söz konusu değildir. Yalnız, herhalde, bu memleket evladından birinin ortaya atılması kaçınılmaz olmuştur. Benden başka bir arkadaş da düşünülebilir. Yeter ki, o arkadaş, bugünkü durumun kendisinden beklediği şekilde harekete evet diyebilsin"

Bu konuşma ve açıklamalardan sonra, gelişigüzel karar almak doğru olamayacağından bir süre düşünmek ve bazı kimselerle özel olarak fikir alışverişinde bulunabilmek için görüşmelere son verdiğimi bildirdim.

Tekrar toplandığımızda, işin başında benim devam etmemi, kendilerinin bana yardımcı ve destek olacaklarını bildirdiler. Yalnız bir arkadaş, Münir Bey, önemli bir mazereti dolayısıyla, bir süre için kendisinin fiilî görevden affını rica etti. Ben, şeklen, resmî görev ve askerlikten ayrıldıktan sonra da, tıpkı şimdiye kadar olduğu gibi üst rütbe bir komutan imişim gibi emirlerimin yerine getirilmesinin başarı için temel şart olduğunu belirttim. Bu nokta tamamen uygun görülüp kabul gördükten sonra toplantıya son verildi.

Efendiler, İstanbul'da Genel Kurmay Başkanlığı makamında, birbirinin yerine geçen Cevat ve Fevzi paşalardan, Barış Hazırlığı Komisyonu'nda çalışan İsmet Bey'den başlayarak Erzurum'a gelinceye kadar, her yerde temas ve ilişkide bulunduğum komutan, subay, her türlü devlet adamı ve ileri gelen kimselerle, burada, Erzurum'da yaptığım gibi görüşmeler ve anlaşmalar yapmıştım. Bundaki yarar takdir buyurulur.

ERZURUM KONGRESİ HAZIRLIKLARI

Erzurum'a gelişimin ilk günlerinde, Erzurum Kongresi'nin toplanmasını sağlamak için gerekli tedbirlerin alınmasına önem verildi. Efendiler, Vilâyat-ı Şarkiye Müdafaa-i Hukuk-ı Milliye Cemiyeti'nin, 3 Mart 1919 tarihinde bir kurucu heyet meydana getirmek üzere oluşturduğu Erzurum şubesi, Trabzon ile de anlaşarak 1919 yılı Temmuz'unun onuncu günü Erzurum'da bir Vilâyat-ı Şarkiye Kongresi toplamak için hazırlıklara başladı. Benim henüz Amasya'da bulunduğum tarihlerde, Haziran içinde, Doğu illerine temsilci göndermeleri için teklif ve davette de bulundu. İllerden temsilci getirtilmesi için o tarihten benim Erzurum'a gelişime kadar ve ondan sonra da bu konuda pek çok gayret gösterdi

Ancak, o günlerin şartları içinde böyle bir maksadın gerçekleş- tirilmesindeki güçlüğün büyüklüğü kolaylıkla takdir olunur. Kongrenin toplanma günü olan 10 Temmuz yaklaştığı halde, illerden gönderilmesi gereken temsilciler seçilip gönderilmiyordu.

Halbuki, bu kongrenin toplanmasını sağlamak artık çok önemli olmuştu. Bu sebeple tarafımızdan da ciddi girişimlerde bulunmak gerekti.

İllerin her birine açıktan haberler gönderildiği gibi, bir yandan da şifreli telgraflarla valilere, komutanlara gereken tebligatta bulunuldu. Sonunda, on üç günlük bir gecikme ile yeterince temsilci getirtilerek kongreyi toplama gerçekleştirilebildi.

Efendiler, millî mücadeleye ordu mensuplarının desteğini sağlamak, askerî ve millî mücadeleyi birbiriyle uyumlu olarak yürütme konusu önemliydi.

Trabzon'daki tümen vekâletle idare ediliyordu. Asıl komutanı Halit Bey Bayburt'ta gizlenmişti. Halit Bey'i gizlendiği yerden çıkartmak iki açıdan çok önemliydi. Biri ve en önemlisi, İstanbul'a çağırılmanın ve bir çağrıya uymamanın korkulacak ve gizlenecek nitelikte olmadığını millete ve özellikle ordu mensuplarına göstererek manevî gücü yükseltmekti. Diğeri de, sahilde önemli bir nokta olan Trabzon'a dışarıdan bir saldırı olduğu takdirde, oradaki tümenin başında gözü pek bir komutan bulundurmaktı.

Bundan dolayı, Halit Bey'i Erzurum'a getirttim; kendisine bizzat özel bir talimat verdikten sonra, gerekirse derhal oradaki tümeninin başına geçmek üzere Maçka'da bulunması için de emir verdirdim.

Biz bu işlerle meşgul olurken, bir yandan da, İstanbul'da Savunma Bakanlığı makamında bulunan Ferit Paşa'nın ve Padişahın, İstanbul'a dönmemi sağlamak için sürekli olarak çekilen aldatıcı telgraflarına da cevap vermekle mecburen vakit kaybediyorduk.

RESMİ SIFAT VE YETKİLERİMİ BIRAKARAK, MİLLETİN SEVGİ VE YİĞİTLİĞİNE GÜVENME VE VİCDANİ GÖREVE DEVAM ETME KARARI

Savunma Bakanlığı, "İstanbul'a gel." diyor. Padişah, önce "Hava değişimi al, Anadolu'da bir yerde otur, fakat bir işe karışma." diye başladı. Daha sonra, ikisi birlikte "Ne yap ne et, gel!" dediler. "Gelemem!" dedim. Sonunda, 8/9 Temmuz 1919 gecesi, sarayla açılan bir telgraf başı görüşmesi sırasında, birdenbire perde kapandı ve 8 Haziran'dan 8 Temmuz'a kadar bir aydır süregelen oyun sona erdi. İstanbul o dakikada, benim resmî görevime son vermiş oldu. Ben de aynı dakikada, 8 - 9 Temmuz 1919 gecesi saat 22.50'de Savunma Bakanlığına, saat 23.00'te Padişah'a resmi görevimle birlikte askerlikten de ayrıldığımı bildiren telgrafları çekmiş oldum.

Durum, tarafımdan, ordulara ve millete duyuruldu. Bu tarihten sonra resmi sıfat ve yetkilerden ayrılarak, yalnız milletin sevgi ve yiğitliğine güvenerek ve onun tükenmez feyiz ve kudret kaynağından ilham ve güç alarak vicdani görevimize devam ettik...

Biz, 8/9 Temmuz gecesi İstanbul ile telgraf başında konuşurken bunu başka dinleyenlerin ve ilgilenenlerin de bulunduğunu tahmin etmek güç değildir.

O tarihlerde ve ondan sonraki zamanlarda, en hafif tabirle saflıklarını yapılması gerekenler ve tedbir almak gibi göstermeye çalışmış olanlar hakkında bir fikir vermiş olmak için, müsaade buyurursanız, şu belgeyi olduğu gibi bilgilerinize sunmak isterim.

Konya, 9.7.1919 Saat: 6.00

3'üncü Ordu Müfettişliği Başyaverliğine

Telgraf ve Posta Genel Müdürü Refik Halit Bey ile Konya Valisi Cemal Bey, 6/7 Temmuz gecesi, telgrafla makine başında konuştular. Konuşmanın şöyle geçtiğini haber aldım.

Mustafa Kemal Paşa Hazretleri için gerekli işlem yapıldı. İstanbul'a getirilecek. Cemal Paşa Hazretleri için de yapılacak işlem hazırdır.

Konya valisi de:

- Teşekkür ederim, dediler.

Uygun bir şekilde Paşa Hazretleri'ne arz etmenizi rica ederim.

2'nci Ordu Müfettişliği Şifre Müdürü
Hasan

MERSİNLİ CEMAL PAŞA'NIN İSTANBUL'A GİTMESİ

Gerçekten, Konya'da bulunan 2'nci Ordu Müfettişi Cemal Paşa'nın on gün süreyle izinli olarak İstanbul'a gitmesinden dört gün önce öğrenmiş ve hayret etmiştim.

Cemal Paşa ile Samsun'a çıktığım günden beri millî istekleri gerçekleştirmek için işbirliği yapmak, askerî ve millî hazırlıklarda bulunmak ve örgütlenmek konularında haberleşmelerimiz vardı. Kendisinden, ümit verici ve olumlu cevaplar almıştım.

Benimle bu tarzda ilişki kurmuş olan bir komutanın, kendi kendine izin alıp İstanbul'a gitmesi, akıllıca bir iş olsa gerekti. Bu sebeple 5 Temmuz 1919 tarihli şifre ile, Konya'daki 12'nci Kolordu Komutanı Salahattin Bey'e şu iki maddeyi yazdım:

1. Cemal Paşa'nın on gün süreyle İstanbul'a hareketinin gerçek sebebini açıkça ve çok acele olarak bildirmenizi;

2. Zatıâlinizin hiçbir sebep ve suretle oradaki birliklerin başından ayrılması doğru değildir. Bu konuda Fuat Paşa ile de haberleşerek en kötü ihtimale karşı tedbirler almanız gereklidir. Her gün durumunuz hakkında kısa bilgiler vermenizi rica ederim.

Aynı şifrenin bir kopyasını da aynı tarihte Ankara'da bulunan Fuat Paşa'ya verdim.

Salâhattin Bey'in Konya'dan 6/7 Temmuz tarihinde, yani Refik Halit Bey'in Konya Valisi Cemal Bey'le telgraf başında konuştuğu sırada, cevap olarak verdiği şifreli telgrafta "Cemal Paşa, İstanbul'da bazı kimselerle temas etmek ve ailesiyle görüşmek üzere on gün süreyle kendi isteği ile izinli olarak İstanbul'a gitmiştir" denilmekte idi.

Cemal Paşa gitti, fakat gelemedi. Kendisini çok zaman sonra Ali Rıza Paşa kabinesinde Savunma Bakanı olarak göreceğiz.

KOMUTAYI BIRAKMAMA EMRİ

Maalesef, bu durumun tanığı olan ve kendisine birliklerinin başından ayrılmaması tavsiye edilen Salâhattin Bey'in de bir süre sonra İstanbul'a gittiğini haber aldık.

Cemal Paşa'nın gösterdiği bu kötü örnek üzerine, 7 Temmuz 1919 tarihinde, şu genel bildiriyi gönderdim:

> 1. Bağımsızlığımızı koruma uğrunda kurulmuş ve teşkilatlanmış olan millî kuvvetler, her türlü müdahale ve saldırı karşısında dokunulmazdır. Devlet ve milletin kaderinde millî ira-

de söz sahibi ve hakimdir. Ordu, bu millî iradeye bağlı ve onun hizmetindedir.

2. Müfettiş ve komutanlar, herhangi bir sebeple komutadan uzaklaştırıldıkları takdirde, yerlerini alacak kimseler, işbirliği yapılacak niteliklere sahiplerse, komutayı onlara bırakacaklar; ancak, kendileri de yetki bölgelerinde kalarak millî görevlerini yapmaya devam edeceklerdir. Aksi takdirde, yani bir ikinci İzmir olayına yol açabilecek kimselerin tayini halinde, komuta asla bırakılmayacak, bütün müfettiş ve komutanlarca kendilerine güvenilemediği gerekçesi ile yapılan tayin reddedilecek ve kabul edilmeyecektir.

3. Memleketimizi kolayca işgal edebilmek maksadıyla İtilaf Devletleri tarafından yapılacak baskılarla, hükümet herhangi bir birliği, askerî ve millî teşkilatımızı dağıtma emri verirse, bu emir kabul edilmeyecek ve yerine getirilmeyecektir.

4. Hedefleri ve gayesi millî bağımsızlığı sağlamak olan Müdafaa-i Hukuk-ı Milliye ve Redd-i İlhak Cemiyetlerinin ve girişimlerinin gerileme ve başarısızlığına yol açacak herhangi bir etki ve müdahaleyi ordu, kesinlikle önleyecektir.

5. Devlet ve milletin bağımsızlığını sağlama gayesinde devletin bütün sivil memurları, Müdafaa-i Hukuk-ı Milliye ve Redd-i İlhak Cemiyetlerinin ordu gibi meşru yardımcılarıdır.

6. Vatanın herhangi bir bölgesine saldırı olduğunda bütün millet, haklarını savunmaya hazır bulunduğundan, bu gibi olaylar karşısında, işbirliği için her yer birbirini en kısa zamanda haberdar ederek savunmada hareket ve işbirliği sağlanacaktır.

Bu bildiri, Anadolu ve Rumeli'de bulunan bütün ordu ve kolordu komutanlarıyla diğer ilgililere gönderilmiştir.

REFET BEY'İN ÜÇÜNCÜ KOLORDU KOMUTANLIĞINI BIRAKMASI

Bu genel bildirimizden beş altı gün sonra, Kavak'tan, "3'üncü Kolordu Komutanı Refet" imzalı, 13 Temmuz 1919'da yazılmış bir şifreli telgraf aldım. Telgrafın metni aynen şudur:

"İstanbul'dan bir İngiliz gemisiyle, Harbiye Dairesi Başkanı Albay Salâhattin Bey, benim görevimi devralmak üzere geldi. Benim de aynı gemi ile dönmemi bakanlık emrediyor. Salahattin Bey bu maksatla çalışacak. Genel duruma bakarak komutayı kendisine devretmeyi uygun buldum ve Savunma Bakanlığına istifamı verdim. Ayrıca geniş bilgi veririm. Sivas yönüne hareket ediyorum. 5'inci Tümen Komutanı Arif Bey vasıtasıyla Amasya'ya cevap veriniz."

Efendiler, itiraf etmeliyim ki, bu tutum ve tavırdan pek memnun olmadım. Refet Bey'in benimle olan işbirliği İstanbul'ca biliniyor. Bu çalışmaları benimseyen bir kimse onun görevini devralmaya hem de bir İngiliz gemisi ile gelince, derhal verilmesi tabiî olan hüküm, bu kimsenin İngilizlere hizmet edebileceği konusunda kendisine güvenilmiş olmasıdır. Bu hüküm, bir ihtimalden ibaret olsa bile, Refet Bey'in komutayı devirde acele etmemesi, hiç olmazsa bizim de görüşümüzü alması gerekirdi.

Güvenip komutayı kendisine devrettiğine göre de, hiç olmazsa bir süre ondan ayrılmayıp, durumumuzu ve görüşlerimizi ona iyice benimsetinceye kadar beraber çalışması ve kendisini bizimle bağlantıya geçirdikten sonra uzaklaşması yerinde olurdu, şeklinde yorumladım. Bununla birlikte, bir oldubitti karşısında bırakılmış olduğuma göre, iki noktada teselli aramakla yetinmeye mecburdum. Birincisi, Refet Bey 'in telgrafındaki Salahattin Bey bu maksatla çalışacak." cümlesi, ikincisi de, Refet Bey'in hiç olmazsa İstanbul'a gitmemiş olması idi.

Bu durum üzerine, komutanların İstanbul'a gitmek konusunda en küçük bir gafletlerinin çok pahalıya mal olacağını ve programımızı en iyi şekilde uygulamaya devam edeceğimizi bütün komutanlara bildirmek suretiyle hemen dikkatlerini çektim. Refet Bey'e de aynı tarihte (14 Temmuz 1919), "Salâhattin Bey'in kararlarımızı iyi bir şekilde uygulayacağı, buradaki arkadaşları fazlasıyla duygulandırmış ve onlara güç kazandırmıştır" cümlesi de bulunan bir şifreli telgraf çektirdim.

Salâhattin Bey'in kendisine de aynen şu telgrafı çektirdim.

14 Temmuz 1919

Amasya'da 5'inci Tümen Komutanlığına

Refet Bey'edir: Aşağıdaki telgrafı, uygun görürseniz Salâhattin Bey'e ulaştırınız ve sonucunu bildiriniz.

Mustafa Kemal

Salahattin Beyefendi'ye: İstanbul'un kuşatılmış çevresinden milletin kutsal bağrına gelmeniz ve arkadaşlarınızın millet için her şeyini ortaya koyan arkadaşlarınızın vatanseverlik meydanına sizin de şeref vermiş olmanız büyük bir sevinçle karşılandı. Kutsal amacımızın gerçekleştirilmesi uğrunda gösterilecek ortak gayrette Cenabı Hak hepimizi zafere ulaştıracaktır. Gözlerinizden öperim.

(Mustafa Kemal)
3'üncü Ordu Müfettişi
Kurmay Başkanı
Albay Kazım

Salâhattin Bey hakkında ilk şüphe ve kararsızlık, yine Salahattin Bey 'in bu maksatla çalışacağını söylemesi üzerine kendisine güvenen ve hemen komutayı teslim edip Sivas'a doğru uzaklaşan Refet Bey tarafından gösterilmiş oldu.

Refet Bey'in Amasya'dan çektiği bir telgraf, yalnız Salahattin Bey hakkındaki şüpheyi değil, daha birkaç nokta ile ilgili görüşleri de ortaya koyuyordu. Müsaade buyurursanız aynen bilginize arz edeyim:

Aceledir.
Güvenlikle ilgili

Amasya, 15.7.1919

Erzurum'da 15'inci Kolordu Komutanlığına

Mustafa Kemal Paşa Hazretleri'ne:

Salâhattin Bey'i tanırsınız. Birden ürkütmemek gerekir. Önce Kazım Paşa, tebrik etme vesilesiyle ve yumuşak ifadelerle kendisiyle haberleşmeye girişmelidir. Hamit Bey'in görevden alınması hakkında daha bir şey yok. Fakat yerinde bırakılması için girişimlerde bulunuldu. Görevden alınırsa buralarda kalacağını pek sanmıyorum. Bununla birlikte etkilemeye çalışıyorum. Benim dönmem için İngilizlerin hükümete baskı yapacakları şüphesiz. Ben kendimi duruma göre ayarlayarak buralarda kalacağım. İngilizlerden ve buradan geçen Amerikalılardan anladığıma göre, Kazım Paşa'nın durumu da tehlikelidir. Daima ölçülü davranılmasını ve durumun iyi idare edilmesini tekrar tavsiye ederim. (Refet).

5'inci Tümen Komutanı
Arif

Bu telgrafta ismi geçen Hamit Bey, Samsun mutasarrıfıydı. Hamit Bey, Samsun'a gelişimizin ilk günlerinde, Refet Beyle geçmişten gelen hukuku ve dostluğu dolayısıyla, ortak gaye uğrunda, sonuna kadar bizimle beraber fedakârca çalışacak vasıfları taşıyan biri olduğuna güvendiği için bana tavsiye ettiği ve benim Sadrazamlığa ve Genel Kurmay Başkanı Cevat Paşa'ya durumu bildirerek Samsun'a getirebildiğimiz kişiydi.

Böyle bir kişinin, er geç görevden alınacağına şüphe var mıydı? Fakat Refet Bey, "Yerinde bırakılması için girişimlerde bulunuldu." diyor. Nerede bırakılması? Kimlere gidilerek? Kim girişimlerde bulundu? Sonra, "Görevden alınırsa buralarda kalacağını pek sanmıyorum. Bununla birlikte etkilemeye çalışıyorum." diyor. Nereye, İstanbul'a mı gidecek? Nasıl? Bu kişi bugüne kadar bizimle birlikte çalışmıyor muydu?

Bu telgrafında Refet Bey, kendisinin dönmesi için İngilizlerin hükümete baskı yapacaklarını kesin olarak kabul ediyor ve kendisini duruma göre ayarlayarak buralarda kalacağını söylüyor. Halbuki durum belli ve yapılacak şeyi ben kendisine 7 Temmuz 1919 tarihli genel talimatımla bildirdim (adı geçen talimatın 2. maddesi). Ondan başka yapılacak şey yoktu.

Refet Bey, İngilizlerden ve buradan geçen Amerikalılardan anlamış ki, Kazım Paşa'nın da durumu tehlikelidir. Bu ne demektir? Azim ve iradelerini en çok korumaları gereken arkadaşların, bize karşı her halde rahmet okumayacak kimselerin sözlerinden tehlikeler çıkarmalarını ve bunu inanarak söylemeleri neyi gösterir.

Refet Bey, telgrafının sonunda bana da ders veriyor, "Daima ölçülü davranılmasını ve durumun iyi idare edilmesini tekrar tavsiye ederim" diyor.

Buradaki ölçülü kelimesinden maksadın ne olabileceğinin yorumunu akıl sahiplerine bırakırım.

Bana iyi idareyi tavsiye eden zat, bu tavsiyeyi, benim verdiğim emir ve talimatı hakkıyla yerine getirip görevi başından ayrılmadan önce yapmış olsaydı, daha içten hareket etmiş olurdu sanırım.

HAMİT BEY'İN İSTANBUL HÜKÜMETİNCE GÖREVDEN ALINMASI

Efendiler, Hamit Bey, 14 Temmuz 1919 tarihinde Samsun'dan bana şu kısa telgrafı çekmişti:

> *"Görevden alındığımı güvenilir bir kaynaktan haber aldım. Şu bir iki gün içinde emrin gelmesini bekliyorum. Sonra İstanbul'a gideceğimi arz ederim."*

Refet Bey'in komutayı bırakmış olmasının üzüntüsünde iken aynı günde, önemli bir noktada kendisinden fedakârca hareketler beklediğimiz diğer bir arkadaşın da, sanki doğal şartlar içinde bulunuyormuşuz gibi, anlaşılması güç bir tutum içinde olduğu bilgisini alıyorum.

Hâmit Bey'e 15 Temmuz 1919 tarihinde şöyle bir telgraf çekildi:

> *"Kardeşim Hamit Bey, sizin yerinize İbrahim Ethem Bey'in tayin edildiğini haber aldık. Refet'e yazdım ve buluşarak birlikte iç taraflara doğru gelmenizi rica ettim. Bilmem hangi güvenlik duygusu, size İstanbul'a gitmek düşüncesini telkin ediyor. Bundan başka, biz, kıymetli arkadaşlarımızı İstanbul'dan Anadolu'ya çekip çıkarmaya ve bu yolla, gerçekten vatansever olanları hizmetten mahrum etmemeye çalışırken, siz bu hareketinizle, en azından düşmanlarca sarılmış bir çevreye giriyorsunuz. Biz hiç doğru bulmadık. Refet'in yanına gidiniz. Ya Sivas yakınlarında birlikte kalırsınız ya da rahatça yanımıza gelirsiniz. Kesin cevabı bekleriz."*

Beş gün sonra (20 Temmuz 1919) Canik Mutasarrıfı Hâmit Bey'in Samsun'dan gelen telgrafı şuydu:

"Bizans'ın gittikçe artan rezaletleri karşısında ümitsizliğe kapılan millet, Doğu'dan bir ümit ışığı bekliyor.

"Buralara ve buradakilere öyle hayalî şekil ve bedenler veriyorlar ki, acaba bir şey var mı diye ben bile şüpheleniyorum. Kayıtsızlığımdan utanıyorum.

"Gerçi uyumuyoruz. Bir şey yapmak istiyoruz. Fakat bu şeyin şekil ve teorisiyle uğraştığımız, uzun yollar seçtiğimiz kanısındayım. Zamanın ve durumun beklemeye tahammülü yoktur. Memleketin durumu dakikadan dakikaya kötüleşiyor. Bu bakımdan düşünceler üzerinde fazla durmayarak faaliyetlerimizi hızlandırmak gerekiyor. Bu hususta benim hatırıma gelen şudur:

"Aynı anda ve her taraftan padişaha birer telgraf çekelim. On aydan beri gözü önünde, birçok defa kendi istek ve hevesi dahilinde yapılan rezaletler yüzünden nereye sürüklenmekte olduğunu gören milletin, ne pahasına olursa olsun, kendi kaderini ele almaya karar verdiğine dikkati çekelim. Kırk sekiz saat içinde milletin güvenini kazanabilecek bir kabine kurulmadığı ve bir kurucu Meclis'in toplanmasına karar alınmadığı takdirde, ne kendisini ne de hükümetini tanımadığımızı ekleyelim. Bunda hiçbir güçlük yoktur. Geleneksel olarak boyun eğmekten üzüntü duymayan millet, biz yürüyelim, arkamızdan gelsin efendim."

Beş gün önce, görevden alındığı takdirde İstanbul'a gideceğini arz eden Canik mutasarrıfının bu telgrafını, biraz öfkeli yazılmış olmakla birlikte, karar ve hareket telkin eder nitelikte bulduğumuzu tahmin etmek isterim.

Mutasarrıf Bey, milletin bir ümit ışığı beklediği yerde, acaba bir şey var mı diye şüpheleniyor.

Bizi ne yapmak istediğini bilmeyen, şekil ve nazariyatla uğraşan şaşkınlar zannediyor. Düşüncelerimizi azaltarak çalışmalarımızı hızlandırmak için yapılacak şeyi de söylüyor. Eğer bundan sonra, bütün görüşlerindeki isabetsizliği açığa vuran çirkin bir düşünce ortaya koymamış olsaydı iyi ederdi.

Efendiler, tarih "Geleneksel olarak boyun eğmekten üzüntü duymayan millet, biz yürüyelim, arkamızdan gelsin." düşünce ve inancında bulunanların karşılaştıkları sonuçlar ve cezalarla doludur. Yöneticilerin ve özellikle devlet adamlarının asla böyle sakat ve çarpık görüşlere kapılmamaları gerekir. Hamit Bey, bu telgrafında, bizim, Refet Bey 'le beraber içerilere doğru çekilmesi konusunda yazdıklarımıza asla temas etmiyor.

Hamit Bey'in bu telgrafına 21 Temmuz 1919 tarihinde verdiğimiz bir cevapta: "İnşallah her şey olacaktır. Yalnız, milletini kazanabilecek bir kabine kurabilmek için, önce o kabinenin dayanabileceği bir kuvveti meydana getirmek lazımdır. O da Doğu illeri kongresinin ve onun arkasından da Sivas genel kongresinin toplanması ile gerçekleşecektir." dedik.

REFET BEY'LE HABERLEŞMELER

Efendiler. 3'üncü Kolordu'ya, bu münasebetle Refet ve Salâhattin Beylere yeniden değinmek gerekiyor. İlgisi şudur:

İngilizler Sivas'a bir tabur gönderecekleri izlenimini verdiler. Her ihtimale karşı Sivas'a gelen çeşitli yönlerde askerî tedbirler aldırmak gerekmişti. Bu münasebetle Amasya'da bulunan 5'inci Tümen Komutanlığına 18 Temmuz 1919 tarihinde verdiğim bir emir metninde, henüz Amasya'da bulunan Refet Bey'le ilgili şu cümleler vardı: "Durum hakkında Refet Bey'in önemle dikkati çekildi. Belki Refet Bey böyle bir durumu dikkate alarak şimdilik Amasya'da kalmayı da tercih eder."

5'inci Tümen Komutanı'nın 19 Temmuz 1919'da verdiği cevapta dikkate değer şu cümleler vardı: "Selahattin Bey halen Samsun'dadır. Şimdiye kadar kendisi ile temas edemediğim gibi hiçbir ciddi ve önemli haberleşme de yapılmamış olduğundan, adı geçen komutanın düşünce ve inancının ne merkezde olduğunu bilemiyorum."

"Fakat (Refet Bey) gerektiğinde İngilizlere karşı koyacak kadar cesaret gösteremeyeceğini hissettirmişti."

"Refet Bey 18 Temmuz 1919'da Sivas'a hareket etti" Bunun üzerine Refet Bey'e şu şifreyi verdirdim:

19 Temmuz 1919

Şifre
Kişiye özel
Sayı: 115

Amasya'da 5'inci Tümen Komutanlığına,
Sivas'ta 3'üncü Ordu Sıhhiye Müfettişi Albay İbrahim Tali
Beyefendi'ye,

Refet Bey'edir: Salâhattin Bey'e telgrafımı verdiniz mi? Bu arkadaşımızın kesin kanaatlerinin mutlaka tespit edilmesi gerekir. Sonra, kararsızlık veya iki taraflı idare gibi felâket doğuracak bir duruma hiç bir şekilde tahammül ve rıza gösterilmemesi bir vatan görevi olduğundan, bu hususta evet veya hayır şeklinde kendisinden söz alınması ve ona göre bir karar verilmesi lazımdır. Sizin bıraktığınız noktadan başlamak kendileri için en uygun programdır. Şimdiye kadar hemen hemen bir hafta geçtiği halde hiç bir kesin bilgi alınamaması, İstanbul'dan gelen bir haberde kendisi hakkında sağlam bir kanaat gösterilmemesi ve hareketinden önce Sadık Bey'le gizli bir görüşme yaptığından ve dostluğundan bahsedilerek şikâyet edilmesi bu telgrafımın yazılmasına yol açmıştır. Bunu ve bunun sonuçlarını özellikle sizin takdir etmeniz ve çözmeniz gerekir. Zira herhangi bir halk topluluğunda söyleyeceği yanlış ve millî gayeye aykırı bir tek sözün bile yaratacağı olumsuz tepkiyi ve bunun oluşturacağı durumu şimdiden düşünmek yeterlidir. (Mustafa Kemal)

3'üncü Ordu Müfettişliği Kurmay Başkanı Albay
Kazım

Yalnız bu telgrafımıza değil, çok şeye cevap olan Refet Bey 'in şu telgrafını olduğu gibi bilginize sunacağım:

Sivas, 22.7.1919

Güvenlikle ilgili ve çok aceledir.

Erzurum'da 3'üncü Ordu Müfettişliği Vekili Kazım Karabekir
Paşa Hazretleri'ne

1. Mustafa Kemal Paşa Hazretleri'ne: Telgrafınızı Salâhattin Bey'den ayrıldıktan sonra aldığım için kendisine verememdim. Salâhattin Bey'i herkes gibi siz de çok iyi tanırsınız. Kararsız tabiatlı bir kişidir. Bu bölgede on günden fazla kalmamak niyetiyle gelmiş. Az kalsın, komutayı almadan geri kaçacaktı. Kendisine güven temin ve tatmin ederek vatanî görevini hatırlattım. Memleketini herhalde sever. Ancak, vakitsiz iş görmeye gelemez. Aşağı yukarı Vali Reşit Paşa'dan biraz daha iyi. 13'üncü Kolordu'dan geçen silahlardan haberi olduğu gibi, bu işin halledilmesi için İstanbul'da da çalışmış ve başarılı olmuş. Buraya, Cevat Paşa tarafından seçilip gönderilmiş. Bu bakımdan gayeye zararlı olamaz ve hiçbir halk topluluğunda gayeye aykırı tek bir söz söylemez. Aksine, millî gayeye uygun olarak fakat sessiz bir şekilde çalışmayı vadetti. Sadık Bey'le ilişkisi hakkında verilen bilgilere inanmıyorum. Zaten aldığımız haberin doğruluğunu kanıtlamadan ve belirli bir program yapmadan çalışmak, kuvvetlerin kaybına yol açıyor. Doğu'nun durumu hakkında bana verdiğiniz bilgilerde, aldığınız abartılmış haberlere kapılmamış olsaydınız, belki de ben

durumu daha iyi idare eder ve komutayı terke mecbur kalmazdım. Tek başına karar verecek insanların, gerçek durumu bilmeleri gereğini siz de takdir buyurursunuz. O halde, Salâhattin Bey'i boşu boşuna ürkütmek ve hayır dedirtmekle ne çıkacak? Zaten o kaçmaya hazır. Yerine acaba kim gelecek? Emirlerinizin kısa ve açık olmasını rica ederim. Salâhattin Bey'le ilgili telgrafınızı lütfen bir daha okuyunuz. Fırtına ile başlayıp sükûnetle biten bu telgraftan ne demek istendiğini tam olarak anlayamadım. Bununla birlikte, birkaç güne kadar Salâhattin Bey Samsun'dan dönüyor. Kendisiyle görüşeceğim: Şüphesiz kendisini uygun bir tarzda ve amaca hizmet yolunda idare için gerekli tedbirleri alıyorum.

2. Samsun'a çıkarılan taburun, buradaki Hintli Müslümanları değiştirmekle birlikte, asıl Sivas'ta bulunduğunuzu zannettikleri zatıâlilerine karşı bir gözdağı vermek maksadıyla çıkarıldığını, İngilizlerle temasımda anladım. Beni İstanbul'a gitmeye ikna etmek için, Kavak'ta bulunduğum zaman bir İngiliz binbaşı geldi. İngilizlere karşı gösterdiğim direnişi fırsat bilerek fakat aslında zatıâlilerini yıpratmak için beni görevden aldırdıklarını açıkça söyledi. Zatıâlilerinin öteki dayanağı Kazım Karabekir Paşa imiş. Bu bakımdan Kazım Paşa, İngilizlerin ısrarına yol açacak yapay bir sebep vermemelidir. Ferit Paşa'nın istifa ettiği anlarda Kazım Paşa'yı vekili olarak tayin etmesi, İstanbul'dakilerden bir kısmının kötü bir niyeti olmadığını gösteriyor. Ancak, İngilizlerin ısrarı karşısında bir şey yapamazlar. Kazım Paşa'nın vekil olarak tayini de Salahattin Bey'in Sadık Bey hesabına buraya gelmediğine kanıttır.

3. Benim İstanbul'a götürülmem için İngilizlerin resmi olarak İstanbul hükümetine baskı yapmaları pek muhtemeldir. Çünkü, benimle İngilizlerin arasında resmi bir ilişki var (!). Bu baskı artarsa Salahattin Bey'i güç bir durumda bırakmamak için izimi kaybettireceğim.

4. Hamit Bey'in değiştirileceği söylentisi daha gerçekleşmedi. Onun, yerinde bırakılması için gerek Salahattin Bey* ve gerekse İngilizler, İstanbul Hükümeti'ne başvurdular. Bu zatın değiştirilmesi girişimi İçişleri Bakanlığıyla kavga etmesinin sonucudur. Salahattin Bey'in yerine, Konya'ya Sedat Bey'in geldiği de doğru değildir. Hamit Bey, her ne kadar bütün komutanların değiştirileceğini haber aldığını yazıyorsa da Kazım Paşa'nın vekil olarak tayini bunun aksini gösteriyor.

* Başka bir Salahattin Bey'dir.

5. Sivas Kongresi ile ilgili olarak Sadrazamlıktan doğruca illere tebliğ olunan 20 Temmuz 1919 tarihli telgrafı gördünüz mü? Karahisar'daki tümen komutanı bu kongreye temsilci seçilmesi için buralara bildiri yayınlamış. Bu davranış tarzını uygun buluyor musunuz? Almanya ile yapılan barış anlaşması ve Doğu'daki sessizlik, durumun gelişmesini beklerken bizim de ihtiyatlı bulunmamızı gerektirmiyor mu? Şahsım hakkında hiç bir endişem olmadığını artık anlamışsınızdır (!). Yalnız, kararsız ve programsız hareketlerle gayeyi ihlal edeceğiz. Ya ihtiyatlı olalım ya da işi hemen açığa vuralım. Ama ikisinden birini yapalım. Sivas Kongresi'nden bugün için bir fayda bekliyor musunuz? Bugünkü duruma göre, bu kongrenin Sivas'ta ve açıktan açığa yapılmasını tehlikeli bulmuyor musunuz? Güney yönlerinden Sivas'a gelecek bir darbe özellikle bu il halkının kansızlığı yüzünden Anadolu'yu ikiye ayırır ve pek tehlikeli olur. Bunun için bu ilin son ana kadar tarafsızmış gibi görünmesi son derece önemlidir. Bu kongrenin mutlaka toplanması gerekiyorsa, aldığımız haberlere göre delegelerin, eğer gelebilecekler ise, acaba bunun Doğu'da başka bir yerde toplanması daha başarılı olmaz mı?

6. Sivas ve Amasya şehirlerinin halkı pek bayağı; ilçelerde, köylerde halk bunlara bakarak çok daha iyi. Bundan sonra, çalışmalarımı ona göre ayarlayacağım.

7. İstanbul'dan aldığım haberde, buradaki Millî Mücadele'nin hiçbir parti veyahut bir şahsın kendi özel emellerini gerçekleştirmek maksadında olmayıp sırf milletin selamet ve bağımsızlığını sağlamak gayesine dayandığı konusunda, zatıâlileri tarafından bir bildiri yayınlanarak İngilizlerin sakinleştirilmesi tavsiye olunuyor. Buna gerek görüldüğü takdirde, ben, bunun zatıâliniz tarafından bir bildiri şeklinde değil, belki Erzurum Kongresi'nin kararlarına eklenerek yayınlanmasının uygun olacağını zannediyorum.

8. Ajanslar Meclis-i Mebusan seçimlerinden bahsediyorlar. Bu hususta ne düşünüyorsunuz? (Refet)

Üçüncü Kolordu Kurmay Başkanı
Zeki

Bu telgrafa verdiğimiz cevabı da olduğu gibi aktarmakla yetineceğim:

23.7.1919

Şifre
Subay eliyle çekilmesi
Aceledir

Sivas'ta 3'üncü Kolordu Kurmay Başkanı Zeki Bey'e

Refet Beyefendi'ye:

1. Salahattin Bey hakkındaki telgrafı bir defa daha okumak üzere aradım. Fakat bulunamıyor. Hatırladığıma göre, kendisi için söz konusu olan hususlar İstanbul'dan bildirilmişti. Her alınan haberin doğruluğunu istenildiği gibi kontrol edebilme fırsatını nadiren bulabiliyoruz. Doğu'nun durumu hakkında aldığımız bilgiler, abartıdan arınmış olmamakla birlikte, bize yanlış bir adım attırmış değildir, kanısındayım. Planımızda, yalnız Doğu'daki olayların gelişmesine bağlı kalınmakla yetinilmiş değildir. Millî teşkilata genişlik ve canlılık kazandırmak, kongrelerle millî davayı benimsetmek, orduyu millî teşkilatın destekçisi kılmak, millî gayeye zarar vermemek için, komuta ve silah meseleleri ile gereken kesin kararı verme hususlarında, şimdiye kadar yapıldığından başka türlü ve daha ihtiyatlı davranmak, acaba bugünkü verimli sonucu sağlayabilir miydi? Her halde şimdiki durum, herkesi memnun edecek derecededir.

2. Kazım Paşa'nın komutan vekilliğine tayini pek yerinde olmuştur. İngilizlerin ısrarına yol açacak görünürde bir sebep vermemeye çalışıyor. Fakat, silah meselesinde ve Trabzon'a asker çıkarılmasını önleme hususunda hoşgörülü davranamayacağımız aşikârdır. Halbuki bu sebepler, İngilizlerin hiç de hoşuna gitmeyecektir.

3. İngilizler, benim İstanbul'a götürülmem için pek çok ısrar ettiler ve hükümete ağır baskı yaptılar. Hükümet ve Padişah ile makine başında günlerce devam eden görüşmeler sırasında bu nokta açıkça bildirildi. Bu konuşmaları, görüştüğümüzde siz de göreceksiniz. Yalnız, meslekten ayrılınca ısrar son buldu. Bununla kıyaslarsak, sizin için de istifanızdan sonra büyük bir ısrar olacağını sanmıyorum. Bununla birlikte ve aksi halde bile, izinizi kaybettirmektense, Salahattin Bey'in güç duruma girmesini tercih ederim. Burada Halit Bey hakkında, hükümet ve İngilizler Kazım Paşa'ya çok ısrar ettiler. Kazım Paşa bir şey yapılamayacağını söylemekte direndiği için, bugün

Halit Bey, resmen olmasa bile, yine tümeninin başında bulunuyor.

4. Hamit Bey, son telgrafıyla hepimizden daha çabuk hareket etme isteğini gösteriyor. Şimdilik yumuşatıldı.

5. Sivas Kongresi ile ilgili telgrafı henüz görmedim. Gerçekten de bazı yerlerde olumlu bazı yerlerde olumsuz yönde aşırılıklar görülüyor. Şüphesiz duruma göre verimli hareketlerde bulunabilecek şekilde ihtiyatlı davranma taraftarıyım. Herkesi ilgilendiren bu açık ve kesin program, bugün toplanmaya başlayan Erzurum Kongresi görüşmelerinden çıkacaktır.

Sivas Kongresi'nden pek çok yarar beklerim. Bugün değil, Sivas Kongresi ilk defa söz konusu edildiği gün bile, her yönden ve özellikle güneyden bir darbe gelebileceğini büyük bir ihtimal dahilinde gördüğümü ve bu sebeple da savunma tedbirleri alınması için ricada bulunduğunu hatırlarsınız. Bununla birlikte, Erzurum Kongresi toplandıktan sonra, Sivas'a gelecek delegelerin sayısına ve Erzurum Kongresi'nin yapacağı etkilerden doğacak duruma göre daha pratik ve güvenilir bir şekil de düşünülür.

6. Siz kardeşimin, çalışmaları düzenleme konusundaki bakış açısı pek yerindedir. Ancak, şehirlileri de millî duygu ve etki altında tutmaktan uzak kalınmayacağını ümit ederim.

7. Milli Mücadele'nin gaye ve hedefi kongre tarafından yayınlanacak bildirilerle tasarladığınız şekilde duyurulacaktır.

8. Meclis-i Mebusan toplanmalıdır. Fakat İstanbul'da değil, Anadolu'da. Bu konu kongrede görüşülecek ve sonra da girişime geçilecektir. Hepimiz gözlerinizden öperiz kardeşim.

(Mustafa Kemal)
3'üncü Ordu Müfettişliği Kurmay Başkanı Albay
Kazım

ERZURUMLULARIN YARDIMLARI

Efendiler, askerlikten istifa ettikten sonra, istisnasız bütün Erzurum halkının ve Vilâyat-ı Şarkiye Müdafaa-i Hukuk-ı Milliye Cemiyeti'nin Erzurum şubesinin hakkımda pek açık olarak gösterdikleri güven ve yakınlığın bende bıraktığı unutulmaz hâtırayı burada açıkça belirtmeyi görev sayarım.

Cemiyetin Erzurum şubesinden aldığım 10 Temmuz 1919 tarihli yazıda Cemiyetin başına geçmemi ve Yönetim Kurulu Başkanlığını kabul etmemi teklif ediyorlar; birlikte çalışmak üzere seçtikleri beş kişinin adlarını bildiriyorlardı.

Bu beş kişi, Raif Efendi, emekli Binbaşı Süleyman Bey, emekli Binbaşı Kazım Bey, Albayrak gazetesi müdürü Necati Bey, Dursun Beyzâde

Cevat Bey idi. Sözünü ettiğim yazıda Rauf Bey'in de Yönetim Kurulu İkinci Başkanlığı'na seçildiği bildiriliyordu.

Bu tarihlerde, Erzurum Şubesi Yönetim Kurulu Başkanı Raif Efendi, üyeler Hacı Hafız Efendi, Süleyman Bey, Maksut Bey, Mesut Bey, Necati Bey, Ahmet Bey, Kazım Bey ve sekreter Cevat Bey idi.

Erzurum şubesi, İstanbul'daki Genel Merkez Başkanlığına ulaştırmaya çalıştıkları bir telgrafla Genel Merkez adına karar verme ve söz söyleme yetkisinin bana verildiğinin telgrafla bildirilmesini de rica ettiler.

Bundan başka, bizim Erzurum Kongresine katılmamızı kolaylaştırmak için, Kongre Erzurum delegesi olarak seçilmiş bulunan emekli Binbaşı Kazım ve Dursun Beyzade Cevat Beyler temsilcilikten istifa ettiler.

ERZURUM KONGRESİ

Efendiler, yüksek malûmunuz olduğu üzere, Erzurum Kongresi 1919 yılı Temmuz'unun 23'üncü günü, oldukça mütevazı bir okul salonunda toplandı. İlk günü, beni başkanlığa seçtiler. Kongre üyelerini, durum ve bir dereceye kadar da tutulan yol hakkında aydınlatmak için yaptığım konuşmada:

Tarihin ve olayların yönlendiriciliğiyle, doğrudan doğruya içine düştüğümüz kanlı ve kara tehlikeleri göstermeyecek ve bundan irkilmeyecek hiçbir vatansever düşünülemeyeceğini işaret ettim. Ateşkes Anlaşması hükümlerine aykırı olarak yapılan saldırı ve işgallerden bahsettim.

Tarihin, bir milletin varlığını ve hakkını hiçbir zaman inkâr edemeyeceğini, bununla birlikte vatanımız, milletimiz aleyhinde verilen hükümlerin er geç iflasa mahkum olduğunu söyledim.

Vatan ve milletin kutsallığını kurtarmak ve korumak hususunda son sözü söyleyecek ve bunun gereğini yerine getirecek gücün, bütün vatanda adeta bir elektrik ağı haline gelmiş olan millî akımın kahramanlık ruhu olduğunu ifade ettim.

Manevi kuvvetin arttırılmasına yardımcı olmak üzere de, bilinen bütün milletlerin milli gayelerine ulaşmak için içinde bulunduğumuz tarihteki mücadeleleri ile ilgili mevcut bazı bilgileri özetledim.

Ve kaderimize hakim bir milli iradenin, ancak Anadolu'dan doğabileceğini belirttim. Milli iradeye dayanan yine milli bir meclisin meydana getirilmesini ve gücünü milli iradeden alacak bir Hükümetin kurulmasını, kongre çalışmalarının ilk hedefi olarak gösterdim.

ERZURUM KONGRE'SİNİN BİLDİRİSİ VE KARARLARI

Efendiler, Erzurum Kongresi 14 gün sürdü. Çalışmalarının sonucu şunlardır: Tespit edilen tüzük ve bu tüzükteki hükümleri ilan eden bildiri maddeleri.

Bu tüzük ve bildirinin içeriği, zaman ve ortamın gerektirdiği bazı önemsiz ve ikinci derecede düşünce ve görüşler atlanarak incelenirse, birtakım köklü ve geniş çaplı ilkeler ve kararlara varmış oluruz.

Müsaade buyurursanız, bu ilkelerin ve kararların bence, daha o zaman, nelerden ibaret olduğuna işaret edeyim:

1. Milli sınırlar içinde bulunan vatan parçaları bir bütündür. Birbirinden ayrılamaz (Bildiri, madde 6; Tüzük madde 3'ün açıklaması: Tüzük ve bildirinin 1'inci maddeleri okunup incelensin.)

2. Her türlü yabancı işgal ve müdahalesine karşı ve Osmanlı Hükümeti'nin dağılması halinde, millet topyekün kendisini savunacak ve direnecektir. (Tüzük madde 2 ve 3; Bildiri madde 3)

3. İstanbul Hükümeti vatanı ve milletin bağımsızlığını elde edip koruma gücünü gösteremediği takdirde, bunu gerçekleştirmek için geçici bir hükümet kurulacaktır. Bu hükümet üyeleri milli kongrece seçilecektir. Kongre toplanmamış ise bu seçimi Temsilciler Heyeti yapacaktır. (Tüzük, madde 4; Bildiri, madde 4)

4. Milli gücü tek kuvvet olarak tanımak ve millî iradeyi hakim kılmak esastır (Bildiri, madde 3).

5. Hristiyan unsurlara siyasi hakimiyet ve sosyal dengemizi bozacak imtiyazlar verilemez. (Bildiri, madde 4).

6. Manda ve himaye kabul olunamaz. (Bildiri, madde 7).

7. Millî meclisin derhal toplanmasını ve hükümetin yaptığı işlerin meclis tarafından kontrol edilmesini sağlamak için çalışılacaktır. (Bildiri, madde 8).

Bu ilkeler ve bu kararlar çeşitli şekillerde yorumlanmışsa da, gerçek niteliklerini hiç değiştirmeden uygulanma imkânı bulabilmişlerdir.

Efendiler, biz kongrede, özetlediğim bu kararları ve bu ilkeleri ortaya koymaya çalışırken, Sadrazam Ferit Paşa da basında birtakım demeçler yayınlıyordu. Bu demeçlere, "Sadrazamın milleti kötülemesi" dense yeridir. 23 Temmuz 1919 tarihli basın, dünyaya şunu ilan ediyordu:

> *Anadolu'da karışıklık çıktı. Kanun-ı Esasî'ye aykırı olarak Meclis-i Mebusan adı altında toplantılar yapılıyor. Bu hareketin askerî ve sivil memurlar tarafından önlenmesi gerekir.*

Buna karşı gereken tedbirler alındı ve Meclis-i Mebusan'ın toplantıya çağrılması istendi.

Ağustos'un yedinci günü, Kongre, toplantısına son verirken üyelerine Önemli kararlar alındığını, bütün dünyaya milletimizin varlık ve birliğinin gösterildiğini söyledim ve "Tarih, bu kongremizi ender görülen büyük bir eser olarak kaydedecektir" dedim.

Sözlerimde isabetsizlik olmadığını zaman ve olayların ispatlamış olduğuna inanıyorum, Efendiler.

Erzurum Kongresi, tüzüğü gereğince bir Temsilci Heyeti seçmişti.

Dernekler Kanunu'na göre, dilekçe yerine geçmek üzere, Erzurum Valiliği'ne verilen 24 Ağustos 1919 tarihli yazıda, Temsilci Heyetinin üyelerinin adları ve kimlikleri şu şekilde gösterilmiştir:

Mustafa Kemal, Eski 3'üncü Ordu Müfettişi, askerlikten ayrılmış.
Rauf Bey, Eski Bahriye Bakanı.
Raif Efendi, Eski Erzurum Milletvekili.
İzzet Bey, Eski Trabzon Milletvekili.
Servet Bey, Eski Trabzon Milletvekili.
Şeyh Fevzi Efendi, Erzincan'da Nakşî Şeyhi.
Bekir Sami Bey, Eski Beyrut Valisi
Sadullah Efendi, Eski Bitlis Milletvekili.
Hacı Musa Bey, Mutki Aşiret Beyi.

Efendiler, sırası gelmişken arz edeyim ki, bu kimseler hiçbir vakit bir araya gelip birlikte çalışmış değillerdir. Bunlardan İzzet, Servet ve Hacı Musa Bey'ler ile Sadullah Efendi hiç gelmemişlerdir. Raif ve Şeyh Fevzi Efendiler Sivas Kongresi'ne katılmışlar fakat ondan sonra biri Erzurum'a öteki Erzincan'a dönerek bir daha Temsilci Heyetine katılmamışlardır. Rauf Bey ve Sivas Kongresi'nde aramıza katılan Bekir Sami Bey İstanbul'da Meclis-i Mebusan'a gidinceye kadar, bizimle birlikte bulunmuşlardır.

ERZURUM KONGRESİ'NDE GÖRÜLEN KARASIZLIKLAR

Efendiler, hatıra olarak küçük bir noktaya da işaret etmek isterim. Benim bu Erzurum Kongresi'ne üye olarak girip girmemem, üzerinde düşünülmeye değer bulunduğu gibi, Kongre'ye katıldıktan sonra da başkan olup olmamam konusunda kararsızlık gösterenler olmuştur. Bu kararsızlığı gösterenlerden bir kısmının düşüncelerini iyi niyet ve içtenliklerine vermek mümkünse de, diğer bazı kimselerin bu hususta tamamen samimiyetten uzak, aksine alçakça bir maksadın peşine düştüklerine daha o zaman şüphem kalmamıştı. Mesela, düşman casusu olup her nasılsa Trabzon ilinde bir yerden kendisini kongreye temsilci seçtirerek gelen Ömer Fevzi Bey ve onun arkadaşları gibi. Bu kişinin hainliği, sonradan Trabzon'da ve oradan kaçtıktan sonra da İstanbul'daki faaliyet ve hareketleri ile sabit olmuştur.

Kongrenin bitiminden iki üç gün önce başka bir tartışma da söz konusu olmaya başlamıştı. Bazı yakın arkadaşlarım benim Temsilci Heyetine girerek açıkça faaliyet göstermemi sakıncalı buluyorlardı. Görüşleri şu noktalarda özetlenebilir: Millî girişimler ve faaliyetlerin bütün anlamıyla milletten doğduğunu, gerçekten millî olduğunu göstermek lâzımdır. Bu takdirde, yapılacak girişimler daha güçlü olur ve kimsenin kötü yorumuna ve özellikle yabancıların olumsuz düşüncelerine fırsat vermez. Fakat tanınmış ve hele İstanbul Hükümeti'ne, hilafet ve saltanat makamına karşı asi duruma düşmüş, hücumların hedef noktası haline gelmiş olan benim gibi bir adamın bütün bu millî girişimlerin başında bulunduğu görülürse, faaliyetin millî gayelere dayanmasından çok, şahsî emellerin gerçekleştirilmesi maksadına yöneltildiği düşünülebilir. Bu bakımdan Temsilci Heyetini illerin ve müstakil sancakların seçeceği kimseler oluşturmalıdır. Ancak, bu şekilde millî bir güç gösterilebilir.

Bu görüşlerin ne dereceye kadar yerinde olup olmadığını araştıracak değilim. Yalnız benim de bu görüşlere karşı olan düşüncelerimi ve bunları dayandırdığım noktalardan bazılarını sayayım: Öncelikle, ben mutlaka kongreye katılmalı ve onu idare etmeliydim. Çünkü zaman geçirmeksizin milli iradenin faaliyete geçirilmesini ve milletin doğrudan doğruya fiilî ve silahlı olarak tedbirler almaya başlamasını sağlama zorunluluğuna inanıyordum. Bu esaslı noktaları, takdir ve tespit ettirebilmek için, kongrede aydınlatmak, yol göstermek ve bizzat idare etmek suretiyle çalışmamı gerekli görüyordum. Nitekim öyle oldu. Erzurum Kongresi'nin daha önce açıkladığım ilke ve kararlarını, herhangi bir temsilci heyetine uygulatabileceğime henüz güvencim olmadığını itiraf ederim. Nitekim zaman ve olaylar beni doğrulamıştır. Bundan başka, daha Amasya'da iken karar verilip de bütün millete her türlü vasıta ile tebliğ ettirdiğim Sivas Genel Kongresi'nin toplanmasını sağlamak, bütün milleti ve memleketi yalnız bir heyetle temsil etmek, sonra, yalnız Doğu illerini değil, vatanın her köşesini aynı dikkat ve hassasiyetle savunma ve kurtarma çarelerini bulmaya çalışmak hususlarını herhangi bir heyetin gerçekleştirebileceğine inanmadığımı açıkça ifade etmek zorundayım. Çünkü, bende böyle bir kanaat var olsaydı, benim girişimlere başladığım güne kadar girişimlerde ve faaliyetlerde bulunanların çalışmalarının sonuçlarını bekler ve istifa etmemek yolunu tutardım. Hükümet'e, padişaha ve halifeye karşı isyan gereğini duymazdım. Aksine, ben de bazı ikiyüzlü ve iki taraflı oynayanlar gibi görünüşte pek şatafatlı ve gösterişli olan, o günün Ordu Müfettişliği görevini ve Padişah Hazretleri'nin yaveri sıfatını taşımakta devam ederdim. Gerçi, benim açıkça ortaya atılmamda ve bütün millî ve askerî hareketlerin başına geçmemde elbette sakınca vardı. Ancak, o sakınca, başarısızlık halinde herkesten önce ve herkesten çok benim, en büyük ceza ve azaba uğratılmamdan başka bir şey olabilecek miydi? Halbuki, bütün vatanın ve koskoca bir milletin ölüm kalım meselesi söz konusu olurken vatanseverim diyenlerin kendi sonlarını düşünmeleri doğru muydu?

Efendiler, ben, bazı arkadaşlarca ileri sürülen düşünce ve kuruntulara uymuş olsaydım, iki bakımdan büyük sakıncalar ortaya çıkacaktı. Birincisi; düşüncelerimde, kararlarımda ve bütün kişiliğimde yetersizlik ve güçsüzlük olduğunu itiraf etmek ki, bu husus, benim, vicdanen üstlendiğim görev bakımından telafi edilemez bir hata olurdu.

Efendiler, tarih, itiraz edilemez bir şekilde ispatlamıştır ki, büyük davalarda başarı için kabiliyet ve gücü sarsılmaz bir sahip bir liderin varlığı şarttır. Bütün devlet adamlarının ümitsizlik ve beceriksizlik içinde, bütün milletin başsız olarak karanlıklar içinde kaldığı bir sırada, vatanseverim diyen bin bir çeşit insanın, bin bir hareket ve görüş tarzı ortaya attığı böylesi karışık anlarda, danışmalar yolu ile, birçok hatırlı ve nüfuzlu kimselere bel bağlama gereğine inanmakla, güvenli ve kararlı bir şekilde ve özellikle emin bir şekilde yol almak ve en sonunda çok çetin olan hedefe ulaşmak mümkün müdür? Tarihte, bu şekilde başarıya ulaşmış bir toplum gösterilebilir mi? İkincisi Efendiler; millet, memleket, siyaset ve ordu yönetimi ile hiçbir ilgi ve ilişkileri bulunmamış, bu alanda başarıları görülmemiş ve denenmemiş olan gelişigüzel kimselerden, söz gelişi Erzincanlı bir Nakşî Şeyhi ve Mutkili bir aşiret reisi gibi zavallılardan da kurulması ihtimalden uzak olmayan herhangi bir temsilciler heyetine, söz konusu durum ve görev emanet edilebilir miydi? Edildiği takdirde, memleket ve milleti kurtaracağız dediğimiz zaman, milleti ve kendimizi kandırmak gibi bir hataya düşmeyecek miydik? Bu nitelikteki bir heyete perde arkasından yardım edilebileceği söz konusu olsa bile, bu güvenli bir yol sayılabilir miydi?

Bu söylediklerimin, o günlerde değilse bile, artık bugün bütün dünyaca inkâr edilemeyecek gerçekler olarak görüldüğüne asla şüphe yoktur. Bununla birlikte, ben burada bu söylediklerimi geçmiş günlere ait bazı hatıra ve belgelerle teyit etmeyi, gelecek nesillerin siyasî ve sosyal ahlâk terbiyesi bakımından bir görev sayarım.

Bu dakikaya kadar olduğu gibi bundan sonra da üzerinde duracağım olaylar dolayısıyla, bu husus, kendiliğinden aydınlığa kavuşacaktır.

* *
*

Efendiler, Erzurum Kongresi'nin bitiminde, Ferit Paşa'dan sonra Savunma Bakanlığına yeni geldiği anlaşılan Nazım Paşa imzasıyla, 15'inci Kolordu Komutanlığına 30 Temmuz 1919 tarihli şöyle bir emir geldi:

"Mustafa Kemal Paşa ile Refet Bey'in Hükümetin kararlarına aykırı faaliyet ve hareketlerinden dolayı hemen yakalanarak İstanbul'a gönderilmeleri Babıali'ce uygun görülüp o bölgedeki memurlara emirler verildiğinden, Kolordu'ca gereken yardımda bulunulması ve sonucundan bilgi verilmesi rica olunur."

Bu emre Kolordu Komutanlığı tarafından lâyık olduğu şekilde cevap verildi. Bu cevabı öteki komutanlara da verdirerek dikkatlerini çektirdim.

Kongre bildirisi, memleket içinde her yere ve yabancı devlet temsilcilerine çeşitli vasıtalarla gönderildi. Tüzük de komutanlara ve öteki güvenilir makamlara kısım kısım şifre ile verilerek, oralarda basılmasının ve çoğaltılıp dağıtılmasının sağlanmasına çalışıldı. Bu durum doğal olarak günlerce devam etti. Bu münasebetle Sivas'ta 3'üncü Kolordu Komutanı Salahattin Bey'den aldığım 22 Ağustos 1919 tarihli bir telgrafta Tüzüğün ikinci ve dördüncü maddelerinin yayınlanmasını sakıncalı bulduğu, bir kere daha incelenmesi gereği" bildiriliyordu.

İkinci madde topyekûn savunma ve direnme esasının kabul edildiğine ve dördüncü madde geçici bir idare kurulabileceğine dair maddelerdir.

KARAKOL CEMİYETİ

Biz Erzurum'da kongre kararlarının her tarafça anlaşılmasını ve topyekûn uygulanmasını sağlayıcı tedbirleri almaya çalışırken, bize "Karakol Cemiyetinin Genel Kuruluş Tüzüğü" ve "Karakol Cemiyetinin Genel Görev Yönetmeliği" diye basılı bir takım kâğıtların, bütün orduya, komutan, subay, herkese dağıtıldığı bildirildi.

Bu yönetmeliği okuyan bana en yakın komutanlar bile, bu girişimin benim tarafımdan yapıldığını sanarak, birçok şüphe ve kararsızlıklara düşmüşler. Benim bir yandan kongrelerle açıkça ortak millî faaliyetlerde bulunurken, bir yandan da esrarengiz ve korkunç bir komite kurmaya çalıştığım zannına kapılmışlar. Gerçi, bu örgütün ve girişimlerinin failleri İstanbul'da bulunuyorlarmış ve girişimlerini benim ad ve hesabıma yapmaktalarmış.

Karakol Cemiyeti'nin genel kuruluş tüzüğüne göre, genel merkez üyeleri, sayıları, toplantı yerleri ve toplanış şekilleri, seçim usulleri ve görevlendirilmeleri kesinlikle gizli tutulur. Bir de, en ufak bir sırrı açığa vuran, Karakol Cemiyeti'ne bir tehlike getiren, hatta tehlikeye yol açtığından şüphelenilen kimseler derhal idam edilir.

Genel Görev Yönetmeliği'nde de bir millî ordudan söz ediliyor ve "bu ordunun başkomutanı, büyük kurmay başkanları; ordu, kolordu ve tümen komutanları ile kurmayları, seçilmiş ve tayin edilmiş olup gizli tutulur. Bunlar görevlerini gizli olarak yaparlar" açıklaması bulunuyor.

Efendiler, derhal komutanları uyardım. Bu tüzük ve yönetmelik hükümlerini asla uygulamamaları gerektiğini ve bu girişimin kaynağını araştırmakta olduğumu bildirdim.

Sivas'a varışımdan sonra, oraya gelen Kara Vasıf Bey 'den anladım ki, bu işi yapan kendisi ve bazı arkadaşları imiş.

Bu hareket tarzı hiçbir şekilde doğru değildi. Herkesi idam ile tehdit ederek bilinmeyen bir merkeze, bilinmeyen bir başkomutana, bilinmeyen birtakım komutanlara itaat etmeye mecbur bırakmaya kalkışmak çok tehlikeliydi. Gerçekten de, bütün ordu mensuplarında birbirlerine karşı bir güvensizlik ve korku başladı. Mesela, herhangi bir kolordu komutanının, "Benim komuta etmekte olduğum kolordunun acaba bilinmeyen gizli komutanı kimdir? Bu gizli komutan ne vakit ve nasıl komutayı ele alacak ve bana ne gibi bir işlem uygulayacak?" gibi haklı birtakım kuruntulara kapılması ihtimalden uzak değildi.

Sivas'ta Kara Vasıf Bey'e bu gizli merkezin, gizli başkomutanın ve gizli büyük kurmay başkanlarının kimler olduğunu sorduğum zaman, "Hepsi siz ve arkadaşlarınızdır." karşılığını vermişti. Bu beni büsbütün şaşırtmıştı. Böyle bir karşılık elbette akla yatkın ve mantıklı olmazdı. Çünkü bana kimse böyle bir örgütlenmeden söz etmiş ve iznimi de almış değildi.

Bu derneğin, sonradan, özellikle İstanbul'da yine aynı adla faaliyetini sürdürmeye çalıştığı anlaşıldıktan sonra, kuruluşunda ve bununla ilgili olarak bize vermek zorunda kaldıkları bilgilerde samimiyet bulunabileceği iddia edilemez.

AVRUPA'DAN BİR ŞEY BECEREMEDEN DÖNEN FERİT PAŞA'YA ÇEKTİĞİM ŞİFRELİ TELGRAF

İstanbul Hükümetini millî girişimleri engellemekten vazgeçirmek, başarı için çabukluk ve kolaylık sağlaması bakımından önemli idi. Bu düşünceyle ve Ferit Paşa'nın, doğal olarak hiçbir şey başaramadan, adeta hakarete uğramış bir durumda İstanbul'a dönüşünden yararlanarak, kendisine 16 Ağustos 1919 tarihinde bir şifreli telgraf yazdım. Bu telgrafta başlıca şu cümleler vardır:

> Mösyö Clemenceau'nun, siz Sadrazam Hazretleri'nin yüksek şahsiyetlerine olan ayrıntılı cevabını, ben âcizleri son günlerde okuyunca İstanbul'a nasıl acı ve üzüntüler içinde dönmüş olduğunuzu takdir ediyorum. (...) Vatanımızı paylaşma ve yok etme düşüncesini bu kadar açık ve haysiyet kırıcı bir şekilde ortaya koyan bu ifade karşısında titremeyecek bir kişi düşünemiyorum. Cenabı Hakka binlerce şükredelim ki, milletimiz, ruhundaki kahramanlık azmiyle, tarih boyunca devam ettirdiği hayat ve varlığını, hiçbir zaman ne kaderin akışına ne de böyle cellatça hükümlere kurban etmeyecektir.
>
> Şimdi pek eminim ki, siz Sadrazam Hazretleri'nin yüksek şahsiyetleri, bugünkü genel durumu, devlet ve milletin gerçek çıkarlarını üç ay öncesinde olduğu gibi görmüyorlar.
>
> Dokuz aydan beri iş başına gelen kabinelerin hep birbirinden daha çok yıpranması ve sonunda da ne yazık ki, artık maalesef iş göremez bir duruma düşmesi, milletin yüksek haysiyeti karşısında doğrusu pek üzücü oluyor. Gerçekten de vatan ve milletin kaderi adına içeride ve dışarıda sesini duyurmak ve söz sahibi olabilmek, mutlaka millî iradeye dayanmakla gerçekleşir.
>
> Hayat hakkı ve bağımsızlığı için çalışan milletin amacındaki bu asalet ve ciddiyete karşılık, İstanbul Hükümeti, düşmanca davranmak yolunu tutuyor. Bu davranış tarzı, doğal

olarak büyük bir üzüntü doğuruyor. Milleti, İstanbul Hükümeti'ne karşı istenmeyen hareketlere sürükleyebilecek niteliktedir. Çok açık olarak arz edeyim ki, millet her türlü iradesini kullanabilecek güçtedir. Girişimlerinin önüne geçebilecek hiçbir kuvvet yoktur. İstanbul Hükümeti'nin olumsuz girişimleri hiçbir yerde hiç kimse tarafından uygulanamayacaktır. Millet, çizdiği program çerçevesinde pek kesin ve açık adımlarla hedefine doğru yürümektedir. İstanbul Hükümetinin şimdiye kadar süregelen engelleyici girişimlerinin hiçbir yerde hiçbir etki yapamamakta olmasıyla, gerçek durumun takdir buyurulmuş olacağına şüphe yoktur.

İngilizlerin gösterdikleri yolda bir kurtuluş çaresi aramak da saçmadır ve sonucu hüsrandır. Bununla birlikte, İngilizler de en sonunda kuvvetin millette olduğunu takdir ederek, hiçbir dayanağı olmayan ve millet adına hiçbir taahhütte bulunamayan, bulunsa bile milletçe kabul edilemeyecek bir hükumetle sonuç alınabilecek bir işe girişmenin mümkün olamayacağına inanmışlardır. (...)

Bütün dilekler şu noktada birleşmiştir ki, hükümet meşru olan milli akımı engellemeye çalışmaktan vazgeçerek, Kuvayı Milliye'ye dayansın ve bütün girişimlerinde kendine millî gayeyi rehber edinsin.

Bunun için de millî varlığı ve millî iradeyi temsil edecek olan Meclis-i Mebusan'ın en kısa zamanda toplanmasını sağlasın! (...)

SİVAS KONGRESİ HAZIRLIKLARI

Efendiler, Sivas'ta toplanmasını sağlamaya çalıştığımız kongreye her taraftan delege seçtirmek ve onların Sivas'a gelmelerini sağlamak için, henüz Amasya'dayken başlamış olan çalışma ve yazışmalar aynen devam ediyordu. Bütün komutanlar ve her tarafta birçok vatansever olağanüstü bir çaba harcıyorlardı. Fakat, yine her taraftaki olumsuz ve aleyhte propagandalar ve özellikle İstanbul Hükümeti'nin engelleyici tedbirleri işi güçleştiriyordu.

Bazı yerlerde hem delege seçmiyorlar hem de maneviyat kıracak ve herkesi ümitsizliğe düşürecek cevaplar veriyorlardı. Örnek olarak, 20'nci Kolordu Komutanı adına Kurmay Başkanı Ömer Halis Bey'in İstanbul'dan gelen bilgileri içine alan 9 Ağustos 1919 tarihli şifresinde, şu maddeler dikkate değer görüldü:

"1. İstanbul delege göndermiyor. Oradaki işleri uygun bulmakla birlikte, cüretkâr bir duruma girmeyi de istemiyor.

"2. İstanbul'dan delege göndermek imkânsızdır. Gönderilmesi teklif edilen kimseler, orada verimli, başarılı iş göreceklerine emin olmadıkla-

rından dolayı, boşuna masraf etmemek ve yolculuk sıkıntılarına katlanmamak için hareket etmiyorlar. (Bilindiği üzere, bazı kimseleri özel birer mektupla da davet etmiştik.)"

Biz, her yerden delege seçtirmek ve göndertmek konusunda karşılaşılan güçlükleri yenmeye çalışırken, diğer taraftan kongrenin toplanması için en güvenli yer olarak seçtiğimiz Sivas'ta da bir telaş ve heyecan başladı.

Efendiler, burada, sırası gelmişken arz edeyim ki, ben Sivas'ı gerçekten de her bakımdan güvenli bir yer saymış olmakla birlikte, daha Amasya'da iken Sivas'a gelen bütün yollar üzerinde uzaktan ve yakından her türlü askerî tedbir ve tertipleri aldırmayı da ihtiyatlı olmanın gereği saymıştım.

SİVAS VALİSİNİN ENDİŞELERİ

Sivas'ın heyecanı şöyle öğrenildi. 20 Ağustos günü öğlenleyin, Sivas Valisi Reşit Paşa tarafından telgraf başına davet olunduğum zaman, Paşa'nın uzun bir telgrafı veriliyordu. O telgraf şudur:

> Erzurum'da Mustafa Kemal Paşa Hazretleri'ne
>
> Önce, rahatsız ettiğim için beni bağışlamanızı diler ve sizlerin sağlığını sorarım. Neden rahatsız ettiğimi aşağıda arz ediyor ve açıklıyorum efendim. Görünüşte, Fransızlara ait kuruluşları teslim almak, gerçekte buraların durumu konusunda incelemelerde bulunmak üzere, Cizvit papazlarıyla birlikte İstanbul'dan önceki gün Sivas'a gelerek valilik makamını ziyaret eden Fransız subaylarının ziyaretlerini karşılık vermek için dün sabah yanlarına gitmiştim. Ziyaret ve görüşmenin sonunda orada hazır bulunan Fransız binbaşılarından Jandarma Müfettişi Mösyö Brunot biraz özel görüşmek isteğinde bulunarak bendenizi başka bir odaya aldı. Söylediği sözleri olduğu gibi aktarıyorum:
>
> "Mustafa Kemal Paşa ile Kongre Heyetinin Sivas'a gelerek burada da bir kongre yapacaklarını işittim. Bunu İstanbul'dan gelen Fransız subayları söylediler. Sizinle bu kadar samimi görüşüp şahsınıza karşı pek çok saygı duyarken bu konuyu benden saklamanıza çok üzüldüm" dedi. Bendeniz de gereken cevabı vererek kendisini inandırmaya çalıştımsa da son söz olarak, "Eğer Mustafa Kemal Paşa Sivas'a gelir ve burada kongre yapmaya kalkışırlarsa, beş on gün içinde buraları, işgal etme kararının verildiğini kesin olarak biliyorum. İnanmazsanız, gerçekleşince görürsünüz. O zaman vatanınızın felaketini hazırlayanlar arasına siz de girmiş olursunuz." sözlerini söyledi. İçişleri Bakanlığından dün aldığım şifreli telgraf da başka

şekilde yazılmış olmakla birlikte aynı kanaati verecek nitelikteydi. Yeni gelen Fransız subaylarından biri de dün kolordu komutanı ile uzun uzadıya görüşerek, kongre hakkında komutan beyefendinin düşüncesini anlamaya çalıştığı gibi, bu sabah da Mösyö Brunot bendenize gelerek saat 15.00'te öteki Fransız subaylarıyla birlikte kongre hakkında görüşüleceğini, ancak kendisinin aradaki samimiyet dolayısıyla daha önce ayrıca görüşmek istediğini belirtti. Bir süre konuşulduktan sonra sonuç olarak şunu da ekledi: "Ben dünden beri bu mesele üzerinde çok düşündüm. Sonunda şuna karar verdim ki, eğer Mustafa Kemal Paşa ile Kongre Heyeti, Sivas Kongresi'nde İtilâf Devletleri aleyhine kışkırtmalarda bulunmazlar ve onlar hakkında saldırgan bir dil kullanmazlarsa, kongrenin toplanmasında hiçbir sakınca yoktur. Bizzat ben General Franchet d'Esperey'ye yazar, Mustafa Kemal Paşa hakkındaki tutuklama emrini geri aldırır ve kongrenin toplanmasına engel olunmaması için İçişleri Bakanlığından size emir verdiririm. Ancak, şu şartla ki, siz de benden hiçbir şeyi saklamayacaksınız ve samimî dostluğumuzdan dolayı birbirimize karşı daima açık bir dil kullanacağız. Yalnız, kongrenin toplanma tarihini öğrenmek lazım." dedi. Bendeniz de kendisine bu konuda kesin bir şey bilmediğimi, öğrendiğimde kendisine bildireceğimi ve aradaki dostluğa dayanarak hiçbir şeyi saklamayacağımı söyledim. Binbaşının işgal konusunda dünkü kesin ifadesine rağmen bugünkü yumuşaklığının sebebini, bütün incelikleri gören yüksek dikkatinize arz etmeyi görev bilir ve bu hususta sözü uzatmayı gereksiz sayarım. Öyle anlaşılıyor ki, bunların düşüncesi, kongreyi Sivas'ta toplatmaya razı görünerek sayın kongre üyeleri ile sizi burada toplamak ve el altından hazırlıklarda bulunarak bütün arkadaşları ele geçirmekten ve işgal meselesini de bir oldubitti haline getirmekten ibarettir. Dün akşam İçişleri Bakanlığından aldığım şifreli telgraf da, başka şekilde yazılmış olmakla birlikte, nitelik bakımından hemen hemen aynı idi. İşte bendeniz her gerçeği gizli tutulmasını rica ederek efendimize arz ediyorum. Bundan sonra tutulacak yolun tayini size düşer. Entrikalı bir tehlikenin bu kadar yakın ve adeta elle tutulacak derecede görünürde olduğunu bilip dururken, durumdan zatıâlilerini haberdar etmemeyi ve dolayısıyla Sivas'ta kongre toplanmasından vazgeçilmesini arz etmemeyi vicdanıma sığdıramadım. İşte bunun için sizlerden ve orada bulunan diğer sayın arkadaşlardan pek çok rica ederim ki, ikinci bir kongrenin toplanmasına mutlak bir ihtiyaç yoksa vazgeçilsin. Varsa, dört yandan işgali pek kolay olan Sivas'ın toplantı merkezi olmasından vazgeçilerek, işgal ihtimali pek uzak olan Erzurum'da veyahut uygun görülürse, Erzincan'da toplanması çarelerinin araştırılmasını, memleketin selameti adına rica ederim. Kolordu komutanı Salahattin Beyefendi de bu konudaki düşüncelerini ayrıca Kazım Paşa Hazretleri vasıtasıyla size yazacaklardır. Şimdi yanımda bulunan eski Sivas milletvekili Rasim Bey de, eski Erzurum Milletvekili Hoca Raif Efendi Hazretleri'ne bu husustaki bilgi ve görüşlerini bildiren bir telgraf çekecektir. Elbette, okuduktan sonra, Hoca Raif Efendi Hazretleri'nin Ilıca'dan dönüşünde kendilerine yollamak lütfunda bulunursunuz. İşte efendim durum bu merkezdedir. Herkesçe bilinen vatanseverliğinize karşı fazla rahatsızlık vermekten çekinir, cevabınızda vereceğiniz emrinizi beklerim efendim. İşte Rasim Bey'in telgrafı.

Reşit

Bu telgrafa orada verdiğim cevabı olduğu gibi arz edeceğim. Ertesi gün Temsilciler Heyeti adına da aynı nitelikte uzun bir telgrafla vali yatıştırılmaya ve ikna edilmeye çalışıldı. Ayrıca Kadı Hasbi Efendi'ye de bu vasıtayla bir telgraf çekildi. Kolordu Komutanı'na da gerektiği gibi yazıldı. Rasim Bey'e de endişeye kapılmaması için kendim yazdım:

Sivas Valisi Reşit Paşa Hazretleri'ne
20/8/1919 Saat: 13.00

Verdiğiniz bilgilere ve yüksek düşüncelerinize özellikle teşekkürümü arz ederim. Mösyö Brunot ve arkadaşlarının tehdit etmek için söyledikleri sözleri tamamen blöf olarak kabul ettim. Sivas Kongresi'nin toplanması yeni bir mesele değildir; aylarca öncesinden dünyaca bilinen bir girişimdir. Gariptir ki, İstanbul da bulunan yetkili Fransız siyaset adamlarının da bana gönderdikleri haberler, Anadolu'da millet tarafından gerçekleştirilen girişimlerin pek haklı ve meşru olduğu, milletimizin istekleri kendilerine ve açıkça bildirildiği takdirde, bunları memnunlukla kabul edip gereğini yerine getireceklerine dair şimdiden yazılı güvence vermeye hazır oldukları şeklindedir. Mösyö Brunot'nun ikinci görüşmede ağız değiştirmesi ve yumuşaması, beni kazanma maksadına dayanabilir. Binbaşı Brunot'nun dediği gibi Sivas'ın Fransız'lar tarafından beş gün içinde işgali o kadar kolay bir şey değildir. Yüce hatırınızda olsa gerekir ki, İngilizler bu konudaki tehditlerinde daha ileri giderek Batum'daki askerlerinin Samsun'a çıkarılmasına karar verdiler. Hatta sözde beni yıldırmak için, bir tabur bile çıkardılar.

Fakat, bu girişime karşı, milletin sarsılmaz bir azim, iman ve ateşle karşı koyacağı gerçeği kendilerince anlaşıldıktan sonra, hem kararlarından vazgeçmeye hem de Samsun'a çıkarmış oldukları askerleriyle beraber orada bulunan taburu da alıp götürmeye mecbur olmuşlardır. Sivas Kongresi'nde ele alınacak hususlar da Erzurum Kongresi bildirisindeki maddelerden kolaylıkla anlaşılacağına göre, İtilaf devletleri aleyhine kışkırtmalarda bulunmak gibi maksatlar asla söz konusu değildir. Burada şunu da arz edeyim ki, bendeniz ne Fransızların ve ne de herhangi bir yabancı devletin yardımına tenezzül eden şahsiyetlerden değilim, benim için en büyük korunma yeri ve yardım kaynağı milletimin bağrıdır. Kongrenin gereği, zaman ve toplanma yeri hakkında söz sahibi olmak, bendenizin şahsî hükmünün pek üstünde bir söz sahibi olan milletin kararına bağlı bir durumdur. Yalnız, tahmin buyurulduğu gibi, Fransızların, kongre üyelerinin Sivas'ta toplanmasına taraftar görünerek, sonradan onları ele geçirmeye imkân bulabilmesi bizce pek uzak kuruntulardandır. Bütün bu arz ettiklerimi Mösyö Brunot'ya aynen söylemenizde hiçbir sakınca görmüyorum. Bu münasebetle Mösyö Brunot ve arkadaşlarına, milletimizin haklarını korumak ve bağımsızlığını savunmak için, Erzurum Kongresi Bildirisi ile, bütün dünyaya olduğu gibi kendilerinin İstanbul'daki siyasî temsilcilerine de duyurmuş olduğu temel kararları uygulamakta hiçbir şekilde kararsızlığa düşmesine imkân bulunmadığı bildirilmiş olur. Mösyö Brunot bilmelidir ki, Fransızların Sivas'ı işgale karar vermeleri, kendilerine pek pahalıya mal olabilecek yeni kuvvetlerle ve çok paralarla yeni bir savaşa karar vermelerine bağlıdır. Böyle bir kararın, Jandarma Binbaşısı Mösyö Brunot ve arkadaşları arasında söz konusu edilse bile, Fransız milletince kabul edilebileceğine ihtimal verilemez.

Milletvekili Rasim Bey'in, Raif Efendi Hazretleri'ne olan telgrafını okudum. Korkmanın yeri olmadığının kendisine bildirilmesini rica ederim.

Gerek bendenize vermiş bulunduğunuz bilgi ve düşünceleri gerek Rasim Bey'in telgrafını Temsilciler Heyeti'ne olduğu gibi takdim edeceğim. Ancak Sivas Kongresi hakkındaki kesin karar ancak Temsilciler Heyeti'nin görüşmeleri sonunda belli olacaktır. Alınacak karar, yüksek şahsiyetinize elbette arz olunacaktır. Yalnız, bugün için ricam, Brunot'nun tehditlerinin halk arasında yayılmasıyla manevi gücün bozulmasına engel olunmasıdır. Samimi saygılarımın kabulünü ve Salahattin ve

Refet Beyefendilere selamımın bildirilmesini istirham ederim muhterem Paşa Hazretleri.

Mustafa Kemal

(Verilen cevap üzerine Reşit Paşa'dan alınan ikinci telgraftır)

Bendeniz anlayabildiğim kadarını Efendimize arz etmekle vicdani görevimi yerine getirmiş oluyorum. İstanbul'daki Fransız ordu ve siyaset adamlarının görüşlerini ve sizlere karşı vermiş oldukları sözlerin ne dereceye kadar güvenilebilir olduğunu kestirememekte haklıyım. Şüphe götürmez olan vatanseverliğiniz açısından vatanın kurtuluşu söz konusu olduğuna göre, iyice düşünerek tutulması gerekli yolun belirlenmesi Efendimize ve yüksek kongre heyetinin orada bulunan sayın üyelerine düşer. Emirlerinizi yerine getireceğimizi arz ile derin saygılarımı sunarım, efendim.

Reşit

Efendiler, Diyarbakır ve Bitlis dolaylarındaki halkı aydınlatmak maksadıyla, oralarda ordu komutanı olarak bulunduğum sıralarda, bir kısmını şahsen tanıdığım birtakım ileri gelenlere özel mektuplar yazdım ve Van, Bayezıt ve yakınlarında bulunan bazı aşiret beyleri ile de ilişki ve bağlantılar kurdum.

ERZURUM'U TERK ETME GEREKLİLİĞİ

Nihayet, Efendiler, Ağustos içinde, her yerden bir takım delegelerin Sivas'a doğru yola çıktıkları ve kısmen Sivas'a gelmeye başladıkları anlaşıldı. Sivas'a gelen delegeler tarafından bizim Sivas'a ne zaman hareket edeceğimiz sorulmaya başlandı.

Artık, Erzurum'dan ayrılmak gerekiyordu. Fakat, şimdiye kadar verdiğim bilgilerden anlaşılmıştır ki, Sivas Kongresi, Doğu ve Batı illeri ile Trakya'nın yani bütün bir memleketin birliğini sağlama amacına yönelikti. Bu sebeple kongrede Doğu illerinin de delegelerinin bulunması gerekirdi. Bu illerden Sivas Kongresi için delege seçtirmeye kalkışmak ise, uygulanması uygun olmayan bir düşünceydi. Erzurum Kongresi'ni yapan delegelerin, Sivas'a gönderilmesine kalkışmanın da mümkün olamayacağı anlaşılıyordu. Zaten Vilayet-ı Şarkiye Müdafaa-i Hukuk Cemiyeti adına, yetki almış olan bu delegelerin daha genel bir gayeye yönelen yetkileri de yoktu. Bu bakımdan Erzurum Kongresi'nin, Sivas Kongresi'ne Doğu'daki seçim bölgeleri adına, bir delegeler heyeti gönderme yetkisini alamayacağı da belliydi.

Yeniden delege seçtirmeye kalkışmak uygulama açısından ne kadar geçersiz idiyse, birtakım teorik fikir çerçevesi içinde sıkışıp kalmak da o kadar geçersiz idi.

En basit ve çıkar yol, Vilâyat-ı Şarkiye Müdafaa-i Hukuk Cemiyeti'nin Temsil Heyeti'ni Sivas'a götürüp kongreye katmaktan ibarettir.

Üyelerden Mutki aşiret reisinin Mutki dağlarından çıkmaktan korktuğunu bizzat bilirdim. Siirt milletvekili Sadullah Bey de ortada yok.

Servet ve İzzet Bey'ler kongre biter bitmez birer mazeretle Trabzon'a gitmiş bulunuyorlar.

Erzurum'da Rauf Bey ve Raif Efendi var. Raif Efendi de özür diliyor.

Yolumuz üzerinde, Erzincan'da Şeyh Fevzi Efendi'yi bulabileceğiz.

Servet ve İzzet Bey'leri davet ettim, gelmediler. Raif Efendi'ye bizimle birlikte gelmesi için rica ettik, kabul etti.

Nihayet, Temsilciler Heyeti üyeleri olarak Erzurum'dan üç kişi, Erzincan'dan bir kişi ve Sivas'ta bulduğum Bekir Sami Bey ile beş kişi olduk. Sivas Kongresine katılan temsilcilerin ellerindeki kartları inceleme gereği duyulduğu, zaman, ben, orada şöyle bir belge hazırladım ve altına Temsilciler Heyetinin mührünü bastım.

"Temsilciler Heyetinden:

Mustafa Kemal Paşa
Rauf Bey
Ulemadan Raif Efendi
Şeyh Fevzi Efendi
Bekir Sami Bey

Yukarıda adları yazılı şahıslar, Doğu Anadolu adına Sivas Kongresi'nde bulunmak üzere Erzurum Kongresi tarafından görevlendirilmiştir. (Mühür)"

Efendiler, Erzurum'dan ayrıldığımız tarih 29 Ağustos 1919'dur.

SİVAS YOLUNDA

Amasya'dan Erzurum'a gelirken, Sivas'ta küçük bir hikâyeye konu olan olay hatırlarınızdadır. Gariptir ki, Erzurum'dan Sivas'a giderken de buna benzer küçük bir durumla karşılaştık.

Erzincan'dan batıya hareket ettiğimiz günün sabahı, Erzincan Boğazı'nın girişine gelir gelmez, bazı Jandarma erlerinin ve subaylarının heyecanlı ve telaşlı bir şekilde otomobillerimizi durdurduklarını gördük.

Durumu açıkladılar: "Dersim Kürtleri boğazı tutmuşlardır. Tehlike var. Geçilemez."

Bir subay, merkeze kuvvet gönderilmesini yazmış. O kuvvet gelince tertibat alacak, hücum edecek ve eşkıyayı püskürterek yolu açacakmış.

Pek iyi ama, bu eşkıyanın kuvveti nedir? Neresini nasıl tutmuş? Ne kadar kuvvet ve ne vakit gelecek?

Bu sorunlar çözülünceye kadar, geri Erzincan'a dönmek ve kim bilir kaç gün beklemek gerekir. Bizim ise, işimiz çok aceleydi. Erzurum ile Sivas arasındaki yolu belli bir zamanda kat edip kararlaştırılan günde Sivas'ta bulunamazsak, şurada veya burada şu veya bu sebeple korkup kaldığım, Sivas'ta ve başka yerlerde duyulursa, panik başlayabilir, işler altüst olabilirdi.

O halde karar? Tehlikeyi göze alıp yola devam etmek. Başka çaremiz de yoktu. Yalnız ufak bir tedbir almayı uygun buldum.

Hafif makinalı tüfeklerle silahlanmış olan fedakâr arkadaşlarımızdan birkaçını – şimdi bir alay komutanı olan Osman Bey ki Tufan Bey adıyla tanınmıştır. Bunların başında idi – bir otomobille kendi otomobilimizin önüne geçirdik. Sağdan soldan gelecek uzak mesafedeki ateşlere aldırış etmeyerek, otomobiller, şose üzerinde süratle ilerlemeye devam edecekler. Vurulan, ölen olursa, onlarla meşgul olunmayacak. Tam şose üzerinde ve yakınında, şoseyi kapamış olan eşkıyaya rastlanırsa, hepimiz otomobillerden atlayacağız ve bunlara hücum ederek yolu açacağız. Kalanlar tekrar kullanılabilir durumdaki otomobillere binerek ve süratle uzaklaşarak yola devam edecekler. İşte verilen emir de buydu.

Bu tedbiri ve bu tarzdaki hareketi yerinde ve emniyetli görmeyenler bulunabilir. Gerçi bu tarihlerde Elazığ Valisi Ali Galip Bey'in Dersim'de dolaştığı, bazı propaganda ve tertiplere giriştiği bilinmekte idiyse de, şöyle söyleyeyim, ben önce, boğazın gerçekten tutulmuş olduğuna inanmadım. Bunu İstanbul Hükümetine hizmet edeceklerini tahmin ettiğim bazı kimseler tarafından, sırf beni geri dönmeye mecbur etmek için kurulmuş bir plan olarak kabul ettim. İkincisi, eğer Dersim Kürtleri boğazı tutmuşlarsa, bunların alabilecekleri tertibatın, uzak tepelerden yola ateş etmekten ibaret kalması bence çok muhtemeldi.

Özet olarak, yürüdük, boğazı geçtik ve 2 Eylül 1919 günü Sivas'a vardık. Halkın, şehrin çok uzaklarından başlayan büyük ve parlak gösterileriyle karşılandık.

3'üncü Kolordu Komutanı olan Salahattin Bey, Sivas'ta bulunuyordu. Vali Paşa ile birlikte, kongreye gelen temsilcilerin yerleştirilmesinde, Temsilciler Heyeti için lise binasının ve kongrenin yapılacağı salonun hazırlanmasında, ayrıca her türlü tedbirin alınmasında, misafirperverliğe örnek olacak şekilde mükemmel çalışmışlardı.

Refet Bey orada değildi. Nerede bulunduğunu da kimse bilmiyordu. 7 Temmuz 1919 tarihli genelgemiz uyarınca, kendi bölgesi olan 3'üncü Kolordu bölgesinden ayrılmaması gerekir ve özellikle tam Sivas'ta kongre yapılacağı günlerde, orada bulunması uygun düşerdi. Haberleşme sonunda kendisinin Ankara'da olduğu anlaşıldı. Ankara'da Kolordu Komutanı Ali Fuat Paşa'ya derhal ve mutlaka Sivas'a gönderilmesini emrettim. 7 Eylül'de geldi ve Temsilciler Heyeti üyesi olarak tarafımdan Kongre Heyetine takdim edildi.

Efendiler, bizden önce gelmiş olan temsilciler, gelişimizi beklerken, aralarında toplantılar yapmışlar ve hazırlık olarak bazı projeler hazırlamışlar.

Bizim gelişimizden sonra da bazı özel toplantılar ve görüşmeler yapılmış. Bu defa bazı kararlar da verilmiş. Müsaade ederseniz, çok karakteristik olduğu için bu noktayı açıklayayım:

SİVAS KONGRESİ AÇILIYOR

Sivas Kongresi, 1919 Eylül'ünün 4'üncü Perşembe günü saat 14.00'te açıldı. Öğleden önce temsilciler arasında bulunan ve öteden beri şahsen tanıdığım Hüsrev Sami Bey yanıma gelerek şöyle bir haber getirdi: "Rauf Bey ve diğer bazı kimseler Bekir Sami Bey'in evinde özel bir toplantı yapmışlar ve beni başkan yapmamaya karar vermişler." Arkadaşların, özellikle Rauf Bey'in böyle bir davranış içine girmesine asla ihtimal vermedim. İtiraf edeyim ki, Hüsrev Sami Bey'e biraz ciddi olarak, böyle anlamsız sözleri bana getirmemesi uyarısında bulundum. Verdiği haberin gerçek olmasının imkânı ve ihtimali bulunmadığını, arkadaşlar arasında, yanlış anlaşılmalara yol açabilecek sözler sarf edilmesinin doğru olmadığını da ekledim.

Efendiler, ben bu kongrede başkanlık meselesine önem vermiyordum. Başkanlığa, belki yaşlı bir kişinin getirilmesinin uygun olacağını düşünüyordum. Bu maksatla, bazı arkadaşların da düşüncelerini yolladım. Bu arada, kongre salonuna girmeden önce koridorda Rauf Bey'e rastladım. "Kimi başkan yapalım?" dedim. Rauf Bey, adeta heyecanlı bir sesle, zaten söylemeye hazırlanmış olduğu o anda halinden anlaşılan bir tavırla ve keskin bir dille "Sen başkan olmamalısın." dedi. Derhal Hüsrev Sami Bey'in verdiği haberin doğruluğuna inandım ve doğrusu üzüldüm. Gerçi, Erzurum Kongresinde de benim başkanlığımı sakıncalı görenler vardı. Fakat onların nasıl kimseler olduklarını belirtmiştim. Bu defa en yakın arkadaşlarımın aynı zihniyeti açığa vurmaları beni düşündürdü. Rauf Bey'e: "Anladım, Bekir Sami Bey'in evinde aldığınız kararı bana bildiriyorsun." dedim ve cevabını beklemeden yanından uzaklaşarak kongre salonuna girdim.

Kongrenin açılmasından sonra ilk sözü alan bir yüksek kişinin kongre zaptına aynen geçmiş olan şu konuşmasını dinledik:

"- Efendim, şimdi tabiî başkanlık meselesi söz konusu olacak. Bendeniz başkanlığın birer gün veyahut birer hafta devam etmek üzere sıra ile yapılmasını ve üyelerin veya temsil edilen il ve sancak adlarının baş harfleri esas alınarak alfabe sırasına uyulmasını teklif ediyorum."

Efendiler, garip bir tesadüftür ki, bu teklif sahibinin temsil ettiği ilin adı Elif (A) ile başladığı gibi, kendi adının ilk harfi de Elif (A) ile başlıyordu. Ben davet sahibi sıfatıyla bir konuşma yaparak kongreyi açtıktan sonra, geçici olarak başkanlık makamında bulunuyordum.

"- Buna neden gerek duyuluyor, efendim?" diye sordum.

Teklif sahibi: "Bu şekilde işin içine kişiler karışmamış olacağı gibi, dışarıya karşı da eşitliğe dikkat ettiğimiz için olumlu bir etki yapmış olur." dedi.

Efendiler, ben, vatanın, teklif sahibi ile birlikte bütün milletin ve hepimizin bir felaket çıkmazında bulunduğumuzu göz önüne getirerek, kurtuluş çaresi olduğuna inandığım girişimleri, sonsuz güçlük ve engellere rağmen, maddî, manevî bütün varlığımla bir sonuca ulaştırmaya çalışırken, benim en yakın arkadaşlarım daha dün İstanbul'dan gelmiş ve tabiî olarak işin içyüzünü bilmeyen, saygı duyduğum yaşlı bir kişinin diliyle, bana kişilikten söz ediyorlar.

Bu teklifi oylamaya sundum. Çoğunlukla reddettiler. Başkan seçimini gizli oyla yaptırdım. Üç olumsuz oya karşı, beni başkan seçtiler.

SİVAS KONGRESİNİN UĞRAŞTIĞI İŞLER

Sivas Kongresi'nin gündemini, Erzurum Kongresinin tüzük ve bildiri metinleri ile bizden önce Sivas'a gelmiş olan yirmi beş kadar üyenin hazırladığı bir muhtıra oluşturacaktı.

İlk açılış günü olan 4 Eylül ile beşinci, altıncı günler, yani üç gün, İttihatçı olmadığımızı ispat için yemin etmek formülü hazırlamakla, Padişah'a sunulacak bir yazı yazmakla, kongrenin açılışı dolayısıyla gelen telgraflara cevap vermekle ve özellikle, kongre siyasetle uğraşacak mı uğraşmayacak mı konusunun tartışması ile geçti. İçinde bulunulan mücadele ve yapılan işler siyasetten başka bir şey değilken, bu son konuyu tartışmak, hayretle karşılanacak bir durum değil midir?

Nihayet, kongrenin dördüncü günü asıl amaca geldik ve aynı günde, Erzurum Kongresi Tüzüğünün içeriğini görüşerek hemen bir sonuca bağladık. Çünkü Erzurum Kongresinin Tüzüğünde yapılması gereken değişiklikleri zaten hazırlamış ve gereken kimseleri de aydınlatmış bulunuyorduk.

Bununla birlikte, yapılan değişiklikler sonradan bazı itirazlara, anlaşmazlıklara, birçok yazışma ve tartışmalara yol açtığı için, değiştirilen noktaların önemli olanlarına işaret edeceğim:

1. Derneğin adı "Şarki Anadolu Müdafaa-i Hukuk Cemiyeti" idi. "Anadolu ve Rumeli Müdafaa-i Hukuk Cemiyeti" oldu.

2. "Temsilciler Heyeti, Doğu Anadolu'nun tamamını temsil eder." yerine "Temsilciler Heyeti bütün vatanı temsil eder." dendi. Mevcut üyelere altı kişi daha eklendi.

3. "Her türlü işgal ve müdahaleyi Rumluk ve Ermenilik kurma gayesine bağlı sayacağımızdan, topyekûn savunma ve direnme ilkesi kabul edilmiştir." yerine "Her türlü işgal ve müdahalenin özellikle Rumluk ve Ermenilik kurma gayesine yönelmiş faaliyetin reddi konularında topyekûn savunma ve direnme ilkesi kabul edilmiştir." denildi.

Bu iki cümlede anlam bakımından elbette büyük fark vardır. Birincisinde İtilâf Devletlerine karşı düşmanca tavır alma ve direnmeden söz edilmiyor. İkincisinde bu husus daha belli oluyor.

4. Tüzüğün dördüncü maddesinde yer alan konu oldukça tartışmalı geçti. Madde şuydu:

"Osmanlı Hükümetinin yabancı devletlerin baskısı karşısında, buraları (yani Doğu illerini) bırakmak ve ilgilenmemek zorunda kaldığı anlaşılırsa, alınacak idarî, siyasî, askerî tedbirlerin tayin ve tespiti" yani geçici bir vekâlet kurma konusu.

Sivas Kongresi Tüzüğünün bu maddesindeki "buraları" yerine "yurdumuzun herhangi bir parçasını bırakmak ve ilgilenmemek" şeklinde daha geniş ve genel bir kayıt kondu.

AMERİKAN MANDASI İÇİN PROPAGANDALAR

Bundan sonra, 8 Eylül toplantısında sözünü ettiğim muhtıra ele alındı. Bu muhtırada başlıca Amerikan mandası konusu üzerinde duruluyordu.

O günlerde, İstanbul'dan gelen bazı kimseler Amerikalı Mister Brown adında bir gazeteciyi de Sivas'a getirmişlerdi. Bu konu üzerinde kongrede geçen görüşmelere yer vermeden önce, yüksek heyetinizi yeterince aydınlatabilmek için, bazı önbilgiler arz edeyim. Bu bilgiler, Erzurum'dan beri başlayan bazı haberleşmelerden daha iyi anlaşılacağı için, onları olduğu gibi sunacağım:

Güvenlikle ilgili
Çok acele

Amasya, 25/26 Temmuz 1919

Erzurum'da 3'üncü Ordu Müfettişliği Kurmay Başkanlığına

1. Mustafa Kemal Paşa'ya özel: Bu gün 25 Temmuz 1919 akşamı Bekir Sami Beyefendi Amasya'ya geldiler. Kendileri ile uzunca bir süre görüşmek şerefine eriştim. Mustafa Kemal Paşa'ya ve Rauf Beyefendi'ye saygılarını sunarlar. Kendisi aşağıdaki düşüncelerini arz etmemi rica etmiştir.

2. Bağımsızlık, elbette bir arzu ve bir tercihtir. Ancak, tam bağımsızlık istediğimiz takdirde, vatanın birçok parçalara ayrılacağı kesin ve şüphesizdir. Şu halde, iki üç ili içine almaktan ibaret olacak bağımsızlığa, vatanımızın bütünlüğünü garanti altına alacak yabancı bir devletin mandaterliği (himayesi) elbette tercih edilir. Osmanlı ülkesinin tamamını içine alan meşruluğumuz ve dışarıdaki temsil hakkımız eskiden olduğu gibi devam etmek şartıyla, belirli süre için Amerika mandasını is-

temeyi milletimiz için en yararlı bir çözüm şekli olarak kabul ediyorum. Bu konuda Amerika temsilcisiyle görüştüm. Birkaç kişinin değil, bütün bir milletin sesini Amerika'ya duyurmak gerektiğini söyledi ve aşağıdaki şartlar çerçevesinde Wilson'a, Senato'ya ve Amerikan Kongresine başvurulmasını teklif etti:

a) Adil bir hükumetin kurulması,

b) Öğretim ve eğitimin yayılması ve genelleştirilmesi,

c) Din ve mezhep özgürlüğünün sağlanması,

d) Gizli anlaşmaların kaldırılması

e) Bütün Osmanlı ülkesini sınırları içine alacak şekilde, Amerikan Hükümetinin himaye etmeyi kabul etmesi.

3. Bundan başka temsilci, kongremizin seçeceği bir heyeti, Amerika'ya bir zırhlı ile göndermeyi de üstlenmiş.

4. Bekir Sami Bey, daha bir iki gün buralarda kalacağından, her türlü emir ve talimatın benim aracılığımla gönderilmesini, özellikle Sivas Kongresinin ne zaman toplanacağının ve kendilerinin o güne kadar nerede beklemesinin uygun olacağının bildirilmesini istirham eylemekte olduğu.

5'inci Kafkas Tümeni Komutan Vekili
Arif

***

Şifre
Acele ve kişiye özel

Erzurum

Amasya'daki 5'inci Tümen Komutanlığına

1. Bugün Amasya'da bulunan eski Vali Bekir Sami Beyefendi'ye özel: Sizlerin telgrafından çok yararlandık. Toplanmış bulunan Vilâyat-ı Şarkiye Kongresi hemen her taraftaki memleketlerin halklarınca etkili, hatırı sayılır ve söz sahibi olarak tanınmış kimselerden kurulmuş yetkili bir heyet durumundadır. Bu kongrede, şimdiye kadar yapılan görüşmelerde, devlet ve milletin bağımsızlığı ve bölünmezliği ısrarla savunulmaktadır. Bu bakımdan, bizce de daha şartları ve niteliği belirsiz olan bir Amerikan mandasının kongrede doğrudan doğruya söz edilmesi pek sakıncalı olacağından, sizlerin İstanbul'da temasta bulunduğu kimselerle yaptığı görüşmelere dayanarak aşağıdaki noktaların açıklanmasını ve bizleri hemen aydınlatmanızı özellikle rica ederiz. Bundan önce de doğrudan doğruya İstanbul'dan gelen bu konudaki bilgiler şüpheli görüldüğünden, aynı esaslar çerçevesinde açıklama istendiği gibi, 21 Temmuz 1919 tarihinde Sivas'ta Refet Bey aracılığıyla İstan-

bul'dan alınan bilgilerde de yine şüpheli noktalar bulunduğundan, oradan da şartlar hakkında doğrudan doğruya açıklama istenmiştir.

a) Tam bağımsızlık istendiği takdirde, vatanın birçok parçalara ayrılacağı kesin ve şüphesizdir, buyuruluyor. Bu görüşün kaynağı nedir?

b) Vatanın bütünlüğünden maksat, toprak bütünlüğü mü, yoksa hâkimiyet hakları mıdır?

c) Osmanlı ülkesinin tamamını içine alan meşruluğumuz ve dışarıdaki temsil edilme hakkımız eskiden olduğu gibi devam etmek şartıyla himaye istemeyi en yararlı bir çözüm olarak kabul buyuruyorsunuz. Ancak, temsilcinin ileri sürdüğünü bildirdiğiniz maddeler ile bu şekil birbiri ile çelişmiş görünüyor. Çünkü, meşruluğumuz eskiden olduğu gibi devam ettiği takdirde hükümet, yasama gücünün güvenine sahip ve denetimine bağlı bir heyetten ibaret olur ki, artık bu heyetin kuruluşunda Amerika'nın müdahalesi ve etkisi olamaz. Bu durumda ya meşruluk devam edecektir ve Amerika'dan adil bir hükümetin kurulmasını istemeye gerek yoktur ya da istendiğine göre, meşruluğun devamı sözden ibaret kalır.

d) Öğretim ve eğitimin yayılmasından ve genelleştirilmesinden maksat nedir? İlk anda hatırımıza gelen, memleketin her tarafında Amerikan okullarının açılmasıdır. Çünkü daha şimdiden yalnız Sivas'ta yirmi beş kadar okul açmışlardır ki, yalnız bir tanesinde bin beş yüz kadar Ermeni öğrenci vardır. Bu durum karşısında Osmanlı ve İslam ve eğitiminin yayılması ve genelleştirilmesi ile bu girişim nasıl bağdaştırılacaktır?

e) Din ve mezhep hürriyetinin sağlanması maddesi de önemlidir. Patrikhanelerin imtiyazları devam ederken bunun farklı yanı ve anlamı nedir?

f) Temsilcinin beşinci madde olarak sözünü ettiği bütün Osmanlı ülkesinin sınırları ne demektir? Yani savaştan önceki sınırlarımız mıdır? Eğer bu deyim içinde Suriye ve Irak da varsa, Anadolu halkının Arabistan adına himaye isteğine hak ve yetkisi olabilir mi?

g) Bugünkü hükümetin politikası nedir? Tevfik Paşa neden Londra'ya gitti? Amerikalılar gibi İngilizlerin de ayrıca bir mandacılık politikası güttükleri anlaşılıyor. Aralarındaki fark nedir? Hükümet Amerikan mandası için ne düşünüyor? Yani buna eğilimli mi, yoksa isteksiz mi? Amerikalılar neden Ermenistan mandaterliğini bıraktılar?

Amerikalılar mandayı almaya ne dereceye kadar yatkın ve isteklidirler?

2. Sivas Kongresi'nin toplanması, Erzurum Kongresi'nin sonucuna bağlıdır. Bununla ayrıca uğraşılmaktadır. Yüksek şahsiyetlerinin bunu beklemek üzere ya Tokat'ta yahut Amasya'da bulunmaları uygundur. Saygılarımızı sunarız.

Mustafa Kemal

***

Güvenlikle ilgili
İvedi

Amasya, 30.7.1919

3'üncü Ordu Müfettişliği Kurmay Başkanlığına

1. Mustafa Kemal Paşa'ya özel; Bekir Sami Bey'den alınan cevap aşağıda arz olunur:

a) Tam bağımsızlık istendiği takdirde, vatanın birçok bölgeye ayrılacağı ve birkaç mandaya tabi tutulacağımız Dörtler Komisyonunca kararlaştırılmıştır. Bu bakımdan ve buna engel olmak için, Amerikan temsilcisi, bir manda istemenin en uygun olacağını söylemiştir.

b) Yalnız hâkimiyet hakları söz konusudur; toprak bütünlüğümüzün korunması temel ilkedir.

c) Amerika'dan hangi şekilde olursa olsun bir hükumet istemeyeceğiz. Amerika'ya adil bir hükumet kuracağımız konusunda güvence vereceğiz. Anayasamızın hükümleri yürürlükte kalmak, saltanatın her türlü hüküm sürme haklarına dokunulmamak ve korunmak, eskiden olduğu gibi dışarıda temsilcilerimiz bulunmak şartıyla, Amerikan Hükümetinin mutluluğumuza ve gelişmemize yardımcı olmasını isteyeceğiz. İsteyeceğimiz manda şekli budur.

d) Öğretim ve eğitimin yayılmasından ve genelleştirilmesinden maksat Amerikan okullarının köylerimize kadar girmesine izin vermek değil, millî ve İslami öğretim ve eğitimi yaymaya ve genelleştirmeye çalışacağımız konusunda kendilerine söz vermekle birlikte yardımlarını istemektir. Mandaterliği Amerikan misyonerlerine değil Amerikan Hükümetine vermek istiyoruz.

e) Din ve mezhep hürriyeti esasen dini ve İslami ilkelerimizin gereğidir; Amerikan kamuoyu bu gerçeği bilmediği için, kendilerine bu konuda güvence vermek istiyoruz. Temsilcinin sözünü ettiği sınırlar savaştan önceki sınırlarımızdır. Suriye ve diğer memleketler üzerinde bizim mandaterlik isteğine yetkimiz olup olmaması kongrece çözülecek bir sorundur. Esasen Suriye ve Irak'ta Amerikan heyetleri halkoyuna başvurdular. Suriye ve Filistin'de bağımsız bir Arap Hükümeti kurulmasını istemekle birlikte, Amerikan mandasını ötekilerden daha üstün tuttuklarını gösterdiler.

f) Bugünkü hükümet daha yeni kurulduğundan politikası belli değildir. Ancak, daha önceki hükümetlerin siyasetleri güçsüzlük ve İtilaf kuvvetlerinin her emrine boyun eğmekti. Tevfik Paşa, Londra'ya gitmeyerek Ferit Paşa ile geri dönmüştür. Amerika, Ermenistan hükümeti belli olmadan yalnız oralarda dolaşan heyetlerinin verdiği raporlara göre, büyük bir Ermenistan'ın kurulmasına maddî olarak imkân bulunmadığı görüşündedir. Manda konusundaki ayrıntılı bir rapor posta ile gönderilmek üzeredir.

g) Şimdilik tarafınızdan yapılacak tebligatı beklemek üzere Tokat'ta bulunacağım. Amasya ve Tokat ile ilçelerde gerekli tebliğlerde bulunmakta ve bunların iyi sonuçlar vereceğini ümit etmekteyim. Hepinize saygılarımı sunarım, efendim.

5'inci Tümen Komutanı
Arif

***

Şifre
Kişiye özel

Erzurum, 1 Ağustos 1919

Amasya'daki 5'inci Tümen Komutanlığına

Bu telgrafın hemen Bekir Sami Beyefendi'ye ulaştırılması ve cevabının acele olarak alınması rica olunur.

Bekir Sami Beyefendi'ye...
İlgi: 3.7.1919.

Amerikan mandası hakkındaki son açıklamalarınızı öğrendik. Bu şartlara göre esas itibariyle korkulacak bir şey olmaması lazım. Bununla birlikte bir nokta hakkındaki yüksek görüşlerinizi de almak istiyoruz. Lehimizde bu kadar elverişli şartlar ileri sürülmesine yatkın bulunacak olan Amerikan Hükumeti, böyle bir mandaterliği kabul etmesine yani buna katlanmasına karşılık, Amerika adına ne gibi yarar ve çıkarlar sağlamış olacaktır? Bununla kendi hesaplarına elde edecekleri sonuç nedir? Bu konudaki yüksek düşünce ve bilgilerinizle de bizi aydınlatmanızı acele bekleriz, efendim.

Mustafa Kemal

***

Amasya, 3.8.1919

Üçüncü Ordu Müfettişliği Kurmay Başkanlığına

Bekir Sami Bey'den alınan cevap aşağıda arz olunur:

Mustafa Kemal Paşa'ya Özel: Amerikalılarla şimdiye kadar yapılan görüşmeler doğal olarak daima özel bir şekilde olmuş ve sırf bir varsayımdan ibaret kalmış olduğu için, mandaterliklerin her iki tarafa yükleyeceği şartlar üzerinde durulmamıştır. Mümkünse, hazırlıklara başlanarak Sivas Kongresi'nin bir an önce açılması gereğini özet olarak arz ederim.

Kurmay Yarbay
Arif

***

Mustafa Kemal Paşa Hazretleri'ne

Saygıdeğer Efendim,

Memleketin siyasî durumu en son safhasına geldi. Kendimize bir yön çizebilmek için, Türk milletinin zarını atıp olumlu bir durum alma zamanı ise geçmek üzere bulunuyor.

Dış durum İstanbul'dan şöyle görünüyor:

Fransa, İtalya, İngiltere, Türkiye'nin mandaterlik meselesini Amerikan Senatosuna resmen teklif etmiş olmakla birlikte, Senatonun bu teklifi kabul etmemesi için bütün güçlerini kullanıyorlar. Toprak paylaşımından pay kaçırmak doğal olarak işlerine gelmiyor.

Suriye'de hüsrana uğrayan Fransa, zararını Türkiye'den kapatmak istiyor. İtalya namuslu bir emperyalist olduğundan, savaşa ancak Anadolu'nun bölüşülmesinden pay almak için girdiğini açıktan açığa söylüyor. İngiltere'nin oyunu biraz daha incedir.

İngiltere, Türk'ün birliğini, çağdaşlaşmasını, gerçek bir bağımsızlık kazanmasını, gelecekte bile istemiyor. Yeni vasıtalarla ve fikirlerle; tamamen çağdaş ve kuvvetli bir Müslüman-Türk hükümeti başında halifelik de olursa, İngiltere'nin elindeki Müslüman esirler için kötü bir örnek olur. İngiltere Türkiye'yi tamamen ele geçirebilse, kafasını kolunu koparır, birkaç yılda sadık bir sömürge durumuna sokar. Buna, memleketimizde en başta ve özellikle şeriatçı sınıflar çoktan taraftardırlar. Fakat bunu Fransa ile dövüşmeden yapabilmek mümkün olamayacağından taraftar olamaz. Diğer taraftan, Türkiye'yi bir bütün olarak koruma gereği duyulursa, yani bölüşmenin büyük askerî fedakârlıklarla yapılabileceğini anlarlarsa, Latinleri sokmamak için Amerika fikrini destekler ve taraftarı olur. Nitekim İngiliz siyasetçileri arasında zaten bu görüşe eğilimli olanlar vardır. Morisson gibi ünlü kimseler Amerika'nın Türkiye'de manda kurmasını istiyorlar.

Başka bir çözüm yolu da Türkiye'yi, Trakya'dan, İzmir'den, Adana'dan, belki de Trabzon'dan ve mutlaka İstanbul'dan yoksun bıraktıktan sonra, eski kapitülasyonlarıyla ve boğulmaya mahkûm iç sınırlarıyla baş başa bırakmak.

Biz İstanbul'da, kendimiz için, bütün eski ve yeni Türkiye sınırlarını içine almak üzere geçici bir Amerikan mandasını kötünün iyisi olarak görüyoruz. Bu görüşümüzün sebebi şunlardır:

1. Aramızda, hangi şartlar altında olursa olsun, Hristiyan azınlıklar kalacaktır. Bunlar hem Osmanlı vatandaşı olma haklarından yararlanacaklar hem de dışarıda bir Avrupa devletine dayanarak karışıklık çıkaracaklar, sürekli olarak müdahaleye yol açacaklar ve zaten göstermelikten ibaret olan bağımsızlığımızdan azınlıklar adına her yıl bir parça daha kaybedeceğiz.

Doğru dürüst bir hükümet ve çağdaş bir idare kurulabilmesi için, patrikhanenin siyasi imtiyazları ve azınlıkların kuvvetli devletler vasıtasıyla yaptıkları sürekli tehditler ortadan kalkmalıdır. Küçük ve zayıf bir Türkiye bunu başaramayacaktır.

2. Birbirini yok eden, çıkar sağlama, hırsızlık, macera ve şöhret için yaşayanların hırsını doyuran bu hükümet anlayışı yerine, milletin refah ve kalkınmasını sağlayabilecek, halkı ve köyleri, sağlığı ve zihniyeti ile çağdaş bir halk durumuna getirebilecek bir hükümet anlayışı ve uygulamasına ihtiyacımız var. Bunun için gerekli olan paraya uzmanlığa ve kudrete sahip değiliz. Siyasi dış borçlar, siyasi esareti artırıyor. Taraf tutma, cahillik ve çok konuşmaktan başka olumlu bir sonuç veren yeni bir hayat yaratamıyoruz.

Bugünkü hükümet, adamlarını takdir etmese bile, halkı ve halk hükümeti kurulmasını yararlı gören Filipin gibi vahşi bir memleketi, bugün kendi kendini idare edebilecek çağdaş bir makine haline getiren Amerika, bu konuda çok işimize geliyor. On beş, yirmi yıl sıkıntı çektikten sonra yeni bir Türkiye'yi, her bireyin öğrenimi ve zihniyetiyle gerçek bağımsızlığı kafasında ve cebinde taşıdığı bir Türkiye'yi, ancak yeni dünyanın kabiliyeti yaratabilir.

3. Yabancı devletlerin kendi arasındaki rekabetlerini ve kuvvetlerini memleketimizden uzaklaştırabilecek bir yardımcıya ihtiyacımız var. Bunu ancak Avrupa dışında ve Avrupa'dan daha güçlü bir elde bulabiliriz.

4. Bugünkü oldubittilerden kurtulmak ve davamızı hızlıca dünyaya karşı savunabilmek için, gerekli güce sahip bir devletin yardımını istemek gerekir. İstilacı Avrupa'nın bin bir türlü aracı ve alçakça siyasetine karşı böyle bir vekil olarak Amerika'yı kazanarak ortaya atabilirsek, Doğu meselesini de Türk meselesini de gelecek için kendimiz çözümlemiş olacağız.

Bu sebeplerden dolayı, bir an önce istememiz gereken Amerikan mandası da, elbette sakıncasız değildir. Haysiyetimizden epeyce fedakârlık etmek zorunluluğunda bulunuyoruz. Yalnız, bazılarının düşündüğü gibi, Amerika'nın resmi sıfatında dinî eğilim ve taraf tutma yoktur. Sözgelimi, Hristiyanlara para vererek misyonerlik yapan bir kadın, Amerika'nın yönetim mekanizmasında bir makama gelemez. Çünkü Amerika'nın yönetim mekanizması dinsiz ve milliyetsizdir. O, türlü cins ve mezhepten insanları çok uyumlu ve kaynaşmış olarak bir arada tutmanın yolunu biliyor.

Amerika, Doğu'da mandaterlik yapmayı, Avrupa'da başına dert açmayı istemiyor. Fakat onların onur meselesi yaptıkları şey, yöntemleri ve idealleri ile Avrupa'dan daha üstün bir millet olma iddiasıdır. Bir millet içtenlikle Amerikan milletine başvurursa, girdikleri memlekette milletin yararına nasıl bir idare kurduklarını Avrupa'ya göstermek isterler.

Amerikan siyaset adamlarının içindeki önemli şahsiyetler arasında bize karşı oldukça olumlu bir hava oluştu. İstanbul'a Ermeni dostu olarak gelen birçok hatırı sayılı Amerikalı, Türk dostu ve Türk propagandacısı olarak döndüler.

Bu akımı temsil eden gerek siyaset adamı olsun gerek halktan olsun, bir Amerikalının görüşünü, gizli olarak şudur: "Türkiye'yi parçalamamak, eski sınırları içinde bir bütün halinde olduğu gibi korumak şartıyla genel ve tek bir mandaya bağlamak". Suriye, Amerikan Komisyonu orada iken, genel bir kongre toplayarak Amerika'yı istemiştir. Suriye'nin bu isteği Amerika'da çok iyi karşılanmıştır.

Amerika, bizim topraklarımız üzerinde Ermenistan kurmaya niyetli görünmüyor. Eğer himayelerine alırlarsa, bütün milletleri eşit şartlar altında bir memleket evladı olarak kabul etmek suretiyle alacaklarını önemli çevrelerden haber aldım.

Fakat Avrupa – özellikle de İngiltere – mutlaka bir Ermenistan meselesi ortaya çıkarmak, Ermenilere tavizler vermek istiyor. Amerikan kamuoyunda zulüm görmüş Ermeniler adına bir oyun oynamaya çalışıyor. Avrupa korkusu bizim fikir adamlarını düşündürüyor. Reşat Hikmet Bey gibi, Cami Bey gibi kişilerin, hatta millî birliğe şekil veren diplomatlarımızın, Ermeni meselesi için bir çözüm yolu tavsiyeleri var. Resmen size yazılıyor.

Çok tehlikeli anlar geçiriyoruz. Anadolu'daki mücadeleyi dikkat ve sevgiyle takip eden bir Amerika var. Hükümet ve İngilizler, bunun Hristiyanları öldürmek, İttihatçıları başa getirmek için yapılan bir hareket olduğu düşüncesini Amerika'ya elbirliği ile benimsetmeye çalışıyorlar.

Bu millî mücadeleyi durdurmak için her an kuvvet gönderilmesi tasarlanıyor; bunun için İngilizleri kandırmaya çalışıyorlar. Millî mücadele hızlıca ve olumlu isteklerle kendini ortaya koyarsa ve Hristiyan düşmanlığı gibi bir rengi de olmazsa Amerika'dan hemen destek bulacağını yine çok önemli çevreler garanti ediyorlar.

Sivas Kongresi toplanıncaya kadar, Amerikan komisyonunu alıkoymaya çalışıyoruz. Hatta kongreye Amerikalı bir gazeteci göndermeyi de belki başarabileceğiz.

İşte bütün bunlar karşısında, davamızda bize yardımcı olabilmesi için, bu fırsat dakikalarını kaybetmeden, bölüşülme ve çözülme korkusu karşısında, kendimizi Amerika'ya başvurmaya mecbur görüyoruz. Vasıf Bey kardeşimizle bu hususta birleştiğimiz noktaları kendisi de ayrıca yazacaktır.

Türkiye'yi belki, azim ve irade sahibi geniş görüşlü bir iki kişi kurtarabilir.

Macera ve boğuşma devri artık geçmiştir. Gelecek için kalkınma ve birlik savaşı açmaya mecburuz. Sınırlarında bu kadar çok evladı ölen zavallı memleketimizin düşünce ve medeniyet savaşında kaç tane şehidi var? Biz Türkiye'nin hayırlı evlatlarından, yarının kurucuları olmalarını istiyoruz. Sizin, Rauf Bey kardeşimizle birlikte, temelleri bile çöken zavallı memleketimiz için uzakları görerek düşünüp çalışmanızı bekliyoruz.

Saygılarımı gönderir, başarınız için dua ederim. Millî davada can başla çalışanlar arasında, sade bir Türk askerinin alçakgönüllülüğü ile, sizinle birlikte olduğumu ifade ederim.

10.8.1919

Halide Edip

***

Afyonkarahisar 13.8.1969

15'inci Kolordu Komutanlığına

Mustafa Kemal Paşa'ya özel: İstanbul'daki çeşitli partilerin birleşerek Amerika heyetine verilmek üzere aldıkları kararlar aşağıda arz olunur:

1. Ermenistan için Türkiye'nin doğu sınırları üzerinde Ermenilerin işine yarayacak bir toprak parçası vermeye Doğu illerindeki Türklerin ve orada iş başında bulunan büyüklerin, bu bölgenin gelecekteki refahını ve rahatça gelişmesini düşünerek razı olabilecekleri görüşünde oldukları görülmüştür. Yalnız bu görüşlerini, oradaki Kürtlerle işbirliği yapmış olmaları ve Kürtlerin de Ermenilere toprak verme düşüncelerine kesinlikle karşı bulunmaları dolayısıyla açığa vurmak istemediklerini ve hatta açığa vursalar bile, oradaki Türk çoğunluğunun, aşağıdaki şartların yerine getirileceği konusunda kendilerine güvence verilmedikçe, bu fikirlerinde Kürtlerden ayrılmayacaklarını zannettiklerini tespit etmiştir. Bu şartlar şunlardır:

a) İlk olarak, Türk ve Kürt çoğunluğunun ve aralarındaki diğer azınlıkların yaşadıkları toprakların bütünlüğü.

b) İkinci olarak, Türk bağımsızlığının tam olarak tanınması ve fiilen garanti edilmesi.

c) Üçüncü olarak, Türkiye'nin çağdaş medeniyete ulaşabilmesi için rahatça gelişmesine engel olan kayıtların kaldırılmasıyla Wilson prensiplerinde vadedildiği üzere, bağımsızlıklarından ve haklarından en güvenli şekilde yararlanmasına imkân verilmesi.

d) Dördüncüsü, bu hususlarda ve Türklerin gelişmelerinin çabuklaştırılmasında Amerika'nın bize yardımcı olacağını, Milletler Cemiyetine karşı üstlenmesi.

2. Boşaltılacak topraklardan çıkarılacak olan Türk ve Kürtlerin gönderildikleri yeni topraklara derhal yerleştirilmeleri ve bu topraklardan hemen yararlanmalarını sağlamak için Amerika'nın yardım etmesi.

3. O civarda ve özellikle Erzincan ve Sivas arasında yoğun olarak bulunan Ermenilerin yine Ermenistan sınırları içine gönderilmelerinin sağlanması.

4 - Ermenistan adına ve hesabına gerçekleşmesini muhtemel gördüğümüz toprak verme durumu, bağımsız bir Ermenistan adına değil, ancak büyük ve medeni bir devletin mandası altında gelişecek çağdaş bir devlet adına olacaktır. Çünkü, bugünkü Ermenistan'a toprak bırakmak, Türkiye'nin başına ikinci

bir Makedonya derdi açmak demek olduğu gibi, Kafkasya için de bir karışıklık çıkarmak demektir.

5. Bütün bunlar tartışılabilir bir "teklif" niteliğindedir. Ancak, bunların kesin bir şekil alabilmesi yalnızca memleketteki heyetlerle temas kurmakla gerçekleşecekse, O heyetin bulunduğu yere Amerikan heyetinden birinin gönderilmesi şarttır.

6. Ve en son olarak kanunlara dayalı ve meşru bir şekle sokulması için konu, Osmanlı Millî Meclisine götürülmelidir.

12'nci Kolordu Komutanı
Salahattin

***

Şifre
Kişiye özel

Erzurum, 21.8.1919

12'nci Kolordu Komutanlığına
20'nci Kolordu Komutanlığına

(Yalnız 12'nci Kolordu'ya)
İlgi: 13.8.1919 tarihli şifreli telgraf.

İstanbul'da çeşitli partilerin Amerikan Komisyonu'na verilmek üzere aldıkları kararlar, burada Temsilciler Heyetince son derece üzüntü ve esefle karşılandı. Çünkü, birinci maddede Ermenistan'a Doğu illerimizden toprak verilmesi söz konusu olmaktadır. Oysa, ezici çoğunluğu Türk ve Kürt olan bu illerden bir karış toprağın bile Ermeniler hesabına yazılmasının, bugün için uygulamada mümkün olamayacağı şöyle dursun, unsurlar arasındaki nefret ve öç alma duygusunun dehşet ve şiddeti, Osmanlı Ermenilerinin geri dönmeleri halinde bile iller içinde çoğunluk olarak yerleştirilmelerini tehlikeli göstermektedir. Bu bakımdan, suçlu olmayan Osmanlı Ermenilerine gösterilecek en büyük kolaylık, adaletli ve eşit şartlar altında vatanlarına dönmelerini kabul etmekten başka bir şey olamayacaktır. Üçüncü maddede, Erzurum ve Sivas arasında bir Ermeni çoğunluğu olduğu hayali; bilgisizlikten başka bir şey değildir. Savaştan önce bile, buralarda oturanların büyük çoğunluğu Türk, birazı Zaza denilen Kürtlerden ve pek azı da Ermenilerden ibaretti. Bugün artık varlığından söz edilecek sayıda Ermeni yoktur. O halde, bu gibi dernekler yetkilerini bilmeli ve bir iş yapmak isterlerse, hiç olmazsa Savunma ve İçişleri Bakanlığının giriştikleri barış hazırlıkları dolayısıyla yaptıkları resmî istatistik ve grafiklere başvurma zahmetinden kaçınmamalıdırlar. Bu telgrafın aynen İstanbul'a gönderilmesini rica ederiz.

Mustafa Kemal

***

Güvenlikle ilgili
Sayı: 2013

Ankara,14.8.1919

3'üncü Ordu Müfettişliği Kurmay Başkanlığına

1. Mustafa Kemal Paşa'ya: İstanbul'a gönderilmek üzere yazmış olduğunuz son cevaplarınız yerine ulaştırılmıştır. Buna cevap olarak basılı bir raporla, Ahmet Rıza Bey, Ahmet İzzet; Cevat ve Çürüksulu Mahmut Paşalar; Reşat Hikmet, Câmi, Reşit Sadi Beyler ve Esat Paşa gibi pek çok şahsiyetin düşüncelerine uygun olan, Kara Vasıf'ın – yani Cengiz'in – ve Halide Edip Hanım'ın görüşlerini içeren uzun mektuplar geldi. Bunlar sırayla özetlenerek arz edileceği gibi, asılları da Sivas'a gönderilecektir. Bunların hepsinde bir yardıma ihtiyaç duyulduğu ve bu yardımın Amerika tarafından yapılmasının kötünün iyisi olarak kabul edildiği ve bunun uygun bulunduğu şeklinde bir gerekçe ileri sürülmektedir. Basılı rapor; Câmi, Rauf, Ahmet, Reşit Hikmet, Reşit Sadi Beylerin ve Halide Hanım'ın, Kara Vasıf'ın, Esat Paşa'nın ve bütün parti ve derneklerin düşünceleri yoklandıktan sonra çoğunluğun görüşüne göre düzenlenmiştir. Hala vakit varmış. Kongrede bir an önce iş görmek, Amerikalılar gitmeden tebligat yapılması gerekirmiş. Amerikalıları oyalayarak onların hareketleri geciktirilmeye çalışılıyormuş. "Kongre hemen kesin bir karar verebilir mi?" sorusuyla Amerikalılar bu düşünceyi benimsediklerini hissettiriyorlarmış. Kongrenin toplanmasını çabuklaştırmanız rica olunur.

20'nci Kolordu Komutanı
Ali Fuat

Bu telgrafta sözü edilen uzun mektuplar, günlerce telgraf tellerini işgal eden şifrelerle verildi. Birbirine ekli olan o şifrelerden biri de şuydu:

Güvenlikle ilgili
Kişiye özel

Ankara, 17.8.1919

3'üncü Ordu Müfettişliği Kurmay Başkanı Kazım Beyefendi'ye

Mustafa Kemal Paşa Hazretleri'ne: 16.7.1919 tarih ve 880 sayılı şifrenin dokuzuncu maddesinin ekidir:

Kara Vasıf'ın 10 numaralı madde hakkında ek olarak verdiği bilgi:

1. Bir yardım şeklinde Amerika'ya taraftar olursak, Doğu İlleri Kongresi ve Millî Kongre bunu telgrafla bir istek gibi hükümetimize bildirirse, Wilson'un Amerikan Kongresine karşı güzel bir dayanak noktası olacaktır. İstanbul'daki aydınların çoğu bu görüşten yanadır ve buna göre hazırlanıyorlar. "Eğer Anadolu da yaparsa, yararlı olur." diyorlar. Böyle olursa, Amerika'nın mandasından yararlanarak öteki alçak düşmanları memleketimizden çıkarmak ve sonra yalnızca Amerikalılarla karşılaşmak mümkün olur ve uğraşmak da kolay olur. Bir de Amerikalılar bizi şiddetten yana olmakla suçluyorlar. Yani hükümeti aşağılayıp milletimizi de hor görüyorlar. Delegelerin İstanbul'dan çıkışını, Paris'e gidişini, muhtıraları... Sonra diyorlar ki, "Avrupa'nın yapmaya cesaret edemediğini siz kabul ediyorsunuz. Söz gelişi, Avrupa büyük bir Ermenistan kurulmasını düşünmüyor. Sizin sadrazam, Toros'tan sınır veriyor, Ermenistan istiyor. Oysa şimdiye kadar Amerikan komisyonlarından birisi bile, buna olabilir demedi." Bütün raporlara göre, Anadolu'da, Türkiye'de bir Ermenistan kurmak şöyle dursun, özerklik veya bölgesel idareler oluşturmak bile mümkün değildir. Nüfusları yok, toprakları yok. Bu yönetim, müthiş bir askerî kuvvete dayandırılmazsa olmaz. Ermenilerde bu kuvvet olamaz, Amerika bu lütfu yapamaz. Öteki devletler de buna tahammül edemez. Kaldı ki, oraları zapt etsinler ve (...) barış yapsınlar. Bu da mümkün değil. Aralarındaki rekabet bunu engeller. İşte İstanbul'un haberleri... Orada iyice düşünülsün Epeyce zaman vardır. Amerikan Kongresi hemen hemen Wilson'u dinlemek üzeredir.

2. İstanbul'da önemli temaslar var. Onun için Mustafa Kemal Paşa genel bir emir verir mi? Yoksa İstanbul'un karar ve

çalışmalarını benimser mi? Bu çalışmaların amacı, milletin birliği, vatanın bütünlüğü, bağımsızlığın ve hâkimiyetin elde edilmesi! Eğer Mustafa Kemal Paşa buraya genel bir emir vermezse ve kendisi hemen oradan Amerikalılar, İngilizler ve diğer yabancılarla temasa geçmezse, doğal olarak burada faaliyet devam edecektir. Belki bunun sonucunda; ters bir şey olur. Buna dikkati çekerim. Bu rolü, siyaseti daha iyi yürüten bir Mustafa Kemal Paşa'nın mücadelesine ve kuvvetine dayandırmamışlar. Onun sözleri, demeçleri; tavır ve hareketleriyle tutum ve söz olarak yalanlanmış.

3. Çolak Hüseyin Salahattin ikiyüzlü gidiyor. Sadık Bey'in en gözde kölelerinden olan bu şahsı, mevki sahibi yapmamak konusunda düşünülüyor.

20'nci Kolordu Komutanı
Ali Fuat

Kara Vasıf Bey'e bildirilmek üzere verilen cevap şuydu:

Şifre
Kişiye özel. Aceledir.

Erzurum, 19.8.1918

20'nci Kolordu Komutanı Ali Fuat Paşa Hazretleri'ne

İlgi: 17.8.1919

1. Sözü edilen Amerikan mandasının nasıl bir yardım sağlayacağının dikkatlice incelenmesi ve millî gayemiz ile kıyas edilmesi çok önemlidir. İstanbul'da çalışan grubun gayesi, milletin birliği, vatanın bütünlüğü, bağımsızlığı ve hâkimiyetin elde edilmesi noktasında olarak görüldüğüne göre, Amerikan mandasını kabul durumunda bu gaye korunmuş olabilir mi?

2. Millî isteklere bağlı kalmayan ve onlara uygun düşmeyen kararlar, hiçbir zaman milletçe kabul edilemeyeceğinden, milletimizin ve vatanımızın kaderini belirlerken, millî vicdana tercüman olmaktan ibaret bulunan görevimizi güzel bir şekilde yerine getirebilmek için, millî gayenin tek bir hedefe yönelmesini beklemeden hiçbir meselede yetkili görünmemiz doğru değildir. Bu sebeple yabancılarla olan temas ve ilişkilerimizin, kongrenin kararlarına uyularak millet adına yapılmasını tercih etmekteyiz. Hamdolsun ki, yurdumuzdaki millî akımın oldukça gelişmekte, kökleşmekte ve güçlenmekte oluşu, bizleri sürekli olarak bu noktaya doğru çekiyor ve davet ediyor.

3. Şurası da göz önünde tutulmalıdır ki, memleket ve milletin kaderi üzerinde Amerika veya herhangi bir devletle anlaşmaya yetkili olabilecek bir hükümet, ancak millî hâkimiyet ilkesini kabul eden ve milli bir meclisin varlığını benimseyerek ona dayanmayı gerekli sayan bir hükümet olabilir. Bu takdirde, İstanbul Hükümetini oluşturacak şahısların da mutlaka bu vasıfları taşıması gerekir. Burada bizim yaptığımız gibi oradaki çalışmalarınız da bu amacın sağlanması doğrultusunda olmalıdır.

4. Yakında kongre kararlarını öğreneceksiniz. Gözlerinizden öperiz.

Mustafa Kemal

Bir küçük bilgi daha vereyim. Sivas'a gelmiş olan gazeteci Mister Brown'la bizzat görüşmeyi uygun gördüm. Karşısındakini kolaylıkla anlayan çok zeki bir genç.

MANDA MESELESİNİN KONGREDE GÖRÜŞÜLMESİ

Şimdi, Efendiler, Kongre'de manda konusunda yapılmış olan görüşme ve tartışmaları elden geldiğince, olduğu gibi yüksek heyetinize dinletmeye çalışacağım:

Birçok kimse söz aldı. Hiç kimseye söz vermeden önce, başkanlık kürsüsünden zabıtlara aynen geçmiş olan şu kısa konuşmayı yaptım:

"Bu rapor üzerinde görüşmeye başlamadan önce bazı noktalara dikkatinizi çekmek isterim. Raporda, söz gelişi Mister Brown'dan söz edilmekte ve elli bin kişilik bir işçi ordusunun getirileceğini söylediği bildirilmektedir.

"Efendiler! Mister Brown "Ben hiçbir resmî sıfatla görüşmüyorum. Tamamıyla özel olarak görüşüyorum." diyor ve hatta Amerika'nın mandayı kabul edeceğini değil, belki etmeyeceğini söylüyor. Onun için sözleri Amerika adına değil, kendi adınadır. Mandanın ne olduğunu kendisi de bilmiyor. "Manda siz ne derseniz odur." diyor. Bu raporda önemli olarak manda meselesi vardır. Bu konuda görüşmeden önce on dakika ara verelim. (saat 15.25)."

Sonraki oturumda "İlk söz Vasıf Bey'indir." dedim. Vasıf Bey, önce mandanın ne olduğu konusunda uzun açıklamalar yaptı. Sözü başkalarına bıraktı. Yeniden söz aldı ve "Bir kere esas itibariyle mandayı kabul edelim, şartları üzerinde daha sonra görüşürüz." dedi.

Üyelerden Macit Bey adında bir kişi, "Genel kurulda asıl görüşülecek mesele, bundan sonra yalnız yaşayabilecek miyiz, yaşayamayacak mıyız? Mandayı nasıl yorumlayacak ve mandaterle ne tarzda görüşeceğiz? Bizi himayesine alacak devlet kim olacaktır? Asıl mesele budur." şeklinde konuştu. Ben, başkanlık kürsüsünden "Zannederim bu rapordan iki görüş ortaya çıkıyor. Bunlardan birincisi, devletin içte ve dışta bağımsızlığından vazgeçmemesi; ikincisi de, devlet ve milletin yabancı devletlerin zararlı baskıları karşısında bir yardım ve destek ihtiyacında bulunup bulunmamasıdır. Asıl kararsızlık doğuran nokta budur. Müsaade buyurulursa, bu noktayı etraflıca düşünmek için Teklif Komisyonu'na havale edelim. Sonra da yüksek huzurlarınıza arz edelim. Herhalde içeride ve dışarıda bağımsızlığımızı kaybetmek istemiyoruz." dedim. Bunun üzerine söz alan Bekir Sami Bey, "Yüklendiğimiz görev pek ağır ve önemlidir. Boş tartışmalara ayıracak hiçbir dakikamız yoktur. Bu raporumuzu görüşelim ve vakit geçirmeden hemen bir karar alalım." dedi. Ben, başkanlık kürsüsünden "Bu meseleyi komisyon başkanı olmak dolayısıyla açıklayayım (ben aynı zamanda Teklif Komisyonu Başkanı idim): Bu rapor metni komisyonda okundu, üzerinde birçok konuşma ve tartışma yapıldı. Ancak, kesin karar verecek şekilde bir görüş belirmedi. Daha önce, Genel Kurul'da okunmaksızın Teklif Komisyonuna gönderilmişti. Bu sebeple bir defa da burada okunup Genel Kurul'un görüşü belirdikten sonra yeniden Teklif Komisyonuna gönderilerek kesin karar verilmesini istemiştik." dedim. İsmail Fazıl Paşa merhum da söz alarak şu konuşmayı yaptı: "Bekir Sami Bey'in düşüncesine katılırım; kaybedecek vaktimiz yoktur. Aslında sorun da basitleşmiştir. Tam bağımsızlığı mı, yoksa mandayı mı kabul edeceğiz? Alacağımız karar budur. Böylesine önemli, hatta çok daha önemli olan bir meseleyi yeniden komisyona götürmek ve oradan yeniden Genel Kurul'a getirmekle vakit geçirmeyelim. İş uzar. Zamanımız değerlidir. Buna bugün, yarın yahut öbür gün ne olursa olsun Genel Kurul'da bir karar vermiş olalım. Komisyonda vakit geçirmeyelim. Çünkü, çok önemli bir konudur."

Bunun arkasından Hami Bey söz alarak İsmail Paşa Hazretleri ile Bekir Sami Beyefendi'nin düşüncelerine katıldığını söyledikten sonra: "Herhalde bir desteğe muhtacız, bunun en basit delili de, devlet gelirlerinin ancak borcumuzun faizini karşılayabilmesidir!" buyurdular.

Bundan sonra, Raif Efendi manda aleyhinde konuştu. İsmail Fazıl Paşa ona karşılık olacak şekilde uzun bir konuşma yaptı. Daha sonra tekrar Bekir Sami Bey söz aldı ve dedi ki: "İsmail Fazıl Paşa Hazretleri'nin tamamen katıldığım konuşmasına yalnız bir şey ekleyeceğim: 'Kırım Muharebesinden savaşı kazanmış olarak çıkıp da katıldığımız Paris Kongresinde, müttefiklerimizin bize yüklemiş oldukları bilinen şartlarla bu şimdi okunan rapordaki isteklerimiz karşılaştırılacak olursa, bunlardan hangisinin bağımsızlığımıza daha çok zarar vereceği anlaşılır sanırım."

Bekir Sami Bey'den sonra Hâmi Bey Hâmi Bey'den sonra da Refet Bey (Refet Paşa) konuştular. Refet Bey'in konuşması aynen şöyleydi: "Mandanın bağımsızlığı yok etmeyeceği gerçeği ortadayken, bazı arkadaşlarımız 'Bağımsız mı kalacağız yoksa mandayı mı kabul edeceğiz?' tarzında birtakım görüşler ileri sürüyorlar. Onun için her şeyden önce mandanın ne olduğu anlaşılmalıdır. Bununla birlikte daha mandadan söz etmeden önce, düşünceleri gıcıklayan bu raporda bu deyimin ne şekilde anlaşılmış olduğunu bilmek gerekir. Fazıl Paşa Hazretleri "bağımsızlığı korumak şartıyla manda kabul edilebilir." buyuruyorlar. Hâmi Beyefendi tarafından verilmiş olan rapor iki bölüme ayrılıyor. Bir gerekçe bölümü var, ondan sonra bir de mandanın ne olduğunu anlatan bölüm var. Manda meselesini buradaki bakış açılarından değerlendirebilmek için önce bir noktayı anlamak isterim. Bu rapor metni genel kurulda görüşülmeye sunulmuş mudur, sunulmamış mıdır?". İsmail Fazıl Paşa, "Yanlış anlaşıldığı için biz üçümüz, yani Fazıl Paşa, Bekir Sami ve Hâmi Bey'ler bu raporu, geri çekiyoruz. Hiç verilmemiş saydık." dedi (Bu raporun taslağı da temize çekilmişi de kendilerinde kalmıştır).

Başkanlık makamından "Rapor geri alınmıştır." dedim. Raporun geri alınmış olmasına rağmen, söz alan Refet Bey, zabıtlarda beş altı sayfa yer tutan sanatlı bir konuşma yaptı. Bu konuşmadan, zabıtlara dayanarak olduğu gibi aldığım bazı cümleler, kâtibin maksadını açıklamaya yetecektir, sanırım.

Refet Bey diyordu ki: Bizim, Amerika mandasını tercih etmekten maksadımız, bütün toplumları kendine tutsak eden, kalpleri, vicdanları söndüren İngiliz mandasından kurtulmak ve daha yumuşak başlı, milletlerin vicdanlarına saygılı olan Amerika'yı kabul etmektir. Yoksa asıl iş para meselesi değildir."

"(...) Söz olarak, manda ile bağımsızlık birbirine engel olan şeyler değildir: Yalnız, eğer biz gerçekte güçlü olmayacak olursak, işte o zaman mandanın altında eziliriz ve o zaman manda bizim için bağımsızlığımızı yok edici bir unsur olur. Bir de diyelim ki, biz dışarıda ve içeride tam bir bağımsızlık isteriz. Ancak, acaba hemen kendi başımıza yapabilecek miyiz, yapamayacak mıyız? Ondan da önce acaba bizi kendi başımıza bırakacaklar mı, bırakmayacaklar mı? Bunu düşünelim. Burası bir gerçektir ki, bugün İngiltere, Fransa, İtalya ve Yunanistan kendi aralarında bizi bölüşmek istiyorlar; Ancak, eğer biz bugün bu devletin kefilliği altında bir barış anlaşması yapacak olursak, ileride, uygun şartlar altına girer girmez hemen döner ve kendi yararımızı sağlarız. Fakat, eğer olumsuz bir durum ortaya çıkacak olursa, acaba büsbütün heder etmiş olmayacak mıyız?

"(...) Herhalde bir Amerikan kefilliğini kabul etmek zorundayız. Beş yüz milyon lira borcu, harap bir memleketi, pek verimli olmayan bir toprağı ve ancak on on beş milyon lira geliri olan bir milletin yirminci yüzyılda, dışarıdan bir yardım olmadan yaşaması mümkün değil. Eğer bundan sonra da bu durumumuzda kalır ve dışarıdan bir destekle kalkınamayacak olursak, belki de ileride, Yunanistan'ın saldırılarına karşı bile kendimizi savunamayız.

"Allah korusun, eğer İzmir Yunanistan'da kalsa ve aramızda bir savaş çıksa, düşmanımız, Yunanistan'dan vapurlarla asker getirebileceği halde, acaba biz Erzurum'dan hangi demiryolları ile ulaşımımızı sağlayabileceğiz? O halde, Amerikan mandası her şeyden önce bir kefil ve yardımcı bulmak için gereklidir." Konuşan kişi, sözlerini şu cümle ile bitirdi: "Eğer sunmuş olduğum bu açıklamalarla ilerideki görüşmeler için bir giriş yapabildimse ne mutlu."

Efendiler, bu parlak ve ustalıklı nutkun, dinleyenlerin düşünce ve görüşleri üzerinde yapabileceği yanıltıcı etkinin derecesini kolaylıkla takdir buyurursunuz. Zihinlerin, bunun ardından gelebilecek aynı görüşteki konuşmacıların konuşmalarıyla büsbütün zehirlenmesine meydan vermemek ve kendilerini özel olarak aydınlatıp yol göstermeye fırsat bulabilmek için derhal "On dakika dinlenelim efendim." diyerek oturuma ara verdim. (Saat: 17.30).

Efendiler, bu nutkun son cümleleri üzerinde dikkat çekicidir. Refet Beyefendi, Yunanlıların İzmir'i işgalini geçici sayıyor ve savaş halinde olduğumuzu kabul etmiyor. Yunanlılar İzmir'de kalırsa ve savaş durumuna girilirse, onlarla başa çıkamayacağımıza dair görüş belirtiyor.

Bundan sonraki oturumda, Bursa delegelerinden Ahmet Nuri Bey, manda aleyhinde uzun bir konuşma yaptı. Hâmi Bey, buna daha uzun bir konuşma ile cevap verdi ve gerçekten de pek uzun olan konuşmasının sonlarına doğru, anlattıklarını şu bilgilerle doğruluyordu:

"Fakat, şimdi biraz da işin kesin olarak bildiğim bir yanından söz edeceğim. Konunun bu safhasında, ilgili kişi ile şahsen bağlantı kurmuş olduğum için, sözlerim tahmine değil; kesin bilgilere dayanıyor. İstanbul'dan hareket etmeden önce, eski Sadrazam İzzet Paşa Hazretleri'ni ziyarete gitmiştim. Herhalde bir manda ihtiyacında olduğumuza kendileri de inanıyorlardı. Bendenizden de bu konudaki düşüncemi sordular, ben de düşündüklerimizi arz ettim. Birkaç gün sonra bendenizi çağırtıp şu meseleyi açıkladılar: Suriye ve Adana bölgesinde dolaştıktan sonra, İstanbul'a gelip siyasî partilerin görüşlerini öğrenmeye çalışan Amerikan Araştırma Komisyonu üyeleri, İzzet Paşa'yı konağında ziyaret ederek, Anadolu'daki millî yapılanmanın Türk milletini temsil ettiği inancında olduklarını ve paşayı da (yani İzzet Paşa'yı) bu işin öncüsü bildiklerini söylemişler ve "Eğer siz Erzurum ve Sivas Kongrelerine Amerikan mandasını istettirecek olursanız, Amerika da Osmanlı mandasını kabul edecektir." demişler. Paşa, bunu bendenize açıkladıktan sonra, bu milletin bir savaşa daha gücü kalmadığından ve herhalde böyle bir çareye başvurmak zorunda kaldığımızdan söz etti ve Sivas'a gittiğim zaman oradakilere bu durumu anlatmamı tavsiye etti. İzzet Paşa'nın inancı da bu şekilde istenecek bir mandanın yüzde doksan kabul ihtimalinin bulunduğu ve yalnız bizim için birtakım şartlar ileri sürmenin zorunlu olduğu konusunda hemfikirdir. Hatta Paşa, Amerika için milletin isteğine dayanmayan bir mandayı kabul etmek mümkün olmadığından, kongremiz tarafından gösterilecek isteğin Avrupa devletlerine karşı Amerika lehinde bir dayanak noktası olacağını da söyledi. Bendeniz bu meseleyi İstanbul'dan şifre ile Erzurum'da Rauf Bey'e bildirdim. Mandanın kendisinden çok adına karşı çıkanlar boşuna telaşlanıyorlar. Oysa adının bir önemi yoktur. Önem, işin gerçeğinde ve niteliğindedir. Manda altına girdik demeyelim de isterlerse "Varlığını ebedi olarak sürdürecek devlet olduk." diyelim.

Bu son söze cevap verenler arasında, Hüsrev Sami Bey'in şu sözleri işitildi: "Fakat bizim bu çalışmalardan beklediğimiz kendimizi savunma yoluyla, ebedi olarak varlığını koruyacak bir millet olduğumuzu ispat etmektir!". Hami Bey buna, fikrinde bir geriye dönüş sezgisi uyandıracak şekilde cevap verirken, Kara Vasıf Bey söz aldı ve o günkü toplantının sonuna kadar konuştu. Vasıf Bey'in uzun sözlerinin özetini, zabıtlara olduğu gibi geçmiş olan şu cümlelerle yüksek dikkatlerinize sunuyorum: "Bütün devletler bizi tamamen bağımsız bırakacaklarını söyleseler bile, biz yine bir dış desteğe muhtacız (Vasıf Bey, sözlerinin başında mandaya, dışarıdan destek adını verelim demişti). Dört yüz ila beş yüz milyon lira borcumuz var. Bu parayı kimse kimseye bağışlamaz; bize bunu ödeyiniz diyecekler. Halbuki bizim gelirimiz bunun faizine bile yeterli değildir. O zaman güç bir durumda kalacağız. Bunun için bağımsız olarak yaşamaya malî durumumuz elverişli değildir. Sonra, yanı başımızda, bizi bölüşmeyi emel edinmiş hükümetler var; onların ihtirasları karşısında mahvoluruz. Parasız, ordusuz ne yapabiliriz? Onlar uçakla havada uçuyorlar, biz henüz kağnı arabasından kurtulamıyoruz. Onlar savaş gemisi yapıyorlar, biz yelkenli bir gemi yapamıyoruz. Bu şartlar altında bugün bağımsızlığımızı kurtarsak bile yine günün birinde bizi bölüşürler." Vasıf Bey, konuşmasını şu sözlerle bitiriyordu:

"(...) İstanbul'daki Amerikalılar "Mandadan korkmayınız. Milletler Cemiyeti Tüzüğünde yeri vardır." diyorlar. İşte bütün bunlardan dolayı İngiltere'yi kendimize sürekli düşman Amerika'yı da en az kötülük gelebilecek devlet olarak kabul ediyorum. Eğer uygun bulursanız, buradan İstanbul'daki temsilciye 'bir mektup yazıp gizlice bir heyet göndermek için bir torpido isteyebiliriz."

Eylül'ün dokuzunda Salı günü yapılan toplantıda, manda meselesine dokunan Rauf Bey'in zabıtlara geçen konuşması aynen şöyledir: "Bu manda konusu üzerinde şimdiye kadar gerek basın ve gerekse başka çevreler tarafından birçok sözler söylendi. Gerçi yüksek heyetiniz dış destek ilkesini kabul buyurmuşsa da bu desteği kimden isteyeceğimiz açıklanmadı. Bunun Amerika olduğu dolaylı olarak anlatılıyorsa da, bence doğrudan doğruya belirtilmesinde bir sakınca olamaz."

ERZURUM KONGRESİ HİÇBİR ŞEKİLDE MANDA KABULÜ HAKKINDA KARAR VERMIŞ DEĞİLDİR

Bu sözlerden anlaşılacağı üzere Rauf Bey'in görüşüyle, gerek Sivas Kongresi Heyetinin ve gerek Erzurum Kongresi Heyetinin anlayışları arasında bir görüş ayrılığından doğan bir yanlışlık olduğuna şüphe yoktur. Rauf Bey'in görüşünün yorumu niteliğinde olan bu sözlerin, gerek Erzurum ve gerek Sivas Kongreleri bildirilerinin yedinci maddesindeki yazılış şeklinden kaynaklandığına hükmedilebilir. Gerçekten de bu maddenin yazılış seklinde, belki de mandacılıkta pek ileri giden ve sonu gelmemiş propagandalarıyla kamuoyunu bulandıranları susturmak ve belki bundan da çok, onların iddialarına cevap olacak bir özellik vardır. Madde metni dikkatle okunur ve incelenirse ne manda ne de Amerika'nın mandaterliğini istemek düşüncesinin yer almadığı kendiliğinden ortaya çıkar. Bu noktayı açıkça göstermek için, söz konusu maddeyi aynen hatırlatmak isterim:

Madde 7. Milletimiz çağdaş gayelerin büyüklüğüne inanır; teknik, sanayi ve ekonomik durumumuzu ve ihtiyacımızı takdir eder. Bu itibarla devlet ve milletimizin hâkimiyet ve bağımsızlığıyla ilgili vatanımızın bütünlüğü korunmak şartıyla altıncı maddede belirtilen sınırlar içinde milletin ihtiyaçlarına saygılı ve memleketimizi ele geçirme emeli beslemeyen herhangi bir devletin teknik, sanayi ve ekonomik yardımını memnunlukla karşılarız. Böyle adaletli ve insancıl şartları içine alan bir barışın bir an önce gerçekleşmesi, insanlığın güvenliği ve dünyanın huzuru adına başta gelen milli gayemizdir.

Efendiler, bu maddenin hangi noktasında manda ve mandaterin Amerika olacağı görüşü vardır? Olsa olsa "Herhangi bir devletin teknik, sanayi ve ekonomik yardımını memnunlukla karşılarız." sözlerinden manda düşüncesi çıkaranlar olabilir. Ancak, mandanın anlam ve gayesinin bu olmadığı bir gerçektir. Her zaman ve bugün bile, bu açıklık çerçevesinde yapılacak yardımları kıvançla karşılamaktayız ve karşılarız. Nitekim Ankara-Ereğli ve Keller-Diyarbakır demiryollarının yapımı için bir İsveç firmasının; Kayseri-Sivas-Turhal hatlarının yapımı için de bir Belçika firmasının teknik, sanayi ve ekonomik yardımını severek kabul ettik. Mesela, Ankara şehrinin ve diğer Anadolu şehirlerimizin bir an önce kurulmalarında ve öteki bütün kara ve demiryollarımızın, limanlarımızın inşasında teklifte bulunacak yabancı sermaye sahiplerinin yardımlarını severek kabul ederiz. Yeter ki, memleketimize sermaye getireceklerin içeride ve dışarıda devlet ve milletimizin hâkimiyet ve bağımsızlığı ile vatanımızın bütünlüğünü bozmaya yönelmiş gizli emelleri olmasın. Bu maddede yer alan "milletin ihtiyaçlarına saygılı ve memleketimizi ele geçirme emeli beslemeyen herhangi bir devlet" ifadesinden, Amerikan Devleti anlamının çıkarılması da yersizdir. Çünkü, milletin ihtiyaçlarına saygılı dünya devletleri arasında yalnız Amerikalılar yoktur. Mesela İsveç Devleti, Belçika Devleti aynı nitelikte devletler değiller midir? Bu devletlerden herhangi birinin mandaterliği de söz konusu olabilir mi? Bir de eğer dolaylı olarak Amerikan Devleti kastedilmek istenseydi, "herhangi bir devletin" ifadesi yerine "bir devletin" kelimeleri veya hiç olmazsa sadece "devletin" kelimesi ile yetinilmesi gerekirdi. Bu bakımdan maddenin açıkladığı Şartlar çerçevesinde teknik, sanayi ve ekonomik yardımın iyi karşılanacağı hususunun bütün devletler için söz konusu olduğu açıktır.

Efendiler, bu manda konusu hakkındaki görüşümün – ki bundan önce yapılan ve şu anda yüksek heyetinizin de öğrenmiş bulunduğu bunca yazışma ve tartışmalarımızla ortaya konmuştur – aylardan beri gece gündüz yanımda bulunan bir arkadaş tarafından hala anlaşılmamış olduğuna hükmedilebilir mi? O halde Rauf Bey, ya aslında benimle aynı görüşte değildi ya da aynı görüşteydi de Sivas'ta, İstanbul'dan gelenlerle yaptığı konuşmadan sonra görüş değiştirmişti. Burasını kestirmek bence güçtür. Simdi biraz da Rauf Bey'i dinleyelim; Rauf Bey, sözüne şöyle devam ediyor:

"Ateşkes anlaşması yapıldığı sıralarda Almanların barış anlaşmasına imza atmayacakları sanılırken, İngiliz basını bazı sırları açığa vurdu. Bunun birinci bölümü, Almanya'nın barış anlaşmasına imza atacağıyla ilgiliydi. Bu gerçekleşti. İkinci bölümü de Türkiye'nin bölüşüleceğiyle ilgiliydi. Bu çok şükür gerçekleşmedi. Bu bölümde, konferansın aldığı karar gereğince "Kızılırmak'ın doğu tarafı Ermenistan sayılarak Amerikan himayesine veriliyor. Belki Gürcistan ile Azerbaycan da Amerika'ya bırakılıyor." deniliyordu. Kızılırmak'ın batısındaki topraklar da, İzmir ve İstanbul bunların dışında kalmak üzere, denize çekiş yeri Antalya olarak Türkiye'yi oluşturuyordu Bu bölgenin kuzeyi, İtalyan ve Fransız, güneyi de İngiliz himaye ve yönetimine veriliyordu. İzmir'in işgali, bu ifşanın doğruluğunu ispata başladı. O halde, böyle bir tehlike karsısında memleketimize karşı en tarafsız durumda bulunan Amerika'nın desteğini kabule mecburuz. Ben bu görüşteyim."

Rauf Bey'in düşüncesini anlamak için bundan sonra daha çok devam eden sözlerini dinlemeye gerek kaldı mı bilmiyorum.

Efendiler, pek uzun ve tartışmalı olarak geçen bu manda görüşmesi, taraftarlarını susturacak ortalama bir çare bulunarak son buldu. Hem de bu çareyi teklif eden yine Rauf Bey oldu: "Amerika'da yıllardan beri aleyhimizde yapılmakta olan olumsuz yöndeki propagandaların doğurduğu düşünce akımını düzeltmek için, her şeyden önce Amerikan Kongresinden memleketimizi inceleyecek ve gerçeği görecek bir heyet davet etmek." Bu teklif oy birliği ile kabul edildi. Kongre Başkanlık Divanının imzalarıyla bu yolda bir mektup kaleme alındığını hatırlıyorsam da bu mektubun gönderilip gönderilmediğini pek iyi hatırlamıyorum. Aslında, ben bu mektuba özel bir önem de vermiş değildim.

Efendiler, sırası gelmişken şunu belirteyim: Belge olarak başvurduğum Kongre tutanakları, Başkanlık Divan Kâtipliğinde bulunan Afyonkarahisar delegesi Şükrü ve manda lehindeki konuşmalarını dinlediğimiz Hami Beyler tarafından tutulmuş ve Hami Bey'in yazısıyla, düzgün bir deftere, temize çekilmiştir.

SİVAS KONGRESİNİ VERİMSİZ KILMA GİRİŞİMLERİ

Efendiler, Kongre 11 Eylül'de sona erdi, 12 Eylül'de Sivas halkının da hazire bulunduğu açık bir oturum yapılarak bazı konuşmalar yapıldı. Kongre görüşmeleri sırasında, önemli olarak Meclis-i Mebusan seçimlerinin çabuklaştırılması ve Meclis'in nerede toplanması gerektiği konularına değinildi. Ancak, şimdi açıklamaya başlayacağım meseleler, Kongre görüşmelerini kısa kesmeyi gerektiriyordu. Bu son noktalarla daha sonra Temsilciler Heyeti meşgul oldu. 9 Eylül 1919 günü, toplanmış olan bazı bilgiler Kongre'ye su şekilde açıklandı "Eskişehir ve Afyonkarahisar'daki İngiliz Kuvvetlerinin sayısı arttırıldı. General Miller Konya'ya geldi. Konya Valisi Cemal Bey ve Ankara Valisi Muhittin Paşa karşı koymaya çekiniyorlar. Yeni Kastamonu Valisi Ali Rıza Bey de Cemal Bey gibi bir adammış. Pek sayın arkadaşların böyle durumlar karşısında şiddetli davranma taraftarı olduklarını bildiğimden, hemen sert tedbirler alınmasını Fuat Paşa'dan rica etmiştim. Fuat Paşa da Kongre'nin kendisine olan güvenine dayanarak, Kongre adına gereken tebligat ve girişimlerde bulunmuştur. Bu davranış tarzının yüce heyetinizce kabul edilmesini rica ediyor. Fuat Paşa, valilere sert uyarılarda bulunuyor. Bölgelere yüksek rütbeli subaylardan milli komutanlar tayin ediyor ve bu komutanlara millet adına her türlü yetki verilmiştir" diyor. Kongre teklifi kabul etti. Bundan sonra ben açıklamalara şöyle devam ettim:

"Buraya Galip Bey adında bir vali tayin edilmiş, geliyormuş. Ancak, bunun Harput Valisi Ali Galip Bey mi, yoksa Trabzon Valisi Mehmet Galip Bey mi olduğu anlaşılamadı. Fakat biz başka bir bilgi elde ettik. Mister Nowil adında bir İngiliz binbaşısı Bedirhanilerden Kamuran, Celadet ve Cemil Beylerle birlikte, yanında on beş kadar Kürt atlısı olduğu halde Malatya'ya gelmiş ve mutasarrıf Bedirhani Halil Bey tarafından karşılanmışlardır. Harput Valisi de görünüşte bir posta hırsızını takip etme bahanesiyle otomobille Malatya'ya gelmiştir. Bu maksatla bunlara Adıyaman'daki müfreze de verilmiştir. Maksatlarının Kürtleri, Kürdistan kurulacağı vaadiyle aleyhimize çevirerek, bize karşı suikast yapılmasına yöneltmek olduğu anlaşılmış ve karşı tedbirlere de başvurulmuştur. Diyelim ki, valiyi ve diğerlerini tutuklatmak istiyoruz. Malatya Mutasarrıfı da Kürt aşiretlerini Malatya'ya çağırmıştır. Bu durum üzerine 13'üncü Kolordu bölgesinde faaliyete geçtik. Gereken tedbirler alınmıştır. Yarın akşam Harput'tan gönderilecek bir askeri birlik, bozguncuları tepeleyecektir. Buradaki Kolordu Komutanı da gereken tedbirleri almıştır. Malatya'ya ve öteki yerlere de gereken emirler verilmiştir."

Efendiler, hemen hemen Sivas Kongresinin devam ettiği süre boyunca, sinirlere gerginlik verecek nitelikte haberler almaktan geri kalmıyordum. Ancak, aldığım bütün bilgileri olduğu gibi Kongre heyetine sunmakta yarardan çok sakınca buluyordum. Gördünüz ki, şimdi açıkladığım üzere, gerçekten tehlikeli sayılabilecek nitelikte olan Ali Galip meselesinden de söz ederken ihtiyatlı bir dil kullanmayı tercih etmiştim. Bence en önemli mesele, her türlü güçlük ve tehlikelere rağmen, Sivas Kongresinin sonuca ulaşan kararlarla, görüşmelerini bir an önce tamamlamış olmak ve alınan bu kararları memlekette uygulamaya girişmekti. Bu isteğim yerine geldi. Bütün memleketi içine alan milli teşkilat tüzüğünün ve genel kongre bildirisinin hemen bastırılarak her yere dağıtılması yoluna gidildi. Ancak, beklenenlerin dışında yeni olaylar karşısında kalındığından, kongre sona erdiği halde, kongre üyelerinin yeni gelişmeler kendini gösterinceye kadar Sivas'ta kalmalarını uygun gördüm ve gerekirse daha etkili olağanüstü bir kongre toplamak için de hazırlık yaptım. Ali Galip'in kaçması üzerine, kongre üyelerini Sivas'ta bekletmekten vazgeçildiği gibi, Ferit Paşa kabinesinin düşmesi üzerine olağanüstü kongre toplanmasına da gerek görülmedi.

ALİ GALİP OLAYI

Şimdi Efendiler, mücadele tarihimizde önemli bir olay durumunda olan Ali Galip konusu üzerinde biraz açıklamalı bilgi vereyim:

Efendiler, daha Temmuz başında, Erzurum'da bulunduğumuz sıralarda Celadet ve Kâmuran Ali adlarında iki kişinin yabancılar tarafından, bol para ile İstanbul'dan Kürdistan'a gönderileceği, bunların yıkıcı propaganda ve aleyhte kışkırtıcılık yapmakla görevlendirildikleri; bir iki gün içinde hareket etmiş veya edecek oldukları haberi alındı. Bu haber üzerinde, bunların gürültüye meydan verilmeden gözetlenerek yakalanmaları gereğini 3 Temmuz tarihinde Diyarbakır'da 13'üncü Kolordu komutanına, ayrıca Kurmay Başkanı Halit Bey'e ve Canik mutasarrıfına bildirdim.

20 Ağustos'ta 13'üncü Kolordu komutanına verdiğim emirde, adı geçen kimselerin İstanbul'dan hareket ettiklerinin bildirildiğini ve alınacak tedbirler arasında, özellikle Mardin istasyonunun sıkı bir kontrol altında tutulmasının uygun olacağını yazdım.

Sivas Kongresinin ikinci günü, yani 6 Eylül tarihinde, Bedirhani ailesinden Celadet ve Kamuran ile Diyarbakırlı Cemil Paşazade Ekrem adlarında üç şahsın, yanlarında, vaktiyle Diyarbakır ilinde aleyhimizde propaganda yapan bir yabancı subay bulunduğu halde silahlı Kürtlerin koruyuculuğunda Elbistan ve Akçadağ üzerinden Malatya'ya geldikleri, orada mutasarrıf ve belediye başkanı tarafından karşılandıkları 13'üncü Kolordu'nun yazısından anlaşılıyor. 15'inci Kolordu Komutanı Kazım Karabekir Paşa'nın 3'üncü Kolordu Komutanlığına bununla ilgili olarak gönderdiği 6 Eylül 1919 tarih ve 529 sayılı şifresinde verilen bilgide: "Yabancı subayın, Türk, Kürt ve Ermeni nüfusunu incelemek üzere, İstanbul Hükümetinin izniyle dolaştığını söyledikleri; Malatya'da bulunan süvari alayının sayısının azlığı yüzünden bunları tutuklamaya cesaret edemediği, bununla birlikte hemen tutuklanmaları için İstanbul'a başvurulduğu 13'üncü Kolordu'dan bildirilmiştir. Bu adamların ne maksatla hangi görevle, nereleri gezecekleri konusunda bildiklerini Harput Valisi'nden sordum." denilmekteydi. Harput Valisi Ali Galip Bey'dir. Bu adamların ne maksatla geldiklerini 3 Temmuz tarihinden beri bilmekteyiz. Beş on silahlı Kürt'e karşı bir süvari alayının mevcudu az görülmüş, tutuklanmalarına cesaret edilememiş. Asıl hayret verici olan husus, bunların tutuklanması için İstanbul'a başvurmuş olduğu haberidir.

Bu küçük ve önemsiz gibi görünen noktaları, o zamanki durum değerlendirmesinde, dikkate değer anlayış ve zihniyet farklarının bulunduğunu göstermesi bakımından kaydediyorum.

Diyarbakır'da, 13'üncü Kolordu Komutanının tutumu şüpheli görüldü. Bu yüzden doğrudan doğruya bu kolordunun kurmay başkanına 3'üncü Kolordu Komutanının imzasıyla, 1 Eylül 1919 tarihinde yazılan (kişiye özel) şifrede, Vali Galip, Malatya Mutasarrıfı Halil, Kamuran, Celadet ve Ekrem Beylerle beraber İngiliz binbaşısının mutlaka yakalanıp Sivas'a gönderilmeleri için Elazığ'da bulunan 15'inci Alay Komutanı İlyas Bey'in kendi komutasında altmış kadar atlı ve katırlı askerden oluşan bir müfrezenin en geç 9 Eylül'de Harput'tan Malatya'ya hareketi ile ilgili olarak ve işin kestirmeden bitirilmesi bakımından doğrudan doğruya tebligat yapıldığı bildirildi ve müfrezenin hareketinin derhal sağlanması rica edildi. 8 Eylül'de, Sivas'tan da bir otomobille bazı subayların gönderileceği bilgisi verildi.

Diyarbakır'dan, Kurmay Başkanının 7/8 Eylül 1919 tarihiyle bana gönderdiği şifrede şöyle deniyordu:

> Tutuklama ile ilgili isteği öğrendim. Bu hususta komutan beyin emir vereceğini hiç sanmıyorum. Çünkü askerî özelliklerine oldukça hakimim. Tarafımdan yapılacak tebligatı ise, yerine getirmekten çekinirler. Bu konuda İstanbul'la haberleşmekteyiz. Bu duruma göre ne yapılması gerekeceğinin tayini yüksek kararınıza bağlıdır. Şifre kaleminin 357 sayısıyla arz edilmiştir.
>
> 13'üncü Kolordu Kurmay Başkanı
> Halit

Elazığ'daki Alay Komutanı İlyas Bey'den 13'üncü Kolordu komutanının emrine cevap olarak gelen 8 Eylül tarihli telgrafta da "Kolordu'dan aldığım emir üzerine hareketim geri bırakılmıştır. Kolordunun izni olmadan, buradan hareket etmem uygun düşmeyeceğinden, hareket emrinin kolordudan bildirilmesine lütfen yardımcı olunuz." denilmekteydi.

Halit Bey'e hemen verdiğim cevap, aynen şuydu:

> Malum şahısların alçaklıkları ortaya çıkmıştır. İstanbul Hükümeti de bu alçaklığa ortaktır. Oradan emir beklemek, düşmana fırsat vermektir. Bu hususta tebligat yaparken, hiç kimseyi kararsızlığa düşürmeyecek şekilde, hemen emir vermek, vakit geçirmemek gerekir. Komutanın kararsızlığa düşeceğine ihtimal veriyorsanız, zatıâliniz, tarafımızdan Elazığ ve Malatya'daki alay komutanlarına yapılmış olan tebligatımızın uygulanmasını bildiriniz. Gerçekten lüzum varsa, komutayı, uygun gördüğünüz tümen komutanlarından biri üstlensin! Ağırdan alma zamanı geçmiştir. Yapılanlarla ilgili cevabınızı bekliyoruz, kardeşim.
>
> Mustafa Kemal

Alay komutanı İlyas Bey'e de aynı tarihte bizzat şu emri verdim: "Malum şahısların hainlikleri ortaya çıkmıştır. İstanbul'daki merkezî hükümet de bunların hainliğine ortaktır. Kolordunuzun komutanı bu konuda izin istemiş ve cevap alamamış olabilir. Bu bakımdan bu meselenin çözüme bağlanmasını sizlerden beklerim. Cevabınızı bekliyorum, efendim. Malatya'da bu işi hallettikten sonra, gerekirse Sivas'ta bize katılırsınız. Mustafa Kemal". Şifre dışındaki imza da 3'üncü Kolordu Kurmay Başkanı Zeki Bey'indi.

Malatya'da bulunan 12'nci Süvari Alayı komutanını da 7/8 Eylül gecesi bizzat telgraf başına çağırmıştım ve kendisiyle görüşüyordum. Alay Komutanı Cemal Bey 'den durumu ve kuvveti hakkında bilgi aldım. Gelenlerin yanlarındaki silahlı Kürtlerle beraber on beş yirmi kişi kadar olduğunu, alayın da merkezde ancak o kadar kuvveti bulunduğunu söyledi. Ben bu kuvveti yeterli gördüm. Hatta süvari ve topçu alayının yalnız subayları yeterli olabilirdi Ne var ki özel durumu ve ruh hallerini anlamak istiyordum.

Bunun üzerine telgraf konuşması şöyle geçti:

Ben – Vali Galip Bey, İngiliz binbaşısı, Kamuran, Celadet ve Ekrem Beylerin hep birlikte ustalıklı bir tertiple bu gece yakalanarak Sivas'a gönderilmeleri lazımdır. Durumunuz bunu yapmaya elverişli midir? Size buradan ve Harput'tan yardım yetiştirilecektir.

Cemal Bey – Valiyi de beraber mi?

Ben – Özellikle, evet.

Cemal Bey – Arz ettiğim üzere durum ve kuvvetim buna elverişli değildir. Kamuran, Celadet ve Ekrem Beylerin yakalanmaları hakkında 13'üncü Kolordu Komutanı ile haberleşme yapıldı. Sonunda, durumun nezaketi dolayısıyla, şimdilik tutuklanmalarının uygun olamayacağı hakkında emir de çıkmıştır.

Artık, bu kişinin daha çok üzerine varılamazdı. "Kendilerine hissettirmeden sıkı bir şekilde göz hapsinde bulundurunuz. Kolordunuzdan emir gelecektir. Hareket ederlerse, ne tarafa doğru gittiklerini ve hangi vasıta ile hareket ettiklerini hemen bildiriniz." talimatını vermekle yetindim.

8 Eylül günü, Cemal Bey'den şifre ile malum şahısların hala orada olup olmadıklarını ve göz hapsinde tutmak için alınan tedbirlerin güvenirlik derecesini sordum ve kendisine günde iki defa rapor vermesini emrettim.

Halit Bey'e yazdığım telgrafa ertesi günü (8 Eylül 1919) aldığım cevapta, Elazığ'daki Alay Komutanı İlyas Bey'e emir verildiği bildiriliyor ve bu emrin bir kopyası veriliyordu.

Kolordu Komutanı Cevdet Bey de, İlyas Bey'in 52 katırlı asker ve iki makineli tüfekle 9 Eylül sabahı hareket ettiğini ve 10 Eylül akşamı Malatya'da bulunacağını bildirdi. 9 Eylül tarihli bir şifresinde karşı koyma hareketlerinin yoğun olduğu bir çevrede daha fazla faaliyet göstermemek hususunda kendisini mazur göreceğimi de beyan ediyordu. 9 Eylül'de, İlyas Bey müfrezesinden başka, Aziziye den iki süvari bölüğü, Siverek'ten Malatya'daki alaya bağlı bir bölük de Malatya'ya gönderildi.

Vali Ali Galip'in, Bedirhanilerin ve Cemil Paşazade'nin yaptıkları propagandanın etkisini kaldırmak için, Elazığ ve Dersim Bölgesi ile ilişkisi olduğunu bildiğim ve Kemah'ta bulunan Halet Bey'e (eski milletvekili) 9 Eylül'de Elazığ'a hareket etmesini ve Haydar Bey 'le bağlantı kurmasını yazdım. Ayın sonuna doğru oraya vardı.

Van valisi olan Haydar Bey de Elazığ valiliği görevine başlamak üzere Erzurum'dan yola çıkarılmıştır. Haydar Bey, 15'inci Kolordu'ya bağlı olup Mamahatun'da bulunan bir süvari alayı ile de bağlantı kurarak, gerekirse bu alayı Malatya'ya doğru harekete geçirecekti.

Otomobille bazı subayların da Malatya'ya gönderileceği konusunda bir kayıt vardı.

Gerçekten de arkadaşlarımızdan Recep Zühtü Bey görünüşte 3'üncü Kolordu yaveri sıfatıyla ve benden aldığı özel talimatla, yanında, başkaları da varken 9 Eylül'de, otomobille Malatya'ya hareket etti. Maalesef bindiği otomobil, yolların bozuk ve çamurlu olması yüzünden Kangal'da bozulmuş ve tam zamanında Malatya'ya yetişememişti. Kangal'dan sonra bazen arabayla ve bazen hayvanla, gece gündüz yol alarak Sivas'tan hareketinin dördüncü günü öğleden sonra Malatya'ya varabilmişti. Recep Zühtü Bey 'in verdiği raporlar, durumun aydınlanmasında çok yararlı olmuştu.

Efendiler, 10 Eylül günü geç vakit şu telgrafı aldık:

Kişiye özel.
Bekletmeden gidecektir.

Malatya,10.9.1919

Sivas'ta 3'üncü Kolordu Komutanlığına

Mustafa Kemal Paşa Hazretleri'ne:
1. 10.9.1919 saat 14.00'de olaysız olarak Malatya'ya varılmıştır.
2. Malum şahısların hepsinin de maalesef Kâhta'ya doğru kaçtıkları öğrenilmiştir. Ayrıntılı bilgi daha sonra sunulacaktır

15'inci Alay Komutanı
İlyas

Aynı gün ve fakat, İlyas Bey'in telgrafından sonra da şu telgrafı alıyoruz:

Çok Acele

Malatya, 10.9.1919

Sivas'taki 3'üncü Kolordu Komutanlığına

Mustafa Kemal Paşa Hazretleri'ne:
1. Harput Valisi ile Malatya Mutasarrıfı, İngiliz binbaşısı ve yardakçıları olan malum kimseler 15'inci Alay'ın Elazığ'dan hareketini ve kendilerinin tutuklanacaklarını haber alır almaz, bu sabah erkenden kaçmışlardır. Bunların Kâhta'daki Bedir Ağa'nın yanına gittikleri ve oradan alacakları Kürtlerle burayı basmaya gelecekleri söyleniyor.
2. Herhangi bir kötülüğe yeltendikleri takdirde, bunlar ve Bedir Ağa aşireti hakkında kovuşturma yapılması için kolordudan emir alınmıştır, izleri sürülmektedir. Sonuç ayrıca arz edilecektir.
3. 15'inci Alay Komutanının, emrindeki kuvvetle birlikte bu gün saat 14.00'te Malatya'ya geldikleri arz olunur.

12'nci Süvari Alay Komutanı
Binbaşı Cemal

Aynı tarihte yazılmış olan bu iki telgraf yan yana getirilerek incelenirse, dikkate değer bazı noktaların göze çarpmamasına imkân yoktur.

Süvari Alay Komutanı Cemal Bey, tarafımızdan aldığı talimat üzerine malum şahısları sıkı ve güvenli bir şekilde göz hapsinde bulunduracak ve günde iki defa rapor verecekti.

Adı geçen kimseler, 10 Eylül günü sabah erkenden kaçtıkları halde, Cemal Bey, bu bilgiyi ancak, İlyas Bey müfrezesinin gelişinden ve İlyas Bey'in raporundan sonra bildiriyor. Cemal Bey, kaçakların, İlyas Bey müfrezesinin Elazığ'dan hareketini haber aldıklarını söylüyor. Oysa, telgrafhane Cemal Bey'in gözetimi altındaydı.

Sonra, kaçakların Kürtleri toplayıp Malatya'yı basacaklarının söylendiğini de ekliyor. Bu noktalar, Süvari Alay Komutanı hakkında şüphe ve kararsızlık uyandırmaktadır.

Daha sonra alınan bilgilerden anlaşıldı ki, Ali Galip ve arkadaşlarına 9 Eylül akşamı haber getirilmiş. Ali Galip geceyi uyumadan hükümet dairesinde geçirmiştir. 10 Eylül'de, yanlarında birkaç jandarma ve silahlı Kürt'le birlikte, hükümet dairesinde toplanıyorlar, veznedarın odasına giriyorlar, kasayı açıyorlar, yanlarında götürmek üzere altı bin lira sayıp bir kenara koyuyorlar ve kasaya konmak üzere de şu senedi yazıyorlar:

"*Mustafa Kemal Paşa ve adamlarının ortadan kaldırılması masraflarını karşılamak üzere, bununla ilgili emre uyularak altı bin lira alınmıştır. 10 Eylül 1919. Halil Rahmi, Ali Galip.*"

İlyas Bey ve müfrezesinin Malatya'ya yaklaşmakta olduğunun anlaşıldığı bir sırada, Süvari Alay Komutanı, subaylara mutasarrıfın evini hedef gösteriyor. Mutasarrıfın evini sarıyorlar. Telefon tellerini kesiyorlar ve evi basıyorlar. Bu hareketin başladığını sezen Halil Bey'in ailesi hükümet dairesine haber veriyor. Hükümette, para almakla meşgul olan vali, mutasarrıf ve arkadaşları, durumdan haberdar olur olmaz, korku ve telaşla her şeyi unutup ayırdıkları parayı ve yazdıkları senedi de olduğu gibi bırakıyorlar. Yanlarındaki adamları ile birlikte hazır bulunan atlarına binerek kaçıyorlar.

Süvari Alay Komutanının ve Topçu Alay Komutanının, valinin geceyi hükümet dairesinde geçirmekte olduğunu bilmemeleri kabul edilemez. Mutasarrıftan çok valinin yakalanmasının önemli olduğu da açıktı. Bununla birlikte, malum kişilerin kaçmasına göz yumulduğu bir gerçektir. En basit bir yorumla, malum kimselerin, yanlarındaki beş on silahlı jandarma ve Kürt'le çatışmanın kötü sonuçlar doğuracağı kuruntusu Malatya'dakileri dolaylı yoldan tedbir almaya yöneltmiş ve onlara bu şahısları ürküterek kaçırma yolunu benimsetmiştir, denebilir.

10 Eylül'de İlyas Bey'e verdiğim talimatta belirttiğim başlıca noktalar şunlardan ibaretti:

1. Kaçakların süratle yakalanmaları;
2. Kürtlük meselesine elverişli bir ortamın kesinlikle oluşmaması;
3. Malatya'da, mutasarrıflığı Jandarma Komutanı Tevfik Bey'in üzerine alması; uygun namuslu ve vatansever bir kişinin de Harput'ta hemen valilik makamına getirilmesi;
4. Malatya ve Harput'taki hükümet kuvvetlerini tamamen ele geçirerek vatan ve millet aleyhine hiçbir harekete meydan verilmemesi,

5. Kaçaklara uyanların amansızca ve merhametsizce yok edileceğinin ilanı ve namuslu halkın gerçek durumdan haberdar edilmesi

6. Millî varlığımızı tehlikeye sokacak olan yabancıların askerlerine de karşı konulacağının belirtilmesi ve gerekli düzen ve tedbirlerin alındığının bildirilmesi.

Efendiler, kaçakların, yakındaki veya çevredeki aşiretlerden bir takım Kürtleri toplayabileceklerini, hatta, Maraş'ta bulunan yabancı kuvvetlerden bile yararlanabileceklerine kesin gözüyle bakmak lazımdı. Onun için de alınmış olan tedbirleri ve bu işe ayrılmış olan kuvvetleri güçlendirmek gerekiyordu. Bu maksatla, Sivas'tan Malatya'ya 9 Eylül akşamı bir katırlı müfreze daha gönderildiği gibi, 3'üncü Kolordu mümkün mertebe kuvvetlerini güneye indirecek, 13'üncü Kolordu takip işini yüklenecek. Hainlere hareket etme fırsatı vermemek için pek etkili olmak gerektiğinden, Mamahatun'daki süvari alayı da Harput yönüne doğru hareket ettirilecekti. Bu konuda 3'üncü, 13'üncü ve 15'inci Kolordu Komutanlarına gerektiği şekilde tebligat yapıldı ve istekler bildirildi.

Efendiler, verdiğimiz direktifler çerçevesinde kaçakları takip ettirirken, bir yandan da elimize geçen bazı belgeleri gözden geçirelim. Bu belgeler olayı, Ali Galip 'in girişimini ve İstanbul Hükümetinin bayağılığını her türlü açıklamadan daha mükemmel bir şekilde ortaya koyacağını zannettiğimden, onların olduğu gibi gözden geçirilmesinin yersiz olmadığı görüşündeyim.

Önce, İçişleri Bakanı Âdil Bey'le Savunma Bakanı Süleyman Şefik Paşa'nın ortak imzalarıyla Elazığ valisi Ali Galip Bey'e verilen 3 Eylül 1919 tarihli talimatı birlikte okuyalım.

Bundan sonra, İçişleri Bakanının, gönderilecek kuvvet ve sarf edilecek para miktarı ile ilgili olarak Babıali'den çektiği telgrafını görürüz:

İstanbul

906

Kendisi tarafından çözülecektir

Elazığ Valisi Galip Beyefendi'ye

İlgi: 2 Eylül 1919, sayı: 2.

Arz olunmuştur. Kendisi hakkında Padişah tarafından verilecek emir bu gün çıkacaktır. Bu bakımdan kesinlik kazanmıştır. Talimat şudur: Bildiğiniz üzere, Erzurum'da Kongre adı altında birkaç kişi toplanarak birtakım kararlar aldılar. Ne toplananların, ne de aldıkları kararların bir değeri ve önemi vardır. Ancak, bu durumlar ülke çapında birtakım dedikodulara yol açıyor. Avrupa'ya da çok abartılarak aksettiriliyor. Bundan dolayı da kötü etkiler yaratıyor. Ortada önem verilmeye değer hiçbir kuvvet ve hiçbir olay bulunmadığı halde, sırf bu abartma ve kötü etkilerden endişeye düşen İngilizlerin, yakında Samsun'a epeyce bir kuvvet çıkaracakları tahmin ediliyor. Hükümetin her yere olduğu gibi size de gönderdiği, malum genelgeye aykırı hareketler devam ederse, çıkarılacak yabancı kuvvetlerin Sivas'ı ve oradan daha da ilerleyerek birçok yerleri işgal etmeleri ihtimalden uzak değildir. Bu da memleketin çıkarlarına elbette aykırıdır. Erzurum'da toplanan malum şahısların yakında Sivas'ta birleşerek yine bir kongre toplamak istedikleri, olaylarla ilgili haberleşmelerden anlaşılıyor. Böyle beş on kişinin orada toplanmasından hiçbir şey çıkmayacağı hükümetçe bilinmektedir. Ne var ki, bunları Avrupa'ya anlatmak mümkün değildir. İşte bunun içindir ki, onların orada toplanmasına meydan vermemek gerekiyor. Bunu sağlayabilmek için, her şeyden önce, Sivas'ta hükümetin tam olarak güvenini kazanmış ve memleketin iyiliğine olan tebligatı olduğu gibi yerine getirmeye azimli bir vali bulundurmak gerekmektedir. Yüksek şahsınızı onun için oraya gönderiyoruz. Gerçi, Sivas'ta kongre toplamak isteyen birkaç kişiye engel olmak o kadar güç bir şey değilse de, yüksek dereceli sivil memurlarla, komutanların, subayların ve askerlerden bazılarının da bunlarla aynı düşüncede olmaları dolayısıyla, hükümetin aldığı tedbirleri ellerinden geldiğince boşa çıkarmaya ve malum şahısları güçleri yettiği kadar korumaya çalışacakları göz önünde bulundurularak, güvenilir bir iki yüz kişinin yanınızda bulunması başarı sağlama bakımından uygun görülmektedir. Bundan dolayı, daha önce yazdığım gibi, oralardaki Kürtlerden güvenilir yüz elli kadar atlıyı birlikte alarak, oraya niçin gidildiğini hiç kimseye sezdirmeden, Sivas'a hiç kimsenin beklemediği bir zamanda vararak, vali ve komutanlığı ele geçirebilirsiniz. Sayıları az olmakla birlikte oradaki jandarma ve askeri iyi kullanacak olursanız, karşınızda başka bir kuvvet bulunmayacağı için derhal otoritenizi kullanarak toplantıya meydan vermemiş olacağınız ve orada bulunanlar varsa hemen yakalayıp, gözaltında İstanbul'a gönderebileceğiniz ortadadır. Böylece, hükümetin nüfuz ve otoritesi kazanılacak. Bu otorite, içeride macera peşinde koşanları yıldırarak bir daha bu gibi kötü hareketlerin meydana gelmesini önleyeceği gibi, dışarıda da pek iyi bir etki yapacak, yabancıların asker çıkararak oraları işgal etmek konusundaki tasarılarından vazgeçmeleri için hükümetçe yapılacak müracaat ve girişimlere sağlam bir dayanak oluşturacaktır. Zaten Sivas halkının bazı tanınmış kimselerinden araştırılarak elde edilen doğru bilgilere göre, halk bu politikacıların kışkırtmalarından, para toplamak için yaptıkları baskılardan çok nefret etmiş. Bu hareketlerin önlenmesi için, hükümete her türlü yardıma hazırlardır. Orada derhal jandarmaya katılınacağı, istenildiği kadar asker bulunacağı, bunlara nüfuzlu kimseler tarafından özel olarak yardım edileceği haber verilmektedir. Bu şekilde, yeterli sayıda ve hükumete kuvvetle bağlı jandarma birliği kurulduktan sonra, birlikte götüreceğiniz süvarileri hoşnut ederek yerlerine göndeririz. İşte alınacak tedbirler bundan ibarettir. Bunun kolaylıkla ve başarıyla uygulanması, sadece son derece gizli hareket etmeye bağlıdır. Sivas'a tayininizden, hatta o taraflara gideceğinizden kendi aileniz içinde en çok güvendiğiniz bir tek kimseye bile bahsetmeyiniz. Sivas'a girinceye kadar, maksadınızı yanınızdakilere bile sezdirmeyiniz. Bu, başarının temel şartıdır. Bu itibarla, şimdilik ailenizi ne olursa olsun orada bırakarak, etraftaki aşiretleri teftiş için beş on gün kalacağınızı ailenize ve çevrenizdeki yakınlarınıza anlatarak, hemen yola çıkıp bir gün öncesinden Sivas'a ansızın girmeye gayret etmelisiniz. Oraya vardığınızda, aşağıdaki telgrafı gereken kimselere gönderip, valilik ve komutanlığı ele geçirerek hemen işe başlamalısınız. Bir yandan da makine başında durumu bakanlığa bildirmelisiniz. Böylece, oradaki şartlar belli olur olmaz, size yine makine başında tarafımdan gereğine uygun tebligat yapılacaktır. Bu şekilde işe başladıktan sonra, ne vakit uygun görürseniz ailenizi ve eşyanızı Sivas'a getirtebilirsiniz. Yalnız, şimdi orada bulunan Reşit Paşa'nın valilik görevinden alındığı, yerine bir başkasının gönderileceği her nasılsa duyulmuş, kendisi tarafından bakanlığa başvurulmuş olduğundan ve adları malum kimselerin yakında Sivas'ta toplanmak istedikleri alınan haberlerden anlaşılmıştır. Bir dakika bile boşa geçirilmeksizin, bir an önce hareket ederek oraya vaktinden önce ulaşmaya gayret etmeniz, işin gereği olarak pek önemli ve zaruridir. Bu durum karşısında, ne zaman hareket edeceğinizin ve ne kadar zamanda oraya varabileceğinizin bildirilmesi gerekiyor.

Sivas'ta ilgililere göstereceğiniz telgraf şudur:

Zatıâlilerinin Sivas ve komutanlığına tayinleri Meclis-i Vükela (Bakanlar Kurulu) kararıyla Padişah Hazretleri'nin yüce buyruklarına sunulmuş ve gereği şerefle onaylanmış olduğundan, hemen hareket ederek, bu telgrafı Sivas'taki sivil ve askerî memurlardan gerekenlere gösterip, vali ve komutanlığı üzerinize alarak göreve başlamanız ve durumu hemen bildirmeniz tebliğ olunur.

3.9.1919

İçişleri Bakanı	Savunma Bakanı
Âdil	Süleyman Şefik

***

Çok Aceledir.

Bâbıâli, 6.9.1919

Malatya'daki Elazığ Valisi Galip Beyefendi'ye

İlgi: 6.9.1919.

Eşkıya takibi için gönderilecek kuvvetin masraflarının jandarma ödeneği hesabına mal sandığından karşılanması gerekir. Kaç kuruş sarf edileceğinin ve gönderilecek kuvvetin miktarı ile hareket gününün hemen bildirilmesi.

Bakan
Âdil

İçişleri Bakanı üç gün sonra da Ali Galip'in bir telgrafına karşılık olduğu anlaşılan şu telgrafı veriyor:

Aceledir

İstanbul, 9.9.1919

Malatya'daki Elazığ Valisi Beyefendi'ye

İlgi: 8.9.1919. Sayı: 2.

Sivas'ta güvenilir bir vasıta olmadığından yeterli bilgi alınamamakta ise de oranın halkından burada bulunan bir adamın ifadesine ve başka yerlerden de alınan genel bilgilere göre, öncelikle halk bu kışkırtmalara taraftar değildir. Sonra, asker yok denecek kadar azdır. Bu hareketi idare etmekte olanlar, malum şahıslar ile komutan ve subaylardan bazılarıdır. Bunlar, işe millî bir yön vererek maksatlarını benimsetmeye çalışmaktadırlar. Oysa, millet bu işlere taraftar değildir. Orası daha yakın olduğu için, istediğiniz bilgiyi kolaylıkla elde edebilirsiniz. Bununla birlikte; gazeteler her nasılsa Sivas'a tayininizden bahsetmiş olduklarından, bir gün önce yola çıkmanız daha da önem kazanmıştır. Birlikte bulunduracağınız kuvvet ne kadar çok olursa, başarının o oranda kolaylaşacağı çok bellidir. Bu kuvvetin miktarları ile hareket tarihinizin bir gün öncesine kararlaştırılarak bildirilmesini bekliyorum.

Bakan
Âdil

Ali Galip Bey bu telgrafa karşılık olarak, Malatya'dan son defa şu telgrafı veriyor:

Çok acele ve gizli
Kendisi tarafından çözülecektir

İçişleri Bakanlığına

Bu ayın 14'üncü günü yeterli miktarda kuvvetle eşkıyanın peşine düşüp ve yakalanması için Malatya'dan hareket edecek şekilde gerekli tedbirler alınmıştır. Allah'ın yardımıyla çarpışmadan başarılı sonuç alınacağına güven buyurulsun. Yalnız yazılan cevapları ve gerekleri geciktirilmemelidir.

9.9.1919
Elazığ Valisi
Ali Galip

Bu telgraftan, 9-10 Eylül gecesini hükümet dairesinde heyecanlar içinde ve sabaha kadar uykusuz olarak geçiren Ali Galip'in 9 Eylül 1919 günü, henüz kahramanlığının üzerinde ve Allah'ın yardımıyla çarpışmada başarıdan çok ümitli olduğu anlaşılıyor.

Efendiler, bu olaydan ve bu belgelerden haberdar edilen sivil amirlerden İçişleri Bakanı Âdil Bey'e, komutanlardan da Savunma Bakanı Süleyman Şefik Paşa'ya, güvensizlik bildiren telgraflar çekilmesinin uygun olacağı düşünüldü. Kamuoyunun dikkati çekildi.

Sivas Valisi Reşit Paşa'nın telgrafına cevap veren Âdil Bey'in şu sözleri ne kadar garip ve şaşırtıcıdır. Âdil Bey sözünü ettiğim telgrafı şu cümlelerle bitiriyordu: "(...)Elbette Halife Hazretleri'nin yüce buyruklarına uyma gereğini takdir edersiniz!".

Efendiler, bir tesadüf eseri olarak bu görüşme sırasında ben de telgrafhanede bulunuyordum. Bir aralık dayanamadım. Şu telgrafı yazıp çekilmek üzere memura verdim:

10/11.9.1919

İçişleri Bakanı Âdil Bey'e

Milleti, kendi padişahına maruzatta bulunmasına engel oluyorsunuz. Alçaklar, caniler! Düşmanlarla millete karşı haince tertiplere girişiyorsunuz. Milletin kudret ve iradesini takdirden âciz olduğunuza şüphe etmiyordum. Ancak, vatan ve millete karşı haince ve son bir çırpınışla alçakça harekette bulunacağınıza inanmak istemiyordum. Aklınızı başınıza toplayın. Galip Bey ve yardakçıları gibi aptalların verdikleri ahmakçasına ve asılsız sözlere kapılarak ve Mister Nowil gibi milletimiz ve vatanımız için zararlı olan yabancılara vicdanınızı satarak yaptığınız alçaklıkların milletçe sorulacak hesabını göz önünde bulundurunuz. Güvendiğiniz şahısların ve kuvvetin sonunu öğrendiğiniz zaman, kendi sonunuzla karşılaştırmayı unutmayınız.

Mustafa Kemal

Bütün komutanlar da gerektiği şekilde müracaatta bulundular.

12 Eylül'e kadar aldığımız raporlardan kaçakların, 10/11 Eylül gecesini Raka'da geçirdikleri, 11/12 Eylül gecesini de Raka'nın yarım saat yakınındaki bir köyde, bir aşiret reisinin yanında geçireceklerinin anlaşıldığı bildiriliyordu. Bu bilgi, 20'inci, 15'inci ve 13'üncü Kolordu Komutanlarına bildirildi.

11 Eylül ve 11/12 Eylül gecesinde Malatya ile telgraf başında yapılan haberleşmeler, henüz Malatya'da, kesin emir ve talimat almış olan şahısların zihinlerinin bir karışıklık içinde bulunduğunu gösterecek nitelikteydi.

Elazığ'dan gelen Alay Komutanı İlyas Bey, Mutasarrıf Bey'in gönderdiği özel bir adam tarafından Vali Ali Galip ve Mutasarrıf Halil Beylerin bazı şartlarla yerlerine dönmek istedikleri bildirilmiş. "Memleketin selameti adına bunların bu şekildeki tekliflerini kabul etmenin uygun olup olmadığı konusundaki emrinizi beklemekte olduğumuz arz olunur." demekteydi (11 Eylül)

Bunun arkasından İlyas Bey, 11/12 Eylül gecesi yine telgraf başına gelen Süvari Alay Komutanı Cemal, Mutasarrıf Vekili Tevfik, Topçu Alay Komutanı Münir, Jandarma Yüzbaşısı Faruk, Baytar Binbaşısı Mehmet ve Elazığ'dan gelen Alay Komutanı İlyas Beyler adına şunları yazdırdı:

Malatya'dan İlyas Bey – Güvenilir bir kimse olan Jandarma Yüzbaşısı Faruk Bey'den biraz önce alınan bilgiler aşağıda verildiği gibidir:

Faruk Bey, Kâhta ve çevresinde takipte. Malatya'ya beş saat uzaklıktaki Raka köyünde Kürtlerin toplandıklarını, şimdi mutasarrıf ile arkadaşlarının orada bulunduklarını, Siverek'e kadar uzanan bölgedeki aşiretlerin birbiri ardınca buraya gelmekte olduklarını; Dersim aşiretlerine varıncaya kadar Kürtlük adına çağırıldıklarını, mutasarrıfın planına uyularak önce Malatya'ya saldırıp tamamıyla yağmaladıktan sonra, bütün kuvvetleri ile Sivas'a doğru yürüyeceklerini, Malatya'da bulunan Türkleri öldüreceklerini ve süreceklerini, Dersimlilerin de aynı zamanda Harput'a yürüyeceklerini bildiriyor. Çünkü, mutasarrıfın Malatya'dan gitmesi Kürtlük adına kendilerine karşı büyük bir aşağılama ve hakaret olarak sayılıyormuş. Vali böyle bir yağmaya ve katliama taraftar ve razı olmadığını, ancak, mutasarrıfın düşüncesine de engel olamayacağını bildirmiştir. Malatya'ya çarpışarak girdikleri zaman Kürt bayrağı çekileceğini ve yanlarındaki İngiliz binbaşısı da Urfa'da bulunan İngiliz tümeninin harekete hazır olduğunu bildirmiştir. Ancak Hacı Bedir Ağa'nın bunu kabul etmediği ve aşiretlerin, Malatya'nın Kürdistan toprağı sayılıp Malatya'da Kürt bayrağı çekilmesinde direndikleri, dün akşam Malatya'ya dönmek isteyen valiyi bırakmadıkları abartılmadan arz olunur.

Şartları aşağıdadır:

1. Valinin yerine dönmesi;
2. Mutasarrıfın eskiden olduğu gibi yerinde kalması;
3. Elazığ'dan gelen askerin geri gönderilmesi;
4. Vali, yüz adet silahlı Kürt'le Malatya'ya girdiği zaman, huzurun sağlanması ve Sivas'a doğru yürümesi;
5. Aşiretlerden alınan yedi tüfekle bir revolverin geri verilmesi;
6. Yukarıda istediklerimle ilgili emir vermeleri.

İlyas Bey'e şunu yazdım:

11,12.9.1919

Malatya'da İlyas Beyefendi'ye:

1. Verdiğiniz bilgiler heyetimizce dikkate alındı. Zatıâlinize şartlarını bildirenler kimlerdir? Böyle bir ilişkiye girişmek asla doğru değildir. Hainlikleri ortaya çıkan vali, mutasarrıf ve yardakçılarının yakalanmaları, kışkırtmaya çalıştıkları bazı gafil kimselerin de uyarılması söz konusudur. Bunun için bütün şiddeti ile karşı koymak gerekir. 13'üncü, 15'inci ve 3'üncü Kolordu Komutanları şu dakikada telgraf başında, alınacak ortak tedbiri kararlaştırmaktadırlar. Elde edilebilen kuvvetler her taraftan harekete geçirilmiştir. Oraca alınması gereken tedbirlerin zatıâliniz tarafından sakince ve ciddiyetle alınmış bulun-

duğuna güvenimiz tamdır. O bölgede bulunan bütün telgrafhanelerin tutulması ve Mutasarrıf Vekili Tevfik Bey kardeşimizin de Hükümetin güç ve otoritesini en üstün bir şekilde göstermesi dikkate alınmalıdır.

2. Şu anda Anadolu'nun bütün merkezlerinden padişaha, yapılan hainlik arz edilmektedir. Oraca da aynı şekilde hareket edilmelidir.

3. İngiliz binbaşısının sözleri blöftür. Kürtlerin de birleşip toplanabilseler bile, asker kuvveti karşısında ne dereceye kadar başarı gösterebileceklerini takdir buyurursunuz.

4. Bedir Ağa'yı, Keven aşiretinin reislerini ve bu haince hareketlere karşı olan beyleri tarafınıza çekmeye çalışmanız uygun olur.

5. Adıyaman'dan hareket eden süvari bölüğü ile Siverek ve Diyarbakır'dan hareket eden birer taburla bağlantınız var mı? Nerelere vardılar?

Telgrafhanede bulunan Kongre Heyeti adına,
Mustafa Kemal

Gerçi, kongre toplantı halinde değildi ve telgrafhanede bulunmuyordu. Fakat maneviyatı kuvvetlendirmek için, Kongre Heyeti ile ilgili göstermeyi uygun buldum ve sonra yalnızca "Kongre Heyeti" imzasıyla, yine aynı nitelikte ayrıca bir telgraf da yazdım.

Bu telgrafıma ek olarak, Urfa'da, Antep'te, Maraş'ta bulunan ve sayıları pek az olan yabancı kuvvetlerini bildirerek "size bir yabancı tümeninden bahsedenlerin sözleri vatan ve millet hainlerinin yalanını aktararak maneviyatınızı kırmak alçaklığından(...)dır." dedim.

İlyas Bey, telgrafıma verdiği cevapta, "Bir saldırı halinde, şiddetle karşı konulması kesin olarak kararlaştırılmıştır." dedikten sonra, "Eldeki kuvvet, Malatya'yı uzun bir süre bir Kürt saldırısına karşı savunmaya yeterli değildir. Bunun için elinizden geldiği kadar hızlı bir şekilde yardımcı kuvvet gönderilmesine emir buyurulması bir kere daha istirham olunur." dedi.

İlyas Bey'e gerekirse bir şey bildirilebilsin diye, telgrafhanede bir subay bırakarak, önemli olan işinin başına dönmesini rica ettim.

İlyas Bey tarafından 12 Eylül'de çekilen bir telgrafı, subaylarınız ve memurlarınız için çeşitli bakımlardan yararlı olacağı düşüncesiyle, olduğu gibi bilginize sunacağım:

Malatya, 12.9.1919

Sivas'taki 3'üncü Kolordu Komutanlığına

Halep'teki İngiliz ordusuna bağlı albay rütbesindeki Mösyö P. Peel adında bir İngiliz subayı, bugün 12.9.1919 tarihinde öğle üzeri Malatya'ya gelmiştir. Maksadının Malatya, Harput ve Diyarbakır bölgelerinde, bölgenin ileri gelenleri, sivil ve askerî memurlarla görüşmek olduğunu, kaçak Mister Nowil'in görevi ile ilgili bir şey bilmediğini ve bu konuda İngiliz Hükümetinin kesinlikle bilgisi olmadığını ve böyle bir propagandacı subayın buralarda gezmesini kabul edemeyeceğini ve aşiretler içerisinde derhal buraya getirilmesi için kendisine emir verileceğini söyledi. Eğer haince bir maksatla buralarda dolaştığı kanısına varırsa, tutuklu olarak Halep'e göndereceğini ekledi. Vali Galip Bey'i de kendisiyle görüşmek üzere, hayatının korunması hususunda kendisine güvence vererek buraya davet etmeyi talep etti. Bu hususta, üst makamdaki adı geçen kişinin emir almadan gelmesinin mümkün olamayacağını, bunun için ilgili makamlara başvuracağımı da söyledim. Bu izin emrinin süratle bildirilmesi için aracı olmamı rica etti. Kendisi "yüksek siyasî mutemet" adıyla anılırmış. İstanbul Hükümeti onu tanırmış. Burada iki gün kaldıktan sonra Harput'a gidecekmiş. Giriş belgesi yoktur. Kendisine, saygıdeğer bir misafir olduğu ve özel bir saygı gösterileceği söylenmiştir. Valiyi buraya getirtmesine ve bu zatın Harput'a doğru seyahat etmesine izin verelim mi? Bildirilmesi. Sivas'tan iki subayın şimdi geldiği arz olunur.

15'inci Alay Komutanı
İlyas

Bu telgrafın içeriğindeki hususlar hakkında nasıl hareket edileceğini gösteren görüşlerimiz, şu şekilde kısaca bildirildi:

Çok Acele.

Sivas, 12.9.1919

Malatya'da 15'inci Alay Komutanlığına

İlgi: 12.9.1919.

1. Kim olursa olsun, giriş belgesi olmayan yabancı bir subayın Osmanlı ülkesinde işi yoktur. Kendisine büyük bir nezaketle, fakat asker gibi kesin bir tutumla durumu bildiriniz ve geldiği yere hemen dönmesini isteyiniz. Memleketten çıkınca-

ya kadar da ileri gelen kimseler ve memurlarla hiçbir siyasî temasa gelmemesi için yanına yetenekli, uyanık bir subay veriniz.

2. Kaçak valinin vatan hainliği ile suçlandığını, ele geçince yakalanarak kanunun adaletli pençesine teslim edileceğini, bu konuda başka bir şey yapma imkânı olmadığını ayrıca anlatırsınız, efendim.

Mustafa Kemal

Efendiler, yapılan düzenlemeler, alınan tedbirler ve özellikle gösterilen sertlik ve şiddet sayesinde, Ali Galip ve Halil Beylerin ayartmaya çalıştıkları aşiretler dağılmış, ümitsizliğe düşen Ali Galip, önce Urfa'ya oradan da Halep'e kaçmıştır. Mister Nowil de takip altında rahatça Elbistan üzerinden gitmiştir. Ötekiler de birer yolunu bularak kaçmışlardır. Bu safhaları daha çok açıklamakta bir yarar görmüyorum. Bu konuda söylediklerime ek olarak yayınlanacak belgelerin okunmasından, bugün ve gelecek için ibret dersi olabilecek noktalar çıkarılacağını umarım.

* *
*

HAİNLERLE İŞBİRLİĞİ YAPAN FERİT PAŞA KABİNESİNE SALDIRI

Efendiler, bilginize sunduğum belgeleri gördükten sonra, zannederim Ali Galip tarafından yapılan girişimin Padişah ve Ferit Paşa Hükümetinin ortak bir girişimi olduğuna şüphesi olanlar ve tereddüt edenler kalmaz. Bu hainliğin ortak elebaşlarına karşı nasıl bir durum almak gerektiği bellidir. Ancak, buna karşı yapılacak girişimde cephe saldırısından mümkün olduğunca vazgeçmek o günün gereğinden olmakla birlikte girişim gücünü çeşitli hedeflere yöneltmekten sakınarak bir noktada toplamak ihtiyatlı bir davranış olurdu. Biz de hücuma hedef olarak yalnız Ferit Paşa Kabinesini kabul ettik. Ferit Paşa Kabinesinin padişahı olaylardan haberdar etmeyip aldatmakta olduğu tezini tuttuk. Padişah, durumu öğrenecek olursa, kendisini aldatanlara müstahak oldukları işlemi uygulayacağına güvenimiz olduğunu ileri sürdük. Hükümetin ortaya çıkmış olan cinayeti üzerine, kendisine güven duyulmaması doğal sonuç olduğundan, gerçeklerin yalnız ve ancak doğrudan doğruya padişaha arz edilmesi ile durumun düzeltilebileceğini, girişimlerimiz için hareket noktası olarak kabul ettik. Bu düşünceyle, Eylül'ün 11'inci günü, padişaha çekilmek üzere telgraf hazırlandı. Bu telgrafta, tahmin buyuracağınız üzere, zamanın gereği olan birçok basmakalıp sözler içinde, hükümetin silah zoruyla kongreyi basma yoluna giderek Müslümanlar arasında kan dökülmesine sebep olacağı, Kürdistan'ı ayaklandırmak suretiyle vatanı parçalatmak planını para karşılığında yüklenmiş olduklarının belgelerle açığa çıktığı, hükümetin bu işlerde alet olarak kullandığı adamların perişan edilerek kaçmaya mecbur edildiği, yakalandıkları takdirde kanunun pençesine teslim edilecekleri, bu cinayetleri hazırlayan, İçişleri ve Savunma Bakanları vasıtasıyla da emredip uygulatan İstanbul Hükümetine milletin güveninin kalmamış olduğu bildiriliyordu. Sonra, namuslu kimselerin oluşturduğu yeni bir hükümetin kurulması, bu casus şebekesi hakkında hızlıca hukuki soruşturma yapılarak suçluların cezalandırılması isteniyordu. "Adil bir hükümet kuruluncaya kadar, İstanbul Hükumeti ile hiçbir haberleşme ve ilişkide bulunmamaya karar vermiş olan milletten ordunun ayrılamayacağını, olayın içyüzünü bilen ve o çevrede bulunan biz kolordu komutanları arza mecbur olduk." deniyordu.

İşte bu telgrafın birer kopyasının bütün kolordularca İstanbul'a çekilmesinin uygun olacağı düşünüldü. 11 Eylül günü telgraf başında kolordu komutanlarına şu talimatı verdim:

Şimdi bir kopyasını vereceğiz. Bu kopyanın, 3'üncü, 15'inci, 20'nci, 13. ve 12'nci Kolordu Komutanlarının ortak imzalarıyla çekilmesini uygun görüyoruz. Okuduktan sonra diğer komutanlarla aynı zamanda çekmek için bekleyiniz:

Sadrazamlık Yüksek Katına

Şimdi doğrudan doğruya kutsal Başkomutanımız, şanlı Halifemiz Efendimize önemli bir arzda bulunmak mecburiyetindeyiz. Engellenmemesini rica eder, aksi takdirde bundan doğacak ağır sonuçların sorumluluğunun yalnızca yüksek şahsınıza ait olacağını arz ederiz. 12'nci Kolordu, 13'üncü Kolordu, 20'nci Kolordu, 15'inci Kolordu, 3'üncü Kolordu.

Yapılacak önemli maruzat, yukarıda arz etmiş olduğum üzere, padişaha çekilen telgrafta yazılanlardan ibaretti.

Eylülün 11'inci günü ve özellikle 12/13'üncü gecesi, her tarafta, kolordu komutanları telgraf merkezlerine gelerek kararlaştırıldığı şekilde İstanbul'la haberleşmeye çalışıyorlardı. Fakat sadrazam ortadan kaybolmuş gibiydi. Cevap vermiyordu. Biz de, telgraf başında, sadrazamın telgrafları alıp cevap vermesi için baskıda bulunuyorduk. İstanbul merkezindeki telgraf memurları ile yapılan uzun çekişmelerden sonra, bir telgraf memuru şu bilgiyi verdi:

"Sadrazam Paşa'ya yazılanlar telefonla söylendi. Alınan cevapta: Telgraf metni Sadrazam Paşa Hazretleri'ne arz olundu. Bildirecekleri maruzatları usulünce telgrafla arz olunmalıdır. Gelen telgraflar da usulüne uygun olarak Padişah'a takdim edilir." buyurduklarını Müdür Bey söylüyor, efendim."

Bunun üzerine, gece yarısından sonra saat 4.00'te Sivas telgrafhanesine çekilmek üzere şu telgraf gönderildi:

11/12.9.1919

Sadrazam Ferit Paşa'ya

Vatan ve milletin haklarını ve kutsal varlıklarını ayakları altına alarak, Padişah Hazretleri'nin yüce padişahlık şeref ve haysiyetlerini çiğneyerek, gafilce bir takım hareket ve girişimlerde bulunduğunuz ortaya çıkmıştır. Milletin padişahımızdan başka hiçbirinize güveni kalmamıştır. Bu sebeple durum ve dileklerini ancak Padişah Hazretleri'ne arz etmek zorundadır. Hükümetinizin meşru olmayan hareketlerinin sonuçlarından korkarak, millet ile padişah arasına artık engel çekiyor. Bu konudaki direnmeniz daha bir saat sürerse, millet kendisini her türlü hareket ve faaliyetlerinde serbest saymakta haklı bulacaktır ve bütün vatanın meşru olmayan hükümetinizle kesin olarak ilgi ve bağlantısını kesecektir, bu son uyarımızdır. Bundan sonra milletin tutacağı yol burada bulunan yabancı subaylar vasıtasıyla, İtilaf Devletleri temsilcilerine de ayrıntılı olarak bildirilecektir.

Genel Kongre Heyeti

Sivas Telgraf Müdürlüğü'ne de aynı zamanda, telefonla şu emir verildi:

Kongremizden seçilmiş bir heyetle telgrafhaneye gönderilecek telgrafımızın doğrudan doğruya padişahın özel kalemine ulaştırılmasına İstanbul'un engel olunduğu bildiriliyor. Bir saat içinde telgrafın gerekli yere ulaştırılmasını başaramazsak İstanbul ile Anadolu arasındaki haberleşmenin kesilmesine mecbur olacağımızı üstlerinize bildiriniz.

Genel Kongre Heyeti

Kolordu Komutanlarına aşağıdaki genel duyuru yapıldı:

Sivas, 11/12.9.1919

20'nci Kolordu Komutanlığına
5'inci Kolordu Komutanlığına
13'üncü Kolordu Komutanlığına
3'üncü Kolordu Komutanlığına

Kongrenin Padişahlık yüce katına olan maruzatına İstanbul'da Telgraf Başmüdürlüğünce engel olunmuştur. Bir saatlik bir sürede saraya ulaşılamazsa bütün Anadolu'nun İstanbul'la haberleşmesinin kestirileceği cevap olarak adı geçen müdürlüğe bildirilmiştir. Kongrenin bu meşru isteğine olumlu cevap alınmadığı takdirde, tebliğ anından başlayarak Ankara, Kastamonu, Diyarbakır telgraf merkezleriyle Sinop'taki telgraf haberleşmelerinin durdurulması, yani kongre ile ilgili haber ve bildiriler dışında hiçbir telgrafın İstanbul'a geçirilmemesi ve İstanbul'dan da kabul edilmemesi; Batı Anadolu ile haberleşmemize engel olmayacaksa Geyve Boğazı yönündeki hattın da tutulması veya geçici olarak kesilmesi ve yapılan işlerin sonuçlarının bildirilmesi rica olunur.

Bu talimatın yerine getirilmesine engel olacak telgraf memurları, bulundukları yerlerde derhal Divan-ı Harp'e verilecek ve haklarında en ağır ceza uygulanacaktır. İşbu tebligatın gereğinin yerine getirilmesi 20'nci, 15'inci, 13'üncü ve 3'üncü Kolordu Komutanlarından rica edilmiştir. Alındığının bildirilmesi.

Sivas'taki Genel Kongre Heyeti

Bu telgrafla verilen talimat daha sonraki telgraflarla da tamamlanmıştır.

11-12 Eylül gecesi yapılmış olan genel tebliğe ek olarak da şu ricada bulunuldu.

Bu gece sonuç elde edilinceye kadar bütün komutanlarla sivil idare amirlerinin ve ilgili heyetlerin telgrafhaneden ayrılmamaları rica olunur.

Genel Kongre Heyeti

Telgrafhanelere de şu uyarıda bulunuldu:

Ektir: Bu tebligat gereğinin yerine getirildiği haberi Kongre Heyetince öğrenildikten sonra, yine aramızda haberleşmeye devam edileceğinden telgrafhanelerde adam bulundurulması rica olunur.

Kongre Heyeti

İSTANBUL'DAKİ HÜKÜMETLE İLİŞKİYİ KESME KARARI

İstanbul'un kendilerine tanınan bir saatlik süre içinde saraya telgraf bağlantısı vermeyeceği anlaşılıyordu. Bu sebeple, 12 Eylül 1919 günü bütün komutanlara şu genel duyuru yapıldı:

Kopyası aşağıda verilmiş olan telgraf, Genel Kongre Heyeti tarafından bir saate kadar sadrazama çekilmiş olacaktır. Bu itibarla, siz de hemen bu esas ve nitelikte birer telgraf çekiniz ve hemen bildiriniz, efendim. (Genel Kongre Heyeti)

Saat beşte Sadrazama "bilgi için" diye gönderilen ve aynı zamanda bütün komutanlara ve illere yapılan tebligat şundan ibarettir:

1. Hükümet, milletin sevgili padişahına olan maruzat ve bağlantısını kesmekte ve ortaya çıkan haince hareketlerine devam etmekte direndiğinden, millet de meşru bir hükümet iş başına geçinceye kadar, İstanbul Hükümeti ile olan idari ilişkilerini ve İstanbul ile yapılan her türlü posta, telgrafı, haberleşme ve ulaştırmalarını kesmeye karar vermiştir. Bölgelerindeki sivil memurlar, askerî komutanlarla, işbirliği yaparak bu hususu sağlayacak ve sonucu Sivas'taki Genel Kongre Heyetine bildirecektir.

2. Bu tebligat bütün komutanlara ve sivil idare amirlerine gönderilmiştir.

12.9.1919
Genel Kongre Heyeti

MİLLETVEKİLLERİNİN SEÇİMİ İLE MEŞGUL OLUNMAYA BAŞLANMASI

Efendiler, ayın 12'nci günü İstanbul Hükümeti ile genel olarak haberleşme ve bağlantı kesildi. Bunların dışında kalan bazı yerler ve bu yerlerle olan tartışmalarımızı ayrıca açıklayacağım. Fakat müsaade buyurursanız, bundan önce daha önemli sayılması gereken bir konu üzerinde bilgi arz edeyim. Yüksek heyetinizce bilinmektedir ki Ferit Paşa Hükümeti milletvekillerinin seçimleri için görünüşte bir emir vermişti. Ancak, içinde bulunduğumuz tarihe kadar, yani Anadolu'nun İstanbul'la bağlantısını kestiği 12 Eylül gününe kadar, bu emir uygulanmamıştı. Son durum üzerine, en önemli meselenin, milletvekillerinin seçimini bir an önce yaptırmak olacağını takdir buyurursunuz. Bu bakımdan 13 Eylül'de derhal bu konu üzerinde duruldu. Uzun açıklamalar yapmaktansa, bildirdiğim tarihte verilen ilk genel talimatı, olduğu gibi bilgilerinize sunmayı daha yararlı buluyorum. Tebligat şudur:

13.9.1919

Balıkesir'deki 14'üncü Kolordu, Konya'daki 12'nci Kolordu, Diyarbakır'daki 13'üncü Kolordu, Erzurum'daki 15'inci Kolordu, Ankara'daki 20'nci Kolordu;

Bursa'daki 17'nci Tümen, Çine'deki 58'inci Tümen, Bandırma'daki 61'inci Tümen Komutanlıklarına ve 61'inci Tümen Vasıtasıyla Edirne'deki 1'inci Kolordu, Niğde'deki 11'inci Tümen Komutanlıklarına;

İllere, bağımsız sancaklara, belediyelere,

(Müdafaa-i Hukuk Cemiyeti Merkez Heyetlerine)

İstanbul Hükümeti'nin tuttuğu ve takip etmekte olduğu gericilik yoluna ve yaşamakta olduğumuz günlerin büyük korku ve tehlikelerine karşı haklarımızı savunmak ve varlığımızı korumak için Milli Meclis'in seçilmesini ve toplanmasını sağlamak ve çabuklaştırmak bugünün en önemli görevidir.

İstanbul Hükümeti, milleti aldatarak milletvekillerinin seçimini aylarca ertelemiş olduğu gibi, son zamanda vermiş olduğu seçim emrini de türlü sebeplerle geçiştirmekte ve geciktirmektedir. Ferit Paşa'nın, Toros'un ötesindeki illerimizden vazgeçtiği Barış Konferansı'na vermiş olduğu notadan anlaşılmış, Aydın ili üzerinde Yunanlılarla sınır tespitine kalkışması, oradaki işgali oldubitti halinde bir ilhak olarak kabul etmiş olduğuna delil sayılmış ve memleketin işgal edilen başka bölgeleri için de bunlara benzer gafilce ve haince siyasetiyle memleket ve milleti parçalayacağı kesin olarak anlaşılmıştır. Milli Meclis'in toplanmasından önce barış anlaşmasına imza atarak milleti bir oldubitti karşısında bulundurmak niyetinde olduğu anlaşılmıştır. Buna dayanarak, Genel Kongre, orduyu ve milleti uyanık olmaya davet edip aşağıdaki hususların en kısa zamanda yerine getirilmesini, milletin ölüm kalım meselesi olarak kabul eder ve bildirir:

İlk olarak: Seçim hazırlıklarının yürürlükteki kanunda yer alan en kısa zamanda yapılıp tamamlanması için belediyeler ile Müdafaa-i Hukuk Cemiyetleri yoğun bir faaliyet içine girilmelidir.

İkinci olarak: Sancaklardan çıkarılacak milletvekili sayısı oraların nüfus durumuna göre hemen tespit edilerek Temsilciler Heyetine şimdiden bildirilmelidir. Adaylar konusu daha sonraki haberleşmelerde ele alınacaktır.

Üçüncü olarak: Gerek seçim hazırlıklarının, gerek seçimler sırasında gecikmeye yol açacak engellerin şimdiden düşünülerek ortadan kaldırılması ve hiçbir gecikmeye meydan verilmeyerek seçimlerin en kısa zamanda sonuçlandırılması.

İşbu karar bölgenizdeki bütün belediye ve Müdafaa-i Hukuk Cemiyetlerine bildirerek, gereğinin hemen yerine getirilmesine yardımcı olmanız rica olunur.

Temsilciler Heyeti

MEMLEKETİ BAŞVURULACAK BİR YERDEN YOKSUN BIRAKMAK İÇİN

Ferit Paşa Hükümeti inat etmeye devam ediyordu. Bilindiği gibi bu durum hükümet düşünceye kadar süregeldi. Memleketi günlerce başvurulacak bir yerden yoksun bırakmak elbette büyük sakıncalar doğururdu. Bundan dolayı, önce fikir sormak üzere, sonra da bazı itirazlara aldırmadan emir şeklinde bildirdiğimiz kararları Eylül'ün 13/14'üncü gecesi şu şekilde tespit etmiş ve kaleme almıştım:

> Kongre tarafından alınması düşünülen tedbirleri içeren kopya aşağıda sunulmuştur Bu konudaki yüksek görüş ve düşünceleriniz alındıktan sonra, genel kurulca görüşülerek uygulamaya konacaktır. 15.9.1919 günü öğleye kadar cevabınızı bekliyoruz, efendim:
>
> Milli davayı haince bir saptırma ve yorumlamayla olduğundan başka bir şeymiş gibi göstererek milli girişim ve faaliyetlerimizi gayri meşru ilan eden, milletin saltanat ve hilafet makamına karşı duyduğu sonsuz bağlılığını bütün meşru ve hukuki yollarla ispat etmeye çalıştığımız halde, padişah ile millet arasında bir engel perdesi oluşturan ve halkı birbirine karşı silahlanıp öldürmeye sürükleyerek bunun kışkırtıcılığını yapan İstanbul Hükümeti ile ilişkilerini kesmek mecburiyetinde kalan Genel Kongre Heyeti, aşağıdaki kararları zatıâlilerine bildirmeyi görev sayar.
>
> 1. Padişah Hazretleri'nin yüce adına ve yürürlükteki kanunlar çerçevesinde devlet işleri eskiden olduğu gibi yürütülmeye devam edilecektir. Irk ve mezhep ayrılığı gözetilmeden halkın canı, malı, namusu ve her türlü hakları güvence altında bulundurulacaktır.
>
> 2. Devlet memurlarının, kendilerine verilmiş olan görevleri milletin meşru davasına uygun bir şekilde yürütmeleri tabiîdir. Aksi takdirde, görevden kaçınanların mazeretleri bir istifa gibi işlem görerek, yerlerine uygun görülen kimseler vekil olarak getirilecektir.
>
> 3. Görev sırasında millî dava ve akıma ters düşen davranışları görülecek ve tespit edilecek memurlar, din ve milletin selameti adına kesinlikle ve şiddetle cezalandırılacaktır.
>
> 4. İstifa etmiş memurlardan ve halktan her kim olursa olsun, millî kararlar aleyhinde kışkırtıcı ve bozguncu hareket ve telkinlerde bulunanlar da şiddetle cezalandırılacaktır.
>
> 5. Memleket ve milletin selamet ve refahı, hak, adalet ve ülkedeki güven ve huzurun sağlanması ile mümkündür. Bu konuda gereken her türlü tedbirin alınması kolordu komutanlıkları, vali ve bağımsız mutasarrıflardan beklenmektedir.

6. Millet isteklerinin, padişaha iletilmesi ve duyurulması başarılıp da milletin güven ve desteğini kazanmış meşru bir hükumet kuruluncaya kadar, haberleşme merkezi, Sivas'taki Genel Kongre Temsil Heyeti olacaktır.

7. Bu kararlar, bütün millî teşkilat merkezlerine gönderilecek ve ilan edilecektir.

Mustafa Kemal

* *
*

YAPILAN İTİRAZ VE ELEŞTİRİLER

Efendiler, bilginize sunduğumuz bu son tebligatımız üzerine, kısmen hafif fakat kısmen de oldukça şiddetli itirazlara, direnmelere, hatta karşı girişimlere tehditlere uğradık. Karşı koymalar ve eleştiriler yalnız son tebligatımız hükümlerine de bağlı kalmadı. Bu tebligat dolayısıyla daha başka noktalara da sıçradı. Bu konuda yüksek heyetinize açık bir fikir vermiş olmak için yapılmış olan yazışmalardan bazılarını kısaca bilginize sunmama müsaadelerinizi rica ederim.

Erzincan Müdafaa-i Hukuk Cemiyeti Merkez Heyetinin 14 Eylül 1919 tarihli telgrafında, "Kararların uygulanmasından önce, İstanbul Hükümetine kırk sekiz saatlik bir süre verilmesinin uygun olacağı bütün üyelerce kararlaştırılmıştır." şeklinde zararsız bir görüş ileri sürülüyordu.

Diyarbakır'dan 13'üncü Kolordu Komutanı Cevdet Bey, 14 Eylül 1919 tarihli uzun şifresinde: "Hükümet merkeziyle ilişki büsbütün kesilerek yazışmalar Kongre Temsil Heyeti ile yapılacak olursa, muhalifler, siyasî bir maksat peşinde olanlar, bu hareketi hilafete karşı isyan edilmiş göstererek, kamuoyunu yanıltacaklardır.", "Bu durum devam ederse memur ve asker maaşları ile yiyecek harcamaları için kaynak ve tedbir düşünüldü mü?", "İstanbul Hükümeti, İngiliz nüfuzu altındadır. Her türlü ısrar ve gayrete rağmen başka türlü hareket edebilecek bir hükümet kurulmasına imkân yoktur. İngilizler, hükümetin iznine dayanarak geniş çaplı bir işgal planı uygularsa, yeni baştan İngilizlerle savaşa girişmeye taraftar mısınız?", "Girişildiği takdirde başarı sağlanacağından ne dereceye kadar eminsiniz?" "Böyle bir ayak direme hareketi vatanın çıkarlarına uygun düşer mi?" şeklinde birtakım düşünce ve soruları içine alıyordu.

Erzurum Merkezî Heyetinin 15 Eylül 1919 tarihli telgrafında, "Yönetmeliğimizin altıncı maddesinin (yani Temsilciler Heyeti'nin başvuru makamı olarak kabul edilmesi ile ilgili madde) tüzüğümüzle uygunluğunun sağlanması için merkez heyetlerinden olur alınması gerekir." denilmekteydi.

Malatya'dan komutan İlyas Bey'in 15 Eylül 1919 tarihli telgrafında "Elazığ ili halkının, kongrenin maksat ve emelinden haberdar edilerek hiç olmazsa bir derece aydınlatılmalarına kadar bu hususun ertelenmesi uygun görülürse katıldığımı arz ederim." düşüncesi ileri sürülüyordu.

Bizim de içinde bulunduğumuz Sivas'ın Müdafaa-i Hukuk Cemiyeti Merkez Heyeti de uzun bir raporunda: "Bildirilen maddelerin bütününden memlekette geçici bir yönetim ilan edileceği anlaşılmaktadır." şeklinde başladıktan sonra, bunun, cemiyet tüzüğünün ne özel maddesine ne de öteki maddelerine dayandırılma imkânı görülemediği noktasında dikkatimiz çekiliyor ve padişaha arz olunacak hususları ulaştırabilecek yolları büyük bir sakinlik ve samimiyetle, tatlı bir şekilde aramayı tavsiye ediyordu.

Temsilciler Heyeti üyelerimizden olduğu halde, birçok davet ve ricalarımıza rağmen bize katılmayan, Sivas Kongresinde bulunmamak için mazeretler uyduran Servet Bey'in "Esselâmüaleyküm" gibi dindarca bir hitap ile başlayan, 15 Eylül 1919 tarihinde Trabzon'dan çektiği açık telgrafında: "Sivas Kongresi Bildirisini ve arkasından da duyurunuzu aldık. Cevap olarak bildirdiğimiz düşünceler Kazım Paşa Hazretleri'nce görülmek istenmiş ve görülmüştür. (...) Önce Sivas Kongresinin, genel kongre şekline girmiş ve bir Temsilciler Heyeti meydana getirmiş olduğu anlaşılıyor ki, bu husus kararlarımıza aykırıdır. (...) Sivas Kongresi, Temsilciler Heyetimiz arasına üye seçmeye yetkili olamayacaktı. (...) İstanbul Hükümeti ile haberleşmenin kesilmesi bir oldubitti haline geldi. (...) Temsilciler Heyeti'nin bir başvurma yeri olması hususu kamuoyu üzerinde pek kötü etkiler yapacaktır. Bundan kesinlikle vazgeçilmelidir. (...) Sivas Kongresi, Erzurum Kongresinin tüzüğünü değiştirmeye yetkili değildir. Bu kongre, Doğu İlleri Temsilciler Heyetine uymaya mecbur olacaktı. Erzurum kararları üzerinde zihinlerin genel bir sarsıntı devresi geçirdiği bugünlerde, onun dışındaki hükümlere şüpheli gözlerle bakılacağından şüpheniz olmasın. (...) Erzurum Kongresi kararlarına uymayan işlere katılamayacağız." protestosuyla son buluyordu.

15 inci Kolordu Komutanı Kazım Karabekir Paşa'nın 15 Eylül 1919 tarihli yazısında: "Sivas Kongresi'nin sorusuna cevap olarak Trabzon heyetinden Servet, İzzet ve Zeki Beylerin vermek istedikleri cevabı okudum. Pek yakından tanıdığım bu şahıslara karşı duyduğum güven ve saygı sonsuzdur. Kendilerinin görüşlerine yön veren temel düşünceyi anlıyorum ve bu düşüncenin yanındayım." dedikten sonra ayrıntılar üzerindeki görüşlerini bildiriyor ve başlıca "Erzurum Kongresi, Doğu Anadolu illeri adınadır. Sivas Kongresi ise bütün milleti temsil eden bir kongredir. Bu kongrenin de ayrıca bir temsil heyeti bulunması doğaldır. Ancak, Sivas Genel Kongresi Temsilciler Heyeti Doğu Anadolu İlleri Temsilciler Heyetini ortadan kaldırmış olmuyor. Bu Temsilciler Heyeti doğal olarak her an vardır. Yalnız, bu Temsilciler Heyetinden olup da bugün Sivas Kong-

resi Temsilciler Heyetine girmiş bulunanlar varsa, bunların Doğu Anadolu İlleri Temsilciler Heyetinden istifa etmelerini istemek doğru olabilir. Sivas Kongresi, bütün milletin çıkarlarını, Doğu Anadolu İlleri Temsilciler Heyeti ise yalnızca Doğu Anadolu illerinin hak ve çıkarlarını korur. (...) Temsilciler Heyetinin başvuru makamı oluşu ve yetki durumu, konunun en önemli noktasını oluşturmaktadır ki bu konuda şimdiden acele edilmemesi hususunda sizinle tam bir görüş birliği içindeyim. Temsilciler Heyetince yapılan tekliflerin birden beşe kadar olan maddelerine gelince, bunların değil sorulmasını, bir bildiri halinde veya bir istek şeklinde bile yayınlanmasını yersiz bulurum." gibi görüşlerini bildiriyordu.

* *
*

Trabzon'da Servet Bey'e cevap olarak yazdığımız telgrafla, Kazım Karabekir Paşa'ya verdiğimiz karşılıktan da söz edeyim. Servet Bey 'e yazılan telgraf şuydu:

Trabzon'daki Servet Beyefendi'ye

Trabzon Merkez Heyetinden beklenen görüşe daha cevap gelmedi. Bu husus ayrıca Kazım Paşa Hazretleri'nden de sorulmuştu. Görüşlerin birleştirilmesine neden lüzum görüldüğü doğal olarak anlaşılamamıştır. Sırayla belirtilen görüşlerinizin cevabını aşağıda yine aynı sıra ile bildiriyorum:

Önce, Sivas Kongresi'nin genel bir kongre olacağı herkes tarafından biliniyordu. Bunun sizce başka türlü kabul edilmekte olduğunu ilk defa şimdi yine sizden işitiyorum. Temsilciler Heyeti konusuna gelince, bu heyet, aslında Erzurum Kongresi'nin seçtiği ve kabul ettiği bir heyettir. Şu sırada bendenizle birlikte Rauf Bey, Bekir Sami Bey, Raif Efendi ve Şeyh Hacı Fevzi Efendi Sivas'ta hazır bulunmaktadırlar. Daha dört üyemiz eksik olmakla birlikte, çoğunluk görevini yapmaktadır. Bu noktanın da sizce açık olarak bilineceğine şüphemiz yoktur. Çünkü, durumun önemi dolayısıyla, daha Erzurum'da iken sizi de davet etmiş ve diğer arkadaşların birlikte götürüleceği bildirilmişti. Tüzüğümüzün sekizinci maddesi uyarınca, Sivas Genel Kongresinin bazı üyeleriyle Temsilciler Heyetimizi güçlendirebileceği birlikte görüşülmüş, bunda bir sakınca bulunmamış, aksine millî birliği temsil bakımından gerekli de sayılmıştı. Sivas Genel Kongresinde bundan başka bir şey yapılmamıştır. İstanbul Hükümeti ile haberleşmenin kesilmesi, temel kararlarımızın dördüncü maddesinin dışında değil, içinde ve hatta o maddenin içine giremeyecek akıl almaz haince sebeplere dayanır bir niteliktedir. Esasen bu oldubittiyi yapan biz değil İstanbul Hükümetidir. Şifreli telgrafımızın gereğinin yerine getirilmesi bir gerekliliktir. Bundan vazgeçmeye hiçbir şekilde imkân kalmamıştır. Biz, işe başlarken, olumlu oyunuzu almak üzere size başvurmayı da bir görev saydık. Uygun bulup bulmamak sizce takdir edilecek bir konudur. Yalnız, şunu da belirteyim ki, bugün Anadolu ve Rumeli'nin birlikte hareket etmeye mecbur olduğu bir ortamda, azınlığın değil çoğunluğun tuttuğu yolu benimsemeye ve azınlıkları bu yola çevirmeye kesin bir mecburiyet vardır. Başvuru makamı ve yetki konusunda daha akla yatkın bir görüşünüz varsa, lütfen bildiriniz. Tutulması kaçınılmaz olan bugünkü hareket tarzımız dikkatle incelenirse görülür ki bu tarz tüzüğümüze ve Erzurum Kongresi'nin temel kararlarına tamamen uygundur. Bunun dışına çıkılmış bir nokta göremiyorum. Buna göre, zatıâlilerinizi hariç bırakmak istediğiniz tüzük ve bilinen kararlar dışında kalan işlerin açıklanmasını rica ederim. Bugün kaçınılması mümkün olmayan bir hareket varsa, o da İstanbul Hükümetinin millet ve memleketin kaderini alçakça İngilizlerin isteğine bırakması ve kendi çıkarlarına kurban etmesidir. Buna karşı, buraca alınan karardan başka bir karar alınmasına imkân varsa, lütfen bildiriniz.

Mustafa Kemal

Kazım Karabekir Paşa'ya da verdiğimiz etraflı cevabın girişi aynen şöyleydi:

"Servet ve İzzet Beylerin, Temsilciler Heyetinin, Trabzon Merkez Heyetinden açıklanmasını istediği hususlara karşılık olarak çektikleri açık telgraf alındı. İçindeki, açıkça duyurulması sakıncalı olan düşünceleri, Temsilciler Heyeti tamamen Servet ve İzzet Beylerin kendi görüşleri olarak kabul eder. Temsilciler Heyeti genelge göndererek istemiş olduğu fikirleri Servet ve İzzet Beylerden değil, tüzük gereğince Trabzon Merkez Heyetinden istemiştir. Servet ve İzzet Beylerin görüşlerini içine alan özel bir telgrafla tarafınızdan hem kendilerine hem de Temsilciler Heyetine cevap olmak üzere ileri sürülen düşüncelerle ilgili olarak aşağıdaki açıklamalara gerek duyulmuştur:

"a) Her şeyden önce, adı geçen kimseleri sizce de bilinen görüşlere sürükleyen temel düşünce, ne yazık ki, Temsilciler Heyetince anlaşılamamıştır.

"b) Tüzüğün dördüncü maddesi, bir geçici idare kurulmasını öngören sebep ve şartları açıklar. Halbuki bilinen son haince olaylar dolayısıyla alınmış ve alınması gereği hakkında fikir sorulmuş tedbirler, hiçbir vakit, geçici idare kurma gayesi ile ilgili değildir. O halde, bu nokta ile dördüncü madde arasında bir ilişki aramak gereksizdir. Tedbirler, padişaha doğrudan doğruya başvurma yolunu bulmak ve meşru bir hükümetin iş başına getirilmesini dilemek için alınmıştır.

"c) Sivas'ta toplanan kongre, Batı Anadolu temsilcileriyle Erzurum Kongresinin Genel Kurulu ve dolayısıyla da bütün Doğu Anadolu illeri adına, kongre kararlarına uygun olarak seçilen özel, yetkili bir heyet bulundurmakla, elbette hem bütün Anadolu ve Rumeli'yi hem de bütün milleti temsil edebilecek bir genel kongre niteliği kazanmıştır. Sivas Kongresi, Erzurum Kongresinin kararlarını ve teşkilatını olduğu gibi fakat daha da genişleterek kabul etmiş ve sonuç olarak Doğu Anadolu Müdafaa-i Hukuk Cemiyeti, Anadolu ve Rumeli Müdafaa-i Hukuk Cemiyeti adıyla genişletilerek birleştirilmiştir.

"Tüzüğün üçüncü maddesi ve kongrenin temel kararları, zaten bu yüksek gayenin sağlanmasını kesin bir amaç olarak göstermiştir. Sivas Genel Kongresi, Erzurum Kongresi'nde Doğu Anadolu Müdafaa-i Hukuk Cemiyeti adına seçtiği Temsilciler Heyetine güvenini tam olarak bildirmek suretiyle, onu Anadolu ve Rumeli Müdafaa-i Hukuk Cemiyeti için de aynen bir Temsilciler Heyeti olarak kabul etmiştir. Bu duruma göre, Sivas Genel Kongresinin kararları başka, Erzurum Kongresi'nin kararları başka; Doğu Anadolu Müdafaa-i Hukuk Cemiyeti'nin Temsilciler Heyeti başka, Anadolu ve Rumeli Müdafaa-i Hukuk Cemiyeti'nin Temsilciler Heyeti başka gibi başkalıklar ve ayrılıklar elbette söz konusu olamaz. Böyle bir şeyin söz konusu olması, şüphesiz ki pek samimi olan millî birlik gayemiz ve kutsal hedefimiz için son derece zararlıdır. O halde birbirini ortadan kaldıran Temsilciler Heyetleri olmadığı gibi, birine girince diğerinden çekilme isteğinin doğru olabileceği üyeler de yoktur. Bugün bütün Anadolu ve Rumeli'yi içine alan cemiyetimizin, Sivas'ta bulunan tek Temsilciler Heyeti Erzurum Kongresince tüzüğün özel maddelerine uyularak seçilmiş bulunan dokuz kişiden beşinin katılmasıyla göreve devam etmektedir. (...) Hakları, yetkileri ve yararları Doğu Anadolu illerininkinden hiçbir şekilde daha az olmayan Batı Anadolu'nun, haklı ve yerinde olan tekliflerini dikkate almayarak, onları, buraya tabi durumda bulundurmaya kalkışmak, bizim aklımızın bir türlü kabul edemediği hususlardandır. Bunun içindir ki, Temsilciler Heyetimiz altı üye daha eklenerek güçlendirilmiştir."

Bundan sonra daha birçok açıklamaları içine alan bu telgrafımız, olduğu gibi Trabzon Merkez Heyetine de çekilmiştir.

Bu tartışmalar üzerinde daha birçok açıklama yapıldı ve gensoru verildi. Hatta "Müdafaa-i Hukuk Heyeti Trabzon Merkezi" sahte imzasıyla öteki illere aleyhimize telgraflar da çekildiği görüldü.

Nihayet, on beş gün sonra Trabzon'dan bir telgraf aldık. Fakat Servet Bey'den değil... Bu telgrafı olduğu gibi arz edersem durum anlaşılır.

Sivas'ta Temsilciler Heyeti adına Mustafa Kemal Paşa Hazretleri'ne

Bir kopyası aşağıda verilen Trabzon Belediye Meclisinin telgrafı İstanbul'a şimdi çekiliyor. Bu kopyanın 15'inci Kolordu Komutanlığına yazdırıldığı arz olunur.

Mevki Komutanı
Ali Rıza
1.10.1919

Kopya

İstanbul, Sadrazam Ferit Paşa Hazretleri'ne

Bugüne kadar Anadolu'dan yükselen millî feryadı Trabzon, kendisine has ağırbaşlılık ve sükûnetle inceledi ve takip etti. Memleket bu duruma daha fazla katlanamaz. Vatan sevginiz varsa artık makamınızı terk ediniz Paşa Hazretleri.

Belediye Başkanı: *Hüseyin*
Üye: *Hüsnü,* Üye: *Mehmet Salih,* Üye: *Mehmet Avni*, Üye: *Ahmet*
Üye: *Şefik*, Üye: *Mehmet*, Üye: *Temel*

KAZIM KARABEKİR PAŞA'NIN TAVSİYELERİ

Kazım Karabekir Paşa'dan 17 Eylül 1919 tarihinde de, kişiye özel bir şifre aldım. Pek içtenlikle ve kardeşçe bir dille yazılmış olan bu şifre bir iki uyarıyı içine alıyordu. Kazım Karabekir Paşa: Paşam, diyor, "Sivas'tan gelen tebligat ve genelgeler, bazen Temsilciler Heyeti adına bazen doğrudan sizin adınızadır.10 Eylül 1919 tarihinde, İstanbul'daki hükümete hitaben, kendi adınıza duyuru ve uyarılarınız olmuştur. Şuna inanınız ve güveniniz ki, bu şekilde sizin imzanızla yapılan tebligat, sizi çok büyük bir saygı ile sevenlerce bile, büyük bir samimiyetle ve iyi niyetle eleştiriliyor. (…) Bunun ne kadar etkili olacağını ve tepkiye yol açacağını takdir buyurursunuz. (…) Bu bakımdan Temsilciler Heyeti ve Kongre kararlarının, daima imzasız ve sadece Temsilciler Heyeti diye yayınlanmasını rica ederim." Telgraf şu cümlelerle son buluyordu: "Yüksek şahsiyetinizin herhalde ortada tek başına görülmemesi memleketin yararı bakımından gereklidir. Oybirliği ile (bu noktada oyları alınan şahısların veya heyetin kimler olduğunu daha bugüne kadar öğrenebilmiş değilim) arz olunan bu ricalarımın iyi karşılanacağından eminim, ellerinizden öperim."

Kazım Karabekir Paşa'yı gerçekten kararsızlık ve eleştiriye sürüklediğini gördüğümüz noktaları, mümkün olan açıklıkla bir mantık süzgecinden geçirerek aydınlatma gereği ortadadır. O günlerdeki duygu ve düşüncelerimden kaynaklanan görüşlerimi, kendimi bugünün etkilerine kaptırmaktan çekinerek belirtmek için, o tarihte verdiğim cevabı olduğu gibi arz etmeyi tercih ederim:

19.9.1919

15'inci Kolordu Komutanı Kazım Paşa Hazretleri'ne

Saygıdeğer Kardeşim,

Derin bir samimiyete dayandığına asla şüphe etmediğim görüşlerinizi açık ve kardeşçe bir dille bildirmiş olmanız, kardeşlik bağlarımızın sağlamlaşmasına ve yürekten bir sevinç duygusunun doğmasına vesile olmuştur. Zihninizde beliren sakıncaları çok iyi anlıyorum. 10 Eylül tarihinde hükümete kendi adımla gönderilmiş bir tebliğim yoktur. Yalnız, telgrafhanede bulunduğum bir sırada, tesadüfen İçişleri Bakanı Adil Bey'le makine başında karşı karşıya geliverdik. Onun Sivas Valisi Reşit Paşa'ya verdiği anlamsız cevaplara karşı, bendeniz sırf şahsi olmak üzere, onun şahsına karşı bildiğiniz biraz sertçe uyarılarda bulundum. Bu adeta bir karşılıklı konuşma şeklinde geçmiştir. Bundan başka gerek hükümete, gerek padişaha ve gerek yabancılara karşı yapılan müracaatlarda hep "Kongre Heyeti" veya "Temsilciler Heyeti" ifadesi imza yerine geçmiştir. Yalnız, Amerikan Senatosuna yazılan, sizin de bildiğiniz bir mektuba kongre kararıyla beş kişi imza koymuştur ki, bunlar arasında bendenizin de imzası vardır İçeride yapılan açık yazışmalara gelince, bunda da "Temsilciler Heyeti" ibaresini imza yerine kullanmaktaydık. Ancak, bunun bazı çevrelerde kötü etki yaptığı ve güvensizliğe yol açtığı görüldü. Gerçekten de böyle genel bir ibarenin, içine aldığı şahıslar ve kuvvet gizli kalıyordu. Ortada sorumlu kimdir? Bazı yerlerden; özellikle Kastamonu, Ankara, Malatya, Niğde, Canik gibi yerlerden doğrudan doğruya şahsen makine başına çağrılmaya başlandım. Neredeyse, Temsilciler Heyeti adı altında gizlenen şahıslarla birlikte olup olmadığım konusunda bir kararsızlık belirtisi sezildi. Hatta Trabzon'dan Servet Bey de Temsilciler Heyeti imzasını taşıyan tebligatı kötüye yorarak ve sözü edilen heyetin nitelik ve niceliği konusunda birçok yanlış düşüncelere kapıldıktan sonra, bendenizi şahsen makine başına çağırdı. Görüldükten sonra, bütün bu tartışmaların, imzanın Temsilciler Heyeti olarak ve belirsiz bir şahsiyet ifade eder şekilde konulmuş olmasından ileri geldiğini söyledi. İşte bunlardan dolayıdır ki, bu imza meselesi sizin kardeşçe bildirmenizden önce Temsilciler Heyetinde görüşme konusu olmuştu. Temsilciler Heyeti, gizli bir komitenin yürütme kurulu olmayıp, hükümetin resmi iznini almış, kanuni ve resmi bir derneğin temsilcilerinden oluşmuş bulunması dolayısıyla, ilgili kanun uyarınca kararların ve tebliğlerin sorumlu bir şahıs tarafından imzalanması usulü gerekli görülmüştü. Temsilciler Heyetinin tebliğlerine ve yayınlarına genel ve belirsiz bir ad vererek düşeceği kanundışı durumdan doğacak sakıncalar, millî akıma karşı gelenlerin esasen yapmakta oldukları zararlı propagandalara imza bulma yüzünden doğacak sakıncalardan daha tehlikeli görüldü ve sonuçta oybirliği ile imza koyma usulü karar altına alındı. Bu karara rağmen, bu defa yaptığınız kardeşçe uyarı üzerine, konunun bir kere daha görüşülmesini Temsilciler Heyetine teklif ettim. Daha önce ileri sürülmüş olan düşünce ve görüşler dolayısıyla, aynı şekilde, yazılan şeylerin Temsilciler Heyetinin kararına dayandığı belirtilerek yazılmasına oybirliği ile karar verdiler. Şahsımla ilgili olduğu için bu görüşmede tarafsız kalmayı uygun buldum. Prensip olarak bir kişinin imza etmesi kabul edildikten sonra, benim yerime başka birinin imza atması söz konusu oldu. Bu noktada heyetin ileri sürdüğü sakıncalar şunlardır:

Bütün dünya benim bu işin içinde bulunduğumu bilir. Bugün bir başkasının imzasıyla tebligata başlanınca ve benim adım ortadan kalkınca ya aramızda bir geçimsizlik ve ayrılık olduğu sanılacak veya benim ortaya çıkmaktan çekinip gayrimeşru bir durumda olduğuma, dolayısıyla da yapılanların gayrimeşru olduğu zannına düşülecektir. Bunu bir yana bırakalım, herkesçe inanılacak ve güvenilecek bir arkadaşımız kendi imzası ile ortaya çıktığı takdirde, bugün benim için söz konusu olan sakıncalar yarın o arkadaşımız için de söz konusu olacaktır. O halde, onun da çekilip yerine bir başkasının imza atmaya başlaması gibi sonuç olarak bizim için güçsüzlük belirtisi olacak bir sıra takip etme gereği doğacaktır. Bilmem bu yolu ne dereceye kadar doğru bulursunuz? Gerçekten de bendenizin şahsı, özellikle işin başlangıcında bir saldırı hedefi olarak görülmüştü. Ancak, hem içeriden hem de dışarıdan beklenen saldırılar yapılmış, elhamdülillah hepsi de maksadımıza uygun olarak sonuçlanmıştır. İstanbul Hükümeti ve kötülüğümüzü isteyenler, her girişimlerinde yenilmişlerdir. Yabancılara gelince; Amerikalılar, Fransızlar ve İngilizlerle çok önemli temaslar yapılmıştır. Bunların Sivas'a kadar gelen yetkili memurları lehimizde olmuşlar, bizimle iyi ilişkilere girişmişlerdir. Bizim de içinde bulunduğumuz Kuva-yı Milliye'nin, bir iki kişinin kışkırtmasından doğmuş bir hareket olmayıp tam anlamıyla milli nitelikte genel bir hareket olduğunu bize de bilgi vererek bağlı bulundukları makamlara rapor halinde bildirmişlerdir. Bir de, memleketimizde, bilinen ahlaksızlık gereği bazı kirli vicdanlı insanların, bu gibi hareketlerde az çok önayak olanlar hakkında çıkardıkları dedikodunun önüne geçmek mümkün değildir. Bu duygusal davranış her millette de aynıdır. Bu türlü sakıncalara karşı burada düşünülen tek çare, bizim sarsılmaz bir dayanışma ve içtenlikle yüce gayemize doğru yürümekte bir an olsun kararsızlık göstermememizdir. Bendenizin, kamu yararı ile ilgili iş ve hareketlerimizde şahsi görüşlerimle değil, bütün saygıdeğer arkadaşlarımın vicdan ve gönül birliği ile hareketi tercih ettiğim, siz kardeşimce de bilinmektedir. Bununla, birlikte bu hususta siz kardeşimin hatırına gelebilecek daha başka düşünceleri de bildirmenizi bekler, üstün saygı ve samimiyetle gözlerinizden öperim, kardeşim.

Mustafa Kemal

* *
*

Efendiler, İstanbul Hükümeti ile haberleşmeyi kestiğimiz 12 Eylül 1919 tarihinden Ferit Paşa Kabinesinin düştüğü tarihe kadar geçen süre içindeki değişik tarihlerde, tekrar padişaha, yabancı devlet temsilcilerine, İstanbul Belediyesine ve bütün basına çeşitli muhtıra ve bildiriler yazıldı.

PADİŞAHIN BİLDİRİSİ

20 Eylül 1919 tarihli, Sadrazam Damat Ferit Paşa imzalı bir genel duyuru ile Padişahın da bir bildirisinin yayınlandığını hatırlayacaksınız. Bu bildirinin dikkate değer noktalarını tekrar hatırlatmak isterim. Bu noktaları sıra ile işaret edeceğim:

1. Hükümetin güttüğü siyaset sonunda, İzmir'de meydana gelen facialar, Avrupa devletlerinin ve medenî milletlerin dikkatini çekti ve bize karşı sevgi uyandırdı.
2. Bir özel heyet, yerinde tarafsız olarak soruşturmaya başladı. Hakkımız medenî dünyanın gözleri önüne serilmektedir.
3. Milli birliğimizi bozacak hiçbir karar ve teklif olmadı.
4. Bazı kimseler tarafından halk ile hükümet arasında sözde bir anlaşmazlık varmış gibi ilan ediliyor.

5. Bu durum, kanun şartları içinde bir an önce yapılmasını istediğimiz seçimleri de geri bıraktırıyor ve barışın yaklaşmakta bulunduğu bir sırada, varlığı gerekli olan Meclis-i Mebusan'ın toplanmasını da geciktirecektir.

6. Bugün vatandaşlarımdan beklediğim, hükümetin emirlerine tamamıyla uymaktır.

7. Büyük devletlerin hak verici tavırları, Avrupa ve Amerikan kamuoyunun ölçülü olmayı sevmeleri, yakında, durumumuzu ve haysiyetimizi koruyacak bir barışa kavuşma ümidimi kuvvetlendirmektedir.

Yüksek heyetinizce de bilinmektedir ki, bu bildirinin yayınlanması ve dağıtılması, bizim, memleketle İstanbul Hükümeti arasındaki haberleşme ve ilişkileri kestiğimiz ve bu noktada ısrar etmekte bulunduğumuz günlerde olmuştur. Herhalde verdiğimiz talimat ve genel emirlere uyulduğu takdirde, bu bildirinin hiçbir yerden alınmaması ve millete de okutturulmaması gerekirdi. Oysa, şimdi arz edeceğim bir telgraftan, karar ve tebliğlerimize aykırı ve görüşümüze büsbütün ters düşen bu bildirinin bazı yerlerden alındığı anlaşıldı.

Trabzon Mevki Komutanı'na

Yüce Padişah Hazretleri'nin milletine karşı yayınlamak lütfunda bulundukları bildirinin derhal memurlara ve şehir halkına duyurulması gerekir. Ta ki, iş başındaki hain hükümetin, melek huylu Padişahımız Efendimizi ne kadar küstahça bir cüretle hala aldatmakta olduklarını anlamayanlar kaldıysa, iyice öğrensinler. Millet ve memleketi için mübarek yüreklerinin ne kadar büyük bir sevgi ve koruyuculukla dolu olduğunu gösteren bu bildiride, en açık bir biçimle göze çarpan nokta, kabinenin haince hareketi hakkında halifelik makamına millet tarafından arz olunan şikâyet dilekçelerinin hala Padişah Hazretleri'nin bilgisine ulaşmamış bulunmasıdır. Çünkü, millete ve vatana karşı doğrudan doğruya kabine üyeleri tarafından yöneltilen ihanet hançerini görüp bilmiş olsalardı, bu hainleri bir dakika bile yerlerinde tutmayacaklarına mübarek bildirideki ifade içtenliği en büyük tanıktır. Bu hainler, bu gerçeği bildikleri için, Halifemiz Efendimizi doğrudan doğruya milletle karşı karşıya getirmiyorlar. Bu durumda, millete düşen görev, şanlı padişahına olan sonsuz sevgi ve bağlılığını birbiri ardınca tekrarlayarak göstermekle birlikte, bütün milletin ve ordunun, ayrılmaz bir bütün halinde, millet varlığını ve memleketi kurtarmaya çalıştıklarını, ancak bu hain kabinenin, milletin bağlılık belirten bu meşru hareketini Padişahımız Efendimiz 'den gizleyerek büsbütün ters bir şekilde göstermiş oldukları gerçeğini, dün karar verildiği üzere, halifelik makamına aracı kullanmadan arz etmek ve duyurmaktır. Erzurum halkının bu yolda yazacakları telgraf sureti oraya bildirilecektir.

21 Eylül, 1919
15'inci Kolordu Komutanı,
Kazım Karabekir

Kazım Karabekir Paşa, bu telgrafını şöyle bir notla bize de bildiriyordu:

Bu konuda yüksek düşünceleriniz var mı? Bu kutsal bildiri, milletin padişahına karşı gerçeği bildirmesine yeniden fırsat vermiştir. Erzurum halkı, kabinenin bütün cinayetlerini tekrar etmek suretiyle, yeniden huzura maruzatta bulunacaktır. Bunun bir kopyasını ya çekilmek üzere yahut da bilgi için sayın heyetinize takdim edeceğim.

Kazım Karabekir

Makine başında buna cevap olarak bildirdiğimiz görüş şuydu:

Ferit Paşa Kabinesinin faaliyetleri ve canice hareketleri ile ilgili belgelerin millete gerektiği kadar, memleketin dört bir yanına gönderilmem olduğunu biliyorsunuz. Böyle olsa bile, bu tebligat ile padişahın bildirisini birbiri ile karşılaştırarak karar vermek ve gerçek durumu kavramak pek mümkün değildir. Bu bakımdan biz, aslında böyle aldatıcı bir bildirinin Bâbıâli'de hazırlanmakta olduğunu daha önce haber almış olduğumuzdan, bunun milletin zihnini bulandırmasını önlemek için İstanbul'dan alınmamasını uygun bulmuştuk. Zaten İstanbul ile resmi haberleşmenin kesilmiş bulunması dolayısıyla, doğrudan doğruya saraydan değil, yine Ferit Paşa'nın notu ile Bâbıâli'den verilen bu bildirinin Sivas, Ankara, Kastamonu ve öteki merkezlerde olduğu gibi hiçbir yerden alınmamış olduğunu sanıyorduk. Bu bildiriyi almak için daha önce milletin padişaha, durumu ve gerçeği anlatmasına izin verilmesi gerekirdi. Bu sebeple bildirinin yayılıp herkese duyurulmasına aracılık etmeyi yararlı bulmuyoruz. Fakat bu bildiri Trabzon, Erzurum ve Sivas gibi merkezlerde ilgililer tarafından okunmuş bulunduğuna göre, düşündüğümüz gibi her merkezden İstanbul'a bir telgraf çekilmesi uygun olur.

Mustafa Kemal

Padişahın bu bildirisinin, kamuoyunda yaratacağına şüphe olmayan olumsuz etkinin bir dereceye kadar olsun önüne geçebilmek için, bu bildiride yer alan düşünceleri yalanlamaya ve çürütmeye yarayacak şekilde padişaha bir cevap yazmayı ve bunu memlekete yayıp duyurmayı tek çıkar yol olarak düşündük ve öyle yaptık.

HALİT BEY'İN TRABZON VE ÇEVRESİNDE MİLLİ TEŞKİLAT KURMAK ÜZERE GÖREVLENDİRİLMESİ

Efendiler, Trabzon'da bir iki kişinin, pek vatansever ve saygıdeğer Trabzon halkının hiçbir bilgisi bulunmadığı halde, onlar adına, oradaki millî varlığı kendi şahıslarında temsile kalkıştıkları ve bu yüzden millî girişim ve kararların gerektiği şekilde uygulanıp yerine getirilemediği kanısına vardım. Trabzon'da vali bulunan Galip Bey adında bir zatın da olumsuz akım yaratmakta rol oynadığını anladım. Bunun üzerine, Trabzon yakınında Torul'da bulunan ve daha tümenini komutaya başlamamış olan Halit Bey'in Trabzon çevresinde millî teşkilat kurmak üzere görevlendirilmesi uygun bulundu ve bu düşünce Kolordu Komutanına bildirildi. 20 Eylül 1919 tarihinde alınan cevapta "İngilizlere karşı gizlenmekte olan Halit Bey'in yaradılışı dolayısıyla ortaya çıkarabileceği durumların, bu nazik zamanda belki düzeltilmesi mümkün olamaz." tarzında bazı düşüncelerden sonra, Halit Bey haberim olmadan maruzatta bulunsa bile yerine getirilmemesi bildiriliyordu.

Kazım Karabekir Paşa'nın bu telgrafına verdiğimiz karşılıkta İngiliz engelinin bizlerce söz konusu olamayacağını; şiddetli ve kesin hareket sakıncalı görüldüğüne göre, Trabzon'da durumun düzeltilmesi neye ve ne gibi bir tedbire bağlı ise, onun doğrudan doğruya kendisi tarafından alınmasını, 22 Eylül 1919 tarihli bir şifreli telgrafla rica ettik.

Bizim, 15'inci Kolordu Komutanı ile bu haberleşmeleri yaptığımız tarihlerde, Torul'dan Yarbay Halit Bey de doğrudan doğruya bizimle haberleşmeye başladı. Kendisini cevapsız bırakmamak ve durumu aydınlatmak üzere karşılık verdik.

15'inci Kolordu Komutanının bir bakıma bizim 22 Eylül 1919 tarihli telgrafımıza cevap oluşturan, 27 Eylül 1919 tarihli bir şifreli telgrafını aldık. Bunda, halkı, önce aydınlatma ve doğru yola çekme görevini yaptıktan sonra; karşı gelenler görülürse, onları da hak ettikleri muameleye uğratmaktan ibaret olan ve pek büyük tecrübelerle elde edilen prensibini aynen Trabzon çevresinde uyguladığını belirtti. 9'uncu Tümen Komutanı Rüştü Bey'in kurmay heyeti ile birlikte, 3'üncü Tümen Komutanlığı vekilliği ile Trabzon'a gönderdiğini, Halit Bey'i Trabzon için uygun bulmadığını bildirdikten sonra, "İngilizlerle ilgili görüşüne gelince... Bana kalırsa, elden geldiği sürece açıktan ve belirli bir düşmanlıktan kaçınmayı tercih ederim." diyordu.

Buna verdiğim 29 Eylül 1919 tarihli özel cevabımda şunları yazdım "Trabzon ilinde halkın ne düşündüğü konusunda burası aydınlanmıştır. Trabzon merkezi dışında, bütün ilçe ve sancakları ile haberleşilmektedir.

Merkezdeki gergin durum da valinin tutuklanıp uzaklaştırılmasından sonra ortadan kalkmıştır (Emrim üzerine valiyi tutuklayarak gözaltında Erzurum'a gönderen Halit Bey'dir.). Rüştü Bey'in 3'üncü Tümen Komutanlığı vekilliği ile Trabzon'a gönderilişinde hatırıma gelen noktaları arz edeceğim."

"İlk olarak, valiyi tutuklayan Halit Bey'dir. Birkaç gün sonra Rüştü Bey'in bu şekilde gönderilmesi, Halit Bey'in hareketini oradaki kötü niyetlilere karşı eleştirmek gibi olabilir.

"İkincisi, Halit Bey, hassas durumlarda tümeninin başına geçmeyi beklerken, bugün geçirmekte olduğumuz ciddi ve tarihi anlarda, başka bir şahsın yerine geldiğini görmekten üzüntü duyabilir. Bu tutumdan vazgeçilmesini rica ederim. Bununla birlikte kolordunuzun askeri işlerine karışmak istemem."

Kazım Karabekir Paşa'nın verdiği 2 Ekim 1919 tarihli uzun cevapta, bu işlemin Halit Bey'in müracaatı üzerine yapıldığını ve kendisine durumu iyice anlatmak için Erzurum'a davet edildiğini bildirdi. Halbuki, 1 Ekim 1919 tarihinde "3'üncü Tümen Emir Subayı Üsteğmen Tarık" imzasıyla, Başyaverim Cevat Abbas Bey'e gelen özel bir şifrenin son cümleleri şöyleydi:

Son günlerde Komutan Bey, 3'üncü Tümen'in bugünkü komuta durumunun değiştirilmesini kolordudan istedi. Eğer kolordu bu teklifi kabul etmez ve yerine getirmezse, emir almadan komutayı ele alacağını ve daha önce alınan karar uyarınca kolordudan ayrılarak doğrudan doğruya kongrenin emrinde olacağını arz ederim. Paşa Hazretleri'ni gerektiği şekilde aydınlatınız efendim.

Bu tarihten on beş gün sonraydı. Kazım Karabekir Paşa'dan 17 Ekim 1919 tarihli şu telgrafı aldım:

> Kendi bölgemde millî gayenin gerçekleştirilmesi ve yerine getirilebilmesi için son noktaya kadar askerlikten ve komuta zincirinin gereklerine uymaktan ayrılmamayı, geleceğin disiplini bakımından da son derece gerekli görüyorum. Cüretkâr olmayla ileri görüşlülüğün bağdaştırılamadığı yerlerde ve işlerde, sonuç pek parlak da olsa, bunun hemen tersine döndüğü ve yararsız kaldığı örnekleriyle görülmüştür. Özellikle, İngiliz, Fransız temsilcilerinin bulunduğu Trabzon çevresinde, komuta zincirine değer verilmesine, oldukça uyanık ve ileri görüşlü davranılmasına büyük bir ihtiyaç duyulmaktadır.
>
> Maalesef, verdiğim açık talimata rağmen, Halit Bey'in kendi kendine ve askerî kıyafetiyle valiyi tutuklayarak gösterdiği tuhaflık dillere destan olmuştur. (Halit Bey'i bu işe yöneltenin kim olduğunu arz etmiştim.). Seçimler konusunda da bu şekilde faaliyet gösterirse kendisi için İngilizlere bir çıkış daha

yapılması ve güç bir duruma düşülmesi kaçınılmaz olur. (Seçimler konusunun çabuklaştırılması ve millî isteğe uygun bir sonuca bağlanabilmesi için Halit Bey'e ve gereken daha birçok kişiye yardım ve gayrette bulunmaları özellikle rica edilmişti. Bir de İngilizler tarafından yapılacak çıkışın ne gibi bir durum yaratabileceğini, kendi durumunu göz önüne getirerek bir türlü anlayamamış olduğunuzu itiraf edeyim.) Bunun için adı geçen kimse ile haberleşme yapılmayarak, yüksek arzularınızın yerine getirilmesinde bendenizin aracı olmasını rica ederim. Adı geçenin kişiliği her türlü iddianın ötesinde ise, herhangi bir bölgeden milletvekili seçilmesi hakkındaki yüksek düşüncelerinizin bildirilmesi arz olunur.

Bu telgrafa 19 Ekim 1919 tarihinde sadece şu cevabı verdim: "Halit Bey'in milletvekili olmak veya olmamak konusundaki eğilimlerini bilemediğimden bu hususta görüş bildiremeyeceğim efendim."

Efendiler, Ferit Paşa Kabinesi'nin düşmesine kadar geçen 9 gün içinde karşılaştığımız sorunlar çeşitlidir. Engeller ve güçlükler az değildi. Bunların hepsini saymak ve açıklamaya kalkışmak yüksek heyetinizi çok yorabilir. Bu sebeple bu safhayı tamamlayacağını sandığım bazı noktalara sadece dokunmakla yetineceğim.

Ali Galip'in tavsiyesi üzerine, İstanbul Hükümetince Dersim Mutasarrıflığına tayin edildiği anlaşılan ve Sivas'a gelen Osman Nuri Bey 8 Eylülde Sivas'ta alıkonuldu.

Millî akıma karşı haince hareketlerde bulunduğu ortaya çıkan Ankara Valisi Muhittin Paşa, belli bir maksatla geziye çıkmıştı. 13 Eylülde Çorum'da bulunuyordu. Muhittin Paşa'nın yakalanıp korumalı olarak Sivas'a gönderilmesi için Ankara'da Kolordu Komutanına ve Samsun'da 5'inci Kafkas Tümeni Komutanı'na emir verildi. Muhittin Paşa tutuklu olarak Sivas'a getirilmiştir. Kendisiyle bizzat görüştüm. Gereken öğüt ve uyarılardan sonra yaşına hürmeten Samsun üzerinden İstanbul'a gönderdim. Çorum Mutasarrıfı Samih Fethi Bey de üç dört gün sonra özel olarak Sivas'a davet olundu.

Millî Mücadele'ye karşı geldikleri anlaşılan Niğde Mutasarrıfı, muhasebecisi ve komiserinin korumalı olarak Sivas'a gönderilmeleri için 15 Eylülde Niğde'de Tümen Komutanlığına emir verildi.

KASTAMONU VALİSİNİN İSTANBUL HÜKÜMETİNCE DEĞİŞTİRİLMESİ VE BUNDAN ÇIKAN OLAY

Efendiler, Kastamonu'da vali bulunan İbrahim Bey, ben ordu müfettişi iken, kurmay başkanım olan Albay Kazım Bey'in şahsen tanıdığı bir kimseydi. Bu sebeple kendisine her türlü sırlar bildirilmişti. Aramızda şifreli haberleşmeler yapılıyordu. Kendisi İstanbul Hükümeti tarafından

İstanbul'a davet edildi. Bu daveti, yerine getirmemesi gerekirken, anlaşılmaz gerekçe ve düşüncelerle İstanbul'da tutuklanmak için Kastamonu'dan ayrılmıştı. İstanbul, İbrahim Bey'in yerine bir başkasını Kastamonu'ya vali olarak atamıştı. Bu zat, Eylülde İnebolu'ya varmış bulunuyordu. Kendisinin tutuklanmasını oradaki ilgililere emrettik. Bu konuda ilgi çekici küçük bir şey geçti. Müsaadenizle biraz etraflıca anlatayım:

Kastamonu bölgesinde ve Kastamonu il merkezinde gevşeklik ve zayıflık belirtileri görülmeye başlayınca, Kastamonu'ya güvenilir ve güç sahibi bir subayın gönderilmesini Ankara'da bulunan Ali Fuat Paşa'dan rica etmiştim. Fuat Paşa, Kastamonu Bölge Komutanı sıfatıyla oraya Albay Osman Bey'i göndermişti. Osman Bey, tam 16 Eylül günü Kastamonu'ya varmıştı. Biz de kendisinden yeni gelen vali için verdiğimiz emrin uygulanmasını bekliyorduk. Arz ettiğim emri verdikten sonra, uygulama ve yürütme hakkında telgraf başında bilgi bekliyordu. Gece olmuştu. Kastamonu'dan benimle konuşarak istediğim bilgiyi verecek bir kimseyi bulamıyordum. Nihayet, 16/ 17 Eylül gecesi, Kastamonu Mevki Komutanı Albay Osman Bey, Kastamonu telgrafhanesine geldi ve aynen şu telgrafı verdi:

> Bugün Kastamonu'ya geldim. İstanbul Hükümetinin adamları, vali vekili ve Jandarma Komutanının oyunu ile evimde tutuklandım. Vatanseverlik örneği gösteren subaylarınızın yardımlarıyla şimdi kurtuldum. Ben de vali vekilini ve Jandarma Alay Komutanını birlikte tutuklattım. Telgrafhaneyi işgal ettim. Buradaki durum önemlidir. Kongreden istirham ediyorum, buraya, aldığı bütün kararları ile ilgili bilgi vererek Sayın Kastamonu halkını aydınlatsın. Yeni valinin İnebolu'ya indiği haber alındı. Hakkında nasıl bir işlem yapılacaktır? Burada, vali vekili ve başkalarının tayini konusunda millî kongrenin bana yetki vermesini ve bu istirhamımla ilgili cevabı şu anda makine başında beklemekte olduğumu arz ederim.

Osman Bey ile makine başındaki görüşmemiz şu şekilde devam etti. Kendisine şöyle sordum:

"Şimdi orada duruma hakim misiniz? Ne kadar kuvvetiniz vardır? Orada ilin ileri gelenlerinden güvenilir kim vardır? Yeni tayin edilip İnebolu'ya geldiği haber alınan valinin adı nedir?"

Osman Bey'in cevabı şuydu: Şehre halen hakim durumdayım. Ne olursa olsun, kongrenin bana yardımcı olması ve beni aydınlatması gerekir. Atanan valinin Konya valiliğinden emekli, çok eski bir zat olduğu söyleniyor. Adı Ali Rıza'dır. Kuvvetim iki yüz elli kişilik bir tabur ve dört tüfekli, bir ağır makineli bölüğünden ibarettir. Daha halk ile görüşülememiştir. İlin ileri gelenlerinden Defterdar Ferit Bey vardır."

Osman Bey'e şu emri verdim: "Şimdi vali vekilliğini kendi üzerinize alınız. Bütün askerî ve sivil kuvvetleri elinizde tutmaya tam olarak yetkilisiniz. Gelmekte olan valiyi hemen tutuklatacak çabuklukta tedbirler alınız. Yaptıklarımıza açıktan açığa karşı koyanlara karşı kararsızlığa düşmeden silah kullandırınız. İl defterdarı, benim Diyarbakır'dan tanıdığım Ferit Bey ise, size yardım etmesi gerekir. Bolu mutasarrıfına, aldığınız durumu ve yetkiyi hemen şimdi bildirerek onun da İstanbul'a karşı aynı şekilde hareket etmesini tarafımızdan söyleyiniz. Sinop Mutasarrıfı Mazhar Tevfik Bey'e de benim tarafımdan aynı talimatı veriniz. Yanınızda hangi şifre anahtarı vardır?"

Osman Bey'in cevabı: "Vali vekilliğini Defterdar Ferit Bey'e vereceğim, kendi üzerime alamayacağım. Bildiğiniz Ferit Bey'dir. Sinop mutasarrıfı bildiğinizdir; kendisi görevden alınmıştır. Vekilliği Jandarma Tabur Komutanı Remzi Bey'dedir. Mazhar Tevfik Bey'in Sinop'ta olduğu bildiriliyor. Şifre anahtarı tutuklu alay komutanındadır; istendi, alacağım cevaba göre arz ederim, efendim."

"Yanınızda başka şifre anahtarı var mıdır? Ferit Bey şimdi nerededir? Durum hakkında bilgisi var mıdır?" diye sordum.

"Durumdan bilgisi yoktur, şimdi çağrıldı, gelecektir. Ben hiç şifre anahtarı almadım; çünkü tutuklanacağımı bilmiyordum, makam şifresi ile yazarım ümidindeydim." cevabını verdi.

"Oradaki jandarma tabur komutanı kimdir; ne kadar jandarma kuvveti vardır; emriniz altına girdi mi?" sorusunu yazdırdım. Buna da verdiği cevap da şudur: "Jandarma Komutanı Emin Bey, yanımda ve benimle işbirliği yapmıştır. Merkezde jandarma sayısı otuz beş kadardır. Polis Müdürü Halil Bey de yanımda ve benimle işbirliği etmiştir. Polis sayısı kırktır. Piyade Tabur Komutanı Şerif Bey biraz budala olduğundan şimdilik tutuklanmıştır. Jandarma Tabur Komutanı Emin Bey, yüzbaşıdır. Defterdar Ferit Bey geldi, yanımdadır."

"Emin Bey'i biraz anlatır mısınız" sorusuna, "1902 (H. 318) çıkışlı, Üsküplü Emin, tanırsınız. Ayrıca ellerinizden öpüyorlar." diye cevap verdi

Bunun üzerine şu satırları yazdırdım: "Emin Efendi'yi tanırım, teşekkür ederim. Ferit Bey'e durumu anlattınız mı? Önemli hususlar makam şifresiyle bildirilebilir. Sinop mutasarrıf vekili olan Jandarma Komutanı güvenilir bulunmadığı takdirde, yerine sizce uygun görülecek birinin vekilliğe getirilmesi için gerekli olan tedbirler düşünülmelidir. Yardıma ihtiyaç duyuyor musunuz?"

Osman Bey "Kuvvete ihtiyaç duyup duymadığımı daha sonra arz edeceğim; Jandarma Tabur Komutanı yeni geldiği için durumu anlaşılamamıştır, efendim" cevabını verdi. Osman Bey'e başka bir söyleyeceği olup olmadığını ve Ferit Bey'le durum değerlendirmesi yapıp yapmadıklarını sorup anladıktan sonra, şu telgrafı yazdırdım:

Osman Bey'e ve Ferit Beyefendi'ye

Alınacak tedbirler ve yapılacak işlerinizde başarılar dilerim. Bize durumunuzdan ve gelmekte olan valinin tutuklandığından haber vermenizi bekleriz.

Mustafa Kemal

KASTAMONU DA İSTANBUL'A KARŞI HAREKETE GEÇİYOR

Ferit Bey vali vekili; Albay Osman Bey, Kastamonu Mevki Komutanı olarak faaliyete geçtikten bir iki gün sonra, kendilerini tekrar telgraf başına çağırarak bilgi istemiştim.

İstanbul'da gereken makamlara, istenildiği şekilde ve halkın imzası ile telgraflar çekildiği, bütün illere ve sancaklara da bu telgrafların duyurulduğu bildirilmekle birlikte, birtakım sorular da soruluyordu. Örneğin; "Halk diyormuş ki:

1. Öteki illerin kamuoyu bizimle birlikte değiller midir?
2. Bu olağandışı durum ne zamana kadar sürecektir?
3. Kabinenin direnmesine karşı ne gibi tedbirler alındı? Lütfen bizi aydınlatınız Paşam!"

Halk adına yöneltilen bu soruların vali vekili ve komutan beylerinde zihinlerini işgal etmekte olduğunu hesaba katarak ona göre cevap vermek, yorgunluğuna değerdi. Bunun için Sivas-Kastamonu telini saatlerce işgal eden uzun bilgi verildi ve açıklamalar yapıldı. Bu açıklamaları şöylece özetleyebilirim:

1. Millî kaynaşma, vatanın her köşesinde kuvvetli ve ateşli bir şekilde vardır. Bütün illerin en ufak köylerine varıncaya kadar halk, en ufak birliğine kadar da bütün ordularımız tam bir duyarlık içinde ve tam bir birlik halinde, bildirilen kararları uygulamakta ve yürütmektedirler. Halkın ikinci ve üçüncü sorusuna cevap olmak üzere de:

2. Ne zaman Kastamonu halkı bu durumu olağandışı bulup endişeye düşmek zayıflığından kurtularak, amacımıza ulaşıncaya kadar dayanmakta kararsızlık göstermezse, işte o zaman bu olağandışı durum kendiliğinden ortadan kalkacaktır. Kabinenin direnmesi doğaldır. Buna karşı başka bir tedbire girişmeden önce, ilk tedbirimizi hakkıyla ve her yerde kesinlikle uygulama çarelerini düşünelim. Söz gelişi, Bolu'nun durumu hakkında ne yapılmıştır? Bolu kesimine kadar olan bütün yerlerin İstanbul ile resmî haberleşmelerinin kesildiğinden emin miyiz? Bununla ilgili olarak, beklemekte olduğumuz bilgiler daha gelmemiştir. İşte, bu dediğim tedbir İstanbul'a kadar yaygınlaştırıldığı takdirde, kabinenin direnmeye gücü kalmayacağını sanırım. Bununla birlikte, bundan sonra da pek cahilce ve pek ahmakça bir inadı devam ettirmek isterlerse, herhalde daha etkin tedbirler uygulanmasına imkân vardır.

Bundan sonra vali ve komutanın verdiği bilgilerden şunlar anlaşıldı: İnebolu'dan İstanbul'a geri gönderilen yeni vali, Zonguldak'ta, İçişleri Bakanından şöyle bir emir almış: "Bolu ve çevresi serbesttir. Zonguldak'a çıkınız. İlin gereken yerleri ile haberleşiniz ve son gelecek emre kadar orada bekleyiniz." Gerçekten yeni vali Zonguldak'ta kalmış ve etrafa gözdağı vermeye başlamış. Ferit ve Osman Beyler, Zonguldak mutasarrıfına yeni valinin tutuklanıp karadan Kastamonu'ya gönderilmesini emretmişler. Mutasarrıf bunu yapmamış. Bununla birlikte, durumu öğrenen yeni vali orada barınamayarak, İstanbul'a dönmüş.

ALİ FUAT PAŞA BATI ANADOLU KUVA-YI MİLLİYE KOMUTANI

Bir münasebetle arz etmiştim ki, 20'nci Kolordu Komutanı Ali Fuat Paşa, kongre adına bazı kararlar alıp, hazırlıklar yapmıştı. Ali Fuat Paşa'ya kongrece "Batı Anadolu Kuva-yı Milliye Komutanı" unvanı verildi. Paşa, Eskişehir ve dolaylarını milli bir bölge olarak kabul edip komutanlığına Süvari Yarbayı Atıf Bey'i, Afyonkarahisar dolaylarını da millî bir bölge olarak kabul edip komutanlığına 23'üncü Tümen Komutanı Ömer Lütfi Bey'i tayin etmişti. Bu tümenle, Anadolu'ya geldiğimizin daha ilk günlerinde temas kurup ilgilenildiğini o günlere ait açıklamalarım arasında belirtmiştim. İstanbul Hükümeti, Fuat Paşa'nın yerine Hamdi Paşa'yı tayin etmiş ve göndermişti. Hamdi Paşa, Eskişehir'e kadar geldi. Orada kendisine, 16 Eylülde İstanbul'a dönmesi gerektiği bildirildi. İngilizler, Eskişehir Bölgesi Kuva-yı Millîye Komutanı Atıf Bey'i tutuklayıp İstanbul'a gönderdiler. Kuva-yı Milliye Komutanı olan bir şahsın, kendisini kolaylıkla düşman eline düşürmeyecek tedbirleri almış olması gerekirdi. Bu konudaki gaflet ve tedbirsizlik kendisini kurtarmak için uzun zaman birbiri ardınca girişimlerde bulunmamızı gerektirdi. Bildiğiniz üzere, o tarihlerde Eskişehir'de İngiliz birlikleri vardı. Fuat Paşa, toplayabildiği milli kuvvetlerle birlikte Eskişehir'e yakın Cemşit'e gitmişti. Eskişehir'i uzaktan çevirtti. Eskişehir'de bulunan İtilâf Kuvvetleri Komutanı General Solly Flood'un Fuat Paşa'ya gönderdiği bir mektupta kullanılan ifadeler ve Kuva-yı Milliye'nin tanıtma şekli, milli komutanlarımızın ve Kuva-yı Milliye'mizin yüksek şeref ve haysiyetlerine karşı bir saldırı sayıldığından ve adı geçen generalin hak ve etkisi dışında görüldüğünden bu konuda İstanbul'da bulunan İtilâf Devletleri siyasi temsilcilerinin bir muhtıra ile dikkatleri çekilmişti. 25 Eylül 1919 tarihinde General Solly Flood'un Fuat Paşa'ya gönderdiği, bir kurmay binbaşı ile Eskişehir İngiliz kontrol subayından oluşan bir heyet, İngilizlerin, iç işlerimize ve Millî Mücadele'mize asla karışmayacakları konusunda söz verdiler. Bu sıralarda, İngilizler, Merzifon'da bulunan kuvvetlerinin geri çekilmesine memnun olup olmayacağımızı öğrenmek istemişlerdi. Elbette pek memnun olacağımızı bildirmiştik. Gerçekten de oradaki kuvvetlerini bütün ağırlıkları ile birlikte önce Samsun'a çektiler, daha sonra oradan da İstanbul'a götürdüler. Eskişehir'e hakim olduktan sonra, Fuat Paşa'yı Bilecik ve Bursa yörelerine göndermeyi düşünüyorduk.

KONYA VALİSİ CEMAL BEY İSTANBUL'A KAÇIYOR VE KONYA HALKI DA İSTANBUL'U TANIMIYOR

Efendiler, Konya'da Vali bulunan Cemal Bey, Ferit Paşa Kabinesinin Anadolu'da önemli bir dayanak noktası durumuna geldi. Ordu Müfettişi olan Cemal Paşa'nın İstanbul'a gidip dönmemesi, orada bulunan Kolordu Komutanı Selahattin Bey'in kararsızlık içindeki tutum ve davranışları ve sonunda da haber vermeden İstanbul'a çekip gitmesi, Konya ve dolaylarını Vali Cemal Bey'in hükmü altında bırakmıştı. Oraya, maksadı iyice kavramış bir kimsenin gönderilmesi gerekiyordu. Sivas'ta iken yanımızda bulunan Refet Bey'in gönderilmesi uygun bulundu. Refet Bey hareket etti. Konya'da, Temsilciler Heyeti tarafından gönderilen bir komutanın gelmekte olduğu haber alınınca, vatan sevgisiyle dolu kimseler can bulmuştu. Ancak, öte yandan da Vali Cemal Bey, hapishanede ne kadar kanlı katil ve tutuklu varsa hepsini çıkarıp silahlandırarak kendisine bir kuvvet yapmak istemişti. Konya'nın muhterem halkı, bu alçakça harekete karşı ayaklanarak vatanseverliğin gerektirdiği şeyin yapılmasına karar vermiş; bunun farkına varan Cemal Bey de 26 Eylül'de İstanbul'a kaçmıştır. Halk, belediyede toplanarak Hoca Vehbi Efendi'yi vali vekilliğine getirmişti.

REFET BEY'İN YERİNDE OLMAYAN BAZI TEKLİFLERİ

Efendiler, dikkate değer bir noktadır. Şu anda hatırıma geldi. Yüksek heyetinize arz etmeden geçemeyeceğim. Sivas-Konya yolu üzerindeki bir telgraf merkezinden Refet Bey'in özel bir telgrafını aldım.

Refet Bey, bu telgrafında Konya ve dolaylarında başarı sağlanabilmesi için, kendisine İkinci Ordu Müfettişliği unvan ve yetkisinin verilmesi gereğini bildiriyordu, Refet Bey birçok zaman sonra Ankara'da bulunduğum sırada, Bolu ve dolaylarındaki isyancıların tepelenmesi ile görevlendirildiği zaman bile, orada bir şifreyle ve halk üzerinde önemli etkisi bulunacağı gerekçesiyle, benden, kendisine paşa unvanının verilmesini istemişti. O zamanlar Refet Bey'in gerek birinci gerek ikinci isteklerini yerine getirecek resmi bir mevki ve yetkide bulunmadığımı açıklamaya gerek yoktu: Özellikle Refet Bey'in bunu çok iyi bilmiş olmasından şüphe edilebilir mi? Refet Bey, bu isteklerini yerine getirtmek için, dolaylı yoldan benim İstanbul Hükümetine aracılık etmemi istiyordu da denemezdi. Çünkü dünyaca bilinmekteydi ki, benim ordu müfettişliğinden ve askerlikten istifa etmiş olmam bir yana, Padişah ve İstanbul Hükumeti tarafından da kovulmuş ve idama mahkûm edilmiş bulunuyordum. Çalışmalarım bir kongrenin seçmiş olduğu bir heyet içinde, yani bir Temsilciler Heyeti içinde ve onun adına idi. Milli amaca hizmet için çalışmak ve özellikle bu konuda başarıya ulaşmak için, resmi bir unvan ve yetki şartı var idiyse, o şart zaten bende yoktu. İçinde bulunduğum durum ve şartların nelerden ibaret olduğu anlaşıldıktan sonra, başarıya ulaşabilmek için, benden resmi formalitelere bağlı unvan ve yetki beklenemeyeceği çok normaldi. Esasen, biz Refet Bey'i Konya'ya gönderirken, kendisine, amaca uygun bütün iş ve faaliyetler için tam ve geniş bir yetki vermiştik. Bunun kullanılması ve yerini bulabilmesi, onun göstereceği şahsi güç ve kudrete bağlıydı.

Efendiler, her tarafı faaliyet göstermeye ve millî teşkilatlar kurmak için yöneltmeye çalışırken, İstanbul Hükümeti'nin emeline hizmet eden bazı sivil idare amirlerinden, sözde manevi birer gözdağı olabilecek telgraflar da alıyorduk. Söz gelişi, Urfa Mutasarrıfı Ali Rıza adında biri tarafından, yaptıklarımızın İtilaf Devletlerine karşı bir saldırı gibi sayıldığı, bu yüzden bütün Osmanlı ülkesinin İtilaf Devletlerince işgal altına alınarak Türk Hükümetine son verileceği, temas sonucu elde ettiği bilgilere dayanılarak belirtiliyor ve kabine ile uzlaşma önerisinde bulunuluyordu. Bu telgrafın mutasarrıfa yabancılar tarafından dikte ettirildiğine şüphe yoktu. Buna elbette gerektiği şekilde karşılık verildi.

GENERAL HARBORD HEYETİ VE GENERALE VERDİĞİM CEVAP

Efendiler, hatırlarınızda olsa gerektir ki, memleketimizde ve Kafkasya'da incelemeler yapmak üzere Amerikan Hükumeti General Harbord'un başkanlığında bir heyet göndermişti. Bu heyet Sivas'a geldi. 22 Eylül 1919 günü General Harbord ile uzun uzadıya görüştük. Generale, Millî Mücadele'nin maksat ve gayesi, milli teşkilat ve birliğin ortaya çıkış sebebi, Müslüman olmayan azınlıklara karşı gösterilen duygular, yabancıların memleketimizdeki yıkıcı propaganda ve eylemleri üzerinde ayrıntılı ve belgelere dayanan açıklamalarda bulundum. General'in bazı garip soruları ile de karşılaştım. Mesela "Millet, tasarlanıp yapılabilecek her türlü girişim ve fedakârlığa başvurduktan sonra da başarı sağlanamazsa ne yapacaksın?" gibi. Yanlış hatırlamıyorsam, verdiğim cevapta demiştim ki "Bir millet varlığını ve bağımsızlığını kurtarabilmek için düşünülebilen her türlü girişim ve fedakârlığı yaptıktan sonra başarıya ulaşır. Ya başaramazsa demek, o milletin ölmüş olduğu hükmüne varmak demektir. Öyle ise, millet yaşadıkça ve fedakârca girişimlerine devam ettikçe başarısızlık da söz konusu olamaz."

General'in bu sorusunun altında yatan asıl maksadın ne olabileceğini araştırmak istemedim. Ancak, verdiğim cevabın kendisince takdirle karşılandığını bugün yeri gelmişken belirtmek isterim.

ABDULKERİM PAŞA'NIN ARACILIKLARI

Efendiler, Eylülün 25'inci gününün akşamı, Ankara'da bulunan Kolordu Komutan Vekili Mahmut Bey'den aldığım şifreli bir telgrafta şunlar bildiriliyordu: "Bu gece İstanbul telgrafhanesinden Fuat Paşa'yı telgraf başına istediler. İçişleri Bakanlığının vilayet şifresi ile bir şifre yazdırdılar. Özet olarak şöyleydi: "Vatanın kurtulması yalnız padişahın bildirisindeki en doğru yol göstermelere uygun hareket etmekle kolaylaşacaktır." Millî Mücadele, medeniyet dünyasına iğrenç gayeler gibi aksettirildi. Hükümet ile millet arasındaki ayrılık yabancıların işe karışmasına yol açacaktır. Konferans, bizim hakkımızda karar verirken, bu anlaşmazlık iyilik ve kurtuluş belirtisi olmayacaktır. Sonuç olarak, hareketin liderleri ile görüşmek üzere, yüksek şahsiyetlerle, bildirilecek yerde buluşma bir oldubitti şekline sokularak, vaktin darlığı dolayısıyla hemen cevap beklenmektedir. Görüş ayrılıklarına saygılı davranılacağını, şahsa ve şerefe dokunulmayacağını abartılı bir şekilde ekliyor. Telgrafı yazan kişi, Genelkurmay Tuğgenerallerinden Abdülkerim Paşa'dır. Bu telgrafa Ticaret ve Tarım Bakanı Hâdi Paşa vasıtasıyla ve aynı şifre ile cevap beklemektedir. Adı geçenin, böyle bir hileye başvurarak, müracaatın bizden geldiğini ilan etme ve yayma gayesi güttüğü anlaşılıyor. Telgraf başında beklediklerinden, bir an önce, kabul edilip edilmeyeceği ile ne cevap verileceğinin bildirilmesi istenmektedir. Ali Fuat Paşa Hazretleri'ne de yazılmıştır."

Mahmut Bey'e aynı gün saat 19.00'dan sonra makine başında verdiğim telgrafta şunları bildirdim: "Kerim ve Hadi Paşalara, Fuat Paşa'nın Ankara'da olmadığını ve meşgul bulunduğunu, ancak, görüşmek istedikleri takdirde, Sivas'ta bulunan Temsilciler Heyeti ve bu heyet içinde bulunan Mustafa Kemal Paşa ile istedikleri şekilde görüşmenin mümkün olduğunu bildirirsiniz "Eğer onlar görüşme istiyorlarsa" diye mutlaka ekleyiniz.

Mahmut Bey, Kerim Paşa'nın Ankara'ya çektiği telgrafı aynen bize de yazdı. İçindekiler aşağı yukarı Mahmut Bey'in özetledikleriydi.

Efendiler, İstanbul Hükümeti ile haberleşmeyi kesişimizin on beşinci günündeyiz. Millî karara karşı muhalefet durumuna geçen bazı yerler, ister istemez millî akıma uymaya mecbur edildi. İstanbul'a, her gün bütün memleketten, hükümetin düşürülmesi isteği ile ilgili telgraflar yağdırılmaya başladı. İtilaf Devletlerinin Anadolu'da dolaşan subay ve memurları, her yerde açıktan açığa, Milli Mücadele'ye karşı tarafsız olduklarını ve memleketin iç durumuna karışmadıklarını söylemeye başladılar. Bu durum karşısında, Padişah ve Ferit Paşa'nın, artık Millî Mücadele liderleri ile uzlaşmaktan başka çıkar yol kalmadığını hesaba katarak, fakat, herhalde mevkilerini de korumak şartıyla, bir uzlaşma yolu olabilecek imkânlar araştırmaya başladıkları kanısına varmak yanlış olmaz inancındayım.

Efendiler, adı geçen rahmetli Abdülkerim Paşa, benim çok eski bir arkadaşımdı. Pek namuslu, gayretli, temiz kalpli bir vatanseverdi. Selanik'te, ben kolağası o binbaşı olarak aynı büroda çalışmış, yıllarca özel arkadaşlık etmiştik. Rahmetlinin tavır ve durumundan bir tarikata bağlı olduğu anlaşılıyordu. Bazı tekkelere devam ettiği de görülmüştür. Ancak, herhangi bir şeyhe bağlılığını bilen yoktur. Çünkü, kendisini inançları ve vicdanî değerlendirmelerinde taşıdığı manevi derece bakımından "hazret-i evvel, büyük hazret" olarak kabul eder, kendi dostluk çevresi içinde yer alanlara, kendisince, karşısındakinde gördüğü yeteneğe uygun olarak "hazret, kutup" gibi makamlar verirdi. Bana "kutbu'l-akdab" (kutupların kutbu, başların başı) derdi. Şimdi açıklayacağım görüşmemizde de bu noktalara tesadüf edeceğiz. Kerim Paşa'nın, kendine has bir konuşma ve yazış tarzı vardı. Kerim Paşa, çok samimi ve zamanında kendisine büyük şöhret kazandıran yüksek bir söz söyleme gücü ile konuşur ve öyle yazardı. Kendisinde, inandırma güç ve kudreti olduğu da sanılır ve öyle kabul edilirdi. Bizim Selanik'te bulunduğumuz sıralarda, orada ordu komutanlığı ve ordu müfettişliği ile bulunmuş olan Hadi Paşa, Kerim Paşa'yı açıkladığım vasıflarla, dostlar arasında sayılır ve sevilir bir kimse olarak tanımıştı.

İşte Ferit Paşa'nın kabine arkadaşı Hâdi Paşa, sıkışmış olan padişahın ve Ferit Paşa'nın pek elverişli bir yolla imdadına yetişmek istiyordu. Kerim Paşa, Ali Fuat Paşa'yı da Selanik'ten tanıyordu.

Efendiler, 27/28 Eylül 1919 gecesi, gece yarısına bir saat kala telgraf başında, Kerim Paşa ile karşı karşıya geldik. İki taraf birbirini şu sözlerle tanıdı:

Sivas – Mustafa Kemal Paşa telgraf başındadır. Kerim Paşa'ya söyleyiniz, buyursunlar diyorlar.

İstanbul – Yüksek şahsiyetleri, Mustafa Kemal Paşa Hazretleri misiniz, ruhum?

Ben – Evet, Sayın Kerim Paşa Hazretleri.

Kerim Paşa, "Sivas'ta Mustafa Kemal Paşa Hazretleri'ne" adresini yazdırdı ve "Paşa'ya söyleyiniz anlar; Hazret-i Evvel karşınızdadır." sözlerini bir çeşit parola gibi ilave etti. Kerim Paşa, "Zatıâlilerinin afiyetleri iyidir inşallah kardeşim." diye başladı.

Kerim Paşa'nın İstanbul Hükümeti tarafından kalbinin temizliğinden ve ahlakının güzelliğinden yararlanılarak nasıl aldatıldığını anlamak için, sözlerinin başlangıcını kendisine olduğu gibi tekrarlatacağım. Rahmetli Kerim Paşa şöyle devam etti:

"Vatanın iyiliği için büyük vatansever kardeşimle ve sayın temsilci kardeşlerimle görüşmek isterim. Ayağınız toprağına ulaştırılmak üzere Ali Fuat Paşa vasıtasıyla bir telgraf göndermiştim. İşte, zatıâlinizin eline ulaşan o telgraftaki esaslar üzerinde inşallah sevindirici bir çözüm buluruz. Memleketin geçirmekte olduğu hassas ve pek önemli karışık devreyi

Allah'ın lütfu ile kolayca aydınlığa çıkartırız. Bunun için de Allah'ın keremi ve nurdan yaratılmış kurtarıcı emellerinizin gönül mürşidi ile, bu konuda önemli şeyler konuşarak, vatan için olan dileklerimizi birleştirelim değil mi? Pek anlayışlı ve tedbirli kardeşim! Ne buyurursunuz, ruhum? Yere batasıca kötü niyetlilerin bu güzel memleketimiz üzerindeki iftiralarına ve açıktan açığa kötülük yapmalarına engel olalım, onların ümitlerinin pusularında kötürüm ve cansız olarak bırakalım. Yalnız hükümet ile milletin sırf vatanın kurtuluşu ile ilgili hizmetlerini ve işlerini birleştirelim. Çünkü ortak ve yüce gaye aslında hep birdir. Vatan düşüncesiyle gösterilen bunca asil tepkilerin, medeniyet dünyası karşısında aziz topraklarımızın korunması ile ilgili en büyük vatanseverlik olduğunu bir kere daha belirtmek üzere içinde bulunduğumuz durumun güçlüklerini yok edelim ve buna bir çare bulmak için de bu aziz kardeşiniz ile görüşmeye başlayalım, bekliyorum kardeşim. Bu girişimim hakkında, hükümetin geniş ölçüde iyi niyet gösterdiğini ilave ederim, ruhum!"

Efendiler, Kerim Paşa ile 27/28 Eylül, gece yarısından önce saat 23.00'te başlayan bu görüşmemiz, sabah saat 07.30'a kadar tam sekiz buçuk saat sürdü. Üç ana noktaya ayrılabilen bu görüşmemiz, yazıda esericedit denilen büyük tabaka kâğıtlardan yirmi beş sayfayı doldurdu. Bunların hepsini burada okuyarak sabrınızı kötüye kullanmaktan korkarım. Rahmetli Kerim Paşa'nın, sağlam görüşlere ve kendi inancına ters düşmesine rağmen maalesef güçlü bir mantığa da dayanmayan bu tatlı sözlerinin ve tantanalı cümlelerinin okunup dinlenebilmesi için, yayınlayacağım belgeler arasında bu konuşmaya da olduğu gibi yer vereceğim.

Yalnız, bu görüşmede her iki tarafın güttükleri hedef ve dayandıkları temel noktalar hakkında, özellikle sonucu bakımından kısa bir fikir verebilmek için müsaade buyurursanız bu noktaların her birine bir parça dokunacağım.

Kerim Paşa'nın bilginize sunduğum ilk telgrafına karşılık verirken biraz da onun tarz ve üslubuna uymuş olduğum görülecektir.

Cevabımda, ben de böyle başladım:

"Kerim Paşa Hazretleri'ne 'kutbü'l-akdâb' deyiniz, anlar." diye başladıktan sonra "şimdi cevap veriyorum." dedim.

"Pek sayın ve temiz kalpli kardeşim Abdülkerim Paşa Hazretleri'ne. Elhamdülillah, sağlığım yerindedir. Büyük ve asil milletimizin meşru haklarının bilincine varmış, onu korumaya ve savunmaya bütün varlığıyla girişmiş olduğunu görmekle pek mutluyum... Karşılıklı görüş belirtmek hususunda gösterilen isteğe içten gelerek teşekkür ederiz. (...) Fuat Paşa aracılığı ile çekilmiş olan telgrafın içindekileri öğrenmiş bulunuyoruz. (...) Dayanak noktası olarak kabul buyurulan bildiride ileri sürülen hususların, Ferit Paşa ve arkadaşlarına karşı yöneltilmiş bir haykırış ve çıkışma olduğu azıcık bir düşünme ve inceleme ile anlaşılacak açıklıktadır. Padişahın kalbini derin üzüntülere boğan durum ve davranışlar, milletimiz tarafından değil, Ferit Paşa, İçişleri Bakanı Adil Bey, Savunma Bakanı Süleyman Şefik Paşa ve bunların çalışma arkadaşları olan Harput Valisi Ali Galip Bey, Ankara Valisi Muhittin Paşa, Trabzon Valisi Galip Bey, Kastamonu Valisi Ali Rıza Bey ve Konya Valisi Cemal Bey tarafından işlenen kötülüklerle ortaya konmuştur.

Malatya'daki ihanet girişimi, Çorum'daki haince tertip, Konya'daki kanlı girişim eğer içyüzleri ile bilginize ulaşmış değilse, zatıâlilerinizi bir çözüm başlangıcı olarak düşündüğünüz noktadaki isabetsizlikten dolayı mazur görürüz. (...) Yabancıların görüşlerinin lehimize döndüğü tamamıyla doğrudur. Ancak, bu dönüş, hiçbir vakit Ferit Paşa Hükümetinin güttüğü siyasetin sonucu değildir. Bu sonuç, milletimizin varlığını göstermek ve ispat etmek için kendi kendine girişmiş olduğu kararlı girişimin eseridir. İşte bu konuda padişahı aldatıyorlar.

(...) Kurtuluş çaresi ve yaşama ilkesi ancak ve ancak Kuva-yı Milliye'nin önderliğinin benimsenmesinde ve millî iradenin hakim olmasındadır. Bu sağlam ve meşru temelden en küçük bir sapma, Allah korusun, devlet, millet ve vatanımız için pek acı bir yıkım getirir. (...)

Milletimizin asil mücadelesini kötüye yormaktan ve etrafa öyle tanıtmaktan geri durmayan kötü niyetli aşağılık kimselerin çok olduğu bir gerçektir. Ancak, asıl derin bir esefle karşılanacak olan şey, bu kötülük düşünenlerin başında, sonsuzluğa kadar yaşayacak olan devletimizin sadrazamı Ferit Paşa ile bakanlık makamlarını işgal eden Âdil Bey, Süleyman Şefik Paşa gibi devlet adamlarının yer almış bulunmasıdır.

Memleketimize takım takım Bolşeviklerin girdiğini ve Millî Mücadele'nin bir Bolşevik, mücadelesi olduğunu resmî olarak ilan eden ve yayan bu bahtsızlardır.

Asil ve temiz Millî Mücadele'mizin, İttihatçıların son çırpınışları ve kanlı hareketleri olduğunu ve onların parasıyla yürütüldüğünü resmen ve açıktan açığa bütün dünyaya ve yabancı gazetecilere söyleyen bu gafillerdir.

Anadolu'da karışıklık olduğunu basın yoluyla resmen ilan eden ve Ateşkes Anlaşması'nın özel maddesine göre aziz vatanımızı düşman işgaline uğratmak isteyen bu cahillerdir.

Malatya'nın Müslüman halkı ile Sivas'ın Müslüman halkını birbirleri ile boğazlaşmaya sürüklemek isteyenler bu zavallılardır. Millî Mücadele'nin önüne geçeceğim diye Sivas'ın ve millî duyarlığın görüldüğü her yerin yabancılar tarafından işgalini isteyen bu hainlerdir. Bununla birlikte, bizim en yüce gayemiz, tıpkı siz kardeşimin düşündükleri gibi, kötü niyetlilerin bu güzel memlekete yönelttikleri iftiraları ve açıktan açığa yürüttükleri hainlikleri kırmak ve onları kendi ümitlerinin pusularında kötürüm ve cansız düşürmek, devlet ile milletin faaliyetini sırf vatanın kurtuluşu ile ilgili noktada birleştirmektir. Yüce Tanrı'ya şükürler olsun, bu gayenin gerçekleştirilmesinde, artık milletimiz her türlü kötü niyet belirtilerini kırmış, bütün kahramanlığı ile dönüşü olmayan kesin adımlarını atmıştır. Yabancılar bile, milletin yaygın gücünü ve kesin kararını, buna karşılık İstanbul Hükümetinin ne kadar soysuz ve milletle ilgisi bulunmayan aciz bir heyet olduğunu iyice anlamıştır. Merzifon'u boşalttılar. Samsun'u da boşaltmaya başladılar. İç işlerimize ve Millî Mücadele'mize karşı tarafsız kalacaklarını söylüyorlar. İşte millî girişimlerimizin, istiklâlimizi güvence altına alma yolunda elde etmeyi başardığı ilk sonuç budur.

Millî akım, İstanbul'da Kanun-ı Esasî hükümlerine uyulmasını sağlamakla sonuca ulaşacaktır.

Şimdiki hükümetin, geniş ölçüde bir iyi niyete sahip olduğunu sanmanın doğru olmadığını arz etmeme müsaade buyurmanızı rica ederim.

Ben, daha Erzurum'da iken Ferit Paşa'ya gerçeği ve durumu açıklayarak, milletin kuvvet ve iradesine karşı çıkacak hiçbir kuvvet kalmadığını yazmış; kendisini, karşı koyma ve engelleme yolunda devam etmemesi gereği ile uyarmıştım. Bu gafil zat, buna cevap vermediği gibi, milli akımın birkaç kişinin körüklemesinin eseri olduğunu da ilan etti. Çıkar hırsıyla, bilgisizlik gaflet ve körlüğü ile iki tarafı da idare ederek mevkilerini koruyabilecekleri şeklinde boş bir zan içinde bulunan birkaç valinin aldatıcı raporlarını benim tertemiz ve vatanseverce uyarılarımdan daha üstün tuttu. Bugün, her türlü kötülük, hainlik, beceriksizlik ve zavallılık durumunda kaldıktan ve millet de bütün olup bitenlerin içyüzünü tam bir açıklıkla kavradıktan sonra, bize düşen görev, hemen millî davayı benimseyecek yeni bir kabinenin iktidara gelmesini sağlamaktır.

Eğer şimdiki kabinenin kendileri ve hayatları bakımından herhangi bir çekinceleri varsa, bugün için bu gibi şeylerle uğraşma tenezzülünden pek yüksek olan milletimiz adına kendilerine istedikleri söz ve güvenceyi vermeyi de milletimizin çıkarı açısından gerekli sayarız. Ancak, tuttukları yanlış yolda inatla direnmeye devam edecek olurlarsa, bundan doğacak sonuçların sorumluluğu kendilerine ait olacaktır.

İşte yapılan bu iyi niyetli girişim dolayısıyla, durumu bir defa daha ve son olarak, asil yüksek şahsiyetleri gibi kalbi gerçekten de vatan ve millet sevgisi, padişaha muhabbet ve bağlılıkla dolu olan ve kardeşlik hatıralarını daima saygı ile taşımakta olduğum siz kardeşim Abdülkerim Paşa Hazretleri ile de bildirmiş olmak, bizim için her türlü vicdan huzurunun daha da sağlamlaşmasına vesile olmuştur."

Efendiler, buraya kadar söylediklerim bir tek maddenin özetidir. Bundan sonra gelen maddede:

"Millî Mücadele bütün genişliği ile İstanbul'a doğru ilerlemektedir. Ferit Paşa ve arkadaşları bunu bilmektedir. Zatıâlileri de bu bilgileri işleyip aydınlanınız." dedikten sonra, o günlerde yapılmış olan başarılı hareketlerin raporlarını özetleyerek açıkladım ve "Artık bütün bu hareketleri durdurmak yalnız ve ancak bir tek şeye bağlıdır. O da kabine başkanlığının millî davayı bütün anlamıyla benimseyecek bir zata verilmesi ve o zatın da bu millî davayı kavrayarak ona göre tedbir almaya girişmesidir." dedim.

"Bütün bu söylenenler karşısında siz kardeşimin de bir düşünceleri varsa lütfen bildirmenizi rica ederim." cümlesinden sonra, "Anadolu ve Rumeli Müdafaa-i Hukuk Cemiyeti Temsilciler Heyeti adına Mustafa Kemal" diye imzamı koydum.

Bundan sonra Kerim Paşa "Önce, zatıâlileriyle birlikte olan muhterem şahısların hepsine selam ve saygılarımızı arz etmek ve duyurmak lütfunda bulunmanızı rica ederim." girişi ile görüşmemizin ikinci noktasına geçtiler. Kerim Paşa devam etti:

"Başladığım kısa konuşmanın bütün safhalarını zatıâliniz anlattınız. İşin çözüme götürülmesi bakımından iki yerde isabet gösterilmediğini söyleyerek mazur görüleceğimi belirttiniz. Gerçi, bütün durumlar ve çeşitli bölgelerdeki olaylar bilinmedikçe, bir konuda hakemlik etmek güç ise de, memleketle ilgili bir işin çözüme bağlanmasında bize ışık tutan, tertemiz vatan endişesi olduğundan, dayanağımız sağlam ve açıktır. Vatanın kaderine karar verileceği şu sıralarda, tek vücut olarak birleşmiş bir millet ve hükümetin göreceği işi göz önünde bulundurarak, bunun kolaylıkla bir çözüme ulaşması dileğimi arz etmek isterdim.

Padişahın hareket noktası olarak aldığıma işaret buyurduğunuz bildirisini anlamakta bendenizin yanılmış olması mümkündür. Yalnız, müsaade ediniz de, asıl, işlerin çözümünde en büyük dayanak sayılan bu yüksek bildirideki toplayıcı yönleri açıklayarak, padişahın sözlerinin neleri içine almış olduğunu belirteyim. Ben zannediyorum ki, padişahımız..."

Ben, derhal Kerim Paşa'nın devam etmesine fırsat vermeden şunu yazdırdım:

"Kerim Paşa Hazretleri, gereğinden fazla açıklama yapmak, her ikimizi de asıl gayeden uzaklaştırabilir. Bir de padişahın bildirisinin yorumları ile fazla uğraşmanın yararı yoktur. Rica ederim asıl konu üzerinde görüşelim."

Kerim Paşa cevap verdi:

– Asıl konu üzerinde görüşeceğiz. Müsaade buyurursanız devam edelim efendim.

Ben – Rica ederim en son söz ve teklif üzerinde anlaşalım.

Kerim Paşa – Evet, oraya geleceğiz efendim.

FERİT PAŞA KABİNESİ ÇEKİLMELİDİR

Söze ben devam ettim ve "Kerim Paşa Hazretleri, meşru çalışmalarımızın ve milli tepkilerimizin artık daha fazla kötüye yorulmasına ve düzeltilmeye muhtaç görülmesine; hele bu düzeltme ve değiştirmeler içinde, suçluluğu ve hainliği ortaya çıkmış bir kabine üyelerinin meşru olmayan savunmalarının esas alındığını görmeye tahammülümüz yoktur.

Biz, son durumu açıklayarak milletin kesin isteğini arz ettik. Bilmem tekrarı gerekli midir? Zatıâlileri sonuçlandırılması gerekli bu millî isteğe karşı, Ferit Paşa Kabinesinin, devletin en yüksek sadrazamlık mevkiini hala kirletmesine aracılık etmek istiyorsanız, bu gayretiniz hiçbir yararlı sonuç veremeyeceği gibi siz kardeşimiz hakkındaki eski kardeşlik duygularımızın da sarsılmasına yol açacağından endişe ederim.

Şimdi, Ferit Paşa, bir.an bile kaybetmeden makamını namuslu kimseye bırakacaksa ve buna siz de inanıyorsanız, çözüm bekleyen hiçbir güçlük kalmamış demektir. Aksi takdirde, aracılığınız, kalbinizin kırılmasından ve boşu boşuna yorgunluktan başka bir sonuç vermeyecektir.

Ferit Paşa, makamını korumaya devam ederse, kendisinin çok acı bir sonla karşılaşmasına yol açacaktır. En son ve en kesin söz şudur: Maksadımız bu sarsılmaz gerçeği padişahın bilgisine sunmaktır. Siz, ancak bu asil görevi yerine getirerek bugün vatan ve milletin yüksek kişiliğinizden beklediği dinî ve millî görevi yapmış olursunuz."

Kerim Paşa, "Sözü uzatmamak elbette asıl maksattır" diye başlayarak, sözü gereğinden fazla uzattı. Bu uzun sözler şu cümle ile son buldu: "Burada vatan için yaptığım şu girişim elbette Allah ve millet katında bütün asaletiyle bezenmiş olarak kalır ve işin gerçek sahibi olan her şeye kadir Yüce Allah, millet ve vatanın kurtuluşunu sağlayacak esasları orada bulunanlara böylece bağlayarak tamamlar. Yüce Allah güçlükleri çözendir. Değerli gözlerinizden öperim."

Yeniden cevap verme sırası bana gece yarısından sonra saat 4.30'da geldi. Kerim Paşa'nın dokunduğu noktaları karşılıksız bırakamazdım. Ben de uzun düşünceler ileri sürdüm ve sonunda "O halde" dedim, "bizim ve sizin gibi onur sahibi ve vatansever kimselerin yapacakları girişimin gayesi ne olmalıdır? Yönetiminin her dakikasından millet için, gelecekteki kaderimiz için yeni bir yıkım yolu hazırlamaktan başka bir sonuç beklenmeyen Ferit Paşa ile milletin arasını bulma imkânsızlığı ile uğraşmak mı, yoksa bir an önce bu meşru olmayan kabinenin yerine millet ve memleketin ihtiyaçlarına cevap verebilecek nitelikte yeni bir heyetin devlet işlerini üzerine alması gereğini padişaha bildirmek üzere yol aramak mıdır? Lütfedip bu iki noktadan biri için evet veya hayır şeklinde cevap verirseniz, Allah ve millet katında bütün asaletiyle değerli kalacağına şüphe olmayan bu asil girişiminizin bizlerle ilgili yönünü tamamlamış olursunuz."

Kerim Paşa, istediğimiz kısa cevaba yine uzun bir cevap verdi. Fakat bu uzun sözler arasında, bazı cümlelerle, bize padişahın aldatılmış olmayıp her şeyi bildiğini anlatıyordu.

Kerim Paşa'nın bazı cümlelerinde şu sözler vardı : "Yüce padişahlık katı kesin karar ve çözüm makamı olup meşru bir devlette bu yüksek makam, bütün millet fertlerinin yöneleceği mihraptır. Anadolu'nun bütün dileklerinin Halife Hazretleri'ne duyurulduğu hakkında bendenize bilgi vermişlerdir. O halde, millet işlerinin yöneleceği ve dileklerinin kabul edileceği yüksek bir makam olan Padişahımız Efendimiz her şeyi bilmektedir."

Kerim Paşa, kendisine has cümlelerle devam ettiği görüşlerine şöyle son verdi:

"Yüce Allah, nice yüksek sebepler yaratarak ve telkin ederek bu çözülmesi güç düğümü bütünüyle çözecektir. Elbette ki, Allah'ın buyruğu güzeldir ve yakındır. Allah'ın eli bütün ellerden üstündür. Geleceğimiz, Allah'ın lütfu ile milletçe layık olduğumuz yücelikte uğurlu ve hayırlı olacaktır. İşte Kerim'in inancı budur aziz ruhum."

Bu defa Efendiler, gece yarısından sonra saat 6.10'a gelmiş olmasına rağmen, üçüncü safhanın açılmasına ben sebep oldum.

Merhum Kerim Paşa'nın pek hoşlandığını bildiğim bir ifadeyle "Büyük Hazret" diye söze başladım:

"Ümmetin ve milletin yüce mihrabı olduğu içindir ki, milletin dileklerini bildirme yolunu bulma girişiminden geri durmadık.

"Yalnız, zatıâlinizi büyük bir yanlışlıktan kurtarmak maksadıyla arz edelim ki, Anadolu'nun bütün dileklerinin halifeye duyurulduğu hususundaki sözlere, milletin daha, kesin bir güveni yoktur. Çünkü, millet bilmektedir ki, padişah, hainlikleri ortaya çıkmış birkaç kişiyi millete tercih buyurmazlar."

Kerim Paşa'nın temas ettiği noktalara cevap verirken şunları da söyledim: "Pek güzel ve yakın olan Allah'ın emrinin yerine gelmesiyle, bahtsız ve zulme uğramış asil milletimizin kurtuluşa ve huzura kavuşmasını yüce Allah'ın denizler kadar engin olan koruyuculuğundan ümitle diler ve ufukları hep inatçı bir dumanla sarılı olan İstanbul'daki bazı kimselerin gerçeği görmemek için aşağılıkça direnen duygularının eriyip kaybolmasını bekleriz. (...) Milletin asil ruhu da işte böylesine duygularla doludur.

"Yalnız tekrarlamama müsaade etmenizi rica ederim ki, evet veya hayır şeklinde karşılık verilmesini istirham ettiğimiz sorular maalesef karşılıksız bırakılmıştır. Azizim, Allah'ın eli bütün ellerden üstündür. Ancak bununla birlikte güçlükleri yenmeye ve problemleri çözmeye girişenlerin kesinleşmiş bir hedefi olmak gerektir. (...) Millet, Allah'ın emrini yerine getirecektir ve buyurduğunuz gibi milletçe elde edeceklerimiz hayırlı ve uğurlu olacaktır. Lütufkâr dualarınızın eksik edilmemesini rica ederim. Gayret bizden, yardım ve kolaylık Allah'tandır.(Mustafa Kemal)"

Artık Kerim Paşa'nın yorulduğu anlaşılıyordu. "Son iki sözüm ruhum." diyerek millî davanın ilkelerini üstün tutmak ve korumak şartıyla, içten gelen dileklerin söylendiğini ve "Allah'ın eli"yle başlayan yüce ayetinin, hayırla kabul buyurulması için kullanılmış olduğunu söyledikten sonra "Allah'a ısmarladık yine görüşeceğiz..." diyerek çekilmek istedi. Bırakmadık!

Son sözü biz söylemek istedik ve dedik ki : "Kardeşimizin hatırında kalsın diye son bir cümle arz ediyorum: Millet güçlü, her şeyi kavramış ve tuttuğu yolda kesin kararlıdır. Millî Mücadele hızlı bir gelişme seyrindedir. Yüce ve Şevketli Padişahımız Efendimizin lütuflarının ve sevgilerinin bir belirtisi olmak üzere karar vermelerinin ve soruna çözüm getirmelerinin zamanıdır."

Efendiler, bundan sonra Ferit Paşa Kabinesi ancak üç gün dayanabilmiştir.

Kendisi ile görüşemediğim dostum Rahmetli Kerim Paşa'nın bazı kimselere söylediğine göre, bu görüşmemizi olduğu gibi padişaha göstermeyi başarmış ve bunun üzerine direnme gücü kırılmış.

Kerim Paşa'nın Kara Vasıf Bey'e yazmış olduğu 8 Kasım 1919 tarihli mektubunda da buna işaret edilmiştir.

Rahmetlinin bu mektubunda şu satırlar vardır:

"Eski sadrazam, en son yapılan görüşme, bunun yol açtığı sürekli etki ve ciddi tartışmalar sonunda, çekilmek gerektiğine inanarak ve bütün direnme gücü kaybolarak istifasını sundu... İşte sessiz sedasız, vatan için çalışan ve tek başına bendenizin tertemiz gayreti ile başarılan büyük olay budur.

"Dikkate almak gerekir ki, bu yazıları ben yazmıştım. Eski sadrazam ile Padişahımız Efendimiz Hazretleri, bütün bu görüşmelerin sonuçlarını öğrendikten sonra, dayandıkları sağlam temeller karşısında kararlarını vermişlerdir... Yapılan girişimin ve yazılan yazıların ne dereceye kadar önemli noktaları içine aldığı ve nasıl dürüst bir vicdan ve keskin görüşle, yaşanan gerçeklerin kâğıda geçirildiği, elbette Allah katında ve milletin tarihî değerlendirmesine asaletle bezenmiş bir değer olarak kalacaktır.

Beni, bütün bunları sayıp dökmeye yönelten gerekçeler, geride kalmış olayları gerçek yüzleri ile ortaya koymaktır..." Rahmetli Kerim Paşa mektubunun sonunda, *"Bu kâğıdın bir kopyasını Temsilciler Heyetine gönderme lütfunu esirgemezseniz, büyük gerçeklerin tam olarak ve birlikte yayınlanmasına yardım etmiş olursunuz."* demiş. Oysa, bana mektubun kopyası değil aslı gönderilmişti. Bu mektubu da yayınlanacak belgeler arasına koyacağım.

Efendiler, bu görüşmenin yapıldığı gecenin ertesinde, yani 28 Eylül günü, görüşme özeti bütün kolordulara şifre ile bildirildi.

TRABZON'DAN GELEN TEKLİF

Rahmetli Kerim Paşa'nın Fuat Paşa'ya yolladığı ilk telgrafında, İstanbul'daki yüksek mevkili şahısların mücadele liderleriyle belli bir yerde buluşup konuşmalarından söz edildiğini görmüştük. Bunun benzeri, fakat aksine yani Anadolu'dan İstanbul'a gitme yolunda bir teklif de, bundan daha önce Trabzon'dan çıkmıştı. Müsaade buyurursanız bunu biraz açıklayayım.

Trabzon Valisi Galip Bey, 18/19 Eylül tarihlerinde teftiş göreviyle Ardasa'da bulunuyordu. Kazım Karabekir Paşa'nın Ardasa'ya gidip vali ile görüşmesi kriz konusuydu. Bu konu üzerinde 19 Eylül'de telgraf başında Kazım Karabekir Paşa ile görüştük. Sebebi, Trabzon'dan aldığım 18 Eylül tarihli bir telgraftı. Kendisine olduğu gibi verdiğim bu telgrafta "Milli çıkarları bozan altı maddeyi kabul etmiyoruz (Bu altı madde İstanbul ile ilişki kesme konusundaki emirdir). Arz edeceklerimizin padişaha ulaştırılması da oraya gönderilecek bir heyetle sağlanabilir kanısındayız." denilmekte idi. Kazım Karabekir Paşa, makine başında Trabzon Valisi ile görüşmüş, özetini bildirdi. Vali, soru tarzında birtakım görüşler ileri sürmüş. Karabekir Paşa uygun karşılıklar vermiş. Vali, en sonunda "İstanbul'a bir heyet gönderilerek durumun padişaha arzını ve bu heyetle birlikte kendisinin gitmesini teklif etmiş ise de, artık bizim çeşitli yollarla konuyu açmamıza bir çare düşünmüş olmamız dolayısıyla, bu düşüncesinden vazgeçmiştir. Böyle bir heyetin gitmesi ve buna sarayın durumunu iyi bilen Gümüşhane temsilcisi Zeki Bey'in de katılması teklif edilmektedir." denilmekte idi.

Gariptir ki, iki gün sonra, yani 21 Eylül 1919'da, Torul'daki Yarbay Halit Bey'in gönderdiği bir şifrede de bu heyet meselesinden söz ediliyordu. Fazlasıyla kuşkuya düşen padişahı yabancıların ve Ferit Paşa'nın kucağına atmamak için, İstanbul'a gizlice bir heyet gönderilmesinin uygun olacağı, eğer bu heyete Servet ve Zeki Beyler de temsilci olarak alınırsa kendilerinin sevinerek kabul edecekleri, Zeki Bey'in ağzından bildiriliyordu. Halit Bey'e 22 Eylül'de verdiğim cevapta Zeki ve Servet Beylerin de içinde bulunacağı bir heyetin İstanbul'a gönderilmesinin uygun olmadığını bildirdim. 24/25 Eylül tarihinde Halit Bey'den aldığım bir telgrafta, "Trabzon'daki muhalefetin başı durumunda olan Trabzon Valisi Galip Bey'i, kolordunun ve Erzurum valisinin davetini kabul edip Erzurum'a gitmediğinden, mecburiyet karşısında ve silahlı koruma ile bu gece (24/25 Eylül) Erzurum'a gönderdim." deniliyordu.

Efendiler, garip bir tesadüf değil midir ki, rahmetli Kerim Paşa'nın ilk aracılık telgrafı, Trabzon valisinin tutuklandığı gecenin ertesi günü, Trabzon'da, vali, Zeki ve Servet Beylerle, bunların aldatması üzerine bazı kimselerin İstanbul ile ilişki kesme konusundaki girişimlerinin ve İstanbul'a bir gizli heyet olarak gitme planlarının başarısızlığa uğratılmasının gerçekleştiği bir günde, yani 25 Eylül günü çekiliyor ve bizi ancak 27/28 Eylül gecesi arama gereği duyuluyor. Yazışmaların şeklinden anlaşıldığına göre, Erzurum'a giden Vali Galip Bey, Kazım Karabekir Paşa'ya, yeniden İstanbul'a bir heyet aracılığı ile başvurmaktan söz etmiştir. Bununla ilgili olarak, Paşa'nın 27 Eylül tarihli bir olur isteme telgrafını alıyoruz. Buna 28 Eylülde karşılık olarak çekilen telgrafta, Kerim Paşa ile yapılan görüşmemin özeti verildikten sonra, "Söz konusu müracaatın gerekli görülüp görülmediğinin bildirilmesini rica ederiz. Gerekli görüldüğü takdirde, Trabzon valisinin, Millî Mücadele'mize karşı gelme konusunda İçişleri Bakanı Adil Bey'den hiçbir farkı olmadığından, kendisinin asil Millî Mücadele'mize hiçbir şekilde karışmasına müsaade buyurulmamasın karşılığı veriliyor. Kazım Karabekir Paşa'nın 30 Eylül'de verdiği karşılıkta: "Trabzon valisinin bu gibi işlere karıştırılmaması konusundaki düşüncemizin yerinde olduğu kabul edildikten sonra, "Trabzon'un durumunda çoktandır beklenen düzelme gerçekleşti." deniliyordu.

Efendiler, son olarak sunduğum bilgilerle bir gerçek üzerinde daha düşünceleri aydınlatmak isterim. Trabzon Valisi Galip Bey ile Zeki Bey, saray ve Ferit Paşa ile ilişki içindeydiler. Bir heyet halinde İstanbul'a gitmekten maksatları, millî gayeye hizmet değil, orada gerekenleri aydınlatarak ve bazı tedbirler tavsiye ederek, yeni talimat almak gibi bir maksada dayandığına bence şüphe yoktur. Nitekim, Zeki Bey daha sonra İstanbul'a gidince, arkasından gerektiği kadar para ve cephane göndermeye söz verilerek ve özel bir talimat ile Trabzon ve Gümüşhane dolaylarında örgütler kurmak üzere gönderilmiştir. Kendisini İnebolu'da tutuklatıp Ankara'ya getirtmiştim. Bana, bu söylediklerinin hepsini itiraf etti. Yalnız, sözde İstanbul'u aldattığını, alacağı para ve silahları bize teslim etmek niyetinde bulunduğunu söyledi. Buna o gün ve hatta bugün bile inanacak saf kimseler bulunabilir mi? Bununla birlikte, ben bu kişiyi, Erzurum Kongresindeki ilişkinin hatırasına saygı duyarak, yalnız gerekli uyarı ve nasihatlerde bulunmakla yetinmiş ve serbest bırakmıştım.

İLK BOZKIR OLAYI VE İZMİT MUTASSARRIFININ KARŞITLIĞI

Efendiler, İstanbul Hükümeti tarafından kolordu komutanı olarak Konya'ya gönderilen Sait Paşa'yı 30 Eylülde İstanbul'a geri gönderdik. Konya Valisi kaçak Cemal Bey'in kaçışından önce tertiplediği ilk Bozkır olayının önüne geçmek için, 20'nci Kolordu ve Niğde'de 11'inci Tümen vasıtasıyla ve bunların yardımlarıyla gerekli tedbirler alınarak, İstanbul'un çıkmasını beklediği olayları önledik. Ereğli, Bolu, Adapazarı, İzmit dolaylarında kurulmasına çalışılan Kuva-yı Milliye teşkilatı, Eylül ayının son günlerinde büyük bir hassasiyet göstermeye başladı. O çevrelerdeki Kuva-yı Milliye liderleri, kabinenin direnmesi halinde İstanbul'a harekete hazır bulunduklarını bildiriyorlardı. Bu hususu, 28 Eylülde, bütün memlekete ve doğal olarak İstanbul'a da bir genelgeyle bildirdik. Ancak, İzmit şehrinde, 2 Ekim günü olumsuz denebilecek yeni bir durumla karşı karşıya kaldık. O tarihte, İzmit mutasarrıfı, Suat Bey adında bir kişiydi. Kendisini telgraf başına çağırdık. Son günlerde yapılan tebliğlerin hepsinin alınıp, gereklerinin yerine getirilip getirilmediğini sordum. Mutasarrıf Bey, yaptığı açıklamada diyordu ki "Yapılan tebligatları aldım. Anlaşmazlık ve karışıklık olmaması için halkı serbest bırakarak dinlemeyi en doğru hareket saydım. Olumsuz söylentiler vardır. Temsilciler Heyetinden açıklama istemek ve özellikle maksadın İttihat Hükümetini önceki şekliyle yeniden diriltmek olup olmadığını kesin olarak anlamak kararındadırlar. Bendeniz en tarafsız bir kimse olarak huzur ve güvenliği koruma görevini yüklenmiş bulunuyorum. Her kim ve her ne için olursa olsun, sonucu bilinmeyen bir macerayla başkalarını sürüklemeyi doğru bulmam. Tedbirli ve ihtiyatlı hareket etme yanlısı olduğumu bütün tecrübelerime dayanarak arz ederim."

Verdiğim cevap aynen şuydu:

Sivas, 2 Ekim1919

Suat Bey'e

İzmit'te en küçük bir anlaşmazlık ve karışıklığa meydan vermemek asıl görevimiz olduğu gibi, tarafımızdan da özellikle rica edilmiş bir husustur. Millî teşkilat ve mücadelemizin meşru maksadını ve niteliğini gerek zatıâlinize gerek İzmit'teki birçok kimseye ve bütün dünyaya karşı yazmış ve yazmakta bulunduğumuz bildiri ve açıklamalarla, en kinci düşmanlarımıza bile anlatmış olduğumuza şüphemiz kalmamıştır. Artık, ayak takımının dedikodusundan öteye bir değeri olmayan söylentilerin, karar verme konusunda etkili olabileceğine imkân vermiyoruz. Bundan başka, eğer halkın açıklanmasını istediği noktalar var idiyse, bunlar neden derhal bize sorulup, çözüme kavuşturulmamış bulunuyor? Siz, tarafsız olarak kalmayı tercih buyuruyorsunuz. Oysa, tuttuğunuz yol kesinlikle tarafsızlık yolu olamaz. Çünkü, siz milletin meşru mücadelesine karşı tarafsızlık iddiasında bulunduğunuz halde, haince davranışları ile kanundışı ve aslında yok hükmünde olan Ferit Paşa Kabinesinin memurluğunu yapmakla meşgulsünüz. İttihatçılığın diriltilmesi ile uğraşacak kısır görüşlülerden olmadığımı siz pek güzel anlayabilirsiniz. Size en temiz duygularla ve fakat bütün kesinliği ile şunu arz ederim ki, siz artık Ferit Paşa Kabinesine güven duymuyorsanız, bunu İçişleri Bakanlığına resmen bildirmelisiniz. Eğer milletin hüküm ve isteklerine aykırı olarak Ferit Paşa Kabinesine güveniniz varsa, İzmit'in sayın halkını meşru olan milli mücadelesinde serbest bırakmak üzere derhal yerinizi terk ile İstanbul'a hareket edin. Bu iki noktadan herhangi birine uymamanız halinde, yüksek şahsınızın karşılaşabileceği durumun sebep ve sorumlusunun yine siz olmuş bulunacağını pek samimi olarak bildirmeyi vicdanî bir görev sayarım.

Temsilciler Heyeti Adına Mustafa Kemal

Mutasarrıf Bey'in, "Kulunuzu sakince dinleyiniz efendim. Bendeniz iyi ifade edemedim. Maksadınızın yüceliğinden ve meşruluğundan başka bir şey zaten söz edilemez" cümleleriyle başlayan cevabında yazılan satırlar, "Bizi yarınki cuma namazına kadar kendi halimize bırakınız. Ferit Paşa'ya kim bilir kaç defa kalemle hücum eden bendenizi ne kadar kötü gözle görüyorsunuz efendim." cümleleriyle son buluyordu.

Bunun üzerine, ertesi günkü cuma namazına kadar bekleyeceğimizi bildirmek üzere yazdırdığım telgrafa şu iki cümleyi ekledim: "Sizi kötü gözle gördüğüm şeklindeki kanı doğru değildir. Çünkü, vicdanımız sızlamadan verebileceğimiz hükümler, ancak fiili sonuçlara bağlıdır, efendim."

O tarihte İzmit'te, Albay Asım Bey adında bir kişi tümen komutanı olarak bulunuyordu. Asım Bey'e de, bir iki günden beri, telgraf başında tebligatta bulunulmuştu. Ancak, hiçbir cevap alınamıyordu. Onu da 2 Ekim günü makine başına çağırdım ve konuştum. Kendisine "Kabinenin düşeceği ve belki de düşmüş olması kesindir. Bu bakımdan milletin azim ve iradesi her türlü kararsızlığın üstünde bir güce sahiptir." dedikten sonra, kesin düşünce kararını beklemekte olduğumu söyledim.

Tümen Komutanı Asım Bey'in uzun özür dilemeler ve görüş bildirmelerle dolu cevabından çıkan elle tutulur anlam, şimdiye kadar cevap vermeyişinin sebebinin İstanbul'daki Kolordu Komutanından sorduğu sorulara cevap alamamış olmasından ileri geldiği ve yarınki cuma namazında karar alınacağı cümleleri ile özetlenebilir. Bazı nasihat ve teşvikleri içine alan cevabımızda başlıca şunları söyledim: "Ferit Paşa'nın yarına kadar çekilmesi pek muhtemeldir. Bu takdirde, yarınki toplantınız sonunda padişaha ve kesinleştiği takdirde yeni hükümet başkanına, kabinenin millî gayeyi tam olarak benimsemiş tarafsız kimselerden kurulmasının istirham edilmesini ve bunun beklendiğinin arz edilmesini sağlayınız. Bir de, vatanımızı ve millî bağımsızlığımızı kurtarmak için, kurulacak yeni kabine ile işbirliği halinde çalışmaya uzun müddet ihtiyacımız olduğundan, tam bir sükûnet içinde, Temsilciler Heyeti kararıyla arz ettiğim hususları göz önünde bulundurarak teşkilatlanmaya devam buyurulmasını rica ederim."

FERİT PAŞA'NIN İSTİFASI

Efendiler, ben, Asım Bey'e bu son cümleleri yazdırırken (2 Ekim 1919, saat 15.40'ta) araya imzasız şöyle bir telgraf girdi: "Paşa Hazretleri, İstanbul'daki yakın arkadaşlar söylediler. Bütün akşam gazeteleri yazıyormuş. Ferit Paşa sağlık durumu dolayısıyla istifa etmiş. Kabineyi kurmak üzere Tevfik Paşa görevlendirilmiş. Daha sabahtan söyleniyordu, fakat doğrulanmamıştı, şimdi doğrulandı efendim."

"Bu telgrafı kim veriyor? Anlayınız." dedim. Sormaya zaman kalmadan telgraf şu şekilde devam etti.

"Biz, Ankara telgrafçıları, Paşa Hazretleri'nin huzurunda derin saygı ile eğiliriz ve vatanımızın başına bir bela kâbusu olan bu kabinenin devrilmesi için milletin başına geçerek kazandığı başarıyı kutlarız. Lütfen söyleyiniz."

Telgraf haberleşmesi kesildi. Gerçekten de 2 Ekimde Ferit Paşa Kabinesi düşmüş bulunuyordu. Ancak, yeni kabineyi kuran Tevfik Paşa değil Ayan'dan Orgeneral Ali Rıza Paşa idi.

Efendiler, sırası gelmişken arz edeyim: Bütün telgrafçılarımızın, girişimlerimiz ve Millî Mücademiz için yaptıkları fedakârca hizmetlerinin millî tarihimizde önemli bir yeri vardır. Kendilerine bugün açıkça teşekkür etmeyi bir borç sayarım.

ALİ RIZA PAŞA KABİNESİ

Efendiler, Ferit Paşa Kabinesi'nin düştüğünü ve Ali Rıza Paşa'nın kabine kurmak üzere görevlendirildiğini 2/3 Ekim 1919 tarihinde yazdığım bir genelge ile bütün millete bildirdim. Bu genelgenin bir suretini de bilgi için yeni sadrazama verdim.

2 Ekim günü, yeni kabine başkanıyla bağlantı kurmaya çalıştık. Ertesi günü Bakanlar Kurulunun oturumunda Temsilciler Heyeti ile görüşeceklerine söz verilmişti.

Arz ettiğim bu genelgedeki belli başlı noktalar şunlardı:

1) Yeni kabine, Erzurum ve Sivas Kongrelerinde belirlenen ve tespit edilen milli teşkilat ve gayelere saygılı olduğu takdirde, Kuva-yı Milliye ona yardımcı olacaktır.

2) Yeni kabine, Milli Meclis'in toplanmasıyla fiili denetleme görevine başlanıncaya kadar, milletin kaderi ile ilgili herhangi bir taahhüde girmeyecektir.

3) Barış Konferansına tayin edilecek temsilciler, millî davayı gerçekten kavramış ve milletin güvenini kazanmış bilgili ve yetenekli kimselerden seçilecektir.

Bildiride, bu saydığım ilkelerin, yeni kabine tarafından kabul edilmesinin teklif edileceği açıklandıktan sonra, bu konuda başkaca görüşleri varsa, yarın öğleye kadar hemen bildirilmesi isteğinde bulunuldu.

3 Ekim 1919 günü, Sadrazam Ali Rıza Paşa'ya yazdığım telgrafta "Millet, şimdiye kadar işbaşına geçenlerin anayasaya ve millî gayeye aykırı hareketlerinden üzüntü duydu. Bundan dolayı meşru olan haklarını tanıtmak ve kaderini işinin ehli ve güvenilir ellerde görmek hususunda kesin kararını verdi. Gereken sağlam girişimleri yaptı. Düzenli bir teşkilatı bulunan Kuva-yı Milliye, milletin kesin iradesini tam olarak gösterme ve ispat etme kudretini elde etti.

"Millet, padişahın güven ve itimadını kazanmış olan yüksek şahsiyetiniz ile saygıdeğer arkadaşlarınızı zor durumda bırakmak istemez. Aksine, yardımcı olmaya bütün içtenliğiyle hazırdır. Ancak, hükümet içinde,

Ferit Paşa ile birlikte çalışmış bakanların bulunması, yüksek heyetinizin görüşleriyle milli gayenin birbiriyle ne dereceye kadar bağdaştığını, büyük bir açık kalplilikle anlamak mecburiyetini doğurmuştur. Millete tam bir güven gelmedikçe, atılmış olan kurtuluş adımının durdurulması ve yarım tedbirlerle yetinilmesi uygun görülmemektedir. Bu bakımdan, şu hususların sizce kabul edilip edilmeyeceğini kesin ve açık olarak anlamak isteriz." dedik ve genelge vasıtasıyla belirttiğim üç esası saydık. Daha sonra, bu temel noktalarda uyuşma bulunduğu anlaşıldıktan sonra, olağandışı durumun giderilmesi için ikinci derecede bazı hususları da arz edeceğimizi bildirdik.

Ali Rıza Paşa, bu gün, saraya yemin etmek üzere gideceklerinden telgrafımıza bir sonraki gün cevap verileceği bildirildi.

ALİ RIZA PAŞA KABİNESİ'NDE SEZİLEN KARARSIZLIK

Biz, bazı tavırlardan, Ali Rıza Paşa Kabinesinde bir çekingenlik, bu kabineyi oluşturan şahıslarında kafalarında bir bulanıklık sezer gibi olduk. Onun için bazı tedbirler almayı uygun gördük.

Aynı günde bir genelge yazdık. Bunda, hükümet ile millet arasında görüş ve gaye birliğinin sağlandığı bir tebligat ile bildirilinceye kadar eskiden olduğu gibi resmî haberleşmenin kesilmiş bir durumda bulundurulması gereğini bildirdik.

Bundan başka, her taraftan gelen teklif ve görüşleri birleştirerek, bütün kolordu komutanlarına ve Millî Mücadele'ye yardımcı olan valilere de 3 Ekim günü, bazı gizli tebliğlerde bulunduk. Yeni kabine ile ilk temasımıza ait olan bu belgeleri, olduğu gibi yüksek heyetinizin gözleri önüne sermeyi, bundan sonraki haberleşme ve ilişkilerin kolaylıkla anlaşılabilmesi bakımından uygun görüyor. Müsaade buyurur musunuz?

Şifre

Sivas, 3.10.1919

Bütün Kolordu Komutanlarına ve Milli Mücadele'ye Yardımcı olan Vali ve Vali Vekillerine

Aşağıdaki telgrafın Savunma ve İçişleri Bakanlarına çekilerek sonucun bildirilmesi rica olunur:

İçişleri Bakanının haince hareketlerine alet olup halkı fiili olarak silahlandırmaya ve birbirini öldürtmeye kalkışan Konya Valisi Cemal, Elazığ Valisi Ali Galip ve Malatya Mutasarrıfı Halil Beylerin tutuklanarak harp divanına verilmeleri; Trabzon Valisi Galip, eski Kastamonu Valileri İbrahim ve Ali Rıza Beyler ile Ankara Valisi Muhittin Paşa'nın herhangi bir göreve getirilmemeleri; milletin hukuki haklarını çekemediklerinden, milli dava ve mücadeleye yardımlarından dolayı azledilen Sivas Valisi Reşit Paşa'nın eski görevine getirilmesi; eski Bitlis Valisi Mazhar Müfit ve eski Van Valisi Haydar Beylerin derhal boş illere tayin edilerek görevlendirilmeleri istenmektedir.

Anadolu ve Rumeli Müdafaa-i Hukuk Cemiyeti
Temsilciler Heyeti adına
Mustafa Kemal

***

Şifre

Sivas, 3.10.1919

Bütün Vali ve Kolordu Komutanları ile Bağımsız
Mutasarrıflıklara

Aşağıdaki örneğe uygun olarak Sadrazam'a müracaat buyurulması ve sonucun bildirilmesi rica olunur:

Müslüman halkı silahlandırmaya ve birbirini öldürtmeye kalkışan ve orduyu içten yıkarak sonunda vatanı savunmasız bırakmak için emir veren, ordunun sırlarını, şifrelerini çalmak için fiili tertiplere girişmek suretiyle açığa vuran ve anayasa hükümleri gereğince dokunulmazlığı bulunan milletin özel haberleşmelerine engel olan eski bakanlardan Ali Kemal Bey, Süleyman Şefik Paşa, İçişleri Bakanı Adil Bey'in, Millet Meclisi açılınca, Yüce Divan'a verilmek üzere hiçbir yere kaçmalarına meydan verilmemesini ve Telgraf Genel Müdürü Refik Halit Bey'in aynı sebeplerle derhal tutuklanarak ilgili mahkemeye verilmesini kanunun dokunulmazlığı ve kutsallığı adına istemekteyiz.

Anadolu ve Rumeli Müdafaa-i Hukuk Cemiyeti
Temsilciler Heyeti adına
Mustafa Kemal

Savunma Bakanlığına geçen Cemal Paşa, elbette orduya resmî bir tebliğ yapacaktı. İşte ona ilk cevap olması için kolordulara şu telgrafın verilmesini tavsiye ettik:

Şifre

3'üncü, 20'nci, 12'nci, 15'inci, 13'üncü Kolordu
Komutanlıklarına
20'nci Kolordu Komutanı Fuat Paşa'ya (ayrıca)
Konya'da Refet Bey'e (ayrıca)

Savunma Bakanı Cemal Paşa'nın ilk tebliğine karşılık olmak üzere aşağıdaki telgrafın gizli olarak kendisine çekilmesi ve sonucun bildirilmesi rica olunur.

"Sizlerin, meşru Millî Mücadele'nin başlangıcından beri büyük bir kanaat ve inançla başında bulunduğunuzu bilmekteyiz. Savunma Bakanlığına getirilmeniz sevinçle karşılanmıştır. Sizlerin başarıya ulaşması için bütün ordu ve bütün Kuva-yı Milliye yardımcı olacaktır. Başarınızı tam olarak sağlayabilme bakımından aşağıdaki hususların mümkün olan en kısa zamanda yerine getirilmesini rica ederiz:

a) Cevat Paşa yahut eski 1'inci Ordu Müfettişi Fevzi Paşa Genelkurmay Başkanlığına atanmalıdır.

b) Galatalı Albay Şevket Bey yahut Yusuf İzzet Paşa İstanbul'daki Kolordu Komutanlığı ve İstanbul Merkez Komutanlığına atanmalıdır. Yusuf İzzet Paşa, İstanbul Merkez Komutanı ve Galatalı Şevket Bey 25'inci Kolordu Komutanı şeklinde de olabilir.

c) Albay ismet Bey 'in Savunma Bakanlığı Müsteşarlığına,

d) Tümen Komutanı Yarbay Kemal Bey'in Emniyet Genel Müdürlüğüne atanmasına aracı olunmalıdır.

e) Ordu üzerinde kötü etki yapmış olan, Savunma Bakanlığını iş göremez ve değersiz bir duruma düşüren ve Milli Meclis'ten geçmeden eski rütbeleri ile göreve alıp kendilerine sırf siyasî düşünceleri dolayısıyla iş verilmiş bulunan emeklilerin derhal görevlerine son verilerek, önemli ve hassas makamların güvenilir ellere teslimi gerekir.

f) 3'üncü Kolordu eski Komutanı Albay Refet Bey sebepsiz olarak istifaya mecbur edildiğinden, bu işlemin düzeltilerek kendisinin, bugün bulunduğu Konya'da 12'nci Kolordu Komutanlığına atanması, Fuat Paşa ile ilgili işlemin de düzeltilerek kendisinin 20'nci Kolordu Komutanlığında bırakılması.

g) Fuat Paşa'nın yerine atanan Hamdi Paşa ve 12'nci Kolordu'ya atanan Sait Paşa derhal asıl görevlerine döndürülmelidirler.

h) İlk fırsatta müfettişliklerin yeniden kurularak, Doğu Anadolu'daki kolorduların 13'üncü Kolordu da dahil olduğu halde Kazım Karabekir Paşa'ya, Batı Anadolu'daki kolorduların İstanbul ve Edirne de dahil olduğu halde Ali Fuat Paşa'ya verilmesi ve şimdilik iki müfettişlik ile yetinilmesi uygun görülmüştür.

Temsilciler Heyeti Adına
Mustafa Kemal

ALİ RIZA KABİNESİ MİLLİ TEŞKİLAT VE GAYELERİ SORUYOR

Efendiler, yeni sadrazamdan beklediğimiz cevap nihayet geldi, şudur:

Çok Acele

Sadrazamlık, 4.10.1919

Sivas'ta Müdafaa-i Hukuk Cemiyeti Temsilcilerine

İlgi: 2 ve 3 Ekim 1919

Erzurum ve Sivas Kongrelerinde, tayin ve tespit edildiği, telgraflarında bildirilen teşkilat ve gayelerin nelerden ibaret olduğu Vekiller Heyetince bilinemediğinden, durumun gereği incelenmek üzere her şeyden önce söz konusu kongrelerin kararlarının acele olarak bildirilmesi istenmektedir, efendim.

Sadrazam
Ali Rıza

Sadrazam Paşa ve saygıdeğer arkadaşlarının – içlerinde biraz sonra görüleceği üzere, Kuva-yı Milliye'nin delegesi olarak kabineye girdiğini söyleyen Cemal Paşa'nın da bulunmasına rağmen – hükumeti kurmuş oldukları güne kadar, millî gayelerin nelerden ibaret olduğunu bilmediklerini söylemeleri, şaşılacak bir şey değil midir? Bundan daha da çok dikkati çeken nokta, millî gayelere uyup uymamak konusunda karar verebilmek için, öncelikle kongrelerin kararlarını istemiş olmalarıdır. Oysa bu kadar gürültü patırtıya ve uygulanması, selefi Ferit Paşa'nın düşmesine yol açan kongrelerin kararlarını bilmemeleri düşünülebilir miydi? Maksatlarının zaman kazanmak ve bize karşı hiçbir taahhüde girmeksizin, yeni ve şeytanca tedbirlerle milleti aldatarak, kendini göstermiş olan dayanışma ve bağlılığı gevşetmek olduğuna asla şüphe etmedim. Ancak, eğer aradaki bağlar koparılacaksa ben de her şeyden önce onların bütün içyüzlerini milletin gözü önüne serecek bir davranışı tercih ettim. Bu yüzden, Sadrazam'ın ve saygıdeğer arkadaşlarının isteğini yerine getirdim. 4 Ekim 1919 tarihli telgrafla, kongrenin bildirisini olduğu gibi, tüzüğünde yalnız teşkilatla ilgili ana noktalarını özet olarak bildirdim. Hiçbir yerden hükümetle resmi yazışmalara girişilmemesi için yeniden genel tebliğler yapıldı.

Efendiler, aynı günde şöyle bir telgraf aldım:

> *C: Başkanlığım altında kurulmuş olan yüce kabine, milletin isteğine uygun olarak, vatanın saadet ve selametini sağlamak için sarsılmaz bir kararlılıkla çalışma konusunda tam bir görüş birliğine varmış bulunmaktadır. Osmanlı topluluğunda birliğin sağlanması, milli bağımsızlığın korunması, yüce halifelik ve saltanat makamının dokunulmazlığı, Anayasa hükümleri gereğince, hiç şüphe yok ki, bütün bir milletin iradesine dayanılarak gerçekleştirilebilecektir. Ateşkes Anlaşmasının yapıldığı tarihteki sınırlar içinde kalan bütün Osmanlı topraklarının ve şehirlerinin, bu anlaşmanın kendisine temel dayanak yaptığı Wilson prensipleri gereğince doğrudan doğruya Osmanlı saltanatının idaresi altında bırakılması ve bu sınırlar içinde kalıp da nüfusunun büyük çoğunluğu Müslüman olan vatan birliğinin parçalanmasını önleyerek, bu topraklar üzerindeki tarihî dini ve coğrafi haklarımıza ve adalet anlayışına uygun bir karar alınmasının sağlanması da bugünkü hükumetin vazgeçilmez bir gayesidir, Meclis-i Millî toplanıncaya kadar milletin kaderi üzerinde hiçbir kesin ve resmî taahhüde girilmemesi, Barış Konferansına gönderilecek delegelerin milli davayı kavramış, güvenilir, ileriyi gören ve yetenekli kimselerden seçilmesi doğaldır. Memleketimizdeki meşrutiyet idaresi gereğince milli hâkimiyet geçerli olduğundan, görevini hakkıyla kavramış olan bugünkü hükümet, milletin kararını almadan memleketin alınyazısı hakkında karar veremeyeceği için, seçimlerin bir an önce yapılması konusunda her türlü girişimleri yapmakta, Meclis-i Mebusan'ın toplanmasını çabuklaştırma bakımından gereken kolaylıkları göstermeye çalışmaktadır. Ancak, hükumetin politikasında hakim olan ilke, kanun hükümlerine bütünüyle uyarak aksi durumları anlama ve ortadan kaldırmaktan ibarettir. Olağandışı ve kanunsuz durumların süregelmesi, Osmanlı Devletinin hükümet merkezi ile Anadolu'yu birbirinden ayırarak birçok kötü sonuçlar doğuracağından Allah korusun, devlet merkezinin varlığını tehlikeye düşürecek ve memleketin öteki bölgelerinin de işgal altına*

alınması sonucunu vererek vatanın birliğini bozacaktır. Bu bakımdan bugünkü hükümet, tarafınızdan işgal olunan resmi dairelerin boşaltılması, hükümet işlerinin aksatılmasına son verilmesi, en küçük bir eksikliğe bile uğratılmaması şart olan hükümet otoritesine saygı gösterilmesi, yabancılarla siyasî ilişkilere girişilmemesi ve milletvekili seçimlerinde halkın hürriyetine asla karışılmaması hususlarında tarafınızdan söz verilmesini istiyor.

Saygıdeğer Efendiler, dikkat buyurulursa, bu telgrafta ne adres vardır ne de imza... Gerçi, Sadrazamlık makamından yazıldığı anlaşılıyordu. Fakat, başka bir şey daha anlaşılıyordu ki, bu satırları yazan şahıs veya şahıslar, bir defa Temsilciler Heyetini tanımak ve onunda imzalı resmî yazışma ve görüşmelerde bulunmak istemiyorlardı.

Bir de, bizim kongrelerde tespit ettiğimiz kararları ve kendilerine teklif ettiğimiz üç noktanın göz önünde bulundurulmasını, yeni kabinenin sadrazamı ve vekilleri doğal buluyorlar. Bu kararların ve ilkelerin gerçekleştirilmesine zaten gayret etmekte olduklarını söylüyorlar.

Ancak, hükümetin hareketindeki rehber, kanun hükümleridir. "Görevi, aksi durumların önlenmesinden ve ortadan kaldırılmasından ibarettir." şeklindeki bir girişten sonra bizim tavır ve hareketlerimizin olağandışı ve kanunsuz olduğunu dolaylı yoldan belirtmeye çalışarak bunun devamı halinde, merkez ile Anadolu'nun birbirinden kopmakla sonuçlanacağını ve bunun doğuracağı tehlikeleri sayarak, sonunda baklayı ağızından çıkarıyor: "Tarafınızdan işgal edilen resmi dairelerin boşaltılması, hükümet işlerinin aksatılmasına son verilmesi, hükumet otoritesine saygı gösterilmesi, yabancılarla siyasî ilişkilere girişilmemesi, milletvekillerinin seçiminde halkın hürriyetine asla müdahale edilmemesi hususlarına tarafımızdan söz verilmesini" istemek suretiyle, bizim varlığımıza ve faaliyetimize son vermek maksadında olduğunu belirtiyor.

Efendiler, belki unuturum, ayrıntılı açıklamalara girişmeden önce söylemeliyim ki tarafımızdan işgal edilmiş resmi daireler yoktur. Yalnız Sivas ili, okulların tatilde bulunması dolayısıyla, Temsilciler Heyetini lisede misafir etmişti. Söz konusu edilmek istenen resmî daire bu olacaktı. Yeni kabine, her türlü faaliyetine başlangıç olmak üzere Temsilciler Heyeti'ni buradan kovarak, halkın gözünde onun nüfuz ve haysiyetini kırmak istiyordu.

Efendiler, kimden kime yazıldığı belirtilmemiş olan bu telgraf üzerine, Sivas telgraf merkezi ile İstanbul telgraf merkezi arasında aynen şu haberleşme yapıldı:

Olağanüstü

İstanbul Merkez Müdürlüğüne

Sadaret merkezinden yazılan telgraf, başlık ve imzası bulunmadığı için Anadolu ve Rumeli Müdafaa-i Hukuk Cemiyeti Heyeti Temsilcileri tarafından kabul edilmedi. Telgraf sureti merkezimizde alıkonmuştur. Gerekenlere bilgi verilmesi rica olunur.

İmza

Kongre Merkezi

– Bize, üzerinde "Sadrazam Paşa Hazretleri'nin cevabıdır" başlığıyla Ametçi* Bey verdi; kopyası telgrafhanededir. Siz Paşa Hazretleri'ne böyle veriniz.

– Temsilciler Heyetine denilmemekte ve kimden geldiği bilinmemektedir. Bu yüzden, başlık ve imza olmadığı için kabul etmiyorlar.

– O halde, şimdi dağıldı. Kabinede bu konuda bir şey yazarlarsa durum elbette aydınlanır efendim. Bu cevabı verdikten sonra dağıldılar. Artık bize bir şey gelmez. Fakat, Sadrazam Paşa belki evinden yazar. Bizim bu merkezin işi kabine toplantısı bitince son bulur, kapanır azizim.

– Siz, dediğimizi Âmetçi Bey'e söyleyin.

– Âmetçi Bey de gitti. Yalnızım.

– Telefonla söyleyiniz.

– Bizde şehir telefonu yok. Bununla birlikte siz telgrafı öylece saklayınız da sabahleyin resmen bir şey yazdıralım, efendim.

– Sadrazam Paşa'ya telefon edin.

– Kardeşim, Sadrazam Paşa'ya anlatamayız ki...

***

Olağanüstü

Babıali, 4.10.1919

Sivas Kongre Merkezi Müdürlüğüne

Erenköy'de oturan Sadrazam Paşa Hazretleri telefonla arandı ve saat yirmi biri yirmi beş geçtiği halde bulunamadı. Bu haberleşme çaresiz olarak yarın arz edilecektir, efendim.

Bâbıâli Müdürü

Hüseyin Hüsnü

***

Olağanüstü

* Padişahın özel kaleminde başyazman olarak görev yapan memurlardan biri.

İstanbul, 4.10.1919

Kongre Merkezine

C: Babıali Müdürlüğünden de bildirildiği gibi, şimdi yirmi biri yirmi beş geçeye kadar telefondan arandıkları halde, Sadrazam Paşa Hazretleri'nin konaklarından cevap alınamadı. Biraz sonra yine arayacağım, Cevap alırsam derhal bildiririm. Alamazsam sabahı beklemek gerekecektir, efendim.

İstanbul Telgraf Müdürü
Tevfik

Efendiler, ertesi günü, yani 5 Ekim 1919 tarihinde, Temsilciler Heyetine çekilen imzasız telgrafın, cevap olarak Sadrazam tarafından yazıldığı söylendi. Bunu doğrulayan resmi ve imzalı bir yazı olmamakla birlikte, biz böyle küçük bir nokta üzerinde daha fazla durmayı yararlı ve gerekli görmedik. Sadrazam Paşa'ya cevap yazmayı uygun bulduk. 5 Ekimde yazdığımız uzun karşılığın ana noktalarını özetleyeyim:

"Tekliflerimizin hepsinin benimsenip kabul edilmiş olduğu anlaşıldı." dedikten sonra, tarafımızdan söz verilmesi istenen noktalar üzerinde açıklamalar yaptık ve şunları söyledik: "Olağandışı ve kanunsuz durumları yaratan Ferit Paşa Kabinesi idi. Ferit Paşa Kabinesi tarafından girişilmiş olan gayrimeşru iş ve hareketleri doğuran sebeplerin ortadan kaldırılması için tarafınızdan kesin tedbirler alındığı takdirde, kendiliğinden yok olur."

"Cemiyetimizin, bugünkü kabineye söz verip yardımlarda bulunabilmesi için önce, Hükümetin milli teşkilatımızı olumlu karşıladığını açık ve kesin bir dille ifade etmesi gerekir. Aksi takdirde, karşılıklı güven ve samimiyetin varlığı şüpheli kalacak ve birbiri ile zıtlaşan davranış ve girişimlerin ortaya çıkması ihtimali bulunacaktır."

Ali Rıza Paşa'nın imzasız telgrafında: "Memleketimizdeki meşrutiyet idaresi gereğince, milli hâkimiyetin geçerli olduğu noktasına da: "Gerçekten öyle ise de, dağıtılmasından başlayarak Meclis-i Mebusan'ın dört ay içinde toplanması anayasamızın açık hükümlerinden iken, bugüne kadar seçmen kütükleri bile düzenlenmemiştir. Bu davranış, Ferit Paşa Kabinesinin açıktan açığa meşrutiyete bir darbesi ve Anayasa'ya kesin bir tecavüzü demektir; ceza kanununun ilgili maddesine göre bir cinayet sayılarak işleyenler hakkında kanun hükümlerinin tam olarak uygulanması, millî hâkimiyeti kabul edecek ve kanun hükümlerinin yerine getirilmesini kendisi için kanuni bir görev sayacak her meşru hükümetin ilk kutsal görevidir." karşılığında bulunduk. Ondan sonra şu teklifleri ileri sürdük:

1. Memlekete, sakinlik ve güven olduğunu ve millî davanın tamamıyla haklı ve meşru bulunduğunu resmî bir bildiri ile ilan ederek, milletin tümünün birliğine hükümetin de katıldığını gösteriniz.

2. Düşmüş olan hükümetin haince hareketlerine alet olmuş bulunan birtakım yüksek dereceli memurlar vardır. Onları ilgili bulundukları mahkemeye veriniz. Millî Mücadele'ye karşı çıkan bazı valiler hakkında devlet hizmetinde kullanılmamaları için gereken işlemi yapınız. Millî Mücadele'ye hizmet ettikleri için görevden alınmış olanları görevlerine iade ediniz.

3. Rütbelerinin iadesi, Meclis-i Millî'nin onayından geçmemiş bulunan ve tek çalıştırılma nedeni birtakım siyasî düşüncelerden ibaret bulunan emeklileri, derhal eski durumlarına döndürünüz. Önemli askeri makamları ehliyetli ellere teslim ediniz.

4. Eski bakanlardan Ali Kemal ve Âdil Beyler ile Süleyman Şefik Paşa'nın Meclis-i Millî'nin açılışında Yüce Divan'a verilmek üzere, bir yere kaçmalarına meydan verilmemesini, Posta ve Telgraf Genel Müdürü Refik Halit Bey'in derhal tutuklanarak ilgili bulunduğu mahkemeye teslimini, kanunun dokunulmazlığı ve milli hakların kutsallığı adına isteriz.

5. Millî Mücadele'ye katılmış veya Millî Mücadele'yi desteklemiş olanlar aleyhine başlanmış olan kovuşturma ve baskılara son veriniz.

6. Basını yabancıların sansüründen kurtarınız.

İşte Efendiler, özet olarak saydığım bu noktalarla ilgili görüş ve tekliflerden sonra, telgrafımızı şöyle bitirdik: "Arz edilen noktalara ve ileri sürülen tekliflere millet için yeterli, açık ve uygun bir cevap verilen zamana kadar, millî gayelerin gerçekleşmesi için milletçe alınmış olan fiilî tedbirlere, eskisi gibi devam etmek zorunda kalınacağını, bütün illerden, bağımsız sancaklardan ve onlara bağlı yerlerden aldığımız kararlar üzerine tam bir kesinlikle arz ederiz. İmza: Anadolu ve Rumeli Müdafaa-i Hukuk Cemiyeti Temsilciler Heyeti adına, Mustafa Kemal."

Efendiler, İstanbul ile haberleşme biter bitmez, derhal şu genelge ile durumu memlekete bildirdim:

5.10.1919

Genelge

İstanbul Belediyesine, Basına

Sadrazam Paşa Hazretleri, Erzurum ve Sivas Kongrelerindeki temel kararları ve millî teşkilatın gayelerini doğal bulmakla birlikte, düşüncelerinde açıklanması gereken bazı noktalar görüldüğünden, hükümetle milletin gerçek anlamda uzlaşmalarını sağlamak amacıyla ve bütün merkezlerin görüşlerinin özüne dayanılarak verilen cevap ve ileri sürülen teklifler aynen aşağıdaki genelge ile duyurulur. Gelecek cevap ve ona göre alınacak kararlar derhal duyurulacaktır.

Anadolu ve Rumeli Müdafaa-i Hukuk Cemiyeti
Temsilciler Heyeti adına
Mustafa Kemal

YUNUS NADİ BEY'E ARABULUCULUK YAPTIRILIYOR

Efendiler, Ali Rıza Paşa Kabinesinin iktidar koltuğuna geçtiğinin beşinci gününe geldik. Hala anlaşamıyoruz. Memleketin İstanbul ile olan resmî haberleşme ve ilişkileri hala kesilmiş olarak sürüp gidiyor. Sadrazam Paşa Hazretleri, tekliflerimize cevap vermiyor ve hiçbir vakit vermemiş olduğunu göreceksiniz. Kabineden hiç kimse bizimle görüşmek istemiyor.

Bu gün, yani 6 Ekim 1919 günü, Yunus Nadi Bey arkadaşımız, Savunma Bakanı olan Cemal Paşa'yı daveti etmesi üzerine makamında ziyarete gitmiş. Cemal Paşa, Yunus Nadi Bey'e durumdan özellikle hükümetle Temsilciler Heyeti arasında daha bir anlaşma olmadığından söz etmiş ve anlaşıldığına göre bizi haksız göstermiş; kendilerinin her şeyi kabul ve uygulamaya hazır bulunduklarını anlatmış. Herhalde anlaşmazlık çıkaran ve bunda direnen tarafın Temsilciler Heyeti olduğunu söylemiş. Öyle anlaşılıyor ki, Yunus Nadi Bey'in bizimle olan şahsi dostluğuna dayanarak, tarafları uzlaştırmak için arabuluculuk yapmasını teklif etmiş olacak.

Yunus Nadi Bey bu aracılık teklifini sevinerek kabul etmiş. Yalnız, Yunus Nadi Bey'in, Cemal Paşa tarafından verilen bilgileri sağlam ve gerçek olarak kabullendiği ve durumu ona göre değerlendirdiği, şimdi sözünü edeceğim telgrafının ifadesinden anlaşılmaktaydı.

Yunus Nadi Bey'le telgraf başında yapılmış olan bu görüşmemiz, yeni kabine ile bizi, görünüşte de olsa, uzlaşmaya yöneltme bakımından önemlidir. Bu sebeple, müsaade buyurursanız biraz açıklayacağım.

Savunma bakanı Paşa'nın beni telgraf başına davet ettiğini haber verdiler. Zaten dairemizde bulunan makine başına gittim. .

İstanbul - Harbiye telgrafhanesi Yunus Nadi Bey sizinle görüşmek istiyor efendim, denildikten sonra; Harbiye telgrafhanesinde makine başında hazırım, denildi. Hazır olan kimdir, dedim.

Telgrafçı - Yunus Nadi Bey ve yanında Bakan Paşa'nın yaveri Cevat Rıfat Bey vardır efendim. Bakan Paşa'yı istediler mi, yoksa, açıklamasında bulundu.

- Kendileriyle şimdi görüşürüz. Yalnız, beni telgrafa davet ettikleri zaman "Bakan Paşa istiyor" demişlerdi. Davet eden Bakan Paşa mıdır, yoksa kendileri mi?

Yunus Nadi Bey - Bakan Paşa'nın müsaadesiyle ve yaveri vasıtasıyla, Harbiye merkezinden sizleri aradık. Bu yüzden yanlış anlaşıldı efendim, dedi.

Ben - Teşekkür ederim. Buyurun, dedim.

Bunun üzerine Yunus Nadi Bey'in sözleri alınmaya başlandı. Yunus Nadi Bey, düşüncelerine şöyle bir giriş yaptı: "Millî iradenin, millet hâkimiyetini etkili kılmasının olumlu bir sonucu olarak meydana gelen değişiklik üzerine, burada kurulan hükümetle, millî teşkilat arasında uyumlu bir birliğin sağlanmasının gecikmeyeceğine hükmetmiştim. Yaptığım soruşturmadan sonra, daha bir iki noktada anlaşmazlık bulunduğunu anladım. Bu uyumun kurulmasındaki gecikme içte ve dışta iyi olmayacağı için, bazı hususları arz etmeyi bir görev saydım."

Ondan sonra, şimdi özetleyeceğim noktalarla ilgili bilgi ve düşüncelerini, ilk konu olarak belirttiler.

1. Ferit Paşa Kabinesinde bulunmuş olan bazı şahısların bu kabinede yer aldıkları için kötü gözle görülmelerinin doğru olmadığını ve Abuk Paşa'nın Ferit Paşa Kabinesinin düşmesinde rol oynadığını;

2. Rıza Paşa Hükümetinin bir geçiş devresi hükümeti olduğunu, süresinin Meclis-i Mebusan seçiminin sonuna kadar devam edebileceğini;

3. Bugünkü hükümetin, millî gaye ve isteklerinin hepsini yerinde bulma ve olumlu bir sonuca ulaşmasına da çalışma konusunda en ufak şüpheye yer vermemekte olduğunu, belirttiler ve

4. Özellikle, Cemal ve Abuk Paşa gibi kimselerin, hükümette milli davanın birer temsilcisi ve kefili gibi kabul edilmelerinde kararsızlığa yer yoktur, hükmünü verdiler.

İkinci konu olarak da Yunus Nadi Bey, şahıslarla ilgili noktaya dokundular. Bunda bizimle tamamen aynı duyguda olmakla birlikte, "Biraz ılımlı olma tavsiyesine cesaret edeceğim." dedi ve görüşünü, millî başarının uyandırdığı iyi etkilerin, bazılarında intikamcılıkla yorumlanarak lekelenmekten korunmanın önemli olduğu şeklinde belirtti.

Yunus Nadi Bey, "Bugünkü hükümet üyeleri ile yaptığım temaslardan, hükümetin, millî teşkilatın isteklerinin yerine getirilmesinde kararlı olduğu anlaşılıyor." dedikten sonra şu bilgiyi verdi: Savunma Bakanı Cemal Paşa, bu gün yayınlanacak bildiride bu noktanın aslında yeterince açıklanmış olduğunu; ancak bildiri, hükümetin ağzından, resmî bir dille yazılmış olduğuna göre, her yönü dikkate alınarak araya sıkıştırılmış göstermelik birkaç kelimeye önem verilmemesi gerektiğini söyledi."

Yunus Nadi Bey, yeni sadrazam ile hükümetinin – her türlü yanlış anlaşılmayı gidermek için – millî teşkilatın ileri gelenlerinin göstereceği bir heyetle doğrudan doğruya temas kurma konusundaki samimi isteğini bildirdikten sonra, bütün düşüncelerini şu cümle ile özetledi: "Bugün bendenizin en gerekli saydığım husus, bunalımın sona ermesi ve karmakarışık bir durumda sürüp gitmemesinden ibarettir"

Yunus Nadi Bey, bu konudaki düşüncelerimi bellediği için, ben de şu cevabı verdim:

Sivas, 6.10.1919

Yunus Nadi Beyefendi'ye

Temsilciler Heyetince Sadrazam Paşa Hazretleri'ne yapılan birinci ve ikinci derecedeki tekliflerle, kendisinin heyetimize vermiş olduğu cevap ve özellikle bu cevabın son bölümleri bilmem tarafınızdan görülmüş müdür? Söylediklerinizden ve yüksek düşüncelerinizden, bu yazılanı görmemiş olduğunuza ve tekliflerimizin sizlere, bunların nitelik ve samimiyetini tam olarak anlamamış olanlar tarafından anlatılmış bulunduğuna hükmediyoruz. Bu nedenle, burada konunun esası üzerinde bir tartışmaya girmeyi müşkül görüyoruz. Yalnız, şahsî olan yüksek düşüncelerinizdeki bazı noktaları aydınlatmak maksadıyla, aşağıda, sırayla açıklamalar yapılmıştır.

Yeni kabine ile millî teşkilatımız arasında uyumlu bir birlik kurulmasının gecikmeyeceği yargısına biz de varmıştık. Bu gecikmenin sebebini bizde değil, yeni kabinenin dört gündür göstermekte olduğu kararsız tavırda aramak gerekir. Yeni kabine, bize aramızda bir anlaşmazlık olduğunu da bildirmemiştir. Yeni kabinede, yerlerinde bırakılan eski bakanların namuslarından şüphe etmemekle birlikte, eski kabinenin ağır suç sayılacak işlerine, bilerek veya bilmeyerek katılmış olmaları göz önünde tutulacak önemli bir noktadır. Abuk Paşa'nın kabinenin düşmesinde oynamış olduğu rol bizce bilinmemektedir. Biz, sonucu sağlayan gücü pek iyi biliriz. Bizim maksadımız, bu hükümeti, sanıldığı gibi bir geçiş devresi hükümeti olarak kabul etmek değildir. Aksine, milletin kaderi üzerinde karar verecek ve barışı yapacak en önemli heyet olabilmesini dileriz. Milletimizin ana çıkarları açısından, yabancıların bizce hiç önemi yoktur. Biz, davranışlarımızı yabancıların dedikodusuna uydurma güçsüzlüğünü reddetmiş olanlardanız. İç ve dış durumu bütün açıklığı ile biliyoruz. Attığımız adım tesadüflere bağlı değildir, derin düşüncelere, sağlam temellere, bütün milletin düzenli bir teşkilata bağlı gerçek kuvvetine ve irade gücüne dayanmaktadır.

Millet, egemenliğini bütün anlamıyla bütün dünyaya tanıttırmaya kesin olarak karar vermiştir. Bunun için de her yerde, her türlü tedbir alınmıştır. Bugünkü hükumetin millî dava ve istekleri olumlu karşılamasını ve olumlu bir sonuca bağlamaya çalışmasını bekleriz. Çünkü başka türlü iktidarda kalamaz. Abuk Paşa'yı bilmiyoruz. Ancak, Cemal Paşa'dan millî teşkilatımızın temsilcisi olmaktan başka bir şey beklemeyiz.

(Efendiler, Şunu belirtmeliyim ki, Cemal Paşa bizim temsilcimiz değildi. Kendisine böyle bir mevki ve görevin verilmiş olması, sizce bilinen tutumundan dolayı doğru da değildi. Ancak, Yunus Nadi Bey'in telgrafında, "Cemal Paşa'nın delege gibi kabul edilmesinde şüpheye gerek yoktur." denilmiş olmasından, Cemal Paşa'nın bunu istediği kanısına varılmış ve bu görev kendisine bir oldubitti halinde verilmiştir.)

Cemal Paşa bakan olur olmaz, kendilerinin herkesten önce bizimle ilişki kurup gerçek durumu anlayacağını ve ona göre hükümetle millî teşkilatın görüşlerini birleştirmeye çalışacağını umuyorduk. Oysa hala böyle bir temastan kaçındığı görülüyor. Bizim yeni kabineye karşı ileri sürdüğümüz teklif ve istekler, şahsî ve keyfî olmayıp bütün iller ve bağımsız sancaklarla bunlara bağlı yerlerin, beş kolordu komutanının ve millî teşkilata bağlılık gösteren yüksek dereceli memurların Temsilciler Heyetimize bildirmiş oldukları tekliflerin, Temsilciler Heyetimizce, hükümeti mümkün olduğu kadar güç bir duruma sokmama düşüncesi ile yapılmış, özetin özeti durumundaki bir sonucundan ibarettir. Bu teklif ve isteklerde sandığınız ve belirttiğiniz sakıncalar da yoktur. Hükümet, Temsilciler Heyetimizle samimi ve ciddi ilişki ve görüşmelerde bulunduğu takdirde, ileri sürülmüş olan istek ve tekliflerin hükümetçe uygulanabilecek şekil ve zamanını kararlaştırmaya hiçbir engel bulunmamaktadır. Yalnız, Sadrazam Paşanın, Temsilciler Heyetimize 4 Ekim'de cevap olarak gönderdiği telgrafındaki son paragraflar dikkati çeker niteliktedir. Eğer meşru olan millî teşkilatımız ile bunun yönetimini elinde bulunduranları, gayrimeşru ve kanundışı tanıma zihniyeti devam ettirilecekse, hiçbir uyuşma imkânı bulunamayacağına şüphe yoktur. Bugün yayınlanacağını bildirdiğiniz bildiride, her ne sebeple olursa olsun, millî teşkilat ve mücadelemiz hakkında eleştirici bir dil kullanıldığı takdirde, hatta bu tutum önemsiz birkaç kelimeden ibaret kalsa bile, tarafımızdan her türlü anlaşma imkânı ortadan kaldırılmış sayılacaktır. Zaten İstanbul Hükümeti, Temsilciler Heyeti ile iyiden iyiye anlaşmadıkça, bildirisi hiçbir yerden alınmayacaktır. Belki, yalnızca İstanbul bunun dışında kalabilir.

Temsilciler Heyetimiz bütün iller ve bağımsız sancaklar adına kendi bölgelerinde milletin genel oyları ile seçilmiş temsilcilerinin oluşturduğu Erzurum ve Sivas'ta toplanan genel kongreler tarafından kararlaştırılmış ve seçilmiş bulunan meşru bir millî yapılanmadır. Temsil yeteneği ve kudreti de fiili çalışmaları ile ortadadır. Meclis-i Mebusan'ın toplanıp da fiilen denetleme görevine başlayacağı güne kadar, Temsilciler Heyetinin millet ve memleketin kaderi ile ilgilenmesi zaruridir. Hükümetin, heyetimizle samimi temas ve ilişkisi, elbette kendi mevki ve kuvvetini güçlendirecektir. Ayrı ayrı yönlerde yüründüğü takdirde, bunun memleket ve millet çıkarları için sakıncalar doğurması doğaldır.

Biz, bugünkü kabinede, varlıkları memleket ve millet için özellikle yararlı olacağına inandığımız bazı kimselerin, daha önce olduğu gibi, birer birer kabineden çıkarılması şeklindeki son moda kabine taktiklerine uğradıklarını görmek istemeyiz. (Efendiler bu dediğimizin çıktığını göreceksiniz). Sivas'ta toplanmış bulunan Temsilciler Heyeti, bizzat ve doğrudan doğruya hükümetle en samimi temas ve ilişkide bulunmaya hazır ve isteklidir. Bu görevi başkalarına verme yetkisine sahip değildir. Hükümetle tam bir anlaşma gerçekleştiği takdirde, temasın kolay ve güvenilir olabilmesi için daha başka çareler de düşünülebilir. Özet olarak, karışık duruma bir an önce son verilmesi, öncelikle, hükumetin kendisine arz ve teklif ettiğimiz şekildeki bildirisinin, göstermelik kelimelerle değil, samimi bir dil ile yayınlanması ve öteki tekliflerin olumlu karşılanıp yerine getirileceği konusunda sadrazamlığın, arz ettiğimiz hususlara doğrudan doğruya cevap vermesiyle mümkün olacaktır. Yoksa Refik Halit Bey tarafından hala telgraflarımız ve bildirilerimiz kontrol edilir, çalınır ve alıkonulurken, hükümetin samimiyetinden söz edilmesi, bize pek garip geliyor.

Hükümet, bu kararsız durumunda birkaç gün daha devam edecek olursa, millet gözünde daha pek kazanamadığı güven ve itimadın büsbütün kaybolmasına yol açacaktır. Her yerden aldığımız telgraflarda, yeni hükümetin güvenilir olup olmadığına dair sorular sorulmaktadır. Saygılarımı arz ederim kardeşim.

Mustafa Kemal

Efendiler, Yunus Nadi Bey, verdiğim bilgiler ve yaptığım açıklamalardan gerçek durumu anladı. Bizimle haberleşmenin devamına gerek görmedi. Aksine, yeni hükümeti ve özellikle Cemal Paşa'yı uyarmaya çalışmış. Gerçekten, açıklayacağım üzere, görünüşte de olsa, bir anlaşma durumu ve manzarası ortaya çıktı.

Efendiler, 6 Ekim 1919 günü de geçti. Biz eldeki tedbirlerin önemle ve dikkatle yürütülmesi gereğini bir genelge ile emrettik.

Efendiler, Yunus Nadi Bey'le haberleşmemizin ertesi günü, nihayet, sadrazamdan cevap değil, fakat Cemal Paşa'dan şu telgrafı aldık:

CEMAL PAŞA KABİNE ADINA MİLLİ İRADEYE AYKIRI HAREKETLERDEN KAÇINILACAĞINA DAİR SÖZ VERİYOR

Harbiye 7.10.1919
Saat 12.07

Mustafa Kemal paşa Hazretleri'ne
Şimdiye kadar yapılan haberleşmelerin özeti:

1. Kabine sizinle aynı düşüncededir, millî iradenin hâkimiyetini kabul eder. Ancak, bir öç alma kabinesi olmaktan çekinir. Suçluların cezalandırılmasını kanuni yollarla yerine getirmeyi de uygun buluyor.

2. Zarara uğramış valilerin uğradıkları haksızlıklara son verip durumlarını düzeltmeyi, yeterli olanlarını seçip özellikle atamayı, ordunun şeref ve disiplinini de iade etmeyi tamamen üstlenir.

3. Devlet, dışarıya karşı şeref ve haysiyetini yeniden kazanabilmek için millî iradeye ve Temsilciler Heyetine dayanacaktır.

4. Temsilciler Heyetinin bir temsilcisi olarak, bütün içtenliğimle ve saygılı bir duygu ile arz ediyorum ki, kabine, Temsilciler Heyeti'nin hem dışa hem de içe karşı, hakim oluyor anlamını vermeksizin kendisine yardımcı olan konumunda kalmasını ister ve bu büyük gücün yararını takdir eder. Her şeyden önce, telgrafların karşılıklı olarak ve serbestçe çekilmesini, yerinde bırakılacak veya yeniden tayin edilecek vali ve komutanların hemen hareket edebilmesini, özellikle, kabul edilen yeni Milletvekilleri Seçimi Kanununun her yere dağıtılarak duyurulabilmesini pek yararlı görür.

5. Millî iradeye aykırı davranışlardan kaçınılacağına söz verirsem, geriye yalnız, ayrıntılarının şekil ve zamanı kalır ki, bunun da pek kolay olabileceğine inancım vardır. Vatanın kurtarılmasını hedef alan gayenin gerçekleşmesine, hemen elbirliği ile çalışabilmek için, ayrıntılar üzerinde ısrar edilmemesini, sizlerin yardımlarını bekler, pek rica eder, saygıdeğer arkadaşların hepsine de saygılarımı sunarım.

Savunma Bakanı
Cemal

Bu telgrafa hemen olumlu ve samimi olan şu cevabımızı verdik:

Şifre

Sivas, 7.10.1919

Savunma Bakanı Cemal Paşa Hazretleri'ne

İlgi: Sizlerin telgrafta belirttikleri hususlara, madde madde, sırayla aşağıdaki cevap arz olunur:

1. Kabinenin bizimle tam bir birlik ve beraberlik içinde, millî iradenin hâkimiyeti ilkesini kabul buyurmasına, millet adına teşekkürlerimizi arz ederiz. Kabinenin, Temsilciler Heyetinin ve bütün millî teşkilatımızın öç alıcılıkla lekelenmesi, bizce de son derecede sakınılacak ve çekinilecek bir husustur. Bu noktada ve suçluları hukuki yollarla cezalandırılmaları gereğinde de kabine ile bir görüş birliği içindeyiz.

2. İkinci maddede yazılanlar için de özellikle teşekkür ederiz. Bundan önce arz edilmiş olan hususlarda, bu noktanın üzerinde durulmasının sebebi şuydu:

Milli davaya ve Milli Mücadele'ye karşı tutumlarından dolayı, millet tarafından reddedilen bazı vali ve komutanlar, şekle uyma düşüncesi ile, geçici bir süre için de olsa, görevlerine iade edildikleri takdirde, gittikleri yerlerde kabullerine imkân görülmediğinden, hükümet otoritesine karşı saygısızlık doğabilir endişesi idi.

3. Üçüncü madde, özellikle şükranla karşılanmaya değer. İnşallah birlik ve beraberlik içinde, vatan ve milletimizin kurtuluş ve mutluluğunu sağlamamız kısmet olur.

4. Tam bir içtenlikle ve büyük bir güvence ile arz ederiz ki, kabinenin gösterdiği ciddiyet ve samimiyete karşılık, Temsilciler Heyeti ne içeriye ne de dışarıya karşı hiçbir vakit bir hakim olma durumu almayacak, aksine tam bir görüş birliği ile kabul buyurulan esaslar çerçevesinde, Hükümetin güç ve otoritesini artırıp sağlamlaştırmayı vatan ve milletin selameti için görev sayacaktır. Bu konuda asla şüphe ve tereddüt buyurulmamasını arz ve rica ederiz. Özellikle sizlerin, tüzüğümüzün sekizinci maddesi gereğince, doğrudan doğruya Temsilciler Heyetimiz üyesi sıfatıyla kabinede temsilci olarak bulunmaları her iki tarafın da işlerinde ve kararlarında anlaşmaya varmaları bakımından bir güvence sağlayacağı için sevindiricidir.

Artık kabine ile milli teşkilatımız arasında, her noktada görüş birliği ve uzlaşmaya varıldığı anlaşıldığına göre, elbette, haberleşme konusundaki kayıtlar da kaldırılacaktır. Ancak, Temsilciler Heyeti, bütün Anadolu ve Rumeli'deki teşkilat merkezleri ile bağlantısını devam ettirmek zorunda olduğundan, özel telgraflar şeklinde yapılmakta olan telgraf haberleşmelerimizin eskiden olduğu gibi devamına müsaade buyurulmasını özellikle istirham ederiz. Burada şunu da arz edelim ki, hükümet, emirlerini tebliğe başladığı dakikada, hiçbir tarafta herhangi bir engelle karşılaşmamak ve en küçük bir otorite sarsılmasına uğramamak gerektiğinden, bu hususun sağlanması ve Temsilciler Heyeti tarafından gerekenlere gerekli tebligatın yapılabilmesi için, kırk sekiz saat kadar zaman bırakılmasını rica ederiz. Temsilciler Heyeti tarafından yapılacak tebligata esas olmak ve millete güven vermek üzere yayınlanmasını rica ettiğimiz kabine bildirisinin, gizli olarak, yayınlanmadan önce, bu kopyasının heyetimize lütuf buyurulmasını özellikle istirham ederiz. Çünkü bu bildiride, bir kelimenin bile milletçe yanlış anlamaların devamına yol açabileceğini ve Temsilciler Heyetini de millete karşı pek güç bir durumda bırakabileceğini bütün samimiyetimizle arz ederiz.

Temsilciler Heyeti tarafından Padişaha takdim edilecek bir teşekkür yazısı ile millete yapılacak tebliğ suretini gerekli yerlere göndermeden önce, sizlere şimdi arz edeceğiz ve bunların metinine dair kabinece ileri sürülecek düşünceler saygıyla dikkate alınacaktır.

Yeni Milletvekilleri Seçimi Kanunu üzerindeki görüşümüzü daha sonra arz etmek üzere, söz konusu kanunun hangi görüşle hazırlanmış olduğunu lütfen bildirmenizi rica ederiz.

5. Temel noktalarda tam bir uzlaşma doğduktan sonra, sizlerle saygıdeğer arkadaşlarınızın samimiyetlerinden şüphe edilemeyeceğinden, konunun ayrıntıları üzerinde kendiliğinden görüş birliğine varılabilmesi normaldir. Bendenizin ve bütün çalışma arkadaşlarımın, en büyük saygı ve samimiyetlerimizle, sizlerin ve içinde bulunduğunuz kabinenin başarıya ulaşmasına ve bu sayede vatanın kurtarılmasını hedef alan gayenin bir an önce gerçekleşmesine bütün varlığımızla çalışacağımıza inanmanızı arz ederim ve burada hazır olan bütün arkadaşlarımın selamını ve saygılarını sunarım.

Mustafa Kemal

Cemal Paşa, bu telgrafımıza o gece cevap verdi. Bunda bildirinin hemen yayınlanmasının gerekli olduğunu, ancak, gerekli noktalara dikkat edildiğini bildiriyordu. Biz de aynı gece, nezaket gereği olmak üzere cevap verdik.

Fakat Efendiler, hükümetin, bildirisini yayınlamadan önce bize göstermek istemediği anlaşılınca, biz de millete olan bildirimizi hükümete danışmadan yayınladık; Padişah'a olan telgrafı da aynı şekilde çektik.

Efendiler, 7 Ekim 1919 tarihini taşıyan bildirimiz; milleti, tutulan yolun isabetli ve başarılı olduğu, bu yolda millî birliği koruyarak bugüne kadar olduğu gibi devam edilmesi konusunda, dolayısıyla aydınlatmaya, uyarmaya ve milletin manevî gücünü kuvvetlendirmeye yardımcı olmak maksatlarını dile getirmekte idi.

Padişah'a yazılan telgraf da millet adına teşekkürü içine alıyordu.

Efendiler, bu arada küçük bir bilgi arz edeceğim. Heyetimiz, bütün memlekete milletin ortak isteğinin gereğini yerine getirtmeye çalıştığı sırada, işgal altında bulunan İzmir'e de doğrudan doğruya tebligatta bulunuyordu. Ali Rıza Paşa Kabinesiyle anlaşmakta olduğumuz 7 Ekim 1919 tarihinde, İzmir'e de şu telgrafı çekiyorduk:

Acil

Sivas, 7.10.1919

İzmir Valiliği Yüksek Katına

Şimdiye kadar gönderilen tebligat ve yazılarımız size ulaştıysa, gereklerinin yapılmakta olup olmadığının, ulaşmamış ise, engelleyici sebeplerinin acele bildirilmesi rica olunur.

Anadolu ve Rumeli Müdafaa-i Hukuk Cemiyeti
Temsilciler Heyeti adına
Mustafa Kemal

İzmir'in ve İzmir valisinin ne durum ve şartlar içinde bulunduğunu şüphesiz biliyorduk. Tebliğlerimizi alıp alamayacağı şüpheli olmakla birlikte, uygulayamayacağı belliydi. Fakat biz, bütün memleketin kaderiyle meşgul ve işgal tanımayan bir kuvvet merkezinin bulunduğunu düşmanlarımıza da bildirmekte yarar görüyorduk.

KAZIM KARABEKİR PAŞA'NIN BENİM HÜKÜMETİN İŞLERİNE KARIŞMAMAK HAKKINDAKİ DÜŞÜNCESİ

Efendiler, içinde bulunduğumuz günlere ait olaylara ve konulara dokunmuşken, burada küçük bir noktayı daha açıklamama müsaadenizi rica edeceğim. Kazım Karabekir Paşa'dan gelen 8 Ekim 1919 tarihli bir telgrafta, şöyle bir görüş ileri sürülüyordu:

"Temsilciler Heyetinden sizin, Rauf Beyefendi'nin ve bu gibi önemli şahsiyetlerin, milletvekili olduktan sonra da hiçbir şekilde hükümete karışmayarak meclisteki grubun başında daima söz sahibi olarak bulunmasını, kabinenin şekli ve kuruluş tarzı, üyelerinin değer ve kişiliği ne olursa olsun Meclis-i Millî içinde hep denetleyici bir mevkide kalınmasını başarının önemli şartı ve uygulanması önemli olan bir karar sayarım."

"Bir emelin ve bir grubun en yükseği ve güçlüsü olarak tanınmış şahsiyetleri, kendi yetki çerçevelerini aşıp da hükümet işine karışınca, Meclis-i Milli daima zayıf kalmış ve akımlar karşısında ya sürüklenmiş yahut da parçalanmıştır."

"Vatan ve milletin bir bütün olarak kurtuluşunun şiddetle söz konusu olduğu bu devrede, arz ettiğim bu hususlar üzerinde kesin bir karara varmanızı derin saygılarımla istirham ederim."

Efendiler, gerçekten de Erzurum'da bulunduğum zamanlarda, Kazım Karabekir Paşa, karşılıklı olarak yaptığımız konuşmalarda da buna benzer görüşler ileri sürmüştür. Benim ileri sürdüğüm görüşler de aşağı yukarı şöyleydi : "Her şeyden önce, memlekette, milletin varlık ve iradesini ortaya koymak ve bunu sarsılmaz bir şekilde Millî Meclis'te temsil etmek gerekir. Bu da, memlekette millî bir ülkü etrafında kuvvetli bir teşkilat kurmak ve mecliste bu teşkilata dayalı bir grup bulundurmakla mümkündür. En güçlü şahsiyetlerin gayesi bu olmalıdır. Oysa, şimdiye kadar görüldüğü üzere, asıl olan bu noktaya önem verilmeksizin, kendilerinde az çok liyakat görenler, hemen hükümete geçme hevesine ve hırsına kapılıyorlar. Bu gibi insanlar, mecliste kendilerine dayanak olarak milli teşkilata bağlı güçlü bir grup oluşturamayınca, geride yalnız saltanat ve hilafet makamı kalıyor. Bu yüzden millî meclisler, millî şeref ve kudreti temsil edemiyor. Millî istekler ortaya konamıyor ve gerekleri yerine getirilemiyor. Bu bakımdan bizim için başta gelen en önemli ilke, önce memlekette millî teşkilatı kurmak, sonra da bu teşkilattan kuvvet alan bir grubun başında, mecliste çalışmak olmalıdır. Hükümet kurmaya veya kurulacak herhangi bir hükümete girmeye kalkışmakta yarar yoktur. Çünkü, bu nitelikte bir hükümet, vatana ve millete hiçbir esaslı hizmet veremeden hemen düşmeye yahut da padişaha dayanarak meclise karşı ve dolayısıyla da millete karşı düşen bir durum almaya mecbur olacaktır. Böyle olunca da, birincisinde istikrarsızlık gibi büyük bir sakınca sürüp gidecek; ikincisinde de millî hâkimiyetin yavaş yavaş yok olma derecesine getirilmesine hizmet edilmiş olacaktır." Nitekim sizlerce bilindiği ve fiilî olarak da görüldüğü üzere biz memlekette önce millî bir teşkilat kurduk. Sonra meclisi topladık. Önce Meclis Hükümeti kurduk. Ondan sonra da Cumhuriyet Hükümetini teşkil ettik.

Bundan başka, fırsat olursa kabineye girilmeyeceği, yüksek makam ve memuriyetler kabul edilmeyeceği ve aslında büyük ve millî gayeden başka hiçbir maksadın peşinde olmadığımız ve faaliyetimizin en büyük kısmının şimdiye kadar olduğu gibi, bundan sonra da Kuva-yı Milliye'nin bir denge unsuru olarak kalmasına çalışmaktan ibaret bulunduğu noktalarında millete karşı demeç ve bildirilerimiz vardı. Kazım Karabekir Paşa, telgrafında, Erzurum'daki görüşlerimi ve bu görüşe bağlı olarak yayınlanan bildirilerimizi hatırlatarak takdirlerini ifade ettikten sonra; "ancak, bu güzel azim ve kararın, şimdiye kadar bizde yapılmış denemeleri ve bunların verdiği sonuçlan göz önünde bulundurarak daha geniş çaplı olmasını düşündüğümü de özellikle arz ederim." diyorlardı.

Efendiler, Kazım Karabekir Paşa'nın bu görüş ve teklifi telgraflarının sonunda söyledikleri gibi, vatan ve milletin kurtuluşunun söz konusu olduğu bir devirde ve benim de açıkladığım üzere, daha memlekette hiçbir teşkilat ve meclis yokken ve meclis toplandığı zaman da orada böyle bir teşkilata ve millî kudrete güvenen ülkü sahibi bir grup varlığını ispat edememişken, her ne şekilde olursa olsun hükümet kurmaya veya kurulacak hükümete girmeye heves etmek, elbette doğru olmazdı. Böyle bir davranışı memleket ve millet yararına hizmet gayesinden çok, şahsi hırs ve menfaate yahut da hiç olmazsa bilgisizliğe vermekte, kanaatimce asla isabetsizlik yoktur.

Ancak, Efendiler, Karabekir Paşa'nın dediği gibi kabinenin ne şekilde ve nasıl kurulacağı, üyelerinin değer ve kişiliği ne olursa olsun, Meclis'te şekil bulmuş siyasî bir grubun öne çıkan şahsiyetlerinin meclis içinde sürekli olarak söz sahibi ve denetleyici bir mevkide kalması, en önemli başarı şartı ve uygulanması zaruri bir karar sayılamaz.

Gerçekten de millî hâkimiyet ilkesine bağlı olarak idare edilen medenî devletlerde, kabul edilmiş olan ve fiilen yürürlükte olan kural, milletin genel eğilimlerini en yüksek düzeyde temsil eden ve bu eğilimlerin bağlı bulunduğu yararları en yüksek kudret ve yetki ile gerçekleştirebilecek siyasî grubun, devlet işlerini üzerine alması ve bunun sorumluluğunu en yüksek liderinin omuzlarına yüklemesi ilkesinden ibarettir.

Zaten bu şartları taşımayan bir hükümet görev yapamaz. Hükümetin, kuvvetli grup üyeleri arasından ve fakat birinci derecede olmayanlarından zayıf bir hükümet kurmak, onu partinin birinci derecedeki liderlerinin direktif ve tavsiyeleriyle yürütmeye kalkışmak düşüncesi, elbette doğru değildir. Bunun feci sonuçları özellikle Osmanlı Devleti'nin son günlerinde görülmüştür.

İttihat ve Terakki liderlerinin elinde oyuncak olan sadrazamlardan ve onların hükümetlerinden millete gelen zararlar sayılamayacak kadar çok değil midir?

Mecliste, hakim olan partinin, hükümetin kurulmasını, muhalif ve azınlıkta bulunan bir partiye bırakması ise asla söz konusu olamaz.

Kural ve yöntemlere göre, milletin çoğunluğunu temsil eden, programı belli olan parti, hükümeti kurma sorumluluğunu üzerine alır, memlekette kendi gaye ve ilkelerini uygular.

KAZIM KARABEKİR PAŞA'NIN KENDİSİNİN HÜKÜMET İŞLERİNE KARIŞMA HAKKINDAKİ FİKRİ

Zaten herkesçe bilinen ve o yolda hareket edilmekte olan bir gerçeği, burada açıklamaktan maksadın, vatanseverlik, ahlak üstünlüğü, olgunluk ve buna benzer birtakım seçkin vasıflar gereğiymiş gibi gösterilmek istenen safsatalara karşı, milletin ve gelecek nesillerin dikkatli ve uyanık bulunmalarını sağlamaktır. Bu düşüncelerine vesile teşkil etmiş olan Kazım Karabekir Paşa'nın da bu noktada, genellikle benimle aynı düşünce ve görüşte bulunduğuna asla şüphem yoktur. Çünkü Kazım Karabekir Paşa'nın maksadı, elbette, yalnız benim veya Temsilciler Heyetinde bulunan bazı arkadaşların hükümet kurmamasını veyahut hükümete girmemesini hedef almak değildi. Kazım Karabekir Paşa, bu konuyla ilgili telgrafında, Rauf Bey'in ve benim adımı söylerken "bu gibi ön plandaki şahsiyetler" demiş olduğuna ve kendisini aynı sınıfta görmesi doğal olduğuna göre, elbette kendilerinin de prensiplerinin dışında kalamayacağı belliydi. Oysa, Kazım Karabekir Paşa, hafızam beni yanıltmıyorsa, milletvekili olarak Meclis'te çalıştığı sırada, bir durumun gereği olarak yeni bir kabine kurulması söz konusu oldu. Ben bu hususta görüşmek üzere Fethi Bey, Fevzi Paşa, Fuat Paşa, Kazım Paşa, Ali Bey, Celâl Bey, İhsan Bey ve hükümetteki arkadaşları ve bunlarda başka on on beş arkadaşı ve bu arada Kazım Karabekir Paşa'yı Çankaya'ya davet etmiştim. Kazım Karabekir Paşa, bana gelmeden önce, mecliste, o tarihte parti genel sekreteri olan Recep Bey'in yanına giderek, kendisini davet ettiğimi ve büyük bir ihtimalle hükümet başkanlığını teklif edeceğimi söyledikten sonra, şimdiden, kendisinin durum hakkında aydınlanmasına yardım edecek bilgileri varsa bildirilmesini söylemiştir.

Kazım Paşa'nın Çankaya'da, toplantı ve görüşme sırasındaki tutumu da, orada hazır bulunanlar tarafından anlamlı görülmüştü. Kazım Karabekir Paşa, görüşme sırasında, bu şekilde de millete hizmetten çekinmediğini pek haklı ve yerinde olarak ifade etmişti. Görüşmeler bir noktaya saplandı. Hükümet başkanı Fethi Bey mi, Karabekir Paşa mı olsun? Bu nokta üzerinde tartışılırken Kazım Karabekir Paşa, bana 8 Ekim 1919 tarihinde tavsiye ettiği gibi, kabinenin şekli ve kuruluş tarzı, üyelerinin değer ve kişilikleri ne olursa olsun, Millî Meclis içinde daima söz sahibi ve denetleyici olarak kalmayı, uygulanması gerekli bir karar saydığını söylemedi. Aksine, durumu, hükümet kurmaya yetkili kılınmasını bekler nitelikte görülüyordu. Oysa, daha vatan ve milletin tam olarak kurtuluşunun söz konusu olduğu devrin korkunç ve karanlık bir safhasını daha yaşıyorduk.

Görüşmeyi sonuca bağlamadım. Ara verdiğim bir sırada, Fevzi Paşa Hazretleri'ni bahçeye götürdüm: Kendisine, Fethi Bey ve Kazım Karabekir Paşalardan birini hükümet başkanlığına seçmekte hakem olmasını rica ettim. Fakat ikisini de aynı zamanda çağırıp konunun şahsî ve basit bir konu olmadığını, sorumluluğun vatanla ilgili ve büyük olduğunu belirttikten sonra, açıktan açığa kendilerine, bu görevi hangisinin daha iyi yapabileceklerini, vicdanlarına başvurarak bizzat söylemeleri isteğinde bulunacaktı.

Yeniden toplandık. "Hükümeti ya Fethi Bey ya da Karabekir Paşa kuracaktır. Görüşmelerin sonucundan bunu anlıyorum. Konunun çözüme bağlanmasında, Fevzi Paşa Hazretleri'ni hakem yapalım." dedim. Kabul edildi. Mareşal, Fethi Bey'i ve Karabekir Paşa'yı aldı. Bahçeye çıktılar. Belirttiğim şekilde hareket edilmiş. Fethi Bey, "Ben daha iyi yaparım." demiş. Mareşal da bu kanıda bulunmuş ve Fethi Bey seçilmiştir. Böylece, Karabekir Paşa'nın Hükümeti kurmakla görevlendirilmesine yardımcı olma fırsatı ortadan kalkmış bulundu.

PADİŞAH KÖLELİĞİYLE ELDE EDİLEN İKTİDAR MAKAMI İKTİDARSIZLIK ÖRNEĞİDİR

Efendiler, Ali Rıza Paşa Kabinesiyle başladığımız temas noktasına gelelim:

Arz etmiştim ki, hükümet, bize bildirisini yayınlanmadan önce vermediği için, biz de millete yapacağımız bildiriyi hükümetin görüşünü almaya gerek duymadan yayınlamıştık.

Bunun üzerine, hükümet, Cemal Paşa vasıtasıyla, daha dört maddenin çeşitli yollarla yayınlanmasını gerekli bulmakta olduğunu 9 Ekimde bildirdi. Bu maddeler şunlardı:

1. İttihatçılarla bir ilişkinin bulunmadığı,
2. Osmanlı Devletinin Birinci Dünya Savaşına karışmasının doğru olmadığı, buna sebep olanlar aleyhinde adları da açıklanarak bazı yayınlar yapılması ve haklarında hukuki kovuşturma açılarak cezalandırılmaları,
3. Hiçbir savaş suçlusunun kanunî cezadan kurtulamayacağı,
4. Seçimlerin serbestçe yapılacağı.

Cemal Paşa, bu maddeleri saydıktan sonra, bunların açık bir şekilde belirtilerek yayınlanmasının, içeride ve dışarıda birtakım yanlış anlamaların önüne geçeceğini ileri sürerek ve memleketin yüksek çıkarlarının bir gereği olarak, özellikle olumlu karşılanmasını rica ediyordu.

Efendiler, Ali Rıza Paşa Kabinesinin ne kadar cılız düştüğünü ve gerçeği kavramadaki anlayış kıtlığını görebilmek için bu maddeler sanki birer ölçüdür. Devletin, içine düştüğü felaket uçurumunun derinlik ve dehşetini görmekten aciz olan zavallılar, elbette ciddi ve gerçek çareyi görmemek için gözlerini yumarlar. Çünkü, o ciddi ve gerçek çare, kendilerini daha çok dehşete düşürür.

Akıl ve kavrayışlarındaki kısırlık, yaratılışlarındaki zayıflık ve soysuzlaşma gereği böyledirler.

Çoktandır, köle olduğuna şüphe kalmamış olması gereken Padişah ve Halife'nin köleliği ile elde edilebilecek iktidar makamının, iktidarsızlığa örnek olması doğal değil miydi?

Ferit Paşa'nın yerine gelen Ali Rıza Paşa ve bir kısmı bundan önceki kabinede de görev almış bulunan yeni çalışma arkadaşları, Ferit Paşa'nın bırakmış olduğu noktadan başlayarak, onun sonuçlandıramadığı düşman emellerini takip ve sonuçlandırmaya çalışmaktan başka zaten ne yapabilecekti?

Bu, bizce, açık olarak biliniyordu. Fakat tahmin ve takdir buyurulacak birçok düşünce ve sebeplerle, hazımlı ve sabırlı davranmaktan başka çıkar yol yoktu.

Efendiler, uzlaşmış görünmeyi uygun bulduğumuz bu yeni kabine ile bizim görüşlerimiz arasındaki ayrılığın beliren ilk safhalarını görmek için, bu dört madde ile ilgili görüşlerimizi içine alan cevabımızı, Büyük Millet Meclisi zabıtlarının ilk günlerine ait sayfalarında mevcuttur. Lütfen bir daha gözden geçirirsiniz.

Efendiler, bugünlerde İstanbul'daki basın mensupları bir dernek kurmuşlar. 9 Ekimde, Tasvir-i Efkâr Vakit, Akşam Türk Dünyası ve İstiklal gazeteleri adına bazı sorular soruyorlar ve yayına esas olacak görüşlerimizi almak istiyorlardı. Bunlara, gereken açıklamalar yapıldı ve bilgiler verildi.

Bu basın heyetinin başkanı Velit Bey'in de kendi gazetesi adına ilgi çekici soruları içine alan bir telgrafı vardı. Ona da yaverim vasıtasıyla karşılık verdirdim. Bunları belgeler arasında okuyacaksınız.

DAMAT ŞERİF PAŞA MİLLETİ ZEHİRLİYOR

Efendiler, yeni kabine içinde yer alan ve Temsilciler Heyetimizin elçisi durumunda olan Cemal Paşa ile yapılan ve yapılmakta olan haberleşmelerimiz, yüce topluluğunuza İçişleri Bakanlığı makamını tutan Damat Mehmet Şerif Paşa'dan söz etmemi geciktirdi.

Biz, yeni kabine ile uzlaşma yolu ararken, Şerif Paşa, çoktan milleti zehirlemeye başlamış bulunuyordu.

Bakanlığa geçtiğini bildiren 2 Ekim tarihli genelgesinin metni hatırlanırsa, orada şu cümlelere rastlanır:

"Vatandaşların tam bir uyum ve birlik içinde bulunmaları, devletin gerçek çıkarlarının bir gereği olduğu halde, bir süredir memlekette bozgunculuk ve bölücülük belirtilerinin görülmesi, güçlüklerin bir kat daha artmasına yol açacağından, pek çok üzüntü vericidir."

"(...) Başarı (...) hükümetin gösterdiği yolda gitmekle ve memleket çıkarlarını ilgilendiren konularda zararlı davranışlardan kaçınmakla elde edileceğinden, hemen merkezlere ve merkeze bağlı olan yerlere bu bakımdan tavsiyelerde bulununuz."

Efendiler, Damat Ferit Paşa'dan daha akıllı olduğu söylenen Damat Şerif Paşa, pek acemice işe başlamış oluyor. O tarihlerde İstanbul'da, bizi isyancı, anarşist, "simple soldat -basit asker-" sayan bazı romancılar gibi, Damat Paşa da bizi; ancak ahmakları aldatabilecek kendi kısa aklınca, gafil ve anlayışsız sanıyordu galiba!

Oysa, biz, Bakan Paşa'nın alçakça niyetini hemen anlamış ve daha uyanık bir durum almış bulunuyorduk. Şerif Paşa, bizim tutum ve gidişatımızı, Ferit Paşa Kabinesini düşürmek için milletçe yapılan girişimleri, memlekette bozgunculuk ve bölücülük belirtileri olarak gösteriyor ve bu konuda üzüntülerini dile getiriyor.

Bir de, Efendiler, hükümetin, İçişleri Bakanı Mehmet Şerif imzasıyla yayınlanan duyurusunun birkaç noktasına hep birlikte göz gezdirelim:

"Bugünkü kabine tam bir uyum içindedir." Çok doğrudur. Bu durum bütün çıplaklığı ile kendini gösterecektir.

"Temel konularda görüş birliği içindedir. Hiçbir partiye bağlı değildir. Çeşitli siyasî grupların hiçbirine de eğilimi yoktur. Hepsinden manevi destek bekliyor.

Bu cümlelerden çıkan anlam açıktır. Hükümet, millî teşkilat ve onu idare eden Temsilciler Heyeti ile beraber değildir. Hatta, ona karşı bir eğilimi bile yoktur. İtilaf ve Hürriyet Partisinden, Muhipler Cemiyetinden, Kızıl Hançerliler'den, Nigehbancılar'dan vs. mevcut öteki derneklerden ne kadar destek bekliyorsa, bizden de ancak o kadar... Cemal Paşa vasıtasıyla bizi oyalama ve aldatma gayesiyle çekilen telgraflarda yazılanlar hep yalandır.

Sonra Efendiler, şu cümleyi okuyalım: "Memleket kaderinin milletin vekilleri aracılığı ile belirlenmesi başlıca emelimizdir." Bundan çıkan anlam da şudur: "Sivas'ta birkaç kişi toplanmış, millet adına söz söylüyor. Milletin kaderi ile ilgileniyor. Temsilciler Heyeti diye bir de unvan takınarak, üstlerine vazife olmadığı halde, millet ve memleketin işlerine karışıyorlar. Bunların sözünü dinlemeyiniz. Çünkü bunlar milletin vekilleri değildir!"

Hükümet, bu bildiride barış konusundaki görüşünü de şöyle açıklıyor : "Wilson prensiplerinden hakkıyla yararlanılarak, Osmanlı Devletinin bir bütün halinde ve padişahının etrafında toplanmış bağımsız bir devlet olarak yaşamasını sağlayıcı hiçbir girişimden geri durulmayacaktır."

Yeni kabine, bu görüşlerinde başarıya ulaşacaklarını belirtmek üzere şu delilleri sürüyor: "Zaten büyük devletlerin adalet duyguları ile gerçekten gittikçe açıklık kazanmakta olan Avrupa ve Amerikan kamuoyunun ölçülü davranma isteği de bu konuda güven verici olmaktadır."

Efendiler, bütün bu düşünceler, Ferit Paşa Kabinesinin padişahın ağzından yayınladığı bildiride yazılanlarla harfi harfine aynı değil midir?

Bu türlü bildiriler yayınlamaktan maksat milleti aldatmak ve miskinliğe sürüklemek değil midir?

Hangi adaletten söz ediliyor? Hangi ölçülü davranma isteğinden dem vuruluyor? Bunların asılları var mıydı? Memleketin merkezinden başlayarak her tarafından yapılan yabancı gösterileri, gerçekten bunun aksini ispat edecek fiilî ve apaçık deliller değil miydi?

Gerçekte, Wilson prensipleriyle birlikte sahneden çekilmiş ve Osmanlı ülkesine ait toprakların Suriye'de, Filistin'de, Irak'ta, İzmir'de, Adana'da ve her yerde işgaline seyirci bulunmuyor muydu?

Bu kadar kesin yıkılış belirtileri karşısında aklı, kavrayışı, vicdanı olan adamların kendi kendilerini aldatmalarına ihtimal verilir mi? Bu gibi adamlar, aslında kendilerini aldatacak kadar budala olurlarsa, onların memleket kaderini elde tutmalarına, aklı eren ve korkunç gerçeği görenler katlanabilirler mi? Eğer bu adamlar, gerçeği biliyorlar ve kendilerini aldatmıyorlarsa, milleti kandırarak bir koyun sürüsü halinde düşmanın pençesine teslim etmek için canla başla çalışmalarına ne anlam verilebilir?

Bütün bu noktalar göz önünde bulundurularak verilecek hükmü kamuoyuna bırakırım.

TEK KUSURUMUZ

Efendiler, hükümetin bildirisinin anlamsızlığına ve taşıdığı düşüncelerin sakatlığına rağmen, biz Temsilciler Heyeti adına aynı tarihte, 7 Ekim günü, yeni kabineyi destekleme kararı veriyoruz. Yeni hükümet ile millî dava arasında tam bir uzlaşma meydana geldiğini millete müjdeliyoruz. Her yerde hükümet işlerine asla karışılmamasını sağlayarak, Hükümetin kuvvetini artıracak ve işlerini kolaylaştıracak tedbirler alıyoruz. İçeride ve dışarıda tam bir birlik olduğunu fiilen ispat edecek bir durum alıyoruz. Özet olarak; memleketin kurtuluşunu sağlayabilmek için, dürüstlük ve içtenlikle düşünenlerin, akıl ve vicdan bakımından yapmaya mecbur oldukları – akla gelebilecek – her şeyi yapmaya çalışıyoruz. Milletvekillerinin bir an önce seçilmesini sağlamak için teşvik ve tavsiyelerde bulunuyoruz. Yalnız bir şey yapmıyoruz. Milli teşkilatı dağıtmıyor, Temsilciler heyetini feshetmiyoruz. Tek kabahatimiz budur.

Damat Ferit Paşa'dan sonra, diğer bir damat paşanın etrafında, sadrazam diye, bakan diye toplanmış birtakım kuş beyinlileri, alçak bir padişahın alçakça düşüncelerini kolaylıkla uygulayabilsin diye serbest bırakmayacağımızı hissettiriyoruz.

Temsilcimiz Cemal Paşa, kabine hakkında bizim olumlu kanaatimizi alabilmek ve güvenimizi kazanabilmek için her çareye başvurmaktan geri durmuyor. Ahmet İzzet Paşa'ya da kabineyi övdürerek varlığımızın silinmesi gereğine dair öğütler verdiriyordu.

AHMET İZZET PAŞA'NIN ÖĞÜTLERİNİN YER ALDIĞI BELGE

Gerçekten de, Ahmet İzzet Paşa'nın şifre içinde kalan imzasıyla, Cemal Paşa'dan 7/8 Ekim 1919 tarihli şöyle bir telgraf almıştık:

Harbiye, 7/8.10.1919

Mustafa Kemal Paşa Hazretleri'ne

Yeni kabinede, çoğunlukta olan eski ve yakın arkadaşlarımı ziyaret ederek durumun ne merkezde olduğu konusunda bir sohbet görüşmesi yapmış idim. Öğrendiğim bazı durumlar üzerine, millet ve memleketin hayati çıkarlarını düşünerek aramızda öteden beri süregelen dostça ilişkilere askerlikten gelen kardeşçe duygulara güvenerek, aşağıdaki düşünceleri hemen belirtmek istiyorum:

Birkaç aydan beri, memleketin uğradığı istila ve yok olma tehlikesinin önüne geçilebilmek için şimdiye kadar, Kuva-yı Milliye'nin ve Millî Mücadele'nin yaptığı yararlı etkiler herkesçe kabul edilmiştir.

Yalnız, bu hizmetin sonuçlarını alabilmenin, bundan sonra otorite sahibi ve kanuni bir yönetime bağlı olduğuna da görenler şahit olmaktadır. Artık hükümet ve milletin ikilikten ayrılarak bir birlik manzarası göstermesine, aciz görüşüme göre acilen ihtiyaç vardır. Kabineyi oluşturan şahısların iyi niyetli ve tutarlı düşüncelerine herkesin güveni olduğu inancındayım. Hiçbir kabinenin görevini sürekli olarak yapmasına imkân bırakmayacak iç meselelerin, dış siyaset üzerindeki korkunç etkileri bir açıklamayı gerektirmeyecek kadar belirgindir. Milletvekillerinin bir an önce seçilmesi ve meclisin toplanması için Osmanlı Hükümetince acil tedbirler alınmaktadır. Vatanın kurtarılması uğrunda gösterdikleri kahramanca azim ve niyetlerinin, hükümet üyelerince nasıl karşılandığı bugünkü bildiriden anlaşılması sayesinde, samimiyetle bir görüş birliğine varılacağına güvenim tamdır.

Ancak bu sabah bendenizin yanına gelen, duruma hakim ve güvenilir bir kişi, Kütahya ve, Bilecik taraflarında istenmeyen bazı olayların çıktığını söylemiştir. Bizi, anlaşmazlık ve çözülmeye sürüklemek için dışarıdan ve içeriden birçok teşvik ve kışkırtmalar olacağını tahmin ve kabul etmek doğaldır. Öte yandan bakanlardan birinin gösterdiği, Kastamonu vali vekilinden gelmiş bir telgrafla da, bazı memurların tayini ve cezalandırılması gibi işlerde İstanbul Hükümetine sanki emredilmek isteniyordu. Özet olarak, artık memlekette birliğin sağlanmasını ve temel kanunlar çerçevesinde hükümetle bağlantı kurulmasını içtenlikle tavsiye ve rica ederim (Ahmet İzzet) .

Savunma Bakanı
Cemal

Bu telgrafa, elden geldiği kadar kişisel hiçbir duygu ve düşüncemizi belli etmemeye çalışarak, yumuşak ve hatta inandırıcı bir karşılık vermek uygun görüldü. Cevap şudur:

Şifre

Sivas, 7/8.18.1919

Savunma Bakanı Cemal Paşa Hazretleri'ne
Ahmet İzzet Paşa Hazretleri'ne

İlgi: 7/8.10.1919

Yüksek düşünceleriniz önemle dikkate alındı. Millî Mücadele'nin etkileri ile ilgili olumlu kanaate teşekkür edilir. Bugüne kadar olduğu gibi bundan sonra da, yapılan millî hizmetlerin tutarlı ölçülerle devam ettirileceğine, kanuni bir yönetimin tam olarak kurulmasına bütün varlığımızla çalışılacağına güven buyurulmasını rica ederim. Çünkü mücadelemiz kanuni bir devrenin açılmasını hedef almaktadır. Allah'a şükürler olsun, hükümet ile millet, tam bir görüş birliğine varmış olduklarından, bundan sonra da devam edeceğinden emin bulunduğumuz karşılıklı samimiyet ve olgunluk derecesine ulaşmış olan birlik, kendini, millet ve memleket çıkarlarını garanti edecek şekilde ortaya koyacaktır.

Kötü icraatı ve siyaseti herkesçe bilinen Ferit Paşa Kabinesine milletin uymaması, gaye ve hareketlerine katılmamış olması, dış politikamız üzerinde hiçbir tehlikeli etki uyandırmamış; aksine, Ferit Paşa Kabinesinin sebep olduğu bütün kötü etkileri ortadan kaldırarak şükranla karşıladığımız bugünkü elverişli siyasi durumumuzu sağlamıştır.

Milletin güvenini kazanmış olan bugünkü kabineyle anlaşmış bulunmanın, içteki durumumuzu dış siyaset üzerinde pek yararlı ve etkili kılacağına şüphe yoktur. Olağanüstü durumlarda, bazı yerlerde istenmeyen bazı olayların çıkmış olması, kaçınılması imkânsız ve olağan şeylerdir. Özellikle Kütahya, Bilecik ve Eskişehir gibi yerlerdeki suçsuz, haksızlığa uğramış halkın karşılaştığı baskı ve kötülükler, lütfen ve biraz da insaflıca düşünülürse, şikâyet konusu olarak görülen olayların ne kadar haklı olduğu bir an üzerinde durmayla anlaşılır.

Buralardaki acıklı ve iç sızlatıcı duruma da, eski hükümetin miskince davranışının sebep olduğu düşünülünce, bu olaylardan Millî Mücadele'yi sorumlu tutmaya kalkışmak haksızlık olur inancındayım. Kastamonu Vali Vekilinin, sizlerce de sözü edilen telgrafından dolayı kendisini de mazur görmenizi rica edeceğim. Çünkü, bu biçim müracaat yalnız Kastamonu'dan değil, daha başka yerlerden de yapılmıştı. Beni kabinenin kararsız gibi görünen başlangıçtaki tutumu bir iki gün daha devam etseydi, bu türlü başvurular memleketin her köşesinden yağacaktı. Bundan böyle, bu gibi hareketlere asla meydan verilmemesi için gereken her türlü tedbir alınacak, gerekli etkiler yapılacak ve sizlerin tavsiyelerine uyularak tam anlaşmanın gerçekleşmesi ve temel kanunlar çerçevesinde hükümetle yakın işbirliği sağlanması için samimi olarak çaba harcanacaktır. Saygıyla ellerinizden öperim efendim.

Mustafa Kemal

ALİ RIZA PAŞA CUMHURİYET KURULACAĞINI KEŞFEDİYOR

Efendiler, Ahmet İzzet Paşa'nın yazdığı nasihatnamenin ve buna verdiğimiz cevabın gözden geçirilmesi bir hatıramı canlandırdı. Milletçe bilinmesi ve tarihe geçmesi için onu da söylemiş olayım:

Ali Rıza Paşa, bir gün Ahmet İzzet Paşa'yı ziyaret eder. Sohbet sırasında, aleyhimde olur olmaz bazı şeyler söyler ve bu dedikodulara önemli bir keşfini de ekler: "Cumhuriyet kuracaklar, Cumhuriyet!" diye bağırır. Doğrusunu isterseniz efendiler, Makedonya'da, Osmanlı İmparatorluğunun Batı Orduları Başkomutanı Ali Rıza Paşa'nın aslanlardan oluşmuş bulunan koskoca Türk ordularını bozguna uğratıp yok ettirdikten ve verimli Makedonya topraklarını düşmana terk edip bağışladıktan sonra; devletin en kritik anında; Vahdettin'in emellerine hizmet için gereken vasıfları kazanmış olduğuna ve bu ünlü ordular başkomutanının bu defa da kendine en becerikli yardımcı olarak, eski Genelkurmay Başkanını Savunma Bakanlığına getirmeyi düşüneceğine olağan gözüyle bakılabilirdi. Fakat Millî Mücadele'nin cumhuriyeti hedef aldığını bu kadar çabuk ve kolaylıkla sezip kavrayabileceğine hayran olmamak mümkün değildir.

Efendiler, bana bu bilgiyi veren, hikâyeyi bizzat İzzet Paşa'nın ağzından işiten ve şimdi içinizde bulunan çok değerli bir arkadaştır.

SALİH PAŞA TEMSİLCİLER HEYETİ İLE GÖRÜŞMEK İÇİN GELİYOR

Efendiler, Cemal Paşa, 9 Ekim 1919 tarihli bir şifre ile, Temsilciler Heyeti ile yakından görüşme üzere Denizcilik Bakanı Salih Paşa'nın yola çıkmasının uygun görülmekte olduğunu bildirdi. Fakat Salih Paşa biraz rahatsız olduğu için, görüşme yerinin mümkün olduğu kadar yakın olması ve İstanbul'dan deniz yoluyla hareketinin yerinde olacağının düşünüldüğü belirtildikten sonra, Temsilciler Heyetinden kimlerle ve nerede görüşüleceğinin tasarlandığını sordu.

10 Ekimde verdiğimiz cevapta, görüşme yeri olarak Amasya'yı tespit ettik. Görüşmek üzere, Temsilciler Heyetinden benimle birlikte Rauf ve Bekir Sami Beyler gidecekti. Bunu da bildirdik. Salih Paşa'nın İstanbul'dan hangi gün hareket edeceğinin ve Amasya'ya geleceği günün ve saatin de bildirilmesini rica ettik.

Efendiler, memleketin her tarafında millî teşkilatın genişletilmesi ve köklendirilmesi çalışmalarına devam ediyorduk. Aynı zamanda milletvekili seçimlerinin yapılmasını sağlamaya ve çabuklaştırmaya çalışıyorduk. Bu konudaki görüşlerimizi gerekenlere de bildirerek, bazı kimseleri tavsiye bile ediyorduk. Ancak, cemiyet adına aday göstermemeyi prensip olarak kabul etmemekle birlikte, milletvekili olmak için başvuranların Anadolu ve Rumeli Müdafaa-i Hukuk Cemiyetinin ilkelerini ve kararlarını benimsemiş kimselerden olmasını yürekten istiyor ve bu gibi kimselerin, cemiyet adına kendiliklerinden adaylıklarını koymaları gereğini de ilan ediyorduk.

11 Ekim 1919 tarihinde, yeniden, bu arz ettiğim hususlarla ilgili bazı emirler verdik.

Millî davaya hizmet eden memurların birer sebep uydurularak nakledilmesi ve yerlerinin değiştirilmesi, millî davaya karşı oldukları için millet tarafından kovulan memurların da memurluk sıfatlarının korunmaya devam edilmesi yüzünden, bazı yerlerden, yeni kabine ile uyuşmanın ne demek olduğunun anlaşılamadığı yolunda sitem ve şikâyetler gelmeye başladı. Bu hususu 11 Ekimde Cemal Paşa'ya yazarak, kabinenin dikkatini çekmek istedik.

ASKERÎ NİGEHBAN CEMİYETİ

Bir de, Efendiler, bilirsiniz ki, İstanbul'da "Askerî Nigehban Cemiyeti" diye bir bozguncu grubu türemişti. O zamanki bilgilere göre, bu grubun başında bulunanlar, Kiraz Hamdi Paşa, hırsızlıktan dolayı ordudan kovulmuş Kurmay Albay Refik Bey, eski Halaskâr Grubundan Binbaşı Kemal Bey, eski Bandırma Sevkiyat Başkanı Topçu Binbaşılarından Hakkı Efendi ve daha bu dernekle ilişkisini kesip kesmediği bilinmeyen ve ordudan atılmış bulunan Kurmay Binbaşı Nevres Bey gibi çeşitli yolsuzlukları yüzünden ordudan atılmış yahut da emekli edilmiş bulunan kimselerle, ahlaksızlıkları ile tanınmış az sayıdaki kimselerden ibaretti.

İşte bu dernek, İkdam gazetesinin 23 Eylül 1919 tarih ve 8123 sayılı nüshasında bir bildiri yayınlamıştı. Dernek, bu bildirisiyle, kendilerine vatan ve milletin bekçisi süsünü vermek istiyordu. Cevat Paşa'nın Savunma Bakanlığı zamanında, bu dernek hakkında kovuşturmaya başlanmıştı. Değişikliklerden dolayı arkası kesildi.

Böyle bir derneğin varlığı ve faaliyeti ordu mensuplarının sinirlerini geriyordu. Temsilciler Heyeti'ne müracaatlar başlamıştı.

12 Ekim 1919 tarihinde, Savunma Bakanı Cemal Paşa'dan, kendi başarısı bakımından, bu fesat yuvasının kökünden sökülüp atılmasını ve mensuplarının şiddetle cezalandırılmalarını ve bu yoldaki işlemlerin orduya bildirilmesini rica ettim.

"Cemal Paşa'dan 14 Ekimde aldığım "Bu kesin karardır." şeklindeki kısa ve kesin dilli telgrafı 15 Ekimde bütün orduya özel olarak duyurdum.

Fakat, Cemal Paşa'nın bu kesin kararının hiçbir zaman uygulandığını hatırlayamıyorum.

İŞGALİ, KINANMASI GEREKEN BİR ŞEY OLARAK GÖRMEYEN BİR SİYASET

Efendiler, hatırlayacaksınız, İngilizler Merzifon'u ve arkasından da Samsun'u boşaltmışlardı. Bu münasebetle ve Ferit Paşa Kabinesinin düşmesi üzerine, Sivas halkı fener alayı düzenledi ve gösterilerde bulundu. Birtakım nutuklar verildi. Bu sırada halk da "Kahrolsun işgal" diye bağırdı. Sivas'ta yayınlanan İrade-i Milliye gazetesi, bu olayı olduğu gibi yazdı. İçişleri Bakanı Damat Şerif Paşa, bu gazetenin haberlerine dayanarak Sivas iline yaptığı bir tebliğde "'Kahrolsun işgal!' şeklindeki yazılar, hükümetin bugünkü siyasetine uygun değildir." diyordu.

Bu ne demektir, Efendiler? Hükümet, işgali suç saymayan bir politika mı güdüyordu? Yoksa, "Kahrolsun işgal" dedikçe, memleketi daha çok işgale mi yol açılacaktı? İşgal ve saldırı karşısında, milletin sessiz ve sakin kalması, işgale karşı tepkili olarak görünmemesi mi akla ve politikaya uygundu?

Böyle sakat ve hayvanca bir düşünce, çöküş ve yok oluş uçurumuna kadar tekmelenmiş bir devleti kurtarabilecek siyasete temel olabilir miydi?

İşte bu münasebetle, 12 Ekim 1919 tarihinde, Savunma Bakanı Cemal Paşa'ya yazdığım bir telgrafta: "Vatanın bir kısmının boşaltıldığını gören milletin, bu şekilde, hatta daha da belirgin bir şekilde, duygularını açığa vurmuş olmasını pek uygun ve yerinde gördüğümüzü söyledim. Sonra "Milletin gerçek duygularına dayanarak hükümetin bu haksız işgalleri siyasi bir dille ve resmen reddetmesini, bu güne kadar Ateşkes

Anlaşması'na aykırı olarak yapılmış müdahaleleri protesto ederek, yapılanların düzeltilmesini isteyeceğini beklemekteyiz." dedikten sonra, bu vesileyle, hükümetin gütmekte olduğu politikada Temsilciler Heyetince henüz bilinmeyen noktalar varsa, aydınlatılmasını rica ettim.

Delegemiz ve aynı zamanda Savunma Bakanı Cemal Paşa'nın cevabı pek ilgi çekicidir. 18 Ekim 1919 tarihli olan bu cevapta şu cümlelerin taşıdığı anlam dikkate değer: Milli dava çerçevesi içinde işleri yürütme sorumluluğunu yüklenmiş olan İstanbul Hükümeti, tutumunda ve işlerinde siyasî mecburiyetleri kollamak, yabancılara karşı daha konukseverce ve yumuşakça hareket etmek zorundadır.

SÜNGÜLERİNİ MİLLETİN KALBİNE SAPLAYAN YABANCILARI MİSAFİR SAYAN BİR SAVUNMA BAKANI

Efendiler, Rıza Paşa Kabinesi ve o kabinede Savunma Bakanı olan kişi, aziz vatanımızı işgal eden, süngülerini milletin can evine saplayan düşmanları misafir kabul ediyor ve onlara konukseverce ve yumuşakça davranmayı bir gereklilik olarak görüyor. Bu ne görüştür, bu nasıl kafadır? Millî dava bu muydu?

Savunma Bakanı, "Özellikle millî girişimlerinin yanlış yorumlanması yolunda girişilen faaliyetlerin daha güçten düşmediği şu sıralarda, işaret ettiğim ihtiyatlı davranışların yersiz olmadığı kabul buyurulur." inancında olduğunu söyleyerek, millî girişimlerden zarar görülmüş olduğunu anlatmaya, bu yüzden meydana gelen kötülüğü tamir etmek için tedbirlerinin yersiz olmadığını bize de kabul ettirmek ustalığını göstermeye çalışıyor.

Savunma Bakanı, telgrafını şu cümle ile bitiriyor: "Olgunluğunu eserleri ile ispatlamış olan yüce milletin güvenini kazanmış bulunan bugünkü hükümetin, işlerinde serbest kaldıkça, dışarıya karşı sözünü daha çok dinleteceği açık bir gerçek olduğuna göre, saygıdeğer Temsilciler Heyetinden hükümetin yaptığı işleri daha çok desteklemelerini rica ederim."

Efendiler, Cemal Paşa, gerçekten önemli noktalara dokunuyor: Önce, milletin olgunluğunu ispat ettiğini söyleyerek, bizim millet adına öne düşüp yol göstermemize ihtiyaç olmadığını dolaylı bir şekilde hissettirerek, bizi milletin gözünde gereksiz birtakım müdahaleciler olarak görüyor. İkinci olarak, bizim, hükümeti serbest bırakmadığımızı ve bu yüzden dışarıya karşı sözünü dinletmeye engel olduğumuzu söylüyor.

Efendiler, yüce milletimizin olgunluğunu ispat eden eserler, Erzurum, Sivas Kongreleri ile bu kongrelerde aldığı kararlar, bu kararların uygulanmasına çalışmak suretiyle birlik ve dayanışma yaratılmaya başlanması ve Sivas Kongresini yapanları yok etmeye kalkışan Damat Ferit Paşa Kabinesini düşürmek gibi işler, davranışlar ve uyanıklıktı.

Bu kadarla yetinmek, bütün bu hareket ve faaliyetlerde olduğu gibi bundan sonra da millete önderlik etmek gibi vicdani bir görevden vazgeçerek hükümeti serbest bırakabilmek, ancak bir şartla mümkün olabilirdi. O da, serbest kalmaya layık olduğu anlaşılacak, Millet Meclisine dayalı milli bir kabinenin memleket ve milletin kaderini gerektiği şekilde üstlendiğine inanmaktı. Milletin, "Kahrolsun işgal!" şeklindeki protestosunu boğmaya çalışan, duygu ve kavrayıştan yoksun, hayvanca insanlardan kurulu ve içinde hain bulunan bir heyetin, ahmakça, bilgisizce ve miskince hareketlerine seyirci kalmak, akıl ve anlayış sahibi vatansever kimselerden beklenebilir miydi?

Bir de Efendiler, Cemal Paşa "Milletin güvenini kazanmış bulunan bugünkü hükümet" sözüyle pek büyük ve apaçık bir yalana başvuruyordu. Milletin hükümete güven duyup duymadığı daha belli değildi. Bu söz ancak ve hiç olmazsa, kabine Millet Meclisi huzurunda güvenoyu aldıktan sonra söylenebilirdi. Oysa, daha Millet Meclisinin üyeleri bile seçilmiş değildi.

Savunma Bakanı bu sözü söylediği dakikada, yalnız bir tek kişinin güvenini kazanmış bulunuyordu. O da devlet başkanlığı makamını kirletmekte olan hain Vahdettin'di. Temsilciler Heyetinin kendileri ile uyuşmaya ihtiyaç duymuş olmasını, millet adına güvene sahip olmakmış gibi kabul etmek istiyordu. Eğer maksatları buysa, milletin kendilerine güven vasıtası olan bu heyeti aradan çıkarma gereği nereden doğuyordu?

MİLLİ TEŞKİLAT GENİŞLİYOR VE GÜÇLENİYOR

Efendiler, Ferit Paşa Hükümeti'nin düşmesi, memlekette kararsızlık içinde bulunan bazı yerlerin duyguları ve maneviyatları üzerinde olumlu etki yaptı. Her tarafta sivil ve askerî amirler başta olmak üzere, teşkilata hız verildi.

Ali Fuat Paşa, batıdaki illerin hemen hepsi ile ilgilendi. Eskişehir, Bilecik ve arkasından Bursa bölgelerinde bizzat dolaşmak ve gereken kimselerle haberleşmek suretiyle çalışıyordu.

Balıkesir'de bulunan Albay Kazım Bey (Meclis Başkanı Kazım Paşa), o bölgenin milli teşkilat ve askerî hazırlıklarıyla ilgileniyor ve uğraşıyordu.

Bursa'da bulunan Albay Bekir Sami Bey, 8 Ekim'de, Ferit Paşa'nın adamı olan valiyi İstanbul'a göndererek, Kongrenin kararlarını uygulatmaya başlatmış ve bir merkez heyeti oluşturmuştu.

Milli teşkilat ile uğraşıldığı kadar, milletvekili seçimi ile de büyük bir ilgiyle uğraşılıyordu.

Memleketteki bütün millî kuruluşların aynı ad altında, Temsilciler Heyetine bağlı olması ilkesi izleniyordu. Eskişehir, Kütahya, Afyonkarahisar bölgelerinde teşkilatın kuvvetlendirilmesi için, Aydın, Konya, Bursa, Balıkesir bölgelerinde bağlantı kolaylığı sağlayıcı tedbirler alınıyordu. Batı Cepheleri üzerinde Savunma Bakanlığına bilgi veriliyor, hükümetçe ne gibi işler ve tedbirler düşünüldüğü de sorularak hükümetin ilgisi çekilmeye çalışılıyordu.

Efeler tarafından idare edilen Aydın cephesindeki kuvvetlere bir komutan gönderme konusu düşünülmeye başlandı. İşgal altındaki yerlerde gizli bir şekilde millî teşkilat kurulması için 14 Ekimde Ali Fuat Paşa'ya ve Afyonkarahisar'daki 23'üncü Tümen Komutanı Ömer Lütfü Bey'e yazıldı. Bununla birlikte, bu tarihlerde, daha bazı yerlerden amacın iyice anlaşılamadığı görülüyordu. Örnek olarak, Redd-i İlhak Cemiyetlerinin kendi adlarına tebliğler yayınladıkları oluyordu.10 Ekim 1919 tarihinde Redd-i İlhak Cemiyeti Başkanının imzasıyla gönderilen bir yazıda, 20 Ekim'de büyük bir kongrenin toplanacağı, bu kongreye iki delege gönderilmesi illerden isteniyor ve birtakım tedbirler alınması bildiriliyordu.

Öbür taraftan, Karakol Cemiyetinin de İstanbul'dan başka Bursa yöresinde de faaliyette bulunduğu anlaşıldı.

Bu dağınıklığın önüne geçmek için gereken tedbirler alındı. Özellikle, Ali Fuat Paşa'ya, Balıkesir'de Kazım Paşa'ya, Bursa'da Bekir Sami Bey'e, Bursa Merkez Heyetine gerektiği şekilde yazıldı.

İtilâf ve Hürriyet Cemiyeti de düşmanlarla birlikte Anadolu'da milli davaya karşı örgütlenmek üzere yetmiş beş kişi kadar göndermiş. Bu haber alındı. Kolorduların dikkati çekildi.

İstanbul'da gizli çalışmaya karar verildi. Teşkilatın genişletilmesi için Trakya'ya Cafer Tayyar Bey vasıtasıyla talimat verildi.

MECLİS-İ MEBUSAN'IN TOPLANACAĞI YER

Efendiler, bir yandan milletvekillerinin seçilmesine çalışırken, bir yandan da Meclis-i Mebusan'ın nerede toplanabileceği düşüncesi kafamızı kurcalıyordu. Hatırlayacaksınız ki, Erzurum'dan Refet Paşa'nın bu konu ile ilgili bir telgrafına cevap verirken meclis toplanmalı, fakat İstanbul'da değil, Anadolu'da demiştim. Çünkü ben, Meclis'in İstanbul'da toplanması kadar mantıksız ve maksatsız bir davranış tasavvur edemiyordum. Ancak, bu hususta yetkili olanları ve kamuoyunu bu gerçeğe inandırmadıkça, düşüncemizin gerçekleşmesi mümkün değildi. İstanbul'da toplanmanın sakıncalarını olduğu gibi gözler önüne sermek gerekiyordu. Bu maksatla ve millî davayı Rumlara ve yabancılara, Hristiyanlara karşıymış gibi göstermek için, Ali Kemal ve Mehmet Ali Beylerin gayretleriyle Ermeni Patrikhanesinde yapılan toplantılar ve Hürriyet ve İtilâf Partisinin girişimleri üzerine, Savunma Bakanı vasıtasıyla, İstanbul Hükümetinin dikkatini çektik.

13 Ekim 1919 tarihinde, Meclis-i Mebusan'ın açılışından sonra Müdafaa-i Hukuk Cemiyetinin nasıl bir siyasi durum alması gerektiği görüşünde bulunduğunu, Cemal Paşa vasıtasıyla hükümetten öğrenmeye çalışırken, Meclis-i Mebusan'ın İstanbul'da toplanmasında ne gibi siyasi bir güvence elde edileceğinin düşünüldüğünü de sorduk. Aynı tarihte, Mec-

lis-i Mebusan'ın İstanbul'da korkusuzca toplanmasını sağlamak için hangi güvenlik ve korunma tedbirlerinin alınması düşünüldüğünü ve ne yapılmak gerektiğini, İstanbul'da teşkilatımızın merkez heyetinde bulunan ve Çanakkale Müstahkem Mevki Komutanı olan Albay Şevket Bey'den sorduk.

AMASYA MÜLAKATI

Efendiler, hatırınızdadır ki, Denizcilik Bakanı Salih Paşa ile Amasya'da bir görüşme kararlaştırılmıştı. Bakan Paşa ile, hükümetin dış politikası, iç idaresi ve ordunun geleceği ile ilgili konular üzerinde görüşülme ihtimali vardı. Bu nedenle, kolordu komutanlarının düşünce ve görüşlerini önceden bilmek, bence pek yararlıydı.

14 Ekim 1919 tarihli şifremde, kolordu komutanlarının bu üç nokta üzerindeki görüşlerini rica ettim. Komutanların raporlarını belgeler arasında okursunuz.

Salih Paşa, 15 Ekim'de İstanbul'dan hareket etti. Biz de, 16 Ekimde Sivas'tan hareket ettik. 18 Ekimde Amasya'da bulunduk. Salih Paşa'ya, uğrayacağı iskelelerde, millî teşkilat tarafından parlak karşılama törenleri yapılması ve tarafımızdan hoş geldiniz denilmesi için talimat verilmişti.

Biz de kendisini, Amasya'da büyük bir törenle karşıladık.

Salih Paşa ile Amasya'da, 20 Ekim'de başlayan görüşmelerimiz, 22 Ekim'de son buldu. Üç gün süren görüşmelerin sonunda, ikişer nüsha olmak üzere beş ayrı protokol düzenlendi. Bu beş ayrı protokolden üçü Salih Paşa'da kalanlar bizim tarafımızdan, bizde kalanlar Salih Paşa tarafından imza edildi. İki protokol gizli sayılarak imza edilmedi.

Amasya Mülakatı sonunda alınan kararlar, kolordulara da bildirildi.

Efendiler, bu münasebetle, bir noktayı belirtmek isterim. Bizce temel alınan husus, millî teşkilatın ve Temsilciler Heyetinin İstanbul Hükümeti tarafından resmen tanınmış bir siyasî varlık olduğunun, görüşmelerimizin resmî bir nitelik taşıdığının ve sonuçlarına mutlaka uyulması gerektiğinin taraflarca resmen taahhüt edilmiş bulunduğunu tasdik ettirmekti.

Bundan dolayı, görüşmelerin sonuçlarını içine alan zabıtların protokol olduğunu kabul ettirmek ve İstanbul Hükümetinin temsilcisi olan Denizcilik Bakanına imza ettirmek önemliydi.

21 Ekim 1919 tarihli protokol metni, denebilir ki, hemen bütünüyle Salih Paşa'nın teklifleri olup, kabulünde sakınca görülmeyen birtakım maddelerden ibarettir.

22 Ekim 1919 tarihli ikinci protokol, uzun süren tartışmalı bir görüşmenin zabıt şeklindeki özetidir.

Bu görüşmede, her iki tarafın, Hilafet ve Saltanat konusundaki karşılıklı güvenceleri ile ilgili geniş açıklamaları içine alan bir girişten sonra, Sivas Kongresi'nin 11 Eylül 1919 tarihli bildirisindeki maddelerin görüşülmesine başlandı:

1. Bildirinin birinci maddesinde, tasarlanan ve kabul edilen sınırların en düşük düzeyde bir istek olmak üzere elde edilmesinin sağlanması gereği ortaklaşa kabul edildi.

Görünüşte, Kürtlere bağımsızlık kazandırmak gayesiyle yapılmakta olan bozguncu propagandaların önüne geçme hususu uygun bulundu. Bugün için düşman işgali altında bulunan bölgelerden Kilikya'yı (Çukurova), Arabistan ile Türkiye arasında bir tampon devlet yapmak üzere anavatandan ayırma isteğinde bulunulduğundan söz edildi. Anadolu'nun, en koyu Türk çevresi, en bereketli ve zengin bir bölgesi olan bu parçasının hiçbir şekilde ayrılmasına razı olunmayacağı; Aydın ilinin de aynı kesinlikle (ve öncelikle) vatan topraklarından kopmasının mümkün olmadığı ilkesi genellikle kabul edildi.

Trakya konusuna gelince, burada da, görünüşte bağımsız bir hükümet, gerçekte bir sömürge devlet kurulması, böyle olduğu takdirde de Doğu Trakya'dan Midye-Enez çizgisine kadar olan bölgeyi bizden ayırma isteğinin söz konusu olabileceği ihtimali göz önünde bulunduruldu. Ancak Edirne'nin ve Meriç sınırının bağımsız bir İslam Hükümetine katılmak için bile olsa, hiçbir şekilde bırakılmasına rıza gösterilmemesi ilkesi ortaklaşa kabul edildi. Bununla birlikte, bütün bu maddede söz konusu edilen hususlar hakkında Meclis'in vereceği en son karara elbette uyulacaktır, dendi.

2. Bildirinin dördüncü maddesindeki, azınlıklara siyasi hâkimiyet ve sosyal dengemizi bozacak nitelikte imtiyazlar verilmesinin kabul edilmeyeceği konusundaki fıkra üzerinde önemle duruldu. Bu kaydın, bağımsızlığımızı fiilen sağlamak için, elde edilmesi gereken bir istek olarak düşünülmesi ve bundan yapılacak en küçük bir fedakârlığın bağımsızlığımızı derinden zedeleyeceği öne sürüldü. Bu maddede söz konusu olan ve azınlıklara fazla imtiyazlar verilmemesine yönelmiş olan gaye, ulaşılması gerekli bir hedef olarak kabul edilmiştir. Bununla birlikte, gerek bu konuda, gerek yaşama hakkımızın savunulması konusundaki öteki isteklerimizle ilgili hususlarda birinci maddenin sonunda olduğu gibi burada da Milli Meclis'in oy ve kararlarının geçerli olacağı kaydı konuldu.

3. Bildirinin yedinci maddesi gereğince, bağımsızlığımız tam olarak korunmak şartıyla, teknik, sanayi ve ekonomi alanlarındaki ihtiyaçlarımızın nasıl giderilebileceği konusu tartışıldı. Memleketimize pek çok sermaye dökecek olan bir devlet olursa, bunun malî işlerimiz üzerinde gerektirebileceği bir kontrol hakkının genişlik derecesi kestirilemeyeceğinden, bu hususun bağımsızlığımıza ve gerçek milli çıkarlarımıza zarar vermeyecek biçimde, uzmanlarca esaslı bir şekilde düşünülerek sınırlandırıldıktan sonra Millî Meclis tarafından uygun bulunacak şeklin kabulü görüşüldü.

4. 11 Eylül 1919 tarihli Sivas Kongresi kararlarının öteki maddeleri de Meclis-i Mebusan'ın kabulüne sunulmak şartıyla uygun görüldü.

5. Bundan sonra, Sivas Kongresinin 4 Eylül 1919 tarihli kararlarının teşkilat bölümü ile ilgili 11'inci maddesinde yer alan Anadolu ve Rumeli Müdafaa-i Hukuk Cemiyetinin durumu, bundan sonraki çalışma şekli ve alanı üzerinde duruldu.

Bu maddede, millî iradeyi hakim kılacak olan Meclis-i Millî'nin yasama ve denetleme haklarına güvenlik ve serbestlikle sahip olduktan, bu güvenlik Meclis-i Millî tarafından da doğrulandıktan sonra, cemiyetin şeklinin kongre kararı ile belirleneceği açıklanmıştır. Burada söz konusu olan kongrenin, şimdiye kadar yapılan Erzurum ve Sivas Kongreleri gibi İstanbul dışında ayrı bir kongre halinde olması şart değildir, dendi.

Cemiyetin programını kabul eden milletvekilleri, cemiyetin tüzüğünde gösterilen temsilciler gibi kabul edilerek, bunların yapacakları özel toplantı, kongre yerine geçebilir. Bundan sonra, Meclis-i Millî'nin İstanbul'da tam bir güvenlik içinde, serbest olarak görev yapabilmesi şarttır, dendi. Bunun bugünkü şartlara göre ne dereceye kadar sağlanabileceği etraflı şekilde düşünüldü. İstanbul'un düşman işgali altında bulunması dolayısıyla, milletvekillerinin yasama görevlerini hakkıyla yerine getirmelerine pek elverişli olamayacağı düşüncesi ortaya atıldı. 1870 -1871 savaşında Fransızların Bordeaux'da ve daha sonra Almanların Weimar'da yaptıkları gibi, barış anlaşması yapılıncaya kadar, geçici olarak, Meclis-i Millî'nin Anadolu'da, saltanat hükümetinin kabul edeceği güvenilir başka bir yerde toplanması uygun görüldü.

Meclis-i Millî'nin toplanmasından sonra, çalışma şartları bakımından ne dereceye kadar güvenlik ve gizlilik içinde bulunacağı belli olacağından, tam bir güvenlik görüldüğü takdirde, Cemiyet, Temsilciler Heyetinin faaliyetine son vererek teşkilatının çalışma hedefinin, yukarıda bildirdiğim üzere, kongre yerini tutacak olan özel bir toplantıda kararlaştırılacağı belirtildi.

Milletvekilleri seçiminde tam bir serbestlik bulunması gerektiği hükümetçe emredilmiş olduğundan, seçimler yapılırken cemiyetin temsilciler heyeti tarafından müdahale edilmekte olduğu belirtildi.

Milletvekilleri arasında, İttihat ve Terakki üyesi ve orduda lekeli şahıslar bulunduğu takdirde, bunların milletvekili seçilmesine meydan verilmemek için, Temsilciler Heyetince yol gösterme maksadıyla ve uygun şekilde bazı telkinler yapılmasının yerinde olacağı hesaba katıldı. Temsilciler Heyetinin bu konudaki yardım şekli de, ayrıca bir formül halinde üçüncü protokol olarak tespit edildi.

Gizli sayıldığı için imza altına alınmayan dördüncü protokol şuydu:

1. Bazı komutanların ordudan atılması ve bir kısım subayların Divan-ı Harp'e verilmeleri ile ilgili olarak çıkarılan padişah iradeleri ile diğer emirlerin düzeltilmesi.

2. Malta'ya sürülmüş olanların, ilgili bulundukları kendi mahkemelerimizde kovuşturma yapılmak üzere İstanbul'a getirtilmeleri çarelerinin araştırılması.

3. Ermeni zulmü ile ilgili görülenlerin de mahkemeye verilmesi (Meclis-i Mebusan'a bırakılacaktır).

4. İzmir'in boşaltılmasının İstanbul Hükümeti tarafından yeniden protesto edilmesi ve gerekirse gizli talimatla halka gösteri toplantıları yaptırılması.

5. Jandarma Genel Komutanı, Merkez Komutanı, Polis Müdürü ve İçişleri Müsteşarı'nın değiştirilmeleri (Savunma ve İçişleri Bakanlığınca).

6. İngiliz Muhipler Cemiyeti'nin (kapı kapı dolaşıp) halka kâğıt mühürletmelerine engel olunması.

7. Yabancı parasıyla satın alınmış derneklerin faaliyetlerine ve bu gibi gazetelerin zararlı yayınlarına son verilmesi (özellikle subay ve memurların bu gibi derneklere girmelerinin kesinlikle yasaklanması).

8. Aydın Kuva-yı Milliye'sinin güçlendirilmesi ve beslenmelerinin kolaylıkla sağlanması (bu husus Savunma Bakanlığınca düzenlenir. Donanma Cemiyeti'nin 400.000 lirasından gerektiği kadarı, hükümet tarafından bu maksat için ayrılabilir).

9. Milli Mücadele'ye katılmış memurların genel bir yatışma ve güvenlik sağlanıncaya kadar yerlerinden alınmamaları ve millî davaya aykırı hareketlerinden dolayı millet tarafından işten el çektirilmiş memurların yeni görevlere tayinlerinden önce durumun özel olarak görüşülmesi.

10. Batı Trakya göçmenlerinin taşınmalarının sağlanması.

11. Acemî Sadun Paşa ve adamlarının uygun şekilde desteklenmesi.

İmzasız beşinci protokol de Barış Konferansı'na gidebilecek kimselerin adlarını içine alıyordu. Bununla birlikte, hükümet bu konuda, ana ilkelere uymak şartıyla serbest bulunacaktı.

Temsilciler:
Tevfik Paşa Hazretleri: Başkan
Ahmet İzzet Paşa Hazretleri: Askerî temsilci
Dışişleri Bakanı: Siyasî temsilci
Reşat Hikmet Bey: Siyasî temsilci

Uzmanlar Heyeti:
Hâmit Bey: Maliye
Albay İsmet Bey: Askerlik
Reşit Bey: Siyasî işler
Mühendis Muhtar Bey: Bayındırlık işleri
Albay Ali Rıza Bey: Deniz Albayı
Refet Bey: İstatistik
Emirî Efendi: Tarih

Münir Bey: Hukuk Müşaviri
Uzman bir şahıs: Ticaret işleri
Uzman bir şahıs: Çeşitli mezheplerin imtiyazlarını bilen

Yazı Heyeti:
Reşit Saffet Bey: Maliye Bakanlığı eski Özel Kalem Müdürü
Şevki Bey, Salih Bey, Orhan Bey, Hüseyin Bey: Robert Koleji Türkçe Öğretmeni

Efendiler, bu görüşmelerimizde tespit edilen esaslar arasında, en önemli noktanın Milli Meclis'in toplanma yeri ile ilgili olduğunun yüksek dikkatlerinizi çekmiş olacağını sanırım.

Meclis'in, İstanbul'da toplanmasının doğru olmadığı konusundaki eski görüş ve kanaatimizi Salih Paşa'ya kabul ettirdik ve onaylattık. Ancak Paşa, kendisi bu görüşe katılmakla birlikte, bu katılışın şahsına ait olup kabine adına şimdiden söz veremeyeceği kaydını da eklemişti. Kendisi, kabine üyelerini bu görüşe inandırmak ve katılmalarını sağlamak için elinden geleni yapacağına söz vermiş, başaramadığı takdirde, kabineden çekilmekten başka yapacak bir şey olmadığını söylemiştir.

Salih Paşa, bu konuda başarı sağlayamamıştır.

Meclis-i Mebusan'ın toplanma yeri konusuna tekrar dönmek üzere Amasya Mülakatı ile ilgili açıklamalarıma son veriyorum.

SİVAS'TA BANA KARŞI YAPILAN BİR TEŞEBBÜS: ŞEYH RECEP OLAYI

Yalnız, Efendiler, biz Amasya'ya gelmek üzere Sivas'tan ayrılır ayrılmaz, Sivas'ta pek de hoşa gitmeyen bir olay geçmiştir. Bu olay hakkında kısaca bilgi sunayım:

Amasya'ya vardıktan sonra, İtilâf ve Hürriyetçilerin yabancılarla birleşerek birtakım haince işlere giriştikleri yolunda bilgiler almıştık. Bunu derhal bir genelge ile her yere bildirmiştim. Sivas'ta da, Padişah'a, aleyhimde telgraf çekilme gibi bir girişim bulunduğunu haber aldım, fakat inanmadım. Elbette, "Temsilciler Heyetindeki arkadaşlarımızın, karargâhımıza bağlı şahısların, valinin ve daha başkalarının dikkat ve uyanıklığı buna engeldir." dedim.

Oysa, Şeyh Recep ve arkadaşlarından Ahmet Kemal ile Celâl adlarında üç kişi, bir gece telgrafhanede, kendilerine bağlı bir telgrafçı vasıtasıyla istedikleri telgrafları çekmişler...

Gerçekten, Amasya telgrafhanesinden Salih Paşa'ya ait şu telgrafı getirdiler:

16613 K.

Sivas, 18.10.1919

Denizcilik Bakanı Devletli Salih Paşa Hazretleri'ne

Padişah Hazretleri'nin Yaveri Saadetli Naci Bey Hazretleri'ne

Olaylardan beri memleketimizde olup bitenleri anlamak ve bunların içyüzünü öğrenmek üzere, il merkezine kadar zahmet buyurup gelmenizi memleket ve millet menfaatleri adına diler, yine memleket ve millet adına makine başına teşriflerini bütün bağlılığımızla istirham ederiz.

Şeyh Şemseddin-i Sivasî'nin torunlarından Recep Kamil;
Zararlızâde Celâl;
Ulema, eşraf, tüccar, ve esnafın, toplam yüz altmış imzası;
İlyaszade Ahmet Kemal.

Bana da 19 Ekim 1919 tarihli olan şu telgraf geldi:

Amasya'da Mustafa Kemal Paşa'ya,

Halkımız, padişahın ve hükümetin görüşlerini Salih Paşa'nın kendisinden veya güvenilir bir ağızdan işitmedikçe, aradaki anlaşmazlığa çözülmüş gözüyle bakamayacaktır. Bu bakımdan iki yoldan birini seçmek zorunda olduğunuzu arz ederiz.

İlyaszade Ahmet Kemal
Zaralızâde Celâl
Şeyh Şemseddin-i Sivasî'nin torunlarından Recep Kamil

Efendiler, biz bütün memleket için doğru yolu göstermek ve halkı aydınlatmakla uğraşıyoruz. Fakat düşmanlarımız da bize karşı, her yerde ve hatta içinde bulunduğumuz Sivas şehrinde bile, alçakça niyetlerini gerçekleştirebilecek aşağılık vasıtalar bulmakta başarılı olabiliyorlar.

Bütün uyarılarımıza rağmen, ben oradan ayrılır ayrılmaz, Sivas'taki şahısların dalgınlığı, her yerde ne kadar çok kayıtsızlık ve göz yummaların doğmuş olduğuna çok güzel bir örnek oluşturuyor.

19 Ekim günü, Sivas'taki arkadaşlar, Temsilciler Heyeti imzasıyla şu telgrafı veriyorlardı:

Amasya'da Mustafa Kemal Paşa Hazretleri'ne

Şeyh Recep ve arkadaşlarının sizlere çekilmek üzere telgrafhaneye şimdi verdikleri telgraf sureti, aşağıda aynen arz olunur:

Bu konuda Topçu Binbaşısı Kemal Bey, ayrıca soruşturma yapmaktadır.

Bu telgrafa, aldığımı arz ettiğim telgrafın suretini de ekliyorlar.
Sivas Telgraf Müdürü de aynı gün şu bilgiyi veriyor:

Mustafa Kemal Paşa Hazretleri'ne,

Şeyh Şemseddin-i Sivasî Torunlarından Recep, İlyaszâde Ahmet Kemal ve Zararlızâde Celâl imzalarıyla yazılan telgrafları takdim ederim. Bu telgraflar gece getirilmiş ve memurlarımız tehdit edilerek yazdırılmıştır. Herkesin, kendi şartları içinde elbette telgraf yazma hakkı vardır. Ancak, makine odasına önüne gelenin girmesi yasak olmak şöyle dursun, memurlara gözdağı verilerek korkutulmaları gibi hükümetin otorite ve haysiyetini zedeleyecek davranışlarda bulunmak, doğrusu isyan niteliğindedir. Durumu Valilik yüksek katına arz ettim. Memlekette sağlıklı bir düzenin kurulması için çalışmakta olan sizlere de arz ederim. Derin saygılarımın kabul buyurulması istirham olunur.

19 Ekim 1919
Başmüdür
Lütfû

***

İstanbul Merkez Şefi Bey'e:

Halkın ağzından arz olunan, memleket ve milletin selameti için verilmesi istirham edilen telgraflarımızın yerine ulaştırılmasına engel olan din ve devlet hainidir. Sonunda kan dökülmesine sebep olacaktır. Padişaha duyurmak için kararlılığımız kesindir. Cevap bekliyoruz.

***

Padişahın Özel Kalem Müdürlüğü Başkâtipliği Yüksek Katına

Yüksek aracılığınızla Padişah Efendimize biz kullarınca takdim kılınan dilekçenin cevabını, vatan ve millet adına makine başında bekliyoruz.

***

Padişahın Özel Kalem Müdürlüğü Başkâtipliği Aracılığı ile
Halife Hazretleri'nin Yüce Katına

İlimiz Sivas'ta, Anadolu ve Rumeli Müdafaa-i Hukuk Cemiyeti adıyla kurulan Kongre Heyeti'nin başkanı Mustafa Kemal Paşa, etrafa, siz Padişah Efendi'mizin güven belgelerini taşıdığı haberini yayarak, memleketimizde kötülüklerini örtbas etmek isteyen küçük bir grupla birlikte, kendilerini millî iradenin temsilcisi gibi gösteriyorlar. Oysa, şanlı Halifemiz ve sevgili padişahımıza bu yönden bağlı olmamız ve mutlak olarak bağlanmamız dinimizin gereği olduğundan, Denizcilik Bakanı Salih Paşa ile Efendimiz Hazretleri'nin Başyaveri Naci Beyefendi'nin Amasya'ya gönderildiklerini haber aldık. Halk arasında kendini gösteren heyecanı yatıştırmak için, bilginlerden, şehrin ileri gelenlerinden ve tüccardan iki yüzü aşkın imzayı taşıyan davetiye telgrafımıza cevap alamadık. Kamuoyunun ne durumda olduğunun bizzat yerinde görülmek üzere, kendilerinin Sivas'a kadar gönderilmesini bütün bağlılığımızla eşiğinize yüz sürerek yalvarır ve niyaz ederiz. Bu konuda ve her halde emir ve ferman Padişahımız Efendimiz Hazretleri'nindir.

Efendiler, düşmanlar, Şeyh Recep'e gerçekten önemli bir rol oynatmış bulunuyorlardı. Sırası gelince arz edeceğim belgelerden, Sait Molla'nın Rahip Frew'a yazdığı 24 Ekim tarihli bir mektubunda Molla, papaza "Sivas olayını nasıl buldunuz? Biraz düzensiz ama yavaş yavaş düzelecek." diyordu."

Bütün milletin birlik ve dayanışmasından ve millî teşkilatın memleketin her köşesine yayıldığından bahseden, milletin ortak isteğine uyarak, askerî ve millî teşkilata dayanarak kabineyi düşüren, yeni kabine ile karşı karşıya geçen bir heyetin başkanı aleyhinde tam yeni kabine temsilcisiyle görüşmelere girişeceği bir sırada ve bu maksatla Sivas'tan ayrıldığının hemen ertesi günü bütün Sivas halkı adına ayaklanma çıktığını gösterir bir telgrafın, telgrafhane tehdit edilerek çektirilebilmesi elbette anlamlı idi.

Bizzat içinde bulunduğu Sivas halkı, böyle bir heyetin aleyhinde olunca, bütün milletin, aynı duygu ve düşüncede olmayacağını ispat etmek gerçekten güçtür. O halde, temsil yeteneği böyle olan bir heyetle başkanının dayandığı gücün de çürük olacağı yargısına varmak neden doğru olmasın!

Sivas'tan yükseltilen bu sesin düşmanlar için ne kadar kuvvetli ve önemli olduğu takdir buyurulur.

Efendiler, Salih Paşa'ya ait telgrafı, Amasya'ya geldiğinde kendisine verdirdim. Ancak, Şeyh Recep ve arkadaşlarının hükümetçe cezalandırılmalarını istedim. Sivas'taki Temsilciler Heyeti üyelerine de telgraf başında 19 Ekimde şunları sordum:

1. Şeyh Recep, Ahmet Kemal ve Celal imzalarıyla padişahın Özel Kalem Müdürlüğüne çekilen telgrafı gördünüz mü?

2. Telgrafhanede nöbetçi subayı yok mu?

3. Hepiniz orada olduğunuz halde böyle bir küstahlık nasıl yapılabilir? Kaldı ki, bu çılgınların girişimleri hepinizce biliniyor. Salih Paşa'ya ve Naci Bey'e yazılmış üç imzalı telgraf hazırladıklarını biz buradan işitmiştik. Sizin bundan haberiniz yok muydu?

4. Yabancılarla birlikte İtilâf ve Hürriyetçilerin birtakım haince hareketlere giriştikleri konusunda dün bir genelgeyle yapılan tebligat alınmadı mı?

5. Baskı yapılan ve kendilerine gözdağı verilen telgraf memurlarının, hemen gereken kimseleri, Vali Paşa'yı ve diğer ilgilileri haberdar etmemelerinin ve nöbetçi subayının bunda gaflet göstermesinin sebebi nedir?

6. Başmüdür Bey'in bilgi vermesi üzerine alınmış olan tedbirler nelerdir?

Valiliğin, konuyu askeri makamlara bıraktığının anlaşılması üzerine Kolordu Kurmay Başkanı Zeki Bey'e de şunu yazdım:

> Söz konusu olan olaya karışmış olanların tutuklanıp cezalandırılmaları için valilikçe elde bulunan imkânlar kullanılmış yahut yetersiz görülmüş de mi, iş kolorduya atılıyor? Yoksa, bu küstahça hareketlere karşı da valilikçe tedbir alınmasında kararsızlık mı gösteriliyor? Bu durum anlaşıldıktan sonra, konunun çözümü daha kolay ve esaslı olur.
>
> Mustafa Kemal

Daha sonra Sivas'ta bulunanlara şu emri verdim:

1. Telgrafhane tamamen kontrol altına alınacaktır. Bir subay komutasında bir manga asker yerleştirilecektir. Bundan önce olduğu gibi, telgrafhaneyi işgal ve memurlara baskı yaparak milletin meşru birliği aleyhinde zihinleri bulandırıcı ve güvenlik bozucu girişimlerde bulunacak hainler kesinlikle engellenecektir. Bu gibi güvenlik bozucu hareketlerde kanunî sınırları aşan ve askere saldıranlara karşı, duraklamadan her nerede olursa olsun silah kullanılacaktır.

2. Küstahça hareketlere yeltenenleri yola getirme açısından Kurmay Başkanı'nın ileri sürdüğü sebeplere dayanılarak, kaçmalarına fırsat verilmeksizin derhal gereği yapılacak ve sonucu bir iki saate kadar bildirilecektir. Ancak, bu konuda karar vermek için orada bulunan kimselerden hiçbirisinin girişime geçmeyip de ne yapılacağının bizden sorulmaya kalkışılması, gerçekten esef edilecek bir durumdur. Bu karar, bir taburu

Sivas'ta bulunan 5'inci Tümen Komutanı Cemil Cahit Bey tarafından tabur komutanına emredilmiştir. Oraca bu kararın süratle uygulanmasına hiç olmazsa yardım buyurulması istirham olunur.

3. Sivas'ta disiplinin sağlanabilmesi için, uyanıklıkla, bütün ilgililerle kesin ve şiddetli tedbirler alınması gereğini rica ederim.

Özel olarak Osman Tufan ve Recep Zühtü Beylere, şu direktifi verdim:

Milli Mücadele aleyhinde küstahlık edenler için yapılacak işlemler ilgililere bildirilmiştir. Durumu takip ederek gereğinin tam olarak yapılıp yapılmadığını ve göz yumulduğu takdirde bizzat müdahale ederek bilinen şahısların tutuklanması ve yardakçılarının zararsız duruma getirilmesi istenmektedir. Bu konuda, lüzum görülürse, her kime karşı olursa olsun gereğini yapmakta çekingenliğe düşülmemelidir.

20 Ekim'de Vali Reşit Paşa, konuyu uzun uzadıya anlattıktan sonra, olayın genişlemesi ihtimali varken önüne geçilmiş ve gösterilen süratli ve şiddetli müdahaleden dolayı, bundan sonra benzer durumların ortaya çıkmayacağının anlaşılmış olduğunu yazıyordu.

Efendiler, İstanbul Hükümetinin Şeyh Recep'i ve arkadaşlarını cezalandırmış olduğuna elbette ihtimal vermediniz.

Sivaslı Şeyh Şemseddin'in torunlarından diye imza atan bu miskin ve adi şeyhin, bundan sonra da düşmanların elinde âlet olarak girişeceği alçaklıklara tesadüf edeceğiz.

ADAPAZARI DOLAYLARINDA KIŞKIRTMALAR

Efendiler, daha Amasya'da iken karşılaştığımız durum, yalnız, Şeyh Recep olayı ile kalmadı.

Adapazarı dolaylarında da buna benzer bir olay görüldü. Müsaade ederseniz onu da kısaca bilginize sunayım:

Adapazarı ilçesinin Akyazı taraflarında türeyen Talustan Bey, İstanbul'dan para ve direktifle gelerek, süvari olacaklara 30, piyade yazılacaklara 15 lira vadeden Bekir Bey ve Sapanca'nın Avşar köyünden Beslân adında bir tahsildar birleşiyorlar. Bu adamlar başlarına topladıkları atlı, yaya birtakım kimselerle Adapazarı kasabasını basmaya karar veriyorlar. Tahir Bey adındaki Adapazarı kaymakamı bunu haber alıyor. Tahir Bey, İzmit'ten gönderilen bir binbaşı ile kendi topladığı yirmi beş kadar atlıyı alarak, kasabayı basmaya gelenlere karşı hareket ediyor. Lâtife denilen bir köyde karşılaşıyorlar. Bu başıbozuk gruba hareketlerinin sebebi sorulmuş... Verdikleri cevap şuymuş: "Padişah Hazretleri'nin hayatta ve yüce hilâfet makamlarında olup olmadığını öğrenmek için Adapazarı'na makine başına gelmek istiyoruz. Mustafa Kemal Paşa'yı, padişah yerine koyamayız..."

Tahir Bey'in makina başında, İzmit Mutasarrıfına verdiği bilgide, adı geçenlerin İstanbul'da önemli kimselerle ilişkide olduğunu ve hatta padişahın da bu hareketlerinden haberli bulunduğunu söyledikleri kaydediliyordu. Resmi olarak verilen bilgide: "Bekir'in, orada toplanan kimselere, bu iş için İstanbul'da bir hafta süre koydular, beş gün geçti. İki günümüz kaldı. İşi çabucak bitirelim." dediği de bildiriliyordu.

İzmit'teki Tümen Komutanı, Adapazarı üzerine bir müfreze gönderecekti. Ali Fuat Paşa da, Düzce üzerine bir miktar kuvvet sevk edecekti.

23 Ekim tarihinde, İzmit'teki Tümen Komutanına, Bekir'in İtilâf ve Hürriyetçilerle yabancı düşmanlar tarafından gönderildiği ve bozguncu hareketlerinin önlenmesi gerektiği bildirildi.

Adapazarı kaymakamı Tahir Bey'e de, 23 Ekimde doğrudan doğruya, Bekir ve arkadaşları için uygulanacak sert ve süratli tedbirlerde asla gevşek davranılmamasını, zararlarının önlenmesini ve sonucun bildirilmesini emrettim.

Efendiler, 23 Ekim tarihli bir şifre ile, Bekir ve yardakçılarının, yaptıkları işler ve kimlikleri hakkında elde ettiğimiz bilgileri, Savunma Bakanı Cemal Paşa'ya bildirdik ve "Saltanat Hükümetince bu gibi bozguncu eylem ve hareketlere karşı, zamanında etkin tedbirler alındığı ve konu millî teşkilata dokunduğu takdirde, en şiddetli tedbirlere başvurmak zorunda kalacağımızı arz ederiz." dedik.

İzmit'ten giden ve olay yerinde takviye edilen millî ve askerî bir müfreze, pek çok sayıda toplanmış ve toplanmakta olan fesatçıları dağıtmış, tahsildar Beslân ve kardeşi Hasan Çavuş'u ele geçirmiş, asıl özel direktif ve para ile bir hafta önce İstanbul'dan gelmiş olan Bekir, kaçmış. Bu Bekir, subaylıktan kovulma ve Manyaslıdır. Bundan sonra vermeye mecbur olduğumuz emirlerle, İzmit'te kışkırtıcı ve tertipçi olanlardan, İngiliz İbrahim diye tanınan biri ve diğer birtakımları hakkında kovuşturma başladı.

Bekir'in, olay yerinde alınan tedbirler sonunda girişiminin boşa çıktığını ve kaçtığını, ancak, İstanbul'a dönerek, orada yeniden haince girişimlerde bulunmasının kuvvetle muhtemel olduğunu, hakkında özel kovuşturma yapılmasını Amasya'dan 26 Ekim 1919 tarihinde Savunma Bakanı Cemal Paşa'ya yazdım.

27 Ekim 1919 tarihinde Bolu Mutasarrıfı Haydar Bey'den gelen telgrafta, Bekir'in emrinde iki subay, kırk silahlı adam olduğu halde Abaza köylerinde halkı, bugünkü hükümet adına, Millî Mücadele aleyhine kışkırtarak birçok para sarf ettiği ve bakanlığa yazdığı yazılarının kabul edilmediği bildiriliyordu.

Efendiler, bu gibi konularda, hükümeti uyarma ve görevini yapmaya davetten ibaret olan müracaatlarımız, elbette, hükümetin işine karışma gibi sayılmaz, inancındayım.

İstanbul'da hükümetin gözü önünde düzenlenen, içteki ve dıştaki düşmanların padişahın bilgi ve rızası ile olduğuna şüphe etmediğimiz girişimlerinin, fiilen başarıya ulaşacağı dakikaya kadar beklemek ve elbette "Hükümet tedbir alır, engel olur." diyerek safça bir boyun eğmeye kapılmak yerinde olamazdı.

Efendiler, Amasya'da görüşmelere başladığımız 20 Ekim günü, alınan bilgilerin özeti şuydu: İstanbul'da, Hürriyet ve İtilâf Partisi, Askeri Nigehban Cemiyeti ve Muhipler Cemiyeti bir blok kurdular. Bu blokla, Ali Kemal ve Sait Molla gibi kimseler, azınlıkları sürekli olarak Kuva-yı Milliye aleyhine kışkırtmaya başladılar. Rum ve Ermeni patrikleri, Kuva-yı Milliye aleyhine İtilâf Devletleri temsilcilerine başvurdular. Ermeni Patriği Zaven Efendi, Neologos gazetesinde yayınladığı bir mektupla, son Millî Mücadele hareketinden dolayı Ermenilerin göç etmekte olduklarını ilan etti.

İdam edilmiş bulunan Kazım'ın kardeşi Hikmet adında biri, İstanbul'dan aldığı direktifle Adapazarı çevresinde başına birtakım silahlı adamlar toplamaya başladı. Bu Hikmet'in adına önemli bir belgede de rastlayacağız. Adapazarı yakınlarında, Değirmendere'de de para ile adam toplanmaya başlandı. Çete halinde toplananların, Geyve hükümet binasını basmaya karar verdikleri haber alındı Karacabey'de de buna benzer ufak tefek hareketler görüldü. Bursa'da, Gümülcineli İsmail'in topladığı çetelerin, Kuva-yı Milliye aleyhindeki hareketleri duyulmaya başladı. Nigehbancılardan tutuklu bulunanların hepsi bir günde hapisten çıkarıldı.

Düşmanlar tarafından Kuva-yı Milliye aleyhine kurulan çetelerin çatışmaya geçmeleri, karşı blokun açıktan açığa hareketi, İstanbul polis müdürünün aleyhte faaliyeti, Ali Rıza Paşa Kabinesinde bizim aleyhimizde bakanların bulunması, bazı teşkilat merkezlerimizi, özellikle İstanbul merkezimizi ümitsizliğe düşürmeye başlamıştı.

Hükümetin, bir maksat ve karar sahibi olduğunu gösterecek hiçbir harekette bulunamaması ve yalnız İçişleri Bakanı Şerif Paşa'nın olumsuz ve aralıksız faaliyetini doğru bulan davranışı, gerçekten düşünülecek ve endişe edilecek bir durumu sergiliyordu.

İSTANBUL'DA KUVA-YI MİLLİYE'YE KARŞI KIŞKIRTMALAR

Bu konuda, ilk defa, duyarlık gösteren ve inisiyatifi eline alan Ankara oldu. Ankara Vali Vekili Yahya Galip Bey'in Sivas'a çektiği 15 Ekim 1919 tarihli bir şifresini, rahmetli Hayati Bey'in imzasıyla diğer bir şifre içinde 22 Ekimde Amasya'da aldım. O şifre aynen şöyledir:

Mustafa Kemal Paşa Hazretleri'ne

Paşa Hazretleri; biz kendi kaderimizi ne böyle milletin kaderinden habersiz hükümete, ne de rastgele gönderilecek valilere bırakamayız. Birçok defa sizlere arz ettiğimiz düşünceler dikkate alınmadığından, İstanbul Hükümeti, Ferit Paşa Kabinesinin atayıp da gönderemediği eski Bitlis Valisi Ziya Paşa'yı buraya ve bütün görevlerinde hayatı boyunca hiçbir varlık gösterememiş olan Suphi Bey'i de Konya'ya vali atamak suretiyle ilk adımını atmaya başladı. İşte bu gibi durumlar dolayısıyla, Meclis-i Mebusan kurulmadan önce, hiçbir göreve dışarıdan kimsenin getirilmemesini geçenlerde arz etmiştik. Mademki şimdiki hükümet, buraya yeniden vali göndermeye kalkışmıştır, şu halde, buradaki Milli Mücadele'nin söndürülmesi isteniyor demektir, Nasıl ki, sizler askerlikten ayrılarak milletin bir ferdi olarak çalışmaya karar verdiniz, bendeniz de buradan çekilerek aynı şekilde milletimin bana vermiş olduğu görevi yapmaya karar verdim. Vali gelinceye kadar vekilliği kime bırakacağımı lütfen bildiriniz efendim.

15 Ekim 1919
Ankara Vali Vekili
Yahya Galip

Bir gün sonra da, 23 Ekim'de Cemal Paşa'nın, 21 Ekim 1919 tarihli şu telgrafını aldım:

Sayı 419

Kadıköy, 21.10.1919

Amasya'da Mustafa Kemal Paşa Hazretleri'ne

Ankara'dan Belediye Başkanı ve Müftü Efendi; dışarıdan gelecek valiyi kabul etmeyeceklerini; Ankara'ya, Ankara'dan vali atanması gereğini kendi yetkilerine dayanarak ileri sürüyorlar. Böylece, her taraftan ayrı ayrı isteklerin ileri sürülmesi, hükümeti güç duruma sokmaktadır. Kötü niyetliler ve azınlıklar bu gibi durumları türlü türlü yorumluyor. (...) Hükümetin destekleneceğine söz verilmesi üzerine, bu gibi hususların önlenmesi gereğini rica ederim. Atanması, padişahın onayından geçen valinin yola çıkması gerektiğini elbette kabul buyurursunuz.

Savunma Bakanı
Cemal

Gerçekten de, başta müftü efendi olduğu halde (bugün Diyanet İşleri Başkanı bulunan Sayın Rifat Efendi Hazretleri idi), Ankaralılar, bu atamayı protesto etmek üzere, İstanbul'a başvurmuşlardı. Ankara'yı yatıştırarak, hükümet otoritesini kırmamak için telgraf başında birçok nasihatlerde bulundum. Ancak, Ankara'nın haklı olduğunu teslim etmemek mümkün değildi. Sonunda, Cemal Paşa vasıtasıyla hükümete yazdığım telgraftan söz ederek, alınacak cevaba kadar durumun iyi idare edilmesini Ankara'daki Kolordu Komutan vekili Mahmut Bey'e yazdım.

Bu noktada, sırası gelmişken bir gerçeği bilginize sunmak uygun olur. Temsilciler Heyeti olan bizler, hükümetin durumunu ve nasıl bir hükümet olduğunu pekâlâ anlamıştık. Hükümet üyelerinden bazılarının hükümette bulunmaktan pişmanlık duyduklarını ve çekilmek için bahane aradıklarını da anlıyorduk. Bundan başka dış ve iç düşmanların ve Padişahın elbirliği ile, Ali Rıza Paşa Kabinesi yerine, kendi görüşlerini açıktan açığa ve süratle uygulayacak diğer bir kabineyi iktidara getirmeye kararlı olduklarından da habersiz değildik. Bunun içindir ki, Ali Rıza Paşa Kabinesi'ni, en az zararlısı sayıyorduk. Bir de Ferit Paşa'nın düşmesinden sonra, yeni kabine ile anlaşmak için geçen dört beş gün içinde, bazı taraflardan elden geldiği kadar çabuk anlaşma hususunda alınmış olan tavsiyeler de bizce göz önünde tutulması gereken anlam ve nitelikte idi. Bu bakımdan, gayeye güvenli bir şekilde ulaşıncaya kadar, gerekirse, biraz da fedakârlık yapmak zaruretini duyuyorduk.

Mahmut Bey'e yazdığım şifrede kapalı bir şekilde bu noktalar da belirtilmişti.

Cemal Paşa'ya verdiğim cevabı olduğu gibi bilginize sunacağım:

Amasya, 24.10.1919

Şifre
Özel
Acele

Savunma Bakanı Cemal Paşa Hazretleri'ne

İlgi: 21.10.1919 tarih ve 419 sayılı şifre:

Ankara'dan vali hakkında yapılmış olan müracaat ve istirhamın aşağıdaki sebeplerden ileri geldiği anlaşılmıştır:

Şöyle ki; İstanbul'dan alınan güvenilir haberlerde İngilizler ile İngiliz Muhipler Cemiyeti'nin; İtilâf ve Hürriyet ve Nigehbancıların, Hristiyan azınlıklar ile işbirliği yaptıkları, Anadolu'ya birçok bozguncu göndererek millî teşkilatı sakatlama ve İstanbul Hükümetini dağıtma girişimlerinde bulundukları, bu bozguncuların Adapazarı ve Bursa'dan yola çıktıkları bildirildiği gibi, son günlerde Adapazarı'nda da bazı olayların görülmesi endişe yaratmıştır. Konya'ya gönderilen Vali Suphi Bey'in, İngiliz Muhipler Cemiyeti'nin İstanbul Yönetim Kurulu üyelerinden olduğunu Konya'da Refet Bey'e söylemiş olduğu haberinin yayılmış olması, uyanan şüpheyi daha da artırmıştır. Ankara valiliğine atanan Ziya Paşa'nın tutumu ve namusu hakkında bir şey denemezse de, kendisinin ehliyet ve iktidarı da şüpheli görüldüğünden, Ankara ili gibi millî teşkilat ve mücadelemizin en önemli merkezlerinden olan bir bölgede, daha durumlar açıklık kazanıp da tam bir sükûnet ve güvenlik sağlanamadan, buradaki önemli işlerin başına, hiçbir tecrübesi bulunmayan aciz bir valinin getirilmesi tereddüt uyandırmıştır. Ankara'da bulunan vali vekili ve komutan ile Temsilciler Heyeti arasında yapılan haberleşmeler üzerine, şimdiki hükümetin, her ne şekilde olursa olsun emirlerine ve yaptıklarına uymak doğal görülmüş ve o yolda hareket edilmiş ise de, doğrudan doğruya halkın kendisi, tasavvur ettikleri tehlikeye karşı verilen güvenceyi yeterli görmeyerek, tam bir güvenlik ortamı doğuncaya kadar, kendilerince millî davaya bağlılığı denenmiş bulunan vali vekilinin göreve devamını gerekli sayarak doğrudan doğruya hükümete başvurmuşlardır. Sizlerin son yazıları üzerine Ankara'da gereken kimselerle yeniden görüşülmüş, hatta sakıncaları bulunsa bile, sırf hükümet otoritesini sarsmamak için Ziya Paşa'nın iyi karşılanmasının sağlanmasına çalışılmıştır. Ancak, karşılaştığı tehlikelerden ve fesatlıkların ağır bastığı gidişattan son derece ürkmüş olan halkı, bunu kabule inandırmak mümkün olamamıştır.

İçişleri Bakanı Paşa Hazretleri'nin, içinde bulunduğumuz durumun önem ve ciddiyetini, düşmanlarımızın durmadan ne kadar iblisçe çalışmakta olduklarını takdir buyurdukları şüphesizdir. Buna göre bakanlık makamına yeni geçmiş olmaları yüzünden, çalıştırılmaya lâyık olan memurları tanımakta güçlük yaşadıkları gibi, Âdil Bey'in bile müsteşarlığını yapmış olan Keşif Bey'in hala, müsteşarlık yapmakta olduğu göz önünde bulundurulunca, özellikle yüksek dereceli memurların atanmasında ne dereceye kadar uzak görüşlü davranılmasının gerekeceği kendiliğinden anlaşılır. Bu bakımdan Ziya Paşa'nın şimdilik gönderilmemesinin sağlanmasına yüksek yardımları ve sonucun bir emirle bildirilmesi arz ve istirham olunur.

Mustafa Kemal

Efendiler, Ali Fuat Paşa, 28 Ekim 1919 tarihli bir şifresiyle, İstanbul'daki teşkilatımızın, adıma gönderdikleri bir telgrafı bildirdi. Bu telgrafta verilen bilgiler önemliydi.

Çerkez Bekir'in yarattığı o bilinen olay, Adapazarı ve çevresinde Kuva-yı Milliye'ye karşı isyan başlangıcı sayılmış. Bundan nasıl yararlanılacağı konusunda Padişah, Ferit Paşa, Âdil Bey ve Sait Molla ile Ali Kemal Bey'den kurulu bir heyet, birtakım tasarlamalar da bulunmuşlar.

Bu telgrafta, yukarıda adı geçen Hikmet hakkında da bilgi veriliyordu. Bu Hikmet, iki ay önce Amasya'dan Adapazarı'na gelmiş. O çevrede öteden beri kendisine ve ailesine karşı olanların millî teşkilata girdiğini anlamış. Hikmet Bey, Amasya'dan geldiğini, beni tanıdığını ve millî teşkilatı kurmaya yalnız kendisinin yetkili olduğunu ileri sürerek, Sivas'la haberleşmeye kalkışmak ister. Karşı taraf engel olur. Hikmet, karşı teşkilat kurar. Bunu sezen Sait Molla, Hikmet'i elde edecek çareyi bulur. Kendisini Hristiyanlara karşı bir isyan için ayartır.

Efendiler, Hikmet ile ve düşmanlarımızın Hristiyanlar aleyhindeki tertipleri ile ilgili olan bilgiler, daha sonra dokunacağımız bazı durumların kolaylıkla anlaşılmasına yarayacağı için, bunların gereksiz sayılmamasını rica ederim.

Efendiler, bu bilgiler üzerine Cemal Paşa'ya yazdığım telgrafa yüce meclisinizin de dikkatini çekmek isterim:

Şifre

Sivas, 31.10.1919

Savunma Bakanı Cemal Paşa Hazretleri'ne

Adapazarı dolaylarında, hükümet ve millî teşkilat aleyhinde geçen olay yüksek şahıslarınca bilinmektedir. Bu olay, milli birlikteki kararlı tutum, İstanbul Hükümetinin yerinde ve kesin tedbirleri sayesinde bastırılmış ise de, daha oralarda bozgunculuk tohumu tükenmiş değildir. Milletin birliği karşısında bunların tamamen ezilip yok olacağına şüphe yoktur. Ancak, bu bozgunculuk hareketlerinde Damat Ferit Paşa'nın, eski İçişleri Bakanı Adil ve ondan önceki Ali Kemal Beylerle Sait Molla'nın teşvikçi ve düzenleyici oldukları anlaşılmıştır. Adları bildirilen bu zatlar, kendi vatan hainliklerinin yanında, çok büyük ve tehlikeli bir hata daha yapmışlardır. O da, haince işlerinden sanki kutsal Padişah Hazretleri'nin de bilgisi bulunduğunu çevreye yaymak gibi büyük bir alçaklıktır. Kabinenin saygıdeğer heyetinden büyük bir samimiyetle rica ederiz; şimdi vakit geçirmeden durumu uygun bir şekilde Padişah Hazretleri'nin tertemiz huzuruna arz etsinler. Milletin ve teşkilatın bu gibi uydurmalara elbette değer vermeyeceği açık bir gerçektir. Bozguncuların, yalanlarla millî birliği lekelemek istediklerini ileri sürerek, Saltanat Hükümetince, olayın geçtiği bölgede resmen yalanlanmak suretiyle, herhangi bir yanlış anlaşılmaya meydan verilmemesi ve bu zararlı şahıslar hakkında gerekli incelemelerin yapılarak kovuşturmaya geçilmesi hayatî bir konu sayılmaktadır, efendim.

Temsilciler Heyeti adına
Mustafa Kemal

ALİ RIZA PAŞA KABİNESİ'Nİ İKTİDARDA TUTMA KARARI

Efendiler, Ali Rıza Paşa Kabinesinin sizlerce de bilinen kuruluş tarzına rağmen, yerinde kalmasının ve elden geldiği kadar desteklenmesinin neden gerekli görüldüğünü birazcık belirtmiştim.

Amasya'dan Sivas'a döndükten sonra, Temsilciler Heyeti ve orada bulunan öteki arkadaşlarla yaptığımız toplantıda, Amasya Mülakatı ve diğer konular üzerinde arkadaşlara uzun uzadıya bilgi verdim. Bu toplantıda, Temsilciler Heyetince alınan kararlara ait zabıtların 29 Ekim 1919 günü yapılan görüşmeyle ilgili sayfasında aynen kayda geçmiş olan şu kararı tespit ettik:

Başta Sadrazam Ali Rıza Paşa olmak üzere hepsinin aciz, padişah gözünde bir mevki tutmak isteyen kimseler oldukları, bir kısmının Millî Mücadele'nin yanında bir kısmının da karşısında bulundukları, bununla birlikte, padişah ilk fırsatta bunları düşürerek yerine baskıcılığı sürdürecek bir heyet getirmek isteyeceğinden, Millî Meclis kurulup da yasama görevine başlayıncaya kadar, Temsilciler Heyetinin bu kabineyi desteklemesinin vatan ve millet için hayırlı bir iş olduğu kabul edildi.

Gerçekten de bu kararımızı uyguladık. Bunu doğrulayan bir durumu yeri gelmişken bilginize sunayım:

İstanbul'daki teşkilatımız, güvenilir kaynaklara dayandığını bildirdiği bazı bilgileri, 31 Ekim 1919 tarihinde bize gönderdi. O bilgiler şöyleydi:

"İki günden beri Kiraz Hamdi Paşa, özel kaleme gidiyor, iki üç saat padişahın yanında kalıyor ve şu karar alınıyor: 'Mareşal Zeki Paşa başkanlığında bir kabine kurulacak, Hamdi Paşa Savunma Bakanı, Prens Sabahattin Bey Dışişleri Bakanı olacak; Tevfik Hamdi Bey İçişleri Bakanı; Eşref, Mahir Sait ve daha başkaları öteki bakanlıkları alacaklardır. Bunlardan Sabahattin ve Mahir Sait'e daha teklif yapılmamıştır. Padişah, Ali Rıza Paşa'ya, uygun bir zamanda, belki bu günlerde istifa teklif edecektir.' Bu konuda daha önce faaliyetinden söz edilen bir blok, bir gizli dernek vardır." Bu bilgiler üzerine, Cemal Paşa'ya 2 Kasım 1919'da, sadrazama hiçbir sebep ve bahane ile makamını bırakmamasına kesin olarak ihtiyaç duyulduğunun bildirilmesi, istifa gerçekleştiği takdirde, bütün memleketin İstanbul ile kesinlikle ilgisini keseceği bildirildi. Rumeli ve Anadolu'da bulunan bütün komutanlara da, bu durumla ve Cemal Paşa'ya yazılan telgrafla ilgili bilgi verildi. Ayrıca, ilişkide bulunulan Müdafaa-i Hukuk merkez heyetlerinin de durumdan haberdar edilmesi gereği bildirildi.

Efendiler, Salih Paşa'nın İstanbul'a dönmesi üzerine, 21 Ekim tarihli protokolde belirtilmiş olan ve önemine yaptığım sunumlar sırasında işaret ettiğim nokta üzerinde, yani Meclis-i Mebusan'ın toplanacağı yer hakkında, hükümetle aramızda tartışma başladı. Hükümetin Cemal Paşa vasıtasıyla yazdıkları ile bizim ileri sürdüğümüz görüşler bir defa daha incelenmeye değer inancındayım. Bu haberleşmemizin aslını Büyük Millet Meclisi'nin ilk toplantısına ait zabıtlarda görebileceğiniz için, burada ondan tekrar söz etmeyeceğim. Ancak Efendiler, bu konudaki haberleşme ve tartışmalar yalnız İstanbul Hükümeti ve Cemal Paşa ile yapılmakla kalmıyor, bütün memleketin ve özellikle İstanbul'daki teşkilatımızın da bu konu ile ilgili görüşünü almak gerekiyordu. Burada, bu noktalar üzerinde bazı bilgiler sunacağım.

BARIŞ ANLAŞMASINA KADAR, İSTANBUL'A AYAK BASMAMAMIZ VE MİLLETVEKİLİ OLMAMAMIZLA İLGİLİ TAVSİYE

İstanbul teşkilatımızdan, 13 Ekim 1919 tarihinde açıklama istenmek üzere çekilen telgrafımıza verdikleri 20 Ekim 1919 tarihli cevapta, milletvekillerinin İstanbul'da toplanmasında bir sakınca ve tehlike bulunmadığı, İtilâf Devletleri'nin herhangi bir davranışının medeniyet dünyasına karşı kötü etki yapacağının imkân dahilinde görüldüğü sözlerine yalnız "Yasama gücü, şimdiki yetkisinin genişletilmesine teşebbüs ederse, padişahın meclisi kapatmaya kalkışması ve muhaliflerin tehlikeli bir duruma girmeleri, İtilâf Devletleri'nin de bundan yararlanarak sizin gibi yüksek şahsiyetlere saldırma cesaretini göstermeleri muhtemeldir." sözleri ekleniyordu. Bu telgrafın sonunda da bizim barış anlaşması yapılıncaya kadar, İstanbul'a ayak basmamamız ve milletvekili olmamamız tavsiye ediliyordu.

İstanbul'daki teşkilat merkezimizden Kara Vasıf Bey'in gizli, Şevket Bey'in açık imzasıyla aldığımız 30 Ekim 1919 tarihli şifrede, teşkilatımızda bulunanların görüşleri, daha birçok kimsenin görüşleriyle destekleniyordu. Bu şifrenin birinci maddesi şöyle başlıyordu: "Ahmet İzzet Paşa, Sadrazam, Savunma Bakanı, Genelkurmay Başkanı, Bayındırlık Bakanı ve programlara gerçekten bağlı olan ve hizmet eden, bağlılığı ile birlikte önemli bir kuvveti de bulunan göz doktoru Esat Paşa ile, ayrıca Rauf Ahmet Bey ve diğer zatlarla gerek kendi istekleri üzerinde gerek ilişkimiz dolayısıyla görüştüm. Bütün düşüncelerin birleştiği noktalar aşağıdadır"

Bundan sonra bütün düşüncelerin birleştiği noktalar özetleniyordu:

1. Meclis-i Mebusan'ın İstanbul'da toplanması gereklidir. Yalnız biz İstanbul'a gitmemeliyiz. Sadrazam Paşa, meclisin İstanbul'da vicdan huzuru içinde kararlar alabileceğini yabancılardan söz alarak vadetti. Fakat, yalnız bizim için güvence sağlamak mümkün olamayacağından, "Milletvekili olurlarsa izinli olarak veya milletvekili olmadan daha yüksekte ve milletin sevgilisi olarak kalmaları uygun olur." deniliyordu.

Birinci maddenin (b) fıkrasında "Zaten hükümet, yapılacak anlaşmada nisbî temsili*, azınlıkların hakları bakımından kabul etmeye mecburdur. Şu halde, Millî Meclis'in, azınlıkların da yeniden seçime katılmaları için dağılıp yeniden seçileceği bazı çevrelerce kesin olarak ümit edilmektedir." şeklinde yeni bir bilgi veriliyordu.

Birinci maddenin (c) fıkrasında da "Hükümet gerçekte iyi niyetlidir. Ancak isteksizlik içindedir." güvencesi okunuyordu.

İkinci maddede de "Elden geldiği kadar sosyalist, birkaç temiz Hürriyet ve İtilâfçı vb. çıkarmak gibi bizim anlayamayacağımız çapraşık ve karışık bir anlayışın belirtisine rastlıyorduk. Ondan sonra:

Üçüncü madde "Hükümeti güç durumlara düşürmemek."

Dördüncü madde de "Bize zararı dokunacakları, her şekilde inandırarak elde etmek istiyorum. Herkes de bana bunu tavsiye ediyor. Örnek olarak, Refi Cevat, sosyalistler (...)" gibi görüşleri içine alıyordu.

1 ve 4 Ekim 1919 tarihlerinde, İstanbul'daki teşkilatımıza uzun düşünce ve yorumların yer aldığı cevaplar verdik. Bu cevaplarımızda, özet olarak "Milletvekillerinin İstanbul'da toplanması her bakımdan tehlikeli ve sakıncalıdır" dedik ve açıklamasını yaptık. Cemal Paşa vasıtasıyla hükümete bildirdiğimiz görüşleri özetledik. Bizim için var olan tehlikenin bütün milletvekilleri için söz konusu olduğunu ispata çalıştık. Bizim seyirci durumunda kalmamız mutlaka arzu buyuruluyorsa, gerekçeleriyle birlikte bildirilmesini istedik.

Yalnız, Kara Vasıf Bey'e çekilen telgrafta Ahmet İzzet Paşa Hazretleri, aslında Millî Mücadele'nin İstanbul'da katliama yol açabileceğini sanıyordu. Sözlerinin ciddiye alınması öncelikle bu kanaatlerinin değişip değişmediğini bilmekle mümkündür. Savunma Bakanı Cemal Paşa Hazretleri'ne gelince... Onun da kararsız olduğunu bilmez değilsiniz. Abuk Paşa da aynı zihniyet ve ruh hali içindedir. Göz doktoru Esat Paşa hakkında kesin bir düşüncem yoktur. Yalnız, bazıları bu zatı son derece dar görüşlü, pek fazla şan ve şöhret düşkünü olarak gösteriyorlar. Sözün kısası, irade ve düşüncelerinde kararlılık ve isabet olmayan ve İstanbul'da düşman baskısı altında düşünen resmî ve özel şahısların tavsiyeleri incelenmeye değer." dedikten ve söz konusu olan toplantı yeri hakkında, yeniden, gelebilecek tehlike ve sakıncaları saydıktan sonra "Asıl garip karşılanacak olan nokta, bizi, yani adları bilinen iki üç kişiyi korumakta güçsüzlüğe düşen Hükümetin, öteki milletvekillerini nasıl koruyacağı meselesidir. Bizde yavaş yavaş yer etmeye başlayan görüş ve kanaat, ne yazık ki yabancılar değil, aksine belki onlardan çok, şimdiki hükümet üyeleri ile diğer şahıslardan bazılarının bizi tehlikeli saymakta olmalarıdır." dedik.

---

* Çoğunluk partisi dışındaki partilerin de aldıkları oy oranına göre temsilci çıkarabildikleri seçim sistemi.

Bundan sonra yer alan fıkralardan birinde "Nisbî temsili kabul etme gerekliliği karşısında meclisin dağıtılmasını şimdiden düşünen bir çevrede, Meclis-i Mebusan'ın toplanmaması gereği doğal görülmelidir." kanaatini belirttik.

Bir fıkrada da hükümetin istekli olmadığı sözünden bir şey anlayamadığımıza işaret ederek, "Maksadı bizi güç zamanlarda yalnız bırakmak mıdır?" sorusundan sonra, onların bir düşüncelerine karşılık olarak da "Muhaliflerin iktidara geçmesinden korkmak yarar sağlamaz. Bundan dolayı politika ve tutum değiştirilemez" dedik.

Efendiler, bu yazışmalardan ve bu yazışmalarda ileri sürülen düşüncelerden kolaylıkla anlaşılmaktaydı ki, bizim İstanbul'daki teşkilatımızın ileri gelenleri, hükumet adamlarının, şunun bunun görüşlerine tutsak olmuşlar ve artık onlara sözcülük etmekten öteye bir görev yapmıyorlardı.

İşte, diğer bir şifreli telgraf ki, 6 Kasım 1919 tarihinde yazılıyor, ancak şifrenin metninde Kara Vasıf Bey'in görüş ve üslûbu hakim oluyor ve Savunma Bakanı Cemal Paşa imzasıyla geliyordu. Bu şifrede yine toplanma yerinden söz edilerek, özellikle "Önce siyasî sakıncalar var, sonra idarî sakıncalar var, daha sonra toplanma imkânı yoktur... Gereklilik, duyguya hakim olmalıdır... Uygun karşılığınızı acele olarak kabineye bildiriniz." sözleriyle baskı yapılıyor ve "Japon Rıza Bey'le birlikte pek yakında iyi haberlerle sizin yanınızda olacağım." müjdesi veriliyordu. "Sulh ve Selamet'i iyice kazandık demektir. Millî Türk de bizim. Millî Ahrâr'ı yıkıyoruz. Millî Kongre yola gelecek" cümleleriyle de iyi haberlerin nelere, ne gibi boş şeylere ait olduğunu belirtmekte acele ediliyordu.

Kara Vasıf Bey'e 7 Kasım 1919'da hemen Sivas'a gelmesini yazdım.

Kara Vasıf Bey'in yine aynı konu ile ilgili olarak gönderdiği, 19 Kasım 1919 tarihli şifresinde uzun düşüncelere dayandırdığı muhakeme ve mantığını şu cümlede özetliyordu:

"Kuva-yı Milliye ile aynı görüşte olan Meclis, Padişah'a karşı düşmanlık ilan ederse, Anadolu kimin arkasından gider?! Kuva-yı Milliye'ye mi bağlı olsun?! Meclisi Anadolu'da toplamak düşüncesinden vazgeçmek, bir vatan borcudur..."

KOMUTANLARLA FİKİR ALIŞVERİŞİ

Efendiler, çok önemli olan bu meclisin toplanacağı yer konusunda kendi başına karar verip, bu kararı da millete ve seçilen milletvekillerine uygulatmak, pek tehlikeli olurdu. Bu sebeple, büyük bir dikkat ve incelikle bütün şahsî veya genel duygu ve düşünceleri gözden geçirmek, gerçek eğilimi anlayarak uygulanabilecek kararı bulma gerekliliğiyle karşı karşıyaydım.

Gördüğünüz gibi, bir yandan İstanbul'un ileri gelenleriyle haberleşirken, bir yandan da çeşitli yollarla kamuoyunu yokluyordum. Vereceğim kararın uygulanmasını sağlamak için ordunun görüşünü almak da pek önemliydi. Bu yüzden daha Ekim'in 29'unda, 15'inci, 20'inci, 12'nci ve 3'üncü Kolordu Komutanlarını Sivas'ta bir toplantıya davet ettim.

Diyarbakır'daki Kolordu Komutanına, Edirne'deki Kolordu Komutanı Cafer Tayyar Bey'e, Bursa'da Yusuf İzzet Paşa'ya, Balıkesir'de Kazım Paşa'ya ve Bursa'da Bekir Sami Bey'e de kendilerini, aradaki yolun uzaklığı ve özel durumları dolayısıyla davet etmediğimi, alınan kararları bildireceğimi yazdım.

Efendiler, davet edilen komutanlardan Salâhattin Bey zaten Sivas'ta idi. Kazım Karabekir Paşa Erzurum'dan, Ali Fuat Paşa Ankara'dan ve Konya'daki Kolordu Komutanı'nın cephe ile ilgili önemli işleri bizzat düzene sokması gerektiğinden, kendisine vekil olarak Konya'dan da Kurmay Başkanı Şemsettin Bey gelerek Sivas'ta toplandılar. Temsilciler Heyetinden olan veya bu heyetten olmayıp da toplantıda bulunmaları yararlı görülen şahısların ve komutanların katılmasıyla, 16 Kasım 1919 günü görüşmelere başladık. Toplantı gündemimiz şu üç noktadan ibaret olacaktı:

1. Meclis-i Mebusan'ın toplanma yeri,
2. Meclisin toplanmasından sonra Temsilciler Heyetinin ve millî teşkilatın alacağı şekil ve çalışma yöntemi
3. Paris Barış Konferansının bizim için olumlu veya olumsuz bir karar vermesi halinde tutulacak yol.

DÖRT AYKIRI GÖRÜŞ VE ALDIĞIMIZ KARAR

Efendiler, bu tarihe kadar cemiyetimizin merkez heyetlerinden istediğimiz bilgilere gelen cevaplar dört görüş etrafında toplanıyordu:

Birinci görüşe göre, Meclis-i Mebusan'ın İstanbul dışında toplanması uygun görülüyordu.

İkinci görüşü dile getirenlerin başında Erzurum, Trabzon, Balıkesir ve bütün Karesi, Saruhan heyetleri bulunuyordu: İstanbul'da toplanmalı. İstanbul'daki devlet adamları ile ileri gelenlerden hemen hepsinin bu görüşte olduğunu biliyoruz. Padişahın isteği, hükümetin ısrarı da buydu.

Üçüncü görüş, Trakya-Paşaeli'nden geliyordu: İstanbul yakınlarında...

Bir kısım merkez heyetlerinden gelen **dördüncü görüş**te de Salih Paşa'nın şahsi görüşüne dayanarak, hükümetin "olur" demesi halinde, İstanbul dışında toplanmakta bir sakınca görmüyorlardı.

Efendiler, İstanbul Hükümeti ile yardakçılarının kamuoyunu ne kadar bulandırıp karıştırmış olduğunu, milletin ortaya koyduğu bu farklı görüşlerden kolaylıkla anlamak mümkündür.

Artık bunun üzerine direnmenin kötü sonuçlar vereceği yargısına varmak da güç değildir.

Şimdi, 16 Kasım 1919'dan 29 Kasım 1919 tarihine kadar, günlerce süren görüşme ve tartışmalardan çıkan sonuçları ve alınan kararları olduğu gibi yüksek bilgilerinize sunuyorum:

1. Millî Meclis'in İstanbul'da toplanmasının sakınca ve tehlikelerine rağmen, Saltanat Hükümeti İstanbul dışında toplanmayı kabul etmediği ve memleketi bir bunalıma sürüklemekten sakınıldığı için, meclisin İstanbul'da toplanması gerekliliği kabul edildi. Ancak, aşağıdaki tedbirlerin alınması gereği de karara bağlandı:

a) Bütün milletvekillerinin durum hakkında aydınlatılarak teker teker görüşlerinin alınması,

b) Millî Meclis İstanbul'da toplanacağına göre, milletvekillerinin İstanbul'a gitmeden önce, Trabzon, Samsun, İnebolu, Eskişehir ve Edirne gibi yerlerde kısım kısım toplanarak, gerek İstanbul'da gerek İstanbul dışında alınması gereken güvenlik tedbirlerini ve programımızın esaslarını savunacak kuvvetli bir grup oluşturma yolları üzerinde görüşmeleri,

c) Cemiyetin teşkilatını süratle genişletmek ve güçlendirmek için, kolordu komutanlarının, bölge komutanları ve askere alma teşkilatı başkanları vasıtasıyla vakit kaybetmeden fiili yardımda bulunmaları,

d) Bütün sivil idare amirlerinden, her ihtimale karşı, millî teşkilata bağlı kalacaklarına dair söz alınması ve kendilerinin eldeki imkânlarıyla cemiyetin teşkilatını kurmaya süratle girişmelerinin istenmesi,

2. Millî Meclis İstanbul'da toplandıktan sonra, milletvekillerinin, tam biz güvenlik ve serbestlik içinde yasama görevlerini yapmakta olduklarını açıklayacakları güne kadar, Temsilciler Heyeti, şimdiye kadar olduğu gibi yine İstanbul dışında kalarak millî görevine devam edecektir. Ancak, bütün sancaklardan ve milletvekili olan kimseler arasından seçilmek üzere birer, illerden ve müstakil sancaklardan ikişer kişinin, tüzüğün sekizinci maddesi gereğince Temsilciler Heyeti üyesi olarak Eskişehir yakınında toplantıya çağırılıp, durumun açıklanması ve Meclis-i Mebusan'daki tutumun kararlaştırılması üzerinde görüşülecektir. Bu sebeple Temsilciler Heyeti de oraya gidecektir. Bu toplantıdan sonra, Temsilciler Heyeti de uygun şekilde yeni üyelerle desteklendikten sonra, öteki milletvekilleri de İstanbul'a Millî Meclis'e gideceklerdir. Temsilciler Heyeti göreve devam ettiği sürece, millî teşkilatın şekli ve çalışma yöntemi tüzükte yazıldığı şekilde olacaktır.

Meclis-i Mebusan, tam bir güvenlik içinde bulunduğunu açıkladığı zaman, Temsilciler Heyeti tüzükteki yetkisine dayanarak, genel kongreyi toplantıya çağırıp on birinci madde uyarınca da cemiyetin ileride alacağı şeklin belirlenmesini, kongrenin kararına bırakacaktır. Kongrenin nerede ve nasıl toplanacağı o zamanki durum ve şartlara göre ayarlanacaktır. Kongrenin toplantıya çağırıldığı zaman ile toplanması arasında geçecek süre içinde Temsilciler Heyeti, İstanbul Hükümeti ve Meclis-i

Mebusan Başkanlığı ile kesin bir zaruret görmedikçe resmî ilişkilerde bulunmaz.

3. Paris Barış Konferansı, bizim için olumsuz bir karar verdiği ve bu karar hükümet ve Millî Meclis'çe kabul edilip onaylandığı takdirde, elverişli en kestirme yoldan millî iradeye başvurularak, tüzükte açıklanmış olan esasların gerçekleştirilmesine çalışılacaktır.

Mustafa Kemal, Kazım Karabekir, Hüseyin Rauf, Hüsrev, Ali Fuat, Mazhar Müfit
Rüstem
Ömer Mümtaz
Bekir Sami
Hakkı Behiç
İbrahim Süreyya
Hüseyin Selâhattin
Vâsıf
12'nci Kolordu Kurmay Başkanı Şemsettin

MİLLETVEKİLLERİNE VERİLEN TALİMAT

Efendiler, bu kararlar gereğince, milletvekillerini aydınlatmak için verdiğimiz bilgi ve talimatları olduğu gibi bilginize sunacağım:

Seçilen milletvekillerine verilen bilgi ve talimatlar şunlardır:

Madde 1- İstanbul'un, İtilâf Devletleri'nin ve özellikle İngiliz Kara Kuvvetlerinin işgali altında ve deniz kuvvetlerince kuşatılmış olduğu, güvenlik kuvvetlerinin de yabancılar elinde ve karmakarışık durumda bulunduğu bilinmektedir. Bundan başka, Rumların kendi aralarından İstanbul milletvekili adıyla kırk kişi seçtikleri ve Atina'dan gelmiş Yunan lider ve komutanlarının yönetimi altında olmak üzere, gizli polis ve ihtilalci örgütler kurarak, devletimize zamanı gelince isyan edecekleri anlaşılmıştır. Maalesef, hükümetin İstanbul'da serbest olmadığını itiraf etme mecburiyeti vardır. İşte bu sebeplerle, Millî Meclis'in toplanma yerini tartışmak gibi bir konu ortaya çıkmış bulunuyor. Millî Meclis İstanbul'da toplandığı takdirde, milletvekillerinin yapacakları vatan görevi dikkate alınırsa, tehlikeye uğramalarından cidden korkulur. Gerçekten de İtilaf Devletleri'nin Ateşkes Anlaşması hükümlerini bozarak barış anlaşmasını beklemeye gerek duymadan, vatanımızın önemli bölgelerini işgal etmek ve Hristiyan azınlıklara haklarımızı çiğneme fırsatını vermek suretiyle yapılan haksız muamelelerini eleştirip reddedecek, toprak bütünlüğümüzü ve bağımsızlığımızın dokunulmazlığını yılmadan isteyecek ve savunacak olan Meclis-i Mebusan'ın dağıtılması ve üyelerinin tutuklanması veya sürgün edilmesi, uzak bir ihtimal değildir. Tıpkı Kars'ta toplanan Milli İslâm Şurası'na İngilizlerin yaptıkları gibi. Seçimlere katılmamış olan Hristiyan azınlıkların, onlara uyan İngiliz Muhipleri ve Nigehban Cemiyetleri'nin, bu konuda düşmanların gayelerine hizmet ederek her türlü kötülüğü yapabilecekleri de akla gelebilir. Bu bakımdan, Millî Meclis'in İstanbul'da toplanması, meclisten beklenen ciddi ve tarihî görevin yerine getirilmesini imkânsız kılacağından ve Milli Meclis de devlet ve milletin bağımsızlığının temsilcisi olduğundan, ona vurulacak darbe ile bağımsızlığımızın da zedeleneceğini belirtmeye gerek yoktur. Kabine adına, Amasya'da Temsilciler Heyeti ile görüşmelerde bulunan Denizcilik Bakanı Salih Paşa Hazretleri bile bu gerçekleri göz önünde tutarak Milli Meclis'in İstanbul'un dışında güvenli bir yerde toplanması gereğine vicdanı ile de düşüncesi ile de kanaat getirmiş ve bu hususu uygun bulduğunu imzası ile doğrulamıştır. Millî Meclis'in düşman baskısından uzakta ve tam bir güvenlik içinde bulunan bir yerde toplanması halinde, İstanbul'da toplandığı takdirde akla gelebilecek bütün sakıncalar ortadan kalkmış olacağı gibi, hilafet ve saltanatın tehlikede olduğunu dünya kamuoyuna ve özellikle İslam âlemine fiilen duyurmuş olacaktır. Milli varlık ve bağımsızlığımızın aleyhinde alınması muhtemel bir karar karşısında vatana ve millete karşı olan görevlerini yerine getirebilecek ve İtilaf Devletleri karşısında, meclisin milletin kaderine tamamen hakim bulunduğu daha açık bir şekilde ortaya konabilecektir. Meclisin İstanbul dışında toplanması halinde akla gelebilecek olan sakıncalar aşağıdadır:

Millet düşmanları, İstanbul'un gözden çıkarıldığı yolunda zararlı bir propagandaya fırsat bulacaktır. Hükümet, İstanbul'da olduğu gibi, meclis ile kolayca temas ve bağlantı kuramayacaktır. Meclisin açılış töreni, Padişahı yolculuk külfeti ile karşı karşıya bırakmamak için, vekil olarak tayin edecekleri bir kişi vasıtasıyla yapılabilecektir. İşte bu sakıncalar dolayısıyla şimdiki hükümet, Millî Meclis'in İstanbul dışında açılmasını kabul etmemiştir. Hükümetin bu olumsuz kararı yüzünden söz konusu sakıncalara aşağıdaki sakıncalar da eklenmektedir:

Millî Meclis'in kanuna uygun olarak toplanması, Meclis-i Mebusan ile Ayân Meclisi'nin aynı yerde ve aynı zamanda bulunmasına bağlı olduğundan, hükümetin İstanbul dışında, uygun göreceği bir yerde toplanmaya razı olması yüzünden, Ayân Meclisi ve hükümet, İstanbul dışındaki toplantıya katılmayacak ve padişaha usulüne uygun olarak meclisi açtırmayacaktır.

Bu durum karşısında Millî Meclis'in İstanbul dışında toplanmasına kanun bakımından imkân kalmadığı için, yukarıda arz edilen sıkıntılara rağmen, İstanbul'da toplanması bir gereklilik haline gelmiş bulunuyor. Sayın milletvekilleri İstanbul'a gitmekten çekinerek, İstanbul dışında kendiliklerinden toplandıkları takdirde, böyle bir toplanma elbette Millî Meclis'in herkesçe bilinen yasama gücünü temsil edemez. Belki, milletin varlığını, gayelerini, bağımsızlığını temsil edecek, onun hakkında verilecek hükümleri eleştirecek ve yine millete dayanarak reddedebilecek bir millî kongre şeklinde olabilir. Bu takdirde, Millî Meclis de elbette İstanbul'da toplanmamaya mahkûm olur. Böyle bir davranışın, hükümetin karşı çıkmasına, zorlayıcı tedbirler almasına ve sonunda millet ile İstanbul Hükümeti arasındaki her türlü ilişkinin kesilmesine yol açacağı da düşünülebilir.

Anadolu ve Rumeli Müdafaa-i Hukuk Cemiyeti, yukarıda dile getirilen bütün hususları gözden geçirip tartıştıktan sonra, Millî Meclis'in İstanbul'da toplanma gerekliliğine karşı, durumu bütün milletvekillerine bildirerek, her birinin düşünce ve görüşlerini almayı görev saymıştır. Bundan başka, sayın milletvekillerinin İstanbul'da Milli Meclis'e girmeden önce, kolayca bir araya gelebilecekleri bazı yerlerde toplanıp aşağıdaki hususları görüşmeleri ve görüşme sonuçlarının birleştirilebilmesi için bunları Temsilciler Heyetine bildirmeleri gerekli görülmüştür. Görüşülecek hususlar şunlardır:

a) Meclisin İstanbul'da toplanması gerekliliğine karşı, İstanbul ve İstanbul dışında olmak üzere bütün yurtta alınması gerekli tedbirler, yapılması gerekli hazırlıklar;

b) Meclis-i Mebusan'da vatanın bütünlüğünü, devlet ve milletin bağımsızlığını kurtarmaktan ibaret olan gayeyi korumak ve savunmak için birleşmiş azimli bir kadro kurma çarelerinin düşünülmesi;

Milletvekillerinin yukarıdaki hususları görüşmek için toplanmaları uygun görülen yerler şunlardır: Trabzon, Samsun, İnebolu, Eskişehir, Bursa, Bandırma, Edirne.

Madde 2 - Birinci maddeyi, olduğu gibi bölgelerinizde bulunan milletvekillerine bildirerek, önce, en kısa zamanda onların şahsî görüşlerini almak ve bunda vakit kaybetmeden bir yandan Temsilciler Heyetine bildirmek, bir yandan da bölgelerinizdeki merkez heyetlerine ulaştırarak bu konuda faaliyet göstermelerini sağlamak.

İkinci olarak, bölgelerinizdeki milletvekillerinin birinci maddede gösterilen yerlerde huzur ve güven içinde toplanmalarını sağlayarak, görüşme sonuçlarının Temsilciler Heyetine bildirilmesi için gereken tedbirlerin alınması istirham olunur.

Sizlerin seçim bölgelerinden milletvekili olup da şimdi İstanbul'da bulunanların, kendi seçim bölgelerindeki teşkilatı tarafından, İstanbul'a yakın toplanma yerlerinden birine davet ettirilmesi gerekir.

EKİM 1919'DAKİ ÖNEMLİ İÇ OLAYLAR

Efendiler, 1919 yılı Ekimine ait olup da dokunmak istediğim bazı olayları da birkaç kelime ile özetlememe müsaadenizi rica ederim.

İşgal altında bulunan İzmir ilindeki Müslüman halk, zulüm görüyor ve öldürülüyordu. Bunun için, hükümetten, İtilâf Devletleri'nin temsilcileri katında etkileyici girişimlerde bulunmasını rica ettik. Yunanlıların zulüm ve zorbalıkları devam ederse, aynı şekilde karşı koymak mecburiyetinde kalınacağını da bildirdik. İzmir'deki feci olaylar üzerine İstanbul'da bir gösteri toplantısı yapılmak istenmişti. Bunun engellendiği haber alınınca Cemal Paşa'nın dikkatini çektik.

Anzavur, Bandırma çevrelerinde haince ve canavarca hareketlere başlamıştı. Verdiği zararları önlemek için ve Karabiga, Bandırma taraflarına çıkan Nigehban Cemiyeti'ne bağlı subaylar hakkında, Balıkesir'de, Kazım Paşa'ya ve diğer ilgililere yazdık. Otuz kadar Nigehbancı subayın da bir yabancı işgaline zemin hazırlamak için, Hristiyanlara karşı hareket etmek üzere, Trabzon ve Samsun'a çıkacaklarını haber aldık. Derhal 15'inci Kolordu'nun ve Canik Mutasarrıfının dikkatlerini çektik.

Yüksek heyetinizce bilinmektedir ki, başlangıçta Maraş, Urfa ve Antep'te İngiliz birlikleri vardı. Bu birlikler Fransız askerleri ile değiştirildi. Bu yüzden işgali yeniden önlemeye çalıştık. İşgalden sonra da önce siyasî, daha sonra fiilî girişimlere geçtik.

Bozkır'da, yeniden önemli sayılabilecek bir ayaklanma oldu. Onun bastırılması için çeşitli tedbirlere başvurduk.

Maraş ve Antep'te Kılıç Ali Bey'i, Çukurova bölgesine de Topçu Binbaşısı Kemal ve Yüzbaşı Osman Tufan Beyleri göndererek ciddi olarak teşkilatlanmaya ve bazı girişimlere geçtik.

Efendiler, bu arada hatırıma gelen bir noktayı da arz etmiş bulunayım: Sivas Kongresi'nden sonra Temsilciler Heyeti, sorumluluğu kendi üzerine alarak, kongrelerin tüzük ve bildirileri dışında ve Sivas Kongresi Tüzüğüne ek olmak üzere, "Müdafaa-i Hukuk Cemiyeti Kuruluş Tüzüğüne Ektir" başlıklı, "Yalnız üyeleri için ve gizlidir" kayıtlı, silahlı millî teşkilatlar için gizli bir yönerge düzenlendi. Düşmanla çatışılan yerlerde bu yönergeye göre, silahlı müfrezeler ve birlikler kuruldu.

ALİ RIZA PAŞA KABİNESİ GÖRÜŞÜNDE DİRENİYOR

Efendiler, 2 Kasımda, Savunma Bakanı Cemal Paşa'dan aldığım bir şifreli telgrafta: "Zaten az olmayan dedikodulara biri daha eklendi. Ziya Paşa'nın Ankara'ya kadar gitmemesi, lütfedilip destek verilen hükümetin otoritesini kırmaktan başka bir anlama gelemez. Bu konuda hükümet, görüşünde ısrarlıdır." denilmekte ve bunun cevabının acele beklenmekte olduğu bildirilmekteydi. Ziya Paşa'nın gönderilmemesi ile ilgi ricamıza hükümet iltifat etmemişti. Ziya Paşa'yı görevlendirmiş ve göndermişti. Ziya Paşa Eskişehir'e kadar gelmiş ve oradan izin alarak geri dönmüştü. Cemal Paşa, aynı telgrafında "Bozkır olayından dolayı basına verilen bildirinin tarzını, hükümet, aramızdaki uzlaşmaya aykırı görmektedir." diyordu. Oysa, böyle bir bildirimiz yoktu.

Cemal Paşa'nın bu telgrafına şu karşılığı verdik:

Sivas, 3.11.1919

Şifre
Acele

Savunma Bakanı Cemal Paşa Hazretleri'ne

İlgi: 2.11.1919 tarih ve 501 sayılı şifre.

1- Hükümetle millî teşkilat arasında samimi bir uzlaşmaya ve gerçek bir görüş birliğine vardık. Sizler vasıtasıyla pek önemli bir istirhamımız vardı. O da meşru bir gayeye yönelen millî teşkilatın zarar görmemesi için, bütün yüksek dereceli memurların bu görüşe göre seçilmesi, karşı olanların değiştirilmesiydi. Bunlarla ilgili olarak birbiri ardınca yaptığımız istirhamlara cevap alamadık. Trabzon ve Diyarbakır valileri ile Antalya mutasarrıfı hakkında ne yapıldığını daha bilmiyoruz. Yalnız, durumu yerinde incelemeksizin, İçişleri Bakanlığı, Konya'ya Muhipler Cemiyeti üyelerinden, pek yetersiz ve güçsüz olan Suphi Bey'i vali olarak gönderdi. İçişleri Bakanı'nın bu gibi konularda bizimle hiçbir temas ve ilişki kabul etmediği; sanki millî teşkilata karşı imiş gibi davrandığı kanaati uyanıyor. Bu düşüncemizde yanılıyorsak, durumun açıklanmasını ve aydınlatılmamızı rica ederiz. Ankara Valisi Ziya Paşa'nın kendi isteği ile izin aldığını arz etmiştim. Tabiî yine kendisi, resmî olarak Ankara Valisi sayılmaktadır. Ancak, arz ettiğim noktadaki şüphe ve zan ortadan kalkıncaya kadar, adı geçen valinin izinli oluştan yararlanmaya devam etmesi en iyi şekil olarak kabul edilmelidir. Polis Müdürlüğünün hala Nurettin Bey gibi bir kimsenin elinde bulunuşu, sizlerin de bu pek önemli noktaya karşı kayıtsız davranmakta olduğunuz kanaatini vermektedir. Halbuki, bu hoşgörürlüğün sonucu hem hükümete hem de millî teşkilata zararlı olacaktır. Temsilciler Heyetinin millî teşkilatı ve millî birliği bozacak en ufak bir durum karşısında görmezlikten gelemeyeceğini elbette hoş görürsünüz.

2- Bozkır olayı hakkında, Temsilciler Heyetince basına bir bildiri verilmemiştir. Bunda bir yanlışlık olacaktır. Belki de, bu haberler, İrade-i Milliye gazetesinin aldığı bilgilere dayanmaktadır. Temsilciler Heyeti'nin bir gazeteye sansür koyma yetkisinin bulunmadığı yüksek malumunuzdur. Bununla birlikte gazetenin dikkati çekilmek üzere, bu haberde, hükümet ile aramızdaki uzlaşmaya aykırı görülen noktaların açıklanmasını istirham ederiz.

Temsilciler Heyeti adına
Mustafa Kemal

Temsilciler Heyetinin temsilcisi ve Millî Mücadele'den yana olduğunu iddia eden Cemal Paşa'nın telgrafımıza cevabı şudur:

Harbiye, 4/5.11.1919

Sivas'ta 3'üncü Kolordu Komutanlığına

Mustafa Kemal Paşa Hazretleri'ne: Resmî bildiride yazıldığı gibi, bugünkü hükümet, böyle bir zamanda, sırf vatan ve memlekete hizmet emeliyle büyük bir sorumluluğu üzerine almış ve bu görevini yerine getirmek için tam bir tarafsızlık ve samimiyetle hareket etmekte bulunmuş olduğundan, aşağıdaki noktaların acele olarak açıklanmasına gerek duyuldu:

Birincisi; milletvekili seçimlerine azınlıklar katılmadığı gibi, bugün çeşitli partiler de çekingen durumdadır. Çeşitli partiler, memlekette iki hükümetin bulunduğunu, seçimlerin tarafsız yapılmadığını buna sebep olarak göstermekte ve azınlıkların da, sonradan, bu sebebe dayanarak seçime katılmadıklarını ileri sürmeleri büyük bir ihtimal dahilinde görülmektedir... Seçimlerin tarafsızlık içinde yapılmadığı konusundaki şikâyet ve söylentiler artarak, yabancı basın ve çevrelere kadar uzanmıştır. Meclis-i Mebusan, milletin bütün unsurlarını temsil etmediği ve özellikle Kuva-yı Milliye'nin etkileri ile kurulduğu takdirde, bunun dünya kamuoyunda nasıl karşılanacağı açıklanmaya muhtaç değildir. Bu bakımdan, milletvekili seçimlerinde baskı yapılmasına meydan verilmemesi gereklidir.

İkincisi; tekrarı gereksiz sebeplerden dolayı, Meclis-i Mebusan'ın hükümet merkezinin dışında bir yerde toplanması, içte ve dışta çeşitli sakınca ve zararlar doğuracağından, Meclis'in mutlaka İstanbul'da toplanması memleketin hayatî çıkarlarının gereğidir.

Üçüncüsü; taşralarda, bazı kimseler tarafından, millî teşkilat adına hükümet işlerine karışılmakta olduğu birbirini kovalayan bilgi ve haberlerden anlaşıldığından, bu karışmaların bir an önce ve süratle önlenmesi gereklidir.

Bugünkü hükümet, bu üç isteğinde ısrar etmektedir. Bunun dışında bir formülle hükümet işlerini yürütme imkânı yoktur.

Savunma Bakanı
Cemal

Cemal Paşa'nın bu telgrafına "Başyaver Salih Bey tarafından açılacaktır." kaydıyla verdiğimiz karşılığı olduğu gibi bilginize sunmak isterim:

Sivas, 5.11.1919

Savunma Bakanı Cemal Paşa Hazretleri'ne

İlgi: 4/5.11.1919

1. Azınlıklar ile, bu vatan ve bu millet için azınlıklardan daha da zararlı olan bazı siyasi partilerin seçimlere katılmayışlarını, onların kasıtlı ortaya attıkları sebeplere dayandırmak elbette doğru olamaz. Hristiyan azınlıkların, daha millî teşkilatın adı bile yokken, seçimlere katılmayacaklarını ilan ettikleri bilinmemekte midir? Yaygara koparan siyasi partilere gelince, bunlar yalan söylüyorlar. Çünkü, her yerde seçimlere katılmışlardır. Ancak, beşer onar kişiden ibaret olan bu partilerin millet gözünde bir değerleri olmadığından ve millet, temsilcilerini, bu defa İstanbul'daki politikacılardan değil, kendi bağrındaki öz vatandaşları arasından seçmekte olduğundan, bunlar kendilerinin başarı elde edemeyeceklerini anlayarak telaş ediyorlar. Buna karşı bizim elimizden ne gelebilir? Bu noktadaki gerçek karşısında, kabinenin kararsızlık içinde oluşu çok şaşırtıcıdır. Sözü edilen baskı nerede, kimin tarafından ve nasıl yapılmıştır? Lütfen açıklanmalıdır ki, Temsilciler Heyeti görevini yerine getirebilsin. Asıl iddialara önem vererek telaşa düşmek doğru değildir.

2. Meclisin nerede toplanacağı konusundaki görüşte, hükümetin direnmesinin yerinde olup olmadığını zaman ve olaylar ispat edecektir. Bu konudaki son düşüncelerimin merkezlerden alınacak cevaplar üzerine arz edileceğini bildirmiştik.

3. Millî teşkilat adına, hükümet işlerine nerede ve kimin tarafından karışılmışsa, derhal bildirilmelidir ki, gereken işlemler yapılabilsin. Ancak, İçişleri Bakanı Paşa Hazretleri'nin şüphe uyandırabilecek tarzdaki davranışlarına yüksek dikkatlerinizi çekmeyi gerekli görürüz, efendim.

Temsilciler Heyeti adına
Mustafa Kemal

İÇİŞLERİ BAKANININ MEMLEKETE GONDERDİĞİ NASİHAT HEYETLERİ

İçişleri Bakanı, memlekete birtakım heyetler göndermeye kalkıştı. Bunlardan biri de Savunma Bakanlığı Eski Müsteşarı Ahmet Fevzi Paşa adında bir zatın başkanlığında, Temyiz Mahkemesi üyelerinden İlhami ve Fetva Emini Hasan Efendilerden kurulmuştu.

Temsilciler Heyetimizin temsilcisi olan Cemal Paşa, bize bunu bildirmemişti. 5 Kasım 1919 tarihli bir şifre ile kendisinden bu heyetin niçin gönderildiğini sorduk ve özellikle Fetva Emini ile Kâmil Paşa Kabinesi zamanında polis müdürü olan kimselerin böyle bir heyette neden bulunduklarının anlaşılamadığını belirttik.

Efendiler, Fuat Paşa'nın, Ankara'da kolordusunun başında bulunmasını gerektiren sebepler ortaya çıkmaya başladı. Bu sebeplerin önemlisi, memleket içinde halkın zehirlenmeye başlanmasıydı. İç ve dış düşmanlarla işbirliği yapanlar, Ali Rıza Paşa Kabinesi zamanında, Ferit Paşa zamanındakinden çok daha fazla başarılı olmaya başlamışlardı.

REFET PAŞA SALİHLİ VE AYDIN CEPHELERİNE KOMUTAN OLARAK GÖNDERİLİYOR

Kazım Paşa, Balıkesir bölgesinde cephe kurmaya ve duruma hakim olmaya çalışıyordu. Salihli ve Aydın cephelerindeki sevk ve idarenin askerî bir düzene sokulması gerekiyordu. Buraya, az çok tanınmış bir askerin gitmesi lazımdı. Elimizde yararlanabileceğimiz komutan olarak Konya'da bulunan Refet Paşa vardı. Konya'daki kolordunun başına Fahrettin Bey (Müfettiş Fahrettin Paşa Hazretleri) geçmiş bulunuyordu. Bundan dolayı, Aydın Kuva-yı Milliye Komutanlığını yürütmek üzere cepheye hareketini Refet Paşa'ya, Ankara'ya dönmesini de Ali Fuat Paşa'nın kendisine yazmıştık.

Refet Paşa'nın Nazilli'ye vardığı anlaşıldıktan sonra da Genel Kurmay Başkanlığı'na gelmiş olan Cevat Paşa'dan, geçen savaşta tecrübe görmüş genç kurmaylardan seçilecek dört beş subayın, Nazilli'ye Refet Paşa'nın yanına gönderilmesini rica ettim. Bu durumu Refet Paşa'ya da bildirdim.

REFET PAŞA DEMİRCİ EFE'NİN EMRİNE GİRİYOR

Efendiler, Nazilli'ye giden Refet Paşa, Demirci Mehmet Efe'den komutayı almaya gerek ve bunda bir yarar görmemiş; kim bilir ve belki de komuta kendisine teslim edilmemiş. Demirci Efe'nin emrinde kurmay gibi görev yapmayı daha yararlı ve uygun bulmuş... Refet Paşa bunu bize bildirdi. Bölge şartlarını yakından görmüş bir zatın kararını değiştirmek çok defa güçtür. Çünkü, gerçekten Refet Paşa'nın gördüğü ve tercih ettiği gibi, Efe'nin komutasını devam ettirmekte ve ona yardımcı olmakta yarar vardı veya da Refet Paşa o cephenin komutasını herhangi bir sebeple ele alamıyordu. Her iki ihtimale göre de, mutlaka "Komutayı al." diye emir vermek, anlamsız olurdu.

Asıl gariplik bundan sonra görüldü. Bir süre sonra, Refet Paşa Nazilli'de gözden kayboldu. Birkaç gün sonra, Balıkesir'de olduğunu, birtakım yabancı subaylarla ilişkiye girip girmeyeceğini bizden sorması dolayısıyla anladık.

22 Aralık 1919 tarihinde verdiğimiz cevapta millî teşkilata bağlı bulunanların, özellikle Temsilciler Heyeti üyesi olarak tanınmış olmaları dolayısıyla, kendisinin yabancılarla hiçbir şekilde ilişki kurmasını istemediğimizi bildirdik. Refet Paşa, yine ortadan kayboldu. Nihayet bir gün "Bursa'dan Refet" imzalı kısa bir telgraf aldık: "İstanbul üzerinden, Bursa ya geldim."

Bu telgrafın ne demek olduğunu bir türlü anlamıyordum. Refet Paşa'nın İstanbul ile ne ilişkisi vardı? Bir de Nazilli-Balıkesir-Bursa yolu İstanbul'dan mı geçer? Bu bilmeceyi bir türlü çözemedim. Sonunda mesele anlaşıldı.

Refet Paşa, Nazilli'den ayrıldıktan ve Balıkesir'de Kazım Paşa'ya uğradıktan sonra, Bandırma'ya inmiş; oradan da bir Fransız torpidosuyla İstanbul'a gitmiş; orada bazı arkadaşlarıyla görüşmüş; daha sonra da Bursa'ya dönmüş...

Efendiler, bu bilmeceyi hala çözemiyorum. Beni bunda mazur göreceğinizi umarım.

Refet Bey'in yerine bir İngiliz gemisi ile Samsun'a gelen Salâhattin Bey'in gönderildiğini, aynı gemi ile Refet Bey'in İstanbul'a dönmesinin istendiğini ve bunun üzerine gitmeyip istifa ettiğini, İstanbul Hükümetinin benimle birlikte kendisinin de yakalanarak İstanbul'a gönderilmemiz için her tarafa emir verdiğini biliyorsunuz. Bu kadar çok bilinmeyeni çözememek, cebir bilenlerce pek bağışlanmazsa da, benim bu noktada acze düştüğümü itiraf ederim. Gerçi; Ferit Paşa Kabinesi yerine Ali Rıza Paşa Kabinesi geçmişti. Fakat, yeni kabinenin haber alma ve yürütme vasıtalarının öncekinin aynı olduğunu biliyoruz.

Efendiler, Refet Paşa'nın bu hafif hareketi, Aydın ve Salihli Cephelerinde, düzenli bir ordunun teşkiline kadar, ciddi bir sevk ve idare kurulamamasına sebep oldu.

İÇİŞLERİ BAKANININ ŞÜPHE VEREN DAVRANIŞLARI

Efendiler, bu garip hikâyeden sonra, olayları yeniden bıraktığımız noktadan izlemeye başlayalım:

Cemal Paşa, bizim 5 Kasım 1919 tarihli şifremizin bir noktasını anlayamamış. Babıali merkezinden çektiği kısa bir şifre ile, şu şekilde bir açıklama istiyordu: "'İçişleri Bakanının şüphe çekebilecek şekildeki davranışlarına dikkatinizi çekmeyi gerekli görürüz.' cümlesinden maksadın ne olduğu anlaşılamadı. Bu noktanın acele olarak ve açıklanarak bildirilmesi."

Bu kısa şifreye verdiğimiz cevap biraz uzundur. Sıkılmazsanız, olduğu gibi bilginize sunayım:

Şifre

Sivas, 12.11.1919

Savunma Bakanı Cemal Paşa Hazretleri'ne

İlgi: 8.11.1919 tarih ve 8084 sayı.

İçişleri Bakanı Paşa Hazretleri'nin şüphe uyandıran iş ve davranışlarından akla gelenleri aşağıda bilginize sunulur:

1. Ankara gibi bazı illerde, sivil idare amirlerini telgraf başına çağırarak, Milli Mücadele sırasında Ferit Paşa Kabinesi aleyhinde faaliyete girişenlerin durumlarını, hükümeti neden suçladıklarını, bütün bunların kanuna ne dereceye kadar uygun olduğunu tehdit edercesine soruşturma;

2. Uzun süredir hasta iken tifodan ölen Tokat Mutasarrıfının ölümü sebebinin, esrarlı bir vaka sayılarak, Sivas ilinden şifre ile sorulması...

3. Adalet Bakanı ile birlikte, Balıkesir cephesinden gelen millî heyet ile yapılan gizli görüşme sırasında, Adalet Bakanının Millî Mücadele liderleri aleyhinde harekete geçilip geçilemeyeceğinin, kendisinin yanında söz konusu edebilmesi;

4. Bakanlığa geçildiği zaman, ilk vatanseverce iş olmak üzere, vatan hainliği maddî delilleriyle ortaya çıkmış olan eski İçişleri Bakanı Âdil Bey'in düşünce ve hareketlerinde kendisine sır ortaklığı eden İçişleri Müsteşarı Keşfi Bey'in, görevinden atılması gerekirken, hala yerinde bırakılması ve onun vasıtasıyla sivil memurlar arasında değişiklikler yapılması. Tabiidir ki tayin ettireceği memurlar pek haklı olarak milletin güvenini kazanamaz. Söz gelişi, Millî Mücadele'nin başlangıcından sonuna kadar muhalif bir tutum takınmış ve sonunda halk tarafından işten el çektirilmiş ve hastalığı dolayısıyla da o zaman tutuklanması ve uzaklaştırılması yoluna gidilmemiş olan eski Kayseri Mutasarrıfı Ali Ulvi Bey, yöneticilik vasıflarından büsbütün yoksun ve güçsüz takımından olmasına rağmen Burdur'a tayin buyurulmuştur. Yine yetersizliğinden ve Canik sancağı için uygun görülmediğinden, kendi isteği ile vaktiyle İstanbul'a gönderilen Ethem Bey de Menteşe'ye atanmıştır. Aydın Mutasarrıflığına da eskiden Niğde Mutasarrıfı iken Sivas'a getirilen Cavit Bey atanmıştır. Bütün bunlara rağmen,

eski Konya Valisi vatan haini Cemal Bey'in adamı olan Antalya Mutasarrıfı, arka arkaya yaptığımız müracaatlara ve halkın feryatlarına karşılık, hala yerinde oturuyor.

5. Özlük İşleri Müdürlüğü gibi en önemli görev bir Ermeni elinde bulunduruluyor.

6. Basın-Yayın Müdürlüğünde ve Ajans'ın durumunda bir değişiklik görülmemektedir.

7. Memleketin geleceğini garantiye alacak tek kuvvetin millî birlik olduğu ve bunu da ancak millî teşkilatın devam ettirebileceği bilinmektedir. Bu birlik ve teşkilatın, vatanı parçalanmaktan kurtarmak, devlet ve milletin bağımsızlığını korumaktan ibaret olan kutsal gayesini bozmaya çalışanlar da İstanbul'daki bozgunculardır. Bunların zararlarının önlenmesi, ancak kuvvetli ve ciddi bir disipline bağlıdır. Bunun da başlıca çaresi, polis müdürünü namuslu, milliyetçi, yetenekli, girişim gücü taşıyan kimselerden seçmek ve atamaktır. Oysa, sizlerce de bilinmektedir ki, bugünkü Emniyet Genel Müdürü, düşürülmüş olan vatan haini eski kabinenin ve ona bağlı olanların biricik koruyucusudur. Sait Molla'nın Mister Frew'a yazmış olduğu mektuplardan anlaşıldığına göre de bu zat, muhaliflere yani millet düşmanı olanlara bugün kucak açmakta, sığınak vazifesi göstermektedir. Amasya'da Salih Paşa Hazretleri de bunu doğrulamışlardır. Halbuki, İçişleri Bakanı, memleket ve milletin kaderini böyle bir şahsin elinde bırakmakta bir sakınca görmüyor, belki bunda bir yarar görüyor demektir. Jandarma Komutanı Kemal Paşa'nın ise, gerek millî dava ve gerek sizler için zararlı bir şahıs olduğu bir gerçek iken, hala makamında kalması da İçişleri Bakanlığının iyi niyetine mi verilmelidir?

Temsilciler Heyeti adına
Mustafa Kemal

ALİ RIZA PAŞA KABİNESİ MİLLİ TEŞKİLATI DÜŞMAN TEŞKİLATLA, BİZİ DE ALİ KEMAL VE SAİT MOLLA İLE BİR TUTUYOR

Efendiler, Savunma Bakanının 9 Kasım 1919 tarihli bir telgrafı vardı. O telgrafın içindekiler de ilgi çekicidir. Cemal Paşa bu telgrafında, kabinenin düşüncesini şu noktalar üzerinde yoğunlaştırıyordu:

1. Seçimlerin güvenlikle yapılabilmesi,

2. Meclis-i Mebusan'ın İstanbul'da toplanması

3. Milli Teşkilat adına hükümet işlerine müdahale edilmemesi için hükümetin tarafınıza başlangıçtan beri yaptığı tebliğler kesindir.

4. Birçok telgrafınızda ileri sürülen isteklerin de aynı nitelikte -yani müdahale niteliğinde- olduğu aşikârdır.

5. Hükümet, kendi bildirisinde tespit ve ilan ettiği tarafsızlıktan ayrılmayacaktır. Bu bakımdan millî teşkilat aleyhinde bulunanları baskı altında tutma ve cezalandırma yoluna gidemez.

Telgrafın sonunda da şu tehdit vardı: "Şimdiki durum bir süre daha devam edecek olursa kabine kesinlikle çekilecektir."

Saygıdeğer Efendiler, bu maddelerin ifade ettikleri anlamlar, aslında bütün gerçekleri ortaya koymuş bulunuyordu. Kabine, millî teşkilat aleyhinde bulunanların memleket ve millete düşman olduklarını kabul etmiyordu. Millî teşkilat ile düşmanın ihanet teşkilatını; Ali Kemal ile ve Sait Molla ile bizi bir tutuyordu. Adapazarı, Karacabey, Bozkır, Anzavur olaylarını suç olarak saymıyordu.

Cemal Paşa'ya verdiğimiz karşılıkta, bu noktaları açıkladıktan sonra, hükümetin duygu ve eğilimini açık olarak söyletmek maksadıyla şu cümleyi de ekledik: "Bildirdiklerinizden anladığımıza göre, İstanbul Hükümeti, millî teşkilatın varlığını belki de gereksiz görüyor. Gerçekten durum bu merkezde ve milli teşkilata ihtiyaç olmaksızın memleketi kurtaracak bir güce sahip bulunuluyor ise, ona göre gerekenlerin yapılmak üzere açıkça bildirilmesini, aradaki her türlü yanlış anlamanın giderilmesi için arz ve istirham ederiz."

İÇİŞLERİ BAKANI DAMAT ŞERİF PAŞA SÜREKLİ OLARAK MİLLİ BİRLİĞİ BOZMAKLA, TEMSİLCİMİZ OLAN SAVUNMA BAKANI CEMAL PAŞA DA HÜKÜMETİN YAPTIKLARINI SAVUNMAKLA MEŞGUL

Efendiler, Cemal Paşa'nın özel olarak Sivas'a gönderildiği 10 Kasım 1919 tarihli ve kendi el yazısıyla olan bir mektubunu da 18 gün sonra, yani 28 Kasım 1919 tarihinde, almıştım. Cemal Paşa bu mektubunda, yapılan yazışmalarda söz konusu olan sorunları madde madde özetliyor ve her biri hakkında açıklamalar yapıyordu. Hele, Meclis-i Mebusan'ın İstanbul'dan başka bir yerde toplanmasından söz ederken "Bu konuda Padişahın rıza göstermeyeceği iyice anlaşılmıştır. İşgal kuvvetlerinin Meclis-i Mebusan'a saldırmalarının, belki Osmanlı Devleti için iyi sonuçlar verebileceğini, Amerikalılar hissettirdiler ve hatta açıkça da belirttiler." diyordu.

Cemal Paşa, "Kuva-yı Milliye ruhu taşımayan memurların kodamanları, işgal ordularına adeta sırtlarını dayamış durumdadırlar." şeklinde, sanki bilinmeyen bir bilgi verdikten ve bu bilgiyi, "eski kabine üyelerinin çoğu sırtını dayamıştır" bilgisi ile tamamladıktan sonra, "Mesela, Polis Müdürünün değiştirilmesinde bu durum bütün açıklığı ile ortaya çıktı." diye bir de örnek veriyor.

Cemal Paşa, kabine birçok işler yapmayı düşünmüş ise de köklü bir girişim için dayandığı kuvvetin ciddiyetine hala inanamadı cümlesi ile bizi suçladıktan sonra, kanaatini şöyle dile getiriyordu: "İçişleri Bakanı bu kuvvete - yani Kuva-yı Milliye'ye - ihtiyaç gösterenlerin başındadır." desem abartılmış olmaz.

Cemal Paşa'nın, mektubuna imza koyduktan sonra, yine kendi imzası ile eklediği bir özette şu cümle yer alıyordu: "Muhalifler ve yabancılar meclisin açılmasına engel olmaya karar vermişlerdir. Temsilciler Heyeti de bu engellemeye toplanma yeri çekişmesiyle devam ederse işimiz Allah'a kalıyor demektir."

Efendiler, bu mektupta yazılanlarda ve bundan önce gelen yazılarla bundan sonra devam edecek olan düşüncelerde hakim olan mantık, yorumlama ve görüş sağlamlığı hakkında söz söylemeyeceğim. Yalnız, bu mektuba 28 Kasım 1919 tarihinde verdiğimiz etraflı cevabın bir tek cümlesini olduğu gibi aktarmakla yetineceğim. O cümle şudur: "Saltanat Hükümeti'nin köklü bir girişim için dayandığı kuvvetin ciddiyetine güvenemediğini gösteren maddeleri gerçekçi bulmuyoruz."

Efendiler, İçişleri Bakanı Damat Ferit Paşa, durup düşünmeden sürekli olarak millî birliği bozacak, milleti her gün birbiri ardınca yayılmakta olan saldırılar karşısında sessiz ve hareketsiz tutacak tedbirler almaktan geri kalmıyordu. Diğer bakanlıkları da aynı prensip doğrultusunda harekete teşvik ettiği görülüyordu. Söz gelişi, Eskişehir'de Hamdi Efendi adında bir kadı vardı. Kuva-yı Milliye'nin aleyhinde olduğu için orada duramamış, bir daha dönmemek üzere İstanbul'a gitmiş ve bu Kadı Efendi yeni kabine tarafından tekrar Eskişehir'e gönderilmiş. Durum açıklanarak adı geçen kadının değiştirilmesi gereği, Mutasarrıf tarafından Adalet Bakanlığına yazılmış, cevap verilmemiş. Mutasarrıf ve Eskişehir Bölge Komutanı, bu durumu Temsilciler Heyetine bildirmekle birlikte, "Eğer bakanlık bu yazıyı dikkate almayacak olursa, bu Kadı'nın kovulması gereklidir. Sizlerin görüş ve emirleri istirham olunur." deniliyordu. Biz de görüşümüzü bekleyenlere şu karşılığı vermek zorunda kaldık: "Millî davaya bağlı olacağına söz veren ve bu ilke çerçevesinde Millî Teşkilat'ın her türlü yardımını sağlamış olan Saltanat Hükümeti'ne, adı geçen kadının değiştirilmesi kabul ettirilemezse, sonunda kovulmasının bir gereklilik haline geleceği çok bellidir." Şüphesiz, bu durumda bulunan İstanbul memurları az değildi.

Savunma Bakanı Cemal Paşa'nın, buna benzer birtakım işlerden söz eden ve kabinenin görüşünü bildiren 24 Kasım 1919 tarihli bir şifresinin ilk cümlesi şuydu: "Devletin iç işleri ve siyasî politikası kesinlikle ortaklık kabul etmez". Bu telgrafa 27 Kasım 1919 tarihinde verdiğimiz ayrıntılı cevapta, biz de şöyle dedik: "Devletin iç işleri ve siyasî politikasının kesinlikle ortaklık kabul etmediği bir gerçek olmakla birlikte, benzeri görülmemiş olan bugünkü durum karşısında, vatan ve milletin geleceğini güvence altına alacak olan millî teşkilatı, bilerek veya bilmeyerek zayıflatacak ve millî birliği bozacak hiçbir muameleye milletin razı olamaması da pek normal ve doğaldır." Bu telgrafın son cümlesi şöyleydi: "Heyetimiz, imzasını taşıyan taahhütlerine tamamıyla bağlıdır... Şu kadar ki, taahhütlerin karşılıklı olması gerekir. Oysa, hükümet, Salih Paşa'nın imzasını taşıyan taahhütlerin ve notların daha hiçbirini yerine getirmemiş ve eğer varsa, engelleyici sebepler bile bildirilmemiştir."

Efendiler, şimdi vereceğim kısa bilgiler ve bu bilgileri doğrulamak üzere göstereceğim belgeler, Ali Rıza Paşa Kabinesinin bizi suçlamakta ne kadar haksız ve hükümet işlerinde, en hafif anlamıyla ne kadar kayıtsız olduğunu yüksek heyetinizin gözleri önüne serecektir zannederim.

Efendiler, İstanbul'daki gizli dernekler ve bu derneklere öncülük eden ve Savunma Bakanı Cemal Paşa'nın mektubunda da itiraf edildiği üzere, sırtlarını yabancılara dayamış olan birtakım şahıslar, bol para ve Ali Rıza Paşa Kabinesinin gösterdiği alabildiğine hoşgörü ve uyuşukluk sayesinde, memleketi baştanbaşa ateşe vermek için olanca güç ve gayretleriyle çalışıyorlardı. Bu konudaki bilgiler ve elde edilen belgelerde, hükümetin vukuf ve bilgileri dışında bırakılmış değildi. İstanbul'daki teşkilatımız ve aldığımız tedbirler sayesinde elde edilmiş bir kısım belgeler, olduğu gibi Cemal Paşa'nın ve Sadrazam Paşa'nın ellerine teslim edilmişti. Bu belgeler, o tarihte yabancı temsilcilere de verilmiş ve bu yolla İtilâf Devletleri hükümetlerinin çoğunca öğrenilmiş ve o tarihlerde özetleri bütün komutanlara ve öteki ilgililere duyurulmuş olduğuna göre, artık olayın tarihe karışmış olduğu bugünde, yüce heyetinizce ve milletçe bilinmesinde bir sakınca görmüyorum.

SAİT MOLLA NASIL ÇALIŞIYORDU?

Millî Mücadele sırasında uğradığımız açık ve gizli güçlükler üzerinde köklü bir fikir verebilecek ve gelecek kuşaklara ibret ve ders olacak nitelikteki söz konusu belgeleri, olduğu gibi bilgilerinize sunmayı uygun buluyorum. Bu belgeler, İngiliz Muhipler Cemiyeti'nin sözde başkanı olarak tanınmış bulunan Sait Molla'nın Mister Frew adındaki rahibe gönderdiği mektupların kopyalarıdır.

Efendiler, bu mektupların suretlerinin alındığını hisseden Sait Molla'nın, Türkçe İstanbul gazetesinin 8 Kasım 1919 tarihli nüshasında bu mektuplardan söz ederek uzun ve sert bir dille kaleme alınmış bir tekzip yayınlamış olmasına rağmen, gerçekler inkâr edilemez. Bu mektupların suretleri, Sait Molla'nın evinden ve mektupların müsveddelerinin yazılı bulunduğu bir defterden aynen alınmıştır. Bu durum bir yana, mektupların içindekiler, memlekette kendini gösteren durumlar ve olaylarla ve ayrıca, ne oldukları ortaya çıkan bazı şahıslarla tam bir uygunluk göstermektedir. Şimdi müsaade buyurursanız bu mektupları tarih sırasıyla arz edeyim:

Birinci Mektup

Aziz dostum,

Verilen iki bin lirayı Adapazarı'nda Hikmet Bey'e gönderdim. Oradaki işlerimiz pek yolunda gidiyor. Birkaç gün sonra verimli sonuçlarını elde edeceğiz. Şimdi aldığım şu bilgileri, şu pusulamla acele olarak size müjdelemek istedim. Yarın sabah kendim gelip etraflı bilgi vereceğim.

Kuva-yı Milliye taraftarlarının Fransa'ya büyük bir eğilim gösterdiklerini ve General Franchet d'Esperey'nin Sivas'a gönderdiği subayların, Mustafa Kemal Paşa ile görüşerek İngiliz Hükümeti aleyhinde bazı kararlar aldıklarını Ankara'daki "N.B.D. 285/3" adamımızın bize özel olarak bir kurye ile gönderdiği mektupta bildiriyor. "D.B.K. 91/3" her ne kadar derneğimiz üyesi ise de, bende, bu zatın Fransızlara casusluk ettiği ve sizin bu örgüte başkanlık ettiğinizi etrafa yaymış olduğu kanaati uyanmıştır. Bu konu üzerinde de sizlerin görüşlerine ve yüksek güvenlerine aykırı olarak söyleyeceklerimle, şimdiye kadar o zata güvenmekle yapmış olduğunuz, hatayı ortaya koymuş olacağım. Dün sabah Adil Bey'le birlikte Damat Ferit Paşa Hazretleri'ni ziyaret ettim. Biraz daha sabretmeleri ve beklemeleri gereğini tarafınızdan kendilerine bildirdim. Paşa Hazretleri, cevap olarak size teşekkür etmekle birlikte, Kuva-yı Milliye'nin Anadolu'da tamamen kök saldığını, buna karşı bir hareketle başındaki hainler yakalanmadıkça, kendilerinin iktidar makamına gelemeyeceklerini Padişahın da tasvibine sunulan anlaşma hükümlerinin konferansta, savunulmasına imkân olmadığını söyledi. Kuva-yı Milliye'nin dağıtılması için şanlı İngiliz Hükümeti nezdinde hemen girişime geçilerek, Bâbıâli'ye, milletvekili seçiminden önce ortak bir notanın verilmesini, Adapazarı, Karacabey ve Şile'de Rumlara karşı girişecekleri saldırıları esas alarak ve Kuva-yı Millî'nin güvenliği bozduğunu ileri sürerek, işin çabuklaştırılmasına çalışmamızı ve İngiliz basınının Kuva-yı Milliye aleyhinde yayın yapmasının sağlanmasını, torpido ile özel olarak gönderilen "E.B.K. 19/2"'ye telsiz telgrafla dün görüştüğümüz konular üzerinde talimat verilmesini rica ediyor. Bu gece 23.00'te Âdil Bey sizi "K" de görecek ve Ferit Paşa'nın özel bazı ricalarını daha bildirecektir. Bundan sonra da Padişah ile Mister T.R. görüşebilecektir. Refik Bey'e artık güvenmeyiniz. Sadık Bey de bizimle çalışabilecektir. Saygılarımı sunarım.

11.10.1919

Sait

Not: Karacabey ve Bozkır'dan henüz bir haber alamadık.

İkinci Mektup

Ankara'daki "N.B.D. 285/3" tarafından gönderilen mektupta, Sivas Temsilciler Heyetindeki ve Emekli Kurmay Albay Vasıf Bey'in, d'Esperey ile temas etmek üzere gönderileceği ve birkaç güne kadar yola çıkacağı bildiriliyor. Hikmet Bey paraları almış. Biraz daha para istiyor. Önceki gün sizi ziyarete geldiğimde takip edildiğimi söylememiştim. Dönüşümde biri sarı bıyıklı, diğeri kumral ve köse iki şahsın sokak başında beni beklediklerini gördüm. Gece olduğu için epeyce korktum. Yalnız birbirlerine yavaşça "Bu Sait Molla imiş, artık gidelim." dediklerini işittim. Bu fazla temas benim için hayırlı olmayacak. Fuat Paşa Türbesi yakınlarındaki görüştüğümüz evi tutabilirseniz buluşabiliriz. Nâzım Paşa cemiyetimizden haberdar olmuş. Bana çok gücendi. Müsaadenizle "N.B.S. 495/1" düzenine kendilerini kattım. Ev işi yoluna konuncaya kadar teması bu kişi yapacaktır. Karacabey'de "N.B.D. 289/3"e gönderilen bin iki yüz lira alınmıştır. Yola çıkacaklardır. Ferit Paşa, Babıali'ye verilecek notayı her dakika beklemektedir. Padişah bu durumdan pek üzgündür. Teselli ettirmeniz ve daima kendisine ümit verici demeçler verdirmeniz çıkarlarımız gereğidir. Bizim padişahların her şeye karşı zayıf olduklarını unutmayınız. Seyit Abdülkadir Efendi, o konu üzerinde pek tuhaf sözler söyledi. Sözde arkadaşları "Vatanseverliğe sığmaz." diyorlarmış. Artık siz gereğini yapınız. Polis Müdürü Nurettin Bey'in değiştirileceği söyleniyor. Hepimizin koruyucusu olan bu kişi hakkında gereken kimselerin dikkatini çektiriniz. Saygılarımı sunarım.

18/19.10.1919
Sait

Not: Ali Kemal Bey o kişiyle görüşmüş. Konuşmayı idare edemediğinden karşısındaki maksadını anlamış ve hatta kendisine esaslı bir hakaretle "Biz sizin İngilizler hesabına çalıştığınızı anladık." demiş.

Üçüncü Mektup

Yapılan propagandaları göz doktoru Esat Paşa kolu ve özellikle Çürüksulu Mahmut Paşa, resmî bilgilere dayanarak durmadan tekzip ettiriyor ve halkın heyecanını yatıştırmaya çalışıyorlar. Bu adamlara başvurulduğunda hiç cevap verilmemesini, dün kararlaştırılan kişiye, padişah vasıtasıyla emir vermenizi rica eder saygılarımı sunarım.

19.10.1919
Sait

Dördüncü Mektup

Aziz Üstat,

Muhipler (İngiliz Muhipler Cemiyeti üyeleri) arasında Franmason örgütü itirazlara sebep oluyor. İttihatçıların tuttuğu yoldan gidilmesinden çekiniliyor. Bu programı, örgütün idaresine tam bir imanla yetiştirilmiş gençlerin alınmasıyla uygulayabileceğiz. Benim kıyafetimin engel olması yüzünden, eski dostunuz "K.B. V.4/35" kararlaştırılmış olan esaslar çerçevesinde işe başlayacaktır. Ankara ve Kayseri'den yine haber yok. Saygılarımı sunarım üstadım.

19.10.1919
S.

Beşinci Mektup

Üstat,

Kasidecizâde Ziya Molla dün Adam Block'a haber göndermiş. Eski dostu olduğuna güvenerek benim başında bulunduğum Muhipler Cemiyetinin gördüğü himayenin, İngilizlerin karakter yapısı ile bağdaştırılamadığını ve bunun kamuoyunda kötü etkiler yarattığını, bu bakımdan cemiyeti namuslu kimselerin temsil etmesi gerekeceğini dolaylı olarak bildirmiş ve benim aleyhimde pek çirkin şeyler eklemiş. Bu zatın bana karşı kişisel düşmanlığı olduğunu hatırlatmak isterim. Ziya Molla'nın damadının kardeşi eskiden benim karımdı. Kendisini boşadığım için bana böyle bir düşmanlık yöneltildi. Durumun Adam Block Hazretleri'ne bildirilmesini ve Ziya Molla'nın şimdi İngiliz yanlısı olmayıp, Milli Mücadele'yi benimseyenlerin bir propaganda aracı ve Mustafa Kemal Paşa ile aralarında ilişki bulunduğunu ve beni suçlamakla kendi içyüzünü göstermekte olduğunu yüksek dikkatlerinize sunmak isterim.

21.10.1919
S.

Not: Bir sakınca yoksa Adam Block Hazretleri'ne size olan hizmetimi bildiriniz.

Altıncı Mektup

Sayın Üstat,

Ankara'dan "N.B.D. 295/3"ten kurye ile gelen 20 Ekim 1919 tarihli mektupta, "K.D.S. 93/l", talimatımız gereğince orada bırakılarak kendisi Kayseri'ye hareket etmiştir. Talimatın onaylı bir suretini de Galip Bey'e gönderdiğini bildiriyor. Önceki ödenek sarf edildiği için yeniden ödenek istiyor. Gizli örgütün yayıldığını, başındaki bozgunculardan yakasını kurtaran muhiplerimizin, şimdilik köylerde kalmak şartıyla, el altından işe başladıklarını müjdeliyor ve sizlerin son planlarının iyi sonuç vereceğini bildiriyor. "M.K.B." düzgün Türkçesi sayesinde önemli roller çeviriyormuş. “Hele hocalığına diyecek yok.” diyor. Talimatın "XVV." planı tamamen hazırlanmış. Aramıza yeni yabancılar girmemiş ise, durum sezilmeden, maksat fiilen elde edilmiş olacaktır. Yeni ödeneğin gönderilmesini beklemek üzere kurye "4R" burada alıkonulmuştur.

23/24.10.1919
S.

Not: Ahmet Rıza Bey'in İtalyan mandası ile ilgili demecini mektubun sonuna ekledim. Kendisinin Fransa'ya geçmesi bizce tehlikeli olur. Bunu engelleyiniz.

Yedinci Mektup

Üstadım,

Ali Kemal Bey dün o kişiyle görüşmüş. Basın konusunda biraz ağır olmak gerektiğini söylemiş. Bir kere bir görüşe inandırılmış olan düşünce ve kalem erbabını, o görüşe zıt bir gayeye yöneltmek, bizde kolaylıkla mümkün olmaz. Bütün resmî memurlar, Millî Mücadele'yi şimdilik iyi görüyor demiş. Ali Kemal Bey, talimatınıza harfi harfine uyacak. Zeynel Abidin Partisiyle de işbirliği yapmaya çalışıyor.

Sözün kısası, işler bulandırılacak. Bugünlerde Fransız ve Amerikan çevrelerinde benim adım çok geçiyormuş. Bunun hikmetini hala anlayamadım. Millî Mücadele taraftarlarının, bu hükümetin siyasî memurları üzerinde yaptıkları etkinin sonucu olarak, hayatımın korunması size emanet edilmiştir. Ben kendi kendime bu ümitle cesaret veriyorum. Hikmet ile bizzat görüştüm. Bu sefer kendisini dönek gördüm. Bununla birlikte kesin olarak söz verdi. "Ben mertim. Sözümden dönmem." dedi. Sivas olayını nasıl buldunuz? Biraz düzensiz ancak yavaş yavaş düzelecek. Kadıköylü de işi üzerine alıyor. Fakat o yere batası İttihatçı basın, bazen bizim işlere engel oluyor. Bunların yazılarına dikkat etmek gerekir. Paşamız hala sinirli. "Ne vakit olacak?" diyor. Ev sorununun hala çözülmemiş olması, temas ve ilişkilerimizi güçleştiriyor. "N.B.S. 495/1" Konya'ya önem verilmesini tavsiye ediyor. Size kendisinin ağızdan anlattığı konu üzerinde dikkatini çekmemi rica ediyor. Ali Kemal Bey'in son felâketi üzerine üzüntülerinizi bildirdiğinizi söyledim. Bu zatı elde bulundurmak gerekir. Bu fırsatı kaçırmayalım. Bir hediye sunmak için en uygun zamandır. 19 Ekim tarihli mektubumu almadığınıza üzgünüm. Aracı olan şahsı biraz sıkıştırınız. Tehlikeden sakınmak benim için pek önemlidir. Yeni bir parola gönderiniz. Hikmet'e ve Kadıköylüye numaralarını vereceğim. Saygılarımı sunarım üstadım.

24.10.1919

S.

Not: Birkaç defadır söylemek istediğim halde unutuyorum. Mustafa Kemal Paşa'ya ve taraftarlarına biraz müsait görünmeli ki, kendisi tam bir güvenle buraya gelebilsin. Bu işe çok önem veriniz. Kendi gazetelerimizle taraftarlık edemeyiz.

Sekizinci Mektup

Aziz üstat,

Seçimleri geciktirmek ve geri bıraktırmak için gerek Mustafa Sabri ve gerek Hamdi ve Vasfi Efendilerle talimatımız çerçevesinde uzun uzadıya görüştüm. Rızalarını aldım. Seçim bölgelerinde propagandalar başladı. Gereken şahısları elde edecekler. Bol para dağıtmak suretiyle oyları dağılmaya uğratacaklardır. Padişahın bu hususta aydınlatılması çok gereklidir. Maksada sizin yüksek görüş ve tedbirlerinizle ulaşacağımızı temin ederim, üstat.

26.10.1919

S.

Dokuzuncu Mektup

"9.R" kurye geldi. Keskin'deki teşkilat bitmiştir. Arkadaşlara propaganda için talimat verdim. Başarılarımızın ilk meyvelerini yakında toplayacağımızdan eminim üstadım.

27/28.10.1919

S.

Onuncu Mektup

Aziz üstat,

Sarayda, yeni kabine kurulması ile ilgili hazırlık ve planların yer aldığı haberi etrafa yayılmıştır. Bu işin hızlandırılması kaçınılmazdır. Anadolu'daki örgütümüzün bazı planları Kuva-ı Milliye'ce anlaşılmış. Özellikle Ankara ve Kayseri de aleyhimizde çalışmalar başlamıştır. Kürt Cemiyeti söz verdiği halde bir varlık gösteremedi. Çetelerimizden bir kısmı yok ediliyor. Ne olursa olsun tasarlanan kabine mutlaka iktidara getirilmelidir. Ali Rıza Paşa'nın, planlarımızı önleyici tedbirler alacağını da tahmin ediyorum Bozkır'a gidecek adamlarımız tanınmış kimseler oldukları için fazlasıyla korkuyorlar. Konya'da "K.B.81/1"e, sizin aracılığınızla, olayın kızıştırılması için tebligat yapılarak propaganda heyetlerinin bu konuda faaliyete davet edilmesi gerek ve zaruretini arz eder, saygılarımı sunarım.

29/30.10.1919

S.

Not: Benim bir mektubumdan Hikmet'e bahsedilmiş. Bu mektupta yazılanları nereden öğrenmişler? Hikmet'le kendim görüştüm. Bunun doğru olduğunu Hikmet'ten şaşkınlık içinde dinledim. Casus benim çevremde midir; yoksa sizin çevrenizde mi?

On Birinci Mektup

Aziz üstadım,

Kürt Teali Cemiyeti'ndeki yakın dostlarımızla görüştüm. Yeni geldiklerinden, birkaç gün sonra verilen talimat çerçevesinde hazırlık yapacaklarını, yalnız Kürt aşiretlerinin bulunduğu Doğu illerine gönderilecek arkadaşlar için büyük bir ödeneğe ihtiyaç olduğunu söylediler. "D.B.R. 3/141"den gelen mektupta gösterdiler. Urfa, Antep, Maraş'ta Fransızlar aleyhine gereğinden fazla kışkırtmalar yaptıkları ve kolordu komutanının takip ettiği yumuşak politikaya rağmen, halkı kandırdıkları yazılıdır. Kabinenin başkanlığına Zeki Paşa'nın getirilmemesi ile ilgili görüş doğru değildir. Bu zat Kürtler üzerinde hakimdir. Eski Ermeni meselesi unutulmuştur. Sizin ileri sürdüğünüz görüş, herhalde bugün için mevsimsizdir. Bunu, gereğinde başka türlü göstermek mümkündür. Üstatça yardımlarını her dakika beklemekteyiz. Karşıdaki olayı diğerlerine de yaymaya çalışıyoruz, Bendeniz, saygılarımı sunarım.

4.11.1919

S.

On İkinci Mektup

Aziz Üstadım,

Ahmet Rıza'nın Temps muhabirine verdiği demeç herhalde dikkatinizi çekmiştir. Emir Faysal'a Fransızlarla anlaşma imzalamayı tavsiye etmesindeki anlamın taşıdığı siyasî incelik, efendimizin gözünden kaçmamalıdır. Kuva-yı Milliye liderleri, sonradan sonraya Fransa'ya dikkate değer şekilde bir yaklaşma eğilimi gösterdikleri gibi, Irak'ta çıkardıkları karışıklık bir yana, öte yandan Suriye'deki hakimiyetinize de darbe vurmak istiyorlar. Bu kuvvetin devamında gösterilecek ilgisizlik ve kusur, İslam dünyasının İngiltere aleyhindeki olağanüstü galeyanına yol açacaktır. Üzerinde özenle durulmuş olan bu noktayı büyük bir değer vererek görmek ve yüksek seviyedeki siyasî şahsiyetlerinize göstermek gereklidir. İleri sürdüğüm bu görüşle, ilmî değerinize karşı bir saygısızlıkta bulunduğum yargısına varmayınız. Çünkü, Türkiye üzerinde, sizden başka bir kuvvetin nüfuz ve egemenliğini devam ettirmesi, siyasî gayemize aykırıdır. Fransa, İtalya ve özellikle Amerika'nın, gerek devlet adamları ve gerek basınıyla bu kuvvete karşı gösterdikleri çeşitli eğilimler, siyasi ve askeri üstünlüğünüzle rekabete girişildiğinin açık bir delilidir. Ahmet Rıza gibi Clemenceau'nun, Pichon'un ve çeşitli politikacıların eskiden beri süregelen yakın dostluklarını kazanmış olan şahsiyetlerin Fransa'da önemli bir rol oynayacağından ve kamuoyunu tam anlamıyla istedikleri yöne çekebileceklerinden emin olunuz. Bu zatın İsviçre'ye geçeceğine dair bilgi alındığına göre, oradan bir fırsatını bulup Fransa'ya geçmek emelinde olduğuna inanabilirsiniz. Balıkesir yakınlarındaki kuvvetlerimiz bozularak kaçmış ve "A.R." de gizlenmiştir. Yeni kuvvetler hazırlanıyor. Beş bin liradan aşağı olmamak üzere ödenek istiyor. Karaman'dan "D.B.S.40/5"ten gelen mektupta, şimdilik beklemek zorunda olduklarını ve Kayseri'den "K.B.R.87/4"ten gelen mektupta da, yakında harekete geçeceklerini bildiriyor. Ziya Efendi de "H.K.", "C.H." bölgesinde örgütlenme tamamlanmış olduğundan yalnız ödenekle oraya hareket etmek mecburiyetinde olduğunu söylüyor. İsterseniz durum hakkında bizzat geniş bilgi verecektir. Sıkı bir şekilde takip edildiğimizi, plan ve hazırlıklarımızdan Sivas'ın düzenli olarak haber aldığını arz edebilirim. Mehmet Ali'ye güvenmeyiniz. Ağzı sıkı değildir. Her halde boşboğazlık ediyor. Dış planlama ve teşkilatta bendenizden başkasını kullanmasanız daha isabetli hareket edersiniz. Ali Kemal Bey'in listeye alınması gereklidir. Bu kadar sırrımızı taşıyan bu zatı gücendirirsek, planlarımız olduğu gibi düşmanların eline geçer. Bu zatı sık sık kollayınız. Saygılarımı sunarım üstadım.

5.11.6919
S.

Not: Kemal yakalanmış, ona bağlı olması dolayısıyla "K.B.R. 15/1" in örgütle ilişki derecesi ortaya çıkmış demektir. Bu kişiyi korumak gereklidir.

MİSTER FREW'A YAZDIĞIM MEKTUP

Efendiler, bu geniş örgütlenmeye engel olmak ve yaratılan tehlikeli durumlara son vermek için elimizden elen her çareye başvurduk. Şimdiye kadar dile getirdiğim ve bundan sonra sırası geldikçe de hatırlatmaya çalışacağım, bildiğiniz isyanları, ihtilalleri, resmî düşman kuvvetlerinin tecavüzlerini bastırmak ve yok etmek için çok uğraştık. Ali Rıza Paşa Kabinesi, gözüne batan Kuva-yı Milliye'yi batırmaya ve bunun için bizimle didişmeye çalışmaktan başka bir yardımda bulunmadığı gibi, ondan sonra iktidar makamına gelen sayın arkadaşları da onun yolunda gitmekten ve sonunda felaketten felakete ve rezaletten rezalete sürüklenmekten başka bir hizmet görmediler.

Efendiler, bütün bu gizli tertip kaynaklarının, Rahip Frew'un kafasında toplandığı ve oradan din kardeşlerimiz olacak hainlerin kafalarına akıtılarak eylem haline dönüştüğü tahmin edildiğinden, Rahip Frew'un, bir süre için olsun, bu işlerden uzak kalmasını sağlar düşüncesiyle, bizzat kendisine bir mektup yazdım. Mektubun iyi anlaşılabilmesi için şu bilgiyi de ilave edeyim ki, ben, Mister Frew ile İstanbul'da bir iki defa görüşmüş ve tartışmıştım. Frew'a Fransızca olarak gönderdiğim mektubun Türkçesi şudur:

Mister Frew'a

Sizinle, Mösyö Marten'in aracılığıyla yaptığımız görüşmelerin hatırasını memnuniyetle saklamaktayım. Yıllarca memleketimizde ve milletimiz arasında yaşamış olan sizin, hakkımızda en doğru düşünce ve kanaatleri taşıyacağınızı beklerdim. Oysa, ne yazık ki, İstanbul çevresinde sizinle bağlantı kuran bazı gafil ve menfaat düşkünü kimselerin, sizi yanlış yönlere sürüklediklerini pek büyük bir esefle anlıyorum. Bunlar arasında Sait Molla ile hazırlanıp uygulamasına başladığınız, güvenilir kaynaklardan haber alınan planın, İngiliz milletinin gerçekten suçlanmasını gerektirecek bir nitelikte olduğunu bildirmeme müsaadenizi rica ederim. Milletimiz, Sait Molla'nın değil, fakat gerçek vatanseverlerimizin gözüyle görüldüğü takdirde, böyle planların artık memleketimizde ve milletimiz üzerinde uygulama alanı kalmadığı yargısına kolaylıkla varılabilir.

Nitekim, daha bugünün olaylarının arasında yer alan Adapazarı ve Karacabey olaylarının başarısızlığa uğramış olması, sözümüzü doğrulamaya yeterlidir, Ancak, buna ne gerek vardı? İngiliz subayı Nowill'in, Diyarbakır bölgesinde. Müslüman Kürt halkını kışkırtmak için pek çok çalıştıktan sonra, Malatya'da eski Elazığ Valisi Galip ve Malatya Mutasarrıfı Halil Beylerle Sivas aleyhine yaratmaya çalıştığı olay, sonuç olarak bütün medeniyet dünyasına karşı utanç verici değil miydi?

Size bütün ciddiyet ve samimiyetimle arz ederim ki, İngiliz milleti, milletimizin kendisine karşı gösterdiği dostluk ve güvene değer vermiyorsa, bundaki yanılgı pek derindir. Aksi takdirde ise, kullandığınız yöntemler pek sakat olup sonuca ve başarıya ulaştıracak nitelikte değildir. Sait Molla vasıtasıyla Adapazarı'na gönderilen iki bin liranın, yakında olumlu sonuç getireceği şeklinde verilen, sözün asılsızlığını, olaylar size ispat etmiş olacağından fazla söze gerek görmem. Özellikle sizinle bağlantı kuran sahtekarlar tarafından, ortak çalışmalarınızda ve meselelerinizde Osmanlı Padişahının da rolü varmış gibi gösterilmesi pek tehlikelidir. Siz pekala takdir edersiniz ki, padişah sorumsuz ve tarafsız olup, millî irade ve hakimiyetimizi ilgilendiren gerçekleri değiştirmez ve bozmazlar. Memleketimizde bulunan İngiliz siyasî memurlarının, şüphesiz İngiliz milletinin eğilim ve çıkarlarına aykırı olarak, vatan ve milletimiz aleyhinde, insanlık ve medeniyet dışı ölçülerle yapılagelmekte olan girişimlerini, elimizdeki belgelerle İngiliz milletinin gözleri önüne serersek, sonuç, dünyaca takdire değer görülmez sanırım. Ancak, bu konuda garipliği dolayısıyla şunu da arz etmek mecburiyetindeyim ki, siz bir din adamı olarak, siyaset oyunlarında ve hele kanlı çarpışmalarla sonuçlanacak işlerde rol oynamak sevdasına kapılmamalıydınız. Sizinle yaptığım görüşmelerde sizi bu türlü bir politika adamı olarak değil, insanlığa hizmet eden, adaleti seven, faziletli bir insan gibi görmüştüm. Bunda ne kadar aldandığımı, son aldığım güvenilir bilgilerin doğrulamakta olduğunu bildirmekle şeref duyarım.

Mustafa Kemal

ALİ RIZA PAŞA KABİNESİ, DÜŞMANIN İFTİRA VE SAFSATALARINA GERÇEK DİYE İNANIYOR

Efendiler, İstanbul'da hükümetin gözü önünde ve bilgisi altında yapılmış ve yapılmakta olan alçakça girişimlerin bütün memleketteki uğursuz sonuçlarını açıkça ortaya koyan olayların asıl kaynak ve sebeplerini İstanbul Hükümetinin Temsilciler Heyetinden daha iyi bildiğinden hala şüphe edilebilir mi?

Efendiler, olaylar hakkında derinlemesine bilgiye sahip olan hükümet üyelerinin, düşmanların sırf aldatmak ve bozgunculuk maksadıyla ortaya attıklari iftira ve söylentilere gerçek gözü ile bakıp, yine onların tavsiyelerini çare ve tedbir olarak uygulamaya kalkışacaklarına ihtimal verilebilir mi?

Bu sorulara cevap vermek için, yüce topluluğunuzun zihinlerini yormaktan çekinerek, sözü, Ali Rıza Paşa Kabinesinin düşüncesine tercüman olan Savunma Bakanı Cemal Paşa'ya bırakmayı tercih ederim.

Efendiler, itiraf ederim ki, ben, Cemal Paşa'nın bu konuda verdiği şifreli telgrafın anlamını kavramakta güçlük çektim ve hayrete düştüm. Kendilerinden telgraflarının tekrarını istedim. Bakan Paşa, 9 Aralık 1919 günü arka arkaya, olduğu gibi bilginize sunacağım şu telgrafları çektiler:

9.12.1919

Sivas'ta 3'üncü Kolordu Komutanlığına

Mustafa Kemal Paşa Hazretleri'ne: Tekrarı istenen telgraf aşağıda sunulmuştur:

Hükümetin Barış Konferansı'na davet edilme konusunda isteklerde bulunduğu bilinmektedir. Barış Anlaşması'ndan iyi sonuç alınabilmesi, ancak gidecek delegelerimizin hem milletimizin güvenini kazanmış kimseler olması hem de memleket içinde otoriteye sahip bir hükümeti temsil edebilmesine bağlıdır. Yabancı temsilciler tarafından memleket içinde güvenlik ve huzurun kurulması ve yerleşmesi ısrarla tavsiye olunuyor. Anadolu'da bir katliama uğrayacakları endişesiyle korku ve dehşet içinde olan Hristiyan halkın, bölük bölük işgal altında bulunan yerlere sığınmakta oldukları etkili ve dikkati çeken bir dille söyleniyor. Gerçi, işgal altındaki yerlere ve özellikle Adana bölgesine gidenler, o bölgedeki Ermeni nüfusunu artırmak maksadıyla gitmekte iseler de, Anadolu'da güvenlik ve huzurun bozulmuş olduğu ileri sürülerek, hükümet tarafından yapılan red ve yalanlamanın etkisini azaltıyor. Çünkü, Temsilciler Heyeti tarafından verilen teminata rağmen, illerde bazı kimselerin kendilerine hoş görünmeyen görevlileri kendiliklerinden azletmek, değiştirmek, hükümet işlerini sekteye uğratmak, zorla yardım ve vergi toplamak gibi hareket ve müdahalelerinin tamamıyla önü alınamadığından, daha yabancı çevrelerde de endişe devam etmektedir. Devletimizin, kara ve denizdeki bugünkü durumunda, geleceğimiz hakkında kararlar alacak olan devletlere karşı, tehdit edici bir tutuma girmesi her halde zararlıdır. Bundan başka, temsilcilere, Temsilciler Heyeti adına telgraflar çekilmesinin memlekette iki hükümetin varlığını gösterdiği, Fransa temsilcisi tarafından açıkça söylenmiştir. Hele bunlardan herhangi birine karşı aşağılayıcı sözler sarf edilmesi, yaratılıştan sahip olduğumuz ahlak temizliği, sağduyu ve uzak görüşlülükle bağdaştırılamaz. Tehlike ve felaket anlarında ağırbaşlılık ve sakinliği korumanın millî niteliklerimizden olduğu unutulmamalı, umutsuzluk ve bezginliğin akla getireceği aşırı ve tehlikeli emel ve tasavvurlara, vatanın yüksek çıkarları feda edilmemelidir. Haklarımızı, bugünkü durumumuzda ancak siyaset, uyanıklık ve zamanın gereklerine göre akıllıca hareketle savunabiliriz. Bu düşünceler sizlere karşı bilineni tekrarlamak oluyorsa da, arkadaşlara ve şubelere de vatanseverce tavsiyelerde bulunmak mutlak bir gerekliliktir. Toplanması yaklaşmış olan Meclis-i Mebusan'ımızın, aziz vatanımızın kurtuluş ve selameti için alınacak isabetli tedbirleri bularak bu yüce gayenin gerçekleşmesine bütün gücü ile çalışacağı beklenmektedir.

Kabinenin düşüncesini arz ederim.

Savunma Bakanı
Cemal

Efendiler, dinlediğiniz bu telgrafta yazılanların açıklamasını yaparak yüce topluluğunuzu yormayı gereksiz sayarım. Yalnız, müsaade buyurursanız, buna verdiğim cevabı olduğu gibi sunmakla yetineceğim.

Şifre

Sivas, 11.12.1919

Savunma Bakanı Cemal Paşa Hazretleri'ne

Kabinenin düşüncesi olarak gönderilen 9 Aralık 1919 tarihli telgraf, heyetimizce incelendi. Yaptığımız bunca açıklamalara ve sunduğumuz bilgilere rağmen, bu telgraf metni de daha önce bildirilen görüşlerin tekrarı niteliğinde görülmüştür.

Temsilciler Heyetimizin amacının hükümet otoritesinin sarsılmasına meydan vermemek, milletin hükümete karşı güvenini artırmak olduğu defalarca belirtilmiştir. Maalesef, bizde, sunulan hususlar üzerinde gerektiği ölçüde durulmadığı inancı doğmaktadır.

1- Anadolu'da düzenin ve huzurun bozulmuş olduğu fikri doğru değildir. Belki, düşmüş olan Damat Ferit Paşa Kabinesi zamanında yaratılmış olan bu düşünce ihtilalci düşünce ve güvensizlik, sonradan millî birlik sayesinde ortadan kalkmıştır.

2- Şahıslar tarafından durup dururken memurları görevden alma ve yer değiştirme yapılmış değildir. Yalnız, İçişleri Bakanlığı, Millî Mücadele aleyhinde oldukları için, düşmüş olan kabine zamanında, millet tarafından kovulan ve her tarafça adları bilinen memurları yeniden tayinde gösterdiği direnme ile pek anlamlı bir yol tutturuyor. İçişleri Bakanlığının millî davaya tamamen aykırı olan ve kamuoyunda, eski Bakan Adil Bey zihniyetinin hala süregeldiği duygusunu yaratan işleri, elbette pek haklı ve meşru olarak halkça iyi karşılanmamaktadır. Aynı müsteşarın, aynı İçişleri Genel Müdürü'nün ve aynı Özlük İşleri Müdürü'nün görevlerinde devam etmeleri, gerçekten hem yüksek hükümetinizi hem de millete karşı taahhüt altında bulunan Temsilciler Heyetimizi pek güç bir duruma sokmaktadır. (...) tarihli telgrafla arz ettiğimiz Dersim Mutasarrıfı konusu dikkate değer. Artık bu konuda Temsilciler Heyetince yapılacak bir şey kalmamıştır. Bundan sonra da, İçişleri Bakanlığının bu gibi işlemleri yüzünden ortaya çıkacak durumların düzeltilmesi için, bakanlıkça iyi karşılanmadığı ve güven duyulmadığı için istirhamlarda da bulunulmayacaktır.

Son olarak şunu arz edelim ki, yüksek hükümetleri, milletin güven ve desteğini hakkıyla kazanmak, bu vatan ve millete yararlı olmak istiyorsa, ki buna heyetimizin hiç şüphesi yoktur, kendisine, milletin ruhuna ve durumun nezaket derecesine göre bir gidiş yolu seçmeli ve asıl derdi kendi içerde tedavi etmelidir. Yoksa, iktidar makamına gelindiğinden beri, tutulan yol bakımından, Temsilciler Heyetini hedef alarak ve sürekli olarak aynı nitelikte yazılar yazarak gayeye ulaşılamaz.

3- Düşmüş olan hükümetin, millete düşman, düşmanlara dost olarak takip etmiş oldukları haince politikanın mirası olan Aydın cephesinde, para toplama işinde belki bazı uygunsuzluklar olmuş olabilir. Şu kadar ki, Sivas Genel Kongresi ile oluşan millî birlik ve Savunma Bakanlığının vatanseverce yardım ve himmetleri sayesinde, bu gibi durumların önü alınmış demektir.

4- Millet, Ateşkes Anlaşması'nda bulunduğu düşman devletlerinden hiçbirine karşı tehdit edici bir durum almış değildir. Yalnız kutsal ve meşru haklarına karşı yapılan müdahaleleri, kesin bir lüzum görülürse silahla bile önlemeye kararlıdır.

5- Temsilciler Heyetinin, barış konferansına katılacak delegelere telgraf çekmesi konusuna gelince, bu ancak yüksek hükümetlerinin onayından da geçmiş protestolardan ibarettir, Kaldı ki, millî birliğin temsilcisi olmak sıfatıyla, Temsilciler Heyetinin millet adına bu gibi müracaatlarda bulunması meşru bir hakkıdır. Eğer hükümet de aynı duyarlığı gösterir ve böyle fırsatlarda, milletle aynı düşüncede olduğunu açıkça ortaya koymaktan çekinmezse, politikaya zarar vermek şöyle dursun, aksine, çok büyük yararlar sağlanacağı aşikârdır. Oysa, yüksek hükümetlerinin Adana'nın işgali gibi apaçık bir haksızlığı bile, protesto etmediğini Fransızlar söylüyor. Bu bakımdan, Fransız temsilcisinin açıkça konuşmasının hikmetini bu noktada aramalıdır. Özet olarak, şunu arz edelim ki, Temsilciler Heyeti ne umutsuzluk ve bezginliğe ne de kutsal görevlerinde millet ve vatanın selameti için yapılması gerekenleri kavrayamayacak bir bilinçsizliğe düşmüştür. Milletin selameti adına aldığı tedbirler ve giriştiği bütün işlerde ağırbaşlı ve haysiyetli davranışı, uyuşukluğa ve alçalmaya tercih etmesi bir ilke olarak benimsemiştir. Politika, uyanıklığın ve zamanın gereklerine göre hareketin ancak bu yolla olduğuna inanmıştır. Bu bakımdan acı gerçekler karşısında dikkatli ve uyanık olan millî ruhtan aldığı bu ilkelerin aksini millete tavsiye edemez ve yakında toplanmasını gerekli bulduğu Meclis-i Mebusan'ın da aynı ruh ve duygu ile donanmış olacağı umudunu kuvvetle besler.

6- Temsilciler Heyetimizin görüşü, yukarıda arz edildi. Temsilcimiz olmak dolayısıyla, bu durumlarda, sizlerin kabineyi aydınlatmanız ve asılsız noktaları kendilerine açıklamanız gerektiğini, memleketin selameti adına derin saygılarımızla arz ederiz.

Temsilciler Heyeti adına
Mustafa Kemal

ÇÜRÜKSULU MAHMUT PAŞA'NIN DEMECİ

Efendiler, İstanbul'da, vatanın kurtarılması ile ilgili en önemli işlerle uğraşan, saygı değer ve aklı başında olarak tanınmış kimselerin, o devirde, İstanbul'un zehirli havasını teneffüs etmiş olması yüzünden, zihniyet ve düşüncelerinde ne kadar olumsuz sapmalar meydana gelmiş olduğuna örnek olmak üzere, daha Sivas'ta iken karşılaştığım küçük bir olayı müsaadenizle bilginize sunmak isterim. Belki de sayın üyeler arasında hatırlayanlar vardır. Ayân üyelerinden Çürüksulu Mahmut Paşa, "Bosphore" gazetesi yazarlarından birine, siyasî durumumuzla ilgili bir demeç vermişti. Mahmut Paşa'nın o tarihlerde, Barış Hazırlıkları Komisyonu üyesi olduğunu da hatırlarsınız. Paşa'nın 31 Ekim 1919 tarihli Tasvir-i Efkâr gazetesinde yayınlanan demecini, 17 gün sonra Sivas'ta okudum. "Ermenilerin aşırı isteklerine hak vermemekle birlikte, sınırlarda bazı düzeltmelerin yapılmasına razı oluruz." ifadesi dikkatimi çekti. Doğu Anadolu'da Ermenistan lehine toprak tavizlerinde bulunulacağına söz verme anlamı taşıyan bu cümlenin, Barış Komisyonu üyesi olan bir devlet adamı tarafından söylenmiş olması, gerçekten üzerinde düşünülmeye ve hayretle karşılanmaya değerdi. Bu sebeple 17 Kasım 1919 tarihinde, Çürüksulu Mahmut Paşa Hazretleri'ne yazmayı yararlı saydığım bir telgrafta, demecindeki işaret ettiğim cümleden dolayı, Doğu Anadolu halkının pek haklı olarak, son derece üzgün ve kırgın olduğunu belirttikten sonra, Erzurum ve Sivas Kongrelerinin kararları gereğince, milletin Ermenistan'a bir karış toprak terk etmeyeceğini ve hatta, eğer hükümet, böyle acı bir mecburiyete boyun eğerse, milletin kendi haklarını bizzat savunmaya kararlı olduğunu ve bunun bütün dünyaya ilan edilmiş bulunduğunu yazdım ve bu millî azim ve kararın herkesten önce, Barış Hazırlıkları Komisyonu'nun sayın üyelerince bilinmesi ve ona göre hareket edilmesi gereğini arz ettim.

Efendiler, Sivas'ta bulunduğumuz sırada birçok mesele ve olaylarla karşılaşılmış ve ister istemez millî, idarî, askerî ve siyasî girişim ve faaliyetlerde bulunulmuştur. Bunların hepsini ayrıntılarıyla anlatmak uzun sürer. Yalnız, izlediğimiz olaylar zincirinin birbirine bağlanmasını sağlayacak bazı noktalara işaret ederek geçeceğim.

MİLLİ TEŞKİLATIN DÜZENLENMESİ

Efendiler, millî teşkilatın bir düzene sokulması önemliydi. Bunun için özel tedbirler alındı. Seçimler dolayısıyla ortaya çıkan bazı görüş ayrılıklarının giderilmesi için çareler arandı.

Maraş'taki bazı Çerkez vatandaşlar sözde Maraş'ın bütün Çerkezleri adına Cebel-i Bereket *guvernörü*nün* Maraş'a gönderilmesini, Antep'teki Fransız askerî komutanından telgrafla istemişlerdi. Buna izin veren Maraş mutasarrıfına teessüflerimiz duyuruldu. Adı geçen guvernör geldiği takdirde, Maraş eşraf ve ileri gelenlerinin karşılamamaları bildirildi. İstanbul Hükümeti'nin de dikkati çekildi.

Bolu bölgesinde güvensizlik gittikçe artıyordu. İzmit'te Asım Bey'den sonra, 1'inci Tümen komutanı olan Rüştü Bey'e bu konuda direktif verildi.

---

* Bir kamu kuruluşunu yöneten kimse; vali.

Efendiler, 20 Kasım 1919 tarihinde, İstanbul'daki teşkilatımızdan, Kara Vasıf ve Albay Şevket Bey imzalarıyla gelen bir şifrede, Gebze kaymakamının Millî Mücadele'ye karşı olduğu, bu kaymakamın, birçok korkunç olaylara cüret eden Yahya Kaptan'ın kötülüklerini örtbas etmeye ve daha başka şeylere başlayarak Kuva-yı Milliye'ye leke sürmeye çalıştığı bildiriliyor ve kaymakamın yerinin değiştirilmesi söz konusu ediliyordu.

Biz de bu görüşe samimiyetle katılarak cevabımızda, konunun Cemal Bey vasıtasıyla çözüme götürülmesini bildirdik.

Efendiler, bu Yahya Kaptan konusu, inkılap tarihimizin önemli safhalarından birinde yer aldığı ve pek anlamlı olduğu için biraz genişçe bilgi vermeyi uygun görüyorum.

Şimdiye kadar verilen bilgilerden anlaşılmış olacağına hiç şüphe yoktur ki, bir araya gelerek anlaşmış bulunan ortak iç ve dış düşmanların uygulamaya çalıştıkları planın önemli bir noktası da şuydu: "Memleket içinde güvensizlik olduğunu ve Hristiyan azınlıklara saldırılarda bulunulduğunu, elle tutulur, gözle görülür delil ve olaylarla dünya kamuoyuna ispat etmek, bu olayların Kuva-yı Milliye tarafından yapıldığına inandırmak". Bu gizli ve iğrenç maksadın gerçekleşmesi için de, bildiğiniz gibi, birtakım çeteler kurarak, bunları özellikle Hristiyan halk üzerine saldırtmak ve bu çetelerin işleyecekleri cinayetleri, millî teşkilata yüklemek yolunu tutuyorlardı. Bu girişimler az çok memleketin her tarafında filiz vermeye başlamakla birlikte, en önemli gelişme ve faaliyet, İstanbul'a yakınlığı dolayısıyla Biga, Balıkesir ve özellikle İzmit, Adapazarı ve Bolu bölgelerinde görülür ve dikkat çekici bir durum gösteriyordu.

Biz, bu haince, fakat - itiraf edilmeli ki - çok ustaca girişime karşı olağanüstü tedbir almak ve girişime geçmek zorunda kaldık. Çünkü İstanbul Hükümeti, düşmanın bütün bu oyunlarını gerçekten Kuva-yı Milliye'nin üzerine yüklüyor ve yok edilmeleri için sert tedbirler alacak yerde, durmadan Temsilciler Heyetini suçlayarak ve baskı yaparak, bu faciaları yaratan düşman çetelerinin faaliyetine son vermeyi bizden istiyordu. Ne yazık ki, hükümet, bu düşünce ve kanısını, İstanbul'daki teşkilatımızın başında bulunanlara da iyiden iyiye aşılamayı ve telkini başarabilmişti.

Efendiler, bizim özellikle İstanbul'a yakın olan İzmit bölgesinde uygulamayı düşündüğümüz tedbir, orada silahlı millî müfrezeler kurmak ve o bölgede, kendilerine güvenilir komutan ve subaylarımızın, bu millî müfrezelere yapacakları yardım ve desteklerle, hain çetelerin peşine düşerek kötülüklerine ve varlıklarına son vermekti.

YAHYA KAPTAN MESELESİ

İşte bu maksatla oluşturabildiğimiz millî müfrezelerin en önemlisi ve kuvvetlisi, Yahya Kaptan diye tanınmış olan fedakar bir vatanseverin müfrezesi idi.

Merhum Yahya ile ilk ilişkimiz şöyle oldu:

Bir gün telgrafçılar, Sivas Telgraf Merkezi'ne şu bilgiyi veriyorlardı: Çok acele bir telgrafı durdurdular, yani İstanbul'da durdurulmuştur. Telgraf metni aşağı yukarı şöyledir:

Sivas'ta Mustafa Kemal Paşa Hazretleri'ne

Dün İzmit'ten tavsiye edilen Yahya, benim. Yarın akşam Kuşçalı telgrafhanesinde emrinizi bekliyorum.

Kuşçalı, Üsküdar ile Gebze arasında bir köydür. Gerçekten de Yahya Kaptan, bana İzmit'te teşkilatımız tarafından tavsiye edilmişti.

4 Ekim 1919 tarihinde Kuşçalı merkezinden şu telgrafı aldım:

Sivas'ta Mustafa Kemal Paşa Hazretleri'ne

Önemli ve çok aceledir.

Bendeniz, size iki gün önce İzmit'ten tavsiye edilen Yahya'yım. Emriniz üzere, telgraf başında emirlerinizi almaya geldim. En geç yarın akşama kadar Kuşçalı telgrafhanesindeyim.

Yahya

Anlaşıldığına göre, Yahya Kaptan, İstanbul'dan telgrafının çekilmediğini anlayınca, kendisi daha Kuşçalı'ya gelmeden, bu telgrafı Kuşçalı merkezine göndererek çektirmiş. Ben de şu emri verdim.

4.10.1919

İzmit Merkezi Vasıtasıyla Kuşçalı Telgrafhanesinde Yahya Efendi'ye

Bulunduğunuz bölgede güçlü bir teşkilat kurunuz. Adapazarı Kaymakamı Tahir Bey vasıtasıyla, bizimle bağlantı sağlayınız. Şimdilik hazır bulununuz.

Anadolu ve Rumeli Müdafaa-i Hukuk Cemiyeti Başkanı
Mustafa Kemal

Efendiler, Yahya Kaptan, aldığı bu emir üzerine, teşkilat kurdu ve aylarca İstanbul ile ilişkisi bulunan çevrelerde hain çetelerin faaliyetlerine engel oldu.

Sonunda, İstanbul Hükümeti tarafından öldürtüldü. Gerçi, Yahya Kaptan'ın faaliyeti ve feci bir şekilde şehit edilmesi, bundan sonraki ayları ilgilendirir bir olay ise de, burada, olaydan söz edilmişken, konuya bir daha dönmemek için şimdi açıklanması yerinde olur sanırım.

24 Kasım 1919 tarihinde Kartal Merkezi'nden şu telgrafı aldım:

> Köy içinde suçsuz adam öldürme, nahiye müdürünü herkesin önünde dövme ve köylerdeki yağma olaylarından dolayı Yahya Kaptan'ı hükümete teslim mecburiyeti doğmuştur. İçişleri Bakanlığı bu konuyu titizlikle takip ediyor. Hükümetin güç durumda kalmaması, Yahya Kaptan'ın teslimini gerektiriyor. Sizlerin emirlerini makine başında bekliyorum, efendim.
>
> İmza:
>
> Kartal Anadolu ve Rumeli Müdafaa-i Hukuk Temsilciler Heyeti Başkanı Binbaşı
> Ahmet Necati

Askerlerin ve devlet memurlarının, açıktan açığa bizim millî teşkilat şubelerimizin başkanlıklarını almaları usulden değildi. Bir de bizim teşkilat tüzüğümüzü bilmesi gereken şube başkanlarının, Temsilciler Heyetinin yalnız bir tek heyet olduğunu, her yerde birer Temsilciler Heyeti bulunamayacağını bilmesi gerekirdi. Bu telgraf üzerine, İzmit'teki Tümen Komutanı'na şu telgrafı yazdım.

> Şifre
>
> Sivas, 25.11.1919
>
> İvedi
>
> İzmit'te 1'inci Tümen Komutanı Rüştü Beyefendiye
>
> Kartal Müdafaa-i Hukuk Cemiyeti Başkanı unvanı ile Ahmet Necati Bey tarafından gönderilen bir telgrafta öldürme, nahiye müdürünü herkesin önünde dövme ve köylerdeki yağma olayından dolayı Yahya Kaptan'ın hükümete teslimi mecburiyetinin doğduğu ve İçişleri Bakanının da bu konuyu titizlikle takip ettiği bildirilmektedir.
>
> Başından beri Millî Mücadele'de büyük yararlar göstermiş olan bu zatın, memleketimizin bu bunalımlı günlerinde hükümete teslimi asla uygun görülmemekte olduğundan, işin, hükümetin otoritesini de dikkate almak suretiyle, Yahya Kaptan'ın şu aralık hukuki kovuşturmadan kurtarılması şeklinde çözüme bağlanması, Kartal'da Necati Bey'e gereken direktifin verilmesi ve sonucun bildirilmesi önemle rica olunur.
>
> Temsilciler Heyeti adına, Mustafa Kemal

26 Kasım 1919 tarihinde Hereke merkezinde de şu telgrafı aldım:

Millet adına istirham ediyorum; bugünlerde Binbaşı Necati Bey'in yolsuzlukları, Kuva-yı Milliye'yi lekelemektedir. Hemen soruşturma açılmasına emir buyurulmasını rica ederim.

Gebze İlçesi Milis Komutanı
Yahya

İzmit'teki Tümen Komutanından aldığım cevap aynen şudur:

İzmit, 29.11.1919

Sivas'ta 3'üncü Kolordu Komutanlığına

İlgi: 25.11.1919

Temsilciler Heyeti Başkanlığına: Şimdiye kadar yaptığım soruşturmaya göre Yahya Kaptan'ın adam öldürme, bucak müdürünü dövme gibi suçlar işlemediği, yalnız Binbaşı Necati denilen zatın kendi kişisel çıkarlarını yürütebilmek için Yahya Kaptan'ın vücudunu ortadan kaldırma gayesini güttüğü ve bu konuda zatıalinize telgrafla müracaatta bulundukları zaman Yahya'yı da aldatarak yanlarına getirip öldürme planı kurdukları ve Yahya'nın durumu sezerek kendisini kurtarmış olduğu anlaşılmıştır. Soruşturmayı gerektiği şekilde derinleştiriyorum. Sonucu arz ederim.

1'inci Tümen Komutanı
Rüştü

Tümen Komutanı Rüştü Bey'in birkaç gün sonra verdiği tamamlayıcı bilgi şuydu:

İzmit, 5.12.1919

Sivas'ta 3'üncü Kolordu Komutanlığına

Temsilciler Heyetine:

Binbaşı Necati Bey'in, Maltepe Atış Okulunda görevli memur olmasına rağmen, Müdafaa-i Hukuk Cemiyeti Başkanı sıfatını takınarak, Kuva-yı Milliye adına başına topladığı Arnavut Küçük Aslan çetesiyle ortalığı soydurmakta olduğu ve Gebze Jandarma Yüzbaşısı Nail Efendi'nin de bununla işbirliği yaptığı hususunda, bende şüphe kalmamıştır. Son zamanlarda, hükümetin başına dert açan Darıca Rum bekçilerinin öldürülmesi ve Stelianos adında bir zenginin dağa kaldırılarak para istenmesi gibi eylemlerin adı geçen çete vasıtasıyla yaptırılması ve bütün bu yapılanların, böyle bayağılıklara yanaşmayan Yahya Kaptan'a yükletilerek, kendisi hakkında gerek oraya gerek hükümete asılsız ihbarlarda bulunulması, her halde bunların millî teşkilat perdesi altında halkın ve hükümetin başına dert açarak kendi keselerini doldurmaktan başka bir maksat beslemedikleri ve belki de daha başka siyasî bir maksatlarının bulunduğu yargısını doğuruyor. Şimdiye kadar pek namuslu hareket etmiş ve etmekte olan Yahya Kaptan'ın bu gibi eylemlere katılmaması ve yukarıda adı geçen çetenin kendi koruma bölgesinde hiçbir rezaletine meydan vermemesi dolayısıyla, onun vücudunu resmî veya gayri resmî olarak ortadan kaldırmaya çalışıyorlar. Dün Yahya Kaptan yanıma gelerek hayatının tehlikede olduğunu, bu yüzden adamlarının silah ve cephanelerini getirip teslim ederek kendisinin de buradan uzaklaşacağını bana resmen söyledi. Kendisine gereken öğütleri vererek ve daha hizmet edecek önemli zamanlar bulunduğunu anlatarak, tekrar yerine gönderdim. Her şeyi iyi bilmesi gereken Gebze ilçesi kaymakamından durumu resmen sorunca, aldığım cevap da tamamen yukarıda arz ettiğim şekilde, yani Necati ve Nail Efendilerin aleyhinde, Yahya Kaptan'ın lehindedir. Necati Efendi'nin İstanbul'da nere ile haberleştiğini bilemiyor isem de, bir yerden ara sıra para aldığı söyleniyor. Bunların varlığı ve cana kastetmiş olmaları dolayısıyla, Yahya Kaptan bu bölgede durmak istemiyor. Bu bakımdan zaten muvazzaf bir subay olan Necati Efendi'nin başka bir yere, Nail Efendi'nin de daha başka bir yere gönderilmesinin gerekli olduğuna hükmediyorum. Oraları İstanbul ile haberleşmekte olduklarından, tabii bendenizce bir şey yapılamamaktadır. Gereğinin oraca yerine getirilmesi arz olunur.

1'inci Tümen Komutanı
Rüştü

Rüştü Bey'in verdiği bilgilerden uzun uzadıya bahsederek, durumu 8 Aralık 1919 tarihinde, Savunma Bakanı Cemal Paşa'ya yazdım.

Aynı tarihte, durum ve Cemal Paşa'ya yapılan müracaat açıklanarak, işin takibi, İstanbul'daki teşkilatımızın başkanlarına da bildirildi.

On dokuz gün sonra, yani 27 Aralık 1919 tarihli ve şifreli, şifrenin altında Vasıf, dışında Albay Şevket Bey'in imzalarını taşıyan uzun bir telgrafla, şu bilgi veriliyordu:

"(...) Güvensizlik ve huzur yokluğunun başlıca sorumluları Yahya Kaptan ile arkadaşı Kara Aslan ve Alemdağı'nda dolaşan Sadık çeteleridir."

Yahya Kaptan'ın birtakım şımarıklıklarından bahsettikten sonra, "(...) Bizi, artık bu haydudu zarar veremeyecek bir duruma getirmeye teşebbüs ettirmişti."

"Öteden beri araları iyi olmayan Küçük Aslan çetesinin itibarda olması kendisini çeşitli yollarla suçlarını örtbas etmeye yöneltmiştir."

Yüzbaşı Nail, Yahya'nın aleyhindedir. Necati Bey'e gelince, düşmüş olan eski hükümet zamanında Kartal ilçesine başkan seçilerek, Kuva-yı Milliye adına merkezle ilgisini kesmiş, Millî teşkilatı kuvvetlendirmiş... Yeniköy Rumlarının etraftaki sarkıntılıkları üzerine, Küçük Aslan çetesini dolaştırmaya başlamış... Tarafınızdan para bile verilmiştir."

"Yahya Kaptan her şeyi sonuçsuz bırakmak manevrasına başvurmaktadır. Binbaşı Necati, biraz idaresiz ise de cezayı hak etmiş değildir."

Gebze kaymakamının (...) bir an önce başka bir yere alınarak Rum ve Ermeni entrikalarına son verdirilmesi (...)"

Efendiler, bu bilgiler arasında, benim bilmediğim noktalar da vardı. Mesela, ben Küçük Aslan çetesinden ve onun itibarlı olduğundan habersizdim. Bu çeteye Necati Bey vasıtasıyla para verdiğimi kesinlikle hatırlayamıyordum.

Yahya Kaptan'ın, verdiğimiz direktif gereğince, düşman çetelerini yok etmeye ve hiç olmazsa, onların, Hristiyan halka saldırarak düşmanın maksadını gerçekleştirmeye yönelmiş olan bütün girişimlerini başarısız kılmaya çalıştığını pekala biliyorduk.

Gebze kaymakamının özelliği, şimdi ekleyeceğim belgelerle anlaşılabilecektir, sanırım.

4 Ocak 1921 tarihinde, Tümen Komutanı Rüştü Bey'e, Vasıf Bey'in verdiği bilgiyi olduğu gibi özetleyerek, bu bilgilerin kendisince verilen bilgilerle çeliştiğini bildirdim. Bu bakımdan durumun güvenilir ve inanılır kimseler aracılığıyla bir kere daha soruşturulup incelettirilmesini ve kendi düşüncesiyle birlikte açık olarak bildirilmesini rica ettim.

Efendiler, bu konuda, gerçeğin ortaya çıkmasına yarayan belgeler üzerinde bilgi sahibi olmanızı istediğim için, Rüştü Bey'in cevabını olduğu gibi bilginize sunmama müsaade buyurunuz:

Düzce, 7/8.1.1920

20'nci Kolordu Komutanlığına

İlgi: 4.1.1920 tarihli şifre.

Temsilciler Heyeti Başkanlığına:

Yahya Kaptan'la ilgili türlü suçlamalar üzerine, birkaç defa, Yüzbaşı Ali Aguş Efendi vasıtasıyla yaptırdığım soruşturma, onun lehinde çıktı. Bununla birlikte kendisi cahil olduğundan, hizmet ediyorum zannederek bazı şeyler yapmış olabilir. Büyük ve Küçük Aslan'lar zaten eşkıyadır. Ancak, millî teşkilatın aleyhinde bir görüşe sahip olduğu şüphesiz olan ve Yahya hakkında herkesten çok şikayetçi olması gereken Gebze kaymakamına bu konuda yazdığım yazılara almış olduğum 1.12.1919 tarih ve 17 sayılı cevabın sureti aşağıda olduğu gibi verilmiştir.

Bendeniz, bu telgraftaki bilgilere kısmen olsun inanmak zorunda kaldım ve aynı inançla bu yazıları İstanbul'a, bizzat Şevket Bey'e de gösterdim. Bendenizin bilemediği bazı sebeplerle, İstanbul'ca hakkında bir muamele yapılmasına gerek duyulduğu takdirde, elbette bir şey denemeyeceği arz olunur.

Kopya

İlgi: 30.11.1919 tarih ve 53 sayılı yüksek emirlerinizin cevabıdır:

Kartal Müdafaa-i Hukuk Cemiyeti Başkanı Binbaşı Necati Bey'in, adam öldürme ve bucak müdürünü dövme ile ilgili ihbarları, şahıs ve zaman belirtilmediği için gerçek olarak kabul edilemez. Çünkü, dövüldüğü bildirilen bucak müdürü Burhaneddin Bey, Yahya Kaptan tarafından dövülmediğini ve tecavüze uğramadığını yazılı olarak bildirdiği gibi, bu konuda bendenizin makamına herhangi bir şikayette de bulunmamıştır.

Adam öldürme konusuna gelince, Yahya Kaptan hakkında hükümete ve adliyeye hiçbir yerden böyle bir cinayetle ilgili müracaat ve şikayet olmadığı gibi, aleyhinde, yakalanması için bir tebligat bile yoktur. Eğer bununla, Darıca Rumlarından iki Rum'un öldürülmesi ve Kartal'ın Paşa köyünden Stelianos çorbacının dağa kaldırılarak fidye istenmesi kastediliyorsa, bu cinayetlerin Küçük Aslan çetesi tarafından işlendiği kanaati yaygın ve doğrudur. Bu çete Yahya Kaptan'a öteden beri düşman olduğundan ve esasen Yüzbaşı Nail Efendi tarafından kanat gerilip korunurken, sayısı on sekiz kişiye ulaşan bu çetenin, şimdi Binbaşı Necati Bey'in emrine verildiği ve hatta kendilerine ellişer lira maaş bağlanmakta olduğu haber alınmıştır. Bu çetenin köyleri soymaktan geri durmadığı bilinmektedir. Binbaşı Necati Bey'in, Yüzbaşı Nail Bey'in eski okul arkadaşı olduğu, kendisiyle bir buçuk ay önce Aydınlı köyünde, Küçük Aslan çetesi üyelerinden Ali Kaptan'ın dağa kaldırdığı çorbacıdan alınan parayla yaptığı meşhur düğününde görüştüğü bilinmektedir. Daha sonra Binbaşı Necati Bey, birçok defa Yüzbaşı Nail Bey'in evine gelerek misafir olmuştur. Her ikisi de aynı düşüncede oldukları için, Yüzbaşı Nail Bey öteden beri Yahya Kaptan'ın aleyhindedir. Yahya Kaptan teşkilatı kurduğu sırada, Yüzbaşı Nail Bey, onu bulunduğum kazanın sınırları dışına çıkarmaya ve uzaklaştırmaya çalıştığı gibi, Küçük Aslan çetesi tarafından işlendiği söylenen ve doğruluğuna şüphe olmayan yukarıdaki iki cinayet olayının, Kuva-yı Milliye'yi kirletmek ve Yahya Bey'i lekelemek düşünce ve maksadını taşıdığı hissedilmiştir. Oysa, bu cinayetler, Aslan çetesinin faaliyet ve hareket alanı içinde işlenmiştir. Hatta Yüzbaşı Nail Bey'in, kovuşturma yapmak üzere gönderilecek olan İstanbul Muhafız Alayı'na mensup Süvari Müfrezesi Komutanı Hakkı Bey'i, artık gelmesine lüzum kalmadığı gerekçesi ile, haberleşme sırasında İstanbul'a naklettirip işi takipsiz bıraktırmış olduğu da bir gerçektir. Eğer sözü edilen adam öldürme olayı bundan başka bir olay ise, durumun açıklığa kavuşması için, şahıs ve zaman belirtilerek bildirilmesi gerekir. Darıca Rum bekçilerinin öldürüldüğü gün, cinayetin, çarşıda serbest gezen Küçük Aslan çetesi tarafından, işlendiği haberinin yayılması üzerine, Yüzbaşı Nail Bey, korkusundan başka bir yere naklini istemiş ve kesinlikle burada oturmayacağını söylemiştir. Ancak, alay ve tabur komutanları ile Binbaşı Necati Bey buraya gelerek ve Yahya Kaptan hakkında bir işlem yapılması için temsilci Sırrı Bey'e yazı yazdıracaklarına söz ve güvence vererek, Nail Bey'in burada kalmasını istemişlerdir. Bunun üzerine yüzbaşı, 25 Kasım 1919 salı günü, gidip gelen Necati Bey'i aldatarak ona gerçeğe aykırı suçlamalar yaptırdığı gibi, bir yandan telefonla Yahya Kaptan'ı merkeze davet ettirirken bir yandan da Küçük Aslan çetesini kendi evinde hazır bulundurarak yakalamayı tasarlamıştır. Arıcak, her nedense, bu işi gerçekleştirmeye cesaret edemeyerek girişiminden vazgeçtiği için, Necati Bey de Kartal'a dönmek zorunda kalmıştır. İşte bundan dolayıdır ki, Yüzbaşı Nail Bey, gerek Necati Bey ve gerek kendine alet ettiği Küçük Aslan çetesi vasıtasıyla, Yahya Kaptan aleyhinde suçlama ve tertiplere başvurmaktan bir an geri kalmamaktadır. Yahya Kaptan, kendisine karşı çıkan ve düşman olan Küçük Aslan çetesi gibi köyleri yağmalamaya ve Hristiyanları öldürüp yok etmeye izin vermemiştir. Kendi emrinde bulunan Büyük Aslan Bey çetesi tarafından bazı uygunsuzluklar yapıldığında, derhal bunları önleme ve cezalandırma yoluna giderek, milli bir gaye olan vatanın bağımsızlığı ve kurtuluşu için disiplin ve güvenliğin korunmasına hizmet etmektedir. Daha önce de Büyük Aslan Bey çetesinin aman dilemesine ve sığınmasına yardımda bulunarak, hükümetçe affedilmesini sağlamak suretiyle yaptığı hizmetler takdire değer. Aleyhindeki suçlamaların, yüzbaşının kişisel emellerine boyun eğmemiş olmasından, Küçük Aslan çetesi tarafından işlenip Yahya Kaptan'ın üstüne yıkılmak istenen cinayet olaylarının eksik olmamasından ve bunlara cüret edenlerin korunması dolayısıyla teessüf ederek yüzbaşıya şiddetli uyarılarda bulunmasından ileri geldiği arz olunur.

(Gebze Kaymakamı Nurettin)
1'inci Tümen ve Bolu Bölgesi Komutanı
Rüştü

Efendiler, bu bilgilerin alınmasından önce şöyle bir haber verdiler: Tavşancıl'da Yahya Kaptan'ın etrafı sarıldı. Bunu yapan İstanbul'dan gelen bir askerî birliktir.

Bu haber üzerine, İzmit'teki Tümen Komutanlığından, 7 Aralık 1920 tarihli şifre ile, makine başında durumu sorduk. Eğer bu haber doğru ise "İstanbul'dan geldiği bildirilen birlik komutanına, Yahya Kaptan'ın bizim adamımız olduğunu, eğer bir kusur ve kabahati varsa, tarafımızdan gereğinin yapılmasının tabiî bulunduğunu, Yahya Kaptan'ın sarılmasına ve tutuklanmasına hiçbir şekilde razı olmadığımızı bildiriniz." dedik.

Efendiler, 7 Ocak 1920'de yazılıp, 8 Ocak'ta aldığımız iki telgraf vardır. Bunlardan biri İzmit'ten, 1'inci Tümen Komutanı Vekili imzasıyla Fevzi Bey'dendir. Şunlar yazılıdır: "Bu gece iki bin kişilik bir kuvvet Tavşancıl'a çıkarak Kuva-yı Milliye Komutanı Yahya Bey'i çevirmişlerdir. Yapılacak işlemin bildirilmesi arz olunur."

Diğer telgraf, Düzce'de bulunan asıl Tümen Komutanından geliyordu. Rüştü Bey, merkezde bulunan vekilinden aldığı aynı bilgileri veriyordu.

Tümen Komutan Vekili Fevzi Bey'in, 7 Ocak 1920 tarihli açıklama bekleyen telgrafımıza verdiği 7/8 Ocak 1920 tarihli cevabında, Yahya Kaptan'ın daha ele geçmediği, Kuva-yı Milliye ile gelen müfreze arasında bir çatışma ihtimalinin bulunduğu ve gelen müfreze komutanına emrimizi bildireceği haber veriliyordu.

Efendiler, o tarihte milletvekili olarak İstanbul'da bulunan yaverim Cevat Bey'den,10 Ocak 1920 tarihinde şöyle bir telgraf geldi:

Harbiye, 10.01.1920

20'nci Kolordu Komutanlığına
Mustafa Kemal Paşa Hazretleri'ne:

6.1.1920 gecesi sabaha karşı Genel Jandarma Komutan Yardımcısı Hilmi Bey ve Üsküdar Jandarma Komutanı Nazmi Bey komutasında dört subay, elli jandarma ve Yüzbaşı Nahit

Efendi komutasında, İstanbul Muhafız Alayı'ndan doksan er, Bandırma vapurunun ışıkları söndürülerek Hereke'ye götürülmüş ve sabahleyin erkenden Hereke'ye çıkan müfreze derhal Tavşancıl'ı kuşatmış ve birçok ev basılmıştır. Gelen Heyet, köy ihtiyar heyetini toplayarak, vatan haini olan Yahya'yı teslim etmez veya nerede olduğunu söylemezlerse, Tavşancıl'ı insanlarıyla birlikte yakacaklarını bildirirler. İhtiyar heyeti, Yahya Kaptan'ın iki günden beri köylerinde olmadığını ve nerede bulunduğunu bilmediklerini ısrarla söyledi. Yahya, sağ olarak ele geçemeyecektir. Fakat Yahya'nın yok edilmesinden sonra Marmara Bölgesine sahip ve hakim olan ve her gün İngilizler ve Fransızlar tarafından silahlandırılan Rumların ve İstanbul'daki rezillerin pek büyük bir başarıya ulaşacakları bellidir. Kuva-yı Milliye adını taşımakta olan Yahya'nın ortadan kaldırılması, İzmit, Adapazarı ve İstanbul dolaylarında, düşmanlarımız hesabına birçok fesat çetelerinin de doğmasına yol açacaktır. Bundan dolayı, Cemal Paşa Hazretleri'nin işe el koymasıyla, Yahya'nın da ad değiştirerek daha önce arz ettiğim şekilde serbest bırakılmasının sağlanması için gerekenlere emir buyurulması istirham olunur (Cevat).

Savunma Bakanı
Cemal

Bu telgrafın, Harbiye şifresiyle ve Cemal Paşa imzasıyla kapatılmış olmasına rağmen, içinde Cemal Paşa'nın işe el koymasıyla Yahya'nın kurtarılması çaresinin bulunması cümlesi dikkat çekicidir. Demek ki, Cemal Paşa, Cevat Bey'in telgrafını, okumaya gerek duymadan, kendi şifresi ve imzası ile çekilmesine müsaade etmiştir. Çünkü, bir defa Yahya'yı takip ettiren Cemal Paşa'dır. Bundan başka serbest bırakılması için kendi yardımlarının kendisi tarafından emrolunmasını, kendi bilgisi dahilinde elbette yazdırmazlardı.

İzmit'ten Tümen Komutanı Vekilinden gelen 9 ve 10 Aralık 1920 tarihli iki telgrafla, duyulduğuna göre iki çarpışmadan sonra, Yahya Kaptan'ın ölü olarak ele geçirildiği bildirildi.

11 Ocak 1920'de, Tümen Komutan Vekilinden, İstanbul'dan gelen müfreze komutanına, benim adıma tebligatta bulunup bulunmadığını sordum. Üç gün sonra 14 Ocak 1920 tarihli raporunda Tümen Komutanı Vekili şu bilgiyi verdi: "Bizzat yaptığım soruşturmadan (...) çarpışma olmadığı ve yalnız, Yahya Kaptan'ın teslim olduktan sonra, köy dışında kesici bir aletle öldürüldüğü anlaşılmıştır. Kafatasının olmaması bunu doğrulamaktadır".

Efendiler, bu uğursuz haber üzerine, İstanbul'daki teşkilatımıza, 20 Ocak 1920 tarihinde, Albay Şevket Bey vasıtasıyla şu telgrafı yazdık:

Yahya Kaptan'ın öldürülmesinin sebepleri ile, teslim olduktan sonra kasten şehit edildiği anlaşıldığından, öldürülmesinde kimlerin elinin ve etkisinin bulunduğunun, İstanbul'dan müracaat eden pek çok fedakâr arkadaşa açıklama yapılmak üzere acele bildirilmesi rica olunur, efendim, (Temsilciler Heyeti adına Mustafa Kemal)

Eski bir yazımıza karşılık olmak üzere, İstanbul'dan 20 Ocak 1920'de yazılıp bir gün sonra elimize geçen telgraf da şuydu:

Beşiktaş, 20.1.1920

Ankara'da 20'nci Kolordu Komutanlığına

Mustafa Kemal Paşa Hazretleri'ne özel:
İlgi: 17.1.1920.

1. Olay yerinde bulunan güvenilir bir zatın ifadesine göre, Yahya Kaptan yakalanıp köy dışında bulunan karakola götürülürken, çevreden on kadar eşkıyanın karakol üzerine ateş etmesi üzerine, kaçmaya çalışmış ve bu sırada öldürülmüştür. Bununla birlikte, iyi bir soruşturma yapılması için hükümete başvuruldu.

2. Yahya Kaptan'ın Kuva-yı Milliye adına pek çok kötülükler yaptığı söylentisi ağızdan ağıza yayıldığı gibi, özel ve resmî yoldan yapılan soruşturma da bunu doğruladığı için, hükümet kovuşturmaya karar vermişti. Ancak heyetimizce kendisinin geçici bir süre için gizlenerek Kuva-yı Milliye işlerine karışmaması ve kötülüğe cüret etmemesi, yanında bulunan kaçak er ve jandarmaları geri göndermesi şartıyla kovuşturma yapılmaması istenmiş ve ilgililer katında girişimlerde bulunulduğu gibi, Gebze'ye özel olarak bir memur da gönderilmişti. Bu sırada hükümet, birdenbire gizlice asker göndermiş; yalnız Yahya Kaptan'ı ele geçirmek istediğini ilan etmiş ve arz edilen durum meydana gelmiştir, efendim.

Çanakkale Müstahkem Mevkii Komutanı
Şevket

Efendiler, "Köy dışındaki karakola götürülürken çevreden ateş edilmiş.(!) Kaçmaya çalışmış, bu sırada öldürülmüş.(!)" Bu sözlerin, bu gibi suikastlarda bir formül gibi kullanıldığını anlamamak için, çok safdil olmak lazımdır.

Yahya Kaptan'ı ortadan kaldırmak için, birlikte çalıştıkları ve karar verdikleri hükümetin, gizlice, birdenbire bir oldubittiye getirivermiş olduğu yolundaki sözler de dikkate değer. İstanbul'da, jandarmadan, İstanbul Muhafız Alayı'ndan subay ve asker görevlendiriliyor... İstanbul'da duruma hakim olduklarını iddia eden teşkilat başkanlarımız bunu öğrenemiyorlar.

Kara Vasıf Bey'in bu telgrafına verdiğimiz cevapta şu konuyu sordук:

Şifre

Ankara, 22.1.1920

İstanbul'da Çanakkale Müstahkem Mevkii Komutanı Şevket Bey'e

Yahya Kaptan'ın öldürülmesi olayını ciddi olarak takip eden ve özellikle İstanbul'da hesabını isteyen pek çok kimse vardır. Gerçeğin anlaşılabilmesi için, yaygın söylenti derecesine vardığı bildirilen kötülüklerin nelerden ibaret olduğunun bildirilmesi rica olunur.

Temsilciler Heyeti adına
Mustafa Kemal

Efendiler, bu açıklama isteğimize gelen cevabı da, sabrınıza sığınarak olduğu gibi, bilginize sunacağım:

Beşiktaş, 24.1.1920

Ankara'da 20'nci Kolordu Komutanlığına
Mustafa Kemal Paşa Hazretleri'ne Özel:

İlgi: 20.1.1920.

1. Yahya Kaptan'ın teslim olduktan sonra öldürüldüğünü işittik. Soruşturma yapıyoruz. Sonucu arz edeceğiz.

2. Öldürülmesinin sebebi hiç kimseyi dinlememesi, Kuvayı Milliye adına açıktan açığa zulüm ve eşkıyalık yapması, eşkıyayı öteden beri gizlemesi veya gösterilen yere gitmesi için verilen emirleri dinlememesi üzerine hükümetin, kendisine köylerden ve çevreden müracaat edenlerin ısrarına dayanamayarak, kendiliğinden ve hatta heyetimizin haberi olmadan girişime geçmesidir, efendim. (Vasıf).

Çanakkale Müstahkem Mevki Komutanı
Albay Şevket

Saygıdeğer Efendiler, telgrafın ikinci maddesindeki, Yahya Kaptan'ın hiç kimseyi dinlememesinin, öldürülmesine sebep olarak gösterilmesi asla doğru olamaz. Merhum şehit, beni dinliyordu, benden emir alıyordu.

Verdiğim emre göre hareket ediyordu. Başka bir makama veya şahıslara bağlı olduğunu, onlardan emir alması gerektiğini kendisine emretmemiştim. Bu sebeple, İstanbul'dan her önüne gelenden, İçişleri Bakanından, Jandarma Komutanı hain Kemal Paşa'dan verilen emirleri dinlememesi zaten bizim istediğimiz şeydi. Kuvayı Milliye adına eşkıyalık ve zulüm yapanın da kendisi olmayıp, Küçük Aslan çetesi gibi, haince bir maksatla kurulduklan belgelere dayanılarak anlaşılmış bulunan çeteler idi. Yahya'nın bunların eşkıyalıklarını önlemeye çalıştığı da, sözlerine güvenilmesi gereken kimselerin soruşturmalarıyla kesinleşmiş bir durumdur.

Gebze Müdafaa-i Hukuk Heyeti Başkanı ile Gebze kaymakamı Fevzi Bey'in ortak imzalarıyla, bu üzücü olayın meydana gelişinden önce, makine başında yapılmış bir müracaatı da belirtmeden geçemeyeceğim:

> Gebze Kuva-yı Milliye Komutanı Yahya Bey hakkında bazı kimselerin yaptıkları iftiralar üzerine, en sonunda salı gecesi İstanbul'dan komutanlar ve yüksek rütbeli subaylar komutasında gelen iki bin kişilik kadar bir kuvvetle, kendisinin Tavşancıl'da kuşatıldığı ve kuşatmanın hala devam etmekte olduğu şimdi halktan aldığım bilgilerden anlaşılmıştır. Böyle vatanı için çalışan bir kimseye karşı yapılan bu işlemin pek haksız olduğu yüksek komutanlığınızca bilinmektedir. Yahya Bey'in kurtarılması için ne gibi bir muamele yapılacağının emir buyurulmasını makine başında bekliyoruz.
>
> Müdafaa-i Hukuk Heyeti Başkanı
Hacı Ali
Kaymakam
Fevzi

Efendiler, o tarihlerde, İzmit bölgesinde Kuva-yı Milliye teşkilatı ile uğraşan Milletvekili Sırrı Bey'in de bu konuda verdiği bilgileri olduğu gibi sunmama müsaadenizi rica ederim:

> İzmit, 11.1.1920
>
> 20'nci Kolordu Komutanlığına
>
> 1. Mustafa Kemal Paşa Hazretleri'ne özel: Haberleşmesi dört gün önce yapılmış olan Yahya Kaptan konusu, nihayet, haber almış olacağınız üzere, kendisinin şehit edilmesiyle sonuçlandı.
>
> 2. Yahya Kaptan'ın, İstanbul girişinde teşkilatlanmış bir durumda bulunması, herhalde Kuva-yı Milliye'ye karşı cephe almış bulunan kimseleri yıldırdığından, kendisinin ortadan kaldırılmasının planlandığına şüphe yoktur.

3. Yahya Kaptan'ın bu maksatla öldürülmüş olması, olayı sınırlı kalma niteliğinden çıkarmakta ve Temsilciler Heyetince üzerinde düşünülmesini gerekli kılmaktadır.

4. İzmit sancağı, eşkıya yüzünden tedirgin iken, yerinden kımıldamayan ve komutası altındaki hiçbir birliğe emir vermeyen, yanındaki hapishaneden on beş yirmi kişinin birden kaçmasını basit günlük olaylardan sayan Alay Komutanı Hikmet Bey, Yahya'nın öldürülmesini önemli bir mesele saymıştır. Yanına aldığı jandarma kuvvetleri ile bizzat yola çıkmış ve sonunda Kuva-yı Milliye'ye ağır bir darbe vurmak suretiyle maksadına erişmiş bulunuyor. Devamı var. (Milletvekili Sırrı)

1'inci Tümen Komutanı Vekili
Fevzi

***

20'nci Kolordu Komutanlığına

5. Gebze'de kurulmuş bulunan Kuva-yı Milliye'nin başsız kalması, buradan sonra oraları korku içinde bırakacaktır.

6. Buralarca bütün Kuva-yı Milliye'nin dayanağı olarak bilinen Yahya'nın bu şekilde ortadan kaldırılmış olması, kamuoyunu haklı olarak karıştırmıştır.

7. Yahya'nın öldürülmesi, hükümetin Kuva-yı Milliye'ye karşı bundan sonra takınacağı saldırgan tavra delil sayılmaktadır.

8. Bu hareket üzerine, hiç şüphe yok ki, yabancılar tarafından da, Kuva-yı Milliye'nin hükümetin gözünde değersiz ve yok edilebilir nitelikte görüldüğü yargısına varılacaktır. Bu bakımdan gerekli tedbirler alınmalıdır. Devamı var.(Milletvekili Sırrı)

1'inci Tümen Komutanı Vekili
Fevzi

***

20'nci Kolordu Komutanlığına

68 sayılı şifreye ektir. Öncekilerin devamıdır:

1. Durum karışıklıktan kurtarılmadığı ve Gebze kuvvetlerinin hemen güvenilir bir kimseye verilmesi tedbiri alınmadığı takdirde, Üsküdar sancağı da dahil olmak üzere, bütün İzmit sancağında, bir tek kişinin bile Kuva-yı Milliye'yi tutmasına imkân bulunamayacağı kesinlikle bilinmelidir.

2. Jandarma Alay Komutanı Hikmet Bey'in vakit kaybetmeden yerinden alınması şarttır.

3. İzmit sancağında Kuva-yı Milliye'nin varlık gösterebilmesi, ordu hizmetinde bulunan Kaymakam Fevzi Bey'in, jandarma komutanı olmasına bağlıdır. Başka çare yoktur. Bunu önemle bilginize sunuyorum. (Milletvekili Sırrı)

1'inci Tümen Komutanı Vekili
Fevzi

***

20'nci Kolordu Komutanlığına

79 sayılı şifreye ektir:

1. Kuva-yı Milliye'ye Anadolu taraflarında değer verilmediği ve horlandığı yolundaki söylentiler, üzücü olay üzerine muhaliflere daha çok kuvvet kazandırmış olduğundan, kuvvet ve kudretin kayba uğramadığını gösterecek fiilî bir tedbir alınması şarttır.
2. Ali Fuat Paşa Hazretleri'nin buraya kadar teşriflerini gerekli görmekteyim.
3. İzmit sancağına önem verilmesini ve önem verildiğini gösterecek fiili tedbirlerin alınması gereğini tekrara mecbur oluyorum. (Milletvekili Sırrı)

1'inci Tümen Komutanı Vekili
Fevzi

O tarihte İstanbul'da bulunan Rauf Bey de şu mektubu gönderdi:

İstanbul, 19.2.1920

Mustafa Kemal Paşa Hazretleri'ne

Yahya Kaptan'ın teslim olduktan sonra öldürüldüğü buraca da anlaşılmıştır. Muhafızlığa müracaat edilmiş, otopsi de yapılmıştır. Hükümet kanunî kovuşturmaya başlamıştır, efendim. Saygılarımızı arz ederiz,

Hüseyin Rauf

VİCDANİ GÖREVLERİMDEN BİRİ

Efendiler, Yahya Kaptan'ın öldürüldüğüne şüphe kalmamıştı. Bu gerçek bilindikten sonra, onu öldürmüş olan hükümetin, kanuni kovuşturmaya başlamış olması, cinayeti işleyenlerin meydana çıkamayacağına delil değil miydi? Fakat Efendiler; zaman, her şeyin, her gerçeğin, tarih önünde samimî olarak incelenmesine imkân hazırlar.

Saygıdeğer Efendiler; hükümeti ve İstanbul'daki teşkilatımızın başkanlarını böyle çirkin bir cinayetin işlenmesinde vasıta olmaya yönelten sebep ve etkenlerin incelenmesinin, gerçekten ibret verici sonuçlar getireceğine inandığım içindir ki, ilk bakışta önemsiz gibi görülebilecek bir olayı delillere ve belgelere dayandırarak açıkladım. Bu açıklamamla, milletin gözünde, gerçeği açıkça ortaya koyabilecek bir ortamın doğmasına yardım edebildiysem, vicdanî görevlerimden birini yapmış olduğuma inanacak ve gönül huzuru duyacağım.

Efendiler, bu olayı incelerken iki noktayı göz önünde bulundurmak yararlı olur. O noktalardan:

Birincisi; Sait Molla'nın üyesi bulunduğu gizli örgüt ve Gebze, Kartal bölgelerinde bu örgüte bağlı şahsî çetelerin oynadığı rol ile, bu rolü bizim adamlarımıza yüklemekte ve vatansever geçinen kimseleri aldatıp kandırmada gösterilen ustalık ve başarı.

İkincisi; İstanbul teşkilatımızın başkanlarıdır ki, bunlar, bizim yani Temsilciler Heyetinin emrinde ve onun verdiği direktif ve bilgilere göre hareketle yükümlü bulunuyorlardı. Bunların, bu yükümlülüğü ancak samimi olarak yerine getirdikleri takdirde, asıl hedefe doğru yarılmadan yürümenin mümkün olabileceğini de kabul etmeleri gerekirdi. Oysa bu kimseler, kendi akıl ve tedbirlerini, Temsilciler Heyetinin uyarılarına rağmen yüksek görmekten geri durmamışlar ve hareket serbestliklerine engel olunmasını bir haysiyet meselesi yaparak sinirlenmişler ve bu sakat duygunun etkisiyle, aldatılmaya kadar varmışlardır.

Şimdi Efendiler, vicdan ve şefkat sahibi olanların yüreklerini gerçekten kan ağlatan bir telgrafı daha merhametli gözlerinizin önüne sererek bu konu ile ilgili açıklamalarıma son vereceğim:

İstanbul,14.1.1920

Ankara'da Kuva-yı Milliye Başkanı Mustafa Kemal Paşa Hazretleri'ne

Eşim Yahya Kaptan, sırf yüksek şahsiyetinizle olan ilgisi dolayısıyla ve kanun karşısında suçlu olmaksızın teslim olduğu halde, Gebze Jandarma Yüzbaşısı Nail ve Üsteğmen Abdurrahman Efendiler tarafından alçakçasına şehit edildi. Bütün Tavşancıl halkı olayın tanığıdır. Hakkın yerini bulması için Adalet ve İçişleri Bakanlıklarına başvuruldu. İki tane yetimle perişan bir durumdayız, Bu konuda yüksek girişim ve yardımlarınızı bekliyoruz, emir sizindir.

Karagümrük Keçeciler'de Karabaş Mahallesinde
19 numarada Yahya Kaptan eşi Şevket Hanım

* *
*

1919 SONBAHARINDA KARŞILAŞTIĞIMIZ DİĞER BAZI OLAYLAR

Efendiler, Yahya Kaptan meselesine 20 Kasım 1919 tarihindeki olaylar dolayısıyla dokunduk. Zaman ve mesafe bakımından birçok atlamalar yaparak bu olayı çeşitli yönleri ile açıklamak ve tamamlamak zorunda kaldık. Şimdi müsaade buyurursanız, tekrar bıraktığımız tarihe dönerek, olayları izleyelim:

Ankara-Eskişehir demiryolunun işletilmesine İtilâf Devletleri'nce engel olunmuştu. Bu yolun işletilmesi için, İtilâf Devletleri temsilcilerinin, şiddetle protesto edilmesi, 21 Ekim 1919'da Ankara Merkez Heyeti'ne bildirildi.

Adana teşkilatı kurucularının, Niğde'ye veya Kayseri'ye gelerek ve bizimle temas kurarak çalışmalarına devam etmeleri sağlandı.

Aydın cephesinde durum günden güne tehlikeli ve ciddi bir hal almakta olduğundan, Salih Paşa ile Amasya'da kararlaştırdığımız üzere, Donanma Cemiyeti'nin dört yüz bin lirasının bu cephenin ihtiyaçlarına ayrılmasını Savunma Bakanına yazdık. Bu cephedeki mücahitlere silah, cephane verilmesini ve cephenin makineli tüfek ve topçu birlikleriyle desteklenmesini, Konya'daki 12'inci Kolordu Komutanı'ndan rica ettik.

Efendiler, Fransızlar, Bandırma-Soma demiryolunu denetlemek bahanesiyle, Bandırma'ya bir müfreze çıkarmışlardı. Bunların, güvenlik durumu mükemmel olan Bandırma'ya asker gönderme haklarının olmadığı açıktı. Bu noktaya, 24 Kasım 1919'da 14'üncü Kolordu ve 56'ncı Tümen Komutanlarının dikkatlerini çektik.

Yabancı subaylar, Aydın cephesinde dolaşarak propaganda yapıyorlar ve durumu anlıyorlardı. Bu gibi subayların cephede birliklerle temas etmelerine kesinlikle izin verilmemesi, resmî müracaatlarını hükümete yapmaları, eğer Kuva-yı Milliye'ye bir söyleyecekleri olursa, merkez heyetimiz vasıtasıyla bize başvurmaları gerektiğinin kendilerine duyurulması, propaganda yapanları olursa, korumalı olarak bölgeden çıkarılmaları ve kesin bir mecburiyet doğarsa, cephede görülecek İtilâf askerlerine karşı da silah kullanılması cepheye bildirildi.

Efendiler, biz İzmir halkının da doğrudan doğruya seçimlere katılmasını sağlamak istiyorduk. Bunun için, maksadımızı çeşitli yollarla duyuruyorduk. Ne var ki, Yunanlılar engelliyorlardı.

29 Kasım 1919 tarihinde, bu durumu İtilâf Devletleri temsilcileri ve tarafsız elçilikler katında protesto ettik ve bunu, İzmir Telgraf ve Posta Başmüdürü bulunan Ethem Bey'e yazarak, İzmir halkına da duyurmak istedik.

Efendiler, belki de birçoklarınızın hatırındadır. İşgal yıllarında, Adana'da, Ferda adında, Kuva-yı Milliye aleyhinde yabancı bir gazete yayınlanıyordu. Bu gazete, sırf Anadolu'daki kamuoyunu yanıltmak ve bulandırmak maksadıyla yazılmış sütunlar ve bizim aleyhimizde uydurulmuş saçmalıklarla doluydu. Şüphesiz bu gazetenin Anadolu içine sokulmasına engel olduk.

Fakat, bu gazetenin memlekette okunmasını elbette yararlı bulan, Ali Rıza Paşa Kabinesinin İçişleri Bakanı ve Cemal Paşa'nın, defalarca temize çıkardığı Damat Şerif Paşa, Ferda gazetesi denilen bu zehirli paçavranın serbestçe dağıtılmasına engel olunmaması için emirler vermişti. Bu sebeple 3 Aralık 1919'da, Şerif Paşa'nın arkadaşı Cemal Paşa'nın dikkatini çekmeyi gerekli bulduk.

* *
*

ANKARA'YA GELİŞ

Efendiler, Meclis-i Mebusan'ın İstanbul'da toplanmasına engel olamamak zarureti üzerine, İstanbul'da toplanacak mecliste, vatanın bütünlüğünü, devlet ve milletin bağımsızlığını elde etmekten ibaret olan gayeyi korumak ve savunmak için anlaşmış, kesin kararlı bir grup oluşturmayı tek çare olarak düşündük. Bunun sağlanması için, bildiğiniz gibi, 18 Kasım 1919 tarihli talimat ve genelgede, milletvekillerinin belirli yerlerde grup grup toplanarak üzerinde görüşecekleri önemli noktalardan biri olmak üzere bu konuya yer vermiştik.

Aynı tarihte, düşündük ki, bu grubu oluşturabilmek için her sancaktan birer milletvekilini Eskişehir'e davet edelim. Eskişehir üzerinden trenle İstanbul'a gidecek milletvekillerini de, davet edeceğimiz milletvekilleri ile birleştirelim ve kendimiz de Eskişehir'e giderek, yapılacak genel bir toplantıda enine boyuna görüşmelerde bulunalım. Bu arada, milletvekillerinin İstanbul'daki güvenlikleri ile ilgili tedbirleri de söz konusu etmek istiyorduk. Ancak, bundan sonra vereceğim bilgilerden anlaşılacağı üzere, bu toplantıyı Ankara'da kalarak yapmayı tercih ettik. Sivas'ta bir ay kadar daha kaldıktan sonra, Ankara'ya hareket ettik.

Ankara'ya gelişimizi 27 Aralık 1919 tarihli şu açık tebliğ ile her yere duyurduk:

Sivas'tan Kayseri yoluyla Ankara'ya hareket eden Temsilciler Heyeti, bütün yol boyunca ve Ankara'da, büyük milletimizin çok sıcak ve içten gelen vatanseverlik gösterileri arasında, bugün şehre geldi. Milletimizin gösterdiği bu birlik ve kararlılık örneği, memleketimizin geleceğine güven konusundaki inançları sarsılmaz bir şekilde güçlendirici niteliktedir.

Şimdilik, Temsilciler Heyetinin merkezi Ankara'dadır. Saygılarımızı sunarız, efendim.

Temsilciler Heyeti adına
Mustafa Kemal

2 Ocak 1920 tarihinde, Cemiyet Merkez Heyetlerine, Hacıbektaş'ta Çelebi Cemalettin Efendi'ye, Mutki'de Hacı Musa Bey'e ayrıca bir tebliğde bulunduk.

Bu tebliğimizin metni ve yazılış biçimi şöyleydi:

(...) Yolculuğumuz sırasındaki gözlem ve incelemelerimiz, bizlere, gerçek koruyucu olan Yüce Allah'ın ilâhî lütfuyla tecelli eden millî birliğimizin dayanmış olduğu millî teşkilatın, kökleşmiş, millet ve memleketin geleceğini kurtarmak için gerçekten güvenilir bir kuvvet ve kudret haline gelmiş olduğunu, şükürler olsun gösterdi.

Dış durum, bu milli birlik ve kararlılık sayesinde ve Erzurum-Sivas Kongreleri esasları çerçevesinde, vatanın ve milletin çıkarlarına elverişli bir şekle girmiştir.

Kutsal birliğimize, kararlılık ve imanımıza dayanarak, meşru isteklerimizin elde edileceği güne kadar, büyük bir dirençle çalışılması ve bu bildirimizin genelge halinde köylülere varıncaya kadar bütün millete duyurulması rica olunur.

Anadolu ve Rumeli Müdafaa-i Hukuk Cemiyeti
Temsilciler Heyeti adına
Mustafa Kemal

KAZIM KARABEKİR PAŞA, TEMSİLCİLER HEYETİNİN ANKARA'YA GİTMESİNE TARAFTAR DEĞİLDİ

Efendiler, Temsilciler Heyetinin merkezinin Ankara'ya nakli düşüncesi oldukça eskiydi. Bu düşünce ilk defa söz konusu olduğu sıralarda, Kazım Karabekir Paşa'dan gelmiş olan bir telgrafı burada olduğu gibi aktaracağım:

Şifre

Erzurum, 3 Ekim 1919

3'üncü Kolordu Komutanlığına

Temsilciler Heyeti'ne: Kuva-yı Milliye'yi temsil eden yüksek heyetin, değil Ankara'ya, hatta Sivas'ın batısına bile geçmemesi görüşündeyim. Çünkü Doğu illerinin Kuva-yı Milliye'si demek olan bu heyetin bütün bütün uzaklaşması, dolayısıyla bu illerin teşkilatsız kalmasına yol açacaktır. Şimdiye kadar pek meşru ve mantıklı olarak yönetilmekte olan Millî Mücadele'nin, öteden beri her zaman her girişimimizi kötü görmek ve göstermek isteyen düşmanlarımıza karşı da eskiden olduğu gibi bir yerden yönetilmesi için, Temsilciler Heyeti'nin Sivas'tan batıya geçmemesi görüşünde bulunduğunu arz ederim.

15'inci Kolordu Komutanı
Kazım Karabekir

Böyle bir telgrafın asılsız olduğu yargısına varmak istedim. Fakat ne çare ki, şifreli telgraf Erzurum'dan Sivas'taki 3'üncü Kolordu'ya çekilmiştir. Çözülen şifrenin altında "Açıldı. Fethi 4/5 Ekim" yazı ve imzası olduğu halde 3'üncü Kolordu'dan bize gönderilmiştir.

Efendiler, Kazım Karabekir Paşa, davetimiz üzerine Sivas'a geldikten ve bizimle görüşmelerde bulunduktan sonra, şüphesiz bu telgrafla daha önce bildirdiği düşünce ve görüşünün yerinde olmadığını anlamış olacaktır. Ancak, bu düşünce ve görüşündeki isabetsizliği anlamak için, mutlaka yüz yüze gelip görüşmeye hiç de ihtiyaç olmayacağı açıkça bellidir. Bu düşünce ve görüşün dayandırılmış olduğu sebeplere şöylece bir göz atmak bile, onların yanlışlığını anlamaya yeter sanırım.

Bir defa, Temsilciler Heyeti'nin yalnız Doğu illerinin millî gücünü oluşturmadığı veya temsil etmediği ve belki bütün memleketin -Anadolu ve Rumeli'nin- millî güçlerini temsil ettiği çoktan bilinmiş olmak gerekirdi. Kaldı ki, bu nokta üzerinde, günlerce süren telgraf başı tartışmaları olmuştu. Bir de, Temsilciler Heyeti'nin Sivas'tan Ankara'ya taşınması, Doğu illerinde teşkilatsızlık doğuracak bir sebep olamazdı. Temsilciler Heyeti'nin Doğu illerine Sivas'tan telgrafla verdiği emirleri ve talimatı, aynı şekilde Ankara'dan verebileceğine de şüphe yoktu.

Buna karşılık, Temsilciler Heyeti'nin Doğu illerinden çok Batı illerine ve İstanbul'a yakın bulunmasını gerektiren ve haklı gösteren mantıklı sebepler elbette çoktu. Önce, Batı ve Güneybatı illerimizden doğrudan doğruya düşman eline geçmiş olanlar vardı. Bu illerimizi işgal eden düşman karşısında sağlam savunma cepheleri kurmak ve onların kuvvetlendirilmesini sağlamak gerekirdi. Oysa, Doğu illerimizde böyle acıklı bir durum yoktu. Kesin olarak yakın bir fiilî tehlike de doğabileceğe benzemiyordu. Uzak bir ihtimale göre, diyelim ki, doğudan Ermenilerin doğrudan doğruya bir saldırıya geçecekleri kabul olunsaydı bile, onun karşısında Kuva-yı Milliye ile desteklenmesi kararlaştırılmış olan 15'inci Kolordu, kendilerinin komutası altında hazır bulunuyordu. Ne var ki, İzmir cephelerinde çeşitli komuta yöntemleri, değişik nitelikte kuvvetler ve türlü türlü olumsuz kaynaklardan gelen değişik yapıda türlü zararlı etkiler vardı. Adana'nın işgaline karşı daha cephe kurulamamıştı.

GENEL DURUMU YÖNETME-YÖNLENDİRME SORUMLULUĞUNU ÜZERİNE ALANLAR, EN ÖNEMLİ HEDEFE VE EN YAKIN TEHLİKEYE ELDEN GELDİĞİ KADAR YAKIN BULUNMALIDIRLAR

Bu bakımdan, uyulacak yol ve yöntem şudur ki, genel durumu yönetip yönlendirme sorumluluğunu üzerine alanlar, en önemli hedefe ve en yakın tehlikeye elden geldiği kadar yakın yerde bulunmalıdırlar. Yeter ki, bu yakınlık genel durumu gözden kaybettirecek derecede olmasın! Ankara bu şartları kendinde toplayan bir noktaydı. Herhalde cephelerle ilgileneceğiz diye Balıkesir'e, Nazilli'ye veyahut Afyonkarahisar'a gitmiyorduk. Fakat, cephelere ve İstanbul'a demiryolu ile bağlı bulunan ve genel durumu yönetme bakımından Sivas'tan hiçbir farkı olmayan Ankara'ya gelecektik.

Meclis-i Mebusan'ın İstanbul'da toplanması gerekli görüldükten sonra ise, Ankara'ya gelmenin ne kadar yerinde ve yararlı saymak lazım geldiğini açıklamayı gereksiz bulurum.

Efendiler, Temsilciler Heyeti'nin Ankara'ya taşınmaması için sebepler ileri sürülürken, bu arada, hele öteden beri her zaman her girişimimizi kötü görmek ve göstermek isteyen düşmanlardan söz edilmiş olmasına hiçbir anlam veremedim. Gerçekten, kendisinin dediği gibi, düşmanlar bizim hangi davranışımızı, hangi girişimimizi iyi görmüşlerdir veya görebilirler ki, ona göre hareket edelim!

Eğer bu düşünce ve görüşe yol açan "İstanbul'da, millî davaya inanan bir Ali Rıza Paşa Hükümeti vardır. Meclis-i Mebusan da orada toplanarak millet ve memleketin kaderini denetlemeye başladıktan sonra, Temsilciler Heyeti'nin batı cepheleriyle, Meclis-i Mebusan ile ilgi ve ilişkisine ne lüzum kalır? Bu takdirde, Temsilciler Heyeti'nin yalnız Doğu illerinin teşkilatı ile ilgilenmesi ve yetinmesi daha yerinde ve daha yararlı olmaz mı?" şeklindeki bir düşünce ve görüş idiyse, bir dereceye kadar üzerinde durulabilir. Fakat, böyle olunca da, genel durumu, olayların içyüzünü ve gerçek şartları görüş ve anlayış bakımından. Temsilciler Heyeti ile Kazım Karabekir Paşa arasında doldurulması imkansız bir hendek olduğunu kabul etmek gerekir.

Temsilciler Heyeti'nin Ankara'ya gelmesini düşmanlar kötü görecektir, noktasında daha çok durularak, belki ileri sürülmüş olan düşünce ve görüşün çıkış kaynağı daha iyi kavranabilirse de, bizim şimdilik buna ayıracak fazla zamanımız yoktur.

YENİ MİLLETVEKİLLERİ İLE ANKARA'DA GÖRÜŞME GİRİŞİMİ

Efendiler, daha önce söylediğim gibi, bir iki günlük bir toplantı ve görüşme isteği ile, milletvekillerini davet için ilk yazdığımız telgrafta – ki bu telgrafın örneğini basılı olarak yazılı evrak halinde postayla da göndermiştik – maksat açıklandıktan sonra "Temsilciler Heyeti'nin bulunacağı bir yerde toplanılacaktır; toplantı tarihi, gönderilecek milletvekillerinin adları ve adresleri belli olduktan sonra haberleşilerek kararlaştırılacaktır. Temsilciler Heyeti kısa bir süre sonra İstanbul'a yakın bir yere gidecektir." denmişti.

Ankara'ya varışımızda, Ankara-Eskişehir demiryolu işlemeye başlamış olduğundan, önceki tebliğimize 29 Aralık 1919 tarihinde yaptığımız bir ek ile, milletvekilleriyle görüşme yeri olarak Ankara'yı gösterdik ve bunu bir genelge ile bildirdik. Bu genelgenin bir maddesi de, öteki milletvekillerinden mümkün olduğu kadar çok kimsenin görüşmelere katılmasının fazlasıyla istenmekte olduğu yolundaydı.

Efendiler, sonucunun pek yararlı olacağını umduğumuz bu hayırlı ve vatanseverce girişimine bile İstanbul Hükümeti tarafından karşı çıkıldığını arz edersem, hayret etmezsiniz sanırım.

Müsaade buyurursanız, bu noktayı biraz açıklayayım. Biz milletvekillerini Ankara'ya davet ederken, birtakım kimseler de bu daveti geçersiz kılmak ve tasarlanan toplantıya engel olmak için karşı tedbir alıyor ve girişimde bulunuyorlarmış... Bazı milletvekillerinin çektikleri telgraflarla durumu anladık. Nitekim, "Burdur Milletvekili Hüseyin Baki" imzalı ve 29 Aralık 1919 tarihli şöyle bir telgraf geldi:

"İstanbul'da toplanan milletvekilleri adına, Aydın milletvekili Hüseyin Kazım imzasıyla Teftiş Kurulu Başkanlığı'na gelen telgrafta, en süratli vasıta ile İstanbul'a gelmemin pek gerekli olduğu duyurulmakta ve bu gün İçişleri Bakanlığından gelen telgrafta da yola çıkmam bildirilmektedir.

"Daha önce, Temsilciler Heyeti adına, Mustafa Kemal Paşa Hazretleri tarafından verilen emir ve duyuru üzerine, bu konudaki görüşüm açıklanıp bilginize sunulduğu halde, şimdiye kadar bu konuda bir emir alınamadığından, sizlerin emirlerini önemle beklemekteyim, efendim."

"Akdağmadeni Milletvekili Bahri" imzalı ve aynı tarihli bir telgrafta da şöyle yazıyordu:

"Aydın milletvekili Hüseyin Kazım imzasıyla gelen telgrafta, milletvekillerinin en süratli vasıta ile İstanbul'a gelmeleri bildiriliyorsa da, Temsilciler Heyeti'ne üye seçilen milletvekillerinin mi, yoksa bütün milletvekillerinin mi davet edildiği pek anlaşılamamıştır. Hangi yolu tutacağımın bildirilmesine lütfen müsaadeleri istirham olunur, emir sizindir."

Efendiler, birbiri ardınca buna benzer telgraflar geldi. Bu telgraflardan anlaşılıyordu ki, milletvekili arkadaşlar, Temsilciler Heyeti ile İstanbul Hükümeti'ni ve İstanbul'dan telgraf çekerek bütün milletvekillerini davet etme yetkisini kendinde görebilen kimseleri, ortak amaçta anlaşmış ve uyuşmuş sanıyorlardı. Hükümetin ve sözü geçen kimselerin olumsuz niyetlerini hatır ve hayallerine bile getiremiyorlardı. Olsa olsa, bizimle İstanbul'daki kimseler arasında, yeni kararlaştırılmış bir durum bulunduğunu veya arada düzenleme bakımından bir yanlışlık olabileceğini sandıkları ve durumu öyle kabul ettikleri, bize gelen telgraflarındaki temiz yüreklilik ve içtenlikten anlaşılmaktaydı.

Bize başvuran milletvekillerine verdiğim cevap şuydu:

> Hüseyin Kazım Bey'in bildirdikleri ile bizim hiçbir ilgimiz yoktur. Adı geçenin, durumu iyice bilmediği anlaşılıyor. 12 ve 27 Aralık 1919 tarihli telgraflarımız gereğince hareket edilmesini, milletimizin ve vatanımızın çıkarlarına daha uygun oldu-

ğu için gereğinin tez elden yerine getirilmesini, Kazım Bey'in kendi başına göndermiş olduğu telgrafa gerekli cevabın verilmesini ve sonucun bildirilmesini rica eder, saygılarımızı sunarız efendim.

Temsilciler Heyeti adına
Mustafa Kemal

Bütün milletvekillerine de şu genelgeyi yazdık:

Ankara, 30.12.1919

Aydın milletvekili Hüseyin Kazım Beyefendi'nin sayın milletvekillerinden bazılarına, derhal İstanbul'a hareket etmeleri ile ilgili telgraflar çektiği anlaşıldı. Bu hareket, adı geçen kimsenin durumu iyice bilmediğini gösterdiğinden, kendisine bu durum anlatıldı ve ..... gün ..... sayılı duyurularla ilgili bilgi verdirildi. Bu bakımdan, Temsilciler Heyetince istirham olunduğu üzere, Temsilciler Heyeti üyesi olarak seçilmiş sayın milletvekilleriyle milletvekillerinden görüşmelere katılmak isteyen sayın üyelerin, Ocak ayının beşinden başlayarak Ankara'ya teşrifleri bir daha rica olunur.

Temsilciler Heyeti adına
Mustafa Kemal

30 Aralık 1919 tarihli bir şifre ile de İstanbul'daki teşkilatımıza Hüseyin Kazım Bey'in girişiminden söz ettikten sonra, kendisinin bizim duyurumuzdan haberdar edilmesini ve görüşmelere katılmak istiyorlarsa, lütfen ve derhal Ankara'ya teşrifleri gereğinin anlatılmasını bildirdik.

Efendiler, biz İstanbul'daki teşkilatımızdan haber beklerken, karşımıza biri çıktı. Bunun kim olacağını kestirmekte güçlük çekmezsiniz sanırım. Bildiğiniz gibi, bizim İstanbul'da hem temsilcimiz hem de bakan olan bir kişi... Cemal Paşa... Evet, 1 Ocak 1920 tarihli şu telgraf, "Savunma Bakanı Cemal Paşa" imzasıyla geliyordu:

Ankara'da 20'nci Kolordu Komutanlığına

Mustafa Kemal Paşa Hazretleri'ne:

İstanbul'da bulunan milletvekillerinden bir grubun, bize başvurarak verdikleri yazılı isteklerini, aşağıda olduğu gibi sunuyorum:

1. Meclis-i Mebusan'ın bir an önce toplanması gereklidir. Şu sırada bazı milletvekillerinin Ankara'ya davet edilmeleri, meclisin derhal açılmasına engel olacaktır.

2. Bu durumun ve yapılan davetin ortaya koyacağı kötü yorumlar arasında düşmanların en çok dikkatini çekecek olanı, yasama gücünün başka kuvvetlerin etkisi altında iş görmekte olduğu düşüncesidir. Bu durum içeride ve dışarıda elbette büyük bir güvensizlik doğuracaktır.

3. Böyle bir durum ve tutum karşısında, meclisin kendisinden beklenilen hizmetleri yerine getirebilmesi mümkün değildir.

4. Daha önce yapıldığı gibi, milletvekilleri ile temas ve ilişki kurmak üzere geniş yetkiler taşıyan bir şahsın, temsilci olarak İstanbul'a gönderilmesi, maksadının gerçekleşmesi bakımından yeterlidir.

5. Ankara'ya davet edilen milletvekillerinin gelişlerinin ertelenmesi ve orada toplananların da hemen İstanbul'a hareketleri için yeniden acele bir duyuru yapılması beklenmektedir.

Savunma Bakanı
Cemal

Efendiler, bu davranış ve yazış tarzında bir içtenlik ve asalet görüyor musunuz? Öncelikle, bizim milletvekilleri ile toplantı yapma kararımız ve bununla ilgili duyurumuz, bundan bir buçuk ay öncesinden beri biliniyordu. Eğer bu girişimimiz memleket çıkarlarına gerçekten aykırı ve sakıncalı görülmüş idiyse, bizimle aynı millî gaye peşinde oldukları iddiasında olan efendilerin ve hükümetin, bizim davet ettiğimiz milletvekillerine, İstanbul'a çağırma telgrafları yazmadan önce, bizimle anlaşmaları, hiç olmazsa düşünce ve girişimlerinden bizi haberdar etmeleri gerekmez miydi? Böyle yapmayıp da doğrudan doğruya İstanbul'a gidişlerini çabuklaştırmak için, Teftiş Kurulu Başkanlıkları aracılığı ile, Şeyh Muhsin-i Fanî'nin ve İçişleri Bakanı'nın imzalarıyla, taşradaki milletvekillerini sıkıştırıp şaşırtmak ve bir oldubitti yaratarak bizim girişimimizi başarısızlığa uğratmaya kalkışmak doğru muydu?

İkincisi, Efendiler, seçimlerin yenilenmesi işi aylarca ve aylarca yapılmayıp da belirli kanunî süre çoktan geçirilmiş olduğu tarihlerde hiç de acele etmeyi akıllarına getirmeyen bu efendiler, bizim Erzurum'dan Sivas'tan beri yapageldiğimiz sayısız girişim ve çalışmalarımızın bir başarısı olarak seçimlerin yenilenmesi sağlandıktan ve her birinin milletvekilliği ayrıca aracılık edilerek ve uğraşılarak elde edildikten sonra, nihayet üç beş gün gibi az bir gecikme böyle bir aceleciliği gerektirir miydi? Hele bu gecikme, büyük bir gayenin gerçekleştirilmesi, özellikle İstanbul'da toplanmak gafletini gösterenlerin kendi şahıslarının da dokunulmazlığı ile ilgili tedbirlerin alınması yollarını görüşme maksadına dayandığına göre, bu efendileri bu kadar aceleye sürüklemeli miydi? Hiçbir tedbir ve karar almadan, bir an önce, hakaret ve rezalete uğramakta acele etmek neden ileri geliyordu?

Üçüncüsü, Efendiler, tertemiz ve lekesiz arkadaşlarını aldatarak, İstanbul'da kendilerinin içinde bulundukları tehlike ve hakaret çemberine çabucak sokmak isteyen bu efendiler, Anadolu ve Rumeli Müdafaa-i Hukuk Cemiyeti'nden değiller miydi? Bu millî cemiyetin üyeleri bulunmuyorlar mıydı? Bir cemiyetin üyeleri, milletvekili oldukları halde bile, cemiyetin önderleri ile görüşerek, sonunda tespit edilecek program çerçevesinde harekete mecbur değiller miydi? Dünyanın her tarafında, bütün medenî toplumlarda bu böyle değil midir?

Bir grubun, bir partinin liderleriyle görüşüp ilişki kurmasından, yasama gücünün başka kuvvetlerin etkisi altında hareket etmiş olduğu zannını doğuracağı kuruntusuna neden düşülüyor ve bunun, düşmanların dikkatini çekeceğinden neden korkuluyordu? Bu efendiler, seçimlerin yenilenmesini ve milletvekillerinin seçilmesini sağlamış olan teşkilatın etkisi altında kalmış görülmeyi yüksek şeref ve onurlarına yakıştıramıyorlar mıydı?

Bu efendiler, milletvekillerinin memleket içinde güçlü bir millî teşkilata bağlı olduklarını, o teşkilatın tespit ettiği belirli gayelerden ayrılamayacaklarını ve her ihtimale karşı o teşkilatın etkisi altında bulunduklarını açık bir vicdan ve açık bir alınla ilan etmenin, asıl bunun, içeride ve dışarıda en büyük güven ve saygı kazandırabileceğini takdir edemiyorlar mıydı?

Ve asıl böyle bir vicdan ve inanç gücüne sahip olarak, belirli millî gayeyi gerçekleştirme yolunda her tehlikeye göğüs germeye hazır bir tavır ve durum alınmadıkça, meclisin kendisinden beklenen hizmetleri yerine getirebilmesine imkan olamayacağını anlamak, bir kehanete mi, yoksa görüldüğü gibi saldırı ve hakarete miskince boyun eğmeye mi bağlıydı?

Bu efendiler, benim milletvekilleri ile şahsen görüşmemi istemiyorlar. Yine, hükümet ve bazı efendiler, benim İstanbul'a da gitmemi uygun görmüyorlar. Ancak, geniş yetkilerle bir delegenin gönderilmesini tavsiye ediyorlar. Doğrusu bu noktadaki akıl ve kavrayışlarına diyecek yok! Gönderdiğimiz temsilciler değil miydi ki, milletvekillerinin düşman pençesine düşmelerinde birinci derecede etkili olmuşlar ve en sonunda kendi şahıslarını bile korumanın tedbir ve çaresini bulmaktan aciz olduklarını ispat etmişlerdir.

Milletvekillerini kimseye sormadan İstanbul'a çağırma konusunda, onları aldatmayı ve oldubittiye getirmeyi başaramayınca, bu defa, bizim tarafımızdan duyuru yapılmasını istemekte gösterilen nezaket pek ince değil midir, Efendiler?

Saygıdeğer Efendiler, bu sözünü ettiğim telgrafa cevap olarak şu kısa şifreyi yazdım:

5.1.1920

Savunma Bakanı Cemal Paşa Hazretleri'ne

Önergeyi veren milletvekillerinin adlarının ve bu önergeyi kime hitaben verdiklerinin bildirilmesini bekliyoruz, efendim.

Temsilciler Heyeti adına
Mustafa Kemal

***

Savunma Bakanlığı, 6.1.1920

Ankara'da 20'nci Kolordu Komutanlığına

İlgi: 5 Ocak 1920
Mustafa Kemal Paşa Hazretleri'ne:
Milletvekillerinin adları şunlardır: Hüseyin Kazım, Tahsin, Celâlettin Arif, Hâmit... ve başkalarıdır. Bana getirenler baştaki iki kişidir.

Savunma Bakanı
Cemal

Efendiler, sonradan bize verilen bilgilere göre, bana telgraf çeken kimseler, milletvekillerinden oluşmuş bir grup değildi. Sadrazam, Siverek milletvekili olduğunu öğrendiği ve kendisinin şahsen tanıdığı Hakkı Bey adında bir kişiyi ve Hüseyin Kazım Bey'i yanına çağırarak, bana çekilmek üzere kısa bir telgraf yazdırmış. Bu telgrafı bazı kimselere elden imza ettirmişler. Şifre olarak gönderilmek üzere, Hakkı ve Hüseyin Kazım Beyler Cemal Paşa'ya götürmüşlerdir.

Demek ki, beş maddelik olan ve önerge adı verilen telgraf sonradan uydurulmuştur. Zaten, önergeden söz edildiği halde, henüz bu önergenin sunulmuş olduğu makamın belli olmaması da bu işte bir dolap döndüğünü ve özel bir maksadın bulunduğunu göstermeye yeterdi. Daha meclis açılmış ve Meclis Başkanlığı göreve başlamış değildi. Bununla birlikte, Cemal Paşa'nın bu telgrafını aldıktan sonra, şu şifreli telgrafı yazdım:

Ankara, 9.1.1920

Savunma Bakanı Cemal Paşa Hazretleri'ne
Hüseyin Kazım, Tahsin, Celâlettin Arif, Hâmit Beyefendilere

Ankara'ya gelmenin kötü yorumlara yol açacağını, Savunma Bakanı Paşa Hazretleri vasıtasıyla bildiren görüşlerinizi öğrendik. Konu, vatan ve milletin varlığı ile ilgilidir. Millî

Meclis'te millî teşkilata dayalı kuvvetli bir grup kurulmaz ve Sivas Genel Kongresi ile milletin bütün dünyaya ilan ettiği kararlar, Meclisin büyük çoğunluğu tarafından bir inanç ve ilke olarak benimsenmezse, millî hizmetimizin sağlayacağı başarı boşa çıkar. Memleket bir felâkete uğrayabilir. Bundan dolayı, birtakım vatansız ve dinsizlerin propagandalarının bizim için uyulacak bir değeri olamaz. Gaye, vatan ve milletin kurtuluşudur. Bir iki gün için teşrifiniz ve karşılıklı görüşme ile bir ülkü birliğine varılması bizce pek önemlidir. Buna göre tutulacak yolun seçilmesi, yüksek görüşünüze bağlıdır. Saygılarımızı sunarız efendim.

Temsilciler Heyeti adına
Mustafa Kemal

BAYBURT'TA BİR YALANCI PEYGAMBER

Saygıdeğer Efendiler, İstanbul'un dokunduğumuz ve açıklamasını yaptığımız bu can sıkıcı durumu ile uğraşırken, memleketin doğu ucunda da bir yalancı peygamberin yarattığı oldukça önemli ve kanlı bir olay geçiyordu. Bununla ilgili olarak 15'inci Kolordu Komutanlığından birçok raporlar geliyordu. Bayburt'a dört saat uzaklıkta Hart adlı bir köy vardır. Bu köyde oturan Eşref adında bir şeyh, Şiilik telkinlerinde bulunuyormuş. Bundan üzüntüye kapılan Bayburt müftüsü ve din adamları, şeyhi getirerek sorguya çekmek için kurdukları bir heyeti Hart'a göndermişler ve mahallî hükümet adına şeyhi davet etmişler... Şeyh bu davete uymamış... Mahallî hükümet 50 kişilik bir birlik göndermiş. Buna büsbütün öfkelenen şeyh, müritleriyle birlikte birliğe saldırmış; silahlarını ve cephanesini almış; er ve subaylarını esir, bazılarını da şehit etmiş... Bunun üzerine, çevredeki bazı birlikler Bayburt'a gönderilmekle birlikte, işin kan dökülmeksizin barış yolu ile çözüme bağlanması tercih edilmiş... Şeyhe din adamları ve yüksek rütbeli subaylardan kurulu birkaç heyet gönderilmiş... Hükümete boyun eğmesi için öğütler verilmiş... Böylece, boşu boşuna on altı gün kaybedilmiş. En son giden Erzurum kadısı başkanlığındaki heyetin ricası da Şeyh Eşref üzerinde etkili olamamış. Aksine, şeyh bunlara "Hepiniz kâfirsiniz! Kimseyi tanımam ve boyun eğmem. Savaşacağım. Allah bana, buyruğumu kullarıma duyurmakla görevlisin." dedi yolunda bir ültimatom vermekle birlikte, bir yandan da köylere "Sahib-i Şeriat" (Şeriat Sahibi) ve "Mehdî-i Muntazar" (Beklenen Mehdi) imzalarıyla birtakım bildiriler göndererek halkı kandırmış ve kendisine katılmalarını sağlayarak başkaldırmış... Bunun üzerine, bizzat Bayburt'a gelip 9'uncu Tümen'in komutasını ele alan Yarbay Halit Bey, 25 Aralık 1919 günü, yeterince kuvvetle Hart'a hareket eder. Şeyh başına topladığı isyancılarla karşı koymaya karar verdiğinden, topçu ve piyade birliklerinin şeyhle çatışması ve çarpışması gerekir. Bu sırada, şeyhin müritlerinden birtakımları da Hart'a yardım etmek üzere, çevre köylerde toplanırlar. Nihayet, Yarbay Halit Bey'in doğrudan doğruya Bayburt'tan bana gönderdiği 1 Ocak 1920 tarihli şifresinde bildirdiği gibi, Hart olayı, yalancı peygamberle oğullarının ve kendisine bağlı adamlarından bazılarının öldürülmesi ve Hart'ın teslim alınmasıyla sonuçlanmıştır.

Halit Bey, bu şifresinde, milletvekilleri ile ilgili bazı bilgiler de verdiğinden, kendisine 1/2 Ocak 1920 tarihinde şu şifreli telgrafı yazdım:

Hart olayında siz kardeşimin elde ettiği başarıyı kutlar, milletvekillerinin Ankara'ya gelmeleri yolundaki çalışmalarınız dolayısıyla teşekkür ederim. (Mustafa Kemal)

* *
*

SAVUNMA BAKANI CEMAL PAŞA, GENÇ KOMUTA UNSURLARINI BAŞINDAN UZAKLAŞTIRMAK İSTİYOR

Efendiler, Savunma Bakanlığı ile Temsilciler Heyeti arasında bir türlü çözüme bağlanamamış bir konu vardı. Bakan Paşa, İstanbul'da bulunan generalleri kolorduların ve albay rütbesindeki komutanları tümenlerin başına geçirmek istiyordu. Öteki komutan ve subayları da Anadolu'daki birliklere göndereceğinden söz ediyordu. Bu isteği bir ilke olarak ileri sürmüş ve uygulamasını da; Savunma Bakanlığı eski Müsteşarı Ahmet Fevzi Paşa'yı, Ankara'da Ali Fuat Paşa'nın yerine 20'nci Kolordu Komutanlığına, Nurettin Paşa'yı da Konya'da Albay Fahrettin Bey'in yerine 12'nci Kolordu Komutanlığına atamak suretiyle bir oldubittiye getirmek istemişti.

Bu sisteme uyulup uygulandığı takdirde, Birinci Dünya Savaşı'nda yetişmiş, kolordu ve tümen komutanlıklarına yükselmiş ne kadar genç general ve komutan varsa, şüphesiz bunların hepsi de bu görevlerden uzaklaştırılmış olacaklardı. Çünkü İstanbul'da toplanmış bulunan eski general ve komutanlar, kıdem ve rütbe bakımından, büyük ordu birliklerinin başında bulunan genç komutanlardan önde geliyorlardı.

Biz asla bu prensipten yana olamazdık. Özellikle, içinde bulunduğumuz şartlar unutularak girişilen böyle sakat işlere, elbette olur diyemezdik. Bundan dolayı, Cemal Paşa'ya, her zaman görüşümüzü ve atanan yeni kolordu komutanlarının gönderilmemeleri gereğini bildiriyorduk.

Fahrettin Paşa, kolordusunun başında bulunarak Aydın cephesine yardım ve destek sağlamaya çalışıyordu. Ali Fuat Paşa, Ferit Paşa zamanında görevden alınmıştı. Cemal Paşa, o haksız işlemi düzeltmek istememişti.

20'nci Kolordu'ya, Ankara'da bulunan 24'üncü Tümen Komutanı Yarbay Rahmetli Mahmut Bey, vekil olarak komuta ediyordu. Ali Fuat

Paşa hem Kuva-yı Milliye Komutanlığını yapıyor hem de gerçekte kolordusuna hakim bulunuyordu.

Biz, kolordu ve tümen birliklerinde komuta değişikliğini kabul etmemeye, özellikle millî gayenin emrine girmiş ve o yolda çalışmakta olan, şahsiyetleri bizce bilinen komutanları, böyle boş ve kim bilir nasıl özel bir maksat güttüğü de bilinmeyen bir prensibe feda etmemeye kesinlikle karar verdik. Yalnız, İstanbul'da bulunan genç ve fedakâr subaylarla doktorların bir an önce Anadolu'ya, ordu birliklerine gönderilmelerini yararlı buluyor ve istiyorduk.

Cemal Paşa, Ankara'ya geldiğimiz günlerde bu iş üzerinde daha ısrarlı durmaya ve acele etmeye başladı. Konuyu haysiyet meselesi yaptı. İstifa edeceğini bildirerek gözdağı vermeye başladı. Makine başında cevap verilmesi için yaptığı ısrar üzerine, Savunma Bakanı'na 29 Aralık 1919 tarihinde yazdığım şifreli telgrafta: "Ali Fuat Paşa'nın komutanlıktan ayrılmasını, biz aslında hiçbir vakit devamlı olarak kabul etmedik. Ahmet Fevzi Paşa'nın komutanlığa asıl olarak atanması söz konusu olamaz. Barışın gerçekleşmesinden önce tasarlanan ve uygun bulunan esasların uygulanması çok büyük sakıncalar doğurur, Savaşta yararlık göstererek makam ve mevki kazanmış kimseleri ast durumuna düşürmek olmaz. Bu zamansız girişimler millî teşkilat için çalışmakta olan kimselerin iş başından ayrılmalarına ve böylece millî birliğin sarsılmasına yol açar.

"Açıkta kalmış, yetenekli subaylar, kolordulara bağlı birliklere, kolorduların emrindeki bölge ve mevki komutanlıklarına ve askerlik şubelerine, bulundukları rütbelerle atanarak tatmin edilebilirler.

"Küçük rütbeli subay ve doktorların ise bir an önce gönderilmesi gerekir. 12'nci Kolordu'ya gelince, bu kolordu, savaşmakta olan Kuva-yı Milliye ile işbirliği etmiş ve iki taraf arasında fiilî ve karşılıklı bir güven doğmuştur. Değişiklik kesinlikle doğru değildir. Oradaki durumun da böyle bir şeye asla tahammülü yok yoktur." dedim.

Efendiler, bu konu üzerinde Anadolu ve Rumeli'de bulunan bütün komutanlarla yazışmalar yaparak dikkatlerini çekmiştim. Ocak ayı başında, Ankara'da bulunan Fuat Paşa'ya olduğu gibi, Konya'da bulunan Fahrettin Paşa'ya da "Nurettin Paşa atanacak olursa, komutayı bırakmayarak eskisi gibi millî ve vatanî görevinize devam etmeniz gerekmektedir. Bu bakımdan, bu konuda yapılacak tebligattan bizi zamanında haberdar ediniz." emrini verdim.

SAVUNMA BAKANI CEMAL PAŞA, "DEDİKLERİM YAPILMAZSA İSTİFA EDERİM VE MİLLET MECLİSİNİN AÇILMASI BOŞ BİR HAYAL OLUR" DİYOR

Cemal Paşa, Ocak ayı başlarında, o tarihte Savunma Bakanlığı başyaveri bulunan Salih Bey'i (8'inci Kolordu Komutanı) kendisinin iki mektubu, bu mektuplara ekli olarak, İtilaf Devletleri olağanüstü temsilcilerinin yazdığı 24 Aralık 1919 tarihli ortak bir notası ve bu notaya hükumetin verdiği cevabın kopyası ile birlikte Ankara'ya gönderdi. Cemal Paşa, bu mektuplarında da komuta değişikliği ve görevden alma düzenlemeleriyle ilgili prensibinden, komutanlığa atadığı Ahmet Fevzi ve Nurettin Paşaların görevleri başına gitmelerini sağlama gereğinden söz ediyor ve özellikle : "Ordunun önemli komuta mevkilerinde, son Millî Mücadele'ye açıkça katılmış olan kimselerin bizzat ve resmen bulunmaları, dışarıya ve özellikle yabancılara karşı, orduda siyasetin hakim olduğu görünümünü verir ve bu da herhalde kötü etki yapar. Bakanlık doğrudan doğruya bu etkilerin fiilî baskısı ile karşı karşıyadır." diyordu. Görevinden çekileceğini yine tekrarlıyor ve bu defa, bu durumda artık Millet Meclisi'nin toplanmasının gerçekleşemeyecek bir hayal olacağını haber veriyordu.

Efendiler, bu konu ile ilgili olarak verdiğim cevapları şöylece özetleyebilirim:

Görüşlerimizde isabet bulunduğu yolundaki inancımızı tekrarlarız. Ferit Paşa'nın kötü yönetiminin mirası olan Aydın cephesinin ve bölgesinin ve oralardaki Kuva-yı Milliye'nin şimdiki ve gelecekteki durumunu, büyük bir ilgi ile dikkate alıyoruz. Gelecek için ümit verici bir durumun yaratılmasını düşünüyoruz.

Ali Fuat Paşa'nın devlet ve millet gözünde, her türlü eleştirinin dışında bulunduğu inancının korunması ana şarttır. Millî Mücadele sırasında her ne şekilde olursa olsun ileri atılmış olanların, görevlerinden uzaklaştırılmaları ve durumlarının değiştirilmesi, fedakârlıklarının suç sayıldığı şeklinde yorumlanır. Bu durum, bizim sonuna kadar değişmeyecek olan görüşümüze göre, asla uygun sayılamaz."

Hükümetçe söz konusu olan siyasî sakıncaları ortadan kaldırmak için yapılacak her şey yapılmıştır.

Ahmet Fevzi Paşa, bizimle işbirliği yapabilme kabiliyetine sahip değildir. Ahmet Fevzi Paşa'nın özel görevle gezip dolaşırken, gittiği yerlerde söylediği mantıksız sözleri bildirmiştik. "Bunu kendisinden beklemem." diye buyurmuştunuz. Ahmet Fevzi Paşa'nın arkadaşlara yazdığı özel bir şifreli telgrafta: "Ordu bugünkü anarşik durumunda kaldıkça memleket için felâket kaçınılmazdır." diyor. Bu kişi, ordunun millî teşkilatı desteklemesini anarşi olarak kabul ediyor. Oysa, bilmek gerekir ki ordu, millî teşkilat kadrosunun dışında değil, belki onun ruhunu ve temelini oluşturmaktadır.

Ahmet Fevzi Paşa'nın, Gönen'de ilk iş olarak yaptığı iş, Anzavur olayından dolayı bin bir güçlükle ele geçirilen haydutların serbest bırakılmasını istemek olmuştur. Bizimle görüşmeden tayin ettiğiniz iki zatın kabul edilemeyeceği yolundaki gerekli ve haklı düşüncelerinize karşı, ortaya bir haysiyet meselesi çıkarmayınız. Bu, vatan ve millete bağlılıkla bağdaştırılamaz.

Görevden çekilirseniz, Meclis-i Mebusan'ın toplanmasının gerçekleşemeyecek bir hayal olacağı, yolundaki kaydınızdan, Sadrazam da dahil olduğu halde bütün kabinenin meşrutiyet idaresine karşı olduğu anlaşılmaktadır. Pek önemli olan bu noktanın tam olarak açıklanması ve belirtilmesi rica olunur.

İTİLAF DEVLETLERİNİN OLAĞANÜSTÜ YETKİLERLE DONATILMIŞ TEMSİLCİLERİNİN ALİ RIZA PAŞA KABİNESİNE VERDİKLERİ ORTAK NOTA

Efendiler, şimdi Başyaver Salih Bey aracılığı ile gönderildiğini bilginize sunduğum İtilâf Devletlerinin olağanüstü yetkilerle donatılmış temsilcilerinin Ali Rıza Paşa Kabinesine verdikleri ortak notadan da biraz söz edeyim:

Fransa, Büyük Britanya ve İtalya olağanüstü komiserleri, Karadeniz Ordusu ve Başkomutanı Sir George Milne ile Osmanlı Savunma Bakanı arasında geçen birtakım yazışmalara Osmanlı Hükümetinin dikkatini çektikten sonra, bu yazışmalardan açıkça anlaşılıyor ki, Savunma Bakanı Cemal Paşa, Karedeniz Ordusu Başkomutanının, Paris Konferansı kararlarına uyarak verdiği talimatı uygulayacak yerde, yüksek görevinin gerektirdiği sorumluluktan kaçınarak, birtakım kabulü imkânsız mazeretler ve sebepler ileri sürmüştür.

Olağanüstü komiserler, Savunma Bakanı'nın takındığı tavrın yol açacağı tehlikeli sonuçlar üzerine Osmanlı Devleti'nin dikkatini çekmekle birlikte, Karadeniz Ordusu Başkomutanı tarafından bildirilen konferans kararlarının uygulanması için ne gibi tedbirler almayı düşündüğünü öğrenmek ister.

Olağanüstü komiserler, "Olayı öğrenen İtilâf Devletleri Yüksek Meclisini aydınlatmak üzere, Yüksek Meclis adına verilen emirlerin Savunma Bakanı tarafından yerine getirilmemiş olmasını, Osmanlı, Hükümeti'nin nasıl karşıladığını hemen bildirmesini ister." diyorlar.

Efendiler, Osmanlı Hükümeti, bu notaya verdiği cevapta, İzmir'in işgalinin nasıl başladığını; karma komisyonun nasıl soruşturma yaptığını ve soruşturmaya kadar geçen zaman içinde, Yunan yırtıcılığı karşısında halkın nasıl can ve namusunu koruma kaygısına düştüğünü; hükümetle ordunun daima, araştırma komisyonunun adalet ve insafına güvendiğini; yalnız, akan kanları, hiç değilse şimdilik dindirmek için, Osmanlı Savunma Bakanlığının, General Milne Cenaplarına, 23 Ağustos 1919 tarihli bir yazı ile teklifte bulunmuş olduğunu bildiriyor. Bu teklifin, Yunan birlikleriyle Kuva-yı Milliye arasına Osmanlı birliklerinin yerleştirilmesinden ibaret olduğunu; ancak, bu teklifin kabul edilmediğini ifade ediyor.

Sonra; İşgal bölgesinin Yunan birliklerinden başka, İtilâf birlikleri tarafından da işgali teklifiyle ilgili 20 ve 27 Ağustos 1919 tarihli iki yazıya ve bunların da karşılıksız kaldığına işaret olunuyor.

Bundan sonra da, General Milne Cenaplarının sınır tespitini gösterir yazılarının (3 Kasım 1919), Savunma Bakanlığına gönderildiği noktasına temas edilerek, Savunma Bakanının böyle bir yazının hükümlerini uygulamaya tek başına yetkili bulunmaması dolayısıyla, hükümete başvurduğundan ve hükümetçe de durumun komiserlere bildirildiğinden söz ediliyor.

Daha sonra, geçici sınır çizgisine kadar Yunanlıların işgaline engel olan kuvvetin, halk kitlesinden ibaret olduğunu söylüyor. Hükumetin ve ordunun halka sözünü geçirmekte güçsüz olduğunu belirterek, konuya adaletli bir çözüm yolu bulunmasını bir daha rica ettikten sonra "gerek hükümet ve gerek Savunma Bakanlığı sanki Paris Konferansı kararlarını uygulamıyormuş gibi bir suçlamadan vazgeçilerek, lütfedip kurtarmaya yardımcı olunması" yolundaki yalvarmalara yüksek saygıları da eklenerek, cevap yazısına son veriliyor.

Saygıdeğer Efendiler, şimdi de Cemal Paşa'nın mektuplarında dokunduğu noktalara işaret edeceğim:

Savunma Bakanı, bize İtilâf Devletleri komiserlerinin notasını okuturken bir taraftan da öteden beri yaptırmak veya bizi yapmaktan alıkoymak istediği noktaları tekrarlıyor ve pekiştiriyordu. Cemal Paşa'nın, bu defa isteklerini ileri sürer ve teklif ederken, bu notayı da okutarak bizim ruh halimiz ve manevî gücümüz üzerinde etkili olmayı düşünmüş bulunduğuna ihtimal vermek bilmem doğru olur mu?

Cemal Paşa, İtilâf Devletleri'nin siyasî eğilimlerinden söz ettikten sonra, "Hükümet, Wilson prensipleri çerçevesinde kabul edebilecekleri yeniliklere söz verir nitelikteki bir bildiriyi yakında yayınlayacaktır. İçişleri Bakanını gücendirmemelidir; çünkü ayrılır. O takdirde hükümet bunalımı olur. Meclis açılınca İşleri ve Dışişleri Bakanlarının değiştirileceği kesindir. Düşmanlar, meclisi açtırmamak istiyorlar. Hatta Muhipler Cemiyeti'nin, padişaha başvurarak ve bu meclisin meşru olmadığını bildirerek, dağıtılmasını isteyecekleri haber alındı." diyor ve milletvekillerinin Ankara'ya gelmesi işinden söz ediyor.

İTİLAF DEVLETLERİNİN KARADENİZ BAŞKOMUTANI, OSMANLI DEVLETİ'NİN SAVUNMA BAKANINA DOĞRUDAN DOĞRUYA TALİMAT VE EMİR VERMEKTEDİR

Şimdi Efendiler, bu üç belge metnini göz önünde bulundurarak hep birlikte kısa bir yorumlama yapalım. Komiserlerin notasından anlıyoruz ki, İtilâf Devletleri'nin Karadeniz Başkomutanı Mr. George Milne, Osmanlı Devleti'nin Savunma Bakanına, Cemal Paşa'ya doğrudan doğruya kendi emri altındaymış gibi talimat ve emirler vermektedir. Cemal Paşa, şimdiye kadar bize bunu bildirmedi.

Ve yine anlıyoruz ki, Osmanlı Devleti'nin Savunma Bakanı, aldığı talimat ve emirleri yerine getirememekten ve kabulü imkansız özürler ve sebepler ileri sürmüş olmaktan dolayı suçlanıyor.

Savunma Bakanı'nın aldığı emirlerin ne olduğunu kestiriyor ve ne için yapamamakta olduğunu da anlıyoruz. Çünkü, Kuva-yı Milliye engeldir... Kuva-yı Milliye, Savunma Bakanı'nın ve hükümetin, Başkomutan Mr. George Milne'in emirlerine ve talimatına uyarak verdiği veya vereceği emirlere boyun eğmiyor. İşte komiserler, Paris Konferansı adına, bunu, kabul edilebilecek nitelikte bir özür ve sebep saymıyorlar. Demek istiyorlar ki, hükümet iseniz, Savunma Bakanı iseniz, memlekete, millete, orduya hakim olmalısınız! Hakim iseniz, ileri sürülen özürler ve sebepler kabul edilebilecek gibi değildir.

Efendiler, Ali Rıza Paşa Kabinesi, 2 Ekim 1919'da iş başına geçti. Ondan önce Ferit Paşa Kabinesi vardı. Buna göre, Kuva-yı Milliye ile Yunan birlikleri arasında, Osmanlı birliklerinin yerleştirilmesiyle ilgili 23 Ağustos 1919 tarihindeki teklifi yapan Ferit Paşa Kabinesidir.

Ali Rıza Paşa Kabinesi, daha bir teklif ileri sürmüş değildir. Ancak, buna rağmen, Başkomutan Milne, 3 Kasım 1919 tarihinde düşmanların gireceği bölgenin sınırını çiziyor ve bu sınıra kadar Yunanlıların girmelerinin sağlanmasını Cemal Paşa'ya emrediyor. İşte Cemal Paşa'nın yerine getiremediği emir bu oluyor. Teşekküre değer bir durumdur ki, gerek kendisi gerek içinde bulunduğu kabine, nihayet iş başına geçtikten bir ay sonra, Kuva-yı Milliye'ye karşı güçsüz olduklarını yabancı komiserlere söyleyebilmişlerdir.

Efendiler, bu belgelerden anlaşılması gereken en önemli ve en anlamlı nokta, bence, kabinenin ortak notaya vermiş olduğu karşılıkta, komiserlerin ileri sürdükleri noktalara büyük bir alçakgönüllülük ve incelikle cevap verilirken, bir hususun asla dikkate alınmamış olmasıdır. O da, Efendiler; Mr. George Milne'in Osmanlı Devleti'nin Savunma Bakanına doğrudan doğruya emir ve talimat vermekte oluşudur. Bu durum ne millî teşkilata karşı onur meseleleri çıkaran Savunma Bakanının ne de Osmanlı Devleti'nin bağımsızlığını korumak sorumluluğunu yüklenmiş olan kabinenin şeref ve haysiyetine dokunmuyor. Bu durumun, kendilerinin haysiyetini ve devletin bağımsız- lığını çoktan zedelemiş olduğunu fark etmek istemiyorlar. Hiç olmazsa protesto etmiyorlar. Hiç olmazsa, "Bağımsızlığımıza darbe vuran bu saldırı ve tecavüze aracılık edemeyiz." diye feryada cesaret edemiyorlar... Cesaret edemiyorlar Efendiler, çünkü korkuyorlar. Nitekim korktukları başlarına geldi. Bunu yakında göreceğiz. Korkmamak için, insan haysiyetini ve millî gururun saldırıya uğrayamayacağı çevre ve şartlar içinde bulunmak gerekir. Buna değer vermeyenlerin, aslında bir insan için, bir millet için, hiçbir saldırıya uğratılmaksızın korunabilmesi, en büyük namus borcu olan kutsal kavramlar üzerinde çoktan saygısız ve duygusuz oldukları yargısına hak kazandırmaktadır.

İNSAF VE MERHAMET DİLENMEKLE MİLLET İŞLERİ, DEVLET İŞLERİ YÜRÜTELEMEZ

İnsaf ve merhamet dilenmekle millet işleri, devlet işleri yürütülemez. Milletin ve devletin şeref ve bağımsızlığı korunamaz...

"İnsaf ve merhamet dilenmek gibi bir ilke yoktur. Türk milleti Türkiye'nin gelecekteki çocukları, bunu bir an akıllarından çıkarmamalıdırlar."

Efendiler, Cemal Paşa'ya komuta değişikliği ile ilgili noktalarda verdiğimiz cevabı bilginize sunmuştum. Müsaade ederseniz, o cevabın baş tarafını oluşturan diğer noktalar üzerindeki görüşlerimizi de özetleyeyim:

Temel noktalar üzerindeki görüşlerimiz şunlardı:

1. İtilâf Devletlerinin her biri, bütün Türkiye'den en büyük çıkarlarını sağlamak peşindedirler. Bu da, Türkiye'de güvenilir bir dayanak noktasının elde edilmesini gerekli kılmaktadır. Yabancıların açıktan açığa aleyhte görünmelerinin ve hoşnutsuz olmalarının sebebini, kabinenin tarafsız tutumunda aramalıdır.

2. Kabine bildiri yayınlamakta acele etmemelidir. Bildiri, kabine durumunu sağlamlaştırdıktan sonra yayınlanmalıdır. Kabinenin güçlü olması, her bakımdan Kuva-yı Milliye'ye dayandığı inancını verecek bir davranış tarzını benimsemesine ve bunu bütün dünyaya göstermesine bağlıdır.

Meclis toplandıktan ve orada kuvvetli bir "Müdafaa-i Hukuk Cemiyeti Grubu" meydana geldikten sonra, bildiriye sıra gelebilir. Bildiri, her halde, Barış Konferansı'na gidecek delegeler yola çıkmadan önce, fakat grupla görüş birliğine varılarak düzenlenmelidir. Çünkü, böyle olmazsa hiçbir önem ve değeri olmayacaktır. Bir de, işe, kabul edilecek yenilikleri duyurmakla başlamak doğru değildir. Aksine, bildiride milletin bağımsızlığından ve ülkenin bütünlüğünden başlamak ve ancak bunun sağlanması şartına bağlı olmak üzere, hükümet işlerinin ana çizgilerini tespit etmek yerinde olur.

Bu bildiriye temel olacak önemli noktalar Sivas Genel Kongresinin bildiri ve tüzüklerinde yer almıştır. Orada, gelecekteki sınırlar, devlet ve milletin bağımsızlığı, azınlıkların hakları, yabancı himayesinin milletçe nasıl karşılandığı gibi hususlar açıklanmıştır. Böyle bir bildiri şimdiden hazırlanır ve meclisin açılışında çoğunluk grubuyla görüşüldükten sonra ilan edilir. Uygun olanı budur.

3. İçişleri Bakanının çekilmesiyle kabinede bir bunalım doğmasına sebep görülmemektedir. Böyle bir düşünceden, İçişlerini Bakanını sadrazam olarak kabul ettiğiniz anlamı çıkar. Bir kabinede bunalım ancak hükümet başkanının çekilmesiyle çıkabilir. Kabinenin İçişleri Bakanı Şerif Paşa'ya, onun da Ferit Paşa'ya bağlı olduğu anlaşılıyor.

Meclis açıldıktan sonra, İçişleri ve Dışişleri Bakanlarının kesin olarak değiştirilecekleri yolundaki işareti anlayamadık. Bu bakanlar şimdiden böyle bir söz verdiler mi?

Düşmanların meclisi açtırmak istememesi doğaldır. Yalnız, padişahın, meclisi dağıtma ihtimali de düşünülebilir mi? Eğer böyle bir ihtimal varsa, o halde meclisi, İstanbul'da dağıtmak ve milleti meclissiz bırakmak için mi topluyoruz? Bu bakımdan, padişahın bu konudaki görüşlerinin heyetimizce kesin olarak şimdiden bilinmesi gerekir ki, milletvekillerini İstanbul dışında güvenli bir yerde toplamak için girişimlerde bulunalım. Aksi halde, meclis, İstanbul'da toplanması yüzünden yukarıda belirtilen durumlara düşerse, bunun sorumluluğu İstanbul'da toplanmasını ısrarla isteyenlere ait olacaktır.

4. Milletvekillerinin görüşmelerde bulunmak üzere Ankara'ya gelmeleri yararlıdır.

* *
*

ANKARA HALKI İLE YAKINDAN TANIŞMAK İÇİN VERDİĞİM KONFERANS

Efendiler, beni gerçekten samimi, parlak ve güven verici duygularla karşılamış olan Sayın Ankara halkı ile daha yakından tanışmak ve onlarla fikir alışverişi yapmak bir görev hükmünde idi. Onun için, görüşmek üzere davet ettiğimiz milletvekillerinin gelmelerini beklediğimiz günlerde, toplanmış olan Sayın Ankaralılara, bir konferans vermiştim.

Bu konferansın temel noktaları üzerinde kısaca konuşayım:

Wilson prensipleri: Bu prensiplerin 14 maddesinden Türkiye ile ilgili olanları vardı. Zaten yenilmiş ve Ateşkes Anlaşması imzalamış Osmanlı Devleti, bu prensiplerin gönül okşayıcı ve göz aldatıcı manzarasıyla bir süre oyalandı.

30 Ekim 1918 tarihinde imzalanan Mondros Ateşkes Antlaşmasının maddeleri ve bu maddeler arasında özellikle yedincisi, beyni yakan ateşten bir zehirdi. Yalnız bu madde, vatanın geri kalan kısmını düşmanların işgal ve istilasına hazır bulundurmaya yeterdi.

İstanbul'da birbiri ardınca gelen ve aciz kimselerden kurulmuş olan kabineler, şerefsiz, haysiyetsiz ve aşağılık görünüşleriyle, suçsuz ve Allah'a bel bağlamış olan milletin sembolü olarak tanındı; değer vermeye layık görülmemeye başlandı. Bu yüzden dünyanın medeni devletleri medeniyetin gereklerini unutacak kadar saygısız oldular. Öteden beri Türk milleti aleyhinde bütün dünyada yapılan en mantıksız propagandalar, her zamankinden çok kulak vermeye değer bulundu.

Dokuz aydan beri, başlayan milli uyanış ve faaliyet, durumu ve görünüşü değiştirdi ve daha, çok değiştirecektir. Millet kurulmuş olan birliği korur ve bağımsızlığı için fedakârlıktan çekinmezse başarı muhakkaktır. Erzurum ve Sivas Kongrelerinde alınmış olan kararlar, milletin gerçekleştireceği amaçların temelidir.

Ferit Paşa Kabinesini düşüren millettir. Fakat Ali Rıza Paşa Kabinesini iktidar makamına getirmiş olma sorumluluğu millete ait değildir. Bununla birlikte anlaşma durumundayız.

ANKARA'YA GELEN MİLLETVEKİLLERİYLE YAPTIĞIM TEMASLAR

Efendiler, şimdi Ankara ya gelen milletvekilleriyle yapılan temas ve görüşmelere gelelim:

Milletvekilleri, aynı gün veya günlerde toplu olarak bulunamadılar. Teker teker veya küçük gruplar halinde gelip gittiler. Bu kişilerin veya heyetlerin hepsine, ayrı ayrı ve hemen hemen aynı temel noktaları günlerce üst üste tekrarlamak zorunda kaldık.

Her şeyden önce, manevi gücün, kalp ve vicdan gücünün yüksek tutulması şarttır. Bunu bilirsiniz. Biz de bu gücü artırmak üzere;

Öncelikle içteki ve dıştaki durumun güven ve ferahlık verici nitelikte gelişen noktalarını ve yönlerini araştırarak açıklamaya ve ispata çalıştık. Sonra, belirli bir amaç etrafında bilinçli ve azimli olarak birleşmenin sarsılmaz bir güç olduğu gerçeğini, yorulmaksızın tekrar ettik.

Bir toplumun yaşamasının ve mutluluğunun, ancak gayelerinde ve gayelerinin gerçekleştirilmesinde tam bir birlik halinde bulunmasına bağlı olduğunu açıkladık. Vatanın kurtuluşu, bağımsızlığın kazanılması hedefine yönelmiş bulunan millî birliğimizin, köklü ve düzenli bir teşkilatın varlığına ve bu teşkilatı iyi yürütüp yönetebilecek yetenekli kafaların ve enerjilerin, bir tek beyin ve bir tek enerji halinde birleşmiş ve kaynaşmış olmasına bağlı bulunduğunu söyledik. Bu münasebetle İstanbul'da açılacak Meclis-i Mebusan'da güçlü ve dayanışmalı bir grubun kurulması zaruretini ortaya koyduk.

Millet, tarihin, ancak devletlerin yıkılış ve çöküş gibi bunalımlı zamanlarında kaydettiği çok önemli ve tehlikeli anları yaşıyordu. Böyle anlarda, talih ve kaderini doğrudan doğruya kendi eline almakta gaflet gösteren milletlerin, gelecekleri karanlık ve felâketlerle doludur.

Türk milleti bu gerçeği anlamaya başlamıştı. Bu kavrayış sonucuydu ki, kurtuluş ümidi vadeden her samimi işarete koşmaktaydı. Ancak, bir toplumun, uzun yüzyılların uyuşturucu yönetim ve terbiyesinin etkisinden bir günde, bir yılda kurtulup serbest kalabileceğini düşünmek ve kabul etmek doğru değildir.

Bu sebeple, durumu ve gerçeği bilenler, ellerinden geldiği kadar, bağlı bulundukları millete ışık tutup yol göstererek, ona kurtuluş hedefine yürümekte önderlik etmeyi en büyük insanlık görevi bilmelidirler.

TÜRK MİLLETİNİN EN BELİRGİN İSTEK VE İNANCI: KURTULUŞ

Türk milletinin kalbinden, vicdanından doğan ve ilham alan en köklü en belirgin istek ve inancı belli olmuştu: Kurtuluş...

Bu kurtuluş feryadı Türk vatanının bütün ufuklarında yankılanmaktaydı. Milletten başka bir açıklama beklemeye gerek yoktu. Artık bu isteği dile getirmek kolaydı. Nitekim, Erzurum ve Sivas Kongrelerinde millî istek açıkça ortaya konmuş ve dile getirilmişti.

Bu kongrelerde alınan kararlara bağlı olduklarını bildirdikleri için milletçe vekil seçilen kimseler, her şeyden önce, bu kararlara bağlı şahıslardan oluşan ve bu kararları ilan eden dernekle ilişkili bulunduklarını gösterir ad taşıyan bir grup kuruculardı: "Müdafaa-i Hukuk Cemiyeti Grubu"... İşte bu grup, millî teşkilata ve dolayısıyla millete dayanarak, her nerede olursa olsun, milletin kutsal gayelerini cesaretle dile getirecek ve savunacaktı.

MİSAK-I MİLLİ HAZIRLANIYOR

Efendiler, milletin emel ve gayelerinin kısa bir programın temelini oluşturacak şekilde topluca ifadesi de görüşüldü. Misak-ı Millî adı verilen bu programın ilk eskizleri de, bir fikir vermek maksadıyla kaleme alındı. İstanbul Meclisinde bu ilkeler gerçekten toplu bir şekilde yazılmış ve tespit olunmuştur.

Efendiler, görüştüğümüz her şahıs veya bütün şahıslar, bizimle düşünce ve görüş birliği yaparak ayrılmışlardı. Fakat, İstanbul Meclisi'nde, "Müdafaa-i Hukuk Cemiyeti Grubu" diye bir grubun kurulduğunu işitmedik. Niçin?! Evet, niçin? Buna bugün cevap isterim!

Çünkü, Efendiler, bu grubu kurmayı vicdan borcu, millet borcu bilmek durum ve kabiliyetinde bulunan efendiler inançsızlardı... Korkaklardı... Cahillerdi...

İnançsızlardı; çünkü millî davanın ciddiliğine ve kesinliğine ve bu davanın dayanağı olan millî teşkilatın sağlamlığına inanmıyorlardı.

Korkaklardı; çünkü millî teşkilattan olmayı tehlikeli görüyorlardı.

Cahillerdi; çünkü tek kurtuluş dayanağının millet olduğunu ve olacağını takdir edemiyorlardı. Padişaha dalkavukluk ederek, yabancılara hoş görünerek, yumuşak ve nazik davranarak büyük gayelerin gerçekleştirebileceği gafletini gösteriyorlardı.

MİLLİ FİKİR VE MİLLİ TEŞKİLATIN KISA BİR ZAMANDA SAĞLADIĞI ŞEREF VE VARLIĞI KÜÇÜMSEYENLER

Bundan başka, Efendiler, nankör ve bencillerdi. Millî fikir ve millî teşkilatın kısa bir zamanda sağladığı şeref ve varlığı küçümsüyorlardı. Ortaya çıkmış olan durum ve varlığın kolayca elde edilmiş olduğu zannı ve kuruntusuna kapılmakla çirkin gururlarını tatmin sevdasına düşüyorlardı...

Erzurum'da, Sivas'ta söylenmiş ve tespit edilmiş bir adı, olduğu gibi kabul etmek küçüklük olmaz mıydı?! O addan daha anlamlı bir ad mı yoktu?!

Evet, işittik Efendiler; varmış: "Fellâh-ı Vatan Grubu"*

Efendiler, geçmişe ait safhaları ve olayları burada anlatabileceğim çerçeve içinde, gerçeğe uygun olarak tespit etmek kararındayım. Bu sebeple, tam üzerinde durduğumuz noktayla ilgili bir konuyu da büyük bir samimiyetle bilgilerinize sunacağım.

ANKARA'DA TOPLANMAK

Ben, Meclis-i Mebusan'ın, İstanbul'da saldırıya uğrayacağını, dağılacağını, kesin olarak bekliyordum. Böyle bir durum karşısında alınacak tedbiri kararlaştırmıştım. Hazırlığımız ve gerekli düzenlemelerimiz de başlamıştı: Ankara'da toplanmak...

İşte bu görevi yaparken, milletçe yanlış anlaşılmaya yol açmamak için, tedbir olarak da bir şey düşünmüştüm: Meclis-i Mebusan Başkanlığına seçilmek. Bundan beklediğim, dağıtılan milletvekillerini Meclis-i Mebusan Başkanı sıfat ve yetkisiyle yeniden davet etmekti. Gerçi bu tedbir, ancak görünüşü kurtarmak için ve geçici olarak işe yarayabilirdi. Fakat böyle bunalımlı zamanlarda, yararı geçici de olsa, her türlü tedbirin alınmış olması her halde gereksiz sayılamazdı…

Gerçekte İstanbul'a gitmeyecektim. Fakat bunu açığa vurmaksızın, zaman kazanacak ve durum bir süre için uzakta bulunuyormuşum gibi ayarlanarak, Meclis, başkan vekilleri vasıtasıyla idare olunacaktı.

Bu tedbirin uygulanması, elbette, meclis giden ve gerçek durumu kavramış olması gereken arkadaşların yardım ve gayretleri ile mümkün olabilecekti.

Efendiler, bu konuyu gereken kimselere açtım. Düşünce ve görüşlerimi uygun buldular. Bu yolda çalışacaklarına söz ve güvence vererek İstanbul'a gittiler.

---

* Felâh-ı Vatan. Küçümseyici anlamından dolayı isteyerek "Fellâh" yazılmıştır.

Ancak, pek az, belki bir veya iki arkadaştan başkasının, bu düşüncenin sözünü bile etmediklerini öğrendim.

Bu konuda hakim olan düşünce ve mantık şuymuş: "Bunca milletvekilleri içinde Meclis Başkanı olabilecek değerde bir adam bile yok mudur ki, mecliste bulunmayan bir milletvekilini kendi yokken başkan seçeceğiz... Meclisi oluşturan sayın üyeleri bu kadar yetersiz göstermek, yabancılar üzerinde kötü etki yapmaz mı?"

Bir başka mantık da, Meclis Başkanlığına Kuva-yı Milliye Başkanını seçmek, daha ilk günden, meclis üzerine şüphe ve saldırıyı çekme fırsatı vermektir. Bu da akıl kârı olamaz.

Böyle düşünen ve mantık yürütenlerin, bana pek de uzak insanlar olmadığını görenler, susmayı tercih etmişler...

Efendiler, itiraf etmeliyim ki, bu tedbirin alınmamış olması, meclis dağıldıktan sonra beni küçük bir güçlükle karşılaştırmıştır. Bu noktayı da sırası gelince bilginize sunacağım.

SAVUNMA BAKANI CEMAL PAŞA'NIN İŞTEN UZAKLAŞTIRILMASI TEKİFİ KARŞISINDA ALİ RIZA PAŞA KABİNESİ

Efendiler, Meclis-i Mebusan 12 Ocak 1920 tarihinde açılmıştı. Aşağı yukarı on gün sonra, Savunma Bakanı'nın 21 Ocak 1920 tarihli telgrafını aldım. Olduğu gibi bilginize sunuyorum:

Geciktirilmesi sorumluluğu gerektirir.

Harbiye, 21.1.1920

Ankara'da 20'nci Kolordu Komutanlığına

Mustafa Kemal Paşa Hazretleri'ne:

İngilizler, hükümete verdikleri bir notada, benim ve Cevat Paşa Hazretleri'nin görevden çekilmesini istediler. Kabinece şiddetli bir ret cevabı verildiyse de durum, kabinenin yerinde kalmasını ve yalnız benimle Cevat Paşa'nın çekilmemizi gerektirdi. Savunma Bakanlığına Salih Paşa vekâlet edecektir. Kabineyi güç duruma sokacak bir davranışta bulunulmamasını rica ederim. Aksi halde, durum, tasavvur buyurduğunuzdan daha tehlikeli olur.

Savunma Bakanı
Cemal

Bu telgraf 22 Ocak'ta elimize geçmişti. Hemen telgraf başında, saat 11.30'da şu telgrafı yazdım:

22.1.1920

Savunma Bakanı Cemal Paşa Hazretleri'ne

1. Verilen notayı olduğu gibi lütfeder misiniz?
2. Yapılan teklifi yerine getirmekte acele etmeyiniz. Notayı inceledikten sonra görüşlerimizi arz edeceğim.

Mustafa Kemal

Cemal Paşa'nın, imzasını gizleyerek verdiği karşılık şuydu:

Çok ivedi

Kadıköy, 22.1.1920

Ankara'da 20'nci Kolordu Komutanlığına

Mustafa Kemal Paşa Hazretleri'ne:

Notanın kısaltılmış kopyası aşağıdadır:

1. Özel olarak seçilmiş subayların Kuva-yı Milliye kurmaylıklarına gönderilmeleri,
2. 14'üncü Kolordu'dan bir kısım erleri ayırıp terhis etmek suretiyle Kuva-yı Milliye'ye asker olarak gönderilmesi,
3. Top kaması ve diğer malzemenin kaçırılması,
4. Zonguldak'tan İstanbul'a gelen taburun geri gönderilmesini geciktirmek,
5. Afyonkarahisar'dan Alaşehir'e alay nakletmek,
6. Bursa'dan Bandırma'ya bir alay nakletmek,
7. Bu işlerde, Savunma Bakanı ile Genelkurmay Başkanının şahsen rolleri olduğu anlaşılmıştır. Kırk sekiz saat içinde bu iki şahsın görevlerinden uzaklaştırılması.

Dikkat buyurulursa, Aydın cephesi meselesi bu notada söz konusu bile değildir. Bu notaya cevap olarak: "bir, iki, üçüncü maddeleri yalandır. Dördüncü maddenin konusu benim zamanımda değildir. Ben, müracaatları üzerine geri gönderdim. Beşinci madde ile ilgili konuda, tümen komutanını değiştirdim. Altıncı maddedeki Ahmet Anzavur konusu da güvenlikle ilgilidir. Bu konuda yazışmalarımız vardır. Şimdi de dosyalar incelenirse anlaşılır." denildi. Kabul etmediler. Bunun üzerine üç şık üzerinde duruldu: Notaya birinci cevaptan sonra cevap vermemek ve hükümlerine kulak asmamak, kabinenin toptan görevden çekilmesi, benim görevden çekilmem. Birinci şık uygulanacak olursa, burada bir rezalet çıkmasından korkulurdu. İkinci şıkkın kabulü durumunda, zaten istediklerinin olacağı ve Ferit Paşa'nın kabinenin başına geleceği düşünüldü. Bu bakımdan benim görevden çekilmem ve bakanlığın vekâletle idare edilmesi tercih edildi. Ne olursa olsun, kararınızın önce bana bildirilmesini rica eder, sizlere üstün saygılarımı sunarım efendim (Ferik Cemal),

Başyaver Salih

Cemal Paşa, bu notada, Aydın cephesinin söz konusu edilmediğini işaret etmekle bilmem ne demek istiyor? Şüphe yok ki, söz konusu olan Aydın cephesidir, ona yardımdır ve Kuva-yı Milliye'dir. Yalnız, Cemal Paşa dolaylı yoldan bütün bunlara Temsilciler Heyetinin sebep olduğunu anlatmak sevdasındadır.

Cemal Paşa'ya, bu telgrafına karşılık olarak verdiğim cevapta, şu emri verdim:

22.1.1920

Savunma Bakanı Cemal Paşa Hazretleri'ne

Görevden çekilmek suretiyle İngilizlerin isteğine uymanız, öyle tehlikeli bir durum yaratır ki, sizin görevden çekilmemenizle ortaya çıkacağını düşündüğünüz tehlikeden daha ağırdır. Bundan başka, Temsilciler Heyetinin bir temsilcisi durumunda olan sizlerin, haberi olmaksızın ve onun görüşüne uymayarak çekilmeniz kabul edilemez. İngilizlerin, sizi zorla görevden ayırmaları ihtimali bile bizce hesaba katılmış ve hemen tedbirleri alınmıştır. Bu duruma göre önce notayı olduğu gibi bildiriniz sonra durum hakkında bilgi vererek kararımızı beklemeniz ve sarsılmaz bir dayanıklılıkla göreviniz başında kalmanız kesin isteğimizdir.

Temsilciler Heyeti adına
Mustafa Kemal

Ali Rıza Paşa'ya da şu telgrafı yazdım:

Ankara, 22.1.1920

Sadrazam Hazretleri'nin Yüksek Katına

İngilizlerin, Savunma Bakanının ve Genelkurmay Başkanının değiştirilmesini istemeleri, devletin siyasî bağımsızlığına kesin bir tecavüzdür. Bu tecavüz, bir süreden beri vatanımızın bölüşülmesi ve siyasi varlığımızın yok edilmesi yolunda, dünya kamuoyunda süregelen tartışmaların kesin bir karara bağlanmış olması sonucu mudur? Yoksa, siyasî varlığımızı yok etme yolunda yapılacak girişimlerin ne sonuç vereceğini anlamak için yapılmış bir deneme midir? Yoksa, İtilâf Devletleri'nin alıştıkları gibi, birbirinin olurunu ve kararını alma gereğini duymaksızın, tek başına nüfuz kullanma yolunda bir davranış mıdır? Bunları ayırt edebilecek bilgilere sahip değiliz ve sahip olamayız. Yine, Yunanlıların Salihli cephesinde başlayan taarruzlarının, bu girişimlerle ilişki derecesini de kestiremeyiz. Ancak, siyasî bağımsızlığımıza karşı yapılan bu açık tecavüze devletçe ses çıkarmaz, milletçe susarsak, siyasî varlığımız aleyhindeki en kötü karar ve uygulamalara kendimizin yol açmış olacağına hiç şüphemiz yoktur. Bu bakımdan, İngilizlerin İstanbul'da yapabilecekleri saldırılar ne şekil ve dereceye varacak olursa olsun, içeride ve dışarıda Müdafaa-i Hukuk Cemiyeti'ne dayandığı bilinen hükümetin, bu teklifi şiddetle reddetmesini, bakan ile Genel Kurmay Başkanını mutlaka yerlerinde bırakılmasını kesinlikle istiyoruz. Bunun dışında gösterilecek bir uysallık, yalnız milletin bağımsızlığına ve varlığına ters düşmez, aynı zamanda, hükümeti millete karşı vermiş olduğu sözden dönmüş ve bağımsızlık uğrundaki millî mücadelemizi geciktirmiş ve güçleştirmiş bir duruma da sokar. Bu bakımdan hükümet kabul etmiş olsa bile, biz hükümetin heyetimize karşı üstlenmiş olduğu görevi yerine getirmemekle, milletten almış olduğu gücü tamamen kaybetmiş olduğunu ve bağımsızlığımızı tehlikeye düşüren tavır ve hareketlerinden dolayı hükümeti sorumlu saydığımızı ilan etmek zorunda kalırız. Hükümetin direnmesi karşısında, İngilizler, Savunma Bakanını zorla görevden uzaklaştırma ve bütün hükumeti düşürme yoluna bile başvursalar, bu durum, gerek dışarıya gerek içeriye karşı, onların emriyle bakanı feda etmekten daha elverişlidir. Durumun safhaları üzerine bir iki saate kadar siz Sadrazam Hazretleri'nin cevap vermelerini istirham ederiz. İstanbul ile haberleşme İngilizler tarafından engellenirse, milli bağımsızlık uğruna millî ve dinî cihat ilan etme yolunda ilerleyeceğiz.

Anadolu ve Rumeli Müdafaa-i Hukuk Cemiyeti
Temsilciler Heyeti adına
Mustafa Kemal

O gün Cemal Paşa'ya da şu telgrafı yazdım:

Kişiye özel, çok acele

22.1.1920

Savunma Bakanı Cemal Paşa Hazretleri'ne

İngilizlerin emri üzerine Savunma Bakanlığı görevinden ayrıldıkları anlaşılıyor. Devlet ve milletimizin bağımsızlığını tehlikeye düşüren bu çekilme durumunu, ne olursa olsun, kabul etmemek sizin ve bizim görevimiz gereğidir. Biz görevimizi sonuna kadar yerine getirmek için her türlü tedbiri alıyoruz. Sizi de, makamınıza oturup bakanlığınızı yürütmek suretiyle görevinizi yerine getirmeye davet ediyoruz. Eğer kişisel bir sebep veya başka bir düşünceyle kalmak istemiyorsanız, İngilizlerin notası üzerine değil, bağımsız bir milletin bakanına yaraşır şekilde ayrılırsınız. Konuyu, şahsi bir bakış açısından değil, "Bu müdahale, vatanımız için hatıra gelebilecek ağır felaketlerin başlangıcı olabilir." görüşünden hareket ederek değerlendirmenizi rica ederiz. Bakanlıktan bu şekilde çekilmeniz, İngilizlerin müdahalesini ve millî bağımsızlığın tehlikeye düşmesini kolaylaştıracaktır. Eğer görev başına gelmemekte ısrar ederseniz, İngilizlerin milletin bağımsızlığına tecavüz ettiklerini ilan ederken, Savunma Bakanının da vatanî görevini yerine getirmemekten sorumlu olduğunu ağır bir dille eklemek zorundayız. Notada yazılanları bir gün sonra bildirmeniz ve şimdi de Heyetimizle ilişki kuramayacak şekilde uzaklaşmanız, durumu ağırlaştırmaktadır. Cevap vermenizi diler ve rica ederiz.

Temsilciler Heyeti adına
Mustafa Kemal

Sadrazam ile telgraf başında şu yazışmalar yapıldı:

Bâbıâli, 22 Ocak 1920

Anadolu ve Rumeli Müdafaa-i Hukuk Cemiyeti Temsilciler Heyetine

Savunma Bakanı Cemal Paşa'nın kabineden çekilmesi ve Genelkurmay Başkanı Cevat Paşa'nın değiştirilmesi, yalnız İngilizler tarafından istenmiş değildir. İngiliz, İtalyan ve Fransız temsilcileri, Bâbıâli'ye ortak bir ültimatom vererek ve gerekçe göstererek, kırk sekiz saat içinde bu talebin yerine getirilmesini istemişlerdir. Bu ağır teklif karşısında, kabinece durumu enine boyuna tartışan uzun görüşmelerden sonra, toptan çekilmeye karar verildi. Meclis-i Mebusan toplanmış olsaydı, kabinenin başka türlü hareket etmesi mümkündü. Tekliflerini geri aldırmak üzere, üç devlet temsilcisi nezdinde, ileri sürdükleri gerekçeler çürütülerek gerekli girişimlerde bulunuldu. Temsilciler isteklerinde direndiler. Kabinenin istifası kesinleşmişken Cemal Paşa, Meclis-i Mebusan'ın daha görüşmelere başlayamadığı bir zamanda, kabinenin çekilmesinin vatanın yüksek çıkarlarına aykırı olacağını belirterek ve böyle bunalımlı bir zamanda kabinenin istifasının, İstanbul'u Anadolu'dan ayırmaya kadar varan tehlikeli sonuçlar doğuracağını ileri sürerek, kendisinin istifası ile işin çözüme bağlanmasını tercih etmiştir. Konunun gelişme safhaları bundan ibarettir. Meclis-i Mebusan'ın en geç bir iki güne kadar çoğunluğu sağlayarak toplanması kesinleşmiş olduğundan, hükümet bütün sorunları meclisin gözleri önüne serecektir. Tarafınızdan bu konuda hiçbir girişimde bulunulmaması gerekir. Çünkü, söz sahibi Meclis-i Mebusan'dır. Bakanlar durumun ağırlığını kavradıklarından ve yaptıklarının doğru olduğuna inandıklarından, en az zararlı olanı seçmişlerdir. Müdahalelere son verileceği, Cumartesi sabahına kadar bildirilmediği takdirde, kabinenin iktidardan çekileceği ve bundan doğacak olayların sorumluluğunun kendisine ait olamayacağı bildirilir. (Sadrazam)

Efendiler, Sadrazam Paşa kendilerine hakaret edene değil de bize dehşetli bir ültimatom veriyor.

Kongre, 22.1.1920

Sadrazam Paşa Hazretleri'ne

Yüksek şahsiyetlerinin telgrafları üzerine, Temsilciler Heyetince bir karar alınmak için, öncelikle ültimatom suretinin olduğu gibi bilinmesine kesin bir ihtiyaç vardır. Bunun lütfen bildirilmesini arz ve rica ederim.

Temsilciler Heyeti adına
Mustafa Kemal

***

Erenköy, 22/23.1.1920

Anadolu ve Rumeli Müdafaa-i Hukuk Cemiyeti Temsilciler Heyetine

İlgi: Görüşüldükten sonra bildirilecektir.

Sadrazam Ali Rıza

Burada söylemeliyim ki, hükümet bu notanın kopyasını bize olduğu gibi vermek istememiş ve vermemiştir.

Sadrazama verdiğim cevap şudur:

22.1.1920

Sadrazam Hazretleri'nin Yüksek Katına

Ültimatom suretini gördükten sonra kesin kararı sunacağız. Ancak, durum değerlendirilirken dayanılan ilkelerde, hükümetle aramızda görüş ayrılığı vardır. Önce onu ortadan kaldırmak isteriz. Hükümet bizim arz ettiğimiz hususları kendi işlerine müdahale olarak kabul etmiş, yani dıştan gelen müdahaleleri bir yana bırakarak, bir iç mesele karşısında bulunduğunu sanmıştır. Olayı, yalnızca, yabancıların bir bakanı değiştirebilmesi açısından düşünmek gerekir. Üstelik, burada Savunma Bakanının şahsı da söz konusu değildir. Aynı durumda başka bir bakan veya herhangi bir şahıs bulunmuş olsaydı, olay yine bu şekilde yorumlanacaktı. Öte yandan, bakanın değiştirilmesini emreden kuvvetin, Meclis-i Mebusan'ın toplanmasına ve hükümetin yapacağı açıklamadan sonra meclisin bir karar almasına müsaade edip etmeyeceği de şu anda belli değildir. Meclis-i Mebusan söz sahibi olmadan önce, oldubittiler birbirini kovalar ve dış olayların niteliğine uygun tedbirlerin alınması gecikirse, bundan doğacak sorumluluğun da heyetimize ait olmayacağı kabul buyurulur. Meclis-i Mebusan gerçekten toplanır ve çalışmaya başlarsa, hükümete hiçbir şey için başvuramayacağımız bellidir. Notayı yalnız İngilizlerin değil, İtilâf Devletleri'nin birlikte vermiş olmaları, bu konunun önemini kavramak için ayrı bir sebeptir.

Temsilciler Heyeti adına
Mustafa Kemal

Cemal Paşa, son telgrafımıza, 23/24 Ocakta verdiği karşılıkta, çekilmesinin gerekli olduğundan ve Millî Meclis'in nasıl bir davranış içinde olacağını beklemek gereğinden söz ediyordu.

Efendiler, aynı gün öğle vakti, Ankara, Erzurum, Sivas, Diyarbakır, Bandırma, Balıkesir, Konya, Edirne, İstanbul ve Bursa'da bulunan komutanlara durum ve görüşümüz bildirilerek dikkatleri çekildi ve düşünceleri soruldu.

İstanbul'daki 10'uncu Kafkas Tümeni Komutanı Kemalettin Sami Bey'e de (Berlin Büyükelçisi Kemalettin Sami Paşa'dır) ayrıca şu emri verdim:

22.1.1920

10'uncu Kafkas Tümeni Komutanlığına

Hemen Rauf Bey'i bularak durumu birlikte ve güvenlik tedbiri alarak takip etmenizi rica ederiz. İngilizlerin isteğini yerine getirmek kesinlikle doğru olmaz. Burası tarafından o konu hakkında acil tedbirler alındı. İstanbul'daki telgraf haberleşmelerini güven altına almanız gerekir.

Mustafa Kemal

Efendiler, Rauf Bey, Bekir Sami, Cami Bey ve bütün milletvekillerine de Kafkas Tümeni Komutanı Kemal, Müstahkem Mevki Komutanı Şevket ve Savunma Bakanlığı Başyaveri Salih Beyler vasıtalarıyla ve şifreli telgrafla şu tebliğde bulundum:

22 Ocak 1920

İngilizler, Savunma Bakanı Cemal Paşa ile Genelkurmay Başkanı Cevat Paşa'nın görevden çekilmesini istemişlerdir. Bu girişim, devletin bağımsızlığını ortadan kaldırmaya yönelmiş kesin bir harekettir. O halde, bu girişime karşı milletin göstereceği tepki ve girişeceği hareketler, bağımsızlığın korunması için yapılacak kutsal bir mücadele niteliğindedir. Bu mücadelenin ilk basamağında görev, milletin vekillerinindir. Milletvekilleri, kabine üyelerinin durumlarına müdahale ve etkide bulunmak suretiyle, devletin siyasî bağımsızlığı aleyhine, İngilizlerin girişmiş oldukları tecavüzleri, içeriye ve dışarıya karşı kesinlikle ve hemen reddetmek zorundadırlar. Bunun nasıl yapılacağını kararlaştırarak buraya bildiriniz. Fakat, uygulamada şu noktaların mutlaka yerine getirilmesi gerekir:

Önce, meclisin dağıtılması ile ilgili olarak, orada ansızın bir iradenin okunması ihtimali ile karşı karşıya kalınmamalıdır. Eğer bu ihtimalin gerçekleşmesi kesin olarak önlenemezse, milletvekillerinin çalışmalarını özel toplantılar halinde devam ettirmeleri de yeterlidir. İkincisi, devletin siyasî bağımsızlığı aleyhine kesin bir müdahalede bulunulduğunu, Barış Konferansına, Avrupa milletlerine, İslâm dünyasına ve memleketin her bir yanına ilan etmek gerekir. İngilizlerin tecavüzü geri alınmadığı takdirde, meclisin görevi, Anadolu'ya geçmek ve milletin idaresini üzerine almaktır. Bu hareket, bütün milletin gücünü kendi varlığında toplamış olan Kuva-yı Milliye tarafından her bakımdan desteklenecektir. Gerekli tedbirler şimdiden alınmıştır.

Temsilciler Heyeti adına
Mustafa Kemal

Bu tebliğin bir kopyası olduğu gibi bütün komutanlara bildirildi.

Efendiler, Ayrıca Rauf Bey'e de 23 Ocak 1920'de, 10'uncu Kafkas Tümeni Komutanı vasıtasıyla yazdığım şifrede, "Savunma Bakanı'nın görevden çekilmesi bir oldubitti olmakla birlikte, işin önemi devam etmektedir." dedim. İtilâf Devletleri'nin temsilcileri, hükümeti istedikleri gibi kurma yolunu tutmuş oluyorlardı. Yarın, meclisin güvenoyu vereceği bir hükümete karşı da aynı şekilde davranmalarına böyle bir örnekle yol açılmış bulunuyordu. Hükümetin, millete ve basına bilgi vermeksizin ve toptan çekilme yoluna gitmeksizin buna boyun eğmesi, milletin bağımsızlığını tehlikeye düşürüyordu. Olayı kapatmamak, hükümeti Meclis-i Mebusan'da milletin bağımsızlığını koruyamadığı gerekçesi ile açıkça düşürmek gerekirdi. İşte, bütün bunları Rauf Bey'e yazdım.

Aynı tarihte,10'uncu Kafkas Tümeni Komutanı ile Rauf Bey'e şu ortak talimatı vermiştim:

Hükümetin, İtilâf Devletleri temsilcilerinin tekliflerini kabul etmemekte direnerek; Barış Konferansını, İtilâf Devletlerinin Kuva-yı Milliye'den dolayı Türk Hükümetini düşürmeye karar verdiğini, bütün dünyaya karşı ilana mecbur etmesi gerekir. Kabinenin önceki kabinelerde olduğu gibi millî bağımsızlıktan sessizce fedakârlık etmesi, kendi yetkisi bakımından güçsüzlüğünü, anlayış ve kavrayış bakımından da asla güven verici olmadığını bir daha açıkça göstermiştir. Bu kadar çetin sorunları, karakter ve düşünce yapısı bakımından bu derece güçsüz olan kimselerle çözüme götürmeye çalışmak artık mümkün değildir. Bu bakımdan, kabinenin, son durum dolayısıyla düşürülmesi gerekir. Bütün milletin güvenine lâyık bir kabinenin iktidara gelmesi yolunda çalışınız.

ANADOLU'DA BULUNAN YABANCI SUBAYLARIN TUTUKLANMASI KARARI

Efendiler, yabancıların İstanbul'da saldırılarını artırarak bakan veya milletvekillerinden bazılarını tutuklamaları ihtimaline karşı, Anadolu'da bulunan yabancı subayların tutuklanmalarına karar verdim. Bu kararımı ve buna göre tedbirler alınması gereğini, 22 Ocak 1920 tarihinde, Ankara, Konya, Sivas ve Erzurum'daki kolordu komutanlarına kişiye özel olarak şifre ile emrettim.

Efendiler, milletvekillerine yazdığım telgrafa, Vasıf, Rauf, Bekir Sami Beyler 'in ortak imzasıyla cevap geldi. Bu cevapta "Meclis resmi olarak çalışmalara başlayınca, söz konusu mesele dolayısıyla kabine çekilecektir. O zamana kadar durumun emniyeti bakımından kabinenin işbaşında kalması gerekir. Siz, bir girişimde bulunmayınız ve müdahale etmeyiniz. Emirlerinizi bize bildiriniz. Görüşlerinizin her makam önünde gereği gibi savunulacağına güveniniz." denilmekteydi.

Ben, hem hükümete hem de meclise bir şey yazmamaya karar vermiş ve işi artık sayın milletvekili arkadaşlarımıza bırakmıştım.

Efendiler, İstanbul'daki şahısların hareketlerini hangi tavsiyelere göre ayarladıklarını belirtebilmek için şu kısa bilgiyi arz edeyim:

Filan siyasî temsilci, çok namuslu ve doğru sözlü ve Türk dostuymuş. Bu zat, çok içten ve dokunaklı bir dille demiş ki "Eğer Savunma Bakanı ile Cevat Paşa çekilmeselerdi, Savunma Bakanlığı işgal edilecekti: Kuvayı Milliye'nin gösterdiği suskunluk ve kararlı tutum, bazılarını çıldırtıyor. Fakat acele etmeyin, ezilirsiniz. Bana güvenin. Hakaret varsa yapanlar utansın. Belki daha başka delilikler olacaktır. Fakat siz sakın delilik etmeyin."

İstanbul'daki şahıslar, biz bu sözlerin samimiyetle söylendiğinden şüphe etmiyoruz diyorlardı.

MECLİS-İ MEBUSAN'IN BAŞKANI SEÇİLMEM SAKINCALI GÖRÜLÜYOR

Efendiler, milletvekilleri, İstanbul'da toplandıktan bir hafta sonra, Başkanlık Divanı ve dolayısıyla Meclis Başkanlığı seçimi ile ilgili görüşmelere başlamışlar. Bir yerde işaret etmiştim ki, ben Meclis Başkanı seçilmeyi, bazı yararlarından dolayı lüzumlu bir tedbir saymış ve gereken kimselere bu konudaki düşüncelerimi de bildirmiştim. İşte arz ettiğim gibi, bu konu üzerinde görüşülmeye başlandığı günlerde, 28 Ocak 1920 ve 1 Şubat 1920 tarihlerinde, Rauf Bey tarafından gönderilen yazılarda birtakım görüşlerden sonra, "Biz pek büyük bir sakınca doğuracak olan bu konuyu ileri sürmekten vazgeçiyoruz." denmekte ve "(...) Özel olarak gizli bir toplantıda yeniden söz konusu edildi. Şeref Bey, seçilmenizin yararlarını anlattı... Seçim sırasında oyların dağılacağı yeniden kesin olarak hissedildiğinden, sizin, milletin başında, Millî Meclis'in koruyucusu olarak kalmayı zaten tercih buyurduğunuz tarafımızdan söylendi. Yüksek şahsiyetiniz hakkında alkışların duyulduğu ve içten gösterilerin yapıldığı görüldü. Genel toplantıda, Reşat Hikmet Bey Meclis Başkanı, Hüseyin Kazım Bey birinci ve Hoca Abdülaziz Mecdi Efendi ikinci başkanvekili seçildiler." haberi verilmekteydi.

Efendiler, benim başkanlığımı ortaya atan demek ki, yalnız Şeref Bey oluyor. Gizli olarak yapıldığı bildirilen toplantıda, öteki şahıslar tarafından benim başkanlığa seçilmemin ne maksatla söz konusu edildiği, üstü kapalı olarak bile söylenmiyor. Önce, ciddi gerekçelere dayanarak benim başkanlığımı ileri sürmeliydiler. Ondan sonra da oyların dağılıp dağılmayacağını incelemeliydiler. Yalnız, Şeref Bey'in konuşması üzerine oyların hangi tarafa kayacağı konusunda bir karara varmakta isabet olmayabilirdi.

Efendiler, Rauf Bey'in başkanlık konusundaki açıklamasına verdiğim cevapta demiştim ki "İleri sürülen sakıncalar, daha önce etraflıca düşünülen şeylerdir. Benim başkanlığımı gerektiren sebepler bellidir. Bunlar, Kuva-yı Milliye'nin millet tarafından kabul edildiğini göstermek, meclis dağıtıldığı takdirde başkanlıkla ilgili görevleri güven içinde yapabilmek, millî varlığımızla bağdaştırılamaz bir barış teklifi karşısında milletçe bir ayaklanma, meclisin başkanı sıfatıyla, milletin maddî ve manevî güçlerini savunma durumuna geçirme düşünceleridir. Sözlerinizden, savunma ile ilgili olan bu durumların, bugün İstanbul çevresince önemli sayılmadığı anlaşılıyor. Eğer, görüşlerdeki isabetsizlikten dolayı vatan ve milletin savunulmasında bugün için ve yarın aksaklıklar ortaya çıkarsa, sorumluluk bu yanlışlığı yapanlara düşer. Bunların benim şahsî isteklerimle ilgili olmadığını temine gerek yoktur."

Efendiler, Savunma Bakanının ve Genelkurmay Başkanının zorla düşürüldüğünü biliyoruz. Meclis Başkanlığına seçilen merhum Reşat Hikmet Bey'in, bir uydurma sebeple yabancılar tarafından tutuklandığını haber almıştık. İstanbul'da bulunan Temsilciler Heyeti üyelerinin tutuklanmalarının düşünüldüğü, Rauf Bey'in 28 Ocak 1920 tarihli yazısında bildiriliyordu. Bu durumlardan, Kuva-yı Milliye aleyhtarlığının, meclisin dağıtılma ihtimalinin ve dolayısıyla milletçe savunmaya geçme zamanının daha da yaklaştığı ortadaydı. Fakat bu gerçeği sezebilen azdı.

Efendiler, Reşat Hikmet Bey'in kurtarılması için de Ankara'dan çalışmak gerekiyordu.

Rauf Bey'in, meclisin durumunu anlatan 27 Ocak 1920 tarihli şifreli telgrafında endişe verici bazı cümleler vardı. Mesela, "Kabine başlangıçta çekilmeyi düşünmüş, fakat çekilmemiştir. Meclisin bugünkü durumu, bu işi çözüme bağlamaya elverişli değildir. Buradaki milletvekilleri, milletin Maraş bölgesi ile ilgili olarak gönderdiği telgrafları, genel kurulda okumak cesaretini bile gösteremiyorlar. İtilaf Devletlerinden filanın falanın isteklerine uygun olarak davranmamızı tavsiye ediyorlar. Toplanacak yerimiz yoktur." gibi.

Rauf Bey'e, 7 Şubat 1920'de gönderdiğimiz bir yazıda, şu düşüncelerimizi bildirdik: "Milletvekilleri, İstanbul'daki iç ve dış etkilere kapılarak, barışa yönelme gayesini ihmal edip, kölelik, mevki kapma hırsı, kıskançlık, kuruntu vb. sebeplerle anlaşmazlığa düşmüşlerdir. Arkadaşlarımız, çok sayıda milletvekilini içine alan bir çoğunluk sağlayabilmek için, kendi düşünce ve inançlarından sürekli olarak fedakarlık yapmışlar ve uysal olma sevdasıyla, hükümet ve bilinen çevreler üzerindeki etkilerini büsbütün kaybetmişlerdir. Uyumsuzluk yaratmamak kaygısıyla bu davranışa devam edilecek olursa, millî davaya aykırı emellere ve türlü türlü ihtiraslara alet olunmaktan, millî meseleler aleyhinde kararlar alınmasına engel olunamamaktan korkulur. Bu duruma karşı alınacak tedbir şudur: Azınlıkta olsalar bile, ilkelerimize her bakımdan bağlı arkadaşlardan kurulu bir grupla yetinmek... Bunun sakıncası uysallıktan azdır. Hükümeti mutlaka düşürmek ve kesin mücadele durumuna geçmek gerekir"

HÜKÜMETİ MUTLAKA DÜŞÜRME VE KESİN MÜCADELE HALİ ALMA GEREĞİ

Efendiler, Ali Rıza Paşa Kabinesi çekilmemiş, meclis de bir problem çıkarmaktan sakınarak, onu düşürmek yoluna gidememiş ve bazı üyeleri değiştirilmiş olan Ali Rıza Paşa Kabinesine güvenoyu vermiştir.

Ali Rıza Paşa Kabinesinin meclis huzurunda okuduğu hükümet programını bilmem hatırlar mısınız? Bu programda Sadrazam Paşa, yaptığı en önemli görevi sözlerine başlangıç olarak alıyor; İstanbul Hükumeti ile Anadolu arasında haberleşmenin kesilmesine kadar varan anlaşmazlığın giderilmesini başardığını, bundan böyle millî iradenin yüce mecliste tecelli edeceğini, artık meşrutiyet ilkelerine tam olarak uyulabilmesi için bir engel tasavvur etmediğini söylüyordu.

Efendiler, bu sözlerle, Temsilciler Heyetinin millî irade adına hareket etmesine ve meşrutiyet ilkelerine uygun hareketlere engel olmasına artık yer olmadığı gibi bir anlam sezdirilmek isteniyor. Daha dün Millî Meclis'in, İstanbul da toplandığı bir sırada, millî iradeye de milletlerarası kurallara da aykırı olarak, bizzat kendilerinin ve kendileriyle birlikte meclisin ve milletin ne kadar ağır bir saldırıya uğradığını açıklama gereği duymayan sadrazam, hala Temsilciler Heyetini ispiyonlamakla durumunu kurtarmaya çalışıyor. Üstelik bizim sayın milletvekili arkadaşlarımız da, bu sözleri büyük bir sessizlikle dinleyebiliyorlar.

Hükümet, siyasî zümrelere karşı tarafsızlıktan ayrılmadığını ve ayrılmayacağını bir kere daha belirttikten sonra, bugüne kadar elde ettiği başarıların derecesinin takdirini meclise bırakıyor.

Sadrazam, devlet idaresinin düzeltilmeye muhtaç olduğunu söyleyerek Osmanlı Devleti'nin, her yabancı devlet baskısı karşısında kaldıkça başvurduğu eski politikasını yeniden canlandırarak, dünyaya yeni düzeltmeler yapılacağı sözünü veriyor: "Yabancıların imtiyazlarını genişleteceğiz. Azınlıkların haklarını korumak için nisbî temsil yönetimini uygulayacağız. Adalet, maliye, bayındırlık ve güvenlik işlerinde ve hatta sivil yönetimde yabancılara yeteri kadar kontrol yetkisi vereceğiz." diyerek düşündükleri düzeltmelerin esaslarını sayıyor.

Sadrazam Paşa, dışişlerinden bahsederken de "Ateşkes Anlaşması hükümlerinden ayrılmamak, hükümetçe gerekli görülmektedir" taahhüdünde dünde bulunurken, "İzmir'in işgalinden dolayı meydana gelen kargaşa ve karışıklığa son verecek olan, ancak barıştır." demekle yetiniyor; kararlılık ve ileri görüşlülüğün güçlükleri yeneceğine tam bir inancı bulunduğunu söyleyerek, programını bitiriyor.

ALİ RIZA PAŞA VE KABİNESİNİN İÇ YÜZÜ

Efendiler, Meclis-i Mebusan tarafında kabul edilen bu programı tahlil ve yorumdan geçirerek burada vakit kaybetmeyi gereksiz sayarım.

Yalnız Efendiler, Sadrazam Ali Rıza Paşa'nın ve kabinesinin içyüzünü ve utanmazlığını gösteren bir belgeyi aynen bilginize sunmama müsaadenizi rica edeceğim:

> Çok acele.
>
> İstanbul,14.2.1920
>
> Valiliklere ve Bağımsız Sancaklara
>
> Son olarak Meclis-i Mebusan'da okunan ve büyük bir çoklukla kabul edilerek hükümete güvenoyu verilmesini sağlayan programın önemli noktalarından birinde belirtildiği üzere, her türlü milli davanın tek tecelli yeri olan Meclis Genel Kurulu, Allah'a şükür artık toplanıp çalışmaya başladığına göre, meşrutiyet ilkelerinin her türlü engel ve etkilerden uzak olarak yürürlük kazanması gereken memleketimizde, bu meclisten başka yerde, millî irade adına konuşmaya ve istekler ileri sürmeye artık sebep ve imkân kalmadığından, hükümet işlerine müdahale şeklindeki her türlü faaliyet ve hareketlerin cezalandırılacağı duyurulur.
>
> Sadrazam
>
> Ali Rıza

Efendiler, böyle bir genelgeye ne gerek vardı? Temsilciler Heyetini millet gözünde küçük düşürmekte, onun cezalandırılabileceğinden bahsetmekte ne yarar vardı? Eğer Temsilciler Heyeti zaman zaman hükümetin dikkatini çekmeyi gerekli görüyor olsaydı, bu hareketinin ne kadar temiz ve yüksek düşüncelere dayandığından ve ne derece vatanla ilgili zaruretler yüzünden yapıldığından hala şüphe edilebilir miydi? Temsilciler Heyetini, dolayısıyla milletin birlik ve dayanışmasını yok etmeyi asıl hedef olarak kabul eden hükümet, Aydın, Adana, Maraş, Urfa Antep cephelerinde sürüp gitmekte olan çarpışmalardan ise, asla duygulanmış görünmüyordu. Yabancı devletlerin, doğrudan doğruya kendi kabinelerine yapmış olduğu baskıdan üzüntü duymuyordu. Şunu da açık olarak belirtmeliyim ki, her türlü millî davanın tecelli ettiği tek yer olması gereken Milli Meclis'in, Sadrazam Paşa'nın Allah'a şükrederek söylediği gibi, çalışmalara başladığı da ne yazık ki henüz görülmemişti.

Efendiler, Sadrazam'ın bu genelgesi üzerine biz de şu genelge ile milletin dikkatini çekmeyi gerekli bulduk.

Genelge

17.2.1920

Millî iradenin kanuni bir şekilde tecelli ettiği yer olan Meclis-i Mebusan'ı açarak millî hakimiyeti ispatlayabilen cemiyetimizin, en önemli ve başlıca görevlerinden biri de, milli davaya uygun ilkeler çerçevesinde bir barış yapılıncaya kadar, milli birliği korumaktır. Cemiyetimizin, her güçlüğe göğüs gererek, vatanı ve milli varlığı koruma yolundaki kurtarıcı çalışmalarına, millî gaye gerçekleştirilinceye kadar, daha büyük bir azim ve iman ile devam etmesi şarttır. Bu bakımdan, milletin yaşama ve varlığını devam ettirme temeline dayanan millî teşkilatın, vatanın her köşesinde, geniş çapta ve yaygın bir biçimde kökleşmesine, eskisi gibi devam edilmesini bütün merkez ve idare heyetlerinden bir kere daha önemle rica ederiz.

Anadolu ve Rumeli Müdafaa-i Hukuk Cemiyeti
Temsilciler Heyeti adına
Mustafa Kemal

ALDATICI VAATLER, AĞIR İTİRAFLAR

Efendiler, İstanbul'dan gönderilen 19 Şubat 1920 tarihli yazıda, “İngiliz Dışişleri Bakanlığından İstanbul'daki siyasi temsilciliğine gelen ve siyasî temsilcilik tarafından da resmen hükümete yapılan sözlü tebligatta, padişahlık başkentinin Osmanlı Devleti'nde bırakıldığı bildirilmiş; fakat bununla birlikte, Ermeni katliamının durdurulması ve Yunanlılarla bütün İtilâf Devletleri'nin kuvvetlerine karşı olan tutumumuzun değiştirilmesi istenmiş; aksi takdirde, barış şartlarının değiştirilmesinin muhtemel bulunduğu da ayrıca ifade edilmiştir." denilmekte ve bazı hususlar, özellikle şikayete yol açacak en küçük olaylara bile meydan bırakılmaması tavsiye edilmekteydi.

Efendiler, bu sözlü vaadin arkasındaki anlam ve maksat ne olabilirdi? Yunanlıların, Fransızların ve daha başkalarının işgali altında bulunan vatan topraklarından başka, İstanbul'un da alınması kararlaştırılmıştı. Ancak, ileri sürülen şarta uyulursa, İstanbul'u almaktan vazgeçeriz mi, denilmek isteniyordu? Yoksa, Yunanlıların, Fransızların, İtalyanların işgalleri zaten geçicidir, İtilâf Devletleri, yalnız İstanbul'u alacaktı, fakat teklif ettikleri şarta uyarsak, onu da bırakacaklardır, anlamı mı çıkarılıyordu?

Ya da Efendiler, İtilâf Devletleri Kuva-yı Milliye'nin işgal bölgelerinde, işgal kuvvetlerine karşı kurduğu cepheleri bozdurmaya ve açtığı savaşları, giriştiği hareketleri durdurmaya, İstanbul Hükümetinin gücünün yetmeyeceğini çok iyi anladıklarından, Yunanlılar da dahil olmak üzere, İtilâf Devletlerine karşı yapılan saldırının önlenememiş ve aslı olmayan Ermeni katliamına son verilmemiş olduğu bahanesiyle İstanbul'u da mı işgal etmek niyetindeydiler?

Daha sonraki olaylar, bu son tahminin doğru olduğunu göstermiştir, sanırım. Ne var ki, İstanbul Hükümetinin İngiliz temsilciliğinin teklifinden böyle bir anlam çıkarmaya yanaşmamış, aksine ümide kapılmış olduğu görülüyordu.

Efendiler, yapılmış olan teklifin ne derece yersiz olduğu hususunda bir fikir verebilmek için, biz de o günlerle ilgili bazı durumları hatırlayalım. Şüphe edilmemelidir ki, Ermeni katliamı konusundaki sözler, gerçeğe uygun değildi. Aksine, güney bölgelerinde, yabancı kuvvetler tarafından silahlandırılan Ermeniler, gördükleri koruyuculuktan cüret alarak bulundukları yerlerdeki Müslümanlara saldırmaktaydı. İntikam düşüncesiyle her tarafta insafsız bir şekilde öldürme ve yok etme siyaseti gütmektelerdi. Maraş'taki feci olay bu yüzden çıkmıştı. Yabancı kuvvetleri ile birleşen Ermeniler, top ve makineli tüfeklerle Maraş gibi eski bir Müslüman şehrini yerle bir etmişlerdi. Binlerce çaresiz ve suçsuz ana ve çocukları işkenceyle öldürmüşlerdi. Tarihte bir benzeri görülmemiş olan bu vahşeti yapan Ermenilerdi. Müslümanlar yalnız namuslarını ve canlarını korumak için karşı koymuş ve kendilerini savunmuşlardı. Yirmi gün süren Maraş katliamında, Müslümanlarla birlikte şehirde kalan Amerikalıların, bu olay hakkında İstanbul'daki temsilcilerine çektikleri telgraf, bu faciayı yaratanları, yalanlanamayacak bir şekilde ortaya koymaktaydı.

Adana ili içindeki Müslümanlar, tepeden tırnağa kadar silahlandırılmış olan Ermenilerin süngülerinin baskısı altında her dakika öldürülme tehlikesi ile karşı karşıya bulunuyorlardı. Canlarının ve bağımsızlıklarının korunmasından başka bir şey istemeyen Müslümanlara karşı uygulanan bu zulüm ve yok etme politikası, medenî insanlığın dikkatini çekecek ve onları insafa getirecek nitelikte iken, aksinin yapıldığını iddia ederek ondan vazgeçilmesini isteme gibi bir teklif nasıl ciddi olarak kabul edilebilirdi?

İzmir ve Aydın dolaylarında durum buna benzer ve belki daha da acıklı değil miydi? Yunanlılar, her gün kuvvet ve vasıtalarını artırıyor ve taarruz hazırlıklarını tamamlıyorlardı. Bir yandan da oraya buraya saldırmaktan geri durmuyorlardı. O günlerde İzmir'e yeniden bir piyade alayı ile tam teçhizatlı bir süvari alayı ve yirmi dört adet yük otomobiliyle çok sayıda nakliye arabası, altı tane top ve birçok savaş malzemesi çıkarıldığı, cephelere bol miktarda cephane gönderilmekte olduğu anlaşılmıştı. Gerçek şuydu ki, milletimiz, sebepsiz olarak hiçbir yerde hiçbir yabancıya saldırmış değildi.

Bu durum karşısında, Efendiler, vatanımızın işgal edilmiş yerlerinden düşmanların çekildiklerini görmeden veya hiç olmazsa çekileceklerine tam bir güven duymadan, aldatıcı sözlere gereğinden fazla değer vermek akıl kârı mıydı? Memleket kaderinin tek dayanak noktası olarak kalmış bulunan Kuva-yı Milliye'yi dağıtma gayesi güden bu gibi teklif ve girişimleri anlamakta güçlük var mıydı? Geleceğin şüphe ve belirsizliği uğruna, millî davadan hemen vazgeçmek doğru olur muydu? Yalnız İstanbul'un değil, Boğazların, İzmir'in, Adana bölgesinin, kısacası millî sınırlarımız içindeki bütün vatan topraklarının egemenliğimiz altında kalması millî gayemiz değil miydi? Bu duruma göre, yalnız İstanbul'un, Osmanlı Devleti'ne bırakılacağı vaadi karşısında, Osmanlı Devleti'nin sadrazamı Ali Rıza Paşa memnun olsa da, Türk milletinin memnun olacağı ve bununla yetinerek susup oturmayı tercih edeceği nasıl düşünülebilirdi? Vahdettin'in sadrazamı, Kuva-yı Milliye'yi dağıtmayı hedef alan bütün bu girişimlerin tarihî sorumluluğunu düşünmek istemiyor muydu?

Efendiler, yabancıların teklifine ve onu gerçekleştirmeye kalkışan hükümetin istek ve emrine, milletçe de Kuva-yı Milliye tarafından da boyun eğilmeyeceği şüphesizdi.

MİLLÎ BİR KABİNE KURULMASININ İMKANSIZLIĞI

Saygıdeğer Efendiler, Rauf Bey, 19 Şubat 1920 tarihli bir şifre ile, hükümet ve meclis hakkında üzerinde durup düşünülmeye değer bilgiler veriyordu. Bu bilgileri özetleyeyim:

"Şubatın on dokuzuncu günü, Sadrazam, İçişleri Bakanı ve Denizcilik Bakanı, Felâh-ı Vatan Grubunun toplantısına gitmişler. Sadrazam, Kuva-yı Milliye'nin ikinci bir hükümet şeklinde görünmemesi, hükümet işlerine karışmaması ve Maraş taraflarındaki çatışmaların daha ilerilere götürülmeyerek durdurulmasını, düzen ve güvenliğin sağlanması gereğini siyasî bakımdan yararlı gördüğünü söylemiş, Ziya Paşa'nın vali ve Ahmet Fevzi Paşa'nın da kolordu komutanı olarak Ankara'ya gönderileceğini bildirmiş. İçişleri Bakanı da kendi işlerine karışılmamasını istemiş. Polis Müdürü ile Jandarma Komutanının değiştirilmesine güçlerinin yetmediğini anlatmış. Eskiden beri dostu olan Keşfî Bey'in dürüstlüğünden ve onu Bursa'ya vali, Faik Ali Bey'i de müsteşar yaptığından bahsetmiş. Salih Paşa da, Maraş ve dolaylarında boşaltılan yerlere, hükümetçe el koymayı siyasî bakımdan mümkün görmemiş, Fransız basınını aleyhimize çevirir, demiş. Padişah hükümete, meclisin olduğundan daha çok hakimmiş. Meclisin ruh haline göre, bu hükümeti düşürmek ve yerine gerekli şartları taşıyan millî bir kabineyi getirmek mümkün değilmiş."

Bu bilgileri, Anadolu ve Rumeli'de bulunan tekmil komutanlara bildirirken, şunu da ekledik:

"Temsilciler Heyeti, işgal ve çeşitli yabancı etkilerin baskısı altında bulunan İstanbul'da, daha millî ve fedakâr bir hükümetin işbaşına getirilmesindeki güçlükleri takdir ettiğinden, Sadrazam Paşanın bilinen bildirisine karşılık, 17 Şubat 1920 tarihindeki genelgeyle görüşünü bütün teşkilatına duyurmuştu. Millî birliği bozma düşüncesi ile yapılacak her girişim ve saldırıyı, akıllıca davranışlarla başarısızlığa uğratmak şarttır. Milli davaya uygun bir barış yapılmadıkça, Kuva-yı Milliye'nin kendi faaliyetine son vermesinin mümkün olamayacağı hususunda ilgililerin yeniden dikkati çekilmekle birlikte, millî birlik ve dayanışmayı güçlendirme ve devam ettirme konusunda, her zamankinden daha ileri görüşlü ve uyanık bulunulmasını özellikle rica eder ve bekleriz."

Rauf Bey'e de cevap olarak şunu yazdım:

21.2.1920

Savunma Bakanlığı Başyaveri Salih Bey'e

Rauf Bey'e

İlgi: 19.2.1920 tarihli şifre.

Felâh-ı Vatan Grubu'nun Sadrazam Paşa ve arkadaşlarıyla yaptığı tartışmalardan genellikle anlaşıldığına göre, bugünkü hükümetin Millî Meclis'ten aldığı güvenoyuna dayanarak, Kuva-yı Milliye'nin memleketteki nüfuz ve etkisini yok etmeye çalıştığı açıkça görülüyor. Millî Mücadele'ye karşı tutumundan dolayı azledilen Faik Ali Bey'i müsteşarlığa, Ferit Paşa ve Ali Kemal ile birlikte çalışan Müsteşar Keşfî Bey'i, Bursa valiliğine atanması ve daha önce memuriyetleri milletçe kabul edilmeyen Ahmet Fevzi Paşa ile Ziya Paşa'yı da Ankara'ya göndermek hususunda ısrar etmesi, açıktan açığa Kuva-yı Milliye aleyhine hareket edildiğinin kesin bir belirtisidir. Hükümetle milletin tam bir birlik içinde çalışarak tespit edilen ilkeler çerçevesinde millî davaya uygun bir barış yapılması gereğini her zamandan daha çok takdir etmekte olduğundan, hükümet işlerine karşı her türlü muhalefetten ve güçlük çıkarmaktan kaçınmayı bir vatan görevi sayıyoruz. Her şey bitmiş, millî gayeye ulaşılmış değildir. Arada pek korkunç ihtimaller vardır. Geleceğin sonsuz bilinmezlikleri içinde, Kuva-yı Milliye'nin kurtarıcı çalışmalarına değer verip vermediğinin hükümetten sorulması gerekir. Bize gelince... Tarihin bu memlekette şimdiye kadar yaratmadığı bu millî birlik ve dayanışmayı bozmaya yeltenen her hareketi bir vatan hainliği sayarak ona göre gerekli tedbirleri almaktan çekinmeyeceğiz. Bu mecburiyet ve gerekliliklerin hükümet üyelerince bilinmesi pek yararlı olacaktır. Hükümet ile aramızdaki uyum ve birliğin korunması, ancak bugünkü durumun devam ettirilmesiyle mümkün olabilir. Gereksiz atama ve görevden almaların yapılması ve özellikle Millî Mücadele'ye karşı geldikleri için görevden alınmış olan memurlar üzerinde ısrar edilmesi, Kuva-yı Milliye aleyhinde bir düşmanlık sayılacağından, bu gibilerin memuriyetlerine göz yumulmayacaktır. Hele Ahmet Fevzi Paşa ile Ziya Paşa'nın, gönderildikleri takdirde hemen geri çevrilmelerinin bir oldubitti sayılması gerekir.

Bugünkü durumun ağırlığını kavramış olan Millî Meclis'teki arkadaşların bile, böyle anormal olaylar karşısında susmayı tercih etmesi, her taraftan kışkırtılan ve teşvik gören hükümeti cesaretlendireceğinden, gayeye bağlı arkadaşların bu konuda da kesin ve açık bir tavır takınmaları gerekmektedir. Hükümetin meclise hakim olması, denetleme görevini güçleştireceğinden, böyle bir durum ortaya çıktığı takdirde, vatanın kurtuluşu için yerinde kararların alınamayacağı ve sonunda millî gayenin gerçekleşemeyeceği şüphesizdir. Bütün milletçe benimsenen ve kutsal sayılan Kuva-yı Milliye gayelerinin, meclis tarafından da benimsenip gerçekleştirilmesinin sağlanması ve hükümet işlerinin bu gayeler açısından denetlenmesi konusunda, vatanseverlik görevinin sonuna kadar esirgemeden yerine getirilmesini önemle rica ederiz.

Temsilciler Heyeti adına
Mustafa Kemal

Rauf Bey'in bir başka yazısına verdiğimiz karşılığı da arz edeyim:

Şifre

21.2.1920

Savunma Bakanlığı Başyaveri Salih Bey'e

Rauf Bey'e:
İlgi: 20.2.1920 tarihli şifre.

Hükümetin Millî Meclis'teki gruba karşı gözdağı verici bir tavır takınmasının, grubun, dayanışma halinde bir siyasî güç olarak gelişip varlığını gösterememesinden ileri geldiği açıkça anlaşılmaktadır. Her şeyden önce, grubun bu bakımdan bilinçli bir denetim gücü haline getirilmesi gerektiği belli oluyor. Hükumetin sonradan gönül alma maksadıyla sizleri davet etmesi, bugünkü güçsüzlüğünü anlamasından ve güç kazanıncaya kadar oyalayıp vakit kazanmak düşüncesinden kaynaklanmaktadır. Hükümete karşı kesin bir durum alma zamanı gelmiştir. Sadrazama ve İçişleri Bakanına açıkça söylemek gerekir ki, Kuva-yı Milliye, sonuç alınıncaya kadar çalışmalarını sürdürecektir.

Memleketi işgal eden ve milletimizi tam bir kölelik derecesine düşürmek isteyen düşmanlarımız, Kuva-yı Milliye'nin faaliyetini istememekte kendilerini haklı bulabilirler. Fakat, devlet ve milletin kurtarılmasına çalışan bir millî kuvvete, kendi hükümetimiz tarafından hücum ve saldırıya geçilmesi görülmemiş bir şeydir.

İtilâf Devletleri'nin, İstanbul'un Osmanlı hakimiyetinde bırakılması ile ilgili görüşü ne kadar sevinçle karşılanmış ise, İzmir ve Adana cephelerinde savaştan vazgeçilmesi konusundaki istekleri de o kadar hayretle karşılanmıştır. Savunma Bakanı'na, İzmir ve Adana'nın da Osmanlıların elinde kalması sağlanıncaya kadar silahların bırakılamayacağı, Ermenilere karşı bizim tarafımızdan bir saldırının yapılmadığı, Fransızlar tarafından silahlandırılan ve kışkırtılan Ermenilerle aramızda bazı olaylar çıkmışsa, bunun sorumluluğunun Ermeni milliyetçilerine ve onları kışkırtanlara ait olacağı bildirilmiştir.

Hükümetin, Maraş ve Urfa'dan ileriye geçilmemesi yolundaki teklifine karşı, millete güven vermek ve Kuva-yı Milliye'yi engelleyebilmek için, Fransızların Adana'yı derhal boşaltmaya başlamaları istenmelidir, Aksi takdirde, Kuva-yı Milliye'yi, memleketi kurtarma mücadelesinden alıkoymanın mümkün olamayacağını, bu ateşin Halep ve Suriye'ye sıçramak üzere bulunduğunu; Fransızların, Adana ve dolaylarının boşaltılmasında ne kadar çabuk davranırlarsa, o kadar karlı çıkacaklarını kendilerine açıkça anlatmalıdır. Anadolu basınının kullandığı sert dilin hafifletilmesi, İtilâf Devletlerinin zulüm ve saldırılarına son vermeleriyle mümkündü. Bunca haksızlıklara, zulümlere, hatta katliamlara karşı feryat eden suçsuz bir milleti susturmak zulmünü bizden istemelidir. Aslında, dünyanın her yerinde basın, bu türlü sıkı kayıtlardan kurtulmuş olup hür ve serbesttir. Akbaş cephesinden bir kısmının İngilizlere geri verilmesi için hiçbir yardımda bulunmamanızı isterdik. *Boş bir fişek kovanının bile İngilizlere geri verilmemesi daha yerinde olur, düşüncesindeyiz.*

Hükümet, İtilâf Devletlerine karşı böyle sahte yaranma hareketlerinde bulunarak merhamet uyandırmayı başarabileceği ve ikiyüzlü davranışların, barış şartlarının değişmesini etkileyeceği zannını besliyorsa, kendilerinin gafletine acırız. Kısacası, barışımızın söz konusu olduğu şu çetin günlerde, Kuva-yı Milliye'yi zayıf gösterecek her hareketin, milletimizin kaderi üzerinde uğursuz bir etki yapacağı şüphesiz olduğundan, Meclis'teki arkadaşlara düşen denetleme görevinin her türlü fedakârlığa katlanarak yerine getirilmesini özellikle rica ederiz.

Temsilciler Heyeti adına
Mustafa Kemal

KUVAYI MİLLİYE'NİN MÜCADELEYE DEVAMI KONUSUNDA KAMUOYUNUN YOKLANMASI

Efendiler, bugünlerde duyulan ihtiyaç üzerine Rauf Bey'e, aynı tarihte şu telgrafı da yazdım. Bu ihtiyaç, Temsilciler Heyetinin ve Kuva-yı Milliye'nin mücadeleye devamı konusunda kamuoyunu yoklamaktı. Rauf Bey'e yazdığım bu telgrafı, Erzurum'daki Kazım Karabekir Paşa'ya da çektirmiştim:

Çok Acele olup geciktirilmesi uygun değildir.

21.2.1920

Rauf Bey'e:

Anadolu ve Rumeli Müdafaa-i Hukuk Cemiyeti'nin durumunu değiştirmeye yetkili olacak kongrenin toplanması, tüzüğünün sonuncu maddesi gereğince, Meclis-i Mebusan'ın yasama görevini tam bir güvenlik ve serbestlik içinde yerine getirdiğinin Meclis tarafından açıklanmasına bağlıdır. Temsilciler Heyetinin genel teşkilatının başında, barış yapılıncaya kadar eski şeklini koruması gereği, bütün arkadaşlarımızın onayı ve ısrarı üzerine kabul edilmiştir. Oysa, hükümet tarafından âdeta teşvik edilen muhalif gazetelerin hücumları, Ayân Meclisi'nin açık saldırıları, Hükümetin tutum ve işleri ve özellikle Sadrazam Paşa'nın bildirisi, Meclis-i Mebusan'da Kuva-yı Milliye'nin kanundışı olduğunu alkışlattıran nutuklar, kamuoyunu millî teşkilat aleyhine çevirmekte ve Temsilciler Heyetimizi güç bir duruma sokmaktadır.

Bir yandan padişahın isteğine uyarak Zeynelabidin, Hoca Sabri, Sait Molla gibi kimselerin, sırf Kuvayı Milliye'yi yok etme maksadıyla her tarafta kurmaya çalıştıkları Teali-i İslâm Cemiyeti adı altındaki kuruluşlar, milli teşkilata doğrudan doğruya saldırılara başlamışlardır. Örneğin, Niğde ve Nevşehir'de, bu ayın on dokuzuncu günü, "Meclis-i Mebusan açıldı. Millî teşkilatı padişahımız istemiyor." gibi sözlerle, halkı açık toplantı ve gösterilere sürüklemişlerdir. Bu durum Sadrazam Paşa'nın bildirisini alan bazı memurlar tarafından da teşvik edilmiştir. Bu olayın Konya'ya ve daha başka yerlere de yayılması uzak bir ihtimal değildir. Bu bakımdan:

1. Hükümetin, Kuva-yı Milliye'nin devamına taraftar olup olmadığını kesin olarak bildirmesini kendisinden istemek gerekir.

2. Felâh-ı Vatan Grubu'nun, söz konusu edilen tam bir güvenlik ve serbestliğe sahip olduğunu, bu bakımdan, Kuva-yı Milliye'yi dağıtmak lüzumuna inanıp inanmadığını bildirmesi gerekir. Eğer bu kuvvetin devamına lüzum görüyorsa, hükü-

metin dikkatini ona göre çekmekle birlikte, bunu, mecliste de gerektiği şekilde savunması gerekir. Bu konunun, grupça görüşülmesi ve tartışılması düşüncesindeyiz.

3. Vatanın çıkarları açısından, millî teşkilatın ve Kuva-yı Milliye'nin ortadan kaldırılması tercih edildiği takdirde, İzmir, Maraş ve öteki cephelerde bulunan düşman kuvvetlerine karşı da hükümetçe gerekli tedbirlerin alınmasını sağlama bağlamak söz konusudur.

Yukarıda arz edilen düşüncelerin büyük bir önem ve ciddiyetle dikkate alınıp gereğinin yerine getirilmesini, bizi şahsen de güç durumdan kurtarmak için, sonucun bir an önce bildirilmesini rica ederiz. İstanbul'daki bazı arkadaşların, bunca emeklerle meydana getirilmiş olan millî birliğe ve Kuva-yı Milliye'ye vurulan darbelere karşı kesin tedbir alma konusunda, sonuna kadar gayret ve ciddiyet göstermekten çok, dışarıdaki uzak kuvvetlerden büyük ümitlere kapılarak teselli buldukları zannı uyanıyor. Biz, elimizdeki kuvveti iyi koruyamadığımız takdirde, dış kuvvetlerin de bize değer vermeyeceklerini hatırlatmak isteriz.

Temsilciler Heyeti adına
Mustafa Kemal

Kazım Karabekir Paşa, bu telgrafa verdiği 23 Şubat 1920 tarihli cevabında, "İstanbul'da Meclis-i Millî'de beliren akıma karşı, Temsilciler Heyetinin ve Kuva'yı Milliye'nin ters ve hükmedici bir tavır almasını hiç de uygun bulmuyorum. Yalnız, Temsilciler Heyetinin bu işin içinden vakarla çekilmesini, işin sorumluluğunu ve durumun takdirini, Meclis-i Millî'nin namusuna ve vatanseverliğine bırakması gerektiğini düşünüyorum.", "Kuva-yı Milliye'nin ve Temsilciler Heyetinin varlığını sürdürmelerine Meclis-i Millî taraftar olmazsa... Kongrelerin aldığı kararlar gereğince, tam bir güvenlik içinde yasama ve denetleme yetkisine sahip ve hakim olduğundan, Temsilciler Heyeti, kararların uygulanmasını Meclis-i Millî'ye bırakarak dağılır, faaliyetine son verdiğini yazar ve bir de teşekkür eder."," Fakat, Meclis-i Millî'nin, böyle bir sorumluluğu yüklenerek, durumunun ve geleceğinin güvenilir olduğu yolunda bir karar alarak bunu duyuracağı pek şüphelidir. Rauf Beyefendi bu teklifi yapar ve bu kararları aldırır da, Temsilciler Heyetinin işbaşından çekilmesi gereğini bildirirse, o zaman Temsilciler Heyeti bunu isteyerek kabul eder. Basına ve millete ilan ederek faaliyetten uzaklaşır. Şerefli ve onurlu yerini de meşru bir şekilde korumuş olur. Şüphesiz ki, bir yıldan beri milletin ısrarı ile kurulmuş olan Aydın cephesi, ne dağılıp kendi kaderini Yunanlıların eline teslim eder ve ne de hükümet bunları dağıtabilir. O mücahitler kendiliklerinden ve eskiden olduğu gibi savaşa devam ederler. Fakat bu durum o cepheye bağlı kalır ve kolordu komutanları kendi bölgelerinde bunu durum ve maksada göre iyi bir şekilde yürütürler. Ondan sonra da gelecekteki durum ve faaliyetlerimizde olayların akışına ayak uydurulur... İşte benim âciz görüşümün bundan ibaret olduğu arz edilir." diyor.

HESAPTA OLMADAN GERÇEKLEŞEN OLAYLARA BAĞLI KALAMAZDIK

Efendiler, İstanbul'un fiilî olarak işgalinden aşağı yukarı yirmi gün önce ortaya konulan bu görüş ve düşünce incelenmeye değer. Ben yalnız bir noktaya işaret etmekle yetineceğim. O nokta, hesapta olmadan gerçekleşen olaylara bağlı kalma şeklinde bir kaderciliği benimsemektir. Biz elbette, işi böylesine bir kaderciliğe bırakamazdık. Aksine, olayların akışının ne olabileceğini önceden kestirip tespit ederek, karşı tedbirleri düşünmek ve anında, bir kararsızlığa düşmeden uygulama taraftarıydık. İşte bundan dolayıdır ki, daha öncesinden kamuoyunu yoklamaya başlamıştık.

Efendiler, Milletvekili Mazhar Müfit Bey'in bir mektubuna verdiğim cevabı olduğu gibi bilginize sunarsam, Kazım Karabekir Paşa'nın görüşlerine verilmesi gereken cevap da kendiliğinden anlaşılmış olur. Mazhar Müfit Bey'in mektubunda yazdıklarını tekrar etmeyeceğim. Onu gerekirse kendileri yayınlarlar. Benim verdiğim cevap şuydu:

Ankara, 25/26.2.1920

Hakkari Milletvekili Mazhar Müfit Beyefendi'ye

Efendim Hazretleri,

14.2.1920 tarihli uzun mektubunuzu ancak dün aldım ve yarınki postaya yetiştirmek üzere cevabını şimdi yazıyorum. Yüce Meclis-i Millî'nin ve Felâh-ı Vatan adını taşıyan grubun, gerçek durumlarını tasvir eden değerli ifadeleriniz, bende üzüntü yarattı. Açıklama ve tasvirlerinizle gözümün önünde beliren manzara üzüntü vericidir. Zavallı millet; hayatını, varlığını, kaderini savunmak, korumak ve güven altına almakla yükümlü bildiği sayın milletvekillerini, gerçek millî ve vatanî görevlerini daha ilk anda ve ilk adımda unutmuş görüyor. Batılıların ve bütün düşman dediğimiz milletlerin, Türklerde kabiliyet olmadığı gerekçesiyle, Türkiye'de, her şeyin, bizim için olumsuz olan şeyin yapılmasına göz yumdukları bilinirken ve her birimiz, ayrı ayrı bu zannın yanlışlığını ispata kararlı olduğumuzu iddia ederken, çıkar duygularımız, basit bencilliklerimiz bize her şeyi unutturabilir. Önce gelen milletvekilleri şöyle yapacakmış, sonra gelen milletvekilleri böyle tavır almış, Temsilciler Heyeti şunu kendinden saymış, bunu bayağı görmüş... Bunları söyleyenler, koca Türk milletinin sayın milletvekilleri, öyle mi? Bu ruh hali, böyle bir ahlaki davranış karşısında hayret ve şaşkınlıktan donakalırım. Yeni grup veya parti teşkilatından söz ediliyor. Azizim Mazhar Müfit Bey açıkladığınız zihniyet ve karakterlerin kuracakları gruptan da, partiden de, memleketi kurtarıcı sağlam bir tavır alabilmelerini beklemiyorum. Ben ve Temsilciler Heyeti adı altında fedakârca görev yapan arkadaşlar, bu vatanın kurtuluşu ve milletin huzuru için ölünceye kadar çalışmak isterken, sayın milletvekilleri tutum ve tavırlarıyla ve gaflet uçurumuna yuvarlanmalarıyla, anlıyorum ki, buna bile müsaade etmeyeceklerdir. Anadolu ve Rumeli Müdafaa-i Hukuk Cemiyeti'nin teşkilatına ve bu teşkilatın meydana getirdiği Kuva-yı Milliye'ye dayanma gereği kalmadığını, çocukça ve gafilce davranış ve hareketleriyle belli eden Meclis-i Mebusan'ın ve Felâh-ı Vatan Grubu'nun, bu konudaki kesin kararının öğrenilmesini ve tarafımıza bildirilmesini Rauf Bey'e yazdık. Bu kararın, bir an önce alınabilmesi için sizin de yardımınızı rica ederiz. Bu kararı verirken, sayın milletvekillerinin, toplantı yeri olan İstanbul'da, kırk bin Fransız, otuz beş bin İngiliz, iki bin Yunan ve dört bin İtalyan kara kuvvetlerinin yığınak yaptığını ve İngiliz Akdeniz donanmasının da Fındıklı sarayına karşı demir atmış olduğunu göz önünde bulundurmaları gerektiğini hatırlatırım.

Mustafa Kemal

AKBAŞ CEPHANELİĞİ VE KÖPRÜLÜLÜ HAMDİ BEY

Efendiler, Rauf Bey'e yazdığımız son şifrede, Akbaş cephaneliğindeki cephanenin bir kısmının İngilizlere verilmesine yardım ettikleri yolunda bir eleştiri vardı. Bu meseleyi biraz açıklayayım. Rumeli sahilinde, Gelibolu yakınlarında, Akbaş denilen yerde, bir cephane deposu vardı. Orada Fransızların eli altında bol miktarda silah ve cephane bulunuyordu. Hükümet, İtilâf Devletleri'ne tamamıyla boyun eğmiş görünmeyi yararlarına uygun saydığından, sözünü ettiğim cephanelikteki silah ve cephanenin bir kısmını İtilâf Devletleri'ne vermeyi vadetmiş. Onlar da Wrangel ordusuna göndereceklermiş. Rusya'ya nakli için bir Rus vapuru da Gelibolu'ya gelmiş. Hükümet daha önce, İstanbul'daki teşkilat başkanlarımızın izin ve yardımlarını da sağlamış...

Halbuki, Efendiler, Köprülülü Hamdi Bey adında kahraman bir arkadaşımız, Kuva-yı Milliye'den bir müfreze ile, 26/27 Şubat 1920 gecesi, sallarla Rumeli sahiline geçti. Akbaş cephaneliklerini ele geçirdi. Depo bekçileri olan Fransızları tutukladı ve haberleşme hatlarını kesti. Silahların hepsini cephanenin bir kısmını ve muhafız Fransız askerlerini de gözaltına alarak Lapseki'ye nakletti. Silahları ve cephaneyi Anadolu'ya gönderdikten sonra, Fransız erlerini iade etti. Akbaş deposunda sekiz bin Rus tüfeği, kırk Rus makineli tüfeği, yirmi bin sandık cephane bulunduğu tahmin ediliyordu.

Bu olay üzerine, İngilizler, Bandırma'ya iki yüz kişilik bir kuvvet çıkardılar. İtilâf kuvvetlerinin, millî savaş bölgelerinin gerilerinde İtilâf Devletleri askerlerinin de bulundukları yerlerdeki depolarda bulunan silahların ve cephanenin başka yere nakli, kullanılamaz duruma getirilmeleri veya bu gibi yerlerin işgal edilmeleri ihtimaline karşı, komutanlara verdiğimiz emirde, bazı tedbirler tavsiye etmekle birlikte, bütün komutanların büyük bir kararlılık ve kesinlikle hareket etmeleri gereğini bildirdik.

ANZAVUR'UN MİLLİ CEPHELERİMİZİ ARKADAN VURMA GİRİŞİMİ

Efendiler, hemen aynı günlerde, Anzavur, Balıkesir ve Biga dolaylarında oldukça önemli ve tehlikeli durumlar yaratmayı başarmıştı. Balıkesir'de, millî cephelerimizi arkadan vurmak istiyordu. Başına bir yığın adam toplamıştı. Karşısına gönderilen millî kuvvetlerle, Biga'da kanlı bir çarpışma gerçekleşti Anzavur galip geldi. Kuvvetlerimizi dağıttı. Toplarımızı ve makineli tüfeklerimizi ele geçirdi. Erlerimizi ve subaylarımızı esir ve şehit etti. Akbaş kahramanı Hamdi Bey de bu şehitler arasındaydı. Bundan sonra, Ahmet Anzavur, kendi adına verdiği Ahmediye Cemiyeti adı altında alçaklıklarını gittikçe artırdı.

Efendiler, 3 Mart 1920 tarihinde, içinde fevkalâde önemli haberler bulunan bir şifre aldım. Bu şifre, İstanbul'dan, İsmet Paşa'dan geliyordu. Ben Ankara'ya geldikten sonra, İsmet Paşa, Ankara'ya yanıma gelmişti. Birlikte çalışıyorduk. Fakat Cemal Paşa'dan sonra Savunma Bakanlığına Fevzi Paşa Hazretleri geldi. Paşa Hazretleri'nin özel istekleri üzerine ve çok önemli bir iş için İsmet Paşa'yı bu tarihten birkaç gün önce İstanbul'a göndermiştim.

Önemli saydığımız nokta şuydu: Yunanlılar taarruza hazırlanıyorlardı. Buna karşı, akla yakın olan tedbir, bütün kuvvetleri seferber ederek düzenli bir savaşa girmekti. Özellikle Fevzi Paşa Hazretleri, bu gerekliliği takdir etmekteydi.

İşte, bu hazırlığı yapmak üzere İsmet Paşa'nın İstanbul'da bulunması ve hatta Genelkurmay Başkanlığına resmen tayin edilerek işe başlaması çok yararlı olacaktı. Bu maksatla İstanbul'a gitmesini gerekli bulmuştum. İsmet Paşa'nın telgrafı şudur:

Savunma Bakanlığı, 3.3.1920

Mustafa Kemal Paşa Hazretleri'ne

Alınan bilgilere göre, İstanbul'da bir dernek kurulmuş ve İngilizlerle birlikte kararlar almış. Hükümetin düşürülmesi ve malum bir hükümetin kurulması, meclisin dağıtılması, İzmir ve Adana'nın işgalleri için Kuva-yı Milliye'nin ortadan kaldırılması, dünya barış ve güvenliğini sağlamak üzere İstanbul'da uluslararası halifeliğin kurulması ve Bolşevikler aleyhine fetva çıkarılması bu kararlar arasındaymış. Bakan Paşa, bu cemiyetin çalışmalarına önem veriyor. Anadolu'daki Anzavur hareketi bu kararlara bağlı olduğu gibi, İngilizlerin hükümete çok fazla baskı yapmaları da aynı sebeptendir. Bilgi olarak arz etmemi istediler. (İsmet)

Savunma Bakanlığı Başyaveri Binbaşı
Salih

ALİ RIZA PAŞA KABİNESİNİN İSTİFASI

Efendiler, yüksek şahıslarınızca bilinmektedir ki, İngiliz temsilcisi, Yunanlılar da dahil olmak üzere bütün İtilâf kuvvetlerine karşı mücadelenin durdurulmasını hükümete teklif etmişti ve bu gerçekleşirse İstanbul'u Osmanlı Devleti'ne bırakacakları yolunda yaldızlı bir vaatte de bulunmuşlardı. Fakat İstanbul'da bu teklif yapılırken, Şubat'ın 18,19 ve 20'nci günlerinde, Yunanlıların İzmir'e yeni kuvvet, nakliye araçları, çok miktarda da cephane getirdiğini ve bunları cephelere götürerek yeni bir taarruza hazırlandığını biliyorduk. Bu bilgilerimizi, hükümetin işlerine karışmayınız yaygarasına kulak asmadan İstanbul Hükümetine de ulaştırarak dikkatini çekmekten geri kalmadık.

Yunanlılar, bu şekilde taarruza hazırlanırken, Ali Rıza Paşa Kabinesi başka bir teklif karşısında kalıyor.

"Yunanlılar karşısında olan Kuva-yı Milliye'yi üç kilometre geri aldırmak!"

Ali Rıza Paşa Kabinesinin buna gücünün yetmeyeceği meydandaydı. Fakat, maksat onun düşürülmesiydi. Sadrazam, ister istemez bu teklifin yerine getirilemeyeceğini bildirmiş.

3 Mart 1920 günü Yunanlılar taarruza geçtiler. Gölcük yaylasıyla Bozdoğan'ı işgal ettiler.

İşte bu olay üzerine, Ali Rıza Paşa'nın, düşünebildiği tek çare, makamında daha fazla kalmaktan vazgeçerek, hemen istifa edip bu sorumlu işten yakayı sıyırmak olmuştur. Çünkü, Millî Mücadele'yi durdurma konusunda yapılan teklifi yerine getirmeye çalışmış fakat başaramamış olan Ali Rıza Paşa'nın, bu defaki teklifi de yerine getireceğim diye söz verip de başaramadığı takdirde, İtilâf Devletleri tarafından da sorumlu tutulması ihtimali de hatıra gelmez miydi?

Savunma Bakanı Cemal Paşa, Başkomutan Mr. George Milne'in emirlerini uygulatamadığı için sonunda kabineden uzaklaştırılmak durumuna düşürülmemiş miydi? Aynı işlemin Ali Rıza Paşa'ya da uygulanmasına kalkışıldığı takdirde, kendisini padişahın koruyabileceğine güvenebilir miydi? Böyle bir durum karşısında, millî davanın tek tecelli yeri olduğunu söylediği İstanbul'daki Meclis-i Millî'ye güvenebilecek miydi? Millî irade adına konuşmaya ve isteklerde bulunmaya artık gerek ve imkân kalmadığını söyleyerek cezalandırmakla tehdit ettiği Temsilciler Heyetine dayanmaya tenezzül etmeli miydi? O halde kendisi için istifadan başka çıkar bir yol olamazdı. İşte o da öyle yapmıştır. Ali Rıza Paşa, hükümete ilk saldırı yapıldığında, çekilmesi gerektiği yolundaki uyarılarımızı kabul etmedi. Yerinde kalmakla vatana yararlı olacağını söyledi. Meclis-i Mebusan da bu cahilce düşünceyi yerinde görerek onu makamında tuttu. Acaba yerine getirilmesi söz konusu olan görev, Yunanlıların taarruz hazırlıklarını tamamlayarak vatanın kutsal topraklarından bir kısmını daha çiğnemek ve aziz vatandaşlardan bir kısmını daha süngüler altında inletmek için, muhtaç olduğu fırsatı ona bahşetmek miydi?

PADİŞAH, "İŞİN GİDİŞATINA GÖRE BİRİSİNİ SADRAZAMLIĞA SEÇECEĞİM" DİYOR

Rauf ve Kara Vasıf Beyler, 3 Mart 1920 tarihli şifrelerle, bu istifa haberini verirlerken Felâh-ı Vatan Grubu başkanının ve meclis başkanvekillerinin saraya gönderildiğini de bildiriyorlardı. Bu başkanlar, Padişahın huzuruna kabul olunmamışlar. Başkâtip ve özel kalem başmüdürü ile görüşmeleri irade buyurulmuş. Grup başkanı, Millî Teşkilat'ın Padişah'a bağlılığını bildirmiş. Sözü hükümetin çekilmesine getirmiş. Padişah, Başkâtip aracılığı ile şu iradeyi bildirmiş: "Bütün milletvekillerine selâm. İşlerin gidiş ve durumundaki ağırlığı ben de onlar kadar biliyorum. Gidişatın ve durumun gereğine göre birisini sadrazamlığa seçeceğim. Onun yetkisine el uzatarak arkadaşlarını seçmesine karışamam. Ancak, ona çoğunluk grubuyla anlaşmasını tavsiye edeceğim."

BENİ YAPILAN İŞLERE KARIŞMAKTAN MEN ETMEK İSTEYENLER BENDEN ETKİLİ TEDBİRLER BEKLİYOR

Başkanlar heyeti teşekkür edip ayrılmışlar. Verilmekte olan bilgiler arasında şunlar da vardı: "Milletvekilleri, telaştalar. Fakat istenildiği şekilde bir kabine kurulacağına güveniyorlar. Yabancıların, Hürriyet ve İtilâfçıların ve Nigehbancılar'ın, düzenledikleri gericilik hareketlerinde başarılı olabilmeleri için, Ferit Paşa'yı veya yakınlarından birini iktidar makamına getirmeleri de muhtemeldir. Meclis'i elbette dağıtacaklardır.

Padişah katında etkili olacak tedbirlerin, oradan alınması (...) arz olunur."

Efendiler, garip değil midir ki, bugün bu maruzatta bulunanlar, daha birkaç hafta önce "Meclis resmen açılmış olduğuna göre, bundan sonraki emirlerinizin bize bildirilmesini ve görüşlerinizin her makamın önünde gerektiği gibi savunulacağına güven buyurulmasını" diyen kimselerdir. Birkaç hafta önce, İstanbul Hükümeti ile birlik olarak, beni hükümet işlerine karışmaktan menetmek isteyen kimseler, bu gün, İstanbul'da hiçbir şey yapmaya güçleri yetkili olmadıklarını itiraf ederek, buradan, Temsilciler Heyetinden etkili tedbirler bekliyorlar.

Biz bu isteği de yerine getireceğiz. Fakat bu kimselerin istekleri olduğu için değil, bunu vatanın çıkarları emrettiği için...

Efendiler, 3 Mart ve 3/4 Mart gecesi, İstanbul'la haberleşme ve oradaki durumu anlamakla geçti. 4 Mart günü, gerek İsmet Paşa'dan ve gerek diğer kimselerden aldığım bilgiler üzerine, durumu bir genelge ile bütün ordulara, teşkilat merkezlerimize ve millete bildirdim. Meclis-i Mebusan Başkanlığına da şunu yazdım:

Ankara, 4.3.1920

Meclis-i Mebusan Başkan Vekilliği Yüksek Katına,

İtilâf Devletleri'nin durmadan işlerimize karışmaları karşısında, Ali Rıza Paşa Kabinesinin, nihayet meclis huzurunda istifasını verdiği üzüntüyle haber alınmıştır. Aydın cephesinde, kutsal vatanı ele geçirmeye çalışan düşmanla Kuva-yı Milliye çarpışmakta ve her karış toprağına, sadık ve fedakâr evlatlarının şehit olmuş vücutlarını gömmektedir. Hiçbir güç, hiçbir yetki, milletimizi tarihin emrettiği bu görevden alıkoyamayacaktır. Vatan ve milletimizin bağımsızlığını korumak için her fedakârlığa hazır bulunan milletimizin, kutsal heyecanını ancak milletin tam olarak güvenini kazanmış bir hükümetin işbaşına getirilmesi yatıştırabilir. Bütün millet, bu tarihî günlerde, millî iradenin mutlak vekilliğini üzerine almış bulunan milletvekillerinin kararlarını sabırsızlıkla beklemektedir. Vatana ve tarihe karşı, üzerinize aldığınız büyük sorumluluğu ve bütün dünyanın kürsülerinize çevrilmiş olan dikkatli bakışlarını düşünerek, milletin azim ve fedakârlığına yaraşır kararlar alınacağına güvendiğimizi ve vatan uğruna yaptığınız çalışmalarda bütün milletin yanınızda ve yardımınızda olduğunu arz ederiz.

Temsilciler Heyeti adına
Mustafa Kemal

Padişah'a da şu telgrafı çektim Efendiler:

Ankara, 4.3.1920

Padişah Hazretleri'nin Yüce Eşiğine

İtilâf Devletleri'nin bağımsızlık ve haysiyeti ayaklar altına alan saldırılarına ve Ateşkes Anlaşması hükümlerine aykırı müdahale ve hareketlerine daha fazla da dayanamayan kabinenin istifası ile yeniden yüce devletlerinde bir hükümet bunalımının ortaya çıkması, kamuoyunda derin bir heyecan yaratmıştır. Yüce saltanat ve hilafet makamları etrafında düşünce ve fikir birliği ederek, yüksek bağımsızlık ve dokunulmazlığımız ve yüce Osmanlı Devleti'nin ülke bütünlüğü için son fedakarlığı göze almış olan bütün vatandaşlarınız, düşmanlar tarafından idare edilen bazı bozgunculuk ve ihtilâl tertiplerinden dolayı, zaten kederli ve endişeli bir durumda, hükümet bunalımının bir an önce sona ermesini ve millî emelleri gerektiği gibi gerçekleştirebilecek değerli bir hükümetin kurulmasını beklemektedir. Meclis-i Millî'nin çoğunluk grubunda yoğunlaşan millî gaye ve eğilimlerin yüce katınızda da desteklenece-ğine, bütün vatandaşlarınız gibi, heyetimiz de emindir. Ancak, içten ve dıştan gelen bin türlü ihtirasın kaynayıp köpürmesiyle, dirlik ve huzuru tehdit altında bulunan memleketimizin, millî vicdana güven veremeyecek bir kabine başkanına bir dakika bile katlanamayacağını ve Allah korusun, böyle bir durum ortaya çıkarsa, Osmanlı Devleti'nin tarihinde benzeri görülmemiş feci olaylara yol açacağını, Padişah Efendimiz Hazretleri'nin yüce eşiğine arz etmeyi vatan borcu sayarız. Ferman Padişah'ımızındır.

Anadolu ve Rumeli Müdafaa-i Hukuk Cemiyeti
Temsilciler Heyeti adına
Mustafa Kemal

Bu telgrafın birer kopyasını bilgi için Meclis-i Mebusan Başkanlığına ve kolordu komutanlarına vermekle birlikte, bunun bir kopyasını çıkararak, İstanbul gazetelerine ve Basın Cemiyetine vermesini de İstanbul telgrafhanesine emrettik. Bundan başka Efendiler, komutanlara, valilere, mutasarrıflara ve Müdafaa-i Hukuk Merkez Heyetlerine ayrıca şu genelgeyi de gönderdik:

4 Mart1920

İtilâf Devletleri'nin katlanılmaz bir duruma gelen müdahale ve baskılarından dolayı kabine 3 Mart günü yani dün istifa etmiştir. Güvenilir kaynaklardan aldığımız bilgilere göre, kabinenin düşürülmesi, Ferit Paşa veya ona benzer birinin iktidar makamına getirilmesi ve İstanbul'da yabancıların emellerine hizmet edecek bir hilâfet şurası kurulmasını sağlamak üzere, dış düşmanlar tarafından idare edilen ve muhalif partilerin aracılığı ile meydana gelen bir komitenin çalışmalarının eseridir. Yani, komitenin çalışmalarına yer verebilmek için İtilâf Devletleri, önce hükümeti istifaya mecbur edecek baskılar yapmışlardır. Durumun bu ağırlığı karşısında, Meclis-i Mebusan, elbette gereken etkili tedbirleri almaya devam etmektedir. Arıcak bu girişimlerin fiilî olarak desteklenmesi için, hemen, milli gayeyi gerçekleştiremeyecek bir hükümet başkanına milletin katlanamayacağını çok sert bir dille saraya, Meclis-i Mebusan Başkanlığına ve basına bildirmek gerekir. Bu telgraf alındığında, bir dakika kaybedilmeden bu şekilde telgraflar hazırlanmasını ve bu gece mutlaka çekilmesi çarelerinin bulunmasını, buraya da yarın sabaha kadar bilgi verilmesini önemle rica ederiz.

Anadolu ve Rumeli Müdafaa-i Hukuk Cemiyeti
Temsilciler Heyeti adına
Mustafa Kemal

Efendiler, verdiğimiz talimat gereğince, memleketin her tarafından, milletin her türlü yönetim kademesinden, 4/5 Mart gecesinden başlayarak telgraf fırtınası ayın beşinci ve altıncı günleri, padişah sarayında ve Meclis-i Mebusan üzerinde beklenen etkiyi yaptı.

SALİH PAŞA SADRAZAM OLUYOR

Nihayet, 6 Mart günü kim ve ne olduğunu anlayamadığımız biri tarafından şu haber verildi:

İstanbul, 6.3.1920

Temsilciler Heyetine,

Sadrazamlığa, Denizcilik Bakanı Salih Paşa'nın getirildiği arz olunur.

Müdafaa-i Hukuk Cemiyeti
Genel Sekreter Vekili
Halit

Bu telgrafı şu telgraf takip etti:

Meclis-i Mebusan, 6.3.1920

Mustafa Kemal Paşa Hazretleri'ne,

Pek mukaddes Halife Hazretleri, şimdi Meclis-i Mebusan Başkanını yüksek huzurlarına kabul şerefini bahşederek, sadrazamlığı, Âyân Meclisi'nden eski Denizcilik Bakanı Salih Paşa'ya verdiklerini ferman buyurmuşlardır. Salih Paşa da kabineyi kurma işi ile meşgul bulunmakta olduğundan, bunalımın yarın akşama kadar tamamıyla ortadan kalkacağı bildirilir.

Meclis-i Mebusan Başkanı
Celâlettin Arif

Efendiler, Rauf Bey'in de aynı günde fakat daha kabine başkanı belli olmadan verdiği bilgiler vardır. Dikkate değer olduğu için bu bilgileri veren telgrafı olduğu gibi bilginize sunuyorum:

Savunma Bakanlığı, 6.3.1920

Kişiye özel, çok aceledir
Dakika geciktirilemez.

Ankara'da 20'nci Kolordu Komutanlığına

Mustafa Kemal Paşa Hazretleri'ne:

1. Dün gece İzzet ve Salih Paşalarla görüştüm. Her ikisine de sadrazamlık teklifi yapılmamıştır. Vekâlet eden, kabinede kimin yer alacağını bilmiyor. Eski İçişleri Bakanı Reşit Bey'in, Saray'la Fransız ve İngiliz elçilikleri arasında mekik dokuduğu inanılır kaynaklardan haber alınmıştır, Bir söylentiye göre, kendisi sadrazamlığa getirilecektir. Önceki gece Padişah, Tevfik Paşa'yı kabul etti. Daha sonra Ferit Paşa'yı kabul ederek saat 17.00'den 22.00'ye kadar görüştü. Dünkü cuma günü Balta Limanı'nda, Ali Kemal ve eski İçişleri Bakanı Mehmet Ali de bulunduğu halde, uzun görüşmeler yapıldı, Daha sonra Rahip Frew'un da katılmasıyla görüşmeler Ali Kemal'in evinde devam etti. Celâlettin Arif Bey, dün 16.00'da huzura kabul edildi. Bugünkü bunalımın devam etmesine tahammülü olmadığından, milletin ve milletvekillerinin güvenini kazanabilecek bir kabinenin bir an önce iş başına getirilmesi konusundaki ısrarlı maruzata karşı padişah, durumun nezaketini aynı şekilde

kavradığını ve Kuva-yı Milliye'nin gereğini belirtti. Bundan sonra içeride ve dışarıda güven uyandırabilecek bir kimsenin atanmasının pek acele yapılamayacağı ve pazara kadar düşünmek gerektiği şeklinde cevap vermişler. Yukarıda bilginize sunulan hususlardan edindiğim kişisel hissim, Padişahın İngilizler ile konuşmakta ve yazışmakta olduğu ve Londra'dan cevap beklemekte bulunduğu kanaatini vermektedir. Ne olursa olsun durum pek bunalımlıdır. İngilizlerden ümitli olurlarsa, Ferit Paşa'nın sadrazamlığa getirilmesi de uzak bir ihtimal değildir. Kısacası, şimdiye kadar Padişah doğrudan doğruya Tevfik ve Ferit Paşalardan başka kimseyi kabul etmemiş ve Ferit Paşa ile görüşmesi de gizli olmuştur. Sarayın adamlarından, güvendiğinizi bildiğim bir kişi, Perşembe günü, padişahın pek yakınları adına bendenizi özel olarak gördü ve düşüncemi sordu. Cevap olarak, bugünkü durumu saltanat, devlet ve millet yararına yürütebilecek kimsenin, sizler olabileceğini, fakat şu sırada işgal altındaki İstanbul'a dönmeniz mümkün olamayacağına göre, İzzet Paşa'nın iş başına gelmesi gereğini açık bir dille söyledim. Salih Paşa meclisin kapatılması ihtimalinin bulunduğunu da ima ediyor. Birinci Başkan Vekili Hüseyin Kâzım Bey'in de saray ve İngilizler ile meclis adına dolap çevirdiği anlaşılıyor. Bilgilerinize sunulur.

Celâlettin Arif Bey, bugün saraya gidecek. Durumu pek açık bir şekilde padişaha anlatacak. Muhalifleri iktidar makamına getirirse, Anadolu'daki teşkilatın sarsılacağını ve böylece, doğudaki, sonuç olarak kendileri için zararlı olacak prensiplerin memleketimize gireceğini ve halifeliğin Müslümanların gözünde düşeceği durumu açıklayacak ve Anadolu'dan, millî teşkilat merkezlerinden bu konuda gelmiş olan bütün telgrafları gösterecek ve bu konuyla ilgili olarak ayrıca yazılı bir rapor da sunacaktır. Rapor birlikte yazılmıştır. Kopyasını daha sonra takdim ederiz (Rauf).

2. Bu telgraf, 6.3.1920 günü öğleden sonra saat 17.15'te Savunma Bakanlığının telgrafhanesine verilmiştir.

Savunma Bakanlığı Başyaveri Salih

Efendiler, Rauf Bey'in sadrazam bulma konusu konuşulurken benden bahsetmesi elbette gereksizdi. Aramızda asla böyle bir şey konuşulmuş değildi. Ben, aslında İstanbul Hükümetinin yaşayacağından ümitli değildim. Osmanlı Devleti'nin ömrünü tamamlamış olduğuna artık çoktan inanmıştım. Osmanlı Devleti'nin sadrazamlık makamına geçmek gibi zayıf ve anlamsız bir düşüncenin benim kafamda yeri olamaması doğaldı. Ben gerçekleşmesi doğal olan inkılap safhalarını sakin bir şekilde takip ederken, yarının tedbirlerinden başka bir şey düşünmüyordum.

Rauf Bey, sözünü ettiği Celâlettin Arif Bey'in raporunun kopyasını da gönderdi. Kabine kurulduktan sonra da şu bilgileri verdi:

Savunma Bakanlığı, 8.3.1920

20'nci Kolordu Komutan Vekilliğine

Mustafa Kemal Paşa Hazretleri'ne:

1. Kabine şöyle kurulmuştur:

Sadrazam, Salih Paşa;

Şeyhülislâm, İçişleri Bakanı, Dışişleri Bakanı Safa Bey, Savunma Bakanı yerlerinde bırakılmış;

Denizcilik Bakanlığına Salih Paşa vekâleten,

Bayındırlık Bakanlığına Tevfik Bey asıl olarak,

Maliye Bakanlığına Tevfik Bey vekâleten,

Devlet Şurasına Abdurrahman Şeref Bey vekâleten,

Eğitim Bakanlığına Abdurrahman Şeref Bey asıl olarak,

Vakıflar Bakanlığına eski Şeyhülislâm Ömer Hulûsi Efendi asıl olarak,

Adalet Bakanlığına Celal Bey

Ticaret Bakanlığına Defterhane Emini Ziya Bey.

2.Celâl Bey'in mesleğini bilmiyoruz. Bu şekil Damat Ferit Paşa'ya zaman kazandırmak için sarayın bir düzenlemesidir. Salih Paşa, bir bunalımı önlemek suretiyle vatana yararlı bir hizmet yaptığı inancındadır. Bizim düşüncemiz bu kabineye güvenoyu vermemektir. Bunu sağlamak için grupta çalışıyoruz. Ferit Paşa tehlikesi hala vardır. Ona göre tedbirler alınması arz olunur.

3. Dikkate değer bir nokta olarak şunu da arz edelim: Salih Paşa, Meclis-i Mebusan içinden bakan almanın imkânsızlığını anladıktan sonra, dışarıdan alınacak kimselerin tespiti için grubun düşüncesini soracaktı. Sonradan, bundan vazgeçerek, adları bilginize sunulan kimselerden ibaret kabineyi kendiliğinden kurmuştur, efendim. (Rauf).

Savunma Bakanlığı Başyaveri
Salih

TRAKYA'DAKİ CAFER TAYYAR BEY'İN BAKIŞ AÇISININ YANLIŞLIĞI

Efendiler, İstanbul bunalımı üzerine yaptığım açıklamalar epeyce uzadı. İstanbul'da zaten öteden beri var olan durumdan, daha birçok şeyin ortaya çıktığına şahit olacağız.

Müsaade buyurursanız, tekrar İstanbul'a dönmek üzere, biraz da Edirne taraflarındaki duruma göz atalım. Şimdiye kadar yaptığım genel açıklamalar sırasında, yeri geldikçe Trakya'yı da teşkilat ve tasarılarımızın hiçbir vakit dışında tutmadığımızı anlattığımı sanırım. Edirne ile olan ilişki ve haberleşmelerimiz, memleketin her yeriyle olduğu gibi devam ettirilmekteydi.

Yapılan haberleşmelerimizdeki dikkate değer bazı noktaları yüksek heyetinize açıklayarak bildirmek uygun olur:

l'inci Kolordu Komutanı Cafer Tayyar Bey, 31 Aralık 1919 tarihli, gayet ayrıntılı bir raporunda, Trakya ve özellikle Batı Trakya'da Yunanlıların yaptıkları işleri ve giriştikleri teşebbüsleri pek güzel açıklıyordu. Bu olağanüstü çalışmalara karşı kendisinin gerektiği gibi tertibat alamadığından şikâyet ediyordu.

Kolordusunun bu durumda ve ileride ortaya çıkabilecek olaylar karşısında, görevini yapmaya imkan verecek bir durum almasına General Milne'in müsaade etmediğinin, haberleşme sonunda anlaşıldığını haber veriyordu.

General Milne'in hazırlık yapmamıza müsaade etmeyeceğine elbette şüphe yoktu. Bu açık gerçeği yazışma yoluyla anlamaya bilmem nasıl bir düşünce ve mantıkla kalkışılmıştı?

Cafer Tayyar Bey'e 3 Ocak 1920 tarihinde verdiğim talimatta, gönderdiğimiz gizli yönetmeliğe uyularak silahlı birlikler kurulmasını yeniden hatırlattım. "Askerî durumun değiştirilmesi ile elde edilemeyen yararların bu şekilde elde edilmesi gerekir." dedim.

Savunma Bakanı Cemal Paşa'ya da yine aynı tarihte durumdan bahsederek, Yunanlıların Doğu Trakya'da hazırlıklarına engel olmasını yazdım.

Trakya Paşaeli Cemiyetinin gönderdiği raporlarda, gerektiği gibi teşkilat kurulamamakta olduğuna işaret ediliyor ve bazı yüksek dereceli memurlardan şikayet ediliyordu. Bu gibi memurlara, öteden beri bazı uyarılarda bulunuyordum. Asıl şikayet Cafer Tayyar Bey'den gelmeye başladı. Örnek olarak, bununla ilgili olarak okuyacağım şu mektup bir fikir verebilir sanırım:

26 Ocak1920

Sayın Paşam,

Arif Bey'in, Trakyalılar hakkında söylediklerini doğrularım. Trakya Cemiyeti maddî güçle desteklenmemiştir. Maalesef Cafer Tayyar hepimizi aldatmış. En küçük bir teşkilatlanmaya girmemiş, bir tek tüfekle bile silahlandırma yolunu tutmamıştır. Cafer'i kendisini düşünmekle suçlarım. Bulgaristan olaylarından da tamamen habersiz, tam bir gaflet içindedir.

Son günlerde, Cafer'in tümenlerine gönderdiği yazılı bir emir tesadüf eseri olarak elimize geçti. Yunanlıların yaptıklarından ve niyetlerinden, bu durum karşısında, artık Müdafaa-i Hukuk talimatı uyarınca, millî teşkilata başlamak gerekirken, komutanların bu konuda subaylar vasıtasıyla halka yardım edip etmeme hakkındaki düşüncelerini soruyor. Artık düşününüz... Allah millî meselelerde aldatanları kahretsin. Fakat aldanmış olanlara da çok yazık!

Sonuç: Bulgar askeri Batı Trakya'yı boşaltarak gittiği, beş on memurla 150-200 jandarmadan başka kuvveti bulunmadığı halde, kendisinden ihtilâl ve savaşla vatanı savunmasını beklediğimiz Trakya bir şey yapamadı. Cafer bu durumun üzüntüsünü çekti mi bilmem. Bu yüzden artık Topçu İhsan'ı, Baytar Rasim'i (zeki, hareketli, ölçülü, kendisine güvenilir bir arkadaş) teşkilat kurmak üzere Trakya'ya göndereceğiz. Buradan silah da göndereceğiz. Kör olası Cafer, yalnız bunları serbest bıraksın. Gölge etmesin başka ihsan istemeyiz.

Edirne hattını, İngilizler, kendi askerleriyle teslim alıyor. Yunanlılar Hadımköy, Çorlu, Lüleburgaz'da toplanıyor. Bulgaristan kaynaşıyor. Yunan eşkıyalığı artmakta, halkın şikayeti karşısında vali elini ovuşturmakta, Cafer acizliğini göstermekte. Trakya'nın Bolşevikliğe karşı yabancı kuvvetlerin yığınak yeri olması, Bulgarların saldırılarına uğraması beklenebilir. Orada kuvvetli bir pençe ve beyin lâzım. Ne Cafer ne vali bu işin ehli de değillerdir, fedakar da değillerdir. İşte durum budur. Ben bunlarla çok uğraşıyorum. Geçen gün bir şifrenizi almış, pek üzülmüş ve şifre ile açıklama rica etmiştim. Cevap alamadım. Paşam, kişisel bir siyaset güttüğümü mü zannediyorsunuz? Yoksa maksadı kavramayacak, durumu etraflı olarak anlamayacak ahmaklardan olduğumu mu zannediyorsunuz? Her iki durumu da protesto ederim. İnancım ve gayem birdir. Hiç şaşmadan yürüyorum. Yalnız, başka bir şey düşünüyor da bana söylemek istemiyorsanız, ona bir şey demem. Açıkça bildirmenizi rica ederim. Sert ve azarlayıcı sözlere son derece üzülürüm. Bu, beni çalışmaktan alıkoymaz. Beni muhalefete geçirmez. Fakat, arada pekala bir kişilik meselesi doğurabilir. Buna dikkatinizi çeker, bir gerçek ortaya çıkmadan ve benim neler çektiğimi anlamadan girişimlerde bulunmamanızın, mevkiinizden beklenen ve hiç ihmal götürmeyecek olan incelik ve yumuşaklık gereği olduğunu, şuracıkta belirtmeme müsaade buyurunuz. Saygılarımı sunar, başarılar dilerim Paşam.

Vasıf

Efendiler, Edirne'den gelen yazılardan ve raporlardan, bence, yanlış bir görüş takip edildiği anlaşılıyordu. Şimdi okunan mektupta da bu yanlış görüşün benimsendiğini gösteren cümleler vardır. Bu yanlış tutumu düzeltmek için, öteden beri belirtilen görüşlerimizi, 3 Şubat 1920 tarihinde Cafer Tayyar Paşa'ya ve İstanbul'da Rauf Bey'e bir kez daha bildirdim.

Tekrar ettiğim görüş şuydu:

Doğu ve Batı Trakya'nın millî bir bütün olarak görülmesi ve bu şekilde ifade edilmesi doğru bir politika değildir. Doğu Trakya, itiraz ve tartışma kabul etmez şekilde yurdumuzun bir parçasıdır. Batı Trakya ise, bir antlaşma ile daha önce terkedilmiş olan bir bölgedir.

Olsa olsa, Doğu Trakya, Batı Trakya'nın kurtarılmasına çalışanların bir hareket üssü olabilir.

Doğu ve Batı Trakya'nın birliği üzerinde ısrarla direnmek, Doğu Trakya üzerinde de bazı iddiaların ileri sürülmesine yol açabilir.

Bulgarların da Adalar Denizi'nde iktisadî bir çıkış kapısı istemeleri, üzerinde ayrıca düşünülmeye değer. Bulgaristan içlerinde bu bakış açısı doğrultusunda çalışılmalıdır.

Cafer Tayyar Paşa da, memurlardan, ileri gelenlerden ve halktan şikayet ediyordu. 7/8 Mart 1920 tarihli bir şifresiyle, "Bizde halk her işi hükümetten beklemekte; sivil idare amirlerinin tarafsız tutumları yüzünden millî teşkilat yüksek emirlerinize uygun olarak kurulamamaktadır. İl sınırları içinde sık sık yapmakta olduğum teftişlerde, özellikle köylülerle sıkı temas kurmaktayım... Fakat, her köye gitmek mümkün olamıyor.", "(...) Teşkilatın köklü ve yaygın olması hepimizin ortak isteği olup, bunun da ileri sürülen sakıncaların ortadan kaldırılmasına çalışmakla gerçekleştirilebileceği bilgilerinize sunulur." diyordu.

Efendiler, General Milne, Cafer Tayyar Paşa'ya askerî durumu değiştirtemiyor. Vali ve mutasarrıflar tarafsız kalıyor. Her işi hükümetten bekleyen halka, millî teşkilatın kurulmasında yardım ve öncülük etmiyorlar. Bu sakıncalar giderilmedikçe, teşkilatın sağlamlaşıp yaygınlaşması da mümkün görülmüyor.

KARAKOL CEMİYETİ İSTANBUL'DA TEŞKİLATINI GENİŞLETMEYE ÇALIŞIYOR

Efendiler başka bir münasebetle Karakol Cemiyetinden ve onun çalışmalarını yasaklama konusundaki girişimlerimizden bahsetmiştim. Bu cemiyetin İstanbul'da hala teşkilatını genişletmeye çalıştığı anlaşılıyordu. Yeniden şöyle bir uyarıda bulunmak gerekti:

12 Mart, 1920

Çanakkale Müstahkem Mevki Komutanı Albay Şevket Beyefendi'ye

İstanbul'da bulunan teşkilatımızın gayeye hizmet konusunda yetersiz olduğu anlaşılmaktadır. Çeşitli zamanlarda ve özellikle bugünlerde Ankara'ya gelen ve durumu bilen bazı kimselerin verdiği bilgilere göre, bundaki başarısızlığın sebebi, Anadolu ve Rumeli Müdafaa-i Hukuk Cemiyeti teşkilatı adı altında Karakol Cemiyeti tüzüğünün uygulanmaya çalışılmasından ileri gelmektedir.

Karakol Cemiyeti'nin tüzüğü, birçok kimseyi teşkilatla ilişki kurmak konusunda korkutmuştur. Bu sebeple, Müdafaa-i Hukuk Teşkilatı Tüzüğünün esaslarına göre teşkilatlanmak, özellikle İstanbul için yeterlidir. Çünkü, İstanbul'da asıl gücü fikir akımlarını birleştirmede aramalıdır. İstanbul'da fiilî hareketler ve özel girişimler için kurulacak silahlı teşkilâtta bile, Müdafaa-i Hukuk Tüzüğü ekinin uygulanması gerekir. İstanbul Merkez Heyetinin ve ona bağlı şubelerdeki yönetim kurullarının ortaya çıkmasında bir sakınca görülüyorsa, bu kurullara girecek olan kimseler şahıslarını gizli tutabilirler. Bu esaslar çerçevesinde kurulmuş ve kurulacak olan teşkilatın ve bunların merkez heyetleri ile yönetim kurullarını oluşturan kimselerin adlarının güvenilir bir vasıta ile gönderilmesine yüksek lütuf ve yardımları özellikle istirham olunur efendim.

Temsilciler Heyeti adına
Mustafa Kemal

İSTANBUL'DAKİ KUVA-YI MİLLİYE BAŞKANLARININ TUTUKLANMASI HAKKINDA LONDRA'DAN GELEN EMİR

Şimdi, isterseniz yeniden İstanbul'a dönelim. 11 Mart 1920 tarihli bir telgrafta, Rauf Bey şu bilgileri veriyordu: 10 Mart 1920 günü öğleden sonra, İtilâf Devletleri'nin temsilcileri toplanmışlar. Londra'dan gelen ve İstanbul'daki Kuva-yı Milliye başkanlarının tutuklanması emrini içine alan bir meseleyi görüşmüşler ve emri yerine getirmeye karar vermişler. Bu bilgi, güvenilir bir kimseye sağlam bir kaynaktan gizlice verilmiş ve bu gibi kimselerin biran önce İstanbul'dan uzaklaşmaları gereği bildirilmiş. Bu durumu çeşitli ihtimallere göre değerlendirdikten sonra, işin sonuna kadar İstanbul'da kalarak namus görevini yerine getirmeye karar vermişler. Sadrazam Salih Paşa bu duruma bile bile yol açmaktaymış. Onun için kabineyi düşürmeye çalışacaklarmış. Başaracaklarına da güveniyorlarmış.

Rauf Bey'in, bu telgrafın arkasından aynı gün gelen kısa bir telgrafında, "En son arz ettiğimiz hususlar ve hükümetin durumu hakkında bir türlü düşüncelerinizi öğrenemediğimizden, telgrafın size ulaşmamış olmasından ve sağlığınızdan haklı olarak endişe ediyorum. Cevabınızı bekliyoruz." denilmekteydi.

Rauf Bey'e ve bilgi için 15'inci ve 3'üncü Kolordulara 11 Mart tarihinde şu bilgileri vermiştim:

Dün akşam, yani 10/11 Mart 1920'de, Ankara'da Fransız temsilcisi Yüzbaşı Boizeau'nun tercümanı olup bize öteden beri gizli haberler getiren biri Ankara'daki İngiliz temsilcisi Withall'ün, aldığı bir telgraf üzerine, bütün eşyası, ağırlıkları ve yanındaki adamlarıyla birlikte bugün Ankara'dan ayrılarak İstanbul'a hareket edeceğini ve bu trenden sonra, demiryolu ulaşımının İngilizlerce durdurulacağını ihbar etti. Adı geçen Withall, bugün gerçekten haber verildiği şekilde yola çıktı. Bu bakımdan tren seferlerinin de kesilmesi kuvvetle tahmin edilmektedir. Bu durumun, İstanbul'da İtilâf Devletleri'nce alınan tedbirlerle ilgili bulunduğuna şüphe yoktur.

Rauf Bey'in son telgrafına da şu cevabı vermiştim:

Kabineye güvensizlik oyu vererek, sizlerin hücuma geçmesi o kadar kuvvetli bir sebebe dayandırılamayacaktır. Grubun dayanışma ve direnme derecesi ile işbirliği yapma konusundaki kesin tutumu üzerinde açık bir düşünce ve kanaate varmadıkça, Salih Paşa'nın Grup Yönetim Kuruluyla görüşmeden hareket etmesini, bir meşruluk meselesi yapma hususundaki kararınız hakkında hiçbir fikir ileri süremem. İngilizlerin tutuklama kararına karşı, meclisin cesaretle sonuna kadar görevine devamı pek yararlı ve parlaktır. Ancak, sizinle birlikte, kendileri ilerideki girişim ve çalışmalarımız için çok gerekli olan arkadaşların sonunda bize katılmalarını sağlayacak çarelerin düşünülmüş ve bulunmuş olması şarttır. Aksi takdirde, grubun birlik halinde ve kararlılık içinde hareketini düzenleyebilecek kimselerin şimdiden görevlendirilmesi ve sizlerin hemen buraya gelmesi gerekir. Buraya gelecek kimseler arasında, memleketi temsil edebilme niteliğini taşıyanlarla, gerektiğinde hükümet kurabilecek ve yönetebilecek değerde olanların bulunması önemlidir. İtilâf Devletleri'nin zorlayıcı tedbirlere başvuracaklarına şüphe yoktur. (...)

Efendiler, Rauf Bey'i ve öteki şahısları tam zamanında çağırmış olduğumuz, olaylarla hem de üç dört gün geçmeden belli oldu. Ancak, ne yazık ki, bu davetimiz, gereken önem ve ciddiyetle dikkate alınacak değerde görülmedi. Rauf Bey ve Vasıf Bey gibi kimseler, en sonunda büyük bir uysallıkla Malta'ya gittiler. Bu durumu biliyorsunuz.

Son dakikaya kadar Anadolu'ya geçmek ve Ankara'ya gelmek fırsat ve tedbirlerinin bazı arkadaşlar tarafından hazırlandığı ve sağlandığı bana anlatılmıştır. Eğer böyleyse bu kimselerin Ankara'ya gelmeye razı olmayıp İngilizlere teslim olmayı ve Malta'ya gitmeyi tercih etmelerindeki sebep ve özür, cidden incelenmeye değer. Gerçekten, Türkiye'nin durumunun ve geleceğinin şüpheli, karanlık, tehlikeli görüldüğü varsayımına göre, bu karanlık tehlike içine öne atılacakların, korkunç ve müthiş bir sonla karşılaşma kuruntusunun etkisi ile en sonunda bir süre kalmak üzere, düşmana teslim olmayı daha uygun bulacakları gözden uzak tutulamaz. Bunla birlikte, ben burada böyle ağır bir yargıya varmaktan çekinirim. Bu düşünceyledir ki, bu şahısları Malta zindanlarından kurtarmak için her fırsattan yararlanarak mümkün olan girişimlerde bulunmaktan geri durmadım.

İSTANBUL'UN İŞGALİ

Efendiler, 14 Mart 1920 günü, İstanbul'da 10'uncu Tümen Komutanı'ndan, Ankara'da 20'nci Kolordu Komutanlığına 9 Mart 1920 tarihli ve 456 sayılı şifre olarak bir yazı geldi. Çözülmüşü şuydu:

"Mustafa Kemal Paşa Hazretleri'ne: İngilizler tarafından Türk Ocağı binasının işgali üzerine Millî Talim ve Terbiye binasına taşınan Ocağın, bu yeni taşındığı bina, dün öğle vakti İngilizler tarafından yeniden işgal edilmiştir, efendim. 9 Mart 1920 (Hâdi)".

Efendiler, 1920 senesi Mart'ının 16'ncı günü öğleden önce, saat 10.00'da makine başında şöyle bir telgraf geldi:

İstanbul,16.3.1920

Ankara'da Mustafa Kemal Paşa Hazretleri'ne

Bu sabah, Şehzadebaşı'ndaki Muzıka karakolunu İngilizler basıp oradaki askerlerle çarpışarak, sonunda şimdi İstanbul'u işgal altına alıyorlar. Bilgilerinize arz olunur.

Manastırlı Hamdi

Ben bu telgrafın altına kurşun kalemle "Seri olarak kolordulara, benim imzamla M. Kemal" işaretini koyduktan sonra, telgrafı verenden açıklama istemeye başladım. Manastırlı Hamdi Efendi birbiri ardınca bilgi vermeye devam etti.

"Bizim en çok güvendiğimiz bir arkadaşımız var ki, yalnız o değil, herkes, yani gelenler söylüyor. Şimdi de Savunma Bakanlığının işgalini haber aldık. Hatta, Beyoğlu telgrafhanesinin önünde İngiliz askerlerinin bulunduğunu öğrendik, fakat telgrafhaneyi işgal edip etmeyecekleri bilinmiyor. "

Bu sırada Efendiler, Savunma Bakanlığının telgrafhanesinden memur Ali bilgi vermeye başladı:

"Sabahleyin İngilizler basarak altı kişiyi şehit ettiler. On beş kadar da yaralı var. Şimdi İngiliz askerleri dolaşıyor. Şimdi, işte, İngiliz askerleri bakanlığa giriyorlar. İşte içeri giriyorlar, Nizamiye kapısına. Teli kes! İngilizler buradadır."

Manastırlı Hamdi Efendi, bizi yeniden buldu:

> Paşa Hazretleri,
>
> Harbiye telgrafhanesini de İngiliz askerleri, işgal edip teli kestikleri gibi, bir yandan Tophane'yi işgal ediyorlar, bir yandan da zırhlılardan asker çıkarılıyor, Durum ağırlaşıyor efendim. Sabahki çarpışmada 6 şehit 15 yaralımız var. Paşa Hazretleri, yüksek emirlerinizi bekliyorum. 16 Mart 1920.
>
> Hamdi

Hamdi Efendi devam etti:

"Sabahleyin bizim asker uykuda iken, İngiliz deniz askerleri karakola gelip giriyor, Askerimiz uykudan şaşkınlık içinde kalkınca çarpışmaya başlanıyor. Sonunda bizden 6 kişi şehit oluyor, 15 kişi yaralanıyor. Bunun üzerine, zaten hainliklerini planlamış olmalılar ki, hemen zırhlıları rıhtıma yanaştırıp bir yandan Beyoğlu tarafını ve Tophane'yi bir yandan da Savunma Bakanlığını işgal etmişlerdir. Şimdi artık, ne Tophane'yi ne de Savunma Bakanlığının telgrafhanesini bulma imkanı oluyor. Şimdi aldığım habere göre işgal Derince'ye kadar yayılıyormuş, efendim.

"İşte Beyoğlu telgrafhanesi de yok. Orayı da işgal ettiler galiba, Allah korusun, burayı işgal etmesinler. İşte Beyoğlu telgraf memurları, müdürleri geldiler. Kovmuşlar.

Bir saate kadar burası da işgal olunacaktır. Şimdi haber aldım, efendim."

Rahmetli Hayati Bey, benim ilk haber telgrafı üzerine yaptığım işarete uygun olarak, verilen bilgileri özetlemiş; Rumeli ve Anadolu'daki bütün komutanların adresine telgraf çektiriyordu. Bir an önce İstanbul üzerinden Edirne'ye çektirilmesini söylemiştim. Hamdi Efendi:

-Yüksek emirleriniz yerine getiriliyor. Edirne'ye yazıyorum ve bütün merkezleri hazır ettirdik."

Hamdi Efendi'ye "Milletvekilleri ile ilgili bir haber aldınız mı? Meclis telgrafhanesi cevap veriyor mu?" diye sordum. Hamdi Efendi:

-Evet veriyor. 14'üncü Kolordu Komutanı hazır. Paşa istiyordu, verelim mi?

Efendiler, bundan sonra artık Hamdi Efendi'nin sözünü işitemedik. İstanbul merkezinin de işgal edilmiş olduğuna hükmettik.

MANASTIRLI HAMDİ EFENDİ

Bu vatansever ve cesur, Manastırlı Hamdi Efendi olmasaydı, İstanbul felaketinden haber almak için, kim bilir, ne kadar çok beklemek zorunda kalacaktık. İstanbul'da bulunan bakan, milletvekili, komutan ve teşkilatımızdan bir kimsenin çıkıp da bize vaktinde haber vermeyi düşünememiş olduğu anlaşılıyor. Demek ki, hepsini heyecan ve korku bürümüştü. Bir ucu Ankara'da bulunan telin İstanbul'da bulunan ucuna yanaşamayacak kadar şaşkın bir duruma gelmiş olduklarına hükmetmek, bilmem ki doğru olur mu? Telgraf memuru Hamdi Efendi, daha sonra Ankara'ya gelerek karargâhımız telgraf memurluğunu yapmıştır. Kendisine borçlu olduğum teşekkürü burada açıkça ifade etmeyi millî ve vatanî görevlerimden sayarım.

Efendiler, bu durum üzerine, meydana gelebilecek bir felâketin önüne geçmek için şu emri verdim:

Bütün Vali ve Mutasarrıflara

Sivas'ta 3'üncü Kolordu, Bandırma'da l4'üncü Kolordu, Ankara'da 20'nci Kolordu, Erzurum'da 15'inci Kolordu, Konya'da 12'nci Kolordu, Diyarbakır'da 13'üncü Kolordu Komutanlıklarına

İzmir Cephesinde Refet Beyefendi'ye, Balıkesir'de 61'inci Tümen Komutanlığına, bütün Müdafaa-i Hukuk Merkez Heyetlerine ve Yönetim Kurullarına

Telgraf. Aceledir.

Ankara, 16 Mart 1920

Bugünkü duruma göre, milletimiz, medeniyet dünyasının insanca duygularla dolu vicdanlarına ve bütün İslam aleminin manevî birliğine güvenmekle birlikte, dost olsun düşman olsun, bütün resmî dış dünya ile geçici olarak bir süre için ilişki kuramayacaktır.

Bugünlerde, yurdumuzdaki Hristiyan halka karşı göstereceğimiz insanca davranışın değeri pek büyük olduğu gibi, hiçbir yabancı hükümetin açıktan veya dolaylı yoldan yardımını görmeyen Hristiyan halkın tam bir huzur ve sakinlik içinde yaşamaya devam etmeleri, ırkımızın yaratılıştan getirdiği medenî kabiliyetine kesin bir delil olacaktır. Yurt çıkarları aleyhinde çalıştıkları görülenler ile, memleketin huzur ve güvenliğini bozanlar hakkında, din ve milliyet ayrımı yapılmaksızın, kanun hükümlerinin eşit olarak ve şiddetle uygulanmasını; bulundukları yerlerdeki mahalli idarelere bağlılık gösteren ve vatandaşlık görevlerini yapmakta kusur göstermeyenler hakkında ise, yumuşak ve şefkatli davranılmasını özellikle ister, bu hususların bütün ilgililere hemen bildirilmesini ve bütün yurttaşlara, uygun vasıtalarla duyurulmasını rica ederiz, efendim.

Müdafaa-i Hukuk Temsilciler Heyeti adına
Mustafa Kemal

İTİLAF KUVVETLERİNİN TELGRAFLA MEMLEKETE YAPMAK İSTEDİKLERİ RESMİ TEBLİĞ

Efendiler, İtilâf Kuvvetleri, İstanbul telgraf merkezlerini işgal ettikten sonra, memlekete telgrafla bir resmi tebliğde bulunmak istediler. Tarafımızdan yapılan uyarı ve hatırlatmalar üzerine, bazı merkezler dışında bu resmî tebliğ alınmadı. Alanlar ve cevap verenlerden belli başlıları şunlardır: İzmit Mutasarrıfı Suat Bey, Konya Valisi Suphi Bey.

Resmi Tebliğ

Beş buçuk yıl önce, Osmanlı Devleti'nin kaderinde söz hakkını her nasılsa elde etmiş olan İttihat ve Terakki Cemiyetinin liderleri, Alman telkinlerine kapılarak Osmanlı Devlet ve milletini 1. Dünya Savaşı'na soktular. Bu haksız ve uğursuz siyasetin sonucu bilinmektedir. Osmanlı Devlet ve milleti, bin türlü felâket geçirdikten sonra, öyle bir yenilgiye uğradı ki, İttihat ve Terakki Cemiyetinin liderleri bile bir ateşkes anlaşması yaparak kaçmaktan başka çare bulamadılar. Anlaşmanın yapılmasından sonra, İtilâf Devletlerine bir görev düştü. Bu görev eski Osmanlı İmparatorluğu'nun bütün halkının, ırk ve mezhep ayrılığı gözetilmeksizin gelecekteki mutluluklarını, gelişmelerini, sosyal ve ekonomik hayatlarını güven altına alan bir barışın temellerini atmaktan ibaretti. Barış Konferansı, bu görevi yerine getirmekle uğraşırken, İttihat ve Terakki'nin kaçmış bulunan ileri gelenlerinin taraftarı olan bazı kimseler, "Millî Teşkilat" takma adı ile bir teşkilat kurarak ve padişah ile İstanbul Hükümetinin emirlerini hiçe sayarak, savaşın acı sonuçlarıyla büsbütün tükenmiş olan halkı askerlik için toplamak, çeşitli unsurlar aralarında nifak çıkarmak, millî yardım bahanesiyle halkı soymak gibi işleri yapmaya yeltendiler ve böylece barış değil, sanki yeni bir savaş devrini açmaya çalıştılar. Bu girişim ve kışkırtmalara rağmen, Barış Konferansı görevine devam etti ve nihayet İstanbul'un Türk idaresinde kalmasına karar verdi. Bu karar Osmanlıların kalplerini ferahlatacaktır. Ancak, bu kararlarını Babıali'ye bildirdikleri zaman, uygulamanın ne gibi şartlara bağlı olduğunu da hatırlattılar. Bu şartlar, Osmanlı vilâyetlerinde bulunan Hristiyanların hayatlarını tehlikeye sokmamak, bugün İtilâf Devletleri ile müttefiklerinin askerî kuvvetleri aleyhinde yapılmakta olan sürekli hücumlara son vermekti. İstanbul Hükümeti, bu uyarıya karşı bir dereceye kadar iyi niyet göstermişse de, "Millî Teşkilat" takma adı ile hareket eden kimseler, ne yazık ki, teşvik ve tahriklerinden vazgeçmek istemediler. Aksine, hükümetin kendileri ile işbirliği yapmasını sağlamaya çalıştılar. Herkesin sonsuz bir hasretle beklediği barış için büyük bir tehlike demek olan bu duruma karşı, İtilâf Devletleri, yakında karara bağlanacak barış hükümlerinin uygulanmasını sağlamak üzere, gerekli tedbirleri düşünmeye mecbur oldular. Bunun için bir tek çare buldular. Bu da, İstanbul'u geçici olarak işgal etmekti. Bu karar bugün yürürlüğe girmiş olduğundan, kamuoyunu aydınlatmak için aşağıdaki açıklama yapılıyor:

1. İşgal geçicidir.
2. İtilâf Devletlerinin niyeti, saltanat makamının nüfuzunu kırmak değil, aksine, Osmanlı idaresinde kalacak olan memleketlerde o nüfuzu güçlendirmek ve sağlamlaştırmaktır.
3. İtilâf Devletlerinin niyeti, yine Türkleri İstanbul'dan mahrum etmemektir. Fakat, Allah korusun, taşrada genel bir karışıklık veya katliam gibi olaylar ortaya çıkarsa, bu karar değiştirilebilir.
4. Bu hassas dönemde, ister Müslüman ister gayrimüslim olsun, herkesin görevi, kendi işine gücüne bakmak, güvenliğin sağlanmasına yardımcı olmak, Osmanlı Devleti'nin yıkıntısından yeni bir Türkiye'nin kurulması için var olan son bir ümidi, çılgınlıklarıyla mahvetmek isteyenlerin aldatıcı sözlerine kapılmamak ve hala saltanat merkezi olarak kalan İstanbul'dan verilecek emirlere uymaktır. Yukarıda sayılan kışkırtmalara katılan şahısların bazıları, İstanbul'da yakalanmışlardır. Onlar elbette kendi yaptıklarından ve sonra da, o yaptıklarının sonucu olarak ortaya çıkabilecek olaylardan sorumlu tutulacaklardır.

İşgal Kuvvetleri

Bu tebliğ dolayısıyla, derhal şu genelgeyi yayınladım:

16 Mart1920

Bütün Vali ve Komutanlara ve Müdafaa-i Hukuk Heyetlerine,

İtilâf Devletleri tarafından silahlı çarpışma sonunda, İstanbul'un işgali zorla gerçekleştirilmiştir. Bu suikasttan yararlanarak hainlik düşünen birçok kimsenin milleti aldatmaya kalkışmaları muhtemeldir. Nitekim, resmî bildiriler şeklinde imzasız bazı bildirilerin yayınlanmak istendiğini öğreniyoruz. Yanlış hareketlere yer verilmemek ve gerçek duruma ters düşen heyecanlar yaratılmamak bakımından, bu gibi bildirilere asla değer verilmemesi gerekir. Gerçek durumu izleyen Anadolu ve Rumeli Müdafaa-i Hukuk Cemiyeti, milleti aydınlatacaktır.

Mustafa Kemal

YABANCI DEVLETLERE YAPTIĞIM PROTESTO

Efendiler, aynı gün, çeşitli vasıtalarla şu protestoyu gönderdim:

16.3.1920

Protesto

İstanbul'da İngiliz, Fransız, İtalyan Siyasî Temsilcilerine;

Amerikan Siyasî Temsilcisine;

Bütün Tarafsız Devletler Dışişleri Bakanlıklarına;

Fransa, İngiltere, İtalyan Millet Meclislerine verilmek üzere Antalya'daki İtalyan Temsilciliğine

Milli bağımsızlığımızı temsil eden Meclis-i Mebusan da dahil olmak üzere İstanbul'da bütün resmi daireler, İtilâf Devletlerinin askerî kuvvetleri tarafından resmen ve zorla işgal edilmiş ve millî dava uğrunda çalışan birçok vatansever kimsenin de tutuklanmasına teşebbüs edilmiştir. Osmanlı milletinin siyasî hakimiyet ve hürriyetine indirilen bu son darbe, ne pahasına olursa olsun hayatını ve varlığını savunmaya azmetmiş olan biz Osmanlılardan çok, yirminci yüzyıl medeniyet ve insanlığının kutsal saydığı bütün esaslara, hürriyet, milliyet, vatan duyguları gibi bugünkü insan toplumlarının temelinde yatan bütün ilkelere ve insanlığın bu ilkeleri meydana getiren ortak vicdanına indirilmiş demektir.

Biz, haklarımızı ve bağımsızlığımızı savunmak için giriştiğimiz mücadelenin kutsallığına ve hiçbir kuvvetin bir milleti yaşama hakkından mahrum edemeyeceğine inanıyoruz. Tarihin bugüne kadar kaydetmediği bir suikast olan ve Wilson prensiplerine dayanan bir Ateşkes Anlaşmasının, milleti savunma imkanlarından yoksun bırakmış olmasından doğan bir hileye de dayanmış olması bakımından, ilgili milletlerin şeref ve haysiyetleriyle de bağdaşmayan bu hareketin ne demek olduğunun takdirini, resmi Avrupa ve Amerika'nın değil, bilim, kültür ve medeniyet Avrupa'sının vicdanına bırakmakta yetinir ve bu olaydan doğacak büyük tarihi sorumluluğa, son olarak bir kez daha dünyanın dikkatini çekeriz. Davamızın haklılık ve kutsallığı, bu güç zamanlarda, Allah'tan sonra en büyük yardımcımızdır.

Anadolu ve Rumeli Müdafaa-i Hukuk
Temsilciler Heyeti adına
Mustafa Kemal

Aynı günün gecesi şu talimatı bir genelgeyle yayınladım:

Şifre

16.3.1920

Bütün Vali ve Komutanlara

İstanbul'un ve resmi dairelerin, özellikle Meclis-i Mebusan'ın, İtilâf Devletleri tarafından ve zorla işgal edilmiş olduğunu, ayrıca, bu hareketin, ateşkes anlaşması ile milleti silahsız bıraktıktan sonra yapıldığını dile getirerek, İtilâf Devletleri temsilcilerine, bütün tarafsız devletlerin dışişleri bakanlıklarıyla, İtilâf Devletlerinin Millet Meclisi Başkanlıklarına protesto telgrafları çekilmek üzere mitingler yapılması gerekli görülmektedir. Protesto telgraflarında özellikle, yapılan saldırının Osmanlı hakimiyetinden çok, yirmi asırlık bir medeniyet ve insanlığın eseri olan hürriyet, milliyet ve yurtseverlik prensiplerine bir darbe olacağı, Osmanlı milletinin varlık ve bağımsızlığını savunma konusundaki kararlılık ve imanına bu olayın hiçbir etki yapamayacağı, yalnız, medenî milletlerin bu saldırıyı kabul etmekle, büyük bir tarihî sorumluluk altına girmiş olacakları belirtilmelidir. Tarafsız devletlerin dışişleri bakanlıklarıyla millet meclisi başkanlıklarına çekilecek telgraflar, İstanbul'da ait oldukları makamlara verilmekle birlikte, Antalya'da İtalyan temsilcisi vasıtasıyla da verilmelidir. Protesto telgraflarının birer kopyasının da buraya gönderilmesini rica ederiz.

Temsilciler Heyeti adına
Mustafa Kemal

***

Şifre

16 Mart 1920

Albay Refet Bey'e

Son olaylar dolayısıyla, her tarafta yapılan gösteri toplantıları sonunda çekilecek protesto telgraflarının birer kopyalarının da İtilâf Devletleri'nin toplantı halinde bulunan Millet Meclisleri Başkanlıklarına ve tarafsız devletlerin de Dışişleri Bakanlıklarına gönderilmesini yararlı buluyoruz. Bu konuda Antalya'daki İtalyan temsilcisinin de yardımını sağlamanızı rica ederiz.

Temsilciler Heyeti adına
Mustafa Kemal

MİLLET İÇİN YAYINLADIĞIM BİLDİRİ

Efendiler, aynı günde millete için şu bildiriyi yayınladım:

Bütün Komutanlara, Vali ve Mutasarrıflara; Müdafaa-i Hukuk Cemiyetlerine; Belediye Başkanlıklarına ve Basın Derneğine

İtilâf Devletleri'nin şimdiye kadar memleketimizi paylaşmaya yol bulmak için başvurdukları çeşitli tedbirler bilinmektedir. Önce, Ferit Paşa ile anlaşarak ve milleti savunmasız bırakarak yabancı idaresine esir etmek ve memleketin birçok önemli yerlerini galip devletlerin sömürgeleri arasına katmak düşünülmüştü. Kuva-yı Milliye'nin, bütün bir milletin desteği ile bağımsızlığı savunma konusunda gösterdiği azim ve kararlılık, bu planı altüst etti. İkincisi, Kuva-yı Milliye'yi aldatmak ve onun müsaadesi ile Doğu'da bir üstünlük sağlama siyaseti gütmek için Temsilciler Heyetine başvuruldu. Heyet, milletin bağımsızlığı ve vatanın bütünlüğü garanti edilmedikçe ve özellikle işgal bölgelerinin boşaltılmasına teşebbüs edilmedikçe, herhangi bir görüşmeye yanaşmadı. Üçüncüsü, Kuva-yı Milliye ile işbirliği yapan hükümetlerin çalışmalarına karışmak suretiyle millî birliği sağlamak, haince muhalefetleri teşvik etmek ve cüretlerini artırmak yolu benimsendi. Ne var ki, milli birliğin yarattığı kuvvet ve dayanışma karşısında bu saldırılar da eridi. Dördüncüsü, vatanın kaderi ile ilgili kaygı verici kararlar alındığından söz edilerek, kamuoyuna baskı yapılmaya başlandı. Namusunu ve yurdunu savunma uğrunda her fedakarlığı göze almış olan Osmanlı milletinin azim ve iradesi önünde, bu gözdağının da bir yararı olmadı. Nihayet bugün, İstanbul'u zorla işgal etmek suretiyle, Osmanlı Devleti'nin yedi yüz yıllık hayat ve hakimiyetine son verildi. Yani, bugün Türk milleti, medenî kabiliyetinin, yaşama ve bağımsız kalma hakkının ve bütün bir geleceğinin savunulmasına çağrıldı. İnsanlık dünyasının takdirlerini kazanmak ve İslâm dünya-

sının kurtuluş emellerini gerçekleştirmek, hilâfet makamının yabancı etkilerden kurtarılmasına ve millî bağımsızlığın şanlı geçmişimize yaraşır bir imanla savunulup kazanılmasına bağlıdır. Vatanımızı ve bağımsızlığımızı kurtarmak için giriştiğimiz kutsal mücadelede Allah'ın yardım ve koruyuculuğu bizimledir.

Anadolu ve Rumeli Müdafaa-i Hukuk Cemiyeti
Temsilciler Heyeti adına
Mustafa Kemal

Efendiler, aynı zamanda bütün İslâm âlemine de seslenilerek ve yapılan saldırı bir bildiride ayrıntısıyla anlatılarak çeşitli vasıtalarla ilan edildi.

Efendiler, olay üzerinde fazla bilgi almayı beklemeksizin, telgrafçı Manastırlı Hamdi Efendi'nin verdiği bilgilerden ve işgal kuvvetlerinin bu bilgileri doğrulayan bildirisinden, durumun içyüzünü anlayarak gerekli bulduğum ve derhal alınmasında zaruret gördüğüm tedbirleri, açıklandığı gibi hemen işgal günü aldım ve uyguladım. İstanbul'un işgal şekli ve tutuklamalar hakkında çeşitli kaynaklardan birbirini tutmayan ve abartılmış bilgiler gelmeye başladı. Biz de çeşitli yollarla araştırma ve soruşturmalarımıza devam ettik. Yasama görevinin yerine getirilmesine imkân göremeyerek dağılan milletvekillerinin ve bazı şahısların İstanbul'dan kaçarak Ankara'ya gelmekte oldukları anlaşıldı. Yolculuklarını kolaylaştırmak için, geçecekleri yerlerdeki ilgililere gereken emirleri verdim.

OLAĞANÜSTÜ YETKİLERE SAHİP BİR MECLİSİN ANKARA'DA TOPLANMASI KARARI

Efendiler, 16 Martta İstanbul işgal edilir edilmez aldığım tedbirler arasında, daha birtakımları vardır ki, onları Büyük Millet Meclisi'nin ilk açılışında anlattığım için burada yeniden açıklamadım. Mesela, Eskişehir ve Afyonkarahisar'daki yabancı birliklerin silahlarının alınması veya oradan uzaklaştırılmaları, Geyve ve Ulukışla yakınlarındaki demiryolu hattının tahribi ve Anadolu'da bulunan yabancı subayların tutuklanması gibi tedbirlerle ilgili ayrıntıları, Büyük Millet Meclisinin ilk tutanaklarında okumuşsunuzdur. Bu tedbirler arasında en önemlisi; olağanüstü yetkiler taşıyan bir meclisin Ankara'da toplanmasını sağlama konusundaki millî ve vatanî görevimize ait karar ve bu kararın uygulanmasıdır.

Efendiler, bu konudaki kararımızı ve bu kararın nasıl uygulanacağını gösteren bir bildiriyi, 19 Mart 1920'de, yani İstanbul'un işgalinden üç gün sonra yayınladım.

Efendiler, bu konu üzerinde, iki gün kadar komutanlarla makine başında görüşerek düşüncelerini aldım. Ben ilk yazdığım müsveddede "Kurucu Meclis" deyimini kullanmıştım. Maksadım da toplanacak meclisin ilk anda "rejimi" değiştirme yetkisine sahip olmasını sağlamaktı. Fakat bu deyimin kullanılmasındaki maksadı gereğince açıklayamadığım veya açıklamak istemediğim için, "Halkın alışkın olmadığı bir deyimdir." diye Erzurum ve Sivas'tan uyarıldım. Bunun üzerine "olağanüstü yetkiye sahip bir meclis" deyimini kullanmakla yetindim.

Valiliklere, Bağımsız Sancaklara ve Kolordu Komutanlarına

İtilâf Devletleri tarafından devlet merkezinin bile resmen işgali, devletin yasama, yargı ve yürütmeden ibaret olan millî güçlerini işlemez duruma sokmuş ve bu durum karşısında görev yapmaya imkân bulamadığını hükümete resmen bildirerek Meclis-i Mebusan dağılmıştır. Şu halde, devlet merkezinin korunmasını, milletin bağımsızlığını ve devletin kurtarılmasını sağlayacak tedbirleri düşünmek ve uygulamak üzere, millet tarafından olağanüstü yetkiler taşıyan bir meclisin, Ankara'da toplantıya çağrılması ve dağılmış olan milletvekillerinden Ankara'ya gelebileceklerin de bu meclise katılmaları gerekli görülmüştür. Bu bakımdan aşağıda verilen talimat gereğince seçimlerin yapılması, yüksek ve derin vatanseverlik anlayışından beklenir:

1. Memleket işlerini idare etmek ve denetlemek üzere, Ankara'da olağanüstü yetkilere sahip bir meclis toplanacaktır.

2. Bu meclise üye olarak seçilecek kimseler, milletvekilleri ile ilgili yasa hükümlerine bağlıdır.

3. Seçimlerde sancaklar esas alınacaktır.

4. Her sancaktan beş üye seçilecektir.

5. Seçim her sancakta, o sancağın kendi ilçelerinden çağıracağı ikinci seçmenlerle, sancak merkezinden seçilecek ikinci seçmenlerden, sancak idare ve belediye meclisleriyle Müdafaa-i Hukuk yönetim kurullarından; illerde, il merkez kurullarıyla il yönetim kurullarından, il merkezindeki belediye meclisinden il merkezi ile merkez ilçesi ve merkeze bağlı ilçelerin ikinci seçmenlerinden oluşturulmuş bir kurul tarafından aynı günde ve aynı oturumda yapılır,

6. Bu meclis üyeliğine, her parti, zümre ve dernek tarafından aday gösterilmesi mümkün olduğu gibi, her ferdin de bu kutsal mücadeleye fiilen katılması için bağımsız olarak adaylığını istediği yerden koyma hakkı vardır.

7. Seçimlere her bölgenin en büyük sivil yöneticisi başkanlık edecek ve seçim güvenliğinden sorumlu olacaktır.

8. Seçim, gizli oyla ve salt çoğunluk esasına göre yapılacak; oylar, kurulun kendi içinden seçeceği iki kişi tarafından ve kurul önünde sayılacaktır.

9. Seçim sonunda bütün kurul üyelerinin imzalayacakları veya kendi mühürleri ile mühürleyecekleri üç nüsha tutanak düzenlenecek; bir tanesi yerinde alıkonularak, öteki iki nüshadan biri seçilen şahsa verilecek, diğeri meclise gönderilecektir.

10. Üyelerin alacakları ödenek daha sonra meclis tarafından kararlaştırılacaktır. Ancak, geliş yollukları seçim kurullarının gerekli masraflar olarak uygun görecekleri miktar üzerinden mahallî idarelerce karşılanacaktır.

11. Seçimler, en geç on beş gün içinde Ankara'da çoğunlukla toplanmayı sağlayacak şekilde tamamlanarak, üyeler hareket edecek ve sonuç üyelerin adlarıyla birlikte derhal bildirilecektir.

12. Telgrafın alındığı saat bildirilecektir.

Dipnot: Kolordu komutanlarına, valiliklere ve bağımsız sancaklara tebliğ edilmiştir.

Temsilciler Heyeti adına
Mustafa Kemal

Efendiler, bir hafta içinde, çeşitli yerlerden Ankara'ya gelmekte olan milletvekilleriyle, telgrafla haberleşilerek bizzat temasa geçildi. Kendilerine, üzüntülerinin giderilmesine, maneviyatlarının yükseltilmesine yarayacak bilgiler verildi. İstanbul'da artık davamızı yürütecek kimse kalmamıştı. Aylarca ve çeşitli yol ve yöntemlerle yaptığımız uyarılara rağmen, bizim dediğimiz şekilde teşkilat kurmayıp Karakol Cemiyetinin kurulmasına çalışanların başları Malta'ya gitmiş, İstanbul'daki üyelerinin hayat ve faaliyetlerinden eser kalmamıştı. Orada yeniden teşkilat kurabilmek için çok zahmetli çalışmalara ve o günkü durumumuza göre imkânlarımızın üstünde para harcamaya mecbur oldum.

Saygıdeğer Efendiler, genel konuşmalarım arasında bir iki yerde, benim İstanbul'daki Meclis-i Mebusan'a başkan seçilmem konusundan ve bundaki maksattan bahsetmiştim. Bunun gerçekleştirilememiş olması dolayısıyla küçük bir güçlükle karşılaştığımı da arz etmiştim. Gerçekten de İstanbul'da meclis saldırıya uğrayıp dağılınca, milletvekillerini toplamak ve özellikle daha önce de açıkladığım üzere bir meclis kurulmasına teşebbüs edebilmek için bir an kararsızlık geçirdim. Meclis-i Mebusan Başkanı olan Celâlettin Arif Beyin Ankara'ya gelip gelmeyeceğini bilemiyordum. Gelmesi halinde, onun gelişini beklemeyi ve daveti onun vasıtasıyla yaptırmayı düşündüm. Ne var ki, durum çok acele hareket etmemizi gerektiriyordu. Gerçekleşip gerçekleşmeyeceği bilinmez bir ihtimale bağlanarak vakit kaybetmeyi uygun bulmadım. Fakat vereceğim kararın uygulanmasını sağlamak için de, bir iki gün telgraf basında, bütün komutanların görüşlerini almakla vakit geçirme gereğini duydum. Celâlettin Arif Bey'le 27/28 Mart gecesi Düzce'ye varışında bağlantı kurulmuştu. Kendisine şu telgrafı yazdım:

Ankara, 27 Mart 1920

Düzce'de Meclis-i Mebusan Başkanı Sayın Celâlettin Arif Beyefendi'ye

İstanbul'un resmen ve fiilî olarak İngilizler tarafından işgaliyle devlet kuvvetlerinin baskı ve esareti altına alınmış, Meclis-i Mebusan'a saldırılarak milletin bağımsızlık ve namusuna tecavüz edilmiş olması ve bu yüzden milletvekillerinin memleketin kaderi ile ilgili görevlerini yerine getirmeyi başaramayacaklarını anlayarak milletin bağrına sığınmak mecburiyetinde kalmaları dolayısıyla, devlet ve milletin bütün kuvvetlerini hüküm ve denetimi altında bulunduracak olağanüstü bir meclisin toplanmasına şiddetle ihtiyaç duyulmuştur. Bu yüzden Temsilciler Heyetinin, Ankara'da olağanüstü yetkilere sahip bir meclisin toplanmasına karar verdiği ve gereğinin yapılmasının her yere genelge ile bildirildiği yüksek malumlarıdır. Bu konudaki 19.3.1920 tarihli bildiri metnini inceledikten sonra, içindeki hükümleri teyit etmek ve seçimlerin en kısa zamanda yapılarak meclisin bir an önce toplanmasını sağlamak için, bu görüşümüzün sizin tarafınızdan da bir bildiri şeklinde kamuoyuna şimdiden duyurulmasını yararlı buluyoruz. Değerli cevabınızı beklemekteyim, efendim.

Mustafa Kemal

CELÂLETTİN ARİF BEY'LE GÖRÜŞ AYRILIĞI

Celâlettin Arif Beyin verdiği cevabı şudur:

Düzce, 27.3.1920

Ankara'da Mustafa Kemal Paşa Hazretleri'ne

Söz konusu edilen 19.3.1920 tarihli bildiriyi görmedim. Olağanüstü bir meclisin toplanması her ne kadar yerinde ise de, böyle bir meclisin elden geldiği kadar kanuna dayanması gereklidir. Gerçi, bizim Anayasa'mızda böyle olağanüstü bir meclisin toplanabilmesi ile ilgili bir işaret yoksa da, başka anayasalarda bulunan hükümlerden yararlanılabilir. Söz gelişi, Fransız anayasasına göre, meclis kanunsuz olarak dağıtılır veya bir saldırıya uğrarsa, saldırıya uğrayan meclis üyelerinden kurtulabilenler, vilâyet ve sancak idare meclislerinden seçilecek ikişer üye ile birlikte uygun bir yerde toplanırlar. Meclisin yeniden açılması veya saldırının önlenmesi için kararlar alırlar. Bu meclisin kararları mutlaktır, uyulması gereklidir. Bu kararları dinlemeyenler vatan hainliği ile suçlanırlar. Bendeniz de bu yolu düşünmekteydim.

19.3.1920 tarihli bildirinin ne gibi esaslara dayandığı anlaşıldıktan sonra, Ankara'ya varışımda yapacağım görüşmeler sonunda, bir bildiri hazırlamak düşüncesindeyim. Yine görüşürüz. Makine başında yanımda bulunan İsmail Fazıl Paşa ile Saruhan Milletvekili Reşit Bey'le birlikte saygılarımızı sunarak veda ederiz. Arkadaşlarımdan Kırşehir milletvekili Rıza Bey de saygılarını sunuyor ve kendisinin de Bolu'da bulunduğunun Keskin'deki babasına haber verilmesini istirham ediyor, efendim.

Celâlettin Arif

Bu cevap telgrafında yazılanlar dikkatle gözden geçirilirse, Celâlettin Arif Bey ile görüşlerimiz arasında büyük ayrılık olduğu kolaylıkla fark edilir. Ben, olağanüstü yetkilere sahip bir meclisin Ankara'da toplanmasına karar verirken, bizim anayasamızda böyle bir meclisin toplanmasıyla ilgili bir işaret bulunmadığını elbette bilirdim. Fakat kararımı verebilmek için böyle bir işaretin var olup olmadığını düşünmek asla hatırıma gelmedi. Bundan başka, saldırıya uğrayan meclis üyelerinden kurtulabilenlerle vilayet ve sancakların idare meclislerinden seçilecek ikişer üyeyle birlikte, Meclis-i Mebusan'ın yeniden eski şekil ve niteliğinde toplanmasını sağlamak için çalışmayı asla hatırıma getirmedim. Aksine, büsbütün başka nitelik ve yetkide, sürekli bir meclis kurmayı ve bu meclisle, planladığım inkılap safhalarını birlikte geçirmeyi düşündüm. Buna göre birbirleriyle zıtlaştığına şüphe etmediğim düşüncelerimizin, görüştükten sonra da birleşmesine imkân bulunacağına ümidim kalmadı. Bununla birlikte 19 Mart 1920 tarihli bildirimi telgrafla Celâlettin Arif Bey'e verdirdim. Ertesi gün aldığım cevap şuydu:

Düzce, 28 Mart 1920

Ankara'da Mustafa Kemal Paşa Hazretleri'ne

Yüksek Temsilciler Heyetinizin 19.3.1920 tarihli genel bildirisi incelendi. İçindeki maddeler ana hatlarıyla bendenizin düşündüğü esaslara uygundur. Bu bakımdan, bendenizin Ankara'ya gelişinden sonra, görüşülerek ayrıca bir bildirinin yayınlanması doğaldır. Yarın ister istemez Bolu'da kalınarak 29 Mart 1920'deAnkara'ya hareket edileceği saygıyla arz olunur.

Meclis-i Mebusan Başkanı, Celâlettin Arif

CELALETTİN ARİF BEY MECLİS-İ MEBUSAN BAŞKANLIĞINI BIRAKAMIYOR

Celâlettin Arif Bey, bildirimizi inceledikten sonra içindekilerin, düşündüğü esaslara genel olarak uygun olduğunu söylemekle birlikte, bu esasları destekler nitelikte bir bildiri yazıp ilan etmiyor. Bunu Ankara'ya geldikten ve görüşmeler yaptıktan sonraya bırakıyor.

Efendiler, Celâlettin Arif Bey, Ankara'ya geldikten sonra, kendisiyle ve diğer bazı hukukçularla bu konu üzerinde uzun süren görüşmeler ve tartışmalar yapıldı. Fakat aldanmıyorsam, Celâlettin Arif Bey, hiçbir vakit benim Büyük Millet Meclisinin nitelik ve yetkisi hakkındaki görüşüme katılmamıştır. O, daima toplanmış olan heyetin esas görevini, İstanbul Meclis-i Mebusan'ının toplanmasını sağlamaktan ibaret olarak görmüş ve kendisini de daima İstanbul'daki Meclis-i Mebusan'ın Başkanı saymıştır. Bu kanaatte yanılmadığımı gösteren ufak bir hâtıramı müsaade ederseniz bilginize sunayım.

Ben, Türkiye Büyük Millet Meclisi Başkanı ve kendisi İkinci Başkan bulunduğu sırada, bir gün, Başkanlık Divanı toplantısında, Celâlettin Arif Bey'in, ödenek meselesini açtığını ve kendisinin Meclis-i Mebusan Başkanı olması dolayısıyla o makama ait ödenek isteğinde bulunduğunu, o tarihte Meclis Başkatibi olarak bulunan Recep Bey anlattı. Yüksek malumlarınızdır ki, o devirde meclis başkanı ve ikinci başkanı ile diğer başkanlar ve meclis üyelerinin ödenekleri arasında fark yoktu. Celâlettin Arif Bey, Meclis-i Mebusan Başkanı sıfatıyla yalnız kendisini ayrı tutarak, fazla ödenek almanın kanunî hakkı olduğundan bahsediyordu. Ben Başkanlık Divanının bu meselenin çözümünde yetkili olmadığını, kendisi bu istek ve iddiada ısrar ederse, konuyu Meclis Genel Kurulu'na sunarak, alınacak karara göre hareket edilebileceğini ileri sürdüm. Celâlettin Arif Bey meclis önüne çıkmayı uygun bulmayarak isteğinden vazgeçti.

SEÇİMLER SIRASINDA BAZI YERLERDEKİ YÜKSEK RÜTBELİ HÜKÜMET MEMURLARININ ÇIKARDIKLARI ZORLUKLAR

Saygıdeğer Efendiler, 19 Mart 1920 tarihli talimat gereğince, memleketin her tarafında seçimler, hızla ve ciddiyetle yapılmaya başlandı. Yalnız, bazı yerlerde kararsızlık ve direnmeler görüldü. Bunlardan bazıları kısa, bazıları uzunca bir süre bu kararsızlık ve direnmelerinde ısrar ettiler. Ancak sonunda, bütün seçim bölgelerinin milletvekilleri, Büyük Millet Meclisinde, bütün milletin ve memleketin temsilcisi olarak hazır bulundular. Kararsızlık ve direnme gösteren bazı yerler şunlardı: Dersim, Malatya, Elazığ, Konya, Diyarbakır, Trabzon... Efendiler, gerçek durumu belirtmiş olmak için şunu da açıklamalıyım ki, kararsızlık ve direniş gösteren bu seçim bölgelerinin halkı değildir. Belki o tarihte, o bölgelerde bulunan sivil idare amirleridir. Halk, gerçeği anlar anlamaz, derhal milletin ortak isteğine katılmakta asla kararsızlık göstermemiştir.

Şimdi Efendiler, yeniden inkılabın doğal sonuçlarından sayılan olaylardan bazılarına temas edelim:

SAMSUN'DAKİ SUBAYLAR ARASINDA SÖZDE PADİŞAH TARAFTARLIĞI VARMIŞ

3'ncü Kolordu Komutanı Selâhattin Bey'den aldığım 29 Mart 1920 tarihli bir şifrede, Samsun'da bulunan 15'inci Tümen'in maneviyatının bozuk olduğundan ve sözde, subaylar arasında Padişah taraftarlığı bulunduğundan söz ediliyordu. "Subaylar, padişah aleyhinde verilecek emirleri yerine getirmeyeceklerini komutanlarına bildirmişler. Baskı yapılırsa, görevlerini terk etmeleri ihtimali varmış. İstanbul'dan gelen yolculardan ve gazetelerden, işgalin ikinci günü, el konmuş olan binaların hepsinin boşaltıldığı, Salih Paşa'nın yerinde olduğu, Âyân Meclisi'nin görevine devam ettiği ve son cuma selâmlığında, Savunma ve Denizcilik Bakanlarının da hazır bulunarak, gerekli törenin eskiden olduğu gibi yapıldığı anlaşılmış...". "Şu duruma göre, İstanbul'da bir hükümet varken, bu hükümetin haberi olmadan yapılan işler nedir?" diyorlarmış. Subayların bu düşünce ve davranışlarını bildiren 15'inci Tümen Komutanı şu görüşleri ileri sürüyordu: "Burada bir subayı hapsetmenin olağanüstü bir durum yaratması düşünülemez. Ancak, bundan yararlanarak Anadolu üzerine yürümek gibi olaylar meydana gelecektir. İzmir cephesinde Kuva-yı Milliye'ye nasıl hizmet gördürüldüğünü bilemiyorum. Zannedersem, bunlar para ile çalıştırılmaktaymış. Bir savaş çıktığında, bütün halka maaş verilemeyeceği meydanda olduğundan, Kuva-yı Milliye adı altındaki mevcut kuvvetten, savaşın ikinci günü hiçbir kuvvet kalmayacağına eminim. Ordu birliklerine gelince, şimdiden firar olayları başlamıştır. Parasızlık böyle devam ettikçe ve İstanbul'da merkezî hükümet bulundukça subaylardan bile şüphe ederim." Bundan başka, 3'üncü Kolordu Komutanı Selâhattin Bey, vermiş olduğumuz talimat gereğince, Amasya'ya gelen kontrol memuru Forbes adındaki yüzbaşıyı tutuklamış. Samsun'a bir İngiliz temsilcisi yüzbaşı gelmiş. Selâhattin Bey'e, Yüzbaşı Forbes'in bir dakika bile geçirilmeden Samsun'a gönderilmesini yazmış; aksi takdirde, Selâhattin Bey'in sorumlu olacağını eklemiş. Bu konudaki düşüncemi soran Selâhattin Bey'e, vereceği cevap hakkında şu tavsiyede bulundum: "Forbes'i tutuklayan ben değilim; hükümet merkezleri, Ateşkes Anlaşması'na ve insanlığa aykırı olarak işgal edilen millettir. Bu bakımdan serbest bırakılmasını da ancak millet yapabilir." Buna rağmen, bu Forbes memleketten çıkarılmakla yetinilmiş, tutuklanmamıştır.

Bolu Mutasarrıfı Haydar Bey'in 9 Nisan 1920 tarihli kısa bir şifresinden, Adapazarı ile Hendek arasında bulunan ve Çatalköprü denilen yerdeki köprülerle Mudurnu Suyu köprüsünün Kuva-yı Milliye'nin aleyhinde olanlar tarafından tahrip edildiği anlaşıldı.

Bolu ve dolaylarının Komutanı Mahmut Nedim Bey'in, Düzce'den yazdığı 9 Nisan 1920 tarihli şifresinden de, 8 Nisanda Adapazarı'nda Kuva-yı Milliye aleyhine gösteriler yapıldığı, Hendek ile Adapazarı arasında telgraf ve telefon hatlarının kesildiği, Düzce Abazalarından tarafsız kalanların da muhaliflere katılmak üzere hareket ettikleri anlaşıldı. Hendek ile Adapazarı arasında, Mudurnu Suyu üzerindeki büyük köprünün tahribi dolayısıyla ulaşımın kesilmiş olduğu da anlaşılıyordu. Bu bilgiler üzerine, Geyve'de bulunan 24'üncü Tümen Komutanı Mahmut Bey'in dikkati çekildi.

Nevşehir'de de, Nevşehir Kaymakamı Nedim Bey'in başkanlığında Teali-i İslâm Cemiyetinin bir şubesi kurulmuş. Verilen raporda cemiyetin en bozguncu üyelerinden sekiz kişinin Niğde'ye gönderildiği bildiriliyordu. Bu cemiyetin üyeleri, "Padişahtan başka hiçbir kuvvet tanımayız. Kuva-yı Milliye'yi dağıtmak için mal ve can bakımından bütün kuvvetlerimizi feda etmeye yemin ettik." diyorlarmış. Her gece toplantı yapıyorlarmış. İleri gelenleri, Niğde'deki Tümen Komutanı'nın gönderdiği bir müfreze ile tutuklanmış.

TÜRKİYE BÜYÜK MİLLET MECLİSİ TOPLANIYOR

Efendiler bu türlü olaylara bundan sonra daha geniş çapta rastlayacağız. Büyük Millet Meclisinin toplanmasını ve açılmasını sağlamaya çalıştığımız günlerde, bizi en çok uğraştıran Düzce, Hendek, Gerede gibi Bolu bölgesindeki yerlerden başlayıp, Nallıhan, Beypazarı üzerlerinden Ankara'ya yaklaşacak kadar genişleyen gericilik ve isyan dalgaları olmuştur. Ben bir taraftan bu dalgaların durdurulmasına çalışırken, bir taraftan da Ankara'da toplanmakta olan ve genel durumu daha iyice bilmeyen milletvekillerini dehşete düşürecek olaylar karşısında bırakmamak ve böyle durumların ortaya çıkmasıyla meclisin toplanamaması gibi uğursuz ihtimalleri önlemek çarelerini, düşünüyordum. Bunun için meclisin açılmasında acele ediyordum. Nihayet, gelebilmiş olan milletvekilleriyle yetinerek meclisin, Nisan'ın 23'üncü Cuma günü açılmasına karar verdik. Bu karar üzerine, 21 Nisan 1920 tarihinde bütün memlekete yaptığım tebligat metnini, o günün duygu ve düşüncelerine ne kadar uymak zorunda kalındığını gösteren bir belge olmak bakımından aynen bilgilerinize sunmayı yerinde buluyorum:

Telgraf: çok aceledir.

Ankara, 21 Nisan 1920

Ankara'ya acele tezkere

Kolordulara (14'üncü Kolordu Komutan Vekilliğine),

61'inci Tümen komutanlığına, Refet Beyefendi'ye,

Bütün Valiliklere, Bağımsız Sancaklara, Müdafaa-i Hukuk Merkez Heyetlerine, Belediye Başkanlıklarına

1. Allah'ın lütfuyla Nisan'ın 23'üncü Cuma günü, cuma namazından sonra Ankara'da Büyük Millet Meclisi açılacaktır.

2. Vatanın bağımsızlığı, yüce hilafet ve saltanat makamının kurtarılması gibi en önemli ve hayati görevleri yapacak olan Büyük Millet Meclisinin açılış gününü cumaya rastlatmakla, o günün kutsallığından yararlanılacak ve bütün sayın milletvekilleriyle Hacı Bayram Veli Câmi-i Şerifinde cuma namazı kılınarak Kuran'ın ve namazın nurlarından da feyz alınacaktır. Namazdan sonra, Sakal-ı Şerif ve Sancak-ı Şerif alınarak meclisin toplanacağı yere gidilecektir. Meclise girmeden önce bir dua okunarak kurbanlar kesilecektir. Bu merasimde Câmi-i Şerif'ten başlayarak meclis binasına kadar Kolordu Komutanlığınca askerî birliklerle özel tören düzeni alınacaktır.

3. Açılış gününün kutsallığını belirtmek için bu günden başlayarak vilâyet merkezinde, Vali Beyefendi Hazretleri'nin düzenleyeceği şekilde, hatim indirilmeye ve Buhari-i Şerif okunmaya başlanacak ve Hatm-i Şerif'in son kısımları uğur getirsin diye cuma günü namazdan sonra meclisin toplanacağı yerin önünde tamamlanacaktır.

4. Kutsal ve yaralı vatanımızın her köşesinde bu günden itibaren aynı şekilde Hatm-i Şerifler indirilmesine ve Buhari-i Şerif okunmasına başlanarak, cuma günü ezandan önce minarelerde sala verilecek, hutbe okunurken, halifemiz, padişahımız Efendimiz Hazretleri'nin mübarek adları anılırken, Padişah Efendimizin yüce varlıklarının, şanlı ülkesinin ve bütün tebaasının bir an önce kurtulmaları ve saadete kavuşmaları için ayrıca dua okunacak ve cuma namazının kılınmasından sonra da hatim tamamlanarak yüce hilafet ve saltanat makamı ile bütün vatan topraklarının kurtuluşu için girişilen Millî Mücadele'nin önemini ve kutsallığını, milletin her bir ferdinin, kendi vekillerinden meydana gelmiş olan bu Büyük Millet Meclisinin vereceği vatani görevleri yapmaya mecbur olduğunu anla-

tan vaazlar verilecektir. Daha sonra, halife ve padişahımızın, din ve devletimizin vatan ve milletimizin kurtuluşu, selameti ve bağımsızlığı için dua edilecektir. Bu dinî ve vatanî merasim yapıldıktan ve camilerden çıkıldıktan sonra, Osmanlı vilâyetlerinin her tarafında, hükümet konağına gelinerek meclisin açılmasından dolayı resmî tebrikler yapılacaktır. Her tarafta cuma namazından önce uygun şekilde Mevlid-i Şerif okunacaktır.

5. Bu tebliğin hemen yayınlanarak her tarafa ulaştırılabilmesi için her vasıtaya başvurulacak, süratle en ücra köylere, en küçük askerî birliklere, memleketin bütün teşkilat ve kuruluşlarına ulaştırılması sağlanacaktır. Ayrıca, büyük levhalar halinde her tarafa asılacak ve mümkün olan yerlerde bastırılıp çoğaltılarak parasız dağıtılacaktır.

6. Yüce Allah'tan tam bir başarıya ulaştırması niyaz olunur.

Temsilciler Heyeti adına
Mustafa Kemal

22 Nisan 1920 tarihinde de şu küçük tebliği yayınladım:

22 Nisan 1920

Dakika geciktirilmeyecektir.

Bütün Vilayetlere, Müstakil Sancaklara,
Kolordulara, Nazilli'de Albay Refet Beyefendi'ye,
Bursa'da 20'nci Kolordu Komutanı Ali Fuat Paşa Hazretleri'ne,
Bursa'da 56'ıncı Tümen Komutanı Albay Bekir Sami Beyefendi'ye,
Balıkesir'de 61'inci Tümen Komutanı Albay Kazım Beyefendi'ye

Allah'ın lütfuyla Nisan'ın 23'üncü Cuma günü Büyük Millet Meclisi açılarak çalışmaya başlayacağından, o günden itibaren askerî ve sivil bütün makamlarla bütün milletin tek merciinin adı geçen meclis olacağı bilgilerinize sunulur.

Temsilciler Heyeti adına
Mustafa Kemal

Saygıdeğer Efendiler,

Şimdiye kadar bilginize sunmuş olduğum hususlar, şahsım ve Temsilciler Heyeti adına üzerinde durduğum olayların açıklanmasıyla ilgiliydi. Bundan sonra söyleyeceklerim, Türkiye Büyük Millet Meclisinin açılışından ve hükümetin kuruluşundan bugüne kadar meydana gelmiş olan olayları ve değişiklikleri içine alacaktır. Bu söyleyeceklerim, aslında herkes tarafından açıkça bilinen veya kolaylıkla bilinmesi mümkün olan olayların safhalarına aittir. Gerçekte, meclis tutanaklarında, bakanlıkların dosyalarında, basın koleksiyonlarında bu olay ve olayların belgeleri kayıtlı ve saklı bulunmaktadır. Bu nedenle ben, bütün bu olayların sadece genel akışını işaret ve tespit etmekle yetineceğim. Amacım, inkılabımızın incelenmesinde tarihe yardımcı olmaktır. Bütün bu olay ve hadiselerin gelişmesinde, Türkiye Büyük Millet Meclisi ve Hükümetinin Başkanı, Başkomutan ve Cumhurbaşkanı sıfatlarını taşımış olmaktan çok, teşkilatımızın genel başkanı olarak kendimi bu görevi yerine getirmeye mecbur sayarım.

TÜRK MİLLETİNİN TAKİP ETMESİ GEREKEN SİYASİ İLKE: MİLLİ SİYASET

Efendiler, meclisin açıldığı ilk günlerde; meclise içinde bulunduğumuz durum ve şartları açıklayarak, takip edilmesini ve uygulanmasını yerinde bulduğum görüşlerimi sundum. Bu görüşlerin başlıcası, Türkiye'nin, Türk milletinin takip etmesi gereken siyasi ilkeyle ilgiliydi.

Bilindiği gibi, Osmanlılar zamanında, çeşitli siyasi ekoller takip edilmiş ve edilmekteydi. Ben, bu siyasi ekollerin hiçbirinin, yeni Türkiye'nin siyasi oluşumunda ekol olamayacağına inanmıştım. Bunu Meclise anlatmaya çalıştım. Bu nokta üzerinde daha sonra da çalışmaya devam edilmiştir. Bu hususla ilgili olarak, eninde sonunda gerçekleşmiş olan bildirimin esas noktalarını, burada hep beraber hatırlamayı faydalı bulurum

Efendiler, bilirsiniz ki, hayat demek, mücadele ve çarpışma demektir. Hayatta başarı kazanmak, mutlaka mücadelede başarı kazanmakla mümkündür. Bu da maddi ve manevi güce, kudrete dayanan bir durumdur. Bir de; insanların uğraştığı bütün meseleler, karşılaştığı bütün tehlikeler, elde ettiği başarılar, toplumsal, genel bir mücadelenin dalgaları içinden doğa gelmiştir. Doğu kavimlerin, Batı kavimlere taarruz ve hücumu, tarihin belli başlı bir safhasıdır. Doğu kavimleri arasında, Türklerin başta geldiği ve en güçlüsü olduğu bilinmektedir. Gerçekten de Türkler, İslamlıktan önce ve İslamlıktan sonra, Avrupa içerisine girmişler, saldırılar, istilalar yapmışlardır. Batı'ya saldıran ve işgalleri İspanya ve Fransa sınırlarına kadar uzanan Araplar da vardır. Fakat Efendiler, her saldırıya karşı, daima bir karşı saldırı düşünmek gerekir. Karşı saldırı ihtimalini düşünmeden ve ona karşı güvenilir tedbir bulmadan hareket edenlerin sonu, yenilmek, bozguna uğramak ve yok olmaktır.

Batı'nın Araplara yaptığı karşı saldırı, Endülüs'te acı ve ibrete değer bir tarihi felaketle başladı. Fakat orada bitmedi. Takip Kuzey Afrika'ya kadar devam etti.

Attila'nın Fransa ve Batı Roma topraklarına kadar yayılmış olan imparatorluğunu hatırladıktan sonra, Selçuklu Devleti'nin yıkıntıları üzerinde kurulan Osmanlı Devleti'nin, İstanbul'da Doğu Roma İmparatorluğu'nun taç ve tahtına sahip olduğu devirlere bakalım. Osmanlı hükümdarları içinde Almanya'yı, Batı Roma'yı zapt ederek çok büyük bir imparatorluk kurma girişiminde bulunmuş olanlar vardı. Yine, bu hükümdarlardan biri, bütün İslam dünyasını bir merkeze bağlayarak yönetmeyi düşündü. Bu amaçla Suriye'yi ve Mısır'ı zapt etti. "Halife" unvanını takındı. Diğer bir sultan da, hem Avrupa'yı zapt etmek, hem de İslam dünyasını hüküm ve idaresi altına almak amacını güttü. Batı'nın sürekli karşı saldırısı, İslam dünyasının hoşnutsuzluğu, isyanı ve böyle dünyayı ele geçirme düşünceleri ve amaçları aynı sınırlar içine aldığı çeşitli unsurların geçimsizlikleri, sonunda, benzerleri gibi Osmanlı İmparatorluğu'nu da tarihin bağrına gömdü.

Efendiler, dış siyasetin en çok ilgili bulunduğu ve dayandığı konu, devletin iç teşkilatıdır. Dış siyasetin iç teşkilatla orantılı olması gerekir. Batı'da ve Doğu'da, başka başka huylara, kültüre ve amaca sahip farklı unsurları bünyesinde toplayan bir devletin iç teşkilatı, elbette temelsiz ve çürük olur. O halde, dış siyaseti de köklü ve sağlam olamaz. Böyle bir devletin iç teşkilatı özellikle milli olmaktan uzak olduğu gibi, siyasi ekolü de milli olamaz. Buna göre, Osmanlı Devleti'nin siyaseti milli değil, fakat anlaşılmaz ve kararsızdı.

Çeşitli milletleri, ortak ve genel bir ad altında toplamak ve bu çeşitli unsurlardan oluşan kitleleri eşit haklar ve şartlar altında bulundurarak güçlü bir devlet kurmak, parlak ve cazip bir siyasi görüştür. Fakat aldatıcıdır. Hatta hiçbir sınır tanımayarak, dünyadaki tüm Türkleri bile bir devlet halinde birleştirmek, varılması imkânsız bir hedeftir. Bu, yüzyılların ve yüzyıllarca yaşamakta olan insanların çok acı, çok kanlı olaylarla meydana koyduğu bir gerçektir.

Panislamizm ve Panturanizm siyasetinin başarılı olduğuna ve dünyayı uygulama alanı yapabildiğine tarihte rastlanamamaktadır. Irk farkı gözetmeksizin, tüm insanlığı kapsayan dünyayı ele geçiren devleti kurma hırslarının sonuçları da tarihe yazılmıştır. İstilacı olma hevesleri konumuzun dışındadır. İnsanlara her türlü duygu ve bağlılıklarını unutturup, onları kardeşlik ve tam eşitlik içinde birleştirerek, insancı bir devlet kurma teorisinin de kendine göre şartları vardır.

Bizim, kendisinde açıklık ve uygulama imkânı gördüğümüz siyasi ekol, milli siyasettir. Dünyanın bugünkü genel şartları ve yüzyılların akıllarda ve karakterlerde yerleştirdiği gerçekler karşısında hayalci olmak kadar büyük hata olamaz. Tarihin ifadesi budur, ilmin, aklın, mantığın ifadesi böyledir.

Milletimizin, güçlü, mutlu ve istikrarlı yaşayabilmesi için, devletin bütünüyle milli bir siyaset izlemesi, bu siyasetin iç teşkilatımıza tamamen uyması ve dayanması gerekir. Milli siyaset dediğim zaman kastettiğim anlam ve öz şudur: Milli sınırlarımız içinde, her şeyden önce kendi kuvvetimize dayanmakla varlığımızı koruyarak millet ve memleketin gerçek mutluluk ve refahına çalışmak... Genellikle uzun emeller peşinde milleti alıkoymamak ve zarara sokmamak... Medeni dünyadan, medeni ve insani davranış ve karşılıklı dostluk beklemektir.

HÜKÜMETİN KURULMASI

Efendiler, Meclise teklif ettiğim önemli bir husus da hükümetin kurulması meselesiydi. Bu meselenin ve bununla ilgili teklifte bulunmanın, o devir için ne kadar nazik olduğunu takdir edersiniz.

Gerçek, Osmanlı saltanatının ve halifeliğin çökmüş ve ortadan kalkmış olduğunu düşünerek yeni temellere dayanan, yeni bir devlet kurmaktan ibaretti. Fakat durumu olduğu gibi dile getirmek, amacın büsbütün kaybedilmesine neden olabilirdi. Çünkü halkın düşünce ve eğilimleri henüz padişah ve halifenin mazur durumda bulunduğu yönündeydi. Hatta Mecliste, ilk anda, halifelik makamı ve saltanatla temas ve merkez hükümetiyle uzlaşma aramak akımı baş göstermişti.

İstanbul'daki şartların, Halife ve Padişah ile ne açıkça ne de özel ve gizli temasa elverişli olmadığını açıklamaya çalıştım. Böyle bir temasla ne anlamak istediğimizi sordum ve "Eğer milletin, bağımsızlığını ve vatanın bütünlüğünü sağlamak için çalışmakta olduğunu haber vermek içinse, buna gerek yoktur. Çünkü, Padişah ve Halife olan kişinin de bundan başka bir şey düşünmesine ve istemesine olanak var mıdır? Bunun aksini ağzından işitsem inanmam; mutlaka zorlama ve baskı altında söyletildiğini kabul ederim" dedim. Aleyhimizde çıkarılmış olan fetvanın uydurma ve merkez hükümetinin emir ve bildirilerinin yoruma muhtaç olduğunu söyleyerek, bazı zayıf kalpli ve zayıf düşünceli insanların göstermek istedikleri ihtiyatı gerekli bulmadığımızı belirttim.

MİLLİ HÂKİMİYET TEMELİNE DAYANAN HALK HÜKÜMETİ: CUMHURİYET

Şunu arz etmek istiyorum ki, hükümetin kurulması hakkında fikir ileri sürmeden önce, duygu ve düşünceleri göz önünde bulundurmak zorunluluğu vardı. Bu zorunluluğa uymakla beraber, asıl maksadı saklı tutan teklifimi bir önerge halinde sundum. Kısa bir tartışmayla ve bazı itirazlara rağmen kabul edildi.

Bu önergeyi bugün gözden geçirecek olursak, orada esaslı ilkelerin tespit ve ifade edilmiş olduğunu görürüz. İzin verirseniz, bu ilkeleri burada ortaya koyarak sayacağım:

1. Hükümetin kurulması zorunludur.

2. Geçici olmak kaydıyla bir hükümet başkanı seçmek veya padişah vekili yapmak mümkün değildir.

3. Meclis'te yoğunlaşan milli iradenin, doğrudan doğruya vatanın yazgısını elinde bulundurduğunu kabul etmek temel ilkedir. Türkiye Büyük Millet Meclisinin üstünde bir kuvvet yoktur.

4. Türkiye Büyük Millet Meclisi yasama ve yürütme yetkilerini toplar. Meclis'ten seçilecek ve vekil olarak görevlendirilecek bir heyet, hükümet işlerine bakar. Meclis başkanı, bu heyetin de başkanıdır.

Not: Padişah ve halife, baskı ve zorlamadan kurtulduğu zaman meclisin düzenleyeceği kanuni esaslar çerçevesinde durumunu kabul eder.

Efendiler, bu ilkelere dayanan bir hükümetin niteliği kolaylıkla anlaşılabilir. Böyle bir hükümet, milli hakimiyet temeline dayanan halk hükümetidir. Cumhuriyettir.

Böyle bir hükümetin kurulmasında ana ilke, kuvvetler birliği teorisidir. Zaman geçtikçe bu ilkelerin taşıdığı anlamlar anlaşılmaya başladı. İşte o zaman tartışmalar ve olaylar birbirini takip etti.

TÜRKİYE BÜYÜK MİLLET MECLİSİ, BAŞKANLIĞINA BENİ SEÇTİ

Saygıdeğer Efendiler, açık ve gizli oturumlarda bir, iki gün süren konuşma ve açıklamalardan ve işaret ettiğim ilkeleri kapsayan teklifi öne sürdükten sonra, yüce meclis beni başkanlığa seçmekle bana genel güvenini gösterdi.

Burada ufak bir noktayı da açıklamalıyım:

Hatırlarsınız ki, oluşmaya başlayan milli birliği, milletin coşku ve uyanışı sonucuna bağlamaktan çok, kişisel girişim ürünü kabul ediyorlardı. Bu arada benim girişimde bulunmamın engellenmesini önemli görüyorlardı. Beni millete, hükümete reddettirmekten ve lanetletmekten fayda umuyorlardı. Yapılan propaganda: "Ben reddedildiğim ve lanetlendiğim takdirde, millet ve devlet aleyhinde hiçbir harekette bulunulmayacak... Bütün kötülüklerin sebebi benim şahsımdır. Bir adam için, bir milletin birçok tehlikeleri göze alması akla sığmaz" tarzındaydı. Hükümet ve düşmanlar, benim şahsımı, millete karşı bir silah gibi kullanıyordu. Bu sebeple, 24 Nisan 1920 günü, gizli bir oturumda, meclise bu durumu açıkladım. Başkanlık seçiminde, bunun da bir sakınca olarak dikkate alınmasını ve yalnız millet ve memleketin kurtuluşu düşünülerek oy ve kararlarının isabetle verilmesini rica ettim.

BAKANLAR KURULUNUN KURULMASI

Efendiler, Büyük Millet Meclisi, Bakanların seçimiyle ilgili 2 Mayıs 1920 tarihli kanunla, Genelkurmay işlerini de yürütmek üzere, Büyük Millet Meclisinde 11 bakandan oluşan bir "Bakanlar Kurulu" meydana getirdi.

Görülüyor ki, meclisin açılış tarihi olan 23 Nisandan beri bir hafta kadar zaman geçmiş bulunuyor. Bu süre içinde, memleket ve millet işleri ve özellikle olumsuz akış ve faaliyetlere karşı önlem alma konusu elbette bir an bile gecikemezdi ve gecikmemiştir. Yalnız, Bakanlar Kurulunun seçimiyle ilgili kanun çıktığı zaman, meclis tarafından bakanlığa seçilen kişilerden bazıları, daha önce fiili olarak göreve başlamıştı ve bana yardım etmekteydiler. Bu arada İsmet Paşa Hazretleri de Genelkurmay işlerini üstlenmiş bulunuyordu.

Efendiler, bu sebeple bir noktayı belirtmeyi gerekli buluyorum: O günlerde, mevcut arkadaşların hangi işlerde görevlendirileceklerinin uygun olacağı düşünülürken, Genelkurmay Başkanlığı için İsmet Paşa'yı tercih etmiştim. Ankara'da bulunan Refet Paşa, beni özel olarak görerek bilgi verdi. Anlamak istediği, Genelkurmay Başkanlığının en yüksek askeri makam olup olmadığı noktasıydı. Benden, söz konusu makamın en yüksek askeri makam olduğu ve ondan daha yüksek makamın Millet Meclisi olacağı cevabını alınca, buna itiraz etti. İsmet Paşa'nın, başkomutanlık demek olan bu durumuna razı olamayacağını söyledi. Görevin çok önemli ve nazik olduğunu, benim bütün arkadaşlar hakkındaki bilgi ve tarafsızlığıma güvenmenin uygun olacağını söyledim. Kendisinin böyle bir iddiada bulunmasının uygun olmadığını ilave ettim.

Efendiler, daha sonra Batı Cephesi Karargâhında görüştüğüm Fuat Paşa da, İsmet Paşa'nın Genelkurmay Başkanlığına kesinlikle karşı çıktı. Fuat Paşa'yı da, duruma en uygun olan çözüm yolunun kabulündeki gerekliliğe inandırmaya çalıştım. Refet ve Fuat Paşaların kendilerine has bazı düşüncelerine ilave ettikleri itiraz şuydu: Kendileri daha önce Anadolu'da benimle birlikte çalışmış ve fakat İsmet Paşa sonradan katılmış. Oysa, bundan önceki açıklamalarımda, sırası ve yeri geldiği için arz etmiştim ki, İsmet Paşa, benim İstanbul'dan ayrılmamdan önce benimle işbirliği yapmıştı. Daha sonra Anadolu'ya gelmiş ve birlikte çalışmıştık. Fakat Fevzi Paşa Hazretleri'nin Harbiye Nazırlığına gelmesi üzerine bazı önemli düşüncelere dayanarak özel görevle tekrar İstanbul'a gönderilmişti. Bundan dolayı düşünce ve işbirliğinde kıdem söz konusu olamazdı.

Genelkurmay işlerinin ilk defa İsmet Paşa'ya verilmesinde isabetsizlik olsaydı, bu konuda Fevzi Paşa Hazretleri'nin de beni uyarmaları bir vatan görevi önemindeydi. Oysa, Paşa Hazretleri, aksine bu görevlendirmeyi pek yerinde bulmuş ve kendileri, teklif edilen Milli Savunma Bakanlığını çok içten bir duyguyla hemen kabul etmiştir. İsmet Paşa'nın, gerek Genelkurmay Başkanlığında gerek daha sonraki Cephe Komutanlığında gösterdiği yeterlilik ve üstün gayret, kendisine görev vermekle doğru hareket ettiğimi gerçekten kanıtladığı için, millete karşı, orduya karşı ve tarihe karşı tamamen içim huzurlu.

VATANA İHANET KANUNUNUN ÇIKARILMASI VE İSTİKLAL MAHKEMELERİNİN KURULMASI

Efendiler, meclis, 29 Nisan 1920 tarihinde Vatana İhanet Kanununu ve sonraki aylarda İstiklal Mahkemeleri Kanunlarını da çıkarmakla, değişimin doğal gereklerini yerine getirmiş oldu.

Efendiler, İstanbul'un işgalinden sonra başlayan birtakım olumsuz akımlara, olaylara, isyanlara dokunmuştuk. Bunlar hızla memleketin her tarafından birbiri ardınca ortaya çıktı ve sürüp gitti.

İstanbul'da Damat Ferit Paşa, hemen yeniden iktidar makamına getirildi. Damat Ferit Paşa Kabinesi, İstanbul'daki bütün olumuz ve hain kuruluşların meydana getirdiği blok ve bu bloğun Anadolu içindeki bütün isyan örgütleri, bütün düşmanlar ve Yunan ordusu, el birliğiyle aleyhimizde harekete geçtiler. Bu ortak saldırı politikasının talimatı da, Padişah ve Halifenin, düşman uçakları da dahil her türlü vasıtayla memlekete yağdırdığı "Padişaha karşı ayaklanma" fetvasıydı.

Bu genel, çeşitli ve haince saldırılara karşı, biz de daha meclis açılmadan önce, Afyonkarahisar'da, Eskişehir'de ve bütün hat boyunca bulunan yabancı birliklerini Anadolu'dan çıkarmak, Geyve, Lefke, Cerablus köprülerini yıkmak ve meclis toplanır toplanmaz Anadolu'nun önde gelen alimlerinin fetvasını alarak karşı tedbirlere giriştik.

İÇ İSYANLAR

Efendiler, 1919 yılı içinde, milli girişimlerimize karşı başlayan iç isyanlar, hızla memleketin her tarafına yayıldı.

Bandırma, Gönen, Susurluk, Kirmastı, Karacabey, Biga ve dolaylarında; İzmit, Adapazarı, Düzce, Hendek, Bolu, Gerede, Nallıhan, Beypazarı dolaylarında; Bozkır'da; Konya, Ilgın, Kadınhan, Karaman, Çivril, Seydişehir, Beyşehir, Koçhisar dolaylarında; Yozgat, Yenihan, Boğazlıyan, Zile, Erbaa, Çorum dolaylarında; İmranlı, Refahiye, Zara, Hafik ve Viranşehir dolaylarında alevlenen karışıklık ateşleri, bütün memleketi yakıyor, hainlik, cehalet, kin ve bağnazlık dumanları vatanın tüm göklerini yoğun karanlık içinde bırakıyordu. İsyan dalgaları, Ankara'da karargahımızın duvarlarına kadar çarptı. Karargahımızla şehir arasındaki telefon ve telgraf hatlarını kesmeye kadar varan kudurmuşçasına niyetler karşısında kaldık. Batı Anadolu'nun, İzmir'den sonra, yeniden önemli bölgeleri de, Yunan ordusunun saldırılarıyla çiğnenmeye başlandı.

Dikkatle üzerinde durulması gereken bir husustur ki, sekiz ay önce, millet, Temsil Heyeti etrafında toplanarak, Damat Ferit Hükümetiyle ilişki ve haberleşmelerini kesmişken, Ali Galip'in girişimi gibi tek tük olaylardan başka, böyle genel bir ayaklanma olmamıştı. Bu seferki yaygın ve genel ayaklanmalar, sekiz ay süresinde, memleket içinde çok hazırlık yapıldığını gösteriyordu. Damat Ferit'ten sonraki hükümetlerle, milli bilincin korunması ve güçlendirilmesi için yaptığımız mücadelelerin, ne kadar haklı sebeplere dayandığı, acı bir şekilde bir daha anlaşılmış oluyordu. Milli Mücadeleye kuvvet vermek için cephelerle ve orduyla ilgilenme bakımından İstanbul'daki hükümetlerin gösterdiği bir çeşit ihmallerin acı sonuçları da ayrıca görülecektir.

ANZAVUR VE DÜZCE İSYANLARI

Efendiler, önce, iç isyanlar hakkında açık bir fikir verebilmek için, izin verirseniz, iç isyan olaylarına yeri geldikçe dokunmak üzere, anlatılan safhaları özet olarak sunayım:

21 Eylül 1919 tarihinde, Balıkesir'in kuzey bölgesinde başlayan birinci Anzavur isyanı, 16 Şubat 1920'de yine aynı bölgede ikinci defa baş gösterdi. Bu iki isyan, askeri birliklerimiz ve milli müfrezelerimizle bastırıldı. 13 Nisan 1920 tarihinde Bolu, Düzce dolaylarında da isyan çıktı. Bu isyan, 19 Nisan 1920 tarihinde Beypazarı'na kadar yayıldı. Bu sırada Anzavur, 11 Mayıs 1920'de top ve makineli tüfeklerle donatılmış beş yüz kişilik bir kuvvetle, üçüncü defa olarak Adapazarı ve Geyve dolaylarında, zayıf bir milli müfrezemize saldırarak yine ortaya çıktı. Anzavur, gönderdiğimiz milli müfrezelerimize, düzenli ordu birliklerimize durmadan saldırdı. 20 Mayıs 1920 tarihinde, Geyve Boğazı yakınlarında yenildi ve kaçmak zorunda kaldı.

Düzce dolaylarındaki isyan olayı önemliydi. Abaza ve Çerkezlerden meydana gelen dört bin kişilik büyük bir kalabalık, Düzce'yi basarak hapishaneleri boşalttılar ve çarpışmayla oradaki atlı müfrezemizin silahlarını aldı. Hükümet memurlarını ve subayları hapsettiler.

Her taraftan, asiler üzerine kuvvet gönderdik. Bu arada, Geyve'de bulunan 24'üncü Tümen de, Komutanı Yarbay Mahmut Bey başta olduğu halde, Düzce'ye hareket etti. Mahmut Bey, meclisin açıldığı gün, yani 23 Nisan 1920'de, Hendek'ten Düzce'ye geçerken, Hendek de isyan etti. Adapazarı da asiler tarafından elde edildi. Mahmut Bey, 25 Nisan 1920'de, Hendek - Düzce yolu üzerinde asiler tarafından aldatılarak pusuya düşürülmüş ve ilk ateşte şehit edilmiştir. Kurmay Başkanı Sami Bey, yaveri ve daha birkaç subay da aynı zamanda şehit düştüler. Bunun üzerine, 24'üncü Tümen savaşmadan asiler tarafından tamamıyla esir edildi. Bütün tüfekleri, topları alındı. Ağırlıkları yağma edildi. Bu sırada İzmit Mutasarrıfı Çerkez İbrahim, İstanbul'dan Adapazarı'na geldi. Halka Padişah'ın selamını bildirdi ve yüz elli lira maaşla gönüllü toplamaya başladı. Toplanan asi kuvvetler bütün o dolaylara hakim olduktan sonra, Geyve Boğazı'ndaki kuvvetlerimize saldırıya başladılar.

Bizim, bu isyan alanına gönderdiğimiz kuvvetler şunlardı:

1. Salihli ve Balıkesir Kuva-yı Milliye'sinin oluşturduğu Çerkez Ethem Bey müfrezesi;

2. İki tabur düzenli ordu birliği, dört dağ topu, beş makineli tüfek ve üç yüz efe süvarisinden kurulmuş Binbaşı Nazım Bey müfrezesi;

3. İki tabur piyade, sekiz makineli tüfek, iki sahra ve iki dağ topundan kurulu, Yarbay Arif Bey müfrezesi;

4. Üç yüz kişilik milli kuvvet ve iki makineli tüfek ve iki havan topundan ibaret Binbaşı İbrahim Bey(Çolak İbrahim Bey) müfrezesi.

Komutan olarak da Ali Fuat Paşa, Geyve Boğazı yakınlarından Adapazarı'na uzanan kesimde, Refet Paşa da Ankara'dan Beypazarı yoluyla Bolu'ya uzanan kesimde görevlendirildiler.

HİLAFET ORDUSU

Efendiler, İzmit'te de Süleyman Şefik Paşa komutasında, Hilafet Ordusu adını taşıyan hain bir kuvvet yığınak yapıyordu. Bunun bir kısım kuvveti de, Bolu yakınlarında Kurmay Binbaşı Hayri Bey komutasında asileri desteklemişti. Bu kuvvetle birlikte İstanbul'dan gönderilmiş birçok subay da vardı.

Hilafet Ordusu'nun, Süleyman Şefik Paşa'dan sonra, belli başlı komutanları, Süvari Tümgenerali Suphi Paşa ve Topçu Yarbaylarından Senai Bey'di. İstanbul'da da özel olarak kurulmuş bir kurmay heyeti vardı. Bu heyetin belli başlı komutanları da, Kurmay Albay Refik ve Kurmay Yarbay Hayrettin Bey'lerdi.

Suphi Paşa ile ilgili küçük bir anımı anlatayım: Suphi Paşa'yı Selanik'ten tanırdım. Ben yüzbaşı (kolağası) iken, o daha o zaman tümgeneral ve atlı tümeni komutanıydı. Aradaki rütbe farkına rağmen, çok yakın arkadaşlığımız vardı. Meşrutiyet'in ilanında, ilk defa işitip dolaylarında Cumalı adında bir yerde süvari manevraları yaptırmıştı. Diğer bazı kurmaylar arasında beni de tatbikat ve manevrada bulunmak üzere davet etmişti. Kendisi Almanya'da yetişmiş çok başarılı bir biniciydi. Fakat askerlik sanatını anlamış bir komutan değildi. Manevranın sonunda, ben, yetkim ve rütbem elvermediği halde, Paşa'yı bütün subayların önünde acı bir şekilde eleştirmiştim. Daha sonra "Cumalı Ordugahı" adlı küçük bir eser de yazmıştım. Suphi Paşa, gerek açıkça yaptığım eleştirilerden ve gerek yayınlanan bu eserimden dolayı pek üzüldü. Kendi itirafına göre, maneviyatı kırıldı. Fakat, şahsen bana gücenmedi. Arkadaşlığımız devam etti. İşte Hilafet Ordusu'na buldukları komutan bu Suphi Paşa'dır. Paşa, sonradan Ankara'ya geldi. Geziye çıkıyordum. İstasyonda büyük bir kalabalık içinde birbirimizle karşılaştık. Kendisine ilk sorum şu oldu : "Paşam niçin Hilafet Ordusu komutanlığını kabul ettin?" Suphi Paşa, bir an bile duraksamadan: "Size yenilmek için" cevabını verdi.

Bu cevabıyla anlatmak istiyordu ki, bu görevi özel bir amaçla kabul etmişti. Suphi Paşa, öyle bir duygu içinde bulunabilir. Fakat, gerçekte, komutayı üstüne aldığı zaman kuvvetleri zaten yenilmiş bulunuyordu.

Bolu, Düzce, Adapazarı ve İzmit dolaylarındaki bu isyan, bu defa Haziran 1920 tarihine kadar üç aydan fazla sürdü. Fakat bundan sonra, 29 Temmuzda yeniden bir isyan çıktı. Ancak, bundan sonra da, bu bölgede tamamen sakin kalınmış değildir. Bununla birlikte, sonuç olarak asiler, tamamıyla bozguna uğratılmış ve elebaşları, Türkiye Büyük Millet Meclisinin kanunlarına teslim edilmiştir. Hilafet Ordusu'nun Bolu yakınlarında bulunan kısmı da bozguna uğratıldı. Komutanı Binbaşı Hayri ve subayları Yüzbaşı Ali, Üsteğmen Şerefettin, Üsteğmen Hayrettin, Makineli Tüfek Subayı Mehmet Hayri, Tabur Katibi Hasan Lütfi, Cerrah İbrahim Ethem Efendiler de öteki asi elebaşlarına yapılan davranışları gördüler. Hilafet Ordusu da, İzmit'ten İstanbul'a kaçmaya mecbur edildi.

YENİHAN, YOZGAT VE BOĞAZLIYAN İSYANLARI

Efendiler, memleketin kuzeybatı bölgesinde asilerle uğraşırken, memleketin ortasında Yenihan, Yozgat ve Boğazlıyan dolaylarında da isyan başlıyor. Bu isyan hareketleri de hatırlatmaya değer.

14 Mayıs 1920 tarihinde Postacı Nazım ve Çerkez Kara Mustafa adında birtakım adamlar, otuz kırk kişi ile Yenihan'a bağlı Kaman köyünde isyan ettiler. Bu hareket gittikçe artan bir şiddetle genişledi. Asiler, 27/28 Mayıs I920 gecesi Çamlıbel'de bulunan bir müfrezemizi basarak esir ettiler. 28 Mayıs 1920'de diğer bir kısım asiler de Tokat yakınında yürüyüş halinde bulunan bir taburumuza hücum ederek dağıttılar ve bir kısmını esir ettiler. Cesaretlerini artıran asiler, 6/7 Haziran 1920 gecesi Zile'yi işgal ettiler. Oralardaki askerlerimiz Zile kalesine çekilerek kendilerini savundular. Askerin erzak ve cephanesi tükendikten üç gün sonra asilere teslim oldular. Asiler 23/24 Haziran 1920'de Boğazlıyan'a baskın yaptılar. Orada bulunan bir müfrezemizi dağıttılar. Amasya'da bulunan Cemil Cahit Bey komutasındaki 5'inci Kafkas Tümeni, asiler aleyhine harekete geçirildi. Antep bölgesinde bulunan Kılıç Ali Bey de, bir milli müfreze ile bu bölgeye gönderildi. Erzurum'dan Ankara'ya gelmekte olan bir Erzurum Milli Müfrezesi de, o bölgede bırakıldı. 1920 yılı Temmuzunun ortalarına kadar, bu asilerin takip ve ortadan kaldırılmalarıyla uğraşıldı. Yenihan isyanı, Orta Anadolu'nun öteki bölgelerindeki kargaşa çıkarıcıları da harekete geçirdi. Çapanoğullarından Celal, Edip, Salih ve Halit Bey'ler; Aynacıoğulları ve Deli Ömer çeteleri gibi birtakım eşkıyayı başlarına toplayarak 13 Haziranda Yozgat civarında Köhne bölge merkezini, 14 Haziranda da Yozgat şehrini işgal ederek büyük bir bölgeye hakim oldular. Merkezi Sivas'ta olan Üçüncü Kolordu kuvvetleri ve o bölgede bıraktığımız milli kuvvetler yeterli gelmedi. Eskişehir'deki

Etem Bey müfrezesi ve Bolu dolaylarındaki İbrahim Bey müfrezesi de Yozgat bölgesine gönderildiler.

Yozgat ve dolaylarında asiler yok edildikten sonra, oraya gönderilen müfrezelere, diğer bölgelerde görev verildi. Fakat bu yörelerde genellikle güvenlik kurulamadı.

7 Eylül 1920'de Küçük Ağa, Deli Hacı, Aynacıoğulları denilen birtakım serseriler Zile yakınlarında, Kara Nazım, Çopur Yusuf adında birtakım adamlar da, Erbaa yakınlarında yeniden faaliyete geçtiler. Bunlardan Aynacıoğulları üç yüz atlı kadar toplayabilmişlerdi. Bu durum karşısında, İkinci Kuvve-i Seyyare* adını alan İbrahim Bey müfrezesi, tekrar, bulunduğu Eskişehir bölgesinden Yozgat'a giderek, oradaki milli müfrezeler ve jandarma kuvvetleriyle birlikte Maden, Alaca, Karamağara, Mecidözü bölgelerinde, çeşitli gruplar halinde, karışıklık çıkaran ve eşkıyalık eden asileri takip ederek ortadan kaldırdı. İbrahim Bey, asilerin ortadan kaldırılmasını ancak üç aydan fazla bir zamanda başarabildi.

GÜNEY SINIRLARIMIZDA GEÇEN OLAYLAR

Efendiler, bu tarihlerde güney bölgelerimizde de bizi ciddi bir şekilde uğraştıran önemli isyanlar çıktı: Milli Aşiretinin reisleri olan Mahmut, İsmail, Halil, Bahur, Abdürrahman Bey'ler, güneyde, düşmanlarla gizlice ilişki ve bağlantı kurduktan sonra, Siirt'ten, Dersim dolaylarına kadar uzanan bütün aşiretlerin reisleri sıfatını takınarak o bölgeye hükmetme ve başkanlık davasına kalkıştılar.

Fransızlar,1920 yılı Haziranının başlarında, Urfa'yı ikinci defa zapt etmek için hareket ettikleri zaman, Milli Aşireti de Siverek'e doğru ilerledi. Buna karşı, o bölgede bulunan Beşinci Tümenimiz görevlendirildi. Bu tümen o bölgedeki milli kuvvetlerimizle de desteklendi.19 Haziran 1920 tarihinde, birliklerimizin takibi altında, güneydoğu yönünde düşman bölgesine kaçmaya mecbur edildi. Bu aşiret, bir süre düşman bölgesinde hazırlandıktan sonra, 24 Ağustos 1920'de üç bin atlı ve develi ve bin kadar da piyadeden ibaret bir kuvvetle yeniden bizim topraklarımıza geçti. Viranşehir yakınlarına geldi. Asiler, teslim olup affedilmek maksadıyla geldiklerini söyleyerek o bölgedeki komutanlarımızı aldatıp, önlem alma konusunu ihmal ettirdiler. Bu sırada, o yakınlarda dağınık halde bulunan müfrezelerimize saldırarak onları yendiler ve 26 Ağustos 1920'de Viranşehir'i işgal ettiler. Haberleşmelerimize ve bağlantımıza engel olmak üzere de, o bölgedeki bütün telgraf hatlarını kestiler.

Ancak, on beş gün sonra, Beşinci Tümenin Siverek, Urfa, Resulayin ve Diyarbakır'da bulunan birliklerinden gönderilen kuvvetlerle bize bağlı

---

* Kurtuluş Savaşı yıllarında gönüllü birliklerden kurulan Kuvâ-yi Milliye'nin kollarından biridir. Gezici Kuvvetler anlamındadır.

aşiret kuvvetleri asileri yenebilmişlerdir. Takip edilen Milli Aşireti yeniden güneye, çöle kaçtı.

Efendiler, güneyde Milli Aşiretinin isyanını bastırmaya çalışırken, Afyonkarahisar bölgesinde Çopur Musa adında bir adam da, başına topladığı kuvvetle askerleri ordudan kaçmak için ayartıyor ve millete askere gitmemeyi telkin ediyor. Çopur Musa, 21 Haziran 1920 tarihinde Çivril'i bastı. Gönderilen kuvvetler karşısında kaçtı ve Yunan ordusuna katıldı.

KONYA İSYANI

Efendiler, Çopur Musa olayından önceki bir ayaklanma olayı da Konya'da oldu. 5 Mayıs 1920 tarihinde, Konya'da bir fesat derneği keşfedildi. Bu dernek üyelerinin ileri gelenleri tutuklanmaya başladı. Bir gün sonra, tutuklanmakta olan bu ileri gelenler, halkı da kışkırtarak Konya içinde silahlı bir toplantı yapmaya giriştiler. Bir kısım halk da silahlı olarak dışarıdan gelerek hep birlikte isyan ettiler. Konya'da bulunan komutan, elindeki kuvvetlerle cesurca hareket ederek asileri dağıtmayı ve önayak olanları takip edip tutuklamayı başardı.

* *
*

SAVAŞ CEPHELERİNİN DURUMU

Efendiler, Meclis'in açıldığı ilk günlerde, çeşitli cephelerin ne durumda olduklarını da hep birlikte bir defa daha hatırlayalım:

1. İzmir Yunan Cephesi:

Yüksek heyetiniz tarafınızdan da bilinmektedir ki, Yunanlılar İzmir'e çıktıkları zaman, orada, 17'inci Kolordu Komutanı olarak, karargâhıyla birlikte Nadir Paşa bulunuyordu. Kuvvet olarak, Yarbay Hurrem Bey komutasında Elli Altıncı Tümenin iki alayı vardı. Bu kuvvet, özellikle, kolordu komutanının emriyle, karşı koydurulmaksızın, büyük hakaretler altında, Yunanlılara teslim edilmiştir. Bu tümenin bir alayı (172'nci alay) Ayvalık'ta bulunuyordu. Komutanı Yarbay Ali Bey (Afyonkarahisar Milletvekili Albay Ali Bey) idi.

Yunan ordusu işgal alanını genişletirken, Ayvalık'a da asker çıkardı. Ali Bey, bu Yunan kuvvetine karşı 28 Mayıs 1919'da savaşa girişti. Bu tarihe kadar, Yunan birlikleri hiçbir yerde ateşle karşılık görmemişti. Aksine, bazı şehir ve kasabalar halkı korkutulmuş, İstanbul Hükümetinin emirlerine uyarak idare amirleri başta olmak üzere, Yunan birliklerini özel heyetlerle karşılamışlardı. Ali Bey'in Ayvalık bölgesinde savaş cephesi kurması üzerine, yavaş yavaş Soma'da, Akhisar'da, Salihli'de milli cepheler oluşmaya başlamıştı.

1919 yılının 5 Haziranından başlayarak, Albay Kazım Bey (Meclis Başkanı Kazım Paşa Hazretleri), Balıkesir'deki Altmış Birinci Tümenin komutasını, vekâleten üzerine almıştı. Daha sonra Ayvalık, Soma, Akhisar kesimlerini içine alan Kuzey Cephesi Komutanlığını yaptı. Fuat Paşa'nın Batı Cephesi Komutanlığına tayin edilmesinden sonra, Kazım Bey'e, Kuzey Kolordusu Komutanlığı makam ve yetkisi verildi. Aydın dolaylarında, İzmir'in işgalinden sonra, asker ve halktan bazı vatanseverler, Yunanlılara karşı savunma, halkı cesaretlendirme ve silahlı milli teşkilat kurma gayretleriyle çalışıyorlardı. Bu arada İzmir'den ad ve kıyafet değiştirerek o bölgeye gitmiş olan Celal Bey (İzmir Milletvekili Celal Bey'dir)'in çaba ve özverisi anılmaya değer. 15/16 Haziran 1919 gecesi, Ali Bey'in Ayvalık'tan gönderdiği kuvvetler, Bergama'daki Yunan işgal kuvvetlerini bir baskınla perişan etmişlerdi. Bu baskına, Balıkesir ve Bandırma'dan gönderilen kuvvetler de, kısmen katılmıştı. Bu olay üzerine, Yunanlılar, dağınık ve zayıf müfrezelerini geri çekip toplamak gereğini duydular. Bu arada Nazilli'yi de boşalttılar. Bu sebeple, Aydın'da hazırlıkta bulunurken, çevreden toplanan halk kuvvetleri bunları sıkıştırmaya başladı. Yunanlılarla halk arasında şiddetli bir çarpışma oldu. Sonunda, Yunanlılar, Aydın'ı da boşaltıp çekildiler.

Böylece, 1919 yılının Haziran ayı ortalarında Aydın cephesi de kuruldu. Bu bölgede bulunan Elli Yedinci Tümenin Komutanı Albay Mehmet Şefik Bey ve Tümen Topçu Komutanı Binbaşı Hakkı Bey'di. Alay komutanlarından Binbaşı Hacı Şükrü Bey, milli kuvvetlerin başında Yürük Ali Efe ve Demirci Mehmet Efe vardı. Sonunda Demirci Mehmet Efe, duruma hakim olarak Aydın Cephesi Komutanlığını kendi üzerine aldı. Sırası gelince arz etmiştim ki, sonradan oraya gönderdiğim Albay Refet Bey (Refet Paşa) bile Demirci Mehmet Efe'nin komutanlığını kabul etmiştir.

Efendiler, İzmir'in çeşitli cephelerinde kurulan ve yavaş yavaş subaylar ve askerî birliklerle desteklenmeye çalışılan milli cephelerin beslenmeleri, daha çok, doğrudan doğruya o bölgelerin halkı tarafından sağlanıyordu. Bunun için de geri bölgelerde milli teşkilat kurulmuştu. Bu görevin, halktan hükümete geçişi, Büyük Millet Meclisi Hükümetinin kuruluşundan sonra sağlanabilmiştir.

2. Güneyde Fransız Cephesi:

a.) Doğrudan doğruya Adana bölgesinde, Fransız birliklerine karşı, Mersin, Tarsus, Islahiye bölgelerinde ve Silifke dolaylarında milli kuvvetler kurulmuş ve çok cesurca harekete geçmişlerdi. Adana'nın doğu bölgesinde, Tufan Bey adıyla hareket eden Yüzbaşı Osman Bey'in kahramanlıkları kayda değer. Milli müfrezeler, Mersin, Tarsus, Adana şehirlerinin girişlerine kadar sokulup hakim oldular. Pozantı'da Fransızları kuşatarak geri çekilmeye mecbur ettiler.

b.) Maraş'ta, Antep'te, Urfa'da önemli savaşmalar ve çarpışmalar oldu. Sonunda işgal kuvvetleri buradan çekilmeye mecbur edildiler. Bu başarıların kazanılmasında önemli rolleri olan Kılıç Ali ve Ali Saip Beylerin adlarını anmayı bir görev sayarım.

Fransız işgal bölgelerinde ve cephelerinde milli kuvvetler, her gün daha esaslı bir şekilde teşkilatlanıyorlardı. Milli kuvvetler, ordu birlikleriyle desteklenmeye başlanmıştı. İşgal kuvvetleri, her tarafta sıkı ve şiddetli bir şekilde zorlanıyordu.

Efendiler, bu durum üzerine Fransızlar, 1920 Mayısından başlayarak bizimle temas ve görüşme olanakları aradılar. Önce Ankara'ya İstanbul'dan bir binbaşı ile bir sivil geldi. Bu şahıslar, İstanbul'dan önce Beyrut'a gitmişler. Eski Van Milletvekili Haydar Bey bunlara aracılık ediyordu. Bu buluşma ve görüşmelerimizden elle tutulur bir sonuç çıkmadı. Fakat, Mayıs sonlarına doğru Suriye Fevkalade Komiseri* adına hareket eden Mösyö Duquest adında bir kişinin başkanlığında bir Fransız Heyeti Ankara'ya geldi. Bu heyetle yirmi günlük bir ateşkes anlaşması yaptık. Bu geçici anlaşmayla, biz, Adana bölgesinin boşaltılmasına bir başlangıç hazırlama hedefini amaçlıyorduk.

Efendiler, bu Fransız heyetiyle yaptığım yirmi günlük ateşkes anlaşması, Büyük Millet Meclisinde bazılarının itirazlarına uğradı. Oysa, benim bu anlaşmayı kabul etmekle sağlamak istediğim yararlar şunlardı:

Önce, Adana bölge ve cephelerinde bulunan ve kısmen askerle de desteklenen milli kuvvetleri, ciddiyetle yeniden düzenlemek istiyordum. Milli kuvvetlerin bu çarpışma aralığında dağılabileceklerini de dikkate alarak, ateşkes bildirisi yanında bazı önlemlerin alınmasını da emrettim. Bundan başka, Efendiler; önemli saydığım siyasi bir yararlanmayı da hesaba katıyordum. Büyük Millet Meclisi ve Hükümeti, daha İtilaf Devletlerince elbette ki tanınmamıştı. Aksine, memleket ve milletin kaderiyle ilgili konularda, İstanbul'da Ferit Paşa Hükümetiyle ilişki ve alışverişte bulunmaktaydılar. Bu bakımdan, Fransızların İstanbul Hükümeti'ni bir tarafa bırakıp Ankara'da bizimle görüşmeleri ve herhangi bir konuda uyuşmaları, o gün için sağlanması önemli siyasi bir nokta idi. Bu ateşkes görüşmesinde, milli sınırlarımız içinde olup da Fransızlar tarafından işgal altına alınmış bulunan bölgelerin, tamamıyla boşaltılmasını açık ve kesin bir dille istedim. Fransız delegeleri, bu konuda yetki almak üzere Paris'e gitmek mecburiyetini ileri sürdüler. Yirmi günlük ateşkes, bir bakıma daha esaslı bir anlaşma yapmak için yetki almaya zaman bırakmak gibi kabul edildi. Efendiler, bu görüşme ve konuşmalarımızdan bende uyanan izlenim, Fransızların Adana ve dolaylarını boşaltacakları merkezinde idi. Bu düşünce ve inancımı, Meclise ifade etmiştim. Gerçi Fransızlar, ateşkes süresi sona ermeden Zonguldak'ı işgal etmek suretiyle anlaşmanın yalnız Adana bölgesine ait olduğunu göstermek istemişlerse de, biz, bu hareketin ateşkesi hükümsüz bıraktığı sonucuna vardık. Fransızlarla anlaşmamız bir süre gecikti.

---

* Osmanlı İmparatorluğu döneminde, yarı bağımsız eyaletlerdeki yönetimi Osmanlı Devleti adına izleyen askeri görevliler.

İSTANBUL ANKARA İLE TEMAS ARIYOR VE NURETTİN PAŞA BU TEMASI SAĞLAMAYA ÇALIŞIYOR

Saygıdeğer Efendiler, 9 Mayıs 1920 günü Meclisin gizli oturumunda açıklama yaparken ve Fransız memurları ile heyetleri tarafından bizimle temas ve bağlantı kurma yolları arandığını bildirirken, milletvekillerinden biri (yanlış hatırlamıyorsam Çorum Milletvekili rahmetli Fuat Bey), "Birkaç günden beri İstanbul sözde, bizimle anlaşmak istiyormuş, bu konuda bilgi verir misiniz?" diye bir soru yöneltti.

Gerçekten, o tarihten dört beş gün önce, İstanbul'da Leon adında biri Çanakkale üzerinden bizi aramıştı. Ankara'yı bulduktan ve bizim burada bulunduğumuzu anladıktan sonra, dediler ki: "Söyleyeceğimiz şeyler pek önemlidir. Onun için haberleşmeyi geceye bırakalım. Ordu merkezleri de aradan çekilsinler." O gece görüşmediler. Fakat bir iki gece sonra yeniden aradılar. Bu defa karşımıza çıkan kimse eski İzmir Valisi Nurettin Paşa imzasıyla bir telgraf yazdırdı. Bu telgrafın içindekiler şöyleydi:

"Ben, iki arkadaşımla birlikte, İstanbul'un sizinle anlaşmasına aracılık etmeyi vatan için yararlı bir görev sayarım. Buradaki hükümet ve İngilizler buna razı oldular. Sizin de olumlu cevabınızı bekleriz."

Nurettin Paşa, telgrafını Temsil Heyeti Başkanlığına yazıyordu. Türkiye Büyük Millet Meclisinin ve Hükümetinin kuruluşundan, çalışmaya başladığından ve Büyük Millet Meclisinin varlığını ve meşruluğunu doğrulayan Vatana İhanet Kanunundan habersiz görünüyordu. Nurettin Paşa'nın telgrafını, Milli Savunma Bakanı olan Fevzi Paşa Hazretleri'ne gönderdim. Fevzi Paşa, Nurettin Paşa'ya cevap verdi. Bu cevabında dedi ki: "Telgrafınızı Temsil Heyeti Başkanlığında işleme koymakla daha gerçek durumu öğrenmediğiniz anlaşılıyor." ve durumu açıkladıktan sonra: "İstanbul'da hangi makam Ankara'da hangi makamla görüşmek istiyor?" dedi. Bu telgrafa imzasız olarak gelen cevapta : "Telgrafı yazan kimseler şimdi burada değillerdir. Bunu bırakıp gittiler. Yarın saat 10'da size bilgi veririz." deniliyordu. Bundan sonra Nurettin Paşa ikinci defa olarak yine aradı. Bu defa, "Telgraf haberleşmeleriyle anlaşma olanağı olmadığından, siz yetkili bir heyeti İstanbul'a gönderin, görüşelim ve anlaşalım." diyordu.

Efendiler, biz de cevap olarak dedik ki: "Pek doğrudur, gerçekten telgrafla anlaşmak mümkün değildir, fakat siz Mudanya'ya geliniz ve ne zaman gelebileceğinizi de bildiriniz. Bizim tarafımızdan da orada yetkili kimseler hazır bulunur. Bursa'ya da gereken talimat verildi." Ondan sonra, bir daha arayan olmadı. Hoca Müfit Efendi (Kırşehir): "Acaba gerçekten Nurettin Paşa mıydı?" diye sordu. Ben de: "Evet, gerçekten Nurettin Paşa'ydı." karşılığını verdim.

Efendiler, İstanbul Hükümetinin Nurettin Paşa aracılığıyla yaptığı bu başvurunun, Anzavur'un Balıkesir bölgesinde yenilgiye uğratıldığı ve

Bolu'da başarı kazanmaya başladığımız günlere rastladığını da belirtmeliyim.

NURETTİN PAŞA ANKARA'DA

Efendiler, Nurettin Paşa'dan bir daha telgraf almadık. Fakat, kendisi Diyarbakırlı Kazım Paşa ile birlikte, 1920 yılının Haziran ayı ortalarında Ankara'ya geldi. Bizimle işbirliği etmeden önce, bazı konularda görüşümüzü anlamak istediğini söyledi.

Birincisi, hilafet ve saltanat makamı üzerindeki düşünce ve görüşümüz;

İkincisi, Bolşeviklik konusundaki görüşümüz;

Üçüncüsü, İtilaf Devletlerine karşı, özellikle İngilizlere karşı da, savaşa karar verip vermediğimiz, konularıydı.

Görüşme, Ziraat Okulundaki karargâhımızın bir odasında, gece yapıldı. Bu görüşmede, Nurettin Paşa ile birlikte gelen Kazım Paşa'dan başka, Fevzi ve İsmet Paşa'lar da hazır bulunuyorlardı. Nurettin Paşa, birinci, ikinci sorulara aldığı cevapları pek tatmin edici bulmadı. Fakat, özellikle üçüncü sorunun cevabı, uzun ve hararetli tartışmalara yol açtı. Çünkü biz demiştik ki, amacımız, milli sınırlarımız içinde toprak bütünlüğümüzü ve milletin bağımsızlığını tam olarak sağlamaktır. Buna engel olmak üzere karşımıza çıkacak kuvvet, kim ve ne olursa olsun, mutlaka çarpışır ve başarı kazanırız. Bu konudaki karar ve inancımız kesindir. İşte Nurettin Paşa, bir türlü buna inanamıyor ve razı olamıyordu. Nihayet kendisine dedik ki : "Bu konuda görüşmeyi kabul etmekle, yeni görüşlere varmak ve kararlar almak söz konusu değildir. Sen, bugüne kadar milletin iyice belirginleşmiş ve kesinleşmiş olan inançlarına uyacaksın!" Ondan sonra, kendisine verebileceğimiz uygun bir görev üzerinde duruldu. Kendisinin, Konya valisi sivil görevi ve Konya Yöresi Komutanı unvanıyla Yunan cephesinin güneyindeki bölgenin komutanı olmasını uygun gördük. Asıl Batı Cephesi için, komutan olarak 18 Haziran1920'de Ali Fuat Paşa'yı görevlendirdik.

Efendiler, o günlerde Yunan Cephesinde düşmanın bazı hazırlıklar yaptığı hissedildiğinden, cephede duyarlık arttı. Bu yüzden Nurettin Paşa'nın görevi kesinleşmeden ve kendisini görev yerine göndermeden, acele olarak Batı Cephesine hareketim gerekti. Nurettin Paşa'nın görevlendirme işleminin tamamlanmasını Genel Kurmay Başkanı bulunan İsmet Paşa'ya bıraktım. Gerçekten düşman, bütün cephe üzerinde saldırıya geçmişti. Bizim birliklerimiz geri çekiliyordu. Nurettin Paşa, cephedeki elverişsiz durumu anlayınca İsmet Paşa'ya görev kabul edebilmek için birtakım şartların, hükümetçe karar altına alınması gereğinden söz etmiş; o şartlara göre hükümet, memleketin yönetiminde ve önemli konularında esaslı ve kesin karar almadan önce Nurettin Paşa'nın düşünce ve onayını almak zorunda kalacaktır. Çünkü, Büyük Millet Meclisi Hükümetini oluşturan üyeler, Tevfik Paşa ve benzerleri gibi, olgun yaşta ve tecrübeli kimseler olmayıp, genç birtakım kimselermiş. İsmet Paşa, pek yadırgadığı bu zihniyet ve teklifi, derhal şifreyle bana bildirdi. Ben de Nurettin Paşa'nın, kendisine görev teklif ettiğim zaman söylemediği bu düşünceyi, genel durumda bunalımın baş göstermesi üzerine ortaya atmış olmasını anlamlı buldum ve İsmet Paşa'ya verdiğim cevapta, kendisine görev verilmemesini emrettim. Nurettin Paşa'nın, Yunan saldırısı başladıktan iki gün sonra bana gönderdiği bir yazının içeriğini dikkate değer bulmuştum. Arzu buyurursanız, bu yazıyı yüksek heyetinize olduğu gibi okuyayım:

Ankara İstasyonu, 24.6.1920

Büyük Millet Meclisi Yüksek Başkanlığına

Efendim Hazretleri,

Atanmış olduğum komutanlıktan ve valilikten uzaklaştırılma şekli ile görevden alınma durumunun bildiriliş şeklini hakaret saydım. Bir devlet adamı tarafından ileri sürülen vatanla ilgili bir düşünce ve görüşün tartışılmasına değil, dinlenilmesine bile değer ve önem verilmemesini ve ilgili Büyük Millet Meclisinin ve Hükümetinin oylarını alıncaya kadar bile beklenmeyerek ve tahammül edilmeyerek veyahut belki de buna gerek görülmeyerek iki veya üç kişi gibi pek az üyenin düşünce ve istekleriyle bu yolda işlem yapılmasında bir sakınca görülmemesini ve bundan dolayı da memleketin, eğer yanılmıyorsam böyle bir anlayışla yönetilmesini millet ve memleket için tehlikeli saymakta olduğumun arzına, Başkanlık yüksek makamının müsaadelerini rica ederim.

Bugünkü şartlar içinde, görev kabulünü sakıncalı bulduğum ve işbirliğini yararlı göremediğim için, memleketim olan Bursa'da oturmak üzere, ilk trenle Ankara'dan ayrılacağımı bilginize sunar, veda ederim, Efendim Hazretleri.

Nurettin İbrahim

Efendiler, benim bu yazıya verdiğim cevap da aynen şuydu:

25.6.1920

Tümgeneral Nurettin Paşa'ya

İlgi: 24 Haziran 1920 tarihli yüksek tezkereleri.

Söz konusu edilen komutanlık ve valilik görevi, daha Milli Savunma ve İçişleri Bakanlıklarınca resmen kendilerine verilmemiş ve bildirilmemişti. Bu bakımdan, ne atanmanız ne de ayrılmanız söz konusu değildir. Yalnız, size görev verilmesi düşünülmüş ve bu konuda düşünce ve kararınız sorulmuştu. Atama durumu daha kesinleşmemiş olduğu bir sırada, Genelkurmay vasıtasıyla öğrenilen düşünce ve inanışınızdaki kararsızlıklar üzerine, Hükümetçe, atanmanızdan vazgeçilmesine karar verildi. Böyle bir kararı vermek için, sandığınız gibi, durumun Büyük Millet Meclisinin Genel Kuruluna sunulması, mevcut ve yürürlükteki kanunların gereklerinden değildir. Bursa'ya giderek orada oturmanıza gelince, bağlı bulunduğunuz askerlik mesleği dolayısıyla, bu konuda Milli Savunma Bakanlığı yüksek katına usulünce başvurmanız gereği bildirilir, Efendim.

Büyük Millet Meclisi Başkanı
Mustafa Kemal

Nurettin Paşa, Bursa'ya değil Taşköprü'ye gitmiş ve uzun zaman orada kalmıştır. Bundan sonra da kendisine, yeniden birkaç durum dolayısıyla dokunacağız. O durumları da yeri geldikçe gerektiği kadar açıklayacağım.

TÜRKİYE BÜYÜK MİLLET MECLİSİ HÜKÜMETİNİN DIŞİŞLERİ KONULARINDA VERDİĞİ İLK KARAR: MOSKOVA'YA BİR HEYET GÖNDERİLMESİ

Efendiler, kurulan Türkiye Büyük Millet Meclisi Hükümetinin, dışişleri konularında verdiği ilk karar, Moskova'ya bir heyet gönderilmesi olmuştur. Heyet, Dışişleri Bakanı Bekir Sami Bey'in başkanlığında idi. İktisat Vekili Yusuf Kemal Bey üye bulunuyordu. 11 Mayıs 1920'de Ankara'dan hareket eden heyetin asıl görevi, Rusya ile ilişki kurmaktı. Rusya'nın, hükümetimizle yapacağı anlaşmanın bazı hükümleri, 24 Ağustos 1920'de imzalanmış olmakla birlikte durumun gereği olarak uzlaşmaya bağlanamayan bazı noktalardan dolayı gecikmiştir. Moskova Antlaşması diye anılan diplomatik belgenin imzası, ancak 16 Mart 1921'de mümkün olabilmiştir.

Saygıdeğer Efendiler, memleket içinde yer yer kendini gösteren iç isyanları takip etmekte gecikmeyen ilk genel Yunan saldırısı, bakışlarımızı yeniden batıya çevirtecektir.

İLK GENEL YUNAN SALDIRISI

Yunanlılar, 22 Haziran 1920'de Milne hattından* genel saldırıya geçtiler. Kuvvetleri altı tümene çıkmış bulunuyordu. Üç tümenle iki koldan, Akhisar - Soma yönünden; iki tümenle Salihli yönünden; bir tümenle de Aydın cephesinden saldırıya geçtiler. Düşmanın kuzey kolu, 30 Haziran 1920'de Balıkesir'e girdi ve süvarileri 2 Temmuz 1920'de Kirmastı ve Karacabey'i işgal etti. Bu düşman karşısında bulunan Altmış birinci ve Elli altıncı Tümenlerimiz, Ulubat köprüsünü tahrip ederek Bursa'ya doğru çekildi. Düşman takibe devam ederek Bursa'yı da işgal etti ve ileri hatlarını Dimboz - Aksu hattına kadar sürdü. Bunun karşısındaki kuvvetlerimiz fazla sarsıldı. Eskişehir'e kadar çekildi. Bu savaşlar sırasında İngilizler, 25 Haziran 1920'de Mudanya'ya ve 2 Temmuz 1920'de de Bandırma'ya birer müfreze çıkardılar.

Salihli yönünde doğuya ilerleyen iki Yunan tümeni de, 24 Haziranda Alaşehir'e girdi. Daha sonra ilerleyerek 29 Ağustosta Uşak'ı zapt etti ve Dumlupınar sırtları elimizde kalmak üzere, bu bölgeye kadar ilerledi. Bu düşman karşısında bulunan Yirmi Üçüncü Tümen ve milli kuvvetlerimiz, çok kayıp verdi ve zayıfladı. Aydın'dan ilerleyen bir Yunan kolu da, Nazilli'ye kadar geldi.

Bu harekât sırasında, tümenlerimizin kuru birer kadro halinde olduklarını, harp malzemelerinin bulunmadığını ve henüz takviyelerine de imkan olmadığını bilirsiniz.

Efendiler, bizzat Eskişehir'e ve oradan da ileri bölgelere gittim. Gerek orada gerek başka bölgelerde bulunan kuvvetlerimizin düzene sokulmasını emrettim. Yeniden, düşman karşısında, düzenli komutaya bağlı cepheler kurulmasını sağladım.

YUNAN SALDIRISI KARŞISINDA MİLLİ CEPHELERİN BOZULMASI ÜZERİNE MECLİSTE ŞİDDETLİ HÜCUM VE ELEŞTİRİLER

Efendiler, Yunan saldırısı ve milli cephelerin bozulması, Mecliste büyük bir sıkıntıya, şiddetli hücum ve eleştirilere yol açtı. Büyük Millet Meclisinin 13 Temmuz 1920 günü, 41'inci toplantısında kusurlarından ve idaresizliklerinden dolayı, Bursa Komutanı Bekir Sami ve Valisi Hacim Muhittin Beylerin ve Alaşehir Komutanı Aşir Bey'in ne için bir harp di-

* Kurtuluş Savaşı başlarında, Türk kuvvetleriyle Yunan kuvvetleri arasında belirlenen hat.

vanına verilmemiş olmalarından dolayı, Genelkurmay Başkanlığı ve İçişleri Bakanlığı hakkında gensoru önergeleri okundu.

Bu önergenin sahibi, Afyonkarahisar Milletvekili Mehmet Şükrü Bey'di. Sinop Milletvekili Hakkı Hami Bey'in de hemen cezalandırma konusundaki ısrarı "bravo" sesleriyle karşılanıyordu. Önerge sahibi olan Mehmet Şükrü Bey'in, "Biz sorumlu tutulduklarını görmek istiyoruz!" feryadı üzerine, gensoru kabul ediliyor. Soruşturma günü olarak tespit edilen 14 Ağustos 1920'de, Genel Kurmay Başkanı cevap verdi. Fakat bir türlü inandırmak ve yatıştırmak mümkün olamıyordu. Karahisar Milletvekili Şükrü Bey "Anket" istiyor. Diğer bir milletvekili, bazı subay ve komutanların cezalandırılmalarının normal olduğundan söz ederek birçok örnekler sıralıyor. Başka bir milletvekili, asker geri çekilirken bir komutanın otuz altı deve eşya götürmüş olduğunu söylüyor. Başka bir milletvekili de Yunan ordusunun kısa bir zaman içinde Akhisar'dan Marmara sahillerine varıncaya kadar, bütün şehir ve köyleri yıldırım hızıyla ele geçirdiğinden söz ederek, Bursa felaketi yüzünden uğramış olduğumuz korkunç zarar, dünyanın gözünde Anadolu'da savunma denilen şeyin bir göz korkuluğu olduğuna genel bir düşünce uyandırmıştır." diyor ve bu büyük bozgunun sorumlularının cezalandırılmalarını istiyordu.

Efendiler, uzun ve ateşli olarak devam eden tartışmalara, benim de karışmam gerekti. Ortaya çıkan bu çok acı durumda, Meclisin üzüntü ve ilgisini takdir ettikten sonra, düşünce ve duyguları yatıştırmak maksadıyla konuşma ve açıklamalar yaptım. Benim sözlerime karşı da yapılan ufak tefek hücumlara cevap verdikten sonra, genel açıklamalar yeterli görüldü.

Efendiler, ayrıntılarını Meclis tutanaklarında okuduğunuz bu ateşli görüşmelerden önce, 26 Temmuz 1920 günü de, gizli bir oturumda, buna benzer bir görüşme olmuştu. Orada da uzun açıklamalar yapmaya mecbur kalmıştım. Çünkü, üzüntü ve keder sonucu yapılmakta olan eleştiri ve tekliflerde, bu yenilginin gerçek sebepleri sanki unutulmuş gibiydi. Bütün felaketin sorumlusu üzere, daha kurulalı ve üzerine görev yükleneli iki ay olmayan Bakanlar Kurulunu sorumlu tutmak amaçlanıyordu. Bir yılı aşkın bir zamandan beri, Yunan ordusunun İzmir bölgesinde yerleşmiş ve durmadan hazırlanmakta bulunmuş olduğu, buna karşılık İstanbul Hükümetinin ordumuzu sürekli olarak felce uğratacak şartlar hazırlamakla meşgul olduğu ve milletin kendiliğinden kurabildiği milli kuvvetleri dağıtıp yok ettirmeye çalışmaktan başka bir şey yapmadığı asla düşünülmüyordu. Eğer bu bir yıl içerisinde Yunan kuvvetleri karşısında, az çok bir varlık gösterildiyse, bunun da beş, on fedakârın kendiliğinden gösterdiği azim ve gayretlerinin ürünü olduğunu ısrarla görmek istemiyorlardı. Askeri harekâtı, gerçek durumu kavrayarak ve askerliğin gereklerini göz önünde tutarak düşünen ve inceleyen yoktu. Söylenilen sözler, ya vatanseverlik duygusunun sürüklediği coşkunlukla veyahut kalp zayıflığı sonucu olarak feryat ve figan halinde dile getiriliyordu. Söz söyleyenler içinde, ender olmakla birlikte milli inancı ve vatana bağlılığı şüpheli olanlar bile vardı.

Söz konusu ettiğimiz bu gizli oturumda, uzun açıklamalarım sırasında özellikle demiştim ki: "Felaket başa gelmeden önce, onu engelleyecek araçları ve savunma çarelerini düşünmek gerekir." Geldikten sonra üzülmenin yararı yoktur. Yunan saldırısı yapılmadan önce yapılacağı kuvvetli bir ihtimalle biliniyordu. Eğer bunu önleyecek çare ve tedbirler bulunamamışsa, bunun sorumluluğu Türkiye Büyük Millet Meclisine ve onun Hükümetine ait olamaz. Büyük Millet Meclisinin sorumluluk makamına geldikten sonra almaya başladığı önlemler, bir yıl öncesinden İstanbul Hükümetleri tarafından, bütün milletle birlikte ve ciddiyetle alınmasına başlamak gerekti. Bazı kuvvetlerin cepheden alınıp iç isyanların bastırılmasına memur edilmesi, Yunan kuvvetleri karşısında bulundurulmasındaki yarardan daha önemli ve gerekliydi. Yine de öyledir. Gerçi Bursa'da bırakılması zorunlu olan bir tümen, Adapazarı isyan bölgesine gönderilen iki tümen, Hendek'te dağılan bir tümen, yani dört tümen; Zile, Yenihan bölgesinde asilerle uğraşan bir tümen ve bütün bu düzenli ordu kuvvetlerine yardım eden milli müfrezeler, cephede bulundurulabilseydiler, belki de düşman saldırısı bu kadar gelişemezdi. Fakat, memleketin huzuru, milletin kurtuluş amacı noktasında birleşip, dayanışma sağlanamadıkça, bir dış düşmanın yayılma adımlarını durdurmaya çalışmak ne mümkündür ne de bundan esaslı bir yarar ve sonuç alınabilir. Ancak, memleket ve milletçe dediğim durum korunabilirse, düşmanın herhangi bir zamandaki başarısı ve bunun sonucu olarak fazla toprak ele geçirmiş olması, geçici olmak niteliğinden kurtulamaz. Birlikte ve amaçta azimli olan ve ısrar eden millet, gururlu ve saldırgan her düşmanı eninde sonunda bu gurur ve saldırganlığından pişman kılabilir. Onun için iç isyanları bastırmak, elbette Yunan saldırısını durdurmaktan daha önemlidir. Zaten, cepheden iç isyanlara karşı kuvvet ayrılmamış olsaydı bile, sonucun başka türlü olabileceğini farz etmek güçtür. Mesela, düşman kuzey cephesine üç tümenle saldırdı. Bizim orada cepheye yetebilecek kuvvetimiz yoktu. Filan noktada, filan derede, filan köydeki kuvvetimiz yahut da oralardaki subay veya komutanımız, düşmanın geçmesine müsaade etmeseydi, bu felaket başımıza gelmezdi şeklinde feryat etmekte anlam yoktur. Tarihte yarılmamış ve yarılmayan cephe yoktur. Özellikle, söz konusu olan cephe, savunmaya ayrılan kuvvetle orantılı dar bir cephe olmayıp da, böyle yüzlerce kilometre genişliğinde ise, bu cephenin şurasında ve burasında bulunan zayıf bir kuvvetin, sonuna kadar savunmasını kabul etmek, bütün tasarımları ve yargılamaları yanılgıya sürükler. Cepheler delinebilir, buna karşı tedbir, delinen kısmı derhal kapamaktan ibarettir. Bu ise, cephe üzerindeki kuvvetlerden başka, geride, yedekte, kuvvetli destekler bulundurmakla mümkündür. Oysa, Yunan ordusu karşısındaki milli cephemiz bu durumda ve bu kuvvette miydi? Bütün Batı Anadolu illerimizde, Ankara ve dolaylarında, daha doğrusu bütün memlekette, kuvvet denilecek bir askeri birlik bırakılmış mıydı?

CİDDİ BİR ASKERİ TEŞKİLAT KURABİLMEK VE BUNDA BAŞARI SAĞLAYABİLMEK İÇİN ZAMAN ŞARTTIR

Savaş hatlarına yakın köyler halkının yapabileceğini savunmadan, hayali sonuçlar beklemek akıllıca olamaz. Memleketin bütün kuvvet kaynaklarından yararlanma şartlarına ve yetkilerine sahip olduktan sonra bile, ciddi bir askeri teşkilat kurabilmek ve bundan başarı sağlayabilmek için zaman şarttır. Bursa'da Bekir Sami Bey'in emrine verilen kuvvetin esası, İzmir'de tüfek attırılmaksızın Yunanlılara teslim edilen ve Yunan gemileriyle Mudanya'ya çıkarılan iki alay kadrosu değil miydi? Bu kuvvetin moralini düzeltmek için İstanbul Hükümetleri herhangi bir tedbir almışlar mıydı? İstanbul Hükümetleri değil miydi ki, Yunan saldırısından önce, Balıkesir'de savunmaya çalışan kuvvetlerimizin arkalarında Anzavur'u saldırttı? Yine İstanbul Hükümeti, Halife ve Padişah değil miydi ki, Yunan Cephesinde kullanılacak öncekine göre kuvvetli bir tümeni, Yirmi Dördüncü Tümeni Hendek - Düzce yolunda, Hilafet Ordusu ve asilerin grupları tarafından aldatılarak dağıtmış ve komutanlarını şehit ettirmişti.

Memleketin alınyazısının sorumluluğunu yeni üzerine almış olan Hükümet, bu tarihteki şartlar içinde acaba seferberlik yapabilmeyi acaba düşünebilir miydi? Memleketin neredeyse baştanbaşa Halifenin fetvası hükmünü yerine getirmeye sürüklenip zorlandığı bir sırada, milleti askere çağırmak doğru ve mümkün görülebilir miydi? Bundan başka, bütün milleti silah altına çağırmadan önce, silah sayısının, eldeki silahı kullanılır durumda tutabilmek için cephane ve para miktarları ile kaynakların düşünülmesi zorunlu değil miydi? Durumu incelerken ve önlem düşünürken, acı da olsa gerçeği görmekten bir an olsun uzak kalmamak gerekir. Kendimizi ve birbirimizi aldatmak için gereklilik ve zorunluluk yoktur. Biz durumun ve cephelerin ihtiyacından habersiz değiliz. Her taraftan adıma sayısız telgraflar gelmektedir: "Büyük çapta düzenli kuvvetler gönderiniz", "şu kadar cephane gönderiniz", "bunlar gelmezse burada yeniliriz" denilmekte, tehlike ve ateş içinde bulunmanızın verdiği heyecan dolayısıyla, durum acı bir dille anlatılmaktadır. Bizim görevimiz ve durumumuz, onların üzüntü ve heyecanına katılarak halkın maneviyatını kırmak değildir. Aksine, acılara direnme gücü, kararlılık ve ümit verecek şekilde hareket etmektir.

Bundan sonra, elbette durumlar değişecek, bütün memleket ve millete gerçekten ümit ve güven verecek önlemler uygulanacaktır. Artık buna engel kalmamıştır. Hükümet bir kısım doğumluları da silah altına alabilecektir.

* *
*

YEŞİLORDU

Saygıdeğer Efendiler; Bazı bulanık meselelerin kolaylıkla aydınlanmasına yardımcı olacağını sandığım için yüksek heyetinize, bir "Yeşilordu"dan söz edeceğim:

Türkiye Büyük Millet Meclisinin ve Hükümetinin kuruluşundan sonra, Ankara'da, "Yeşilordu" adı altında bir dernek kuruldu. Bu derneğin ilk kurucuları, pek yakın ve bilinen arkadaşlardı. Kuruluş amacını açıklamak için, iç isyanları ve bu isyanlara karşı gönderilen ordu kuvvetlerinin ve milli müfrezelerin gösterdikleri bazı durum ve manzaraları hatırlamak gerekir. Asilerin, ordunun erlerine Halifenin fetvasından, Padişahın askerliği affettiğinden, Ankara'daki hükümetin meşru olmadığından bahsederek, onları kolaylıkla kandırdıkları defalarca görüldü. Gerçekten de, birçok yerde, bazı ordu erleri asilerle çarpışacak yerde, aksine silahlarını bırakarak köylerine, memleketlerine savuşuyorlardı. Milli müfrezelerin inkılabın gayesini daha kolay anladıkları ve asilerin aldatmacalarına kapılmadıkları anlaşılmıştı. Bu sebeple, Osmanlı ordusunun artıkları denebilecek olan, o tarihlerdeki yorgun, bezgin ve yeni inkılap ülküsüne göre yetiştirilmemiş birliklerle inkılabı başarma konusundaki güçlükler, hissedilir bir derecedeydi. Orduyu yeni bir zihniyetle bilinçli bir duruma getirmenin, o günlerin şartları içinde pek güç olacağı sanılıyordu. Bu bakımdan aranılan vasıfları taşıyan, bilinçli kimselerden seçilmiş ve inkılap için güvenilir bir teşkilat kurma düşüncesi, bazı kimselerin kafasında yer etmeye başlamıştı. Birbirini kovalayan, kanlı ve tehlikeli durumlar gösteren iç karışıklıklar karşısında, bu belirttiğim düşünce ve eğilim kuvvetlendi. Nihayet, bazı kimseler, böyle bir kuruluş vücuda getirmek üzere fiilen harekete geçtiler. Ben, bir yandan ordumuzu canlandırmak ve güçlendirmek için çareler ararken, bir yandan da her türlü sakıncalarına rağmen, her yerde, ister istemez kurulmuş olan milli müfrezelerden yararlanmaya çalışıyordum. Fakat, ciddi bir disiplin, kayıtsız şartsız ve tereddütsüz itaat isteyen önemli askerlik görevlerinin ancak düzenli bir ordu ile yerine getirilebileceği gerçeğini unutmaya elbette olanak yoktu. Milli müfrezelerden yararlanma, zaman kazanma amacına dayanabilirdi. Şüphesiz, kullanılmaları zorunlu olan milli müfrezelerin, seçkin ve şuurlu kimselerden kurulabilmesi arzu edilirdi.

Yeşilordu teşkilatının ilk kurucuları arasında bulunan yakın arkadaşlar, sırf bana yardım amacıyla ve beni ayrıca yormamak düşüncesiyle, kendileri harekete geçerek çalışmayı uygun görmüşler. Bana, yalnız, yararlı bir iş yapacaklarını söyleyerek, kısaca bu girişimlerinden söz etmişlerdi. Ben, gerçekten pek meşgul olduğum için, arkadaşların bu girişimleriyle uzunca bir süre ilgilenemedim. Yeşilordu teşkilatı bir bakıma gizli bir teşkilat olarak kurulmuş ve oldukça genişlemiş. Genel Sekreteri Hakkı Behiç Bey ve Ankara'daki yönetim kurulu önemli ve esaslı çalışmalar yapmışlar. Basılı tüzükleri ve görevli memurları her tarafa gönderilmiş. Yalnız, bir noktayı da işaret etmeliyim ki, Yeşilordu teşkilatı ile meşgul olanlar, benim bu işi bildiğimi, uygun olduğumu ve istediğimi söylediklerinden, her tarafta benim adıma teşkilatı genişletmeye ve güçlendirmeye çalışanlar çoğalmış. Faaliyete geçmiş olan teşkilat, yalnızca milli müfrezeler oluşturmak gibi sınırlı bir alandan çıkmış ve çok genel bir amaca da yönelmiş.

Teşkilatın kurucuları arasına, milletvekili olan Çerkez Reşit Bey ve Ankara üzerinden Yozgat'a gidip gelirken olacak, Çerkez Ethem ve kardeşi Tevfik Bey'ler girmişler. Bundan başka Ethem ve Tevfik Bey müfrezelerinin bütün adamları Yeşilordu'nun adeta temelini oluşturmuşlar.

ÇERKEZ ETHEM BEY VE KARDEŞLERİNİN İLK DEFA DİKKATİ ÇEKMEYE BAŞLAYAN BAZI TAVIR VE DAVRANIŞLARI

Efendiler, bu girişten sonra, Çerkez Ethem Bey ve kardeşlerinin, ilk defa dikkati çekmeye başlayan bazı tavır ve davranışları hakkında yüksek heyetinizi aydınlatmak isterim.

Çerkez Ethem Bey milli bir müfreze ile önce Anzavur'un takibinde ve sonra da Düzce isyanında, başarılı bazı hizmetler yapmış olduğu için, Yozgat'a gitmek üzere Ankara'ya çağrıldığı zaman, hemen herkesten iltifat ve takdirler gördü. Şüphesiz, kendisini abartmalı bir tarzda beğenenler ve övenler de bulunmuştur. Ethem Bey ve kardeşlerinin daha sonraki davranışları, gördükleri takdir edici davranışlardan gururlandıkları ve bazı hayallere kapıldıkları anlaşılıyor. Ethem Bey ve kardeşlerinden Tevfik Bey, Yozgat isyanını bastırmakla meşgul oldukları sırada, kendilerine yakın uzak ne kadar askeri ve milli komutanlarımız varsa, bunların rütbe ve mevkilerine değer vermeksizin hepsine birer birer aşağılayıcı ve saldırgan davranışlarda bulunmakta hiçbir sakınca görmemeye başladı. Ethem Bey'in şahsını, niteliğini ve değerini tanımayan komutanların çoğu, memleketin ateş içinde bulunduğunu ve Ethem Bey'in abartmalı olarak işittikleri hizmetini düşünerek, mümkün olduğu kadar kendisiyle fazla çekişmeden kaçınmışlardı. Bundan cesaret alan Ethem ve kardeşi Tevfik Bey'ler, Türk ordusunda değerli hiçbir subay ve komutan bulunmadığı ve kendilerinin herkesten üstün birer kahraman olduklarını sanmışlar ve bu düşüncelerini açıktan açığa korkusuzca herkese söylemekten çekinmemeye başlamışlardı. Doğrudan doğruya valilere ve herkese emirler veriyorlar ve emirlerinin yerine getirilmemesi halinde idam edilecekleri gözdağını da ekliyorlardı. Ethem Bey, Ankara ve Ankara'daki hükümet üzerinde bile otorite kurma denemesinde bulunmuştur. Sözde, Yozgat isyanı, Yozgat'ın bağlı bulunduğu Ankara valisinin kötü idaresinden çıkmış; bundan dolayı isyana sebep olanlar için uyguladığı cezayı, ki o ceza asılarak idamdı, Ankara valisi için de olay yerinde doğrudan doğruya kendisi uygulamaya karar vermişti. Yozgat'a gönderilmesini istediği Ankara valisi Milli Mücadelede fevkalade hizmet etmiş, yararlık göstermiş ve göstermekte olan Yahya Galip Bey'di. Yahya Galip Bey'in, hizmeti özellikle bizce takdir edilmiş pek gerekli ve yararlı bir kişi olduğu biliniyordu. İşte böyle bir kişiyi, kendi eline, idam sehpasına vermeye bizi mecbur etmekle en büyük otorite ve etkiyi kazanabileceğini düşünmüştü. Elbette Yahya Galip Bey'i veremezdik ve vermedik. Ethem ve kardeşleri bu konu üzerinde fazla ısrar edemediler. Fakat Yozgat'ta, özellikle milletvekillerine: "Ankara'ya dönüşümde Büyük Millet Meclisi Başkanını Meclis önünde asacağım" yollu boşboğazlıkları duyulmuştur. Yozgat milletvekili Süleyman Sırrı Bey de bu boşboğazlığı işitenlerdendir. Biz, bütün duyup öğrendiklerimize rağmen bu "kardeşleri" daima yararlanabileceğimiz bir durumda bulundurmak yolunu tercih ettik. Bu sebeple kendilerini idare ettik. Yozgat'tan sonra Ankara üzerinden Kütahya bölgesine gönderdik. Bu konuya tekrar dönmek üzere, sözü asıl konumuz olan Yeşilordu'ya getireceğim.

Bilginize sunmuştum ki, her yerde, Yeşilordu teşkilatını benim adıma kuruyorlardı. Şahsen tanıdığım kimselerden birinin, Erzurumlu Nazım Nazmi Bey'in, görevli bulunduğu Malatya'dan gönderdiği bir mektupta; Yeşilordu teşkilatının beni sevindirecek biçimde genişletilmesine çalışıldığı bildiriliyordu. Bu haberden uyanarak, bu gizli dernek hakkında araştırmalar yaptım. Bu derneğin nitelik bakımından zararlı bir şekil aldığı görüşüne vardım. Hemen kapatılması gerektiğini düşündüm. Bu konuda tanıdığım arkadaşları aydınlattım. Görüşümü söyledim. Onlarda gereğini yerine getirdiler. Fakat, Genel Sekreter olan Hakkı Behiç Bey, derneğin kapatılması ile ilgili teklifimin yerine getirilmesinin mümkün olmadığını söyledi. Ben, kapattırırım, dedim. Bunun da imkansız olduğunu, çünkü, durumun tahminden daha büyük ve daha güçlü olduğunu ve bu derneği kurmuş olanların sonuna kadar amaçlarından ayrılmayacakları konusunda birbirlerine söz vermiş olduklarını kendine has bir tavırla söyledi. Olaylar gösterdi ki, biz bu gizli derneğin faaliyetine son vermeye çalıştığımız halde, tam olarak başaramadık. Reşit, Ethem ve Tevfik kardeşler başta olmak üzere, dernek ileri gelenlerinden bir kısmı bu defa faaliyetlerine yıkıcı yönde ve bize karşı olarak devam etmişlerdir. Eskişehir'de çıkarttıkları "Yeni Dünya" gazetesi ile de, düşünce ve maksatlarını saldırgan bir şekilde yayınlatıyorlardı.

CELALETTİN ARİF, HÜSEYİN AVNİ BEYLERİN ERZURUM'A GİDİŞİ VE ORADA ORTAYA ATTIKLARI KONULAR

Saygıdeğer Efendiler, takibini düşündüğüm sıraya göre, yüksek heyetinizi biraz Doğu Cephemizle meşgul edeceğim. Ancak, üzerinde duracağım durumdan önce bir safha vardır ki, önce onu açıklamak gerekiyor.

Birinci Büyük Millet Meclisinde İkinci Başkan olan Erzurum Milletvekili Celalettin Arif Bey 15 Ağustos 1920 tarihli bir dilekçeyle, Meclisten iki ay süreyle izin aldı. İleri sürdüğü mazeret, zihin yorgunluğundan ileri gelen sürekli baş ağrısı idi. Aynı zamanda, çoktan beri görmediği seçim bölgesinde de incelemeler yapmak istiyordu.

Celalettin Arif Bey, Erzurum milletvekillerinden Hüseyin Avni Bey'in, kendisiyle birlikte gönderilmesini benden özel olarak rica etti. Hüseyin Avni Bey'in, Meclisten izin isteyebilmesi için belirli bir mazereti yoktu. Ben, kendisini özel bir görevle gönderecektim. Bu hususu, 18 Ağustos 1920'de Meclisten rica ettim. Kabul edildi.

Celalettin Arif ve Hüseyin Avni Beylerin, Erzurum'a varışlarından sonra, Celalettin Arif Bey'den 10, 15 / 16 ve 16 Eylül 1920 tarihlerinde üç şifreli telgraf aldım. Bu telgraflara göre, Erzurum halkında gerginlik ve kaynaşma varmış... Fakat, Celalettin Arif Bey'in Ankara'dan Erzurum'a hareketini haber alınca, halk beklemeyi tercih etmiş... Kaynaşmanın sebebi de, ordu ambarları, tüfek ve cephane kaybı ve süt dağıtımıyla ilgiliymiş.

Celalettin Arif Bey, bazı memurların değiştirilmesi ve cezalandırılması gibi işlerde çabukluk istiyordu. Söz konusu memurların değiştirilme ve cezalandırılmalarında, Erzurum Vali Vekilliğinde bulunan Albay Kazım Bey (İzmir Valisi Kazım Paşa) başta bulunuyordu. Celalettin Arif Bey, halkla görüşülerek, eski Adana Valisi Nazım Bey'in Erzurum valiliğine atanmasına karar verildiğinden, Trabzon yoluyla tebligat yapılmasından ve Nazım Bey gelinceye kadar halk oylamasına başvurularak bir vali vekili seçilmesinden söz ettikten sonra, verilecek olumlu cevapla halkın gittikçe artan kaynaşması hemen yatıştırılmazsa, tehlikeli sonuçlar doğacağından korkulmakta olduğunu bildiriyordu. Sonuncu telgrafında: "Ankara, şikayeti dikkate almadığından, mesele, Ankara'ya güvenin sarsılması şekline dönüşebilecektir." denilmekteydi.

Efendiler, Doğudaki kolordumuzda dehşetli bozulma ve yolsuzluklar varmış... Bozulmanın derecesi o kadar artmış ki, halkın vatanseverlik duygusuna dokunmuş... şiddetle kaynaşmasına yol açmış... Fakat, bu kadar genel ve yatıştırılması mümkün olmayan kaynaşmayı Erzurum'da ne vali vekili ne kolordu komutanı anlamış! Hiçbir görevli, hiçbir ilgili böyle bir kaynaşmanın farkına varamamış, Hükümeti haberdar eden hiçbir kimse bulunmamış... Bununla birlikte halk, Celalettin Arif Bey'in zihin yorgunluğundan dolayı izinli, Hüseyin Avni Bey'in de benim tarafımdan görevlendirilerek Erzurum'a hareket ettiklerini haber aldıklarından, gerginlik ve kaynaşmalarını frenlemişler... Milletvekili Beylerin oraya varmalarıyla birlikte açığa vuruyorlar.

Doğrusu Efendiler, ben bu bilgilere asla inanamadım. Celalettin Arif Bey ve Hüseyin Avni Beylerin birer bahane bularak Erzurum'a gitmelerini anlamlı buldum ve hayret ettim. Hele, halkın genel oyuna başvurarak vali atanmasıyla ilgili teklifin, hukuk profesörlüğü yapmış, kanun adamı olarak tanınmış, Meclis-i Mebusan Başkanlığından Türkiye Büyük Millet Meclisi İkinci Başkanlığına gelmiş, Celalettin Arif Bey'den geldiğini görmek hayretimi büsbütün artırdı.

Erzurum'daki Büyük Millet Meclisi İkinci Başkanına, 16/17 Eylül 1920 tarihinde: Telgraflarının Bakanlar Kurulunda okunduğunu, bu konuda Cephe Komutanlığı ile haberleşme yapılmakta olduğunu bildirdim. Doğu Cephesi Komutanlığından da, Celalettin Arif Bey'in telgraflarını özetledikten sonra, bilgi istedim ve görüşünü sordum.

CELALETTİN ARİF BEY'İN GENİŞ YETKİYLE DOĞU İLLERİ VALİLİĞİNE ATANMASI İSTENİYOR

Doğu Cephesi Komutanı Kazım Karabekir Paşa'nın da, 14 Eylül 1920'de benim telgrafımdan önce yazılmış şifreli bir telgrafını 19 Eylülde aldım. Bu telgrafta: "Celalettin Arif Bey'in Rize, Trabzon, Erzurum, Erzincan, Van, Beyazıt illerini ve yüce Meclisçe uygun görülecek başka bölgeleri de içine almak üzere Doğu İlleri Valiliğine atanmasını arz ve teklif ederim." denildikten sonra şu düşünceler ekleniyordu: "Bu teklifin kabul edilip uygulanması halinde, askeri ve sivil her iki görevin gereken önem ve titizlikle yapılmasından sağlanacak yarar dışında, yeri gelince, önemli işleri görüşmek ve gereğini hızla yerine getirmek için milletvekili olarak bir kişi daha bulunmuş olur. Yukarıda arz edilen hususun Büyük Millet Meclisince layık olduğu önemle dikkate alınarak kabul edilip onaylanacağını umar, bu konuda yüksek şahsiyetlerinin yardım ve gayretlerini dilerim." Durum, ana çizgileriyle Celalettin Arif Beyefendi ile görüşülmüş ve kendilerince uygun bulunmuş ise de, bu konudaki kararın Millet Meclisinin uygun bulmasına ve onayına bağlı olduğu doğaldır.

Efendiler, ordudaki yolsuzluktan, halktaki kaynaşmadan, Erzurum'a halkın oyu ile vali seçiminden ve acele olarak olumlu cevap verilmezse Ankara'ya karşı güvensizlik doğacağından söz eden Celalettin Arif Bey, ordunun komutanı ile görüşüyor ve kendisini geniş yetkiyle Doğu İlleri Valiliğine teklif ettiriyor. Ordu Komutanı da, Celalettin Arif Bey'in, sonuç olarak kendi aleyhindeki şikayetinden habersiz görünüyor. Durumu, özel maksatla düzenlenmiş bir oyun ve aynı zamanda bir dikkatsizlik manzarası gibi kabul etmemek mümkün değildi.

Kazım Karabekir Paşa'nın 16/17 Eylül tarihli telgrafıma, 18 Eylülde verdiği cevapta: "Celalettin Arif Bey'in bildirdikleri, birkaç kişinin, Vali

Vekili Albay Kazım Bey'i sırf Erzurum'dan uzaklaştırmak için yaptıkları dedikoduya dayanmaktadır. Halktaki kaynaşma ve halkın oyları ile vali seçimi hususları, ne yazık ki, Celalettin Arif Bey'in yanlış bir yol tutmalarından başka bir şey olduğunu sanmıyorum. Küçüklerinden büyüklerine bütün Doğu'nun pek çok saygı ve güvenini kazanan bendenize, söz konusu şikayetlerin yapılmaması, iş çevirmek isteyenlerin başarılı olamayacaklarını bilmeleri sonucudur..."

Celalettin Arif Bey, Albay Kazım Bey'in, Vali Vekilliğinden ve Kolordu Komutanlığı Vekilliğinden alınarak Erzurum'dan uzaklaştırılmasını bendenize teklif etti. Vali Vekilliğinden alınmasının İçişleri Bakanlığının emriyle ve Vali Vekilliğini kendilerinin yani Celalettin Arif Bey'in üzerine almasıyla mümkün olabileceğini bildirdim.

CELALETTİN ARİF BEY KENDİ KENDİNE ERZURUM VALİ VEKİLİ OLUYOR

Celalettin Arif Bey'in, Erzurum'daki resmi olmayan durumunun, nüfuzunu kırabileceğini zannederim. Başladıkları işin sükunetle ve başarıyla sona erdirilmesi için, derhal Erzurum Vali Vekilliğini üzerine alması şarttır. Uygun görülürse, daha sonra Doğu İlleri Müfettişliğine veya valiliğine atanır. Herhalde bahsettikleri kaynaşma ve gerginliğin kendi onurlandırmaları üzerine şimdilik yatıştığını kabul etmiyorum. Böyle bir sözü, kendisine pek önem verildiğini gören bir kimsenin cesur ifadeleri olarak kabul ediyorum...

Kazım Karabekir Paşa'nın 14 ve 18 Eylül tarihli telgraflarına, 20 Eylülde verdiğim cevapta, Büyük Millet Meclisi üyeliği ile memurluk görevinin bir şahıs üzerinde aynı zamanda bulunamayacağı ile ilgili 5 Eylül 1920 tarihli kanunun ilgili maddesini aynen yazdıktan sonra, "Celalettin Arif Bey'in Erzurum Valiliğine atanması mümkün değildir. Milletvekilliğinden ayrıldığı takdirde, söz konusu ile Vali olarak atanması Hükümete teklif edilebilir." dedim.

Oysa, Efendiler, Kazım Karabekir Paşa'nın, son telgraf tarihi olan 18 Eylül günü, bizim 20 Eylülde bildirdiğimiz, kanunun hükmüne aykırı olan durum, Erzurum'da alınmış imiş...

Bu kanuna aykırı durumdan, aynı zamanda yeni Türkiye'nin Adalet Bakanı olan Celalettin Arif Bey'in, 18 Eylülde yazılmış olup da 21 Eylülde aldığım telgrafı ile haberim oldu. Kendi kendine Erzurum Vali Vekili olan, Adalet Bakanının telgrafı aynen şöyledir:

Erzurum, 18.9.1920

Ankara'da Büyük Millet Meclisi Başkanı Mustafa Kemal Paşa Hazretleri'ne

Kazım Karabekir Paşa'ya gönderilen şeref verici yüksek telgraflarınız üzerine, arz edilen meseleler üzerinde kendisiyle enine boyuna görüştük. Paşa, durumun dehşetini anlamak istemiyorlar ve yanında bulunan kimseler her bakımdan korunuyor. Kamuoyundaki kaynaşmanın bir an önce yatıştırılması için silah, askeri malzeme ve diğer malzemelerle, Kilise'de çıkan yolsuzluk söylentilerini iyice inceleyebilmek ve bu işlere yeltenenleri kanunun pençesine teslim edebilmek için, halkın saygısını kazanmış olan 9'uncu Tümen Komutanı Halit Bey'in görevlendirilmesini rica ederim. Ordu hesaplarının denetlenmesi de gerektiğinden, hemen bir maliye müfettişinin gönderilmesi yüksek kararlarınıza sunulur. Kazım Paşa'dan şimdi aldığım bir yazıda, daha önce vali vekilliğinden kayıtsız şartsız çekilmeye karar veren Albay Kazım Bey, o kararından vazgeçerek vekilliği bendenize veya İçişleri Bakanlığından tayin edilecek bir vekile devredeceğini yazılı olarak bildirmiştir. Kendisinin vekilliğinin devamı da sakıncalı ve tehlikeli görülmüş olduğundan, şu bir iki gün içinde durumun nezaketi dolayısıyla ve memlekette çıkabilecek bu karışıklığa meydan verilmemek üzere, İçişlerinden gelecek emri bekleyerek vekilliği kendi üzerime almak mecburiyetinde kaldım. Erzurum halkınca, vekilliği arzu edilen arkadaşlardan Hüseyin Avni Bey'in vali vekilliğine atanması rica olunur. İleri sürdüğüm bu teklifler sayesinde, kamuoyu yatıştırılabileceğinden, gereğinin yerine getirilmesi zatı devletlerinin kararına bağlıdır.

Adalet Bakanı
Celalettin Arif

Efendiler, Büyük Millet Meclisi Başkanı ve Adalet Bakanı Celalettin Arif Bey'in bu tutumu ve telgrafları, bizim için anlaşılmaz bir bilmece halini aldı. Durum çok önemli ve nazikti. Bu önem ve nezaketin sebebi bence, Celalettin Arif Bey'in ve işbirliği yaptığı arkadaşlarının gerçekleştirmeyi hayal ettikleri gizli niyetler ve bu maksatla aldıkları tavır veyahut yaptıklarını sandıkları oldubitti değildi. Hayatının önemli bir kısmını savaş meydanlarında geçirmiş, devrimler ve inkılaplar içinde yoğrulmuş insanlar için, bu gibi ufak tefek beklenmedik olayların karşı önlemlerini bulup uygulamakta kararsızlık gösterileceğini ve gecikileceğini sananların aldanacaklarına şüphe yoktur.

DOĞU CEPHESİNDE ERMENİSTAN'A SALDIRI KARARI VERDİĞİMİZ SIRADA

Gerçekten durum çok önemli ve çok nazikti. Çünkü, bu günlerde Doğu Cephesinde Ermenilere karşı artık saldırıya karar vermiştik. Bunun için hazırlanmakta ve önlemler almaktaydık. Doğu Cephesi Komutanına da gereken emirler ve talimat verilmişti. Doğuda, ileri sürülen ordunun arkasından, Hükümetin Adalet Bakanı, sözde o ordunun hırsızlığını, orduyla bağlantısı olanların yolsuzluk yaptıklarını ortaya koymak için, kanuna aykırı olarak o ilin vali vekili kimliğine bürünmeyi bir çare ve tek çıkar yol olarak buluyor.

Erzurum'dan cephedeki karargâhına gitmiş bulunan Cephe Komutanı, nihayet 22 Eylül tarihinde diyor ki:

> *Celalettin Arif Beyefendi'nin Doğu İlleri Genel Valiliğine atanması için, zatı devletlerine daha önce yapmış olduğum teklif, bendenize hissettirilmiş ve tarafımdan içtenlikle karşılanmış bir düşüncenin sonucuydu. Celalettin Arif Bey'in, Erzurum'la ilgili girişim ve başvurularıyla gerçekler su yüzüne çıkmış olduğundan, kendisinin Genel Valiliğe atanmasındaki teklifimden elbette vazgeçmiş olduğum bilgilerinize arz olunur.*
>
> *Doğu Cephesi Komutanı*
> *Kazım Karabekir*

CELALETTİN ARİF BEY'İN ÜLTİMATOMU

Erzurum Vali Vekilliğini üzerine alan Büyük Millet Meclisi İkinci Başkanından da aynı tarihli, yani 22 Eylül 1920 tarihli bir telgraf aldım. Bu telgrafta deniliyor ki:

"Silah ve cephaneler, erzak ve terk edilmiş mallarda yapılmış olan yolsuzluklar, kanuna aykırı ve sınırsız vergi toplama, kanunsuz baskı ve zorbalık halkın duygularını büsbütün incitmiş... Erzurum halkının güvensiz ve ümitsiz bir duruma düşerek, artık kendi elleriyle idare edilme gereğini tek kurtuluş çaresi saydığı bir zamanda buraya geldik. Karabekir Paşa'nın da hareketi memleket çıkarlarına uygun değildi. Bu sebeple, açıktan açığa yapılan kötülük ve yolsuzluklara hemen son vermek ve yapanları cezalandırma gereğinde halk topluca ısrar etti. Güvenilir tedbirlerin hemen alınması isteği ve Vali Vekilliğini bizzat kabul etmem Paşa da dahil olduğu halde halk tarafından rica edildi. Vekilliği Hüseyin Avni Bey'e vermek gereğini yazmıştım. Erzurum halkının kendilerinden sayarak güven gösterdikleri Hüseyin Avni Bey'in yirmi dört saate kadar görevlendirildiğinin bildirilmesi... Celalettin Arif"

Saygıdeğer Efendiler, halkın kendi eliyle kendini idare etmesi ilkesini ortaya koyan bizdik. Fakat bununla, her ilin veya her bölgenin ayrı ayrı birer yönetim birliği kurmasını asla kastetmedik. Amacımızı Büyük Millet Meclisinin ilk günlerinde açıkça ifade ettik.

Meclisin de kabul ettiği amaç ve gayemiz, milli iradenin kendini gösterdiği tek yer olan Millet Meclisinin bütün vatanın kaderini eline aldığı şeklinde ifade edildi.

Bu meclisin başkanlarından biri olan ve Hükümette bakan, hem de Adalet Bakanı olarak yer alan bir kişinin, orduda veya herhangi bir yerde kanuna aykırı bir hareketi ortaya çıkartmak ve sorumlularını kanunun pençesine teslim etmek için başvuracağı yol, birtakım beyinsizlere uyarak, çok yakından tanıdığım, gerçekten vatansever Erzurumlu hemşerilerimin asla razı olamayacakları isyankar bir durum almak mı olacaktı?

Hüseyin Avni Bey'in 24 saate kadar Vali Vekilliğine tayinini istiyor. Bu ültimatomun anlamı var mıydı?

Celalettin Arif Bey, bu teklifini Kazım Karabekir Paşa'ya da yapmış... Kazım Karabekir Paşa, ona demiş ki: "Hüseyin Avni Bey, yedek teğmen olarak sahnelerde subayları eğlendiren, hiçbir resmi görevde bulunmamış sıradan bir adamdır. Bunu vali vekili yapmak Hükümeti oyuncak etmeyi istemek olur."

Efendiler, Celalettin Arif Bey'in ültimatomuna verdiğim cevap aynen şöyleydi:

Ankara, 23.9.1920

Şifre
Geciktirilemez
Sayı:388

Erzurum'da Adalet Bakanı Celâlettin Arif Beyefendi'ye

İlgi: 22.09.1920 tarihli şifre: İlk telgrafınızı önemle dikkate almış ve bu konuda Doğu Cephesi Komutanlığı ile haberleşilmekte olduğunu yazmıştım. Adı geçen komutanlıkça gereğinin yerine getirileceği pek normaldi. Buna rağmen, birbiri ardınca yapılan kanunsuz ve isabetsiz teklif ve girişimleriniz Hükümet tarafından hayretle karşılanmıştır. İçişleri ve Milli Savunma Bakanlıklarınca ilgili makamlara gerekli bildirimlerde bulunulmuştur. Sizlerin Hükümetin gerekli gördüğü açıklamaları yapmak ve gerekirse Meclis huzurunda da açıklamalarda bulunmak üzere Ankara'ya hemen dönmeniz gerekmektedir.

Büyük Millet Meclisi Başkanı
Mustafa Kemal

Efendiler, Kazım Karabekir Paşa, 22 Eylül 1920 tarihli bir şifresinde, şu bilgileri veriyordu:

"Şimdi anlıyorum ki, Celalettin Arif Bey, daha Ankara'dayken, kendisiyle bazı külah kapmak isteyenler, güzel bir program yapmışlardır. Söz gelişi, Hüseyin Avni Bey, Erzurum valisi olacak... Celalettin Arif Bey Doğu İllerinin Genel Valisi olacak..."

Celalettin Arif Bey, ya oyuncak olarak oynatılıyor veyahut daha karar vermedim, pek zekidir, kendisi bir iş yapmak istiyor. Çünkü, Halit Bey'i bendenize sormadan yazması ve Hüseyin Avni Bey üzerinde direnmesi başka bir anlam taşımıyor. Halit Bey'in Albay Kazım Bey'le arası pek iyi olmadığından, kendisine Kazım Bey aleyhinde bir karar verdirilebilir. Hüseyin Avni Bey de vali adı altında güzel bir oyuncak olur. Hüseyin Avni Bey'in vali vekilliğine teklif edildiğini duyanlar ümitsizliğe kapılıyorlar ve iğreniyorlar. Özet olarak arz edeyim ki, Erzurum Milletvekili Necati Bey'in kardeşi olup son zamanlarda Milli Eğitim Müdürlüğüne getirilen Mithat Bey, halkın Bolşevikliği, iş beceremeyenlerin makam kapması şeklinde anladığını zannediyor. Bu kişi, çıkarına düşkün olduğundan çoğunluk tarafından pek sevilmez. Halk hükümeti kurma konusunda bendenizi müsait bulamadığından, Celalettin Arif ve Hüseyin Avni Beylerle haberleşerek işin daha önceden hazırlandığını ve kararlaştırıldığını sanıyorum.

Efendiler, Celalettin Arif Bey'i Ankara'ya davet eden 23 Eylül tarihli telgrafım, 24 Eylül tarihli çok sert bir telgrafla karşılandı. Bu telgraf Meclis Başkanlığına hitaben yazılmıştı. "Bakanlar Kurulunda ve Büyük Millet Meclisinde okunacaktır." notunu da taşıyordu. Benim telgrafımdaki iki kelimeyi, "kanunsuz" ve "isabetsiz" kelimelerini alarak, Celalettin Arif Bey, Erzurum'daki girişim ve tekliflerini birer birer bu iki kelime ile tartıyordu. "Bu mu kanunsuzdur?", "Bu mu isabetsizdir?" diyerek kendini savunuyordu. Yaptığı işlerin ne olduğu, sırası gelince verilen bilgilerden anlaşıldığı için, hangisinin kanunsuz olmadığını ve hangisinin isabetsiz bulunmadığını takdir etmek güç olmayacaktır. Celalettin Arif Bey: "Kanunsuz ve isabetsiz teklifin benden gelmeyeceğine Bakanlar Kurulunun inanmasını beklerdim" dedikten sonra: "Aranızda iddialarımı takdir edecek arkadaşların bulunacağına inanıyorum." sözleriyle, kendisini takdir edebilmenin, ancak kendisinin eşi ve arkadaşı olmak durumunda bulunmakla mümkün olabileceğini ortaya koyuyordu. Celalettin Arif Bey, seçim bölgesinde incelemelerde bulunmaksızın Ankara'ya dönemeyeceğini de bildiriyordu.

KAHRAMAN ERZURUM HALKININ BANA AÇTIĞI DOST KUCAĞINI KÖTÜYE KULLANABİLECEĞİNE ASLA İHTİMAL VEREMEDİM

Efendiler, ben de İstanbul'a dönemeyeceğimi İstanbul Hükümetine Erzurum'dan bildirmiştim. Eğer davet yeri ve davet sahibi aynı olsaydı, insanın neredeyse, garip bir karşılık verildiğine inanası gelebilirdi. Fakat, şartlar büsbütün başka olduğuna göre, İstanbul'un davetine karşı bana vefa ve fedakarlık kucağını açmış olan kahraman Erzurum halkının, bu samimiyet kucağını kötüye kullanabileceğine asla ihtimal vermedim.

Hatta Efendiler, 28 Eylül 1920 tarihinde, "Erzurum Halk Temsilcileri" adıyla, memur ve halktan aldığım elli imzalı telgraf bile, bu inancımı sarsmadı. Gerçi, telgraf çok kaba ve isyankardı. Fakat, imzaların çoğu, Celâlettin Arif Bey'in vali vekilliği ettiği valilik memurlarına aitti. Özellikle İstinaf Mahkemesi üyelerinden olup Celalettin Arif Bey tarafından Polis Müdürü vekilliğine atanan kişinin imzası, bu telgrafın nasıl çirkin bir zihniyetin ürünü olabileceğine delil sayılamaz mıydı? Bu telgrafın, Maarif Müdürü Mithat Bey'in evinde toplanan birtakım kimseler tarafından hazırlandığını anlamak da gecikmedi.

Efendiler, Celalettin Arif Bey, tekliflerini bir yandan Erzurum Merkez Heyeti Başkanı Tevfik imzasıyla Celalettin Arif Beyefendi'nin bildirdiği şekilde işlem yapılmasını kesinlikle isteriz diye destekletirken, bir yandan da, Ankara ile şifreli haberleşmelerde bulunularak, sözde birtakım işler yapılmak ve teşebbüsün nasıl bir etki yarattığı anlaşılmak isteniyordu.

Erzurum, 21/22.9.1920

Milli Eğitim Bakanlığına, Ankara

Erzurum Milletvekili Necati Bey'e:

Mümkünse, Sağlık Müdürlüğüne Merkez Tabibi Doktor Salim Bey'in atanmasına yardımcı olunması uygundur. Bundan önceki atanmaların ciddiyetten uzak bulunduğu, ödeneklerimizi mutlaka alarak Ziraat Bankasından havale veriniz. Meclise yazılmıştır (Hüseyin Avni)

Maarif Müdürü Mithat

Bundan sonra:

Erzurum, 22.9.1920

Milli Eğitim Bakanlığına, Ankara

Rıza Nur Beyefendi'ye özel:

Şimdiye kadar yazdığım işlerden nasıl bir sonuç elde edildi? Bakanlar Kurulunda bu konu üzerinde ne geçti? Lütfen bana bilgi vermenizi rica eder, gözlerinizden öperim. (Celalettin Arif)

Maarif Müdürü Mithat

Daha sonra da:

Erzurum, 25.9.1920

Çok acil

Milli Eğitim Bakanlığına, Ankara

Rıza Nur ve Necati Beylere özel:

Ermenileri yola getirmek amacıyla haziranda seferberlik ilan edilerek üç yüz beş (1305/1889) doğumlulara kadar silah altına çağrılmış dokuz bini savaş görmüş ve on üç bini de savaş görmemiş olmak üzere toplam yirmi iki bin askerle subay ailesinin beslenmeleri hemen hemen Erzurum ili halkına yükletilerek, şu zamanda savaş vergileri toplanmak suretiyle bir buçuk milyon liralık yiyecek, hayvan ve araçları alınmıştır. Halk, amacın yüceliğini takdir ederek bu kadar fedakarlık ettikten sonra, Çiçerin'in bilinen mektubunun askeri harekatı sonuçsuz bırakması, Ermenilerin bundan cesaret alarak Müslüman halka, zulümler yaparken, ordunun Ermeni ve Bolşeviklerin birleşmesini ileri sürerek cesaretsizlik göstermesi ve Kızıllar ile istenildiği derecede anlaşılması, bunların yanında Celalettin Arif Bey'in yazdığı yolsuzluklara meydan verilmesi pek kötü bir etki yapmış, halkı ayaklanmaya ve saygısızlığa sürüklemiştir. Kazım Paşa'da Doğudaki işleri idare edebilme gücü olmadığından, buradaki siyasi ve askeri durumu Ermenilere karşı koyabilecek şekilde iyi idare edebilecek dirayetli ve aynı zamanda olağanüstü yetkiye sahip bir heyetin varlığı şarttır. Şimdiye kadar değerli zamanlar, Ankara'da dosyası bulunan gereksiz yazışmalarla geçmiş, belki de birçok fırsatlar kaybolmuştur. Öte yandan, Erzurum'un mevsim bakımından güç zamanları geldi. Ordunun korunması zorunluluğu olduğu halde, elbise ve beslenme konusunda pek çok sıkıntı çekilmektedir. Askeri ve sivil memurlar dört aydan beri maaş alamamaktadırlar. Askeri giderler için yeni vergiler koymayı düşünüyorlarsa da halkın gücünü bilmiyorlar. Durumları asla elverişli değildir. İstanbul Hükümeti pek kayıtsız. Yakın iller, özellikle Harput ili büsbütün kayıtsız, hiç ilgi göstermemektedir. Bu gibi konularda Hükümetten, gerekirse benim adıma Meclisinizden de gensoru önergesi vererek araştırma isteyiniz ve ordunun ihtiyaçlarını orada kesinlikle sağlandıktan sonra geliniz. Doğu illeri ile ilgili haberlere pek inanmadım. İmza: Hüseyin Avni.

Maarif Müdürü Mithat

Görülüyor ki, Celalettin Arif Bey'in, Hükümet üyeleri arasındaki, iddialarını takdir edeceğini sandığı ve makamının şifresinden yararlanmaya kalkıştığı kişi de kendisinin sırdaşı olmak istememiş ve Meclis Başkanlığını haberdar etmiştir.

Efendiler, kırk elli kişinin, bütün Erzurum halkı adına telgraf çekmek suretiyle oynanmak istenen oyunun içyüzü, yine Erzurum halkından gelen ve halkın Büyük Millet Meclisi Hükümetine karşı bağlılık ve fedakârlık duygusuyla dolu olduğunu gösteren telgrafla anlaşıldı.

Celalettin Arif Bey, Ermenistan seferinde, en sonunda Büyük Millet Meclisi Ordusunun zafer kazandığını gözleriyle gördükten sonra, yani geri dönmesi için yapılan bildirimi aldıktan tam kırk yedi gün sonra, Erzurum'dan ayrılmaya karar vermek mecburiyetinde kalmıştır. Buna rağmen, hareketini Meclise şu telgrafla müjdeliyordu:

Erzurum, 27.11.1920

Büyük Millet Meclisi Başkanlığına

Büyük Millet Meclisi İkinci Başkanı ve Adalet Bakanı Celalettin Arif Beyefendi'nin, milletvekilimiz Hüseyin Avni Bey'le birlikte, dünkü gün, kışın şiddetine rağmen, Erzurum halkının büyük ve parlak uğurlama töreniyle Ankara'ya hareket ettiklerini arz eder, bu vesileyle Meclise karşı sonsuz saygılarımızı sunarız.

Müdafaa-i Hukuk Merkez Heyeti
Başkan Tevfik

Hüseyin Avni ve Celalettin Arif Beylerin Erzurum'dan döndükten sonra, Meclisteki muhalif tutumları ve Kazım Karabekir Paşa'ya karşı yaptıkları hücum ve eleştirilerle Meclisi çok işgal ettikleri görülmüştür.

DOĞU CEPHEMİZDE ERMENİLERLE SAVAŞ BAŞLIYOR

Saygıdeğer Efendiler, doğu sınırlarımızda acele olan işimiz, Celalettin Arif Bey 'in, Erzurum'un inkılap tarihinde bıraktığı izi daha fazla ele alıp incelemeye elverişli değildir. Arzu buyurursanız o günlerin doğu sınırlarımızdaki ciddi işlerine geçelim:

Yüksek heyetinizce de bilinmektedir ki, Mondros Ateşkes Anlaşmasından beri Ermeniler, gerek Ermenistan içinde, gerek sınıra yakın yerlerde, Türkleri toplu olarak öldürmekten bir an geri durmuyorlardı. 1920 yılının sonbaharında Ermenilerce yapılan zulümler dayanılmaz bir dereceye geldi ve Ermenistan seferine karar verdik. 9 Haziran 1920 tarihinde, Doğu bölgesinde geçici seferberlik ilan ettik. 15'inci Kolordu Komutanı

Kazım Karabekir Paşa'yı Doğu Cephesi Komutanı yaptık. 1920 Haziranında, Ermeniler, Oltu'da kurulan, yerel Türk yönetimine karşı hareketle, o bölgeyi ele geçirdiler. Dışişleri Bakanlığımız tarafından Ermenilere 7 Temmuz 1920'de bir ültimatom verildi. Ermeniler aynı şekilde hareketlerine devam ettiler. Sonunda, seferberlikten 3,5-4 ay kadar sonra, Ermenilerin Kötek, Bardiz bölgelerinde toplanan kuvvetlerimize saldırıları ile savaşa başlandı.

Ermeniler, 24 Eylül 1920 sabahı Bardiz cephesinden baskın şeklinde yaptıkları genel bir saldırı ile başarıya ulaştılar. Efendiler; Doğu Cephesinin bu can sıkıcı bilgiler veren raporunu okurken, Celalettin Arif Bey'in de, Ermenilerin saldırı günü olan 24 Eylülde yazılmış, bildiğimiz ültimatomunu alıyordum. Ermeniler geri püskürtülüp girdikleri bölgelerden atıldılar. Ordumuz 28 Eylül sabahı ileri harekete geçti. Aynı günde Erzurum'un elli imzası da Ankara'ya saldırıya geçiyor. Ne kötü tesadüf! Sanki, bu Efendiler, Ermenilerle aleyhimizde harekete sözleşmiş gibiler...

Ordu, 29 Eylülde Sarıkamış'a girdi, 30 Eylülde Merdenek işgal edildi. Fakat bazı sebepler ve düşüncelerle 28 Ekim 1920 tarihine kadar, bir ay, Sarıkamış-Laloğlu hattında kaldı.

Bu sebeplerden birinin de, Erzurum'da bulunan Celalettin Arif Bey ve arkadaşlarının yarattıkları durum olduğunu tahmin buyurursunuz. Gerçekten de, Kazım Karabekir Paşa'nın 29 Eylül 1920 tarihinde Sarıkamış'tan çekilen telgrafında: "30 Eylülde cepheyi gezip gereken talimatı verdikten sonra Erzurum'a giderek, orada geçen olayın sonuçlandırılacağı arz olunur..." deniliyordu.

Kazım Karabekir Paşa, 30 Eylül 1920 tarihinde, Sarıkamış'tan Celalettin Arif Bey'e yazdığı bir şifrede: "Erzurum halkı adına kırk elli imza ile çekilen açık telgraf, dış düşmanların milyonlar sarf ederek elde edemeyeceği bir belgedir. Olayın kendisinden daha önemli ve tehlikeli olan bu açık telgrafı dış düşmanların tehlike ve tehdidinden daha yıkıcı ve doğuracağı ağır sonuçları cephe durumundan daha önemli gördüğümden yarın Erzurum'a geleceğimi bildiririm" diyordu.

Celalettin Arif Bey, 5/6 Ekim 1920 tarihli telgrafıyla özellikle "vatansever ordu içinde değerli ve halkın güvenini kazanmış pek çok subay ve üstsubay bulunduğundan, yolsuzluk şikayetleri elbette ordunun dayanma gücünü ve disiplin esaslarını etkileyecek kadar büyümemiştir" şeklinde bilgi veriyordu.

ORDULARIMIZIN ÜSTSUBAY VE SUBAYLARI HAKKINDA BİLİNEN BİR GERÇEK

Yıllarca vatanın çeşitli savaş alanlarında komuta ettiğim ordularımızın üstsubay ve subayları ile ilgili gizli, zaten bildiğim bir gerçeği 180'inci defa da olsa duymuş olmaktan elbette pek memnun olmuştum.

Efendiler, savaş alanında verilecek emri bekleyen Doğu Ordumuz, 28 Ekim 1920 günü Kars üzerine harekete başladı. Düşman, direnmeksizin Kars'ı terk etti. Kars 30 Ekimde tarafımızdan işgal edildi. 7 Kasım tarihinde birliklerimiz, Arpaçay'ına kadar olan bölgeyi ve Gümrü'yü ele geçirdi.

Ermeniler, 6 Kasımda ateşkes ve barış için başvurmuşlardır. Biz de ateşkes anlaşmasının maddelerini, Dışişleri Bakanlığı aracılığıyla, 8 Kasımda Ermeni ordusuna bildirdik. 26 Kasımda başlayan barış görüşmeleri 2 Ocakta son buldu ve 2/3 Ocak gecesi Gümrü Antlaşması imzalandı.

MİLLİ HÜKÜMETİN YAPTIĞI İLK ANTLAŞMA: GÜMRÜ ANTLAŞMASI

Efendiler, Gümrü Antlaşması, Milli Hükümetin yaptığı ilk antlaşmadır. Bu antlaşmayla, düşmanlarımızın hayallerinde ta Harşit vadisine kadar uzanan Türk ülkelerini kendisine bağışlamış oldukları Ermenistan, Osmanlı Devleti'nin 1877 seferiyle kaybetmiş oldu ve bu yerleri, bize, Milli Hükümete terk ederek aradan çıkarılmıştır. Doğudaki durumlarda önemli değişiklikler olması yüzünden, bu antlaşma yerine, daha sonra yapılan 16 Mart 1921 tarihli Moskova ve 13 Kasım 1921 tarihli Kars Antlaşmaları geçerli olmuştur.

Efendiler, o bölgenin genel durumu ve sınırlarımız bakımından temas halinde bulunduğumuz Gürcistan ile olan ilişkilerimiz ve aramızda geçen olaylar hakkında da kısaca bilgi vereyim:

1920 yılının Temmuzunda, Batum, İngilizler tarafından boşaltılınca, Gürcüler hemen işgal ettiler. Bu durum Brest-Litowsk ve Trabzon Antlaşmalarına aykırı olduğundan, 25 Temmuz 1920'de tarafımızdan protesto edilmişti.

8 Şubat 1921'de Ankara'da güven mektubunu sunmuş olan Gürcü elçisiyle de, Türkiye-Gürcistan antlaşması için görüşmeler başlamıştı. Nihayet 23 Şubat 1921'de verdiğimiz kesin bir ültimatom üzerine Ardahan, Artvin ve Batum'un bize bırakılmasına razı olundu. Batum'un işgali bu tarihten on beş gün sonra gerçekleşmiştir. Bu yerlere, Türkiye'ye katılmayı sabırsızlıkla bekleyen halkın alkışları içinde işgal olayı gerçekleşti.

Daha sonra, Moskova Antlaşması gereğince Batum boşaltıldı; fakat işgal etmiş olduğumuz öteki yerlerin anavatan sınırları içinde kalması pekiştirildi.

* *
*

TRAKYA'DAKİ DURUM

Efendiler, içinde bulunduğumuz tarihlerde Trakya'nın durumuna da hep birlikte göz gezdirelim:

Doğu Trakya'da, Anadolu ve Rumeli Müdafaa-i Hukuk Cemiyeti Trakya-Paşaeli Merkez Heyeti bir kongre yaptı. Bu kongre, Trakya'nın idaresini, Trakya-Paşaeli Merkez Heyetine verdi. Trakya'da Kolordu Komutanı olarak bulunan Cafer Tayyar (Cafer Tayyar Paşa), bu Merkez Heyetinde olmakla birlikte, Edirne milletvekili olarak da Meclisimize üye seçilmiştir. Trakya Merkez Heyetine ve Kolordu Komutanına verdiğimiz talimat, Trakya'nın kaderinin bütün memleketin kaderiyle birlikte çözülebileceği esasına dayanıyordu. Askeri harekat bakımından da verdiğimiz direktif şuydu:

Üstün kuvvetlerin saldırısına uğranılırsa sonuna kadar direnilecek ve Trakya tamamıyla zapt ve işgal edilmiş olsa bile, teklif edilecek herhangi bir çözüm şekli tek başına kabul edilmeyecektir. Zaten Trakya'daki komutanın da kararının böyle olduğu ifade edilmekteydi. Fakat son zamanlarda, Komutan Cafer Tayyar Bey, yabancıların verdiği teminat üzerine yapılan davete uyarak İstanbul'a gitmiş, bize durumu ancak dönüşünden sonra bildirmişti. Anlaşıldığına göre, Doğu Trakya'nın yalnız başına varlığını koruyamayacağı ancak Batı Trakya ile birleşerek yabancı bir devletin idaresi sayesinde yaşayabileceği yolunda fikirler aşılanmış… Herhalde manevi gücü kıracak birtakım propagandalar yapılmış…

Cafer Tayyar Bey İstanbul'da iken Tümen komutanlarından Muhittin Bey, İstanbul'dan Kolordu Komutanlığına atanmış Cafer Tayyar Bey'in Trakya'ya dönmesine izin verilmiş. Cafer Tayyar Bey, İstanbul çevreleriyle görüştükten sonra, Muhittin Bey'in teklifine rağmen, artık kolordunun komutanlığını üzerine almamış, Muhittin Bey'in üzerinde bırakmış. Böylece Trakya'nın kaderi, İstanbul siyasi çevrelerinin etkisine terk edilmiş…

Efendiler, Büyük Millet Meclisi açıldığı zaman, Trakya'da, Birinci Kolordu'nun savaş düzeni şöyleydi:

Kolordu karargâhı Edirne'de;

60'ıncı Tümen: Keşan, Edirne, Uzunköprü dolaylarında;

55'inci Tümen: Tekirdağ bölgesinde;

49'uncu Tümen: Kırklareli bölgesinde.

Yunan ordusu, Anadolu'da, Batı Cephesinde yaptığı genel saldırıda başarı sağladıktan sonra, 20 Temmuz 1920'de Tekirdağ'a bir tümen çıkardı. Tekirdağ bölgesinde pek dağınık bir durumda bulunan 55'inci Tümen, toplanmaya vakit bulamadan, Yunan tümeni, Edirne'ye doğru yürümeye başladı.

Batı Trakya'dan Meriç'i geçerek saldırmak isteyen Yunan kuvvetleri, o bölgedeki 60'ıncı Tümen'i komuta eden Cemil Bey'in (İçişleri Bakanı Cemil Bey'dir) ve 15 Haziran'da kuvvetleriyle Edirne'ye gelmiş bulunan ve Edirne-Karaağaç istasyonu arasında ciddi savaşlar vermiş olan Şükrü Naili Bey'in (Şükrü Naili Paşa) dikkat ve direnmeleri sayesinde durduruldu ve ilerlemeleri önlendi.

TRAKYA'DAKİ KOLORDUMUZUN ASKERLİĞİN GEREKLERİNİ VE VATANSEVERLİK NAMUSUNU YERİNE GETİREMEMESİNİN TEK SORUMLUSU CAFER TAYYAR PAŞA'DIR

Edirne'ye doğru serbestçe ilerlemekte olan düşman trenine karşı, bütün Birinci Kolordu kuvvetlerini toplayıp önlem alacak komutanın, Kolordu Komutanı Muhittin Bey'in ne yaptığını bilmiyorum. Yalnız elde ettiğim bilgilere göre, Cafer Tayyar Bey, kendi kuvvetleri ile temas kuramadan, Havza yakınlarında atla dolaşırken düşman tarafından esir edilmiştir. Ondan sonra sevk ve idareden mahrum kalan Birinci Kolordu'muz tamamıyla dağıldı. Birliklerinin bir kısmı esir oldu, bir kısmı da Bulgaristan'a sığındı. Sonuç olarak, Trakya'nın tamamı Yunanlıların eline geçti. Ne yazık ki, 1'inci Kolordu Komutanınca, milletin istediği ve beklediği ileri görüşlülüğün, dikkat ve fedakarlığın gösterildiğine şahit olamadık.

Efendiler, Trakya'nın özel ve güç durum ve şartlar içinde bulunduğuna şüphe yoktu. Fakat bu özellik ve güçlük, hiçbir zaman Trakya'daki kolordunun askerliğin gereklerini yerine getirmesine ve vatanperverlik namusunu göstermesine engel olamazdı. Eğer, bu yapılamamış ise, millet ve tarih karşısında bulunan tek sorumlusu Cafer Tayyar Paşa'dır. Tarihte bütün bir vatanı, çok üstün düşman kuvvetleri karşısında, son bir avuç toprağına kadar karış karış kahramanca ve namusluca savunmuş ve yine varlığını koruyabilmiş ordular görülmüştür. Türk ordusu o cevherde bir ordudur. Yeter ki ona komuta edenler, komuta edebilme vasıflarına sahip olabilsinler!

Efendiler, komutanlar, askerliğin görev ve gereklerini düşünür ve uygularken, beyinlerini siyasi görüşlerin etkisi altında bulundurmaktan kaçınmalıdırlar. Siyasetin gereklerini düşünen başka görevliler bulunduğunu unutmamalıdırlar.

Komutanların, emirleri altına verilen millet evladını, memleket vasıtalarını, düşmana ve ölüme doğru sürerken, düşündükleri tek nokta, milletin kendilerinden beklediği vatan görevini ateşle, süngüyle ve ölümle yerine getirerek sonuç almaktır. Askeri görev, ancak bu anlayış ve inançla yerine getirilebilir. Lafla, politika ile, düşmanın aldatıcı vaatlerine kulak vermekle askerlik görevi yapılamaz. Omuzlarında ve özellikle kafalarında askerlik sorumluluğunu yüklenecek kadar kuvvet bulunmayanların feci sonuçlarla karşılaşmaları kaçınılmazdır.

Efendiler, bir komutanın esir olması da bağışlanabilir. O zamanki, askerliğin görev ve gereklerini yerine getirip uygulamakta, elindeki kuvveti sonuna kadar, son süngü ve son nefese kadar kullandıktan sonra, kanını akıtmak fırsatını bulamaksızın düşman eline düşerse...

Efendiler, bütün ordusu, üstün düşman karşısında yenilip de kendiliğinden geri çekilirken, kılıcını çekip tek başına atını, düşman başkomutanının çadırına doğru sürerek ölüm arayan Türk komutanları görülmüştür.

Bir Türk komutanının, ordusunu kullanmaksızın, herhangi bir kötü tesadüf ve kötü şans eseri bile olsa, düşmana esir düşmesini biz bağışlasak da, tarih, bunu asla affetmez ve affetmemelidir. Türk inkılap tarihinin gelecek nesillere hitap ve uyarısı işte budur.

* *
*

İKİNCİ KONYA İSYANI

Saygıdeğer Efendiler, Anadolu ortasında çıkarılan iç isyanların, Yunan ordusu karşısında bulunan kuvvetlerimiz ve yaptığımız düzenlemeler üzerindeki kötü etkileri, düşmanlarca umulan sonuçları vermedi. Savunma kuvvetlerimiz üzerinde doğrudan doğruya etkisini göstererek, cephemizi yıkma hedefine yönelmiş bulunan çarpışmayla birlikte, cepheye yakın bölgelerde de halkı ayaklandırmak, düşmanların önem verdikleri bir mesele idi. İstanbul, bu konuda öteden beri çalışmaktaydı. Zeynelabidin Partisi'nin Konya ve dolaylarında çıkmasına aracı olduğu isyan hareketleri, nihayet 1920 yılı Ekiminin başında patlak verdi.

Delibaş adında bir eşkıya, beş yüz kadar asker kaçağını topladı. 2/3 Ekim 1920 gecesi Çumra'yı bastı. 3 Ekim sabahı da Konya'ya girdi ve idareyi ele geçirdi. Konya valisi bulunan Haydar Bey ve Komutan Avni Bey (Milletvekili Avni Paşa'dır) Konya'da bulunan az sayıdaki asker ve jandarma ile, Alaettin tepesinde, asilere karşı anılmaya değer bir kahramanlıkla savunmada bulundular. Fakat asilerin çokluğu ve her taraftan saldırmaları karşısında asilere esir düştüler.

Aynı günlerde Beyşehir ve Akşehir ilçelerinde de görevli olarak dolaşan askeri heyetlerimiz, oralardaki asiler tarafından görev yapmaktan alıkondular. Ilgın ilçesinin Çekil köyü yakınlarında toplanan üç yüz kadar asi de, nasihat için giden heyete ateş etti. Konya'nın güneyinde Karaman ilçesinde de asiler toplanmaya başladı. Sultaniye asilerin eline düştü.

Efendiler, bu ayaklanmalara karşı, Afyonkarahisar'dan ve Kütahya'dan sevk ettiğimiz Derviş Bey (Kolordu Komutanı Derviş Paşa) komutasındaki kuvvetler, Konya'nın kuzeyindeki Meydan istasyonu yakınlarında asilerle karşılaştı. Ankara'dan da bir süvari alayı ve bir dağ topu ile, o zaman İçişleri Bakanı olan Refet Bey komutasında sevk edilen kuvvet, Meydan istasyonundan ilerleyen Derviş Bey kuvvetiyle birleşti. Adana Cephesinden de bir kuvvet Karaman'a doğru yola çıkarıldı.

Konya üzerine hareket eden kuvvetler, asilerle yaptıkları birkaç çatışmadan sonra, 6 Ekim 1920'de Konya'yı asilerden kurtardı. Oradan kaçan asiler Koçhisar, Akseki, Bozkır ve Manavgat'a doğru gittiler. Diğer bir kısım asiler de Afyonkarahisar'la Konya arasındaki Kadınhan ve Ilgın'ı işgal ettiler. Bu bölgeye de Batı Cephesi'nden Yarbay Osman Bey komutasında bir kuvvet gönderildi. Osman Bey müfrezesi Ilgın, Kadınhan, Çekil ve Yalvaç'taki isyanları bastırdı. Güneyden gelen kuvvetimiz Karaman'ı kurtardı.

İsyan bölgesinde asileri tepelemeyi başaran kuvvetlerimiz Bozkır, Seydişehir ve Beyşehir'i de isyancılardan temizledi. Her tarafta, asilerin döküntülerinden bir kısmı bize katıldılar. Bir kısmı da Antalya ve Mersin yönlerine doğru kaçtılar. Delibaş, Mersin bölgesinde Fransızlara sığındı.

Saygıdeğer efendiler; Yeşilordu teşkilatından söz ederken açıklamıştım ki, düşmana karşı oluşturulacak kuvvetler konusunda iki zıt görüş çarpışmaya başlamıştı. Bizim benimsediğimiz düzenli ordu kurma görüşüne karşı çıkılarak milis diyebileceğimiz bir çeşit teşkilat kurma görüşüne ağırlık kazandırılmak isteniyordu. Reşit, Ethem ve Tevfik kardeşler, Kütahya yakınlarında, Kuva-yı Seyyare adı altında ve elleri altında bulunan kuvvete dayanarak bu görüşün başını çekiyorlar ve ateşli bir şekilde çalışıyorlardı.

"ORDUDAN FAYDA YOKTUR" SÖZLERİ VE BATI CEPHESİ KOMUTANININ SALDIRI TEKLİFİ

Batı Cephesinde, orduda ve halk arasında ve hatta Mecliste, bu yaygın görüş etrafında yapılan propaganda o kadar güçlü ve etkili bir duruma geldi ki, "Ordudan fayda yoktur, dağılsın! Hepimiz Kuva-yı Milliye olalım..." sözleri her tarafta kulakları doldurmaya başladı.

Batı Cephesi birlikleri arasında, Kuva-yı Milliye halinde, bir bölge ve bir cepheye sahip bulunan Ethem Bey müfrezesinin adamları, adeta ayrı tutulan, ordu erlerinden daha üstün, ayrıcalıklı ve gıpta edilecek durumda sayılmaya başladı. Ethem Bey ve kardeşleri de, herkes üzerinde bir çeşit otorite ve üstünlük kurmaya başladılar...

İşte bu sıralardaydı ki, Batı Cephesi Komutanı, Genel Kurmay Başkanlığına, Ethem ve Tevfik kardeşlerin etkisiyle olduğu sanılan bir teklifte bulundu: "Yunan ordusunun Gediz yakınında bulunan bağımsız bir tümenine saldırmak!"

Batı Cephesi Komutanı, düşman kuvvetlerinin uzun bir cephe üzerinde dağılmış olarak bulunduğu, Gediz yakınındaki kuvvetinin zayıf ve tek başına bırakıldığını ileri sürerken, düşman moralinin bozuk olduğunu da kabul ediyordu.

O tarihlerde, Yunan ordusu üç tümenle Bursa bölgesinde; bir tümenle Aydın dolaylarında; bir tümenle Uşak'ta ve bir tümenle Gediz'de bulunuyordu.

GEDİZ TAARRUZU

Batı Cephesi Komutanı, iki piyade tümenini ve Ethem Bey'in Kuva-yı Seyyaresini Gediz'deki Yunan tümeni üzerine harekete geçirebilecekti. Bu hareketten parlak bir sonuç almayı umuyordu.

Genelkurmay Başkanlığı, Batı Cephesi Komutanlığının bu teklifini kabul etmedi. Çünkü düşman ordusu genel durumu itibariyle bizim ordumuzdan daha kuvvetli idi. Biz, daha ordumuzu kurmuş ve düzene sokabilmiş değildik. Cephanemizin miktarı da ağırdan almamızı gerektiriyordu. Bütün cephe kuvvetlerimize müracaat ederek ve az çok üstün bir kuvvet toplayarak, Gediz'de düşmana karşı hızla bir başarı kazanmak belki mümkün olabilirdi. Fakat kuvvetlerimiz ve hazırlığımız, böyle bir başarıyı genel ve sonuç aldırıcı bir başarıya götürmeye elverişli değildi. O halde, bütün işe yarayan kuvvetlerimizi, sınırlı ve geçici bir başarı elde etmek için kullanmış ve yıpratmış olacaktık. Bu takdirde, düşman, bütün kuvvetleri ile bir karşı saldırıya geçerse, her tarafta yenilgi kaçınılmaz olurdu. Bundan dolayı da cephenin ve hükümetin şimdilik ordu teşkilatını genişletmek ve mevcudunu artırarak cepheyi kuvvetlendirmeye çalışmak gerekiyordu. Memleketin ölüm kalım meselesi demek olan Batı Cephesinde özel ve sınırlı düşüncelere kapılmak doğru bulunmuyordu.

Genelkurmay Başkanı bu Gediz saldırısının yapılmamasında ısrar etti. Batı Cephesi Komutanlığı ile, haberleşme yoluyla anlaşamadı. Bizzat Ankara'dan Eskişehir'deki Batı Cephesi Karargâhına gitti. Genelkurmay Başkanı İsmet Paşa ile Batı Cephesi Komutanı Ali Fuat Paşa'nın bu görüşmeleri sonunda, Ali Fuat Paşa durumu yerinde bir daha inceledikten sonra karar vermek üzere, hareketi ertelemiştir.

Fakat, birkaç gün sonra, Cephe Komutanlığınca gönderilen rapordan saldırıya karar verildiği anlaşılmıştır.

Efendiler, o günlerde bu saldırı lehinde, her tarafta ve Mecliste müthiş bir propaganda yapılıyordu.

"Düşman Gediz'de tek başınadır. Biz onu orada yok ederiz. Parlak bir durum ortaya çıkar. Zaten Yunan ordusu kaçmaya hazırdır" sözleriyle, Gediz saldırısının gerekli olduğu, neredeyse genel bir kanaat haline getirilmek isteniyordu.

Sonunda, Batı Cephesi Komutanı, Altmış Birinci ve On Birinci Tümenler ve Kuvve-i Seyyarelerle 24 Ekim 1920'de Gediz'deki düşmana saldırdı.

Efendiler, dalgalı, disiplinsiz, emir ve komutasız bazı hareketlerden sonra, bildiğiniz üzere, Gediz'de yenildik.

Yunan ordusu bu harekete cevap olmak üzere, 25 Ekim 1920 günü Bursa Cephesinden saldırıya geçti. Yenişehir'i ve İnegöl'ü işgal etti. Uşak'tan, Dumlupınar sırtları ilerisinde bulunan birliklerimize saldırdı. Birliklerimiz, Dumlupınar sırtlarına kadar çekildi.

Böylece Efendiler; cephenin her tarafında yeniden genel bir yenilgiye uğradık.

Batı Cephesi Komutanının, saldırıya geçmesinden dört gün sonra Bakanlar Kurulunda şu telgrafı okundu:

Çandarhisar 27/28.10.1920

Genel Kurmay Başkanlığına,

1. Birliklerin savaş kayıplarını hızla karşılama ihtiyacındayız. Gediz savaşı, üç yüz savaşçıdan kurulu birliğin, bir taburun savaş görevini yapmasına yeterli olmadığını gösterdiğinden, tabur mevcutlarını dörder yüz savaşçıya çıkarmak mecburiyetindeyiz. Bu savaşlar dolayısıyla, bütün depo birlikleri bile cepheye sürüldüğünden yetişmiş, silahlı ve teçhizatlı bin bütünleme erinin, özellikle Ankara'daki birliklerinden, bu mümkün değilse en yakın bir yerden acele olarak gönderilmesini,

2. Harekâtlar ve savaşlar, giydirilebilen erlerin bile elbiselerini, ayakkabılarını parçalamış, dünden beri kar yağan dağlarda asker çıplak ve yalınayak kalmıştır. "Cephe Komutanlığı Vekilliği" emrinde hiçbir şey olmadığından, özellikle asker paltosu, ayakkabı, pamuklu, elbise, yelek, kuşak; kısacası, hava şartlarından korunmak için ne verilmek gerekiyorsa, on beş bin hesabıyla acele olarak gönderilmesini arz ve rica ederim.

3. Milli Savunma Bakanına, Genelkurmay Başkanlığına ve bilgi edinilmesi için Cephe Komutanlığı Vekilliğine yazılmıştır.

(Batı Cephesi Komutanı Ali Fuat)

Efendiler, Batı Cephesi Komutanı Ali Fuat Paşa'nın, daha Gediz savaşının yapılmakta olduğu bir sırada okuduğumuz bu telgrafında yazılmış olanlarla, bunlarda sezilen anlam ve zihniyetin pek dikkate değer görülmesi normaldir, sanırım. Askerin durumu, kuvvetimizin miktarı, hazırlığımızın derecesi, bütün memlekette her bakımdan muhtaç olduğumuz kaynakların kudret ve kabiliyeti, elbette bu telgraf tarihinden üç gün önce Batı Cephesi Komutanlığınca biliniyordu. Her şey tamam olup da, bunlar Gediz Muharebesi'nin yapıldığı üç beş gün içinde mi mahvolmuştu? Bilinmekte olan bütün gerçeklere rağmen, Batı Cephesi, Genelkurmay Başkanlığı tarafından mı saldırıya zorlanmıştı?

Söz konusu telgraf, Bakanlar Kurulunda okunduktan sonra altına şu not yazılmıştı: "Bakanlar Kurulunda okundu. İleri sürülen sebepler ve olaylar akla yatkın bulunmadı. Gerekli yardımın yapılacağı doğaldır. 3'üncü Alaydan beklenen kuvvet gönderilecektir. İsmet."

ÇERKEZ ETHEM VE KARDEŞLERİNİN ÇIKARDIĞI DEDİKODULAR

Efendiler, her başarısızlığın sonunda birtakım dedikoduların ortaya çıkması beklenmelidir. Gediz Muharebesi'nden sonra da genel durum feci bir görünüş arz edince, her tarafta dedikodular, haklı ve haksız eleştiriler başladı.

Bazıları ve hele Kuva-yı Seyyareciler, Ethem ve kardeşleri, bütün suçu cephe komutanına ve düzenli ordu tümenlerine atarak, kendilerinin güç durumda bırakılmış oldukları yolunda propaganda yaptırıyorlar ve "ordu komutanı kendi hatalarını kapatmak için kusuru bize yükletiyor" diyorlardı.

Ordu da Kuva-yı Seyyarenin hiçbir iş yapmadığını, yapma gücünde olmadığını, savaşta verilen emirlere uymadığını, daima tehlikeden uzak bulunduğunu iddia ve ispat ediyordu.

* *
*

Efendiler, açıklamalara tekrar bıraktığım noktadan devam etmek üzere, burada küçük bir olayı dile getirmeme izninizi rica edeceğim. Bilindiği üzere, Büyük Millet Meclisinin kuruluşu sırasında ortaya konan esaslara göre, "İcra Heyeti" adı verilen Hükümetin üyeleri, doğrudan doğruya ve ayrı ayrı Meclis tarafından seçiliyordu. Bu usul 4 Kasım1920 tarihine kadar uygulandı. Bununla ilgili kanun, ancak 4 Kasım1920'de: "Bakanlar, Büyük Millet Meclisi Başkanının Meclis üyelerinden göstereceği adaylar arasından salt çoğunlukla seçilir" şeklinde değiştirildi.

MECLİSTE GÖRÜLEN AYKIRI EĞİLİMLER VE NAZIM BEY'İN İÇİŞLERİ BAKANLIĞINA SEÇİLMESİ KARŞISINDA BENİMSEDİĞİM TUTUM

İşte arz etmek istediğim husus, bakanların seçimi ile ilgili kanunun değiştirilmesini gerektiren sebeplerden biridir.

Efendiler, 4 Eylül 1920 tarihinde, Tokat Milletvekili bulunan Nazım Bey, 89 oya karşı 98 oyla, Meclisçe İçişleri Bakanlığına seçildi. Nazım Bey, dakika kaybetmeksizin büyük bir aceleyle Bakanlık makamına gidip daha sonra Bakanlar Kurulu Başkanı da olmam dolayısıyla beni ziyarete geldi.

Ben, Nazım Bey'i kabul etmedim. Yüce Meclisin güvenini kazanarak seçilmiş olan bir bakanı kabul etmemekle yaptığım davranışın nitelik ve nezaketini elbette takdir ediyordum. Fakat memleketin büyük yararı, beni bu yolda harekete mecbur tutuyordu. Elbette, bu hareketimin sebebini açıklayıp ispat edeceğimden ve açıklayacağım noktanın yüce Meclisçe de önemli görüleceğinden emindim.

Efendiler, Meclis üyeleri arasından, aykırı birtakım prensiplere eğilim gösterenler ortaya çıkmaya başlamıştı. Bunlardan biri olmak üzere Nazım Bey ve arkadaşları en çok dikkatimi çekmişti. Nazım Bey'in, kendisinden daha Sivas Kongresi sıralarında aldığım safsatalarla dolu bazı mektuplarından, ne zihniyet ve karakterde bir kimse olabileceğini anlamıştım. Nazım Bey, milletvekili olarak Ankara'ya geldikten sonra, her gün yeni yeni siyasi faaliyetler gösteriyordu. Oluşmaya başlayan her siyasi grupla temas fırsatını kaçırmıyordu.

Nazım Bey, bizzat veya dolaylı olarak yabancı çevrelerden bazıları ile temas yolunu bulmuş; onlardan teşvik görmüş ve yardım olanakları da sağlamıştı.

Bu kişinin Halk İştirakiyyun Fırkası diye resmi olmayan ve sırf kendisine çıkar sağlamak üzere bir parti kurma teşebbüsüne geçerek, onun başında milliyetçiliğe aykırı faaliyet sevdasın da bulunduğunu mutlaka duymuşsunuzdur.

Bu zatın yabancı çevrelere casusluk ettiğine de asla şüphe etmiyordum. Nitekim, daha sonra İstiklâl Mahkemesi birçok gerçeği ortaya koymuştu.

İşte Efendiler, bu Nazım Bey, kendisinin ve arkadaşları aracılığıyla yaptığı sürekli propaganda sayesinde ve bize muhalefete hazırlananların milletin yüksek yararlarını unutarak yaptıkları yardımlarla İçişleri Bakanlığına geçirilmişti. Böylece Nazım Bey, Hükümetin bütün iç idare makinesinin başında, memleket ve millete değil, fakat, paralı uşağı olduğu kimselerin isteklerinin gerçekleşmesine en büyük hizmeti yapabilecek duruma gelebilmişti.

Elbette Efendiler, buna asla razı olamazdım. Onun için İçişleri Bakanı Nazım Bey'i kabul etmedim ve istifaya mecbur ettim. Gerekli görüldüğü zaman da, Meclisteki gizli oturumda, hakkındaki bilgi ve görüşlerimi açıkça söyledim.

MİLLETVEKİLLERİNİ SEÇERKEN ÇOK DİKKATLİ VE TİTİZ OLMALIDIR

Saygıdeğer Efendiler, pek iyi bilirsiniz ki, sultanlarla, halifelerle idare edilmiş ve edilmekte olan memleketlerde, vatan için en büyük tehlike, sultanların ve halifelerin düşmanlar tarafından satın alınmalarıdır. Bu, çok defa kolaylıkla sağlanabilmiştir. Meclislerle idare edilen memleketlerde ise, en tehlikeli durum, bazı milletvekillerinin yabancılar adına çalınmış ve satın alınmış olmalarıdır. Millet Meclislerine kadar girme yolunu bulabilen vatansızlara her zaman rastlanabileceğine, tarihin bu konudaki örnekleriyle hükmetmek zorunludur. Bunun için millet, kendi vekillerini seçerken, çok dikkatli ve titiz olmalıdır. Milletin hata yapmaktan korunması için tek çıkar yol, düşünce ve faaliyetleriyle milletin güvenini kazanmış olan siyasi bir partinin seçimde millete kılavuzluk etmesidir. Genellikle bütün vatandaşların, adaylıklarını ortaya atan her şahıs hakkında karar vermeye yardımcı olacak doğru bilgilere ve isabetli oya sahip bulunacağını kabul etmek, nazarı olarak var sayılsa bile, bunun tam bir gerçek olmadığı, tecrübeleriyle ve inkâr edilemez bir açıklıkla ortaya çıkmıştır.

* *
*

Efendiler, bıraktığımız noktaya, yani Batı Cephesine dönüyorum. Gediz Muharebesi'nden, onun maddi ve manevi can sıkıcı sonuçlarından sonra, Fuat Paşa'nın cephe üzerindeki komutanlık etki ve otoritesi sarsılmış gibi görünüyordu. Kendisini komutadan çekmeyi zorunlu saymaya başladım. Tam bu sıradaydı ki, Fuat Paşa Ankara'ya gelip görüşmek üzere 5 Kasım 1920 tarihli bir şifre ile izin istedi. Cevap olarak 6 Kasımda Ankara'ya gelmesinin uygun olacağını bildirdim. Fuat Paşa aleyhindeki dedikodu ve Kuva-yı Seyyare'nin varlığının ordudaki disiplinsizliğe yol açan kötü etkileri o kadar hissedilmeye başlamıştı ki, 7 Kasım tarihinde Ali Fuat Paşa'ya hemen Ankara'ya gelmesini emretmeyi gerekli buldum.

ALİ FUAT PAŞA'NIN MOSKOVA BÜYÜKELÇİLİĞİNE ATANMASI VE CEPHENİN İKİYE AYRILMASI KARARI

Efendiler, artık Ali Fuat Paşa'nın Batı Cephesine komuta edemeyeceğine inanmıştım. O günlerde Moskova'ya da bir elçilik heyeti göndermemiz gerekiyordu. O halde, Fuat Paşa büyükelçi olarak Moskova'ya gidebilirdi. Batı Cephesi de çok ciddi ve dikkatli bir çalışma beklediğinden, bu cephe komutanlığını da zaten genel askeri harekatı yürütmekte olan Genelkurmay Başkanı İsmet Paşa'ya ek görev olarak vermek en hızlı ve uygun bir tedbir olacaktı. Bir yandan da gerek iç isyanlara ve direnmelere karşı gerek savaş harekatı açısından kuvvetli bir süvari teşkilatına duyulan ihtiyaç açıktı. Sırf bu teşkilatı kurabilmek için de İçişleri Bakanı olan Refet Bey'e(Refet Paşa)ek olarak bu görevi de vererek kendisini Konya ve dolaylarına göndermeyi uygun buluyordum. Çünkü Refet Paşa, zaman zaman çeşitli sebeplerle Konya'ya, Denizli'ye gitmiş, Batı Cephesi'nin güney kesimi ile ilgilenmiş ve o kesimle ilgisi bulunan bölgeleri tanımış bulunuyordu. O halde konuyu şöyle çözebilirdim: Cepheyi ikiye ayırmak; önemli kesimleri içine alan alanı Batı Cephesi diye adlandırarak İsmet Paşa'nın komutasına vermek; güney kesimini de Konya ve dolaylarına göndereceğim Refet Paşa'ya vererek, her iki cepheyi birden doğrudan doğruya Genelkurmay Başkanlığı makamına bağlamak...

Genelkurmay Başkanlığını da Milli Savunma Bakanı olan Fevzi Paşa vekâlet edebilirdi. Fuat Paşa zamanında bir de cepheden Sivas'a kadar uzanan geri bölgesi vardı. Fuat Paşa, bu bölgeyi idare edebilmek için de bir "Cephe Komutanlığı Vekâleti" makamı kurmaya mecbur olmuştu. Bunun normal ve pratik olmadığı meydandaydı. Bu bakımdan, yeni düzenlemede bu geri bölgesini de menzil alanı olarak cepheye bıraktıktan sonra, Milli Savunma Bakanına bağlamak normal idi. İsmet Paşa'nın bir süre için Genelkurmay Başkanlığından ayrılmaması, ordunun düzenlenme ve hazırlanmasında hız sağlanması için yararlı görüldüğü gibi, Refet Bey'in de İçişleri Bakanlığı sıfatını geçici olarak devam ettirmesi, özellikle kendi bölgesinde güvenliğin sağlanması, halktan hayvan ve malzeme toplamak suretiyle meydana getirmeye mecbur olduğu süvari teşkilatını bir an önce kurabilmek için gerekliydi.

HIZLA DÜZENLİ ORDU VE BÜYÜK SÜVARİ BİRLİKLERİ KURMA VE DÜZENSİZ TEŞKİLAT FİKİR VE SİYASETİNİ YIKMA KARARI

Efendiler, 8 Kasım 1920'de, Fuat Paşa Ankara'ya geldi. Karşılamak için bizzat istasyonda bulunuyordum. Paşayı omzunda bir tüfek olduğu halde Kuva-yı Milliye kıyafetinde gördüm. Batı Cephesi Komutanına bu kıyafeti benimseten düşünce ve zihniyet akımının bütün Batı Cephesi üzerinde ne kadar etkili olduğunu anlamak için artık kararsızlığa yer kalmamıştı. Onun için Fuat Paşa'ya kısa bir görüşmeden sonra, alabileceği yeni görevi söyledim. Memnuniyetle kabul etti. Aynı günün gecesi İsmet ve Refet Paşaları da davet ederek yeni durumu ve görevlerini kararlaştırdık. Kendilerine verdiğim kesin direktif: "Hızla düzenli ordu ve süvari birlikleri meydana getirmekten" ibaretti. Böylece 1920 yılı Kasımının sekizinci günü" düzensiz teşkilat fikir ve siyasetini yıkma kararı" faaliyet ve uygulama alanına konulmuş oldu.

* *
*

GÖRÜNÜŞTE BİZİM İÇİN YUMUŞAK SANILAN BİR POLİTİKA İLE BİZİ İÇTEN YIKMA GİRİŞİMİ

Saygıdeğer Efendiler; burada bir an durarak bakışlarımızı İstanbul'a çevirelim. Damat Ferit Paşa Hükümetinin her türlü düşmanla ortak olan silahla sonuç alma planı uygulamada başarı kazanamamıştı. İç isyanlara karşı koyduk ve direndik. Yunan saldırısı en sonunda bir hatta durdu.

Yunanlıların ondan sonraki hareketleri de sınırlı alanlar içinde kaldı. İç isyanlara ve Yunan cephesine karşı ciddi önlemler almakta olduğumuz görülüyordu. İçeriden ve dışarıdan gelen silahlı hücumların, özellikle Ankara'daki Milli Hükümeti sarsamayacağı anlaşılıyordu. Bu itibarla, İstanbul'un silahlı saldırı politikası iflas etmiş bulunuyordu. Bunu değiştirip, yeniden uzlaşma politikasına döner gibi görünerek, bizi içerden yıkma politikası gütmenin daha yararlı olacağına inandıklarına hükmedilebilirdi. Tıpkı 1919 Eylülünde Damat Ferit Paşa'nın birinci çekilmesinden sonra, Ali Rıza Paşa Kabinesinin gelmesiyle olduğu gibi, görünüşte bizim için yumuşak sanılan bir politika ile, bizi içten yıkma girişimi yenilenecekti.

Bundan sonraki mücadelelerimizde, İstanbul vasıtasıyla yapılan iç ve dış girişimler, bizi güçsüzlüğe düşürecek telkinler ve Yunan ordusuyla olduğu kadar, fakat anlaşılması ve anlatılması daha güç şartlar içinde, içerideki bozguncülara karşı uğraştığımız da görülecektir.

İstanbul'da hükümetin başına Tevfik Paşa getirildi. Kabinede İçişleri Bakanı olarak Ahmet İzzet ve Bahriye Bakanı olarak Salih Paşa'lar bulunuyordu. Tevfik Paşa Kabinesi hemen bizimle temas ve ilişki kurmak istedi. Bu görevi esas itibariyle Ahmet İzzet Paşa üzerine aldı. Saray kurmay heyetinde bulunan bir subay, Ahmet İzzet Paşa tarafından bazı notlarla Ankara'ya gönderildi. Bu notlarda, eskisine bakarak daha elverişli şartlarla, söz gelişi, İzmir'de Osmanlı hakimiyeti altında Yunanlılar tarafından özel bir yönetim kurulmasının kabulü gibi şartlarla, bir barış yapma ümidinde bulundukları ve her şeyden önce, İstanbul Hükümeti ile bir uzlaşmaya varmanın önemli olduğu bildiriliyordu.

Ahmet İzzet Paşa'nın ve içinde bulunduğu hükümetin, Türkiye Büyük Millet Meclisinin ve Hükümetinin nitelik ve yetkilerinden haberdar olmadıkları, hala İstanbul Hükümetini sürdürmeyi ve bu yolla millet ve memleketin kaderiyle ilgili sorunları çözmeyi düşündükleri görülüyordu.

Ahmet İzzet Paşa'ya ve Tevfik Paşa Kabinesine durumu bildirmek ve kendilerini aydınlatmak maksadıyla, gereken bilgi ve görüşleri etraflı olarak yazdırıp Ankara'ya gelen özel memura verdik ve kendisini 8 Kasım 1920 tarihinde İnebolu'ya doğru yola çıkardık.

12 Kasım 1920 günü, Zonguldak'tan Yüzbaşı Kemal imzalı kısa bir telgraf aldım. Bunda, şifreli bir telgrafı çekmek üzere İstanbul'dan gönderildim, deniyordu. Söz konusu, şifreli telgraf, İçişleri Bakanı İzzet Paşa'nın imzasını taşıyordu. İstanbul'da 9 Ekim 1920 tarihinde yazılmıştı.

İSTANBUL'DA İKTİDAR MAKAMINA GETİRİLEN TEVFİK PAŞA KABİNESİ ANKARA İLE TEMAS OLANAĞI ARIYOR

Bu telgrafta, İstanbul ile Zonguldak arasında Fransız telsizi ile haberleşmek üzere Fransız temsilcisinin izni alındığı bildirildikten sonra: "Hükümet ile bir uzlaşma esası kabul edildi mi? Kabul edildiyse nerede buluşmanın mümkün olacağını ve hangi yolla gelmenin uygun düşeceği sorulmakta idi."

"İstanbul Posta ve Telgraf Genel Müdürü Orhan Şemsettin" imzalı 11 Kasım 1920 tarihli bir emir de, Kastamonu Posta ve Telgraf Başmüdürlüğüne geliyordu. Bu emir, Ereğli Müdürlüğüne gönderilen ve resmi olmayan bir mektubun zarfından çıkıyordu. Emir aynen şudur:

Madde 1. Anadolu ile hükümet merkezi İstanbul arasında telgraf haberleşmelerinin bir an önce başlatılması gereklidir.

Madde 2. Bu amacın gerçekleştirilmesi için, bir taraftan Sapanca ile Geyve arasındaki ana hat üzerinde onarılabilecek durumda olan tellerin hızla kullanılabilir duruma getirilmesi, diğer taraftan da önemli yapım ve onarım çalışması gerektiren İzmit, Kandıra, İncilli arasında yapım ve onarımına başlanması uygun görülmektedir.

Madde 3. Sözü edilen onarımları yapmakla görevli olan İstanbul Fen Müfettişi Bekir Bey, emrinde bir başçavuş ve yeterince çavuşla İzmit'e harekete hazırdır.

Madde 4. Ellerinde İçişleri Bakanlığı yüksek makamının görev belgesini taşıyan bu memurlar, herhangi bir yerde onarım çalışmaları gereğini duyduklarında, tarafımızdan ilgili makamlarla haberleşilerek, kendilerine gereken yardımın sağlanması himmetlerinizden beklenmektedir. 11 Kasım 1920.

Bu telgraf üzerine gerekenlere verdiğimiz emir, İstanbul ile temas kurmaktan sakınılması ve telgraf hatlarını onarma bahanesiyle gelen olursa tutuklanması ile ilgiliydi.

Efendiler, İzzet Paşa'nın dolaylı olarak gönderdiği şifreli telgrafına cevap vermeyi, özel bir memurla gönderdiğimiz notların kendisince okunduğu haberini aldıktan sonraya bırakıyordum. İzzet Paşa'nın tarafımızdan verilen bilgileri aldıktan sonra da görüşünde ısrar edip etmediğini anlamak istiyordum. Bu konu anlaşıldıktan sonra, İzzet Paşa'ya aracılar vasıtasıyla şu cevabı verdim:

"Sizlerin ve Salim Paşa Hazretleri'nin de katılmaları gerekli olan heyetle en kolay ve çabuk olarak Bilecik'te buluşmak mümkündür. İstanbul'dan Sapanca'ya kadar tren ve oradan otomobille veyahut da deniz yoluyla Bursa'ya ve oradan yine otomobille Bilecik'e gidilebilir. Bu yollar üzerinde şimdiden gerekenlere bildirim yapılmıştır. Yolculuğun, Aralık ayının ikisine kadar Bilecik'te bulunacak şekilde ayarlanmasına ve İstanbul'dan hangi tarihte hangi yolla hareket edileceğinin şimdiye kadar kullanılan vasıta ile Zonguldak'a bildirilmesini rica ederim. Yolculuğun mümkün olduğu kadar gösterişsiz yapılması hatırlatma benzeri arz olunur. 25/26.11.1920."

Efendiler, İstanbul'da 23/24 Kasım 1920 tarihinde yazılan ve İstanbul'a varmış olan özel memurun imzasıyla İnebolu'ya gönderilen ve 27 Kasım'da oradan Ankara'ya çekilen bir telgrafta, şu bilgiler veriliyordu:

"Bugün 23.11.1920'de İzzet Paşa'nın yanında bulunduğum sırada, Dışişleri Bakanı, son siyasi durumla ilgili olarak aşağıdaki açıklamaları yapmıştır:

"Yeni gelen İngiliz elçisi, Ermenistan, Gürcistan ve bir süre sonra, İzmir'le ilgili önemli konularda Osmanlı Hükümeti lehine bir çözümün bulunacağını söylemiş. Bu elverişli durumdan yararlanarak memleketin geleceğinin sağlanabilmesi için büyük bir güçle çalışılarak fırsat kaçınılmamalıdır. Eğer Ankara, zaman kazanmak isteğindeyse bile, bir temas kurularak ilerideki kararlar birlikte alınmalıdır, dedikten sonra şu satırlar ekleniyor:

"Açıklamalara ek olarak, İzzet Paşa, kendisine tarafımızdan gönderilen özetteki şimdiye kadar yapılan mücadelelerin bugün bahşettiği ve sağladığı olanaklardan yararlanmak görevimizdir cümlesine dayanarak; eğer Anadolu gönderilecek heyeti kabul etmezse, doğrudan doğruya benimle temas kurarak amacımızı kendimiz kararlaştırmalıyız. Bunu da kabul etmedikleri takdirde, söz konusu cümledeki görüşten vazgeçildiği anlaşılacağından, artık kabinede kalmayarak istifa edeceğini ve istersek İstanbul'u dikkate almayarak kendisinin de Anadolu'ya geleceğini söylemiş."

Efendiler, aynı telgrafta, İstanbul basınında, İzzet Paşa'ya ait olduğu bildirilen şu demecini de yayınlandığı yazılıydı:

"Hükümetin Anadolu'ya özel bir memur göndermekten amacı, Ankara'dakilerle bir temas kurulup kurulamayacağını anlatmak içindi. Oradan dönen memur, bu temasın kurulabileceğini anlattı ve haberleşme de yapılabildi. Elbette gereğinin yapılmasına çalışacağız."

Böyle bir demecin Anadolu'nun görüşüne uygun düşmeyeceği ve yalanlanması gerektiği ileri sürülmüşse de, kabine bunu kabul etmemiş. Bununla birlikte İzzet Paşa, Tercüman-ı Hakikat gazetesine şu demeci de vermiş:

"Memleketin yüksek çıkarları, şimdilik bu konuda basının susmasını gerektirmektedir. Bu bakımdan bir iki gün daha demeç vermekte mecburuz."

Efendiler, Tevfik Paşa, Ahmet İzzet Paşa, Salih Paşa, zamanın büyük adamları gibi tanınmışlardı. Millet bunları akıllı, tedbirli ve uzak görüşlü olarak biliyordu. Bu sebeple Damat Ferit Paşa çekilip yerine, ileri gelenleri bu şahıslar olan bir kabine iş başına gelince, herkeste türlü türlü ümitler uyandı. Tevfik Paşa Kabinesi ilk anda Ankara ile temas ve ilişki kurmak isteyince, kamuoyunda iyi niyetine inanmamak için bir sebep görülemedi. Herkes Tevfik Paşa Kabinesi'nin iktidara gelmesini hayırlı saydı. Bu kabinenin memleket ve milletin yüksek çıkarlarını gözetecek çare ve yolları bulmadan iktidara gelmiş olduğunu kabul etmek ve ettirmek gerçekten güçtü. Kaldı ki, kendileri de İstanbul çevrelerinde ve basında kullandıkları dille, kamuoyunu doğrulayacak bir tavır takınmış bulunuyorlardı.

BİLECİK GÖRÜŞMESİ KARARLAŞTIRILIYOR

Biz, gerçek durumun herkesin sandığı ve düşürdüğü gibi olmadığına tamamen inanmış bulunuyorduk. Ancak, İstanbul'un kurtuluş çaresi olarak ileri sürdüğü uzlaşma ve görüşme tekliflerini, kamuoyunu inandırmaya yarayacak şartları hazırlamadan reddetmeyi uygun bulmadık. Onun için, özellikle İzzet ve Salih Paşaların da içinde bulunacağı bir heyetle Bilecik'te görüşmeyi uygun bulduk. Bu kişilerle görüştükten sonra, halkın bütün inanış ve görüşlerindeki yanlışlığın anlaşılacağına şüphem yoktu. Bir de, her ne olursa olsun, kamuoyunca yukarıda işaret ettiğim vasıfları ile tanınmış olan bu kişileri, İstanbul'da hükümet kurmalarının milli amaç için ne kadar zararlı olduğu meydandaydı. Bu bakımdan, görüşmeden sonra da, kendilerinin İstanbul'a dönmelerine izin vermeme gereği bence normaldi. İşte bu düşüncelerledir ki, İzzet Paşa heyetiyle Bilecik'te görüşme kararlaştırıldı. Görüşme 2 Aralık'ta değil, fakat 5 Aralık'ta oldu.

Efendiler, bu görüşmeyi beklerken, o güne kadar cephede ve Ankara'da geçen olayları da kısaca bilginize sunayım:

Efendiler, hatırlarsınız ki, İzzet Paşa'nın özel memurunun İnebolu üzerinden İstanbul'a hareket ettirildiği 8 Kasım 1920 günü, Fuat Paşa'nın Moskova Büyükelçiliği, İsmet ve Refet Paşaların da Batı Cephesinde görevlendirilmeleri kararlaştırılmıştı. İsmet Paşa ertesi gün cepheye hareket etti. 10 Kasım'da göreve başladı.

O zamanlar Ethem Bey'in yakın arkadaşı bulunan bir kişinin Eskişehir'den 13 Kasım 1920 tarihli bir şifreli telgrafını aldım. Bu telgrafta deniliyordu ki:

"Ethem Bey'in, Fuat Paşa Hazretleri'nin yanında Rusya'ya gideceği söylentisi cephede ve gerideki halk arasında kötü niyete yorulmaktadır. Bu gibi kimselerin çevrenizden uzaklaştırılması, sizin diktatörlük ilan edeceğiniz zannını uyandırmıştır..."

Efendiler, Ethem ve kardeşlerinin Türkiye'den uzaklaşmaları, gerçekten Türkiye'nin de kendilerinin de yarar ve selameti bakımından yerindeydi. Bu sebeple, Fuat Paşa'ya, kendileri istedikleri takdirde, bunları da birlikte alıp uygun şekilde görevlendirilebileceklerini söylemiştim. Ethem Bey'in arkadaşı tarafından yazılan bu telgraftaki ifadelerin, yalnız arkadaşının düşüncesi olduğu ve gerçeğe uygun bulunduğu elbette kabul edilemezdi. Çünkü ne cephenin ne de halkın, Ethem Bey'in Rusya'ya gönderilip gönderilmeyeceği konusu ile ilgisi yoktu. Özellikle: "Ben diktatör olmak istiyorum; fakat Ethem ve benzerleri engeldir. Onun için bu gibileri uzaklaştırıyorum" zannından söz edilmesi büsbütün dikkatimi çekti.

ETHEM VE TEVFİK KARDEŞLERİN MUHALEFETE GEÇMESİ

İsmet Paşa'nın cephede çalışmaya başlamasından sonra, Ethem Bey, rahatsızlığını ileri sürerek Ankara'ya geldi ve burada uzun süre oturdu. Onun yokluğunda, kardeşi Yüzbaşı Tevfik Bey, Ethem Bey'e vekâleten Kuva-yı Seyyarenin başında komutanlık ediyordu.

Durumu gerektiği gibi aydınlatabilmek için, bir olaylar zincirinin bazı ana noktalarına işaret etmek uygun olur. Kuva-i Seyyare Komutanlığı, Karacaşehir'de, kendisine bağlı olmak üzere, gizlice Karakeçili adında bir birlik kurmuştu. Bu kuruluş hakkında Batı Cephesi Komutanlığının bilgisi yoktu. Böyle bir birliğin varlığı 17 Kasım 1920'de tesadüfen öğrenildi. Cephe Komutanlığının bu birliğin varlığı hakkında bilgi istemesi ve birliğin teftişe hazırlanması emri Ethem Bey tarafından yerine getirilmedi. Cephe Komutanlığınca, sivil işlere ve geri hizmetlere karışılmaması için verilen genel emre aykırı olarak, Kuva-i Seyyare Komutanlığı, Kütahya bölgesinde, her şeyde gösterdiği taşkınlık ve zorbalığını daha da artırdı.

Cephe komutanı, Ethem Bey Kuvve-i Seyyaresinin, öteki gezici kuvvetlerden ayrılması için "Birinci Kuva-i Seyyare" diye adlandırılmasını emrettiği halde, Ethem Bey ve kardeşi, bunu dikkate almak şöyle dursun, bu emre rağmen kendi kendine "Bütün Kuva-yı Seyyare ve Kütahya Bölgesi Komutanı" şeklinde bir komutanlık durumu ortaya çıkardı.

Görülüyor ki, Ethem Bey ve kardeşi, emirleri altındaki birlikleri teftiş ettirmiyorlar, verilmemiş yetki ve unvanları kendi kendilerine takınıyorlardı.

"Bütün Kuva-yı Seyyare Komutan Vekili Tevfik" imzasıyla 21 Kasım 1920'de Cephe Komutanlığına gelen bir raporda, on üçüncü düşman tümeninin Emirfakıhlı, İlyasbey, Çardak, Umurbey üzerinden gelmekte olduğu ve "kendi bölgesinde bulunan Gördeslilerin düşman askerini çağırdıkları" yolunda bilgi vardı. Oysa, gerçekte ne düşman tümeni ilerliyordu ve ne de Türk halkı düşmanı çağırmıştı. Bu bilgilerin özel amaçlarla verildiği anlaşılacaktır. Müslüman halkın düşmanı çağırması yalnız bir tek sebeple açıklanabilirdi ki, o da tarafımızdan zulüm ve eziyet göreceklerine inanmalarıdır. İşte Cephe Komutanı, durumu bu noktadan ele alarak verdiği genel emirde demişti ki:

"Savaşın doğurduğu bunalım sırasındaki kızgınlıkların etkisiyle, zorlayıcı sert tedbirler alınmasına kesinlikle engel olmak gerekir. Hainlikleri ne derece kesinlikle anlaşılmış olursa olsun, hiçbir köy asla yakılmayacak, halktan hiç kimse hiçbir birlik tarafından hiçbir suçla idam edilmeyecektir. Casuslukları ve daha başka suçları ortaya çıkmış kimselerin, gözaltında İstiklal Mahkemeleri'ne gönderilmeleri gerekir."

Bütün Kuva-yı Seyyare Komutan Vekili Tevfik Bey, bu emre de karşı çıktı.

Efendiler, düşman, kuvvetlerini toplu bulundurmak amacıyla aldığı düzen yüzünden, Kuva-yı Seyyare bölgesindeki bazı yerleri boşaltmıştı. Buralarda, sivil idare kuruluncaya kadar, halkın güven içinde idaresi için, hemen teşkilat kurulmasına gerek vardı. Bu sebeple jandarma hizmetinde bulunmuş ve iyi halli tanınmış kimselerden seçilen yüz elli mevcutlu bir sahra jandarma bölüğü teşkil edilerek "Simav ve Bölgesi Komutanlığı" adı altında bir komutanlık kuruldu. Bu komutanlık, sınırları belli bir bölge içinde güvenlik işlerine bakacaktı. Yarbay İbrahim Bey adında bir zatın görevlendirildiği bu komutanlığa yönetim ve inzibat bakımından bu bölgedeki askerlik şubeleri de bağlanacaktı. Ordu birliklerinin ve Kuva-yı Seyyarenin komutanları yalnız askeri harekâttan sorumlu olacaklardı. Bu bölge komutanlığının kurulması dolayısıyla, o bölge halkına, Cephe Komutanlığı tarafından yazılan bildiride: "Sizin her türlü dertlerinizi dinlemek, adaletli bir yönetim kurmak amacıyla Simav'da bir Bölge Komutanlığı kuruyorum." cümlesi vardı. Bu cümleyi, Kuva-yı Seyyare Komutanlığı tarafından kötüye yorulacağını göreceğiniz için, özellikle kaydediyorum.

Düşmandan kurtarılan bu kasabalar halkı, kurtuluş tarihinden başlayarak iki ay süreyle askerlik hizmetinden ayrı tutulmuşlardı. Bütün Kuva-yı Seyyare Komutan Vekili Tevfik Bey, birtakım düşünce ve sebeplerle bu bölge komutanlığına da itiraz etti.

Tevfik Bey, 23 Ekim 1920 tarihli bir raporunda, bir düşman tümeninin saldırısı üzerine, kuvvetlerini Gönen köyü kuzeyindeki sırtlara çektiğini bildiriyor ve "Dol kanadımda bulunan Cumburdu kesimini emniyete alınız." diyor.

Düşmanın ciddi bir saldırısı olmamıştır. Kuva-yı Seyyare Komutanlığının amacının, ordu birliklerini cepheye sürdürüp, kendi kuvvetlerini geride toplamak olduğu anlaşılmıştı. Cephe Komutanı İsmet Paşa, Tevfik Bey'in verdiği bilgileri ciddiye alarak, gerekenlere gerektiği gibi emirler vermiş olmakla birlikte, kendisinden de, saldıran düşmanın aşağı yukarı kaç top kullanmakta olduğunu" ve Kuruköy'den yol boyunca Çamköy'e doğru bir düşman harekâtının yapılıp yapılmadığını sordu ve Cumburdu vadisinin İslamköy'e doğru emniyete alınmasının Güney Cephesine ait olduğunu bildirdi.

Tevfik Bey, 24 Kasım 1920 tarihinde Cephe Komutanlığına yazdığı telgrafta iğneleyici birtakım sözlerden sonra, bendeniz, kuzey ve güney cephelerinin her ikisinin de hükümetin emrinde olduğunu sanıyorum. Mademki değildir, idaresizlik yüzünden, boş yere burada vatan evlatlarını kırdıramayacağım. Yirmi dört saate kadar sol kanadımız kuvvetli bir şekilde korunmadığı takdirde, Kuva-yı Seyyareyi Efendiköprüsü civarına çekeceğim. Bu konuda sorumluluğun kime ait olduğunu hükümet bulsun, Efendim diyordu. Batı Cephesi Komutanı İsmet Paşa, Kuva-yı Seyyare Komutanına cevap verdi ve dedi ki: "12'nci Kolordu, sol kanadımızdan kırk kilometre uzaktadır. Bundan başka, geri çekilmiş olan düşmanı keskin saldırıyla ve zorla yerinden atmak görevi birliklerimize verilmiştir. Bu bakımdan Kuva-yı Seyyare, düşmanı takip eden bağımsız bir süvari tümeni durumundadır. Düşmanın üstün kuvvetle saldırılarına karşı yalnız başına tedbirler alır düşman, bölgesi ve ciddi bir hareket yaptıkça, buna karşı kesin savaştan kaçınır. Bu görevler süvari tümenlerine verilir. Güney Cephesinde kuvvetli süvari birliği olmadığından, sizin cephenizi süvari kuvvetleri ile genişletmek mümkün değildir. Güney Cephesi, Kuva-yı Seyyarelerle yalnız dış kanadından temas ve bağlantı sağlayabilir. Bu da lazımdır. Kısacası, cephemiz iyi idare edilmektedir" vb.

Efendiler, Batı Cephesi Komutanlığı elbette ordunun kuvvet durumu ve miktarı ile ilgili bütçesini düzenlemek istiyordu. Bu amaçla 22/23 Kasım 1920'de bütün cephe birliklerinden kuvvetlerinin mevcudu ile ilgili düzenli birer liste istedi. Cephe birliklerinin hepsinden cevap geldi. Kuva-yı Seyyare istenilen mevcut listesini göndermedi. Bu konuda cepheden istenen açıklamaya gelen cevapta, Tevfik Bey diyordu ki; "Kuva-yı Seyyare ne bir tümen ne de düzenli bir kuvvet haline getirilemez… Bu serserilerin başına ne bir subay ne de askeri memuru koymak mümkün olmadığı gibi, kabul ettirilmesi de mümkün değildir. Çünkü, subay gördüler mi Azrail görmüşçesine isyan ediyorlar. Bizim birliklerimiz Pehlivan Ağa, Ahmet Onbaşı, Sarı Mehmet, Halil Efe, Topal İsmail gibi adamlar tarafından idare edilmektedir. Bölük eminleri de yazdığını okuyamaz ve okuduğunu yazamaz adamlardandır. "Sen yapamıyorsun" diye bunların değiştirilmesi olanağı da yoktur. Kuva-yı Seyyare'nin şimdiye kadar olduğu gibi gelişigüzel idare edilmesi zorunludur... Aslında, Kuva-yı Seyyare, disiplin ve düzene sokulmak şöyle dursun, böyle bir düşüncenin doğmakta olduğunu sezdiği anda dağılır. Rica ederim, bu yazdığım şeyleri bir şeye yormayınız...

TEVFİK, CEPHE KOMUTANINI TANIMIYOR

Efendiler, tam bu günlerde, düşmanın, Bursa Cephesi ilerisinde, İznik yakınlarında bir hareketi hissedildi. Cephe komutanı bizzat oraya giderek yakından önlemler almaya mecbur oldu. Onun için 28 Kasım 1920 tarihinde Kuva-yı Seyyare Komutanı Tevfik Bey'e cevap verirken: "Bugün Bilecik'e gidiyorum. Dönüşte sizinle nerede karşı karşıya oturup görüşmek mümkün olur?" sorusunu sormuştu. Cephe komutanına cevap verilmemişti. Cephe komutanı, İznik durumuna karşı, önlem ve düzenleme yapmakla meşgul bulunduğu sırada, Kuva-yı Seyyare Komutanlığından savaş raporları gelmeye başlamış... Sebebi sorulmuş:

"Raporlar gerektiği zaman Ankara'da Büyük Millet Meclisi Başkanlığına yazılmıştır. İmza: Yüzbaşı Tahsin" telgrafı alınmış.

Efendiler, bir cephe komutanı için, cephesinin bir kısmında geçen olaylardan bilgi alamamak ne kadar güç bir durumdur. Böyle bir belirsizlik içinde kalmak, bütün cephenin idaresini yanlış yola sürükleyebilir. Düzeltilmesi imkansız tehlikeli durumlara yol açabilir. Cephe Komutanı İsmet Paşa, 29 Kasım 1920 tarihinde, durumu Ankara'da bulunan Kuva-yı Seyyare Komutanı Ethem Bey'e yazarak, raporlar için vekilinin uyarılmasını bildiriyor.

İsmet Paşa, 29 Kasım 1920'de, bize şu telgrafı gönderdi:

Ankara'da Büyük Millet Meclisi Başkanlığına
Ankara'da Genelkurmay Başkanlığına

1. Kuva-yı Seyyare Komutanlığı, 27.11.1920 akşamından beri Cephe Komutanlığına rapor vermemektedir.

2. Bugün Ethem Bey'den, vekilini uyarılmasını rica ettim. Düşmandan geri alınan yerlerin idaresi için kurulan Simav Bölgesi Komutanlığı dolayısıyla, Tevfik Bey'in üzüntü duyduğunu bildiren Ethem Bey'den bugün bir telgraf almış ve cevap vermiştim. Durumda dikkati çekecek ölçüde bir olağanüstülük varsa da, geniş bilgim yoktur. Orada alınan bilgilerin gönderilmesini rica ederim.

Efendiler, Batı Cephesi Komutanlığı ile Kuva-yı Seyyare Komutanlığı arasında geçen yazışmaları ve ortaya çıkan durumu nasıl öğrendiğimi izin verirseniz açıklayayım:

Kuva-yı Seyyare Komutan Vekili Tevfik Bey tarafından İsmet Paşa'ya yazılan, asker kaçakları ile casusların İstiklal Mahkemesine karşı olduğunu ve Kuva-yı Seyyarenin sol kanadının yirmi dört saate kadar 12'inci Kolordu tarafından emniyete alınmayacak olursa, kuvvetini Efendiköprüsü'ne çekeceğini bildiren telgrafları, bana Ankara'da bulunan Ethem Bey verdi. Ben doğal olarak bu telgrafları anlamlı buldum. Kuva-yı Seyyarenin durumunda önlem alınmasını gerektiren dikkate değer bir hal gördüm. Onun için, İsmet Paşa'ya çektiğim ve bu telgrafları Ethem Bey vasıtasıyla öğrendiğimi bildirdiğim 25 Kasım 1920 tarihli telgrafta, "Tevfik Bey'in, önem verdiğim bu başvurusuna karşı ne şekilde cevap verildiğinin ve ne gibi önlemler alınmış olduğunun bu gece bildirilmesini rica ederim." demiştim.

İsmet Paşa, arada geçen yazışmayı olduğu gibi bildirdi.

Efendiler, bir taraftan da, 28 Kasım 1920 tarihinden başlayarak, Kuva-yı Seyyarenin sabah ve akşam raporları, "Bütün Kuva-yı Seyyare Komutan Vekili Mehmet Tevfik" imzasıyla doğrudan doğruya bana bildirilmeye başladı. Tevfik Bey'e şu şifreli telgrafı yazdım:

Ankara, 29/30.11.1920

Birinci Kuva-yı Seyyare Komutan Vekili Tevfik Beyefendi'ye

İki üç günden beri doğrudan doğruya bana göndermekte olduğunuz raporların son maddesinde, Batı Cephesi Ordu Komutanlığına verilmiş olduğu kaydının bulunmadığı dikkatimi çekti. Bir yanlışlık mıdır, yoksa bir sebebe mi dayanmaktadır? Bu konuda bilgi verilmesini rica ederim.

Türkiye Büyük Millet Meclisi Başkanı
Mustafa Kemal

Bu telgrafıma Tevfik Bey'den cevap almadım. Fakat Ankara'da bulunan Ethem Bey'den rahmetli Hayati Bey'e şöyle bir yazı gönderildi:

30.11.1920

Hayati Bey Kardeşime

Tevfik Bey'le İsmet Beyefendi arasındaki anlaşmazlığın sebepleriyle, bu konuda her ikisiyle yaptığımız yazışmaları olduğu gibi sunuyorum. Lütfen Paşa Hazretleri'ne gösterilip okunarak yanlış bir kanaate meydan verilmemesini rica ederim, efendim.

Kuva-yı Seyyare ve Kütahya Bölgesi Komutanı
Ethem

Efendiler, bu yazıya ilişik olan telgraflarda dikkati çeken noktalar şunlardı: Tevfik Bey, kardeşine diyor ki: "Simav Bölgesi Komutanlığına kesinlikle ihtiyaç yoktur. Bu bölge komutanının Eskişehir'e dönmesi için şimdi emir verdim." Tevfik Bey, İsmet Paşa'nın halka hitaben yayınladığı bildirisini de şöyle yorumluyordu:

"Bu bildiri, bulunduğumuz yerlerde bizim adaletsiz, emniyetsiz ve namussuzcasına hareket ettiğimizi ilan ediyor... Kuva-yı Seyyare, bunu kesinlikle kabul etmez. Bu konular aydınlanıncaya kadar, Kuva-yı Seyyare, Batı Cephesi Komutanlığını tanımayacaktır."

Bunun üzerine, Ethem Bey, İsmet Paşa'ya yazdığı telgrafta, kardeşinin üzüntüsünden söz ettikten sonra, bu işlerin kendisinin dönüşünden sonraya bırakılmasını rica ediyor. Kardeşine de, durumu Batı Cephesi Komutanlığına yazdığını, ancak kendisinin de ölçülü ve nezaketli davranması ve karşılık vermesi gerektiğini bildiriyor. Tevfik Bey, 28 Kasım 1920'de Ethem Bey'e yazdığı karşılık telgrafında:

"Namusumuzla oynayan Batı Cephesi Komutanını bundan böyle amir olarak tanımayacağımı ve Simav'a gönderdiği komutanına, bugün yanındakilerle birlikte Eskişehir'e dönmesi için emir verdiğimi... yazmıştım", dedikten sonra "Bu hususta başka bir şey düşünemem ve düşünebilmek olanağı da yoktur, efendim" diyordu.

Tevfik Bey'in kardeşine çektiği yine aynı tarihli bir telgrafında da: "(...)En ufak bir şey hissedersem bu yeni kurulan komutanlığın bütün mensuplarını gözaltında Batı Ordusuna iade edeceğim. Batı Ordusu Komutanı İsmet Bey'in bu cephe komutanlığını idare edemeyeceğini anlıyorum" denilmekteydi.

Efendiler, bundan sonra, Kuva-yı Seyyarenin savaş raporları Ankara'da Ethem Bey'e geliyor ve Ethem Bey tarafından Batı Cephesi'ne gönderiliyormuş.

Bundan başka, Kuva-yı Seyyare Komutanlığı, Batı Cephesi haberleşmelerine sansür koymuş. Telgraf ve telefon hatlarının Kuva-yı Seyyare Komutanlığının haberleşmeleriyle meşgul olduğundan söz edilerek, cepheyle haberleşmeler açık ve resmi şekilde yasaklanmış. Aynı zamanda, Kuva-yı Seyyarenin Eskişehir dolaylarına saldıracağı söylentisi yayılmıştır.

ETHEM VE TEVFİK KARDEŞLERLE KENDİLERİ GİBİ DÜŞÜNEN BAZI ARKADAŞLARININ MİLLİ HÜKÜMETE İSYANI

Saygıdeğer Efendiler, bu durumu hep beraber incelemeye yardım edecek kadar bilgi arz ettiğimi sanıyorum. Kolaylıkla anlaşılmaktaydı ki, Ethem ve Tevfik kardeşlerle, kendileri gibi düşünen bazı arkadaşları, milli hükümete karşı isyana karar vermişlerdi. Bu kararlarının uygulanması için Tevfik Bey cephede bahane ararken ve kuvvetlerini cepheyi terk ederek toplarken, Ethem Bey, milletvekili olan kardeşi Reşit Bey ve daha birtakımları da siyasi yoldan çalışıyorlardı. İsyan planında başarılı olabilmek için, her şeyden önce, buna engel sayılan Batı Cephesindeki ordunun başında bulunan komutanın itibar ve makamından düşürülerek orduya hakim olunması gerekiyordu. Ondan sonra da Meclis kamuoyunu tamamıyla kendi lehlerine çevirerek komutan, bakan veya hükümet düşürmekte kolaylık sağlamak önemli bir noktaydı. İşte bu maksatlarla çalışmakta olduklarına bizde şüphe kalmamıştı. Ethem Bey'in, İsmet Paşa'ya ve kardeşi Tevfik Bey'e yazdığı telgraflarda kullandığı yumuşak ve nazik bazı kelimelerin, biraz daha zaman kazanmak amacına dayandığına ve bu meseleyi İsmet Paşa ile Tevfik Bey arasındaki anlaşmazlıktan doğan bir üzüntü dolayısıyla, en sonunda Tevfik Bey'in öfkesine hakim olmayarak biraz ileri gitmesinden ibaret gösterip, kendilerinin pek yumuşak başlı ve alçak gönüllü olduklarını bir zaman için daha göstermeye çalıştıklarına hükmetmemek mümkün değildi. Biz de durumu olduğu gibi ciddi saydık. Siyasi ve askeri önlemlerimizi ona göre uygulamaya başladık.

Efendiler, arz etmeliyim ki, gerek cephede gerek Ankara'da her bakımdan ihtiyaç duyulan önlemleri aldırmıştım. Ethem ve kardeşlerinin isyanından asla çekinmiyordum. İsyan ettikleri takdirde yola getirilip cezalandırılacaklarına şüphem yoktu. Onun için pek serin ve geniş hareket ediyordum. Mümkün olduğu kadar kendilerini nasihatle yola getirmeye ve saygılı olmaya çalışmayı, bunu başaramadığım takdirde, kamuoyunda daha çok açıklık kazanacak olan saldırganca çalışma ve hareketlerinin gerektirdiğini yapmayı tercih ediyordum. Bu düşünceyle, 2 Aralık 1920 tarihinde, Ankara'da bulunan Ethem ve Reşit Beylerle diğer bazı kimseleri de yanıma alarak bizzat Eskişehir'e gitmeye ve orada İsmet Paşa ile de birleşerek yüz yüze konuşmaya ve anlaşmaya karar vermiştim. Ethem Bey'in bu geziye benimle gitmekten çekineceğini tahmin ediyordum. Halbuki, Ethem Bey'i de birlikte alıp götürmek bence pek gerekliydi. Bunun için istekli olsun olmasın, Ethem Bey'i de birlikte götürmek veyahut ısrarı halinde ona göre bir tutumu benimsemek üzere gereken önlemlerin alınmasını da emretmiştim.

Gerçekten de, ertesi günü, Ethem Bey hastalığını ileri sürerek birlikte seyahat edemeyeceğini bildirdi. Doktor Adnan Bey de Ethem Bey'in rahatsızlığının seyahate engel olduğunu söyledi. Israr ettim. Nihayet 3 Ekim 1920 akşamı özel bir trenle Eskişehir'e hareket ettik. Ethem ve kardeşi Reşit Beylerden başka yanımızda bulunan arkadaşlardan başlıcaları şunlardı:

Kazım Paşa, Celal Bey, Kılıç Ali Bey, Eyüp Sabri Bey, Hakkı Behiç Bey, Hacı Şükrü Bey.

4 Aralık 1920 sabahı, erkenden, henüz ben uykudayken tren Eskişehir'e vardı. Daha önce İsmet Paşa'nın henüz Bilecik'te bulunduğu anlaşılmış olduğundan Eskişehir'de durmayıp Bilecik istasyonuna gitmeye karar vermiştik. Eskişehir'de uyandığım zaman, trenin niçin durduğunu ve yoluna devam etmediğini sordum. Yaverlerim, arkadaşların sabah kahvaltısı yapmak üzere istasyonun karşısındaki lokantaya gittiklerini ve şimdi gelmek üzere bulunduklarını söyledi. Çabuk gelmeleri için haber gönderilmesini istedim. Birkaç dakika sonra "hazırız" denildi. "Bütün arkadaşlar geldi mi?" dedim. Bunun üzerine yapılan araştırmadan anlaşıldı ki, herkes hazırdı ama Ethem Bey bir arkadaşıyla birlikte ortada yoktu. Derhal Ethem Bey'in kaçırıldığına hükmettim. Fakat bunu kimseye söylemedim. Yalnız, "o halde, dedim, Ethem Bey olmaksızın bizim Bilecik'e gitmemizde bir fayda yoktur. İsmet Paşa'yı da buraya çağırırız."

İsmet Paşa da, telgraf başında yapılan özel bir görüşmeden sonra, Eskişehir'e hareket etti. Daha önce, yalnız ve özel olarak görüşmemiz gerekli olduğundan ben de bir iki istasyon ileri giderek buluştuk. Birlikte 4 Aralık 1920 akşamı Eskişehir'e geldik. Orada bekleyen arkadaşlarla hep birlikte bir lokantada yemek yedik. Ethem Bey yoktu. Nerede olduğunu kardeşinden sordum. Rahatsız, yatıyor dedi. O gece İsmet Paşa'nın karargâhında Kazım Paşa, Celal Bey, Hakkı Behiç Bey de hazır olduğu halde, Reşit ve Ethem Beylerle konuşacaktık. Onun için Reşit Bey, Ethem Bey'in hasta olduğunu söylerken, görüşmek üzere karargâha gelebileceğini de eklemişti. Yemekten sonra karargâha gittik, fakat Ethem Bey gelmemişti. Reşit Bey'e ne vakit geleceğini sordum. Verdiği cevap şuydu: "Ethem Bey şu dakikada kuvvetlerinin başındadır!"

Bu habere rağmen sakin olmayı ve görüşmeyi tercih ettik.

Şu noktayı da belirtmeliyim ki, ben Eskişehir'e resmi bir sıfatla gitmemiştim. Orada hazır bulunan bazı arkadaşların yanında, İsmet Paşa ile olan görüşme ve konuşmalarımızı tarafsız bir arkadaş sıfatıyla yaptığımı söylemiştim. İsmet Paşa, durumu, aralarında geçen haberleşmeleri, Kuva-yı Seyyare Komutan Vekili olarak Tevfik Bey'in aldığı başkaldıran tavrı anlattı. Reşit Bey, kardeşleri ve kendi adına cevap veriyordu. Reşit Bey, pek kaba ve saldırganca konuşmaya başladı. Kardeşlerinin birer kahraman olduklarını, hiç kimsenin emri altına girmeyeceklerini, bunu böylece kabul etmeye herkesin mecbur olduğunu pervasızca söylüyor; ordu, disiplin, komuta ve hükümet kavramlarıyla bunların gereklerine dair ileri sürülen görüşlere kulak bile vermiyordu. Onun üzerine, ben dedim ki: "Bu dakikaya kadar sizinle eski bir arkadaşınız sıfatıyla ve sizin lehinizde bir sonuç almak için samimi bir duyguyla görüşüyordum. Bu dakikadan itibaren arkadaşlık ve yakınlığım son bulmuştur. Şimdi karşınızda Türkiye Büyük Millet Meclisinin ve Hükümetinin Başkanı bulunmaktadır. Devlet Başkanı olarak, Batı Cephesi Komutanına durumun gereğini yerine getirmek üzere yetkisini kullanmasını emrediyorum. "Hemen İsmet Paşa da dedi ki: "Emrimde bulunan komutanlardan herhangi biri bana karşı gelmiş olabilir. Benim onu yola getirmeye ve cezalandırmaya gücüm yeter. Bu konuda daha kimseye karşı güçsüzlüğümü itiraf etmiş ve hiç kimsenin bana ait olan bu görevin kolaylıkla yerine getirilmesi için yardımını rica etmiş değilim. Ben durumun gerektirdiği işleri yaparım."

Tarafımdan ve İsmet Paşa tarafından alınan bu ciddi tavır üzerine, avazı çıktığı kadar bağırırcasına konuşan Reşit Bey, derhal şimdi; ileri gitmekte acele edilmemesini, kendisi kardeşlerinin yanına giderse bir uzlaşma çaresi bulabileceğini söyledi. Bundan bir sonuç çıkmayacağı, maksadın kardeşlerine durumu anlatmak ve zaman kazanmak olduğu meydandaydı. Buna rağmen Reşit Bey'in bu teklifini kabul ettik. Ertesi günü, İsmet Paşa'nın hazırlatacağı özel bir trenle Kütahya'ya kardeşlerinin yanına gitmesi uygun görüldü. Kazım Paşa'nın da Reşit Bey'le birlikte gitmesi yerinde bulundu. Hareket ettiler.

BİLECİK GÖRÜŞMESİ

Saygıdeğer Efendiler, izninizle bu hikâyeyi şimdilik burada bırakacağım. Aynı günde, yani 5 Aralık 1920'de Bilecik istasyonunda bekleyen Ahmet İzzet Paşa heyetine temas edeceğim: Hatırınızdadır ki, İzzet Paşa'nın istek ve teklifi üzerine, kendileriyle Bilecik'te görüşülmesine karar verilmişti. Heyet, ayın dördünden beri beni Bilecik istasyonunda bekliyordu. Bu heyet, İzzet ve Salih Paşalarla elçilerden Cevat, Ziraat Nazırı Hüseyin Kazım, Hukuk Müşaviri Münir Beylerden ve Hoca Fatih Efendi'den kurulmuştu. Bilecik istasyon binasının bir odasında birleştik. İsmet Paşa da beraberdi. Görüşme şöyle geçti: Ben, ilk söz olarak "Türkiye Büyük Millet Meclisi ve Hükümeti Başkanı" diye kendimi tanıttıktan sonra: Kimlerle müşerref oluyorum" sorusunu yönelttim. Salih Paşa, benim maksadımı kavrayamadığı için, kendisinin Bahriye ve İzzet Paşa'nın da Dahiliye Nazırı olduğunu söylemeye çalışırken, ben derhal, İstanbul'da bir hükümet ve kendilerini o hükümetin üyeleri olarak tanımadığımı; eğer İstanbul'daki bir hükümetin bakanları olarak görüşmek istiyorlarsa, kendileriyle görüşmekte mazeretli olduğumu bildirdim. Ondan sonra kimlik ve yetki söz konusu edilmeden görüşülmesi uygun bulundu.

Konuşmanın bazı safhalarında, Ankara'dan bizimle birlikte gelen bazı milletvekili arkadaşları da bulundurdum. Birkaç saat süren konuşmadan, gelen kimselerin esaslı hiçbir bilgi ve kanaate sahip olmadıkları anlaşıldı. Sonunda, kendilerine İstanbul'a dönmelerine izin vermeyeceğimi ve beraberce Ankara'ya gideceğimizi bildirdim.

İZZET VE SALİH PAŞALAR ANKARA'DA

Zaten beklemekte olan trenle hareket edildi. 6 Aralık 1920'de Ankara'ya geldik. İstanbul'dan gelen heyeti itirazlarına rağmen alıkoymuştum. Fakat bunu ilan etmeyi yararlı bulmadım. Çünkü, İzzet ve Salih Paşalarla diğerlerinden milli hükümet işlerinde yararlanarak haysiyetlerini korumak istedim. Bu maksatla, Ankara'ya gelir gelmez basına verdiğim resmi bildiride, adı geçen kimselerin Büyük Millet Meclisi Hükümetiyle görüşme yapmak bahanesiyle İstanbul'dan çıktıklarını, memleketin iyilik ve selameti için daha yararlı ve daha etkili bir şekilde çalışmak üzere bize katıldıklarını ilan ettirdim.

Efendiler, bizim İzzet Paşa heyetiyle Bilecik - Ankara yolu üzerinde bulunduğunuz 5/6 Aralık 1920 tarihinde Reşit Bey'den, Kütahya'ya vardığını, ertesi günü Tevfik Bey'le görüşeceğini, Ethem Bey'in de oraya geldiğini bildiren fakat daha olumlu bir anlam taşımayan bir telgraf aldım. Dört gün sonra da Reşit Bey'in, geri dönerken Eskişehir'den gönderdiği 9 Aralık tarihli bir telgrafında: "Tevfik ile olan mesele iyi bir sonuca bağlanmıştır" denildikten sonra, "Fakat tanımak ve tanıtmak istediğimiz kimselerin basit ve zamana uygun olarak düşünememelerine veya düşünemediklerine bin bir işaret konmuştur" ibaresi okunmaktaydı.

Reşit Bey tarafından, Eskişehir'deki Batı Cephesi Komutanı İsmet Paşa'ya da, meselenin çözüme bağlandığı, haberleşmenin sağlandığı ve Simav Bölgesi Komutanının yerine gönderilebileceği söylenmişti. 9 Aralık 1920'de Ethem Bey'den de aldığım bir şifreli telgrafta, meselenin İsmet Paşa tarafından maksatlı ve zamansız olarak çıkartılmış olduğu anlatılmak isteniyordu. Sözde almakta olduğu bütün önlemlerden ve yaptığı düzenlemelerden o zaman başyaverim bulunan Salih Bey'in de aynen haberdar edildikleri belirtiliyordu. Benim kuruntuya düşürüldüğümü delilleri ile haber aldığını yazıyordu. Ondan sonra inandırıcı birtakım sözlerle, Kuva-yı Seyyareden olup da Maden'den katılmak üzere geri dönen fakat Genelkurmayın emriyle Güney Cephesine gönderilen bir müfrezesinin kendi emrine verilmesini ve Kuva-yı Seyyarenin Fuat Paşa zamanın da seyyar jandarma teşkilatı gereğince bütçeye dahil edildiğini ileri sürerek fazla para koparmak istediği anlaşılıyordu.

Benim üç gün sonra buna verdiğim inandırıcı cevapta: "Son günlerin beklenmedik olaylarının beni kuruntuya değil, kararsızlığa düşürdüğünü itiraf ederim" dedikten sonra: "(...) genel durumumuzun uyum ve düzenini bozmakta hiç kimseye göz yummamasını" bildirdim.

ETHEM VE KARDEŞLERİ ZAMAN KAZANMAK İÇİN BİZİ YANILTMAYA ÇALIŞIYORLARDI

Gerçekte mesele çözülmemişti. Yapacağım açıklamalardan anlaşılacaktır ki, Ethem Bey ve kardeşleri zaman kazanmak için bizi yanıltmaya çalışıyorlardı. Amaçları mümkün olabildiği kadar yeniden kuvvet toplamak; Düzce'de bulunan Sarı Efe kuvvetleriyle Lefke'de bulunan Gök Bayrak taburunun kendilerine katılmasını ve Demirci Mehmet Efe'nin de kendileriyle birlikte isyan etmesini sağlamak; bir yandan da cephe komutanlarını değiştirmek, ordudaki subay ve erlerin kendilerine karşı koymamaları için propagandaya fırsat bulmaktı. Gerçekten de, Simav ve Bölgesi Komutanı, Simav'a gitmek üzere Kütahya'dan geçerken, Ethem ve Tevfik Bey'ler tarafından durdurulup, kendi emirleri altında ve gösterecekleri yerde hizmet ettirilmek üzere Kütahya'da kalması emredilmiştir. Bu emirlerinin onaylanması gereğini de 10 Aralık 1920'de Cephe Komutanlığından istemişlerdir. Görülüyor ki, her şey yoluna girdi denildiği halde, başlangıçtaki itaatsizlik durumu aynen devam etmekteydi.

Ethem Bey, Konya, Ankara, Haymana dahil her tarafa ellerinde özel şifreler bulunan ve 'bağlantı subayı' adını taşıyan birtakım memurlar göndererek yeniden silah ve hayvan toplamaya başladı. Bunlara verdikleri görev ve hükümet memurlarına yaptıkları bildirim hakkında bir fikir edinmek üzere, örnek olarak, 7 Aralık 1920'de Ankara'nın kuzeyindeki Kalecik Kaymakamına gönderdiği yazıyı aynen okuyayım:

Kütahya, 07.12.1920

Kalecik İlçesi Kaymakamlığı Yüksek Katına

Kuva-yı Seyyare müfreze komutanlarından olup aşağıda kimliği yazılı İsmail Ağa, zatı alinizin ilçesi dahilinde Kuva-yı Seyyareye bağlı izinli ve izinsiz savaşçılarla yeniden silah ve hayvan toplayarak bize katılacak olan vatanseverleri alıp getirmek üzere görevlendirilerek Kalecik'e gönderilmiştir. Kendisine vatan için gerekli her türlü yardımın yapılmasını ve kolaylık gösterilmesini rica ederim, efendim.

Bütün Kuva-yı Seyyare Kütahya Bölgesi Komutanı
Ethem

Batı Cephesi Komutanının, Kuva-yı Seyyare Komutanlığından eldeki cephane miktarını ve son Gediz savaşında ne kadar topçu cephanesi kullanıldığını sorması üzerine, Kuva-yı Seyyare Komutan Vekili Tevfik imzasıyla 11 Aralık 1920'de: "Bu yazışınızdan bize güvenmediğinizi anlıyorum. Cephane ne yenir ne içilir; ancak düşmana atılır. Böyle bir güven meselesi akla geliyorsa, cephane göndermeyebilirsiniz." şeklinde cevap verilmekte idi.

Efendiler, burada ufak bir noktaya dikkatinizi çekeyim. Görüyorsunuz ki, Ethem Bey, cephede ve kuvvetinin başında olduğu halde, Tevfik Bey yine vekil olarak yazışma ve işlemler yapıyordu. Bir tek kuvvet üzerinde aynı yetkide iki ayrı komutan...

Cephe Komutanı, 13 Aralıkta, sorulan soru ve alınan cevap suretlerini bilgi için bana göndermişti. Hükümetçe, anahtarı olmayan şifrelerle özel şifreler kullanılması genellikle yasaklanmıştı. Halbuki, Ethem Bey'in özel memurları ve milletvekillerinden bazı arkadaşları, bu yasağa uymadan şifre haberleşmelerine devam etmekte idiler. Pek normal bunlara engel olundu. Bunun üzerine, Ethem Bey, İsmet Paşa'ya yaptığı 13-14 Aralık 1920 tarihli bir başvurusunda: "Bazı ihtiyaçlar ve benzeri eksikler için Ankara ve Eskişehir Kuva-yı Seyyare bağlantı subaylarına çekilen telgrafların durdurulmakta olduğu anlaşılmıştır. Haberleşmelerimizin yasaklanması veya güçlüğe uğratılması şeklindeki işlemlere lütfen son verilmesini rica ederim" diyordu. Halbuki, bağlantı subaylarının açık haberleşmeleri yasaklanmamıştı. Yasaklanan, özel şifreli haberleşmeydi. Ethem Bey'in sözünü ettiği Ankara ve Eskişehir'deki subayların hiçbir haberleşmeleri yasaklanmış ve bu subaylar tarafından da Ethem Bey'e şikâyette bulunulmuş değildi. O günlerde, Eskişehir'e çektirilmeyen bir özel şifre vardı. Fakat o, komutan ve milletvekili diye imza atan Ethem Bey'in bir arkadaşının şifresi idi. Onun için İsmet Paşa, Ethem Bey'e verdiği cevapta bunu kendisine haber verenin kim olduğunun bildirilmesini istemişti.

ÇERKEZ ETHEM, HÜKÜMETİN KANUNLARINI TANIMIYOR

Efendiler, başlı başına dikkati çeken bir muameleyi de burada belirteyim. Bu tarihlerde Kütahya'da Mutasarrıf Vekili Kadı Ahmet Asım Efendi adında bir kişi bulunuyordu. Kütahya'da Mevki Komutanı unvanıyla Ethem Bey tarafından tayin edilmiş Abdullah Bey adında da biri vardı. Bu komutan, kaçak asker ailelerinden bazılarını sürgün edilmek üzere Kütahya Mutasarrıf Vekili Ahmet Asım Efendi'ye gönderir. Mutasarrıf Vekili, sürgün işlemlerinin son çıkarılan kanun gereğince, İstiklal Mahkemesine ait olduğunu bildirerek evrakı komutanlığa geri gönderir. Bunun üzerine, Mevki Komutanı, Mutasarrıf Vekilini gece vakti makamına getirtmeye kalkar. Mutasarrıf Vekili, gece meşgul olduğundan sabahleyin görüşebileceğini bildirir. Komutanın gönderdiği erler, Mutasarrıf Vekilinin evinin harem kapısını kırmak suretiyle zorla içeri girerler ve kendisini hakaret edici sözler söyleyerek alıp götürürler. Sorguya çektikten sonra, aynı gece silahlı bir müfrezeyle on dört saat uzaklıkta bulunan Kuva-yı Seyyare Komutanının huzuruna getirirler. Ondan sonra da Kütahya'dan çıkararak uzaklaştırırlar. Kadı olmak ve Mutasarrıf Vekili bulunmak dolayısıyla, çeşitli Bakanlıkların büyük bir memuru durumunda olan bir kimsenin uğradığı bu saldırı ve karşılaştığı ağır muamele, şüphesiz doğrudan doğruya hükümete yöneltilmiş bulunuyordu. Bu olay üzerine, Mecliste, hükümete gensoru açıldı. İlgili Bakanlıklar, Cephe Komutanlığından suçluların Harp Divanına verilmelerini istediler. Cephe Komutanının, Kuva-yı Seyyare Komutanlığınca soruşturma yapılıp sonucunun bildirilmesini isteyen telgrafına, 19 Aralık 1920'de Bütün Kuva-yı Seyyare ve Kütahya Bölgesi Komutan Vekili Mehmet Tevfik imzasıyla gelen cevapta: "Abdullah Bey her ne yapmışsa tarafımdan verilen kesin emir üzerine yapmıştır ve yapmaya da mecburdur. Bu konunun gerekçesi ilgili Bakanlıklara arz edilmişti... Kendisinin geri dönmesi için kesin emir verildiği sizin tarafınızdan bildiriliyor. Döndüğü takdirde... mutlaka idam edeceğim..." deniliyordu.

Efendiler, milletin vekillerinin emriyle görevine iade edilmek istenen bir memurun idam edileceğinin bildirilmesi, elbette Anayasa ve kanun hükümleriyle bağdaştırılamazdı. 13 Aralık 1920 günü Ethem Bey, Ankara'daki kardeşi Reşit Bey'le, makine başında açık telgraflarla uzun uzadıya görüştü. Bu görüşmelerin özeti şuydu: "Ethem Bey, bu konunun mutlaka Mecliste görüşülmesini sağlayınız. Sarı Efe denilen Edip'in kendi müfrezesiyle Gök Bayrak taburuna katılması için haber gönderiniz. Meclis vasıtasıyla komutanları çektiriniz. Meclis kararıyla olmadığı takdirde, bir yolunu bulup bunu hemen sağlayınız" diyor; "patlatacağı bombaları da İngilizlerin işiteceğini ve bunun patlamasının da pek yakın olduğunu" söylüyor. Reşit Bey'in verdiği cevaplar arasında da dikkati çeken şu sözler yer alıyordu: "Kuva-yı Seyyarenin düşmana karşı savunma yapmamasını, bunu tümenlere bırakmasını ve Edip'le bizzat haberleşmesini, buna engel olunduğu takdirde Cephe Komutanı'yla yeniden ilgisini kesmesini" söylüyordu.

Reşit Bey, bu haberleşmelerle ilgili telgrafları olduğu gibi bana gönderdi. Kendisi yanıma gelmedi. Zaten Eskişehir'den Kütahya'ya gidip döndükten sonra yanıma gelmemişti. Kendisini yanıma çağırttım. Ne istediklerini sordum... "Cephe komutanlarını değiştiriniz" dedi. "Yerine koyacak adamlarımız yoktur" dedim. "Beni tayin ediniz, ben daha iyi yaparım" dedi. "Cephe komutanlarını değiştirmek önemli bir meseledir. Genel durumumuzu zayıflatır. Böyle bir teklifi kabul etmek kolay değildir, uygun da düşmez" cevabını verdim.

Aynı gün, yani 13 Aralık 1920'de Ethem Bey'e yazdığım bir telgrafta, Reşit Bey'le makine başında yapılan haberleşmeleri okuduğumu söyledikten sonra, bu konunun resmen Meclis'e getirilmesinin ve görüşülmesinin uygun olmadığını, Edip'in yerinden oynatılmasının da doğru bulunmadığını bildirdim. Aynı tarihte, Ethem Bey verdiği cevapta konunun ciddi olduğunu söyleyerek komutanlar aleyhine sözler sarf ediyordu.

Efendiler, Ethem ve kardeşleri cephede bulunan komutanları beğenmiyorlar, onların emirlerine uymuyorlar. Bakanlıkları ve hükümeti tanımıyorlar. Yalnız sözde bana itaat ediyorlar ve Meclisi de kendi isteklerine göre harekete geçireceklerini umuyorlar. Bana ve Meclise karşı hoş görünerek, büyük bir gayretle hazırlıklarını tamamlamaya çalışıyorlardı. Ethem Bey, 18/19 Aralık tarihli bir telgrafıyla da, yine Edip'in müfrezesiyle kendisine katılmasının sağlanmasını benden rica ediyordu. İsteğini haklı göstermek için de diyordu ki:

"Anadolu'daki isyan hareketlerinin bastırılması sırasında, durum gereği Biga dolaylarında bıraktığım ve sonradan geçici olarak Düzce'ye gönderilen Birinci Kuva-yı Seyyareye bağlı ve büyük bir kısmı İzmir ve dolayları gönüllülerinden oluşan 250 süvari, 200 piyade, bir dağ topçu takımı, iki makineli tüfek, 30 kişilik karargah süvari erlerinden kurulu Edip Bey müfrezesinden, İzmir sınırına yaklaşmamız dolayısıyla daha çok yararlanılacağı normaldir. Bununla birlikte, sürekli başvuru yapılmakta olduğundan ve Edip Bey tarafından, o bölgede güvenliğin tam olarak sağlandığı bildirildiğinden, bu bölgenin uygun görülecek başka bir birliğe teslim edilerek, Edip Bey'in müfrezesinin savaş vasıtalarıyla birlikte Kuva-yı Seyyareye katılması konusunun ilgili makamlara emir ve havalesini rica ederiz".

Efendiler, bu telgrafta ileri sürülen düşüncelere, en tecrübesiz ve en basit yargılamaya sahip birinin bile inanabileceği kabul edilebilir mi? Kütahya'da bulunan bir kişi, bana, İzmir sınırına yaklaşmaktan söz ediyor. Düzce ve dolaylarında durumun güvenilir olduğunu benden daha iyi haber alıyor. Edip Bey müfrezesinin kuvvetini ayrıntılı olarak saydıktan sonra, bu müfrezenin savaş vasıtalarıyla birlikte kendisine katılması ricasının bence kabul edilebilir bulunacağını zannediyor.

Bu telgraf üzerine 19 Aralık 1920'de, özel olarak bizzat Düzce'de Müfreze Komutanı Edip Bey'e, Ethem Bey'in isteğinden ve kendisinin bunu arzu ettiği bildirildiğinden bahsederek ve müfrezesinin o bölgede varlığına kesinlikle ihtiyaç olduğunu da söyleyerek yazdım.

Edip, 19/20 Aralık 1920'de verdiği cevapta müfrezesinin o bölgede kalmasının zorunlu olduğunu bildirdi. Buna, müfrezesinin; Kuva-yı Seyyare birliğindeki gibi ödenek emri verilmesi ricasını ekleme fırsatını da kaçırmamıştı.

Efendiler, Ethem ve arkadaşları, Ankara yakınlarında Haymana'da da ayrıca bir kuvvet toplama girişiminde bulundular. Hırsızlık maddesinden Ankara'da tutuklanmışken sonradan serbest bırakılan Van mültecilerinden Musa Beyoğlu Abbas adında biri, elinde belge olduğu halde beş on kişiyle Haymana bölgesinde erler toplamaya başladı. Bu adam, 19 Aralık'ta tutuklanabilmiş ve Ankara İstiklal Mahkemesine sunulmuştu. Bunu tutuklamak ve yardımcılarını dağıtmak için özel ve seri düzenlemeler yapılması gerekti. Bu amaçla, Haymana'ya gönderilen özel bir kuvvet, hala milletvekili olan Recep Zühtü Bey komutasında sevk edilmişti. Recep Zühtü Bey, Abbas'ı üç arkadaşıyla yakaladıktan sonra önemli bir hücuma maruz kalacağını kuvvetle beklediğinden, tutukluları yolunu değiştirerek Polatlı üzerinden trenle Ankara'ya getirmek zorunda kalmıştı.

DEMİRCİ EFE DE HAREKETE GEÇİYOR

Efendiler, Demirci Efe, Ethem Bey'le haberleştikten sonra özel bir tavır takındı. Bu sezilir sezilmez, Güney Cephesinde bulunan Rafet Bey süvarileri, derhal üzerine gönderildi. 15/16 Aralık 1920'de Dinar yakınındaki İğdecik köyünde, bir gece baskınıyla Efe'nin kuvvetleri dağıtılmış... Kendisi beş on kişiyle kaçmış. Efe, çok sonra bize sığınarak affedilmiştir.

Efendiler, Reşit Bey, 20/21 Aralık gecesi evinde dört kişiye, ordu birlikleriyle Kuva-yı Seyyare arasında bir çatışma çıktığı takdirde, subaylarımızla erlerimizi yanıltma görevi veriyordu. Bu dört kişi şunlardı: Yeni Dünya gazetesinden Hayri, Arif Oruç'un kız kardeşinin oğlu Nizamettin, Müşir Fuat Paşa'nın oğlu Hidayet ve arkadaşı Şükrü Bey'ler... Bunlar 21 Aralıkta trenle Eskişehir'e hareket ettiler. Yanlarında Ethem Bey'in katibi olan birisi de vardı. Bunların içinden biri, trenin hareketinden önce, gizlice istasyondaki kaldığım binaya gelip, bana durumu bildirdi. Bu kişi, propagandayı düzenleme ve yönetmekle görevliymiş. Başkanları Hidayet Bey'miş. Para harcama yetkisi de ondaymış. Durumu ihbar eden, yalnız olarak Kütahya'ya gidecek, Ethem Bey'den talimat aldıktan sonra Eskişehir'e dönecekti. Diğerleri Eskişehir'de bekleyeceklerdi.

Ben bu kişiye: "Biz Ethem Bey ve kardeşlerine karşı sevgi duyuyoruz. Onlar boş yere telaşa düşüyorlar. Bu girişimlerinden üzüntü duydum. Fakat Ethem Bey'in orduda bozgunculuk çıkarmak için vereceği talimatı bilmek isterim" dedim ve arkadaşlarıyla birlikte kendilerini hareketlerinde serbest bıraktım.

Eskişehir'de İsmet Paşa'ya, Afyon Karahisar'da Fahrettin Paşa'ya bilgi verdim ve bu adamların takip edilmeleri gereğini bildirdim.

İhbarcı, ihbarlarının doğru olduğunu sonradan davranışlarıyla ispat etmiştir.

Efendiler, Kazım Paşa, Reşit Bey'le beraber Kütahya'da Ethem ve Tevfik Beylerle konuşma ve görüşmelerde bulunduğu zaman, Ethem Bey'in sözlerinden, bana önemli olan noktaları şöyle özetlemişti:

1. Ankara'daki hükümet amacı gerçekleştirecek durumda ve güçte değildir. Bu hükümete karşı uyuşuk davranmamız doğru olmaz.

2. Silahla karşı koymamızın esasını kötüye yoracaklardır. Fakat sonunda başarırsam herkes bana hak verecektir.

3. Refet Bey'le aramızda bir öz saygı meselesi geçmiştir. Mustafa Kemal Paşa, Refet Bey'in haysiyetine değer vererek bizimkini kırıyor. Herhalde Refet Bey'i önüme katarak Ankara'ya kadar kovalamak isterim. Ölürsem de bu takipte öleyim.

4. Biz çoktan bu işi yapardık. Fakat Reşit'in Ankara'da Meclisteki durumu bizi aldatmıştır. Meclisin ne önemi ve ne hükmü vardır?

REŞİT, ORDUYU YANILTMAYA ÇALIŞIYOR

Kazım Paşa, bu görüşleri dinledikten sonra, Türkiye'nin Batı Cephesi'nden başka doğuda, güneyde, merkezde de orduları vardır. Bu orduların başında ve içinde çok değerli ve pek kudretli komutanlar ve subaylar vardır, bütün bunlarla birlikte bir millet vardır; diyerek kendilerini yatıştırmaya ve ölçülü bir duruma getirmeye çalışmıştır.

Efendiler, Reşit Bey, Mecliste ateşli telkin ve girişimlerde bulunuyordu. Bir gün Mecliste kırk elli kadar milletvekili toplanmış. Bunların cephedeki durumla ilgili bazı şüpheleri varmış. Bakanlar Kurulunu davet ederek bunu anlamak istiyorlarmış. Bolu milletvekili bulunan rahmetli Yusuf İzzet Paşa, bu durumu ve toplanan milletvekillerinin isteğini bana bir mektupla bildirdi. "Ben toplantı halindeki Bakanlar Kurulu ile beraberdim. Hükümet üyeleri, bu şekilde toplanan milletvekillerinin herhangi bir konuda soru sormak için hükümeti davet etmesi usule uygun değildir, kabul edemeyiz" dediler. Ben bu kararı, yine Yusuf İzzet Paşa aracılığıyla bildirmekle birlikte, kişisel görüşüm olarak şunları da ekledim: "Siz milletvekilisiniz, ben de başkanınızım. Herhangi bir konuda benimle görüşmek isterseniz, memnuniyetle kabul ederim." Benim cevabımı, Yusuf İzzet Paşa, toplantı halinde bulunanlara bildirdiği vakit, Reşit Bey ayağa kalkarak:

"Efendiler! Bu cevap göğsünüzü kapayın! demektir. Yüksek malumunuzdur ki, askerlerin göğüslerinin kapalı bulunması disiplin gereğidir".

Reşit Bey'in, "Başkan bizi askeri disiplin altına almak istiyor" demek istediği anlaşılıyor.

Söz konusu toplantıyı düzenleyenler hiç şüphe yok ki, Reşit Bey ile bazı arkadaşlarıydı.

Reşit Bey, sözü Ankara'da bulunan İzzet Paşa heyetiyle yaptığı temas ve görüşmelere de getirerek, "Paşalar İzmir'i, İstanbul'u kurtararak barış yapılabileceğini söylemek üzere geldikleri halde, tutuklanmışlardır." şeklinde bir hava da yaratmıştı.

22 Aralık 1920 günü, Reşit Bey'e bakan ve milletvekillerinden on beş kadar arkadaşı hükümetteki odama davet ettim. Bu arkadaşlar arasında Celal Bey, Kazım Paşa, Eyüp Sabri Bey, Adnan Bey, Vehbi Bey, Hasan Fehmi Bey, İhsan Bey, Kılıç Ali Bey, Yusuf İzzet ve Emir Paşa'lar vardı. Fevzi Paşa Hazretleri de hazır bulundu. Bu heyete, bu konunun bütün gelişme safhalarını, gerekli belgeleri de göstermek suretiyle, açık bir şekilde anlattım. Reşit Bey, söylediklerimin hiçbirini inkar etmedi. Düşman saldırılarına karşı tek kuvvetin Ethem Bey'in kuvveti olduğunu ve bizim kurduğumuz tümenlerin çil yavrusu gibi dağılacaklarını söyleyerek, mutlaka Ethem Bey kuvvetinin artırılmasına ve takviyesine ihtiyaç olduğunu bildirdi. Cevap olarak dedim ki: "Ethem Bey'in kendi komutası altında kullanabileceği kuvvetin sayısı en çok bin iki yüz, iki bin kişiden ibaret olabilir. Bu sayı artırılacak olursa, disiplinsizlik dolayısıyla dağılıp felakete yol açar. Her halde, memleketin kaderinin şahsa bağlı kuvvetlere değil, ancak Büyük Millet Meclisinin kanunlarına bağlı düzenli birliklere emanet edilmesi gerekir. Kuva-yı Seyyare, belirli bir kadro halinde, verilen emirlere tamamen uymak ve boyun eğmek şartıyla yararlı olabilir."

Reşit Bey, açıklanan gerçekleri kabullenmiş gibi görünen bir tavır takındı. Bunun üzerine son bir girişim olmak üzere, Reşit Bey'in bazı arkadaşlarla birlikte kardeşlerinin yanına giderek nasihatlerde bulunması kabul edildi.

Bundan sonra nasihat vermek için gidecek olan heyete, meselenin çözüme bağlanabilmesi için şimdiye kadar yaptığım girişimlere de son vereceğimi bildirdim. Heyet, Kuva-yı Seyyareye, Hükümetin son ve kesin istekleri olmak üzere şu hususları bildirecekti:

1. Kuva-yı Seyyare, diğer birlikler gibi emir ve komutaya tam olarak uyacak ve kanun dışı her türlü taşkınlıklardan kaçınacaktır.

2. Kuva-yı Seyyare, kuvvetini artırmak için kendiliğinden hiçbir yerde, hiçbir şekilde adam toplamayacak ve bu maksatla gönderdiği adamların faaliyetine derhal son verecektir. Asker ihtiyacı, öteki birliklerde ol-

duğu gibi, yapılacak başvuru üzerine Cephe Komutanlığına sağlanacaktır.

3. Kuva-yı Seyyare, kaçaklarını yakalatmak için doğrudan doğruya adamlar görevlendirip göndermeyecek; kaçaklar, diğer birliklerinki gibi Cephe Komutanlığınca takip ettirilecek ve yakalattırılacaktır.

4. Kuva-yı Seyyare mensuplarının ailelerine bakmak üzere bazı yerlerde bulundurduğu bağlantı subaylarının kim oldukları hükümetçe bilinecek ve bu bağlantı subaylarının ellerinde bulunan şifrenin bir sureti de bize verilecektir.

ÇERKEZ ETHEM'E BİR NASİHAT HEYETİ GÖNDERİLİYOR

Bu şartlar yerine getirildiği takdirde, Kuva-yı Seyyare, şimdiye kadar olduğu gibi belirli bir kadro dahilinde yine görevine devam edecektir. Reşit Bey'le beraber Celal, Kılıç Ali, Eyüp Sabri ve Tehbi Bey'ler, 23 Aralık öğle vakti Ankara'dan hareket ettiler ve 24 Aralıkta öğleden sonra saat 16.45'te Kütahya'ya vardılar.

Efendiler, Ethem ve Tevfik Beylerin Cephe Komutanının bilgi ve onayı olmaksızın, bölgelerinde bulunan ordu birliklerini cepheye dağıtarak, Kuva-yı Seyyarenin ağırlıksız erlerini Gediz'de ve Pehlivan Ağa müfrezesini Kütahya'da toplamış olduğunu haber aldım. Bunun üzerine 25/26 Aralık 1920'de, Kütahya'da bulunan Celal Bey ve arkadaşlarına yazdığım açık bir telgrafta: "Bu hareket tarzının taşıdığı amaç ve anlamın ne olduğunu kesinlikle bilmek isterim. Bu konudaki görüşünüzün bildirilmesini makine başında bekliyorum" dedim. Bu telgrafın bir suretini İsmet, Refet ve Fahrettin Paşa'lar, şifre ile bildirerek dikkatlerini çektim. Heyet, ortak imza ile şu kısa cevabı verdi: "Rahat olunuz, kötüye yorumlanacak herhangi bir davranış yoktur. Tevfik Bey yarın gelecek, hep birlikte görüşeceğiz. Sonucu etraflı olarak arz ederiz." Ben bu cevaptan, giden arkadaşların ya durumdan haberdar edilmeyerek aldatılmakta olduklarına veyahut da tutuklanıp istenildiği gibi yazı yazmaya mecbur edildiklerine hükmettim. Onun için, gerçek durumu anlamamış ve kısa telgraflarıyla verdikleri teminata inanmış görünmek istedim. Bu sebeple, cevap olarak: "Tevfik Bey ile de görüşmelerinden sonra, memleket ve milletin yüksek çıkarlarını sağlayacak esaslar üzerinde anlaşacaklarına şüphem olmadığını, bana gelen haberleri dedikodu sayarak, Hükümetçe hiçbir tedbir alınmasına gerek bulunmadığı yolundaki inancımı Hükümet üyelerine anlatmayı başaracağımı, ancak aramızdaki samimiyeti zedeleyen durumun bir an önce ortadan kalkmış bulunduğu haberini beklediğimi, beni gönül kırıklığına uğratmamalarını" yazdım. Heyetin, 26/27 Aralık 1920'de, ortak imza ile çektikleri etraflı ve açık telgraflarındaki önemli noktalar şunlardı:

1. Güvenlik önlemleri alındığına şüphe yoktur. Bu önlemlerin hepsi kendilerini savunmak içindir. Kendilerine karşı çıkarılan ve yığılan kuvvetler ve yeni kurulan karakollar eski yerlerine çekildiği takdirde, bu önlemlerden de vazgeçeceklerdir.

2. Düşmanca hareketle karşılaşmadıkça, memleketin gelecekteki selameti için ve sizlerin şahsına karşı besledikleri içten bağlılık dolayısıyla her türlü fiili hareketten kaçınacaklarına en büyük yeminlerle söz vermişlerdir,

3. Kuva-yı Seyyarenin Konya ve Alaca'da bulunan askerleriyle, Teğmen Sadrettin Efendi komutasında Konya'dan gelmekte iken Fahrettin Paşa tarafından tutuklanan seksen askerin ve Kuva-yı Seyyare müfreze komutanlarından Kürt İsmail Ağa ile, Kalecik'teki akrabasından cihada katılmak üzere askerlik yaşı dışındaki kimselerden toplananların Kuva-yı Seyyareye katılmalarına engel olmaması,

4. Kuva-yı Seyyareye para verilmesi için Kütahya Mutasarrıflığına emir verilmesi,

5. Karşılıklı güven ve itimadın gerçekten kurulması ve devam ettirilmesi için Fahrettin ve Refet Beylerin cepheden uzaklaştırılmaları.

Bu noktalardan çıkan anlam nedir Efendiler? Oraya giden arkadaşlarımızın hepsinin birden bu anlamı idrak edemeyeceklerine ihtimal verilebilir miydi? O halde, biraz önce işaret ettiğim gibi, Kütahya'ya giden heyet, gerçekten tutuklanmıştı. Bu yazılan şeyler kendilerine dikte ettiriliyordu. Bunun böyle olacağını heyet gitmeden önce biliyordum. Bu yüzdendir ki, Reşit Bey, Kazım Paşa'yı birlikte götürmek için ısrar ettiği halde, görüşmeler sırasında tesadüfen solumda oturan Kazım Paşa'ya gitmemesi gerektiğini sezdirmiştim. Çünkü Kazım Paşa'yı geçici olarak değil, sonuna kadar tutuklayarak, imzasını kullanmaktan fazlasıyla yararlanabilirlerdi.

Aynı gece kendilerine şu cevabı verdim: "Telgrafınızı yarın Bakanlar Kuruluna sunacağım." Aynı zamanda 26/27 Aralık gecesi, Eskişehir'de Batı Cephesi Komutanı İsmet Bey Efendi'ye de şu şifreli telgrafı yazdım:

> Kütahya'ya giden heyetin ayrıntılı telgrafını aşağıda olduğu gibi veriyorum. Bunun ana noktaları özetleyerek, makine başında, Refet ve Fahrettin Beylere bildirmenizi rica ederim. Heyete makine başında verdiğim cevap da Telgrafınızı yarın Bakanlar Kuruluna sunacağımdan ibarettir. Yarın, Bakanlar Kurulu kararıyla, heyete, görevlerinin son bulduğunu ve hemen Ankara'ya dönmelerini bildireceğim. Ondan sonra, konuyu bütün ayrıntılarıyla Mecliste açıklamak düşüncesindeyim.
>
> Kuva-yı Seyyare'ye karşı, İsmet ve Refet Bey kuvvetlerinin, bulundukları yerlerde toplu ve uyanık olmalarını ve alınmış bulunan genel önlemlere daha çok önem verilmesini ve

dikkat edilmesini rica ederim. Fiili harekete herhalde onlar başlamadan, şimdilik başlanmaması taraftarıyım.

Türkiye Büyük Millet Meclisi Başkanı Mustafa Kemal

Efendiler, ertesi gün Batı ve Güney Cephesine şu telgraf verildi:

21.12.1920

Batı Cephesi Kurmay Başkanlığı 1'inci Şube Müdürlüğüne,

Güney Cephesi Kurmay Başkanlığı 1'inci Şube Müdürlüğüne,

Refet ve İsmet Beyefendilere özel: Kütahya'ya giden heyetin gönderdiği ayrıntılı telgraf, Bakanlar Kurulunda incelenerek aşağıdaki kararlar alındı. Bu kararlar, bu akşam açık telgrafla Büyük Millet Meclisi Yüce Başkanlığından doğruca Kütahya'ya bildirilecek ve heyetin görevine son verilecektir. Buna göre gereken önlemlerin alınması ve görüşlerinizin bildirilmesi rica olunur (Genelkurmay Başkan Vekili Fevzi).

Harekât Şubesi Müdürü Salih

21.12.1920

Kararname

Vatanın selamet ve kurtuluşu için ordularda görüş birliğinin ve mutlak itaatin şart ve gerekli olduğunu her şeyden önemli sayan Bakanlar Kurulu, Büyük Millet Meclisi üyelerinden Celal, Reşit, Eyüp Sabri, Vehbi ve Kılıç Ali Beylerin Kütahya'dan gönderdikleri 26/27 Aralık 1920 tarihli telgraflarını ve bu konu ile ilgili olarak ortaya çıkan durum ve olayları görüşüp inceledikten sonra, aşağıdaki kararları almıştır:

1. Birinci Kuva-yı Seyyare, bütün öteki ordu birlikleri gibi, kayıtsız şartsız Büyük Millet Meclisinin kanunlarına, Hükümetin koyduğu düzen ve emirlere ayak uydurmakla yükümlü ve askeri disipline bağlıdır.
2. Birinci Kuva-yı Seyyare Komutanlığının askeri görev ve konularla ilgili bütün teklif ve görüşleri, ancak emri altında bulunduğu komutanlığa ve bu komutanlık vasıtasıyla ilgili makamlara bildirilir.
3. Yukarıdaki kararları Genelkurmay Başkanlığı uygular.

Mustafa Kemal

Şeriye Vekili: *Fehmi,* Milli Savunma Bakanı: *Fevzi,* Dışişleri Bakanı: *Ahmet Muhtar,* İçişleri Bakanı: *Doktor Adnan,* Genelkurmay Başkanı: *Fevzi,* Maliye Bakanı: *Ferit*

Kütahya'da bulunan Büyük Millet Meclisi üyelerinden Celal Reşit, Eyüp Sabri, Vehbi ve Kılıç Ali Beylerin, 26/27Aralık 1920 tarihli, etraflı telgraflarına, 27 Aralıkta cevap verdim. Bunda, Bakanlar Kurulu kararını olduğu gibi bildirdim ve dedim ki: "Buna göre sizlerden istediğim özel görev son bulmuş olduğundan geri dönmeniz rica olunur."

28 Aralık 1920'de heyetten aldığım telgraf aynen şöyle idi:

Kütahya, 28.12.1920

Ankara'da Büyük Millet Meclisi Yüce Başkanlığına

Bakanlar Kurulu kararını bildiren telgraf emrinizi akşam aldık. Aslında her birimiz memleket ve milletin selameti için, büyük bir samimiyetle emrinize uyarak buraya geldik. Eskişehir'in ve buranın durum ve tutumunu gördük. Anlaşmazlık konusu olan meseleyi tam bir tarafsızlık ve doğrulukla inceledik ve araştırdık. Görüşmelerin nasıl geçtiğini ve safhalarını olduğu gibi bilginize sunduk ve samimi inançlarımıza dayanarak meselenin çözüm şeklini anladığımız gibi yazdık. Sunduğumuz hususlara karşılık, Bakanlar Kurulunun bize bildirilen kararının neyi ifade ettiğini anlayamadık. Aksine, vatanın selamet ve mutluluğunu göz önünde bulunduran sunduğumuz bilgilerin iyi karşılanmadığını gördük. Bu konunun daha fazla uzayıp gitmesine sabrı olmadığına güvenmelerini rica ederiz.

Celal,
Reşit
Eyüp Sabri
Vehbi
Kılıç Ali

Bu telgrafa şu cevabı verdim:

Ankara, 28.12.1920

Şifre
Makine başında

Kütahya'da Büyük Millet Meclisi üyelerinden Celal, Reşit, Eyüp Sabri, Vehbi ve Kılıç Ali Beylere,

İlgi: 28.12.1920 tarihli şifreye: Memleket ve milletin selameti için bana karşı gösterdiğiniz samimiyete cidden teşekkür borçluyum. Söz konusu durum hakkında sizlerin buradan ayrılmasından önce, bütün belgeleri göstermek suretiyle yaptığım açıklamalar sonunda, konuyu resmen hükümete intikal ettirirken, sizlerin yerinde olan hareket tarzını, oradaki arkadaşlara açıklamak ve anlatmak üzere, yolculuk zahmetine katlanmanızı rica etmiştim. Konunun çözüm noktası olarak telgrafınızda işaret buyurduğunuz nokta zaten burada da söz konusu olmuştu. Hükümetin alacağı genel önlem ve düzenlemenin herhangi bir tarafın isteğine göre olamayacağını bildirmiştim. Bakanlar Kurulu kararı, aslında uyulması gereken doğal ve bilinen hususları resmi ve kesin olarak bir defa daha ifade eder. Yüksek görüşleriniz hiçbir şekilde kötüye yorulmuş değildir. Ancak, burada da arz ettiğim üzere, benim bir buçuk aydan beri süregelen şahsi ve özel gayret ve girişimlerimle ve büyük bir samimiyetle yaptığım çalışmaların, ne yazık ki, takdir edilmemiş olduğunu görüyorum. Şüphesiz bu konunun çözüm ve takibini sorumlu ve ilgili makamlara bırakmış bulunuyorum.

Türkiye Büyük Millet Meclisi Başkanı
Mustafa Kemal

Efendiler, Kütahya'daki heyetin, durumu Meclise açıklayarak kendilerine daha yararlı olabileceklerine Ethem ve kardeşlerini inandırmak suretiyle ellerinden kurtulabildikleri anlaşılmıştır. Pek doğal Reşit Bey orada kalmıştır.

ASİ ETHEM VE KARDEŞLERİNE KARŞI FİİLİ HAREKÂTA GEÇİLMESİNİ EMRETTİM

Efendiler, Kütahya'ya, Bakanlar Kurulu kararı ve heyetin geri dönmesi gereğini bildirdikten sonra cephe komutanlarına da asi Ethem ve kardeşlerine karşı fiili harekâta geçmelerini emrettim.

Efendiler, askeri harekâtı çapulculuktan, devlet kurup yönetmeyi, şunun bunun masum çocuklarını kurtulmalık dilenmek için dağlara kaldırmak haydutluğundan ibaret zanneden, şarlatanlıklarıyla, yaygaralarıyla bütün bir Türk vatanını bezdiren ve Türk milletinin Büyük Meclisini kendileriyle uğraştıran utanmaz, haddini bilmez, küstah ve herhangi bir düşmanın boğazı tokluğuna casusluğunu, uşaklığını yapacak kadar aşağılık ve bayağı yaratılışta olan bu kardeşleri, ellerindeki bütün kuvvetler ve dayandıkları düşmanlarla birlikte yola getirmek ve ortadan kaldırmak suretiyle, inkılap tarihimizde, etkili bir ibret örneği vermek zorunlu görüldü. Onun için şöyle bir hazırlık yapmıştık:

Bursa'da bulunan Yunan kuvvetlerine karşı bir piyade tümeni bırakılarak, iki piyade tümeni ile bir süvari tugayına Eskişehir'in güneybatısında ve Kütahya doğrultusunda yığınak yaptırılmıştı. Uşak'ta bulunan Yunan kuvvetlerine karşı da, cephede yalnız bir tabur bırakılarak, iki piyade tümeni ile yedi süvari alayına, Dumlupınar yakınlarında ve yine Kütahya doğrultusunda yığınak yaptırılmıştı.

Kuvvetlerimiz, hareket emrini alır almaz, derhal Kütahya'da bulunan asi Ethem kuvvetleri üzerine yürüyüşe geçtiler. 29 Aralık 1920 günü Kütahya'yı işgal ettiler. Üç gün sonra da Batı ve Güney Cephelerinden hareket eden bütün kuvvetlerimiz, Kütahya'nın 30-40 kilometre ilerisinde ve Gediz yönünde bir hatta birleştiler. Asi Ethem, kuvvetlerini hiçbir yerde durdurmaya ve direnişe geçirmeye cesaret edemeden Gediz üzerine çekilmişti.

Efendiler, Türkiye Büyük Millet Meclisinin şuurlu ordusu, kendisini, Büyük Millet Meclisi ve Hükümetini küçük görecek kadar beyinsizlik ve budalaca gurur gösteren bu asilere hak ettikleri yola getirme tokadını vurmak için, önüne geçilmez bir hiddet ve şiddetle hareket ediyordu. Nefes almaksızın kaçan asi Ethem, İstanbul'da Sadrazamlık Yüksek Katına diye şu telgrafı veriyordu:

"Ankara'da tutuklanan sayın arkadaşlarınızın İstanbul'a geri gönderilmeleri için, Ankara Meclis Başkanlığına çektiğim protesto yazısı aşağıda bilgilerinize sunulmuştur. Şimdi, Millet Meclisinin kararıyla saldırıya uğramış bulunuyorum. Kuvvettim savunmaya hatta karşı saldırıya, bile yeterli olmakla birlikte, karşımda ve yanımda Yunanlılar bulunduğundan, tutulacak yol konusunda Yunan komutanlığı ile anlaşmaya varılmış ise de, sizlerin onayını almayı da her bakımdan gerekli buldum. Gereğinin yapılması, haberleşmelerin ve sizlerin emirlerinin alınmasının sağlanması için, Gediz telgraf hattının onarımı ve düzeltilmesi, yüksek emirlerinize arz olunur. (Bütün Kuva-yı Seyyare ve Kütahya Bölgesi Eski Komutanı ve Şimdiki Bütün Kuva-yı Milliye Komutanı Ethem)"

Efendiler, bu telgrafta sözü geçen ve protesto yazısı denilen saçma sapan bir telgraf, gerçekten de Meclis Başkanlığına çekilmiş ve gizli bir oturumda Meclise okunmuştu. Bu telgrafta kullanılan kelime ve deyimler o kadar kaba ve edepsizcedir ki, bir defa okunduktan sonra bir kere daha okunmasına ve dinlenmesine dayanılamamıştı. Bu kadar bayağı, saçma sapan bir yazıyı huzurunuzda da arz etmeyi gerekli bulmuyorum. Bu abuk sabuk yazı ile milletvekillerinin şahıslarına hakaret edilerek, Milli Meclisin meşruluğuna saldırılarak, İzzet Paşa heyetinin İstanbul'a dönmekte serbest bırakılması isteniyordu.

Efendiler, kuvvetlerimiz Kütahya'ya girerken, ben de Mecliste bazı milletvekilleri tarafından sorguya çekilmiş bulunuyordum. Asi Ethem'in üzerine yürümemize, ona saldırmamıza ve onu takip etmemize karşı çıkılıyordu. Fuat Paşa, Ethem ve kardeşini çekip çevirebildiği için değiştirilmemesi yerinde olurmuş. Bütün anlaşmazlıkların sebebi, yeni tayin ettiğim komutanların tecrübesizlikleri ve durumun gereğine uygun tutum ve davranışlarda bulunmamaları imiş... Orduda ciddiyet ve disiplin aramanın zamanı mı imiş; ya Allah korusun Ethem Bey orduyu dağıtırsa ne yapacakmışım? Bu kadar önemli bir olaya kim ve nasıl karar vermiş? Böyle bir karar Meclise haber vermeden nasıl alınırmış, gibi birçok soru ve eleştirilerden sonra, "herhalde Ethem Bey ve kardeşleri vurulmamalıdır" istekleri ileri sürüldü. 29 Aralık gününün bütün oturumlarını ve 30 Aralık gününün birkaç gizli oturumunu açıklamalar yapmakla geçirdim. Oturumun bütün safhalarını belgeleriyle, delilleriyle ve gerçekleriyle açıklamaya çalıştım. Bütün bu açıklamalarıma rağmen tartışma bir türlü son bulmuyordu. Her şey bir yana, yalnız Meclisin meşruluğuna saldırma amacı güden telgraf, sahiplerini Vatana İhanet Kanunu'na çarptırmaya yeterliyken, hu asilerin aylardan beri devam ede gelen isyancı tutumları ve milli hükümeti yıkmak ve kendi akıllarınca başka türlü bir hükümet kurmak düşüncelerini uygulamaya yeltenmeleri dikkate alınmak istenmiyordu. Aksine, bunların ortadan kaldırılmaktan ve cezalandırılmaktan kurtulmalarına çalışılmak isteniyor gibiydi. Bunun sebebini kısaca açıklayayım. Efendiler, milletvekillerinden bazıları, durumun şahsi ve hissi kırgınlıklardan doğduğuna inanmışlardı. Gerçekten de bu yolda sonsuz propaganda yapılmış ve kamuoyu yanıltılmak istenmişti. Bir de kuvvetli ve aşırı telkinler altında, Ethem kuvvetlerinin çok ve yenilmesi güç olduğu sanılarak, bunların ordu ile çatışması halinde, ordunun çil yavrusu gibi dağılacağını, o zaman da durumun gerçekten feci olabileceğini düşünüyorlar ve böyle silahlı bir çatışmaya engel olmayı uygun buluyorlardı.

Efendiler, bu düşünceleri isabetli görüp ona göre hareket etmenin sonucu, emir erliğinden gelen ve aslında daha yüksek bir düşünce kabiliyetine sahip bulunmayan Ethem'in koskoca Türk vatanında diktatörlüğünü kabul ve tasdik etmek olacağını anlamamak mümkün müydü?

Meclisin heyecan ve kararsızlığını giderecek inandırıcı bir konuşma yaparak, gizli oturumlardaki görüşmeleri, çarpışmanın fiili sonuçlarını beklemek üzere kapattık.

ETHEM VE KARDEŞLERİ, KUVVETLERİYLE BİRLİKTE DÜŞMAN SAFLARINDA LAYIK OLDUKLARI YERİ ALDILAR

Efendiler, Ethem kuvvetlerinin peşine düşen birliklerimiz, 5 Ocak 1921 günü Gediz'i işgal ederek, o civarda toplandılar. Ethem ve kardeşleri de, kuvvetleri ile birlikte düşman saflarında layık oldukları yeri aldılar. Artık Ethem olayı diye bir şey kalmamıştı. Ordumuzun içinde bulunan düşman kovularak kendi cephesine gönderilmişti. Bundan sonra, karşımızda yalnız bir tek düşman cephesini ve bu cephe ile ilgili olayları göreceğiz. Gerçekten de bir gün sonra 6 Ocak 1921'de Yunan ordusunun tamamı bütün cephe üzerinde her noktadan saldırıya geçti.

Efendiler, o günkü askeri durumu basit bir şekilde açıklamak için şöyle diyeceğim:

BİRİNCİ İNÖNÜ ZAFERİ

İznik'ten, Gediz üzerinden Uşak'a kadar bir hat çekildiğini düşününüz, bu hattın, Gediz'in kuzeyinde kalan parçası iki yüz kilometredir. Gediz'den Uşak'a olan parçası da otuz kilometre kadardır. Düşman, üç tümenle bu hattın kuzey ucundan Eskişehir üzerine yürüdü. Bizim Gediz'de bulunan önemli kuvvetlerimiz, Eskişehir üzerinden bu düşman tümenlerini karşılamaya mecburdu. Karşıladı ve yendi. İnkılabımızın tarihine, Birinci İnönü Zaferi'ni kaydetti.

Güney Cephesine ait olan kuvvetler, eski yerlerine Dumlupınar'a iade edildiler. Kütahya'da yalnız 61'inci Tümen, iki alay kadar kuvvetiyle İzzettin Bey (Ordu Müfettişi İzzettin Paşa'dır) komutasında bırakılmıştı.

Efendiler, 8 Ocak 1921 Cumartesi günü, Meclisin açık oturumunda durumu anlatıyordum. Artık herkes gerçeği görmüş ve anlamıştı. Ethem ve kardeşlerinin lehinde ve yumuşak hareket edilmesi görüşünde olanlar, bu defa aleyhlerinde ve pek coşkun idiler. Ben konuşurken "Ethem, Tevfik ve Reşit Beylerin" diyerek konuşmama itiraz edildi. Yükselen bir ses: "Paşa Hazretleri, artık 'Bey' demeyiniz, 'Hain' deyiniz." uyarısında bulundu. "Ethem ve Tevfik hainleri diyeceğim fakat daha Büyük Millet Meclisi üyesi sıfatını taşıyan Reşit Bey için de aynı sözü kullanmak mecburiyetindeyim. Yüce heyetinize olan saygım dolayısıyla bunu söyleyemem. Önce, Reşit Bey'in Büyük Millet Meclisi üyeliğinin kaldırılmasına oy vermenizi rica ederim." dedim.

DÜŞMANLA İŞBİRLİĞİ YAPAN MANİSA MİLLETVEKİLİ REŞİT BEY'İN MİLLETVEKİLLİĞİNDEN ÇIKARILMASI KARARI

Başkan, "Millet ve memleketin yüksek çıkarları aleyhine silah kullanarak düşmanlarla işbirliği yapan Manisa milletvekili Reşit Bey'in milletvekilliğinin kaldırılmasını kabul buyuranlar el kaldırsın" dedi. Eller kalktı, kabul olundu.

ETHEM VE KARDEŞLERİ CANLARINI REFET PAŞA'YA BORÇLUDUR

Yunan ordusunun giriştiği bu saldırıda, Ethem ve kardeşleri de kendilerine düşen görevi yerine getirmekten geri durmadılar. Tekrar Kütahya'ya yönelerek, orada bulunan zayıf tümenimize saldırmaya başladılar. İzzettin Paşa'nın sağlam karakteri, bilinçli komutası ve emrindeki Türk subay ve erlerinin yüksek kahramanlıkları Ethem ve kardeşleriyle saldıran hain kuvvetleri yenerek geri çekilmeye mecbur etti. Eğer kendi şahısları da dahil olmak üzere toptan yok edilmekten kurtulabilmişler ise, bunu da hiç sevmedikleri Refet Paşa'ya borçlu olduklarını söylemeliyim. Bu noktayı açıklayıvereyim:

Refet Paşa, iki süvari tümeniyle, Dumlupınar'ın on kilometre kadar doğusunda Küçükköy'de bulunuyordu. Kütahya'da bulunan Altmış Birinci Tümen'e, batıdan saldıran Ethem kuvvetlerini derhal yenmek ve yok etmek üzere hareketi emrolundu. Refet Paşa, kendi süvarileriyle Ethem kuvvetlerinin yanına ve arkasına gidecekti. Bulunduğu yerden kuzeye, Kütahya'ya bakılacak olursa, bu görevin normal bir yürüyüşle ve pek etkili bir şekilde yapılabileceği meydandaydı. Halbuki Refet Paşa, gereken yere gitmemiş. Bunun aksi tarafına, Kütahya'nın batısına değil doğusuna Alayunt'a gitmiş. Süvari kuvvetleri, 12 Ocak 1921 günü öğleye doğru Alayunt bölgesine ulaştı.

Refet Paşa, İzzettin Paşa ile görüşmek üzere Kütahya'ya gitti. İzzettin Paşa, süvari tümenlerinin Kütahya güneyinden, Yellice dağı batısından, tamamen süvariden ibaret olan Ethem kuvvetlerinin gerilerine gönderilmesini teklif etmiş.

Refet Paşa, iki tarafın savaş durumu hakkında tam bir bilgisi olmadığını ileri sürerek, böyle bir harekete yanaşmamış... Refet Paşa, İzzettin Paşa kuvvetleri, doğuya, Porsuk suyu gerisine çekilme durumu ile karşılaşırsa, süvarileriyle Kütahya ovasından asilerin yan ve gerilerine saldırmayı düşünüyormuş. Atlı asilerin hayvanlarından inip piyade tümenimiz karşısında yaya olarak savaştığı en zayıf durumunda bile üzerine yürümekte kararsızlığa düşen komutanın, piyade tümenimiz yenilmiş olarak geri çekilirken atları üzerinde bulunacak, manevi güçleri yükselmiş asilerin, hangi yanına ve nasıl saldırmayı düşündüğü, gerçekten her asker için üzerinde durup düşünülecek bir meseledir. Böyle şey olamaz! Bu düşman süvarisi, geri çekilmeye mecbur ettiği piyadeyi bırakıp Refet Paşa süvarileri üzerine atılmayacak mıydı?

Efendiler, savaş alanına, top ve tüfek sesine gelen kuvvetin, bir tek tüfek atmadan, savaşmakta olan kendinden bir kuvvetin yenilmesini beklemesi ve ondan sonra iş görebileceğini sanması, yalnız asker olanların değil, en sade görüşlü insanların bile akla yatkın bulacağı bir düşünce değildir. Görev ve fedakârlık, savaşan birliklerin yenilmeden, çekilmeden başarısını sağlamaya çalışmakla yerine getirilir.

Arkadaşı savaşırken ve yardıma muhtaç iken, seyirci kalmış olan komutanlar, arkadaşının yenilgisine şahit olabilirlerse de tarihin amansız eleştiri ve suçlamalarından asla kurtulamazlar.

İzzettin Paşa, 11 Ocak 1921 öğlesinden 13 Ocak gece yarısına kadar devam eden şiddetli ve kritik çarpışmalar sırasında, süvari gruplarının da saldırıya katılması zamanının geldiğini Genelkurmay Başkanlığına bildirmişti. Refet Paşa, Güney Cephesi'nden getirtmekte olduğu Sekizinci Tümen yetişebildiği takdirde, 14 Ocakta saldırıya geçmek niyetinde olduğunu, birliklerine bildiriyordu. İzzettin Paşa, 11, 12, 13 Ocak günlerinde yalnız başına düşmanla savaştıktan sonra, akşam gün batarken yaptığı bir karşı saldırıyla asileri yenerek kaçmaya mecbur etti. Refet Paşa, savaşa seyirci kalmak suretiyle büyük bir fırsatı kaçırdı; Ethem'i ve kuvvetlerinin geri çekilmesine elverişli bir durum yarattı. 14'üncü günü emri altında bulunan bütün süvari kuvvetlerini Süvari Tümen Komutanlarından Derviş Bey'in (Kolordu Komutanı Derviş Paşa'dır) emrine vererek, onu, Ethem'in takibi ile görevlendirdi. Derviş Paşa, Afşar'da, özellikle Gediz'de Ethem kuvvetlerinin gerilerine doğru, geceleri de yürümek suretiyle indirdiği korkunç darbelerle Ethem, Tevfik ve Reşit kardeşleri sersemletti. Kuvvetlerinin toplanmasına zaman bırakmadı. Derviş Bey, Ethem ve kardeşlerini 14 Ocaktan 22 Ocağa kadar dokuz gün nefes aldırmaksızın durmadan takip etmiştir. Sonunda, bütün Ethem kuvvetleri esir edilmiş; yalnız Ethem, Tevfik ve Reşit kardeşler yine bir görev almak üzere düşman ordugahına kaçabilmişlerdir.

İZZET VE SALİH PAŞALAR ANKARA'DAN MEMNUN GÖRÜNMÜYORLAR, ISRARLA İSTANBUL'A GİTMEK İSTİYORLARDI

Saygıdeğer Efendiler, Ankara'da bulunan İstanbullu misafirlerimize bir, bir buçuk aylık misafirlikleri sırasında çok şeyler göstermek fırsatına sahip olduğumuzu sanıyorum. Asi Ethem ve kardeşlerinin kuvvetleri ortadan kaldırıldı. Yunanlıları İnönü'de üç günde yendik. Büyük Millet Meclisinin ferahlayacağı ve memnun olacağı yeni bir devir açıldı. Fakat, İzzet ve Salih Paşa'lar, bunların hiçbirinden memnun görünmüyorlar, sıla özlemine tutulmuş gibi de İstanbul'a gitmek istiyorlardı. İstanbul'daki arkadaşlarının da çok merakta oldukları anlaşılıyordu.

Ankara'ya gelişlerinden on gün sonra, Fransız telsizleriyle Zonguldak'a bir telgraf gelmişti. Telgraf şudur:

16.12.1921

Zonguldak Mutasarrıflığı Vasıtasıyla Devletli İzzet Paşa Hazretleri'ne

Sizlerden henüz bir haber alınamadığından, yüksek heyetin İstanbul'a ne zaman geleceği haberinin beklenmekte olduğu...

Mustafa Arif

İki gün sonra Adapazarı üzerinden de şu telgraf geldi:

İçişleri Bakanı İzzet Paşa Hazretleri'ne

Sizlerden bir bilgi alınamadığından, İstanbul'a ne zaman dönüleceği haberinin beklenmekte olduğuna dair birkaç gün önce Zonguldak üzerinden çekilen telgraf cevabının bir an önce gönderilmesi rica olunur.

İçişleri Bakan Vekili Mustafa Arif

Tevfik Paşa Kabinesi adına, Ziya Paşa'nın İnebolu'ya gönderdiği bir özel memur, 10/11 Ocak 1921'de uzun bir şifre ile birtakım bilgiler veriyordu.

İzzet Paşa heyetinin, Anadolu'ya katılma haberi İstanbul tarafından doğrulanmış... Kabine İzzet Paşa'dan bilgi istiyormuş. Ziya Paşa, Şafa, Mustafa Arif ve Raşit Bey'ler de demişler ki: "Memleketin menfaati, heyetin Ankara'da kalmasını gerektiriyorsa buna bir şey denmez. Bu takdirde kabinenin düşeceği şüphesizdir. Ancak, bizde bu vatanın evlatlarıyız. Hiç olmazsa bizleri de durumdan haberdar etsinler... Bizi aydınlatsınlar, biz de ona göre hareket edelim."

Ziya Paşa, Paris'ten, Ahmet Rıza Bey'den aldığı bir mektupta yazılanlardan ve İstanbul'da güvenilir bir kaynaktan elde ettiği bilgilerden de söz ettiriyordu.

Ahmet Rıza Bey diyormuş ki: "Eğer Kuva-yı Milliye'nin askeri gücü elverişli ise, İzmir meselesi, iyi hazırlanmış bir hücumla oldubitti şeklinde halledilmeliymiş... Aldığı bilgiler bunu doğruluyormuş. Kral Konstantin'i tutacaklarmış..."

Ziya Paşa'nın özel olarak elde ettiği bilgiler de, son konferanstan önce Yunanlıların kuvvetleri artırılarak, büyük bir saldırıya geçirileceği yolundaydı.

Damat Ferit Paşa, yoğun bir çalışmaya geçmiş. Baltık limanında çeşitli kabine listeleri düzenlenmeye başlamış...

İnebolu'ya gelmiş olan özel memur vasıtasıyla Ziya Paşa'ya ve arkadaşlarına gönderdiğim cevapta: "Verdikleri bilgilere teşekkür ettikten sonra, İzzet ve Salih Paşa'lar, ortak amacımızın kesin bir gereği olarak Ankara'da kalmışlardır", dedim. Kendilerinin İstanbul'da iş başında kalmaları doğru ise de, kabine düşmeden önce, hepsinin, şimdiden hazır bulunduracakları güvenilir, hızlı bir vasıtayla hemen Anadolu'ya gelmelerinin vatanın yüksek menfaatlerinin gereği olduğu ve bu şekilde yapacakları hizmet ve fedakarlığın milletçe büyük bir şükranla karşılanacağını yazdım.

Özel memurun, İstanbul'a döndükten sonra, İnebolu'ya gönderdiği ve oradan 19 Ocak 1921'de çekilen şifrede, Ziya Paşa ve arkadaşlarının görüşüme uygun olarak harekete karar verdikleri bildirilmişti.

SADRAZAM TEVFİK PAŞA BENİMLE TEMAS KURUYOR

Efendiler, bu tarihten bir hafta kadar sonra, Kocaeli Komutanlığından şöyle bir telgraf aldım:

Geyve İstasyonu, 26.1.1921

Büyük Millet Meclisi Başkanlığına

Memleketin yüksek yararları ile ilgili önemli bir konu üzerinde, Sadrazam Paşa'nın sizlerle makine başında görüşmek istedikleri İstanbul Telgraf Genel Müdürü'nün 26.01.1921 günü saat 16.30'da yazdırdığı telgrafla bildirilmektedir. Bu konudaki emirleri arz ve rica olunur.

Kocaeli Komutanlığına aynı gün makine başında verdiğim cevapta dedim ki:

"İstanbul Geyve ile doğrudan doğruya nasıl haberleşebilir? İstanbul'da Tevfik Paşa ile veya herhangi biriyle haberleşip ilişki kurabilmek için Bakanlar Kurulunun ve belki de Meclisin kararına bağlı olduğundan, bu konuda şimdiden bir şey diyemem. Tevfik Paşa ile telgraf memurunun bile açıktan açığa haberleşmede bulunması, yabancıların gözünde İstanbul'a karşı olan durumumuzu sarsacağından, doğru olmaz. Ancak, Tevfik Paşa'nın benim şahsıma değil de, Türkiye Büyük Millet Meclisi Hükümetine bir başvurusu varsa, bu başvurunun kabulü doğaldır. Bu noktanın özel olarak ve aynı yolla kendisine duyurulmasında bir sakınca yoktur."

İstanbul'dan Adapazarı'na telgraf ve oradan da Geyve'ye askeri makamların kontrolü altında bulunan telefon hattı vardı. Tevfik Paşa'nın benimle kapalı olarak görüşmek istemesi üzerine, İstanbul teli Ankara'ya bağlandı.

Tevfik Paşa'dan açık olarak şu telgrafı aldım:

İstanbul, 27.1.1921

Türkiye Büyük Millet Meclisi Başkanı Mustafa Kemal Paşa Hazretleri'ne

25 Ocak tarihinde Paris'te toplanan konferans tarafından alınan kararlar gereğince, Doğu meselesinin çözümünü görüşmek üzere 21 Şubat'ta Londra'da İtilaf Devletleri delegeleriyle Osmanlı ve Yunan Hükümetleri delegelerinden oluşan bir konferans toplantıya çağırılacaktır. Yürürlükteki antlaşma-

da, daha sonraki olaylar dolayısıyla zorunlu değişiklikler yapılacaktır. Osmanlı Hükümetine gönderilecek davet için, Mustafa Kemal Paşa'nın veya Ankara'ca kendilerine gerekli yetki verilmiş olan delegelerin, Osmanlı delegeler heyeti arasında bulunması şart koşulmuştur. Bu kararlar İtilaf Devletleri'nin İstanbul temsilcileri tarafından bildirildi. Görevlendireceğiniz delegelerin, buradan seçeceğimiz kimselerle birleşerek yola çıkmaları için karar ve cevabınızı bekliyorum. Nazik bir zamanda bulunmamız dolayısıyla, bu gibi önemli bazı durumların bildirilmesi için hattın açık bulundurulmasını rica ederim. Makine başında hemen cevap vermek mümkünse, telgraf başında beklemekteyim, bir de şifre var efendim.

Tevfik

Şifrenin çözülüş şekli de şuydu:

İstanbul, 27.01.1921 Saat: 20.00

Mustafa Kemal Paşa Hazretleri'ne

"Londra Konferansı'nda güçlü konuşabilmek için Yunanlıların bir kolorduyu İzmir'e göndermekte, Trakya'daki kuvvetlerini de Anadolu'ya kaydırmakta olduğu ve on güne kadar bir saldırı hareketine başlayacakları, inanılır kaynaklardan haber alınmıştır.

Tevfik

TEVFİK PAŞA'YA VERDİĞİM RESMİ VE ÖZEL CEVAPLAR

Efendiler, Tevfik Paşa'ya cevap olarak çektiğim telgraf şuydu:

Ankara 28.1.1921

İstanbul'da Tevfik Paşa Hazretleri'ne

İlgi: 27.01.1921.

Milli iradeye dayanarak Türkiye'nin kaderini elinde tutan meşru ve bağımsız tek hakim kuvvet, Ankara'da sürekli olarak toplanan Türkiye Büyük Millet Meclisidir. Türkiye ile ilgili bütün meselelerin çözümünde ve her türlü dış ilişkilerde başvurulacak tek yer, yalnız bu Meclisin hükümetidir. İstanbul'daki herhangi bir heyetin, hiçbir bakımdan meşru ve hukuki bir durumu yoktur. Bundan dolayı, böyle bir heyetin kendine hükümet adını vermiş olması, milletin hakimiyet haklarına açıkça aykırıdır ve bu ad altında memleket ve milletin hayatı ile ilgili konularda, dışarıya karşı kendini muhatap göstermesi uygun görülemez. Heyetinize düşen vatan ve vicdan görevi, derhal gerçeğe ve duruma uyarak, millet ve memleket adına meşru ve muhatap hükümetin Ankara'da olduğunu kabul ve ilan etmektir. Millet ve memleketimiz adına meşru yetkiye sahip hükümetin Ankara'da olduğunun İtilaf Devletlerince anlaşılmış olduğu şüphesiz bulunduğu halde, adı geçen devletlerin bu görüşlerini açıkça belirtmekte gecikmeleri, İstanbul'da aracı bir heyetin varlığının kendileri için yararlı olabileceğini sanmaktan ileri gelmektedir.

Türkiye Büyük Millet Meclisi Hükümeti, barış ve güvenliği büyük bir ciddiyet ve samimiyetle arzu ettiğini ve yalnız milli haklarının tanınmasını istemekten ibaret olunan şartlarını defalarca ilan etmiş; bu hakların onaylanması halinde, teklif edilecek görüşmeleri kabule hazır olduğunu bildirmiştir. İtilaf Devletleri Londra'da toplayacakları konferansta, Doğu meselesini hak ve adalet ölçüleri çerçevesinde çözmeye karar vermişlerse, davetlerini Türkiye Büyük Millet Meclisi Hükümetine doğrudan doğruya yapmalıdırlar. Yukarıdaki şartlara, uygun olarak yapılacak davetin, Türkiye Büyük Millet Meclisi Hükümeti tarafından iyi karşılana- cağını tekrar bildiririz. Saat 00.30.

Türkiye Büyük Millet Meclisi Başkanı
Mustafa Kemal

Bunun arkasından da kendi adıma ve özel olarak şu telgrafı çektim:

Ankara, 28.1.1921

İstanbul'da Tevfik Paşa Hazretleri'ne

Sizin gibi, bütün bir ömrü bu millet ve memlekete aralıksız değerli hizmetlerde bulunmuş saygıdeğer bir devlet adamına, bütün geçmişteki hizmetlerinizi tamamlayıp taçlandıracak benzeri az bulunan ve tarihi bir fırsatın çıktığına inanıyoruz. Biz tam bir birlik içinde hareket etmek istiyoruz. Dolaylı olarak davet edildiğimiz konferansta memleketi ayrı ayrı temsil edecek iki heyetin ne büyük sakıncalara yol açtığını tamamıyla takdir buyurduğunuza eminiz.

Milletin, sırf hakimiyet haklarını korumak için harcadığı emekler, akıttığı hesapsız kanlar, içten ve dıştan birçok güçlüklere karşı gösterdiği dayanma ve direnme, bugün karşısında bulunduğumuz elverişli yeni durumu yarattı. Bir yandan da dünya olayları, bu dayanma ve direnmenin asıl hedefi olan tam istiklalimizi haklı gösterecek yolda gelişmekte devam ediyor. Bizi esirliğe ve yıkılmaya mahkum etmek istemiş olan hükümetler karşısında, milli haklarımızı savunurken maddi ve manevi bütün memleket kuvvetlerinin birlikte hareket etmesi şarttır. Bunun için, sizlerin, memlekette milli iradenin kendini gösterdiği tek yer olan Türkiye Büyük Millet Meclisini tanıdığını artık resmen ilan etmesi gerekmiştir. Böylece, İstanbul'un memlekete birbiri ardınca zararlar verdiği acı tecrübelerle sabit olan ve ancak yabancılar lehine devam ettirilen normal olmayan durumuna bir son vermek mümkün olur. İtilaf Devletleri temsilcileri tarafından yapılan bildirim gösteriyor ki, İstanbul'dan gidecek olan bir delegeler heyetinin Londra Konferansı'na katılabilmesi, ancak onun Ankara Hükümeti tarafından tam yetki ile görevlendirilmiş delegeleri de içinde bulundurması şartına bağlıdır. Böylece, İtilaf Devletleri, Türkiye adına barış görüşmelerine katılacak delegelerin ancak Türkiye Büyük Millet Meclisi Hükümeti tarafından gönderilebileceğini yeteri kadar açıklıkla itiraf etmiş oluyorlar. Fiili ve hukuki olarak memlekette tek meşru hükümet olan Türkiye Büyük Millet Meclisi Hükümetinin ortaya koyduğu ve ilan ettiği esasları kabul ve bu esasların düşmanlarımız tarafından da onaylanmasını kolaylaştırmak için, bize katılmak suretiyle durumunuzu düzeltmenizi ve tespit buyurmanızı, tarih ve millet karşısında yüklenmiş olduğumuz görev ve yetkiye dayanarak teklif ederiz. Bu suretle mücadelemizi mutlu bir sonuca eriştirme konusu çabuklaştırılmış olur. Birlikte hareket ve milli amacı olanca gücümüzle savunmak düşüncesiyle yapılan bu samimi tekliflerimiz, kabul görmediği ve yerine getirilmediği takdirde, saltanat ve hilafet makamında oturan sizlerin durumunun sarsılması tehlikesinden haklı olarak korkulur. Biz, milli iradenin vermiş olduğu fiili ve hukuki bütün yetkilere sahip bir hükümet olarak, şimdiden belirtir ve bildiririz ki, bundan doğacak sorumluluk, tahmini önceden kestirilemeyecek olan bütün kötü sonuçlarıyla birlikte doğrudan doğruya size aittir. Yüksek şahsiyetinizin bu durum karşısında vicdani ve tarihi görevinizi tamamıyla yerine getirmenizi ve sonuçlarını tarafımıza kesin ve açık olarak bildirmenizi bekliyoruz. Bu vesile ile samimi saygılarımızın kabulünü rica ederiz, efendim.

Türkiye Büyük Millet Meclisi Başkanı
Mustafa Kemal

Saygıdeğer Efendiler, aslında maddi ve manevi bakımdan hükmü kalmamış ve fakat varlığını devam ettirmesi de çok zararlı olan İstanbul Hükümetini bertaraf etmek önemliydi. Buna engel olanların başında Padişah ve Halife bulunuyordu. Bu bakımdan, durumun açıklık kazanması için yapılacak ilk iş, bu makama Türkiye Büyük Millet Meclisini ve Hükümetini tanıtmak olmalıydı. Zaten elimizde olmayan ve temasımız bulunmayan bu makama, henüz başka bir önlem uygulayabilecek maddi bir gücümüz de yoktu. Bu yüzden Tevfik Paşa'ya aynı gün şu üçüncü telgrafı da yazdım:

Ankara, 28.1.1921

İstanbul'da Tevfik Paşa Hazretleri'ne

Resmi ve özel telgrafımızdaki görüş ve tekliflerimizi aşağıda özet alarak tekrarlar, gereğinin acele yerine getirilerek sonucunun bildirilmesini rica ederiz:

1. Size, Türkiye Büyük Millet Meclisini tanıdığını kısa bir Hatt-ı Hümayun'la* ilan edeceklerdir. Bunda Halifelik ve Saltanat makamının dokunulmazlığını esas olarak kabul etmiş olan Türkiye Büyük Millet Meclisini bugünkü şekli, niteliği ve yetkisiyle kabul buyurduklarını belirteceklerdir. Diğer ayrıntı ve inceliklerin ilavesi, şimdilik karışıklığa yol açabilir.

2. Birinci madde hükmü yerine getirildiği takdirde, bir aile meselesi olan iç durumumuzun düzenlenmesi aşağıdaki şekilde olabilir:

Sizler eskisi gibi İstanbul'da oturursunuz. Yetkili ve sorumlu olup her türlü saldırıdan uzak bulunan ve her türlü istiklal unsurunu kendisinde toplayan Türkiye Büyük Millet Meclisi ve Hükümeti şimdilik Ankara'da bulunur. Elbette, İstanbul'da artık kabine adı altında bir heyet kalmaz. Ancak, İstanbul'un özel durumu dolayısıyla sizlerin yanında Büyük Millet Meclisince görevlendirilecek ve yetki verilecek bir heyet bulundurulur.

3. İstanbul şehri ile çevresine ait yönetimin nasıl düzenleneceği sonradan düşünülür ve uygulanır.

4. Bu şartlar kabul edilip uygulandığı takdirde, Büyük Millet Meclisince onaylanmış bütçemize, Padişah ve hanedandan olanlar için daha önce konmuş bulunan ödenek, görevlendirilecek olan bütün memurların ve diğer maaşlıların aylıklarını

---

* Osmanlı padişahlarının önemli konularda bizzat yazdıkları veya notlar düştükleri fermanlardır.

ödemek için gerekli olan para hükümetçe sağlanarak ödenecektir. Mali gücümüz bunu karşılayacak durumdadır.

Türkiye Büyük Millet Meclisi Başkanı
Mustafa Kemal

Tevfik Paşa'nın bu uzunca telgrafımıza gece verdiği cevap çok kısa oldu. Tevfik Paşa'nın cevabı şuydu:

Telgrafları aldım. Yarın kabineyi toplayarak saat 18.00'de bilgi sunarım, efendim. (28/29.1.1921)

TEVFİK PAŞA VE ARKADAŞLARI ANADOLU'YU İSTANBUL HÜKÜMETİNE BAĞLAMAYA ÇALIŞIYOR

Tevfik Paşa, kabinesini toplamış, cevap verdi, bunu da olduğu gibi bilginize sunacağım:

İstanbul, 29.1.1921

Ankara'da Mustafa Kemal Paşa Hazretleri'ne

İlgi: 28 Ocak 1921 tarihli üç ayrı telgraflar:

Bugünkü Hükümet, İstanbul ile Anadolu'nun birleşmesindeki çıkarlara öteden beri değer verdiğinden bu amaçla iş başına gelmiş ve şimdiye kadar bu uğurda çalışmıştır.

Milletin hakimiyet haklarını korumak için sarf ettiğiniz emeklerin ve verdiğiniz kurbanların, karşısında bulunduğumuz elverişli durumu yarattığına, onda büyük ölçüde etkisi olduğuna inanıyoruz. Bu sebeple millete bir yarar sağlayacak olan tekliflerinizi kabule hazırız. Bu bakımdan bildirdiğiniz hususlarla ilgili görüşlerimizi aşağıda açıklıyorum:

Konferansa dolaylı olarak çağrılmanız normaldir. Çünkü İtilaf Devletleri'nin temsilcileri buradadır. Bu bakımdan durumun, İstanbul'da bulunan ve sizinle işbirliği yapmaya çalışan bir hükümet vasıtasıyla bildirilmesi pek normal görülmelidir. Şimdiye kadar Anadolu'yu tanımaya bile gerek görmeyen Avrupa hükümetlerinin, özellikle Anadolu delegelerinin konferansta bulunmasını şart koşmaları, sevindiricidir. Bu bakımdan, bir şekil konusuna takılarak bu mutlu değişiklikten yararlanmamak, millete karşı üzerinize aldığınız görev ile asla bağdaşmaz. Zaten aramızda birleştiğimiz ilan edildikten sonra, delegelerimiz ayrı gayrı değil, tek vücut demek olur. Delegeler kararlaştırılan esaslar çerçevesinde konuşacaklarına göre, bu konuda bir sakınca düşünülemez. Bundan dolayı devlet ve millete karşı yüklendiğimiz görev, bu tarihi anda, bize uzatılan elden yararlanmamızı kesinlikle emretmektedir. Bundan kaçınmanın, Yunan iddiaları karşısında savunmasız kalınmasına ve memleketimizin daha uzun zaman savaş felaketlerine sahne olmasına yol açacağı düşünülmelidir. Aslında, isteklerimizi konferans huzurunda öne sürmek ve hakkımızı Avrupa'da duyurmak, konferansın sonuçsuz kaldığı farz edilmiş olsa bile, yine zarar getirmez. Sizlerin ve arkadaşlarınızın vatanseverlikleri, bu fırsatın kaçırılmayacağının güvencesidir. Şimdiye kadar eski hükümetlerce alınmış ve her iki taraf için kötü sonuç vermiş olan kararların kaldırılması normal olduğundan, aramızda artık ayrılık gayrılık kalmamıştır. Ancak, İstanbul işgal altında bulunduğundan, burada hükümet işlerinin büsbütün ve tamamen İtilaf Devletleri'nin eline geçmesine ve böylece antlaşmadaki İstanbul'la ilgili maddelerin yürürlüğe konmasına yol açacaktır. Ayrıca, harp halinde bulunduğumuz Yunan askerlerinin şu sırada İstanbul ve dolaylarında bulunuşu da, bu teklifleri uygulanamaz bir duruma getirmiştir. Kabinemizin iş başında kalma düşüncesiyle bu görüşlerin bir ilgisi bulunmadığı konusunda teminat vermeyi bile gereksiz bulurum. Esasen bugün bir an önce çözülmesi gereken asıl sorun, vakti yaklaşmakta bulunan konferansa delegelerimizi yetiştirmekten ibarettir. Biz konferansta bulunmadığımız takdirde, Yunanlılar katılacaklarından, yokluğumuzda hüküm giymek ve dolayısıyla davamızı kaybetmek tehlikesi ile karşılaşacağımız için, bu konuda tarafımızdan sorumluluk kabul edilemeyeceğini bildirir; toplantı gününden önce konferansta bulunmak çıkarımıza olacağından, delegelerinizin acele buraya gönderilmesini rica ederim.

Sadrazam Tevfik

Saygıdeğer Efendiler, Tevfik Paşa ve hükümeti, İstanbul ve Anadolu'nun birleşmesi için çalışmış olduğunu söylüyor. Doğrudur. Biz de aynı şey için çalışmakta idik. Şu farkla ki, Tevfik Paşa ve arkadaşları, Anadolu'yu, eskiden olduğu gibi İstanbul'a bağlamak ve tutsak etmek istiyordu. Hem de düşman kuvvetlerinin işgali altında bulunan İstanbul'a... Tevfik Paşa ve arkadaşları Anadolu'yu İstanbul Hükümetine bağlamaya çalışıyor. Öyle bir hükümete ki, dünyada varlığına göz yumuyorsa düşman emellerinin gerçekleşmesini kolaylaştırmaya yardımcı olacak nitelikte kabul edildiği içindi. Tevfik Paşa ve arkadaşlarına göre, elverişli bir durumun doğmuş olmasında Anadolu mücadelesinin çok büyük etkisi vardı. Ama bu durumu yaratan yalnız Anadolu'nun mücadelesi değildir. İhtimal ki, bu ihtiyar diplomat, bu kerameti, kendisinin iktidar makamına gelişini hayal ediyordu.

TEŞKİLAT-I ESASİYE KANUNU'NUN TEMEL MADDELERİNİ TEVFİK PAŞA'YA BİLDİRDİM

Tevfik Paşa'ya şu şekilde cevap verdim:

Ankara, 30.1.1921

İstanbul'da Tevfik Paşa Hazretleri'ne

27.01.1921 ve 28.01.1921 tarihlerinde yazdığım üç telgrafla yüksek şahsiyetlerine, gereken ve benimsenip uygulanması zorunlu olan bütün konuları açıklık ve kesinlikle bildirmiş olduğuma inanıyorum. Buna rağmen, 29 Ocak 1921 tarihli telgrafınızda durumun daha gereken anlayış ve isabetle değerlendirilmemekte olduğunu gördüm. Durumun önemi ve zamanın nezaketi dolayısıyla, yüksek şahsiyetleri ile birlikte sayın arkadaşlarınızın ve özellikle sizlerin her bakımdan bir kez daha aydınlatılmalarına yardımcı olmanız bir görev hükmüne giriyor. Düşünce ve değerlendirmelerinizden doğru sonuçlar alınmasını kolaylaştırmak maksadıyla Türkiye Büyük Millet Meclisince kabul ve uygulanmakta olan Teşkilat-ı Esasiye Kanunu'nun temel maddelerini aşağıda olduğu gibi bildiriyorum:

Teşkilat-ı Esasiye Kanunu Temel Maddeler

1. Hakimiyet kayıtsız şartsız milletindir. Yönetim şekli, halkın kaderini bizzat ve fiili olarak yönetmesi ilkesine dayanır.

2. Yürütme kuvveti ve yasama yetkisi, milletin tek ve gerçek temsilcisi olan Büyük Millet Meclisinde belirir ve toplanır.

3. Türkiye Devleti, Büyük Millet Meclisi tarafından idare edilir ve hükümeti Türkiye Büyük Millet Meclisi Hükümeti adını taşır.

4. Büyük Millet Meclisi, illerin halkınca seçilmiş üyelerden oluşur.

5. Büyük Millet Meclisinin seçimi iki yılda bir yapılır. Seçilen üyelerin üyelik süresi iki yıldır ve yeniden seçilmek mümkündür. Eski Meclis, yeni Meclis toplanıncaya kadar göreve devam eder. Yeni seçimlerin yapılmasına olanak görülmediği takdirde, görev süresi yalnız bir yıl uzatılabilir. Büyük Millet Meclisi üyelerinden her biri, yalnız kendini seçen ilin ayrıca vekili olmayıp aynı zamanda bütün milletin vekilidir.

6. Büyük Millet Meclisinin Genel Kurulu, Kasım başında, davetsiz toplanır.

7. Şeriat hükümlerinin uygulanması, bütün kanunların yürürlüğe konması, değiştirilmesi, yürürlükten kaldırılması, antlaşma ve barış imzalanması ve vatan savunmasıyla ilgili savaş ilanı gibi temel haklar Büyük Millet Meclisine aittir. Kanun ve tüzüklerin düzenlenmesinde, halk için en yararlı ve zamanın ihtiyacına en elverişli fıkıh ve hukuk hükümleriyle, örf ve adetler ve davranışlar esas olarak alınır. Bakanlar Kurulunun görev ve sorumluluğu özel kanunla belirtilir.

8. Büyük Millet Meclisi, hükümeti oluşturan bakanlıkları, özel kanun gereğince seçtiği bakanlar vasıtasıyla yönetir. Meclis, yürütme ile ilgili işlerde bakanlara görev tayin eder; gerekirse bunları değiştirir.

9. Büyük Millet Meclisi Genel Kurulu tarafından seçilen başkan, bir seçim dönemi süresince Büyük Millet Meclisi Başkanıdır. Bu sıfatla Meclis adına imza atmaya ve Bakanlar Kurulu kararlarını onaylamaya yetkilidir. Bakanlar Kurulu üyeleri içlerinden birini kendilerine başkan seçer. Ancak Büyük Millet Meclisi Başkanı, Bakanlar Kurulunun da doğal başkanıdır.

10. Teşkilat-ı Esasiye'nin bu maddelere aykırı düşmeyen hükümleri eskisi gibi yürürlüktedir.

Bizce, yukarıda saydığım temel maddelere aykırı hareket etme olanak ve yetkisinin bulunmadığını sizlerin dikkatlerine önemle arz ederim. Meclis Başkanlığı ile başlayan haberleşmenizin, gerektirdiği işlemlerin yürütülmesi Bakanlar Kuruluna bırakılmıştır, efendim.

Türkiye Büyük Millet Meclisi Başkanı
Mustafa Kemal

* *
*

İLK TEŞKİLAT-I ESASİYE KANUNUMUZUN TARİHÇESİ

Saygıdeğer Efendiler, bu telgrafımda temel maddeleri bildirilmiş olan Teşkilat-ı Esasiye Kanunu, bu tarihten henüz on gün önce, yani 20 Ocak 1921'de Meclis'ten çıkmıştı. Bu kanun, Meclisin ve milli hükümetin durum ve yetkisini, şekil ve niteliğini tespit ve ifade eden ilk kanundur. Meclis, 23Nisan 1920'de açıldığına göre, bu ana kanunun Meclisten çıkarılabilmesi için dokuz ay kadar bir zamanın geçmesi zorunlu olmuştu. Bu zaruretin nereden doğduğu hakkında bir fikir verebilmek için, izin verirseniz kısa bir açıklamada bulunayım:

Bilindiği üzere, Meclisin açılmasından hemen sonra, pek gerekli esasları içine alan bir önerge vermiştim. Meclis ve onun Bakanlar Kurulu, bu esasları ilk günden yürürlüğe koymuş ve uygulamaya başlamıştı. Bir yandan da, kurulmuş olan Temel Haklar Komisyonu, bu önerge metni esas almak üzere, bir kanun tasarısı hazırlamaya başladı. Nihayet dört aylık bir süre sonunda, bu Komisyon, Büyük Millet Meclisinin Kuruluş ve İşleyişi ile İlgili Kanun Maddeleri başlıklı sekiz maddelik bir tasarıyı Meclise getirdi. 18 Ağustos 1920 tarihinde çok acele görüşülmesi kararıyla gündeme alınan bu kanun maddelerinin uzunca bir gerekçesi vardır.

Komisyon tutanağının, Büyük Millet Meclisinin tarifini yapan satırları arasında şu cümleler yazılıydı: Halife ve Padişahın esareti ve diğer olayların da buna eklenmesi ile ortaya çıkan güçlük karşısında, kurulan Meclisimizin sonsuz olarak bugünkü şekli ile devam etmesini kabul etmek, aşırı ve özel durumlara normal bir şekil vermek olur. Halbuki, olağandışı durumların süreklilik kazanamayacağı bir kuraldır. Buna göre, çiğnenen halifelik ve saltanat hakkı ile, millet ve vatanın istiklali yeniden kazanılıncaya ve kabul ettirilinceye kadar bu durumun devamı, ancak, ana hedef olan bu kutsal amaçların gerçekleşmesiyle Meclisin normal bir duruma girmesi uygun görülmüştür. Onun için ikinci maddenin birinci fıkrası "amacın gerçekleşmesine kadar" şartına bağlanmıştır. Gerçekten de, "Meclisin ne zamana kadar toplanmaya devam edeceği" konusunda belirli bir süre ve sınırı konmamıştı.

Bu sebepler ve bu görüş dolayısıyla, daha 1920 ağustosunda Türkiye Büyük Millet Meclisinin durum ve niteliği bakımından devamlı olmadığı inancının hakim olduğu anlaşılıyor.

Kanun maddelerinin birincisi de, "Büyük Millet Meclisi, yasama ve yürütme güçlerini kendinde toplar, devlet idaresini doğrudan doğruya ve tek başına ele almıştır" şeklindeydi. Bu madde ile Meclise verilen yetkinin bile, gerekçeye göre geçici olması gerekeceği doğaldı. Niteliği bakımından geçici olan bir kuruluşun yetkisi de, var olduğu sürece mevcuttur.

Temel Haklar Komisyonunun görüş ve kararı Mecliste olduğu gibi benimsendi. Hatta Meclis üyelerinden birçoğu, amacın açıklanmasında, Komisyonun ifadelerini eksik bularak, bu ifadelere açıklık getirilmesi teklifinde bulundular. Dediler ki, birinci maddenin başına "Halifelik ve Saltanat ile vatan ve milletin geleceği kurtarılıncaya kadar..." şeklinde açıklık verecek ibareyi eklemek gerekir. İkinci maddedeki "amacın gerçekleşmesine kadar" ifadesi yerine de, aynı açıklığın verilmesi gerektiği ileri sürüldü. Bu konu hayli tartışmalara yol açtı. Bazı milletvekilleri, yalnız, "halifelik" kelimesini koyalım, "saltanat"ı da içine alır, dediler.

Bazı hoca efendiler, buna razı olmadılar. "Halifelik manevi bir görevdir" görüşünü ileri sürdüler. "Halifelikte ruhbanlık yoktur" itirazına, hoca efendiler: "Saltanat, yalnız hükmettiği memleketleri içine alır, Halifelikse bütün dünyadaki Müslümanları kapsar" diye cevap verdiler.

Bu tartışmalar günler ve günlerce devam etti. Çatışan görüşlerden biri açıktı: "Halife ve Padişah vardır ve var olacaktır. O var olunca, bugünkü durum, şekil ve yetki geçicidir. Halifelik ve Saltanat makamı otoriteyi ele alıp faaliyete geçme fırsatını bulunca, siyasi teşkilatla ilgili esasların ne olduğu bellidir, bilinmektedir. O bakımdan yeni bir şey düşünmek söz konusu değildir. Halifelik ve Saltanat makamı yeniden işler duruma gelinceye kadar, Ankara'ya toplanmış olan birtakım insanlar, geçici tedbirlerle çalışacaklardır."

HİLAFET VE SALTANAT KONULARI ÜZERİNE TÜRKİYE BÜYÜK MİLLET MECLİSİNDE YAPTIĞIM AÇIKLAMALAR

Buna karşı olan görüşte açıklık yoktu. "Saltanat millete geçmiştir, saltanat kalmamıştır; Halifelik de saltanat demektir, o halde onun da varlığının bir anlamı yoktur" şeklinde açık ve kesin konuşulamıyordu. Otuz yedi gün sonra, 25 Eylülde, bir gizli oturumda, Meclise bazı açıklamalar yapmayı yararlı saydım. Ortaya atılan duygu ve düşüncelere gerekli cevapları verdikten sonra, başlıca şu görüşleri ileri sürmüştüm:

"Türk milletinin ve onun tek temsilcisi bulunan yüce Meclisin, vatanın ve milletin geleceğini, hayatını kurtarmaya çalışırken, halifelik ve saltanatla, halife ve sultanla bu kadar çok meşgul olması sakıncalıdır. Şimdilik bunlardan hiç söz etmemek yüksek çıkarlarımız gereğidir. Eğer amaç, bugünkü halife ve padişaha bağlılık ve sadakatten ayrılmadığını söylemek ve belirtmekse, bu kişi haindir. Düşmanların vatan ve millet aleyhinde kullandıkları bir maşadır. Buna halife ve padişah deyince, millet onun emirlerine uyarak düşmanın emellerini yerine getirmek mecburiyetinde kalır. Hain veyahut makamının kudret ve yetkilerini kullanması yasaklanmış olan kişi, zaten padişah ve halife olamaz. O halde "onu tahttan indirip yerine derhal diğerini seçeriz" demek istiyorsanız, buna da bugünün durum ve şartları elverişli değildir. Çünkü tahttan indirilmesi gereken kişi, milletin yanında değil, düşmanların elindedir. Onun varlığını yok sayarak bir diğerine itaat etmeyi düşünülüyorsa, bugünkü halife ve sultan haklarından vazgeçmeyerek İstanbul'daki kabinesiyle, bugün olduğu gibi makamında oturup faaliyetini devam ettireceğine göre, millet ve yüce Meclis, asıl amacını unutup da halifeler davasıyla mı uğraşacaktır? Ali ile Muaviye devrini yaşayacağız? Özet olarak, bu konu geniş, nazik ve önemlidir. Çözümü, bugünün işlerinden değildir.

Meseleyi kökünden çözmeye girişecek olursak, bugün içinden çıkamayız. Bunun da zamanı gelecektir.

Bugün koyacağımız kanuni esaslar, varlığımızı ve geleceğimizi kurtaracak olan Millet Meclisini ve milli hükümeti güçlendirmeyi hedef almış bir anlam ve yetkiyi içine almalı ve ifade etmelidir."

Efendiler, bu açıklamalarımdan bir hafta önce, ben de Meclise bir tasarı vermiştim. 13 Eylül 1921 tarihli olup siyasi, sosyal, idari, askeri görüşleri özetleyen ve idari teşkilat ile ilgili kararları içine alan bu tasarı, Meclisin 18 Eylül 1921 tarihli toplantısında okundu. İşte, bu tarihten daha dört ay geçtikten sonra yürürlüğe giren ilk Teşkilat-ı Esasiye Kanunu bu tasarıdan çıkmıştır.

* *
*

LONDRA KONFERANSINA KATILACAK OLAN DELEGELER DOĞRUDAN DOĞRUYA MİLLİ İRADEYİ TEMSİL EDEN BÜYÜK MİLLET MECLİSİ TARAFINDAN SEÇİLMELİDİR

Şimdi, arzu buyurursanız İstanbul ile haberleşmeye devam edelim:

Tevfik Paşa, 27 Ocak tarihli bir telgrafın içeriğini 29 Ocak tarihli bir telgrafla tekrar etti. Bakanlar Kurulu Başkanlığından şu cevap verildi:

Ankara, 30.1.1921

İstanbul'da Tevfik Paşa Hazretleri'ne

İtilaf Devletleri politikasında Türkiye lehine görülen son gelişmeler, milletin fedakârca azminin eseridir. Türkiye Büyük Millet Meclisinin Sevr Antlaşmasını tümüyle reddetmesi üzerine ortaya çıkan şu durumdan, milli çıkarlarımıza en elverişli sonuçların elde edilmesi, Londra Konferansı'na katılacak delegelerin doğrudan doğruya milli iradeyi temsil eden Büyük Millet Meclisince seçilmiş ve gönderilmiş olmasıyla mümkündür. Uğursuz Sevr Antlaşması'nı imzalamış bir heyetin varisleri durumunda olan heyetiniz delegelerinin, vatan ve millet için yararlı olan sonuçları elde edebilmeleri mümkün değildir. Bu bakımdan, vatanın yüksek çıkarlarını düşünerek bu barış görüşmelerinde Büyük Millet Meclisi delegelerini milli birliği tam olarak gösterecek bir şekilde serbest bırakmanız gerekir. Bundan dolayı, bir taraftan önceki bildirimimizle ilgili görüşmeleri takip ve yürütmekle birlikte, bir yandan da aşağıdaki kararları derhal kabul ederek yerine getirmeniz rica olunur:

1. Londra Konferansı'na katılacak Türkiye heyeti yalnız Türkiye Büyük Millet Meclisi tarafından seçilecek ve gönderilecektir.

2. Bu delegeler heyeti ile birlikte gitmesini gerekli gördüğünüz bazı uzman müşavirlerle gerekli evrak ve belgeler, tara-

fınızdan hazırlanacak ve heyete katılmak üzere yola çıkarılacaktır.

3. Bizim tarafımızdan gönderilecek delegeler heyetinin, bütün Türkiye'yi; temsil edecek tek heyet olduğunu da İtilaf devletlerine bildireceksiniz.

4. Vaktin darlığı dolayısıyla kesin ve son olarak alınan bu kararların kabul edilmemesi halinde, vatan ve milletin selameti adına doğacak tarihi sorumluluk tamamen heyetinize ait olacaktır.

Bakanlar Kurulu Başkanı
Fevzi

Efendiler, Tevfik Paşa'nın çalışma arkadaşı olup Ankara'da bulunan İzzet Paşa tarafından da bir telgraf çekilmesinin yararlı olacağını düşündük. İzzet Paşa'nın telgrafı şuydu:

Şifre

Ankara, 30.1.1921

İstanbul'da Tevfik Paşa Hazretleri'ne

Şubat sonlarında Londra'da toplanacak konferansla ilgili olarak Büyük Millet Meclisi Başkanı Mustafa Kemal Paşa Hazretleri ile sizler arasında yapılan açık telgraf yazışmalarındaki bilgileri öğrenmiş bulunuyoruz. Heyetimizin uğradığı başarısızlıktan sonra yine düşünce bildirmeye cesaret etmek utanç verici olmakla birlikte, gerçek durum ve burada hakim olan görüşler üzerinde derin kavrayışlı yüksek şahsiyetlerini aydınlatmayı vatanseverlik duygusunun bir gereği sayıyoruz. İstanbul'un işgal altında bulunması dolayısıyla, oradaki bir hükümetin milletin temel çıkarlarını savunma gücünü gösteremeyeceği burada normal görülmektedir. Sonradan Anadolu ile İstanbul'un birbirinden ayrılmasına yol açacağı endişesiyle, iki ayrı heyet halinde konferansta bulunmaktan da kaçınılmaktadır. Mustafa Kemal Paşa Hazretleri de, telgraflarındaki görüşlerden, esas itibariyle fedakarlık etmeye yetkili değildir. Anadolu'da Tanrının yardımıyla, muhalefet ve isyanlar bastırılıp etkisiz duruma getirilerek ve çeteler ortadan kaldırılarak kuvvetli bir ordu ve hükümet kurulmuştur. Avrupa'yı, Sevr Antlaşması'nın lehimize değiştirilmesine yöneltebilecek görüşmelerin kesilmesine meydan verilmeyecek şekilde, himmetlerinizin esirgenmemesini sadakatimize dayanarak rica ederiz. Buradaki Türkiye Büyük Millet Meclisinin Padişah tarafından tanınması temel şartı değişmemek üzere, ayrıntılar ve görünüşe ait bazı noktalar üzerinde görüşme olanağı açıktır. Bu olanağın kaybedilmesine meydan verilmemek üzere durumun lütfen bildirilmesi arz olunur.

Ahmet İzzet

TEVFİK PAŞA YEMİNLE BAĞLI OLDUĞU KANUN-I ESASİ'YE SADAKATTAN AYRILAMIYOR

Efendiler, sizi yormazsam Tevfik Paşa'nın bu telgrafa verdiği cevabı da bilginize sunayım:

İstanbul, 31.1.1921

Ankara'da İsmet Paşa Hazretleri'ne

İlgi: 30 Ocak 1921

Hepimizin hükümlerini korumaya yemin ettiğimiz Kanun-ı Esasi'ye aykırı esaslı değişiklikler yapmanın ve bunu kabul etmenin, kanunun açık hükümleri ile ne derece bağdaşacağı düşünülmeye değer. Bu konu ancak Mustafa Kemal Paşa Hazretleri'nin"... aracılığıyla gönderdiği telgrafta bildirilen ve bizce de gerekli bulunan değişikliklerin İtilaf Devletleri'ne kabul ettirilmesine çalışılıp, inşallah bu sonuç elde edildikten sonra usulüne göre çözülecek iç meselelerdendir. Aksine bu tutum, dünkü telgrafımızda da açıklandığı üzere konferansa kabul edilmememize ve İstanbul'un hemen Osmanlı hakimiyetinden çıkarılmasına ve Yunanlıların davasına karşı savunmasız kalmamıza, belki de onların haklı görülmesine yol açacaktır. Telgraflardan, bir noktanın iyi anlaşılmadığı sonucuna varıyoruz, Konferansa, sizin ve bizim diyerek iki heyet gönderileceğinin nereden çıkarıldığı anlaşılamıyor. Dava aynı, savunma yolları da aynı olduğuna göre, Konferansa, gönderilecek heyet üzerinde de bir görüş birliğine varılırsa oraca tayin edilecek delegeler, İtilaf Devletleri'nin tanımakta olduğu hükümetin ilave edeceği delegelerle birlikte gidince, heyet birlik ve beraberlik içinde, gerekli yetkiye de sahip olur ve çekinmeden birlik halinde milli davayı savunur. Bu gereğin oraca da takdir buyrulduğu, delegelerin İtilaf Devletleri'ne tanıttırılmalarını bizden istemeleriyle anlaşılmıştır. Bildirilen nota ve beyanlarımız açıkça göstermektedir ki, İtilaf Devletleri, Anadolu delegelerini Londra Konferansına yalnız olarak kabul etmemektedir. Bunlar, Hükümet delegeleriyle birlikte bulunmak suretiyle kabul edilecektir. Böyle ayrılık sürdürülecek olursa, büyük bir ihtimalle hiçbir tarafın delegeleri kabul edilmeyecektir.

Konferansa, yalnız buradan delege kabul edilmesi ihtimali var ise de, Anadolu için bu ihtimal de yoktur. Bundan dolayı, pek büyük fedakarlıkların eseri olan bu değişiklikten zararımıza sonuçlar doğabilir. Çünkü, İtilaf çevrelerinde sayıları pek çok olan Yunan dostlarına: "Türkler, doğuda savaşın sürüp gitmesine taraftardır, barış ve uzlaşmaya istekli değildir" diye propaganda yaparak lehte olanları kendilerine çekmeye, bizi haksız ve düşmanımızı haklı göstermeye fırsat verilmiş olur. Ortak delegelerden kurulu bir heyet gönderilirse, isteklerimiz kabul edilmese bile, lehimize olan görüşleri, aleyhe çevirmemiş ve belki aleyhimizde olanların önemli bir kısmını kazanmış oluruz. Vakit pek dardır. Yazışmalarla kaybedilecek zaman kalmamıştır, delegelerin hemen gönderilmesi vatan ve milletin çıkarlarının gereğidir. Sizinle sayın arkadaşlarınızın da geri dönmeleri lazımdır. Çünkü orada neler düşünüldüğü konusunda, yerinde yapılmış gözlemlerle edindiğimiz bilgilerden hakkıyla yararlanacak zamanın geldiğine ve oradaki görüşlerin buradaki görüşlere yaklaştırılması gerektiğine sizin de inandığınız kanısındayız.

Sadrazam Tevfik

Efendiler, Tevfik Paşa'nın Fevzi Paşa Hazretleri'ne cevap olarak gönderdiği telgrafı da okuyalım:

Şifre

İstanbul, 1.2.1921

Ankara'da Mustafa Fevzi Paşa Hazretleri'ne

İlgi: 30 Ocak 1921

Kral Konstantin'in Atina'ya dönmesi üzerine, İtilaf Devletleri çevrelerinde ve kamuoyunda, Yunanistan aleyhine meydana gelen değişme dolayısıyla, Avrupa da lehimize bir akım doğmuştur, Ancak, bu akıma karşılık, Rumların tarafını tutan ve Sevr Antlaşması'nı tamamıyla veya ufak tefek değişikliklerle uygulayarak Türkiye'yi ortadan kaldırma düşüncesinde bazı siyaset adamları davardır. Özellikle aldığımız güvenilir bilgilere göre, bu siyaset adamlarının, Anadolu temsilcilerinin de konferansa davet edilmesini kabul etmeleri ve buna istekli görünmeleri, Anadolu'nun böyle bir davet kabul etmeyeceğine inanmış olmalarından ileri gelmektedir. Bununla güdülen amaç da, bu davete uymama durumunu öne sürerek ve bize karşı sert önlemler alınmasını haklı göstererek, kamuoyunu siyasetlerine uymaya mecbur etmektir. Bu bakımdan, konferansa bir an önce ve birlikte gidilerek hakkımızın alınmasına çalışmak şarttır. Eğer orada yasal ve haklı isteklerimizin reddedildiğini görür ve konferanstan çekilmek zorunda kalırsak, bu durum, karşımızdakilerin elinde aleyhimize kullanılacak etkili bir silah olamaz. Telgraflarında öne sürülen isteklerin, daha önce de bildirilen sebepler ve İstanbul'un özel durumu dolayısıyla, kabulü mümkün değildir. Bunlarda ısrar ederek, konferansa tam zamanında katılma fırsatı kaçırılırsa, önce birlik sağlanamadığı için İstanbul ve Boğazlar büsbütün Osmanlı hakimiyetinden çıkar. İkinci olarak, İtilaf Devletleri'nin Yunanistan'a para ve asker yardımı yapmaları ve Anadolu'da ortak bir saldırı hareketi yürütmeye kalkışarak zaten savaşın günden güne artan güçlüklerinden sayıları pek çok azalmış olan Türk unsurunun, bir kat daha ezilip yok olması ile karşı karşıya kalınır. Üçüncü olarak büyük ölçüde fedakarlıklara katlanmak karşılığında dış yardıma ihtiyaç mecburiyeti ortaya çıkar ve nihayet hedefimiz olan istiklalin heder edilmesi gibi acı sonuçlar doğar. Delegelerimizin hemen İstanbul'a gönderilmesi kaçınılmaz bir zorunluluktur, efendim.

Sadrazam Tevfik

Saygıdeğer Efendiler, Osmanlı Sadrazamının daha başka bazı öğütleri ve bildirdikleri vardır. İzin verirseniz onları da okuyalım:

Şifre

İstanbul, 5.2.1921

Ankara'da Mustafa Kemal Paşa Hazretleri'ne

Londra'da toplanacak olan konferansa Osmanlı Devleti'nin de davet edilmesinden dolayı telaşa düşen Yunanlılar, aleyhimizdeki propagandalarını bir kat daha artırmışlardır. Paris'teki delegemizden aldığımız bilgilere göre, Yunanlılar, Fransız kamuoyunu aleyhimize çevirmek için, Anadolu'da bir Alman kurmay askeri heyeti bulunduğu, sizin harekat ve siyasetinizin de bu heyetin telkinleri ile yürütüldüğü yolunda Fransız çevrelerinde söylentiler yaymaktadırlar. Ayrıca, Türkiye'deki Hristiyanların toplu olarak öldürülmekte olduğu ileri sürülerek, bunların kurtarılması için Papa tarafından bütün parlamentolara başvurulduğunun duyulduğu da sözü geçen delege tarafından bu bilgilere eklendiğinden, pek kötü etkiler yaratacak olan bu söylentilerin hızla yalanlanması rica ve tavsiye olunur.

Sadrazam Tevfik

***

Şifre

İstanbul, 08.02.1921

Ankara'da Mustafa Kemal Paşa Hazretleri'ne

Konferansı etkilemek amacıyla, Şubatın yirmi birinde, Yunanlıların 70-80bin kişiyle saldırıya geçecekleri Hariciye Nezareti'nce güvenilir kaynaklardan haber alınmıştır. Saldırının Karahisar-Eskişehir doğrultusunda olacağı sanılmaktadır. İtilaf Devletleri temsilcileri, Ankara delegelerinin yalnız olarak konferansa kabul edilemeyeceğini de söylemişlerdir.

Sadrazam Tevfik

Bu telgrafın yazılmasındaki amaç, Yunanlıların saldıracağını bildirmek miydi? Yoksa, 70 - 80 bin kişilik düşman kuvvetinin saldırı tehdidi ile, konferansa Ankara delegelerinin yalnız olarak kabul edilemeyeceğini söylemek miydi? Bunu kestirmek güçtür.

Delege gönderilmesi konusunda, bizim ileri sürdüğümüz görüşleri, yazılarımızda belirttiğimiz şekilde Tevfik Paşa, İtilaf Devletleri temsilcilerine bildirmiş de, telgrafın son fıkrasıyla, aldığı cevabı mı bildiriyordu? Bu da açık değildir.

İstanbul, 8.2.1921

Ankara'da Mustafa Kemal Paşa Hazretleri'ne

Fransız kamuoyunu incitmemek için Kilikya'da saldırıdan kaçınılması hayırseverliğinden şüphe edilmeyen bazı Fransız devlet adamlarının tavsiyesi üzerine, Paris delegemiz tarafından büyük bir önemle bildirilmiştir.

Sadrazam Tevfik

OSMANLI DEVLET ADAMLARININ BELİRGİN ÖZELLİKLERİ

Efendiler, bu gibi tavsiyeleri, İstanbul hükümetlerinden çok dinlemiştik. Bizim saldırıdan kaçınmamızı tavsiye eden hayırseverin karşısındaki kimse, işittiğini bir gramofon gibi bize ulaştırırken, bu hayırsevere, bize saldırıdan kaçınılmasını, gerekenlere tavsiye edip etmediğini sormuş mudur acaba? Aldığı cevap, olumsuz idiyse, onun hayırseverliğine nereden hükmetmişti? Vatanımızı işgal edenlerin Kamuoyunu gücendirmemeyi tavsiye edenlere, vatanı işgal edilen milleti niçin incittiklerini ve incitmekte devam ettiklerini sormamak, neden bu Osmanlı devlet adamlarının belirgin özellikleri olmuştu?

Kısacası, saygıdeğer Efendiler, görülüyor ki, Tevfik Paşa ve arkadaşlarıyla, temelde, düşünce ve görüşlerde anlaşmak mümkün olamıyordu. Nihayet, konu Meclise getirildi.

Meclise iki teklifte bulundum. Birisi memleketin durumunu ve milletin amacını İstanbul'a açıkça bildirmek; ikincisi, ayrıca davet yapıldığında Londra'ya bağımsız bir heyet göndermekti. Her iki teklifim de kabul edildi.

Efendiler, Meclisin görüş ve kararını Tevfik Paşa'ya bildiren telgraf aynen şöyleydi:

TEVFİK PAŞA'NIN TEKLİFLERİ KARŞISINDA BÜYÜK MİLLET MECLİSİNİN KARARI

Londra Konferansı'na davet dolayısıyla, Türkiye Büyük Millet Meclisi Başkanı Mustafa Kemal Paşa Hazretleri ve Bakanlar Kurulu Başkanı Fevzi Paşa Hazretleri ile İstanbul'da Tevfik Paşa Hazretleri arasındaki telgraf haberleşmeleri, Genel Kurulda okunmak suretiyle Meclise bilgi verildi. Tevfik Paşa Hazretleri tarafından ileri sürülen görüşler, memleketin bugünkü durumu üzerinde kendilerinin açık bir görüşe varmaktan pek uzak olduklarını, bize üzüntüyle gösterdi. İstanbul'da ateşkes anlaşmasından beri iki türlü hükümet birbirini takip etmiştir. Biri Damat Ferit'in başkanlığı altında, çeşitli kimselerin katılmasıyla kurulan hükümetler ki, her ne pahasına olursa olsun, İtilaf Devletleri'ne karşı mutlak olarak boyun eğme düşüncesini temsil etmiş ve memleketin kendi hakimiyet haklarını devam ettirmek için yaptığı sürekli fedakarlıkları, düşmanlarla birlikte çalışmak suretiyle sonuçsuz bırakmayı özel bir politika haline getirmişti. Bu düşüncenin peşine takılanlar, memleketin kötülük ve hainliğe elverişli ne kadar nankör evladı varsa, hepsini kışkırtarak ve silahlandırarak milli savunmaya kendilerini adayan vatanseverler aleyhine hiç durmadan kullandılar. İslam şeriatı adına yayınlanan sahte fetvaların, mirimiran* unvanı ile ödüllendirilen Anzavurlarla, vatanın bağımsızlığı ve savunması aleyhine, etrafa gönderdiği maddi ve manevi zehir ve fesat kuvvetlerine karşı, Anadolu aylarca çarpışmaya mecbur oldu. Onlar, düşmanlar hesabına cephelerimizi kaç defa arkadan vurdular. Müslümanlığın ilk asrından beri şeref ve hak din adına cihat eden milletimiz, tarihimizin ilk günlerinden beri, devlet ve memleket ne zaman tehlikeye düşmüşse, kanını bol bol akıtmaktan geri durmayan milletimiz, bu defa kocaman vatandan arta kalan son parçada, son kaleye çekilmiş, en son savunmasını yaparken, hükümet adını alan heyetler, düşmanlar hesabına, düşman safları arasında kendi milletleri aleyhine çalışıyorlardı. Bizans'ın son günlerinde, Fatih'in teslim davetine karşı "Allah'ın bana bir emaneti olan bu memleketi, ancak Allah'a teslim ederim" diye son Bizans İmparatoru'nun tahtına varis bir hanedandan gelen bugünkü halife ve sultanın hükümeti, esir olmamak isteyen milleti, kendi eliyle bağlayarak düşmanlara teslim etmeye çalışıyordu. Bu birinci safha, o hükümetlerin ve onlarla birlikte olanların bozguna uğramasıyla son buldu. İkinci türlü hükümet, Tevfik Paşa'nın başkanlık ettikleri heyettir. Bunlar, gaye bakımından Anadolu savunmasına taraftar olduklarını söylemekle birlikte, icraat bakımından, memleketin samimi olarak elde etmek istediği barışa asla affedilmeyecek bir dikkatsizlik ve inatla engel olmakta devam ediyor. Saltanat konseyinde İtilaf Devletleri'nin uzattığı esaret belgesini ayağa kalkarak ve saygı göstererek kabul ve imza eden devlet adamları ve Meclis üyeleri, bütün memlekette hiçbir hak ve yetkiyi temsil etmeyen geçersiz bir kuvvet durumundadır. Anadolu ve İstanbul, istiklal ile esaretin, hürriyet ile mahkumiyetin birbirine zıt ve ters düştüğü iki ayrı parça halinde kalmıştır.

Biz, memleketin esir edilmiş, iradesini kaybetmiş parçasını, özgür ve bağımsız olan kısma katmak istiyoruz. İstanbul'un devlet adamları, bütünü oluşturan ve bütün bir düşmanlık dünyasına karşı kendini şeref ve metanetle savunan hür kısmı, esir ve mahkum durumdaki küçük parçaya bağlamak ve katmak istiyorlar. Bütün Anadolu'yu, hürriyet ve istiklaline aşık bütün memleket çocuklarını ve bugünkü zulüm görmüş İslam dünyasının ruhunu temsil eden Büyük Millet Meclisi, İstanbul'un hasta ve hürriyetten yoksun bir heyetine boyun eğmeyi, hiçbir zaman kabul edemez.

---

* Emirülümeralık ile Rumeli Beylerbeyiliği arasında bir aşamadır.

Meclisimiz tarafından kabul ve ilan edilen ve bütün memlekette uyulan Teşkilat-ı Esasiye Kanunumuz gereğince, hakimiyet kayıtsız şartsız milletindir. Milletin yasama ve yürütme gücü ise, onun gerçek ve tek temsilcisi olan Büyük Millet Meclisinde toplanır. Bu temel ilkeler karşısında delegelerimizin İstanbul'a giderek oradan seçilecek bir heyete katılmasına ve oranın vereceği bir yetki belgesi ile dünyaya karşı milli davamızı savunmayı üzerine almasına olanak yoktur. Eğer isterseniz fiili ve haklı olarak mutlak bağımsızlığı bulunan, bütün idari teşkilatı ile memleketi yöneten, ordularıyla doğuda ve batıda düşmanları ezerek memlekete barışın yollarını açan Meclisimizin delegeler heyetini, memleketi temsil edebilecek tek heyet olarak tanırsınız. Yoksa, biz kendi heyetimizi kendimiz göndermek kararını zaten almış bulunuyoruz. Bizce istenilen ve gerekli görülen, bu kararımıza verilecek cevabın, birtakım sözler değil, fiili davranışlar olmasıdır.

LONDRA KONFERANSINA KATILMAMIZ

Efendiler, Dışişleri Bakanı olan Bekir Sami Bey'in başkanlığı altında ayrıca ve bağımsız bir delege heyeti kuruldu. Heyet, Londra Konferansı'na özel olarak davet edildiğimiz takdirde katılmak üzere ve bu arada geçecek zamandan da yararlanmak maksadıyla, Antalya üzerinden Roma'ya hareket ettirildi.

Heyetimiz, İtalya Dışişleri Bakanı Kont Sforza vasıtasıyla, konferansa resmen davet edildikleri kendilerine bildirildikten sonra Londra'ya gitmiştir.

Londra Konferansı, 27 Şubat 1921'den 12 Mart 1921'e kadar devam etti. Hiçbir olumlu sonuç vermedi.

İtilaf Devletleri İzmir ve Trakya'daki nüfus durumu ile ilgili olarak kendileri tarafından yapılacak bir araştırmanın sonucunu kabul edeceğimiz yolunda bizden söz almak istediler. Delege heyetimiz önce bunu kabul etmişti. Fakat Ankara'dan yapılan uyarı üzerine, sonradan, araştırmanın yapılmasını Yunan idaresinin buradan çekilmesine bağlamak teklifinde bulundu. İtilaf Devletleri'nin, Sevr Antlaşması'nın diğer hükümlerinin tarafımızdan samimiyetle ve itirazsız olarak uygulanmasını sağlamak istediği anlaşılmıştı. Delege heyetimiz bununla ilgili tekliflere de ret niteliğinde cevaplar vermişti. Yunan delegeleri araştırma hiç kabul etmemişlerdi. Bunun üzerine, İtilaf Devletleri, Türk ve Yunan delege heyetlerine bazı teklifleri içine alan bir proje vererek, hükümetlerinden, bu projeler için alacakları cevapların, Konferansa bildirilmesini istemişlerdi.

Bizim delege heyetimize verilen projede, Sevr Antlaşması hükümlerinde yapılacak değişikliklerle ilgili şu noktalar vardı:

Bize bırakılan jandarma ve özel birliklerin sayısını bir parça artırmak. Memleketimizde kalacak yabancı subayların sayısını biraz azaltmak. Boğazlar bölgesini biraz ufaltmak. Bütçemiz üzerine konmuş bulunan sınırlamaları biraz hafifletmek. Bayındırlık işleri ile ilgili imtiyaz verme hakkımız üzerine konmuş sınırlamaları da biraz hafifletmek. Bundan başka, adli kapitülasyonlar, yabancı postaları, Kürdistan... ile ilgili olarak Sevr tasarısında değişiklikler yapılmasını ümit ettirecek bazı belirsiz vaatler…

Bu teklifler projesinde, Ermenistan sınırlarının tespiti işi, Birleşmiş Milletlerin göndereceği bir komisyona bırakılmakta idi. Sözde İzmir'i bize geri verilecekti. Fakat İzmir şehrinde bir Yunan kuvveti bulundurulacak, İzmir ilinin güvenlik işleri, İtilaf Devletleri subayları tarafından idare edilecek, bu ildeki jandarma kuvveti, nüfus oranına göre çeşitli unsurlardan kurulacak, şehre Birleşmiş Milletler tarafından bir Hristiyan vali tayin edilecek, İzmir ili Türkiye'ye gelirinin çoğalmasıyla artacak bir yıllık vergi ödeyecekti.

İzmir ili için teklif edilen bu çözüm şekli, beş yıl sonra, taraflardan birinin isteği üzerine Birleşmiş Milletlerce değiştirilebilecekti.

DELEGELER DAHA YOLDA İKEN BAŞLAYAN YUNAN SALDIRISI

Efendiler, İtilaf Devletleri, delege heyetimiz vasıtasıyla yaptıkları tekliflerin cevabını almayı beklemeden, daha delegelerimiz yolda iken, Yunanlılar bütün ordusuyla ve bütün cephelerimize karşı saldırıya geçtiler.

Görüyorsunuz ki Efendiler, Yunan saldırısı konferans ve barış hikayesini bize zorunlu olarak terk ettiriyor. Şimdi izin verirseniz, size bu saldırıyı ve sonucunu arz edeyim:

Yunan ordusunun Bursa ve doğusunda önemli bir grubu, Uşak ve doğusunda diğer bir grubu vardı. Bizim de kuvvetlerimiz, Eskişehir'in kuzey batısında, Dumlupınar'da ve doğusunda olmak üzere iki grup halindeydi. Bundan başka, Yunanlıların İzmit'te bir tümenleri, bizim de ona karşılık Kocaeli Grubu bulunuyordu. Yunanlıların Menderes boyundaki birliklerine karşı da birliklerimiz vardı. Yunan ordusunun Bursa ve Uşak grupları, 23 Mart 1921 günü ileri harekata geçtiler. İsmet Paşa komutasında bulunan Batı Cephesi birlikleri, arz ettiğim gibi, Eskişehir'in kuzey batısında yığınak yapmıştı. Karar, savaşı İnönü mevzilerinde kabul etmekti. Ona göre tedbir alınıyor ve hazırlıklar yapılıyordu. Düşman, 26 Mart akşamı, İsmet Paşa'nın işgal ettirdiği mevzilerin sağ kanadı ilerisine yanaştı. Ertesi günü bütün cephede karşılaşmalar oldu. Düşman 28'de sağ kanadımıza saldırıya geçti. 29'da her iki kanattan saldırdı. Düşman yer yer önemli başarılar elde ediyordu. 30 Mart günü şiddetli savaşlarla geçti. Bu savaşların da sonucu düşman lehine oldu.

İKİNCİ İNÖNÜ ZAFERİ VE İSMET PAŞA'NIN METRİSTEPE'DE GÖRDÜĞÜ DURUM

Bundan sonra sıra bize geliyordu. İsmet Paşa 31 Mart günü, karşı saldırıya geçti ve düşmanı yenerek, 31 Mart-1 Nisan gecesi geri çekilmeye mecbur etti. Böylece, inkılap tarihimizin bir sayfası, İkinci İnönü zaferiyle yazılmış oldu.

Efendiler, düşman çekilirken Batı Cephesi Komutanı ile 1 Nisan günü yapılan yazışmalar, o günün duygularını tespit eden belgelerdir. O duyguları yeniden canlandırmak için, izin verirseniz, o günkü yazışmalardan bazı telgrafları olduğu gibi okuyacağım:

Metristepe, 01.04.1921

Saat 18.30'da Metristepe'den gördüğüm durum: Gündüzbey kuzeyinde sabahtan beri dayanan ve artçı olması muhtemel olan bir düşman müfrezesi, sağ kanat grubunun saldırısı ile düzensiz olarak çekiliyor. Yakından takip ediliyor. Hamidiye yönünde karşılaşma ve faaliyet yok. Bozöyük yanıyor. Düşman, binlerce ölüsüyle doldurduğu savaş meydanını silahlarımıza terk etmiştir.

Batı Cephesi Komutanı İsmet

***

İnönü Savaş Meydanında Metristepe'de
Batı Cephesi Komutanı ve Genelkurmay Başkanı İsmet Paşa'ya

Bütün dünya tarihinde, sizin İnönü Meydan Muharebelerinde üzerinize yüklendiğiniz görev kadar ağır bir görev yüklenmiş komutanlar pek azdır. Milletimizin istiklal ve varlığı, dahice idareniz altında görevlerini şerefle yapan komuta ve silah arkadaşlarınızın kalbine ve vatanseverliğine büyük bir güvenle dayanıyordu. Siz orada yalnız düşmanı değil, milletin kötü talihini de yendiniz. İstila altındaki talihsiz topraklarımızla birlikte bütün vatan, bugün en ücra köşelerine kadar zaferinizi kutluyor. Düşmanın istila hırsı, azminizin ve vatanseverliğinizin yalçın kayalarına başını çarparak paramparça oldu.

Adınızı tarihin şeref abidelerine yazan ve bütün millete size karşı sonsuz bir minnet ve şükran duygusu uyandıran büyük gaza ve zaferinizi tebrik ederken, üstünde durduğunuz tepenin size binlerce düşman ölüleriyle dolu bir şeref meydanı seyrettirdiği kadar, milletimiz ve kendiniz için yükseliş parıltılarıyla dolu bir geleceğin ufkuna da baktığını ve hakim olduğunu söylemek isterim.

Büyük Millet Meclisi Başkanı
Mustafa Kemal

***

Büyük Millet Meclisi Başkanı Mustafa Kemal Paşa
Hazretleri'ne

Zulüm ve zorbalık dünyasının en zalimce hücumlarına karşı yalnız ve şaşkın kalan milletimizin maddi ve manevi bütün kabiliyet ve kuvvetlerini ruhundaki ateşle toplayan ve harekete getiren Büyük Millet Meclisi'nin Başkanı Mustafa Kemal Paşa!

Kahraman askerlerimiz ve subaylarımız adına, askerlerimizle avcı hatlarında omuz omuza vuruşan tümen ve kolordu komutanları adına takdir ve tebriklerinize büyük bir iftiharla teşekkürlerimi arz ederim.

Batı Cephesi Komutanı İsmet

GÜNEY CEPHESİ'NDEKİ HAREKÂT

Saygıdeğer Efendiler, İnönü muharebe alanını ikinci defa yenilerek terk eden ve Bursa'ya doğru eski mevzilerine çekilen düşmanın takibinde, piyade ve süvari tümenlerimizin gösterdikleri anılmaya değer yararlıkları anlatamayacağım. Yalnız, genel askeri durumu tam olarak açıklayabilmek için, izin verirseniz Güney Cephemize giren bölgede yapılan harekatı özetleyeyim.

Güney Cephesi Komutanı Refet Paşa'nın emrinde bulunan üç piyade tümeni, Dumlupınar'da hazırlanmış bir mevzide bulunuyordu. Bundan başka, bir süvari tümeni ve bir de süvari tugayı vardı. Bu mevziinin sol kanadında bulunuyordu. Güney Cephesi Komutanı'nın aldığı görev, düşmanı bu mevzide durdurmaktı. Uşak doğusundaki mevzilerimizden hareket eden üç piyade tümeni ve bir kısım süvari Dumlupınar mevzilerine saldırdı. 26 Mart'ta birliklerimiz, mevzilerini terk etmeye mecbur oldu. Güney Cephesi Komutanı, bundan sonra kuvvetlerini esaslı bir hatta durdurmayı ve yeniden tertibat almayı başaramadığı için kuvvetler ikiye ayrıldı. Sekizinci ve Yirmi Üçüncü Piyade Tümenleri ile İkinci Süvari Tümeni'nden meydana gelen kısmı, kendi emri altında, Altıntaş'a doğru çekildi. Elli Yedinci Piyade Tümeni ile Dördüncü Süvari Tugayından meydana gelen öteki kısım Fahrettin Paşa'nın emri altındaydı. Düşman bütün kuvvetiyle Fahrettin Paşa kuvvetlerine yönelerek doğuya yürüdü. Refet Paşa kuvvetlerine karşı, Dumlupınar'da yalnız bir piyade alayı bıraktı. Refet Paşa, sonradan Yirmi Üçüncü Tümeni Altıntaş üzerinden güneye, Fahrettin Paşa emrine verdi. Altıntaş yönünde, düşmanın hiçbir hareketi olmadığı anlaşılınca, Refet Paşa, yanında bulunan kuvvetlerle kuzeye getirtildi.

Doğuya doğru ilerleyen düşmana karşı, Fahrettin Paşa kuvvetleri çeşitli yerlerde savaşlar vererek Afyon'un doğusuna çekildi. Düşman, Afyonkarahisar'ı işgal ettikten sonra, Çay-Bolvadin hattına kadar ilerledi ve orada durdu. Bu düşman karşısında, Fahrettin Paşa, Elli Yedinci ve Yirmi Üçüncü Tümenlerle birlikte, güneyden Adana bölgesinden gelen Kırk Birinci Tümeni de alarak, bir karşı hat oluşturdu.

YUNAN ORDUSU'NUN GENEL SALDIRI PLANINDA GÖZE ÇARPAN BİR HATA

Efendiler, askeri strateji konusunda fazla düşünce ileri sürmekten kaçınma taraftarı olmakla birlikte Yunan ordusunun bu defaki genel saldırı planında göze çarpan bir hataya işaret etmek isterim. Yunan ordusunun Uşak grubunun, Dumlupınar'dan sonra, Eskişehir'e doğru yürümesi gerekirdi. Afyon üzerinden Konya'ya doğru yönelmesi, kuvvetlerini asıl kesin sonuç alacağı alandan uzaklaştırarak, işe yaramaz ve tehlikeli bir durumda bırakmıştır. İnönü'ndeki başarı bizim tarafta kaldıktan sonra, bu kuvvetlerin, kendilerini tehlikeden kurtarmak için bir an önce hızla geri çekilmelerini sağlamaktan başka bir şey düşünmeyeceklerine şüphe yoktu. İnönü'nde zafer kazanan kuvvetlerimiz, Eskişehir, Altıntaş üzerinden Dumlupınar'a yönelerek bu mesafenin önemli bir kısmında demiryolundan fazlasıyla yararlanma imkanı bulunduğuna göre, Afyonkarahisar'ın doğusunda bulunan Yunan grubu geri çekilme hattını kesebilir ve böylece, pek büyük bir ihtimalle o grubu büyük bir felakete uğratabilirdi. Nitekim, bu düşüncenin uygulanmasına geçmekte bir an gecikilmemiştir. İlk serbest kalan tümenler derhal Güney Cephesi Komutanı Refet Paşa'nın emrine verilerek harekete geçirilmiştir.

İnönü Meydan Muharebesi'nden alınan sonuç üzerine, Yunan ordusunun Uşak grubu, derhal geri çekilmeye başladı. Refet Paşa, 7 Nisan 1921 tarihinde karargâhıyla Çöğürler'de, Dördüncü ve On Birinci Tümenler Altıntaş bölgesinde, Beşinci Kafkas Tümeni ve kuvvetli bir alay durumunda olan Meclis Muhafız Taburu Çöğürler güneyinde, Birinci ve İkinci Süvari Tümenleri Kütahya bölgesinde bulunuyorlardı. Fahrettin Paşa, Çay ve Afyon'dan çekilen düşmanı kovalayıp sıkıştırırken, Refet Paşa da düşmanın Aslıhanlar civarında bulunan bir alayına, bu saydığımız kuvvetlerle, yani, üç piyade tümeni ve bir taburla saldırdı. Bir taraftan da kuzeyden daha iki tümen, Yirmi Dördüncü ve Sekizinci Tümenler güneye doğru gönderildi. Aslıhanlar'daki Yunan alayı, Refet Paşa'nın saldırısını durdurdu ve çok zaman kazandı. Bu süre içinde geriden gelen birliklerle iki tümene kadar takviye edildi. Bu kuvvetler Afyon'dan çekilen kuvvetlerin kendilerine katılmalarını sağladı.

12 Nisan 1921 günü, Refet Paşa'nın emrinde kuzeyden güneye ve doğudan batıya saldıran kuvvetlerin toplamı şöyleydi:

Kuzeyden gelen 4, 5, 11, 8 ve 24, doğudan ilerleyen 57, 23 ve 41'inci Tümenler ki, toplam olarak sekiz piyade tümeni ve bir piyade taburu... Birinci ve İkinci Süvari Tümenleri çok uzak mesafelerden dolaştırılarak ve ancak düşman yenildiği takdirde etkili olabilecek; fakat o günkü savaşta hiç de işe yaramayan düşman gerisindeki Banaz hedefine gönderilmişti. Refet Paşa'nın komutası altına verilen kuvvetler, saldırılarında başarı kazanamadılar, aksine fazla can kaybı oldu. Düşman, Dumlupınar mevzilerine hakim olarak yerleşti ve orada kaldı. Refet Paşa kuvvetleri de Dumlupınar'ın on kilometre kuzeydoğusunda olmak üzere, Aydemir, Çalköy, Selkisaray hattına çekilip durdu. Aslıhanlar Muharebesi diye anılan bu çarpışmalar bu şekilde sona erdi.

REFET PAŞA KENDİSİ YENİLDİĞİ HALDE DÜŞMANI YENİLMİŞ SAYIYORDU

Efendiler, muharebe sırasında muharebe hatlarındaki bazı kısımların ileri geri dalgalanışı ve özellikle Afyon doğusunda bulunan düşman tümenlerinin Dumlupınar'ın ilerisinde bıraktıkları bir alaylarının yenilip saf dışı edilememesi yüzünden, düşman kuvvetleri Dumlupınar'a kadar çekilme imkânını bulabilmiştir. Bundan sonra, Yunan kuvvetlerinin, sağlam bir muharebe hattı tutmak üzere düzen alırken, ilerideki birliklerinin o hatta ulaşmak üzere geri yürüyüşleri, Refet Paşa'nın muharebesinin sonucu hakkında yanlış bir yargıda bulunmasına yol açtı. Gerçekten de Refet Paşa, kendisi yenildiği halde, düşmanın yenilip geri çekildiğini, sandı ve bunu, beş gün süren Dumlupınar Meydan Muharebesi'nde, düşmana son darbenin vurulabildiğini bildiren telgrafıyla bize de haber verdi. Biz de, pek doğal memnun olarak büyük takdir ve tebriklerde bulunduk. Fakat durumu iyice anlamak için telgraf başında kendisine sorduğum sorulara aldığım cevaplardan, durumun bildirildiği gibi olmadığı şüphesine düştük. Sonunda anlaşıldı ki, düşman kendi amacına ve genel durumuna uygun olarak, Dumlupınar'da savunması kolay, hakim ve sağlam bir mevzi arıyordu. Aksine, Refet Paşa'nın ise, biraz geride bütün kuvvetleriyle Aydemir, Çalköy, Selkisaray hattını tutması gerekti.

Efendiler, durum sakinleşmeye başladıktan sonra, Refet Paşa'nın komuta ettiği orduda, kendisine karşı güvenin kalmadığı anlaşıldı. Durumu yerinde incelemek üzere, Ankara'dan Fevzi Paşa Hazretleri, Batı Cephesi'nden de İsmet Paşa, birlikte bizzat Refet Paşa'nın karargâhına gittiler. Refet Paşa'nın komuta durumunun bir süre daha devamı tercih edilmekte olduğundan, konuyu ona göre bir hal çaresine bağladılar. Fakat, zaman geçmeden, bu durumun devam ettirilmesinin mümkün ve doğru olmadığı düşüncesi belirdi. Bu sebeple, ben bizzat Fevzi ve İsmet Paşaları alarak Refet Paşa'nın yanına gittim. Durumu yakından inceledim ve konuyu derhal şöyle bir çözüme bağladım. Refet Paşa'nın komutası altında bulunan Güney Cephesi'ni Batı Cephesi'ne bağlayarak İsmet Paşa'nın komutasına verdim. Kendisine de Ankara'da bir görev verilmek üzere oraya dönmesi gerektiğini bildirdim.

REFET PAŞA, TÜRK ORDUSUNA BAŞKOMUTAN OLMAK İSTİYORDU

Refet Paşa, Ankara'ya döndüğü zaman şöyle bir çözüm yolu düşünmüştüm. İsmet Paşa'nın artık Genelkurmay Başkanlığından istifa ederek, kendisini tamamıyla, genişletilmiş olan Batı Cephesi Komutanlığına verecek. Milli Savunma Bakanı bulunan Fevzi Paşa Hazretleri de vekâletle yürütmekte olduğu Genelkurmay Başkanlığı'nı asil olarak üzerine alacak. Ondan boşalacak Milli Savunma Bakanı görevini de Refet Paşa yapacak.

Refet Paşa, aslında, yine askeri bir görev almak istiyordu. Fakat benim bulduğum çözüm yolunu beğenmedi. Diyordu ki: "Milli Savunma Bakanı bulunan Fevzi Paşa'nın görevinden çekilmesini gerektiren bir durum yoktur. İsmet Paşa'nın Genelkurmay Başkanlığı'ndan ayrılmasını zorunlu buluyor ve bana da bu aralık bir görev vermeyi düşünüyorsanız, çözüm şeklinin ona göre düzenlenmesi mümkündür."

Ben, her nasılsa, Refet Paşa'nın düşüncesinde gizli olan amacı birdenbire kavrayamadım. Çünkü, biraz sonra anlar gibi olduğum görüş asla hatırıma gelmemişti. Anlayamadığım noktayı açıklatmak için kendisine sordum ve dedim ki: "Yani siz mi Genelkurmay Başkanı olmak istiyorsunuz?" Gerçi açık bir cevap vermedi ama, ben amacın tamamen bundan ibaret olduğunu kabul ettim. Bunun üzerine şu görüşü ileri sürdüm: "Genelkurmay Başkanlığı, bizim teşkilatımıza göre, bugün fiili olarak Başkomutanlık makamıdır. Siz, daha Türk ordusuna Başkomutan olacak vasıfları kazanmış değilsiniz. Bunu hatırınızdan çıkarınız!"

Refet Paşa, verdiği cevapta dedi ki: "Öyleyse ben de Milli Savunma Bakanını kabul etmem." "O sizin bileceğiniz iştir" dedim ve bıraktım. Gerçekten kabul etmedi ve izin alarak, Kastamonu ormanlarında, Ecevit denilen yerde bir süre dinlenmeye çekildi. Refet Paşa'nın Milli Savunma Bakanına getirilişi bundan sonra ortaya çıkan başka bir durum üzerine olmuştur.

LONDRA KONFERANSINDAN DÖNEN DIŞİŞLERİ BAKANI BEKİR SAMİ BEY'İN İMZALADIĞI SÖZLEŞMELER

Saygıdeğer Efendiler, İkinci İnönü zaferinden sonra Londra'ya gitmiş olan delegeler heyetimiz geri döndü. Konferansın olumlu bir sonuca varmamış olduğunu biliyorsunuz. Fakat delegeler heyeti Başkanı ve Dışişleri Bakanı Bekir Sami Bey, kendiliğinden İngiltere, Fransa ve İtalya diplomatlarıyla temas ve görüşmelerde bulunarak, her biriyle ayrı ayrı birtakım sözleşmeler imzalamış bulunuyordu.

Bekir Sami Bey'in İngiltere ile imzaladığı bir sözleşme gereğince, elimizde bulunan bütün İngiliz esirlerini geri verecektik. Buna karşılık, İngilizler de bize, kendi ellerinde bulunan esirlerimizi iade edeceklerdi. Yalnız, Türk esirleri arasında Ermenilere ve İngiliz esirlerine zulüm veya kötülük yapmış olduğu iddia edilenler serbest bırakılmayacaktı.

Hükümetimiz, elbette böyle bir sözleşmeyi kabul edip onaylayamazdı. Çünkü böyle bir sözleşmeyi onaylamak demek, Türk uyruklu olanların, Türkiye içindeki hareketleri üzerinde, yabancı bir hükümetin bir çeşit yargı hakkını onaylamak olurdu.

Bu sözleşmeyi kabul etmemekle birlikte, İngilizler bazı Türk esirlerini serbest bıraktıklarından, biz de karşılık olarak elimizde bulunan İngiliz esirlerinden bir kısmını serbest bıraktık.

Daha sonra, 23 Ekim 1921 tarihinde, Kızılay İkinci Başkanı Hamit Bey'le İstanbul'daki İngiliz komiseri arasında yapılan anlaşma üzerine, Malta'da bulunan bütün Türk tutukluları ile elimizde bulunan bütün İngiliz tutuklularının karşılıklı olarak serbest bırakılması kararlaştırılmış ve bu karar uygulanmıştır.

Efendiler, Bekir Sami Bey, resmi görüşmeler ve konuşmalar dışında, sırf şahsi olarak da Lloyd George ile bir görüşme yapmış... Aralarında söylenen sözler steno ile yazılmış... Bu zabıt imza da edilmiş... Fakat, ben Bekir Sami Bey'in elinde bulunan nüsha hakkında bana bilgi verildiğini hatırlamıyorum. Son zamanlarda Dışişleri Bakanlığı vasıtasıyla Bekir Sami Bey'den bu nüshayı istettimse de, Bakanlığa gönderdiği bir mektupta, o zaman bu nüsha tercümelerinin bana gösterildiğini, gerek aslının gerek tercümelerinin, Dışişleri Bakanlığından ayrılırken ilgili dosyada bırakıldığını bildirmiştir. Dosyalarda bu belge bulunamamıştır. Dışişleri Bakanlığında da hiç kimsenin bu belge metni hakkında bilgisi yoktur. Ben de, arz ettiğim gibi, hiçbir vakit haberdar edildiğimi hatırlamıyorum.

Efendiler, Bekir Sami Bey ile Fransız Başbakanı Mösyö Briand arasında da, 11 Mart 1921 tarihli bir sözleşme imza edilmiştir. Bu sözleşmeye göre, Fransa ile Milli Hükümet arasındaki düşmanlığa son verilecek. Fransızlar, silahlı çetelere, biz de mücahitlerimize silahlarını bıraktıracağız… Zabıta kuvvetlerimize Fransız subayları alınacak… Fransızlar tarafından kurulacak zabıta kuvvetleri olduğu gibi kalacak… Fransa'nın boşaltacağı yerlerle, Elazığ, Diyarbakır ve Sivas illerinin ekonomik gelişmesi için yapılacak girişimlerde üstünlük hakkı ve Ergani madenlerini işletme ayrıcalığı da Fransızlara verilecek… vb.

Hükümetimizce, bu sözleşmenin de kabul edilmemesinin sebeplerini sıralamaya gerek yoktur sanırım.

Bekir Sami Bey, İtalya Dışişleri Bakanı bulunan Kont Sforza ile de 12 Mart 1921'de bir sözleşme imzalamış… Bu sözleşme gereğince, İtalya'nın konferans sırasında, İzmir ve Trakya'nın bize verilmesi konusundaki isteklerimizi desteklemesine karşılık, biz de İtalyan Devleti'ne Antalya, Burdur, Muğla, Isparta sancaklarıyla Afyonkarahisar, Kütahya, Aydın ve Konya sancaklarını sonradan tayin edilecek kısımlarında ekonomik teşebbüsler için üstünlük hakkı tanıyacaktık. Bundan başka, bu bölgelerde, Türk hükümeti veya Türk sermayesi tarafından yapılamayacak olan ekonomik işlerin İtalyan sermayesine verilmesi ve Ereğli madenlerinin bir İtalyan-Türk şirketine devri kabul edilmekte idi.

Elbette bu sözleşme de, hükümetimizce redden başka bir işlem göremezdi.

Efendiler, İtilaf Devletleri'nin, Londra'ya barış yapmak için gönderdiğimiz Delegeler Heyetimiz Başkanı Bekir Sami Bey'e imza ettirdikleri sözleşmelerdeki maddelerin, Sevr projesinden sonra aralarında imzaladıkları Üçlü Anlaşma (Accord tripartite) adı verilen ve Anadolu'yu nüfuz bölgelerine ayıran bir anlaşmayı milli hükümetimize başka adlar altında kabul ettirme maksadına dayandığı açıktır. İtilaf Devletleri'nin politikacıları, bu maksatlarını, Bekir Sami Bey'e kabul ettirmeyi de başarmışlardır. Bekir Sami Bey'i, Londra'da konferans görüşmelerinden çok, teker teker yapılan konuşmalarla oyalamaya çalıştıkları anlaşılıyor. Milli Hükümetin bağlı bulunduğu prensiplerle bu prensiplere bağlı bir Dışişleri Bakanının tuttuğu yol arasındaki uyuşmazlığı açıklamak maalesef mümkün değildir.

Bekir Sami Bey, bu anlaşmalarla Ankara'ya döndüğü zaman, tutumunun fevkalade dikkatimi çekmiş ve hayretimi uyandırmış olduğunu itiraf etmeliyim. Bekir Sami Bey, imzalamış olduğu sözleşmelerdeki şartların, memleketin yüksek çıkarına uygun olduğu kanaatini belirtiyor; bu kanaatini Mecliste bile savunup ispat edebileceğini iddia ediyordu. Kanaatinde isabet, iddiasında mantık olmadığına şüphe yoktu. Görüşlerinin Mecliste benimsenemeyeceği bir yana, Dışişleri Bakanlığından düşürüleceği de kesindi. Fakat Meclisi, siyasi meselelerin görüşme ve tartışmalarına boğmayı o günlerin şartlarına uygun görmediğimden, Bekir Sami Bey'e görüşlerindeki isabetsizliği bizzat açıklayarak Dışişleri Bakanlığından çekilmesini teklif ettim. Bekir Sami Bey bu teklifimi kabul ederek istifasını verdi.

Ancak, Bekir Sami Bey, Delegeler Heyeti Başkanlığı göreviyle, Avrupa'daki gezisi sırasında yaptığı çeşitli temasların kendisinde bıraktığı izlenimlere dayanarak, İtilaf Devletleri'yle kendi prensiplerimize uygun olarak anlaşma imkanı bulunduğu görüşünde direniyordu. Kendisinin bu anlaşmaları gerçekleştirme yolunda yardımcı olabileceğini ileri sürüyordu. Bunun üzerine kendisine şu özel mektubu yazdım:

19.05.1911

Amasya Milletvekili Bekir Sami Beyefendi'ye

Türkiye Büyük Millet Meclisi Hükümeti'nin şimdiye kadar çeşitli vesile ve vasıtalarla bütün dünyaya ilan edilmiş olan prensipleri yüksek malumunuz olup, bu prensiplerin ana çizgileri şu kısa cümle ile ifade edilebilir: "Bilinen milli sınırlarımız içinde memleketimizin bütünlüğünü ve milletin bağımsızlığını tam olarak sağlamak." Delegeler Heyeti Başkanlığı göreviyle yaptığınız son gezi ve temaslarınızın sizde bıraktığı etki ve izlenimlere göre, İtilaf Hükümetlerinin ortaya koyduğumuz prensipleri bozmadan memleketimizle anlaşmaya eğilimli oldukları görüşünde bulunduğunuz anlaşılıyor. Türkiye Büyük Millet Meclisi, İtilaf Devletleri'nin bu eğilimlerini doğrulayacak ciddi ve samimi belirti ve sonuçları henüz görememektedir. Bu konudaki tahminlerinizin doğru çıkmasına imkan verecek bir ortam bulabildiğiniz takdirde, bu sonucun Türkiye Büyük Millet Meclisi ve Hükümeti tarafından memnuniyetle kabul edilebileceğine inanmanızı isterim, efendim.

Mustafa Kemal

Bekir Sami Bey, bundan sonra tekrar Avrupa'ya gitti. Bu gidişinin de bir yararı olmadı. Yalnız, Ankara'da Mösyö Franklin Bouillon ile yapılan görüşmelerin Bekir Sami Bey'in Paris'teki bazı girişimleri yüzünden güçlüğe uğradığının anlaşılması üzerine, hükümetçe, Bekir Sami Bey'in resmi bir görevi olmadığının, duyurulması zorunlu görülmüştür.

Bekir Sami Bey, ikinci defa Avrupa'da bulunduğu sırada, bana bazı hususları bildirdiği gibi, dönüşünde de bir rapor vermişti. Gerek bildirmiş olduğu hususlarda gerek raporunda yer alan bazı düşünceler, ne yazık ki, Bekir Sami Bey'in, Türk milletinin gerçekleştirmeye çalıştığımız amaç ve ülküsünü tam olarak kavramış ve o çerçeve içinde hareket etmekte olduğundan şüphe ettirmeyecek ve tereddüde düşürmeyecek nitelikte değildi.

Bekir Sami Bey, Avrupa temaslarının, üzerinde bıraktığı etki ve izlenimlere göre görüş ileri sürüyordu.

12 Ağustos 1921 tarihli bir şifreli telgrafında, bizim politikamızı eleştirdikten sonra diyordu ki: "Daha fırsat elde iken, akıllıca bir siyaset takip etmek, memleketi sürüklendiği büyük çıkmazdan kurtarabilir. Olaylar bir bütün olarak incelenerek memleketi selamete çıkaracak bir tutumu benimsemek şarttır. Aksi takdirde, tarih ve millet karşısında hiçbirimiz sorumluluktan kurtulamayız.

Milletin mutluluğu ve Müslümanlığın selameti adına isabetli bir tutumun benimsenmesini ve bir an önce bildirilmesini rica ederim. "

BEKİR SAMİ BEY NE OLURSA OLSUN BARIŞ YAPMAK TARAFTARIYDI

Bekir Sami Bey her ne pahasına olursa olsun barış yapma taraflısıydı. Bu görüşünü 24 Aralık 1921 tarihli raporunda şöyle açıklıyordu:

"*... Savaşın sürüp gitmesinin, bu memleketi ve bu milletin varlığını tehlikeye koyacak kadar yıpratıp yok edeceğini ve katlanılan bütün fedakarlıkların boşa gitmiş olacağını kesinlikle düşünmekteyim. Savaşın devam ettirilmesinin iç ve dış düşmanlarımızın ekmeğine yağ süreceğine, korktuğumuz bela ve felaketleri memleketin başına kendiliğinden çekeceğine bütün varlığımla inanıyorum. Sizlerin üzerine düşen görev, dünyada hemen hiçbir siyaset adamının omuzlarına yüklenmeyen en ağır bir yüktür. Tarihte, beş altı asırda değil, belki on on beş asırda bir kimseye ancak kısmet olabilen bir görevi üstlenmiş bulunuyorsunuz. Her türlü aşırılıktan sakınarak, bugünün yararları uğruna geleceğin gerçek yararlarını feda etmeyerek, Türklük ile beraber bütün İslam dünyasının geleceğini güven altına almak için, pek yakın bir zamanda fazlasıyla gerçekleştirilebilecek milli ve İslami amacı kurtarmak ve güçlendirmek için, hatta geçici olarak fedakarlığa bile katlanmak sayesinde, sizlerin dünya tarihinde ölümsüz bir ad kazanması ve Müslümanlık binasına yeni bir şekil veren şahsiyet olması mümkündür. Aksi halde, Türk milletinin ve bütün Müslümanlık dünyasının esaret ve aşağılamaya mahkum olacağı bendenizce şüphesizdir. Adınızı kıyamet gününe kadar bütün Müslüman nesiller için kainatın övüncü olan Yüce Peygamber Efendimizden sonra en kutsal bir ad ve yadigar olmak üzere arkanızda bırakmak şerefini ve fırsatını kaybetmemenizi, vatanseverlik ve Müslümanlık gereği olarak arz etmeyi bir kutsal görev sayarım, Efendim Hazretleri.*"

Bekir Sami Bey, bütün bu düşüncelerle, özet olarak, esaretten ve aşağılamadan kurtulmak için, kendisinin Londra'da yaptığı sözleşmeler çerçevesinde Milli Mücadele'ye son vermeyi teklif ediyordu. Efendiler, Bekir Sami Bey'in bu düşünceleri bende olumlu bir etki yaratmamıştı. İleri sürdüğü düşünceler ve bunların dayandığı mantık, kendisiyle görüşme ve tartışmanın bile gereksiz ve yararsız olduğu kanaatini uyandırmıştı.

* *
*

MECLİSTE BELİRMEYE BAŞLAYAN SİYASİ GRUPLAR

Efendiler, yüce heyetinizi biraz da Büyük Millet Meclisi içinde kendini gösteren durumlarla temasa getirmek istiyorum. Biliyorsunuz ki, Büyük Millet Meclisine milletçe üye seçilirken, Anadolu ve Rumeli Müdafaa-i Hukuk Cemiyeti'nin yönetim kurulları da ikinci seçmenler arasında bulundular. Buna göre, denilebilirdi ki, Büyük Millet Meclisi, bütünüyle, aynı zamanda Anadolu ve Rumeli Müdafaa-i Hukuk Cemiyeti'nin siyasi bir grubu niteliğinde idi. Gerçekten de, başlangıçta bu yolda hareket edilmişti. Cemiyetin temel ilkeleri, Meclis Genel Kurulunun da temel ilkeleri durumundaydı. Biliyorsunuz ki, Erzurum ve Sivas Kongresi'nde tespit edilen ilkeler, İstanbul'daki son Meclis-i Mebusan tarafından da kabul edilip desteklenerek, Misak-ı Milli adı altında özetlenmişti. Bu ilkeler, Birinci Büyük Millet Meclisi tarafından da kabul edilerek, o çerçeve içinde memleketin bütünlüğünü ve milletin istiklalini sağlayacak barış ve güvenliğin elde edilmesine çalışılıyordu. Fakat zaman geçtikçe, Mecliste ortaklaşa bir çalışmanın sağlanıp düzenlenmesinde güçlükler belirmeye başladı. En basit konularda oylar dağılıyor, Meclisten iş çıkamıyordu. Bazı kimseler, bu duruma bir çare olmak üzere 1920 yılının ortalarında birtakım gruplar meydana getirme teşebbüsüne geçtiler. Bütün bu teşebbüsler, Meclis görüşmelerinin düzenli olarak yürütülmesini sağlama ve görüşülen konular üzerinde oyları dağıtmadan olumlu iş çıkarma amacını güdüyordu.

Yeri geldiğinde arz etmiştim ki, ilk Anayasamıza kaynaklık eden 13 Eylül 1920 tarihli bir programı Meclise sunmuştum. Bu programın Mecliste 18 Eylül'de okunan kısmından başka, buna da esas olmak üzere, Büyük Millet Meclisinin temel niteliğini ve yönetim usulü ile ilgili görüşleri tespit eden ve Meclisin açılışından sonra okunup kabul edilen önergemi de bu kısımla birlikte halkçılık programın adı altında bastırmış ve yayınlatmıştım. Arz ettiğim gruplar, benim bu programımdan ilham alarak, birtakım unvanlar takınmaya ve programlar tespit etmeye başladılar. Bir fikir vermiş olmak için bu gruplardan belli başlılarının adlarını sayayım:

a.) Tesanüt (Dayanışma) Grubu
b.) İstiklal Grubu
c.) Müdafaa-i Hukuk Zümresi
d.) Halk Zümresi
e.) Islahat Grubu.

Bu gruplardan başka, isimsiz olarak özel amaçlı bazı küçük grupların da faaliyet halinde oldukları anlaşılıyordu.

Efendiler, bu isimlerini saydığım gruplardan her biri, Meclis görüşmelerinde disiplini sağlamak ve oyları birleştirmek amacıyla kurulmuş oldukları halde, varlıkları aksine gösteriyordu.

Gerçekten de, sayıları çok, üyeleri sınırlı olan bu gruplar birbirleriyle yarışmaya kalkışmışlar ve birbirlerini dinlememek yüzünden Mecliste neredeyse bir kargaşa doğurmaya başlamışlardı. Hele Teşkilat-ı Esasiye Kanunu Meclisten çıktıktan sonra, yani Ocak 1921 sonlarında Meclis üyelerinin ve ortaya çıkan grupların, genellikle her konuda toplantıya katılmalarını ve birlikte çalışmalarını sağlamanın, bir kat daha güçleşmeye başladığı görülüyordu. Çünkü, Misak-ı Millî'nin tespit ettiği ilkelerde, kayıtsız şartsız düşünce ve amaç birliği yer aldığı halde, Teşkilat-ı Esasiye Kanunu'nun ortaya koyduğu görüşlerde tam bir birlik sağlanmış görünmüyordu. Mevcut grupları birleştirmek veyahut mevcut gruplardan birini destekleyerek iş görmek için, dolaylı olarak çok çalıştım. Ancak, bu yolla elde edilen sonuçların uzun ömürlü olamadıkları görüldü. İşe doğrudan doğruya benim el atmam zorunlu olmaya başladı. Nihayet, Anadolu ve Rumeli Müdafaa-i Hukuk Grubu adıyla bir grup kurulmasına karar verdim. Bu grup için yaptığım programın başına bir ana madde koydum. Bu maddenin özü iki noktadan ibaretti. Birinci nokta şuydu: Grup, Misak-ı Milli ilkeleri çerçevesinde memleketin bütünlüğünü ve milletin istiklalini sağlayacak barış ve güvenliğin elde edilmesi için, milletin bütün maddi ve manevi kuvvetlerini gereken hedeflere yönelterek kullanacak, memleketin resmi ve özel bütün kuruluş ve tesislerinin bu ana amaca hizmet etmelerine çalışacaktır.

ANADOLU VE RUMELİ MÜDAFAA-İ HUKUK GRUBUNUN KURULMASI

İkinci nokta; grup, devlet ve milletin teşkilatını, Teşkilat-ı Esasiye Kanununun koyduğu ilkeler çerçevesinde, sırasıyla şimdiden tespite ve hazırlamaya çalışacaktır.

Efendiler, bütün grupları ve Meclis üyelerinin çoğunu davet ederek, bu iki esas üzerinde birleşmelerini sağladım. İşaret ettiğim bu ana madde ve bundan sonra Grubun iç tüzüğü ile ilgili olan maddeler, 10 Mayıs 1921 günü yapılan toplantıda kabul edildi. Grup Genel Kurulunca seçildiğim için, grubun başkanlığını da üzerime almıştım.

Efendiler, memleket içinde Anadolu ve Rumeli Müdafaa-i Hukuk Cemiyeti var olduğu gibi, onun, aynı ad altında Mecliste de bir siyasi grubu kurulmuş oldu. İstanbul'daki Meclis-i Mebusan'ın yapmaktan çekindiği iş, ancak onların dağılmasından 14 ay sonra Ankara'da yapılmış oldu. Bu grup, Birinci Büyük Millet Meclisinin devam ettiği sürece, hükümetin görev yapmasına yardımcı olabilmiştir. Fakat, grup tüzüğündeki ana maddenin ifade ettiği ikinci noktayı manidar bulanlar oldu. Bu gibiler duygularını açıklamamakla birlikte, bu noktada toplanan anlam ve amacın gerçekleşmemesi için derhal faaliyete geçmekte gecikmediler. Olumsuz faaliyet diye vasıflandırabileceğimiz bu türlü teşebbüsler, iki şekilde ortaya çıkmaktaydı.

Birincisi, Grubun içinde düşünceleri karıştırma ve görüşülecek konularda aleyhte bir durum yaratma şeklinde oluyordu.

HOCA RAİF EFENDİ "MUHAFAZA-İ MUKADDESAT CEMİYETİ"Nİ KURUYOR

İkincisi, memleket içinde ve yine teşkilatımız içindeydi. Bu noktayı açıklayan en belirgin örnek, Erzurum milletvekili Hoca Raif Efendi'nin ve bazı arkadaşlarının, grubun kurulmasından önce ve Teşkilat-ı Esasiye

Kanunu'nun çıkmasından hemen sonra giriştikleri teşebbüstür. Arzu ederseniz bu konuda biraz bilgi vereyim:

Hoca Raif Efendi ve arkadaşları, Anadolu ve Rumeli Müdafaa-i Hukuk Cemiyeti Erzurum Merkez Heyeti'nin adını değiştirdiler. Muhafaza-i Mukaddesat Cemiyeti dediler. Mevcut cemiyet ilkelerinin başına da, Halifelik ve Saltanat makamının ve devlet şeklinin olduğu gibi bırakılmasını sağlayıcı birtakım eklemeler yapmışlar ve bu teşebbüslerini öteki illere, özellikle doğu illerine de birtakım bildiriler göndererek yaymaya kalkışmışlardı. Ben bu durumu öğrenir öğrenmez, Doğu Cephesi Komutanı Kazım Karabekir Paşa'nın dikkatini çektim. Hoca Raif Efendi'yi ve arkadaşlarını uyararak bu türlü teşebbüslerden vazgeçirmesini rica ettim.

Sarıkamış'ta bulunan Kazım Karabekir Paşa ile Erzurum'da bulunan Hoca Raif Efendi arasında bazı yazışmalar olduktan sonra Raif Hoca, bizzat Paşa'nın karargahına gitmiş, orada Muhafaza-i Mukaddesat adının kullanılmasındaki sebepleri açıklarken demiş ki: "Amaç halifelik ve padişahlık haklarını korumak, memleketin ve İslam dünyasının bugünkü ve gelecekteki hayatı için büyük uyuşmazlık ve sakıncalar doğuracak olan Cumhuriyet idaresinden kesinlikle sakınmaktır." Hoca, "Büyük Millet Meclisinde kurulan Müdafaa-i Hukuk Grubu'nun halifelik ve saltanat idaresini cumhuriyete dönüştürme amacı güttüğü hissedilmektedir" görüşünde bulunduktan sonra, bu gibi teşebbüsleri tanımakta mazur olduklarını bildirmiş.

KAZIM KARABEKİR PAŞA, "DEVLET ŞEKLİNDE TARİHİ DEĞİŞİKLİKLER YAPILACAĞI ZAMAN ASKERİ VE SİVİL DEVLET ADAMLARININ GEREĞİ GİBİ GÖRÜŞLERİ ALINMALIDIR" DİYOR

Kazım Karabekir Paşa'nın bu bilgileri veren 11 Temmuz 1921 tarihli şifreli telgrafında, kendisi de ileri sürdüğü görüşler arasında diyordu ki: "Diğer hükümet şekli ile ilgili esasları, Büyük Millet Meclisince kabul edilen Teşkilat-ı Esasiye Kanunu'nun tespit etmiş olduğu görülüyor. Halbuki bendeniz, bu kanun hükümlerinin olsa olsa bir parti programı halinde kalmasını, uygulamada ortaya çıkacağını tahmin ettiğim güçlüklere karşı daha yararlı buluyorum. Bu görüşümü, bölgenin çok yakından tanıyabildiğim duygu ve düşüncelerine göre kısaca açıklamak isterim. Mecliste Teşkilat-ı Esasiye Kanunu'nu desteklemek üzere kurulan gruba girmiş olanların çoğu, yeni bir rejim değişikliğinde memleket kaderinde söz sahibi olmak hevesinde görünenlerdir. Halk arasında, ancak küçük bir grup yeni nitelikte teşkilat fikirlerini benimser. Milletvekillerinin Teşkilat-ı Esasiye Kanunu'na taraftarlıkları ancak şahsi görüşlerinden gelebilir. Devlet şeklinin bu büyük ve tarihi değişiklik teşebbüslerinde, memleketin geleceğinden hep birlikte sorumlu olan askeri ve sivil devlet adamlarıyla, Müdafaa-i Hukuk merkezlerinden gereği gibi görüş alınması ve durumun olağanüstü bir Mecliste incelendikten sonra karara bağlanması gerekir, düşüncesindeyim."

Efendiler, kesin zaferden sonra İkinci Büyük Millet Meclisi, Cumhuriyet'i ilan ettiği zaman bile, Kazım Karabekir Paşa, İstanbul gazetelerine verdiği demeçte, öteden beri süregelen duygularını ve şikayetlerini "Cumhuriyet ilanını bize sormadılar" şeklinde özetlemekteydi.

Kazım Karabekir Paşa, bu görüşleriyle, Türkiye Büyük Millet Meclisinin millet tarafından olağanüstü yetkiler verilerek gönderilmiş üyelerden kurulu olağanüstü bir meclis olduğunu unutmuş gibi görünüyor. Böyle bir meclisin koyduğu kanuna hem de Teşkilat-ı Esasiye Kanunu'na karşı bulunduğunu ima ediyor. Daha garibi devlet teşkilatının değişmesinde etkili olacak kararlar alabilmek için, askeri ve sivil devlet adamlarının ve Müdafaa-i Hukuk merkezlerinin görüşlerinin alınması gerektiği inancında bulunduğunu söylüyor.

Kazım Karabekir Paşa, benim Müdafaa-i Hukuk grubuyla olan ilgime de karşı çıkarak: "Bendeniz sizlerin bu gibi siyasi partilere girmemesini özellikle uygun bulmaktayım" dedikten sonra, benim tarafsız olarak kalmamı tavsiye ediyor.

Kazım Karabekir Paşa'nın bu telgrafına, 20 Temmuz 1921'de cevap verdim. Biraz uzunca olan bu cevabın bazı konuları aydınlatmaya yarayacak olan noktalarını belirtmekle yetineceğim. Cevabımda demiştim ki: "Müdafaa-i Hukuk Grubu, memleketin istiklalini tam olarak sağlamak gibi kısa ve kesin bir amaçla kurulmuştur. Teşkilat-ı Esasiye Kanunu'nun uygulanma durumu da amacı içindedir. Teşkilat-ı Esasiye Kanunu, bütün idare sistemini ve Türkiye Hükümeti'nin hukuki durumunu gösteren ayrıntılı ve tam bir kanun olmayıp, memleketin mülki ve idari teşkilatında zamanın şartlarının gerektirdiği halkçılık ilkesini ifade eden bir kanundan ibarettir. Bu kanunda cumhuriyeti ifade eden bir şey yoktur. Raif Efendi'nin, saltanat şeklinin cumhuriyetçiliğe dönüştürülmek istendiği yolundaki düşüncesi, kuruntudur."

"Meclisteki Grup merkezinde kendilerine önemli işler verilen kimseler arasında, kişilikleri ve geçmişteki davranışlarıyla, eleştirilebileceklerin bulunduğu yolundaki iddia ise, daha açık bir ifade ile, doğrulanmaya muhtaç bir durumdadır. Her işi, bütün idari kabiliyetleri ve erdemli kişilikleriyle mükemmel yetişmiş adamlara vermek, pek değerli ve tatlı bir dilek olmakla birlikte, kendi toplumumuz için değil, dünyanın en ileri gitmiş milletleri için bile, her çevre, her bölge ve her meslek sahibi tarafından saygıya değer görülecek bu kadar çok adam bulmak imkansızdır. Hayali ve gerçek dışı düşünce ve iddialarla, memleketin kendisine dayanabileceği tek kuvveti ve teşkilatı yıpratacak engellemelere başvurmak, eğer cahilce bir çılgınlık değilse, herhalde bir hainlik olarak kabul edilmelidir. Sizlerce de bilinir ki, ilerleme yolunda girişilecek her önemli teşebbüsün, kendine göre önemli sakıncaları vardır. Bu sakıncaların en alt düzeye indirilebilmesi için alınacak önlem ve yapılacak girişimlerde kusur etmemek gerekir."

Bundan sonra Efendiler, Teşkilat-ı Esasiye Kanunu yapılırken, sivil ve askeri devlet adamlarıyla Müdafaa-i Hukuk merkezlerinin düşüncelerini almak konusundaki görüşümü de şöyle açıkladım: "Sizlerce de bilindiği üzere, bir hükümet şeklinde yaşıyoruz ve onun bütün şartlarına uymak zorundayız. Kanunun, Meclis komisyonlarından sonra, Genel Kuruldaki tartışmalarıyla ortaya çıkacak şekli üzerinde, uzaktan alınacak düşüncelerle etki yapılamayacağı elbette kabul buyrulur."

Kazım Karabekir Paşa, Teşkilat-ı Esasiye Kanunu'nun yapılmasında niçin acele edildiğinin, bunun uygulanmasından doğacak güçlüklerin, nasıl giderileceğinin, halifelik ve saltanat konusundaki görüşümüzün ne olduğunun açıklanmasını da istemişti. Bu noktalarla ilgili cevaplarımda demiştim ki: "Teşkilat-ı Esasiye Kanunu'nun yapılmasında acelecilik sayılan tutumun sebebi, bütün dünyada ve memleketimizde belirmiş olan halkçılık akımını, sağlam bir şekilde tespit ederek, bu konuda başka türlü katışmalara yer vermemek; aynı zamanda yüzyıllardan beri yetersiz kimseler elinde boyuna kötüye kullanılan millet haklarını korumak için, bu hakların asıl sahibi olan millete de söz hakkı tanımak ve bu yüksek düşüncenin gelişmesi için bugünkü olağanüstü şartlardan yararlanmaktır.

Kanunun ne dereceye kadar uygulanabileceğini ölçmek için de bu işle uğraşmaya fırsat bulacakların azim ve irade yeteneğini hesaba katmak gerekir.

Ortada halifelik ve saltanat meselesi diye başlı başına bir mesele yoktur. Söz konusu olan Padişahın haklarıdır. Onun belirlenmesi ile sınırlandırılması için son birkaç yüzyılın tecrübeleri ve devlet kavramındaki millet haklarının gerçek anlamı göz önünde bulundurulmalıdır. Bu konuda şimdilik tespit edilmiş kesin bir kuralımız yoktur."

Kazım Karabekir Paşa'nın, grup başkanı olmayıp tarafsız kalmam konusundaki teklifine verdiğim cevapta da, şu düşünceleri ileri sürmüştüm: "İstanbul'daki Meclis-i Mebusan gibi bir meclisin başkanı değilim. Böyle bile olsa bir partiye bağlı olmak doğaldır. Halbuki, Büyük Millet Meclisinin yürütme yetkisi de bulunduğundan, bir bakıma, hükümet niteliğindeki bir meclisin başkanı bulunmaktayım. Yürütme yetkisi de bulunan bir başkan için, çoğunluk partisinden olmak pek gereklidir. Buna göre, geniş bir programla ortaya atılmış siyası bir partinin başkanı da olabilirim. Bütün kimliğimle karışmış bulunduğum Cemiyetten ayrılmam mümkün olmadığı gibi, o cemiyetten doğmuş olan grup içinde bulunmam da zorunludur. Aslında grup, hemen hemen Meclis Genel Kuruluna yakın büyük bir çoğunluğu içine almaktadır. Dışarıda kalanlar, Erzurum milletvekillerinden Celalettin Arif Bey ve Hüseyin Avni Efendi ile birkaç benzeri davranışlarında serbest kalmak isteyen birkaç kişiden ibarettir..."

İZZET VE SALİH PAŞALARIN İSTANBUL'DA SİYASİ GÖREV ALMAYACAKLARINA SÖZ VERMELERİ ÜZERİNE, İSTANBUL'A DÖNMELERİNE İZİN VERİLDİ

Efendiler, Ankara'da bulunan İzzet ve Salih Paşalar bir türlü Ankara'ya ısınamadılar. İstanbul da ailelerinin yanına gitmelerine izin vermemiz için doğrudan doğruya veya dolaylı yoldan durmadan rica ediyorlar ve İstanbul'a dönüşlerinde, siyasi hiçbir görev almayacaklarına söz veriyorlardı. 1921 yılının Mart ayı başlarında, İsmet Paşa'nın bazı işler için Ankara'ya gelmiş bulunduğu bir sırada, Paşalar ricalarını yinelediler. Bir gün, İsmet Paşa'nın da katıldığı Bakanlar Kurulu, toplantı halindeyken, Ahmet İzzet Paşa daireye gelerek haber göndermiş ve İsmet Paşa kendisiyle görüşmüştür. İzzet Paşa, bizim teklifimiz üzerine, İstanbul'da görev almayacağına, uzun uzadıya açıklamalarla söz ederek İstanbul'da ailesinin yanına gönderilmesi için izin rica etmiş; Salih Paşa'nın da aynı şekilde söz vererek serbest bırakılması ricasında bulunduğunu eklemiş.

İsmet Paşa bu açıklamayı ve bu ricayı Bakanlar Kurulu'na getirdi. Zaten varlıklarının milli işlerimizde yararlı olmadığı, aksine Ankara'da bir yük bir ağırlık olarak bulundukları, üstelik bazı olumsuz akımlara da sebep oldukları anlaşılmış bulunduğundan, Bakanlar Kurulu, bu paşaların İstanbul'a dönmelerinde bir sakınca görmedi. Fakat, ben, Ahmet İzzet Paşa ve arkadaşının verdikleri sözde ciddiyet ve samimiyet olmadığını, İstanbul'a döndükten sonra, mutlaka İstanbul Hükümetinde görev alarak bizi tedirgin etmeğe devam edecekleri kanaatinde olduğumu söyledim. Namusları üzerine söz veriyorlar dendi. Bu sözlerini yazılı ve imzalı olarak verirlerse müsaade edilebileceğini söyledim. İsmet Paşa, teklifimi yanımızdaki odada bekleyen İzzet Paşa'ya bildirdi. İzzet Paşa, derhal bir kağıt kalem alarak kabineden çekileceklerini, bir taahhütname olarak yazmış ve imzalamış; eğer yanılmıyorsam Salih Paşa'ya da imzalatmıştı.

Ben, bu kısa taahhütnameyi yeterli görmedim. Paşa'nın sözlü anlattığı anlam ve genişlikte değildi. Hemen, bunun bir aldatmaca olduğuna arkadaşların dikkatini çekerek, "İsmet Paşa'ya ağızdan anlattıklarını yazarak imza etsin" dedim. İzzet Paşa'nın ağızdan bu kadar açıklama yapıp söz verdikten sonra, başka amaçla bir taahhüt yazmış olacağı tahmin edilmedi ve bu kısa taahhüdün yeterli görülmesi istendi. İşte İzzet ve Salih Paşa'lar böyle aldatmaca bir belge ile İstanbul'a gitmenin yolunu bulmuşlardır.

İZZET VE SALİH PAŞALAR SÖZLERİNDE DURMADILAR

Gerçekten İzzet ve Salih Paşalar İstanbul'a ulaştıktan sonra istifa ettiler. Fakat pek kısa zaman sonra, aynı kabinede diğer bakanlıklarını yaptılar ve bunu bize telgrafla bildirdiler. İstanbul Hükümetinin Dışişleri Bakanlığını üzerine almış olan İzzet Paşa, millet ve memlekete yönelik büyük bir fenalığın önüne geçmek için, hükümete geldiğini söyleyerek, bize de birtakım nasihatlerde bulunuyordu.

AHMET İZZET PAŞA TÜRK MİLLETİNE HİZMET ETMEYİ VAHDETTİN'İN HİZMETİNDE OLMAYA TERCİH EDEMEDİ

Efendiler, Ahmet İzzet Paşa, ekmeği ve nimeti ile yetiştiği Türk milletinin içinde kalarak, ona en acı ve kara günlerinde hizmet etmeyi, Vahdettin'in hizmetinde olmaya tercih edememişti. Dürrizade Esseyit Abdullah'ın fetvasına bağlı kalıp, sultanın emri dışına çıkmakla suçlanmaktan ve şeriatın hışmına uğramaktan çekindi. Ahmet İzzet Paşa'nın daha başka marifetleri de olmuştur. Onları da bildireyim:

Savaş bütün hızıyla devam ederken ve milletin maddi ve manevi kuvvetlerini düşman karşısına toplamaya çalıştığımız günlerde, Türk milletinin büyük kuvvetleri ellerine verilmiş olan kimselere de, yazdığı özel mektuplarla ümitsizlik ve bezginlik verecek karamsarlıklarını aşılamaya devam ediyordu. Benim, "Düşman ordusunu mutlaka yeneceğiz, vatanı mutlaka kurtaracağız" sözlerimle alay ederek, İkinci İnönü'nden sonra yeniden doğuya Sakarya'ya doğru yürümekte olan Yunan ordusunun hareketini bir gözdağı gibi kullanarak akıl ve anlayış dersi vermekten geri kalmıyordu.

Efendiler, ne gariptir ki, kendisini dev aynasında gören bu kafanın, tuttuğum yolun felaket doğuracağını bildiren bir mektubu, Sakarya'da düşmana karşı saldırarak onu geri çekilmeye mecbur ettiğimiz gün, görev gereği bana gösterilmişti. Bu mektup bizi şaşkınlık içinde bırakmıştı.

Ahmet İzzet Paşa, Yunan ordusunun Sakarya'dan en sonunda İzmir Körfezi'nden çekildiğini gördükten ve Lozan Barış Antlaşması metnini okuduktan sonra, acaba bana yazdığı 6 Temmuz 1921 tarihli telgrafındaki şu cümleyi: "İddia buyurduğunuz gibi gaflet içinde bulunduğunu itiraf şöyle dursun, şimdiki gibi siyasi olayları kılı kırk yararcasına değerlendirmiş olduğumu görmekle kendime, düşünce ve görüşlerime güvenim artmıştır." cümlesini yeniden mırıldanmış mıdır?

Ben, buna da ihtimal veririm!

Efendiler, İzzet ve Salih Paşa'lar aylarca Ankara'da oturdular. Milli ilkelerimizi kabul etmek şartıyla, kendilerine milli hizmet ve görev vermeye hazırdık. Yanaşmadılar. Bir defa olsun Millet Meclisinin kapısından içeri ayak atmadılar. Fakat herhalde Türkiye Büyük Millet Meclisinin çıkardığı kanunlardan haberdar idiler. Bu kanunların hükümlerini, Millet Meclisinin ve Hükümetinin İstanbul'a karşı belirmiş olan tutumunu pekala biliyorlardı. Bu kanunlara ve bilinen duruma rağmen, İstanbul'da yeniden işbaşına geçip milli varlığın ve Milli Mücadele'nin değerini ve etkisini yok etmeye, düşmanların elinde oyuncak olan Vahdettin'in hakimiyetini sağlamaya bütün varlıklarıyla çalışmalarına verilecek gerçek anlamın ne olduğunu ben söylemeyeceğim! Onu Türk milletine ve Türk milletinin bugünkü ve yarınki kuşaklarına bırakırım.

AZİZ MİLLETİME TAVSİYEM

Efendiler, sırası gelmişken, aziz milletime şunu tavsiye ederim ki, bağrında yetiştirerek başının üstüne kadar çıkaracağı adamların kanındaki, vicdanındaki öz cevheri çok iyi tahlil etmek dikkatinden bir an geri kalmasın!

* *
*

SAKARYA MEYDAN MUHAREBESİ

Saygıdeğer Efendiler, olayları Sakarya Meydan Muharebesi'ne getirmek istiyorum. Fakat, bunun için izin verirseniz, ufak bir giriş yapacağım. İkinci İnönü Muharebesi'nden sonra, üç ay kadar bir zaman geçti. Ondan sonra 10 Temmuz 1921 tarihinde, Yunan ordusu yeniden cephemize genel saldırıya girişti. Bu tarihten önceki günlerde tarafların durumu şöyleydi:

Bizim ordumuz, başlıca Eskişehir ve Eskişehir'in kuzeybatısındaki İnönü mevzileri ile Kütahya-Altıntaş dolaylarında yığınak yapmıştı. Afyonkarahisar dolaylarında iki tümenimiz vardı. Geyve ve Menderes dolaylarında da birer tümenimiz bulunuyordu.

Yunan ordusu da, Bursa'da bir, Uşak doğusunda iki kolordusunu toplu olarak bulunduruyordu. Menderes'te de bir tümeni vardı.

Yunanlıların bu saldırısı ile başlayan ve Kütahya-Eskişehir Muharebeleri adıyla anılan bir sıra muharebeler vardır. Bunlar on beş gün sürmüştür. Ordumuz 25 Temmuz 1921 akşamı büyük kısmıyla Sakarya'nın doğusuna çekilmişti. Ordumuzun çekilmesini zorunlu kılan sebeplerin başlıcasına işaret edeyim:

İkinci İnönü Muharebesi'nden sonra genel seferberlik yapmış olan Yunan ordusu, insan, tüfek, makineli tüfek ve top sayısı bakımından ordumuzdan önemli derecede üstündü. Temmuzda, Yunan ordusu saldırıya geçtiği zaman milli hükümetin durumu ve Milli Mücadele'nin gelişmesi, bizim genel seferberlik ilan ederek, milletin bütün kaynak ve imkanlarını, başka bir şey düşünmeden düşman karşısında toplamaya daha elverişli ve yeterli görülmemişti. İki ordu arasındaki kuvvet, vasıta ve şartlar bakımından kendini gösteren nispetsizliğin elle tutulur başlıca sebebi budur. Bunun sonucu olarak, biz, daha tümenlerimizin taşıt araçlarını bile tamamlayamadığımızdan, bunların hareket güçleri yoktu. Yunan milletinin bütün kuvvetiyle yaptığı bu saldırı karşısında, bizim askerlik bakımından asıl görevimiz, Milli Mücadele'nin başından beri yürüte geldiğimiz görev idi ki, o da, her Yunan saldırısı karşısında kaldıkça, bu saldırıyı direnerek ve uygun hareketler yaparak durdurup etkisiz bırakmak ve yeni orduyu kurmak için zaman kazanmak şeklinde özetlenebilir. Son düşman saldırısı karşısında da, bu asli görevi gözden uzak tutmamak şarttı. Bu düşünceyle, 18 Temmuz 1921 tarihinde, İsmet Paşa'nın Eskişehir'in güneybatısında, Karacahisar'da bulunan karargahına giderek, durumu yakından inceledikten sonra, İsmet Paşa'ya genel olarak şu direktifi vermiştim: "Orduyu, Eskişehir'in kuzey ve güneyinde topladıktan sonra, düşman ordusuyla aramızda büyük bir açıklık bırakmak gerekir ki, orduyu derleyip toparlamak ve güçlendirmek mümkün olabilsin. Bunun için Sakarya'nın doğusuna kadar çekilmek yerindedir. Düşman hiç durmadan takip ederse, hareket üssünden uzaklaşacak ve yeniden menzil hatları kurmaya mecbur olacak; herhalde beklendiği birçok güçlüklerle karşılaşacak; buna karşılık bizim ordumuz toplu bulunacak ve daha elverişli şartlara sahip olacaktır. Bu şekildeki çekilişimizin en büyük sakıncası, Eskişehir gibi önemli yerlerimizi ve birçok topraklarımızı düşmana bırakmaktan dolayı kamuoyunda doğabilecek manevi sarsıntıdır. Fakat kısa zamanda elde edebileceğimiz başarılı sonuçlarla, bu sakıncalar kendiliğinden ortadan kalkacaktır. Askerliğin gereğini kararsızlığa düşmeden uygulayalım. Başka türden sakıncalara karşı koyabiliriz."

ORDUNUN BAŞINA GEÇMEMİ İSTEYENLER

Efendiler, gerçekten de tahmin ettiğim manevi sakıncalar hemen kendini gösterdi. İlk duyarlık Mecliste belirdi. Özellikle muhalifler, kötümser nutuklarla feryada başladılar: "Ordu nereye gidiyor; millet nereye götürülüyor? Bu harekâtın elbette bir sorumlusu vardır, o nerededir? Onu göremiyoruz. Bugünkü acınacak halin, kötü vaziyetin gerçek sorumlusunu ordunun başında görmek isterdik." diyorlardı.

Bu neticede söylenen sözlerin ima ve ifade etmek istediklerinin ben olduğuma şüphe yoktu.

En sonunda, Mersin Milletvekili Salahattin Bey, kürsüden benim adımı söyleyerek: "Ordunun başına geçsin!" dedi. Bu teklife katılanlar çoğaldı. Buna karşı olanlar da vardı.

Efendiler, bu görüş ayrılıklarının sebepleri üzerinde biraz açıklamada bulunmak uygun olur. Bir defa, benim doğrudan doğruya ordunun başına geçmem teklifinde bulunanların düşünce ve maksatlarını ikiye ayırmak mümkündür. Benim ve benimle birlikte birçoklarının o zaman anladığımıza göre, birtakım kimseler, artık ordunun büsbütün yenildiğine, durumun idaresine imkân kalmadığına, bundan dolayı da davanın, güttüğümüz milli davanın kaybedildiği yargısına varmışlardı. Bu sebeplerle duydukları öfke ve hıncın acısını benden almak istiyorlardı. İstiyorlardı ki, kendi zanlarına göre bozguna uğramış ve bozgunu devam edecek olan ordunun başında benim de şahsiyetim bozguna uğrasın! Diğer birtakım kimseler, diyebilirim ki çoğunluk, bana karşı duydukları güven dolayısıyla, samimi olarak ordunun başına geçmemi arzu ediyorlardı.

Şimdilik komutanlığı fiili olarak üzerime almamı sakıncalı görenlerin de düşüncesi şuydu:

Ordunun bundan sonraki herhangi bir savaşta başarı kazanamayıp yeniden geri çekilmesi, uzak bir ihtimal değildir. Bu durumlarda ben, fiilen ordunun başında bulunursam, genel kanaate göre son ümidin de yitirilmiş olduğu gibi bir inanç doğabilir. Oysa, genel durum, daha son tedbir, son çare ve son kuvvetlerin feda edilmesini gerektirecek bir nitelikte değildir. Bundan dolayı, kamuoyunda son ümidin korunabilmesi için benim askeri harekatı şahsen yürütme zamanım gelmemiştir.

BAŞKOMUTANLIĞI KABUL EDİYORUM

Ben, görüşmeler ve tartışmalarla ortaya çıkan bu görüşleri, gerektiği kadar göz önünde tutuyor ve inceliyordum. Son görüşü savunanlar, mantığa dayanan kuvvetli sebepler ileri sürüyorlardı. Samimiyetsiz isteklerde bulunanların yaygaraları, başkomutanlığı üzerime almamı içtenlikle teklif edenlerde, derin ve kaygı verici etkiler yapmaya başladı. Benim fiilen başkomutanlığı üzerime almam, bütün Mecliste son çare ve son tedbir olarak görüldü. Meclisin bu görüşü çabucak Meclis dışında da yayıldı. Benim ses çıkarmayışım ve komutayı fiilen üzerime almaya yanaşmayışım, adeta felaketin kesin ve yakın olacağı düşünce ve inancını yaygın bir duruma getirdi. Bunu anlar anlamaz derhal kürsüye çıktım.

Efendiler, bu anlattığım durum, 4 Ağustos 1921 günü bir gizli oturumda geçiyordu. Üyelerin bana karşı gösterdikleri yakınlık ve güvene teşekkür ettikten sonra, Başkanlık makamına şöyle bir önerge verdim:

Türkiye Büyük Millet Meclisi Yüce Başkanlığına

Meclisin pek sayın üyelerinin genel olarak beliren istek ve talepleri üzerine, Başkomutanlığı kabul ediyorum. Bu görevi şahsen üzerime almaktan doğacak yararları azami çabuklukla elde edebilmek, ordunun maddi ve manevi gücünü en kısa zamanda artırıp en yüksek seviyeye çıkarmak, sevk ve idaresini bir kat daha kuvvetlendirmek için, Türkiye Büyük Millet Meclisinin sahip olduğu yetkileri, fiilen kullanmak şartıyla üzerime alıyorum. Ömrüm boyunca, milli hakimiyetin en sadık bir kulu olduğumu millete bir defa daha gösterebilmek için, bu yetkinin üç ay gibi kısa bir süreyle sınırlandırılmasını ayrıca rica ederim.

Türkiye Büyük Millet Meclisi Başkanı
Mustafa Kemal
4 Ağustos 1921

BAŞKOMUTANLIĞIMA YAPILAN İTİRAZLAR

Efendiler, bu önergem, doğruluktan yanaymış gibi görünerek tekliflerde bulunanların gizli düşüncelerini açığa vurmalarına yol açtı. Derhal itirazlar başladı. İlk olarak; başkomutanlık unvanını veremeyiz dediler. O Büyük Millet Meclisinin manevi şahsiyeti içindedir. Başkomutan Vekili denilmelidir.

İkinci olarak, Meclis'in yetkilerini kullanmak gibi bir imtiyazın verilmesi asla söz konusu olamaz, düşüncesini ileri sürdüler.

Ben, padişah ve halifeler tarafından verilegelmiş eski bir unvanı takınamayacağımı; yerine getireceğim görev, fiilen başkomutanlık olduğuna göre, bu unvanı olduğu gibi vermekten kaçınmanın yersizliğini ileri sürerek görüşümde direndim. Durum, Meclisin değerlendirdiği ve belirttiği gibi olağanüstü olduğuna göre, benim de alacağım kararların ve yapacağım işlerin olağanüstü olması gerekeceğine şüphe yoktu. Düşünce ve kararlarımı çabuk ve sert bir şekilde yürütmek ve uygulamak zorunluluğu vardı. Hükümetten ve Meclisten izin istemekle doğacak gecikmelere durum elverişli olmayabilirdi. Bütün memleketi ve memleketin bütün kaynaklarını ilgilendiren emir ve bildirimlerim için, her işin ilgili bakanından veya Bakanlar Kurulundan olur ve izin almak, benim yapacağım Başkomutanlıktan beklenen yararları sağlayamazdı. Onun için kayıtsız ve şartsız emir verebilmeliydim. Bunun için de Büyük Millet Meclisi'nin yetkisi benim kişiliğimde belirmeliydi. Bunu, başarı için zorunlu görüyordum. Onun için bu noktada ısrar ettim.

Salahattin Bey, Hulusi Bey gibi birtakım milletvekilleri, Meclisin, kendi yetkisini bir başkasına vermekle işleyemez duruma geleceğinden, milletten aldığı vekâleti başkasına devretme hakkı bulunmadığını ve aslında orduya komuta edecek bir kimseye Meclise ait yetkilerin verilmesinin söz konusu olamayacağını, buna gerek de olmadığını belirttiler. Meclisin yetkisini kullanabilecek bir kimseye, milletvekillerinin şahsen güvenemeyecekleri ihtimalinden söz edenler de oldu.

Ben bu düşüncelerin hiçbirine karşı çıkmadım. Hepsini doğru bulduğumu belirttim. Meclisin bu noktayı çok dikkatle ve önemle düşünüp incelemesini söyledim. Yalnız, şahıslarından korkanların, telaşlarına yer olmadığını söyledim. 4 Ağustosta bu konu bir karara bağlanamadı. Görüşme, 5 Ağustos 1921 günü de devam etti. Bugün bazı milletvekillerindeki kararsızlığın iki noktada toplandığı anlaşıldı. Birincisi: Meclisin varlığının herhangi bir şekilde iş göremez duruma getirilmesi; ikincisi de üyelerden herhangi biri için keyfi ve kanunsuz işlem yapılması...

Bu şüphe ve kararsızlıkları giderecek şekilde konuştuktan ve açıklamalar yaptıktan sonra, yapılacak kanuna da bu hususlarla ilgili bağlayıcı hükümler konmasının yerinde olduğunu belirttim ve vermiş olduğum önergeyi buna göre bazı maddeler haline getirerek bir tasarı şeklinde Meclise sundum. İşte bu tasarı maddeleri üzerinde yapılan görüşmeler sonunda, bana Başkomutanlık unvanının verilmesiyle ilgili, 5 Ağustos 1921 tarihli kanun çıktı. Bu kanunun ikinci maddesine göre bana verilmiş olan yetki şuydu:

"Başkomutan, ordunun maddi ve manevi gücünü büyük ölçüde artırmak, sevk ve idaresini bir kat daha sağlamlaştırmak için Türkiye Büyük Millet Meclisinin bununla ilgili yetkisini Meclis adına fiilen kullanabilir."

Bu maddeye göre benim vereceğim emirler kanun olacaktı.

Efendiler, bu unvanın verilişinden dolayı, "Meclis'in bana karşı gösterdiği güvene layık olduğumu az zamanda ispatlamayı başaracağım" dedikten sonra, Meclisten bazı ricalarda bulundum: Örnek olarak, Milli Savunma Bakanı ve Genelkurmay Başkanlığı görevlerini yapmakta olan Fevzi Paşa Hazretleri'ni alınız Genelkurmayın işleri ile uğraşabilmesi için, İçişleri Bakanlığı görevinde bulunan Refet Paşa'nın Milli Savunma Bakanlığına getirilmesi ve onun yerine bir başkasının seçilmesi gibi.

Özellikle, Meclisin ve Bakanlar Kurulunun içeriye ve dışarıya karşı sakin ve çok güçlü bir durum ve görünüşte kalmasının önemli olduğunu, ufak tefek sebeplerle Bakanlar Kurulunu sarsmanın doğru olmadığını arz ettim. Kanun teklifi, o gün açık oturumda okundu. Öncelikle görüşüldü ve ad okunarak oylandı. Oy birliğiyle kabul edildi.

Bu münasebetle yaptığım kısa bir konuşmanın bir iki cümlesini, tekrar etmeme izin vermenizi rica ederim. O cümleler şunlardı:

"Efendiler, zavallı milletimizi esir etmek isteyen düşmanları mutlaka yeneceğimize olan güven ve inancım bir dakika olsun sarsılmamıştır. Şu dakikada, bu kesin inancımı yüksek heyetinize karşı, bütün millete karşı bütün dünyaya karşı ilan ederim."

BAŞKOMUTANLIĞI FİİLİ OLARAK ÜZERİME ALDIM

Saygıdeğer Efendiler, Başkomutanlığı fiili olarak üzerime aldıktan sonra birkaç gün Ankara'da çalıştım.

Genelkurmay Başkanlığının ve Milli Savunma Bakanının bütün kadrosu ile Başkomutanlık karargahını kurdum. Bu iki makamın ortak çalışmalarını Başkomutanlıkta uyumlu bir şekilde birleştirmek; bundan başka orduyu ilgilendiren ve Başkomutanlık yoluyla çözümü gereken öteki bakanlıklara ait işleri yürütebilmek için de yanımda küçük bir büro kurdum.

Ankara'daki çalışmalarım, yalnız, ordunun insan ve taşıt araçları bakımından gücünün artırılması, yiyecek ve giyeceğinin sağlanıp düzene konmasıyla ilgili tedbirler almak ve hazırlıklar yapmakla geçti.

TEKÂLİF-İ MİLLİYE EMİRLERİ

Bu sözünü ettiğim hususları gerçekleştirmek için iki gün içinde, 7, 8 Ağustos 1921 tarihlerinde, Tekâlif-i Milliye Emri adı altında yaptığım genel bildirimlerden her biri için kısaca bilgi vereyim. Bir savaşın kazanılmasında en küçük şeylerin bile dikkate alınması gerektiğini gösterebilmek için bunları bilginize sunmayı yararlı bulurum:

1 sayılı emrimle her ilçede bir Tekâlif-i Milliye Komisyonu kurdurdum. Bu komisyonlarca toplanan malzemenin, ordunun çeşitli bölümlerine dağıtımı şeklini düzenledim.

2 sayılı emrime göre, vatanın her ailesi birer kat çamaşır, birer çift çorap ve çarık hazırlayıp Tekâlif-i Milliye Komisyonu'na teslim edecekti.

3 sayılı emrimle, tüccarın ve halkın elinde bulunan çamaşırlık bez, amerikan, patiska, pamuk, yıkanmış ve yıkanmamış yün ve tiftik, erkek elbisesi dikmeye yarayan her türlü kışlık ve yazlık kumaş, kalın bez, kösele, vaketa, taban astarlığı sarı ve siyah meşin, sahtiyan, dikilmiş ve dikilmemiş çarık, potin, demir kundura çivisi, tel çivi, kundura ve saraç ipliği, nallık demir ve yapılmış nal, mıh, yem torbası, yular, belleme, kolan, kaşağı, gebre, semer ve urgan stoklarından yüzde kırkına, bedeli sonradan ödenmek üzere el koydum.

4 sayılı emrimle, eldeki buğday, saman, un, arpa, fasulye, bulgur, nohut, mercimek, kasaplık hayvan, şeker, gaz, pirinç, sabun, yağ, tuz, zeytinyağı, çay, mum stoklarından yine yüzde kırkına, bedeli sonradan ödenmek üzere el koydum.

5 sayılı emrimle, ordu ihtiyacı için alınan taşıt araçları dışında, halkın elinde kalan taşıt araçlarıyla, yüz kilometrelik bir uzaklığa kadar, ayda bir defa olmak üzere, parasız askeri ulaşım yapılmasını mecbur tuttum.

6 Sayılı emrimle, ordunun giyimine ve beslenmesine yarayan bütün sahipsiz mallara el koydum.

7 sayılı emrimle, halkın elinde bulunan savaşta işe yarar bütün silah ve cephanenin üç gün içinde teslimini istedim.

8 sayılı emirle, benzin, vakum, gres, makine, don, saatçi ve taban yağları, vazelin, otomobil ve kamyon lastiği, solüsyon, buji, soğuk tutkal, Fransız tutkalı, telefon makinesi, kablo, pil, çıplak tel, yalıtkan maddeler ve bunlar türünden malzeme ve asit sülfürik stoklarının yüzde kırkına el koydum.

9 sayılı emirle demirci, marangoz, dökümcü, tesviyeci, saraç, arabacı esnafları ve imalathaneleriyle, bu esnaf ve imalathanelerin iş çıkarabilme güçleri ve kasatura, kılıç, mızrak ve eyer yapabilecek ustaların adlarıyla birlikte sayılarını ve durumlarını tespit ettirdim.

10 sayılı emirle, halkın elinde bulunan dört tekerlekli yaylı araba, dört tekerlekli at ve öküz arabalarıyla, kağnı arabalarının bütün takım ve hayvanlarıyla birlikte binek ve topçeker hayvanlarının, katır ve yük hayvanlarının, deve ve eşek sayısının yüzde yirmisine el koydurdum.

Efendiler, emirlerimin ve bildirimlerimin yerine getirilmesi için kurduğum İstiklal Mahkemelerini Kastamonu, Samsun, Konya, Eskişehir bölgelerine gönderdim. Ankara'da da bir mahkeme bulundurdum.

CEPHE KARARGÂHINA HAREKET

Ondan sonra Efendiler, 12 Ağustos 1921 günü, Genelkurmay Başkanı Fevzi Paşa Hazretleri'yle birlikte Polatlı'ya, cephe karargâhına gittim.

Düşman ordusunun cephemize yüklenerek sol kanadımızdan kuşatacağı yargısına varmıştık. Bu görüşe dayanarak tam bir cesaretle gerekli tedbirleri aldırdım ve yapılacak hazırlıkları yaptırdım. Olaylar görüşümüzü doğruladı. Düşman ordusu, 23 Ağustos 1921'de ciddi olarak cephemize doğru ilerlemeye başladı ve saldırıya geçti. Birçok kanlı, bunalımlı safhalar ve dalgalar oldu. Düşman ordusunun üstün grupları, savunma hattımızın birçok parçalarını kırdılar. Bu ilerleyen düşman birliklerinin karşısına kuvvetlerimizi yetiştirdik.

Meydan muharebesi yüz kilometrelik cephe üzerinde oluyordu. Sol kanadımız, Ankara'nın elli kilometre güneyine kadar çekilmişti. Ordumuzun yönü batıya iken güneye döndü. Arkası Ankara'ya iken kuzeye çevrildi. Cephenin yönü değiştirilmiş oldu. Bunda hiçbir sakınca görmedik. Savunma hatlarımız kısım kısım kırılıyordu. Fakat kırılan her kısmın yerine en yakın bir yerde hemen yeni bir savunma hattı kuruluyordu. Savunma hattına çok ümit bağlamak ve onun kırılmasıyla, ordunun büyüklüğü ölçüsünde çok gerilere çekilmek gerektiği teorisini çürütmek için memleket savunmasını başka türlü ifade etmeyi ve bu ifademde direnerek şiddet göstermeyi yararlı ve etkili buldum. Dedim ki:

SAVUNMA HATTI YOKTUR, SAVUNMA ALANI VARDIR

"Savunma hattı yoktur, savunma alanı vardır. O alan bütün vatandır. Vatanın her karış toprağı vatandaşın kanıyla ıslanmadıkça terk olunamaz. Onun için küçük büyük her birlik bulunduğu mevziden atılabilir. Fakat küçük büyük her birlik, ilk durabildiği noktada yeniden düşmana cephe kurup savaşa devam eder. Yanındaki birliğin çekilmeye mecbur olduğunu gören birlikler ona dahil olamaz. Bulunduğu mevzide sonuna kadar dayanmaya ve karşı koymaya mecburdur."

İşte ordumuzun her ferdi, bu sistem içinde her adımda en büyük fedakârlığını göstererek ve düşmanın üstün kuvvetlerini yıpratıp yok ederek, sonunda onu, saldırısına devam güç ve kudretinden yoksun bir duruma getirdi.

Muharebe durumunun bu safhasını sezer sezmez hemen özellikle sağ kanadımızla Sakarya ırmağı doğusunda düşman ordusunun sol kanadına ve daha sonra cephenin önemli yerlerinde karşı saldırıya geçtik. Yunan ordusu yenildi ve geri çekilmeye mecbur oldu. 13 Eylül 1921 günü Sakarya ırmağının doğusunda düşman ordusundan eser kalmadı. Böylece

23 Ağustos gününden 13 Eylül gününe kadar, bu günler de dahil olmak üzere, yirmi iki gün yirmi iki gece aralıksız devam eden büyük ve kanlı Sakarya Meydan Muharebesi yeni Türk devletinin tarihine, dünya tarihinde pek az rastlanan büyük bir meydan muharebesi örneği kaydetti.

Saygıdeğer Efendiler, Başkomutanlık görevini fiilen üzerime aldığım zaman, Meclise ve millete mutlaka başaracağımız yolundaki kesin inancımı arz ve ilan etmekle ve bu inancımı, varlığımın bütün haysiyetini ortaya atarak gerçekleştirmekle ilk manevi görevimi yapmış olduğumu sanırım. Ondan sonra, önemli maddi görevlerim de vardı. Onlardan biri, savaş ve muharebe karşısında millete aldırmaya mecbur olduğum durum idi.

BÜTÜN TÜRK MİLLETİNİ, CEPHEDE BULUNAN ORDU KADAR, FİKİR VE DUYGU BAKIMINDAN VE FİİLEN MUHAREBE İLE İLGİLENDİRMELİYDİM

Bildiğiniz gibi savaş ve muharebe demek; iki milletin, yalnız iki ordunun değil, iki milletin bütün varlıklarıyla bütün maddi ve manevi kuvvetleriyle, birbiriyle karşı karşıya gelmesi ve birbiriyle vuruşması demektir. Bunun içindir ki, bütün Türk milletini cephede bulunan ordu kadar duygu, düşünce ve hareket bakımından savaşla ilgilendirmeliydim. Yalnız düşman karşısında bulunanlar değil köyünde, evinde, tarlasında bulunan herkes, milletin her ferdi silahla vuruşan savaşçı gibi kendini görevli sayarak bütün varlığını yalnız mücadeleye verecekti. Bütün maddi ve manevi varlığını vatan savunmasına vermekte ağır davranan ve titizlik göstermeyen milletler, savaş ve muharebeyi gerçekten göze almış ve başarabileceklerine inanmış sayılmazlar.

Gelecekteki harplerin tek başarı şartı da en çok bu arz ettiğim noktaya bağlı olacaktır. Avrupa'nın askerlik bakımından ileri durumda olan büyük milletleri, daha şimdiden bu tutumu kanun haline getirmeye başlamışlardır. Biz, Başkomutan olduğumuz zaman, Meclisten bir vatanı savunma kanunu istemedik. Fakat, Meclisten aldığımız yetkiye dayanarak bu amacı kanun niteliğindeki belirli emirlerle sağlamaya çalıştık. Millet, bundan sonra, bugüne kadar olan tecrübeleri de dikkatle gözden geçirerek aziz vatana saldırıyı imkansız kılan sebep ve şartları daha açık ve daha kesin olarak tespit eder.

BÜYÜK MİLLET MECLİSİ TARAFINDAN BANA "MAREŞAL" RÜTBESİYLE "GAZİ" ÜNVANININ VERİLMESİ

Efendiler, diğer bir görevim de, ordu içinde, muharebe safları arasında bizzat muharebeye katılmak ve savaşı bizzat yönetmekti. Bunu da gücümün yettiği ölçüde, hatta bir kaza sonucu sol kaburga kemiklerimden birinin kırılmış olmasına rağmen, bütün varlığımla en iyi şekilde yapmaya çalıştığımı sanırım. Sakarya Muharebesi'nin sonuna kadar askeri bir rütbem yoktu. Ondan sonra, Büyük Millet Meclisince bana Mareşal rütbesiyle Gazi unvanı verildi. Osmanlı Devleti'nin rütbesinin, yine o devlet tarafından geri alınmış olduğunu biliyorsunuz.

* *
*

FRANSIZ HÜKÜMETİ İLE YAPILAN GÖRÜŞMELER VE ANKARA ANTLAŞMASI

Efendiler, Sakarya Zaferinden sonra, Batı ile yaptığımız olumlu ve verimli temas ve görüşmeler Ankara antlaşması ile sonuçlanmıştır. Bu anlaşma Ankara'da, 20 Ekim 1921'de imza edilmiştir. Bu konuda özet halinde bir bilgi vermek için, kısa bir açıklamada bulunayım:

Bekir Sami Bey'in başkanlığındaki delegeler heyetinin gittiği Londra Konferansı'ndan sonra, bildiğiniz üzere, İkinci İnönü Zaferiyle sonuçlanan Yunan saldırısı geri püskürtülmüştü. Bir zaman için, askeri durum sakinleşti. Rusya ile, Moskova Anlaşması imzalanmış ve doğudaki durumumuz açıklık kazanmıştı. İtilaf Devletleri'nden de milli ilkelerimize saygılı olabileceklerle anlaşmanın yararlı olacağı düşünülmekteydi. Adana, Antep ve dolaylarını yabancı işgalinden kurtarmak, bizce önemli görülmekteydi.

Çeşitli sebeplerle, Suriye'den başka, bu adı geçen illeri işgalleri altında bulunduran Fransızların da, bizimle anlaşma eğiliminde oldukları anlaşılıyordu. Gerçi, Bekir Sami Bey'in, Mösyö Briand'la yaptığı fakat milli olmayan anlaşma reddedilmiş idiyse de, ne Fransızlar ne de biz çarpışmaları sürdürmeye istekli değildik. Bu yüzden her iki taraf birbiriyle görüşme yollarını aramaya başladı. Fransız hükümeti, eski bakanlardan Mösyö Franklin Bouillon'u önce gayri resmi olarak Ankara'ya göndermişti. 9 Haziran 1921 tarihinde Ankara'ya gelen Mösyö Franklin Bouillon ile Dışişleri Bakanı Yusuf Kemal Bey ve Fevzi Paşa Hazretleri'nin de katılmasıyla, bizzat iki hafta süren görüşmeler yaptım.

Birbirimizi tanımakla geçen özel bir buluşmadan sonra, 13 Haziran 1921 Pazartesi günü, Ankara istasyonundaki bana ait dairede yaptığımız ilk toplantıda görüşmelerimizin hareket noktasını belirtmek gerektiğinden söz ederek konuşmaya başladık. Ben, bizim için hareket noktasının Misak-ı Millî'de tespit edilen ilkeler olduğunu ortaya attım.

Mösyö Franklin Bouillon, ilkeler üzerindeki tartışmanın güçlüklerini ileri sürerek, Sevr Antlaşması'nın bir oldubitti olarak ortada bulunduğunu söyledikten sonra, Londra'da Bekir Sami Bey'le Mösyö Briand'ın yaptıkları anlaşmayı temel almanın ve bu anlaşmanın Misak-ı Millî'ye aykırı olan noktaları üzerinde tartışmanın yerinde olacağı görüşünü savundu. Bu teklifinde haklı olduğunu göstermek için, Londra'ya giden delegelerimizin Misak-ı Milli'den söz etmediklerini, Misak-ı Milli'nin ve Milli

Mücadele'nin, değil Avrupa'da, daha İstanbul'da bile değeri anlaşılamamış olduğunu söyledi.

Ben verdiğim cevaplarda dedim ki: "Eski Osmanlı İmparatorluğu'ndan yeni bir Türk Devleti doğmuştu. Bunu tanımak gerekir. Bu yeni Türkiye, her bağımsız devlet gibi haklarını tanıtacaktır. Sevr Antlaşması Türk milleti için öylesine uğursuz bir idam kararnamesidir ki onun bir dost ağzından çıkmamasını dileriz. Bu konuşmamız sırasında bile Sevr Antlaşmasını ağzıma almak istemem. Sevr Antlaşması'nı kafasından çıkarmayan milletlerle güven temeline dayanan ilişkilere girişemeyiz. Bize göre böyle bir antlaşma yoktur. Londra'ya giden delege heyetimizin başkanı eğer bundan bahsetmemişse, verdiğimiz talimat ve yetki çerçevesinde hareket etmemiş demektir. Yanlış iş görmüştür. Bu yanlışlık yüzünden Avrupa ve özellikle Fransız kamuoyunda ters etkiler doğduğu görülüyor. Bekir Sami Bey'in gittiği yoldan hareket edersek, biz de aynı yanlışlığı yapmış oluruz. Avrupa'nın Misak-ı Milli'den haberdar olmamasına imkân yoktur. Avrupa Misak-ı Milli deyimini öğrenmemiş olabilir. Fakat, yıllardan beri kan döktüğümüzü gören Avrupa ve bütün dünya, şu kanlı mücadelelerin neden ileri geldiğini elbette düşünmektedir. İstanbul'un Misak-ı Milli'den ve Milli Mücadele'den haberi olmadığı yolundaki sözler doğru değildir. İstanbul halkı, bütün Türk milleti gibi, Milli Mücadele'yi bilmektedir ve ondan yanadır. Bu mücadeleyi bilmezlikten gelen ve ona karşı görünen kimselerle bunların yardakçıları azdır ve milletçe de tanınmaktadır."

Franklin Bouillon, Bekir Sami Bey'in kendisine verilen talimat ve yetki dışına çıkarak hareket etmiş olduğu yolundaki sözlerim üzerine dediler ki: "Bunu açıklayabilir miyim?" Sözlerimi istediği yerlere bildirip anlatabileceğini söyledim. Mösyö Franklin Bouillon, Bekir Sami Bey'le yapılan anlaşmadan ayrılmamak için mazeret ileri sürerken, Bekir Sami Bey'in bir Misak-ı Milli olduğundan ve onun sınırları dışına çıkamayacağından söz etmediğini, eğer bundan söz etmiş olsaydı, o zaman ona göre görüşülüp gerektiği şekilde hareket edilebileceğini; ancak, şimdi durumun güçleştiğini tekrarladı. Batıdaki kamuoyu: "Bu Türkler, delegeleri vasıtasıyla bunu niçin dile getirmemişler de şimdi yeni yeni meseleler çıkarıyorlar" diyeceklerdir.

Nihayet, uzun görüşme ve tartışmalardan sonra, Mösyö Franklin Bouillon, Misak-ı Milli'yi okuyup anladıktan sonra yeniden görüşmek üzere, toplantının ertelenmesini teklif etti. Ondan sonra Misak-ı Millî'nin maddeleri baştan sona kadar birer birer okunarak görüşüldü ve tartışmaya devam edildi. Üzerinde en çok durulan nokta, kapitülasyonların kaldırılması ve istiklalimizin tam olarak sağlanmasını isteyen madde oldu. Mösyö Franklin Bouillon, bu meselelerin incelenmesi ve üzerinde durulması gerektiğini bildirdi. Ben bu noktaya cevap verdim. Söylediklerimin özeti şuydu: "Tam istiklal, bizim bugün üzerimize aldığımız görevin can damarıdır. Bu görev, bütün millete ve tarihe karşı yüklenilmiştir. Bu görevi yüklenirken, ne ölçüde başarılabileceği üzerinde hiç şüphe yok ki çok düşündük. Fakat sonunda vardığımız kanaat ve inanç, bunda başarılı olabileceğimizdir. Biz, böyle işe başlamış adamlarız. Bizden öncekilerin yaptıkları yanlışlıklar yüzünden, milletimiz sözde var sanılan istiklaline gerçekte sahip değildi. Şimdiye kadar Türkiye'yi medeniyet dünyasında kusurlu gösteren neler düşünülebilirse, hep bu yanlışlıktan ve bu yanlışlığa boyun eğmekten ileri gelmektedir. Bu yanlışlığa boyun eğmenin sonucu, mutlaka, memleket ve milletin bütün haysiyetini ve bütün yaşama kabiliyetini kaybetmesine ve ondan yoksun kalmasına yal açabiliriz. Biz, yaşamak isteyen, haysiyet ve şerefiyle yaşamak isteyen bir milletiz. Bir yanlışlığa boyun eğme yüzünden bu vasıflardan yoksun kalmaya katlanamayız. Aydın olsun cahil olsun, istisnasız milletimizin bütün fertleri, belki işin içindeki güçlüğü iyice kavramamış olsalar bile, bugün yalnız tek bir nokta etrafında toplanmış ve fakat sonuna kadar kanını akıtmaya karar vermiştir. O nokta, istiklalimizin tam olarak kazanılması ve devam ettirilmesidir.

Tam istiklal demek, elbette, siyasi, mali, iktisadi, adli, askeri, kültürel vb. her alanda tam bir bağımsızlığa ve hürriyete kavuşmak demektir. Bu saydıklarımın herhangi birinde istiklalden yoksun kalmak, millet ve memleketin gerçek anlamıyla bütün istiklalinden yoksun kalması demektir.

Biz, bunu elde etmeden barış ve huzura kavuşacağımız inancında değiliz. Şekil ve usullere uyarak barış yapabiliriz, anlaşma yapabiliriz. Ancak, istiklalimizi tam olarak sağlamayacak olan bu gibi barışlar, uyuşma ve anlaşmalarla, milletimiz hiçbir vakit varlığına ve huzura kavuşamayacaktır. Belki de silahlı mücadelesini bırakarak, yıkıma sürüklenmeye razı olacaktır. Eğer milletimiz buna razı olsaydı, bunu kabul edebilecek yaratılışta bulunsaydı, iki yıldan beri mücadele etmeye hiç de gerek kalmazdı. Daha ateşkes anlaşmasının ertesinde harekete geçmemek olabilirdi.

Mösyö Franklin Bouillon, bu sözlerim karşısında, ciddi ve samimi olarak bazı görüşler ileri sürdü ve en sonunda da bunun zaman meselesi olduğu görüşünü belirtti.

Efendiler, Mösyö Franklin Bouillon ile önemli ve ikinci derecede kalan sorunlar üzerinde günlerce ve günlerce görüştük. Sonuç olarak birbirimizi, düşüncelerimizle, duygularımızla ve tutumlarımızla anlayabildik sanırım. Fakat Fransız Hükümetiyle Türk Milli Hükümeti arasında, kesin anlaşma noktalarının tespit edilebilmesi için biraz daha zaman geçmesi zorunlu oldu. Ne bekleniyordu? Belki de, Türk milli varlığının Birinci ve İkinci İnönü Muharebesi'nden sonra daha büyücek bir eserle ispatlanmış olması! Gerçekten de, Mösyö Franklin Bouillon'un kesin karara vararak imza ettiği Ankara Anlaşması, büyük ve kanlı Sakarya Meydan Muharebesi'nden otuz yedi gün sonra, arz etmiş olduğum gibi, 20 Ekim 1921'de doğmuş olan bir belgedir.

Bu anlaşma ile, siyasi, iktisadi, askeri vb. hiçbir alanda bağımsızlığımızdan hiçbir şey feda etmeksizin, vatan topraklarımızın değerli parçalarını işgalden kurtarmış olduk. Bu anlaşma ile milli davamız ilk defa olarak Batı devletlerinden biri tarafından onaylanmış ve açıklanmış oldu.

Mösyö Franklin Bouillon, bundan sonrada birkaç kere Türkiye'ye gelmiş, Ankara'da ilk günlerde aramızda kurulan dostluk duygularını belirtme yolları aramıştır.

* *
*

PONTUS MESELESİ

Saygıdeğer Efendiler, genel konuşmamın başında bir Pontus meselesinden söz etmiştim. Bu mesele belgeleriyle herkesçe bilinmektedir. Ancak, bizi de çok uğraştırdığından, burada, onunla ilgili bazı noktalara dokunacağım.

1840 yılından beri; yani üç çeyrek yüzyıldan beri, Anadolu'nun Rize'den İstanbul Boğazı'na kadar uzanan Karadeniz bölgesinde, eski Yunanlılığın diriltilmesi için çalışan bir Rum topluluğu vardı. Amerikalı Rum göçmenlerden Rahip Klematios adında biri, ilk Pontus toplantı yerini şimdi halkın Manastır dediği bir tepede İnebolu'da kurmuştu. Bu teşkilata bağlı olanlar, zaman zaman birbirinden ayrı eşkıya çeteleri kurarak faaliyet gösteriyorlardı. Birinci Dünya Savaşı sırasında da, dışarıdan gönderilip dağıtılan silah, cephane, bomba ve makineli tüfeklerle, Samsun, Çarşamba, Bafra ve Erbaa Rum köyleri sanki bir silah deposu durumuna gelmişti.

Ateşkes Anlaşmasından sonra, bütün Rumlar Yunanlılık milli davası ile her tarafta şımardığı gibi, Ethniki Hetairia (Etniki Eterya) Cemiyetinin propagandacıları ile Merzifon'daki Amerikan kuruluşlarının manevi destekleri ile eğitip yetiştirilen, maddi bakımdan da yabancı hükümetlerin silahlarıyla güçlendirilip cesaret verilen bu bölgedeki Rumlar da, bağımsız bir Pontus hükümeti kurma emeline düştü. Bu maksatla genel bir ayaklanma hazırladılar. Dağlara çekildiler; Amasya, Samsun ve dolayları Rum Metropolit'i Yermanos'un idaresinde düzenli bir programla çalışmaya başladılar. Bir yandan da, Samsun'daki Rum komitecilerinin başkanı olan Reji Fabrikası Müdürü Tokomanidis, İç Anadolu ile haberleşme sağlamaya çalışıyordu. Bazı yabancı hükümetler, Pontus hükümetinin kurulması için yardımcı olacaklarına söz verdiler. Samsun ve dolaylarındaki Rum nüfusunu arttırmak için de, Rusya'daki Rum ve Ermenileri Batum'da topladılar. Onları, Türk Kafkas ordularından alınıp Batum'da depo edilen silahlarla donatarak, sahillerimize çıkarmaya başladılar. Çetecilik etmek üzere, sahillerimize çıkarılabilecek birkaç bin Rum'u Sohum'da Haralambos adında bir adamın başına topladılar. Batum'da toplananların da Haralambos'un etrafında toplananlara katılmaları sağlanıyordu. Bunlar, memleketimiz içinde, Samsun'daki bazı yabancı devlet temsilcileri tarafından korunuyor ve silahlandırılıyordu. Kıyılarımıza çıkan bu çeteler, göçmenleri besleme maskesi altında, yabancı hükümetler tarafından yedirilip giydiriliyordu. Yabancıların Kızılhaç heyetleri arasında gelen subayların da örgüt kurmak, çetelerin askeri öğretim ve eğitimi ile uğraşmak ve gelecekteki Pontus hükümetinin temelini atmakla görevlendirildikleri anlaşılıyordu.

4 Mart 1919 tarihinde, İstanbul'da Pontus adıyla yayınlanmaya başlayan bir gazetenin başmakalesinde Trabzon ilinde Rum cumhuriyetinin kurulmasına çalışmak maksadıyla yayınlandığı ilan edilmişti.

Yunanistan'ın bağımsızlığını kazanma gününe rastlayan 7 Nisan1919 günü, her yerde ve özellikle Samsun'da gösteriler yapıldı. Yermanos'un küstahça davranışları Rumların düşünce ve emellerini açığa vurdu. Bafra ve Çarşamba dolaylarındaki yerli Rumlar, sık sık kiliselerde toplanıyor, örgütlenmelerini ve donatımlarını artırıyorlardı. 23 Ekim 1919 tarihinde, Doğu Trakya ve Pontus için merkez olarak İstanbul kabul edilmişti. Venizelos, İstanbul'un merkez olarak kabul edilme konusunun daha sonraki bir tarihe ertelenerek, bunun yerine Pontus hükümeti kurulması düşüncesini ortaya atmış ve İstanbul Patrikhanesi'ne buna göre talimat vermişti. Aynı zamanda, İstanbul'da gizli bir Yunan polis teşkilatı kurmakla görevlendirilen Albay Alexandros Zimbrakakis tarafından Pontus jandarma teşkilatını düzene sokmak üzere Eiffel adlı Yunan torpidosuyla, bir subaylar heyeti de gönderilmişti. Türkiye'de bu türlü işler olurken Batum'da da 18 Aralık 1919'da Pontus Rum Hükümeti adıyla bir hükümet kurulmuş ve teşkilatlanmaya başlamıştı.19 Temmuz 1920'de de Batum'da, Karadeniz, Kafkas ve Güney Rusya Rumları tarafından Pontus meselesi ile ilgili bir kongre toplandı. Bu kongrenin raporu üyelerden biri vasıtasıyla İstanbul'da Rum Patrikliğine gönderildi. Pontusçular 1920 yılının sanlarına doğru çalışmalarını büsbütün artırarak iyiden iyiye ortaya çıktılar. Bizi, ciddi tedbir almaya mecbur ettiler.

Dağlarda kurulan Pontus teşkilatı şöyleydi:

a.) Birtakım çete başlarının emrinde silahlı ve savaşçı kuvvetler,

b.) Bunların beslenmesine hizmet eden üretici Pontus halkı,

c.) Yönetim ve güvenlik kuvvetleri ile şehirlerden ve köylerden yiyecek sağlamakla görevli ulaştırma kolları.

Çetelerin çalışma bölgeleri birbirinden ayrılmıştı. Pontus eşkıyasının kuvveti başlangıçta 6.000 - 7.000 silahlı idi. Daha sonra her taraftan katılanlarla 25.000'e yaklaştı. Bu kuvvet yeterli küçük birliklere ayrılarak çeşitli yerlerde barınıyordu. Pontus çetelerinin bütün işleri, İslam köylerini yakmak, Müslüman halka karşı akıl ve hayale sığmaz zulümler yapmak, cinayetler işlemek gibi kan içici bir sürünün yaptıklarından başka bir şey değildi.

Biz, Anadolu'ya çıkar çıkmaz, Türk halkını dikkat ve uyanıklığa davet ettik. Doğabilecek tehlikelere karşı tedbirler almaya başladık.

Merkezi Sivas'ta bulunan 3'üncü Kolordu, yalnız, çeşitli bölgelerde gözüken çeteleri takip ve ortadan kaldırmakla uğraştı. Trabzon bölgesinde dolaşan Köroğlu adındaki Rum çetesiyle, Eftalidi çetesi ve öteki çeteler, merkezi Erzurum'da bulunan On Beşinci Kolordu tarafından takip edilerek ortadan kaldırılıyordu. Bir taraftan da Pontus eşkıyasının dönüp dolaştığı yerlerde, halk silahlandırılarak milli teşkilat kuruldu.

ANADOLU'NUN ORTASINDA YENİDEN ÇIKAN BİRTAKIM İÇ İSYANLAR

Efendiler, Sivas'ın kuzeyinde ve Yozgat'ta çıkan ve sizlerce de bilinen iç isyan olaylarından başka, 1920 yılı sonlarında, yeniden Anadolu'nun ortasında, Zile taraflarında, Küçük Ağa, Deli Hacı, Aynacı Oğulları ve Erbaa yakınlarında Kara Nazım, Çopur Yusuf, başka yerlerde Deli Hasan, Küçük Hasan gibi birtakım serserilerle Yozgat Çayözü Çerkezlerinden kurulu çeteler ve 1921 yılı başlarında da Koçkiri aşiretinin beylerinden Haydar Bey; İstanbul'da Seyit Abdülkadir'den aldığı talimat üzerine Alişan ve akrabasından Naki, Alişir ve daha başkaları ile birlikte isyan hareketlerine başladılar. Birçok kuvvetimiz bir taraftan Pontusçuları diğer taraftan da bu asileri izleyip ortadan kaldırmakla uğraşıyorlardı.

MERKEZ ORDUSUNUN KURULMASI VE NURETTİN PAŞA'NIN KOMUTANLIĞA GEÇMESİ

Efendiler, hatırlarsınız ki, Nurettin Paşa, Yunan ordusunun ilk defa saldırır gibi görünmesi karşısında, birtakım boş ve mantıksız düşünceler ileri sürdüğü için, kendisine görev verilmemiş olduğundan, bir mektupla, bizimle çalışamayacağını bildirerek ve izin alarak Taşköprü'ye gitmişti. O tarihten beş ay sonra, bazı kimseler, Nurettin Paşa adına gerek Fevzi Paşa Hazretleri'ne gerek bana, kendisine bir görev verilirse, bunu ciddiyet ve samimiyetle yapacağını söyleyerek aracılık ettiler. Biz de Anadolu'nun orta kesiminde güvenliği sağlamakla görevli bulunan kuvvetlerimizi büyücek bir komuta altında birleştirmekte yarar gördüğümüzden, 9 Aralık 1920'de, Sivas'taki Üçüncü Kolordu'yu kaldırarak, onun görevini yeni kurduğumuz Merkez Ordusu'na verdik. Bu ordunun komutanlığına da Nurettin Paşa'yı getirdik.

Nurettin Paşa, merkez bölgesinde bir yıla yakın görev yaptı. Fakat milletvekillerinin, kendi yetkisi dışına taşarak bazı yurttaşların haklarına el uzattığı yolundaki şikayetleri ve İçişleri Bakanlığına soru önergeleri vermeleri, Bakanlığın da şikayetleri haklı bulması üzerine Meclisin isteği ile Kasım 1921 başlarında görevden alındı. Meclis, Nurettin Paşa'nın yargılanmasına karar verdi. Bu durum benimle Bakanlar Kurulu arasında da bir anlaşmazlığın çıkmasına yol açtı. Ben, Nurettin Paşa için uygulanması istenen işleme katılmadım. Fevzi Paşa Hazretleri de benim görüşüme katıldı. İkimizle Bakanlar Kurulu arasında doğan anlaşmazlık Mecliscе çözüldü. Mecliste Nurettin Paşa'yı savundum. Kendisi için ağır bir işlem uygulanmasını önledim.

Nurettin Paşa'yı bundan sekiz ay kadar sonra, 1'inci Ordu Komutanlığında göreceğiz.

Muhterem Efendiler, Sakarya muharebesinden sonra, Başkomutanlık ve Genelkurmay Başkanlığı Ankara'da görevini yapıyordu. Ben, aynı zamanda diğer görevlerimle de meşgul oluyordum. Üç dört ay geçmemişti ki, Mecliste Sakarya zaferini unutanlar, muhalefet yolunda ileri gitmek isteyenler, kendilerini göstermeye başladılar. Sakarya muharebesinden önce başlayıp yavaş yavaş gelmiş olan Malta tutuklularından bazılarının, bu muhalif akımlarda kışkırtıcı rolü oynadığı anlaşılmıştı. Bu noktayı izninizle biraz açıklayayım.

MALTA'DAN YENİ DÖNEN BAYINDIRLIK BAKANI RAUF BEY'LE KARA VASIF BEY, GÜDÜLEN ASKERİ SİYASETİ ÖĞRENMEK İSTİYORLARDI

Rauf Bey, 15 Kasım 1921'de Ankara'ya gelmişti.

Rauf Bey'i, 17 Kasım 1921'de boşalan Bayındırlık Bakanlığına seçtirdik.

Rauf Bey'den sonra Ankara'ya gelen Kara Vasıf Bey'i de Anadolu ve Rumeli Müdafaa-i Hukuk Grubu'nun Yönetim Kurulu üyeliğine seçtirdim. Bu iki kişinin birinden hükümette diğerinden grupta yararlanmayı düşünmüştüm. Çok geçmedi, bir gün Rauf Bey'in Bakanlar Kurulunda bir konunun açıklanmasını istediği haber verildi. Aynı günde, Kara Vasıf Bey'in de grup heyetinde aynı konuyu öğrenmek istediği bildirildi. Bu iki kişinin aralarında önceden kararlaştırdıkları anlaşılan konu şuydu:

"Güdülen askeri politika nedir?"

Bu sorudan nasıl bir anlam çıkarılabilirdi? Neyi anlamak istiyorlardı? Bizim yürütmekte olduğumuz siyasi ve askeri politika belli olmuştu. İstiklalimiz tam olarak sağlanıncaya kadar, düşmanlarla vuruşmak ve onları yeneceğimize olan kesin bir inançla savaşa devam etmek... İşte ortaya atılan soru ile demek isteniliyordu ki, ne olursa olsun muharebeye devam etmekle sonuç almak mümkün müdür? Mümkün olmadığı ihtimalini hesaba katarak daha şimdiden daha başka tedbir ve çarelere anlatmak istediklerine göre siyasi çarelerdir başvurarak içinde bulunduğumuz tehlikeli duruma son vermek yerinde olmaz mı?

Elbette, ne Bakanlar Kurulunda ne de Grup Yönetim Kurulunda böyle bir konunun görüşme ve tartışma konusu edilmesine izin vermedim. Bunun üzerine Rauf Bey Bakanlıktan, Kara Vasıf Bey de Grup Yönetim

Kurulundan çekildiler. 13 Ocak 1921 tarihinde Mecliste Rauf Bey'in istifası okunurken, aynı tarihli bir istifa yazısı daha okunmuştu. Bu istifa yazısı, Milli Savunma Bakanı olan Refet Paşa'nındı.

Efendiler, Refet Paşa'nın istifa sebebini birkaç kelime ile açıklayayım: 4 Ocak 1922 günü, Meclisin bu gizli oturumunda şöyle bir konunun tartışması yapılmıştı. Başkomutanlık ve Genelkurmay Başkanlığı Ankara'da oturuyormuş. Cepheden uzak bulunuyormuş. Bundan şu sonuç çıkarılmış ki, benim hem Başkomutan hem de Meclis Başkanı olmam sakıncalı imiş. Ordu işleri iyi gitmiyormuş. Meclis bir savaş komisyonu kurarak, ordunun durumunu incelemeliymiş. Genelkurmay Başkanı, aynı zamanda Bakanlar Kurulu Başkanı olduğundan, Genelkurmay işleri de iyi gitmiyormuş. Fevzi Paşa Hazretleri yalnız Bakanlar Kurulu Başkanlığı'nda kalsın, Genelkurmay Başkanlığı ile Milli Savunma Bakanı birleştirilsinmiş.

Milli Savunma Bakanı olan Refet Paşa, bu tezi kürsüden bizzat savunuyordu. Bu görüşlere şu yolda cevap verdim:

BENİM ŞAHSEN ANKARA'DAN UZAKLAŞMAM İSTENİYORDU

"Başkomutanlık ve Genelkurmay Başkanlığı pek yerinde olarak Ankara'yı karargâh edinmiştir. Görevini en iyi bir şekilde buradan yürütmektedir. Gerektiğinde ne vakit nereye gideceğine kendisi karar verir. Cephe ile bizzat uğraşan cephe komutanı vardır. Gereksiz yere, benim şahsen Ankara'dan uzaklaşmamı istemenin anlamı yoktur. Genelkurmay Başkanlığı ile Milli Savunma Bakanı, Başkomutanın emri altında, Başkomutanlık Karargâhını oluşturur. Ayrı ayrı değildir. Genelkurmay Başkanı olan Fevzi Paşa Hazretleri'nin, Ankara'da bulundukça Bakanlar Kurulu Başkanlığını da yapması, bugün için bir zorunluluktur. Çünkü, onun yokluğunda, Refet Paşa ona vekaleten, Bakanlar Kurulu Başkanlığı görevini de yapmıştı. Başaramamıştı. Bakanlar Kurulunda karışıklık başladı. Bakanlar toplanmaz oldular. Fevzi Paşa Hazretleri'nin dönüşü, bakanların şikâyeti üzerine oldu. Ordu ile ilgili olarak yaptığımız işlerin denetlenmesi için, Meclisin bir komisyon kurmasını sakıncalı görmem. Ancak bu komisyon benim başkanlığım altında olur."

Gerçekten, bu komisyon, dediğim şekilde kuruldu. Eski Harbiye Nazırı Cemal Paşa da komisyona üye olarak seçildi. Öteki hususlarda Refet Paşa ve diğerlerinin görüşleri benimsenmişti. İşte bundan dolayı istifaya hazırlanan Refet Paşa istifasını Rauf Bey'in istifasıyla aynı günde vermiş oluyor.

* *
*

İKİNCİ GRUP KURULUYOR

Efendiler, yeri gelince bilginize sunmuştum ki, Mecliste kurduğumuz Müdafaa-i Hukuk Grubu, Meclis görüşmelerinin iyi gitmesini ve Bakanlar Kurulu çalışmalarının aksamadan yol almasını sağlama bakımından sonuna kadar yardımcı oldu. Fakat bir taraftan da muhalif duygu ve düşüncede olanlar, her gün biraz daha taraftar buldukça, Grubun çalışmasını güçleştirmeye başladılar. Muhalefet düşüncesinin ana kaynağı, Müdafaa-i Hukuk Grubu tüzüğünün temel maddesindeki ikinci noktaydı. Yani hükümet kuruluşunun Teşkilat-ı Esasiye Kanunu'na uygun olarak yapılması meselesi...

Programın ilk maddesinin son fıkrası, duygu ve düşüncelerde tam bir uyuşma sağlanmasına sürekli bir engel olarak kaldı. Bu sebeple grup içinde de görüş ayrılıkları ve disiplinsizlik baş gösterdi. Birtakım kimseler gruptan ayrıldı. Ayrılanlar dışarıdakilerle birleşerek grubu yıkmaya çok çalıştılar. Alınan tedbirler buna engel oldu. Sonunda İkinci Grup adıyla yeni bir grup oluştu. Bu grubu oluşturanlar, memleketteki Anadolu ve Rumeli Müdafaa-i Hukuk Cemiyeti'nden ayrılmadıklarını, onun kongrelerde tespit edilen gayelerinin takipçisi bulunduklarını iddia ediyorlardı. İkinci Gruba önayak olanlar görünüşte Salahattin ve Hüseyin Avni Bey'lerdi. Birinci derecede faaliyet gösteren ve kışkırtanların ise Rauf ve Kara Vasıf Bey'ler olduğu anlaşılıyordu.

Bu grubun faal ve inatçı üyelerinden olan Samsun milletvekili Emin Bey, son zamanlarda bir vesileyle Ankara'ya gelmişti. Bütün gerçekleri anlamıştı; kışkırtıcı ve bozguncuları lanetliyordu. Bu kişi bana şunu anlattı: Rauf Bey, İkinci Grubu kışkırtıyor ve aşırı davranışlara sürüklüyormuş... Emin Bey, Rauf Bey'e demiş ki: Rauf Bey, şu cevabı vermiş: "Beraber bulunmazsam namerdim! "

Efendiler, bildiğiniz üzere, o zaman yürürlükte olan kanuna göre, Bakanlıklar için, ben Meclise aday gösterirdim. Milletvekilleri gösterdiğim adaya olumlu veya olumsuz oy verirler yahut da çekimser kalırlardı. İkinci Grup, benim adaylarımı dikkate almadan, kendi grupları adına ortaya attıkları adaylara, kanuna aykırı olarak oy vermek suretiyle, hükümetin kurulmasını engellemeye başladılar.

Efendiler, Mecliste ordu aleyhine de bir hareket yaratılmıştı. Diyorlardı ki, Sakarya Muharebesi'nden sonra aylar geçtiği halde, ordu niçin saldırıya geçmiyor? Mutlaka saldırmalıdır. Hiç olmazsa sınırlı, belirli bir cephede saldırı yapılmalıdır ki, ordumuzun saldırı kabiliyeti olup olmadığı anlaşılsın. Bu harekete karşı direndik. Maksadımız, bütün hazırlıklarımızı tamamlayarak genel ve kesin sonuca götürücü bir saldırı yapmak olduğu için, sınırlı bir cephede saldırı görüşünü benimseyemezdik; bunda bir yarar yoktu.

Muhaliflerde uyanan kanaat, ordumuzun saldırı gücünü kazanamayacağı noktasında toplandı. Bunun üzerine, ordunun saldırıya geçirilmesi yolundaki hücumlarını durdurdular. Hücum sistemini değiştirerek başka bir görüş ortaya attılar. Bu defa dediler ki, bizim asıl düşmanımız Yunanlılar, Yunan ordusu değildir. Zaten Yunan ordusunu tamamen yenmiş olsak da iş bununla bitmez. İtilaf Devletleri'ni, özellikle İngilizleri savaşla yenmek gerekir. Bunun için Yunan ordusuna karşı bir perde hattı bırakmak, asıl orduyu Irak'ın kuzey sınırına yığıp, İngilizlere saldırmak gerekir. Davamızın savaşla halledilmesi görüşü benimseniyorsa yapılacak iş budur.

ORDU SAFLARINA KADAR YAYILAN BOZGUNCULUK TELKİNLERİ

Efendiler, bu kadar anlamsız ve mantıksız olan düşüncelere iltifat etmedik. Bunun üzerine muhaliflerin elebaşları yeni bir propaganda çıkardılar: Nereye gidiyoruz? Bizi kim nereye sürüklüyor? Meçhullere? Koskoca bir millet, belirsiz, karanlık hedeflere akılsızca sürüklenir mi?

Bu propaganda, Meclis binasından, Ankara çevrelerinden ordu saflarına kadar yaydırıldı. Orduya her vasıta ile bu bozguncu telkinler yapılmaya çalışılıyordu.

Rauf Bey, sık sık gizlice diyordu ki: "Hiç olmazsa gerçek durumu bana söyle, ordu ne durumdadır? Gerçekten saldırı edemeyecek mi?"

4 Mart 1922 günü akşamı, cepheyi teftiş etmek üzere, Ankara'dan ayrılmaya karar vermiştim. Dolayısıyla, o gün Meclisteki gizli oturumda, bazı açıklamalarda ve ricalarda bulundum. Kendilerine anlattım ki, Sakarya Meydan Muharebesi'nden sonra, düşman ordusunu Eskişehir - Seyitgazi - Afyonkarahisar kesimine kadar kovalayan kuvvetlerimiz, bütün ordu olmayıp yalnız süvarilerimiz ve süvari birliklerimize destek olmak üzere ileri sürülen bazı tümenlerimizdi.

ORDUMUZUN KARARI SALDIRIDIR

Ordumuzun kararı saldırıdır. Ama bu saldırıyı erteliyoruz. Sebebi, hazırlığımızı iyice tamamlamak için biraz daha zaman gerekmektedir. Yarım hazırlıkla, yarım tedbirle yapılacak saldırı, hiç saldırmamaktan çok daha kötüdür. Bekleyişimizi, saldırı kararından vazgeçtiğimiz veya bunu başarmaktan ümidimizi kestiğimiz şeklinde anlamak ve yorumlamak yersizdir.

Bundan sonra şu görüşleri dile getirdim: Osmanlılar, yapacakları askeri harekatın genişliği ölçüsünde hazırlıklı ve tedbirli davranmadıkları ve daha çok duygu ve hırslarının etkisi altında hareket ettikleri için, Viyana'ya kadar gittikleri halde, geri çekilmeye mecbur olmuşlardır. Ondan sonra Budapeşte'de de duramadılar, geri çekildiler. Belgrat'ta da yenilerek geri çekilmeye mecbur edildiler. Balkanları terk ettiler. Rumeli'den çıkardılar. Bize, içinde daha düşman bulunan bu vatanı miras bıraktılar. Bu son vatan parçasını kurtarırken olsun, hırslarımızı, hislerimizi bir yana bırakarak ihtiyatlı olalım. Kurtuluş için... İstiklal için, eninde sonunda düşmanla bütün varlığımızla vuruşarak onu yenmekten başka karar ve çare yoktur ve olamaz!

Sinir gevşetici sözlere, telkinlere önem verilmemeli ve güvenilmemelidir. Osmanlı yönetim ve siyasetinin yarattığı bu türlü zihniyetler reddedilmelidir. "Ordu ile, savaşla, inatla bu işin içinden çıkılmaz" şeklindeki dış kaynaklı öğütlere uymakla, bir vatan, bir millet istiklali kurtulamaz. Tarih böyle bir olay kaydetmemiştir. Bunun aksini düşünerek hareket edeceklerin çok acı sonuçlarla karşılaşacaklarına şüphe yoktur. Türkiye işte bu yoldaki yanlış düşüncelere... yanlış zihniyetlere sahip olanlar yüzünden her saat biraz daha gerilemiş, biraz daha çökmüştür. Ne yazık ki, çöküş yalnız maddi alanda olsaydı, hiçbir önemi yoktu. Hiç şüphe yok ki ahlaki ve manevi değerleri de içine almış görünüyor. Hiç şüphe yok ki bu büyük memleketi bu koca milleti dağılıp yok olmanın uçurumuna sürükleyen başlıca sebep bu olmuştur.

Efendiler, bilirsiniz ki, Mecliste bu anlattığım dönemde en çok olumsuz ve karamsar rol oynayanlar, vaktiyle Türk milletinin kendi kendine bağımsızlığını elde edemeyeceği görüşünü ileri sürmüş olan kimselerdi. Şunun bunun mandasını istemekte direnenlerdi. Onun için görüşlerime şunları da ekledim ve dedim ki: "Efendiler, maddi ve özellikle manevi çöküş korku ile... güçsüzlükle başlar."

Güçsüz ve korkak insanlar, herhangi bir felaket karşısında milletin de uyuşukluğa düşmesine ve çekingen bir duruma gelmesine yol açarlar. Güçsüzlük ve kararsızlıkta o kadar ileri giderler ki, adeta kendi kendilerine hakaret ederler. Derler ki, biz adam değiliz ve olamayız! Kendi kendimize adam olmamıza imkan yoktur. Biz kayıtsız ve şartsız olarak varlığımızı bir yabancıya teslim edelim. Balkan Savaşı'ndan sonra milletin ve özellikle ordunun başında bulunanlarda başka türlü, fakat yine aynı zihniyeti benimsemişlerdi.

Türkiye'yi, böyle yanlış yollarda çökme ve yok olma uçurumuna sürükleyenlerin elinden kurtarmak lazımdır. Bunun için bulunmuş bir gerçek vardır. O gerçek şudur: Türkiye'nin düşünen kafalarını yepyeni bir imanla donatmak... Bütün millete taptaze bir manevi güç vermek.

YETERİNCE HAZIRLANMIŞ OLMASI GEREKEN ÜÇ VASITA, İÇ VE DIŞ CEPHELERİMİZ

Şimdi Efendiler, düşmana saldırı için verilmiş olan kesin kararımızı uygulamaya başlamadan önce, hazırlamak ve tamamlamak zorunda bulunduğumuz savaş vasıtalarının ne olduğunu arz edeyim: Tam üç vasıtanın hazırlığının yeterli olduğunu görmek gereğini duyuyorum. Birincisi, en önemlisi ve asıl olanı doğrudan doğruya milletin kendisidir. Milletin varlığı ve istiklali için gönlünde, vicdanında belirmiş, gelişmiş olan istek ve emellerin sağlamlığıdır. Millet, içindeki bu isteği ne kadar güçlü bir şekilde ortaya koyarsa, bu istek ve emelinin gerçekleşmesi için ne kadar çok azim ve iman gösterirse, düşmanlara karşı başarı sağlamak için o kadar güçlü bir vasıtaya sahip olduğumuza inanırım. İkinci vasıta, milleti temsil eden Meclisin milli isteği ortaya koymakta ve bunun gereklerini inanarak uygulamakta göstereceği kararlılık ve yiğitliktir. Meclis, milli isteği ne kadar büyük bir dayanışma ve birlik içinde aksettirebilirse, düşmana karşı o kadar güçlü bir üstünlük vasıtasına sahip oluruz. Üçüncü vasıta, milletin silahlı evlatlarından ibaret olup düşman karşısında toplanmış bulunan ordumuzdur.

Efendiler, dedim, bu üç vasıta veya gücün düşmana karşı oluşturduğu cepheler iki şekilde düşünülebilir. Kolay anlaşılması için şöyle diyeyim: İç ve görünürdeki cephe... Asıl olan iç cephedir. Bu cephe bütün memleketin, bütün milletin meydana getirdiği bir cephedir. Görünürdeki cephe, doğrudan doğruya ordunun düşman karşısındaki silahlı cephesidir. Bu cephe sarsılabilir, değişebilir, yenilebilir. Fakat bu durum hiç bir zaman bir memleketi, bir milleti yok edemez. Önemli olan, memleketi temelinden yıkan, milleti esir ettiren iç cephenin çöküşüdür. Bu gerçeği bizden çok daha iyi bilen düşmanlar, bu cephemizi yıkmak için yüz yıllarca çalışmışlar ve çalışmaktadırlar. Bugüne kadar başarı da sağlamışlardır. Gerçekten, kaleyi içinden almak dışından zorlamaktan çok kolaydır. Bu maksadı gerçekleştirmek için içimize kadar sokulabilen bozguncu mikropların ve ajanların varlığını iddia etmek yerindedir.

Meclisin zihniyeti, çalışmaları ve durumu düşmana ümit verici olmadıkça iç ve dış cephelerimizin yerinden oynamasına imkan ve ihtimal yoktur. Mecliste bir veya birkaç üyenin karamsarlık telkin eden sözlerinden bile aleyhimizde yararlanma çareleri aranmakta olduğuna şüphe edilmemelidir. Dışişleri Bakanlığının dosyaları bununla ilgili belgelerle doludur. Kesinlikle arz ederim ki, istemeyerek de olsa, düşmanlara ümit verecek en ufak belirtilerden kaçınılmadıkça, milli davanın sonuçlanması gecikir.

Efendiler, bu sözlerden sonra, cephede bulunacağım sıralarda, ordunun duygu ve düşünceleri üzerinde ümitsizlik yaratacak açık tartışmalardan vazgeçilmesini Meclisten özellikle rica ettim. Bu konuşmamdan sonra, muhaliflerin de sözlerini dinledim. Muhaliflerden biri, düşünce ve ricalarımı, emir veriyorum şeklinde yorumladı. Diğer biri, Meclisin duygularındaki temizlikten şüphe ettiğimi ileri sürdü. Bir başkası uygulama imkanı olmayan bir şey yapılamaz; orduyu bozguna uğratırsın efendim, dedi.

DOĞU CEPHESİ KOMUTANININ BİR GÖRÜŞÜ

Saygıdeğer Efendiler, yüce heyetinizi muhaliflerin sözleriyle işgal etmek istemem. Çünkü, bu sözler birkaç kişinin şaşkın ve cahil kafalarının akislerinden başka bir şey değildi. Genel Kurul, sunduğum görüşleri anlayışla karşılamıştı. Yalnız, Doğu Cephesi Komutanının bir görüşüne, beş on günden beri veremediğim cevabı, cepheye gitmeden önce, o gün yani 4 Mart 1922'de yazmıştım. Onu bilginize sunacağım. Cevabın anlaşılması için, izin verirseniz, önce gelen görüşü okuyalım:

Kişiye özel

Başkomutan Mustafa Kemal Paşa Hazretleri'ne

Yönetim işlerimizin yürütülmesi ile ilgili tartışmalar bize daha yeni ulaşmaktadır. Barışın sağlanmasından sonraki seçimlerde birçok değerli kimselerin yerine birtakım muhafazakârların toplanmasına karşı şimdiden alınacak tedbiri pek önemli sayarım. Milli Meclis, değerli şahsiyetlerden kurulmazsa, iki büyük sakınca memleketi bugünkü perişanlığından kurtaramayacaktır. Birincisi, düşüncede yenilikler olmayacak. İkincisi, en önemli tasarılar herhangi bir duyguya kapılarak tartışmaya dahi lüzum görülmeden reddediverilecektir. Böyle bir meclise karşı, üyelerini büyük uzmanların oluşturduğu ikinci bir meclisin bulunmasını yararlı görüyorum. Bu ikinci meclis, Milli Meclise yön vereceği ve onu ileriye götüreceği gibi, memleketin varlığı ile ilgili kararlar Millet Meclisinde heyecanla ret veya kabul edilse bile, bu meclisin uyarması ve yol göstermesiyle kararır: değiştirilmesi ve zararın önlenmesi mümkün olur. Bu meclise "Ayan" diyerek eski devrin köhne hayatını hatırlamamak için "Büyük Uzmanlar Meclisi" denebilir veya daha uygun bir ad verilebilir. Üyelerini birtakım kayıt ve şartlar altında, tıpkı milletvekilleri seçiminde olduğu gibi millet seçebilir. Bu üyeler için, herhangi bir mesleğin en yüksek öğrenimini görmek, Türkiye Hükümeti'nin bakanlığını, valiliğini veya ordu komutanlığını yapmış olmak gibi önemli şartlar ayrıntılı olarak tespit edilebilir. Konunun ayrıntıları, mevcut hükümet şekillerinin de incelenmesiyle her türlü sakıncadan uzak olarak ortaya konabilir. Kabul edilirse, her bakanlığın şurası da bunlar arasından seçilir. Örnek olarak, Askeri Şura, Bayındırlık Şurası vb. gibi. İki meclisin onayından geçerek bir süre için uygulanması kabul edilecek olan herhangi bir programa sonuna kadar bağlı kalmak ve bunun yürütülmesinde, güdülen hedef ve amaçtan ayrılmamak için, bu şuraların varlığını pek gerekli sayıyorum. Aksi halde, bakanlıklarda şahıslar değiştikçe, program ve bunu yürütecek kimseler de az çok değişmekten kurtulamayacaktır. Bundan başka, kabul edilen herhangi bir şey, uzmanlarınca kabul edilmezse tenkide yol açar. Millet buna gerektiği gibi sarılmalıdır. Millet Meclisinin, millet adına bir şeyi ret veya kabul ve kontrol hakkıdır. Fakat, bu başka, uzmanlaşmış kişilerin yapacağı ve bundan sonra kabul edilecek şey de başka olur. Olağan şartlara dönülmesinden sonraki durumlarla ilgili endişe ve görüşlerimi arz ediyorum. Yüksek düşüncelerinizin bildirilmesini istirham ederim.

18/19.02.1922, sayısızdır.
Kazım Karabekir
Doğu Cephesi Komutanı

***

Özel

04.03.1922

Doğu Cephesi Komutanı Kazım Karabekir Paşa Hazretleri'ne

İlgi: 18/19.02.1922 tarihli sayısız şifreye.

Memleketin genel idaresini eline almış tek yüce kuvvet olan Büyük Millet Meclisinin alacağı kararların, uzmanlardan kurulu başka bir meclis tarafından incelenmemesinden doğacak sakıncalarla ilgili yüksek görüşünüz aslında pek yerindedir.

Ancak, adı ve unvanı "Ayan" olmasa bile, Milletin bütün hak ve yetkilerini kullanmak üzere seçilmiş ve seçilecek olan Büyük Millet Meclisinin temel kararlarını diğer bir meclisin kararlarıyla bağlamak, genel yönetimde takip ettiğimiz ilkelerin ruhuyla bağdaşamayacaktır. Yüksek düşüncelerinize göre, bu Uzmanlar Meclisi de milletvekilleri gibi milletçe seçilirse, o zaman, aynı kaynaktan aynı yetkiyi almış iki büyük kuvvet, milletin genel yönetiminde söz sahibi olacak demektir. Bu da hukuk bakımından olduğu kadar uygulama bakımından da karışıklığa yol açan bir ikilik yaratacaktır. Böyle bir durumun doğuracağı dengesizliği gidermek için de milletin hayat ve hakları üzerinde etkili üçüncü bir kuvvetin varlığını kabul etmek gerekecektir.

Benim düşünceme göre, aklınıza gelen sakıncaları giderecek tek çıkar yol, Millet Meclisi üyelerinin değerli ve uzman kişilerden seçilmesini sağlamak; Meclisin iç teşkilatında, komisyonların kurulmasında, Bakanlar Kurulu'nun seçilmesinde ilim ve duyguya son derece önem vermek hususlarından ibarettir. Geçirdiğimiz çok acı tecrübelerin sonuçlarından doğmuş bulunan ve milletlerin idaresinde en doğru bir yol, temel haklar bakımından da en beğenilen bir şekil demek olan şimdiki idaremizin daha da güçlendirilmesi ve seçim işlerinde uyanık davranılması sayesinde bugün için de gelecekteki gelişmeler için de başarılı bir idare makinesi kurulmuş olacağını bilgilerinize sunarım.

Türkiye Büyük Millet Meclisi Başkanı
Mustafa Kemal

ÇEŞİTLİ DEVLETLERLE YAPILAN RESMİ VE ÖZEL TEMASLAR

Saygıdeğer Efendiler, 1921 yılı içinde, çeşitli devletlerle resmi ve özel bir takım temaslar kuruluyordu. Türk-Rus temas ve ilişkileri olumlu bir yönde gelişiyordu. Fransızlardan başka, İtalyanlar ve İngilizlerle de temaslar kurulmuştu. 1921 yılı Haziranında yanlış anlaşılmaya yol açmış bulunan bir konuyu açıklayacağım.13 Haziran 1921'de İtilaf Kuvvetleri Başkomutanı General Harrington'un yakınlarından olduğunu söyleyen Binbaşı Henry ve Sturton adlarındaki iki subay motorla İnebolu'ya geldiler. Bu subaylar, General Harrington adına şunları bildirdiler: Ben, bir torpido ile İnebolu'dan İstanbul'a Harrington'un Boğaziçi'ndeki yalısına gideyim. Orada generalle barış esasları üzerinde anlaşayım. Ayrıca, İngiltere'nin bağımsızlığımızı tam olarak kabul ettiğini, Yunanlıların topraklarımızdan çıkarılacaklarını ve daha başka konular üzerinde de tartışmanın mümkün olduğunu söylemişler. Bu subaylara verilen cevapta, benim İstanbul'a gitmeyeceğim ve General Harrington'un İnebolu'ya gelip o sırada orada bulunan Refet Paşa ile görüşmesinin uygun olacağı bildirilmiştir.

18 Haziran 1921 tarihli bir telgrafta İstanbul'da Hamit Bey'den geldi. Bu telgrafta bildirilenler aşağı yukarı şöyleydi: Burada resmi görevi olan bir İngiliz, İngiltere'nin İstanbul'daki en büyük makamı adına bugün bana başvurarak hemen bir barış anlaşması için görüşmeye hazır bulunduklarını, Mustafa Kemal Paşa Hazretleri'yle derhal ilişki kurmak istediklerini ve acele cevap beklediklerini size bildirmek üzere aracı olmamı rica etti.

Hamit Bey'e verilen cevapta, görüşmelere hazır olduğumuz bildirilmişti. 5 Temmuz 1921'de Zonguldak'a gelen bir İngiliz torpidosu General Harrington'dan bana bir mektup getirmişti. Tercümesi Ankara'ya telgrafla bildirilen bu mektup şuydu:

"Komutan Henry vasıtasıyla aldığım habere göre; siz, bana, bir askerin bir askerle görüşmesi tarzında bazı düşünceler bildirmek isteğinde bulunuyorsunuz. Böyle olduğu takdirde, sizce uygun görülecek bir günde

İnebolu'da veya İzmit'te sizinle buluşmak üzere Ajax zırhlısıyla gelmeme Britanya Hükümeti'nce izin verilmiştir. Arzu buyrulduğu takdirde, durum üzerinde son derece açık ve serbest olarak görüşmelere hazırım. Düşüncelerinizi dinlemek ve bunları İngiliz Hükümeti'ne bildirmekle görevliyim. İngiliz Hükümeti adına ne görüşmeler yapmak ne de konuşmak için hiç bir resmi yetkim yoktur. Görüşmenin İngiliz zırhlısında yapılması gerekir. Zırhlıda, yüksek şahsınız kendilerine layık bir biçimde kabul edilecektir. Karaya dönüşlerine kadar tam bir hürriyet içinde bulunacaklardır. Böyle bir buluşma kabul edildiği takdirde, size uygun düşen tarih ve saatlerin bildirilmesini rica ederim."

Bu mektupta yazılanlara göre, General Harrington ile temasa geçmek ve görüşmek isteyenin ben olduğum anlaşılıyor. Halbuki, gerçek böyle değildir. Onun için General Harrington'a şu cevabı verdim:

"Zonguldak'a göndermiş olduğunuz mektubun tercümesini, bugün Ankara'ya bildirdiler. Aramızda yapılacak görüşmelerin bir yanlış anlama temeline dayandırılmaması için aşağıdaki noktalara dikkatinizi çekmeye mecburum. 13 Haziran tarihinde Binbaşı Henry ve arkadaşları İnebolu'ya gelerek sizlerin, Binbaşı Henry aracılığı ile Refet Paşa'ya teklif edilmiş olan esaslar üzerinde benimle görüşmek istediğinizi bildirmişlerdir. Nitekim, bu noktalar Binbaşı Henry tarafından size yazılan ve imzalı bir sureti de bize bırakılmış olan mektupta bildirilmiştir. Aramızda doğrudan doğruya yapılan haberleşmenin başlangıcı bundan ibarettir. Milli isteklerimiz sizce bilinmektedir. Milli topraklarımızın düşmanlardan tamamıyla kurtarılması milli sınırlarımız içinde siyasi, mali, iktisadi, askeri ve kültürel alanlarda tam istiklal ilkesi kabul edildiği takdirde, görüşmelere başlamaya hazır olduğumuzu bildiririm. Size, Binbaşı Henry tarafından açıklanan sebepler dolayısıyla, görüşmelerin, sizin çok iyi karşılanacağınız İnebolu kasabasında ve karada yapılması bizce uygun görülmüştür. Bu noktalarda aramızda görüş birliği olup olmadığını belirtecek cevabınızı bekliyorum. Yüksek amacınız, sadece durum hakkında bilgi almak ise, bunun için arkadaşlarımızdan birini görevlendirebiliriz."

Bu mektuba bir karşılık gelmedi. Ancak, Temmuz'un yedinci günü İstanbul'da Hamit Bey'i gören İngiliz maslahatgüzarı* Mösyö Rantigan, bir tüccar olarak Anadolu'ya gelen Binbaşı Henry'ye, General Harrington'un, oradaki İngiliz esirlerinin yerlerini ve sağlık durumlarını öğrenmeye çalışmasını ve mümkünse, milli orduların İstanbul'a doğru ilerlemeye devam edip etmeyeceklerini Mustafa Kemal Paşa'dan sormasını istediğini, Binbaşı Henry'nin bundan başka teşebbüslere girişmek için bir yetkisinin bulunmadığını bildirmiş.

---

* Bir büyükelçinin temsilci olarak bulunduğu ülke dışına çıktığı zaman veya o ülkeye gelmesinden önce ona vekâlet eden diplomattır.

Efendiler, 1922 yılının Ağustosuna kadar da Batı devletleriyle olumlu anlamda ciddi ilişkiler kurulamadı. Memleketimizde bulunan düşmanları silah gücüyle çıkarmadıkça, gösterebileceğimiz milli varlık ve kudretimizi fiilen ispat etmedikçe, diplomasi alanında ümide kapılmanın doğru olmadığı yolundaki inancımız kesin ve sürekli idi. En doğru görüşün bu olduğunu, bu olacağını normal kabul etmek gerekir. Gerçekten de bugünün hayat şartları içinde bir tek fert için olduğu gibi, bir millet için de kudret ve kabiliyetini fiili eserlerle gösterip ispatlamadıkça kendisine değer verilmesini ve saygı gösterilmesini beklemek boşunadır. Kudret ve kabiliyetten yoksun olanlara değer verilmez. İnsanlık, adalet ve cömertliğin gereklerinin yerine getirilmesini, bütün bu vasıflara sahip olduğunu gösterenler isteyebilir.

DÜNYA ÖNÜNDE VERECEĞİMİZ İMTİHANA HAZIRLANIRKEN

Efendiler, dünya imtihan meydanıdır. Türk milleti, bunca yüzyıllardan sonra yine bir imtihan, hem bu defa en çetin bir imtihan karşısında bulunduruluyordu. İmtihanda başarı sağlamadan bize karşı lütufkârca davranılmasını beklemek doğru olabilir miydi?

Biz büyük bir ciddiyetle dünya önünde vereceğimiz imtihana hazırlanırken, bir yandan da yabancı gözlemcilerin durumlarını ve bizim için neler duyup düşündüklerini gözden uzak tutmamayı her zaman yararlı buluyorduk. Bu maksatladır ki, bildiğiniz gibi, önce Dışişleri Bakanı Yusuf Kemal Bey'i daha sonra da İçişleri Bakanı olan Fethi Bey'i Avrupa'ya göndermiştik. İstanbul üzerinden Avrupa'ya gidecek olan Yusuf Kemal Bey'e, İstanbul'la ilgili bazı özel görevler verilmişti. Yusuf Kemal Bey, İzzet Paşa ve arkadaşlarıyla ve eğer gerçek bir istek ve dilek olursa Vahdettin ile de görüşecekti. Vahdettin'in, Büyük Millet Meclisi'ni tanıması, İzzet Paşa ve arkadaşlarının bizim çizdiğimiz hedefe doğru yürümeleri gereğini teklif edecekti. Yusuf Kemal Bey, İstanbul'da aldığı talimat çerçevesinde hareket etti. Fakat, ne yazık ki, İzzet Paşa ve arkadaşları kendisini oyalayıp aldatarak Padişah'a bir müracaatçı imiş gibi götürdüler. İzzet Paşa ve arkadaşları bununla da yetinmeyerek, Yusuf Kemal Bey'in Avrupa'daki teşebbüslerini karıştırmak ve güçleştirmek için, İzzet Paşa'yı Yunan işgali altında bulunan yerlerden geçirerek, Yusuf Kemal Bey'den önce Paris'e ve Londra'ya gönderdiler. İzzet Paşa, bu yolculuğunu son dakikaya kadar gizlemiştir.

Yusuf Kemal Bey'in Paris ve Londra'da yaptığı görüşmelerden bir sonuç çıkmadı. Yalnız şu anlaşıldı ki, İtilaf Devletleri'nin Dışişleri Bakanları yakın bir zamanda toplanacaklar ve bize barış tekliflerinde bulunacaklarmış. Anadolu'nun boşaltılması ilke olarak kabul edilmiş ise de konferans görüşmeleri sırasında savaş başlarsa, barış teşebbüsleri sonuçsuz kalacağı için Yunanlılarla bir ateşkes anlaşması yapmamız gerekirmiş. Bu hususu Yusuf Kemal Bey'e söyleyen Lord Curzon'a Yusuf Kemal Bey, konferansın önce Anadolu'nun boşaltılmasına karar verip, bize ve Yunanlılara bildirmemesinin ateşkes anlaşmasından daha etkili olacağını söylemiş. Lord Curzon, ateşkes üzerinde direnmiş ve bunun hükümetimize bildirilerek alınacak cevabın kendisine verilmesini istemiş.

22 MART 1922 TARİHLİ ATEŞKES ANLAŞMASI TEKLİFİ

Yusuf Kemal Bey daha Türkiye'ye dönmeden İtilaf Devletleri, Dışişleri Bakanları Konferansı 22 Mart 1922 tarihinde Türkiye ve Yunan hükümetlerine ateşkes anlaşması teklifinde bulundu.

Bu sırada ben cephede bulunuyordum. Ateşkes anlaşması teklifi bana Dışişleri Bakanı Vekili Celal Bey tarafından bildirildi. Bu teklifin ana çizgileri şunlardı: Her iki tarafın birlikleri arasında on kilometrelik, asker bulunmayan bir bölge meydana getirilecek, birlikler, insan ve cephane bakımından takviye edilmeyecek. Birliklerin durumunda değişiklik yapılmayacak. Bir yerden bir yere malzeme de götürülmeyecek. Ordumuzu ve askeri durumumuzu, İtilaf Devletleri'nin askeri komisyonları kontrol edip denetleyebilecekler. Bu komisyonların hakemliğini samimiyetle kabul edeceğiz. Çarpışmalar üç ay süre ile durdurulacak ve bu durum, barış için yapılacak ön görüşmeler taraflarca kabul edilinceye kadar, üçer aylık sürelerle kendiliğinden yenilenecektir. Taraflardan biri yeniden savaşa başlamak isterse, ateşkes süresinin bitiminden hiç olmazsa on beş gün önce karşı tarafa ve İtilaf Devletleri temsilcilerine durumu bildirecek.

Efendiler, Yunanlılar bu teklifi hemen kabul ettiler. Yunan ordusu Sakarya'da maddi ve manevi bakımdan yenilmişti. Bu ordunun yeniden geniş çapta bir saldırıya geçerek bir daha talihini denemeye kalkışması güçtü. Bunu, bu gerçeği anlamak elbette herkesçe mümkün olmuştu. Yunan ordusunu yeniden kesin sonuç verecek bir harekâta yöneltmek imkanı olmayınca, bizim de bir yıla yakın bir zamandan beri hazırlığı ile uğraştığımız ordumuzu uyuşukluğa düşürmek, milli hükümete ümitler vererek bekleyiş içinde bırakmak ve böylece geçecek zaman içinde milli hükümeti ve orduyu gevşetmek doğrusu önemli bir tedbirdi. Bu bakımdan İtilaf Devletleri'nin Anadolu'yu boşaltma ve Yakın Doğu sorununu çözme maksadına dayandığını ifade ettikleri bu ateşkes şartlarını ciddiyetle inceledik.

Önce, Ankara'da bulunan Bakanlar Kurulu ile makine başında telgraf görüşmesi yaptık. İstanbul'daki memurumuz vasıtasıyla Dışişleri Bakanlığından İtilaf Devletleri temsilcilerine verilmesini uygun bulduğumuz ilk karşılık şuydu:

"Ateşkes anlaşması teklifinin yapıldığı notayı 23/24 Mart 1922 tarihli telgrafınıza ek olarak bugün 24 Mart 1922 günü saat...'de aldım. Bu nota metni ordunun durumuyla ilgili olduğundan, Bakanlar Kurulunda ve

gerektiğinde Mecliste görüşülmeden önce, düşüncesini bildirmesi için, cephede bulunan Başkomutana yazdım. Türkiye Büyük Millet Meclisi Hükümetinin vereceği cevabı, temsilcilerin istekleri üzere mümkün olan en kısa zamanda bildireceğimi kendilerine duyurunuz, efendim."

24 Mart 1922 tarihinde Bakanlar Kurulu Başkanlığına şu düşüncemi bildirdim:

"Esas itibariyle, İtilaf Devletleri dışişleri bakanlarının ortaklaşa yaptıkları ateşkes teklifini kabul etmemek veya herhangi bir şekilde bu teklife yanaşılmıyor ve güven gösterilmiyor hissini verecek gibi davranmak doğru değildir. Aksine, ateşkes teklifini iyi karşılamak gerekir. Bundan dolayı vereceğimiz karşılık olumsuz değil olumlu olacaktır. İtilaf Devletleri'nde iyi niyet yoksa, olumsuz davranış onlardan gelmelidir. Yalnız, biz, onların ileri sürdüğü şartları kabul edemeyeceğimizden, karşı şartlar ileri süreceğiz."

Ertesi gün, ajans ve telgraflar da notadan söz ederek şu haberleri yayınlıyorlardı:

" (...) Yakın Doğu'da barışı yeniden kurmak ve yeniden can ve mal kaybına yol açmadan, Küçük Asya'yı boşaltmak gayesini güttüğü sanılan bu teklifin, Türkiye Büyük Millet Meclisi Hükümetince olumlu karşılandığı ve İtilaf Devletleri'nin iyi niyet ve tarafsızlığına güvenerek hükümetçe olumlu karşılık verilmesinin kuvvetle ümit edildiği hükümet çevrelerince ifade edilmektedir. Bu teklifin akla yatkın, uygulamaya elverişli şartları içine almasını ve barışın bir an önce yapılmasını sağlayacak şekilde kısa süreli olmasını dileriz."

Bakanlar Kurulunun, verilecek cevabın Avrupa'da bulunan Dışişleri Bakanımızın dönüşüne bırakılması yolundaki düşüncesine karşı da, beklemenin gerekli olmadığını bildirerek, verilecek cevapla ilgili genel kararımı şöyle özetledim:

Ateşkes anlaşması teklifini prensip olarak kabul ediyoruz. Ancak, ordunun eksiklerinin ve hazırlıklarının tamamlanmasından bir an geri kalınmayacaktır. Ordumuzun içine yabancı denetleme heyetleri sokmayacağız. Bu teklifi, Anadolu'nun boşaltılması için kabul etmekle birlikte, uygulanabilir ve gerçekleştirilebilir şartlar ileri süreceğiz. Ateşkes anlaşmasıyla birlikte, boşaltma işinin başlaması, en önemli şartımız olacaktır.

Martın 24'üncü günü makine başında, ben notaya verilecek karşılığı Bakanlar Kurulu'na bildirdim. Bakanlar Kurulu da Ankara'da hazırladıkları bir cevap suretini bana bildirmişti. İki cevap metinleri arasında bazı ayrılıklar görüldü. Nihayet 24/25 Mart gecesi Bakanlar Kurulu ile Sivrihisar'da birleşerek, verilecek karşılığın son şeklini görüşüp tespit etmeye karar verdik.

Efendiler, İstanbul'daki özel memurumuzun Dışişleri Bakanlığına çektiği 25 Mart tarihli şifreli telgrafına göre, bu memurumuz Tevfik Paşa ile görüşmüş. Tevfik Paşa, temsilcilerin İstanbul Hükümeti'ne de verdikleri aynı notayı Ankara'ya göndererek, alınacak cevabın kendilerine bildirilmesini rica ettiklerini söylemiş. Memurumuz, Tevfik Paşa'ya söz hakkının yalnız ateşkes anlaşması teklifi üzerinde mi, yoksa bütün işlerde mi Ankara'ya ait olduğunu sormuş. Tevfik Paşa bu soruya cevap vermemiş. Memurumuz, İzzet Paşa'dan ne gibi haberler aldığı sorusuna, Tevfik Paşa şu karşılığı vermiş: İzzet Paşa yakında konferansın toplanacağını ve ne olursa olsun aşırılığa kaçılmamasını bildiriyor.

ATEŞKES ANLAŞMASI TEKLİFİNE CEVAP VERMEYE HAZIRLANIRKEN ALINAN BARIŞ TEKLİFİ

Efendiler, Sivrihisar'da ateşkes anlaşması teklifi ile ilgili notaya verilecek cevap kararlaştırıldıktan sonra, Bakanlar Kurulu Ankara'ya döndü. Fakat bu cevabı vermeye vakit kalmadan, Paris'te toplanan Dışişleri Bakanları Konferansı'nın 26 Mart 1922 tarihli ikinci bir notası alındı. Bu nota İtilaf Devletleri'nin, barış esasları ile ilgili tekliflerini içine alıyordu. Bu tekliflerin ana çizgileri şunlardı:

"Gerek Türkiye'de gerek Yunanistan'da azınlıkların haklarının korunmasına ve bu maksatla konulacak kuralların uygulanmasına Milletler Cemiyeti'nin de katılması. Doğuda bir Ermeni yurdunun kurulması ve bu işe de Milletler Cemiyeti'nin katılması;

Boğazların serbestliğini sağlamak üzere Gelibolu yarımadasında ve Boğazların çevresinde askerden arınmış bir bölgenin oluşturulması;

Trakya sınırının Tekirdağ'ı bize, Kırklareli, Babaeski ve Edirne'yi Yunanlılara bırakacak şekilde tespiti;

Bizde kalacak olan İzmir'in Rumlarına ve Yunanistan'da kalacak olan Edirne'nin Türklerine, bu şehirlerin yönetimine adaletli bir şekilde katılabilmelerini sağlamak üzere uygun bir yöntemin kararlaştırılması;

Barış yapılır yapılmaz İstanbul'un İtilaf Devletleri'nce boşaltılması. Sevr projesi ile elli bin kişi olarak tespit edilen Türk silahlı kuvvetlerinin seksen beş bine çıkarılması ve Sevr projesinde olduğu gibi askerlerimizin ücretli asker olması;

Sevr projesindeki mali komisyonun kaldırılması dışında, İtilaf Devletleri'nin iktisadi çıkarlarının gözetilmesi, dış borçların ve bize yükletilecek savaş tazminatının ödenmesinin sağlanması için Türk hakimiyeti ile bağdaşabilecek bir yöntemin tayini;

Adli ve iktisadî kapitülasyonlarda değişiklik yapılmak üzere bir komisyonun kurulması."

Efendiler, İtilaf Devletleri'nin ateşkes anlaşması teklifi ile ilgili ilk notaları iyice incelendikten ve ikinci ayrıntılı notalarının taşıdığı şartlar da görüldükten sonra, bu devletlerin İstanbul Hükümeti ile birlik olarak bizi yok etme maksadına dayanan çalışmalarla yeni bir safha açtıkları yargısına varmak pek doğaldı. Buna karşı, durumun çok ciddi olduğunu düşünerek esaslı ve büyük bir savaşa hazırlanmak gerekiyordu.

Önce, bize teklif edilen şartların ne olduğunu millete ve dünya kamuoyuna açıklamak yerinde olurdu. Bu konudaki düşüncelerimi Bakanlar Kurulu'na bildirdim.

Her iki notaya, 5 Nisan 1922 tarihinde verilen cevabımızın ana noktalarını hatırlatayım:

Ateşkes anlaşmasını ilke olarak kabul ettik. Fakat temel şart olarak, ateşkes anlaşmasıyla birlikte Anadolu'nun boşaltılması işine hemen başlanmasını da zorunlu bulduk. Ateşkes süresinin Anadolu'nun boşaltılma süresi olan dört aydan ibaret olmasını teklif ettik. Boşaltma işi bittiği zaman barışla ilgili ön görüşmeler sonuçlanmamış olursa, ateşkesin kendiliğinden üç ay daha uzamasını kabul ettik.

Boşaltma işinin nasıl yapılacağı konusundaki teklifimiz de şuydu:

Ateşkes anlaşmasının yürürlüğe girişinden başlayarak ilk on beş gün içinde Eskişehir - Kütahya - Afyonkarahisar kesimi ve anlaşma süresi olan dört ay içinde, İzmir de dahil olmak üzere, işgal altındaki bütün topraklanınız boşaltılacaktır.

Ateşkes anlaşması ile ilgili tekliflerimiz İtilaf Devletleri'nce kabul edildiği takdirde, barış tekliflerini incelemek üzere, üç hafta içinde delegelerimizi kararlaştırılacak şehre göndermeye hazır olduğumuzu bildirdik.

Bu notamıza 15 Nisan 1922'de cevap verdiler. Elbette olumsuzdu. Biz de 22 Nisan'da buna cevap verdik. Bu cevabımızın sonunda, ateşkes konusunda anlaşmaya varılmasa bile, barış görüşmelerini geciktirmenin uygun olmayacağını bildirdik. İzmit'te bir konferans toplanmasını teklif ettik. Bu yazışmalar da sonuçsuz kaldı. Beykoz'da veya Venedik'te bir konferansın toplanması birçok defa söz konusu oldu. Fakat, son zaferimizin kazanıldığı ana kadar, bunların hiçbiri gerçekleşmedi.

*   *
*

BAŞKOMUTANLIK KANUNUN TARİHÇESİ

Saygıdeğer Efendiler, bizim Başkomutanlığımız ile ilgili 5 Ağustos 1921 tarihli kanunun ayrıca bir tarihçesi vardır. Arzu buyurursanız, bu konuda yüksek kurulunuzu biraz aydınlatayım.

Başkomutanlık Kanunu'nun süresi birinci defa 31 Ekim 1921'de ikinci defa 4 Şubat 1922'de; üçüncü defa 6 Mayıs 1922'de uzatıldı. Her defasında muhaliflerin türlü türlü eleştiri ve hücumlarına uğradı. Özellikle üçüncü defa uzatılışı oldukça önemli bir olay haline geldi.

6 Mayıs 1922 gününden önceki günlerde, zamanı geldiği için, kanunun süresinin uzatılması Mecliste söz konusu edilmiş; ben, rahatsızlığım

dolayısıyla Mecliste bulunamamıştım. 5 Mayıs akşamı evime gelen Hükümet üyeleri durumu şöyle anlattılar: Meclisteki muhalifler benim Başkomutanlıkta kalmamı istemiyorlar. Birçok tartışmalı görüşmelerden sonra, teklif oya konmuş fakat çoğunluk sağlanamamış; yani Başkomutanlık Kanunu'nun süresinin uzatılması kabul edilmemiş, Bakanlar Kurulu üyeleri ve özellikle askeri durumu yakından izleyen kimseler durumunda olan Genelkurmay Başkanı ve Milli Savunma Bakanı pek çok üzülmüşler. Meclisin gösterdiği bu tutum karşısında kendilerinin de göreve devamlarında bir yarar olmayacağını ileri sürerek, istifaya kalkıştılar.

MEMLEKETİN YÜKSEK ÇIKARLARI UĞRUNA BAŞKOMUTANLIK GÖREVİNE DEVAM KARARI VERDİM

Meclisin oyunu belli ettiği dakikadan başlayarak ordu komutansız kalmıştı. Genelkurmay Başkanı ve Bakanlar Kurulu da istifa ettiği takdirde, memleketin genel yönetiminde, üzerinde durup düşünülmeye değer ağır bir bunalımın doğması kaçınılmazdı. Onun için gerek Genelkurmay Başkanı'na gerek Bakanlar Kurulu'na daha yirmi dört saat sabretmelerini ve beklemelerini rica ettim. Memleketin ve milli amacın yüksek çıkarları adına, ben de Başkomutanlık görevini yürütmeye devam kararını verdim ve bunu Bakanlar Kurulu'na da bildirdim.

Ertesi günü, yani 6 Mayıs 1922'de yapılan bir gizli oturumda Meclise açıklama yapacağımı bildirdim. Açıklamadan önce, Başkomutanlık aleyhinde söz söylemiş olan kimselerin düşüncelerini Meclis zabıtlarını getirterek, birer birer incelemiş bulunuyordum.

Efendiler, sizleri fazla yormamak için arz ettiğim gizli oturumdaki konuşmamı özetlemekle yetineceğim:

Efendiler, dedim; Başkomutanlık ve Başkomutanlık Kanunu konusunda, başlangıçta olduğu gibi bugün de kanunun gereksizliğinden veyahut değiştirilmesi gereğinden söz eden ve Başkomutanlığın varlığından şikâyetçi olan kimseler vardır. Bu şikâyetçilerin hep aynı kimseler olduğu görülmektedir. Ben gereksiz bir mevkiin, bir makamın mutlaka devam ettirilmesi taraflısı değilim. Herhangi bir makama sınırsız yetkiler verilmesini sağlayacak kanunların da taraflısı değilim. Ancak, Başkomutanlık makamının ve bu makama yetki veren kanunun gerekli olup olmadığına karar verebilmek için, genel durumun, askeri durumun iyice gözden geçirilmesi ve incelenmesi gerekir. Bu nokta ile ilgili düşüncelerimi arz etmeden önce, Başkomutanlığın ve kanunun gereksizliği üzerine söz söylemiş olan kimselerin, bazı ifadelerini hep birlikte gözden geçirelim.

Örnek olarak, Salih Efendi (Erzurum Milletvekili), benim, Meclisin hakkını zorla ele geçirdiğimi, zorla ele geçirmek istediğimi söyleyerek, çok açık olan hakkımızı vermeyiz diye feryat etmiş.

Efendiler, açık konuşacağım, beni bağışlayınız; her birinizin olağanüstü yetki ile seçilmesine ve olağanüstü yetkiye sahip bir Meclisin kurulmasına ve bu Meclisin memleketin kaderini ele alacak bir nitelik kazanmasına çalışan benim! Bunda başarı sağlamak için en yakın arkadaşlarımla görüş ayrılığına ve çatışmaya düştüm. Bütün hayatımı, varlığımı, bütün şeref ve haysiyetimi tehlikeye attım. Demek oluyor ki, bu benim eserimdir. Ben eserimi alçaltmakla değil yükseltmekle görevliyim. Salih Efendi'den hiç olmazsa, beni de kendisi kadar olsun, bu Meclisin haklarıyla ilgili saymasını rica ederim. Fazla bir şey istemem. Bu sözlerden sonra, Meclisin hakkını zorla ele geçirmek sözünü reddeder ve olduğu gibi Salih Efendi'ye iade ederim. Böyle bir şey söz konusu değildir ve olamaz.

Efendiler, Başkomutanlık konusunun gizli oturumda görüşülmesinin uygun olacağı yolunda bir önerge verilmiş. Bu da türlü şekillerde yanlış yoruma uğramış. Konunun açık oturumda görüşülmesi istenmiş. Afyonkarahisar Milletvekili Mehmet Şükrü Bey, gizli oturumlarla gerçeğin milletten gizlenmek istendiğini söylemiş. Bir defa Türkiye Büyük Millet Meclisi, yalnız yasama görevi olan bir meclis değildir. Yürütme yetkisine de sahip bulunuyor. Böyle olmasa bile, memleketin, devletin her türlü işleriyle ilgili kararları, vaktinden önce açıkça söz konusu etmek ve herkese duyurmak dünyanın neresinde görülmüştür? Özellikle söz konusu edilen durum, düşman karşısında bulunan bir ordunun Başkomutanı ile ilgili olursa, bunu açık oturumda görüşerek, lehte olduğu gibi aleyhte söylenen sözleri de düşmana işittirmekte, memleketin bir çıkarı var mıdır? Başkomutanın ordu üzerindeki, özellikle düşman üzerindeki etki ve nüfuzunun çok büyük olması gerekir. Hatta, Hüseyin Avni Bey'in burada söz konusu ettiği rahatsızlığımın bile, düşman tarafından işitilmesi sakıncalıdır. Buna ne gerek vardı. Görüyorsunuz ki, konunun gizli oturumda görüşülmesinden maksat, Mehmet Şükrü Bey'in dediği gibi, hiçbir vakit gerçekleri milletten gizlemek düşüncesine dayanmamaktadır. Keşke açık oturumda bir sakınca olmasaydı da, Mehmet Şükrü Bey, kürsüden istediklerini bağıra bağıra söyleseydi. Ben de Mehmet Şükrü Bey'in sözlerindeki anlamı ve gizli maksadı millete açıklasam ve yorumlasaydım. Şükrü Efendi bilsin ki, millet onun gibi düşünmüyor. Şükrü Efendi bilsin ki, onun dediği gibi komedya oynamıyoruz. Biz, buraya komedya oynatmak için toplanmadık. Efendiler, komedya oynayan ve oynatan Şükrü Efendi'nin kendisidir. Fakat emin olsun ki, biz o komedyaya kapılmayacağız. Şükrü Efendi oynamak ve oynatmak istediği komedya sonunda, yakalandığı kanun pençesinden ne kadar büyük bir alçalma ile kurtulduğunu, unutacak kadar çok zaman geçmemiştir.

Efendiler, Hüseyin Avni Bey, Başkomutanlık Kanunu aleyhinde konuşurken birtakım sözler sarf etmiş. Yüksek Meclis'e "bu tutumla milleti rezil edeceksiniz!" demiş. Miskinler sözünü kullanmış. Görevler şahıslara bağlı değildir; şahıs yoktur, millet vardır gibi kurallar ortaya atmış.

Gerçi asıl olan millettir, toplumdur. Onun da genel iradesi Mecliste kendini gösterir. Bu her yerde böyledir. Fakat, fertler de vardır. Meclis, memleket ve devlet işlerini fertlerle şahıslarla yapmaktadır. Her devletin işlerini yürüten şahıs ve şahıslar meydandadır. Gerçeği, anlamsız birtakım düşüncelerle inkârın yeri değildir.

Efendiler, Hüseyin Avni Bey, ikide bir de, birtakım anlamsız sözlerle konuşmamı kesiyordu. Kendisine ağır uyarıda bulundum. Meclisin mahalle kahvesi olmadığını söyledim. Kendisinden, milletin kabesi olan kürsüye saygılı olmasını istedim.

Efendiler, konuşanlardan biri de Salahattin Bey'dir. Salahattin Bey, bize saldırıp saldıramayacağımızı sormuş imiş… Biz de "Edeceğiz." demişiz... Kendisi de "Edemeyeceksiniz!" demiş. Ve en sonunda edememişiz! Kendi dediği çıkmış…

Halbuki, saldırının ertelenme sebeplerini yeri geldikçe yeterince açıkladığımızı sanıyorum. Tekrar edeyim ki, saldıracağız. Düşmanı vatanımızdan kovacak ve uzaklaştıracağız. Bu kararımızdan dönmeyeceğiz. Kararsızlığı gerektiren hiçbir sebep düşünülemez. Bundan başka, Salahattin Bey demiş ki, ordu güç bakımından en yüksek seviyeye gelmiştir. Evet, ordumuz mükemmeldir; fakat, istenilen seviyeye gelmemiştir. Kendisi gibi bir asker arkadaşın, yüksek kurulumuzda böyle konuşabilmesi için, ordunun içyüzünü bilmesi gerekir. Halbuki, Salahattin Bey, bundan çok uzaktır. Ordu ile yakından ilgilenenlerin sözü, yalnız benim sözüm değil, bütün komutanların sözü, kendisini yalanlamaktadır. Fakat hiç şüphe yok ki, ordumuzu layık olduğu seviyeye getireceğiz. Salahattin Bey'in en önemli sözlerinden biri de, bizim başlıca görevimiz siyaset yapmaktır şeklindeki düşüncesidir. Hayır Efendiler, bizim önemli ve asıl olan görevimiz siyaset yapmak değildir. Bizim, bütün memleketin ve bütün milletin bugün için tek görevi, topraklarımızda bulunan düşmanı süngülerimizle kovmaktır. Bunu yapamadıkça, siyaset anlamsız bir sözden ibaret kalır. Bununla birlikte, bir dakika için, Salahattin Bey'in sözlerini kabul edelim! Buna ben engel miyim? Başkomutan engel midir? Bu sözün Başkomutanlık Kanunu ile ne ilgisi vardır? Anlaşılıyor ki bir engelleme ve bir zıtlaşma düşünülmektedir. Ben milli hedefe ulaşılabilmesi için tek çıkar yolun savaş ve savaşta başarı olduğunu söylüyorum. Bütün gücümüzü, bütün kaynaklarımızı ve bütün varlığımızı orduya vereceğiz. Kudretimizi dünyaya tanıtacağız ve ancak ondan sonra milleti insan gibi yaşatmak mümkün olacaktır, diyorum.

Salahattin Bey, işte bu anlayışı, aklınca siyaset yapmaya engel sanıyor ve konunun siyasetle çözüme bağlanabileceğini zannediyor. Bir de Salahattin Bey diyor ki, "Bugünkü askeri durumun gerektirdiği masrafları incelemek için, Başkomutanlığın varlığı bir engeldir."

Efendiler, bu doğru değildir. Başkomutan, Meclisin, mali kaynakların incelemesine ne zaman engel olmuştur? Gelir kaynaklarımızla ne yapabileceğimiz konusundaki endişe belki herkesten çok beni meşgul etmektedir. Yalnız, ben, ordumuzun varlık ve kuvvetini paramıza göre ayarlama görüşünü kabul edenlerden değilim. Paramız vardır, orduyu kurarız; paramız bitti, ordu dağılsın... Benim için böyle bir mesele yoktur. Efendiler, para vardır veya yoktur; ister olsun ister olmasın, ordu vardır ve olacaktır. Bu konuda bir hatıramı da aktarayım. Ben ilk defa bu işe başladığım zaman en akıllı ve düşünür geçinen birtakım kimseler bana sordular: "Paramız var mıdır? Silahımız var mıdır?" Yoktur, dedim. O zaman: "O halde ne yapacaksın?" dediler. "Para olacak, ordu olacak ve bu millet istiklalini kurtaracaktır!" dedim. Görüyorsunuz ki, hepsi oldu ve olacaktır.

Birtakım Efendiler de, Başkomutan millete angarya yaptırıyor demişler. Halbuki kanunun memlekette angaryayı yasakladığını söylemişler. Bu doğrudur Efendiler; fakat, ihtiyaç, tehlike bize her şeyi meşru göstermektedir. Ordunun ihtiyaçları, millete angarya yaptırmayı gerektiriyorsa, bunu yapıyoruz ve en doğru kanun budur. Milletin ve ordunun yenilmemesi için, kanun buna engeldir diye, gerekli gördüğüm tedbiri almaktan çekinmeyeceğim.

Efendim, Kara Vasıf Bey de demişler ki, her yerde Başkomutan vardır. Fakat Başkomutanlık için ayrıca bir kanun yoktur. Eldeki askeri kanunlar, her komutanın olduğu gibi başkomutanın da görev ve yetkilerini belirtir ve sınırlandırır. Bunu da ilim tayin ve tespit eder.

Bilinmektedir ki, devletler, birbirinden farklı hükümet şekilleriyle idare edilirler. Şekillerine göre, başlarında krallar, imparatorlar, padişahlar bulunur. Bazılarının başlarında cumhurbaşkanları vardır. Böyle memleketlerde, başkomutan, devletin başında bulunan kimsedir. Bu kimse başkomutanlık görevini ya kendisi yapar yahut birini vekil tayin eder. Bizim bugünkü hükümet şeklimize göre, başkomutanlık yetkisi Meclisin manevi şahsiyetinde toplanmıştır. Bunun için, Meclis, falan veya filan kimseyi başkomutan seçtiğini ifade edince, bu ifadeye kanun derler. Kral, padişah ve imparatorun buyurduğuna irade dendiği gibi, Meclisten çıkan milli iradeye de kanun adı verilir. O halde kanun vardır. Bir meclisin olağanüstü bir zamanda kendisine olağanüstü görev verdiği Başkomutan, Kara Vasıf Bey'in komutanların görev ve yetkilerini belirterek sınırlandırdığını işaret ettiği Askeri Ceza Kanunu ile İç Hizmet Yönetmeliği çerçevesinde kalması gereken bir komutan değildir. Kara Vasıf Bey'in ilim tayin ve tespit eder dediği şey, büsbütün başkadır. Askerlik ilim ve teknikleri, askerlik sıfatını ve Başkomutan olacak kimsede bulunması gereken vasıfları sıralar, açıklar ve öğretir. Yoksa, insanları başkomutanlığa getirme işi, komuta edilecek ordunun asıl sahibi veya meşru vekilleri tarafından yapılır. Başkomutanlık vasıflarını taşıyorum diyen bir kimsenin o makama kendiliğinden gelebilmesinin anlamı ise büsbütün başkadır.

Kara Vasıf Bey, bir de demiş ki; Başkomutan, cephenin gerisindeki işlerle uğraşmasın! Bu düşünce yanlıştır. Cephenin insan sayısıyla, yiyeceği, giyeceği, silah ve cephanesi ve daha başka eksiklikleriyle ilgili bulunan Başkomutan, elbette bütün bunların geride bulunan kaynaklarıyla da ilgilidir. Kara Vasıf Bey, bu ileri sürdüğü düşünceyi hangi kitapta, hangi alanda, hangi yerde görmüş! Gerçi, hem cephe ile hem de gerideki birçok işlerle uğraşmak güçtür. Bir adam hem cepheye komuta edecek, savaş idare edecek, hem de bu işlerle birlikte cephe gerisinde birçok şeylerin yapılmasını sağlayacak. Bunu bir adam nasıl yapabilir? Şüphesiz yapar. Fakat yapar dediğim zaman, Başkomutan şu an cepheye komuta eder, sonra kalkar oradan filan yere gider, yiyecek işini yoluna koyar; filan yere de gider ordunun ikmal işini yapar demek değildir. Üzerlerine büyük işler almamış olan insanların bu konudaki kararsızlıklarını çok görmemelidir. Bakınız, size bir örnek vereyim: Ben çok acemi komutanlar gördüm. Söz gelişi, bir alay komutanı, yeni tümen komutanı olmuş veya bir tümen komutanı yeni kolordu komutanı olmuş; biraz da tecrübesiz! Daha tecrübe edinmeye zaman bulamadan, güç durumlar karşısında kalmış. Görevi boyunca bir tümene alışmış iken, düşman karşısında iki veya üç tümene birden komuta etmek zorunda kalınca, kararsızlığa düşmesi ve güçlüklere uğraması olağandır. Bir tek tümene komuta ettiği zaman, tümenin bütün birliklerini elden geldiği kadar aynı anda görüp idare edebilen acemi komutan, gözden uzak mevzilerde yer alan iki üç tümenin Muharebesini idare etmek zorunda kalınca, kendi kendine: "Ben hangi tümenin yanında bulunayım, onun mu, bunun mu? Orada mı, burada mı?" diye sorar...

Hayır! Ne orada bulunacaksın, ne de burada! Öyle bir yerde bulunacaksın ki, hepsini idare edeceksin. O zaman "Ben hiç birini gerektiği gibi göremem!" der. Tabii göremezsin, elbette gözlerinle göremezsin! Akıl ve ferasetinle görmek gerekir.

ORDUNUN KIPIRDANAMAYACAĞINI İDDİA EDEN BİR GAFİLİ ALKIŞLAYANLAR

Vasıf Bey, bir konuşmasında demiş ki: "Biz Sakarya Muharebesi'nden sonra, işte hala kıpırdayamadık, kıpırdayamıyoruz." Bu söz, bazılarının bravo sesleriyle ve alkışlarıyla karşılanmış.

Efendiler, buna pek üzüldüm ve kahroldum, çok utanç duydum. Ordunun kıpırdamamasını ve kıpırdamayacağını iddia eden bir gafilin sözlerini alkışlamak, cidden çok gariptir. Rica ederim, bunu burada gömelim, kimse işitmesin!

İşte Efendiler, Başkomutanlığın gereksizliğini ispatlamak için söylenen sözlerin belli başlıları bunlardan ibaretti. Benim de bu sözlere verebileceğim karşılıklar dinlendi. Bundan sonra düşünüp karar vermek Meclise düşer. Yalnız bir gerçeği gözler önüne sermek zorundayım. Yüce Meclis'in, Başkomutanlığın gereğine inandığına şüphe olmamakla birlikte, muhalefetin, hiç bir temele dayanmayan tutumu, Meclis kararının istenilmeyen bir şekilde çıkmasına yol açtı. Bunun sonucu ne oldu, Efendiler, biliyor musunuz? Başkomutanlık iki gündür belirsiz bir durumda ve boşluktadır. Şu dakikada ordu komutansızdır. Eğer ben orduya komuta etmekte devam ediyorsam, kanunsuz olarak komuta ediyorum. Mecliste beliren oy sonuçlarına göre, hemen komutadan el çekmek isterdim. Başkomutanlığımın sona erdiğini hükümete bildirdim. Fakat, önlenmesi imkansız bir felakete meydan vermeme mecburiyeti ile karşı karşıya geldim. Düşman karşısında bulunan ordumuz başsız bırakılamazdı. Bunun için bırakmadım, bırakamam ve bırakmayacağım.

Saygıdeğer Efendiler, bu gizli oturumda, muhaliflerin hükümeti ve orduyu yıkmak için öteden beri kurcaladıkları daha birtakım noktalar üzerinde hemen hemen düelloyu andıran tartışmalar oldu. Sonunda gereği gibi aydınlanmış olan Meclis, oyunu şu yolda belirtti: 11 ret, 15 çekimsere karşı 177 oyla Başkomutanlık Kanunu'nun süresi uzatıldı.

ORDUNUN MADDİ VE MANEVİ GÜCÜ, MİLLİ GAYEYİ TAM BİR GÜVENLE GERÇEKLEŞTİRECEK DÜZEYE YÜKSELMİŞTİ

Efendiler, üç ay sonra, yani 20 Temmuz 1922 tarihinde, Başkomutanlık Kanunu, süresi bittiği için yeniden görüşme konusu oldu. Bu defa Meclis'te yaptığım genel konuşmanın bir kısmını olduğu gibi bilginize sunmama müsaadenizi rica ederim. Demiştim ki: Artık ordumuzun maddi ve manevi gücü, olağanüstü hiçbir tedbire ihtiyaç duyurmaksızın, milli gayeyi tam bir güvenle gerçekleştirecek düzeye ulaşmıştır. Bu bakımdan, olağanüstü yetkilerin devam ettirilmesine gerek ve ihtiyaç kalmadığı görüşündeyim.

Bugün ortadan kalktığını görmekle sevindiğimiz bu ihtiyacın, bundan sonra da doğduğunu görmemekle mutlu olacağız. Başkomutanlık görevinin süresi, olsa olsa Misak-ı Milli'mizin özüne uygun kesin bir sonuca ulaşacağımız güne kadar uzar. Mutlu sonuca güvenle ulaşacağımıza şüphe yoktur. O gün, değerli İzmir'imiz, güzel Bursa'mız, İstanbul'umuz, Trakya'mız ana vatana katılmış olacaktır. O mutlu gün gelince, bütün milletle birlikte, en büyük mutluluklara erişmekle şeref duyacağız. Benim bundan başka ikinci bir mutluluğum daha olacaktır ki, o da kutsal davamıza başladığımız gün bulunduğum duruma dönebilmem imkanıdır. Dünyada, milletin bağrında serbest bir fert olabilmek kadar büyük bir mutluluk var mıdır? Gerçekleri bilen, kalbinde ve vicdanında manevi ve kutsal hazlardan başka zevk taşımayan insanlar için, ne kadar yüksek olursa olsun, maddi makamların hiçbir değeri yoktur.

Efendiler, bu görüşmelerin sonunda, Başkomutanlığın süresiz olarak bana verilmesi kararına varıldı.

* *
*

MUHALİF GURUBUN MECLİSTEKİ FAALİYETİ

Saygıdeğer Efendiler, muhalif grubun Meclisteki faaliyeti, bizi kendisiyle biraz daha uğraştıracaktır. İkinci Grup adını alan muhalifler, olumsuz yoldaki direnmelerini uzun süre denediler. Bakanlar Kurulu'nun seçim şeklini düzenleyen 8 Temmuz 1922 tarihli kanunla, Bakanların ve Bakanlar Kurulu Başkanı'nın doğrudan doğruya meclis tarafından ve gizli oyla seçilmeleri sağlandı. Böylece, Bakanlar Kurulu Başkanlığından fiilen uzaklaştırılmış olduğum gibi, Bakanların da benim göstereceğim adaylar arasından seçilmesi ile ilgili hüküm kaldırılmış oldu.

RAUF BEY BAKANLAR KURULU BAŞKANI OLDU

Muhalif grup, bundan sonra saldırıya geçti. Rauf Bey'i Bakanlar Kurulu Başkanlığı'na getirmeye çalıştı. Bunda başarı da sağladı. Muhaliflerin gizli niyetlerini anlıyordum. Bununla birlikte Rauf Bey'i yanıma davet ettim. Meclisteki çoğunluğun kendisini Bakanlar Kurulu Başkanı olarak seçme eğiliminde olduğunu, bunun bence de uygun görüldüğünü söyledim. Rauf Bey, kararsız bir tavır takındı. Bakanlar Kurulu Başkanlığı'nın bir görevi yoktur dedi. Rauf Bey demek istiyordu ki, Büyük Millet Meclisinin Başkanı, Bakanlar Kurulu'nun da doğal başkanıdır. Bakanlar Kurulu'nun aldığı kararlar onun tarafından onaylanmadıkça yürürlüğe girmez. Buna göre, Bakanlar Kurulu Başkanı'nın bir yetkisi ve serbestliği yoktur. Gerçekten de Teşkilat-ı Esasiye Kanunu gereğince durum böyleydi. Bununla birlikte, sonunda Bakanlar Kurulu Başkanlığı'nı kabul etti. Rauf Bey, 12 Temmuz 1922 tarihinden 4 Ağustos 1923 tarihine kadar bu görevde kaldı.

Efendiler, bir nokta dikkatinizi çekmiştir. Kara Vasıf Bey'le Rauf Bey, muhalefetin doğuşunda, desteklenmesinde ve yönetiminde, daha ilk günden birlik olmuşlar ve liderliğini yapmışlardır. Fakat Rauf Bey, açıktan açığa İkinci Gruba geçmeyerek, bizim içimizde kalma durumunu tercih ediyor. Bu durum üç yıl sürdü. Rauf Bey'e sonunda kendi ifadesiyle *bizimle birlikte imiş gibi görünmeye artık imkan kalmadığı zaman* ayrılığını ilan etmek zorunda kaldı.

Efendiler, muhaliflerin, Mecliste ordu aleyhine başlattıkları hava devam ediyordu. Sürekli ve ateşli bir şekilde ordunun saldırı kabiliyeti olmadığından ve artık konuyu siyasi tedbirlerle bir çözüme bağlayarak sonuçlandırmanın kaçınılmaz olduğundan etkili bir şekilde söz ediyorlardı.

* *
*

SALDIRI KARARI

Gerçekte ordumuz ihtiyaçlarını ve eksiklerini tamamlamak üzere bulunuyordu. Ben, daha Haziran ortalarında saldırıya karar vermiştim. Bu kararımı yalnız Cephe Komutanı ile Genelkurmay Başkanı ve Milli Savunma Bakanı biliyorlardı. Bildirdiğim tarihlerde bir geziyi vesile ederek İzmit-Adapazarı yönüne hareket ettiğim zaman, Ankara'da Genelkurmay Başkanı Fevzi Paşa Hazretleri'yle görüştükten sonra, o zaman Milli Savunma Bakanı bulunan Kazım Paşa Hazretleri'ni Sarıköy istasyonuna kadar birlikte götürerek, oraya davet ettiğim Cephe Komutanı İsmet Paşa Hazretleri'yle birlikte, saldırı için gerekli hazırlıkların hızla tamamlanması ile ilgili kararlar aldık.

Efendiler, artık Büyük Taarruz'dan söz açma sırası geldi. Bilirsiniz ki, Sakarya Meydan Muharebesi'nden sonra, düşman ordusu büyük ve kuvvetli bir grupla Afyonkarahisar-Dumlupınar arasında bulunuyordu. Bir başka kuvvetli grubuyla da Eskişehir bölgesindeydi. Bu iki grup arasında yedek kuvvetleri vardı. Sağ kanadını, Menderes dolaylarında bulundurduğu kuvvetlerle, sol kanadını da İznik Gölü'nün kuzey ve güneyindeki kuvvetleriyle koruyordu. Denilebilir ki, düşman cephesi, Marmara'dan Menderes'e kadar uzanıyordu.

Düşman ordusunun teşkilatı, üç kolordu ve bazı bağımsız birliklerin mevcudu da üç tümeni bulmaktaydı. Biz, Batı Cephesi'ndeki kuvvetlerimizi iki ordu halinde teşkilatlandırmış ve düzenlemiştik. Bundan başka, doğrudan doğruya cepheye bağlı teşkilatımız da vardı. Bizim bütün birliklerimiz on sekiz tümen idi. Bundan başka üç tümenli bir süvari kolordumuz ve daha zayıf mevcutlu iki süvari tümenimiz vardı. Teşkilatı birbirinden farklı olan iki düşman ordusu birbiriyle karşılaştırılırsa, her iki tarafın insan ve tüfek kuvvetleri, aşağı yukarı birbirine denk bulunuyordu. Yalnız, Yunan ordusu, dünyanın hür ve kendisini destekleyen sanayisine dayandığı için, makineli tüfek, top, uçak, taşıt, cephane ve teknik malzeme bakımından daha üstün durumdaydı. Diğer taraftan bizim ordumuz süvari sayısı yönünden daha üstün bulunuyordu.

BİRİNCİ ORDU KOMUTANI ALİ İHSAN PAŞA'NIN YARATTIĞI DURUM

Burada, sırası gelmişken bir noktayı belirtmeliyim. Ordularımızdan birinin, İkinci Ordunun komutanı bugün Askeri Şura üyelerinden olan Şevki Paşa Hazretleri idi. Birinci Ordumuzun komutasını Malta'dan gelmiş olan İhsan Paşa'ya vermiştik. İhsan Paşa'nın, kendisini Divan-ı Harbe kadar götüren yersiz ve davranışlarından dolayı, ordu komutanlığından uzaklaştırılması gerekti. Gerçekten, Ali İhsan Paşa; ordunun disiplinini ve genel yönetimini bir çıkmaza sokacak şekilde hareket etti. Örnek olarak, ordusundaki ast komutanlarda, üst komutanlara karşı itaatsizlik edecek durumlar yarattı.

Söz gelişi, ambarlarının mevcudunu günlerce haber vermeyerek ve haber verdirmeyerek genel yiyecek sıkıntısının çekildiği bir sırada, ansızın ambarlarının boşaldığını ve açlık tehlikesi bulunduğunu bildirdi.

Ast komutanları, üstlerine karşı itaatsizliğe ve görevlerini yapmamaya kışkırtma ve bu davranışları destekleme gibi tutumları yanında, ordunun emirlere uyma ve görev duygusuyla oynayacak kadar entrikacı bir yaratılışta olduğu kanaatini de uyandırdı.

Ali İhsan Paşa'nın bilinen, kendisine has özelliklerinden başlıcaları şunlardı:

En küçük birliklere kadar bütün ordusuna, önemli önemsiz her işin ve her kararın ancak kendisi tarafından verileceğini telkin ederek bütün ordusunda yalnız kendisinin kudret sahibi olduğunu zannettirmek. Büyüklerinden daha üstün olduğunu herkese ispatlamak düşüncesine kapılmak. Gerek resmi iş gerek özel davranış bakımından büyüklerinin itibarlarını düşürmeye çalışmak. Savaş açısından tedbirde yerindelik ve sinirde sağlamlık yönleriyle kendisini deneme fırsatı bulunmamış olmakla birlikte, bu hususta anlaşılan karakteri şuydu: Herhangi bir başarısızlığı mutlaka astına veya üstüne yükleme yolunu her zaman düşünmesi. İhsan Paşa, yumuşak ve nazik davranışlardan çok, sert ve resmi davranışla iş yaptırmayı gerekli bulur.

Ali İhsan Paşa'nın huyu ve ahlakı konusunda, kendisinin kurmay başkanı iken çekilmek zorunda kalan Yarbay Halit Bey'in (Sonradan Kastamonu Milletvekili olmuştur) Batı Cephesi Komutanlığına verdiği 20 Ocak 1922 tarihli resmi bir raporunun bazı bölümlerini olduğu gibi bilginize sunacağım. Halit Bey, Birinci Dünya Savaşı'nda, Irak'ta da Ali İhsan Paşa ile birlikte bulunmuştu. Sözünü ettiğim raporda şu cümleler vardır:

(...)Komutanım Ali İhsan Paşa'nın geldiği günden beri ast komutanların haysiyetini ve görev yapma isteğini kıracak davranışlar içinde bulunması ve yapılan yazışmalardan anlaşılmış olacağı üzere Cephe Komutanlığına karşı astlara hissettirecek derecede yakışıksız bir haberleşme kapısı açması, benlik kokusu hissedilen düşünce yarışına girişmesi, dünyanın değer verdiği ve saygı duyduğu cephe karargâhının nüfuzunu azaltmak istediğini anlatır bir davranış tarzını benimsemiş olması, beni ciddi olarak düşündürdü ve üzdü. Davranışlarını elimden geldiği kadar değiştirmeye çalıştım. Fakat yine büyük bir fark göremedim.

(...)Ahlakında yer etmiş bencillik hastalığı, ün yapma hırsı, aşırı kıskançlık ve sonsuz bir bencilliğin etkisiyle baş olmak istediği, davranışlarından ve ast komutanlar yanında söylediği birbirine düşürücü sözlerden anlaşılıyordu. 11'inci Tümen Komutanı istifamı işittikten sonra, bana gizli bir konuşmada: Ali İhsan Paşa'nın Malta'da iken kurtulması için

Ferit Paşa'ya mektuplar yazdığını ve İngiliz mandasını kabul etmek için kendi karşısında saatlerce açıktan açığa konuşmalar ve tartışmalar yaptığını söyledi. Ali İhsan Paşa'nın davranışlarına bakarak, bu sözleri dikkat çekici buldum... Astlardan gelen bazı cephe evrakına, cepheden geleni astlara olduğu gibi göndererek karşılıklı güven duygularını sarsma şeklindeki davranışları da ayrıca dikkati çekmektedir. Söz gelişi: Şeyhelvan dağının düşman eline geçişi ile ilgili yazışmaların olduğu gibi Beşinci Kolordu'ya, Beşinci Kolordu'dan yazılan bazı raporların da aynen cepheye yazılması gibi. Buna rağmen, söz konusu olayın sorumluluğunu Beşinci Kolordu Komutanı'na yüklemesi ve kendisinden cepheye şikayette bulunması amirlik niteliği ile bağdaştırılamaz, Tevhid-i Efkâr gazetesinde yayınlattığı hatıraları arasında, Ateşkes Anlaşması tarihinden bir gün önce, Musul güneyinde, Şarkat'ta esir olan Dicle Grubu'nun esirlik sebebini yalnız o zaman grup komutanı olan (Şimdi Doğu Cephesinde Tümen Komutanı imiş) Yarbay İsmail Hakkı Bey'in üzerine atması da bu karakterinin delilidir. Dicle Grubu 7, 9, 43, 18 ve 22'nci Alaylarla Avcı Alayından oluşmuştur. Bunlardan başka ayrıca Beşinci Tümen'den 13 ve 14'üncü Alaylar da parça parça esir verildi. Ateşkes Anlaşması'ndan bir gün önce 13.000 kişinin esir verilmesi, 50 kadar topun kaybı, gerçekte kendisinin şartlara ve duruma uygun olmayarak verdiği bir emir yüzündendir. İşte bu durum Musul ilinin kaybedilmesine yol açtı. Halbuki, ateşkes anlaşması yapılacağı belliydi. Gruba, Keyare mevziine çekilmek için direktif verilseydi, İngilizler gruba tesir etmek şöyle dursun yenemezlerdi bile. Bu gruba Beşinci Tümen de katılabilirdi. Ateşkes anlaşması yapıldığı zaman, esir olan sekiz piyade alayı elde bulunur ve Musul da bizde kalırdı. Fakat sefil bir düşünce, mantığa üstün çıkmıştır.

Hatıralarında, Dicle boyundaki bütün başarı ve Townshend'in esir alınması şerefi, kendisine mal edilmiştir... Her başarıyı kendisine aitmiş gibi gösteren yayınlar yaptırmaktan maksadı, kamuoyunu aldatarak şöhret ve mevki kazanmaktır. Ünlü adamların hatıralarını yayınlamak, millette övünme duygularını canlı tutar ve gereklidir de, ancak, tarihin sorumlu tutacağı kimselerin hareketlerini övünülecek şeyler arasında saymak tarihi lekeler ve gelecek nesilleri yanlış düşüncelere sürükler.

General Marshall'ın "Yarın öğlene kadar Musul'u terk ediniz; aksi halde savaş esirisiniz" emri aldığı zaman o büyüklük taslayan Paşa Hazretleri Sincar çölünü geçerek Nusaybin'e gitmek için General Marshall'dan resmi bir yazı ile kendisini koruyacak iki zırhlı otomobil istedi ve bunların koruyuculuğunda Aşir Bey'le (şimdiki Milli Savunma Bakanı Müsteşar Yardımcısı Aşir Paşa'dır) beni Musul'da bırakarak Nusaybin'e gitti. Aşiretler arasında hükümetin manevi otoritesini de kırdı. Bu durumu görenlerin vicdanı sızladı. Zaho yoluyla, koruyucusuz gidebilirdi veya süvari alarak çölden geçebilirdi. Halep'te İngiliz generalinden şahsı için özel tren istedi ve yolda hakarete uğramaması için muhafız bulundu-

rulmasını istemeyi de unutmadı. Gerektiğinde hayatının ve rahatının korunması için milli şerefi unutan paşa Hazretleri'nin ahlakına örnek olmak üzere yukarıdaki olayları dile getirdim... Eski komutanıma hoş görünmedim. Çünkü hırsına hizmet etmedim ve dalkavukluğunu yapmadım... Millete, Milli Ordu'yu kuran ve millete zaferler kazandıran büyük komutanlar gibi asil ruhlu, iyi niyetli kılavuzlar, komutanlar gerekir. Orduda birlik ve uyumun bozulmasına, görev aşkının zayıflamasına çalışanlar, dahi de olsalar zararlı birer şahsiyettirler. Ben, çekilen emekleri bildiğim, girişilen kutsal mücadelede başarıya ulaşmayı istediğim için, kötü niyetli olmadığıma ve çıkar gözetmediğime namusum ve kutsallarım üzerine yemin ederek bunları anlatmaya cüret ettim. İran'da, Kafkasya'da uzun süre yaverliğini yapan (şimdi Birinci Ordu harekat şube müdürü) Binbaşı Cemil Bey son günlerde bana: "İyi ki Ali İhsan Paşa, Milli Mücadele'nin başlangıcında Anadolu'da bulunmadı. Malta'da bulunduğu iyi oldu. Aksi halde, hiç şüphe yok ki, aykırı bir yol tutardı" dedi.

Paşa'nın nasıl bir insan olduğunu çok iyi bilen Cemil Bey, pek doğru söylemiştir... Ulu Tanrı'dan "kış uykusuna yatmış yılana güneş göstermesin" dileğinde bulunurum.

(...)

Efendiler, Ali İhsan Paşa, Meclisteki muhalifler grup ileri gelenleri ile de temas ve haberleşmelerde bulunuyordu. Kendisinin komutanlığına son verilerek, hakkında kanuni işleme devam edilmek üzere Milli Savunma Bakanı emrine verilmesini onayladığım. 18 Haziran 1922 gününün ertesinde, yani 19 Haziran tarihinde, o zaman Türkiye Büyük Millet Meclisi İkinci Başkanı bulunan Rauf Bey'den, makine başında, İhsan Paşa ile ilgisini gösterir bir şifreli telgraf almıştım. Yeri gelince bu telgrafı da bilginize sunmuştum. O günlerde Adapazarı, İzmit taraflarında gezide bulunuyordum. Rauf Bey telgrafında diyordu ki : "Birinci Ordu Komutanı Ali İhsan Paşa'nın görevden alınarak Divan-ı Harbe verilmek üzere Konya'ya gönderildiğine dair Meclis çevrelerinde dedikodulara yol açan bir söylenti vardır."

Efendiler, bir komutanın görevden alınması, göreve tayini veya askeri mahkemeye verilmesi işleminin üzerinden bir gün bile geçmeden, Meclisçe dedikodu olabilecek bir söylenti haline gelmesi ve Meclis İkinci Başkanı'nın bu olayla, benden açıklama isteyecek kadar yakından ilgilenmesi dikkat çekici değil midir? Rauf Bey'e tarafımdan gereken cevap verildi. Birinci Ordu Komutanlığı bir süre vekaletle idare edildi. Fakat birinin asil olarak tayini gerekiyordu. Moskova Sefirliğinden dönmüş olan Fuat Paşa'nın Birinci Ordu Komutanlığını kabul edip etmeyeceği konusunda düşüncesini almak istedim. Anladım ki, cephe komutanlığı yapmış olduğundan, cephe komutanının emrine girmek istemiyor. Milli Savunma Bakanı bulunan Kazım Paşa vasıtasıyla Birinci Ordu Komutanlığını, Refet Paşa'ya teklif ettirdim. Kabul etmemiş. Nihayet, o tarihlerde kayıtsız şartsız cephe emrine girerek görev yapacağını söyleyen ve açıkta bulunan Nurettin Paşa'yı Birinci Ordu Komutanlığına getirdik.

* *
*

SALDIRI PLANIMIZIN ANA ÇİZGİLERİ

Efendiler, düşman ordusunun cephe ve teşkilat durumu ile, ona karşı Batı Cephesi'ndeki kuvvetlerimizin esas olarak iki ordu halinde kurulup düzenlenmiş olduğunu söylemiştim. Öteden beri tasarlamış olduğumuz saldırı planımızın ana çizgilerini de arz edeyim:

Düşündüğümüz, ordularımızın ana kuvvetlerini düşman cephesinin bir kanadında ve mümkün olduğu kadar dış kanadında toplayarak, bir imha meydan muharebesi vermekti. Bunun için elverişli bulduğumuz durum, ana kuvvetlerimizi, düşmanın Afyonkarahisar yakınlarında bulunan sağ kanat grubu, güneyinde ve Akarçay ile Dumlupınar hizasına kadar olan alanlarda toplamaktı. Düşmanın en hassas ve önemli noktası orasıydı. Çabuk ve kesin sonuç almak, düşmanı bu kanadından vurmakla mümkündü.

Batı Cephesi Komutanı İsmet Paşa ve Genelkurmay Başkanı Fevzi Paşa, bu bakımdan gerektiği gibi bizzat incelemeler yapmışlardı. Hareket ve saldırı planımız çok önceden tespit edilmişti.

Konya'ya gelmiş olan General Townshend'in isteği üzerine, kendisiyle görüşmek için, Ankara'dan hareket ederek 23 Temmuz 1922 akşamı Batı Cephesi Karargahı'nın bulunduğu Akşehir'e gittim. Savaş planı üzerinde görüşürken Genelkurmay Başkanı'nın da katılmasını uygun bulduk. Ben, 24 Temmuzda Konya'ya gittim. 27'sinde tekrar Akşehir'e gelmişti. 27/28 Temmuz gecesi birlikte yaptığımız görüşme sonunda, tespit edilmiş olan plan gereğince saldırmak üzere, 15 Ağustosa kadar bütün hazırlıkların tamamlanmasına çalışmayı kararlaştırdık.

28 Temmuz 1922 günü öğleden sonra yaptırılan bir futbol maçını seyretmek bahanesiyle ordu komutanları ve bazı kolordu komutanları Akşehir'e çağrıldı. 28/29 Temmuz gecesi genel olarak komutanların saldırıyla ilgili görüşlerini aldım. 30 Temmuz 1922 günü Genelkurmay Başkanı ve Batı Cephesi Komutanı ile yeniden görüşerek saldırının şeklini ve ayrıntılarını tespit ettik. Ankara'dan çağırdığımız Milli Savunma Bakanı Kazım Paşa da 1 Ağustos 1922 öğleden sonra Eskişehir'e geldi. Ordu hazırlığının tamamlanmasında Milli Savunma Bakanı'na düşen işler tespit edildi.

SALDIRIYA HAZIRLIK EMRİ

Ordunun hazırlıklarının tamamlanmasını ve saldırının bir an önce yapılmasını emrettikten sonra tekrar Ankara'ya döndüm. Batı Cephesi Komutanı, 6 Ağustos 1922'de ordularına gizli olarak saldırıya hazırlık emri verdi.

Genelkurmay Başkanı ve Milli Savunma Bakanı Paşalar da Ankara'ya döndüler.

Efendiler, saldırı için yeniden cepheye gitmeden önce, Ankara'da yapılması gereken bazı işler vardı. Daha saldırı emri verdiğimi Bakanlar Kurulu'na da açıkça bildirmemiştim. Artık onlara recmi olarak haber verme zamanı gelmişti. Yaptığımız bir toplantıda iç ve dış durumlarla ordunun durumunu görüşüp tartıştıktan sonra, saldırı konusunda Bakanlar Kurulu ile görüş birliğine vardık.

Önemli bir konu daha vardı. Muhalifler ordunun çürüdüğünden, kıpırdayacak durumda olmadığından, böyle karanlık ve belirsizlik içinde beklemenin sonucunun felaketten ibaret olacağı yolundaki propagandalarına alabildiğine hız vermişlerdi. Gerçi, Mecliste bu düşünce akımının bıraktığı yankılar, zaten düşmanlardan fazlasıyla gizlemek istediğim saldırı bakımından yararlıydı. Fakat bu olumsuz propaganda en yakın ve en inanmış kimseler üzerinde bile kötü etkisini göstermeye başlamış, onlarda da kararsızlıklar uyandırmıştı. Onları da yakında yapacağım saldırı konusunda ve altı yedi gün içinde düşmanın ana kuvvetlerini yeneceğime olan güvenim hususunda aydınlatmayı ve yatıştırmayı gerekli buldum. Bunu da yaptıktan sonra Ankara'dan ayrıldım. Genelkurmay Başkanı benden önce 13 Ağustos 1922'de cepheye gitmişti.

Ben birkaç gün sonra hareket ettim. Hareketimi belirli birkaç kişi dışında bütün Ankara'dan gizledim. Benim Ankara'dan ayrılacağımı bilenler, buradaymışım gibi davranacaklardı. Hatta gazetelerde benim Çankaya'da çay ziyafeti verdiğimi de ilan edeceklerdi. Bunu şüphesiz o vakitler işitmişsinizdir. Trenle hareket etmedim. Bir gece otomobille Tuz Çölü üzerinden Konya'ya gittim. Konya'ya hareketimi telgrafla orada kimseye bildirmediğim gibi, Konya'ya varır varmaz telgrafhaneyi kontrol altına aldırarak Konya'da bulunduğumun da hiçbir yere bildirilmemesini sağladım.

20 Ağustos 1922 günü öğleden sonra saat 16.00'da Batı Cephesi Karargâhı'nda yani Akşehir'de bulunuyordum. Kısa bir görüşmeden sonra 26 Ağustos 1922 sabahı düşmana saldırı için Cephe Komutanı'na emir verdim.

26 AĞUSTOS 1922 TARİHLİ SALDIRI EMRİ

20/21 Ağustos 1922 gecesi 1'inci ve 2'nci Ordu Komutanlarını da Cephe Karargâhına çağırdım. Genelkurmay Başkanı ile Cephe Komutanını da yanımda bulundurarak, saldırının nasıl yapılacağını harita üzerinde kısa bir savaş oyunu şeklinde açıkladıktan sonra, Cephe Komutanı'na o gün vermiş olduğum emri tekrarladım. Komutanlar harekete geçtiler. Saldırımız, strateji ve aynı zamanda bir taktik baskın halinde yürütülecekti. Bunun gerçekleştirilebilmesi için de kuvvetlerin yığınak ve hazırlıklarının gizli kalmasına önem vermek gerekiyordu. Bu sebeple bütün yürüyüşler gece yapılacak, birlikler gündüzleri köylerde ve ağaçlıklar altında dinleneceklerdi. Saldırı bölgesinde, yolların düzeltilmesi vb. çalışmalarla düşmanın dikkatini çekmemek için diğer bazı bölgelere de benzeri yanıltıcı hareketlerde bulunulacaktı.

24 Ağustos 1922'de karargâhımızı Akşehir'den, saldırı cephesi gerisindeki Şuhut kasabasına getirttik, 25 Ağustos 1922 sabahı da Şuhut'tan savaşı idare ettiğimiz Kocatepe'nin güneybatısındaki çadırlı ordugaha naklettik. 26 Ağustos sabahı Kocatepe'de hazır bulunuyorduk. Sabah saat 5.30'da topçu ateşimizle saldırı başladı.

BAŞKOMUTAN SAVAŞI

Efendiler, 26/27 Ağustos günlerinde, yani iki gün içinde, düşmanın Karahisar'ın güneyinde 50 ve doğusunda 20, 30 kilometre uzunluğundaki sağlamlaştırılmış cephelerini düşürdük. Yenilen düşman ordusunun bütün kuvvetlerini, 30 Ağustosa kadar Aslıhanlar yöresinde kuşattık. 30 Ağustos'ta yaptığımız savaş sonunda (buna Başkomutan Muharebesi adı verilmiştir), düşmanın ana kuvvetlerini yok ettik ve esir aldık. Düşman ordusunun Başkomutanlığını yapan General Trikopis de esirler arasına girdi. Demek ki, tasarladığımız kesin sonuç, beş günde alınmış oldu. 31 Ağustos 1922 günü ordularımız ana kuvvetleriyle İzmir'e doğru yol alırken, diğer birlikleriyle de düşmanın Eskişehir de kuzeyinde bulunan kuvvetlerini yenmek üzere ilerliyorlardı.

ATEŞKES TEKLİFİ

Efendiler, Başkomutan Savaşı'nın sonuna kadar her gün büyük başarılarla gelişen saldırımızı, resmi bildirilerde pek önemsiz harekattan ibaret gösteriyorduk. Maksadımız, durumu mümkün olduğu kadar dünyadan gizlemekti. Çünkü, düşman ordusunu tamamen yok edeceğimizden emindik. Bunu anlayıp, düşman ordusunu felaketten kurtarmak isteyeceklerin yeni teşebbüslerine meydan vermemeyi uygun görmüştük. Gerçekten, bizim hareketimizi sezdikleri zaman ve saldırımızın arkasından bize başvuranlar olmuştur. Örnek olarak, biz saldırıya devam ettiğimiz sırada, Bakanlar Kurulu Başkanı olan Rauf Bey'den, Ateşkes konusunda İstanbul'dan haber geldiğini bildiren 4 Eylül 1922 tarihli bir telgraf almıştım. Verdiğim cevap aynen şöyledir:

Makama özel

05.09.1922

Bakanlar Kurulu Başkanlığı Yüksek Katına

Anadolu'daki Yunan ordusu kesin olarak yenilgiye uğratılmıştır. Yunan ordusunun artık yeniden ciddi bir direnişte bulunmasına ihtimal yoktur. Anadolu için herhangi bir görüşmeye gerek kalmamıştır. Ateşkes ancak Trakya için söz konusu olabilir. Bu bakımdan Eylülün onuna kadar doğrudan doğruya Yunan Hükümeti veyahut İngiltere vasıtasıyla, hükümetimize resmen başvurduğu takdirde, aşağıdaki şartlar ileri sürülerek cevap verilmelidir. Bu tarihten, yani Eylülün onundan sonra yapılacak başvurmaya verilecek cevap başka türlü olabilir. Bu takdirde durum bana ayrıca bildirilmelidir:

1. Ateşkes Anlaşması tarihinden başlayarak on beş gün içinde Trakya, 1914 sınırlarına kadar kayıtsız şartsız Türkiye Büyük Millet Meclisi Hükümeti'nin sivil memurlarına ve askeri kuvvetlerine teslim edilmiş bulunacaktır.

2. Yunanistan'daki esirlerimiz on beş gün içinde İzmir, Bandırma ve İzmit limanlarında bize teslim edilecektir.

3. Yunan Hükümeti, Yunan ordusunun üç buçuk yıldan beri Anadolu'da yaptığı ve yapmakta olduğu tahribatı tamir etmeyi şimdiden üstlenecektir.

Büyük Millet Meclisi Başkanı
Başkomutan
Mustafa Kemal

ORDULARIMIZ, İZMİR RIHTIMINDA İLK VERDİĞİM HEDEFE, AKDENİZ'E ULAŞTILAR

Doğrudan doğruya bana gönderilen bir telsiz telgrafta da, İzmir'deki İtilaf Devletleri konsoloslarına benimle görüşmelerde bulunma yetkisinin verildiği bildirilerek, onlarla hangi gün ve nerede buluşabileceğim soruluyordu. Buna verdiğim cevapta da, 9 Eylül 1922'de Kemalpaşa'da görüşebileceğimizi bildirmiştim. Gerçekten de, söz verdiğim gün, ben Kemalpaşa'da bulundum. Fakat görüşme isteyenler orada değildi. Çünkü ordularımız, İzmir rıhtımında ilk verdiğim hedefe, Akdeniz'e ulaşmış bulunuyorlardı

Saygıdeğer Efendiler, Afyonkarahisar-Dumlupınar Meydan Muharebesi'ni ve ondan sonra düşman ordusunu tamamıyla yok eden veya esir eden ve kılıç artıklarını Akdeniz'e, Marmara'ya döken harekâtımızı açıklayıcı ve vasıflandırıcı söz söylemeyi gereksiz sayarım.

Her safhasıyla düşünülmüş, hazırlanmış, idare edilmiş ve zaferle sonuçlandırılmış olan bu harekât Türk ordusunun, Türk subay ve komuta heyetinin yüksek kudret ve kahramanlığını tarihe bir kere daha geçiren muazzam bir eserdir.

Bu eser, Türk milletinin hürriyet ve istiklal düşüncesinin ölümsüz bir abidesidir. Bu eseri yaratan bir milletin evladı, bir ordunun başkomutanı olduğumdan, mutluluk ve bahtiyarlığım sonsuzdur.

* *
*

Efendiler, işte şimdi diplomasi alanına geçebiliriz. Gerçi, ordumuzun zafere ulaşacağından ümitsiz oldukları için, bu meseleyi daha önce diplomasi yoluyla çözüme bağlama kanaat ve iddiasında olanları, dediklerini yapma hususunda biraz fazlaca bekletmiş oldum. Bununla birlikte, sonunda benim de diplomasi alanında ciddi olarak çaba harcadığımı görerek memnun olmaları gerekirdi. Böyle olup olmadığını göreceğiz.

Ordularımız, İzmir ve Bursa'yı geri aldıktan sonra, Trakya'yı da Yunan ordusundan kurtarmak için İstanbul ve Çanakkale doğrultusunda yürüyüşlerine devam ederken, İngilizlerin o zamanki başbakanı bulunan Lloyd George, fiilen harbe karar vermiş bir tavırla ve yardımcı birlikler gönderilmesi isteğiyle dominyonlara* müracaat etmiş. Yalnız, ondan sonra olup bitenlere bakılırsa Lloyd George'un isteğinin yerine getirilmediğini kabul etmek gerekir.

İTİLAF DEVLETLERİNİN 23 EYLÜL 1922 TARİHLİ ATEŞKES TEKLİFİ

Bu sıralarda, İstanbul'da Fransız Fevkalade Komiseri bulunan General Pelle benimle görüşmek üzere İzmir'e geldi. Tarafsız bölge diye adlandırdığı bir bölgeye, ordularımızın girmemesinin yerinde olacağını tavsiye eti. Milli hükümetimizin böyle bir bölge tanımadığını, Trakya'yı da kurtarmadıkça ordularımızın durdurulmasına imkan olmadığını söyledi. General Pelle, bana, Mösyö Franklin Bouillon'un benimle görüşmek üzere gelmek istediğini bildiren, kendisine çekilmiş özel bir telgrafını gösterdi. Kendisini İzmir'de kabul edeceğimi söyledim. Mösyö Franklin Bouillon, bir Fransız harp gemisiyle İzmir'e geldi. Fransız Hükümeti adına, İngiliz ve İtalyan Hükümetlerinin de uygun görmeleri üzerine, benimle görüşmeler yapmaya geldiğini söyledi. Biz Franklin Bouillon'la görüşürken, İtilaf Devletleri Dışişleri Bakanları imzasını taşıyan 23 Eylül 1922 tarihli bir nota geldi. Bu notada iki önemli nokta yer alıyordu. Bun-

---

* İngiliz Uluslar Topluluğu üyesi bağımsız ülkelere denir.

lardan biri askeri harekâtın durdurulmasıyla diğeri de Barış Konferansı'yla ilgiliydi.

Biz, Rumeli'de Doğu Trakya'yı milli sınırlarımıza kadar tamamen almadıkça askeri hareketten vazgeçemezdik. Ancak, yurdumuzun bu bölgesinden düşman birlikleri çıkarıldığı takdirde böyle bir harekete devam etmeye kendiliğinden gerek kalmayacaktı. Bu notada, Venedik veya başka bir şehirde toplanacak olan İngiliz, Fransız, İtalyan, Japon, Romen, Sırp - Hırvat - Sloven Devleti ile Yunanistan'ın da çağrılacağı bir konferansa, delegelerimizi göndermeyi kabul edip etmeyeceğimiz sorulmakla birlikte, görüşmeler sırasında Boğazlardaki tarafsız bölgelere bizden asker gönderilmemesi şartıyla, Edirne dahil olmak üzere Meriç'e kadar Trakya'nın bize iadesi ile ilgili talebimizin olumlu karşılanacağı bildiriliyordu.

Notada, boğazlardan, azınlıklardan ve Milletler Cemiyeti'ne girmemizden de söz ediliyordu.

Konferansın toplanmasından önce, Yunan birliklerinin, İtilaf Devletleri komutanlarının çizecekleri bir hattın gerisine çekilmesi için, İtilaf Devletleri'nin nüfuzunu kullanacağına söz verilmekte ve bu konuda görüşülmek üzere Mudanya veya İzmit'te bir toplantı yapılması teklif edilmekteydi.

MUDANYA KONFERANSI

29 Eylül 1922 tarihinde, bu notaya verdiğim kısa bir cevapta, Mudanya Konferansı'nı kabul ettiğimi bildirdim. Fakat Meriç nehrine kadar Trakya'nın derhal bize geri verilmesini istedim. 3 Ekimde toplanmasının uygun olacağını söylediğim Mudanya Konferansı'na, Başkomutanlık adına olağanüstü yetkiyle Batı Cephesi Orduları Komutanı İsmet Paşa'yı delege tayin ettiğimi bildirdim. Bu notaya hükümetçe de 4 Ekim 1922 tarihli etraflı bir cevap verildi. Bu cevapta, konferans yeri olarak İzmir teklif edildi. Boğazlar meselesi dolayısıyla, Rusya, Ukrayna ve Gürcistan Cumhuriyetleri'nin de daveti istendi. Diğer konular üzerindeki görüşlerimiz de ana çizgileriyle bildirildi.

Mudanya'da, İsmet Paşa'nın başkanlığı altında, İngiliz delegesi General Harrington, Fransız delegesi General Charpy, İtalyan delegesi General Monbelli'nin katıldıkları konferans toplandı. Bir hafta kadar süren tartışmalı görüşmelerden sonra, 11 Ekimde, Mudanya Ateşkes Anlaşması imzalandı. Böylece, Trakya ana vatana katılmış oldu.

Efendiler, zaferden sonra, bizim İzmir'deki siyasi temaslarımız üzerine, Ankara'da Bakanlar Kurulu'nun daha doğrusu bazı bakanların telaşlı bir duruma girdikleri fark edildi.

Askeri görevimin son bulmuş olduğunu, bundan sonraki siyasi işlerin Bakanlar Kurulu'na ait olduğunu hissettirecek şekilde, beni Ankara'ya davet ettiler. Halbuki, ne askeri görevim son bulmuştu ne de siyasi ve diplomatik konularla ilgilenmek ve uğraşmaktan kendimi alabilirdim. Bu bakımdan, İzmir'den ordunun başından ve başlattığım siyasi ilişkilerden uzaklaşamazdım. Bundan dolayıdır ki, benimle görüşmek isteğinde bulunan ve bunda direnen hükümet üyelerinin veya ilgili bakanların İzmir'e yanıma gelmelerini teklif ettim. Hükümet Başkanı Rauf Bey'le Dışişleri Bakanı Yusuf Kemal Bey geldiler.

Rauf Bey, İzmir'de bana bazı özel dileklerini de bildirdi. Sözgelişi, Ali Fuat Paşa ile Refet Paşa'nın, zafer dolayısıyla terfi ettirilmelerini ve kendilerine uygun birer görev verilerek memnun edilmelerini rica ettiler. Bildiğiniz üzere, muharebeden önce Ali Fuat ve Refet Paşaların bu harekata katılmaları için türlü yollarla teşebbüste bulunmuştum; fakat başaramadım. Zaferden dolayı, savaşta fiilen hizmet edip liyakat göstermiş olan komutanlar ve subaylar terfi ettirilmek ve takdir edilmek suretiyle elbette ödüllendirilmişlerdi. Askeri harekata katılmaktan kaçınan kimselerin de bizzat orada bulunanlarla birlikte ödüllendirilmeleri elbette kötü etki yapabilirdi. Kısacası, Rauf Bey'e dileklerini yerine getiremeyeceğimi söyledim. Fakat Ali Fuat Paşa, Meclis İkinci Başkanı bulunduğuna göre, mevkii ve görevi kendisini memnun edebilecek bir seviyede idi. Yalnız, açıkta bulunan Refet Paşa için uygun bir görev bulmaya çalışacağıma söz verdim. Kendisini İzmir'e davet etmesini söyledim. Refet Paşa, İzmir'e gelmişti. Fakat bu geliş tam benim Ankara'ya döndüğüm geceye rastladığı için kendisiyle orada görüşme imkanı olamadı.

BARIŞ KONFERANSINA GÖNDERECEĞİMİZ DELEGELER

Refet Paşa'ya görev verilmesi, daha sonra Ankara'dan Bursa'ya gidişim sırasında oldu. Efendiler, İzmir'den Ankara'ya dönüşümde, başlıca Mudanya Konferansı görüşmeleriyle uğraşıldı. Bir yandan da Bakanlar Kurulu'nda, Mecliste ve komisyonlarda Barış Konferansı'na gönderilebilecek delegeler heyeti söz konusu oluyordu. Bakanlar Kumlu Başkanı Rauf Bey, Dışişleri Bakanı Yusuf Kemal Bey ve Sağlık Bakanı bulunan Rıza Nur Bey, gidecek delegeler heyetinin doğal üyeleri gibi görülüyordu. Ben, bu konuda daha kesin bir görüş ve kararımı tespit etmemiştim. Ancak, Rauf Bey'in başkanlığı altındaki bir heyetin bizim için hayati önemi olan bir konuda başarı kazanabileceğinden emin olamıyordum. Rauf Bey'in de kendisini zayıf görmekte olduğunu hissediyordum. Müşavir olarak İsmet Paşa'nın yanına verilmesini teklif etti. Bu teklifle ilgili görüşümü belirtirken, "İsmet Paşa'dan müşavir olarak elde edilecek yarar sınırlıdır. İsmet Paşa başkan olursa kendisinden azami ölçüde yararlanılabileceğine ben de inanıyorum" dedim. Bu nokta üzerinde uzun boylu görüşülmedi. Ondan sonra Rauf Bey, delegeler heyetine kimlerin gireceği konusundaki türlü çalışmalarına devam ettiler. Ben buna önem verir görünmedim. Mudanya Konferansı sona ermişti. İsmet Paşa ve Genelkurmay Başkanı Fevzi Paşa Bursa'da bulunuyorlardı. Kendileriyle görüşmek üzere Bursa'ya gittim.

İSMET PAŞA'NIN DIŞİŞLERİ BAKANLIĞINA VE DELEGELER HEYETİ BAŞKANLIĞINA SEÇİLMESİ

Bursa'ya giderken yanımda Milli Savunma Bakanı Kazım Paşa vardı. Doğuda aleyhindeki çeşitli tepki ve gösteriler dolayısıyla görev yapma imkanını bulamadığından Ankara'ya gelmeye mecbur olan Kazım Karabekir Paşa ile İstanbul'da kendisine görev vermek üzere Refet Paşa'yı da birlikte götürdüm. Bursa'da kaldığım günlerde, Refet Paşa'yı, bilindiği gibi İstanbul'a gönderdim. İsmet Paşa'nın da, mevcut bunca bilgime rağmen, delegeler heyetine başkanlık edip edemeyeceğini bir daha inceledim. Mudanya Konferansı'nı nasıl idare ettiğini ayrıntılı olarak anlamaya çalıştım. İsmet Paşa'nın kendisine tasavvurlarımla ilgili hiçbir kelime söylemiyordum. Sonunda kararımı olumlu olarak verdim. İsmet Paşa'nın Delegeler Heyeti Başkanı olabilmesi için daha önce Dışişleri Bakanı olmasını uygun gördüm. Bunu sağlamak için doğrudan doğruya Dışişleri Bakanı Yusuf Kemal Bey'e özel ve gizli olarak yazdığım bir şifreli telgrafta kendisinin Dışişleri Bakanlığından çekilmesini ve yerine İsmet Paşa'nın seçilmesini, bizzat yardımcı olmasını rica ettim.

Ankara'dan hareket etmeden önce, Yusuf Kemal Bey, bana, Delegeler Heyeti Başkanlığını en iyi İsmet Paşa'nın yapabileceğini söylemişti. Yusuf Kemal Bey'den, kendisine bildirdiğim ricamı yerinde bularak gereğini yerine getirmeye çalıştığını bildiren bir cevap aldım.

LAUSANNE (LOZAN) BARIŞ KONFERANSINA DAVET

İşte ondan sonraydı ki, İsmet Paşa'ya, bir oldubitti şeklinde Dışişleri Bakanı olacağını ve ondan sonra da Barış Konferansı'na Delegeler Heyeti Başkanı olarak gideceğini söyledim. Paşa, birdenbire şaşırdı. Asker olduğunu söyleyerek özür diledi. En sonunda teklifimi emir sayarak boyun eğdi. Tekrar Ankara'ya döndüm. Bu sırada, İtilaf Devletleri tarafından, 28 Ekim 1922'de Lozan'da toplanacak olan Barış Konferansı'na davet edildik. İtilaf Devletleri, hala İstanbul'da bir hükümet tanımak istiyor ve onu da bizimle birlikte konferansa davet ediyordu.

* *
*

SALTANATIN KALDIRILMASI

Bu birlikte davet edilme durumu, şahsi saltanatın kaldırılması işini kesin olarak sonuçlandırdı. Gerçekten de 1 Kasım 1922 tarihli kanun gereğince, halifelik ile saltanat birbirinden ayrıldı. İki buçuk yılı aşan bir zamandan beri fiilen hükmünü yürüten milli saltanatın varlığı kabul edildi. Halifelik, açıklık kazanmış bir hakka sahip olmaksızın bir süre daha bırakıldı.

Efendiler, bu konuda zabıtlara geçmiş yeterince bilgi vardır. Konunun özel yönleri ile ilgili noktalar, belki yüce heyetinizi ilgilendirir düşüncesiyle, bazı bilgiler sunacağım:

Bilindiği gibi, "saltanat" ve "halifelik" makamları ayrı ayrı ve birleşmiş olarak önemli meselelerden sayılmaktaydı. Bunu doğrulayan bir hatıramı anlatayım: 1 Kasım 1922 tarihinden önce, muhalifler, Meclis çevresinde benim saltanatı kaldıracağım yolunda telaşlı ve heyecanlı propaganda yapıyorlardı.

Rauf Bey, bir gün Meclisteki odama gelerek benimle bazı önemli konuları görüşmek istediğini ve akşam Keçiören'de Refet Paşa'nın evine gidersem daha güzel konuşabileceğimizi söyledi. Rauf Bey'in teklifini kabul ettim. Fuat Paşa'nın da orada bulunmasına izin vermemi istedi. Onu da uygun gördüm. Refet Paşa'nın evinde dört kişi toplandık. Rauf Bey'den dinlediklerimin özeti şuydu: Meclis, Saltanat makamının belki de Halifeliğin ortadan kaldırılması görüşünün benimsenmiş olduğu endişesiyle üzgündür. Sizden ve sizin ileride benimseyeceğiniz tutumdan şüphe etmektedir. Bu bakımdan Meclise ve dolayısıyla millet kamuoyuna güven vermeniz gerektiğine inanıyorum.

RAUF BEY'İN SALTANAT VE HALİFELİK KONUSUNDAKİ DÜŞÜNCESİ

Rauf Bey'den saltanat ve halifelik konusundaki kanaat ve düşüncesinin ne olduğunu sordum. Verdiği cevapta şu açıklamalarda bulundu: "Ben, saltanat ve halifelik makamına vicdanımla ve duygularımla bağlıyım. Çünkü benim babam, Padişahın ekmeği ve nimetiyle yetişmiş, Osmanlı Devleti'nin ileri gelen adamları sırasına geçmiştir. Benim de kanımda o nimetin zerreleri vardır. Ben nankör değilim ve olmam. Padişah'a bağlılık borcumdur. Halifeye bağlılığım ise terbiyem gereğidir. Bunlardan başka, genel bir görüşüm de vardır. Bizde milleti ve kamuoyunu elde tutmak güçtür. Bunu ancak, herkesin erişemeyeceği kadar yüksek görülmeye alışılmış bir makam sağlayabilir. O da saltanat ve halifelik makamıdır. Bu makamı ortadan kaldırıp onun yerine başka nitelikte bir makam getirmeye çalışmak felakete ve büyük acılara yol açar. Bu da asla doğru olamaz." dedi.

Rauf Bey'den sonra, karşımda oturan Refet Paşa'nın görüşünü sordum. Refet Paşa'dan aldığım cevap şuydu: "Rauf Bey'in düşünce ve görüşlerinin hepsine katılırım. Gerçekten de bizde padişahlıktan ve halifelikten başka bir idare şekli söz konusu olamaz."

Ondan sonra, Fuat Paşa'nın düşüncesini öğrenmek istedim. Paşa Moskova'dan yeni döndüğünden, durumu, halkın duygu ve düşüncelerini daha yeterince incelemeye vakit bulamadığından söz ederek, görüşülen konu üzerinde kesin bir düşünce ve görüş ileri süremeyeceğini bildirdi ve özür diledi.

Ben, karşımdakilere kısaca şu cevabı verdim: "Üzerinde durduğunuz konu bugünün işi değildir. Mecliste bazılarının telaş ve heyecana kapılmalarına da gerek yoktur."

Rauf Bey, bu cevabımdan memnun göründü. Fakat şu veya bu şekilde bu konu etrafındaki görüşmelere yine devam edildi. Akşamüzeri başlayan konuşmalarımız, bütün gece, sabaha kadar uzadı. Rauf Bey'in bir şeyi sağlama bağlamak istediğini hissettim. Benim halifelik ve saltanat ve ileride şahsen alabileceğim durumla ilgili olarak kendilerine söylediğim ve inandırıcı buldukları sözleri bana kürsüden bizzat Meclise karşı söyletmek...

Kendilerine söylediğim sözleri olduğu gibi Meclise karşı söylemekte de bir sakınca görmediğimi bildirdim. Üstelik bu sözleri kurşun kalemle bir kağıt parçasına yazarak ertesi gün bir sırasını düşürüp Mecliste söyleyeceğime söz verdim. Verdiğim bu sözü yerine de getirdim. Benim bu konuşmam muhaliflerce, Rauf Bey'in başarısı olarak sayılmış ve kendisi takdir edilmiş...

MECLİS'TE SALTANATIN KALDIRILMASI GÖRÜŞÜLÜRKEN RAUF BEY'E VERDİĞİM ROL

Efendiler, belki birtakım kimselere göre Rauf Bey, üzerine aldığı görevi yerine getirmişti. Ben de açıkladığım üzere, genel ve tarihi görevimin o güne ait safhasını tamamlamıştım. Ancak, genel görevimin emrettiği asıl noktayı hedefe ulaştırmak ve uygulamaya geçmek gerektiği zaman da asla kararsızlığa düşmedim. Tevfik Paşa'nın telgrafları dolayısıyla saltanatı halifelikten ayırmaya ve önce saltanatı kaldırmaya karar verdiğim zaman, ilk yaptığım işlerden biri de, derhal Rauf Bey'i, Meclisteki odama çağırmak oldu. Rauf Bey'in, Refet Paşa'nın evinde sabahlara kadar dinlediğim düşünce ve görüşlerini hiç bilmiyormuşum gibi davranarak, ayakta, kendisinden şu istekte bulundum: "Halifelik ve saltanatı birbirinden ayırarak saltanatı kaldıracağız! Bunun doğru olduğu konusunda kürsüden bir konuşma yapacaksınız!" Rauf Bey ile bundan başka bir tek kelime konuşmadık. Rauf Bey odamdan çıkmadan önce, aynı maksatla çağırmış olduğum Kazım Karabekir Paşa geldi. Ondan da aynı şekilde konuşmasını rica ettim.

Efendiler, o tarihe ait Meclis tutanaklarında görüldüğü üzere, Rauf Bey, kürsüden bir iki defa görüştü ve hatta saltanatın kaldırıldığı günün bayram olarak kabul edilmesi teklifini de ortaya attı.

Burada bir nokta, kafalarda düğüm olarak kalabilir. Bana, Padişah'a bağlılığı borç bildiğinden, saltanat makamı yerine başka nitelikte bir makamın getirilmesine çalışmanın felakete ve büyük acılara yol açacağını söylemiş olan Rauf Bey, benim yeni kararımı öğrendikten sonra ve hele kararımın desteklenmesi ve saltanatın kaldırılması için Mecliste bir konuşma yapmasını teklif etmem karşısında, ne düşündüğünü bile söylemeden boyun eğmiştir. Bu tutum ve davranış nasıl yorumlanabilir? Rauf Bey eski inanç ve görüşlerini değiştirmiş miydi? Yoksa bu görüşlerinde esasen samimi değil miydi? Bu iki noktayı birbirinden ayırmak ve biri üzerinde kesin bir yargıya varmak güçtür.

Efendiler, böyle şüpheli bir yargıda bulunmaya girişmektense, durumun daha iyi anlaşılmasını kolaylaştıracak bazı safhaları, işlemleri ve tartışmaları yüksek heyetinize hatırlatmayı tercih ederim.

LOZAN BARIŞ KONFERANSINA TEVFİK PAŞA VE ARKADAŞLARI DA KATILMAK İSTİYORDU

Daha önce bilginize sunmuştum ki, saltanatın kaldırılması, Lozan Konferansı'na İstanbul'dan da bir delegeler heyetinin davet edilmesi ve İstanbul'un, yani Vahdettin, Tevfik Paşa ve arkadaşlarının da böyle bir daveti. Türk milletinin büyük emeklerle, fedakârlıklarla elde ettiği kazançları küçültmek, belki de anlamsız kılmak pahasına da olsa, kabul etmelerinden ileri gelmişti.

Tevfik Paşa, önce bana bir telgraf çekti. 17 Ekim 1922 tarihli bu telgrafta, Tevfik Paşa, kazanılan zaferin, bundan böyle İstanbul ile Ankara arasında anlaşmazlık ve ikiliği kaldırmış ve milli birliğimizi sağlamış olduğunu yazıyordu. Yani Tevfik Paşa demek istiyordu ki "Memlekette düşman kalmadı; o halde, padişah yerinde, hükümet onun yanında; millete düşenin de bu makamların vereceği emirlere uymaktır. Böyle olunca da, elbette birliğe engel bir şey kalmamış olur." Yalnız, Tevfik Paşa. Ankara'dan biraz daha yardım istemek akıllılığını gösteriyordu. O da, Barış Konferansı'na İstanbul ile Ankara'nın birlikte davet edilmiş olması dolayısıyla, daha önce benden çok gizli talimat almış bir kimsenin elden gelen hızla İstanbul'a gönderilmesini sağlamaktı.

Tevfik Paşa'ya verilmek üzere, İstanbul'da Hamit Bey'e çektiğim telgrafla "Tevfik Paşa ve arkadaşlarının devletin siyasetini bulandırmaktan vazgeçmemelerinin ne büyük bir sorumluluk doğuracağının aşikar bulunduğunu" bildirdim.

Ne yazık ki, Hamit Bey, bu telgrafın aynen Tevfik Paşa'ya bildirilmesi gerektiğinde kararsızlığa düşmüş, bunu kendisine gönderilen talimat sanmış; bununla birlikte bu telgrafımda yazılanlar çerçevesinde, Tevfik

Paşa'ya üç gün içinde beş defa tebligatta bulunmuş; hatta Tevfik Paşa ve çalışma arkadaşlarının konferansa delege göndermeleri için gazetelere, ajanslara, verilmesi gereken demecin esaslarını bildiren bir müsveddeyi bile kendilerine göndermiş.

ÇIKARLARINI KİRLİ BİR TAHTIN ÇÜRÜMÜŞ, ÇÖKMÜŞ AYAKLARINA SARILMAKTA BULANLAR

Bütün çıkarlarını yalnız kirli bir tahtın çürümüş çökmüş ayaklarına sarılmakta gören, Tevfik Paşa ve benzeri paşalardan kurulu Vahdettin Hükümeti'nin, gizli maksatlarını ne olursa olsun kabul ettirmekten başka hiçbir şeyle uğraşmadıkları anlaşılıyordu. Tevfik Paşa, bana çektiği telgrafa verilen cevaptan haberi olmadığını bildirdikten sonra, doğrudan doğruya 29 Ekim 1922 tarihli telgrafıyla ve Sadrazam unvanıyla Meclis Başkanlığı'na başvurdu.

Bu telgrafta yazılanlar, Osmanlı devrinin Tevfik Paşa'larına yaraşır bir biçimdeydi. Tevfik Paşa ve arkadaşları, bu telgraflarında, kazanılan başarının elde edilmesine hizmet ettiklerinden bahsedecek kadar cesaret gösterebilmişlerdir.

Efendiler, gayri meşru olarak, Osmanlı Devlet'inin Hükümeti adını taşımak gafletinde bulunan Tevfik Paşa, Ahmet İzzet Paşa ve benzerlerinden kurulu son Osmanlı Hükümeti üzerinde daha fazla durmanın bir yararı yoktur. Sözü Meclis görüşmelerine getireceğim.

Üzerinde durduğumuz konu dolayısıyla, Meclis'te 30 Ekim 1922 günü görüşmeler başladı. Birçok konuşmacı birçok şeyler söyledi. İstanbul'daki Osmanlı Hükümet'lerini ele aldılar. Ferit Paşa devresinden sonra Tevfik Paşa perdesinin açıldığını ve bu perdeyi açanların idrakten yoksun, vicdandan yoksun birtakım insanlar olduğunu belirterek, bu adamlara gereken kanuni işlemin yapılmasını istediler.

"Böyle bir anlayışta olan, yani bize bu kadar ahmakça tekliflerde bulunan kimseler, gerçekten Babıali'nin tarihi kimliğine imzasını koyan ve her şeyden çok oraya bağlı olan şahıslardır..." dediler.

İstanbul'da hükümet adını ve kimliğini takınan adamların; Vatana İhanet Kanunu'na göre cezalandırılmalarını isteyen önergeler okundu.

Efendiler, Osmanlı İmparatorluğu'nun yıkılmış olduğunu, yeni bir Türkiye Devleti'nin doğduğunu, Teşkilat-ı Esasiye Kanunu gereğince hakimiyet haklarının millete ait bulunduğunu ifade eden bir önerge hazırlandı. Sekseni aşkın arkadaşa imza ettirildi. Bu önergede benim de imzam vardır.

Bu önerge okunduktan sonra, ciddi olarak muhalif duruma geçenlerin başında iki kişi vardı. Bunlardan biri Mersin Milletvekili bulunan Salahattin Bey'dir. İkincisi, İzmir'de asılan Ziya Hurşit'tir. Bunlar saltanatın kaldırılmaması görüşünde olduklarını açıkça belirttiler.

OSMANLI SALTANATININ KALDIRILMASI KARARININ VERİLDİĞİ GÜN, TEŞKİLAT-I ESASİYE, ŞER'İYE VE ADLİYE KOMİSYONLARININ ORTAK TOPLANTISI

Efendiler, 31 Ekim 1922 günü Meclis toplanmadı. O gün Müdafaa-i Hukuk Grubu toplantısı oldu. Bu toplantıda, Osmanlı Saltanatının kaldırılmasının zorunlu olduğunu anlattım. 1 Kasım 1922 günü yapılan Meclis toplantısında, aynı konu uzun tartışmalara uğradı. Mecliste de geniş bir konuşma yapmak gereğini duydum. İslam ve Türk tarihinden örnekler vererek halifelik ve saltanatın ayrılabileceğini, milli hakimiyet ve saltanat makamının Türkiye Büyük Millet Meclisi olabileceğini, tarihi olaylara dayanarak açıkladım. Hülagü'nün Halife Mutasım'ı idam ettirerek yeryüzünde halifeliğe fiilen son verdiğini ve 1517'de Mısır'ı alan Yavuz, unvanı halife olan bir mülteciye önem vermeseydi, halifelik unvanının günümüze kadar miras kalmış bulunamayacağını anlattım.

Bundan sonra bu konu ile ilgili önergeler üç komisyona, Teşkilat-ı Esasiye, Şer'iye ve Adliye Komisyonlarına gönderildi. Bu üç komisyon üyelerinin bir araya gelip, konuyu bizim güttüğümüz maksada uygun bir çözüme bağlaması elbette güçtü. Durumu yakından ve bizzat takip etmek gerekti.

ORTAK KOMİSYONA ANLATTIĞIM GERÇEK

Üç komisyon bir odada toplandı. Başkanlığına Hoca Müfit Efendi'yi seçti. Konuyu görüşmeye başladılar. Şer'iye Komisyonu'nda bulunan hoca efendiler, halifeliğin saltanattan ayrılamayacağını, bilinen safsatalara dayanarak iddia ettiler. Bu iddiaların yersizliğini ortaya koyup çürütmek için serbestçe konuşabilecek olanlar ortaya çıkar görünmediler. Biz, çok kalabalık olan bu odanın bir köşesinde tartışmaları dinliyorduk. Bu şekildeki görüşmelerin istenilen sonuca varmasını beklemek boşunaydı. Bunu anladık. Sonunda, ortak komisyon başkanından söz istedim. Önümüzdeki sıranın üstüne çıktım. Yüksek sesle şu konuşmayı yaptım: "Efendim, dedim, hakimiyet ve saltanat hiç kimse tarafından, hiç kimseye ilim gereğidir diye, görüşme ve tartışmayla verilmez. Hakimiyet, saltanat, kuvvetle, kudretle ve zorla alınır. Osmanoğulları, zorla Türk milletinin hakimiyet ve saltanatına el koymuşlardır. Bu zorbalıklarını altı yüzyıldan beri sürdürmüşlerdir. Şimdi de Türk milleti bu saldırganlara isyan ederek ve artık dur diyerek, hakimiyet ve saltanatını fiilen kendi eline almış bulunuyor. Bu bir oldubittidir. Söz konusu olan, millete saltanatını, hakimiyetini bırakacak mıyız, bırakmayacak mıyız meselesi değildir. Mesele, zaten oldubitti haline gelmiş olan bir gerçeği kanunla ifadeden ibarettir. Bu mutlaka olacaktır. Burada toplananlar. Meclis ve herkes meseleyi tabii olarak karşılarsa, sanırım ki uygun olur. Aksi takdirde, yine gerçek, usulüne uygun olarak ifade edilecektir. Fakat, belki de bazı kafalar kesilecektir."

İşin ilim yönüne gelince, hoca efendilerin merak ve endişeye kapılmalarına yer yoktur. Bu konuda "ilmi açıklamalarda bulunayım" dedim ve uzun uzadıya birtakım açıklamalar yaptım. Bunun üzerine, Ankara milletvekillerinden Hoca Mustafa Efendi, "Affedersiniz efendim, dedi, biz konuyu başka bakımdan ele alıyorduk; açıklamalarınızla aydınlandık" dedi. Konu ortak komisyonca çözüme bağlanmıştı.

OSMANLI SALTANATININ YIKILIŞ VE GÖÇÜŞ MERASİMİNİN SON SAFHASI

Hızla kanun tasarısı hazırlandı. O gün Meclisin ikinci oturumunda okundu. Ad okunarak oya konması teklifine karşı, kürsüye çıktım. Dedim ki, "Buna gerek yoktur. Memleket ve milletin istiklalini ebedi olarak koruyacak ilkeleri, yüce Meclisin oy birliği ile kabul edeceğini sanırım." "Oya" sesleri yükseldi. Sonunda, başkan oya sundu ve "oybirliği ile kabul edilmiştir" dedi. Yalnız olumsuzluk bildiren bir ses işitildi: "Ben muhalifim!" Bu ses "söz yok" sesleriyle boğuldu. İşte Efendiler, Osmanlı Saltanatının yıkılış ve göçüş merasiminin son safhası böyle geçmiştir.

* *
*

HAİN VAHDETTİN BİR İNGİLİZ HARP GEMİSİYLE İSTANBUL'DAN KAÇIYOR

17 Kasım 1922 tarihli resmi bir telgrafın ilk cümlesi şuydu: "Vahdettin Efendi bu gece saraydan ayrılmıştır." Bu telgrafın bir iki cümlesini daha 18 Kasım 1922 gününe ait Meclis tutanaklarında okumuşsunuzdur. Fakat telgrafın aslında, bu ayrılışa kimlerin yardım etmiş olabileceğinden, kutsal emanetlerin nasıl korunacağından ve daha başka hususlardan bahseden alt tarafı da vardır.

Aynı gün Mecliste okunmuş bir mektup suretiyle ona ekli -ajanslarla yayınlanmış bir bildiri suretini de zabıtlardan bir daha okuyalım:

17.11.1922

Mektup Kopyası

Bir nüshasını ilişik olarak sunduğum resmi bildiride açıklandığı gibi, Padişah İngiltere'nin koruyuculuğuna sığınarak bir İngiliz harp gemisiyle İstanbul'dan ayrılmıştır...

İmza: Harrington

Mektuba Ekli Bildiri Kopyası

Resmen bildirilir ki, Padişah, bugünkü durum karşısında hürriyet ve hayatını tehlikede gördüğünden, bütün Müslümanların halifesi sıfatıyla İngiliz himayesini ve aynı zamanda İstanbul'dan başka bir yere götürülmesini istemiştir. Padişah'ın isteği bu sabah yerine getirilmiştir. Türkiye'deki İngiliz Kuvvetleri'nin Başkomutanı General Sir Charles Harrington, Padişah'ı almaya giderek bir İngiliz harp gemisine kadar kendisine eşlik etmiş ve Padişah, vapurda Akdeniz Filosu Genel Komutanı Amiral Sir De Brook tarafından karşılanmıştır. İngiliz Fevkalade Komiser Vekili Sir Newill Henderson, Padişah'ı gemide ziyaret ederek Kral Beşinci George'a bildirilmek üzere arzularını sormuştur.

General Harrington'un Ulviye Sultan adında bir hanıma gönderdiği Fransızca bir mektup da vardır. Bu mektup, hiçbir karşılık verilmemiş olduğu notuyla Refet Paşa'ya gönderilmiş. O da, 25 Kasım 1922 tarihinde bize bir suretini göndermişti. Fransızca mektubun bize gönderilen Türkçe sureti şudur:

Sultan Hanımefendi Hazretleri,

Şu sıralarda Malta'ya yaklaşmakta olan Padişah Hazretleri'nden, ailesinin durumu hakkında bilgi rica eden bir telsiz aldım. Bu konuda, geçen cumartesi Yıldız'dan bilgi almış ve Kadınefendi Hazretleri'nin sağlık ve neşelerinin yerinde olduğunu öğrenmiş ve derhal Padişah'a arz etmiştim. Eğer Padişah Hazretleri'nin aileleri hakkında yeni bilgiler lütfederseniz, onu da derhal Padişah'a sunmakla mutluluk duyarım. Padişah'ın içinde bulundukları güçlükler dolayısıyla, en samimi dileklerimi Kadınefendi Hazretleri'ne ve pek muhterem ailelerine sunmama izin vermenizi ve en derin saygı ve yüceltmelerimin kabulünü rica ederim.

İmza: Harrington

Efendiler, bu son mektup, üzerinde durulmaya değer nitelikte değildir. Bundan başka, General Harrington'un, İstanbul'daki askeri memurumuza yazdığı mektup ile ekinde yazılanlar üzerinde görüş belirtmeyi de gereksiz bulurum.

ASİL BİR MİLLETİ UTANILACAK BİR DURUMA DÜŞÜREN SEFİL

Kamuoyunu gerçek durumla karşı karşıya bırakmayı tercih ederim. O zaman, saltanatı atadan oğula geçirmek gibi yanlış bir usulün sonucu olarak, büyük bir makam, tantanalı bir unvan kazanabilmiş bir sefilin, gururu çok yüksek asil bir milleti nasıl utanılacak bir duruma düşürebileceği kendiliğinden anlaşılır.

Gerçekten de, her ne sebeple ve ne şekilde olursa olsun, Vahdettin gibi hürriyetini ve hayatını milleti içinde tehlikede görebilecek kadar adi bir yaratığın, bir dakika bile olsa, bir milletin başında olduğunu düşünmek ne hazindir! Şükre değer bir durumdur ki, bu alçak, mirasına konduğu Saltanat makamından millet tarafından atıldıktan sonra, alçaklığını sonuna kadar getirmiş oluyor. Türk milletinin bu işte önce davranması elbette takdire değer.

Aciz, adi, duygu ve anlayıştan yoksun bir yaratık, kendisini kabul eden herhangi bir yabancının koruyuculuğuna sığınabilir; ancak, böyle bir yaratığın bütün Müslümanların Halifesi sıfatını taşıdığını ifade etmek elbette doğru değildir. Böyle bir düşünce tarzının doğru olabilmesi, öncelikle, bütün Müslüman milletlerin esir olmaları şartına bağlıdır. Halbuki, dünyada gerçek böyle midir? Biz Türkler, bütün tarihimiz boyunca hürriyet ve istiklale sembol olmuş bir milletiz! Değersiz hayatlarını iki buçuk gün daha fazla ve sefilce sürükleyebilmek için, her türlü düşkünlüğe katlanmakta bir sakınca görmeyen halifeler oyununu da sahneden kaldırabildiğimizi gösterdik. Böylece, devletlerin, milletlerin birbirleriyle olan ilişkilerinde, şahısların, özellikle bağlı bulundukları devlet ve milletin zararına da olsa şahsi durumlarından ve kendi hayatlarından başka bir şey düşünemeyecek pespayelerin herhangi bir önemi olamayacağı şeklindeki bilinen gerçeği bir defa daha ortaya koymuş olduk.

Milletler arasındaki ilişkilerde mankenlerden yararlanma yöntemine rağbet etme devrine son vermek medeni dünyanın samimi bir dileği olmalıdır.

* *
*

ABDÜLMECİT EFENDİ'NİN BÜYÜK MİLLET MECLİSİ TARAFINDAN HALİFE SEÇİLMESİ

Saygıdeğer Efendiler, Türkiye Büyük Millet Meclisince kaçak Halife'nin halifeliği kaldırıldı. Yerine sonuncu halife olan Abdülmecit Efendi seçildi. Meclisçe, yeni halife seçilmeden önce, seçilecek şahsın da padişahlık sevda ve davasına katılarak, herhangi bir yabancı devlete sığınması ihtimalini ortadan kaldırmak gerekiyordu. Bunun için İstanbul'da bulunan görevlimiz Refet Paşa'ya, Abdülmecit Efendi ile görüşerek ve hatta elinden Türkiye Büyük Millet Meclisinin halifelik ve saltanatla ilgili kararını tamamen kabul ettiğini bildiren bir belge alarak göndermesini yazdım. Bu yazdıklarım yapılmıştır.

18 Kasım 1922 günü, İstanbul'da Refet Paşa'ya bir şifreli telgrafla verdiğim talimatta başlıca şu noktaları belirtmiştim: "Abdülmecit Efendi, Halife-i Müslimin unvanını kullanacaktır. Bu unvana başka bir sıfat ve kelime eklenmeyecektir. İslam dünyasına duyurulmak üzere hazırlayacağı bir bildiriyi, sizin aracılığınızla önce bize şifre olarak bildirecektir. Bu bildiri, onaylandıktan sonra yine şifre ile ve sizin aracılığınızla kendisine bildirilecek, ondan sonra yayınlanacaktır. Bu bildiri metninde başlıca şu noktalar yer alacaktır:

a.) Türkiye Büyük Millet Meclisinin kendisini halifeliğe seçmesinden dolayı memnun olduğu açıkça söylenecektir.

b.) Vahdettin Efendi'nin hareket tarzı etraflı olarak ele alınıp kötülenecektir.

c.) Teşkilat-ı Esasiye Kanunu'nun 10. maddesine kadar olan hükümleri, uygun bir biçimde açıklanarak ve önemli olan ifadeleri olduğu gibi tekrarlanarak Türkiye Devleti'nin, Büyük Millet Meclisinin ve Hükümeti'nin kendine has niteliğinin ve idare şeklinin Türk halkı ve bütün İslam dünyası için en yararlı ve en uygun rejim olduğu belirtilip tespit edilecektir.

d.) Türkiye milli halk hükümetinin geçmişteki hizmetlerinden ve yararlı çalışmalarından övücü bir dille bahsedilecektir.

e.) Bu bildiride, belirtilen noktalar dışında, siyasi sayılabilecek bir nokta ve düşünce söz konusu edilmeyecektir.

19 Kasım 1922 tarihli açık bir telgrafla da, Abdülmecit Efendi'ye: "Türkiye Devleti'nin hakimiyetini kayıtsız şartsız millete veren Teşkilat-ı Esasiye Kanunu gereğince, yürütme gücü ve yasama yetkisi kendisinde belirmiş ve toplanmış bulunan, milletin tek ve gerçek temsilcilerinden kurulu Türkiye Büyük Millet Meclisinin 1 Kasım 1922 tarihinde oy birliği ile kabul ettiği gerekçe ve ilkeler çerçevesinde ve Yüce Meclis'in 18 Kasım 1922 tarihli oturumunda halifeliğe seçilmiş olduğunu bildirdim.

19 Kasım 1922 tarihli bir şifreli telgrafla Refet Paşa, çektiğimiz telgraflara cevap veriyordu. Abdülmecit Efendi imzasının üstünde Halife-i Müslimin ve Hadimü'l-Haremeyn unvanlarının bulunmasının ve Cuma selamlığında kaftan giymesinin ve Fatih'inki gibi bir sarık sarınmasının mümkün ve uygun olacağı görüşünü ileri sürmüş. İslam dünyasına yayınlayacağı bildiri metninde, Vahdettin Efendi hakkında bir şey söylemeyeceğini bildirmiş. Bildiri İstanbul gazetelerinde yayınlanırken, Türkçesi ile birlikte Arapçaya çevrilmiş ve metninin de yayınlatılması görüşünü ortaya atmış.

Refet Paşa'ya, 20 Kasım 1922 günü makine başında verdiğim cevapta, "Müslümanların Halifesi" unvanıyla birlikte "Hadimü'l-Haremeyni'ş-şerifeyn*" unvanının kullanılmasını da uygun bulduğumu söyledim. Cuma töreninde Fatih'in kıyafetine girmesini uygunsuz buldum. Redingot** veya istanbulin*** giyebileceğini, askeri üniformanın elbette söz konusu olamayacağını bildirdim. Yayınlanacak bildiride, Vahdettin'in adı söylenmeden eski halifenin manevi şahsiyetinin ve zamanında düşülen kötü durumun dile getirilmesinin gerekli olduğunu bildirdim.

ABDÜLMECİT EFENDİ, BABASININ ADI DOLAYISIYLA DA OLSA "HAN" ÜNVANINDAN VAZGEÇEMİYOR

Refet Paşa'dan, 20 Kasım 1922'de aldığım şifreli telgrafın birinci maddesinde, Refet Paşa diyordu ki, Abdülmecit Efendi'nin 29 Rebiülevvel tarihli yazısının altında "Halife-i Resulullah Hadimü'l-Haremeyni'ş-Şerifeyn" unvanının altında "Abdülmecid Bin Abdülaziz Han" imzası kullanılmıştır.

Efendiler, yaptığımız uyarıyı iyi karşıladığını bildirmiş olan Abdülmecit Efendi, "Müslümanların Halifesi" yerine "Peygamberin Halifesi" ve babasının adı dolayısıyla "Han" unvanlarını kullanmaktan kendini alamamıştır. Birtakım düşünceler ileri sürdükten sonra da, Vahdettin'le ilgili demeçten vazgeçtiğini, çünkü başkasının kötü işlerini dile getirmek şeklinde bile olsa, bu türlü demeçlerin kendi prensip ve karakterine ağır geleceğinin aşikar olduğunu bildirmiş. Bu nokta telgrafın ikinci maddesinde yer almıştı, Telgrafın üçüncü maddesi, benim Meclis Başkanı sıfatıyla kendisine, halifeliğe seçildiğini bildiren telgrafıma yazdığı cevap niteliğinde idi. Bu cevapta: "Ankara'da Türkiye Büyük Millet Meclisi Başkanı Mareşal Gazi Mustafa Kemal Paşa Hazretleri'ne diye, doğrudan doğruya şahsıma hitap eden bir başlık kullanılmıştı. Dördüncü maddede, İslam dünyasına duyuracağı bildiri sureti vardı. Bu bildirinin yazıldığı İstanbul'un "Darü'l-Hilâfetü'l-Âliyye" olduğu da özenle belirtilmişti.

21 Kasım 1922 tarihli bir telgrafta: "Peygamberin Halifesi yerine daha önce de bildirdiğimiz gibi Müslümanların Halifesi denilecektir" dedik. Kendisine, halife seçildiğini bildiren telgrafımıza vereceği cevabın şahsıma değil Türkiye Büyük Millet Meclisi Başkanlığı'na yazılmasını hatırlattık. Yazılarında siyasi ve genel konularla ilgili kelimelerin bulunduğunu, bunlardan kaçınılması gerektiğini bildirdik.

Efendiler, önemsiz ayrıntılar gibi sayılması pek mümkün olan bu açıklamalarımla işaret etmek istediğim asıl nokta şudur: Ben, şahıs hakimiyetine dayanan saltanatın kaldırılmasından sonra, başka unvanla aynı nitelikle bir makamdan ibaret olması gereken halifeliğin de ortadan

---

* İki mübarek şehir olan Mekke ve Medine'nin koruyucusu.

** Resmi tören veya toplantılarda giyilen; etekleri uzun, arkası yırtmaçlı, çift sıra düğmeli erkek ceketine verilen ad

*** Osmanlı'da kullanılan yakası kapalı bir ceket türüdür.

kaldırılmış olduğunu kabul ediyordum. Bunun, elverişli bir zaman ve fırsatta açıklanmasını doğal buluyordum. Halife seçilen Abdülmecit Efendi'nin bu gerçekten büsbütün habersiz olduğu iddia edilemez. Özellikle, kendisinin Halife unvanıyla saltanat sürmesinin imkan ve şartlarını hazırlayıp sağlayabileceklerini hayal edenlerin varlığı düşünülürse, Abdülmecit Efendi'nin ve doğal taraftarlarının saf ve gafil oldukları zannına kapılmak hiç de doğru olamazdı.

HALİFE OLACAK KİŞİNİN SIFAT VE YETKİSİ NE OLACAKTI?

Şimdi, arzu buyurursanız, Halife seçimi dolayısıyla meclisin 18 Kasım 1922 günlü gizli oturumlarında geçen görüşmelerle ilgili kısa bir bilgi vereyim.

Mecliste konuyu pek ciddi ve önemli sayanlar vardı. Özellikle hoca efendiler, kendi ihtisasları ile ilgili bir konu bulduklarından çok dikkatli ve uyanık idiler. "Bir halife kaçmış... Onu makamından indirmek ve yenisini seçmek... Sonra, yenisini İstanbul'da bırakmayıp Ankara'ya getirmek... Milletin ve devletin yakından başına geçirmek... Kısacası, Halifenin kaçması yüzünden Türkiye'de ve bütün İslam dünyasında karışıklık çıkmış veyahut çıkacakmış... Onun için tedbirler alınmalı imiş..." şeklinde düşünceler, endişeler ortaya atılıyordu.

Bazı konuşmacılar da halife olacak kişinin sıfat ve yetkisinin ne olacağını tespit gereğinden söz ediyorlardı.

Görüşme ve tartışmalara ben de katıldım. Konuşmalarımın çoğu, ileri sürülen düşüncelere cevap niteliğinde idi. Söylediklerimin özü şu cümlelerde toplanıyordu:

"Bu konu fazlasıyla tartışılıp tahlil edilebilir. Ancak, tartışma ve tahlillerde ne kadar ileri gidersek, konuyu çözüme bağlamakta da o kadar güçlük ve gecikmelere uğrarız. Yalnız, şu noktaya hepinizin dikkatini çekerim. Bu Meclis, Türk halkının Meclisidir. Bu Meclisin sıfat ve yetkileri yalnız ve ancak Türk halkının ve Türk vatanının varlığı ve kaderi ile ilgili ve onlar üzerinde etki yapabilir. Meclisimiz, kendi kendine bütün İslam dünyasını içine alan bir güç ve kudrete sahip olamaz Efendiler! Türk milleti ve onun temsilcilerinden kurulmuş bulunan Meclisimiz kendi varlığını, halife unvanını taşıyan veya taşıyacak olan bir kişinin eline veremez ve vermeyecektir Efendiler! Bundan dolayı İslam dünyasında karışıklık varmış veyahut olacakmış. Bunların hepsi anlamsız ve yalan sözlerdir. Kim söylemişse yalan söylemiştir, yalan söylüyor."

Bu sözüme itiraz eden bir kişiye cevap verdim ve açıkça dedim ki:

- Sen yalan söyleyebilirsin, yaratılışın buna elverişlidir!..

Efendiler, ortalığı gürültüye vermenin gereği olmadığını açıkladıktan sonra, dedim ki: "Bizim dünya gözündeki en büyük güç ve kudretimiz, yeni şekil ve mahiyetimizdir. Halifelik makamı esaret altında olabilir.

Halife unvanını taşıyanlar, yabancılara sığınabilirler. Düşmanlar ve halifeler el ele verip her şeyi yapabilecek bir işbirliğine girişebilirler. Fakat yeni Türkiye'nin rejimini, politikasını ve kuvvetini hiç bir şekilde sarsamazlar.

TÜRK HALKI HAKİMİYETİNE KAYITSIZ VE ŞARTSIZ SAHİPTİR

Türkiye halkının hakimiyetine kayıtsız ve şartsız sahip olduğunu bir defa daha ve kesinlikle tekrar ediyorum. Hakimiyet, hiçbir anlamda, hiçbir şekilde, hiçbir renk ve hiçbir kılavuzlukta ortaklık kabul etmez. Unvanı ister halife ister başka bir şey olsun, hiç kimse bu milletin kaderine ortak çıkamaz. Millet buna kesinlikle müsaade edemez. Bunu teklif edecek hiçbir milletvekili bulunamaz. Bunun içindir ki, kaçmış olan Halife'nin Halifeliğine son verip, yenisini seçmek ve bu konu ile ilgili bütün işlemlerde belirttiğim görüşler çerçevesinde hareket etmek zorunludur. Başka türlüsüne kesinlikle imkan yoktur.

Saygıdeğer Efendiler, biraz tartışmalı ve gürültülü olmakla birlikte, yapılacak işlem üzerinde Mecliste çoğunlukla görüş birliği sağlandı. Ondan sonraki sonuç da bilinmektedir.

Saltanatın kaldırılması üzerine, İstanbul'da hükümet adını taşıyan Tevfik ve İzzet Paşalarla arkadaşlarının Saray'a istifalarını nasıl verdiklerinden; İstanbul'un yönetimini düzene sokmak için verdiğimiz talimat ve emirlerden de söz ederek yüksek heyetinizi yormayı yararlı bulmuyorum.

LOZAN BARIŞ KONFERANSI

Lozan Konferansı genel toplantısı 21 Kasım 1922 günü yapılmıştır. Bu konferansta Türkiye Devleti'ni İsmet Paşa Hazretleri temsil etti. Trabzon Milletvekili Hasan Bey ve Sinop Milletvekili Rıza Nur Bey, İsmet Paşa'nın başkanlığındaki delegeler heyetini oluşturuyordu.

Heyetimiz, Kasım 1922 başlarında Lozan'a gitmek üzere Ankara'dan ayrıldı.

Efendiler, iki dönemden ibaret olup sekiz ay devam eden Lozan Konferansı ve sonucu dünyaca bilinen bir husustur.

Bir süre Ankara'da Lozan Konferansı görüşmelerini takip ettim. Görüşmeler hararetli ve tartışmalı geçiyordu. Türk haklarını tanıyan olumlu bir sonuç görülmüyordu. Ben bunu pek doğal buluyordum. Çünkü, Lozan barış masasında ele alınan meseleler yalnız üç dört yıllık yeni devreye ait ve onunla sınırlı kalmıyordu. Yüzyılların hesabı görülüyordu. Bu kadar eski, bu kadar karışık ve bu kadar kirli hesapların içinden çıkmak, elbette, o kadar basit ve kolay olmayacaktı.

Efendiler, bilindiği üzere, yeni Türk Devleti'nin yerini aldığı Osmanlı Devleti, Uhud-ı Atika adı altında birtakım kapitülasyonların esiri idi. Hristiyan halkın birçok hakları ve ayrıcalıkları vardı. Osmanlı Devleti,

Osmanlı ülkesinde oturan yabancılara karşı yargı hakkını uygulayamazdı; Osmanlı vatandaşlarından aldığı vergiyi, yabancılardan alması engellenmiş bulunuyordu. Devletin varlığını kemiren ve kendi sınırları içinde yaşayan azınlıklarla ilgili tedbirler alması mümkün değildi.

Osmanlı Devleti, kendisini kuran temel unsurun, Türk milletinin, insanca yaşamasını sağlayacak tedbirleri alma bakımından da engellenmişti; memleketi imar edemez, demiryolu yaptıramazdı. Hatta okul yaptırmakta bile serbest değildi. Bu gibi durumlarda yabancı devletler hemen işe karışırlardı.

Osmanlı hükümdarları ve çevresindeki yakınları debdebe ve gösteriş içinde yaşayabilmek için memleket ve milletin bütün servet kaynaklarını kuruttuktan başka, milletin her türlü çıkarlarını feda etmek, devletin haysiyet ve şerefini ayaklar altına almak suretiyle birçok dış borçlar yapmışlardı. O kadar ki, devlet bu borçların faizlerini bile ödeyemeyecek duruma gelmiş, dünya gözünde "iflas etmiş" sayılmıştı.

OSMANLI DEVLETİ'NİN DÜNYA GÖZÜNDE HİÇBİR DEĞERİ KALMAMIŞTI

Efendiler, mirasçısı olduğumuz Osmanlı Devleti'nin dünya gözünde hiçbir değeri, fazileti ve haysiyeti kalmamıştı. Devletlerarası hukukun dışında tutulmuş, sanki, himaye ve korunmaya muhtaç bir duruma gelmiş gibi kabul ediliyordu.

Geçmişteki hoşgörürlüğün ve yapılan yanlışların sorumlusu biz olmadığımıza göre, yüzyılların birikmiş hesapları bizden sorulmamak gerekirken, bu konuda da dünya ile karşı karşıya gelmek bize düşmüştü. Milleti ve memleketi gerçek istiklal ve hakimiyetine sahip kılmak için, bu güçlüğe ve fedakarlığa da katlanmak bizim üzerimize yüklenmişti. Ben, mutlaka olumlu bir sonuç alınacağından emindim. Türk milletinin varlığı için, istiklali için, hakimiyeti için ne pahasına olursa olsun elde etmeye ve sağlamaya mecbur olduğu hakların dünyaca tanınacağından asla şüphem yoktu. Çünkü, gerçekte bu haklar, kuvvetle, liyakatle fiili ve maddi olarak elde edilmişti. Konferans masasında istediğimiz, zaten elde edilmiş olan bu hakların usulünce ifade ve onaylanmasından başka bir şey değildi. İsteklerimiz, açık ve doğal haklarımızdı. Bundan başka, haklarımızı kazanmak ve korumak için kudretimiz de vardı; kuvvetimiz de yeterliydi. En büyük kuvvetimiz, en güvenilir dayanağımız milli hakimiyetimizi kavramış, onu fiili olarak halkın eline vermiş ve halkın elinde tutabileceğimizi fiilen ispatlamış olmamızdı.

İşte bu düşüncelerle, konferansın gidişini soğukkanlılıkla takip ediyor ve ortaya çıkan tersliklere gereğinden fazla önem vermiyordum.

HALKIN İÇİNDE BULUNDUĞU PSİKOLOJİYİ, DÜŞÜNCE EĞİLİMLERİNİ BİR DAHA İNCELEMEK İÇİN HALKLA YAKINDAN TEMASA GEÇMEK

Efendiler, saltanatın kaldırılması ve halifelik makamının yetkisiz kalışı üzerine, halk ile yakından temasa geçmek, halkın içinde bulunduğu psikolojiyi, düşünce ve eğilimlerini bir daha incelemek önem kazanıyordu.

Bunun dışında, Meclis, son yılına girmiş bulunuyordu. Yeni seçim dolayısıyla, Anadolu ve Rumeli Müdafaa-i Hukuk Cemiyeti'ni siyasi bir parti durumuna getirmeye karar vermiştim. Barış gerçekleşince, cemiyet teşkilatımızın, siyasi bir partiye dönüşmesini gerekli buluyordum. Bu konuda da doğrudan doğruya halk ile görüşüp konuşmayı yararlı sayıyordum. Zaferden sonra eğitimle uğraşmaya başlamış olan ordumuzu da yakından görmek istiyordum. İşte bu maksatlarla Batı Anadolu'da bir gezi yapmak üzere, 14 Aralık 1923 tarihinde Ankara'dan hareket ettim.

Eskişehir'den başlayarak, İzmit, Bursa, İzmir ve Balıkesir'de, halkı uygun yerlerde toplayarak uzun sohbetlerde bulundum. Halkın, bana, diledikleri gibi serbestçe sorular sormasını istedim. Sorulan sorulara cevap olmak üzere, altı saat, yedi saat süren konferanslar verdim.

Saygıdeğer Efendiler, hemen her yerde halkın anlamak istediği hususlardan dikkati çeken noktalar şunlardı:

Lozan Konferansı ve sonucu, milli hakimiyet ve hilafet makamı, bunların durumları ve ilişkileri; bir de kurmak niyetinde olduğum anlaşılan siyasi parti...

Lozan Konferansı görüşmelerini, her yerde, özetleyerek olduğu gibi anlatıyordum. Olumlu sonuç alınacağı hakkındaki inancımı da belirterek milletin endişesini gidermeye çalışıyordum.

MİLLİ HAKİMİYET İLE HALİFELİK MAKAMININ DURUMLARI VE İLİŞKİLERİ

Halkın, milli hakimiyet ve halifelik makamının durumları ile bunların ilişkileri konusunda merak ve endişeye kapılmakta hakkı vardı. Çünkü, Meclis 1 Kasım 1922 tarihli kararıyla, şahıs hakimiyetine dayanan devlet şeklinin 16 Mart 1920 tarihinden başlayarak ve ebedi olarak tarihe karıştığını ilan ettikten sonra, birtakım Şükrü Hocalar "Müslüman kamuoyu şüphe ve üzüntülere düşmüştür" diyerek hareket ve faaliyete geçtiler. Bunlar: "Halifelik demek hükümet demektir. Halifeliğin hak ve görevlerini yok etmek hiç kimsenin, hiç bir meclisin elinde değildir" davasını ortaya atmışlardı. Meclisin, milletin ortadan kaldırdığı şahıs saltanatını, halifelik makamında devam ettirmek ve Padişah'ın yerine Halife'yi geçirmek sevdasına düşmüşlerdi.

Gerçekten de gerici bir grup, Afyonkarahisar Milletvekili Hoca Şükrü imzasıyla İslam Halifeliği ve Büyük Millet Meclisi adıyla bir broşür yayınladı. Bu broşürün, Ankara'da 15 Ocak 1923 tarihinde yayınlandığı ve bütün milletvekillerine dağıtıldığı bana İzmit'te bildirildi. Broşürün üzerine sadece 1339 (1923) yılı yazılmıştı. Fakat, broşürün daha ben Ankara'da iken hazırlanıp bastırıldığı ve benim Ankara'dan ayrılış tarihim olan 14 Ocak 1923 gününün ertesinde ortaya çıkarıldığı anlaşılmıştı.

Şükrü Efendi Hoca ve arkadaşları, Halife Meclis'in, Meclis Halifenindir safsatasıyla, Millet Meclisi'ni Halife'nin danışma kurulu ve Halife'yi Meclisin, dolayısıyla devletin başkanı gibi göstermek ve kabul ettirmek istemişlerdir.

HALİFE OLAN KİŞİYİ ÜMİTLENDİRECEK BAĞLILIK GÖSTERİLERİ

Efendiler, Halife bulunan kişiyi ümitlendirecek bazı bağlılık gösterileri de dikkati çekiyordu. Gizli olarak yapılan bağlılık gösterileri ise, bizim dışarıdan tahmin ettiklerimizden daha fazla imiş. Bu konuda bir fikir vermiş olmak için, o sıralarda İstanbul ve Trakya'da görevli memurumuz ve temsilcimiz olan Refet Paşa'nın, o günlerde, Halife'ye Konya adındaki bir atı sunması dolayısıyla, kendi kardeşi ve aynı zamanda yaveri Rifat Beye yazdığı bir şifreli telgrafla, bu telgrafa Halife'nin başyaveri vasıtasıyla verdiği cevabı olduğu gibi bilginize sunacağım:

Şifre

Rifat Bey'e

05.01.1923

Konya'yı Halife Hazretleri'ne sunmak için getirmiştim. Yalnız şimdi ne durumda olduğunu görmedim. Cesaret edemiyorum. İstanbul'da iyi bir hayvan bulunmayacağını anladığım için, Halife Hazretleri'nin başyaverlerinden de hayvan satın alınması hususunda acele etmemelerini rica etmiştim. Hayvanın Halife Hazretleri tarafından beğenilmesini Tanrı'nın bir lütfu sayıyorum. Büyük bir cüretkarlık olacağını bilmekle birlikte, İstiklal Savaşı'nın tarihi bir hatırası olduğu için, eski sadık bir askerin gaza yadigarı olarak sunduğu Konya'nın Halife Hazretleri tarafından lütfen kabulünü ve Halife Hazretleri'nin en içten gelen bağlılık duygularıyla ellerini öptüğümün Halife Hazretleri'ne duyurulmasına aracı olmalarını Başyaver Şekip Bey'den rica ederim. Konya'yı ve bu şifreyi Şekip Bey'e hemen teslim ediniz.

Refet

***

07.01.1923

Trakya Fevkalade Temsilcisi Refet Paşa Hazretleri'ne

Saygıyla arz ederim: Pek sayın kardeşiniz Rıfat Bey'in teslim ettiği yüce şahsınızdan gelen telgrafı Halife Hazretleri Efendimize arz ettim. Peygamber vekili olan Halife Hazretleri, gerek bir defa daha ifade buyrulan içten bağlılık duygularından gerek kendilerine sunulan Konya adındaki hayvandan dolayı pek hoşnut ve müteşekkir kaldılar. Aziz vatanımızın istiklalini korumak gibi pek kutsal ve yüce bir gayenin elde edilmesine çalışan büyük simalar arasında seçkin bir yeri olan yüksek şahsiyetlerinin de yiğitlik ve fedakarlık gösterdikleri er meydanlarından birinin adıyla anılan bu sevimli ve güzel ata sahip olmakla iftihar ettiler, Yüce Cebrail, kainatın şerefi Peygamberimiz Hazretleri'ne (S.A.S.) peygamberliği bildirdiği gibi, siz de Halife Hazretleri'ne Peygamberin vekili olduğunu bildirdiğinizden dolayı, yüksek şahsiyetiniz, kendilerine bütün ömürlerinin en mutlu ve kutsal bir olayını her zaman hatırlatacaktır. Yüksek şahsiyetlerinin bu aziz hatıraya karışmış olmaları dolayısıyla, sık sık ve içten gelen bir sevgi ile hatırlanacakları zaten belli iken, bir de her gün, alışıldığı üzere tatlı Saba Rüzgarı gidişli bu ata binildikçe, yüksek şahsiyetlerinin değerli hatırası yeniden anılacak ve canlanacaktır. Şu satırlarla, Halife Efendimizin gerçekten tertemiz ve değerbilir duygularına ne dereceye kadar tercüman olabildiğimi kestiremem. Bunu başaramadıysam eksiğimi, Batı devletlerine, Halife Hazretleri'nin bizzat göstermiş ve ifade buyurmuş oldukları babaca sevgi ve okşayışlar daha önceden telafi etmiştir, kanaatiyle avunmaktayım. Bu vesileyle ve sonuç olarak size, Tanrı'nın gölgesi ve Peygamber'in vekili Halife Hazretleri'nin özel selamlarını ve hayır dualarını bildirmek ve müjdelemekle şeref duyar, üstün saygılarımın kabulünü rica ederim, Efendim hazretleri.

Şekip Hakkı
Başyaver

(Bu yazışmaları ve karşılıklı sevgi gösterilerini, biz ancak halifeliğin kaldırılmasından ve Halife'nin soyundan gelen kimselerin memleketten çıkarılmasından sonra tesadüf eseri olarak öğrenebildik.)

DİN OYUNU AKTÖRLERİ HALİFE'Yİ BÜTÜN İSLAM DÜNYASINA HÜKÜMDAR YAPMAK İSTİYORLARDI

Şunu arz etmeliyim ki, Şükrü Efendi Hoca ile, onu ve imzasını ileri süren politikacılar, sultan veya padişah unvanını taşıyan bir hükümdar yerine, unvanı halife olan bir hükümdar koyarak konuşmuşlar ve iddialarda bulunmuşlardı. Yalnız şu farkla ki, herhangi bir memleket ve milletin hükümdarı yerine, dünyanın dört bucağında kitleler halinde yaşayan, türlü türlü ırktan üç yüz milyonluk bir topluluğa hüküm yürüten bir hükümdardan, onun görev ve yetkilerinden söz etmişlerdi. Bu, bütün İslam dünyasına hakim olacak büyük hükümdarın eline, kuvvet olarak, üç yüz milyon Muhammet ümmetinden yalnız on on beş milyon Türk halkını lütfetmişlerdi. Halife adındaki hükümdar, yeryüzündeki bütün Müslümanların işlerini yönetecek, dünya işleriyle ilgili hükümlerden, onların çıkarlarına en uygun olanları hakkında karar verecekti. Bütün Müslümanların haklarını savunacak, onların işlerine ve problemlerine etkili bir azim ve irade ile sahip çıkacaktı.

Halife adındaki hükümdar, yeryüzündeki üç yüz milyon Müslüman arasında, adaleti sürekli olarak ayakta tutacak vatandaş haklarını gözetecek, güvenlik ve huzur bozucu olaylara engel olacak, Müslümanlara başka dinlere bağlı olanlardan gelmesi muhtemel saldırıları önleyecekti. İslam topluluğunun güven içinde yaşamasını, gelişip kalkınmasını sağlayıcı çareleri hazırlamakla yükümlü bulunacaktı.

Saygıdeğer Efendiler, bu kadar kara cahil, dünya şartlarından ve gerçeklerden bu denli habersiz Şükrü Hoca ve benzerlerinin milletimizi kandırmak için, İslami hükümler diye yayınladıkları safsataların, gerçekte tekrarlanacak bir değeri yoktur. Ancak, bunca yüzyıllar boyunca olduğu gibi, bugün de, milletlerin cahilliğinden ve bağnazlığından yararlanarak bin bir türlü siyasi ve şahsi maksatla çıkar sağlamak için, din alet ve vasıta olarak kullanmak teşebbüsünde bulunanların memleket içinde de dışında da var oluşu, ne yazık ki, daha bizi bu konuda söz söylemekten alıkoyamıyor. İnsanlık dünyasında, din konusundaki uzmanlık ve derin bilgi, her türlü hurafelerden arınarak gerçek bilim ve tekniğin ışıklarıyla tertemiz ve mükemmel oluncaya kadar, din oyunu aktörlerine, her yerde rastlanacaktır.

Şükrü Hocaların ne kadar anlamsız, mantıksız ve uygulama kabiliyetinden yoksun düşünce ve hükümler savurduklarını anlamamak için cidden Hoca Efendi gibi allahlık denilen yaratıklardan olmak lazımdır.

Onların dediği gibi, halifenin ve halifeliğin otoritesi, bütün dünya Müslümanları üzerinde geçerli olmak gerekince, bütün varlığını ve kuvvet kaynaklarını yalnız halifenin emir ve yasaklarına bırakmakla, Türk halkının omuzlarına bindirilecek yükün ne kadar ağır olacağını insaf edip düşünmek lazım gelmez miydi?

Onların ileri sürdükleri gerekçe ve hükümlere göre, halife adını taşıyan hükümdar; Çin, Hint, Afgan, İran, Irak, Suriye, Filistin, Hicaz, Yemen, Asir, Mısır, Trablus, Tunus, Cezayir, Fas, Sudan, kısacası dünyanın dört köşesindeki İslamların ve İslam memleketlerinin işlerinde yetki sahibi olacaktı.

Bu hayalin hiçbir zaman gerçekleşmemiş olduğu bilinmektedir. İslam topluluklarının başka başka maksatlarla birbirinden ayrıldıkları; Emevilerin Endülüs'te, Alevilerin Kuzey Afrika'da, Fatımilerin Mısır'da, Abbasilerin Bağdat'ta birer halifelik yani saltanat kurdukları; hatta Endülüs'te her bin kişilik bir topluluğun bir halifesi ile bir minberi olduğu, Hoca Şükrü imzalı broşürde de yer almıştır.

Bu tarihi gerçeği bilmezlikten gelerek, hemen hepsi yabancı devletlerin idaresi altında bulunan veya bağımsız olan Müslüman milletlere ve devletlere Halife adı altında bir hükümdar tayin etmek akıl ve gerçek ile bağdaştırılabilir miydi? Hele, böyle bir hükümdarın mevkiini korumak için, bir avuç Türkiye halkını o hükümdarın emrine vermek, onu yok etmek için uygulana gelen tedbirlerin en etkilisi olmaz mıydı? Halifenin görevi ruhani değildir, halifeliğin temeli maddi iktidar ve hükümet kuvvetidir diyenlerin, halifeliğin devlet, halifenin devlet başkanı olduğunu ifade ve ispat ettikleri ve maksatlarının halife unvanını taşıyan bir zatı Türkiye Devleti'nin başkanlığına geçirmek olduğu kolaylıkla anlaşılabiliyordu.

Saygıdeğer Efendiler, Şükrü Hoca Efendi'nin ve politikacı arkadaşlarının, siyasi maksatlarını açıktan açığa ortaya koymayıp, bunu bütün İslam dünyasına mal etmek istedikleri dini bir konu olarak ele almaları, halifelik oyuncağının ortadan kaldırılmasını çabuklaştırmaktan başka bir sonuç vermemiştir.

HALİFELİK KONUSUNDA HALKIN ŞÜPHE VE ENDİŞESİNİ GİDERMEK İÇİN YAPTIĞIM AÇIKLAMALAR

Halifelik konusu hakkında halkın şüphe ve endişesini gidermek için, her yerde gerektiği kadar konuştum ve açıklamalarda bulundum. Kesin olarak belirttim ki, milletimizin kurduğu yeni devletin kaderine, işlerine, bağımsızlığına, unvanı ne olursa olsun hiç kimseyi karıştıramayız! Milletin kendisi, kurduğu devleti ve onun bağımsızlığını koruyor ve sonsuz olarak da koruyacaktır!

Millete anlattım ki, bütün Müslümanları içine alan bir devlet kurmak görevi ile yükümlü imiş gibi hayal edilen bir halifenin, görevini yerine getirebilmesi için, Türkiye Devleti ve onun bir avuç nüfusu, halifenin emrine tabi tutulamaz. Millet buna razı olamaz! Türk halkı bu kadar büyük bir sorumluluğu bu kadar mantıksız bir görevi üzerine alamaz.

"Milletimiz, yüzyıllarca bu anlamsız ve boş görüşten hareket ettirildi. Fakat ne oldu? Her gittiği yerde milyonlarca insan bıraktı. Yemen çöllerinde kavrulup yok olan Anadolu evlatlarının sayısını biliyor musunuz?" dedim. "Suriye'yi, Irak'ı elden çıkarmamak için, Mısır'da barınabilmek için, Afrika'da tutunabilmek için ne kadar insan telef oldu, bunu biliyor musunuz? Ve sonuç ne oldu görüyor musunuz?" dedim.

"Halife'ye dünyaya meydan okutmak ve onu bütün İslam Dünyasının işlerinde söz ve yetki sahibi kılmak düşüncesinde olanlar, bu görevi yalnız Anadolu halkından değil, onun sekiz on katı nüfusa sahip olan büyük Müslüman kitlelerinden beklemelidirler! Yeni Türkiye'nin ve Yeni Türkiye halkının, artık, kendi varlık ve mutluluğundan başka düşünecek bir şeyi yoktur... Başkalarına verilecek bir zerresi kalmamıştır!" dedim.

Bir başka noktayı da halka iyice açıklayabilmek için şunları söyledim: Bir an için farz edelim ki, dedim; Türkiye söz konusu görevi kabul etsin... Bütün İslam dünyasını bir noktada birleştirerek yönetmek gayesinde yürüsün ve başarmış da olsun! Pekala ama, uyruğumuz ve idaremiz altına almak istediğimiz milletler, derlerse ki bize büyük hizmetler ve yardımlar yaptınız, teşekkür ederiz. Fakat, biz bağımsız kalmak istiyoruz. Bağımsızlık ve hakimiyetimize kimsenin karışmasını uygun bulmayız! Bizim kendi kendimizi yönetmeye gücümüz yeter!

O zaman Türkiye halkının bütün bu gayret ve fedakârlığı yalnızca bir teşekkür ve dua almak için mi göze alınacaktır?

Görülüyordu ki, boş bir istek ve heves için, bir vehim ve hayal için, Türk halkını mahvetmek istiyorlardı. Halifelik ve halifeye görev ve yetki vermek düşüncesinin temelinde yatan esas bundan ibaretti.

Efendiler, halka sordum: Bir İslam devleti olan İran ve Afganistan, halifenin herhangi bir yetkisini tanır mı? Tanıyabilir mi? Haklı olarak tanıyamaz. Çünkü, böyle bir yetki devletinin istiklalini milletinin hakimiyetini ortadan kaldırır.

Millete şunu da hatırlattım ki, kendimizi dünyanın hakimi zannetmek gafleti, artık devam etmemelidir. Dünyanın durumunu ve dünyadaki gerçek yerimizi tanımamaktaki gafletle, gafillere uymakla milletimizi sürüklediğimiz felaketler yetişir! Bile bile aynı faciayı devam ettiremeyiz.

Efendiler, İngiliz tarihçilerinden Wells, iki yıl önce yayınlanan bir tarih yazdı. Eserinin son sayfaları Dünya tarihinin gelecekteki safhası başlığı altında bazı düşünce ve görüşleri içine almaktadır.

Bu görüşlerin yönelmiş olduğu hedef; "Un gouvernement federal mondial" yani "birleşik bir dünya devleti"dir.

Wells, bu bölümde, birleşik bir dünya devletinin nasıl durulabileceğini ve böyle bir devletin önemli ayırıcı özellikleri ile ilgili tasavvurlarını belirtiyor; adaletin ve tek bir kanunun hakimiyeti altında dünyamızın ne durumda bulunacağını hayal ediyor.

Wells, "Bütün hakimiyetler tek bir hakimiyet içinde eritilmezse, milliyetlerin üstünde bir kuvvet meydana çıkmazsa, dünya mahvolacaktır." diyor ve "Gerçek devlet, çağdaş hayat şartlarının bir zorunluluk haline getirdiği birleşik dünya devletinden başka bir şey olamaz; hiç şüphe yoktur ki, insanlar kendi icatları altında ezilmek istemezlerse er geç birleşmeye mecbur olacaklardır." görüşünü ileri sürüyor.

İnsanlığın dayanışması ile ilgili büyük hayallerin sonunda gerçekleşmesi için ne yapmak ve neyin önüne geçmek gerektiğinin doğru olarak bilinmediği ve saldırgan bir dış siyaset geleneğine sahip olan devletlerin, birleşik bir dünya devleti tarafından güçlükle temsil edilebileceğini de bildiriliyor. Wells'in "Avrupa ve Asya'nın felaketleri ve ortak ihtiyaçları, belki dünyanın bu iki parçasındaki milletlerin bir dereceye kadar birleşmesine yardım edecektir, olabilir ki, dünya ölçüsünde bir birleşmeye gidilmeden önce, bir sıra bölgesel birleşmeler yapılabilir" şeklindeki düşüncelerini de kaydedeyim.

Efendiler, bütün insanlığın görgü, bilgi ve düşüncede yükselip olgunlaşması, Hristiyanlığı, Müslümanlığı, Budizm'i bir yana bırakarak basitleştirilmiş ve herkes için anlaşılacak duruma getirilmiş saf ve lekesiz bir dünya dininin kurulması ve insanların, şimdiye kadar kavgalar, çirkeflikler, kaba istek ve iştahlar arasında bir sefalethanede yaşamakta olduklarını kabul ederek, bütün vücutları ve zekâları zehirleyen zararlı tohumları yok etmeye karar vermesi gibi şartların gerçekleşmesini gerektiren birleşik bir dünya devleti kurma hayalinin tatlı olduğunu inkâr edecek değiliz.

Türkiye'ye musallat olmamak şartıyla, Halifelik taraftarlarını ve Panislamizm taraftarlarını memnun etmek için, bu plan ve hayal bir dereceye kadar bizde de tasvir edilmişti.

Ortaya atılan görüş şuydu: Avrupa'da, Asya'da, Afrika'da ve diğer kıtalarda yaşayan Müslüman toplumları, gelecekte herhangi bir gün kendi irade ve arzularını kullanacak bir güç ve özgürlüğe kavuşurlar ve o zaman lüzumlu ve yararlı görürlerse, çağın gereklerine uygun birtakım uyuşma ve birleşme noktaları bulabilirler. Şüphesiz, her devletin, her toplumun birbirinden karşılayabileceği ihtiyaçları vardır. Karşılıklı çıkarları olacaktır. Tasarlanan bu bağımsız İslam devletlerinin yetkili temsilcileri bir araya gelip bir kongre yaparlar ve falan ve filan İslam devletleri arasında şu veya bu ilişkiler kurulmuştur. Bu ortak ilişkileri korumak ve bu ilişkilerin gerektirdiği şartlar içinde birlikte hareket sağlamak için, bütün İslam devletlerinin temsilcilerinden kurulu bir meclis oluşturulacaktır. Birleşmiş olan İslam devletleri bu meclisin başkanı tarafından temsil edilecektir derlerse ve isterlerse, işte o zaman, o birleşik İslam devletine halifelik ve ortak meclisin başkanlığına seçilecek zata da halife unvanı verirler. Yoksa, herhangi bir İslam devletinin, bir kişiye bütün İslam dünyasını işlerini yönetme ve yürütme yetkisini vermesi akıl ve mantığın hiçbir zaman kabul edemeyeceği bir durumdur.

TEŞKİLAT-I ESASİYE KANUNUNDA DÜĞÜM NOKTALARI

Efendiler, halifelik ve din konularıyla uğraşıldığı sıralarda, Teşkilat-ı Esasiye Kanunu'ndaki bir noktanın halkı ve özellikle aydınların kafasında düğümlenip kaldığını öğrendik. Bu düğüm kanunda Cumhuriyet'in ilanından sonra da bırakıldığı gibi, kanuna, düğüm teşkil edecek ikinci bir noktanın bir daha sokulmuş olduğunu görenler, şaşkınlıklarını gizleyememişlerdi ve bugün de gizlememektedirler. Bu noktaları açıklayayım: 20 Ocak 1921 tarihli Teşkilat-ı Esasiye Kanunu'nun 7'nci ve 21 Nisan 1924 tarihli Teşkilat-ı Esasiye Kanunu'nun 26'ncı maddesi Büyük Millet Meclisinin görevlerinden söz eder. Maddenin başında, Meclisin ilk görevi olmak üzere, şeriat hükümlerinin yürütülmesi yer alır. İşte bunun nasıl bir görev ve şeriat hükümlerinden maksadın ne olduğunu anlamakta sıkıntı çekenler vardır. Çünkü, sözü geçen maddede Büyük Millet Meclisinin, kanunları yapmak, değiştirmek, yorumlamak, yürürlükten kaldırmak vb. gibi belirtilen ve sayılan görevleri o kadar geniş kapsamlı ve açıktır ki, şeriat hükümlerinin yürütülmesi diye ayrıca ve başlı başına bir klişenin yer alması gereksiz sayılmaktadır. Çünkü, şeriat demek kanun demektir. Şeriat hükümleri demek kanun hükümleri demekten başka bir şey değildir ve olamaz. Başka türlüsü çağdaş hukuk anlayışı ile bağdaştırılamaz. Bu böyle olunca, şeriat hükümleri deyimiyle kastedilen anlam ve kavramın büsbütün başka bir şey olması gerekir. Efendiler, ilk Teşkilat-ı Esasiye Kanunu'nu hazırlayanlara bizzat başkanlık ediyordum. Yapmakta olduğumuz kanunla, şer'i hükümler deyiminin bir ilişkisi olmadığını anlatmak için çok çalıştık. Fakat bu deyime, kendi zanlarınca bambaşka anlam verenleri inandırmak mümkün olmadı. İkinci nokta Efendiler, yeni Teşkilat-ı Esasiye Kanunu'nun ikinci maddesinin başında yer alan Türkiye Devleti'nin dini, İslam dinidir cümlesidir. Bu cümle daha Teşkilat-ı Esasiye Kanunu'na geçmeden çok önce, İzmit'te, İstanbul ve İzmit basın mensuplarıyla yaptığımız uzun bir görüşme ve sohbet sırasında, karşımdakilerden birinin şu sorusuyla karşılaştım: "Yeni hükümetin dini olacak mı?" İtiraf edeyim ki, böyle bir soru ile karşılaşmayı hiç de istemiyordum. Sebebi, pek kısa olması gereken cevabın, o günkü şartlara göre ağzımdan çıkmasını henüz istemeyişimdir. Çünkü, vatandaşları arasında çeşitli dinlere bağlı unsurlar bulunan ve her dinden olanlar hakkında, adaletli ve tarafsız davranmak, mahkemelerinde vatandaşları ve yabancıları için adaleti eşit ölçülerle uygulamakla yükümlü bulunan bir hükümet, düşünce ve vicdan hürriyetine saygılı olmak zorundadır. Hükümetin bu doğal sıfatının, şüpheli yoruma yol açabilecek vasıflarla sınırlandırılması elbette doğru değildir.

"Türkiye Devleti'nin resmi dili Türkçedir." dediğimiz zaman bunu herkes anlar. Hükümetle olan resmi işlemlerde Türk dilinin geçerli olması gereğini herkes doğal bulur. Fakat, "Türkiye Devleti'nin dini İslam dinidir." cümlesi aynı şekilde mi anlaşılacak ve kabul edilecektir? Bu elbette, açıklanmaya ve yorumlanmaya muhtaçtır.

Efendiler, karşımdaki gazetecinin sorusuna "Hükümetin dini olamaz!" diyemedim. Aksini söyledim.

"Vardır Efendim, İslam dinidir." dedim. Fakat, hemen arkasından, "İslam dininde düşünce özgürlüğü vardır." cümlesiyle cevabımı açıklamak ve yorumlamak gereğini duydum.

Demek istedim ki, devlet, düşünce ve vicdana saygı göstermekle kayıtlı ve yükümlü olur.

Karşımdaki gazeteci, verdiğim cevabı akla yatkın bulmadı ki, sorusunu şu tarzda tekrarladı: "Yani devlet bir dine bağlı kalacak mı?"

"Kalacak mı, kalmayacak mı bilmem!" dedim. Konuyu kapatmak istedim. Fakat, mümkün olmadı. O halde, denildi; herhangi bir konuda inançlarım ve düşüncelerim doğrultusunda bir fikir ortaya atmaktan, hükümet beni engelleyecek veya cezalandıracaktır. Oysa, herkes kendi vicdanını susturmaya imkan görecek mi? O zaman iki şey düşündüm. Biri "Yeni Türkiye Devleti'nde her ergin şahıs dinini seçmekte serbest olmayacak mıdır?" sorusu. Diğeri, Hoca Şükrü Efendi'nin "Bazı yüksek din arkadaşlarımızla birlikte düşündüklerimizi şeriat kitaplarında yer almış belirli ve değişmez İslami hükümleri yayınlayarak maalesef yanıltıldığı görülen İslam kamuoyunu aydınlatmayı boynumuza borç bilip görev saydık, girişinden sonra yer alan İslam halifesinin görevi, dinin emirlerini korumak ve kollamakta peygamberin yerini tutmaktır. Dini hükümler koymakta da yüce Peygamber Efendimizin vekilliğini yapmaktır." sözleri.

Oysa, Hoca'nın sözlerini uygulamaya kalkışmak, milli hakimiyeti, vicdan hürriyetini kaldırmaya çalışmaktı. Bundan başka, Hoca'nın bilgi dağarcığında, Yezitler zamanında yazdırılmış istibdat rejimine has formüller bulunmuyor muydu?

O halde, ne anlama geldiği ve ne kastedildiği artık herkesçe iyiden iyiye anlaşılmış bulunan devlet ve hükümet kavramlarını ve millet meclislerinin görevlerini din ve şeriat kılıklarına bürüyerek kim ve ne için aldatılacaktır?

Gerçek bundan ibaret olmakla birlikte, o gün İzmit'te basın mensuplarıyla, bu konuda daha fazla görüşmekte yarar yoktu.

Cumhuriyetin ilanından sonra da, yeni Teşkilat-ı Esasiye Kanunu yapılırken, laik devlet deyiminden dinsizlik anlamı çıkarmak eğiliminde olanlara ve bundan yararlanmak isteyenlere fırsat vermemek için, kanunun ikinci maddesini anlamsız kılan bir deyimin sokulmasına göz yumulmuştur.

Kanunun gerek 2'nci ve gerek 26'ncı maddelerinde fazladan yer alan, yeni Türkiye Devleti'nin ve Cumhuriyet rejimimizin çağdaş karakteriyle bağdaşmayan deyimler, inkılap ve Cumhuriyet'in o gün için sakıncalı görmediği tavizlerdir.

Millet, bu fazlalıkları, Teşkilat-ı Esasiye Kanunumuzdan ilk fırsatta kaldırmalıdır!

HALK PARTİSİNİ KURMA GİRİŞİMİ

Saygıdeğer Efendiler, her yerde, siyasi parti kurma konusunda da halkla uzun sohbetler yaptım.

7 Aralık 1922 tarihinde, Ankara basını vasıtasıyla, halkçılık ilkesine dayanan ve Halk Partisi adını taşıyan siyasi bir parti kurmak niyetinde olduğumu açıklayarak, bu partinin nasıl bir program yapması gerekeceği konusunda, bütün vatanseverlerin, ilim ve fen adamlarının yardım ve işbirliğine başvurmuştum.

DOKUZ İLKE VE PARTİMİZİN İLK PROGRAMI

Gerek bazı kimselerden aldığım yazılı düşüncelerden ve gerek halk ile yaptığım görüşmelerden çok yararlandım. Sonunda 8 Nisan 1923 tarihinde, görüşlerimi dokuz ilke halinde tespit ettim. İkinci Büyük Millet Meclisinin seçimi sırasında yayınlayarak ilan ettiğim bu program, partimizin kuruluşuna temel olmuştur.

Bu program, bugüne kadar ele alıp gerçekleştirdiğimiz bütün önemli hususları içine alıyordu. Bununla birlikte programa girmemiş önemli ve esaslı bazı konular da vardı. Örnek olarak, Cumhuriyet'in ilanı, Şer'iye Vekâletinin, medrese ve tekkelerin kaldırılması, şapka giyilmesi gibi...

Bu konuları programa alarak, cahil ve gericilerin, bütün milleti vaktinden önce zehirlemeye fırsat bulmalarını uygun görmedim. Çünkü, bunların zamanı gelince çözüme bağlanacağından ve milletin sonuçtan memnun olacağından kesinlikle emindim.

Yayınladığım programı, bir siyasi parti için yetersiz, kısa bulanlar oldu. Halk Partisi'nin programı yoktur dediler. Gerçekten de ilkeler adı altında bilinen programımız, itiraz edenlerin gördükleri ve bildikleri şekilde bir kitap değildi. Fakat temel ilkeleri içine alıyordu ve pratikti. Bizde uygulanması imkânsız düşünceleri, nazari birtakım ayrıntıları yaldızlayarak bir kitap yazabilirdik. Öyle yapmadık. Milletin maddi ve manevi alandaki yenileşmesi ve gelişmesi yolunda, söz ve teori ile iş ve icraata önem vermeyi tercih ettik. Bununla birlikte, Hakimiyet milletindir, Türkiye Büyük Millet Meclisinin dışında hiçbir makam, milli kadere hakim olamaz, Bütün kanunların düzenlenmesinde, her türlü teşkilatta, yönetimin bütün ayrıntılarında, genel eğitimde, ekonomi konularında, milli hakimiyet esasları çerçevesinde hareket edilmeyecektir. Saltanatın kaldırılması ile ilgili karar değişmez bir kanun hükmüdür gibi bilinmesi gerekli önemli noktalar, mahkemelerde reform yapılacağı, bütün kanunlarımızın, hukuk ilminin verilerine göre yeni baştan düzenlenip tamamlanacağı, vergide aşar (öşür) usulünün değiştirileceği, milli bankaların sermayesinin artırılacağı, muhtaç olduğumuz demiryollarının yapımına, öğretim birliğinin sağlanmasına derhal teşebbüs edileceği, gereksiz askerlik süresinin indirileceği, memleketin limanlarına çalışılacağı vb. gibi önemli ve acil ihtiyaçlar, ilkeler dışında bırakılmamıştı. Barış konusundaki görüşümüzün de: mali, iktisadi ve idari alandaki bağımsızlığımızı mutlaka sağlamak şartıyla, barışın gelmesine çalışmak olduğunu söyledik. Halifelik makamının bütün İslam dünyasına ait bir makam olabileceğine de işaret ettik.

İlkeler, Halk Partisinin kuruluşu ve faaliyet göstermesi için yeterli oldu. Partinin adına, daha sonra Cumhuriyet kelimesi de eklenerek, bilindiği gibi, Cumhuriyet Halk Partisi adı verildi.

*   *
*

LOZAN KONFERANSI GÖRÜŞMELERİ KESİLDİ

Efendiler, yine Lozan Konferansına temas edeceğim. Konferans 4 Şubat 1923 tarihinde kesildi. İki aya yakın bir süre devam eden görüşmelerin özeti olmak üzere, İtilaf Devletleri temsilcileri, delegeler heyetimize bir barış tasarısı verdiler. Bu tasarı anlam ve öz bakımından istiklalimize zarar veren şartları içine alıyordu. Özellikle, adli, mali ve iktisadi konularla ilgili maddeleri çok ağırdı. Bunun için, bu tasarıyı kesinlikle reddetmek zorundaydık. Delegeler heyetimiz, bu tasarıya karşılık bir mektup verdi. Bu mektupta özet olarak şunlar yer alıyordu: Üzerinde anlaştığımız noktaları imza ederek barış yapalım. Gerçekten de, Konferans'ta görüşme konusu olan birçok meseleden bizce kabul edilebilecek durumda olanları vardı. Mektupta: İkinci, üçüncü derecede olan konuları ayrıca inceleriz. İtilaf Devletleri, bu teklifimizi kabul etmeyecek olurlarsa, tekliflerimiz hiç yapılmamış sayılacaktır da denilmiştir. Delegeler Heyetimizin teklifi dikkate alınmadı. Yalnız, konferansın yarıda kesilmesi, görüşmelerin ertelenmesi gibi gösterildi. Her devletin temsilcileri memleketlerine döndüğü gibi, bizim Delegeler Heyetimiz de geri geldi. Ben de Batı Anadolu gezisinden dönüyordum.

MECLİSTEKİ MUHALİFLERİN ÇEŞİTLİ SALDIRI HAREKETLERİ

Meclisteki muhaliflerin çeşitli şekillerde ve başka başka konularda saldırı hazırlıklarında bulundukları yeni değildi. Geziye çıktığım tarihten bir gün sonra, İslam Halifeliği ve Büyük Millet Meclisi adlı broşürün ortaya çıktığını, bütün Meclisin ve milletin bize karşı kışkırtılmak istendiğini arz etmiştim. Bundan önce çevrilmek istenen bir dolap, vardır ki, daha ondan söz etmedim. Sebebi, 1922 Aralık ayı başlarında oynanmak istenen oyun, sonuçları itibariyle gezim boyunca da devam etmişti. İzin verirseniz, bu konu ile ilgili olarak hatıralarınızı canlandırmaya yarayacak birkaç söz söyleyeyim:

Saygıdeğer Efendiler, üç milletvekili, milletvekili seçimi kanun tasarısında değişiklik yapılması ile ilgili bir önerge hazırlamışlar... Önergede nelerin yer aldığını öğrenmiştim.

2 Aralık 1922 günü, Meclis'in, İkinci Başkanı Adnan Bey'in başkanlığında yapılan oturumunda, başkanlık kürsüsünden şöyle bir söz işitildi: "Efendim! Milletvekili Seçimi Kanunu'nda değişiklik yapılması ile ilgili teklifin görüşülebileceği yolunda Tasarı Komisyonu'nun tutanağı" var. Bu söz, okunsun sesleriyle, karşılandı. İki milletvekili: "Önemlidir, okunmasını teklif ederiz" diyerek genel havayı açığa vurdular.

Başkan: "Efendiler, bu önergenin, okunmadan önce komisyona gönderilmesi usuldendir." dedi.

"BENİ VATANDAŞLIK HAKLARINDAN MAHRUM ETMEK" TEKLİFİ ÜZERİNE MECLİSTE YAPTIĞIM KONUŞMA

Efendiler, meselenin ne olduğunu ve bu konuda Mecliste yapılan görüşmeleri o güne ait Tutanak Dergisi'nde okumak mümkündür. Fakat yüksek heyetinizi bu külfetten kurtarmak için, izin verirseniz, o oturumda yaptığım konuşmanın bir kısmını olduğu gibi arz edeyim:

Değişiklik önergesini okutmadan komisyona göndermek isteyen başkandan söz alarak şunları söyledim: "Efendim! Bu kanun tasarısı özel bir maksat taşıyor. Bu özel maksat doğruca şahsımı ilgilendirdiğinden, izin verirseniz birkaç kelime ile düşüncemi arz etmek istiyorum. Erzurum Milletvekili Süleyman Necati, Mersin Milletvekili Salahattin ve Canik Milletvekili Emin Beyefendi'ler tarafından teklif edilen kanun tasarısı, doğrudan doğruya, benim şahsımı vatandaşlık haklarından yoksun bırakmak maksadını güdüyor. 14'üncü maddede yazılı olan satırları gözden geçirecek olursanız, orada deniliyordu ki: "Türkiye Büyük Millet Meclisine üye seçilebilmek için, Türkiye'nin bugünkü sınırları içindeki yerler halkından olmak veya kendi seçim bölgesi içinde yerleşmiş bulunmak şarttır. Ondan sonra göçmen olarak gelenler yerleştirildikleri tarihten itibaren beş yıl geçmiş ise seçilebilirler."

Maalesef, benim doğum yerim bugünkü sınırlar dışında kalmış bulunuyor. İkincisi, herhangi bir seçim bölgesinde beş yıl oturmuş da değilim. Doğum yerim, bugünkü milli sınırların dışında kalmıştır. Fakat, bu böyle ise, bunda benim en küçük bir kasıt ve kabahatim yoktur. Bunun sebebi, bütün memleketimizi, milletimizi batırıp yok etmek isteyen düşmanların işgal ve istila hareketlerinin kısmen önlenememiş olmasıdır. Eğer düşmanlar maksatlarında tam bir başarıya ulaşmış olsalardı, Allah korusun, bu tasarıya imza koymuş olan efendilerin de doğum yerleri sınır dışında kalabilirdi.

TEKLİF EDİLEN MADDEDEKİ ŞARTLAR BENDE NEDEN YOKTU?

Bundan başka, bu maddenin gerektirdiği şartlar bende yoksa, yani beş yıl sürekli olarak bir seçim bölgesinde oturmamış isem, o da vatana yaptığım hizmetler yüzündendir. Eğer bu maddenin istediği şartı yerine getirmeye çalışsaydım, İstanbul'u kazandırmaktan ibaret olan Arıburnu ve Anafartalar'daki savunmalarımı yapmamam gerekirdi. Eğer ben bir yerde beş yıl oturmaya mahkum olsaydım, Bitlis ve Muş'u aldıktan sonra, Diyarbakır'a doğru yayılan düşmanın karşısına çıkmamam, Bitlis ve Muş'u kurtarmaktan ibaret olan vatan görevimi yapmamam gerekirdi. Bu Efendilerin istediği şartları taşımak isteseydim, Suriye'yi boşaltan orduların döküntülerinden Halep'te bir ordu kurarak, düşmana karşı savunmaya geçmemem ve bugün milli sınırlar dediğimiz sınırları fiili olarak çizmemem gerekirdi.

Zannediyorum ki, ondan sonraki çalışmalarım herkesçe bilinmektedir. Hiç bir yerde beş yıl oturamayacak kadar çalışmış bulunuyorum. Ben zannediyordum ki, bu hizmetlerimden dolayı milletimin sevgi ve saygısını kazandım. Belki bütün İslam dünyasının sevgi ve saygısını da kazanmış bulunuyorum. Fakat bu durumumdan dolayı, bu sevgi ve saygılara karşılık vatandaşlık haklarından yoksun bırakılacağımı asla hatırıma getirmezdim. Tahmin ediyorum ve ediyordum ki, yabancı düşmanlar Bana suikast yapmak suretiyle, beni memleket hizmetinden alıkoymaya çalışacaklardır. Fakat hiçbir zaman hatır ve hayalime getirmezdim ki, yüce Mecliste iki üç kişi bile olsa, aynı zihniyette kimseler bulunabilsin. Bu bakımdan ben anlamak istiyorum; Bu efendiler, gerçekten kendi seçim bölgelerinin duygu ve düşüncelerini mi aksettiriyorlar?

Yine bu Efendilere karşı söylüyor ve soruyorum: Milletvekili oldukları için elbette bütün milletin vekili sıfatını taşıyorlar. Yalnız, bu Efendiler, acaba milletin de kendileri gibi düşündüğünü söyleyebilirler mi?

Efendiler, beni vatandaşlık haklarından yoksun bırakmak yetkisi bu Efendilere nereden verilmiştir? Bu kürsüden, resmen yüce heyetinize, bu Efendilerin seçim bölgeleri halkına ve bütün millete soruyorum ve cevap istiyorum!"

MİLLETİN BANA KARŞI GÖSTERDİĞİ SEVGİ VE GÜVENİN SAMİMİ İFADELERİ

Bu gözlerim ajans ve basın vasıtasıyla yayınlandı. Millet yaptığım konuşmayı ve cevabını beklediğim soruyu öğrendi. Hemen, memleketin bütün seçim bölgelerindeki gerçek seçimler ve halk tarafından Meclis Başkanlığı'na protesto telgrafları yağdı. Bu kanun tasarısına imza koyan milletvekili Efendilerin de seçim bölgeleri halkı, kendilerini ve kendileriyle görüş birliğinde olanları suçlamakta gecikmedi. Milletin, benim için gösterdiği bu sevgi ve güveni samimi olarak belirtmesi bakımından kıymetli birer hatıra olarak saklamakta olduğum bu telgraflar büyük bir dosya tutmaktadır. Bu dosyadaki telgraflar, zamanında basında da yer almıştı. Ben burada yalnız bir tek seçim bölgesinin, Rize'nin şahsıma çekmiş olduğu bir telgrafı olduğu gibi bilginize sunmakla yetineceğim:

Üç milletvekili beyin, Seçim Kanunu ile ilgili önergesine, sancağımız milletvekillerinin katılmayacağı inancıyla bir şey yazmayı gerekli bulmamıştık. Şimdi Milletvekili Osman Efendi'den aldığımız mektupta, kendisinin o önerge ile ilgili ve muhalif gruptan olduğunu övünürcesine bildirmesi üzerine, aşağıdaki hususların bilginize sunulmasına mecburiyet duyulmuştur:

1. (Övücü ve samimi sözlerden sonra) Şahsınız ve değerli çalışma arkadaşlarınız, aleyhinde, sancağımız adına söz söyleyen, muhalefet düşüncesi taşıyan ve bizce hiçbir şahsiyet ve değeri olmayan milletvekilini lanetleriz. O, artık sancağımızı da temsil hakkına sahip değildir.

2. Şu zamanda vatansızların bile katılamayacağı muhalefet ve bozgunculuk düşüncesini bize tavsiye eden milletvekili efendinin görüşünü benimseyecek bir tek kişinin bile sancağımızda mevcut olmadığını, bundan duyduğumuz şükran duygusuyla ve yüksek şahsiyetinize olan üstün saygılarımızla arz ederiz, efendim.

İmzalar 25.05.1923

YENİDEN SEÇİM YAPILMASI KARARI

Saygıdeğer Efendiler, Birinci Türkiye Büyük Millet Meclisinin, olaylarına işaret ettiğimiz tarihte gösterdi karışık ruh hali, üzerinde ciddi olarak durup düşünülmeyi gerektiren bir durum almıştı. Bütün millette, Meclisin görev yapamayacak bir duruma geldiği endişesi doğmaya başladı. Mecliste durumu soğukkanlılıkla ve uzak görüşlülükle düşünüp değerlendiren üyeler bile üzüntülerini açığa vurmaktan kendilerini alamadılar. Artık şüpheye yer kalmamıştı ki, Meclis yenilenmedikçe, millet ve memleketin ağır ve sorumluluk bekleyen işlerini yürütmeye imkan yoktur. Bu zorunluluğa ben de inandım. Bir gece, Başbakan Rauf Bey'e, kalmakta olduğu istasyon binasında Hükümet üyelerini toplantıya davet etmesini, bu toplantıya benim de bizzat geleceğimi telefonla bildirdim.

Rauf Bey'in dairesinde toplanan Bakanlar Kurulu'na Meclisin yenilenmesini Meclise teklif etmek gereğinden söz ettim. Kısa, bir tartışmadan sonra, Hükümet üyeleri ile görüş birliğine vardık. Aynı gece, Meclisteki Anadolu ve Rumeli Müdafaa-i Hukuk Grubu Yönetim Kurulu'nu da Bakanlar Kurulu toplantısına çağırdım. Bu Yönetim Kurulu içinde teklifimi yersiz bulup yadırgayanlar oldu. Görüşme ve tartışmalar ertesi güne kadar sürdü. Buna rağmen, bu heyet ile de anlaştık. Ondan sonra, derhal Grup Genel Kurulu'nu topladım. Orada memleketin içinde bulunduğu genel durumu, acele olarak yapılması gereken memleket işlerini anlattım. Meclisin artık bu görevleri yerine getirme kabiliyeti kalmadığını belirterek ve ispat ederek, Meclisten, seçimleri yenileme kararı vermesini istemek gerektiğini bildirdim. Grup Genel Kurulu, konuşmalarımı ve açıklamalarımı yerinde buldu. Bunun üzerine konu, aynı gün, 1 Nisan 1923'te Meclise götürüldü. Yüz yirmi kadar üye, bir önergeyle, seçimlerin yenilenmesi için bir kanun teklifi sundu. Meclis, "Seçimlerin yeniden yapılmasına karar verilmiştir" şeklindeki bir kanunu oybirliği ile çıkardı.

Meclisin bu kararı vermesi, inkılap tarihimizde önemli bir noktadır. Çünkü, Meclis bu kararı vermekle, kendinde beliren hastalığı itiraf etmiş ve bundan dolayı milletçe duyulan ızdırabı anlamış olduğunu göstermiştir.

LOZAN KONFERANSININ İKİNCİ SAFHASI VE YENİ SEÇİMLERDE MİLLETİN GÖSTERDİĞİ UYANIKLIK

Efendiler, Lozan Konferansı, 23 Nisan 1923'te yeniden toplandı. Delegeler Heyetimiz Lozan'da yeni den barışı sağlamaya çalışırken, ben de yeni seçimler ile meşgul oluyordum.

Yeni seçimlere, bilinen ilkelerimizi ilan ederek katıldık. Görüşlerimizi kabul edip milletvekili olmak isteyen kimseler, önce ilkeleri kabul ettiğini ve görüşlerde birleştiklerini bana bildiriyorlardı. Adayları ben tespit edecek ve zamanı gelince partimiz adıyla ilan edecektim.

Bu yolu benimsemiştim. Çünkü, yapılacak seçimlerde, milleti aldatarak, çeşitli maksatlarla milletvekili olmaya çalışacakların çok olduğunu biliyordum. Konuşmalarım ve uyarmalarım memleketin her tarafın da büyük bir samimiyet ve güvenle karşılandı.

Bütün millet, ilan ettiğim ilkeleri tamamen benimsedi. Bu ilkelere, hatta şahsıma muhalefet edeceklerin milletçe milletvekilliğine seçilmesi ne imkan kalmadığı anlaşıldı.

NURETTİN PAŞA'NIN BAĞIMSIZ MİLLETVEKİLİ OLMA TEŞEBBÜSÜ VE YAYINLADIĞI HAL TERCÜMESİ

Gerçekten, bazı seçim bölgelerinde bağımsız milletvekili olma teşebbüsünde bulunanlar başarı sağlayamadılar. Bu arada, o zaman daha Birinci Ordumuzun Komutanı bulunan Nurettin Paşa da milletvekili olmak teşebbüsünde bulunmuştu. Mümkün olmadı. Nurettin Paşa, bu isteğini daha sonra bir ara seçimde Bursa'da gerçekleştirdi.

Paşa'nın kendi başına ve bağımsız olarak milletvekili seçilebilmek için, her zaman olduğu gibi, kendi usulünce ve gerektiği şekilde propaganda yaptırmaktan geri kalmadığı da anlaşılmıştı. Bu yoldaki teşebbüslerden ve yapılan yayınlardan herkesin dikkatini çekmiş olanı özellikle hal tercümesidir.

Nurettin Paşa, yeni seçim yılı olan 1923'te, Abit Süreyya Bey adında bir kişiye "A. S." baş harflerini taşıyan bir hal tercümesi yayınlattı.

Abit Süreyya Bey, Abdülhamid'in başkâtiplerinden rahmetli Süreyya Paşa'nın oğludur. Meşrutiyetten önce, Nurettin Paşa gibi ve onunla birlikte fahri hünkar yaveri idi. Birinci Dünya Savaşı'nda İzmir'de ve İstiklal Savaşı'nın sonunda, Nurettin Paşa karargahının bulunduğu İzmit'te ordu müteahhitliği yaptı. Nurettin Paşa'nın hal tercümesinin yer aldığı broşürü hazırlayan Abit Süreyya Bey değildir. Broşür kendisine yazılı olarak verilmiştir. Ondan, adının baş harflerini koyması ve ortağı bulunduğu Osmanlı Matbaası'na bastırması Nurettin Paşa tarafından rica edilmiştir.

Bu broşürün kapağında şu yazılar okunur:

"İzmir Fatihi, Afyonkarahisar ve Dumlupınar Savaşlarının galibi Gazi Nurettin Paşa Hazretleri'nin Hal tercümesi."

Efendiler, on dokuz sayfadan ibaret olan bu hal tercümesi broşürünün ne kadar insan tarafından okunduğunu bilmiyorum. Ben, bu hal tercümesinin memleketin bütün aydınları tarafından okunmasını çok yararlı ve eğitici buluyorum. Yalnız, bu broşürü okuyanların veya okuyacak olanların, broşürde temas edilen olaylar ve işlerle ilgili olarak başka ve güvenilir kaynaklardan da bilgi edinerek, metinle gerçeği karşılaştırmaları ve ona göre hüküm vermeleri gerekir.

Bu broşürün niteliği ve nasıl bir anlayışı ortaya koyduğu konusunda bir fikir edinebilmek için, bazı noktalarını hep birlikte gözden geçirelim:

Broşürün kapağındaki yazılardan sonra, metnin başlığında da şu sözler vardır:

"Kutülamare'nin kuşatıcısı, Bağdat'ın savunucusu, Yemen, Selmanpak, Batı Anadolu, Afyonkarahisar, Dumlupınar, İzmir Savaşları galibi ve İzmir fatihi."

Nurettin Paşa'nın kendi kendine takındığı "kuşatıcı", "galip", "fatih" unvanları hakkındaki görüşümü belirtmeyi daha sonraya bırakarak, broşürün metnine girelim.

Paşa, Konyar adındaki Türk aşiretinden rahmetli Mareşal İbrahim Paşa'nın oğlu ve Hazret-i Peygamber soyundan gelen Ayan üyesi ve Şeyhü'l-Vükela Bursalı rahmetli Rıza Efendi'nin torunlarından imiş… Bu bilgilere ve ifade biçimine göre Mehmet Nurettin Paşa hem Türk hem de Arap'tır. Babası ve büyük babalarıyla da övünmektedir. Burada, babasının büyük adam olmasıyla övünen Bizans İmparatoru Theodosius'a babası ve anası Türk olan Attila'nın "Ben de, büyük ve asil bir milletin evladıyım" dediğini hatırlatmadan geçemeyeceğim.

"Resmi okullardaki öğrenim dışında özel öğrenim de görmüş olan Nurettin Paşa 1893'te Harp Okulu çıkışlı olup Hassa Ordusu Erkan-ı Harbiyesi'ne atanmış…"

Nurettin Paşa, kurmaylık tahsili yapmamış ve o sınıfa girmemiştir. Bu bakımdan ordu karargahına kurmay olarak atanamaz. Olsa olsa, bir askeri birliğe gönderilmeyip ordu kurmaylığında karargah emir subaylığı veya buna benzer bir görevle alıkonulmuş olabilir... Genç bir teğmen için, askerlik görevine buradan başlamak, elbette övünülecek bir başlangıç sayılmaz. Askeri bir birliğe tayin edilmek ve orada askerliğin disiplin ve güçlüklerine alışmak şarttır.

Nurettin Paşa, 1887'de gönüllü olarak Türk-Yunan Harbi'ne katılmış ve Başkomutanlığa tayin edilen Gazi Osman Paşa'nın yaverliğine ve İstanbul'a dönüşünde hünkar yaverliğine, refakat subaylıklarına getirilmiş…

Bilindiği üzere, Gazi Osman Paşa, İstanbul'dan Selanik'e kadar gitmiş fakat savaş meydanına gitmeden Selanik'ten geri dönmüştür. Savaşa katılmamış bir komutanın yaverliğine ve ondan sonra da Sultan Hamid'in yaverliğine ve birtakım refakat subaylıklarına tayin edilmiş olmak, bilmem ki, ne dereceye kadar anlatılmaya ve övünülmeye değer görülebilir.

Nurrettin Paşa, sırasıyla yarbaylığa ve albaylığa yükseltilmiş ve 1918 yılı başlarında Selanik'te Üçüncü Ordu Kurmay başkanlığı Özel Şube Müdürlüğü'ne tayin edilmiş… Nurettin Paşa'nın hangi sıra ile albaylığa kadar yükselmiş olduğu, Meşrutiyet'in ilanından sonra rütbesinin yeniden binbaşılığa indirilmiş olmasıyla anlaşılıyorsa da, Selanik'te, Üçüncü Ordu Kurmay Başkanlığı Özel Şube Müdürlüğü'ne tayinini anlamak güçtür. Çünkü, benim de Kurmay Başkanlığı'nda bulunduğum bu orduda, denildiği gibi bir özel şube yoktu. Belki de ordu komutanı olan babası, oğlu için, özel ve gizli işlerle uğraşan bir özel şube kurmuş olacak...

Nurettin Paşa, Üçüncü Ordu Komutanı bulunan babası Mareşal İbrahim Paşa ile Meşrutiyet inkılabının yapılmasına ve ihtilalin aşırılıktan uzak ölçülerle ve engelsiz olarak yürütülmesine hizmet ve yardımda bulunmuşlar…

Hal tercümesi broşüründe, Nurettin Paşa'nın iki defa Sultan Hamit tarafından tutuklattırıp sorguya çekildiği, bir defasında süzülmesine ve diğer bir defasında da askerlikten kovularak altı yıl hapsine karar verildiği ve fakat babasının, araya girip yalvarması üzerine kurtulduğu hikayesinden sonra. "İstanbul'dan bir yolunu bulup yine Rumeli'ye geçerek, 1908 Meşrutiyet inkılabının hazırlanmasına ve gerçekleştirilmesine diğer arkadaşlarıyla birlikte hizmet etmiştir" sözleri yazılıdır.

Nurettin Paşa'nın gördüğü zulmü kısaca anlatmak gerekirse, diyebiliriz ki, Sultan Hamit, Nurettin Bey'e hürriyetçi düşüncelerinden dolayı kızdıkça, onu yarbaylığa, albaylığa yükselterek sırmasını artırır ve sevilip okşansın diye babasına teslim edermiş…

NURETTİN PAŞA'NIN VE BABASI MAREŞAL İBRAHİM PAŞA'NIN MEŞRUTİYET İNKILABINDA NASIL VE NE DERECEYE KADAR ROL OYNADIKLARI KONUSUNDAKİ HATIRALARIM

Mareşal İbrahim Paşa'nın Üçüncü Ordu Komutanlığı, oğlu Nurettin Bey'in babasının yaverliği ve Meşrutiyet inkılabında nasıl ve ne dereceye kadar rol oynadıkları konusu üzerinde de bir parça bilgi vermek isterim. Bunun için geçmişle ilgili kısa bir hatıramı anlatmama müsaadenizi rica ederim.

Efendiler çeşitli vesilelerle duymuş olacağınıza şüphe yoktur ki, ben kurmay yüzbaşı olur olmaz, Sultan Hamid tarafından Suriye'ye sürüldüm. Orada üç yıl kaldıktan sonra, o zaman 3'üncü Ordu bölgesi olan Makedonya'ya nakledildim. Ordu merkezi Manastır'dı. Ordu Mareşalliği adı altında bir komuta makamı da vardı. Üçüncü Ordu Komutanı Selanik'te otururdu.

Orada da Mareşallik Kurmay Heyeti diye bir kuruluş vardı. Ben 1908 yılında kolağası rütbesiyle bu kuruluşta görevliydim. Hürriyeti getirmeye çalışan gizli cemiyetle pek yakından ilgim vardı. Yanyalı Esat Paşa 3'üncü Ordu Komutanıydı.

Süleyman Paşazade Ali Rıza Paşa, Kurmay Başkanımızdı. O zaman binbaşı bulunan rahmetli Cemal Paşa ve yine binbaşı olan Fethi Bey (bugünkü Paris Büyükelçisi) ve ben, Mareşallik Kurmay Heyeti'ni oluşturuyorduk.

Her üçümüz de cemiyetin üyesiydik. Cemiyetin başarıya ulaşması için çalışıyorduk.

O tarihlerde, 3'üncü Ordu bölgesine bağlı Serez'deki tümenin ve Serez bölgesinin komutanı mareşal rütbesinde bir kişiydi. Bu kişi, Sultan Hamid'in fevkalade güven ve itimadını kazanmış bulunuyordu. Rütbesinin mareşal olmasına, Esat Paşa'nın kendinden daha ast bir rütbede bulunmasına rağmen, İstanbul ile Serez arasında güvenli bir bölge bulundurulmak maksadıyla Serez'den uzaklaştırılamazdı. İşte bu önemli komutan, Mareşal İbrahim Paşa idi. Oğlu Nurettin Bey (Nurettin Paşa) de, babasının yanında bulunurdu. Meşrutiyet'in ilanından önceki günlerde, bir binbaşı, Mareşal İbrahim Paşa'nın komutanlık bölgesinde, istibdat idaresinin aleyhinde konuşmuş... Bir casus bunu ihbar etmiş... O zaman Selanik'te Merkez Komutanı bulunan Yarbay Nazım Bey, olayı yerinde soruşturmak üzere İstanbul'dan görevlendirildi.

Cemiyet, Nazım Bey'i bu görevden alıkoymak üzere vurdurdu. Yaralanan Nazım Bey İstanbul'a getirildi. Olayın soruşturmasına İstanbul'dan birinin değil, ancak orduca gösterilecek bir görevlinin gidebileceği görüşü telkin edildi. Ben görevlendirildim. Görevim, hiç şüphesiz istibdat aleyhinde bulunmuş olan binbaşıyı kurtarmaktı.

Önce Serez'e gittim. Mareşal İbrahim Paşa'yı ziyaret ettim. Görüşme sırasında anladım ki, Paşa'nın büyük bir endişesi vardır. Paşa, kendi bölgesinde, Sultan Hamid ve istibdat idaresi aleyhinde bir tek kişi bile bulunmadığı ve bulunamayacağı yolunda Sultan'a güvence vermişti. Buna rağmen, söz konusu binbaşı için yapılan ihbar, Sultan Hamid'in Mareşal İbrahim Paşa'ya olan güvenini sarsacak nitelikteydi. Bu ihbardaki yazıların doğrulanması, İbrahim Paşa'nın durumunu kötüleştirecekti. Bunu istemiyordu. Ben derhal Paşa'nın endişesini anladım ve dedim ki: "Paşa Hazretleri, devletli şahsınızın bölgesinde, Padişah aleyhinde duygular besleyen bir tek kişinin bile bulunabileceği düşünülemez. Yapılmış olan ihbarda yazılanların yerinde soruşturulması, devletli şahsiyetiniz tarafından kurulmuş olan disiplini ve aşılanmış olan bağlılık duygularını kolayca ortaya koyacaktır. Arzu buyurursanız, yapacağım soruşturma raporunun bir suretini Padişaha göndereyim."

İbrahim Paşa, bu sözlerimden çok ferahladı. Benden memnun oldu ve oğlu Nurettin Bey'i çağırtıp benim çok iyi ağırlanmamı ve olay yerine gidebilmem için kolaylık gösterilmesini emretti.

Soruşturmanın sonucu, binbaşıyı kurtardı. İhbar edeni iftira ettiği için cezaya çarptırdı. Mareşal İbrahim Paşa da, sultana kendi bölgesinde, aleyhte bir tek kişinin bile bulunamayacağını ispat ederek Padişah'ın kendisi hakkındaki güven ve itimadını bir kat daha artırdı.

Mareşal İbrahim Paşa'nın bu yolla kendisine beslenen güveni bir kat daha artırması, çok geçmeden, kendine bütün Makedonya'yı istibdada karşı olanlardan temizleme görevini hazırladı.

Bu noktayı biraz açıklayayım: Cemiyet, bütün Makedonya'da teşkilatını genişletti, faaliyetini hızlandırdı. Artık hemen hemen açıktan açığa ve korkusuzca çalışmalara başlandı.

Selanik'te, Ordu Mareşalliğinde bulunan Esat Paşa'ya güven kalmadı. Kurmay Başkanımız olan Ali Rıza Paşa hakkında şüpheye düşüldü. Bunlar birer birer, Sultan Hamid tarafından sorguya çekilmek üzere İstanbul'a geri çağrıldı. Ordu Mareşalliği 'ne her bakımdan güven ve itimat uyandıran Mareşal İbrahim Paşa tayin edildi ve Selanik'e gönderildi.

İbrahim Paşa'nın Selanik'e gelmekte olduğu haberi üzerine, Cemal Bey (rahmetli Cemal Paşa), ne olur ne olmaz düşüncesiyle, bir vesile yaratarak merkezden uzaklaştı. Arkadaşım Fethi Bey, zaten daha öncesinden Jandarma Okulu Komutanlığına geçmişti. Merkezde Ordu Komutanı ve Kurmay Başkanı adlarına yalnız ben bulunuyordum. Yeni gelen komutana Üçüncü Ordu Komutanlığını ben devir ve teslim edecektim. Gerçekten de öyle oldu.

İbrahim Paşa, yanında oğlu Nurettin Bey olduğu halde, trenle geç vakit Selanik'e vardı. Doğruca komutanlık dairesine geldi. Orada kendisine durumu anlattım. Gece olmasına rağmen, ordu karargâhında görevli bütün komutanları birer birer görmek istedi. Herkes gelip kendini tanıtıyordu. Mareşal Paşa, her yeni tanıdığı kişiye, kendisinin ne kadar şiddetli olduğunu, insanı yok edebilecek güçte bulunduğunu anlatmaya çalışır birtakım tavırlar takınarak, hiç de yakışık almayan sözler söyleyerek, ara sıra çizmeli ayaklarını yere vurarak, ilk andan itibaren korkutma politikası uygulamaya başladı.

Gece evime gittim. Ertesi gün erkenden bir süvari, bir binek atı getirdi ve Mareşal Paşa'nın beni istediğini söyledi. Daireye geldiğim zaman anladım ki, benim göreve devam edebileceğimi emretmiş…

Şimdi Efendiler, gelelim ihtilal ve inkılap safhasına...

İbrahim Paşa'nın, korkutma politikası, ihtilal komitesinin gözdağı verici tutumuyla karşılandı. Paşa, hiddet ve şiddetini bir tarafa bırakmak mecburiyetini duydu. Bu arada en çok Cemal Bey (Cemal Paşa) vasıtasıyla ihtilal cemiyetinin kuvvetinden ve teşebbüsündeki ciddiyetten İbrahim Paşa'nın oğlu haberdar edildi. Babasının cemiyet aleyhinde bir harekette bulunmaması için uyarıldı ve Paşa'dan teminat istendi. Söz gelişi, Paşa, cemiyet aleyhinde hareket etmeyeceğini göstermek üzere, Cuma namazını fiilen camide kılacak ve ikinci safta namaza duracaktır gibi birtakım isteklerde bulunuldu. İşte Nurettin Bey bu gibi şeyleri babasına duyurmak için aracı olarak kullanılıyordu. Fakat önemli işlerde daha çok görevlendirilen ve çalıştırılan, babasının emir subayı Nurettin Bey değil, cemiyetin üyesi ve mutemedi olan, komutanlık makamının emir subayı Yüzbaşı Kazım Nami Bey (şimdi yazar ve öğretmendir) idi.

İbrahim Paşa, cemiyetin uyarılarına uymak zorunda bırakıldı. Fakat, cemiyetin teşkilatından, teşebbüslerinden, kararlarından ve işlerinden hiçbir zaman haberdar edilmemiştir.

Hürriyet ve Meşrutiyet'in ilanından da, ne İbrahim Paşa'nın ne de oğlu Nurettin Bey'in daha önce hiçbir şekilde ve asla haberleri de olmamıştır. Meşrutiyet'in ilanı konusunun tamamen içinde bulunduğum ve bütün teferruat ve safhalarıyla şahsen ve yakından ilgili olduğumdan bu konudaki hatıralarım olduğu gibi aklımdadır.

Hürriyet ve Meşrutiyet ilanı ile ilgili gösterilerde erken davrandığı sanılan Üsküp'teki hazırlıkları Selanik'te ve diğer yerlerde yapılacak hazırlıklara uygun bir şekilde düzenlemek için Üsküp'e gitmiştim. Oradan dönüşümde ve artık her yerde fiili gösteriler başladıktan sonra, Mareşal İbrahim Paşa beni çağırdı ve şunları söyledi: "Beni Ordu Komutanlığında bırakacak mısınız, bırakmayacak mısınız? Bırakılmayacak isem, şahsım tecavüz ve hakarete uğratılmadan hemen İstanbul'a hareket edeyim. "Hatta Paşa, bürosu üstünde duran yazı hokkasını eline alarak aynen hatırımda kalan şu kelimeleri de ekledi: "Burada benim yalnız bir hokkam var, onu alır giderim."

Gerekenlerle görüştükten sonra cevap verebileceğimi söyledim. Cemiyet adına yetkili olan diğer arkadaşlarla, İbrahim Paşa'nın komutanlığı konusunu görüştük. Bir zaman için kalmasında sakınca görmedik. Komutanlıkta kalacağını bildiren cemiyet kararını kendisine ben bildirdim.

Fakat, bir iki gün sonra, dağa çıkmış olan subaylardan bir subay efendi, İbrahim Paşa'ya bulunduğu yerden hakaret dolu bir telgraf çekmiş... İbrahim Paşa derhal beni çağırttı ve telgrafı uzatarak dedi ki: "Beni komutan olarak burada bırakacağınızı bildirmiştiniz. Bu hakaret nedir?"

Komutan Paşa'ya Cemiyetçe kendisi için aldığımız kararı bütün teşkilata duyuracak kadar zaman geçmediğini, özellikle dağ başında bulunan subaylarımızın herhangi bir telgraf merkezinden bu gibi telgrafları çekmelerine engel olmanın bugünlerde güç olacağını kabul etmesini söyleyerek kendisini yatıştırmaya çalıştım.

Fakat, aradan çok geçmeden, o zaman Yunan Sınırı Komutanı bulunan Muhlis Paşa, Cemiyetin Manastır'daki Merkez Heyeti tarafından Manastır'a davet edilmiş... Muhlis Paşa, Ordu Komutanı İbrahim Paşa'dan izin almaksızın Manastır'a gitmiş. Bu duruma canı sıkılan İbrahim Paşa, Muhlis Paşa'ya tekdir edici bir yazı göndermiş...

Bunun üzerine, Muhlis Paşa'yı davet eden Merkez Heyeti, İbrahim Paşa'ya uzun bir telgraf çekmiş... Bu defa da Mareşal Paşa beni çağırarak telgrafı gösterdi ve: "Ya bu ne?" dedi.

Telgrafı baştan sona kadar okudum. Bu telgrafta Konyar aşiretinden Mareşal İbrahim Paşa'nın bütün hayatı, geçmişi ve hayatının içyüzü açıklandıktan sonra, ağır ve hakaret dolu kelimelerle, istibdat devrinin, Sultan Hamid kulluğunun ender rastlanır bir örneği olan İbrahim Paşa'nın hürriyet için çalışan bir çevrede, hürriyet için çalışanlara komuta etmek cesaretinde bulunmasına şaşılıyor ve hemen komutanlıktan çekilmesi ihtar ediliyor ve isteniyordu.

Efendiler, bundan sonra, İbrahim Paşa gerçekten Selanik'te duramadı. Dediği gibi bir hokkasını alıp gitti.

Bu bilgilerden sonra, Nurettin Paşa'nın, Üçüncü Ordu Komutanı bulunan babası Mareşal İbrahim Paşa ile Meşrutiyet inkılabının yapılmasına ve ihtilalin aşırılıktan uzak ölçülerle ve engelsiz olarak yürütülmesine ne yolda hizmet etmiş olduklarını anlamak kolaylaşmıştır, sanırım. Denildiği gibi, ihtilalin aşırılıktan uzak ölçülerle yürütülmesine de etkili olamamışlardır. En ölçüsüz davranışlar, bizzat kendilerine yapılmış olan muamelelerde görülmüştür.

HAL TERCÜMESİ BROŞÜRÜNE GÖRE NURETTİN PAŞA'NIN MEŞRUTİYETİN İLANINDAN SONRA GÖRDÜĞÜ HİZMETLER

Hal tercümesi broşürünün 4'üncü sayfasında, Nurettin Paşa'nın, Rumeli'den İstanbul'a yürüyen Hareket Ordusu'na katılarak vatan görevini yerine getirdiğinden söz edilmektedir. 31 Mart Vakası dolayısıyla Rumeli'den İstanbul'a gönderilen kuvvetlerin komutanı, rahmetli Hüsnü Paşa idi. Ben bu kuvvetlerin kurmay başkanı idim. Bu kuvvetlere Hareket Ordusu adını veren, Hareket Ordusu'nun İstanbul'a kadar gidişini düzenleyen ve yöneten bendim. Nurettin Bey'in bu kuvvetlere katılarak görev aldığını bilmiyorum. Nurettin Paşa, birçokları gibi, Hareket Ordusu İstanbul'a yaklaştığı zaman, Ayastefanos'a veya Makrıköyü'ne gelmiş olabilir.

Nurettin Paşa, "Yemen vilayetinin kurtarılması ve asilerin sindirilmesi için yapılan savaşlarda birtakım tümen birliklerine veya müfrezelere komuta etmiş..."

Her tümen komutanı, her savaşta aynı durumda bulunur. Sonra, "San'a'nın kurtarılması üzerine, orada yığınak yapmış olan askeri kuvvetlere komuta etmiş..."

Efendiler, asker olanlar çok iyi bilirler ki, bir yerde çeşitli ordu birlikleri toplandığı zaman, orada bir merkez komutanlığı, bir mevki komutanlığı, bir bölge komutanlığı veya ordugâh komutanlığı kurulur... Nurettin Paşa'nın San'a'daki komutanlığı bundan başka bir şey miydi?

Nurettin Paşa, "İmam Yahya ile anlaşma yapması için Ahmet İzzet Paşa'ya yardımcı olmuş..."

Ahmet İzzet Paşa'ya sormadım. Fakat, İzzet Paşa ile birlikte olup çalışmalarına yakından katılan yetkili kimselerin söylediklerine göre, İmam Yahya ile anlaşma görüşmelerinde Nurettin Paşa hiçbir şekilde yetkili kılınmamıştır.

Nurettin Paşa "Balkan savaşlarına katılma arzusu göstererek Yemen'i kuzeyinden güneyine kadar geçip Aden-Mısır-Suriye-Konya-İstanbul yoluyla Çatalca yakınlarında bulunan Başkomutanlık Karargâhı'na katılmış ve komutanlığı açık bir tümen bulunmaması dolayısıyla, kendi isteği ile gönüllü olarak Dokuzuncu Alay'ın komutasını" üzerine almış.

Nurettin Paşa'nın Yemen'den İstanbul'a gelmek için takip ettiği yol, Yemen'den İstanbul'a gelen bütün asker ve sivillerin, kısacası herkesin takip ettiği yoldu. Yol o idi. Nitekim, o tarihte biz de Afrika'da bulunuyorduk. İstanbul'a gelmek için Afrika çöllerini batıdan doğuya Mısır'a kadar deve ile geçtikten sonra, İskenderiye ile Triyeste arasındaki bütün Akdeniz'i ve Adriyatik denizini güneyden kuzeye ve Triyeste'den Bükreş'e kadar Avrupa'yı ve ondan sonra da Karadeniz'i geçerek aynı karargaha ulaşmıştık. Yol buydu.

Nurettin Paşa, bu noktada asıl söylenmesi gereken konudan söz etmiyor. Nurettin Paşa, albaylıktan binbaşılığa indirildikten sonra, Yemen birliklerinde görev yapmak üzere yarbaylığa yükseltilmiştir. Bu yükselmenin gereği olarak, yarbaylıkta Yemen'de iki yıl kalmak lazım gelirken, vaktinden önce İstanbul'a gelerek kurtulma yolunu bulmuştur.

Hal tercümesi broşürünün 6'ncı ve 7'nci sayfalarında, Nurettin Paşa'nın Irak Komutanlığından söz ediyor ve yerli imkânlara başvurarak yeniden ordu kurup dost ve düşmanların umduklarının ve beklediklerinin aksine, yenilgiden zafere ulaşma harikasını gösterdiği belirtiliyor.

IRAK SEFERİNDE NURETTİN PAŞA

Efendiler, Irak seferinde, Nurettin Paşa zamanındaki durumun içyüzü şundan ibarettir:

İlk Irak Komutanı olan Süleyman Askeri Bey'in yenilgiye uğrayıp intihar etmesinden sonra, Irak'a Kafkasya'dan yeni birlikler gelinceye kadar, savaşlar, İngilizlerin isteğine ve yürüyüş hızlarına bağlı kalmıştır. Nurettin Paşa, Kutülamare'de İngilizlere yenildikten sonra, gece gündüz ve hiçbir direnme göstermeden yürüyerek Selmanıpak'a kadar perişan bir şekilde geri çekildi.

İngilizler, Nurettin Paşa'yı kovalayarak Selmanıpak'a kadar ilerlediler. Orada, Kafkasya'dan gönderilmiş olan birlikler, İngiliz birliklerini karşıladı. Üç gün savaştıktan sonra, Nurettin Paşa yenilgiyi kabul ederek geri çekilme emri verdi. Birlikler, Diyale ırmağına kadar kuzeye çekildi. İngilizlerle süvari bağlantısı kurma yolu bile aranmadı. Halbuki, aynı zamanda, İngilizler de geri çekilmişlerdi. Bu bilgiyi veren çöl Araplarıydı. Ondan sonra Nurettin Paşa, kendini toplayıp yeniden Selmanıpak-Kutülamare yönünde ilerledi.

Kutülamare kuzeyinde, gece İngiliz birlikleri ile karşılaşıldı. Tedbirsizlik, düzensizlik ve idaresizlik yüzünden, birliklerimiz şafak vakti düşmanın ateş baskınına uğradı. Er, subay ve komutan olmak üzere birçok kayıp verildi. Birliklerde panik oldu. Kendiliğinden geri çekilme başladı. İngilizlerin çekilmesi üzerine ortalık yatıştırılabildi.

Irak'ta yeni birlikler ve yeni vasıtalarla büyük ve kanlı savaşlar bundan sonra başlar ki, Nurettin Paşa'nın bunlarla alakası yoktur.

Broşürün aynı sayfalarında, "Nurettin Paşa, İngilizlerden ele geçirdiği uçaklarla da bir uçak filosu meydana getirmek gibi çok büyük başarılar göstermiştir" deniliyor.

Bu iddianın pek cahilce olduğunu söylemek zorundayım. Uçağın ve uçak filosunun ne olduğunu bilenler, böyle bir iddianın ne kadar gülünç olduğunu elbette anlarlar.

BÜYÜK TAARRUZ'DA NURETTİN PAŞA SAVAŞ MEYDANINI DÜRBÜNLE SEYRETMEYİ TERCİH EDİYORDU

Broşürün sekizinci sayfasında, Nurettin Paşa'nın dürbünle bakarken alınmış bir resmi vardır. Bu resmin altında şu sözler yazılıdır:

"26 Ağustos 1922 saldırı günü Kocatepe gözetleme yerinde Karahisar Meydan Muharebesi idare ederken alınan fotoğraflarıdır."

O gün hep aynı tepedeydik. Dürbünle bakanlar çoktu. Dürbünle en çok bakanlar, özellikle gözetleme görevi verilen subaylardı. Gerçekten,

Nurettin Paşa'nın da savaş meydanını dürbünle seyretmeyi tercih ettiğini ben de fark etmiştim.

Karahisar-Dumlupınar Meydan Muharebesi yapılırken, "Başkomutanlık Meydan Muharebesi'nin yapıldığı gün" bir aralık, Nurettin Paşa'yı kolordu komutanı Kemalettin Paşa'nın (şimdiki Berlin Büyükelçisi) gözetleme noktasında, durumu dürbünle seyrederken buldum. Birliklerimiz düşmanı yakından sıkıştırmış, nazik ve önemli bir durum ortaya çıkmıştı. "Dürbünle seyretmeyi bırakınız! Savaşı yakından ve bizzat idare etmek için, ileri ateş mevzilerine gideceğiz" dedim.

Nurettin Paşa, bu kadar yaklaşmanın doğru olmadığını söyleyerek gitmek istemedi. Canım sıkıldı. "Siz burada kalabilirsiniz" dedim. Kemalettin Sami Paşa'ya: "Siz benimle geliniz!" dedim ve otomobilime yürüdüm. Kemalettin Paşa: "Emredersiniz" dedi ve benimle beraber yürüdü. Bu davranış üzerine, dürbünün başında yalnız bırakılan Nurettin Paşa'nın da arkamızdan geldiğini gördük. Dediğim yere gittik. Yunan ordusunun esareti ile sonuçlanan o savaşı, en ince noktalarına kadar bizzat idare ediyor ve gereken emirleri, doğrudan doğruya kolordu komutanlarına ve diğer komutanlara ben veriyordum.

Verdiğim emirlere göre tedbirler alınıp gerekli uygulamalara geçilirken, Ordu Komutanı Nurettin Paşa yanımda duruyor ve durumu seyrediyordu. Bir aralık, kolordu komutanını benim yanımdan uzaklaştırarak bazı emirler vermeye kalkışmış... Kolordu Komutanı bu emirleri uygulanabilir nitelikte bulmamış; ordu komutanı ile kolordu komutanı arasında neredeyse saygısızca bir çatışma durumu ortaya çıkmış... Kemalettin Sami Paşa, Nurettin Paşa'nın yanından biraz sertçe bir muamele ile ayrılmış... Bu durumun farkına vardım. Kemalettin Sami Paşa'yı yanıma çağırıp, sükunet ve disiplini koruması gerektiğini söyledim. Daha sonra, yalnız olarak Nurettin Paşa'yı çağırttım. Genel olarak bazı sorular sordum ve anlatmak istedim ki, kolordu komutanına verdiği emrin gerçekten de uygulanması mümkün değildir. Komutanlar, emir vermiş olmak için emir vermezler. Gerekli, uygulanabilir olan hususları emrederler ve emir verirken, kendini, o emri yerine getirecek olanın yerine koymak ve emrin nasıl yerine getirilip uygulanacağını düşünmek ve bilmek gerekir.

Hal tercümesi broşürünün 9'uncu sayfasında, Irak'tan sonra "Kafkas Cephesine gitmiş olan Nurettin Paşa'nın Üçüncü Ordu Bölgeleri Komutanlığında ve Ordu Komutanlığı Vekilliği'nde bir süre" bulunduğu yazılıdır. Bu görevlerin nasıl birer görev olduğunu ve bu sürenin kaç gün olduğunu sormak lazımdır.

Nurettin Paşa, Kafkas Cephesinden İstanbul'a dönüşünde "Aydın, Muğla ve Antalya Bölgeleri Komutanı" unvanı ile İzmir'e gitmiş ve orada bulduğu, çoğunu 40 yaşından yukarı askerlik çağını aşmış erlerin oluşturduğu dağınık birkaç birliği yeniden düzenleyerek ve yeni tümenler kurarak Yirmi Birinci Kolorduyu meydana getirmiş...

Efendiler, kolordu kurma işi, son zamanda, Birinci Dünya Savaşı'nın fantezileri sırasına geçmişti. Özellikle, karşısında düşman bulunmayan sabit bölgelerde, askerlik şubeleri ve başkanlıkları kuruyormuşçasına bir kolaylıkla, kolordu komutanlıkları kurulur ve yetkiler verilirdi. Gerçekten bütün savaş cepheleri imdat diye feryat ederken, Yirmi Birinci Kolordu, değer verilen bir varlık olsaydı, Aydın bölgesinde yüzüstü bırakılmazdı.

HAL TERCÜMESİ BROŞÜRÜNE GÖRE NURETTİN PAŞA'NIN İSTANBUL'DA VE ANADOLU'DA GÖRDÜĞÜ ÖNEMLİ İŞLER NELERDİ?

Broşürün 16'ncı sayfasında Nurettin Paşa'nın "Anadolu'da Mustafa Kemal Paşa ve arkadaşlarının teşebbüsleriyle başlayan Milli Mücadele liderleri ile de ilişki kurarak..." İstanbul'da bir takım önemli işler yaptığından, sonunda İngilizler tarafından takibe başlanmış olduğundan ve Mustafa Kemal Paşa'dan aldığı davet yazılarında, artık İstanbul'dan çok Anadolu'da hizmet edilebileceğinin bildirilmesi üzerine Anadolu'ya geçmiş olduğundan söz ediliyor.

Efendiler, Nurettin Paşa'nın İstanbul'da İngilizlerle ve Damat Ferit Paşa Kabinesi'yle anlaştığını, Ankara'da kurulan Türkiye Büyük Millet Meclisinden ve onun hükümetinden habersiz olarak, bizi, İstanbul ile uyuşturmaya çalıştığını ve bu münasebetle arada geçen telgraf haberleşmeleri üzerine Ankara'ya geldikten sonraki davranışlarını yeri geldiğinde anlatmıştım. Bunları tekrar etmeyeceğim.

18'inci sayfada: "Yukarıda sayılan vatan hizmetlerini başarı ile yerine getirmiş olan Nurettin Paşa ile Büyük Millet Meclisi arasında bazı resmi işlerden dolayı anlaşmazlık çıkması üzerine, kendisi hemen Ankara'ya gelmiş ve bu anlaşmazlık olumlu bir çözüme bağlanarak giderilmiştir." ifadesine rastlanmaktadır.

Nurettin Paşa'nın, Hükümetçe nasıl Merkez Ordusu Komutanlığından alınarak Divan-ı Harple verilmek üzere Ankara'ya getirildiğini ve Meclisin, kendisine karşı gösterdiği şiddetli tepki, idamını isteyecek kadar ileri gitmişken, Başkomutan sıfatıyla, şahsen Meclis kürsüsünden, Nurettin Paşa'yı savunarak nasıl kurtarmış olduğumu da açıklamıştım. Burada yeri gelmişken yalnız bir noktaya dikkatinizi çekmek isterim. Söz konusu broşürde yer alan ifadeye göre, bir Türkiye Büyük Millet Meclisi vardır, bir de Nurettin Paşa... Bunlar karşı karşıya gelmişler ve aradaki anlaşmazlık giderilmiş... Bilindiği gibi, Meclis ile karşı karşıya gelebilen yalnız Hükümet'tir. Meclis'in karşısında Hükümet vardır. Bir ordu komutanı; bir vali ve herhangi bir makam sahibi Meclis'in muhatabı olamaz.

Broşürün 18'inci sayfasının son satırları, Nurettin Paşa'nın "Tanrının lütfu ile, vatanı tehlikeden kurtaran büyük zaferin başarıcısı ve yaratıcısı olduğunu, milli tarihe bu defa pek önemli ve benzeri görülmemiş bir şeref ve iftihar sayfası eklemeyi sağlamış bulunduğu"nu açıklamaya ayrılmıştır.

NURETTİN PAŞA, ZAFERDEN PAY ALMAYA EN AZ HAKKI OLANLARDAN BİRİDİR

Efendiler, bu kadar cüretli bir iddia karşısında şaşırmamak ve böyle bir iddiayı garip karşılamamak mümkün değildir. Gerçekten de Nurettin Paşa genel saldırıda Birinci Ordu Komutanlığında bulundu. Diğer bütün komutanlarla birlikte kendisine emrettiğimiz görevleri yapmaya çalıştı. Bu durum, bütün Türk ordusuna ve ordumuzun büyük küçük bütün komutanlarına, subaylarına ve her erine ait olmak doğal bulunan bir başarıyı ve şerefi, Nurettin Paşa'nın kendi şahsına mal ettirmesini gerektirmez. Bu iddia kadar anlamsız, asılsız ve ayıp bir şey olamaz. Nurettin Paşa'yı kazanılan zaferin yaratıcısı gibi göstermek olsa olsa kendisiyle alay etmek maksadına dayanabilir. Yoksa, Nurettin Paşa, Büyük Zafer'in şerefinden pay almaya en az hakkı olanlardan biridir.

Efendiler, Büyük Taarruz'da, Nurettin Paşa'yı, yalnız saldırının ikinci günü Kocatepe'de yalnız bırakmıştım. Çünkü, düşmanın yenildiğini ve geri çekileceğini anlamıştık. Yenilgisini bozguna çevirmek ve geri çekilme hattını keserek düşman ordusunu esir etmek için, artık Kocatepe'de değil, durumu daha genel olarak gözden geçirecek ve ona göre etraflı tedbirler alacak yerde bulunmamız gerekiyordu. O gün bile, Cephe Komutanı İsmet Paşa'nın uygun görüp benim imzam ile yazdığı cesaret verici kısa bir yazıyı telefonla okuyarak Nurettin Paşa'nın maneviyatını kuvvetlendirmek için tedbir almak gereği duyulmuştu

NURETTİN PAŞA'YI VE ORDUSUNU BİZZAT TAKİP ETMEK VE YÖNETMEK ZORUNDA KALDIM

Ondan sonra, Nurettin Paşa'yı ve ordusunu bizzat takip etmek ve yönetimine müdahale etmek zorunda kaldım. Böyle yapmasaydım, Nurettin Paşa'nın yaptığı hataları düzeltmek güçleşirdi. Dumlupınar'da, ordusunun Kurmay başkanı Emin Paşa'nın ileri hareket için hazırladığı harekat emrinin kapsamını anlamayan, fakat anlamamış değil de daha iyisini düşünmek ve yapmak istiyormuş gibi davranan Nurettin Paşa'nın bir kararsızlığa düşmesi üzerine, kararsızlıkla geçirilecek zaman olmadığını hatırlatarak gereken talimatı bizzat yazdırdığım zaman Nurettin Paşa bana demişti ki: "Paşam siz bizi yalnız ve serbest bırakmıyorsunuz!" Buna orada bulunan Genelkurmay Başkanı Fevzi Paşa Hazretleri, ciddi bir dille ve şu yolda cevap verdi: "Paşa, paşa! Bu ordu bizim ve bütün memleketin göz bebeğidir. Onun sevk ve idaresini tesadüfe bırakamayız!" dedi.

Dumlupınar'dan Uşak'a giderken, yolda Nurettin Paşa'nın aldığı tedbirlerdeki yetersizliğin farkına varıp, Nurettin Paşa'nın tümenlerine bizzat emir vererek tedbir aldırmasaydım, Trikopis'in esir düşmesi mümkün olmayabilirdi. Uşak'ta beklenmedik kötü bir durumla karşılaşabilirdik. İzmir'e vardıktan ve hükümet dairesine girdikten sonra, güneyden gelen top ve tüfek seslerini bizzat işitip, Nurettin Paşa'nın tedbirsizliğini ve gafletini anlayıp doğrudan doğruya kendim emir vererek tedbir aldırmasaydım, İzmir'e girmiş ve İzmir sokaklarında halkın arasına karışmış olan birliklerimizin, biz de içinde olduğumuz halde, paniğe kapılarak darmadağın olması ihtimalden uzak değildi.

İşbilirlik ve ileri görüşlülük iddiasında bulunan Nurettin Paşa'nın, İzmir'de yabancı memurlarla yaptığı zapta geçmiş konuşmasını bizzat düzeltmeseydim, İzmir'e girmekten doğan genel sevincin sönmesine yol açacak durumlardan kaçınmak belki de mümkün olmayacaktı.

Efendiler, bu söylediklerim, ordunun bütün ileri gelenlerince bilinen gerçeklerdir. Bu gerçekleri yalnız bir kişinin fark etmediği anlaşılıyor. O da Nurettin Paşa'dır. Kuşatıcı, galip, fatih, gazi unvanlarıyla kendini hatırlatmak gibi çocukça bir sevdaya kapılan Nurettin Paşa'nın, "Kutülamare kuşatıcısı Nurettin Paşa" diye bir kartını görmüştüm. Nurettin Paşa bu kartı, Taşköprü'de otururken, Kastamonu Valisi ve o bölgenin komutanı bulunan Muhittin Paşa'ya (şimdiki Kahire Büyükelçisi) göndermiş. Kartın boş yerlerine yazdığı yazılarda, karttaki unvana işaret ederek, "bunu da benden kimse alamaz ya!" diye bir ibare vardı. Muhittin Paşa, bu kartı ve karttaki yazıyı, akıl ve ferasetle bağdaşır görememiş ve dikkate değer bulmuş olduğundan aynen bana göndermişti. Evet, onu ondan kimse geri alamaz. Fakat onu ona veren de yoktur. Her başarılı savaşa katılan kimsenin, hakkı olmadığı halde kendisini başarının tek kazanıcısı ve galibi ilan etmesi, örnek alınacak bir ahlak kuralı değildir. Memleketin çocuklarına, böyle asılsız tarz ve tavırlar takınma alışkanlıkları veremeyiz. Gelecek nesillere, böyle havadan galip, fatih olunabileceği gibi sakat bir düşünceyi miras bırakamayız!

MİLLET VE TARİH, ÜNVAN VERMEKTE O KADAR CÖMERT DEĞİLDİR

Hal tercümesi broşürünün kapağındaki "gazi" unvanının kullanılmasına gelince, bu unvanı, Nurettin Paşa'ya (A.S.) harfleri verebilir. Fakat, gerçek ve kanun bununla yalnız ve sadece alay eder. Gerçi savaşa "ya şehit ya da gazi olmak için" gidilir. Genel olarak, kahramanlık meydanında ölenlerin hepsine şehit derlerse de, sağ kalanların hepsine gazi unvanı verilmez. Bu unvanı ancak kanun verir. Medeni bir milletin yüksek çıkarları uğruna yapmaya mecbur olduğu harpler, Arap aşiretlerinin dolayısıyla birbirine karşı açtıkları gazve* değildir. Öyle bile olsa, bu savaştan sağ salim çıkanlara belki yalnız anaları babaları takdir için "benim

* Arap aşiretleri arasında yapılan savaşa verilen ad.

gazi oğlum!" diyerek övünürler. Fakat millet ve tarih unvan vermekte o kadar cömert değildir.

Hal tercümesinin son sayfasından da bir cümle alarak bu hikayeye son verelim: Nurettin Paşa "Irak cephesinde iken yerli halk tarafından kendisine verilmiş bulunan, Peygamber Hazretleri'nin Kerbela'da yatan torunu İmam Hüseyin Hazretleri'nin mübarek kılıcını taşımakla şeref duymaktadır."

Efendiler, bu ne laftır!

Kerbela, Peygamber'in torunu, imam, mübarek kılıç, şeref duymak gibi, cahil takımının hoşuna gidecek laflarla milleti kandırma politikasını benimseyenler, artık insaf etsinler!.. Millet de dikkat ve uyanıklığını artırsın!..

Efendiler, tek başlarına hareket ederek başarı elde edemeyeceklerini anlayan bazı kimseler de ikiyüzlü davranışlarla içimize girme yolunu bulabilmişlerdir. Bunların içyüzü İkinci Meclis toplanıp göreve başladıktan sonra görülecektir.

* *
*

LOZAN BARIŞ ANTLAŞMASI

Türkiye Büyük Millet Meclisinin ikinci seçim dönemi, yeni Türkiye Devleti'nin tarihinde, mutlu bir geçiş devresine rastladı. Gerçekten de dört yıllık istiklal mücadelemiz, milletimizin şanına layık bir barış ile sonuçlanmış bulunuyordu.

24 Temmuz 1923'te, Lozan'da imza edilen antlaşma, 24 Ağustos 1923'te Meclis'te onaylandı.

MONDROS ATEŞKES ANTLAŞMASINDAN SONRA TÜRKİYE'YE YAPILAN DÖRT BARIŞ TEKLİFİ ARASINDA BİR KARŞILAŞTIRMA

Efendiler, Mondros Ateşkes Anlaşması'ndan sonra, düşman devletler tarafından Türkiye'ye dört defa barış şartları teklif edilmiştir. Bunların birincisi, Sevr taslağıdır. Bu taslak hiçbir görüşmenin ürünü olmayıp İtilaf Devletleri tarafından Yunan Başvekili Mösyö Vezinones'un da katılmasıyla düzenlenmiş ve Vahdettin'in hükümeti tarafından 10 Ağustos 1920'de imza edilmiştir.

Bu taslak, Türkiye Büyük Millet Meclisince tartışılmaya değer bile sayılmamıştır.

İkinci barış teklifleri, Birinci İnönü Muharebesi'nden sonra toplanan Londra Konferansı'nın sonunda 12 Mart 1921 tarihinde yapılmıştır. Bu teklifler Sevr Antlaşması'na bazı değişiklikler getiriyor ise de, üzerinde durulmamış olan meselelerde Sevr taslağındaki maddelerin olduğu gibi bırakıldığını kabul etmek gerekir.

Bu teklifler, bizce tartışılmaya yol açmadan İkinci İnönü Muharebesi'nin başlamasıyla sonuçsuz kalmıştır.

Üçüncü barış teklifleri, 22 Mart 1922'de, yani Sakarya Zaferinden ve Fransızlarla imzalanan Ankara Anlaşması'ndan sonra ve yakında yeni bir saldırımızın beklendiği sıralarda, Paris'te toplanan İtilaf Devletleri Dışişleri Bakanları tarafından yapılmıştır. Bu tekliflerde, artık işe Sevr taslağını temel olarak ele alma usulünden vazgeçilmiş ise de, ana gayeleri ile milli gayemizi gerçekleştirmekten uzaktı. Dördüncü teklif Lozan Antlaşması'nın imzalanmasıyla sonuçlanan görüşmelerdir.

İtilaf Devletleri'nce Türkiye'ye kabul ettirilmesi düşünülen esaslar ile, Milli Mücadele sayesinde ulaşılan sonucu açıkça gözler önüne serebilmek için, bu dört türlü teklif arasında en önemli noktaları içine alacak şekilde kısa bir karşılaştırma yapmayı yararlı sayarım.

1. SINIRLAR

a.) Trakya sınırı:

Sevr'de: Çatalca hattından biraz ileride bulunan Podima - Kalikratya hattı.

Mart 1921 teklifinde: Söz konusu edilmemiştir.

Mart 1922 teklifinde: Tekirdağ bize, Babaeski Kırklareli ve Edirne Yunanlılara kalacak şekilde bir hat.

Lozan'da: Karaağaç da bizde olmak üzere Meriç hattı.

b.) İzmir bölgesi:

Sevr taslağında: Bu bölgenin sınırları Kuşadası, Ödemiş, Salihli, Akhisar ve Kemer iskelesine az çok yakın yerlerden geçmektedir.

Bu bölge, Türk hakimiyetinde kalacak, fakat Türkiye, bu hakimiyetini kullanma hakkını Yunanistan'a devredecek. Türk hakimiyetinin belirtisi olarak, İzmir şehrinin dış istihkamlarından birinde Türk bayrağı bulunacak. Bir bölge meclisi toplanacak ve beş yıl sonra bu meclis, bu bölgenin sürekli olarak Yunanistan'a katılmasına karar verebilecekti.

Mart 1921 teklifinde: İzmir şehri Türk hakimiyetinde kalacak, İzmir şehrinde bir Yunan kuvveti bulunacak ve İzmir bölgesinin geri kalan yerlerinde, çeşitli unsurların nüfus oranlarına göre oluşturulacak bir jandarma birliği görev alacak ve buna İtilaf Devletleri'nin subayları komuta edecek.

Yönetim işlerinde de yine aynı nüfus oranı göz önünde bulundurulacak, bölgenin Milletler Cemiyeti'nce tayin edilecek bir Hristiyan valisi olacak, bunun yanında seçim yoluyla kurulmuş bir meclis ile bir danışma kurulu bulunacak. Valilikçe, Türkiye'ye gelir artışına göre ayarlanacak bir vergi konacak; bu anlaşma beş yıl süre ile geçerli olup iki taraftan birinin isteği üzerine Milletler Cemiyeti'nce değişikliğe uğratılabilecek.

Mart 1922 teklifinde: Bütün Anadolu ve dolayısıyla İzmir de bize geri verilecek yolunda aldatıcı bir vaat. İzmir Rumlarının yönetime adaletli bir şekilde katılmasını sağlamak için ve aynı hakkın Yunanistan'da kalacak Edirne Türklerine de verilmesi şartıyla bir usul tespiti konusunda İtilaf Devletleri, Türkiye ve Yunanistan ile anlaşacaklardır.

Lozan'da: Elbette bu gibi meseleler söz konusu bile edilmemiştir.

c. Suriye sınırı:

Sevr'de: Akdeniz kıyısında aşağı yukarı Karataş burnundan başlayarak Osmaniye, Bahçe, Gaziantep, Birecik, Urfa, Mardin ve Nusaybin'i epey güneyde ve Suriye topraklarında bırakan bir sınır.

Mart 1921'de: Aşağı yukarı şimdiki sınır olmak üzere Fransızlarla ayrıca bir anlaşma imzalanmıştır.

Lozan'da: 20 Ekim 1921 tarihli Ankara Anlaşması'ndaki sınır olduğu gibi bırakılmıştır.

d.) Irak sınırı:

Sevr'de: İmadiye bizde kalmak şartıyla, Musul ilinin kuzey sınırı.

Mart 1921 teklifinde: Söz konusu edilmemiştir.

Mart 1922 teklifinde: Söz konusu edilmemiştir.

Lozan'da: Çözümü daha sonraya bırakılmıştır.

e.) Kafkas sınırı:

Sevr'de: Türk-Ermeni sınırının tayini Amerika Cumhurbaşkanı Wilson'a bırakılmıştır. Wilson, sınır olarak Karadeniz kıyısında Giresun'un doğusundan başlayan, Erzincan'ın batı ve güneyinden, Elmalı, Bitlis ve Van Gölünün güneyinden geçen ve birçok noktada Birinci Dünya Savaşı'ndaki Türk - Rus Cephesini izleyen bir hattı göstermiştir.

Mart 1921 teklifinde: Milletler Cemiyeti bir Ermeni yurdu kurulması için doğu illerinden Ermenistan'a bırakılacak toprakların tespiti için bir komisyon kuracak, Türkiye bu komisyonun kararını kabul edecek.

Lozan'da: Bu konu ortadan kaldırılmıştır.

f.) Boğazlar bölgesi:

Sevr'de: Rumeli'nin Türkiye'de kalan bütün parçaları.

Anadolu'nun Adalar Denizi üzerinde aşağı yukarı İzmir bölgesinin sınırından başlayarak Manyas Gölünün güneyine, Bursa'nın ve İznik'in biraz kuzeyinden ve Sapanca Gölünün batı ucundan Ahabadr deresinin göle döküldüğü yere kadar uzanan bir hatla sınırlandırılmış bölge. Bu bölgelerde asker bulundurmak ve askeri harekatta bulunmak hakkı yalnız İtilaf Devletleri'ne aittir. Bu bölgedeki Türk jandarması da İtilaf Devletleri'nin komutası altında olacaktır.

İtilaf Devletleri, bu bölge içinde, askeri maksatlarla kullanılabilecek yol ve demiryolu yapımını yasaklayabileceği gibi, yapılmış olan yollardan bu gayeyle kullanılacak olanları da tahrip ettirebilecektir.

Mart 1921 teklifinde: Çanakkale güneyinde Bozcaada karşısından Karabiga'ya çekilen hattın kuzeyi ile Boğaziçi'nin her iki yakasında 20 - 25 kilometrelik bir bölge.

Çanakkale Boğazına hakim olan her iki tarafındaki adalar.

İtilaf Devletleri yalnız Yunanistan'a kalacak olan Gelibolu ve bize kalacak olan Çanakkale'de asker bulunduracak böylece, İstanbul'u ve İzmit yarımadasını boşaltacak, Türkiye'nin İstanbul'da asker bulundurmasına ve Anadolu'dan Rumeli'ye ve Rumeli'den Anadolu'ya asker geçirmesine izin verecektir.

Mart 1922 teklifinde: Çanakkale'nin güneyinde Erdek yarımadası dışarıda kalmak üzere Çanakkale sancağı. Boğaziçi'nin güneyinde o zaman tarafsız sayılan bölge, yani aşağı yukarı İzmit yarımadası askersiz bölge olacaktır.

Bizde, İtilaf Devletleri'nin işgal kuvvetleri kalmayacaktır.

Lozan'da: Gelibolu yarımadası ile Kumbağı, Baklaburnu hattının güneydoğusu, Çanakkale bölgesinde kıyıdan yirmi kilometrelik bir yer ve Boğaziçi'nin iki yakasında kıyıdan on beş kilometrelik birer bölge ve Marmara'da da İmralı dışındaki adalarla İmroz ve Bozcaada askerden arınmış bir duruma getirilecektir.

Hiç bir yerde İtilaf Devletleri'nin işgal kuvvetleri kalmayacaktır.

2. KÜRDİSTAN

Sevr'de: Fırat'ın doğusunda ve Ermenistan, Irak ve Suriye arasında kalan bölge için İtilaf Devletleri temsilcilerinden kurulacak bir komisyon özerk bir yönetim şekli hazırlayacaktır.

Antlaşmanın imzalanmasından bir yıl sonra bu bölgenin Kürt halkı Milletler Cemiyeti Meclisi'ne başvurarak Kürtlerin çoğunluğunun Türkiye'den ayrı bağımsız bir devlet kurmak istediklerini ispat ederse ve Meclis de bunu kabul ederse, Türkiye bu bölgedeki her türlü haklarından vazgeçecektir.

Mart 1921 teklifinde: İtilaf Devletleri, şimdiki durumu göz önünde bu konuda Sevr taslağında değişiklik yapılmasını dikkate alma eğilimindedir. Şu şartla ki, özerk yönetilen bölgelerle Kürt ve Asuri - Geldani çıkarlarının yeterince korunması için tarafımızdan kolaylıklar gösterilsin.

Mart 1922 teklifinde: Söz konusu edilmemiştir.

Lozan'da: Elbette söz konusu ettirilmemiştir.

3. İKTİSADİ NÜFUZ BÖLGELERİ

Sevr Antlaşması'ndan sonra İtilaf Devletleri'nin aralarında imza ettikleri üçlü anlaşmaya göre:

a.) Fransız nüfuz bölgesi:

Suriye sınırıyla aşağı yukarı Adana ilinin batı ve kuzey sınırı, Kayseri ile Sivas'ın kuzeyinden geçen Muş'u dışarıda bırakarak bu kasabaya yaklaştıktan sonra Cizre'ye giden bir hattın içinde kalan bölge.

b.) İtalyan nüfuz bölgesi:

İzmit yarımadasından çıktıktan sonra Afyonkarahisar'a kadar Anadolu demiryolu hattı ve oradan Kayseri yakınlarında Erciyes dağı yöresine kadar giden hatla İzmir bölgesi, Adalar Denizi, Akdeniz ve Fransız bölgesi arasında kalan bölge.

Mart 1921'de: Bekir Sami Bey ile Fransız ve İtalyan Dışişleri Bakanları arasında imza olunup hükümetçe reddedilen anlaşmalara göre:

a) Fransız nüfuz bölgesi:

O sırada Fransız işgali altında bulunan yerlerle Sivas, Elazığ ve Diyarbakır illeri.

b) İtalyan nüfuz bölgesi:

Antalya, Burdur, Muğla, Isparta sancaklarıyla Afyonkarahisar, Kütahya, Aydın ve Konya sancaklarının daha sonra tayin edilecek kısımları.

Mart 1922 teklifinde: Söz konusu edilmemiştir.

Lozan'da: Söz konusu edilmemiştir.

4.İSTANBUL

Sevr'de: Antlaşma samimiyetle uygulanmadığı takdirde İstanbul da bizden alınacaktır.

Mart 1921 teklifinde: Bu tehdidin kalkacağı, Türkiye'nin İstanbul'da asker bulundurabileceği ve Boğaziçi'nin çevresindeki askerden arınmış bölgeden askeri kuvvet geçirilmesine izin verileceği belirtilmiştir.

Mart 1922 teklifinde: İstanbul'dan çıkarılacağımız tehdidinin kaldırılacağı ve İstanbul'da bulundurulabilecek Türk kuvvetinin arttırılacağı vaat edilmektedir.

Lozan'da: Söz konusu olmamıştır.

5. VATANDAŞLIK

Sevr'de: Gerek Yunanistan da dahil olmak üzere İtilaf Devletleri'nden gerek yeni kurulan devletlerden birinin (Ermenistan v.b.) vatandaşlığına girmek isteyen Türk uyruklulardan hiç kimseye Türk Hükümeti'nce engel olunmayacak ve bunların yeni vatandaşlığı kabul edilecektir.

Mart 1921 teklifinde: Söz konusu edilmemiştir.

Mart 1922 teklifinde: Söz konusu edilmemiştir.

Lozan Antlaşmasında: Söz konusu edilmemiştir.

Ancak, görüşmeler sırasında, İtilaf Devletleri, bir kimsenin vatandaşlığını tayin konusunda, Türkiye'deki yabancı elçilik ve konsoloslukların verecekleri belgelerin yeterli sayılmasını istemişlerdi. Bu teklif, Sevr taslağının yukarıda söz konusu olan 128'inci maddesinin yeni bir şekliydi. Hiç şüphe yok ki tarafımızdan reddedilmiştir.

6. ADLİ KAPİTÜLASYONLAR

Sevr'de: İngiltere, Fransa, İtalya ve Japonya'nın temsil edildikleri dört üyeden kurulu bir komisyon, kapitülasyonlardan yararlanan diğer devletlerin uzmanlarıyla birlikte yeni bir usul düzenleyecek ve Osmanlı Hükümeti'ne danıştıktan sonra bu usulü tavsiye edebilecek.

Osmanlı Hükümeti bu usulü kabul edeceğini şimdiden taahhüt edecek.

Mart 1921 teklifinde: Bu komisyonda Türkiye'nin de temsil edilmesine İtilaf Devletleri razı olmaktadır.

Mart 1922 teklifinde: Aynı teklif.

Lozan'da: Kapitülasyonlarla ilgili hiçbir kayıt yoktur.

Danışma niteliğinde olmak üzere birkaç yabancı uzmanı beş yıl için hizmetimize almayı kabul ettik.

7. AZINLIKLARIN KORUNMASI

Sevr'de: 1918 Ateşkes Antlaşmalarından sonra yapılan bütün antlaşmalarda yer alan hükümlerden başka, Türkiye'ye, özellikle aşağıdaki hususlar kabul ettirilmek istenmiştir:

a.) Yerlerinden ayrılmış olan ve Türk olmayan bütün halkın eski yerlerine gönderilmesi.

Başkanları Milletler Cemiyeti'nce tayin edilecek olan hakem komisyonları vasıtasıyla bunların haklarının geri verilmesi; bu komisyonlar istedikleri takdirde, Türk olmayan halkın zarar görmüş mal ve mülklerinin onarımı için de ücretleri hükümetçe ödenecek işçilerin sağlanması, zorla göç ettirme ve buna benzer işlerde parmağı bulunduğu, söz konusu komisyonlar tarafından iddia edilen bütün şahısların sürgün edilmesi vb.

b.) Türk Hükümeti, azınlıkların parlamentoda kendi nüfusları oranında temsil edilmelerini sağlayan bir seçim kanunu tasarısını, iki yıl içinde İtilaf Devletleri'ne sunacaktır.

c.) Patrikhaneler ile bunlara benzer kuruluşlara tanınmış olan bütün imtiyazlar arttırılarak daha da sağlamlaştırılmakta ve bunların idare ettikleri okul, yetimhane vb. konusunda o güne kadar hükümetin sahip olduğu sınırlı denetleme hakkı da elinden alınmaktadır.

d.) İtilaf Devletleri, Milletler Cemiyeti Meclisi'nin görüşünü aldıktan sonra, bu kararların uygulanmasını sağlayacak gerekli tedbirleri tespit edecektir. Türkiye, bu konuda sonradan alınacak her tedbiri kabul edeceğini şimdiden taahhüt edecektir.

Mart 1921 teklifinde: Azınlıklar söz konusu edilmemiştir. Bu teklifte Sevr'de yapılacak değişiklikler yer aldığı için, bundan, adı geçen antlaşmanın azınlıklarla ilgili bölümünün değiştirilmeyeceği sonucu çıkarılabilir.

Mart 1922 teklifinde: Türkiye ve Yunanistan'daki azınlıklarla ilgili bir sıra tedbirin teklif edileceği ve bunların gereğince uygulanmasını kontrol için Milletler Cemiyeti'nce komiserler tayin edileceği yazılıdır.

Bu bir sıra tedbirin neler olduğu açıklanmamıştır.

Lozan'da: Misak-ı Milli'mizde kabul etmiş olduğumuz üzere ve yalnız Müslüman olmayanlar için Birinci Dünya Savaşı'ndan sonra yapılan bütün milletlerarası antlaşmalarda yer alan hükümler.

8. ASKERLİKLE İLGİLİ HÜKÜMLER

Sevr'de:

a.) Türkiye'nin silahlı kuvvetleri şu sayıları aşmayacaktır.

Saray Muhafız Birliği	700 Kişi
Jandarma	35.000 Kişi
Jandarmayı desteklemek üzere özel birlikler	15.000 Kişi
	50.700 Kişi

Bu sayıya Harp Akademisi ve askeri okullar öğrencileri ile, depo birliklerinde ve çeşitli görevlerde çalışan er ve subaylar da dahildir.

Özel birliklerin 15 batarya dağ topu bulunabilecek, sahra veya ağır top olmayacaktır.

Memleket, çeşitli bölgelere ayrılacak ve her bölgede bir jandarma birliği (legion) bulunacaktır.

Jandarmanın topu ve teknik araçları bulunmayacaktır.

Özel birlikler, kendi bölgelerinin dışında kullanılamayacaktır.

Jandarma subayları arasında, sayıları 1.500'ü geçmemek üzere yabancı subaylar bulunacaktır. Her bölgedeki yabancı subaylar aynı milletten olacaktır.

Sonradan tespit edilecek olan bu bölgelerin adedi söylenmemekle beraber, bunun İtilaf Devletlerinin fikrince en azından dört olacağı antlaşmanın bazı hükümlerinden ve kısaca bir genel birliğin kuvvetinin genel birliklerin kuvvetinin tecavüz etmeyeceği hakkındaki hükümden çıkarılabilir.

Özel birliklerin erleriyle, jandarmalar hep paralı olup bunlar en az iki yıl askerlik yapacak ve mecburi askerlik hizmeti kalkacaktır.

Her bölgedeki birliğe alınacak er ve çeşitli unsurların birlikte temsil edilmesine mümkün olduğu kadar dikkat edilecektir.

Deniz kuvvetlerimiz, yedi yelkenli ve altı torpidoyu geçmeyecek, hiçbir uçağımız ve güdümlü balonumuz olmayacaktır.

İtilaf Devletleri'nin kara, deniz ve hava denetleme komisyonlarının memleketimiz içinde her türlü denetleme hakları olacaktır. Özellikle Kara Denetleme Komisyonu:

Türkiye'nin kullanabileceği polis, gümrükçü, orman korucusu vb. görevlilerin sayısını tayin etme, artacak silah ve cephanemizi teslim alma, memleketimizi bölgelere ayırma, her bölgede bulunacak jandarma ve özel birlik sayısını tespit etme, bunların hangi işlerde ve ne şekilde çalıştırıldıklarını denetleme, yabancı subayların sayılarını ve oranlarını tayin etme ve hükümetle işbirliği yaparak yeni silahlı kuvvetlerimizi düzenleme gibi işlerle görevli olacaktır.

Mart 1921 teklifinde:

Jandarma sayısı 45.000'e

Özel birliklerin sayısı 30.000'e çıkarılmıştır.

Jandarmanın memleket içindeki dağıtım şekli, yukarıda sözü edilen İtilaf Devletleri temsilcilerinden kurulu Denetleme Komisyonu ile hükümet arasında anlaşmaya varılarak tespit edilecektir.

Jandarma subay ve astsubay oranı arttırılacaktır. Yabancı subayların sayısı azaltılacak ve bunların birliklere dağıtılması Denetleme Komisyonu ile hükümet arasındaki anlaşmaya göre kararlaştırılacaktır (Bununla, belki de her bölgede aynı milletten yabancı subayların bulunmayacağı kastedilmiştir).

Mart 1922 teklifinde: Paralı asker usulünün devam ettirilmesi, Jandarmanın 45.000'e, özel birliklerin 40.000'e çıkarılması.

Jandarmada, yabancı subaylara görev verilmesi Türkiye'ye tavsiye edilmekle birlikte, bu nokta şart olarak ileri sürülmemektedir.

Lozan'da: Trakya ve Boğazlarda askerden arınmış duruma getirilen bölgelerle ilgili sınırlandırmalar dışında hiçbir kayıt yoktur. Üstelik, Boğaziçi'nin iki yakasındaki askerden arınmış bölgede, 12.000 asker bulundurabilme hakkını elde etmişizdir.

9. CEZA

Sevr projesinde: Türkiye harp sırasında harp kurallarına aykırı şekilde hareket etmiş veya Türkiye içinde zulüm yapmış, zorla sürgün etme vb. işlere karışmış olan kimseleri, istedikleri takdirde, İtilaf Devletleri'ne (Yunanistan dahil) ve Türkiye'den toprak almış devletlere (Ermenistan vb.) teslim edecektir. Bu gibi kimseler, kendilerini isteyen devletin Divan-ı Harbi tarafından yargılanıp cezalandırılacaktır.

Mart 1921 teklifinde: İtilaf Devletleri'nin teklifinde bundan söz edilmemiştir. Ancak, Bekir Sami Bey'in, İngilizlerle imza etmiş olduğu esirlerin geri verilmesi ile ilgili sözleşmede, elimizdeki bütün İngilizleri serbest bırakarak bir kısım Türkleri suçlu sayıp İngilizlerin elinde bırakmaya razı olması, Sevr taslağında yer alan önceki hükümlerin daha hafifletilmiş şeklinden başka bir şey değildir.

Mart 1922'de: Bu konu üzerinde durulmamıştır.
Lozan'da: Bundan söz edilmemiştir.

10. MALİ HÜKÜMLER

Sevr'de: İtilaf Devletleri, Türkiye'ye yardım olsun diye, İngiliz, Fransız ve İtalyan temsilcilerinden kurulu bir Maliye Komisyonu oluşturacaklar; bu komisyonda danışman olarak bir Türk komiseri bulunacaktır.

Bu komisyonun görev ve yetkileri aşağıdaki şekilde olacaktır:

a.) Türkiye'nin gelirlerini korumak ve artırmak için her türlü tedbiri alacaktır.

b.) Türk Meclis-i Mebusan'ına sunulacak olan bütçe, daha önce Maliye Komisyonu'na verilecek ve onun kabul ettiği şekilde Meclis'e gönderilecektir. Meclis'in yapacağı değişiklikler, ancak komisyonca uygun görülürse yürürlüğe konabilecektir.

c.) Komisyon, mali kanun ve tüzüklerin uygulanmasını, doğrudan doğruya kendisine bağlı bulunan ve üyeleri kendisinin uygun bulacağı kimselerden seçilip tayin edilecek olan Türk Maliye Teftiş Heyeti vasıtasıyla denetleyecektir.

d.) Düyun-ı Umumiye idaresi ve Osmanlı Bankası ile anlaşarak Türkiye'nin para işlerini düzenleyecek ve düzeltecektir.

e.) Türkiye'nin, Düyun-ı Umumiye'ye ayrılan gelirleri dışındaki bütün gelirleri bu Maliye Komisyonu'nun emrine verilecektir. Komisyon bunlarla:

Önce, kendisine ve Türkiye'de kalacak olan İtilaf Devletleri işgal kuvvetlerine ait giderleri karşıladıktan sonra, 30 Ekim 1918 tarihinden beri İtilaf Devletleri ordularının gerek bugünkü Türkiye'de gerek Osmanlı İmparatorluğu'nun başka yerlerindeki giderlerini ödeyecektir.

İkinci olarak; Türkiye yüzünden zarar görmüş olan İtilaf Devletleri uyruklularının zarar ve ziyanını ödeyecektir.

Türkiye'nin ihtiyaçları bundan sonra dikkate alınacaktır.

f.) Hükümetçe verilecek her bir imtiyaz için Maliye Komisyonu'nun uygun bulması şarttır.

g.) Bugün yürürlükte olan, bazı gelirlerin doğrudan doğruya Düyun-ı Umumiye tarafından toplanması usulü, Komisyon'un onayı ile mümkün olduğu kadar genişlemesine yaygınlaştırılacak ve bütün Türkiye'ye uygulanacaktır.

Gümrükler, Maliye Komisyonu tarafından tayin veya işten çıkarılabilecek ve kendisine karşı sorumlu olacak bir genel müdürün yönetiminde bulunacaktır.

Mart 1921 teklifinde: Yukarıda sözü edilen Maliye Komisyonu Türk Maliye Nazırının fahri başkanlığı altında bulunacaktır. Komisyonda bir Türk temsilci bulunacak ve bunun, Türk maliyesi ile ilgili konularda oyu olacaktır. İtilaf Devletleri'nin mali çıkarları ile ilgili konularda ise, Türk temsilcinin yetkisi, ancak danışma niteliğinde olacaktır.

Türk Parlamentosu, Türk Maliye Nazırı ile Maliye Komisyonu tarafından ortaklaşa hazırlanacak olan bütçede değişiklik yapma yetkisini taşıyacaktır. Fakat bu değişiklik bütçenin denkliğini bozacak şekilde ise, bütçe onaylanmak üzere yeniden Maliye Komisyonu'na gönderilecektir.

Türk Hükümeti, imtiyazlar verme hakkını yine elde edecektir. Ancak, Türk Maliye Nazırı bu konudaki sözleşmelerin, Türk hazinesinin çıkarlarına uygun olup olmadığını, Maliye Komisyonu ile birlikte inceleyecektir ve bu konuda ortaklaşa bir karar alacaktır.

Mart 1922 teklifinde: Maliye Komisyonu kurulmasından vazgeçilmektedir. Fakat, İtilaf Devletleri'ne olan savaştan önceki borçların ve aşırı olmayan bir tazminatın ödenmesi konusundaki gerekli denetlemenin Türk hakimiyeti ilkesi ile bağdaştırılmasına çalışılacaktır.

Savaştan önceki Düyun-ı Umumiye komisyonu olduğu gibi bırakılacak, yukarıda belirtilen iş için İtilaf Devletleri'nce bir tasfiye komisyonu kurulacaktır.

Lozan'da: Bu gibi bağlayıcı hükümlerin hepsi kaldırılmıştır.

11. EKONOMİYLE İLGİLİ HÜKÜMLER

Sevr'de: Kapitülasyonlardan yararlanma hakkı savaştan önce bunlardan yararlanan İtilaf Devletleri uyruklularına geri verilecek; bu hak, bunlardan daha önce yararlanmamış olan Yunanistan, Ermenistan v.b. devletler uyruklarına da tanınacaktır.

(Bu haklar arasında, birçok vergiden muaf olma hakkının bulunuşu ve vatandaşlık bölümünde görüldüğü üzere, her Türk vatandaşının, İtilaf Devletleri'nden birinin vatandaşlığına girmesine engel olma hakkının bizden alındığı hesaba katılırsa, bu hükmün genişliği daha iyi anlaşılır).

Gümrük tarifeleri için 1907 tarifesi (% 8) yeniden yürürlüğe konulmaktadır.

Türkiye, İtilaf Devletleri gemilerine en azından Türk gemilerine verdiği hakkı tanıyacaktır.

Yabancı postalar yeniden kurulacaktır.

Mart 1921 teklifinde: Bazı şartlara bağlı olarak yalnız yabancı postaların kaldırılmasının düşünüleceği söylendiğine göre, diğer hükümler olduğu gibi bırakılmaktadır.

Mart 1922 teklifinde: İngiliz, Fransız, İtalyan, Japon ve Türk temsilcilerinden ve kapitülasyonlardan yararlanan öteki devletlerin uzmanlarından oluşan bir komisyon, barışın yürürlüğe girmesinden sonra geçecek üç ay içinde, İstanbul'da toplanıp kapitülasyon sisteminin değiştirilmesiyle ilgili teklifler hazırlayacaktır.

Bu teklifler, mali konularda, yabancı uyrukluların Türklerle eşit vergi vermesini sağlayacaktır. Bu tekliflerde, gümrük vergisinde gerekli görülecek değişikliklerin yapılmasına da yer verilecektir.

Lozan'da: Kapitülasyonların her türlüsü kökünden ve ebedi olarak kaldırılmıştır.

12. BOĞAZLAR KOMİSYONU

Sevr'de: Kendine has bayrağı, bütçesi ve polis kuvveti bulunacak olan bu komisyon, gemilerin boğazlardan geçmesi, fenerler, kılavuzluk vb. işlerle uğraşacak ve daha önce Yüksek Sağlık Kurulu'nun yaptığı görevlerle, kurtarma işleri artık bir komisyonun gözetimi altında ve onun vereceği talimat çerçevesinde yerine getirilecek ve komisyon, Boğazların serbestliğini tehlikede sayınca İtilaf Devletleri'ne başvurabilecektir.

Komisyonda Amerika, İngiltere, Fransa, İtalya, Japonya ve Rusya'nın temsilcileri ikişer oya sahip olacaklardır.

Amerika istediği zaman, Rusya da Milletler Cemiyeti'ne girdiği andan başlayarak bu komisyona katılabileceklerdir.

Komisyon üyeleri, diplomatik dokunulmazlıktan yararlanacaklardır. Komisyona sırayla ve ikişer yıl süreyle, ikişer oya sahip devletlerin temsilcileri başkanlık edecektir.

Mart 1921 teklifinde: Türk temsilcisi de iki oya sahip olacak ve Boğazlar Komisyonu'na başkanlık edecektir.

Mart 1922 teklifinde: Aynı şekilde, Türk temsilcisi komisyona başkanlık edecektir. Boğazlarla ilgili bütün devletler komisyonda temsil edilecektir.

Lozan'da: Komisyonun başkanlığı bize verilmiştir.

Komisyonun görevi, gemilerin Boğazlardan geçişinin Boğazlar Sözleşmesi hükümlerine uygunluğunu sağlamaktan ibarettir. Komisyon her yıl Milletler Cemiyeti'ne rapor verecektir.

Yine bu anlaşmayla, İstanbul'daki Milletlerarası Sağlık Kurulu kaldırılarak, sağlık işleri Türk hükümetine bırakılmıştır.

Saygıdeğer Efendiler, Lozan Barış Antlaşması'ndaki hükümleri öteki barış teklifleriyle daha fazla karşılaştırmanın yersiz olduğu düşüncesindeyim. Bu antlaşma, Türk milletine karşı, yıllardan beri hazırlanmış ve Sevr Antlaşması ile tamamlandığı sanılmış büyük bir suikastın sonuçsuz kaldığını bildirir bir belgedir. Osmanlı tarihinde benzeri görülmemiş bir siyasi zafer eseridir!

* *
*

TÜRK DELEGELER HEYETİ BAŞKANI İSMET PAŞA İLE HÜKÜMET BAŞKANI RAUF BEY ARASINDA ÇIKAN ANLAŞMAZLIK

Efendiler, burada, Lozan barış görüşmeleri sırasında çıkan ve barış imzalandıktan sonra açığa vurulup yayılan bir konuyu ele alarak kamuoyunu aydınlatmak isterim. Açığa vurulan ve yayılan konu, Türk Delegeler Heyeti Başkanı İsmet Paşa ile Hükümet Başkanı Rauf Bey arasında çıkan anlaşmazlıktır.

Bu anlaşmazlığı, ilgili belgeleri inceleyerek köklü ve ciddi sebeplere dayandırmak güçtür. Bu bakımdan, anlaşmazlığı daha çok ruhi ve duygusal açıdan değerlendirmek gerektiği görüşündeyim.

Çeşitli vesilelerle belirtmiştim ki, Lozan Konferansı söz konusu olduğu zaman, Delegeler Heyeti Başkanlığı'na Rauf Bey'in getirilmesi eğilimi vardı. Gerçekten Rauf Bey de Delegeler Heyeti Başkanı olmak istiyordu. İsmet Paşa'nın askeri danışman olarak kendisiyle birlikte gönderilmesini de benden rica etmişti. Ben, Rauf Bey'e, İsmet Paşa'dan yararlanmanın, ancak onun başkan olarak gönderilmesiyle mümkün olacağı cevabını verdim. Sonra, bilindiği gibi, Rauf Bey'i göndermedik, İsmet Paşa ordunun başından alındı. Dışişleri Bakanlığına seçilerek Delegeler Heyeti Başkanlığı'na getirildi.

Lozan Konferansı'nın birinci dönemi kapandıktan sonra, İsmet Paşa'nın uğradığı hücum ve eleştirileri anlatmıştım. Buna rağmen, ikinci defa Lozan'a gönderilen yine İsmet Paşa oldu. İsmet Paşa, Lozan görüşmelerini büyük bir başarıyla idare ediyordu. Görüşme safhalarını düzenli olarak Bakanlar Kurulu'na bildiriyordu. Bazı önemli konularda Hükümet'in düşünce ve görüşlerini soruyor veya talimat bekliyordu. Çözüm bekleyen meseleler önemli, mücadele ciddi ve üzücü idi. Rauf Bey'de, İsmet Paşa'nın görüşmeleri idare ediş tarzını beğenmezlik duygusu uyanmıştı. Bu duygusunu Bakanlar Kurulu'ndaki arkadaşlarına da telkin etme isteğine kapılmıştı. Bakanlar Kurulu'nda İsmet Paşa'nın raporları okundukça, zaman zaman, İsmet Paşa bu işi başaramayacak denmeye başlanmış... Hatta bir aralık, İsmet Paşa'yı geri çağırma teklifi ortaya atılmış... Rauf Bey, bu teklifi derhal oylamaya kalkışmış... Bakanlar Kurulu'na Milli Savunma Bakanı olarak katılan Kazım Paşa'nın itirazı üzerine vazgeçilmiş...

İSMET PAŞA'DA, HÜKÜMET BAŞKANI RAUF BEY'E KARŞI GÜVENSİZLİK DUYGUSU BAŞLAMIŞTI

Öte yandan, İsmet Paşa'da da, Hükümet başkanı Rauf Bey'e karşı bir güvensizlik duygusu başlamış... Rauf Bey'in imzasıyla aldığı Hükümet'in görüşünü bildiren yazılardan, Rauf Bey'in beni haberdar etmeden talimat vermekte olduğu endişesine düşmüş...

Nihayet, İsmet Paşa, görüşmelerin ciddi ve nazik safhalara girdiğinden söz ederek, benim durumu bizzat takip etmemi yazdı.

Gerçi, ben, İsmet Paşa'nın raporlarından ve Hükümet'in kararlarından haberdar ediliyordum. Fakat, Rauf Bey'in, kararları İsmet Paşa'ya bildiren yazılarının ne şekilde yazıldığını kontrol etmiyordum. İsmet Paşa'nın dikkatimi çelmesi üzerine, Lozan görüşmelerini Hükümet toplantılarında doğrudan doğruya takip etme ve Hükümet kararlarını bazen kendim kaleme alma gereğini duydum.

Söz konusu ettiğimiz mesele üzerinde açık ve kesin bir bilgi verebilmek için İsmet Paşa ile Rauf Bey arasında çeşitli konularda yapılan yazışmalardan yalnız iki konu ile ilgili olanlarını, huzurunuzda inceleyeceğim.

YUNANLILARDAN İSTENEN SAVAŞ TAZMİNATINDAN DOLAYI İSMET PAŞA İLE HÜKÜMET ARASINDA ÇIKAN GÖRÜŞ AYRILIĞI VE GERGİNLİK

Yunanlılardan istenen savaş tazminatından dolayı Yunanistan gergin bir tavır takındı. İsmet Paşa ve Venizelos arasında bu konu ile ilgili görüşme ve tartışmalar kesildi.

İtilaf Devletleri'nin temsilcileri, İsmet Paşa'ya, Karaağaç'ın bize bırakılması ve tarafımızdan istenen onarımdan vazgeçilmesi suretiyle Yunan tazminatı meselesinin çözüme bağlanması teklifinde bulunurlar. İsmet Paşa, Karaağaç'ın, istediğimiz haklı tazminata bir karşılık tutulamayacağını, öte yandan, İtilaf Devletleri ile aramızda bulunan ve daha önce çözümlenmiş olan tazminat konusunun, bu konferansta yeniden ele alınıp tespit edilmediğini, her iki konuyu da Hükümet'e bildirmek zorunda olduğunu belirtir. İsmet Paşa, bu durumu 19 Mayıs 1923 tarihli şifresiyle Hükümet Başkanlığı'na bildiriyor ve "Hükümet kararının acele bildirilmesini rica ederim." diyor.

İsmet Paşa, bu telgrafına üç gün geçtiği halde cevap alamaz... 22 Mayıs 1923 tarihinde "acele" kaydıyla Hükümet Başkanlığı'na şu şifreyi de çeker:

"Yunan tazminatına karşılık, Türkiye'ye Karaağaç ve yöresinin bırakılması ile ilgili olarak İtilaf Devletleri'nce yapılan teklif konusunda hükümet görüşünün bildirilmesini 19 Mayıs 1923 tarih ve 117 sayılı telgrafla istirham etmiştim. Sizlerin emirlerinin çabuklaştırılması istirham olunur."

Rauf Bey, İsmet Paşa'nın iki telgrafına, 23 Mayıs 1923 tarihinde cevap veriyor.

Cevabın birinci maddesi şöyledir: "Karaağaç'a karşılık tazminat parasından vazgeçemeyiz."

Cevabın üçüncü maddesinde, bazı düşünceler ileri sürüldükten sonra "Yunanlıların bunu veremeyeceklerini İtilaf Devletlerinin söylemesi, şaşılacak şeydir ve kabul edilemez" deniliyor.

Cevabın beşinci maddesinde, yine bazı düşünceler belirtildikten sonra, şu görüş ileri sürülüyor: "Bu işin İtilaf Devletleri ile barışa engel olmaması için, bizi Yunanlılarla çözüm yolu bulmakta serbest bırakarak kendilerinin barış imzalamaları yerinde görülmüştür.

İsmet Paşa, 24 Mayıs 1923 tarihinde Rauf Bey'e yazdığı sonraki dört raporunda düşüncelerini açıklayarak şu bilgileri veriyor: "Madde 1. Bugün, General Pelle geldi. Yunan heyetinin, iki gün sonra, yani Cumartesi günü tazminat konusunun resmen konferansta görüşülmesini teklif ettiğini ve o zamana kadar tarafımızdan cevap verilmezse, Cumartesi günü konferanstan çekileceklerini bildirdiklerini söyledi. Ben, tazminat konusunda daha cevabınızı almamıştım. Hükümetimden cevap gelmedikçe yapılacak bir şey olmadığını ve Yunanlılarca yapılan bu tekliften üzüntü duymadığımı bildirmekle yetindim."

"Durumun son devreye geldiği görüşündeyim. Ortalığa sızan yaygın söylentiler ve gazete haberleri genellikle kötümserdir. Madde 2. Çeşitli meseleler üzerinde yüksek başkanlığınızın cevaplarını aldım. Dikkate değer bir husustur ki, tazminat konusunda Ankara'nın ret cevabı verdiği daha önce burada duyulmuştur. Bizim çevrelerden sızması ihtimali yoktur. Çünkü, teklifi ve cevabı daha kimse bilmiyor..."

İsmet Paşa, Yunan tazminat konusu üzerindeki görüşünü şöyle bildiriyor: "Karaağaç ve yöresini bize bırakan teklifi kabul ederek Yunan tazminatı konusunun kapatılması zorunluluğuna uymak yerinde olur. İtilaf Devletleri'nce, Yunanlılara para ödetmek imkansız denildiği gibi, bunların aradan çekilmesi halinde çıkabilecek bir savaşı kazandıktan sonra bile, para almak için zorlama imkanları olmadığından, ödetme ilkesinde ısrar etmek çıkmaz bir yoldur. Her memlekette denenmiş ve sonucu görülmüştür... vb."

İsmet Paşa bu görüşünü pek akla yatkın ve basiretli düşüncelerle açıkladıktan sonra: "Konferansın bugünkü durumuna göre, iktisadi, ticari ve yerleşim konuları ile ilgili maddelerle, diğer bütün maddeler büyük bir çoğunlukla, iyi bir şekilde sonuca bağlanmıştır ve bağlanmaktadır..."

"İşgal altındaki topraklarımızın boşaltılması konusu daha, bir çözüme bağlanamadı. Fakat istediğimiz gibi çözümlenmesi umulmaktadır ve öyle olması da gerekir" diyor. Öteki konuların vardığı ve varabileceği sonuçları da bildirdikten sonra şunları yazıyor: "Düşüncem özet olarak şudur ki, hükümet bize verilen talimatta yer alan temel maddeler içinde kaldığı ve Yunan tazminatı meselesi teklif ettiğim şekilde çözümlendiği takdirde, barışı gerçekleştirme ümidi gerçekten kuvvetlenir. Eğer hükümet, görüşmelerin Yunan tazminatı yüzünden kesilmesini göze alırsa ve bize verilen talimatta yer almayan beklenmedik şartlar ileri sürerek sabit düşüncelerinde ısrar ederse, barışın imzalanması şüphelidir."

"Kabotajın kayıtsız ve şartsız olarak kaldırılmasını veya konunun barıştan sonraya bırakılmasını uygun gördük ve istedik. Ancak, bu meseleyi belirli şartlar altında, iki yıllık özel bir sözleşmeyle çözümlemek imkanını bulabildik. Oysa: bu konu üzerinde de yeniden değişmez şartlar içinde ısrar edilmesini bildiriyorsunuz. Ondan sonra İsmet Paşa şunu yazıyor:

"Kararımın özeti şudur: Milli çıkarlarımıza uygun ve elde edilebilecek en iyi şartları içine alan bir barış antlaşması hazırlanmaktadır. Gerek Yunan tazminatı konusunda gerek diğer meselelerde, hükümet, daha fazla menfaatler elde etme imkanını görmekte ve görüşmelerin kesilmesini göze almakta kararlı ise, ben bu görüşe katılmıyorum. Bu noktayı açıkça ve hemen bana bildirmesini Hükümet Başkanı'ndan istiyorum. Aramızda uyuşma olmadığı takdirde, görevim delegelerimizi burada bırakarak memleketime dönmek ve Hükümet'e durumu bir defa da sözlü olarak açıkladıktan sonra, savaş ve barış alanında sorumluluk mevkiimi sona erdirmektir."

İsmet Paşa'nın, telgraflarının son maddesi şudur: "Düşüncelerimin aynen Büyük Millet Meclisi Başkanı'na (yani bana) bildirilmesini istirham ederim."

Efendiler, bu verdiğim bilgilerden ortaya çıkan sonuç şudur: İsmet Paşa, Karaağaç'a karşılık Yunan tazminatı meselesini çözüme bağlamayı uygun görüyor; hazırlanmakta olan antlaşmanın elde edilebilecek en iyi şartları içine aldığı görüşünü belirtiyor.

Rauf Bey de, Karaağaç'a karşılık tazminat parasından vazgeçemeyiz diyor.

BEN, İSMET PAŞA'NIN GÖRÜŞÜNÜ BENİMSEDİM

Ben Rauf Bey ile İsmet Paşa arasında yapılmış olan bütün yazışmaları gözden geçirdikten sonra, esas itibariyle İsmet Paşa'nın görüşünü benimsedim. Fakat Rauf Bey de İsmet Paşa da kendi görüşlerinde ısrarlı görünüyorlar ve bu görüşlerin ifadesinde her ikisi de pek keskin kelimeler kullanmış bulunuyorlardı. Rauf Bey, Meclis ve millet kamuoyunda iyi karşılanabilecek, parlak bir propaganda yolunda idi. "Memleketimizi yakıp yıkmış olan Yunanlılardan, kazandığımız çok büyük zafere rağmen onarım bedeli olarak tazminat parası isteğinden vazgeçemeyiz! Biz, onlarla hesabımızı görürüz!" görüşünün savunucusu oluyor...

Barışı bir bütün olarak ele alan ve büyük bir barışın esaslarını göz önünde bulunduran İsmet Paşa ise, Hükümet Başkanı'yla olan bu anlaşmazlıkta, Yunanlılara karşı fedakarlık yapmayı teklif etme durumunda bulunuyordu. Bu görüşün yerinde ve kabulünün zorunlu olduğunu kamuoyuna anlatmak, elbette ki o kadar kolay değildir.

Konuyu o yolda bir çözüme bağlamak gerekirdi ki, hem İsmet Paşa'nın teklifi kabul edilerek barış yapılsın hem de Rauf Bey ve başkanlık ettiği Hükümet yerinde kalıp barış antlaşması imzalanıncaya kadar çalışmalarına devam etsin!

MESELEYİ ÇÖZÜME BAĞLAMAK İÇİN BİR TARAFA HAK VEREREK ÖBÜR TARAFI SUSTURMA YOLUNU TUTMADIM

Genellikle iki tarafa karşı aldığım tavır yumuşak olmadı. Bir tarafa hak vererek öbür tarafı susturma yolunu tutmadım. Durumu nasıl gördüğümü ve görüşümü nasıl ortaya koyduğumu anlatmak için 25 Mayıs 1923 günü yapılan hükümet toplantısından sonra, İsmet Paşa'ya yapılmış olan bildirimi olduğu gibi bilginize sunacağım:

İsmet Paşa'ya iki şifreli telgraf yazıldı. Biri hükümetin kararı olarak Rauf Bey'in imzasıyla çekildi. Bu telgrafı, ben Kazım Paşa'ya yazdırdım. Ötekini bizzat yazdım ve kendi imzamla gönderdim. Rauf Bey'in imzasıyla çekilen telgraf şudur:

25.05.1923

İsmet Paşa Hazretleri'ne

24 Mayıs tarihli ve 141-144 sayılı telgraflarınız üzerine Gazi Paşa Hazretleri'nin başkanlığında toplanan Hükümet'in kararı aşağıda arz olunur:

Barışa engel olan önemli ve askıda kalmış meseleler, bizce bir bütün sayılmaktadır. Bu meselelerden herhangi biri nazik bir şekil aldığı zaman fedakarlığa davet edilir ve bu fedakarlığı zorunlu görecek olursak, geride kalan meselelerin de aynı şekilde zararımıza çözülmesi ihtimalini kuvvetlendirmiş oluruz.

Yunan tazminatı konusunda fedakarlık yapılacak olursa, bu fedakarlık hiç olmazsa daha askıda bulunan ve bizce çözümü şart olan meselelerin lehimize sonuçlandırılması suretiyle barışa yardımcı olmalıdır.

Bundan dolayı, ancak, Düyun-ı Umumiye faizleri, işgal altındaki topraklarımızın kısa zamanda boşaltılması, adli işlerle ilgili formül ve şirketler tazminatı konularının Yunan tazminatı konularıyla birlikte ortaya konulması ve ancak lehimizde çözümü sağlanıp garanti edildiği takdirde, karşılığında bu fedakarlığın göze alınması uygun olabilir.

Bu formül çerçevesinde, en çok yarar sağlayacak bir barış yapılmasının mümkün olduğu ve bunun dışında uzun görüşmelerin iyi bir barış getirmeyeceği düşüncesinde olan kabine, konferansa son ve kesin şekilde tekliflerde bulunarak verilecek cevabı beklemenizi rica etmektedir.

Hüseyin Rauf

Benim yazdığım telgraf da şudur:

25.05.1923

24 Mayıs tarihli ve 141-144 sayılı telgraflarınızda yazılı olan hususlar Hükümet'çe incelendi ve görüşüldü. Hükümet'çe alınan karar Hükümet Başkanlığı'ndan bildirildi. Benim düşüncelerim:

1. Üzerinde durulması ve ısrar edilmesi gereken mesele, Yunan tazminatı meselesinde Türkiye'nin göze alacağı fedakârlık değildir. Belki bu fedakârlığa razı olunabilmesi için, barışın imzalanmasına engel olan köklü ve önemli meselelerin daha çözümlenmemiş ve beklendiği şekilde çözümlenebileceğini gösteren inandırıcı deliller bulunmamış olmasıdır. Gerçekte, çözümlendiği veya çözümlenebileceği tahmin edilen iktisadi meseleler, Ankara'da toplanmakta devam eden şirketlerle yapılacak görüşmelerin sonucuna bağlıdır. Bu şirketlerin ise aşırı isteklerde bulundukları şimdiden anlaşılmıştır.

2. İktisadi ve mali meseleler, İtilaf Devletleri'nin görüşüne uygun olarak yani aleyhimizde çözümleninceye kadar, İstanbul'un boşaltılmasını geciktirmede direnmelerinden duyulan endişe büyüktür ve ciddidir. Hatta bu gecikmenin, Musul meselesinin İngiltere lehine çözüme bağlanıncaya kadar devam ettirilmesi de kuvvetli bir ihtimaldir.

3. Borçlularımızın hangi çeşit para ile ödeneceği meselesinin de, Muharrem Kararnamesi'nin yürürlükte olduğunu belirten bir bildiri yayınlanması isteğinde ısrar edildikçe, lehimize çözümlenemeyeceği görülüyor.

4. Adli işlerle ilgili çözüm formülü İtilaf Devletleri'nin teklifi üzerine kabul edilmiş olduğu halde, sonradan bundan vazgeçmeleri ve bu formülü tanımamakta direnmeleri dikkate değer.

5. Bu bakımdan, Yunan tazminatı meselesinde, bizi fedakârlığa zorlamalarının sebebini şu şekilde düşünüyorum:

Yunanlılar, ordularını uzun süre silah altında tutmak ve yıpratmak istemiyorlar. Türkiye ile aralarında çözüme bağlanması gereken tazminat meselesini kendi isteklerine göre çözümletecek güvenilir ve sakin bir duruma geçmek ihtiyacındadırlar. İtilaf Devletleri ise, bizim hayati saydığımız meseleleri lehimizde çözümleme kararında değillerdir. Görüşmeleri mümkün olduğu kadar uzatarak ve her konu üzerinde bizi yıpratarak, en sonunda kendi lehlerinde fedakârlığa mecbur etmek kararındadırlar. Yunanlıların askeri harekat ile gayeye ulaşmalarına da razı olmadıklarından, maksatlarını bize baskı yaparak gerçekleştirmekle. Yunanlılar sakin ve memnun bir duruma sokmak istiyorlar. Biz bu direnme karşısında fedakârlık yapmakla barışı sağlamaya hizmet etmiş olacağımızı sanmıyorum. Aksine, yine zaman geçecek ve barışın elde edilebilmesi için sonuna kadar fedakârlık yapmak mecburiyeti karşısında bırakılacağız. İzmir'in kurtarılışından bugüne kadar dokuz ay geçti. Bu şekilde daha dokuz ay geçebilir.

Önemle göz önünde bulundurmak gerekir ki, belirsiz bir zaman boyunca beklemek zorunda kalmayı kabul edemeyiz.

6. Aleyhimize olan meselelerde fedakârlık etmek, lehimize çözümü zorunlu olan meseleleri olumlu bir sonuca götürememek bizi zayıf ve güç duruma sokar. Bunun için barışa temel olacak meselelerin hepsini bir bütün olarak dikkate almak, bunu ciddiyetle, açık ve kesin bir dille konferansın dikkatine sunmak ve kabulüne çalışmak; bu konuda garanti elde etmedikçe fedakârlığı gerektiren meselelerin çözümüne yanaşmaktan kesinlikle kaçınma zamanı gelmiştir.

7. 24 Mayıs tarihli ve 144 sayılı telgrafınızla bildirilen son kararımızı uygulamakta acele etmemenizi rica ederim. Esası Meclis'ten gelen talimatın önemli noktası, mali, iktisadi, adli ve idari konularda hayat ve bağımsızlık haklarımızın tam ve güvenilir olarak kazanılmasıdır. Daha bu sonuç elde edilemediğine göre, fedakârlık noktasında ısrar göstermeyiniz.

8. İtilaf Devletleri, bize hayat ve bağımsızlığımızla ilgili konularda ne yapıp edip aleyhimizde esaslı şartlar kabul ettirmeye karar vermedikçe, tazminat konusunda göstereceğimiz ciddi tutum üzerine, Yunan ordusunun hareketine izin veremezler; dolayısıyla kendilerinin de fiilen savaş durumuna geçmelerini uygun göremezler. Eğer olumsuz görüşü benimsemekteki kararları kesin ise, Yunan tazminatı konusunda olmasa bile, İstanbul'un boşaltılması, borçların hangi tür para ile ödeneceği veya adli meseleler gibi bütün dünyayı ilgilendiren konularla ve elverişli bir ortam içinde bize karşı fiili hareketlere girişirler. Böyle olunca da biz daha zayıf bir duruma düşeriz.

9. Yunanlıların cumartesi günü konferanstan çekilmelerini önleyebilmek için, isteklerini kabul etmek lehimizde değildir. Böyle bir çekilmenin aynı harekete İtilaf Devletleri de katılmadıkça hiçbir anlam ve etkisi olamaz. Eğer konferanstan çe-

kileceklerini bildirmenin anlamı, fiilen askeri harekâta geçeceklerini önceden haber vermek ise, bu konuda İtilaf Devletleri'nden haklı olarak sorulacak noktalar vardır.

10. Kısacası, böyle tepeden inme ve ansızın yapılan bir tehdit karşısında ve başlı başına bir konuda fedakârlığı kabul ettiğimizi söylemek, barışı uzaklaştırmak şeklinde anlaşılabilir. Tekrar ediyorum: İtilaf Devletleri'ni ana meseleleri çözmeye davet ediniz, efendim.

Mustafa Kemal

Bunlardan başka, İsmet Paşa'ya, "kişiye özel" işaretiyle de ayrıca şu kısa şifreli telgrafı çektim:

Şifre

25.05.1923

Kişiye özel

İsmet Paşa Hazretleri'ne

Hükümet Başkanlığı ile Delegeler Heyeti'nin bütün yazışmalarını bir defa daha karşılaştırarak inceleme gereğini duydum. Bazı telgraflardaki ifade tarzından, arada yanlış anlamalar var gibi bir anlam çıkardım. Onarımla ilgili tazminatı kabul etmek veya etmemek konusunda ısrar yoktur Bunu açıklamak için, durumla ilgili düşünce ve görüşlerimi ayrıca bildirdim. Hasretle gözlerinden öperim, kardeşim.

Mustafa Kemal

Bu telgrafların metinlerinden, Karaağaç'a karşılık Yunan tazminatından vazgeçmeyi esas itibariyle kabul ettiğimiz açıkça anlaşılmaktadır. Ancak ana meselelerde, zorunlu ve hayati saydığımız hususların iyi bir sonuca bağlanması şartına da, İsmet Paşa'nın dikkati çekilmiştir.

İsmet Paşa'nın da bu telgraflardan çıkardığı anlam ve güttüğü maksat bu olmuştur.

İsmet Paşa, Rauf Bey'den, düşüncelerinin bana aynen bildirilmesini istediği 24 Mayıs 1923 tarihinde, doğrudan doğruya bana da bir telgraf çekmiş... 24 Mayısta çekilmiş olan bu telgrafı ben 26 Mayısta aldım. Telgraf Dışişleri şifresiyle gelmiş ve Rauf Bey tarafından görüldükten sonra bana gönderilmişti. Halbuki bu telgraf bir bakıma Rauf Bey'den şikayet anlamı taşıyordu. İsmet Paşa'nın telgrafı şudur:

Lozan
Çekilişi: 24.05.1923
Alınışı: 26.05.1923

Gazi Mustafa Kemal Paşa Hazretleri'ne

Durumla ilgili olarak Hükümet Başkanlığı'na etraflı bir rapor sundum. Hükümetle aramızda esaslı anlaşmazlık vardır. Uyuşma olmazsa geri dönmek zorunda ve kararındayım. Raporumun yüce Başkanlığınıza ulaştırılmasını açıkça belirttim ve istirham ettim. Konferans son günlerinde ve durum gecikmeye tahammülü olmayan bir andadır. Düşünceme göre, barış, ileri sürdüğüm görüşler çerçevesinde gerçekleştirilebilir. Büyük Millet Meclisi Başkanı sizlerin bu olağanüstü zamanda genel durumu yakından takip buyurmaları istirham olunur.

İsmet
26.05.1923

Diğerlerinden bir gün gecikmeyle gelen bu telgraf, olduğu gibi Gazi Paşa Hazretleri'ne sunulacaktır.

Hüseyin Rauf

Aynı gün İsmet Paşa'ya şu cevabı verdim:

Şifre

Makine başında, Ankara, 26.05.1923

İsmet Paşa Hazretleri'ne

24 Mayıs tarihli ve 145 sayılı şifreyi 26 Mayısta aldım. Ondan önce kısa ve uzun iki şifre yazdım. Durumu takip ediyorum. Geri dönme kararınızın nedeni, tazminat konusunda fedakârlık olduğuna göre, doğru değildir. Bildirdiğim hususlar çerçevesinde teşebbüse devam edildiği takdirde, daha elverişli bir safhaya geçeceğinizi umarım. Hükümet ile aranızda sezilen görüş ayrılığı giderilebilir. Gözlerinizden öperim, efendim.

Gazi Mustafa Kemal

İsmet Paşa, 26 Mayıs 1923 tarihinde Hükümet Başkanlığı'na yazdığı raporlarda, Hükümet Başkanlığı'nın yazılarını, benim telgraflarımı ve delegelerimize verilmiş olan esas talimatı dikkate aldığımı ve o yolda hareket ettiğimi açıkladıktan sonra, 26 Mayıs günü öğleden sonra, İtilaf Devletleri delegelerinin, Yunan tazminatına karşılık Karaağaç'ın kabul edilmesi yolundaki tekliflerini kabul ettiğini söylemiş olduğunu, diğer meseleleri de birkaç gün içinde sonuçlandırabileceğini bildirmiş...

Rauf Bey, bu raporları bana 27 Mayıs 1923 tarihinde şu yazısına ilişik olarak gönderdi.

154/155

27.05.1923

Türkiye Büyük Millet Meclisi Yüce Başkanlığına

İsmet Paşa Hazretleri'nden gelen 26 Mayıs 1923 tarihli telgraf sureti ilişik olarak yüce huzurlarına takdim kılındı, efendim.

Hüseyin Rauf
Dışişleri Bakan Vekili

Rauf Bey, aynı tarihte İsmet Paşa'ya da şu tebligatta bulunmuş:

27.05.1993

İsmet Paşa Hazretleri'ne

İlgi: 26 Mayıs 1923 tarih ve 151 sayılı telgraf.

Delegeler Heyeti'nin Yunan tazminatı ile ilgili tutumu, Hükümet'in talimatına açıkça aykırı görülmüştür. Güç durumda kalan Hükümet, milli çıkarları göz önünde tutarak, tarafınızdan bildirildiği üzere, önemli meselelerin üç dört gün içinde sonuçlandırılacağı yolundaki kanaatin gerçekleşmesini beklemekle birlikte, düşünce ve görüşlerini değiştirmeyecektir. Önceki telgrafta belirtilen öteki temel meselelerle fedakârlığın söz konusu olamayacağı kesinlikle bilinmelidir, efendim.

Hüseyin Rauf

İsmet Paşa'nın, Karaağaç'a karşılık tazminattan vazgeçilmesini bildiren raporlarını gördükten sonra, 25 Mayıs 1923 tarihli ve Rauf Bey imzalı talimat telgrafını açıklamak üzere kendisine şu telgrafı yazdım:

27.05.1923

İsmet Paşa Hazretleri'ne

Hükümet'in kararında başlıca üç ana nokta vardı. Birincisi: Onarımla ilgili tazminat meselesinde fedakârlık, askıda kalan önemli meselelerin lehimize sonuçlandırılması karşılığında yapılmalıdır. İkincisi: Düyun-ı Umumiye faizleri, düşman işgalindeki topraklarımızın boşaltılması, adli meselelerle ilgili formül ve yabancı şirketlere ödenecek tazminatı, yani on iki milyon liranın, şahısları ve uyrukları hangi milletten olursa olsun, bütün şirketlere ait olduğu kabul edilerek bunun dışında bir tazminatın söz konusu edilmemesi meselelerinin, tazminat meselesiyle birlikte ele alınması ve bu dört meselenin lehimize çözümü sağlanabildiği takdirde, tazminat meselesinde fedakarlık yapılabilir. Üçüncüsü: Konferansa son ve kesin tekliflerde bulunarak cevap beklemek.

Delegeler Heyeti'nin tutum ve anlayışında Hükümet'in görüş ve talimatına uymayan noktalar şunlardır:

1. Delegeler Heyeti, yalnız askıda kalan meseleleri bir bütün olarak kabul etmiş, tazminat meselesini bunun dışında tutmuştur.

2. Görüşmelerin, Yunanlıların konferanstan çekilmesi üzerine kesilmesinde ve Mudanya sözleşmesinin Yunan ordusunun yeniden saldırmasıyla bozulmasında sakınca görülerek, öteki meselelerde anlaşmaya varılamazsa, görüşmelerin tarafımızdan kesilmesi tercih edilmiştir. Bu nokta, üzerinde düşünülmeye değer.

3. Yunan onarım tazminatı konusunda fedakarlığı kabul ettikten sonra, öteki meseleleri birkaç gün içinde sonuçlandırma yoluna gidilmesi de önemlidir. Bakanlar Kurulu'nda henüz böyle bir kanaat oluşmuş değildir. Önemli meseleler gerçekten üç dört gün içinde lehimize sonuçlandırılabilirse, tazminat meselesine öncelik verilmesinde düşünülen sakıncalar giderilmiş olur. Muharrem Kararnamesi'nin yürürlükte olduğu hususunun belirtilmesine önem verilmesinin, ancak çözümlenmesi ümidini beslediğimiz meselelerden sonraya bağlı olduğu bildirilmektedir.

4. Konferansın, kuponların ödenmesi meselesi yüzünden kesilmesinin içeriye ve dışarıya karşı bizi daha kuvvetli bulunduracağı düşüncesi de üzerinde iyiden iyiye durmaya değer.

Bu konuda bütün yabancılar aleyhimizdedir. İşin içyüzünü kamuoyuna açıklamak tazminat meselesi kadar kolay değildir. Tazminat meselesinde yabancıların da bizi haklı görmesi için sebepler vardır.

5. Önemli meselelerde, görüşmelerin kesilmesine bizim yol açmış olmamız, fiili hareketlerle birlikte olmadıkça, İtilaf Devletleri'nin isteğine uygun düşer. Bu sebeple, eğer görüşme-

ler kesilecekse bunun Yunan saldırısı üzerine yapılması, bizi haklı durumda gösterirdi görüşü vardır.

6. Kısacası, Hükümet ile Delegeler Heyeti arasındaki anlaşmazlık noktaları önemlidir. Hükümette oldubittiler karşısında bırakılma endişesi doğmuştur. Bunun için, bildirdiğiniz üzere, önemli meselelerin birkaç gün içinde mutlaka sonuçlandırılmasına ağırlık vererek, tazminat meselesine öncelik vermenin doğuracağı sakıncaların giderildiğini göstermek lazımdır. Daha şimdiden fedakârlıkta bulunmanın, öteki meselelerin süratle ve lehimizde çözüme bağlanacağı hususunda verilen sözlere karşılık olduğunu gerekenlere ciddi olarak söylemek ve eğer sonunda görüşmeler mutlaka kesilecekse, bunun onların sebep olduğu ve saldırgan görünecekleri bir yolda kesilmesini sağlamak gerekir.

7. Bugünlerde en ince değişiklikleri ve özellikle göstereceğiniz fedakârlıktan sonra İtilaf Devletleri delegelerinde beliren zihniyeti bildiriniz. Çünkü, bize gözdağı vererek başarıya ulaşmaktan doğacak yeni ümitlerinden haklı olarak endişe ediliyor, efendim.

Gazi Mustafa Kemal

İsmet Paşa, 28 Mayıs 1923 tarihinde, Rauf Bey'e yazdığı telgrafta diyor ki: "Usulde, yani bir meseleyi önce veya sonra söz konusu etmek gibi esas direktifte değil; uygulama şekli üzerinde aramızda ayrılık belirmiştir. Yunan tazminatı meselesi daha kesin bir çözüme bağlandığı gibi, öteki ana meseleler de bundan sonra görüşüleceğinden cuma ve cumartesiye kadar bütün meselelerde konferansın kesin tutumunun anlaşılacağı sanılmaktadır. Yunan tazminatı konusundaki fedakârlığı, bizi ilgilendiren mali ve iktisadi konularda bu davranışımızın dikkate alınacağı kaydıyla yaptığımızı söylemiştim. Bu bakımdan, eğer öteki meselelerde anlaşmazsak, Yunan tazminatı da alacağımız genel karara bağlı olur."

"Eğer esas talimatlara uymakla birlikte, beklenmedik talimatlara, nihayet çeşitli meselelerin görüşülme ve çözümlenmesinde verilecek kesin emirlere, önemli talimatlara bütünüyle ve harfi harfine uyamadığımız kabul buyrulursa, bu durum, istemediğimizden değil, fakat gerçekten mümkün olmadığındandır.

Bendeniz aramızdaki bu görüş ayrılığını zamanında görmüş ve açıkça ortaya konmasını istirham etmiştim. Henüz hiçbir şey imza edilmemiş, hiçbir taahhüde girilmemiştir. Eğer bu tutumumuz yanlış sayılıyorsa, onun görüşünüze göre düzeltilmesi imkânı vardır.

Kısacası, barış meselesinin yüzde doksan beşi çözümlenmiştir. Üzerine benden sonra görev alacak kimse için güçlükler azalmış ve basitleşmiştir.

Öte yandan, eğer barış yapılmaz da görüşmeler kesilirse, bizim tutumumuz bu kesilmeyi daha elverişsiz bir duruma sokmayacaktır. Herhalde emir ve karar Hükümet'in ve yüce başkanlığınızındır."

İsmet Paşa, aynı gün bana da cevap verdi. Bu cevabı olduğu gibi bilginize sunayım:

Lozan
Çekilişi: 28.05.1923
Gelişi: 29.05.1923

1/1016

Hükümet Başkanlığına
Gazi Mustafa Kemal Paşa Hazretleri'ne

Durum, Hükümet'e gönderdiğim raporda bildirilmiştir. Her gün birer mesele ele alınmak üzere, bütün meseleleri önümüzdeki günlerde görüşeceğiz. Elbette Yunan tazminatını askıda kalan bütün meselelerin çözümünde sürekli bir silah olarak kullanacağız. Bu imkanı elde tuttuk. Yunan tazminatı meselesini çözümledikten sonra diğerlerinde bize gözdağı vererek bir sonuç alma ümidi besleyen olmadı. Aksine, tehdit vasıtası ortadan kalktı. Durum sakinleşti. Eğer eninde sonunda görüşmeler kesilirse, ya Yunan Ordusu kendisi için özel bir sebep bulunmadığından harekete geçmeyecek veyahut da ötekilerle birlikte ve onların davası için ilerlediğini ortaya koyup ispat edeceğiz. Her iki durum da maddi ve manevi bakımlardan, tazminat bahanesiyle, Yunan ordusu ile çarpışmaya başlamaktan daha önemli ve uygun görülmüştür. Hükümeti oldubittiler karşısında bırakma endişesine yer yoktur. Tutumumuz genel duruma göre değerlendirilirse, anlaşmazlığın uygulama yönteminde olduğu kabul edilebilir. Daha önce bu anlaşmazlığı da arz etmiştim. Ana konuların hepsinin birkaç güne kadar görüşüleceği arz olunur.

İsmet

İsmet Paşa'ya şu telgrafı çektim:

29.05.1923

İsmet Paşa Hazretleri'ne

Sizlerin, barışla ilgili konuların büyük ölçüde çözümlenmiş olduğu yolunda verdiği bilgi sevindirici olmuştur. Tasarladığımız üzere, durumu birkaç gün içinde aydınlığa kavuşturabilirseniz, çok rahatlayacağız. Başarılı olmanızı dilerim. Fevzi Paşa Hazretleri de Ankara'dadır. Durum aydınlanıncaya kadar burada kalacaktır. Gözlerinizden öperim.

Mustafa Kemal

İsmet Paşa, bu telgrafımdan sonra çalışmalarına devam etti. Rauf Bey'in ve Bakanlar Kurulu'nun da bu konu üzerinde daha fazla direnmesini önledim.

Bir aya yakın bir zaman her iki taraf da yatışmış gibi göründü. Bu süre içinde, İsmet Paşa, çeşitli konular üzerinde Bakanlar Kurulu Başkanlığı'nın görüşlerini soruyordu.

KUPONLAR VE İMTİYAZLARLA İLGİLİ YAZIŞMALAR İKİ TARAFI YENİDEN SİNİRLENDİRDİ

Kuponlar ve imtiyazlar konusunda aralarında geçen bir yazışma iki tarafı yeniden sinirlendirmiş. İsmet Paşa'nın 26 Haziran 1923 tarihinde Rauf Bey'in bir yazısına verdiği cevapta şu cümleler vardır:

Kuponlar meselesi çözümlenmeden imtiyazlar meselesinin çözümlenmesine gitmeyeceğiz. Zaten sorduğumuz soru, kuponlar meselesine bir çözüm yolu bulduktan sonra, takip edeceğimiz tutumla ilgili talimat almak içindi. Hükümet bu konuda suskunluk gösteriyor. Konferans görüşmelerinde, Delegeler Heyeti'nin, ana talimattaki kısıtlamalar dışında, bütün davranışlarının ayrıntılı olarak Ankara'dan idare edilme istek ve eğilimi, görüşmelerin memleket için en yararlı bir şekilde idaresini ve hayırlı bir barışa ulaşma gücünü, Delegeler Heyeti'nin elinden almaktadır. Hükümetçe tercih buyrulan bu yolun, 93 Seferi'nin saraydan idaresinden farkı yoktur.

Bize karşı, güvensizlik duyulduğu ve yetersiz olduğumuz hususunda durmadan ifade buyrulan kanaat süregeldikçe bizim aracılığımızla barış yapılabileceği düşünülemez.

Hükümetin görüşlerini, İtilaf Devletleri'ne olduğu gibi kabul ettirebileceğine inanan bir heyetin ve tabiatıyla yüksek şahsiyetinizle olan ilgisi dolayısıyla Maliye Bakanı Beyefendi'nin doğrudan doğruya sorumluluk yüklenerek konferansa hareket buyurmalarını rica ediyoruz.

Maliye Bakanı Hasan Fehmi Bey'di. Bu telgrafı okudum ve Rauf Bey'e cevap verdim. İsmet Paşa'ya da şunu yazdım:

Kişiye özel

26.06.1923

İsmet Paşa Hazretleri'ne

26.06.1923 tarihli cevap telgrafınızı okudum. Çok sinirli olarak yazılmıştır. Bunu gerektirecek hiçbir duygu, düşünce ve davranış yoktur. Sizi haksız buldum. İçinde bulunduğunuz güçlükler ve çektiğiniz sıkıntılar takdir edilmektedir. Bundan sonra belki, daha da artacaktır. Bu kırgınlığın sebebi Ankara değil, orada her gün yeni bir hile yaratanlardır. Çalışmalarınızı yılmadan ve soğukkanlılıkla olumlu bir şekilde sonuçlandırmaya himmet ediniz. Arada yanlış anlaşılmayı gerektirecek bir durum görmüyorum. Çalışma alanınız sınırlı değildir. Fakat yapılacak işler sınırlı olduğu ve pek önemli meselelerle karşı karşıya bulunduğunuz için, durum kendiliğinden sıkıntılı olmuştur. Gözlerinizden öperim.

Gazi Mustafa Kemal

RAUF BEY'İN ARADAKİ GÖRÜŞ AYRILIĞINI, KENDİSİ İLE İSMET PAŞA ARASINDA BAŞLI BAŞINA BİR MESELE SAYMASI DOGRU DEĞİLDİR

Saygıdeğer Efendiler, görülüyor ki, İsmet Paşa ile olan yazışmalarımda, onu incitebilecek sözler de vardır. Sonuna kadar da buna benzer ciddi emirlerim olmuştur. İsmet Paşa'nın da bana aynı şekilde ifadeler kullandığı olmuştur.

Bakanlar Kurulu kararlarında benim görüşlerimin de yer aldığını, İsmet Paşa'ya gerektikçe bildiriyordum. Buna göre; İsmet Paşa'nın Bakanlar Kurulu Başkanlığı'nı hedef alan bazı şikâyetleri, yalnız Rauf Bey'in şahsıyla ilgili sayılmazdı. Bütün bakanlarla ilgiliydi. Hatta bana da dokunuyordu.

Rauf Bey'in bu görüş ayrılığını, kendisi ile İsmet Paşa arasında başlı başına bir mesele sayması ve öyle saydırmaya kalkışması doğru değildir. Her durumda ve her konuda talimat verenler o talimatı, uzakta ve özellikle talimat verenin içinde bulunmadığı şartlar altında uygulayan kimse arasında görüş ayrılığı olabilir. Esasta bir değişiklik yapılmamak şartıyla, durum gereğine göre idare edilir.

İsmet Paşa'nın, durumun izlenmesi için benim dikkatimi çekmesi de mazur görülmelidir. Çünkü, konu gerçekten ciddi ve hayatiydi.

RAUF BEY, GÖRÜŞMELERİ BİTİRİP BARIŞI HAZIRLAYAN İSMET PAŞA'NIN SONUÇLA İLGİLİ OLARAK HÜKÜMETİN GÖRÜŞÜNÜ SORAN TELGRAFINA CEVAP VERMEMİŞTİ

Nihayet, Efendiler, Temmuz ortalarında konferans sona erdi. İsmet Paşa, barış antlaşması imzalanmadan önce Bakanlar Kurulu Başkanı Rauf Bey'e, konferansın son bulduğunu ve meselelerin ne şekilde çözüme bağlandığını bildirmiş... Rauf Bey'e olumlu veya olumsuz hiçbir cevap vermemiş... İsmet Paşa, bekleyiş içinde geçirdiği bu günlerde çok üzülmüş. Hükümetin hiçbir cevap vermeyişini, Ankara'da bir kararsızlığın hüküm sürmekte olduğuna bağlamış... Rauf Bey'e yazdıktan üç gün sonra 18 Temmuz 1923 tarihinde durumu bana da bildirdi. Telgrafında, Hükümet'i kararsızlığa düşürebileceğini tahmin ettiği noktaları birer birer sayıp açıkladıktan sonra, düşüncelerine şu sözlerle son veriyordu:

Eğer hükümet kabul ettiğimiz noktalardan geri dönmemiz hususunda kesinlikle ısrar ediyorsa, bunu bizim yapmamıza imkan yoktur. Benim düşüne düşüne bulduğum yol, İstanbul'daki İstila Devletleri komiserlerine, imza yetkisinin bizden alındığını bildirmektir. Gerçi, bu durum, bizim için yeryüzünde görülmemiş bir skandal olur. Fakat vatanın yüksek çıkarları, şahsi düşüncelerin üstünde olduğundan, Milli Hükümet istediği gibi hareket eder. Hükümetten teşekkür beklemiyoruz. Yaptıklarımızın muhasebesi milletin ve tarihin yargısına bırakılmıştır.

Efendiler, İsmet Paşa'nın yürüttüğü ve sonuçlandırdığı işin ne kadar önemli olduğunu açıklamaya gerek yoktur. Bu işin sonuçlandırıldığı, son günün, imza gününün geldiğini bildiren telgrafa sevinçle ve can atarak cevap verileceğini kabul etmek doğaldır. Ankara ile Lozan arasında, bir veya iki günde haberleşmek mümkündü. Üç gün geçtiği halde, hiçbir cevap verilmemiş olması, en basit bir anlayışla, Hükümet Başkanı'nın işi önemsemediğini ve aldırmazlıkla karşıladığını gösterir. Yapılan işin hükümetçe noksan görülerek, kabul edilmemesi yoluna gidildiği ve bundan dolayı da cevap verilmemekte olduğu zannına da düşülebilir. Bu durum karşısında, işi bitirmek için büyük ve tarihi sorumluluk yüklenerek imza kullanacak olan kişinin ne kadar güç bir durumda kalacağı düşünülürse, İsmet Paşa'nın üzüntü ve ıztırap çekmesini haklı görmek gerekir.

İSMET PAŞA'YA BARIŞ ANTLAŞMASINI İMZALAMASINI BİLDİRDİM

İsmet Paşa'nın telgrafına hemen şu cevabı verdim:

Ankara, 19.07.1923

İsmet Paşa Hazretleri'ne

18 Temmuz 1923 tarihli telgrafınızı aldım. Hiç kimsede kararsızlık yoktur. Elde ettiğiniz başarıyı en sıcak ve içten duygularımızla tebrik etmek için, antlaşmanın usulüne göre imza edildiğinin bildirilmesini bekliyoruz, kardeşim.

Gazi Mustafa Kemal
Türkiye Büyük Millet Meclisi Başkanı, Başkomutan

İSMET PAŞANIN ÇEKTİĞİ IZDIRAP

İsmet Paşa, bu telgrafıma cevap verdi. İsmet Paşa'nın ızdırabının derecesini gösteren bu cevabı, aynı zamanda temiz kalpliliğini, içtenliğini ve özellikle alçak gönüllülüğünü de gösteren bir belge olduğu için, aynen bilginize sunuyorum:

Lozan, 20.07.1923

Gazi Mustafa Kemal Paşa Hazretleri'ne

Her dar zamanımda Hızır gibi yetişirsin. Dört beş gündür çektiğim azabı bir düşün. Büyük işler yapmış ve yaptırmış adamsın. Sana bağlılığım bir kat daha artmıştır. Gözlerinden öperim pek sevgili kardeşim, aziz şefim.

İsmet

LOZAN BARIŞ ANTLAŞMASI'NI HAZIRLAYAN VE İMZALAYANLARA TEŞEKKÜR VE KENDİLERİNİ KUTLAMA

Efendiler, İsmet Paşa, 24 Temmuz 1923 günü antlaşmayı imzaladı. Kendisini tebrik etme zamanı gelmişti. Aynı gün şu telgrafı çektim:

Lozan'da Delegeler Heyeti Başkanı
Dışişleri Bakanı İsmet Paşa Hazretleri'ne

Millet ve hükümetin sizlere vermiş olduğu yeni görevi başarıyla sona erdirdiniz. Memlekete birbiri ardınca yaptığınız yararlı hizmetlerle dolu ömrünüzü bu defa da tarihi bir başarıyla taçlandırdınız. Uzun çarpışmalardan sonra vatanımızın barış ve istiklale kavuştuğu bu günde, parlak hizmetiniz dolayısıyla sizleri, pek sayın arkadaşlarımız Rıza Nur ve Hasan Bey'leri ve çalışmalarınızda size yardım eden bütün Delegeler Heyeti üyelerini şükran duygularımla kutlarım.

Gazi Mustafa Kemal
Türkiye Büyük Millet Meclisi Başkanı, Başkomutan

RAUF BEY KUTLAMAK İSTEMİYOR

Efendiler, Bakanlar Kurulu Başkanı Rauf Bey'in İsmet Paşa'ya kutlama telgrafı çekmediğini anladım. Kendisine bunun gerekli olduğunu hatırlattım. Rauf Bey'e bu konuda diğer bazı arkadaşlar da uyarıda bulunmuşlar.

Daha sonra öğrendim ki, Rauf Bey, İsmet Paşa'yı kutlamayı ve ona yaptığı bu önemli ve tarihi görevden dolayı teşekkürü gerekli görmüyormuş. Yapılan uyarı üzerine Kazım Paşa'ya bir mektup yazarak, ondan kendi adına, İsmet Paşa'ya bir kutlama telgrafı yazmasını rica etmiş... Bunun anlamı nedir?

Kazım Paşa, bu mektubu Bahriye Vekili İhsan Bey'in evinde bulunduğu bir sırada almış. Maliye Bakanı Hasan Fehmi Bey de orada imiş...

RAUF BEY'İN YAZDIĞI VEYA YAZDIRDIĞI TELGRAF

Hep birlikte, Rauf Bey'in ağzından uygun bir telgraf müsveddesi yaparak İsmet Paşa'yı kutlamışlar ve ona teşekkür etmişler. Bu müsveddeyi bir zarfa koyup Rauf Bey'e göndermişler. Fakat Rauf Bey müsveddeyi beğenmemiş. İsmet Paşa'ya başka bir telgraf yazmış veya yazdırmış. Rauf Bey, Kazım Paşa'yı gördüğü zaman demiş ki: "Sizin yaptığınız müsveddede sanki her işi yapan İsmet Paşa imiş gibi gösteriliyor. Biz burada bir şey yapmadık mı?"

Efendiler, Rauf Bey'in yazdığı veya yazdırdığı telgraf metni kendisinin duygu ve düşüncelerini gizlememektedir. Arzu buyurursanız o telgrafı da olduğu gibi bilginize sunayım:

Şifre 27.07.1923

Lozan'da Delegeler Heyeti Bakanlığına

İlgi: 20 ve 24 Temmuz, 347 ve 348 sayılı telgraflar:

Birinci Dünya Savaşı'nın sonsuz ızdıraplarından kurtulmak ve milletimizin dünya barışını kurmakta ne büyük bir rolü olduğunu fiilen ispat etmek üzere imzaladığımız Mondros Ateşkes Anlaşmasına rağmen, en feci ve insafsız saldırılara uğramış; bunun arkasından yaşama hakkımızı ve istiklalimizi ayaklar altına alan Sevr Antlaşması yapılmıştı. Yüzyıllar boyunca hür ve bağımsız olarak yaşamış olan aziz Türkiye'nin asil halkı, uğradığı haksız ve feci saldırılar karşısında bütün şuuru ve bütün varlığıyla yaşama hakkını ve istiklalini kurtarmak için ayaklanarak kurduğu yılmaz ve yenilmez milli ordusuyla Büyük Önderimiz ve Başkomutanımızın ve kahraman komutanlarımızın sevk ve idaresiyle zaferden zafere yürüdü.

Türkiye Büyük Millet Meclisi ve Hükümeti'nin milletten aldığı kudret ve kuvvetle ve ordularının pek yüksek savaş kabiliyetiyle elde ettiği bu başarı ve zaferlerin, Lozan'da aylardan beri süregelen barış görüşmeleri sonunda, milletlerarası bir belge ile belgelenmiş olması, milletimize yeni bir çalışma ve huzur dönemi hazırlamıştır. Bakanlar Kurulu, azimli ve fedakar milletimizin yaşama hakkını ve istiklalini güven altına alan bir antlaşmanın yapılmasındaki çalışmalardan dolayı başta sizler olmak üzere, delegelerimiz Rıza Nur ve Hasan Beyefendilere ve müşavirlerimize tebriklerini sunar, efendim.

Hüseyin Rauf,
Bakanlar Kurulu Başkanı

RAUF BEY, LOZAN ANTLAŞMASINI YAPAN İSMET PAŞA'YI KUTLAMA VESİLESİYLE MONDROS ATEŞKES ANLAŞMASINI YAPAN KENDİSİNİ SAVUMAYA ÇALIŞIYOR

Efendiler, Rauf Bey, Lozan Antlaşması'nı yapan ve ona imzasını koyan İsmet Paşa'yı tebrik vesilesiyle, kendisinin yaptığı ve imzasını koyduğu Mondros Ateşkes Anlaşması'ndan bahsetmeyi ise onu ne kadar önemli ve yüksek amaçlarla imza ettiğini söyleyerek kendisini savunmayı gerekli görüyor.

Mondros Ateşkes Anlaşması, Osmanlı Devleti'nin müttefikleriyle birlikte uğradığı acı yenilginin yüz kızartacak bir sonucudur. O anlaşma hükümleridir ki, Türk topraklarını yabancıların işgaline sundu. O anlaşmada kabul edilen maddelerdir ki, Sevr Antlaşması hükümlerinin de kolaylıkla kabul ettirilebileceği düşüncesini yabancılara mümkün ve akla yatkınmış gibi gösterdi.

Rauf Bey, o ateşkes anlaşmasını "milletimizin dünya barışını sağlamakta ne büyük bir amil olduğunu fiili olarak ispat etmek amacıyla" imzaladığını, söylüyorsa da, bu hayali cümle ile kendinden başka kimseyi avutmaz. Çünkü böyle bir amaç yoktu.

Rauf Bey'in, telgrafına Mondros Ateşkes Anlaşması ile başladığına bakılırsa, bu anlaşmanın Lozan Konferansı için bir başlangıç olduğunu ve Lozan barışının da Rauf Bey 'in yaptığı Mondros Ateşkes Anlaşması'nın sonucu olduğunu söylemek eğiliminde bulunduğuna hükmedilebilir.

RAUF BEY, ZAFERLER KAZANMIŞ ORDUNUN BAŞINDA LOZAN'A GİDEN KİŞİYE, ZAFERDEN ZAFERE YÜRÜYEN ORDUNUN HİKÂYESİNİ ANLATIYOR

Rauf Bey, telgrafında Sevr Antlaşması yüzünden Türk milletinin uğradığı saldırıları, buna karşı milletin nasıl ayaklandığını, nasıl yılmaz ve yenilmez bir ordu kurduğunu ve kahraman komutanlarımızın sevk ve idaresi ile nasıl zaferden zafere yürüdüğünü hikaye ediyor. Rauf Bey, bu hikâyeyi İsmet Paşa'ya, o zaferler kazanmış ordunun başından Lozan'a gitmiş olan kişiye anlatıyor. Rauf Bey, bu başarı ve zaferleri hükümetin kazandığını anlatabilmek için de parlak bir cümle bulmuştur: Lozan barış görüşmelerinin aylardan beri devam ettiğine de işaret ederek üstü kapalı bir şekilde işin uzatıldığını belirtmekten kendini alamamıştır. Rauf Bey, "Antlaşmanın yapılmasındaki çalışmalarından dolayı Delegeler Heyeti'ni tebrik ederken, Mondros Ateşkes Antlaşması'ndan başlayarak, bütün inkılabımızın bir özetini yapmak suretiyle, Delegeler Heyeti'ne yaptıkları antlaşmanın nasıl ve ne olduğunu da anlatmak gayretine düşmüştür. Bir tek teşekkür kelimesini bile içine almayan bu yazıların ne anlama geldiğini kavramak, dikkatli ve incelikleri görebilen kimselerce elbette güç değildir.

* *
*

RAUF BEY, "İSMET PAŞA İLE KARŞI KARŞIYA GELEMEM ONUN KARŞILANMASINDA BULUNAMAM" DİYOR

Efendiler, Delegeler Heyetimiz görevini tamamladıktan sonra, Ankara'ya dönmek üzere yolda bulunuyordu. Herkes Delegeler Heyeti'ni yakından alkışlamak için can atıyordu. O günlerdeydi. Hükümet Başkanı, Meclis ikinci Başkanı bulunan Ali Fuat Paşa ile birlikte, Çankaya'da bana geldiler.

Rauf Bey; ben, dedi İsmet Paşa ile karşı karşıya gelemem. Onun karşılanmasında bulunamam. Müsaade ederseniz, o geldiği zaman Ankara'da bulunmamak için, seçim bölgemde dolaşmak üzere Sivas'a doğru bir geziye çıkayım.

Rauf Bey'e bu şekilde davranmasına bir sebep olmadığını, burada bulunan İsmet Paşa'yı bir Hükümet Başkanı'na yaraşırcasına karşılamasının ve görevini başarı ile sona erdirdiği için onu sözle de takdir ve tebrik etmesinin uygun olacağını söyledim.

Rauf Bey, "kendime hakim değilim; yapamayacağım." dedi ve geziye çıkma hususunda ısrar etti. Hükümet Başkanlığı'ndan ayrılması şartıyla çıkmasını kabul ettim.

RAUF BEY, DEVLET BAŞKANLIĞI MAKAMININ GÜÇLENDİRİLMESİNİ TEKLİF EDERKEN NE DÜŞÜNÜYORDU

Ondan sonra, Rauf Bey'le aramızda şu konuşma geçti:

Rauf Bey, "Hükümet Başkanlığından çekilirken, sizden çok rica ederim" dedi "Devlet Başkanlığı makamını güçlendiriniz."

Rauf Bey'e: "Dediğinizi yapacağıma kesin olarak güveniniz!" cevabını verdim.

Rauf Bey'in ne demek istediğini ben pek güzel anlamıştım. Rauf Bey, Devlet Başkanlığı makamı olarak, halifelik makamını düşünüyor, o makama kuvvet ve yetki sağlamamı benden rica ediyordu.

Rauf Bey'in, benim olumlu cevabımla ne demek istediğimi anlayıp anlamadığı belli değildir. Daha ileriki bir tarihte, Cumhuriyet'in ilanından sonra, kendisiyle Ankara'da yaptığım bir görüşmede, Cumhuriyet'e niçin karşı olduğunu sorduğum ve yapılmış olan şeyin, Ankara'dan ayrılırken, benden yapılmasını rica ettiği ve benim söz verdiğim işten başka bir şey olmadığını söylediğim zaman: "Ben", demişti, "Devlet Başkanlığı makamını güçlendiriniz derken, asla Cumhuriyet ilanını düşünmüş ve kastetmiş değildim."

Oysa, Efendiler, benim verdiğim cevabın anlamı tamamen o idi. Gerçekten de, milli hükümetimizin niteliği Cumhuriyet Hükümeti olduğu halde, bence onu kesin olarak ifade ve ilan etmemek ve Devlet Başkanlığı makamı ile Türkiye Büyük Millet Meclisi makamını bir tek makam halinde bulundurmak bir zayıflık teşkil ediyordu. İlk fırsatta Cumhuriyeti resmen ilan etmek ve Devlet Başkanlığı'nı Cumhurbaşkanlığı makamında temsil ederek kuvvetli bir durum yaratmak şarttı. Rauf Bey'e bunu yapacağıma kesin olarak söz vermiştim. Eğer ne demek istediğimi kavrayamamışsa, sanırım ki eksiklik bende değildir.

MEMLEKETE VE MİLLETE KİMLER HİZMET EDERSE HAVARİ ONLARDIR

Ali Fuat Paşa ile de kısa bir görüşme yapıldı.

Fuat Paşa, bana şöyle bir soru sordu: "Senin şimdi *havari*lerin kimlerdir? Bunu anlayabilir miyiz?"

Ben bu sorudan bir şey anlayamadığımı söyledim.

Paşa, ne demek istediğini açıkladı. O zaman ben de şunları söyledim: Benim *havari*lerim yoktur. Memleket ve millete kimler hizmet eder, bu hizmete layık ve muktedir olduğunu gösterirse, "havari" onlardır.

* *
*

RAUF BEY'İN HÜKÜMET BAŞKANLIĞINDAN, ALİ FUAT PAŞA'NIN BÜYÜK MİLLET MECLİSİ İKİNCİ BAŞKANLIĞINDAN ÇEKİLMELERİ

Rauf Bey, Hükümet Başkanlığı'ndan çekildi. İçişleri Bakanı olan Ali Fethi Bey, aynı zamanda Hükümet Başkanlığı'na seçildi (13 Ağustos 1923)

Bir süre sonra, 24 Ekim 1923 tarihinde, Ali Fuat Paşa da Meclis İkinci Başkanlığı'ndan çekilerek, ordu müfettişliğine, tayinini rica etti. Fuat Paşa 'ya unvanı İkinci Başkan olmakla birlikte, mevkiinin ve görevinin pek önemli olan Meclis Başkanlığı olduğunu söyleyerek, görevine devam etmesini tavsiye ettim. Fuat Paşa, politikadan hoşlanmadığını, hayatının bundan sonrasını askerlik mesleğine vermek istediğini ileri sürerek, isteğinin yerine getirilmesi ricasında ısrar etti. Fuat Paşa'nın rütbesi tümgeneral idi. Komuta edeceği orduda korgeneral rütbesinde kolordu komutanları vardı. Geçmiş hizmetlerini göz önünde bulundurarak kendisini korgeneralliğe yükselttik ve karargahı Konya'da bulunan İkinci Ordu Müfettişliğine tayin ettik.

Kazım Karabekir Paşa da, daha önce aynı düşüncelerle Meclis'ten ayrılmış ve ordu müfettişi olarak Birinci Ordunun başına geçmiş bulunuyordu.

* *
*

YENİ TÜRKİYE DEVLETİ'NİN BAŞKENTİ: ANKARA

Efendiler, Lozan Antlaşması'nın eklerinden olan düşman işgali altındaki topraklarımızı boşaltma protokolü uygulandıktan sonra, yabancı işgalinden tamamen kurtulan Türkiye'nin toprak bütünlüğü fiili olarak sağlanmıştı. Artık yeni Türkiye Devleti'nin başkentini bir kanunla tespit etmek gerekiyordu. Bütün düşünceler, Yeni Türkiye'nin başkenti Anadolu'da ve Ankara şehri olarak seçme gerekliliğinde birleşiyordu.

Bu seçimde, coğrafi durum ve askeri strateji en büyük önemi taşıyordu. Devletin başkentini bir an önce tespit ederek, içten ve dıştan gelen kararsızlıklara bir son vermek şarttı. Gerçekten de, bilindiği üzere, başkentin İstanbul olarak kalacağı veya Ankara olacağı konusunda öteden beri içeride ve dışarıda kararsızlıklar görülüyor, basında demeçlere ve tartışmalara rastlanıyordu. Bu arada İstanbul'un yeni milletvekillerinden bazıları, Refet Paşa başta olmak üzere, İstanbul'un hükümet merkezi olarak kalması gereğini bazı örneklere dayanarak ispat etmeye çalışıyorlardı. Ankara'nın gerek iklim, gerek ulaştırma araçları ve gelişme kabiliyet ve istidadı ve gerekse mevcut tesisler ve kuruluşlar bakımından hiç de uygun ve elverişli olmadığını söylüyorlar; İstanbul'un "payitaht" olması lazımdır ve mutlaka olacaktır, diyorlardı. Bu ifadeye dikkat edilirse, bizim "başkent" deyimiyle kastettiğimiz anlam ile, bu ifadelerdeki "payitaht" deyimini kullananların görüşleri arasında bir fark bulmamak mümkün değildir. Bundan dolayı, bu konuda zaten kesinleşmiş bulunan kararımızı resmen ve kanuni yoldan ilan ettirerek, "payitaht" sözünün de yeni Türkiye Devleti'nde kullanılmasına gerek kalmadığını göstermek lazım geldi. Dışişleri bakanı İsmet Paşa, 9 Ekim 1923 tarihli tek maddelik bir kanun tasarısını Meclis'e teklif etti. Altında daha on dört kadar kişinin imzası bulunan bu kanun teklifi, 13 Ekim 1923 tarihinde uzun görüşme ve tartışmalardan sonra çok büyük bir çoğunlukla kabul edildi. Kabul edilen kanun maddesi şudur:

"Türkiye Devleti'nin başkenti Ankara şehridir."

* *
*

MECLİS'TE FETHİ BEY'İN BAŞKANLIĞINDAKİ HÜKÜMETE VE FETHİ BEY'İN ŞAHSINA KARŞI SATAŞMALAR VE ELEŞTİRİLER BAŞLADI

Efendiler, çok geçmeden, Meclis'te, Fethi Bey'in başkanlığındaki hükümete ve özellikle Fethi Bey'in şahsına karşı sataşmalar ve eleştiriler başladı. Anlaşıldığına göre, milletvekillerinde bakan olma istek ve hevesi çoğalmıştır. İşbaşında bulunan bakanları beğenmiyorlardı.

Yeni seçimde, partimiz adına milletvekillikleri sağlanmış olan birtakımları da Hükümet aleyhindeki cereyanları körükleyerek kendi maksatlarına göre yararlanma fırsatları hazırlamaya çalışıyorlardı. Muhalefete geçecekleri sezilen milletvekillerinin meclis çoğunluğunu aldatarak Hükümet'e ve Meclis'e karşı hakim bir duruma geçmek maksadını güttükleri anlaşılıyordu.

Fethi Bey, dikkatini ve çalışma gücünü Hükümet Başkanlığı görevinde yoğunlaştırabilmek için İçişleri Bakanlığından istifa etti. Aynı tarihte, Ali Fuat Paşa'nın çekilmesi ile Meclis İkinci Başkanlığı da boşaldı. (24 Ekim 1923)

Bizimle görüşte ve yapılan çalışmalarda uzlaşma ve işbirliği aramayı gerekli bulmaksızın bağımsız ve gizli çalışan bir grup belirdi. Bu grup, iyi niyetli ve hakkı tutar gibi görünerek bütün parti üyelerini kendi görüşlerine çekmekte başarılı olmaya başladı. Örnek olarak, bir parti toplantısında, İçişleri Bakanlığına Erzincan milletvekili bulunan Sabit Bey'in, Meclis İkinci Başkanlığına da İstanbul'da bulunan Rauf Bey'in Meclisçe seçilmesini karar altına aldırdı (25 Ekim 1923).

Oysa ben, Sabit Bey'in İçişleri Bakanı olmasını uygun görmemiştim. Sabit Bey'in bazı illerin valiliklerinde bulunmuş olmasını, yeni Türkiye'nin yeni şartlara bağlı iç işlerini idare edebileceğine yeterli bir delil sayamıyordum.

Rauf Bey'in de Meclis İkinci Başkanlığına seçilmesini doğru bulmuyordum. Çünkü, Rauf Bey, daha dün Hükümet Başkanı idi. O makamı, ne gibi duyguların etkisinde kalarak hareket ettiği için terke mecbur edildiği bilinmekteydi. Buna rağmen, onu Meclis'in İkinci Başkanlığı'na getirmekle, bütün Meclis'in onunla aynı görüşte olduğunu yani bütün Meclis'in, Lozan Barış Antlaşmasını yapan ve hükümette Dışişleri Bakanı olarak bulunan İsmet Paşa'nın aleyhine olduğunu göstermek maksadı güdülüyordu.

Efendiler, yeni Meclis, ilk döneminde, gizli bir muhalefet grubunun tuzağına düşme durumuyla karşı karşıya kaldı. Fethi Bey ve arkadaşları, Hükümet işlerini sükûnetle yürütemeyecek bir duruma getirildi. Fethi Bey bu durumdan bana defalarca şikâyet etti ve kendisi Hükümet'ten çekilmek istedi. Öteki bakanlar da aynı şekilde şikâyetlerde bulunuyorlardı.

Kötülük, Hükümet'in Meclis tarafından seçilmesinden ileri geliyordu. Bu gerçeği çoktan görmüştüm.

UYGULANMASI İÇİN SIRASINI BEKLEDİĞİM BİR DÜŞÜNCENİN UYGULANMA ZAMANI GELMİŞTİ

Ben, Meclis'te, gizli ve muhalif bir grubun bulunduğunu fark ettikten, Meclis çalışmalarında duyguların hakim duruma geçtiğini gördükten ve Bakanlar Kurulu'nun çalışma düzeninin her gün olur olmaz birtakım sebeplerle altüst edilmekte olduğuna kanaat getirdikten sonra, uygulanması için sırasını beklediğim bir düşüncenin uygulanma anının geldiğine hükmetmiştim. Bunu itiraf etmeliyim. Buna göre, şimdi vereceğim bilgileri ve yapacağım açıklamaları anlamak daha kolay olacaktır.

Efendiler, Halk Partisi'nin Rauf Bey'i kendisi toplantıda bulunmadığı halde Meclis İkinci Başkanlığı'na, Sabit Bey'i de İçişleri Bakanlığına aday seçtiği tarih 25 Ekim 1923 Perşembe günüdür. Aynı gün ve ertesi cuma günü Hükümet üyeleri Çankaya'da benim başkanlığımda toplandı.

Gerek Hükümet Başkanı Fethi Bey'in ve gerek diğer bakanların istifa etmeleri zamanının geldiğini ve bunun gerekli olduğunu bildirdim. Meclisçe yeni hükümet seçildiğinde, şimdiki hükümette bulunan üyelerden yeniden seçilenler olursa, onlar bu seçimden sonra da istifa ederek yeni hükümete katılmayacaklardır, esasını da kabul ettik. Yalnız, o zamanlar, bakanlar gibi seçilen ve kabineye dahil bulunan Genelkurmay Başkanı Fevzi Paşa, bu kararın dışında bırakıldı. Çünkü ordu yönetim ve komutasının rastgele birisine verilmesi doğru görülmedi.

Efendiler, bu türlü hareketin ve alınan kararın nasıl bir maksada dayandığı incelenirse, şu sonuca varılır: İhtiraslı grubu, hükümet kurmakta tamamen serbest bırakıyoruz. Şimdiki kabinede bulunan bakanlardan hiçbiri katılmaksızın, tamamen istedikleri kimselerden oluşan, istedikleri gibi bir kabine kurarak memleket kaderine hakim olmalarında bir sakınca görmüyoruz. Fakat ne hükümet kurmaya ve ne de kursalar bile memleketi yönetme iktidarı göstereceklerine emin bulunuyoruz.

Meclis'i aldatmaya çalışan ihtiraslı grup, şu veya bu tarzda bir hükümet kurmayı başarabildiği takdirde, bir müddet bu hükümetin idare şeklini ve idaredeki iktidarını takip etmenin ve hatta ona yardımcı olmanın doğru olacağını düşündük. Fakat bu şekilde kurulacak bir hükümet, memleket yönetiminde ve yeni gayelerimizi gerçekleştirmekte beceriksizlik gösterir ve başka maksatlara yönelirse, bunu Meclis'te açıklayarak, Meclis'i aydınlatma yolunu tercih ettik. Hükümet kurmayı başaramadıkları takdirde, doğacak karışıklığın Meclis'i uyandıracağı doğaldı. Bunalım ve karışıklığın devamına seyirci kalınamayacağından, işte o zaman, bizzat müdahale ederek ve tasarladığım şekli açıkça ortaya koyarak işi kökünden halledebileceğimi düşünmüştüm.

FETHİ BEY'İN BAŞKANLIĞINDAKİ HÜKÜMET İSTİFA EDİYOR

Hükümet üyeleri ile Çankaya'da yaptığımız toplantı sonunda, bakanların hep birlikte imzalayarak bana verdikleri istifa yazısı şuydu:

Yüksek Başkanlığa

> Türkiye Devleti'nin, karşı karşıya bulunduğu önemli ve güç, iç ve dış meseleleri kolaylıkla çözebilmesi için mutlaka çok kuvvetli ve Meclis'in tam desteğini kazanmış bir hükümete ihtiyacı olduğu kanaatindeyiz. Bu bakımdan yüce Meclis'in her bakımdan güven ve desteğine dayanan bir hükümetin kurulmasına yardımcı olmak maksadıyla, istifa ettiğimizi derin saygılarımızla arz ederiz, efendim.

Efendiler, bu istifa yazısı, 27 Ekim 1923 Cumartesi günü saat 13.00'de başkanlığımda toplanan Parti Genel Kurulu'na bildirildikten sonra, saat 17.00'ye doğru açılan Meclis oturumunda resmen okunmuştur.

HÜKÜMET LİSTELERİ VE HÜKÜMET BAŞKANLIĞINA SEÇİLECEĞİ TAHMİN EDİLEN KİMSELER

Hükümet'in istifası belli olduğu dakikadan itibaren, Meclis üyeleri, Meclis odalarında, evlerinde grup grup toplanarak yeni hükümet, listeleri düzenlemeye başladılar. Bu durum Ekimin 28'inci günü geç vakte kadar sürdü. Hiçbir grup bütün Meclis tarafından kabul edilebilecek ve millet kamuoyuna iyi karşılanacak isimleri içine alan bir aday listesi tespit edemiyordu. Özellikle bakanlıklara aday düşünülürken o kadar çok hevesli ve isteklilerle karşı karşıya kalıyorlardı ki, herhangi birinin diğerlerine tercihi şeklinde tespit edilecek bir listeyi kabul ettirmekteki güçlük, liste hazırlığı ile uğraşanları ümitsizlik ve endişeye düşürdü. Gerçi İstanbul'un bazı gazeteleri, bazı kimselerin resimlerini basarak Hükümet Başkanlığına seçileceği umulan "sayın sima"ları hatırlatarak dikkati çekmekte kusur etmedi. Gerçi gayretli bazı gazeteciler, 28 Ekim günü erkenden "İstanbul'un yüzünü örten sabah sisinin ördüğü tül henüz sıyrılırken, deniz gökyüzünden, kıyılardan akseden renklerle boyanmış, hareketsiz duruyorken" Marmara'nın durgun sularını yararak ilerleyen Deniz Yollarının vapuruyla Kalamış iskelesine çıkıyor... Yolda Rauf Bey'e rastlıyor... Ondan sonra "büyük bir bahçenin içindeki güzel Kalamış köşkünün pek mükemmel döşenmiş süslü salonuna" giriyor ve köşkte oturanın çeşitli meselelerle ilgili görüşlerini ve özellikle "milli hakimiyetimizi her şeye ve her şeye (!) karşı koruyalım..." nasihatini yayınlayarak kamuoyunu aydınlatma hizmetinden geri kalmıyor. Fakat bu uyarma ve yol göstermeler Ankara'ya tesir edemiyordu.

"MİLLİ HAKİMİYETİMİZİ HER ŞEYE VE HER ŞEYE KARŞI KORUYALIM" DİYEN KİŞİ

Efendiler, her şeye ve her şeye karşı milli hakimiyetin korunması tavsiyesinde bulunan kişi, Halife'nin kendisine olan iltifatını Allah'ın lütfu olarak kabul eden kişidir.

Bazı gazetelerin, Konya'da ordu müfettişliğine tayin edilen Fuat Paşa'nın 28 Ekimde İstanbul'a gelişinden, Rauf Bey, Refet Paşa, Adnan Bey ve diğer birçok kimse tarafından karşılandığını bildiren telgraflarını ve Rauf Bey'le Kazım Karabekir Paşa'nın resimlerini basarak Mondros Ateşkes Anlaşmasını ve Kars'ın kurtarılışını hatırlatmak için yazdıkları yazıları bile yeterince dikkati çekmeye yaramadı.

PARTİ YÖNETİM KURULU KESİN BİR HÜKÜMET LİSTESİ HAZIRLAYAMADI

28 Ekim günü geç saatlerde, toplantı halinde bulunan Parti Yönetim Kurulu tarafından davet edildim. Parti Yönetim Kurulu Başkanı Fethi Bey'di. Fethi Bey, parti adına Yönetim Kurulu'nca bir aday listesi hazırlandığını ve bu konuda Parti Genel Başkanı olarak benim de görüşümün alınması uygun görüldüğü için toplantılarına davet ettiklerini bildirdi. Hazırlanan listeye göz gezdirdim. Bence uygun olduğunu, ancak, bu listede adları bulunan kimselerin de görüşlerinin alınması, kabul edip etmeyeceklerinin sorulması gerektiğini söyledim. Bu teklifim uygun görüldü. Söz gelişi, Dışişleri Bakanlığı için söz konusu edilen Yusuf Kemal Bey'i davet ettik. Yusuf Kemal Bey, bu listeye giremeyeceğini bildirdi. Bundan ve buna benzer bazı durumlardan anladım ki, Parti Yönetim Kurulu da kabul edilebilir kesin bir aday listesi hazırlayamamaktadır. Yönetim Kurulu üyelerine, gereken kimselerle daha sıkı temas kurarak kesin bir

liste tespit etmelerini tavsiye ettikten sonra yanlarından ayrıldım. Gece olmuştu. Çankaya'ya gitmek üzere Meclis binasından ayrılırken, koridorlarda beni beklemekte olan Kemalettin Sami ve Halit Paşalara rastladım. Ali Fuat Paşa Ankara'dan hareket ederken bunların Ankara'ya geldiklerini o günkü gazetede "Bir uğurlama ve bir karşılama" başlığı altında okumuştum. Daha kendileriyle görüşmemiştim. Benimle konuşmak üzere geç vakte kadar orada beklediklerini anlayınca, akşam yemeğine gelmelerini, Milli Savunma Bakanı Kazım Paşa vasıtasıyla kendilerine bildirdim. İsmet Paşa ile Kazım Paşa'ya ve Fethi Bey'e de Çankaya'ya benimle birlikte gelmelerini söyledim. Çankaya'ya gittiğim zaman, orada beni görmek üzere gelmiş bulunan Rize Milletvekili Fuat, Afyonkarahisar Milletvekili Ruşen Eşref Beylerle karşılaştım. Onları da yemeğe alıkoydum.

CUMHURİYET'İN İLANI KARARINI NEREDE VE KİMLERE SÖYLEDİM

Yemek sırasında: "Yarın Cumhuriyet ilan edeceğiz" dedim. Orada bulunan arkadaşlar, derhal düşünceme katıldılar. Yemeği bıraktık. O dakikadan itibaren, nasıl hareket edileceği konusunda kısa bir program yaparak arkadaşları görevlendirdim.

Yaptığım programın ve verdiğim talimatın uygulanışını göreceksiniz!

Efendiler, görüyorsunuz ki, Cumhuriyet ilanına karar vermek için Ankara'da bulunan bütün arkadaşlarımı davet ederek onlarla görüşüp tartışmaya asla lüzum ve ihtiyaç görmedim. Çünkü, onların da aslında ve doğal olarak benim gibi düşündüklerinden şüphe etmiyordum. Halbuki, o sırada Ankara'da bulunmayan bazı kişiler, yetkileri olmadığı halde, kendilerine haber verilmeden, düşünce ve rızaları alınmadan Cumhuriyetin ilan edilmiş olmasını bize gücenme ve bizden ayrılma sebebi saydılar.

CUMHURİYET'İN İLANI İLE İLGİLİ KANUN TASARISINI İSMET PAŞA'YLA BİRLİKTE HAZIRLADIK

O gece birlikte olduğumuz arkadaşlar erkenden ayrıldılar. Yalnız İsmet Paşa Çankaya'da misafirdi. Onunla yalnız kaldıktan sonra, bir kanun tasarısı müsveddesi hazırladık. Bu müsveddede 20 Ocak 1921 tarihli Teşkilat-ı Esasiye Kanunu (Anayasa)'nun devlet şeklini tespit eden maddelerini şu şekilde değiştirmiştim: Birinci maddenin sonuna "Türkiye Devleti'nin hükümet şekli Cumhuriyettir" cümlesini ekledim. Üçüncü maddeyi şu yolda değiştirdim: "Türkiye Devleti Büyük Millet Meclisi tarafından idare olunur. Meclis, hükümetin ayrıldığı idare kollarını Bakanlar vasıtasıyla yönetir."

Bundan başka Teşkilat-ı Esasiye Kanunu'nun temel maddelerinden olan sekizinci ve dokuzuncu maddelerle de değiştirilerek ve açıklığa kavuşturularak şu maddeler yazıldı:

"Madde - Türkiye Cumhurbaşkanı Türkiye Büyük Millet Meclisi Genel Kurulu tarafından ve kendi üyeleri arasından bir seçim dönemi için seçilir. Cumhurbaşkanlığı görevi yeni Cumhurbaşkanının seçilmesine kadar devam eder. Görev süresi biten Cumhurbaşkanı yeniden seçilebilir."

"Madde - Türkiye Cumhurbaşkanı devletin başkanıdır. Bu sıfatla lüzum gördükçe Meclis'e ve Bakanlar Kurulu'na başkanlık eder."

"Madde - Başbakan, Cumhurbaşkanı tarafından ve Meclis üyeleri arasından seçilir. Diğer bakanlar, Başbakan tarafından ve yine Meclis üyeleri arasından seçildikten sonra Cumhurbaşkanı tarafından hepsi birden Meclis'in onayına sunulur. Meclis, toplantı halinde değilse, onaylama, Meclis'in toplantısına bırakılır."

Bu maddelere, komisyonda ve Meclis'te din ve dil ile ilgili bildiğiniz bir madde de eklenmiştir.

29 EKİM 1923 GÜNÜ HALK PARTİSİ'NDE YAPILAN GÖRÜŞMELER

Saygıdeğer Efendiler, şimdi isterseniz yüksek heyetinize 29 Ekim 1923 Pazartesi günü Ankara'da geçen olayı kısaca anlatmaya çalışayım.

Pazartesi günü saat 10.00'da Halk Partisi grubu, Grup Yönetim Kurulu Başkanı Fethi Bey'in başkanlığında toplandı. Bakanlar Kurulu üyelerinin seçimi görüşmelerine başlandı.

Başkan - Yönetim Kurulu, hazırlık niteliğinde olmak üzere, Genel Kurul'a sunulmak üzere bir Bakanlar Kurulu listesi hazırladı. Yönetim Kurulu, kesin bir şey tespit etmiş değildir. Karar saygıdeğer kurulumuzundur. Kabul ederseniz okunsun, sözleriyle, Genel Kurul'a, Başkanlığında Fuat Paşa'nın bulunduğu bir hükümet listesi sunar. Okunan bu listede İktisat Bakanlığına aday gösterilen Celal Bey (İzmir) söz alarak Bakanlar Kurulu'nun önemini belirtmiş ve kendisinin seçilmesini teklif etmiş. Özellikle "bu listede adları görülen kimseler çekilenlerden daha kuvvetli değildir. Bizden refah ve ıslahat isteyen bir millet vardır. Herhalde yeniler eskilerden daha kuvvetli olmalıdır. Seçimde acele etmeyelim. Hele Hükümet Başkanı'nı seçerken iyi düşünelim" görüşünü ileri sürmüş...

Saip Bey (Kozan) - Meclis Başkanlığı'na Fethi Bey, Başbakanlığa İsmet Paşa seçilmelidir, demiş.

Ekrem Bey (Rize) - Yeni hükümet eski hükümetin boşluğunu doldurabilecek mi? Reis Paşa Hazretleri, mümkünse bu konudaki düşüncelerini ifade buyursunlar; aydınlanalım (ben o sırada Meclis'te bulunmuyordum) şeklinde konuşmuş.

Zülfü Bey (Diyarbakır) - Yetki Parti Meclisi'nindir. Bu hak, grup Yönetim Kurulu'nun değildir. "Parti Meclisi toplansın" isteğinde bulunmuş...

Mehmet Efendi (Bolu) - Seçilecek hükümet ancak bir ay dayanabilir. Hükümetin böyle sık sık değişmesi, memleket ve milleti kötü ve güç bir duruma sürükler. Hükümet istifa sebebini açıkça anlatmazsa herhangi bir hükümet seçimine katılmam. Önce sebebi anlayalım sonra seçim yapalım.

Faik Bey (Tekirdağ) - Listede gösterilen isimler öncekilerden daha kuvvetli değildir. Parti Meclisi toplanıp bu meseleyi halletsin.

Vasıf Bey (Saruhan) - (İsmet Paşa'nın hizmetlerinden bahsettikten sonra) Memleketi, milleti niçin bırakıyor? Liderlerimiz bizi aydınlatmamıştır. Sayın Başkanımız (beni kastetmiş olacak) bizi niçin aydınlatmıyor, demiş ve uzun bir konuşma yapmış.

Necati Bey (İzmir) - Memleketin güvendiği kimselerin bizi bırakıp ayrılmalarını kabul edemeyiz. Sayın Başkanımız bizi aydınlatsın ve uyarsın. İçeriye ve dışarıya karşı kuvvetli bir hükümete kesinlikte ihtiyacımız vardır.

Başkan Fethi Bey - Yönetim Kurulu'nun yaptığı bu liste ne Paşa'nın ve ne de Yönetim Kurulu'nundur, şeklinde bir açıklama yapmayı gerekli bulmuş.

Doktor Fikri Bey (Ertuğrul) - Vasıf ve Necati Beylerin düşüncelerine katılırım. Memleket sütliman değildir. Memleket idaresi gelişigüzel yapılacak bir seçime terk edilemez. Kuvvetli şahıslardan kurulu bir hükümet seçilmelidir.

Recep Bey (Kütahya) - Arkadaşlar sözlerini bitirsinler, sonra Gazi Paşa Hazretleri söylesinler (Henüz toplantıda değildir).

İlyas Sami Bey (Muş) - Sayın Başkanımız Gazi Paşa Hazretleri düşüncelerini ifade buyursunlar. Bunalımın doğduğu gün giderilmesi daha yararlıdır. Erteleme şiddetlenmesine yol açar. Bir Hükümet Başkanı seçelim. Yirmi dört saatlik bir süre tanıyalım. Arkadaşlarını bulsun. Kuvvetli bir hükümet kurulsun.

Abdurrahman Şeref Bey (rahmetli İstanbul Milletvekili) - Bazı arkadaşlar telaş ediyorlar. Bu her memlekette görülen bir şeydir. Hepimizin amacı vatanın saadetidir. Bir makine kurup tıkır tıkır işletemiyoruz. Bu da doğru. Kuvvetli bir hükümeti nasıl bulmalı hastalığı nasıl keşfetmeli? Teşkilat-ı Esasiye Kanunumuzu göz önüne alalım. Hükümetin görevini belli edelim. Meclis, görüşlerini söylesin. Ondan sonra Reis Paşamız da görüşlerini ifade buyursunlar. Bir sonuca varalım. Herkes bir işe yarar. Herkesi yaradığı işte kullanmalı. Şahıslardan söz etmeyelim. Vatanın yüksek çıkarlarında birlikteyiz. Reis Paşa Hazretleri görüşlerini ifade buyursunlar.

Eyüp Sabri Efendi (Konya) - Ne olursa olsun bir seçim zorunluluğu ile karşı karşıya bulunuyoruz. Bundan önceki Hükümet üyelerinin, yeniden seçilmiş olsalar bile kabul etmeyeceklerine karar verdiklerini işitiyoruz. Yüce Meclis bu kararı kaldırmalıdır.

Recep Bey (Kütahya) - Üç esaslı noktaya dokunacağım. Birincisi şekil, ikincisi çalışma eksikliği, üçüncüsü manevi birliğimizde açılan gediktir. Şekillerde eksiklik olursa iyi bir sonuç vermez. Eldeki listede yer alan değerli arkadaşlar hangi zamanda hangi şartlar altında çalışacaklardır; belli değil. Kuvvetli bir şahsın kendi arkadaşlarını bularak bir hükümet kurması gerekir. Recep Bey, özellikle bu son nokta üzerinde uzun bir konuşma yapmış ve açıklamalarda bulunmuş.

Talat Bey (Ardahan) - Recep ve Abdurrahman Şeref Bey'ler pek güzel açıkladılar. Hükümet Başkanı'nın görevi nedir? Görev ve yetki Kanununu hala çıkarmadık. Gazi Paşa Hazretleri bizi aydınlatmak lütfunda bulunsunlar, demiş.

BEN GENEL BAŞKAN OLARAK MESELENİN ÇÖZÜMÜ İÇİN GÖREVLENDİRİLDİM

Başkan bundan sonra görüşmenin yeterliğini oya koymuş. Görüşme yeterli görüldükten sonra birtakım önergeler okunmuş. Bunlardan Kemalettin Sami Paşa'nın önerisi kabul edilmiş. Bu önergeyle, ben Genel Başkan sıfatıyla meselenin çözüme bağlanması için Parti Meclisi tarafından görevlendiriliyordum.

Görüşmeler sırasında Çankaya'da evimde bulunuyordum. Kemalettin Sami Paşa'nın önergesinin kabul edilmesi üzerine, toplantıya davet edildim. Toplantı salonuna girer girmez doğruca kürsüye çıktım ve kısaca şu görüş ve teklifi ortaya attım.

"Efendiler!" dedim, "Hükümet üyelerinin seçiminde görüş birliği sağlanamadığı anlaşılmıştır. Bana bir saat kadar müsaade buyurun. Bulacağım çözüm yolunu arz ederim."

Başkan Fethi Bey, teklifi oya koydu. Kabul edildi.

Efendiler, bu bir saat içinde, gereken kimseleri Meclis'teki odama davet ederek onlara 28/29 Ekim gecesi hazırladığım kanun tasarısını gösterdim ve kendileri ile görüştüm.

28/29 EKİM GECESİ HAZIRLADIĞIM KANUN TASARISINI TEKLİF ETTİM

Saat 13.30'da Parti Genel Kurulu yeniden Fethi Bey'in başkanlığında toplandı. İlk söz bendeydi. Kürsüye çıktım ve şu konuşmayı yaptım:

"Saygıdeğer arkadaşlar, üzerinde durduğumuz meselenin çözümünde karşılaşılan güçlüklerin sebebi, bütün arkadaşlarca anlaşılmıştır sanırım. Eksiklik ve yanlışlık uygulamakta olduğumuz usul ve şekildedir. Gerçekten de, yürürlükteki Teşkilat-ı Esasiye Kanunu'na göre, bir hükümet kurmaya teşebbüs ettiğimiz zaman, bütün arkadaşların her biri bakanları ve hükümeti seçmek mecburiyeti ile karşı karşıya kalıyor. Hepinizin birden hükümet üyelerini seçmek zorunda kalmanızda görülen güçlüğün giderilmesi zamanı gelmiştir. Geçen dönemde de aynı şekilde güçlükle karşılaşılıyordu. Görülüyor ki, bu usul bazen birçok karışıklıklara yol açıyor. Yüksek heyetiniz bu güçlüğün çözülmesi için beni görevlendirdi. Ben de bilginize sunduğum bu görüşten hareket ederek düşündüğüm şekli tespit ettim. Onu teklif edeceğim. Teklifim kabul edilirse kuvvetli ve kendi içinde uyumlu bir hükümet kurmak mümkün olacaktır. Devletimizin şekil ve niteliğini tespit eden ve hepimiz için bir gaye olan Teşkilat-ı Esasiye Kanunumuzun bazı noktalarına açıklık kazandırmak gerekir. Teklif şudur dedikten sonra, bilinen tasarıyı okutmak üzere katip beylerden birine uzatarak kürsüden ayrıldım.

Teklifimin niteliği anlaşıldıktan sonra tartışmalar başladı.

Sabit Bey (Erzincan) - Hükümetin bu şekilde kurulması usulünün lehindeyim. Ancak, Teşkilat-ı Esasiye Kanunu'nda değişiklik yapılması teklifi ile bugünkü bunalımı çözmek mümkün değildir. Biz şimdi bir Başbakan seçelim. Teşkilat-ı Esasiye Kanunu'nun değiştirilmesini sonra düşünürüz, dedi.

Hazım Bey (Niğde) - Şu görüşü ileri sürdü: Teşkilat-ı Esasiye Kanunu'nu biz yapabilir miyiz? Sanırım ki yapamayız. Yetkimiz varsa, bu partide olmaz. Partide görüşüldükten sonra açık oturumda kimse söz söyleyemiyor. Millet varlığını ilgilendiren kanunların burada kesin bir şekilde tespit edilmesine taraftar değilim. Bu gibi kanunlar açık oturumda ve serbestçe görüşülmelidir. Biz, her şeyden önce hükümet bunalımına bir çare bulalım.

Yunus Nadi Bey, Hazım Bey'e şu yolda cevap verdi: Hangi memleket ilk defa Teşkilat-ı Esasiye Kanunu yaparsa, o iş için bir kurucu meclis kurmuştur. Bizde ise bu gibi meselelerde ayrıca bir kurucu meclis kurulacağı açıkça belirtilmemiştir. Bizde her zaman bu gibi değişiklikler olmuştur. Bizden önceki Türkiye Büyük Millet Meclisi de bu yolda yürümüştür. Buna yetkimiz vardır. Kararsızlık gösterilmesin. Şimdi biz, hükümet bunalımının çözümünü Reis Paşa Hazretleri'ne bıraktık. O da bize bu teklifi getirdi. Bu teklifte yer alan usulü bütün arkadaşlar ayrı ayrı düşünmüştür. Şimdi buna kesin bir şekil vermek gerekir. Teklif edilen şekil, zaten vardır. Buna bir açıklık verip daha belirli şekilde tespit edeceğiz.

Vehbi Bey (Balıkesir) - Bizim, şimdiye kadar görüşüldüğünü işittiğimiz Teşkilat-ı Esasiye Kanunu hakkında bir bilgimiz yoktur. Gerçi gazetelerde gördük, ama bu yeter mi? Bu bakımdan biz, bu konuyu bir bütün olarak görüşmek üzere daha sonraya bırakıp önce bunalıma bir çare bulalım.

Halil Bey - Teşkilat-ı Esasiye Kanunu'nun değiştirilerek yeniden yapılmasına yetkimiz vardır. Fakat yapılacak bu değişiklikler, gerçekten vatan ve milletimizin saadetini sağlayabilecek midir? Bunu söylemek gerekir. Bunu, hukukçu, hukuk bilgini olan arkadaşlarımız gelip açıklasınlar. Açıklama yapılmadıkça bu meselenin derhal halledilmesine taraftar değilim.

Üyelerden biri - Teşkilat-ı Esasiye Kanunu öyle gelişi güzel düzeltilemez.

Hamdullah Suphi (İstanbul) - Dört yıl önce, bakanların ayrı ayrı seçilmelerinin zararlarını söylemiştim. Bugün de aynı durum baş gösterdi. Gazi Paşa'nın teklifine gelince, bu yeni değildir. Dört yıl önce yapılan bir kanunun daha açık olarak ifadesinden ibarettir. Durum böyle olunca, değişiklik aleyhinde söz söyleyecekler gelsinler düşüncelerini açıklasınlar. Fakat zamanımızın uzun uzadıya beklemeye tahammülü yoktur.

Ragıp Bey (Kütahya) - Kanunların en iyisi şartlardan ve ihtiyaçtan doğmuş olanıdır. İhtiyaç ise meydandadır. Teşkilat-ı Esasiye Kanunu'nun tamamlanması ve açıklığa kavuşturulması gerekir. Teklifin derhal görüşülmesine geçelim.

Adalet Bakanı rahmetli Seyit Bey - Teklif edilen şekil yeni bir şey değildir. Yürürlükteki Teşkilat-ı Esasiye Kanunu'nun, açıklığa kavuşturulması ve buna göre tespitidir. Kanunlar ihtiyaçtan doğar teorik görüşlerden kaynaklanmaz. Zaman ve olaylar her şeye hakimdi. Gelişme kanunu, değişmez kesin bir kuraldır. Teklif edilen şekilde bir yenilik yoktur. Yürürlükteki şekli daha açık ve belirli bir şekilde ifade edersek, elbette millet ve memleketimizin yararına daha uygun olarak hareket etmiş oluruz.

HÜKUMETİMİZİN ŞEKLİ MUTLAKA CUMHURİYET OLACAKTIR

Rahmetli Seyit Bey'in görüşüne Abidin Bey (Manisa) şu cevabı verdi: Önce hükümet bunalımına çözüm getirelim.

Eyüp Sabri Efendi'nin görüşü şöyleydi: Biz Gazi Paşa Hazretleri'ni hakem yaptık. Bizim Teşkilat-ı Esasiye Kanunu'nu değiştirmeye yetkimiz yok demek, gayrimeşru olduğumuzu kabul etmek demektir. Meclisin Teşkilat-ı Esasiye Kanunu'nu değiştirme yetkisi meydandadır. Hükümetimizin şekli mutlaka Cumhuriyet olacaktır.

Bundan sonra İsmet Paşa söz alarak şu yolda bir konuşma yaptı:

Parti Başkanı'nın teklifini kabule ihtiyaç kesindir. Bütün dünya, bizim bir hükümet şekli görüştüğümüzü biliyor. Bu görüşlerimizi bir sonuca bağlayıp açıklamamak, güçsüzlüğü ve karışıklığı sürdürmekten başka bir şey değildir. Bir tecrübemden söz edeyim. Avrupa diplomatları bu konuda beni uyardılar. Devletin başkanı yoktur, dediler. Şimdiki idare şeklinize göre başkan, Meclis Başkanı'dır. Demek ki siz, bir başka başkan bekliyorsunuz. Avrupa'nın düşüncesi işte budur. Oysa, biz böyle düşünmüyoruz. Millet, hakimiyetini ve kaderini fiili olarak eline almıştır. O halde bunu hukuki olarak dile getirmekten neden çekiniyoruz. Cumhurbaşkanı olmadan Başbakan seçilmesini teklif etmek kanunsuz olur. Bunda şüpheye yer yoktur. Başbakanın seçilebilmesi için, Gazi Paşa Hazretleri'nin teklifinin kanunlaşması gerekir. Genelleşmiş olan bir zaafın sürdürülmesinin anlamı yoktur. Partinin bütün millete karşı yüklendiği sorumluluğun gereklerine uygun olarak hareket etmek zorunludur.

İsmet Paşa'dan sonra, rahmetli Abdurrahman Şeref Bey'in konuşmasında şu sözler yer alıyordu:

"Hükümet şekillerinin teker teker sayılmasına gerek yoktur. Hakimiyet kayıtsız şartsız milletindir, dedikten sonra kime sorarsanız sorunuz, bu Cumhuriyettir. Doğan çocuğun adıdır. Ama bu ad, bazılarına hoş gelmezmiş, varsın gelmesin."

Bundan sonra Yusuf Kemal Bey, teklifin kabul edilmesi gerektiği hususunda uzun bilgiler verdi ve bunun derhal kanunlaşması için gerekli işlemin tamamlanmasını teklif ederim dedi.

TEKLİFİM PARTİ GRUBUNDA VE HEMEN ARKASINDAN MECLİSTE GÖRÜŞÜLDÜ VE "YAŞASIN CUMHURİYET" SESLERİ ARASINDA KABUL EDİLDİ

Abdullah Azmi Efendi'nin, "Meselenin önemi meydandadır. Görüşme devam etsin" diye yükselen itirazına rağmen yeterlik teklifi kabul edildi. Ondan sonra teklifimin bütünü ve arkasından da maddeler birer birer okunarak görüşüldü ve kabul edildi.

Efendiler, Parti Grubu toplantısına son verildi ve hemen Meclis toplantısı açıldı. Saat 18.00 idi. Kanun teklifi, Kanun-ı Esasi Encümeni tarafından usulen incelenip tutanağı hazırlanırken, Meclis diğer bazı işlerle meşgul oldu. Sonunda, Başkanlık kürsüsünde oturan Başkan Vekili İsmet Bey (Paşa) Meclis'e şu bilgiyi verdi: "Kanun-ı Esasi Encümeni, Teşkilat-ı Esasiye Kanunu'nda değişiklikler yapılması ile ilgili tasarının öncelikle ve derhal görüşülmesini teklif ediyor. "Kabul!" sesleri üzerine, tutanak okundu. Teklif edildiği gibi öncelikle görüşüldü. Nihayet, kanun, birçok konuşmacının "Yaşasın Cumhuriyet!" sesleriyle alkışlanan konuşmalarıyla kabul edildi.

TÜRKİYE CUMHURBAŞKANLIĞINA TÜRKİYE BÜYÜK MİLLET MECLİSİ OY BİRLİĞİ İLE BENİ SEÇTİ

Ondan sonra Cumhurbaşkanı seçilmesi için Meclis'te oylamaya geçildi. Toplanan oyların sonucunu Başkanlık kürsüsünde oturan İsmet Bey (Paşa) Genel Kurul'a şu şekilde bildirdi:

"Türkiye Cumhurbaşkanlığı için yapılan oylamaya yüz elli sekiz kişi katılmış ve Cumhurbaşkanlığına yüz elli sekiz üye, oybirliği ile Ankara Milletvekili Mustafa Kemal Paşa Hazretleri'ni seçmişlerdir."

Efendiler, seçimin hemen arkasından Meclis'te yaptığım konuşmayı tutanaklarda okumuşsunuzdur. Ancak, tarihi bir hatıranın canlandırılması için, izin verirseniz, o konuşmamı burada aynen tekrar edeyim:

"Saygıdeğer arkadaşlar, dünya çapında önemli ve olağanüstü olaylar karşısında, saygıdeğer milletimizin gerçek uyanıklığına ve şuurluluğuna değerli bir belge olan Teşkilat-ı Esasiye Kanunu'nun bazı maddelerini açıklığa kavuşturmak için kurulmuş olan özel komisyon tarafından yüksek heyetinize teklif edilen kanun tasarısının kabulü dolayısıyla, Türkiye Devleti'nin zaten bütün dünyaca bilinen, bilinmesi gereken mahiyeti milletlerarası adıyla adlandırıldı. Bunun doğal bir gereği olmak üzere bugüne kadar doğrudan doğruya Meclis Başkanlığı'nda bulundurduğunuz arkadaşınıza, yaptırdığınız bu görevi, Cumhurbaşkanı unvanıyla yine aynı arkadaşınız, bu aciz arkadaşınıza yönlendiriyorsunuz. Bu münasebetle şimdiye kadar hakkında gösterdiğiniz sevgi, samimiyet ve güveni bir defa daha göstermekle, yüksek değerbilirliğinizi ispat etmiş oluyorsunuz. Bundan dolayı yüce heyetinize gönlümün bütün samimiyeti ile teşekkürlerini arz ederim."

"Efendiler, asırlardan beri Doğuda haksızlığa ve zulme uğramış olan milletimiz, Türk milleti, gerçekte soydan sahip bulunduğu yüksek kabiliyetlerden yoksun zannediliyordu."

"Son yıllarda milletimizin fiili olarak gösterdiği kabiliyet, istidat ve kavrayış kendi hakkında kötü düşünenlerin ne kadar gafil ve ne kadar gerçeği görmekten uzak, görünüşe aldanan insanlar olduğunu pek güzel ispat etti. Milletimiz kendisinde var olan vasıfları ve değeri, hükümetin yeni adıyla, medeniyet dünyasına çok daha kolaylıkla gösterebilecektir. Türkiye Cumhuriyeti, dünya devletleri arasında tuttuğu yere layık olduğunu eserleriyle ispat edecektir."

"Arkadaşlar, bu yüksek rejimi yaratan Türk milletinin son dört yıl içinde kazandığı zafer, bundan sonra da birkaç misli olmak üzere kendini gösterecektir. Bendeniz, kazandığım çok önemli gördüğüm bir noktadaki ihtiyacı arz etmek mecburiyetindeyim. O ihtiyaç, yüce heyetinizin şahsıma karşı gösterdiği sevgi, güven ve desteğin devamıdır. Ancak bu sayede ve Tanrı'nın yardımıyla, bana verdiğiniz ve vereceğiniz görevleri en iyi şekilde yapabileceğimi ümit ediyorum."

"Daima sayın arkadaşlarımın ellerine çok samimi ve sıkı bir şekilde yapışarak, kendimi onların şahıslarından bir an bile uzak görmeyerek çalışacağım. Daima milletin sevgi ve güvenine dayanarak hep birlikte ileri gideceğiz. Türkiye Cumhuriyeti mutlu, başarılı ve üstün olacaktır."

Efendiler, Meclisçe Cumhuriyet kararı 29/30 Ekim 1923 gecesi saat 20.30'da verildi. On beş dakika sonra, yani 20.45'te Cumhurbaşkanı seçildi. Durum, aynı gece bütün memlekete bildirildi ve her tarafta gece yarısından sonra yüz bir pare top atılarak ilan edildi.

İlk kabinenin İsmet Paşa tarafından kurulduğunu ve Meclis Başkanlığı'na Fethi Bey'in seçildiğini biliyorsunuz.

CUMHURİYET'İN İLANI ÜZERİNE MİLLETİN DUYDUĞU GENEL VE SAMİMİ SEVİNCE KATILMAKTAN ÇEKİNENLER

Efendiler, Cumhuriyet'in ilanı, bütün milletçe sevinçle karşılandı. Her tarafta parlak sevinç gösterileri yapıldı. Yalnız İstanbul'da iki üç gazete ve yalnız İstanbul'da toplanan bazı kimseler, milletin genel ve samimi olan bu sevincine katılmaktan çekindiler. Endişeye düştüler. Cumhuriyet'in ilanına önayak olanları eleştirmeye başladılar.

İşaret ettiğim gazetelerin ve şahısların Cumhuriyet'in ilanını nasıl karşıladıklarını hatırlamak için sadece o günlerdeki yayınları gözden geçirmek yeterlidir.

Mesela "Yaşasın Cumhuriyet" başlığı altındaki yazılar bile Cumhuriyet'in kuruluş ve duyuruluş şeklinin garip olduğunu, bunda "sıkboğaza getirilmiş gibi bir durum" bulunduğunu ilan ediyordu. Bu yazıların sahibi şu görüşleri ileri sürüyordu: "Şöyle olacağı böyle olacağı söylenip dururken, diğer taraftan birdenbire birkaç saat içinde, Kanun-ı Esası değişikliği yapılıvermesi en yumuşak deyimi ile anormal bir harekettir."

Bizim davranış tarzımız medeniyet dünyasını anlamış, okumuş, incelemiş ve devlet idaresinde tecrübe kazanmış kafalardan çıkacak bir muhakeme eseri" değilmiş...

Cumhuriyet'in ilanını Meclis'in alkışlarla kabul etmesi, milletin top atışları ile kutlaması eleştiriliyor ve deniyordu ki: "Cumhuriyet alkış ile, dua ile şenlik ve donanma ile yaşamaz." "Cumhuriyet bir tılsım değildir. Millet Meclisi'nde bir büyü yapıldı. Bundan sonra her iş kendiliğinden düzelecek, her derdin çaresi kendiliğinden bulunacak değildir."

Ben cumhuriyetçiyim diyenlerin, Cumhuriyet'in ilanı günü kaleminden çıkacak sözler bunlar mı olmalıydı? En yüksek idare şeklinin Cumhuriyet'ten başka bir şey olmayacağına inandığını iddia edenlerin Cumhuriyet kelimesine "bir put gibi tapmam" demesindeki anlam ve kasıt neydi?

Meclis toplantı halinde bulunmadığı zaman, "Onun güvenoyu verdiği bir hükümetin düşürüleceği şeklinde asılsız bir fikri kamuoyunda canlandırıp "Böyle bir hak padişahlara bile verilmemişti. Şimdi o hak, Cumhurbaşkanı'na mı veriliyor?" sorusu kime ve ne maksatla yöneltiliyordu?

Bu yazıları yazanın maksadı, Cumhuriyet'i halka sevdirmek mi, yoksa bunun put gibi tapılacak bir şey olmadığını anlatmak mıydı? Cumhuriyet bize rejim değişikliği ile birlikte zihniyet değişikliği de getiriyor mu? Kabineye girecek olan kimselere birer devlet adamı kafası hediye ediyor mu? Sözleriyle daha ilk anda Cumhuriyet'in değer ve önemini azaltmaya kalkışmak "Cumhuriyetçiyim" diyenlerden beklenebilir miydi?

En hafif bir rüzgârdan bile korunması gereken yeni doğmuş bir çocuğun, onu beslediklerini söyleyenler tarafından bu şekilde hırpalanması doğru muydu?

Bu düşüncelere yer veren gazetenin başka bir sayfasında "Türkiye Cumhuriyeti'nin İlanı" başlığı altında yer alan birçok düşünceler arasında: "... Bu yeni basamağa ulaşan Türk milleti, acaba burada uzunca bir süre huzur içinde dinlenebilecek, burası onun için bir canlılık ve güç kaynağı, bir rahatlık ve mutluluk kaynağı olabilecek midir? Bu basamak onun sosyal yapısını kırıp dökmeden kucaklayabilecek bir çerçeve niteliği taşımakta mıdır? Cumhuriyet acaba olayların zorlaması karşısında çaresizlikten kaçıp sığınılan bir saçak altı mı olacaktır?" gibi endişe ve ümitsizlik veren sözlerin sırası mıydı?

Cumhuriyet'in ümit, rahatlık ve mutluluk getireceğinden şüphe ve endişeye kapılan kimse, ümit, rahatlık ve mutluluğu nereden ve hangi kaynaktan bekliyordu? Cumhuriyet'in, milletimizin sosyal yapısını kırıp dökebileceği ihtimali, Cumhuriyeti benimsemiş olan kimselerin kafasında nasıl yer bulabiliyordu?

Bir başka gazeteci de, "Efendiler, acele ediyorsunuz!" diye bağırmaya başladı.

Bu gazeteci efendi, millete şu yolda jurnal veriyordu: "Bunalım yeni bir kabine kurulması şeklinde giderileceği yerde, aksine son günlerin bütün gürültülerine rağmen, yine kimsenin çok yakında ilan edileceğine ihtimal vermediği Cumhuriyet'in pek delilli ispatlı, pek kesin ve pek acele olarak ortaya çıkmasına sebep olmuştur."

"Cumhuriyet ilanının çok yakın olduğuna ihtimal vermeyen yalnız kamuoyu değildi. Belki Ankara'da en önemli ve en yetkili mevkilerde bulunan bazı kimseler de böyle bir ihtimali hatırlarına bile getirmiyorlardı."

Bu sözlerle itiraf edilmektedir ki, son günlerin bütün gürültüleri, Cumhuriyet'in ilanına engel olmak içinmiş… Böyle bir maksat güdenlerin "Kararların alınmasında acelecilik" görmeleri doğaldı. Fakat "memleket kamuoyunun da bu görüşte, kendileriyle birlikte olduğunu" sanmaları yanlıştı.

Gazetesini "balonu uçurdular ama galiba ucunu kaçırıyorlar!" ve "sular boşanınca dolaplar döndü ama... ne yönde?" gibi çirkin bayağı sözlerle dolduran gazeteci efendi, sesleniş ve suçlamalarına şöyle devam ediyordu: "Efendiler, devletin adını taktınız, işleri de düzeltebilecek misiniz?"

Bu seslenişle başlayan yazıları, şu satırlarla son buluyordu: Tek dileğimiz... "Vatan ve millete yararlı işlere başlanılmasından ibarettir. Eğer dün ilan edilen Cumhuriyet'in liderleri ve o liderleri destekleyenler bunu yapabileceklerinden eminlerse, biz de kendilerine - Öyleyse Cumhuriyetiniz mübarek olsun Efendiler! - deriz."

Bizi alay edercesine tebrik eden bu son cümleyle, yazar, Cumhuriyet'i benimsemiyor, onunla ilgisi olmadığını bildiriyordu.

Başka bir gazeteci yazar da, Cumhuriyet'in ilanı dolayısıyla yaptığı eleştiri ve değerlendirmede: "Bizi üzen nokta, milli önderimizin şahsı ile ilgilidir. En büyük ruhlu adamlar bile, şahsi güç sahibi olmanın çekiciliğine karşı koyamamışlardır" diyor ve bu görüşünü, benim nutuklarımdan aldığı sözlerle destekledikten sonra, Amerika'ya istiklal sağlayan Washington'un, nasıl çiftliğine çekildiğini, Amerika Meclisi'nin hiçbir şahsi dikkate almadan yalnız halkın menfaatlerini düşünerek altı yılda anayasayı nasıl hazırlamış olduğunu ve ondan sonra da Washington'a nasıl başkanlık verilmiş bulunduğunu anlatıyor ve Kanun-ı Esasi'mizin bu şekilde değiştirilmesinde benim önayak olmamı hoş görmüyor...

Bu yazar ve benzerlerinin, Cumhuriyet'in ilan şeklinde ve Cumhuriyet'in esasları ile ilgili kanunda gördükleri kusur ve eksiklikleri eleştirmelerini samimi sayabilmek için çok saf olmak lazımdır. Eğer bu yazarlar, Cumhuriyet'in ilanı günü yaygaralı hücumlara başlamayıp, önce Cumhuriyet'in ilanını iyi niyetle ve samimiyetle karşılamış olsalar, kamuoyunu kararsızlık ve karışıklığa düşürecek şekilde değil de, Cumhuriyet'in iyi yanlarını tanıtıcı ve onun ilanının pek yerinde olduğunu kamuoyuna telkin eden yazılar yazmış olsalardı, ondan sonra yapacakları "her türlü tenkidin samimiyetini iddiada haklı olabilirlerdi. Fakat gördüğümüz tutum ve davranış böyle olmamıştır...

RAUF BEY'İN CUMHURİYET'İN İLANI DOLAYISIYLA İKİ İSTANBUL GAZETESİNE VERDİĞİ DEMEÇ

Efendiler, Rauf Bey de bu münasebetle, gazetecilere demeç vermiştir. Rauf Bey'in Cumhuriyet'le ilgili görüşünü ve milli hakimiyetten ne anladığını ortaya koyan demecini 1 Kasım 1923 tarihli Vatan gazetesinde okumuştum. Vatan ve Tevhit gazetelerinin sahipleri ve başyazarları ile Rauf Bey'in baş başa vererek düzenledikleri sorularla bunların cevaplarından bazılarını yeniden birlikte gözden geçirelim:

Cumhuriyet konusunda, kamuoyunda, beklenmedik bir durumla karşılaşmış olma duygusu varmış. Şimdiye kadar bulunduğu yüksek makamlar dolayısıyla ve İstanbul milletvekili sıfatıyla Rauf Bey'in ne düşündüğünü seçmenlerinin sorup öğrenmek hakları imiş...

Efendiler, bu soruyu düzenleyenlere biz de bir soru soralım!

Önce, kamuoyunun ne düşündüğünü hangi yolla nasıl öğrenmişler? Sonra, İstanbul seçmenleri, yalnız tek iki gazeteciden mi ibaretti; yoksa, bütün seçmenler, iki gazeteciye milletvekillerinin düşüncesini sormak için vekalet mi vermişlerdir? Yoksa bu, Rauf Bey'in: "Seçmenlerin bu hakkını büyük bir saygıyla kabul edenlerden olduğunu, kendisini seçerken gösterdikleri yüksek güvene teşekkür borcu bulunduğunu ve ona layık olmaya çalışacağını, kendisine verdikleri emaneti her zaman ve her yerde korumak ve en iyi şekilde idare etmek için kudret ve kabiliyetinin son kertesine kadar çalışacağına güvenmelerini" söylemeye zemin hazırlamak için miydi? Gerçi, bir milletvekilinin seçmenleri için bu yolda konuşması pek uygundur. Ancak, yerinde, zamanında ve samimi olmak şartıyla! Yoksa, Cumhuriyet'in ilanında, kamuoyunun beklenmedik bir durum karşısında bırakılmış olduğu şeklindeki kasıtlı bir soruya karşı "seçmenlerin verdikleri emaneti her zaman ve her yerde koruyacağı ve en iyi şekilde idare edeceği" yolunda güvence vermeye kalkışmanın anlamı nedir?

Oysa, Efendiler, 29/30 gecesi İstanbul'da geçmiş olan bir olayı açıklarsam bütün millet gibi İstanbul halkının da gerçek duygularının ne olduğunu kolaylıkla anlarsınız. Cumhuriyet'in ilan edildiği gece, İstanbul Komutanı Şükrü Naili Paşa, İstanbul halkının temsilcileri tarafından, Fatih Belediyesi'nde verilen bir ziyafete davetliydi. Paşa, ziyafet sırasında Ankara'dan resmi bir bildiri aldı ve onu uygulamaya koymadan önce İstanbul halkının sayın temsilcilerine okudu. Bildiri şuydu: "Türkiye Büyük Millet Meclisi Cumhuriyet ilanına karar verdi. Bunu yüz bir pare top atışıyla ilan ediniz."

İSTANBUL HALKININ TEMSİLCİLERİ CUMHURİYET'İN İLANINI NASIL KARŞILAMIŞLARDI?

İstanbul halkının temsilcileri bu müjde ve bildiriyi büyük bir sevinç ve alkışlarla karşıladılar. Derhal bütün İstanbul halkı adına Komutan Paşa'yı ve birbirlerini kutladılar. Bu bakımdan, İstanbul'un sayın halkı adına, İstanbul'un gerçek duygularını başka türlü göstererek demeçler vermenin ve gösterilerde bulunmanın ne kadar küstahça bir davranış olduğu meydandadır.

Rauf Bey, "Bence konuyu Cumhuriyet kelimesi bakımından ele almak doğru değildir" sözleriyle Cumhuriyet'ten söz etmek bile istemiyor.

Rauf Bey'in kendi görüşü: "Milletimizin refah ve istiklalinin korunmasını ve aziz vatanımızın bütünlüğünü sağlayan rejimin en uygun rejim olacağı" şeklindedir.

Efendiler, bu sözler, düzenledikleri sorunun cevabı mıdır? Rauf Bey'e: "Hangi hükümet şekli en uygundur?" sorusu mu sorulmuştur? Eğer soru bu olsaydı, o zaman Rauf Bey'in bu ifadesi yerinde bir cevap olabilirdi. Fakat ondan sonra da Rauf Bey'e şöyle bir soru yöneltmek gerekirdi: Düşündüğünüz rejimin adı yok mudur? Cumhuriyet rejimi, milletin refah ve bağımsızlığını, vatanın bütünlüğünü sağlayan en uygun rejim değil midir? Eğer öyle ise, uzun sözleri bir tarafa bırakarak "ben en uygun rejimin Cumhuriyet rejimi olduğu görüşündeyim" deyiver de, demagojiden kurtulalım. Çünkü söz konusu olan, Millet Meclisi'nce kanunla kabul ve ilan edilen Cumhuriyet'tir. Maksadınız, dolaylı olarak bu ilan olunandan daha uygun bir rejimin bulunduğunu anlatmak ve buna işaret etmek ise, onu da söyleyiniz! O tercih ettiğiniz rejim ne olabilir?

Rauf Bey, kendi görüşünü açıktan açığa söylemekten kaçınıyor. Bilinen birtakım nazariyelerden söz ederek: "Hükümetlerin yalnız birbirinden farklı iki ana temele dayanarak hareket ettiklerine inanıyorum; bu iki temelden biri mutlakıyet rejimidir" diyor ve şöyle bir mantık yürütüyor: Sözde, hükümdar, hak ve yetkisini Tanrı'dan alır ve bu meşruluğa dayanarak hükmünü yürütürmüş. Bu rejimin sakıncaları görüldüğünden milletler ihtilal yaparak hükümdarların yetkilerini kısıtlayıp belli şartlara bağlamışlar... Son yıllarda milletimiz de meşrutiyet mücadeleleriyle işe başlayarak, kendi işini kendi bilerek, kendi görerek, kendi karar vererek başarma hedefine doğru yürümüş; İttihat ve Terakki, Meclis'in ağır baskısından kurtulmak için "Beşinci Sultan Mehmet'e" Meclis'in dağıtılması hakkını verdirmiş; Vahdettin, bu haktan yararlanarak Meclis'i feshetmiş; bilinen felaketler olmuş; bu bakımdan mutlakıyet rejimi ve şahsi saltanat yanlısı olmak doğru değilmiş.

Rauf Bey, "Millet, kaderini kendinden başka bir kimseye bırakmayı kendisi için küçüklük saydı" dedikten sonra, milletin, milli hakimiyeti kayıtsız şartsız uygulayan Büyük Millet Meclisi'ni bir kurucu meclis olarak seçtiğini ve bu şeklin söz konusu edilen şekillerden ikincisi ve kendi görüşünce de en sağlamı ve doğrusu olduğunu" söylüyor... Bundan sonra Rauf Bey şu düşünceleri ileri sürüyordu:

"İsim değişikliğinin hedefi ve amacı değiştirebileceği inancında değilim. Bundan başka, daha önceki bir hükümet şeklinin yerini alan yeni bir şeklin beğenilmesi ve ömürlü olabilmesi, ancak bir şartla mümkündür. O da gideni arattırmayacak şekilde halkın büyük çoğunluğunun isteklerine uygun olduğunu, mutluluğunu sağladığını, vatanın şeref ve istiklalinin korunduğunu göstermek ve ispat etmektir. Aksi takdirde isim değiştirmekle veya üst tabakada şekil değişikliği yapmakla gerçek ihtiyaçların karşılanacağını sanmak, özellikle en yakın bir geçmişte gördüğümüz en acı denemelerden sonra, çok büyük bir yanılma olur."

Efendiler, Rauf Bey'in düşünce ve görüşlerini ortaya koyan bu sözler üzerinde biraz durmak isterim. Rauf Bey, yetkileri sınırsız ve belirli şartlara bağlanmamış olan, Millet Meclisi'ni de dağıtabilen şahsi saltanat taraflısı değildir. Rauf Bey, öyle bir hükümet şekline taraftardır ki, o rejimde, Millet Meclisi bir kurucu meclis niteliği taşıyacak şekilde, milli hakimiyeti hiçbir kayıt ve şarta bağlı kalmadan uygular. Bu şekli açıkça ifade edelim. Rauf Bey demek istiyor ki, "Cumhuriyet'in ilanından önceki şekil en uygun hükümet şeklidir." Gerçekten de Rauf Bey'in uzun sözlerle tasvire çalıştığı husus, 20 Ocak 1921 tarihli Teşkilat-ı Esasiye Kanunu'nun üçüncü maddesinde yer alan hükümdür. O madde şudur: "Türkiye Devleti, Büyük Millet Meclisi tarafından idare edilir ve hükümet Büyük Millet Meclisi Hükümeti adını taşır."

CUMHURİYET'İN İLANIYLA BOŞA ÇIKAN ÜMİTLER

Bilindiği üzere, bu Teşkilat-ı Esasiye Kanunu'na göre, Meclis Başkanı, Meclis adına imza atmaya, Bakanlar Kurulu kararlarını onaylamaya yetkili ve hükümetin doğal başkanı olmakla birlikte, devletin de başkanı olduğunu belirten bir kayıt ve kanuni bir açıklık yoktur. Bu kanunun yapıldığı günlerdeki şartlar ve genel durum dikkate alınırsa, kanunun önemli ve esaslı bir noktayı ihmal etmiş olmasındaki zorunluluk kendiliğinden anlaşılır. Bu ihmal, Meclis ve Meclis Hükümeti var olmakla birlikte devlet başkanlığı makamının, padişahlık kaldırıldıktan sonra kendini halifelik makamında ortaya koyacağı düşünce ve inancında olanları, Cumhuriyet'in ilanı gününe kadar ümit içinde yaşattı. Bu bakımdan Rauf Bey'in en doğru olduğunu iddia ettiği hükümet şeklinde, devlet başkanlığını halifenin şahsında düşündüğüne şüphe yoktur. İşte Cumhuriyet'in ilanı üzerine Rauf Bey'i ve kendisi ile aynı düşüncede olanları telaş ve heyecana sürükleyen gerçek sebep, devlet başkanlığı makamına Cumhurbaşkanı'nın getirilmiş olmasıdır. Aslına bakılırsa, "Cumhurbaşkanı devletin başkanıdır" dedikten sonra, halifeye verilecek sıfat ve yetkiyi sağlamakla uğraşan, onun sevgi ve iltifatını Tanrı'nın lütfu sayarak memnun olanların hayal kırıklığına düşmekten duydukları üzüntü ve kaygıyı normal görmek gerekir.

Rauf Bey'in Cumhuriyet'e karşı olduğunu itiraf etmemekle birlikte, Cumhuriyet'in ilan edilmiş olduğu bir günde, onun beğenilip ömürlü olabilmesi için, birtakım şartların yerine getirildiğini ispat gereğinden söz etmesi, Cumhuriyet'in millete mutluluk getireceğine inanmadığını açıkça göstermiyor mu?

Rauf Bey, yapılan işin sadece bir isim değiştirmekten ve üst tabakada bir şekil değişikliği yapmaktan ibaret olduğunu söyleyerek Cumhuriyet'i ilan etmenin çocukça ve aceleye getirilmiş bir hareketin eseri olduğunu anlatmaya çalışırken, "Cumhuriyet idaresiyle gerçek ihtiyaçların karşılanmış olacağını zannetmek... Affedilmez bir hata olur" demekle Cumhuriyet rejimine ne kadar ilgisiz ve ondan ne kadar uzak olduğunu ispat etmiyor mu? Rauf Bey, son görüşünü pekiştirmek üzere, en yakın bir geçmişte gördüğümüz en acı tecrübeleri hatırlatıyor. Efendiler, bu türlü bir hatırlatma ile kamuoyuna ne anlatılmak isteniyor? Millet neden kandırılmak isteniyor? Bunu anlamak güç değildir, sanırım. Rauf Bey, aklınca Devlet Başkanlığı makamının, orada halifenin oturması sağlanıncaya kadar, başka bir unvanla başka biri tarafından işgal edilmesini güven altına almak istiyor. Fakat bu makam işgal edilmiş olduğuna göre, yapılan işten geri dönülmesini sağlamak için de kamuoyunu gericiliğe kışkırtıyor. Cumhuriyet rejiminin kabulünde affedilmez bir hata olabileceğini ileri süren kimseye göre hatanın neresinden dönülse kar sayılmak doğaldır. Rauf Bey, Cumhuriyet, şeklinin kabul ve ilan edildiği noktasına temas ederken şöyle diyor: "Görüşleri dağıttılar. Sonra, Cumhuriyet'in bir günde kararlaştırılıp ilan edilmesi, halkta, sorumsuz kimseler tarafından hazırlanan bir rejimin bir oldubittiye getirildiği düşünce ve endişesini uyandırdı. Bu endişe pek doğal görülmelidir. Halkımızın, bundan ve geçmiş olaylardan ders aldığını ve uyanıklık kazandığını anlayarak memnun olmalıdır. Ben şahsen memnunum." Efendiler, Cumhuriyet rejimini bir günde kanun çıkararak ilan eden Rauf Bey'in de pek güzel tarif ettiği ve vasıflandırdığı gibi "istiklal mücadelemizin biricik temel taşı olan ve milli hakimiyeti kayıtsız şartsız uygulamada gösterdiği yüksek güç ve kabiliyet ulaştığı fiili sonuçla ortaya çıkmış bulunan Büyük Millet Meclisi" idi. Söz konusu ettiği sorumsuz kimse, Meclis kamuoyunu Cumhuriyet'in ilanına yönelten ve bu konuda teklifte bulunan kimseyse, o, bendim ve onun ben olduğumu Rauf Bey 'in herkesten daha iyi anlayabileceğini kabul etmekte hata yoktur. Eğer bunda bir yanlışlık varsa, "yıllardan beri aramızda arkadaşlık ve kardeşlik duygularından başka, karşılıklı güven duygusunun da bulunduğunu ve bana karşı yüksek saygı duygularıyla bağlı olduğunu" ifade eden Rauf Bey'in beni hiç tanımamış olduğuna hükmetmek gerekir.

Benim teşebbüslerimi ve yaptığım işleri, halkta endişe uyandırıcı nitelikte görmek ve sevinç gösterilerinde bulunan halk adına, gereksiz yere bunun aksini söylemek, suni olarak halka bu endişeleri aşılamaya kalkışmaktır. "Halkın geçirdiği tecrübelerden ders aldığını ve uyanıklık kazandığını anlayarak sevinmelidir, ben şahsen memnunum" diyen Rauf Bey'e bu münasebetle bir noktayı hatırlatmak mümkündür. Halkı uyarmak ve uyandırmak için ömrünü adamış bir adama karşı böyle konuşulmaz ve halkta bu duyarlığın doğduğunu görmekle, kendisinin benden çok sevindiğini söylemeye ne hakkı ne de yetkisi vardı. Rauf Bey, bütün vatanı düşmanlara işgal alanı yapabilecek Mondros Ateşkes Anlaşması'nın stratejiyle ilgili maddesini bir oldubitti şeklinde kabul ettiği zaman, milletin nasıl kan ağlayıp ıztırap çektiğini duyabildi mi? Son zamana kadar, hatta Cumhuriyet'in ilanının ertesi günü bile, resminin altına, taraftarlarının "Mondros Ateşkes Anlaşması'nı imzalayan fakat Lozan Antlaşması ile de öcünü alan Rauf Bey" yazısını yazarak durmadan propagandasını yaptıkları bu kişi, Türk milletinin gerçek emellerini, samimi duygularını bizden çok anladığını, o emeller ve duygularla bizden daha çok ilgili ve ilişkili bulunduğunu iddiaya kadar varmamalıdır.

Rauf Bey, demecinin bir yerinde diyor ki: "Sorumlu devlet adamları, bu gerçekler (yani Cumhuriyet ilanının gerekçeleri) üzerinde en yetkili görüşme ve karar makamı olan Yüce Meclis vasıtasıyla milleti aydınlatacak ve zihinlerdeki endişeleri giderecektir. Kamuoyunun bunu bilmesi doğal bir haktır." Efendiler, bu sözlerde mantık yoktur. Bir kere Rauf Bey de demiyor mu ki, "milli hakimiyeti kayıtsız şartsız uygulayan meclistir. O halde hangi sorumlu devlet adamları, Millet Meclisi'ni, almış ve gerekçesi ile birlikte yayınlayıp ilan etmiş olduğu pek meşru ve yüce bir karardan dolayı sorguya çekecektir? Bir memlekette bir toplumda bir inkılap yapıldığı zaman, elbette onu gerektiren sebepler vardır. Ancak, o inkılabı yapanlar, inanmak istemeyen inatçı hasımlarını inandırmaya mecbur mudur? Elbette Cumhuriyet isteyenler de ona karşı olanlar da vardı. İsteyenler ne için ve ne gibi düşünce ve görüşlere dayanarak Cumhuriyet'i ilan ettiklerini, ona karşı olanlara anlatsalar, kendi düşünce ve görüşleriyle, yapılan işlerin doğru olduğunu onlara ispat etmek isteseler bile, onları bu kasıtlı direnmelerinden vazgeçirecekleri, kabul edilebilir mi? Elbette Cumhuriyet taraftarları muktedir iseler, ülkülerini, herhangi bir yolla, ihtilalle, inkılapla veya milletçe benimsenen daha başka yollara başvurarak gerçekleştirirler. Bu, ülkücü inkılapçılara düşen bir görevdir. Buna karşı yapılan itirazlar, koparılan yaygaralar ve gerilikçi teşebbüsler ise, karşı gelenlerin yapmaktan geri durmayacakları hareketlerdir. Cumhuriyet rejiminin ilânında Rauf Bey ve benzerlerinin yaptıkları gibi...

CUMHURİYET'İN İLANI ÜZERİNE HALİFE'YE OYNATILMAK İSTENEN ROL VE HALİFE LEHİNE YAPILAN YAYINLAR

Efendiler, o günlerde İstanbul'da bulunan ordu müfettişlerimiz de gazetelere demeçler vererek, çeşitli vesilelerle düzenlenen ziyafetlerde nutuklar söyleyerek duygularını dile getiriyorlardı. Cumhuriyet'in ilanı üzerine İstanbul'da bazı kimseler ve bazı gazeteciler Halife'ye de bir rol yaptırmak hevesine düştüler. Gazetelerde Halife'nin istifa ettiği veya edeceği yolunda söylentiler, tekzipler (yalanlamalar) yayınlandı.

Sonra dendi ki: "Haber aldığımıza göre, mesele böyle bir rivayetten ibaret olmadığı gibi, bir tekzip ile çözülebilecek kadar basit de değildir. Gerçek olan bir nokta vardır ki, o da Cumhuriyet'in ilanının yeniden bir halifelik meselesi ortaya çıkarmış olmasıdır."

Halife, "yazı masasının başına oturup (!) Vatan gazetesi yazarına demeç vermiştir" denilerek, Halife'nin bütün müminler tarafından sevildiği, Asya'nın en ücra köşelerine varıncaya kadar İslam dünyasından binlerce mektup ve telgraf aldığı ve birçok yerden heyetler geldiği yolundaki sözlerle halifelik makamının kolay kolay sarsılır bir mevki olmadığı anlatılmaya çalışılıyor; İslam dünyasınca istenmedikçe Halife'nin istifa edip çekilmeyeceği ilan ediliyordu. Aynı zamanda Hükümet birçok iç meseleleri yoluna koymakla meşgul olduğundan şimdiye kadar halifeliğin görevlerini tespitle uğraşma imkânını bulamamıştır. Hükümetin iç meselelerle meşgul olduğunu elbette İslam dünyası da bilmektedir ve şimdiye kadar halifelik görevleri ile uğraşmaya imkân bulamamasını normal görür" cümleleriyle bizi halifeliğin görevlerini tespite çağırırken, şimdiye kadar bunun yapılmamasını hoşgörü ile karşılayan İslam dünyasının bundan sonra mazur görmeyeceğini de bildirerek bir bakıma tehdit ediliyorduk. Bir yandan da bizi etkilemesi için İslam dünyasının dikkati çekilmek isteniyordu. Vatan gazetesinin 9 Kasım 1923 tarihli nüshasında okuduğumuz bu yazılardan sonra, 10 Kasım 1923 tarihli Tanin gazetesinde Halife'ye yazılan bir açık mektup yayınlandı. Lütfi Fikri Bey'in imzasını taşıyan bu mektupta, Halife'nin istifasıyla ilgili haberlerden, milletin ne kadar üzüldüğünü ve acı çektiğini ispat için bir vapur hikâyesi uydurulmuştu: "Vapurda oturanlar, Halife'nin istifası haberini öğrenince çehrelerine hüzün ve endişe çökmüş... Birbirlerini tanımayanlar samimi görüşmeye ve hatta çok görüşmeye başlamışlar… Ortak endişe bunları bir dakikada dost etmiş...

Lütfi Fikri Bey, "Gönül istiyor ki, bu istifa sözü, ebedi olarak gömülsün, kalsın" diyor; Çünkü "dünya için felaket olur"muş…

Lütfi Fikri Bey, millete şunu da telkin ediyordu: "Hayretle ve üzüntüyle görülmelidir ki, bugün şu manevi hazineye (yani halifeliğe) saldırmak isteyenler, dışarıdan kimseler, Müslüman milletler içinde Türk'ü çekemeyenler değildir. Doğrudan doğruya biz Türkler, kendi dinimizden ebedi olarak bu hazinenin çıkarılması sonucuna yol açabilecek teşebbüslerde bulunuyoruz.

Efendiler, yabancılar halifeliğe saldırmıyorlardı. Fakat Türk milleti saldırıdan kurtulamıyordu. Halifeliğe saldıranlar, Müslüman milletler içinde Türk'ü çekemeyenler değildi. Fakat Çanakkale'de, Suriye'de, Irak'ta İngiliz ve Fransız bayrakları altında Türklerle vuruşan Müslüman milletlerdi. Türk milletine kolayca saldırabilmek için korunup devam ettirilmesi tercih edilen halifeliğin ortadan kaldırılmasını "Türklük için bir intihardır" diyerek vasıflandırmak; "Halifeliği ortadan kaldırmak için biz Türkler teşebbüslerde bulunuyoruz." sözleriyle Cumhuriyet'in hedefini açıklayıp ilan etmek, elbette etkisiz kalmadı.

Lütfi Fikri Bey'in Tanin'de yayınlanan açık mektubundaki görüş, ertesi gün, Tanin başyazarı tarafından desteklendi.

11 Kasım 1923 tarihli Tanin'in "Şimdi de Halifelik Meselesi" başlıklı baş makalesi okununca, Cumhuriyet'in ilanına engel olamayanların, ne pahasına olursa olsun halifelik makamını elde tutabilme gayret ve faaliyetine geçtikleri anlaşılır. Bu yazıda, şehzade mektupları yayınlanarak halkta hanedan lehinde sevgi uyandırılmaya çalışılıyor. Ayrıca, hanedan haklarına karşı çirkin saldırılar yapıldığı ve bunu yapanın, partimizin en seçkin zümresinden olduğu belirtildikten ve Cumhuriyet Hükümeti'ni milletin gözünde kötü göstermek için ne söylemek gerekirse onlar da yazıldıktan sonra, Halife'nin istifası söylentisi üzerinde durularak: "Arkadan arkaya, verilmiş bir karar karşısındayız" deniyordu. Daha sonra da: "Millet Meclisi'nin bu kadar baskı altında kaldığını, dışarıda verilen kararları yalnızca onaylamak durumuna düşürüldüğünü görmek gerçekten pek üzücü oluyor." sözleriyle, Meclis bize karşı kışkırtılıyor... Böylece, Cumhuriyet'in ilanını kabul eden Meclis'in hiç olmazsa Halifeliğin

kaldırılmasını bir oldubitti şeklinde kabul etmemesinin sağlanmasına çalışılıyordu.

Tanin başyazarı, halifelikle ilgili düşünce ve görüşlerini şu satırlarla ortaya koyuyordu: "Halifelik bizden giderse, beş on milyonluk Türkiye Devleti'nin İslam dünyası içinde hiçbir önemi kalmayacağını, Avrupa siyaseti karşısında da en küçük ve değersiz bir hükümet durumuna düşeceğimizi anlayabilmek için büyük bir kabiliyete gerek yoktur. Milliyetçilik bu mudur? Kalbinde gerçek milliyetçilik duygusu yatan her Türk, halifelik makamına dört elle sarılmak mecburiyetindedir."

Efendiler, halifelik konusundaki düşüncelerimi daha önce açıkladığım için, bu sözleri burada tahlile gerek görmüyorum. Ancak, halifelik makamına dört elle sarılmak mecburiyetinde kalan bir rejimin, Cumhuriyet rejimi olamayacağını anlayabilmek için de, büyük bir kabiliyet gerekmediğini söylemekle yetineceğim.

Tanin'in incelemekte olduğumuz baş makalesinin daha bir iki noktasına dikkati çekeceğim.

Osmanlı hanedanınca kabul edilmiş ve bundan dolayı ebedi olarak Türkiye'de kalması güven altına alınmış bulunan Halifeliği elden kaçırmak tehlikesini yaratmak, akıl ve vatanseverlikle, milliyet duygusuyla zerre kadar bağdaştırılamazmış (!)

Tanin başyazarı, kendisinin Cumhuriyetçi olduğunu ilan etmişti. Fakat öyle bir Cumhuriyetçi ki, onun istediği Cumhuriyet idaresinin başında, halife olarak Osmanlı hanedanından biri bulunacaktır. Yoksa, yapılan hareket akıl ve vatanseverlikle, milliyet duygusuyla zerre kadar bağdaştırılamazmış… Halifeliği, elimizden gitmesine hiçbir imkan kalmayacak şekilde korumakla görevliymişiz… Onu kaldırmak için girişilen gizli tertipler başarısızlığa uğratılmalıymış...

Efendiler, bu yazıların anlamı ve bu düşüncelerin nasıl bir maksada dayandığı bugün kolaylıkla anlaşılmaktadır. Yarın, daha açık olarak anlaşılacaktır. Gelecek nesillerin, Türkiye'de Cumhuriyet'in ilan edildiği gün, ona en insafsızca saldıranların başında, "cumhuriyetçiyim" diyenlerin yer aldığını görerek asla şaşıracaklarını sanmayınız! Aksine, Türkiye'nin aydın ve cumhuriyetçi çocukları, böyle cumhuriyetçi geçinmiş olanların gerçek düşüncelerini tahlil ve tespitte hiç de kararsızlığa düşmeyeceklerdir.

Onlar, kolayca anlayacaklardır ki, çürümüş bir hanedanın, halife unvanını taşıyarak başının üstünden zerre kadar uzaklaşmasına imkan bırakmayacak şekilde korunmasını şart kılan bir devlet şeklinde, Cumhuriyet rejimi ilan edilse bile, onu yaşatmak mümkün değildir.

Efendiler, o günlerde yapılan yayınlar arasında dahi iki nokta yer alıyordu. Bunlardan biri benim hasta olduğum hususu. Diğeri de rahmetli Enver Paşa'nın Türkistan'daki hizmetleri ve hayatta olduğu hususu… Enver Paşa, memleket dışında kaldığı yıllarda İslam birliği için çalışıyormuş ve "Damad-ı Hilafetpenahi" unvanını kullanırmış... Hatta Türkistan'da kazdırdığı bir mührün bir tarafına bu unvanı da yazdırmış.

Boyuna bu iki noktadan da söz etmek elbette maksatsız değildi.

Efendiler, işaret ettiğim bu yayınlarla birtakım kimselerin tutum ve davranışları özet olarak şu şekilde ifade edilebilir: "Esas olan milli hakimiyettir. Milli hakimiyet Cumhuriyet'in gelişmesiyle sağlanır. Türk milleti, milli hakimiyete kavuştu. Cumhuriyet'in ilanına gerek yoktur, yanlıştır. Türkiye'de en sağlam devlet şekli, milli hakimiyet esasını korumakla birlikte Cumhuriyet'i ilan etmeyip devlet başkanlığından halife unvanıyla Osmanlı hanedanından birini bulunduran meşrutiyet idaresidir. Nasıl ki, İngiltere'de milli hakimiyet mevcut olmakla birlikte devlet başkanlığında bir kral vardır ve o kral aynı zamanda Hindistan imparatorudur."

Efendiler, böyle bir prensip üzerinde birleşmiş olan kimseler, kendilerini sözleriyle, tavırlarıyla ve yazılarıyla göstermiş gibiydiler. Bu zümrenin başına Rauf Bey'in seçildiğine hükmedilebilirdi. Çeşitli soy ve mesleklerden oluşan kimselerin meydana getirdiği bu zümre, Rauf Bey'i maksatlarının açıklanıp savunulmasına en uygun bir kimse olarak görmüşlerdi. Ondan büyük ümitler beklenebileceği zannına kapılmışlardı. Bundan sonradır ki, Rauf Bey Ankara'ya hareket etti. Vatan gazetesinin bildirdiğine göre, büyük bir kalabalık Rauf Bey'i Ankara'ya uğurlamak için toplanmış. Kazım Karabekir Paşa, Refet Paşa, Ali Fuat Paşa, Adnan Bey bu büyük kalabalığın başında gösteriliyordu. Vatan gazetesi bu uğurlamadan bahsederken, Rauf Bey'in Ankara'da Meclis'te güdeceği politikayı da millete ilan ediyordu. Rauf Bey'in Meclis'teki çalışmalarının olumsuz yönde ve şahsi olmayacağı, faaliyetinin memleketin iyiliğini ve huzurunu, kanunların hakimiyetini sağlama amacı güden bir faaliyet olacağı, kendisinin Büyük Millet Meclisi'nde bir iyilik ve düzen unsuru olacağı ve memleket yararına olan prensipleri savunacağı belirtiliyordu.

Vatan gazetesi sahibinin bu açıklamaları yapmaya ve kendiliğinden garanti vermeye yetkili olduğu elbette kabul edilemezdi. Oysa, Rauf Bey, partimiz adına milletvekili olmuştu. Partimizin programına uyacaktı. Partiden ayrılmadan kendi başına bir politika takip etmemesi gerekirdi. Rauf Bey, daha partiden ayrıldığını da bildirmemişti. Böyle bir düşüncesi olmadığını, daha sonra partiden ayrılmamakta gösterdiği ısrarla da doğrulamıştı. Bu bakımdan, hem partide kalmak ve hem de parti disiplinini bozmak demek olan kendine has bir politikayı tek başına uygulamak, anlaşılabilir bir husus değildi.

Efendiler, bu yoldan hareketle, varılmak istenen sonucu keşfetmek geç ve güç olmadı. İsterseniz, bu noktanın aydınlanmasına yarayacak bazı açıklamalarda bulunayım.

RAUF BEY'İN ANKARA'YA GELEREK BİRTAKIM PROPAGANDALARLA, ARKADAŞLARI VE PARTİ'Yİ BİZE KARŞI KIŞKIRTMAYA KOYULMASI

Rauf Bey, Ankara'ya geldikten sonra, parti üyeleriyle yakından ve arkadaşça temaslara girişti. Fakat bütün temas ve görüşmelerinden bir maksat güttüğü anlaşılıyordu.

Rauf Bey, "Cumhuriyet'in ilanında acele edilmiştir. Bu aceleye sebep olanlar sorumsuz kimselerdir. Bu şekilde davranışın içyüzünü anlamak gerekir. Meclis, milli hakimiyeti hakkıyla koruyabilmelidir. Gizli maksatlarla yönetilmeye ses çıkarılmazsa, nereye varılacağı bilinemez. Cumhuriyet ilanını zorunlu kılan sebep neymiş? Cumhuriyet'in bizim için gerçekten yararlı ve gerekli olduğu ispat edilmelidir" yollu birtakım propagandalarla, arkadaşları ve Parti'yi bize karşı kışkırtmaya ve çevirmeye koyuldu.

Rauf Bey, İstanbul'daki demecinin sonunda demişti ki: "Meclis ve Hükümet, bu acele edişin akla yatkın ve meşru bir sebebi bulunduğunu millete göstermeli ve ispat etmelidir ve edecektir."

Böylece pek güzel anlaşılıyordu ki, Rauf Bey'in geceli gündüzlü devam ettiği temas ve görüşmelerden maksadı, parti ve Meclis üyelerine bu görüşünü benimsetmekti. Bunu başardıktan sonra, Cumhuriyet'in ilanı konusunu Meclis'te yeniden gündeme getirmek istiyordu.

Bununla güttüğü maksat da, Meclis'i ve Hükümet'i Cumhuriyet'in acele olarak ilanında akla yatkın ve meşru bir sebep olup olmadığını ispata mecbur etmekti. Kendi aklınca ve taraftarlarının görüşüne göre, akla yatkın ve meşru bir sebep göstermek güçtü. Akla yatkın ve meşru bir sebebe dayanmayan Cumhuriyet'in ilanında acele edildiği ve yanlışlık yapıldığı ortaya çıkacak ve sözde bu yanlışlık düzeltilecekti!

RAUF BEY'İN SAHNEYE KOYMAK İSTEDİĞİ OYUNU FARK EDENLER TARAFINDAN BİR PARTİ TOPLANTISINDA KENDİSİNİN SORGUYA ÇEKİLMESİ

Efendiler, Rauf Bey'in çalışmalarının nasıl bir hedefe yöneldiğini ve maksadının içyüzünü anlamak için, bir haftalık bir süre yetti. Elbette kimin tarafından yapılmış olursa olsun, Cumhuriyetçiler bu şekildeki bir çalışmaya daha fazla göz yumamazlardı. Rauf Bey'in sahneye koymak istediği oyunu fark edenler, bir parti toplantısında Rauf Bey'i imtihana çekmeye karar verdiler. Bu toplantıyı hatırlarsınız. Bu toplantıda yapılan görüşmelerde olduğu gibi yayınlanmıştı. Onu da okumuşsunuzdur. Ben burada o toplantının ayrıntılarına girecek değilim. Yalnız, o toplantının vardığı sonucu gerçek anlam ve kapsamıyla açıklamaya yarayacak bazı tahliller yapmayı, kamuoyunun aydınlanması için gerekli ve yararlı görüyorum.

Önce şunu açıkça arz etmeliyim ki, Rauf Bey, saldırıya geçmek için daha hazırlığını tamamlamakla uğraşırken, saldırıya uğramıştır. Gerçi, bazı gazetelerde yapılan olumsuz yayınlar, Halifeye ve bir şehzadeye aldırılan durumlar, Rauf, Adnan Beylerin ve bazı komutanların Halife'yi ziyaretleri, Halife ve şehzade hakkında söz söyleyenlere, yazı yazanlara bazı yerlerden yaptırılan haysiyet kırıcı hücumlar, memlekette kararsızlıklar, kamuoyunda karışıklıklar uyandırmaktan geri kalmamıştı. Fakat Meclis'te saldırıya geçmek için bu yeterli görülmemiş, Ankara'da Meclis üyeleri üzerinde de işlemenin gerekli bulunduğu anlaşılıyordu. İşte bu son hazırlıklar yapılırken, Rauf Bey'den önce davranılarak harekete geçilmiştir.

Parti Grubu Başkanlığı'na bir önerge verdirildi. Parti Grubu Başkanı İsmet Paşa idi. Verilen önergede: "Rauf Bey'in İstanbul gazetelerinde çıkan Cumhuriyet'in ilanına karşı gelme yolundaki demecinin Cumhuriyet'i sarsıntıya uğrattığı ve bu demeç sahibinin çevresinde muhalif bir parti kurulduğu kanaatinin belirdiği" ileri sürülerek, durumun, Parti Grubu'nun görüşlerine sunulması teklif edilmişti.

Parti Grubu'nun toplandığı 22 Kasım 1923 günü, ben de toplantıdan önce, toplantı salonuna bitişik odada bulunuyordum. Rauf Bey yanıma geldi. Benden görüşmelere karışmamamı rica etti. Çünkü, bana karşı söz söyleyemeyeceğini bildirdi.

Kesinlikle görüşmelere müdahale etmeyeceğimi ve 'hiçbir söz söylemek niyetinde olmadığımı, ancak, Parti Başkanı sıfatıyla, görüşmelerin nasıl geçeceğini görmek üzere toplantı salonuna gireceğimi bildirdim. Toplantı salonunda da bulunmamamı rica etti. Bunu kabul etmedim.

Rauf Bey'in, benim görüşmelere karışmamı ve salonda bulunmamı önlemek isteyişindeki gerçek maksadı neydi? Benim huzurumda veya benim muhatabım olarak konuşmasına ve iddialarda bulunmasına engel olan şey, gerçekten bana karşı duyduğu saygı mıydı? Buna inanmak mümkün değildir. Benim anladığıma göre, Rauf Bey, muhatap ve hasım olarak İsmet Paşa'yı karşısına almak istiyordu. Ben orada bulunmadığım takdirde, parti üyeleri arasından kendisini destekleyenlerin çıkabileceğini zannediyordu.

Parti Grubu, İsmet Paşa'nın başkanlığında toplandı. İsmet Paşa, başkanlık kürsüsünden görüşme konusunu açıklayıp önemini belirttikten sonra, "bugünkü toplantıda benim de söz almam gerekebilir' 'diyerek başkanlığı başkasına bıraktı.

Önerge sahibinin yaptığı açıklamalardan sonra, söz alan Rauf Bey, uzun bir konuşma yaptı.

Rauf Bey, İstanbul'daki demeci dolayısıyla bir yanlış anlama ortaya çıktığını, bunu düzeltmek için arkadaşlarla görüşmelerde bulunduğunu söyledikten sonra "Eğer bizim eleştirmek istediğimiz bir nokta varsa o da eserdir." dedi.

Rauf Bey'in: "Çok iyi niyetlerle başlanıp uğrunda canlar feda edilmiş olan pek sağlam ilkelerin uygulanmasında yapılan yanlışlıklar yüzünden sakatlandığını da sanırım hiçbirimiz bir kalemde reddedemeyiz" şeklindeki sözlerini de olduğu gibi alıyorum.

Şimdi, bu iki cümle üzerinde bir an duralım. Rauf Bey'in eleştirmek istediği eser hangi eserdir? Cumhuriyet mi, yoksa Cumhuriyet'in ilan ediliş tarzı mı?

Eser olan Cumhuriyet'tir. İlan ediliş tarzı şu veya bu şekilde olabilir.

Rauf Bey'in "sağlam ilkeler" dediği Cumhuriyet ilkeleri midir? Yoksa, uygulamasında yapılan yanlışlık yüzünden sakatlanmasından korktuğu Cumhuriyet midir?

Efendiler, söz konusu olan Cumhuriyet'in kendisi ve onun memlekette ilanıdır.

Daha Cumhuriyet rejimini uygulama safhalarında yanlışlık olduğunu iddia edecek kadar zaman geçmemişti. Rauf Bey'in telaşı Cumhuriyet ilanının hemen ertesi günü başlıyor ve daha iki üç gün bile geçmeden demeç veriyor.

KAZIM PAŞA'YA "CUMHURİYET'İN İLANINA ENGEL OLABİLİRSEN MEMLEKETE BÜYÜK HİZMET ETMİŞ OLURSUN" DİYEN RAUF BEY ASLA CUMHURİYETÇİ OLAMAZ

Rauf Bey, demecinin ne anlama geldiğini ve ne gibi düşünceleri içine aldığını, her birini birer evirip çevirme ile yorumlayarak dedi ki: "Duygularım, Cumhuriyet rejiminden başka hiçbir rejimi benimsemediğim yolundadır." Rauf Bey'in bu itirafı Meclis üyelerinde sevinç yarattı ve "Bravo!" sesleri ile karşılandı.

Rauf Bey, "aziz duygularım", "kutsal duygularım" diye söylediği bu sözlerinde samimi ve ciddi miydi? Ben, hiç çekinmeden hayır diyorum, Efendiler. Çünkü, Ankara'dan ayrılırken, kendisine Cumhuriyet'ten söz açan Meclis Başkanı Kazım Paşa'ya: "Buna engel olabilirsen, memlekete büyük hizmet etmiş olursun" diyen Rauf Bey olduğunu biliyorum.

Rauf Bey, Cumhuriyet'i bir punduna getirip ilan eden sorumsuz kimselerden, birtakım müşavir ve danışmanları kastettiğini de söyleyerek bunda da yanlış anlama olduğunu anlatmak istedi ve "Böyle olunca benim kullandığım ifadeden şu veya bu kimse sorumludur şeklinde bir anlam çıkarılmasın; bunu benden beklemek doğru olmaz." dedi.

Rauf Bey, sözlerindeki bu evirip çevirme ile de gösteriyordu ki, bugünkü Parti Grubu toplantısında, Parti'nin şimşeklerini üzerine çekmeden maksadına ulaşabilmek için, gereken noktalarda geri çekilme ve sözlerimi evirip çevirme yolunu tutmuştu.

Fakat, asıl görüşünden vazgeçmiş değildi. Örnek olarak şu sözlere dikkat buyurunuz: "Türkiye'de hükümet şekli nedir?" diye sorulacak sorulara karşı, hatırlarsınız ki, büyük Başkanımız, bu kürsüden yapıcı bir cevap olarak ilan buyurdular ki, "Türkiye Büyük Millet Meclisi Hükümeti'dir." "Hangi idareye benziyor?" dediler. "Bize benziyor. Çünkü biz, bize benzeriz. Bize has bir idaredir." buyurdular. Bu benim vicdanımı tatmin eden en açık bir ifadeydi ve buna itiraz etmek çok güçtür. Zannetmem ki, insaflı olmak şartıyla dışarıda ve içeride buna itiraz edecek bir tek adam bulunsun. Bu inandırıcı ve büyük sözlerden sonra, sırf bir kabine bunalımı yüzünden bu hükümet şeklinin idare edilemez bir şekil olarak gösterilip de ad değişikliğinden ibaret olan 'Cumhuriyet' kelimesinin konmasını ve eskisine bu kadar güvendiğimiz hatta halkın da güvendiği bir şeklin sakat olduğunun bu bunalım devresinde anlaşıldığı ileri sürülerek yeni bir hükümet şeklinin getirilmesini doğru bulmuyoruz. Bu duygunun etkisi altında kalanları gerici olarak kabul etmeyeceğinizden emin olarak söylüyorum. Eğer bu da eksik görülürse, acaba bunu da tamamlayacak yeni bir şekil var mıdır diye kararsızlık ve endişeye düşenler vardır."

"(...) Bir halk ki, Cumhuriyet'i istiyor; bir halk ki, hakimiyet kayıtsız şartsız milletin elinde oldukça bunun Cumhuriyet olduğunu biliyor ve onu istiyor; istiyor ama uygulayamayız da başka bir rejimde kalırız, diye halk üzüntü ve endişe duyarsa... Üzülmek mi sevinmek mi gerekir?"

SALTANAT DEVRİNDEN CUMHURİYET DEVRİNE GEÇİŞ DÖNEMİ VE BU DÖNEMDE İKİ AYRI GÖRÜŞÜN ÇARPIŞMASI

Efendiler, Saltanat devrinden Cumhuriyet devrine geçebilmek için, herkesin bildiği üzere bir geçiş dönemi yaşadık. Bu dönemde iki ayrı düşünce ve görüş, birbiriyle sürekli olarak çarpıştı. O düşüncelerden biri, saltanat devrinin devam ettirilmesiydi. Bu görüşün sahipleri belli idi. Diğer bir düşünce, saltanat rejimine son vererek Cumhuriyet rejimini kurmaktı. Bu bizim düşüncemizdi. Biz düşüncemizi açıkça söylemeyi başlangıçta sakıncalı buluyorduk. Ancak, düşünce ve görüşlerimizi daha sonra zamanı geldiğinde uygulayabilmek için, saltanat taraftarlarının görüşlerini yavaş yavaş uygulama alanından uzaklaştırmak mecburiyetinde idik. Yeni kanunlar yapıldıkça, özellikle Teşkilat-ı Esasiye Kanunu yapılırken, saltanat taraftarları padişah ve halifenin hak ve yetkilerinin açıkça belirtilmesi için ısrar ediyorlardı. Biz, bunun zamanı gelmediğini veya gerekli olmadığını söyleyerek, o tarafı geçiştirmekte yarar görüyorduk.

Devlet idaresini, Cumhuriyet'ten söz etmeksizin milli hakimiyet ilkeleri çerçevesinde her an Cumhuriyet'e doğru yürüyen rejim etrafında yoğunlaştırmaya çalışıyorduk.

Büyük Millet Meclisi'nden daha büyük bir makam olmadığını telkinde ısrar ederek, saltanat ve hilafet makamları olmadan da devleti idare etmenin mümkün olacağını ispat etmek lazımdı.

Devlet Başkanlığı'ndan bahsetmeksizin onun görevini fiilen Meclis Başkanı'na yaptırıyorduk.

Fiiliyatta, Meclis Başkanı İkinci Başkan'dı. Hükümet vardı. Fakat Büyük Millet Meclisi Hükümeti adını taşırdı. Kabine sistemine geçmekten çekiniyorduk. Çünkü saltanatçılar, hemen Padişah'ın yetkisini kullanması gerektiğini ortaya atacaklardı.

İşte, geçiş döneminin bu mücadele safhasında, bizim kabul ettirmek mecburiyetinde bulunduğumuz orta şekli yani "Büyük Millet Meclisi Hükümeti sistemini haklı olarak yetersiz bulan ve meşrutiyet şeklinin açıkça belirtilmesini sağlamaya çalışan muhaliflerimiz, bize itiraz ederek diyorlardı ki: "Bu kurmak istediğiniz hükümet şekli, neye, hangi idareye benzer?" Maksat ve hedefimizi söyletmek için yöneltilen bu türlü sorulara biz de zamanın gereğine uygun cevaplar vererek saltanatçıları susturmak zorunda idik.

Rauf Bey, bu durumu dikkate alarak verdiğimiz bir cevabın, vicdanını tatmin eden, reddi ve itirazı mümkün olmayan bir cevap niteliğinde olduğunu söylüyor; bütün görüş ve iddiasını benim o ifademe dayandırıyordu.

Rauf Bey, "bu inandırıcı ve büyük sözlerden sonra", Büyük Millet Meclisi Hükümeti şeklinin sakat olacağını kabul etmek istemiyor. Eğer bu sakat ise, bu sakat şekli vaktiyle bize kabul ettirenlerin, bu defa da bir gün bu kabul ettirdikleri Cumhuriyet şeklini eksik görüp başka bir şekli ortaya atmalarından endişe edilmek gerekir, tarzında mantık yürütüyor. Bu mantığın ne kadar çürük bir safsatadan ibaret olduğu meydandadır. "Kutsal duyguları, Cumhuriyet rejiminden başka hiçbir rejimi benimsemediği yolunda" olan bir kimsenin, geçiş döneminin zorunluluklarından olduğunu çok iyi bildiği Büyük Millet Meclisi Hükümeti şeklinde saplanıp kalarak, Cumhuriyet şeklinin de eksik görüleceği ve başka bir şekil araştırılacağı endişesine düşmesinin yeri midir? Rauf Bey'in burada, Cumhuriyet'ten sonra başka şekil diye ifade ettiği şeyle ne anlatmak istediği bellidir. Rauf Bey demek istiyor ki, Cumhuriyet'i ilan edenler, Osmanlı hanedanını bu yolla saltanattan uzaklaştırdıktan sonra, acaba cumhuriyetten tekrar saltanat devrine geçerek, saltanat makamını işgal etmeyecekler mi? Bunun tarihte benzerleri yok mudur? diye tereddüt ve endişe edenler var.

Rauf Bey, olduğu gibi aldığımız sözlerinin sonunda, halkın Cumhuriyet'i istediğini kaydederken, "istiyor ama uygulayamayız ki..." yolundaki şaşılacak ifadesiyle benim işaret ettiğim noktayı çok güzel açıklamaktadır.

İSMET PAŞA'NIN MECLİSTE RAUF BEY'E CEVAPLARI

Efendiler, Rauf Bey'le görüşmede bulunan ve yararlanılması uygun düşünceler ortaya koyan hatipler çoktu. Bu arada İsmet Paşa da, uzun ve kıymetli beyanlarda bulundu. İsmet Paşa'nın her zaman yararlı düşüncelere sahip bazı sözlerini de aktaracağım.

İsmet Paşa "esaslı bir devlet şekli konu olduğunda düşünceler ve hisler kendi aramızda kalmaz. Gözlemleyen bütün bir dünya vardır." dedikten sonra "Cumhuriyet ilanı, bir milletin kutsal bir ideali, bir ateşi, bir ülküsü gibi ortalığa salınır. Cumhuriyet ilan olduğu zaman, o milletin bütün hararetini gösteren her türlü belirti ortaya çıkar. Eğer bir memlekette cumhuriyetin ilan Edildiği günlerin üçüncüsünde, beşincisinde hakları kaldırılmış şehzade meydana çıkar, vaziyet alırsa... Dünya filozofları bu cumhuriyetin kuvvetinden şüphe eder." sözleriyle başlayarak cumhuriyetin ilanı üzerine, İstanbul'da alınan vaziyetin zararını açıkladı.

İsmet Paşa, Rauf Bey'in beyanatını inceleme şurasında "Milli hakimiyet esastır demekle açığa çıkardığı tereddüt ve endişesini kelimelerinin dilinden ve anlamından çıkarmalıyız." görüşünde bulundu. Ondan sonra İsmet Paşa, Rauf Bey'e hitaben: "Rauf Bey! Siyaset yapıyoruz. Hataları bir bir uyarmalıyız. Hatta basit bir iktisadi girişim sahibi gördünüz mü ki, başlarken sermayesini tehlikeye koyduğu kanaatindedir ve başaramayacağım diye sermayesini tehlikeye atmıştır. Bir işe başlayan adam, daima sonucun selamet olacağına inanır, başlar. Özellikle böyle inkılap zamanlarında devlet büyükleri, bir işinin eri siyasi herhangi bir şüphe gösteremez. Hatadır. Hata ettiniz Rauf Beyefendi!" dedi. Bundan sonra İsmet Paşa, Rauf Bey'in "Üst tabakada şekil değiştirerek devlet faydalarını sağlama, genel ihtiyacı tatmin etmeyi düşünmek büyük hatadır." Tarzındaki sözlerine cevap verirken "Büyük hata olan, bu kadar hassas günlerde bir nokta üzerinde toplanması gereken manevi kuvveti, değişim kuvvetini şu noktada veya bu noktada tereddüde sevk etmektir. Böyle yapmak bilerek veya bilmeyerek, isteyerek veya istemeyerek, büyük hata olur." dedi.

İsmet Paşa, Rauf Bey'den şunu da sordu: "... Devlet başkanlığı meselesini halletmek istiyordunuz. Nasıl halledeceksiniz? Kaç olasılık var?"

İsmet Paşa, acele etme iddialarına karşı verdiği cevapta: "Arkadaşlar! Doğal kabul edilen bir sonuçta acele etmiş olmak söz konusu olmaz, hatta kabulü caiz olan noktalarda acele etme söz konusu olur." dedi.

"Cumhuriyet çabucak ilan edildi demekle, o gün ilan edilmeyip de altı ay sonraya kalsaydı belki başka bir şekil ortaya çıkardı, anlamına yol açıyor ve ancak bu anlam ile acele edilmiştir."

Rauf Bey, açıklamasında, bizim cumhuriyet ilanındaki hareketimizi eski genel merkez işleri gibi göstermek istedi.

İsmet Paşa, bu noktaya cevap verirken dedi ki: "Genel merkez hayatını, bu memlekette yaşamış ve yıllarca savunmuş temsilciler ve gazeteler de kendi görüşlerini savunuyor. Rauf Bey'in dikkat çektiği noktaları silah olarak kullanıyorlar. Bu talihsizliktir."

Rauf Bey, sonraki açıklamasında bu sözlere şöyle cevap verdi: "Genel merkez ifadesiyle ürettiğimi, Tanin silah gibi kullanmıştır; vallahi Efendiler, Tanin kullanmış, Tevhidi Efkâr kullanmış, ben bilmiyorum."

İsmet Paşa, Rauf Bey ve arkadaşlarının halifeyi ziyaretleri noktasına değinerek şu görüşte bulundu: "Halifeyi ziyaret konusu, halife konusudur. Devlet adamı olarak, hiçbir zaman aklımızdan çıkaramayız ki halifelik orduları bu memleketi baştanbaşa harabeye çevirmişlerdir. Halifelik orduları kurma ihtimalini her zaman gözden uzak tutmayacağız."

"Türk milleti en acıklı ızdıraplarını halife ordusundan çekmiştir. Bir daha çekmeyecektir."

"Bir halifelik fetvasının, bizi Genel Harp badiresine attığını hiçbir zaman unutmayacağız. Bir halifelik fetvasının millet ayağa kalkmak istediği zaman, ona düşmanlardan daha fena bir şekilde hücum ettiğini unutmayacağız."

"Tarihin herhangi bir devrinde, bir halife, zihninden bu memleketin kaderine karışmak arzusunu geçirirse o kafayı ne olursa olsun koparacağız!"

İsmet Paşa, bravo sesleri ve alkışlarla karşılanan bu sözlerine, şunları da ekledi:

"Herhangi bir halife, gelenek bakımından, fikir ve şekil bakımından, usul bakımından, üstü kapalı ve açık olarak, Türkiye'nin kaderiyle ilgiliymiş gibi davranmak isterse, Türkiye devlet büyüklerinin gönlünü okşarmış, iltifat edermiş gibi bir zihniyet ile düşünürse, bunları memleketin hayaliyle ve varlığıyla tam tersi sayacağız; hareketlerini vatana ihanet sayacağız."

İsmet Paşa sözlerinin sonunda, şu meseleyi konu etti: "Rauf Bey, açıklamasında, bizim tam tersi gördüğümüz noktaları geriye alarak bu parti içinde yürümek kanaatinde midir? Yoksa siyasi açıklamalarında, bizimle tam ters olan noktaları koruyarak partimizin dışında ve mecliste, bizimle karşı karşıya çalışmak kararı mı verecekler? Karar kendilerine aittir."

Rauf Bey, tekrar uzun uzadıya, kendini savunma ve partiden çıkmayacağını söyledikten sonra, genel heyetin nezaket ve yüce onurunu tahrik edecek alçakgönüllü sözleriyle açıklamasına son vererek, müzakere salonunu terk etti.

Konuşmacılar muhatapsız kaldılar. Rauf Bey; hata ettiğini itiraf ve cumhuriyetçi olduğunu ifade etmiş olması nedeniyle müzakere yeterli kabul edildi ve gazetelerde başkalarının zihinlerinde yer etmiş şüpheleri giderecek açıklama yapılmak ve ayrıca müzakerenin tutulması... yayımlama kararı ile yetinildi.

Şimdi Efendiler, bu karar neyi ifade eder?

Rauf Bey'in anlaşılmaz ve iki anlamlı açıklaması, gerçekten onun cumhuriyetçi olduğu hakkında partiyi tatmin etti mi? Rauf Bey'in parti içinde, bizimle aynı his ve anlayış sahibi olarak çalışabileceği kanaatini ortaya çıkardı mı?

Partinin bu kararı, müzakerenin gerçek sonucunun gerektirdiği karar mıydı? Tabii ki hayır!

O halde, bu eksik kararla, yetinmenin sebep ve sonucu neydi?!

Bu noktayı birkaç kelimeyle açıklayayım. Rauf Bey, açıklamasının başından sonuna kadar, aldığı tavır ve kullandığı bazı sözlerle parti üyesinin yüce onuru ve ahlakına sığınmış gibiydi; bundan başka Rauf Bey, sözlerinde o kadar yanıltmaca ve safsata yapıyordu ki, sözlerinin ciddiyet ve samimiyetle bağlılık ve alakasını çabucak ölçmek için hazır değildi. Bu sebeplerin üzerinde en önemli ve derin etkeni, itiraf etmek lazımdır ki sorumsuz, emrivaki, cumhuriyetten sonra da şekil kelimeleri üzerinde yapılan olumsuz propaganda, fikir ve hissiyatı tereddüde ve gevşekliğe yöneltmişti.

Durumu Cumhuriyet meselesi haricinde İsmet Paşa ve Rauf Bey tartışması gibi alanların zihinleri de manasız bir kararla yetinmeye yol açtığı şüphesizdir.

Efendiler bu karar yüzünden, Rauf Bey ve arkadaşlarına bir süre daha partinin içinde kalma ve partiyi yıkmak için çalışma fırsatı verilmiş oldu.

İstanbul'daki bazı gazetelerin memleket ve cumhuriyet yüksek çıkarlarını ihlal eder tarzda devam eden yayınlarında, orada öyle bir hava yarattı ki Meclis, İstanbul'a bir İstiklal Mahkemesi göndermeyi zorunlu saydı.

* *
*

HİLAFETİ KALDIRMANIN ZAMANI DA GELMİŞTİ

Saygıdeğer Efendiler, her meselede ve her uygulama safhasında kendisini söz konusu ettirmiş olan Halife'ye ve halifeliğe bir defa daha dokunacağım.

1924 yılı başında, büyük çapta bir ordu harp oyunu yapılması kararlaştırılmıştı. Bu harp oyununu İzmir'de yapacaktık. Bu münasebetle 1924 yılının Ocak ayı başında, İzmir'e gittim. Orada iki ay kadar kaldım.

Halifeliğin kaldırılması zamanının geldiğine orada iken karar vermiştim. Bu işin nasıl yapıldığını kısaca özetlemeye çalışacağım:

Başbakan İsmet Paşa'dan 22 Ocak 1924 tarihli bir şifre aldım. Onu olduğu gibi bilginize sunayım:

Türkiye Cumhurbaşkanlığı Yüksek Katına

Bir süreden beri gazetelerde, halifelik makamının durumu ve Halife'nin şahısları ile ilgili olarak yanlış anlamalara yol açabilecek yayınlara rastlanması ve özellikle ara sıra İstanbul'a giden hükümet üyelerinin ve resmi heyetlerin kendisiyle görüşmekten kaçınmaları ve çekinmeleri dolayısıyla Halife'nin büyük bir üzüntü duyduğu; bu yüzden Başmabeyincilerinin* Ankara'ya veya güvenilir bir kişinin İstanbul'a kendi yanına gönderilmesini rica ederek duygu ve düşüncelerini ulaştırmayı düşünmüş ise de, yanlış yorumlanabilir endişesiyle bundan da vazgeçtiklerini söyledikleri, Başkâtip Bey tarafından bir yazıyla bildirilmektedir. Bu yazıda, ayrıca uzun uzadıya ödenek işi de anlatılarak Halifelik Hazinesi'nin gücünü aşan ve yükümlülüğü dışında kalan giderler için Maliye hazinesince yardımda bulunulacağı yolunda Hükümet'in yazdığı 15 Nisan 1923 tarihli yazının incelenmesi ve gereğinin yerine getirilmesi istenmektedir. Durum, Hükümetçe görüşülecektir. Sonucu ayrıca arz ederim, efendim.

İsmet

Bu telgrafa cevap olarak makine başında yazdığım telgraf şudur:

Makine başında

İzmir

Ankara'da Başbakan İsmet Paşa Hazretleri'ne

İlgi: 22.01.1923 tarihli şifre,

Halifelik makamı ve Halife'nin şahısları ile ilgili yanlış anlamalar ve yanlış yorumlar Halife'nin kendi yanlış tutum ve davranışlarından kaynaklanmaktadır. Halife, kendi özel hayatı ve dış yaşayışı ile, ecdadı padişahlıların yolunu tutmuş görünmektedir. Cuma alayları, yabancı devlet temsilcileri yanına memurlar göndererek ilişkiler kurmak, gösterişli gezintiler, saray hayatı, sarayında yedek subaylara varıncaya kadar kabul etmek, onların şikayetlerini dinleyerek onlarla birlikte ağlamak gibi davranışlar bu cinstendir. Halife, Türkiye Cumhuriyeti ve Türk halkı karşısındaki durumunu düşündüğü zaman, İngiltere Krallığı ile Hindistan Müslüman halkı veya Afgan

* Osmanlı'da padişahların dışarıyla olan ilişkilerine bakıp, emirlerini ilgililere bildirip, bazı kişilerin dileklerini kendisine ileten görevlilerdir.

Devleti ile Afgan halkı arasındaki durumunu bir ölçü olarak alınmalıdır.

Halife ve bütün dünya kesin olarak bilmelidir ki, bugün var olan ve korunmakta bulunan Halife'nin ve halifelik makamının gerçekte ne dini ve ne de siyasi bakımdan hiçbir anlamı ve var olma gerekçesi yoktur. Türkiye Cumhuriyeti safsatalarla varlığını ve istiklalini tehlikeye atamaz. Bizce, halifelik makamı olsa olsa tarihi bir hatıra olmaktan öteye bir önem taşıyamaz. Türkiye Cumhuriyeti devlet adamlarının veya resmi heyetlerin kendisiyle görüşmelerini istemesi bile, Cumhuriyet'in bağımsızlığına açık bir tecavüzdür. Başmabeyinesini Ankara'ya göndererek veya güvenilir bir kimseyi kendi yanına getirterek, Hükümet'e duygu ve dileklerini ulaştırmak istemesi de, Cumhuriyet Hükümeti ile karşı karşıya bir durum alması demektir. Buna da yetkili değildir. Kendisi ile Cumhuriyet Hükümeti arasındaki yazışmalarda Başkâtibi aracı kılması da yersizdir. Başkâtip Bey'in böyle bir küstahlıktan sakınması gerektiği, kendisine bildirilmelidir. Halife'nin yaşayışı ve geçimi için Türkiye Cumhurbaşkanı'nın ödeneğinden mutlaka daha aşağı bir ödeneğin yetmesi gerekir. Maksat, gösterişli ve debdebeli bir hayat sürmek değil, insanca yaşamak ve geçimi sağlamaktan ibarettir. "Halifelik Hazinesi" ile ne denmek istendiğini anlayamadım. Halifeliğin hazinesi yoktur ve olamaz. Kendisine ecdadından böyle bir hazine kalmışsa ve açık olarak bilgi alınmasını ve bana bildirilmesini rica ederim. Halifenin aldığı ödenekle yerine getirilemeyen yükümlülükler nelermiş; 15 Nisan I923 tarihli yazısıyla, Hükümet ne gibi vaatlerde bulunarak Halife'ye bildirilmiştir? Lütfen bunu da belirtiniz. Halife'nin oturacağı yeri tespit edip açıklamak, Hükümet'in şimdiye kadar yapmış olması gereken bir görevdi. İstanbul'da milletin boğazından kesilmiş paralarla yapılmış birçok saraylar ve bu sarayların içindeki birçok kıymetli eşya ve malzeme, Hükümet'in durumu tespit etmemesi yüzünden yok olup gidiyor. Halife'nin yakınları, sarayların en değerli eşyalarını Beyoğlu'nda, şurada burada satıyorlar diye söylentiler vardır. Hükümet bunlara bir an önce el koymalıdır. Satılmak gerekiyorsa Hükümet eliyle satılmalıdır. Halifelik kadrosu ciddi olarak incelenerek yeni baştan düzenlenmelidir ki, başmabeyincilerin ve başkâtiplerin varlığı, Halife'yi hala saltanat hülyası içinde uyutmasın! Fransızlar, kral hanedanını ve yakınlarını Fransa'ya sokmakta, bağımsızlıkları ve hakimiyetleri için yüz yıl sonra, bugün bile sakınca görüp dururken, her gün ufuktan kendileri için bir saltanat güneşinin doğmasına duacı bir haneden mensuplarıyla ilgili tutumumuzda Türkiye Cumhuriyeti'ni nezaket ve safsataya kurban edemeyiz. Halife, kendinin ve makamının ne olduğunu açık olarak bilmeli ve bununla yetinmelidir. Hükümetçe, ciddi ve esaslı tedbirler alınarak bildirilmesini rica ederim, efendim.

Gazi Mustafa Kemal
Türkiye Cumhurbaşkanı

HALİFELİĞİN, ŞER'İYE VE VAKIFLAR VEKÂLETİNİN KALDIRILMASI VE ÖĞRETİMİN BİRLEŞTİRİLMESİ KARARI

Bu yazışmadan sonra harp oyunu dolayısıyla İsmet Paşa ve Milli Savunma Bakanı bulunan Kazım Paşa da İzmir e gelmişlerdi. Genel Kurmay Başkanı Fevzi Paşa da zaten orada bulunuyordu. Halifeliğin kaldırılması gereğinde görüşlerimiz birleşmişti. Aynı zamanda Şer'iye ve Vakıflar Vekâletlerini de kaldırmak ve öğretimi birleştirmek kararında idik.

1924 yılı Mart'ının birinci günü Meclis'in tarafımdan açılması gerekiyordu.

23 Şubat 1924 günü Ankara'ya dönmüştük. Burada da gereken kimselere kararımı bildirdim. Mecliste bütçe görüşmeleri yapılıyordu. Hanedanın ödeneği ile Şer'iye ve Vakıflar Vekâletlerinin bütçeleri üzerinde durulmak gerekiyordu. Arkadaşlarımız bu maksada göre görüşme ve tenkitlere başladılar. Görüşme ve tartışmalar devam ettirildi. 1 Mart günü, Büyük Millet Meclisi'nin beşinci çalışma yılı dolayısıyla verdiğim nutukta, şu üç noktayı özellikle belirttim:

"1. Millet, Cumhuriyet'in bugün ve gelecekte bütün saldırılardan kesin ve ebedi olarak korunmasını istemektedir. Milletin isteği, Cumhuriyet'in denenmiş ve olumlu sonuçları görülmüş olan bütün esaslara bir an önce ve tam olarak dayandırılması şeklinde ifade edilebilir."

"2. Millet kamuoyunda tespit edilen eğitim ve öğretimin birleştirilmesi ilkesinin bir an önce uygulanmasını gerekli görüyoruz."

"3. Müslümanlığın, yüzyıllardan beri yapıla geldiği üzere bir siyaset vasıtası olarak kullanılmaktan kurtarılmasının ve yüceltilmesinin şart olduğu gerçeğini de görmüş bulunuyoruz."

2 Mart günü Parti Grubu toplantıya çağrıldı. İşaret ettiğim bu üç konu ortaya atıldı ve görüşüldü. İlkeler üzerinde anlaşmaya varıldı. 3 Mart günü, Meclis'in birinci oturumunda, Başkanlığa gelen evrak arasında şu önergeler okundu:

1. Şeyh Saffet Efendi ile elli arkadaşının, halifeliğin kaldırılması ve Osmanlı Hanedanı'nın Türkiye dışına çıkarılması ile ilgili kanun teklifi.

2. Siirt Milletvekili Halil Hulki Efendi ve elli arkadaşının Şer'iye ve Vakıflar Vekaleti ile Erkan-ı Harbiye Vekâlet'inin kaldırılması ile ilgili kanun teklifi.

3. Manisa Milletvekili Vasıf Bey ve elli arkadaşının, eğitim ve öğretimin birleştirilmesi ile ilgili önergeleri.

Başkanlık kürsüsünde oturan Fethi Bey: "Efendim, birçok imzalarla gelen bu kanun tekliflerinin hemen görüşülmesi ile ilgili önergeler vardır. Yüksek oyunuza sunacağım" dedi ve bu tekliflerin ilgili komisyonlara gitmeden hemen görüşülmesini oya koyarak, kabul edildiğini bildirdi.

İlk itiraz, Kastamonu Milletvekili Halit Bey'den geldi. Görüşmeler sırasında Halit Bey'e bir iki kişi daha katıldı. Tekliflerin lehinde uzun konuşmalar yapan birçok değerli konuşmacılar kürsüye çıktı. Önerge sahipleri dışında, rahmetli Seyyit Bey'in ve İsmet Paşa'nın ilmi ve inandırıcı konuşmaları her zaman için okunmaya değer. Bu konuda yapılan görüşme ve tartışmalar beş saat kadar sürdü. Saat 18.45'te görüşmeler bittiği zaman, Türkiye Büyük Millet Meclisi, 429, 430 ve 431'inci kanunlarını çıkarmış bulunuyordu.

Bu kanunlara göre "Türkiye Cumhuriyeti'nde millet işleriyle ilgili kanunları yapma ve yürütme yetkisi Türkiye Büyük Millet Meclisi ile onun kurduğu hükümete verildi"; "Şer'iye ve Vakıflar Vekaleti kaldırılmış" oldu.

Türkiye içindeki bütün bilim ve öğretim kurumlarıyla, bütün medreseler Milli Eğitim Bakanlığına bağlandı.

Halife, görevinden uzaklaştırıldı ve halifelik makamı kaldırıldı. Uzaklaştırılan Halife ve tarihten izi silinmiş Osmanlı hanedanının bütün mensuplarına Türkiye Cumhuriyeti ülkesinde oturma hakkı süresiz olarak yasaklandı.

HİLAFET MAKAMININ KORUNMASINDA DİNİ VE SİYASİ MENFAAT VE GEREKLİLİK BULUNDUĞUNU ZANNEDENLERE VERDİĞİM CEVAP

Efendiler, Halifelik makamının korunmasında, dini ve siyasi çıkar ve zorunluluk bulunduğu inancında olan bazı kimseler, arz ettiğim kararların alınmakta olduğu son dakikalarda, halifelik görevini kendi üzerime almam teklifinde bulundular.

Bu gibilere, hemen gereken ret cevabını vermiştim.

Yeri gelmişken başka bir noktayı da arz edeyim. Büyük Millet Meclisi halifeliği kaldırdığı zaman, din bilginlerinden Antalya Milletvekili Rasih Efendi, Kızılay adına, Hindistan da bulunan bir heyetin başkanlığını yapıyordu. Rasih Efendi Mısır'a uğrayarak Ankara'ya döndü. Benimle görüşmek isteyerek şunları söyledi: "Gezdiği ülkelerde Müslüman halk benim halife olmamı istiyormuş... Yetkili İslam heyetleri, bana bu dururumu bildirmek üzere Rasih Efendi'yi vekil etmişler." Rasih Efendi'ye verdiğim cevapta, Müslümanların bana olan bağlılık ve sevgilerine teşekkür ettikten sonra dedim ki: "Siz din bilginlerindensiniz. Halifenin devlet başkanı demek olduğunu bilirsiniz. Başlarında kralları, imparatorları bulunan halkın bana ulaştırdığınız dilek ve tekliflerini ben nasıl kabul edebilirim. Kabul ettim desem, buna o halkların başında bulunanlar razı olur mu? Halifenin emir ve yasakları yerine getirilir. Beni halife yapmak isteyenler emirlerimi yerine getirebilecekler midir? Durum böyle olunca, anlamı ve fonksiyonu olmayan asılsız bir sıfatı takınmak gülünç olmaz mı?

Efendiler, açık ve kesin olarak söylemeliyim ki, Müslümanları hala bir halife korkuluğu ile uğraştırıp aldatmak gayretinde bulunanlar, yalnız ve ancak Müslümanların ve özellikle Türkiye'nin düşmanlarıdır. Böyle bir oyuna kapılıp hayal kurmak da ancak ve ancak cahillik ve gaflet eseri olabilir.

Rauf Beylerin, Vehip Paşaların, Çerkez Ethem ve Reşit'lerine, bütün yüz elliliklerin, kaldırılmış halifelik ve saltanat hanedanı mensuplarının, bütün Türkiye düşmanlarının, el ele vererek aleyhimizde durmadan ateşli bir şekilde çalışıp uğraşmaları din gayretiyle midir? Sınırlarımıza bitişik merkezlerde yuvalanarak, hala Türkiye'yi yok etmek için "Kutsal İhtilal" adı altında haydut çeteleri, suikast tertipleriyle çılgınca aleyhimizde çalışanların maksatları gerçekten kutsal mıdır? Buna inanmak için gerçekten kara cahil ve koyu bir gafil olmak gerekir.

Müslümanları ve Türk milletini bu kerteye düşmüş sanmak ve İslam dünyasının vicdan temizliğinden, ahlak ve karakterindeki incelikten, alçakça ve canice maksatlar için yararlanma yolunu tutmak, artık o kadar kolay olmayacaktır. Küstahlığın da bir derecesi vardır.

* *
*

BAŞARISIZLIĞA UĞRATILAN BÜYÜK BİR KOMPLO

Şimdi, saygıdeğer Efendiler, isterseniz size, büyük bir "komplo" konusunda bilgi vereyim.

1924 yılı Ekiminin 26'ncı günü, geç vakit, Birinci Ordu Müfettişinin Müfettişlikten istifa ettiği bildirildi. Müfettiş Paşa'nın, Genelkurmay Başkanlığı'na verdiği istifa yazısı şudur:

Genelkurmay Başkanlığına

> Bir yıllık ordu müfettişliğim boyunca, gerek teftişlerim sonunda verdiğim raporların ve gerekse ordumuzun yükseltilmesi ve güçlendirilmesi için sunduğum tasarıların dikkate alınmadığını görmekle hüznüm ve endişem çok büyüktür. Üzerime düşen görevi, milletvekili olarak daha büyük bir vicdan rahatlığı içinde yapacağıma tam inancım olduğundan, Ordu Müfettişliğinden istifa ettiğimi arz ederim, efendim.
>
> Milli Savunma Bakanı'na da arz olunmuştur.
>
> Kazım Karabekir
> 26.10.1924

Bu istifa yazısının altında, renkli kalemle şunlar yazılıdır: "İstifayı kabul etmediğimi bildirdim. Düşüncesinde direndi. Yarın yasama görevine döneceğini bildirdi." Bu satırların altında imza yoktur. Fakat Genelkurmay Başkanı tarafından yazıldığı anlaşılıyor. Bu satırların altında da, kırmızı mürekkeple yazılmış şu notlar vardır: "Verilen rapor ve tasarıların hepsini göreyim. Bunların hangi maddeleri için neler yapılmış; hangi maddeleri yapılmamış, onları da dosyalarıyla birlikte göreyim." Bu notların altındaki tarih 28 Ekim'dir.

Efendiler, Kazım Karabekir Paşa'nın raporları ve tasarıları Genelkurmay'ın ilgili şubelerince incelenmiş, bunların kabul edilip uygulanabilecek olanları, dikkate alınmış ve uygulanmıştı. Ancak, uygulanması devletin gücünü aşan veya ilmi bir değeri bulunmayan hayali ve keyfi nitelikteki teklifleri, elbette dikkate alınmamıştı. Kazım Karabekir Paşa'ya raporlar ve tasarılar verdiği için bir takdirname verilmesi de gerekli görülmemişti.

30 Ekim günü de, İkinci Ordu Müfettişi Ali Fuat Paşa'nın, Konya'dan geldiği bildirildi. Kendisini akşam yemeğine Çankaya'ya davet ettim. Geç vakte kadar beklediğim halde gelmedi. Kendisini aratırken öğrendim ki, Fuat Paşa Ankara'ya gelince, İstasyonda Rauf Bey tarafından karşılanmış; Milli Savunma Bakanı'na uğradıktan ve bazı arkadaşlarla kısa görüşmeler yaptıktan sonra, Genelkurmay Başkanlığı'na gitmiş. Bir süre Fevzi Paşa ile görüşmüş; çıkarken Fevzi Paşa'nın yaverine şu kâğıdı bırakmış:

30.10.1924

Genelkurmay Başkanlığı Yüksek Kurulu'na

Milletvekilliği yasama görevine başlayacağımdan, İkinci Ordu Müfettişliğinden affımı arz ve rica ederim, efendim.

Ankara Milletvekili
Ali Fuat

Efendiler, milletvekilliğinden istifa etmiş olduğunu Meclis Başkanlığı'na bildiren Refet Paşa'nın da istifasının Rauf Bey tarafından geri aldırıldığını öğrenmiştim.

Dumlupınar'da yapılan törenden sonra, Bursa ve Karadeniz kıyıları ile Erzurum dolaylarında devam eden bir buçuk aylık bir geziden sonra, 18 Ekim'de Ankara'ya dönmüştüm. Birçok milletvekili arkadaş ve başkaları tarafından karşılanmıştım. Karşılayıcılar arasında, Ankara'da bulunan Rauf ve Adnan Bey'leri görmemiştim. Oysa, dargınlık belirtisi sayılabilecek böyle bir hareketi beklemiyordum.

Efendiler, bir komplo karşısında bulunduğumuzu anlamakta bir saniye bile şüpheye düşmedim.

Bu durum ve görünüş şöyle bir tahlil ve değerlendirmeden geçirilebilirdi: Bir yıl öncesinden, yani Rauf Bey'in Hükümet Başkanlığı'ndan çekildiğinden beri, Rauf Bey, Kazım Karabekir Paşa, Ali Fuat Paşa, Refet Paşa ve diğerleri arasında bir tertip düşünülmüştür. Bunda başarı sağlayabilmek için orduyu ele almak gerekli görülmüştür. Bu maksatla, Kazım Karabekir Paşa, Birinci Ordu Müfettişliği 'ne atandıktan sonra, eski komutanlık bölgesi olan doğu illerinde dolaşırken, Ali Fuat Paşa da politikadan hoşlanmadığını ve bundan sonra kendisini askerlik mesleğine vermek istediğini ileri sürdü. Rütbesi yükseltilerek İkinci Ordu Müfettişliği'ne gitti. Üçüncü Ordu Müfettişi olan Cevat Paşa'nın ve bu müfettişliğe bağlı kolordunun komutanı olan Cafer Tayyar Paşa'nın da bu tertibe katılabileceğini düşündüler. Bir yıl, ordular üzerinde kendi görüşlerine göre çalıştılar ve orduları kendi görüşlerine çekip kazandıklarını sandılar. İstifalarından önce, bazı komutanların kendileriyle birlikte hareket etmelerini sağlamaya çalıştılar. Bu bir yıl içinde, Cumhuriyet'in ilanı, halifeliğin kaldırılması gibi işlerimiz, ortak tertip sahiplerini birbirine daha da yaklaştırarak birlikte hareket etmelerine yol açtı. İşe politikadan başlayacaklardı. Bunun için uygun an ve fırsatı bekliyorlardı. Siyasi alandaki ve ordudaki hazırlıklarını yeterli görüyorlardı. Gerçekten de Rauf Bey ve benzerleri, Parti içinde korunmayı başardıkları durumlarıyla, Meclis'in tatil dönemine rastlayan aylarda, üyeler üzerinde ve yeni seçimde başarı kazanamayan İkinci Grup mensupları aracılığı ile bütün memlekette milleti aleyhimize kışkırtmak üzere çalışma fırsatı buldular. Memleket içinde gizli gizli teşkilatlanmaya başladılar ve teşebbüslere de giriştiler. İstanbul'da Vatan, Tanin, Tevhid-i Efkâr, Son Telgraf Adana'da Abdülkadir Kemali Bey tarafından çıkarılan Tok Söz gibi gazetelerle birleştiler. Bu gazetelerle, bize karşı imzasız yazılarla saldırıya geçtiler. Memleket kamuoyunda genel bir karışıklık yarattılar. Hakkari bölgesinde, ordumuzla Nasturi ayaklanmasını bastırmaya çalıştığımız bir sırada, İngiltere de Hükümet'e bir ültimatom verdi. Meclis'i olağanüstü toplantıya çağırdım.

İngiliz ültimatomuna bilindiği şekilde cevap verdik. Harp ihtimalini göze aldık. İşte sözünü ettiğimiz kimseler, bu sıkıntılı günlerde ve bir yabancı devletin bize hücum edebileceği zamanda, kendilerinin de bize saldırarak hedeflerine kolaylıkla varabilecekleri hayaline kapıldılar. Savaşa hazır bir durumda bulundurmaya mecbur oldukları ordularını başsız bırakıp, daha önce sevmediklerini söyledikleri politika alanına koştular.

Toplanmış olan Meclis'te ortaya atılan bir konu da onların bu koşuşlarını çabuklaştıracak nitelikte idi. Gerçekten, milletvekili Hoca Esat Efendi, 20 Ekim 1924 tarihli önergesiyle, göçmenlerin değiştirilip yerleştirilmesi, yatılı okullara ne kadar parasız öğrenci alındığı ve nerelerde ilkokullar açıldığı konularında ilgili bakanlardan birtakım sorular soruyordu. Bu soruların kapsadığı işler gerçekten milleti ilgilendiren işlerdi. Bu konular bakanları eleştirmek için pek elverişliydi. Özellikle göçmenlerin değiştirilmesi ve yerleştirilmesi işlerinde herkesi düşündüren noktalar açıkça bilinmekteydi. Doğrudan doğruya ben bile, yaptığım gezi sırasında gördüklerime dayanarak, değiştirme ve yerleştirme işlerinin gidişinden şikayet etmiş; Ankara'ya dönüşümde, bu işlerle ilgili bakanlığın kaldırılmasını ve Hükümet'in bütün imkanlarıyla harekete geçirilmesini sağlayacak bir yol tutulmasını teklif etmiştim. Bunda anlaşmıştık. Bu durum bile, saldırıya geçeceklerin bu konuda çok taraftar kazanmaları ihtimalini artırıyordu.

Efendiler, komployu sezdikten sonra tedbirini bulmakta güçlük çekilmedi. Bıraktığımız noktadan başlayarak durumu safha safha bilginize sunayım.

KOMPLOYA KARŞI ALDIĞIMIZ TEDBİRLER

Hoca Esat Efendi'nin soru önergesi 27 Ekim'de yani Karabekir Paşa'nın istifasının ertesi günü gensoruya çevrilmişti. Fuat Paşa'nın istifa yazısının tarihi olan 30 Ekim günü Meclis'te gensoru görüşmeleri başlamıştı.

O günün akşamı, yemeğe beklediğim Fuat Paşa gelmedi. Fakat Başbakan İsmet Paşa ve Milli Savunma Bakanı Kazım Paşalar geldiler. Çok kısa bir görüşmeden sonra, komploya karşı tutulacak yol kararlaştırıldı.

Derhal telefonla, aynı zamanda milletvekili olan Genelkurmay Başkanı Fevzi Paşa Hazretleri'nden, Meclis Başkanlığı'na milletvekilliğinden istifa ettiğini bildirmesini rica ettim. Bu düşüncesini Milli Savunma Bakanı'na daha önce bildirdiğini zaten öğrendiğim Paşa, ricamı hemen yerine getirdi. Milletvekili olan komutanlara da şu şifreli telgrafı çektim:

30.10.1924

3'üncü Ordu Müfettişi Cevat Paşa Hazretleri'ne
1'inci Kolordu Komutanı İzzettin Paşa Hazretleri'ne
2'nci Kolordu Komutanı Ali Hikmet Paşa Hazretleri'ne
3'üncü Kolordu Komutanı Şükrü Taili Paşa Hazretleri'ne
5'inci Kolordu Komutanı Fahrettin Paşa Hazretleri'ne,
7'nci Kolordu Komutanı Cafer Tayyar Paşa Hazretleri'ne

Şifre makine başındadır:

1. Bana olan güven ve sevginize dayanarak, gördüğüm ciddi gerek üzerine, milletvekilliğinden istifa ettiğinizi bildiren bir yazıyı telgrafla hemen Meclis Başkanlığı'na bildirmenizi teklif ediyorum. Birinci derecede önemli olan askerlik görevinize bütün varlığınızla kayıtsız şartsız bağlanmak istediğinizi gerekçe olarak belirtmeniz yerinde olur.
2. Genelkurmay Başkanı Mareşal Fevzi Çakmak Paşa Hazretleri de görülen aynı gerekçe ile teklifim üzerine istifa dilekçesini vermiştir.
3. Üçüncü Ordu Müfettişi Cevat Paşa, 1'inci Kolordu Komutanı İzzettin Paşa, 2'nci Kolordu Komutanı Ali Hikmet Paşa, 3'üncü Kolordu Komutanı Şükrü Nail Paşa, 5'inci Kolordu Komutanı Fahrettin Paşa, 7'nci Kolordu Komutanı Cafer Tayyar Paşa Hazretleri'ne yazılmıştır.
4. Telgraf başında durum hakkında bilgi vermenizi bekliyorum.

Cumhurbaşkanı
Gazi M. Kemal

Efendiler, 30/31 Ekim sabahına kadar, Birinci Kolordu Komutanı İzzettin Paşa'dan İzmir'den, İkinci Kolordu Komutanı Ali Hikmet Paşa'dan Balıkesir'den, Üçüncü Kolordu Komutanı Şükrü Naili Paşa'dan Pangaltı'ndan ve Beşinci Kolordu Komutanı Fahrettin Paşa'dan Adana'dan, makine başında aldığım cevaplarda, teklifimin harfi harfine ve derhal yerine getirildiği bildirildi.

Efendiler, bu seçkin komutanların bu vesile ile de bana karşı gösterdikleri büyük güven ve itimada burada teşekkür etmeyi bir görev sayarım.

Üçüncü Ordu Müfettişi ile, 7'inci Kolordu Komutanı'nın Diyarbakır'dan verdikleri cevaplar aynen şunlardı:

Müfettiş Paşa'nın cevabı:

Diyarbakır, 30.10.1924

Ankara'da Cumhurbaşkanı Gazi Paşa Hazretleri'ne

Yüce şahsiyetlerine karşı duyduğum güven ve sevgiden emin bulunmalarını arz eder; ancak, böyle bir vatan görevinden acele çekilerek millete ve seçim bölgem halkına karşı sorumlu ve suçlu duruma düşmemem için emir buyrulan istifayı gerektiren sebeplerin açıklanmasına sizlerin müsaadelerini saygılarımla istirham ederim.

Üçüncü Ordu Müfettişi
Cevat

Kolordu Komutanının cevabı:

Diyarbakır, 30.10.1924

Cumhurbaşkanı Gazi Mustafa Kemal Paşa Hazretleri'ne

1. Siz Cumhurbaşkanı'nın yüce şahsiyetlerine karşı beslediğim saygı ve sevgiye itimat buyrulmasını rica ederim.
2. Seçim bölgem halkı ile hiç bir görüşme yapmadan, şu dakikada sizlerin tekliflerini kabul etmemem beni milletin gözünde sorumlu duruma düşürebilir.
3. Vatanın ve milletin yararları milletvekilliğinden hemen ayrılmamı gerektiriyorsa, kesin kararımı verebilmem için, durumun aydınlatılmasını arz ve istirham ederim, efendim.

Cafer Tayyar
Yedinci Kolordu Komutanı

Her iki telgrafta da benim için beslenen güven ve sevgi kesinlikle belirtildikten sonra, seçim bölgeleri halkına karşı olan durumlarından söz edilmekte ve teklifimin gerekçesi sorulmaktadır.

Verdiğim cevabı olduğu gibi bilginize sunayım:

31.10.1924

Üçüncü Ordu Müfettişi Cevat Paşa Hazretleri'ne,
7'nci Kolordu Komutanı Cafer Tayyar Paşa Hazretleri'ne

Komutanların aynı zamanda milletvekili olarak bulunmalarının, orduda, emir ve komutada beklenilen disiplin ile bağdaşamadığı görüşüne varılmıştır. Birinci ve İkinci Ordu Müfettişlerinin görevlerinden istifa ederek Meclis'e dönmekle, orduları uygunsuz bir zamanda başsız bırakmış olmaları, bu görüşü doğrulamıştır. Seçim bölgenizdeki halk, ordu disiplininin selameti için vereceğiniz karardan elbette memnun olur. Daha önce yazdıklarım dikkate alınarak kararınızın bildirilmesini rica ederim.

Cumhurbaşkanı
Gazi M. Kemal

Bu telgrafıma Cevat Paşa'nın cevabı şudur:

Makine başında

Diyarbakır, 31.10.1924

Cumhurbaşkanı Gazi Mustafa Kemal Paşa Hazretleri'ne

Emir ve komutada beklenilen disiplin ile bağdaşamadığından komutanların aynı zamanda milletvekili olarak bulunmamaları yolunda affımı yüce şahsiyetiniz bütün kalbimle katılır ve seçim sırasında bu görevden istirhamımın da bu inanca dayandığını arz ederim. Ancak, bu gün yüce makamlarından verilen bir emirle milletvekilliğinden çekilmenin, sizlerce de tahmin buyrulacağı üzere, milletçe ve seçim bölgem halkınca iyi karşılanmayacağı inancındayım. Bu inançla ve hiç de uygun görmediğim şu önemli zamanda ordudan ayrılmak zorunda kalacağımı düşünerek üzüntü duyduğumu arz ederim.

Üçüncü Ordu Müfettişi
Cevat

Cevat Paşa Ankara'ya geldikten sonra durumu anlamış ve teklifimin uygulanması gerektiği görüşüne vararak, derhal milletvekilliğinden çekilmiştir. Kendisinin yaratılmak istenen durumlarla hiçbir ilgisi bulunmadığı bizce de anlaşılmıştır. Gerçi, Kazım Karabekir Paşa, istifa ettiğini şu gün ve şu saatte gibi açıklamalarla birçok komutanlara ve bu arada Cevat Paşaya bildirmiş ise de bu bildirme Diyarbakır'da iken teklifimin gerçek sebebini anlamakta Paşayı kararsızlığa düşürmekten öteye bir tesir yapmamıştır.

Cafer Tayyar Paşa da şu cevabı verdi:

Makine başında

Diyarbakır, 31.10.1924

Ankara'da Cumhurbaşkanı Gazi Mustafa Kemal Paşa Hazretleri'ne

Milletvekilliği ve komutanlık görevlerinden birini bırakmamız gereği uygun görüldüğü takdirde, milli görevlerin en saygıdeğeri olarak kabul ettiğim yasama görevini yapmayı tercih etmekte olduğumu saygılarımla arz ederim, efendim.

7'nci Kolordu Komutanı
Tümgeneral Cafer Tayyar

KOMPLO DÜZENLEYENLERİN MECLİS'E VE KAMUOYUNA KARŞI ORDU İLE YAPMAK İSTEDİKLERİ BLÖF ORTAYA ÇIKARILDI

Efendiler, aynı zamanda milletvekili olarak bulunan Genelkurmay Başkanı ve komutanlar, orduda siyasetle ilgili unsurların bulunmasındaki sakıncayı anlayarak, bu yoldaki teklifimi iyi karşıladıktan ve bana fiili olarak güvenlerini gösterdikten sonra, Cevat ve Cafer Tayyar Paşaların müfettişlik ve komutanlıkta kalmaları uygun görülemezdi. Bu bakımdan, derhal askeri görevlerine son verildi. Yerlerine gerekenler tayin edildi ve durum Milli Savunma Bakanı'nca bütün orduya bir genelge ile bildirildi.

Kazım Karabekir ve Ali Fuat Paşalara, Milli Savunma Bakanınca bir emir gönderilerek, askeri görevlerini yerlerine atanan şahıslara usulüne göre devir ve teslim ettikten ve sonucu da bildirdikten sonra Meclis'teki yasama görevlerine başlayabilecekleri bildirildi. Bu durum Başbakan tarafından resmen Meclis Başkanlığı'na da yazıldı.

Meclis'e girmiş olan Kazım Karabekir ve Fuat Paşa'lar Meclis'ten çıkarıldı. Fuat Paşa, askeri görevinin devir ve teslim işleri için yeniden Konya'ya gitti. Kazım Karabekir Paşa, Sarıkamış'tan kendi yerine gelecek olan komutan göreve başlayıncaya kadar Meclis dışında kalmaya mecbur edildi. Milletvekilliğinde kalmak isteyen iki komutanın ordu ile ilgisi kesildi. Böylece, komplo düzenleyenlerin Meclis'e ve kamuoyuna karşı ordu ile yapmak istedikleri blöf meydana çıkarıldı.

Efendiler, 1 Kasım 1924 günü Meclis'in ikinci toplantı yılının açılış günü idi.

Bu münasebetle oturumu ben açtım. Açılış nutkunu söyledim. Ben Başkanlık kürsüsünden ayrıldıktan sonra, Fevzi, Fahrettin, Ali Hikmet ve Şükrü, Naili Paşaların istifa yazıları ile Başbakan İsmet Paşa'nın ordudaki komuta değişikliği ile ilgili, 31.10.1924 tarihli yazısı sırayla okundu. Meclis'in 5 Kasım günü toplanacağı bildirilerek oturuma son verildi.

Efendiler, Kazım Karabekir Paşa, 1 Kasım 1924 tarihli bir yazı ile Meclis Başkanlığı'na başvurarak, Milli Savunma Bakanı'nın, kendisinin

Meclis'e katılmasını yasakladığından şikâyet etti. 5 Kasım günü Meclis'te okunan bu yazıda, Kazım Karabekir Paşa diyordu ki: "Ordu Komutanlığından çekilmemden beş gün sonra (30.10.1924 Cuma günü geceleyin) Milli Savunma Bakanı'nın Sarıkamış'tan yerime gelecek olan komutanın göreve başlayışına kadar benim Meclis'e katılmaktan alıkoymak isteyen bir yazısını aldım." Yazı; şu cümlelerle son buluyordu: "Bununla birlikte, bu konuda yetkili olan yüce Meclis'in kararını beklediğimi arz ederim."

Kazım Karabekir Paşa, aynı tarihte Milli Savunma Bakanı'na da bir yazı yazarak: "Devir ve teslim işlemleri öne sürülerek belirsiz bir süre için yasama görevine başlamam bildiriliyor." "İstifa ettiğim gün yerine gelecek komutanı bekleme şartı ileri sürülmemişti." "Beş gün sonra, bilmem neden böyle bir bahane ortaya atıldı." "Meclis'e katıldıktan sonra, geçici bir süre için de olsa, yeniden bir görevi kabul hem benim kendi isteğime hem de Meclis'in kararına bağlı olduğundan, durumu Meclis Başkanlığı'na yazdığımı arz ederim."

Efendiler, "ordumuzun yükseltilip güçlendirilmesi için" rapor ve tasarılar sunduğumdan söz eden ve onlar dikkate alınmadığı için "üzüntü ve endişem çok büyüktür" diyen eski müfettiş Paşa, memleketin üçte birine yayılmış koskoca bir orduyu, keyfinin istediği anda beş satırlık bir kâğıtla başsız bırakmanın ne kadar hafif, ordunun yükseltilip güçlendirilmesi açısından gerekli olan disiplini de ne denli bozucu bir hareket olduğunun farkında görünmüyor. Dikkate alınmadığını iddia ettiği raporları ve tasarılarıyla yapamadığı bir işi, devletin bir ültimatom aldığı ve ondan dolayı olağanüstü toplanmak üzere çağırdığı Meclis'te yapmaya kalkıştığını ileri süren müfettiş paşa, kendisi gibi hareket eden arkadaşlarıyla birlikte ve pek elverişsiz bir zamanda, orduya ne kötü bir anarşi örneği olduğunu anlamak istemiyor...

Ordumuzun yükseltilmesi için ileri sürdüğü düşünce ve görüşlerine gereken değerin verilmemiş olmasına gücenmiş olan kişi, askeri görevlerin devir ve tesliminin kanuni bir vazife olduğunu, ordudaki yönetim ve disiplinin selameti için onu yapmaya mecbur bulunduğunu bilmez gibi görünüyor…

Üzerindeki askerlik görevinin sona erdiğini Meclis'e resmen bildirecek makamın, ona bu askeri görevi vermiş bulunan makam olmak gerektiğini dikkate almıyor...

Efendiler, Kazım Karabekir Paşa'nın Meclis Başkanlığı'na sunduğu yazının arkasından Başbakan'ın bir yazısı ile iki eki de okundu.

Başbakan, Karabekir Paşa'nın Milli Savunma Bakanı'na yazdığı yazı ile Bakanlığın ona verdiği cevabı olduğu gibi Meclis'e arz ediyordu.

Milli Savunma Bakanı, Kazım Karabekir Paşa'nın bütün iddia ve düşüncelerinin doğru olmadığını açıkladıktan sonra, ona Ordu Müfettişliği ile ilgili görevlerin ve gizli belgelerin yerine gelecek olan komutana kendisi tarafından devir ve teslim edilerek sonucun bildirilmesini bir daha belirtiyor ve emrediyordu.

Acaba bu son uyarıdan sonra, eski müfettiş paşa anlamış mıdır ki, vatanın savunulması için ordusu ile ilgili önemli görevi ve gizli belgeleri devlet onun şahsına güvenmiş ve teslim etmiştir. Onları, yerine gelecek ve devlete karşı sorumlu olacak bir komutan gösterilmeden, kendiliğinden istediğine terk ve teslim etmesi büyük bir suçtur. Hakkında ağır kanuni işlem yapılmasını gerektirir. Bunları anlamış mıdır?

KAZIM KARABEKİR PAŞA'YI BİR AN ÖNCE MECLİS'E SOKMAKTA ACELE EDENLER YAPTIĞIMIZ İŞLEMİ BOZMAYA ÇALIŞIYORLARDI

Efendiler, Kazım Karabekir Paşa'yı bir an önce Meclis'e sokmakta acele edenler, yaptığımız işlemi bozmaya çalışmakta kusur etmediler. Feridun Fikri Bey (Tunceli Milletvekili), ilk olarak ortaya atıldı. Vehbi Bey (Balıkesir Milletvekili): "Meclis'e katılan bir arkadaşı, bir üyeyi görüşmelere katılmaktan herhangi bir kuvvet alıkoyabilir mi? Böyle şey olur mu?" şeklinde konuşmaya ve suçlamaya başladı.

Sayın milletvekili, fikir arkadaşını Meclis'te bir an önce faaliyete girebilmek için kanun kuvvetini, onun kahredici kudretini o kuvvet ve kudreti kullanabilmek için yüce Meclisin ve milletin güven ve itimadını kazanmış olan kimselerin azim ve kararlarında ne derece kesin olduklarını unutmuş gibi görünüyordu.

İsmet Paşa'nın konuşması, bu yaygaraları susturdu. Bu konudaki görüşmeler kapandı. Paşalara verilen emirler olduğu gibi uygulatıldı.

HÜKÜMET AÇIKTAN AÇIĞA VE KARŞI KARŞIYA ÇARPIŞMAYI KABUL ETTİ

Meclis, genel görüşmeye geçti. Görüşülecek konular "Mübadele, İmar ve İskan Bakanlığı ile ilgili gensoruydu."

Başbakan İsmet Paşa, kürsüye çıkarak şu teklifte bulundu: "Birçok konuşmacının imar ve iskan işleri üzerinde değil, çeşitli vesilelerle diğer bakanlıklarla ilgili işler üzerinde durduklarını gördüm. Hatta, bazı konuşmacılar, Başbakan'ın devletin iç ve dış siyaseti üzerinde uzun uzadıya geniş bilgi vermesini istemişlerdir. Bu isteklerin hepsini de memnuniyetle benimsiyorum. Mübadele Bakanı, yüce Meclis'in uygun görüp oy vermesiyle Başkan Vekilliği'ne seçilmiştir. Ancak, bundan dolayı, gensorunun önem ve kapsamının hiçbir şekilde hafife alınmamasını teklif derim. Ben, yerinde ve uygun "taktiği" severim."

Böylece Hükümet, sahnenin perdesini kaldırdı ve oyun hazırlığı yapanların oyunlarını sahneye koymalarını çabuklaştırdı. Hükümet, açıktan açığa ve karşı karşıya çarpışmayı kabul etmiş bulunuyordu.

Efendiler, lehte ve aleyhte olmak üzere otuz kadar konuşmacı söz aldı. Adalet ve Milli Eğitim Bakanları da konuştular. Tartışma, beş saat hiçbir sonuç alınmadan devam etti. Gensoru görüşmeleri ertesi güne bırakıldı.

Ertesi gün 14.30'da görüşmelere başlandı. İlk söz alan İçişleri Bakanı ve Mübadele, İmar ve İskân Bakanı Vekili Recep Bey oldu. Uzun açıklamalar yaparak konuştu. Muhalifler, oturdukları yerlerden Recep Bey'e kısa sataşmalar yapıyorlardı.

Recep Bey, bir noktada dedi ki: "Bazı gazeteler ve bazı kimseler diyorlar ki, Ankara'da bir Hükümet varmış. Meclis'in bütün tatil zamanlarında, memleketi ne kadar usulsüzlükler varsa hep bunlarla idare etmiş... Söylentilere göre, bazı arkadaşların birtakım gizli defterleri de varmış; orada Bakanların yaptıkları kanunsuz işler yazılıymış… Bir gün gelecekmiş, meclis toplanacak ve orada Hükümet'i hesaba çekeceklermiş... O zaman o gizli defterlerin içindekiler, milletin huzurunda Hükümet'ten sorulacakmış. İşte, o gün gelmiştir! O defterlere yazılmış olanları milletin gözü önüne döksünler!"

Feridun Fikri Bey, arkadaşları adına çoğul şekli kullanarak cevap verdi: "Sırasında dökeceğiz" dedi.

Recep Bey, karşılık verdi: "Dökünüz efendim, bekliyoruz. Hükümet, milletin huzurunda bağrını sorumluluğa açmış olarak daima karşınızdadır" dedi ve şu sözleri ekledi: "Memleketin gizliliğe kapalılığa, belirsizliğe ve kararsızlığa tahammülü yoktur. Açıktan açığa tenkit yapılmadan, her gün ufukta birtakım tehlike bulutlarının dolaştığını fısıldayarak, Türkiye Cumhuriyeti'nin, bu körpe varlığın yapısında zararlı karışıklıklar varmış gibi göstermek bu memlekete karşı hainliktir." "Herkesin köşede bucakta, koridorlarda, şurada burada, gerçek dışı asılsız birtakım kuruntularla kamuoyunu bulandırmaktansa, bu herkese eşitlikle açık olan millet kürsüsüne çıkıp gerçeği oradan söylemesi lazımdır. Gerçekler söylenmez ve yine bu asılsız, kuruntuya dayanan telkinlerde bulunulmaya devam edilirse, bunu yapanların, bu memleketin kaderi ile içten ve sağlam bir bağlantıları bulunmadığına hükmedeceğim. Ben kendim bunu böyle kabul edeceğim. Sanırım ki, millet de böyle kabul edecektir. Bu kürsüye davet ediyorum… Ta ki millet bilsin; Gerçek ne taraftadır, zan, kuruntu, lekeleme, suçlama ne taraftadır?"

Recep Bey'den sonra, aleyhte konuşan birtakım milletvekilleri dinlendi. Onlara da Ticaret Bakanı Hasan Bey (Trabzon Milletvekili) ve Milli Savunma Bakanı Kazım Paşa cevap verdiler.

Aleyhte söz alanlar arasında Rauf Bey de vardır. Ona da söz sırası geldi.

Rauf Bey, İmar ve İskân Bakanlığı ile ilgili soru ve gensorunun, bütün Hükümet'e yöneltilmesini uygun bulmamakla birlikte, Başbakan Paşa'nın bu davranışını mertçe buldu ve sözlerinin başında: "Meclis, bir kasıt karşısında bulunan Hükümet'e hücum durumuna geçmiştir" dedi.

Yunus Nadi Bey: "Anlamadık!" dedi. Rauf Bey açıkladı. Dedi ki: "Tenkit edenler, Hükümet'e karşı konuşurken, kasıtlı bir iş yapmışlar ve ona hücum ediyorlarmış gibi bir durum görüyorum."

Rauf Bey, konuşmacıların ağır kelimeler kullanmamaları, konuşmalarında Hükümet'i küçük düşürücü ifadelere yer vermemeleri gibi, öğüt verircesine yumuşak bir tavır takınarak Feridun Fikri Bey'in teklifine dokundu ve o teklifi savundu. Tunceli Milletvekilinin teklifi bir "parlamenter anket" idi. "Meclis soruşturması" yapacak bir komisyon kurulması için acele karar alınması isteniyordu. Feridun Fikri Bey'in bununla ilgili bir önergesi ve bu önergenin isim okunarak oya konması için de Feridun Fikri Bey'le birlikte daha on altı arkadaşının başka bir önergesi vardı.

Rauf Bey dedi ki: "Soruşturma komisyonu diye tercüme ettiğim bir komisyondan söz edildi." Bundan söz eden Feridun Fikri Bey'dir. Rauf Bey, sözüne şöyle devam etti:

"(...) Bakanlar böyle bir komisyonun kabulünü, bu ana kadar saygıya değer olan vatan ve millet duygularına karşı bir leke bir horlama saydılar."

Yunus Nadi Bey, Rauf Bey'in sözünü kesti. "Biraz öyle" dedi. Rauf Bey tekrar devam etti: "Hepimizin yanılmaz olmadığımızı kabul ederek arz ediyorum ve bunun gerekli bulunduğunu ben de ilgili olduğum için, herkesten önce ben istiyorum" dedi.

"CUMHURİYET" SÖZÜNÜ SÖYLEMEYE RAUF BEY'İN DİLİ VARMIYORDU

Rauf Bey, söz söylerken, Meclis'e karşı çok saygılı olduğunu göstermek için de fırsat düşürmeye dikkat ediyordu. Bir punduna getirerek dedi ki: "Bu yüce Meclis'in çıkardığı kanunlara bazı sıfatlar yakıştırılmıştır. 'Koridor Kanunları' denilmiştir."

Rauf Bey, yüce Meclis'e saygı gösterilmesini istiyordu.

Rauf Bey, yüce Meclis'in Cumhuriyet'i ilan eden kanunu kabul etmesi üzerine, takındığı saygısız tavrın unutulduğunu zannetmiş olacak!

Mazhar Müfit Bey (Denizli Milletvekili): "Onu ilk önce, sayın arkadaşınız Muhtar Beyefendi söylemiştir" dedi. Bu söz, Rauf Bey'e konuşma yönünü değiştirtti. Fakat Muhtar Bey alındı.

Saip Bey (Kozan) söze karıştı. Nihayet Başbakanlık makamının araya girip uyarıda bulunması üzerine Rauf Bey sözüne devam ettirildi.

Rauf Bey, döndü dolaştı ve sonunda ilke meselesine dayandı. "Tutumumuz, siyasetimiz kayıtsız şartsız milli hakimiyet ilkesidir" dedi.

Yunus Nadi Bey'in sesi işitildi: "Cumhuriyet!"

Rauf Bey, cevap vermedi. Başladığı cümleyi şu şekilde bitirdi: "Milli hakimiyetin varlığını gösterdiği tek yer Büyük Millet Meclisidir."

"Cumhuriyet" sesleri bütün Meclis salonunu doldurdu.

Ali Saip Bey (Kozan): "Cumhuriyet!" dedi.

Rauf Bey, Ali Saip Bey ile konuşmaya başladı. İhsan Bey söze karıştı. "Yüksek ifadenizde açıklık yoktur Rauf Beyefendi" dedi.

Rauf Bey: "Açıktır. Çok rica ederim İhsan Beyefendi."

İhsan Bey: "O kadar açık değildir. Uzun süreden beri sizinle anlaşamadık!" dedi. Rauf Bey, İhsan Beyin yüksek adalet duygusuna sahip bulunduğundan, hakimlik etmiş olduğundan söz ederek ona dedi ki: "Suçsuzluk esastır. Aksini ispat edemedikçe bir tarafı töhmet altında tutmak ve bunu böyle ifade etmek doğru değildir." İhsan Bey cevap verdi: "Gerçeği söylemeyen sanıktan şüphe etmekte hakim haklıdır" dedi.

Rauf Bey ile İhsan Bey arasındaki bu karşılıklı konuşma biraz uzadı. Başkan söze karıştı. Rauf Bey devam etti ve "Teşkilat-ı Esasiye Kanunu'nda Bakanların görev ve yetkileri ile ilgili bir kanunu yapılması söz konusu idi. Bu yapıldı mı? Bunu sorarım" dedi.

Efendiler, kanunların Meclis tarafından yapılması doğal olduğu halde, Rauf Bey, bu soruyu Hükümet'ten değil de kendisinin de içinde üye olarak bulunduğu Meclis'ten soruyordu.

Rauf Bey, Danıştay teşkilatına temas ettikten sonra, "Haydutluktan Men Kanunu uygulanmış mıdır?" şeklinde, İçişleri Bakanından başlayarak Bayındırlık, Ticaret, Ziraat, Milli Savunma, Adalet ve Milli Eğitim Bakanlarına çeşitli sorular yöneltti. Bütün bu sorularla Rauf Bey'in millet ve ordunun dikkatini çekmek istediği anlaşılıyordu. Söz gelişi, basında Karadere ormanları ile ilgili bir işlem olduğu gözüne ilişmiş; "O iş nasıl olmuş?" Fedakâr ve kahraman ordumuzun İstiklal Savaşı'ndan sonra, barışa geçerken büyük bir intizam ve olgunluk gösterdiğini işittik ve göğsümüz kabardı. Ancak, ondan sonra, beslenme ve barındırma işleri bakımından durumun yine aynı şekilde kuvvetli olduğunu kabul edip düşünebilir miyiz? Bu noktada bizi aydınlatmalarını rica ederiz" dedi.

Rauf Bey'in bu sorusunun ortak bir soru olduğu kendi ifadesinden anlaşılıyor. "Rica ederiz" diyor. Gerçekten de bu sorunun, o güne kadar orduların başında bulunan iki ordu müfettişiyle birlikte hazırlanmış olduğuna hükmetmemek elde değildir.

Rauf Bey, adalet teşkilatındaki değişiklik dolayısıyla ortaya çıkan uygulamanın, adaleti sağlayabilecek en uygun usul ve şekil olup olmadığını öğrenmek istiyordu.

Milli Eğitim Bakanı'ndan da, ilköğretim süresinin kanuna aykırı olarak niçin azaltıldığının açıklanmasını istedi.

Rauf Bey, İstanbul Valisinin gece manevrasından, İstanbul'un "Emanet" ile idaresinin halkın haklarına tecavüz olduğundan da söz ettikten sonra; Milli Eğitim Bakanı Vasıf Bey'le basın arasında çıkan bir olaydan ve bu münasebetle öğretmenlerden de söz ederek dedi ki: "Öğretmen ordusunun, bu aydın ordunun şu veya bu tarafı tutar ve destekler şekilde yayın yapmaları doğru mudur?"

Rauf Bey, bunun olmadığını söyleyerek konuşmasını şu cümle ile bitirdi. "Allah vatanımı, milletimi ve hepimizi korusun."

Bu cümlenin alkışlarla karşılanmasından sonra, İçişleri Bakanı kürsüye çıktı. Gümüşhane Milletvekili Zeki Bey daha önce kendisinin görüşmesi gerektiğini ileri sürdü. Vehbi Bey "Efendim bu mesele, Bakanların Meclis'i sorguya çekmesi şekline girdi." dedi. Başkanlık, Bakanların söz hakkı ile ilgili iç tüzük maddesini hatırlattı. Recep Bey de, çok geniş bir gensoru karşısında bulunan Bakanların, tüzük ile sağlanmış olan söz söyleme haklarını kullanmalarına müsaade edilmediği takdirde, gerçeklerin açığa çıkmasına yardım edilmemiş olacağını söyledikten sonra, yöneltilen sorulardan kendisi ile ilgili bulunanlara birer birer cevap verdi. Konuşması sırasında, Rauf Bey'in kürsüye öğüt verircesine bir tavırla çıktığına işaret ederek, "Bu Meclis ne tam bir sessizlik içinde hareket etmeye mecbur olan bir okuldur ne de bir bilim akademisidir" dedi. Rauf Bey'in kürsüde bu gün bile açık konuşmadığına; "soruşturma" sözünü kullanmadan, Feridun Fikri Bey'in, üç Bakanlığın bir yıllık çalışmaları ile ilgili anlamsız, haksız, mantıksız, kanunsuz ve hükümet dengesini bozucu nitelikteki "Meclis soruşturması" teklifini desteklemiş olduğuna Meclis Genel Kurulu'nun dikkatini çekti. Feridun Fikri Bey, yerinden, Recep Bey'in "mantıksızdır" sözüne itiraz etti. Bu sözü geriye almasını istedi. Recep Bey: "Geriye almıyorum, efendim; mantıksızdır. Gerçek olduğu gibi ifade edilir" dedi. Feridun Fikri Bey'in "Mantıksız sözünü kabul etmiyorum" sözüne, Recep Bey cevap verdi: "Feridun Fikri Bey" dedi, "Siz daha ağır şeyleri kabul etmeye alışmalısınız..."

Daha ağır şeyler, Adalet Bakanı Necati Bey tarafından söylenmiş... Feridun Fikri Bey: "Adalet Bakanı sözlerini geri aldılar" dedi. Necati Bey, yerinden fırlayarak "Sözlerimi geri almadım" dedi. Biraz gürültü oldu. Nihayet Başkan: "Rica ederim, gürültüyü keselim!" dedi. Recep Bey, açıklamalarına devam ederek: "(...) Birçok kimsede defterler varmış, demiştim. Şimdi Rauf Bey'in sözlerine göre, hazırlanmış sorulardan on, on beş tanesinin silinmesi fırsatını bulacağız. İşte, Efendiler, defterlerin yavaş yavaş ilk sayfaları görünmeye başlıyor." dedi.

Recep Bey, Rauf Bey'in konuşmasında kullandığı taktiğe dikkati çekerek dedi ki: "Rauf Bey hem bütün bu soruları soruyorlar hem de asla bir sorumluluk töhmeti altında tutmak veya Hükümeti düşürmek gibi maksat gütmüyorum, diyorlar. Bir gensorunun görüşüldüğü günde, millet kürsüsüne çıkan kimse, ya lehtedir ya aleyhtedir. Lehte ise, Hükümet'in desteklenmesini ister. Aleyhte ise, düşürülmesini ister. Bunu da açık seçik söylemek gerekir. Yoksa, Rauf Beyefendi'nin sözleri boş ve anlamsız sözlerden ibaret kalır."

Recep Bey'in bu cümlesi, Rauf Bey'le aralarında kısa bir tartışmaya yol açtı: "Fakat saldırıyorsunuz" "Siz de sözlerimi kesiyorsunuz..." gibi karşılıklı sözler söylendi. Sonunda Recep Bey, konuşmasına devam ederek dedi ki: "Saygıdeğer Efendiler! Birtakım sorular soruyorlar... Ahmet gelmiş midir? Kanun uygulanmış mıdır? Böyle bir gensoru görüşülürken, Türkiye Büyük Millet Meclisi kürsüsü hedefsiz olarak sorulacak ve söylenecek sözlerin yeri değildir." "Buraya çıkıyorlar, söylüyorlar söylüyorlar. Sonunda da söylüyorum, söylüyorum ama bir şey yoktur" diyorlar. Böyle olunca, söylenenler anlamsız boş sözlerdir ve gayesizdir. Durumun tarifi budur." Recep Bey, sözlerine şu yolda devam etti: "Çok dikkat ettim. Rauf Bey buraya çıktılar; sırası geldi, icap etti, başka bir tarif yaptılar; fakat Cumhuriyet kelimesini söyleyemediler..." Sayın arkadaşlar!" dedi. "Oyun oynamıyoruz. Büyük bir inkılaptan çıktık, aydınlık bir geleceğe doğru gidiyoruz. Bütün gerekleri bütün şartları ve bütün açıklığı ile bir hedefe yürüyoruz." dedi. "Bu Rauf Bey'deki küskünlük ki, sırası gelmiş ve arkadaşlar, dolayısıyla fırsat vermişken, bu kutsal ismi söylememekte inat edip direnmişlerdir." "Fakat dikkate değer bir noktadır ki, bu kişi, İstanbul'da kıyametleri koparmıştır." "Elinden gelen her şeyi yaptı. Karşınıza çıktığı zamanda bütün bu yaptıklarından döndü ve yemin ederek dedi ki, ben Cumhuriyetçiyim." "Bugün kendisinden şüphe ediyorum."

Beni bu şüphenin yanlış olduğuna inandırmayı kendileri için gereksiz buluyorlarsa, çıksınlar; kürsüden veya başka bir yerden söylesinler ki, böyle bir şüpheye yer yoktur. Aksi takdirde, Rauf Bey'in Cumhuriyet'e olan bağlılığından şüphem vardır ve bu şüphem devam edecektir. Gerçek budur.

Recep Bey açıklamalarını bitirirken: "Sayın arkadaşlar, bugüne kadar, boğazımıza kadar kan içinde yoğrularak bu davayı, bu kutsal vatanın kesin olarak yükselişini sağlayacak olan bu davayı, bu günkü durumuna kadar getirdik. Bugünden sonra yapılacak olan en büyük yanılgı, kararsızlıklar, şüpheler ve belirsizliklerdir. Bunların, sonunda bizi nereye götüreceğini kimse bilemez."

Recep Bey kürsüden inerken, Başkanlık makamı, isteği üzerine, kendisini savunmak üzere Rauf Bey'e söz verdi.

Rauf Bey: "Sizin her kararsızlık ve şüpheye düştüğünüz zamanlarda ben yeni baştan yemin etmeye, ant içmeye mecbur muyum?" dedi, "Mecbursun!" sesleri yükseldi. Rauf Bey bu seslere: "Hayır Efendiler, kimsenin kimseden şüphe etmeye hakkı yoktur!" cümlesiyle cevap verdi.

Buna Afyonkarahisar milletvekili Ali Bey, yerinden karşılık verdi: Sen de o vakit bu toprakta oturamazsın. Atalarının, babanın ve dedenin geldiği yere gidersin. Bu toprak bunu istiyor" dedi.

Bunun üzerine, Rauf Bey, kendileri ile görüş ayrılığında bulunduğu noktayı açıklama yollu bir konuşma yaparak dedi ki: "Millet bizi, kayıtsız şartsız milli hakimiyet ilkesine dayanan bir rejimin, demokrasi denilen halk rejiminin esaslarını kurmak üzere, kendi temsilcileri olarak seçmiştir. Birtakım arkadaşlarımız, milletin bu hakkını Meclis'ten alıp şu veya bu makama, Meclisi dağıtma, kanunları geri çevirme gibi yetkiler verme düşünce ve eğilimini benimsediler. İşte ben buna karşıyım."

Recep Bey, bu sözlere cevap verdi ve açıkladı ki, Rauf Bey itiraz ettiği zaman, daha Teşkilat-ı Esasiye Kanunu ve böyle birtakım hakların kimseye verilmesi veya verilmemesi söz konusu bile değildi. Bu meseleler ancak aylarca sonra ele alındı. Recep Bey: "Efendiler bu demagojidir." dedi.

Rauf Bey, muhalif oluşunun sebebini iyice anlatabilmek için şöyle bir açıklama yapmayı gerekli gördü: "Efendiler, değil halifeci ve sultancı, bu makamın haklarını elinden alabilecek olan herhangi bir makamın da karşısındayım" dedi.

Rauf Bey, halifeci ve sultancı olmadığını söylerken, Cumhurbaşkanlığı makamına ve Cumhurbaşkanına karşı olduğunu da açıklamış ve ilan etmiş oluyordu. Daha önce, yeri gelince de belirttiğim üzere, Rauf Bey, "Türkiye Büyük Millet Meclisi Hükümeti" şeklinde ısrar ediyordu. İsmin değişmesine, yani Cumhuriyet adını almasına rağmen, teşkilatın o niteliğinin korunmasını istiyordu.

Ne için? Çünkü, Cumhurbaşkanlığı makamı, halifelik ve saltanat makamlarının haklarını alabilirmiş...

Efendiler, şahsi görüş diye ortaya atılan bu sözler, Recep Bey'in dediği gibi "Boş ve anlamsız sözler" değil de nedir? Bu gibi sözler üzerine kurulan mantık "demagoji" değil de nedir?

Bu görüşün ve bu mantığın taşıdığı anlam ve özü Rauf Bey 'in bu günkü gayret ve çalışmaları pek güzel göstermektedir. Fakat, biz bunu anlamak için bugünlere kadar beklemek gafletinde kalamazdık. Bundan dolayı bizi mazur görsünler.

MECLİSTE YAPILAN GÖRÜŞMELERİN MUHALİF BASINDAKİ YANKILARI

Efendiler, o gün de gensoru görüşmeleri bir sonuca bağlanamadı; ertesi güne bırakıldı. 8 Kasım günü yapılacak görüşmeleri beklemek üzere, biraz da o günlerdeki bazı yayınları gözden geçirelim.

Vatan gazetesinin 5 Kasım 1924 tarihli sayısındaki başyazıda, Hükümet'i tenkit edenler ve muhalefette yer alanlar övülmekte, Hükümet taraftarları suçlanmaktadır. Başyazar: "Daha ağzını açmayan tenkitçi adaylarına karşı, her gün kulaktan kulağa yeni bir saldırgan söz fısıldanıyor. Hükümetçi gruptan olan her kimse rastlarsanız, o günün gizli günlük emrindeki sözleri olduğu gibi işitirsiniz" dedikten sonra, sözlerini doğrulamak için birtakım örnekler sayıyor ve "Körü körüne emre uymayan, gerçeği görüp söylemek isteyen kimseleri daha başlangıçtan susturmak için her vasıtaya başvuruyorlar" ve "Keyfi irade, normal ve istikrarlı durumun üstünde, hakim olma niteliğini korumaya devam edecektir" diyor.

Efendiler, yazar "gizli günlük emir" ve "keyfi irade" deyimleriyle, millete neyi haber vermek istiyordu. Gizli günlük emirler veren, keyfi iradesini hakim kılan kimdi? Bu gizli kapaklı sözleri kullanan makale yazarı, sonunda bize "Taraf tutmaksızın, bir hakem durumunda, her iki tarafı da çağırıp dinlemek, Cumhurbaşkanlığı'nın en nazik ve önemli görevidir" öğüdünü veriyor. Bu görevin hemen yapılmasını istiyor ve "Çünkü yarın pek geç olabilir!" diye tehdit ediyor.

Bir gün sonra, benim Meclis'in yeni dönemini açış nutkumdan söz eden aynı yazar, "Tenkit eğilimi gösteren en hür düşünceli vatandaşları, zaman zaman susturmaya çalışan tekelci bir siyasi sistem, gelişme ve ilerleme için kahredici bir cehennem demektir." cümlesiyle, uyguladığımız sistem için pek haksız ve insafsız bir iftirada bulunuyor ve: "Uğursuz gidişin belli bir noktada durdurulması, yeni bir çığır açılması lazımdır." diyerek, bize yeniden görevimizi hatırlatıyordu.

Vatan yazarı, bir gün sonra yazdığı "sokaktaki adam" başlıklı baş makalesini: "İnşallah iyi olur, demekten başka yapacak şey kalmamış gibi görünüyor" cümlesiyle bitiriyordu.

8 Kasım 1924 tarihli Vatan gazetesinde yayınlanan bir Ankara telgrafında: "Meclis, yüksek mevkide bulunanlar uygun görmedikçe kabineyi düşüremeyecektir" tarzında büyük harflerle yazılmış ve "Rauf Bey'in dünkü konuşmasında, gensoru dışında önemsiz şeylerden söz etmekle, gensoru isteyenlerin durumunu sarstığı ve gensoru davasının etkisini azalttığı söylenmektedir" gibi haberler vardır.

Vatan gazetesinin, gensoru davasını takip için özel olarak gönderdiği muhabiri, izlenimlerinde pek isabet göstermiyorsa da, gensoru meselesinin etkisini azaltma sebebi ile ilgili haberinde aldanmış görünmüyordu.

Efendiler, Tevhid-i Efkâr başyazarı da, bir sürü başmakalelerle muhalefeti destekleyip cesaretlendiriyor; kendini savunan Hükümet'in ve Hükümet'i tutan milletvekillerinin kendilerini savunmalarını ve söz söylemelerini bile istemiyordu. Bu başyazar diyordu ki: "Meclis'te Hükümet'i tutan milletvekilleri, böyle her önemli işi, gürültüye boğmak eğlencesinde devam ederek, bunları tenkit edenleri susturdukça, hiç şüphe yok ki, İsmet Paşa Hükümeti güvenoyu alacaktır. Ancak, bu güvenoyunun gerçek değeri, nihayet, küçük bir sandığın içine çok sayıda beyaz kağıt atılmış olmasından ibaret kalacaktır."

Bu safsatalar üzerinde durmaya gerek yoktur. Biraz da Tanin gazetesine bakalım: Tanin'in "Siyasi Mayalanmalar" adlı bir başmakalesinde "Kutsal Milli Mücadele'de büyük hizmetleriyle tanınmış, saygıdeğer ve güvenilir bazı kimseler arasında bir işbirliği yapılmakta olduğu" haberinin alındığından; "Halk Partisi'ni ve Hükümet'i samimi olarak tutan basının bu haberleri büyük bir hoşnutsuzlukla karşılayıp yorumlamalarından" ve "kurulmakta olan yeni partiyi, daha şimdiden gözden düşürecek şekilde düşünceler ileri sürülmesine kalkışıldığından" söz edilmektedir. Makalede, program konusu üzerinde de durularak, Halk Partisi'nin bir programının bulunmadığına işaret edildikten sonra, "Biz Halk Partisi'nden hiç memnun değiliz, fakat Halk Partisi'nin ilkeleri adına söylenen ve görülen şeyleri tamamıyla benimsiyoruz." deniliyor ve Halk Partisi'nin ilkelerinden ne anlaşıldığı açıklanarak: "Fakat acaba gerçekte de öyle midir?" sorusu ortaya atılıyor. Yazar, bu soruya olumsuz cevap veriyor ve "Gönlümüz, karşısında böyle yenilikçi ve reformcu bir partiyi görmek istediği için, Halk Partisi'ni bu dediğimiz şekilde hayal ediyoruz" diyor. Ondan sonra yazar, şunları söylüyor: "Halk Partisi'nin programı ve sözleri başkadır, tuttuğu yol başkadır. Halk Partisi'nin demokratlığı dudaklarındadır."

Bu görüşün sahibi, birinci cümlesiyle, "Halk Partisi, Cumhuriyet ilan edeceğini, halifeliği kaldıracağını programına yazıp ilan etmedi ve söylemedi; fakat fiili olarak yaptı" demek istiyorsa, doğrudur! Ancak, ikinci cümle ile Halk Partisi'ne yönelttiği suçlama doğru değildir.

Makale sahibi, muhalif kimselerin iktidar mevkiine geçmek istemelerinin kanuni hakları olduğunu ispatlamak için kullandığı birçok söze şunu da ekliyor: "Vatan düşüncesiyle hareket etmek, yalnızca Tanrı'nın iktidar mevkiindeki kimselere hak olarak bahşettiği bir fazilet midir?"

Tanin başyazarı, 4 Kasım 1924 tarihinde yazdığı "Ordu ve Siyaset," adlı bir başmakalede de şu düşünceleri ileri sürüyor: "Hükümet şekli Cumhuriyettir. Fakat, hükümetin yalnız adını değiştirmek hiçbir yarar sağlamaz. Asıl değiştirilmesi gereken nokta, işin ruhudur, prensipleridir. Bugün Amerika'da, Birleşik Amerika Devletleri dışında daha yirmi kadar memleket vardır ki, hepsinin adı da Cumhuriyettir. Hatta, hep senelerden meydana gelen Haiti bile bir Cumhuriyet idi. Fakat, buralarda, Cumhuriyetin istibdat rejiminden farkı pek azdır. Soydan gelen bir hükümdar yerine, zorla Cumhurbaşkanlığına gelmiş bir zorba görürüz. İşte bu kadar! Reisicumhur adını taşıyan bu zorba devleti keyfince yönetir. Mutlak bir hükümdar gibi, keyif ve hevesinden başka bir kanun tanımaz."

Tanin başyazarı, söz konusu ettiği Amerika Cumhuriyetlerinden Şili'yi bir yana bırakarak, diğerleri için diyor ki: "Hiçbirisi, bugün, gerçek Cumhuriyet adını taşımaya layık değildir. Çünkü demokrasiye... dayanmıyorlar; Cumhuriyet adı altında mutlak hükümetlerin hakim olması, liderlerin asker olması yüzündendir."

Burada bir an durmak isterim. Efendiler, bu makale, milletvekili olan komutanların, milletvekilliğinden istifaları üzerine ve o münasebetle yazılıyor. Fakat öyle bir zamanda yazılıyor ki, ordularımızın müfettişleri, orduları bırakıp Hükümet'i düşürmek için Meclis'e gelmişlerdir. Bu yazar da, onların iktidar mevkiine geçmek istemelerinin kanuni hakları olduğunu ispat için, daha bir gün önce sütunlarca yazı yazmıştır. Cumhuriyet'in, mutlak hükümet rejiminden farksız olabileceğine örnekler sıralayan ve bunun sebebinin de demokrasiye dayanmamak olduğunu söyleyen yazar, "Hükümet partisinin demokratlığı dudaklarındadır" diyen kişidir. Bunun böyle olması "askeri liderler yüzündendir" diyen kimse, Türkiye Cumhurbaşkanı'nın da askeri liderlerden biri olduğunu bilen kimsedir. Bu kimsedir ki, askeri liderlerden olan filan ve filanları, yine askeri liderlerden olan Türkiye Cumhurbaşkanı ve Türkiye Başbakanı ile karşı karşıya getirip birbirlerine cephe aldırmak için, bütün gücüyle çalışıyor ve sonra sevmediği tarafın yıkılmasını millete gerekliymiş gibi gösterebilmek için, sözde dikkate değer ve ibret alınacak örnekler veriyor ve hangi general, başına daha çok asi toplayabilirse, Cumhurbaşkanlığına o geçer; "Ordu komutanları ve eşkıya reisleri birbirleriyle çarpışarak Cumhurbaşkanlığı makamını zorla ele geçiriyorlar" diyor.

Efendiler, bu ve buna benzer sözlerin ne maksatla ve nasıl bir duygu içinde yazıldığını fark etmemek ve bu gibi yayınların Meclis üyeleri üzerinde ve kamuoyunda bırakacağı olumsuz ve zararlı etkileri anlamamak mümkün değildi. Ne yazık ki, bu bozguncu etkiler gerçekten de fiilî tepkilerini göstermiştir.

Refet, Kazım Karabekir ve Ali Fuat Paşaların, Milli Savunma Komisyonu'na seçilmemiş olmalarından üzüntü duyan aynı cumhuriyetçi yazar, bu defa da, ordu komutanlarının, ordulara etki yapabilecek bir komisyona seçilmemiş olmalarını doğru bulmuyor. Bu noktada, pek sevdiğini anlatmak istediği demokrasiye uygun davranıştan bile vazgeçiyor. Bu düşünceleri içine alan cümleleri hep birlikte gözden geçirelim.

"Siyaset" başlığı altında yazılmış yazılar arasında "Milli Savunma Komisyonu, Millet Meclisi'nin hemen hemen en az siyasi olan, hatta siyasetle hiç ilgisi bulunmayan bir çalışma koludur" cümlesi okunur. Yazar, bu cümle ile, "Meclis'e giren ordu müfettişlerinin siyasetle ilgisi bulunmayan bir alanda çalışmalarına neden ve ne için meydan verilmedi?" demek istiyor. Buna şu yolda cevap vermek mümkündür: Milli Savunma Komisyonu siyasi işlerle ilgisi bulunmayan bir komisyon olduğuna göre oraya sırf siyasi işlerle uğraşmak üzere Meclis'e gelmiş olanları sokmakta sakınca vardı da onun için!

Yazar, bu cümleden sonra devam ederek diyor ki: "Burada, vatanın namus ve istiklalini savunacak orduyu yönetmeye daha düzenli ve mükemmel bir duruma getirmeye ve gelişmiş bir şekle sokmaya yarayan kanunlar yapılacaktır. Kendilerini politikacılık hırsına kaptırmayıp da yalnız vatanı düşünenlerin, bu görevi, ordu ileri gelenleri arasında en muktedir kimselere vermeleri bir vatan borcudur."

Bu cümleler üzerinde de biraz duracağım.

Ordunun yönetimi, daha düzenli ve mükemmel bir duruma getirilmesi ve daha da gelişmiş bir şekle sokulması hususu çok önemlidir. Bu hususla görevli bulunan ve uğraşan makam "Genelkurmay"dır. Yazarında dediği gibi, bu makamda en seçkin komutanlarımız bulunmaktadır. Ordunun yönetimi, düzenlenmesi ve daha mükemmel bir duruma getirilmesi işlerini üzerine almış bulunan Genelkurmay, gerektikçe, bu konularda Hükümet'e tekliflerde bulunur.

Genelkurmay'ın ve Hükümet içinde yer alan Milli Savunma Bakanı'nın enine boyuna düşünüp tespit ettikleri meseleler, her yıl toplanan "Yüksek Askeri Şura" tarafından incelenir ve görüşülür. Yüksek Askeri Şura; Genelkurmay Başkanı, Milli Savunma Bakanı, Bahriye ve Ordu Müfettişlerinden oluşur. Yüksek Askeri Şura'nın incelemesinden geçen ve uygulanması kabul gören hususlardan, gerekli bulunanlar hükümete teklif edilir. Bu teklifler içinde uygulanmak üzere kanunlaşması gerekenler varsa, işte onlar Meclis'e sunulur. Meclis'te usulüne uyularak Milli Savunma Komisyonu'ndan ve ilgisi varsa başka komisyonlardan da geçtikten sonra, Meclis Genel Kurulu'nda görüşülür ve kanunlaştırılır.

Milli Savunma Komisyonu'ndaki üyelerin askerlikten anlaması gerekir. Fakat yalnız askerlikten anlaması yeterli değildir. Devletin maliyesinden, siyasetinden ve daha birçok şeyden de anlaması gerekmektedir. Yalnız askerlikten anlamak, ordu ile ilgili kanun tasarıları hazırlamak için yeterli sayılsaydı, Genelkurmay'ın tespitinden ve Yüksek Askeri Şura'nın da onayından sonra, tasarıların ayrıca başka bir komisyonda veya komisyonlarda incelenmelerine gerek kalmazdı. Zira, politika ile uğraşan kimseler, askerlikten gelmiş olsalar bile, bütün hayatlarını ilim ve teknikle ve askeri gelişmeleri günü gününe takip ve uygulamakla geçiren kimselerden daha uzman ve daha yetkili olamazlar.

Ordunun yönetimi, düzenlenip daha mükemmel bir duruma getirilmesi için pek yerinde görüşleri ve büyük tecrübeleri olduğunu zanneden ve Yüksek Askeri Şura'da kanun gereğince üye bulunan ordu müfettişleri için en uygun çalışma alanı, orduların başındaki ve Yüksek Askeri Şura içindeki yerleriydi. Ciddiyet isteyen ve mevkiin değer ve önemini anlayıp; Hükümet'i, Milli Savunma Bakanı'nı, Genelkurmay'ı beğenmeyip; onları, kendilerinin askerlikle ilgili düşünce ve tasarılarını değerlendirmekten uzak görerek, siyasi alanda çalışmayı tercih eden komutanların Milli Savunma Komisyonu'na girmelerini sağlamaya çalışmak; Onların, Hükümet'ten Meclis'e gelen ordu ile ilgili her türlü teklifin sonuçlandırılmasını engellemek ve bunları elde bir koz olarak kullanmak suretiyle Hükümet'i düşürmek ve Genelkurmay Başkanı'nı değiştirmek gibi kötü heveslerini gerçekleştirme maksadına dayanabilir. Tanin başyazarının da, bu noktadaki gayesinin başka bir şey olduğunu zannetmek abestir.

Gayesinin gerçekleşmemesi yüzünden "kaygılı ve üzüntülü" olan yazar: "Eski Atina Cumhuriyeti'nde demokrasinin koyduğu ilkelere o denli sıkı sıkıya bağlı idiler ki, yönetimle ilgili kolların hiçbirinde, bilgi ve uzmanlık bakımından bile bir üstünlük kuralı kabul edememişlerdi. Demokrasideki bu aşırılığa rağmen, Atina demokrasisinde, generaller bu kuralların dışında tutulmuşlardır" diyor.

Halk Partisi'nin demokratlığının dudaklarında olduğunu ve Cumhuriyet'in mutlak hükümet rejiminden farksız bulunduğunu millete anlatmaya çalışan bir kimsenin, bu safsatasını daha gazetesinde okunmakta olduğu günlerde, iktidar mevkiine geçirmek gayretine koyulduğu generallerin demokrasi kurallarının bile dışında tutulabilecekleri görüşünü ileri sürmesi, sanırım ki, dürüst insanların yapabilecekleri hareketlerden değildir.

Efendiler, kin ve ihtiras, bir insanın düşüncesini ve vicdanını kararttığı zaman o insan nasıl konuşur, buna bir örnek ister misiniz?

İşte buyurunuz, aynı yazarın şu sözlerini dinleyiniz: "Halk Partisi'ne İsmet Paşa Hükümeti'nin memlekete gösterdiği çirkin çehre! Şahsi ihtiraslarının peşinde bu kadar esir olan önderler, milli bir parti kurmak ve milleti temsil etmek iddiasına kalkışamazlar."

Geleceğin ümidiyle kaynayıp coşan gençler, taze ve temiz canlarını feda ettiler: Memleketi kurtarmak için! Memleketi, kendilerinden ve ihtiraslarından başka bir şey düşünmeyen politikacılar elinde oyuncak etmek için değil!

Gerçeğin tam tersini dile getiren bu demagoji ve safsata sahibi yazar, bizim kurduğumuz partiyi, bizim hükümet kurmakla görevlendirdiğimiz İsmet Paşa'nın ve Hükümeti'nin çehresini çirkin görüyor ve gösteriyor.

Efendiler, bizim çehremiz her zaman temiz ve aktı; her zaman da temiz ve ak kalacaktır. Çehresi çirkin, vicdanı çirkinliklerle dolu olanlar, bizim vatanseverce vicdan temizliği ile ve namusluca davranışlarımızı, kendi bayağı ve çirkin ihtirasları yüzünden çirkin göstermeye kalkışanlardır.

MECLİSTEKİ GENSORU GÖRÜŞMELERİNİN SON GÜNÜ

Efendiler, 8 Kasım günü, Meclis'te gensoru görüşmelerine devam edildi.

Feridun Fikri Bey'in Meclis soruşturmasının kabulü ile ilgili konuşması, birçok konuşmacının sözleriyle karışarak hayli uzadı. Ondan sonra Yunus Nadi Bey kürsüye çıkarak: "Efendiler" dedi, memleketin rejimi söz konusudur. Cumhuriyet rejimi söz konusudur. Her şeyden önce bu meseleyi görüşmek lazımdır!" Yunus Nadi Bey, Rauf Bey'in bir gün önceki sözleri üzerinde durarak; "Milli hakimiyet mi Cumhuriyet'in gelişmesinden doğmuştur? Yoksa Cumhuriyet mi milli hakimiyetin gelişmesinin sonucudur?" şeklinde bir nazariyenin tartışılmasının yersiz olduğunu açıkladı.

Rauf Bey'in "Değil halifenin, saltanatın, bu makamın haklarını elinden alabilecek olan herhangi bir makamın aleyhindeyim" şeklindeki sözlerini, Yunus Nadi Bey, şöyle yorumladı: "Rauf Bey'e göre bu makamın hakları vardır. İfade açıktır. Saklı hakları vardır. Sakın kimse almasın, günün birinde belki lazım olacaktır." "Halbuki Teşkilat-ı Esasiye Kanunu çıkmıştır. Bütün makamlar tespit edilmiştir. Bütün durumlar kanunda yerini almış, belirtilmiştir. Ama hala efsaneden safsatadan söz ediyor."

Bundan sonra Yunus Nadi Bey şunları söyledi: "(...) Cumhuriyet'i beğenmeyen kimseler vardır. Açıkça söyleyemediklerini düşüncelerinde besleyen yaratıklar vardır ve bunlar içimizdedirler." "(...) Öyle adamların kafası ezilir, efendiler!"

Yunus Nadi Bey, Rauf Bey ve arkadaşlarının gösteri yaparcasına davranışlarından, müfettiş paşaların istifalarından ve Meclis'in içinde oyun oynanılmayacağından söz ettikten sonra, dedi ki: "Özel ve gizli tertiplerle bazı maksatları gerçekleştirebiliriz kuruntusuna kapılarak ve Türkiye Büyük Millet Meclisi'nin köşesinde oturarak bu türlü şeyleri yapmak saygısızlıktır. Kabul edemeyiz, efendim."

Yunus Nadi Bey, Refet Paşa'ya ilişerek şunları söyledi: "Yüksek malumunuz olduğu üzere, Refet Paşa Hazretleri, altı yedi ay önce, basında yer alan gösterişli ve yersiz bazı açıklama ve demeçlerle milletvekilliğinden istifa etmişlerdir. Garip bir olaydır. Gerekçe olarak eklemişlerdi ki, milletvekilliğinden çekilmelerinin sebebi, karanlık odada, yalnız arkadaşları arasında bir milli and mı ne, bir şey varmış. Orada toplanan arkadaşları iş başına getirecekmiş. Efendim, çok merak ettim bu işi."

Afyonkarahisar Milletvekili Ali Bey, yerinden söze karıştı ve: "Yani generaller hükümeti" dedi. Yunus Nadi Bey: "Çok merak ettim bu işi." diyerek sözüne devam etti ve dedi ki: "Teşkilat-ı Esasiye Kanunu vardır. Cumhuriyet kurulmuştur. Hükümetin nasıl teşkil edileceği orada yazılıdır. Bütün bunları idare eden bir Türkiye Büyük Millet Meclisi vardır. Hayır, bunlar yeterli değildir. İstenir ki, Refet Paşa milletvekilliğinden istifa etsin ve gitsin hükümet kursun; yakın arkadaşlar toplansın... Ne kanaattir bu?"

"Efendim, dağ başında mıyız? Demirci Efe'yi alıp gelip de hükümet mi kuracaktı? Meclis yok mudur? Teşkilat-ı Esasiye Kanunu yok mudur? Bu ne mantıksızca harekettir."

Refet Paşa, Yunus Nadi Bey'e cevap vermek üzere kürsüye çıktı. Kendisini savunmaya çalışırken, Rauf Bey ile aralarında bir fikir birliği olduğundan, Rauf Bey'in söylediği her şeyin onun hesabına da kaydedilmesi gerekeceğinden söz ettikten sonra: "İki asker milletvekilinin Meclis'e dönmelerini istemişsem, acaba Çin'de olduğu gibi bir cumhuriyeti mi yapmak istemiş olurum?" dedi. Refet Paşa'nın sözlerine, birçok milletvekili oturdukları yerden kısa cevaplar vermeye başladılar. Hemen hemen karşılıklı tartışmaların yapıldığı bir konuşma oldu. Nihayet, kürsü başka bir muhalif konuşmacıya bırakıldı. Bundan sonra kürsüye çıkan Mahmut Esat Bey (İzmir), "(...) Günlerden beri sürmekte olan ve sonu bir türlü gelmeyen görüşmelere ne inkılabın ve ne de milletin tahammülü vardır" dedikten sonra durumun inkılap adına, inkılabı ileri götürmek adına hükümeti düşürmekten ibaret olmadığını belirtti.

Mahmut Esat Bey, her şeyden önce gidilecek yolların belirtilmesi gerektiğini, o takdirde daha samimi ve daha kesin olarak yürünebileceğini söyledi ve Rauf Bey'in görüşüne temas ederek şöyle bir değerlendirme yaptı: "Milli hakimiyet başka bir konudur. Cumhuriyet, meşrutiyet, mutlakıyet rejimleri ve istibdat daha başka konulardır. Bunlardan bir kısmı devlet şekilleridir. Diğerleri millet iradesinin kullanılması ve uygulanmasıdır. Bu dört şekil içinde, milli hakimiyetin çeşitli yollarla uygulandığını görüyoruz. Hatta bir parça istibdat şeklinde bile vardır. Meşrutiyette biraz daha fazla, Cumhuriyet'te daha da fazla. Bundan dolayı, burada iki şeyi birbirine karıştırmamak gerekir, Milli hakimiyet Cumhuriyet'in gelişmesinin eseridir, denemez. Çünkü milli hakimiyet, şekil değildir. Ruh ve öz meselesidir."

Mahmut Esat Bey, Rauf Bey'in şahsi görüş diye ortaya attığı sözler üzerinde, gerektiği kadar durduktan sonra: "Türk inkılabı yükseliyor. "Ancak, bu inkılabı hızla hedefine, milletçe beklenen hedefine ulaştırabilmek için, bir an önce gerçek durumun açıklık kazanması lazımdır. Türk milleti, ortada, demokrasi adına çekilmiş bir kılıç gibi, bunu beklemektedir sözleriyle konuşmasına son verdi.

Bundan sonra, Adalet Bakanı Necati ve Milli Eğitim Bakanı Vasıf Bey'ler, muhalif konuşmacıların sorularına uzun konuşmalar yaparak cevap verdiler.

RIZA NUR BEY'İN ARNAVUTLARI TÜRKLÜĞE KARŞI AYAKLANDIRMAYA ÇALIŞANLARDAN BİRİ OLDUĞU ANLAŞILDI

Maliye Bakanı, Mustafa Abdülhalik Bey, konuşmasına başlamadan önce, Rıza Nur Bey'den, zabıttaki sözlerinden bazılarının açıklanmasını istedi. Rıza Nur Bey, Yanyalıların Türklüğünü şüpheli gösterecek şekilde sözler söylemişti. Abdülhalik Bey, Rıza Nur Bey'in düşüncesindeki yanlışlığı şöyle düzeltti: "Doktor Bey altı yüz yıl önce, Arnavutluk'un bir parçası olan Yanya'ya giden atalarımın orada bıraktıkları torunlarını başka bir soydanmış gibi göstererek onları itham ediyor. Hem de kim? Maalesef öyle saygıdeğer bir arkadaşım ki, altı yıldan beri mutaassıp bir milliyetçi olmuştur. Daha önce öyle değildi. Kendisi daha iyi bilirler. Ben, o Yanyalı dedikleri adam, Türklük için silahla savaşırken kendileri tam tersine, Arnavutları "Türklüğe karşı" ayaklansınlar diye kışkırtmıştır."

Gerçekten de Rıza Nur Bey'in siyasi hayatında birçok mücadelelere katıldığı biliniyordu. Bu durumu, milliyetçi olarak Millet Meclisi devrinde, ona hizmet ve çalışma alanları gösterilmesine engel sayılmamıştı. Fakat, Türklerin Rumeli'den çıkarılması gibi, her Türk'ün kalbinde sonsuz ve unutulmaz bir acı yaratan büyük felaket olayında aşırı milliyetçi

Rıza Nur Bey'in, Arnavut asileriyle birlikte Türklere karşı çalıştığını bilmiyorduk. Bu durum anlaşılınca Büyük Millet Meclisi'ni hayret ve dehşet kapladı.

Bundan sonra Maliye Bakanı öteki konular üzerindeki açıklamalarına geçti. Onun arkasından Tarım Bakanı Şükrü Kaya Bey söz aldı. Şükrü Kaya Bey, özellikle Tarım Bakanlığını tenkit eden bir konuşmacıya cevap verdi ve ziraat işlerinin güzel cümleler, güzel sözler ve güzel mantıklarla gizlenecek bir şey olmadığını açıkladıktan sonra: "Bu toprağa yazılan bir eserdir. Onun sayfaları açık ve herkes tarafından okunmaktadır" dedi ve ilave etti: "Kalkıp da yüce Meclis'in huzurunda, şöyle yapıldı, böyle yapıldı gibi demagoji yapılabilir mi? Bu ne cürettir?"

Ticaret Bakanı Hasan Bey ve Bayındırlık Bakanı rahmetli Süleyman Sırrı Bey'den sonra konuşma sırası Dışişleri Bakanlığına ve Başbakanlık'a geldi.

Efendiler, Başbakan İsmet Paşa, gensorunun genel olmasını teklif ettiği günden sonra, görüşmelere katılamayacak kadar, hastalanmış, yatıyordu. Milli Savunma Bakanı Kazım Faşa, İsmet Paşa adına kürsüye çıkarak gereken açıklamaları yaptı.

Artık gensoru görüşmelerine son verme zamanı gelmişti. Görüşme yeterliği kabul edildikten sonra, Feridun Fikri Bey'in Meclis soruşturması önergesi reddedildi.

BÜYÜK MİLLET MECLİSİ'NİN İSMET PAŞA KABİNESİNE GÜVENOYU VERMESİ, MUHALİF KALEM SAHİPLERİNE DAHA NELER YAZDIRDI

19 oya karşı 148 oyla İsmet Paşa Hükümeti güvenoyu aldı. Bir kişi de çekimser kalmıştı. Efendiler, Meclis'te yenilmiş olanların gazeteci arkadaşları, bu sonucu elbette hiç beğenmediler. Daha küskün ve inatçı bir şekilde hücumlara geçtiler.

9 Kasım tarihli Vatan gazetesinin başmakalesi: "Bugünkü idare şekli, adına göre milli hakimiyetin en yüksek şekli olmuştur. Fakat hükümetçilerin zihniyeti biraz kazılsa, hemen hiç değişmemiş olduğu görülür" ve "Bugün gerici kelimesi yeniden sık sık kullanılır olmuştur" şeklinde tenkitlerle doludur.

10 Kasım tarihli Vatan'ın "Meydan Muharebesi'nin Neticesi" başlıklı başmakalesinde Timurlenk'in fil hikâyesi tekrarlandıktan sonra, Hükümet'i düşürmeye çalışanların iyi hareket edemediklerinden yakınan şu düşünceler yer alıyordu: "Ankara'da ilk gensoru görüşmeleri başladığı zaman, ortada tenkitçi, azimli bir çoğunluk vardı." "Tenkitçiler bu durumu idare edemediler. Teşkilatsız kimseler olarak teker teker tenkitlerde bulundular." "Teker teker yapılan tenkitler bile, sağlam ölçülerle yürütülemedi. Gensoru genelleşince, tatil zamanındaki not defterlerini açan

olmadı. En keskin tenkitçiler bile, dillerinin altındakini söylemekten çekindiler.

Makale sahibi, duruma, politikacılık açısından bakarak, diyor ki: "Hükümetçilerin mükemmel bir ayarlama ile ve başından sonuna kadar iyi düşünülmüş bir planla hareket ettikleri görülür."

Burada, insanın makale sahibine şöyle bir soru soracağı geliyor:

Milletin kaderinin sorumluluğunu ellerine aldırmak istediğiniz kimseler, aylarca ve aylarca hazırlandıktan ve İstanbul'daki arkadaşlarıyla da uzun boylu görüştükten sonra, sizin de belirttiğiniz gibi, dillerinin altındakini söylemekten çekinecek kadar kendilerine güvenemezlerse, topu topu on dokuz buçuk kişinin Meclis'teki hareketini birleştiremeyecek kadar güçsüz olurlarsa, bu kimselerin devletin başına geçmeye layık oldukları düşünülebilir mi?

Efendiler, Tanrı'nın "Mirsad-ı İbret" sütunundan da birkaç cümle okuyacağım. Bu sütunu dolduran yazar, bütün memleket Meclis'in genel görüşünü seyrettiriyor ve ona: "Eyvah! Bu da ötekiler gibi çıktı." dedirtiyor.

Pusuya yatan bu yazar, kulağına şu sözlerin fısıldandığını da işitiyor: "... Eski yıkıntılarla yapılan bir binadan ne umarsın ki!..." Acaba, bu yazıları yazmış olan kimse, o gün gerçekten böyle mi duygulanmıştı? Yoksa, bu anlamsız sözleri, milleti bize karşı kışkırtmak için bile bile mi yazıyordu? İster öyle, ister böyle olsun, her ikisi de doğru değildi. Bu türlü yazarlar Cumhuriyet'e kötülük etmişlerdir.

Efendiler, Tevhid-i Efkâr'ın da "Faydasız ve kıymetsiz bir Zafer" diye yazdığı yararsız ve değersiz yazıları devam ediyordu.

TERAKKİPERVER CUMHURİYET FIRKASI VE EN HAİN KAFALARIN ESERİ OLAN PROGRAMI

Saygıdeğer Efendiler, komployu konusunu açıklarken ve komplonun Meclis içindeki safhasını anlatırken, önemsiz gibi sayılabilecek bazı ayrıntılar üzerinde durdum. Bunda beni haklı bulacağınızı umarım.

Hatıra gelir ki, her hükümet, her zaman bu gensoru önergesi ile sorguya çekilebilir. Bir gensoruya bu kadar önem vermek doğru mudur? Arz etmeliyim ki, söz konusu olan gensoru normal bir gensoru denildi. Hazırlanan komplonun özel bir safhasıydı. Bu gensoru sahnesinden sonradır ki, muhalifler, maskelerini atmaya mecbur edildiler. Bilindiği üzere "Terakkiperver Cumhuriyet Fırkası" diye bir parti kurdular. Bu partinin gizli eller tarafından çizilen programını da ortaya attılar.

"Cumhuriyet" kelimesini ağızlarına almaktan bile çekinenlerin, Cumhuriyet'i doğduğu gün boğmak isteyenlerin, kurdukları partiye "Cumhuriyet" ve hem de "Terakkiperver Cumhuriyet" adını vermiş olmaları, nasıl ciddiye alınabilir ve ne dereceye kadar samimi sayılabilir.

Rauf Bey ve arkadaşlarının kurdukları bu parti "Muhafazakâr" adı altında ortaya çıkmış olsaydı, belki bir anlamı olurdu. Fakat bizden daha çok cumhuriyetçi ve bizden daha çok ilerici olduklarını iddiaya kalkışmaları elbette doğru değildi.

"Parti, dini düşünce ve inançlara saygılıdır" ilkesini bayrak olarak eline alan kimselerden iyi niyet beklenebilir miydi? Bu bayrak, yüzyıllardan beri cahilleri, bağnazları ve hurafelere inananları kızdırarak özel çıkarlar sağlamaya kalkmış olanların taşıdıkları bayrak değil miydi? Türk milleti, yüz yıllardan beri, sonu gelmeyen felaketlere, içinden çıkabilmek için büyük fedakârlıkların gerekli olduğu pis bataklıklara, hep bu bayrak gösterilerek sürüklenmemiş miydi?

Cumhuriyetçi ve yenilikçi olduklarını zannettirmek isteyenlerin, yine bu bayrakla ortaya atılmaları, dini bağnazlığı coşturarak, milleti, Cumhuriyet'e ilerlemeye ve yenileşmeye karşı kışkırtmak değil miydi? Yeni parti, dini düşünce ve inançlara saygı perdesi altında: "Biz Halifeliği yeniden isteriz; biz yeni kanunlar istemeyiz; bize Mecelle yeterlidir; medreseler, tekkeler, cahil softalar, şeyhler, müritler biz sizi koruyacağız; bizimle birlikte olunuz! Çünkü, Mustafa Kemal'in partisi Halifeliği kaldırdı. İslamiyet'e zarar veriyor; sizi gavur yapacak, size şapka giydirecektir" diye bağırmıyor muydu? Yeni partinin kullandığı slogan bu gerici haykırışlarla dolu değil miydi?

Efendiler, bu slogana bağlı olanlardan birinin, çok zaman önce (10 Mart 1923 tarihinde) idam edilmiş olan Cebranlı Kürt Halit Bey'e yazdığı mektuptaki şu cümlelere bakınız: "İslam dünyasının ebediliğini sağlayan ilkelere saldırıyorlar." "Bu konudaki açıklamalarınızı arkadaşlara da okudum. Hepsinin gayretlerini artırdım. Batıyı örnek almak, tarihimizi, medeniyetimizi, kaybetmeyi zorunlu kılar." "... Halifeliği yıkmak, laik bir idare kurmayı düşünmek, hep İslamlığın geleceğini tehlikeye sokacak sebepleri yaratmaktan başka bir sonuç veremez."

Efendiler, olaylar ve olup bitenler ortaya koydu ve ispat etti ki, "Terakkiperver ve Cumhuriyet Fırkasının programı en hain kafaların eseridir. Bu parti, memlekette suikastçıların, gericilerin sığınağı ve ümitlerinin dayanağı oldu. Dış düşmanların, yeni Türk Devleti'ni körpe Türk Cumhuriyeti'ni yıkmayı hedef alan planlarının kolaylıkla uygulanmasına yardım etmeye çalıştı. Tarih, (gizli maksatlarla hazırlanmış, genel ve gerici nitelikteki) Doğu isyanının sebeplerini inceleyip araştırdığı zaman, onun önemli ve belirli sebepleri arasında "Terakkiperver Cumhuriyet Fırkası'nın dini konularda verdiği sözleri, doğu ya gönderdiği sorumlu sekreterinin kurduğu örgütü ve yaptığı kışkırtmaları bulacaktır.

Hatıra defterini fazladan ve gece kılınan namazların sevabını anlatan hadislerle dolduran bu sorumlu sekreter, doğu illerimizde dini kışkırtmalarda bulunurken, partisinin programını uygulamıyor muydu? Masum halka, beş vakit namazdan başka, geceleri de fazla namaz kılmayı vaaz ve nasihat eden, belki de ömründe hiç namaz kılmamış olan bir politikacı olursa, bu hareketin hedefi anlaşılmaz olur mu?

Efendiler, yaptığımız inkılabın genişliği ve büyüklüğü karşısında eski hurafelerin ve müesseselerin birer birer yıkılışını gören bağnaz ve gerici unsurlar, "dini düşünce ve inançlara saygılı" olduğunu ilan eden bir partiye ve özellikle bu partinin içinde isimleri ün yapmış kimselere dört elle sarılmazlar mı? Yeni parti kuran kimseler bu gerçeği kavramış değiller midir? O halde, ellerine aldıkları din bayrağı ile, millet ve memleketi nereye götürmek istiyorlardı? Böyle bir soruya verilmesi gereken cevapta iyi niyet, keder, kayıtsızlık gibi sözler, memleketi ileriye götüreceğim diye ortaya atılan bir partinin ileri gelenleri için mazeret sayılamaz!

Efendiler, yeni parti kendine ad olarak seçtiği "Terakki" ve "Cumhuriyet" kelimelerinin tam tersi olan anlamlarla gelişmiştir. Bu partinin liderleri, gericilere gerçekten ümit ve kuvvet vermiştir. Buna örnek olarak arz edeyim: Ergani'de, asilerin valiliğini kabul eden ve sonra asılmış olan Kadri, Şeyh Said'e yazdığı bir mektupta: "Millet Meclisi'nde, Kazım Karabekir Paşa'nın partisi, şeriat hükümlerine saygılı ve dindardır. Bize yardımcı olacaklarına şüphe etmem. Hatta, Şeyh Eyüp'ün yanında bulunan sorumlu sekreterleri, partinin tüzüğünü getirmiştir..." diyor. Şeyh Eyüp de yargılanması sırasında: "Dini kurtaracak tek partinin, Kazım Karabekir Paşa'nın kurduğu parti olup, şeriat hükümlerine uyulacağının, parti tüzüğünde ilan edildiğini" söylemiştir.

Efendiler, "Terakkiperver" ve "Cumhuriyet" kelimelerini kullanarak, bize ve milletin aydınlarına karşı din bayrağını gizlemeye çalışanların, memlekette genel bir gericilik ve ayaklanmaya yol açmak için içeride ve dışarıda türlü düzen ve kışkırtmalarla uğraşanların varlığından habersiz oldukları düşünülebilir mi? Yeni partiye girenlerin bütün üyeleri söz konusu olmasa bile, dinî vaatleri başarıya ulaşmanın en etkili unsurları sayan ve bununla ilgili sloganı tüzüklerine de koymuş olan kimselerin, şahıslarımıza ve memlekete karşı yöneltilmiş olan suikastlardan habersiz oldukları kabul edilemez!

Diyelim ki, bunların isyanın patlak vermesinden aylarca önce, memleketin şurasında burasında yapılan gizli toplantılardan, "Cemiyet-i Hafiye-i İslamiye" teşkilatından, İstanbul'da Nakşibendi şeyhlerinin yaptığı toplantıda, hazırlanacak ayaklanmaya yardım için söz verildiğinden ve nihayet milli sınırlarımızın dışında bulunup da Doğu isyanını kışkırtanların bildirilerinde, Kazım Karabekir Paşa'nın partisinden ümitle söz edildiğinden haberleri olmadığını düşünelim. Ancak, Bunların, Fethi Bey Hükümeti zamanında, doğrudan doğruya Fethi Bey vasıtasıyla kendilerine, partilerinin zararlı, isyan ve gericiliği kışkırtıcı bir durum ve nitelikte olduğu bildirildiği zaman olsun, gerçeği görüp anlamaları gerekmez miydi? Hükümetin ve benim tertemiz düşüncelerle yaptığımız bu uyarmalardan sonra olsun, gerçeği kavrayıp ona uymaları beklenirdi. Onlar tam tersine, bu defada "dini düşünce ve inançlara saygılıyız" sloganını büsbütün zıt bir anlamda yorumlamaya kalkıştılar. Sözde, bu sloganla, her dinin ve her dinden olanların düşünce ve inançlarına saygılı olduklarını belirtmek... geniş ölçüde hürriyetçi olduklarını anlatmak istiyorlarmış... Efendiler, böyle bir tutuma dürüst ve samimidir denemez!

Politika dünyasında birçok oyunlar görülür. Fakat, kutsal bir ülkünün kendini ortaya koyduğu Cumhuriyet rejimine, çağdaş yenileşmeye karşı, cahillik, bağnazlık ve her türlü düşmanlık ayağa kalktığı zaman, özellikle yenilikçi ve cumhuriyetçi olanların yeri, gerçekten yenilikçi ve cumhuriyetçi olanların yanıdır. Yoksa gericilerin ümit ve faaliyet kaynağı olan saf değil...

Ne oldu Efendiler? Hükümet ve Meclis olağanüstü tedbirler almayı gerekli gördü. Takrir-i Sükun Kanunu'nu çıkardı. İstiklal Mahkemeleri'ni kurdu. Ordunun savaşa hazır sekiz dokuz tümenini, uzun zaman isyanı bastırmak üzere görevlendirdi. "Terakkiperver Cumhuriyet Fırkası" denilen zararlı siyasi kuruluşu kapattı.

CUMHURİYET DÜŞMANLARININ SON ALÇAKCA TEŞEBBÜSLERİ

Bütün bu yapılanlar, elbette Cumhuriyet'in başarısı ile sonuçlandı. Asiler yok edildi. Fakat Cumhuriyet düşmanları, büyük komplonun bütün safhaları ile son bulduğunu kabul etmediler. Alçakçasına son bir teşebbüse giriştiler. Bu teşebbüsler İzmir suikastı olarak kendini gösterdi. Cumhuriyet mahkemelerinin ezici pençesi, bu defa da Cumhuriyet'i suikastçıların elinden kurtarmayı başardı.

* *
*

MEMLEKETTE HUZUR VE GÜVENLİĞİ SAĞLAMAK İÇİN UYGULANAN OLAĞANÜSTÜ TEDBİRLERİN İYİ SONUÇLARI

Saygıdeğer Efendiler, durumun ciddileşmesi üzerine, hükümetçe olağanüstü tedbirler alınması gerektiği yolundaki görüşümüzü ilk defa ortaya koyduğumuz zaman, bunu iyi karşılamayanlar vardı.

Takrir-i Sükûn Kanunu'nu ve İstiklal Mahkemelerini bir baskı vasıtası olarak kullanacağımız düşüncesini ortaya atanlar ve bu düşünceyi benimsetmeye çalışanlar oldu.

Şüphe yok ki, zaman ve olaylar, bu nefret verici düşünceyi aşılamaya çalışanları, elbette utanılacak bir duruma düşürmüştür.

Biz, alınan fakat kanuni olan bu olağanüstü tedbirleri, hiçbir zaman ve hiçbir şekilde kanunun üstüne çıkmak için bir vasıta olarak kullanmadık. Aksine, memlekette huzur ve güvenliği sağlamak için uyguladık. Biz o tedbirleri, milletin medeni ve sosyal alandaki gelişmesinde yararlı kıldık.

Efendiler, aldığımız olağanüstü tedbirlerin uygulanmasına gerek kalmadığı görüldükçe, onların uygulamadan kaldırılmasında tereddüt edilmemiştir. Nitekim, İstiklal Mahkemeleri, zamanında kaldırıldığı gibi, Takrir-i Sükun Kanunu da yürürlük süresinin sonunda, yeniden Büyük Millet Meclisi'nin incelemesine sunuldu. Meclis, Kanunun bir süre daha yürürlükte kalmasını gerekli bulmuşsa, elbette, bu milletin ve Cumhuriyet'in yüksek yararları içindir. Yüce Meclis'in elimize istibdat vasıtası verme gayesi güderek böyle bir karar aldığı düşünülebilir mi?

Efendiler, Takrir-i Sükûn Kanunu'nun yürürlükte ve İstiklal Mahkemeleri'nin faaliyette bulunduğu süre içinde yapılan işleri göz önüne getirecek olursanız, Meclis'in ve milletin güven ve itimadının tamamen yerinde kullanılmış olduğu kendiliğinden anlaşılır.

Memlekette çıkarılan büyük isyan ve hazırlanan suikast tertipleri bastırılarak sağlanan güvenlik ve huzur, elbette bütün milletçe memnunlukla karşılanmıştır.

Efendiler, milletimizin başına giymekte olduğu, cahillik, gaflet, taassup, yenilik ve medeniyet düşmanlığının belirgin işareti gibi görünen fesi atarak, onun yerine bütün medeni dünyaca başlık olarak kullanılan şapkayı giymek ve böylece, Türk milletinin medeni toplumlardan zihniyet bakımından da hiçbir ayrılığı bulunmadığını göstermek kaçınılmaz oluyordu. Bunu, Takrir-i Sükûn Kanunu yürürlükte iken yaptık. Bu kanun yürürlükte olmasaydı yine yapacaktık. Fakat, bu uygulamada, kanunun yürürlükte oluşu da kolaylık sağlamış oldu denirse, bu, çok doğrudur. Gerçekten de Takrir-i Sükûn Kanunu'nun yürürlükte olması, bazı gericilerin, milleti geniş ölçüde zehirlemesine meydan vermemiştir. Gerçi, bir Bursa Milletvekili, yasama görevi boyunca, hiçbir zaman kürsüye çıkmamış ve hiçbir zaman Meclis'te milletin ve Cumhuriyet'in çıkarlarını savunmak için ağzına bir tek kelime bile almamış olan Bursa Milletvekili Nurettin Paşa, yalnız şapka giyilmesinin aleyhine uzun bir önerge vermiş ve bunu savunmak için kürsüye çıkmıştır. Şapka giydirilmesinin "temel haklara, milli hakimiyete ve kişi dokunulmazlığına aykırı bir işlem" olduğunu iddia etmiş ve bunun "halka uygulanmamasını sağlamaya" çalışmıştır. Ancak, Nurettin Paşa'nın, millet kürsüsünden alevlendirmeyi başarabildiği bağnazlık ve gericilik duyguları sonunda birkaç yer de, o da yalnız birkaç gericinin, İstiklal Mahkemeleri'nde hesap vermeleriyle söndü.

Efendiler, tekke ve zaviyelerle, türbelerin kapatılması ve bütün tarikatlarla, şeyhlik, dervişlik, müritlik, çelebilik, falcılık, büyücülük ve türbedarlık vb. birtakım unvanların kaldırılması ve yasaklanması da Takrir-i Sükûn Kanunu yürürlükte iken yapılmıştır. Bu konularla ilgili yürütme ve uygulamaların, toplumumuzun, hurafelere inanan, ilkel bir kavim olmadığını göstermek bakımından ne kadar gerekli olduğu takdir olunur.

Bir takım şeyhlerin, dedelerin, seyitlerin, çelebilerin, babaların, emirlerin arkasından sürüklenen, kaderlerini ve hayatlarını falcılara, büyücülere, üfürükçülere, muskacıların ellerine bırakan insanlardan meydana gelmiş bir topluluğa bir millet gözüyle bakılabilir mi?

Milletimizin kendine has niteliğini yanlış şekilde gösterebilen ve yüzyıllarca göstermiş olan bu gibi unsurlar ve kuruluşlar, yeni Türkiye Devleti'nde Türkiye Cumhuriyeti'nde devam ettirilmeli miydi? Buna önem vermemek, ilerleme ve yenileşme adına pek büyük ve düzeltilmesi imkânsız bir yanılma olmaz mıydı? İşte biz, Takrir-i Sükun Kanunu'nun yürürlükte olmasından yararlandık ise, bu tarihi hatayı bir daha işlememek için, milletimizin alnını olduğu gibi açık ve ak göstermek için, milletimizin mutaassıp ve ortaçağ zihniyetinde olmadığını ispat etmek için yararlandık.

Efendiler, milletimizin sosyal, ekonomik, kısacası bütün medeni iş ve ilişkilerinde feyizli sonuçlar veren yeni kanunlarımız da, kadın hak ve hürriyetlerini sağlayan ve aile hayatını sağlamlaştıran Medeni Kanunda bu sözünü ettiğimiz devrede çıkarılmıştır.

Görülüyor ki, biz her vasıtadan yalnız ve ancak bir tek temel görüşe dayanarak yararlanırız. O görüş şudur: Türk milletini medeni dünyada, layık olduğu mevkie yükseltmek, Türkiye Cumhuriyeti'ni sarsılmaz temeller üzerinde her gün daha çok güçlendirmek... ve bunun için de istibdat fikrini öldürmek...

TÜRK GENÇLİĞİNE BIRAKTIĞIM EMANET

Saygıdeğer Efendiler, sizi günlerce işgal eden uzun ve teferruatlı nutkum, nihayet geçmişe karışmış bir devrin hikâyesidir. Bunda milletim için ve gelecekteki evlatlarımız için dikkat ve uyanıklık sağlayabilecek bazı noktaları belirtebilmiş isem kendimi bahtiyar sayacağım.

Efendiler, bu nutkumla, milli varlığı sona ermiş sayılan büyük bir milletin, bağımsızlığını nasıl kazandığını, ilim ve tekniğin en son esaslarına dayanan milli ve çağdaş bir devleti nasıl kurduğunu anlatmaya çalıştım.

Bugün ulaştığımız sonuç, asırlardan beri çekilen milli felaketlerin yarattığı uyanıklığın eseri ve bu aziz vatanın her köşesini sulayan kanların bedelidir.

Bu sonucu, Türk gençliğine emanet ediyorum.

Ey Türk gençliği! Birinci vazifen, Türk bağımsızlığını, Türk Cumhuriyeti'ni, sonsuza kadar korumak ve savunmaktır.

Varlığının ve geleceğinin biricik temeli budur. Bu temel, senin en kıymetli hazinendir. Gelecekte de, seni bu hazineden mahrum etmek isteyecek iç ve dış düşmanların olacaktır. Bir gün, bağımsızlığını ve Cumhuriyet'i savunmak zorunda kalırsan, göreve atılmak için, içinde bulunacağın durumun olanak ve şartlarını düşünmeyeceksin! Bu olanak ve şartlar, çok elverişsiz bir esasta ortaya çıkabilir. Bağımsızlığına ve Cumhuriyet'ine göz koyacak düşmanlar, bütün dünyada benzeri görülmemiş bir zaferin temsilcisi olabilirler. Zorla ve hile ile aziz vatanın bütün kaleleri alınmış, bütün tersanelerine girilmiş, bütün orduları dağıtılmış ve memleketin her köşesi işgal edilmiş olabilir. Bütün bu koşullardan daha acı ve daha korkunç olmak üzere, memleketin içinde, iktidara sahip olanlar aymazlık ve sapkınlık ve hatta hainlik içinde bulunabilirler. Hatta bu iktidar sahipleri, kişisel çıkarlarını, işgalcilerin siyasi amaçlarıyla birleştirebilirler. Millet, fakirlik ve sıkıntı içinde harap ve bitkin düşmüş olabilir.

Ey Türk geleceğinin evladı! İşte, bu ortam ve şartlar içinde bile görevin, Türk bağımsızlığını ve Cumhuriyetini kurtarmaktır! İhtiyaç duyduğun güç, damarlarındaki asil kanda mevcuttur!

SONSÖZ OLARAK...

Ey ölümsüz Atam! Birinci vazifem, Türk bağımsızlığını, Türk cumhuriyetini, sonsuza kadar korumak ve savunmaktır.

Varlığımın ve geleceğimin biricik temeli budur. Bu temel, benim en kıymetli hazinemdir. Gelecekte beni, bu hazineden, mahrum etmek isteyecek, içeride ve dışarıda kötülüğümü isteyecekler olacaktır. Bir gün, bağımsızlık ve cumhuriyeti korumak mecburiyetine düşersem, göreve atılmak için, içinde bulunacağım durumun imkân ve şartlarını düşünmeyeceğim! Bu imkân ve şartlar müsait olmayan bir durumda karşıma çıkabilir. Bağımsızlık ve cumhuriyetime kastedecek düşmanlar, bütün dünyada emsali görülmemiş bir galibiyetin temsilcisi olabilirler. Zorla ve hile ile aziz vatanın, bütün kaleleri zapt edilmiş, bütün tersanelerine girilmiş, bütün orduları dağıtılmış ve memleketin her köşesi fiilen işgal edilmiş olabilir. Bütün bu şartlardan daha elem verici ve daha kötü olmak üzere, memleketin içerisinde, iktidara sahip olanlar ihmal, sapma ve hainlik içinde bulunabilirler. Hatta bu iktidar sahipleri kendi menfaatlerini, ülkeyi ele geçirmiş olan düşmanların siyasî emelleriyle birleştirebilirler. Millet, fakirlik ve sıkıntılar içinde harap ve bitkin düşmüş olabilir.

Ey Türk'ün ölümsüz Atası! İşte bu haller ve şartlar içinde dahi, vazifem; Türk bağımsızlık ve cumhuriyetini kurtarmaktır! Muhtaç olduğum kudret, damarlarımdaki asil kanda mevcuttur!

Türk Gençliği

FaЯk
yayınları